DIREITO PREVIDENCIÁRIO

ESQUEMATIZADO

Histórico da Obra

- **1.ª edição:** fev./2011; 2.ª tir., ago./2011
- **2.ª edição:** jan./2012; 2.ª tir., jun./2012
- **3.ª edição:** maio/2013
- **4.ª edição:** mar./2014; 2.ª tir., ago./2014
- **5.ª edição:** fev./2015
- **6.ª edição:** fev./2016
- **7.ª edição:** mar./2017
- **8.ª edição:** abr./2018; 2.ª tir., ago./2018
- **9.ª edição:** jan./2019
- **10.ª edição:** mar./2020
- **11.ª edição:** jan./2021; 2.ª tir., jul./2021

Marisa Ferreira dos Santos
Desembargadora Federal do TRF da 3ª Região e
Mestre em Direito das Relações Sociais pela PUC-SP

DIREITO PREVIDENCIÁRIO

ESQUEMATIZADO

11ª edição
2ª tiragem
2021

Colaborador
RODRIGO CALEJON

saraiva jur

saraiva EDUCAÇÃO | saraiva jur

Av. Paulista, 901, 3º andar
Bela Vista – São Paulo – SP – CEP: 01311-100

SAC | sac.sets@saraivaeducacao.com.br

Direção executiva Flávia Alves Bravin
Direção editorial Renata Pascual Müller
Gerência de projetos e produção editoriais Fernando Penteado

Planejamento Josiane de Araujo Rodrigues

Novos projetos Sérgio Lopes de Carvalho
Dalila Costa de Oliveira

Edição Clarissa Boraschi Maria (coord.)
Liana Ganiko Brito

Produção editorial Daniele Debora de Souza (coord.)
Rosana Peroni Fazolari

Arte e digital Mônica Landi (coord.)
Camilla Felix Cianelli Chaves
Claudirene de Moura Santos Silva
Deborah Mattos
Guilherme H. M. Salvador
Tiago Dela Rosa

Projetos e serviços editoriais Daniela Maria Chaves Carvalho
Kelli Priscila Pinto
Laura Paraíso Buldrini Filogônio
Marília Cordeiro
Nicoly Wasconcelos Razuk

Diagramação e revisão Kalima Editores
Capa Aero Comunicação/Danilo Zanott
Produção gráfica Marli Rampim
Sergio Luiz Pereira Lopes
Impressão e acabamento Bercrom Gráfica e Editora

DADOS INTERNACIONAIS DE CATALOGAÇÃO NA PUBLICAÇÃO (CIP)
ANGÉLICA ILACQUA CRB-8/7057

Santos, Marisa Ferreira dos

Direito previdenciário / Marisa Ferreira dos Santos. – Coleção esquematizado® / coordenador Pedro Lenza. - 11. ed. – São Paulo: Saraiva Educação, 2021.
814 p.

Bibliografia

ISBN 978-65-5559-329-7 (impresso)

1. Processo previdenciário - Brasil. I. Título. II. Lenza, Pedro.

CDD 340

20-0526 CDU 34:368.4(81)

Índice para catálogo sistemático:

1. Processo previdenciário : Brasil

Data de fechamento da edição: 30-11-2020

Dúvidas? Acesse www.editorasaraiva.com.br/direito

CL 606797 CAE 742811

À Professora Lúcia Valle Figueiredo Collarille.

AGRADECIMENTOS

O trabalho concluído é fruto do esforço de seu autor. Mas é, também, o resultado das ideias lançadas em vários ambientes: nos casos concretos, nas conversas, na leitura de jornais, nas salas de aula, nos embates processuais... Enfim, basta estar no mundo para que fervilhem ideias. São muitos os colaboradores.

Porém, alguns merecem destaque, porque, sem eles, o trabalho talvez até fosse concluído, mas não teria as características que possui.

Somos, no presente, o resultado do que vivemos no passado, com os acréscimos da experiência atual. Muitas pessoas entram e saem de nossas vidas, mas deixam e levam consigo marcas indeléveis, que estarão presentes no nosso futuro.

O primeiro agradecimento é ao Professor Pedro Lenza, o criador do método "Esquematizado". Honrada com seu convite, sou grata por sua confiança e incentivo.

À minha mãe, sempre presente.

Aos meus filhos, Otávio e Rodrigo, incentivadores constantes. Ao Rodrigo, pelo auxílio em grande parte deste trabalho.

Aos meus alunos, por sua atenção e carinho.

Aos servidores do meu gabinete no Tribunal Regional Federal da Terceira Região. Com eles, travo os primeiros debates sobre as novas questões previdenciárias. Com eles, compartilho a indignação diante de tantas violações de direitos.

METODOLOGIA ESQUEMATIZADO

Durante o ano de 1999, pensando, naquele primeiro momento, nos alunos que prestariam o exame da OAB, resolvemos criar uma **metodologia** de estudo que tivesse linguagem "fácil" e, ao mesmo tempo, oferecesse o conteúdo necessário à preparação para provas e concursos.

O trabalho foi batizado como ***Direito constitucional esquematizado***. Em nosso sentir, surgia ali uma metodologia **pioneira**, idealizada com base em nossa experiência no magistério e buscando, sempre, otimizar a preparação dos alunos.

A metodologia se materializou nos seguintes "pilares":

- **esquematizado:** a parte teórica é apresentada de forma objetiva, dividida em vários itens e subitens e em parágrafos curtos. Essa estrutura revolucionária rapidamente ganhou a preferência dos concurseiros;
- **superatualizado:** doutrina, legislação e jurisprudência em sintonia com as grandes tendências da atualidade e na linha dos concursos públicos de todo o País;
- **linguagem clara:** a exposição fácil e direta, a leitura dinâmica e estimulante trazem a sensação de que o autor está "conversando" com o leitor;
- **palavras-chave (*keywords*):** os destaques na cor azul possibilitam a leitura "panorâmica" da página, facilitando a fixação dos principais conceitos. O realce colorido recai sobre os termos que o leitor certamente grifaria com a sua caneta marca-texto;
- **recursos gráficos:** esquemas, tabelas e gráficos favorecem a assimilação e a memorização dos principais temas;
- **questões resolvidas:** ao final de cada capítulo, o assunto é ilustrado com questões de concursos ou elaboradas pelos próprios autores, o que permite conhecer as matérias mais cobradas e também checar o aprendizado.

Depois de muitos anos de **aprimoramento**, o trabalho passou a atingir tanto os candidatos ao **Exame de Ordem** quanto todos aqueles que enfrentam os concursos em geral, sejam das **áreas jurídica** ou **não jurídica**, de **nível superior** ou mesmo os de **nível médio**, assim como os **alunos de graduação** e demais **profissionais**.

Ada Pellegrini Grinover, sem dúvida, anteviu, naquele tempo, a evolução do *Esquematizado*. Segundo a Professora escreveu em 1999, "a obra destina-se, declaradamente, aos candidatos às provas de concursos públicos e aos alunos de graduação, e, por isso mesmo, após cada capítulo, o autor insere questões para aplicação da parte teórica. Mas será útil também aos operadores do direito mais experientes, como fonte de consulta rápida e imediata, por oferecer grande número de informações buscadas em diversos autores, apontando as posições predominantes na doutrina, sem eximir-se de criticar algumas delas e de trazer sua própria contribuição. Da leitura amena surge um livro 'fácil', sem ser reducionista, mas que revela, ao contrário, um grande poder de síntese, difícil de encontrar mesmo em obras de autores mais maduros, sobretudo no campo do direito".

Atendendo ao apelo de "concurseiros" de todo o País, sempre com o apoio incondicional da Editora Saraiva, convidamos professores das principais matérias exigidas nos concursos públicos das *áreas jurídica* e *não jurídica* para compor a **Coleção Esquematizado®**.

Metodologia pioneira, vitoriosa, consagrada, testada e aprovada. **Professores** com larga experiência na área dos concursos públicos. Estrutura, apoio, profissionalismo e *know-how* da **Editora Saraiva**. Sem dúvida, ingredientes indispensáveis para o sucesso da nossa empreitada!

Para o **direito previdenciário**, tivemos a honra de contar com o vitorioso trabalho de **Marisa Ferreira dos Santos**, que soube, com maestria, aplicar a **metodologia "esquematizado"** à sua vasta e reconhecida experiência profissional como professora, desembargadora federal do TRF3 desde 2002 e autora de consagradas obras, destacando-se, entre elas, *Juizados especiais cíveis e criminais: federais e estaduais* (v. 35) e *Direito previdenciário* (v. 25), da Coleção Sinopses Jurídicas da Editora Saraiva.

A autora, que já foi procuradora do Estado de São Paulo, como juíza e agora desembargadora do TRF3, tem larga experiência na **área previdenciária**, sendo uma das **maiores autoridades** da atualidade no assunto.

Graduada pela Universidade de São Paulo, é mestre em direito pela Pontifícia Universidade Católica de São Paulo (PUC-SP), tendo ministrado aulas, sempre na área de direito previdenciário, no *Damásio Educacional* e, atualmente, em cursos de pós-graduação.

O grande desafio de tornar o direito previdenciário mais acessível, em nossa opinião, foi concretizado com **perfeição** pela autora, servindo o trabalho não apenas como precioso material para os concursos públicos e fonte segura para a graduação, mas também como indispensável ferramenta para todos os operadores do direito que militam na área do direito previdenciário.

Não temos dúvida de que este livro contribuirá para "encurtar" o caminho do ilustre e "guerreiro" concurseiro na busca do "sonho dourado"!

Esperamos que a **Coleção Esquematizado®** cumpra o seu papel. Em constante parceria, estamos juntos e aguardamos suas críticas e sugestões.

Sucesso a todos!

Pedro Lenza
Mestre e Doutor pela USP
Visiting Scholar pela Boston College Law School
pedrolenza@terra.com.br
https://twitter.com/pedrolenza
http://instagram.com/pedrolenza
http://www.periscope.tv/pedrolenza
https://www.facebook.com/pedrolenza
https://www.youtube.com/pedrolenza
saraiva jur http://www.saraivajur.com.br/esquematizado

NOTA DA AUTORA À 11ª EDIÇÃO

Chegamos à 11ª edição do Direito Previdenciário Esquematizado depois de passarmos pela turbulenta Reforma da Previdência de 2019 e sofrermos os efeitos da pandemia da Covid-19, que devastou a saúde e a economia mundiais e que já faz sentir o desastre no sistema de Seguridade Social.

A pandemia expôs as fragilidades dos sistemas de saúde, de assistência e de previdência social.

O número de mortes foi elevado não somente por causa do desconhecimento científico sobre a doença, mas também e, principalmente, pela incompetência dos governos em tomar medidas tempestivas de contenção do desastre.

Os sistemas de saúde não estavam preparados para o enfrentamento da epidemia, faltavam insumos, respiradores, leitos, profissionais com segurança para fazerem o seu trabalho, tudo agravado pelos escândalos de corrupção na compra de equipamentos para os hospitais.

O número de desempregados cresceu em razão da quebra das empresas que fecharam suas portas.

Mais desemprego e mais óbitos só poderiam resultar em mais doença, mais pobreza e, claro, na oneração do sistema de Previdência Social, acionado para cobrir incapacidades e pensões por morte.

Tão grave tornou-se a situação que foi instituído o benefício emergencial, de natureza assistencial e de curta duração.

No mundo pós-pandemia, a Seguridade Social terá que ser repensada em todos os seus aspectos, com escolhas políticas responsáveis.

Foi nesse contexto que chegamos à 11ª edição, com o incentivo dos leitores e sua preocupação com os direitos sociais, tão maltratados em todo o mundo.

Na 10ª edição já havíamos abordado as novas trazidas pela Emenda Constitucional n. 103/2019.

Com o novo contexto mundial e suas incertezas em razão da pandemia do novo coronavírus, cresce a importância do estudo do Direito Previdenciário e de seus operadores, que precisam estar, mais que nunca, capacitados para atuar na magistratura, na advocacia pública e privada e na docência.

Mais que nunca, precisamos conhecer os direitos sociais.

Bom estudo!

Marisa Ferreira dos Santos
Desembargadora do TRF da 3ª Região e
Mestre em Direito das Relações Sociais pela PUC-SP
Prêmio Conciliar é Legal do Conselho Nacional de Justiça (2017)
marisasantos668@gmail.com
@marisasantos668

SUMÁRIO

TÍTULO II
O REGIME PREVIDENCIÁRIO DOS SERVIDORES PÚBLICOS CIVIS

1

A SEGURIDADE SOCIAL

1.1. EVOLUÇÃO HISTÓRICA DA SEGURIDADE SOCIAL

A evolução socioeconômica faz com que as desigualdades se acentuem entre os membros da mesma comunidade e da comunidade internacional. A pobreza não é um problema apenas individual, mas, sim, social.

A concentração da maior parte da renda nas mãos de poucos leva à miséria da maioria, que se ressente da falta dos bens necessários para sobreviver com dignidade.

No entanto, o homem sempre se preocupou em garantir seu sustento e o de sua família em situações de carência econômica, enfermidades, diminuição da capacidade de trabalho, redução ou perda de renda.

Dessas situações o homem não consegue sair apenas com o seu esforço individual, necessitando do amparo do Estado para prevenir e remediar suas necessidades.[1]

Todos esses fatores levaram à busca de instrumentos de proteção contra as necessidades sociais, com reflexos na ordem jurídica.

Dividimos a evolução histórica da proteção social em três etapas: assistência pública, seguro social e seguridade social.

1.1.1. A assistência pública

A primeira etapa da proteção social foi a da assistência pública, fundada na caridade, no mais das vezes, conduzida pela Igreja e, mais tarde, por instituições públicas.

O indivíduo em situação de necessidade — em casos de desemprego, doença e invalidez — socorria-se da caridade dos demais membros da comunidade.

Nessa fase, não havia direito subjetivo do necessitado à proteção social, mas mera expectativa de direito, uma vez que o auxílio da comunidade ficava condicionado à existência de recursos destinados à caridade.

A desvinculação entre o auxílio ao necessitado e a caridade começou na Inglaterra, em 1601, quando Isabel I editou o *Act of Relief of the Poor* — **Lei dos Pobres**. A lei reconheceu que cabia ao Estado amparar os comprovadamente necessitados.

---

1 Cf. H. F. Zacher e F. Kessler, apud Manuel Alonso Olea e José Luis Tortuero Plaza, *Instituciones de seguridad social*. 14. ed. Madrid: Editorial Civitas, 1995, p. 26: "(...) la seguridad social es necessaria si y cuando el esfuerzo personal no basta". Traduzimos: "(...) a seguridade social é necessária se e quando o esforço individual não basta".

Surgiu, assim, a **assistência pública** ou **assistência social**.

Cabia à Igreja a administração de um fundo, formado com a arrecadação de uma taxa obrigatória. "(...) o Poder Público tornava **cogente o binômio igualdade-solidariedade**".[2]

A preocupação com o bem-estar de seus membros levou algumas categorias profissionais a constituírem caixas de auxílio, com caráter mutualista, que davam direito a prestações em caso de doença ou morte. Havia uma semelhança com os seguros de vida, feitos principalmente por armadores de navios.[3]

A assistência pública, no **Brasil**, foi prevista pela **Constituição de 1824**, cujo art. 179, § 31, **garantia os socorros públicos**.

As desigualdades sociais marcantes, denunciadas pela Revolução Francesa, levaram à criação de outros mecanismos de proteção social contra os abusos e injustiças decorrentes do liberalismo.

1.1.2. O seguro social

Já não bastava a caridade para o socorro dos necessitados em razão de desemprego, doenças, orfandade, mutilações etc. Era necessário criar outros mecanismos de proteção, que não se baseassem na generosidade, e que não submetessem o indivíduo a comprovações vexatórias de suas necessidades.

Na lição de **Manuel Alonso Olea e José Luis Tortuero Plaza** (traduzimos):[4]

> "Dito de outra forma: amadurece historicamente a ideia de que se deve ter um direito à proteção, que as prestações previstas são 'juridicamente exigíveis', direito que deriva da contraprestação prévia em forma de quotas pagas pelo beneficiário ou por um terceiro por conta daquele."

Surgiram as empresas seguradoras, com fins lucrativos e administração baseada em critérios econômicos, com saneamento financeiro.

O seguro do Direito Civil forneceu as bases para a criação de um novo instrumento garantidor de proteção em situações de necessidade.

A primeira forma de seguro surgiu no século XII: o seguro marítimo, reivindicação dos comerciantes italianos. Não eram, ainda, as bases técnicas e jurídicas do seguro contratual.[5]

---

2 Cf. Wagner Balera, Introdução à seguridade social. In: *Introdução ao direito previdenciário*. São Paulo: LTr, 1998, p. 28.

3 Cf. Floriceno Paixão e Luiz Antonio C. Paixão, *A previdência social em perguntas e respostas*. 38. ed. Porto Alegre: Síntese, 2001, p. 20.

4 Ob. cit., p. 27: "Dicho de otra forma: madura históricamente la idea de que se debe tener un derecho a la protección, que las prestaciones previstas son 'jurídicamente exigibles', derecho que deriva de la contraprestación previa en forma de primas o cuotas pagadas por el beneficiario o por un tercero por cuenta de aquél".

5 Cf. Augusto Venturi, I fondamienti scientifici della sicurezza sociale. Trad. Gregorio Tudela Cambronero. In: *Los fundamentos científicos de la seguridad social*. Madrid: Centro de Publicaciones, Ministerio del Trabajo e Seguridad Social, 1994, p. 77.

O desenvolvimento do instituto do seguro fez surgir novas formas: seguro de vida, seguros contra invalidez, danos, doenças, acidentes etc.

O **seguro decorria do contrato**, e era de natureza facultativa, isto é, dependia da manifestação da vontade do interessado.

Mas a proteção securitária era privilégio de uma minoria que podia pagar o prêmio, deixando fora da proteção a grande massa assalariada.

Era necessário, então, criar um seguro de natureza obrigatória, que protegesse os economicamente mais frágeis, aos quais o Estado deveria prestar assistência.

Augusto Venturi ensina (traduzimos):[6]

> "27. Diante das exigências das condições objetivas e da já difundida sensibilidade ante as 'injustiças' sociais, cada vez mais presentes na vida moderna, as soluções da beneficência, da assistência pública, do socorro mútuo, do seguro voluntário, inclusive somando todas as suas contribuições ao auxílio das vítimas das vicissitudes da vida, resultavam absolutamente inadequadas.
>
> Era necessário dar um novo passo adiante e este se deu com o reconhecimento de uma dupla necessidade: de um lado, tornar obrigatórias, para todos os que pertenciam a importantes categorias de trabalhadores, formas de seguro frente aos principais riscos a que se encontram sujeitos — questão que, necessariamente, devia ser competência do Estado —; de outro lado, ajudar os trabalhadores a suportar o custo desses seguros — e, também aqui, o Estado devia adotar alguma medida, chamando a contribuir a categoria dos empregadores."

O final do século XIX marcou o surgimento de um novo tipo de seguro, cuja garantia de efetividade dependia da distribuição dos riscos por grupos numerosos de segurados. Para isso, era necessário que as entidades seguradoras assumissem a cobertura dos riscos, sem, contudo, selecioná-los.[7]

Nasceu o **seguro social**, na Prússia, em **1883**, com a Lei do Seguro Doença, que criou o Seguro de Enfermidade, resultado da proposta de **Bismarck** para o programa social. A Lei do Seguro Doença é tida como o primeiro plano de Previdência Social de que se tem notícia.

A partir de **Bismarck** e, principalmente, da **Segunda Guerra Mundial**, ganhou força a ideia de que o seguro social deveria ser obrigatório e não mais restrito aos

---

6 Ob. cit., p. 99: "27. Frente a las exigencias que las condiciones objetivas y la ya difundida sensibilidad ante las 'injusticias' sociales, cada vez más evidentes en la vida moderna, las soluciones de la beneficencia, de la asistencia pública, del socorro mutuo, del seguro voluntario, incluso sumando todas sus aportaciones al auxilio de las victimas de las visicitudes de la vida, resultaban absolutamente inadecuadas. Era necesario dar um nuevo paso hacia adelante y este se dio con el reconocimiento de uma doble necesidade: de un lado, rendir obligatorias, para todos los que pertenencían a importantes categorias de trabajadores, forma de seguro frente a los riesgos que se encuentram sujetos — cuestión que, necesariamente, debía ser competencia del Estado —; de outro lado, ayudar a los trabajadores a soportar el coste de estos seguros — y, también aqui, el Estado debía adoptar alguna medida, llamando a contribuir la categoria de los empleadores".

7 Cf. Olea e Plaza, ob. cit., p. 27.

trabalhadores da indústria, ao mesmo tempo em que a cobertura foi estendida a riscos como doença, acidente, invalidez, velhice, desemprego, orfandade e viuvez.

Olea e Plaza, ao se referirem à "revolução bismarckiana", ensinam (traduzimos):[8]

> "Nisto consistiu, basicamente, a revolução bismarckiana — 'da árida roca surgindo a água vivificante do seguro social', golpeada aquela pelo báculo de Bismarck, novo Moisés —, que engendrou, no final do século XIX, o que basicamente segue sendo uma 'operação' de seguro — com suas notas básicas, portanto: seleção dos riscos cobertos, frente ao contingente protegido; aleatoriedade ou incerteza individual do sinistro; formação de fundo mútuo comum para custeá-lo; tratamento matemático-financeiro da relação entre um e outro, para que a presença do fundo delimite a álea da coletividade assegurada — tem, não obstante, as características especiais de que sua amplitude e obrigatoriedade derivam.
>
> Esse desenvolvimento se produz ao mesmo tempo em que a consciência social de que a exigência de viver em comunidade amplia o ideal de cobertura de que antes se tratou, incorporando novos riscos aos primeiramente selecionados; como isso ocorreu paulatinamente, também paulatinamente foi surgindo uma série de seguros sociais relativa ou totalmente independente entre si. A esse conjunto foi que se convencionou chamar na Espanha — as denominações estrangeiras são similares — *previsão social*."

Ao se tornar **obrigatório**, o seguro social passou a conferir **direito subjetivo** ao trabalhador.

O seguro social era organizado e administrado pelo **Estado**. O **custeio** era dos **empregadores, dos empregados e do próprio Estado**.

Já não se cuidava da configuração civilista do seguro. O Estado liberal precisava de mecanismos que garantissem a redução das desigualdades sociais, e não apenas dos conflitos e prejuízos.

O Estado liberal produzia cada vez mais e em maior quantidade. O seguro social atuava, então, como **instrumento de redistribuição de renda**, que permitia o consumo.

A **solidariedade** ganhou contornos jurídicos, tornando-se o **elemento fundamental** do conceito de proteção social, que, cada vez mais, foi se afastando dos elementos conceituais do seguro civilista.

---

[8] Idem, p. 28: "Em esto consistió em sustancia la revolución bismarckiana — 'de la árida roca surigiendo el agua vivificante del seguro social' golpeada aquella por el báculo de Bismarck, nuevo Moisés — que engendro, a finales del siglo XIX, lo que si básicamente sigue siendo una 'operación' del seguro — con sus notas básicas, por tanto: selectión de los riesgos cubiertos, frente ao indiferenciado de indigencia; aleatoriedad o incertidumbre individual del siniestro; formación de fundo mutuo comúun con qué atenderlo; tratamiento matemático-financiero de la relación entre una y otra, para que la presencia del fondo elimine el *alea* respecto del colectivo asegurado — tiene, no obstante, las características especiales de que su amplitud y obligatoriedad derivan. Estos desarrollos se producen al tiempo que la conciencia social de las exigencias de vivir en comunidad amplía el ideal de cobertura de que antes se habló, incorporando nuevos riesgos a los primeramente seleccionados; como esto ocurrió paulatinamente, también paulatinamente fue surgiendo una serie de seguros sociales relativa o totalmente independientes entre sí. A su conjunto fue a lo que acostumbró a llamarse en España — las denominaciones extranjeras son similares — *previsión social*".

A par da questão econômica caminhava, ainda, a luta pela garantia dos direitos sociais.

O seguro social, na concepção bismarckiana, estendeu-se pela Europa até meados do século XX.

Os sistemas de seguro social não resistiram às consequências da Primeira Guerra Mundial em razão da cobertura para o grande número de órfãos, viúvas e feridos que resultaram do combate, além da inflação galopante da época, problemas sentidos principalmente na Alemanha e na Áustria.

A questão social teve, então, que ser equacionada. Em 1919, no **Tratado de Versalhes**, surgiu o primeiro compromisso de implantação de um **regime universal de justiça social**.

Foi, então, fundado o **Bureau International Du Travail (BIT)** — Repartição Internacional do Trabalho — que realizou a 1ª Conferência Internacional do Trabalho, à qual se atribui o desenvolvimento da previdência social e sua implantação em todas as nações do mundo civilizado.[9] Dessa conferência resultou a primeira Recomendação para o **seguro-desemprego**. A 3ª Conferência (1921) recomendou a **extensão do seguro social aos trabalhadores da agricultura**. A 10ª Conferência (1927) estendeu as demais Convenções e Recomendações sobre o **seguro-doença** aos trabalhadores da indústria, do comércio e da agricultura.

Outras Conferências foram feitas, sendo que a 17ª (1933) estendeu as Recomendações anteriores aos **seguros por velhice, invalidez e morte**. A 18ª Conferência (1934) regulou o **seguro contra o desemprego**.

O BIT teve papel importante na expansão da previdência social pelo mundo.

O **seguro social é espécie do gênero seguro**, que, embora com características próprias, ainda tinha muito do seguro privado.

Assim como no seguro privado, o seguro social **seleciona os riscos que terão cobertura pelo fundo**. A álea (incerteza da ocorrência do sinistro) e a formação de um fundo comum, administrado de forma a garantir econômica e financeiramente o pagamento das indenizações, são características do seguro social e do seguro privado.

Porém, a **amplitude e a natureza obrigatória** do seguro social o diferenciam do seguro privado, de natureza eminentemente facultativa.

1.1.3. A seguridade social

A Segunda Guerra Mundial causou grandes transformações no conceito de proteção social.

Territórios devastados, trabalhadores mutilados, desempregados, órfãos e viúvas, tudo isso mostrou ser necessário o esforço internacional de captação de recursos para a reconstrução nacional, o socorro aos feridos, desabrigados e desamparados e, ainda,

---

[9] Cf. Moacyr Velloso Cardoso de Oliveira, *Previdência social:* doutrina e exposição da legislação vigente. Rio de Janeiro: Freitas Bastos, 1987, p. 7.

para fomentar o desenvolvimento; acontecimentos totalmente diversos dos que levaram ao surgimento do seguro social.

O seguro social nasceu da necessidade de amparar o trabalhador, protegê-lo contra os riscos do trabalho.

Era, então, necessário um sistema de proteção social que alcançasse todas as pessoas e as amparasse em todas situações de necessidade, em qualquer momento de suas vidas.

Em 1940, na Alemanha, Hitler determinou à Frente de Trabalho a elaboração de um programa que criasse pensões por velhice e invalidez para todos os alemães em atividade. O programa deveria estar fundado na solidariedade, com apoio militar, custeado pelos impostos, com natureza de serviço público, e não mais de seguro social. A queda do nacional-socialismo impediu a implantação do plano.[10]

Em junho de **1941**, o governo inglês, empenhado na reconstrução do país, formou uma Comissão Interministerial para o estudo dos planos de seguro social e serviços afins, então existentes, e nomeou para presidi-la **Sir William Beveridge**. A Comissão foi incumbida de, após estudos, fazer uma proposta para a melhoria do setor.

O resultado dos trabalhos da Comissão — o **Plano Beveridge** — foi apresentado ao Parlamento em **1942**. O Plano analisou o seguro social e os serviços conexos da Inglaterra pós-Segunda Guerra Mundial, análise que abrangeu as necessidades protegidas, os fundos e as provisões.

Beveridge concluiu que o seguro social já não atendia às necessidades sociais, porque era **limitado apenas aos trabalhadores vinculados por contrato de trabalho**, com certa remuneração quando em serviços não manuais. Ficavam sem cobertura os trabalhadores "por conta própria", isto é, sem vínculo de emprego, que constituíam a parcela da massa pobre da população, justamente a que mais precisava da proteção do Estado.

Entendeu Beveridge, ainda, que o seguro social não levava em conta as responsabilidades com a família para os trabalhadores não manuais, e concedia benefícios diferentes em situações em que eram os mesmos os gastos necessários das pessoas doentes e das desempregadas. Quanto às contribuições, Beveridge entendeu que as distinções também não tinham lógica dentro do sistema.[11]

Beveridge percebeu que a principal conclusão de seu trabalho foi a de "que a abolição da miséria requer uma dupla redistribuição das rendas, pelo seguro social e pelas necessidades da família".[12] São suas palavras:[13]

> "O seguro social, completamente desenvolvido, pode proporcionar a segurança dos rendimentos; é um combate à Miséria. Mas a **Miséria é apenas um dos cinco gigantes**,

[10] Cf. Augusto Venturi, ob. cit., p. 265.

[11] William Beveridge, *O plano Beveridge*. Trad. Almir de Andrade. Rio de Janeiro: Livraria José Olímpio, 1943, p. 12.

[12] Idem, p. 13.

[13] Idem, p. 12.

que se nos deparam na rota da reconstrução, e, sob vários aspectos, o mais fácil de combater. Os outros são a **Doença**, a **Ignorância**, a **Imundície** e a **Preguiça**."

Beveridge destacou o papel do Estado, por meio de políticas públicas que garantissem a proteção social em situações de necessidade. Influenciou muito a legislação social que se seguiu na Europa e na América, influência que atualmente ainda se faz presente nos sistemas de seguridade social.

Em **1944**, foi realizada a Conferência da OIT, em Filadélfia, resultando a **Declaração de Filadélfia**, que adotou orientação para unificação dos sistemas de seguro social, estendendo-se a proteção a **todos os trabalhadores e suas famílias, abrangendo rurais e autônomos**.[14]

A Declaração de Filadélfia deu um passo importante na internacionalização da seguridade social, porque ficou expresso que o êxito do sistema dependeria da cooperação internacional.

A **Declaração Universal dos Direitos do Homem (1948)** prevê o direito à segurança, consagrando o reconhecimento da necessidade de existência de um sistema de seguridade social.

Posteriormente, a 35ª Conferência Internacional do Trabalho, da OIT, em **1952**, aprovou a **Convenção n. 102**, à qual denominou **"Norma Mínima em Matéria de Seguridade Social"**. Como já tivemos oportunidade de escrever:[15]

> "A Convenção n. 102 é o resultado de estudos de especialistas da OIT, que, de início, tiveram a incumbência de elaborar um convênio que tivesse duas secções: uma que estabelecesse uma *norma mínima*, um *standard* de seguridade social; e outra, uma norma superior, que desse proteção a todas as necessidades. O objetivo do estabelecimento desses dois tipos de normas era viabilizar a participação de um grande número de Estados, que ficariam comprometidos em implantar os padrões mínimos de seguridade social, sem, contudo, descuidarem-se de seguir o exemplo de países mais avançados no implemento de modernas técnicas de proteção social. Entretanto, a norma superior foi separada e sua aprovação ficou sem definição de prazo, restando aprovada a norma mínima pela Convenção n. 102."

Mas nem todas as Nações tinham condições econômicas de implantar a proteção mínima estabelecida pela Convenção n. 102. Entretanto, o padrão mínimo ficou garantido ao menos a uma parcela da população dos países signatários.

O dinamismo social trouxe a tecnologia e a globalização, e os mínimos sociais acompanharam as modificações.

Outros tratados internacionais foram celebrados, de modo que a passagem do seguro social para a seguridade social decorreu da intenção de **libertar o indivíduo de todas as suas necessidades** para fins de desfrutar de uma existência digna.

---

[14] Cf. Dictamen y Asesoría S. L., *Leciones de seguridad social*. 5. ed. Madrid: Akal/Iure, 1996, p. 16.

[15] Marisa Ferreira dos Santos, *O princípio da seletividade das prestações de seguridade social*. São Paulo: LTr, 2004, p. 156.

1.1.3.1. *Do risco social à necessidade social*

No seguro social, só tinham proteção aqueles que contribuíssem para o custeio. Era adequada, então, a noção de *risco social*. A relação jurídica do seguro, social ou privado, tem como objeto o *risco*, isto é, a possibilidade de ocorrência futura de um acontecimento que acarrete dano para o segurado.

No seguro privado, o contrato estabelece os riscos cobertos, conforme escolha dos contratantes.

No seguro social, entretanto, os riscos são previstos em lei, ou seja, são o objeto da relação jurídica de proteção social. "A relação jurídica preexiste ao acontecimento danoso, e nela são previstas situações causadoras de dano, que podem ocorrer no futuro, e que serão objeto de indenização pela parte seguradora. O interesse na asseguração de um bem reside na *possibilidade* da ocorrência da contingência danosa".[16]

A **seguridade social**, entretanto, não está fincada na noção de risco, mas, sim, na de ***necessidade social***, porque os benefícios não têm natureza de indenização; podem ser voluntários, não são necessariamente proporcionais à cotização, e destinam-se a prover os mínimos vitais.[17]

A **relação jurídica** de seguridade social só se forma após a ocorrência da **contingência**, isto é, da situação de fato, para reparar as consequências — a necessidade — dele decorrentes.

Os valores dos benefícios de seguridade social destinam-se a **garantir os mínimos vitais**, isto é, o necessário à sobrevivência com dignidade, o que se distancia da indenização própria do seguro. Os benefícios, na seguridade social, **não têm caráter indenizatório**.

Além do mais, na seguridade social, a **contingência pode não gerar danos**. Costumamos dar como exemplo, no Brasil, o **salário-maternidade**. O nascimento do filho gera o direito ao salário-maternidade porque, ao dar à luz, a mulher deixa de trabalhar e, por isso, não recebe remuneração; é gerada, então, a **consequência-necessidade** que dá direito ao benefício, para suprir a ausência de remuneração. "Há **contingências desejadas**, que não causam dano, mas geram **necessidades**".[18]

A **necessidade** se qualifica como **social**, isto é, que **tem importância para a sociedade**, para que todos os seus integrantes tenham os mínimos vitais necessários à sobrevivência com dignidade.

1.2. A SEGURIDADE SOCIAL NA CONSTITUIÇÃO FEDERAL DE 1988 — NORMAS GERAIS

1.2.1. Conceito

O art. 6º da CF enumera os **direitos sociais** que, disciplinados pela Ordem Social, destinam-se à **redução das desigualdades** sociais e regionais. Dentre eles está

---

16 Idem, p. 158.

17 Idem.

18 Idem, p. 161.

a seguridade social, composta pelo **direito à saúde**, pela **assistência social** e pela **previdência social**.

É do art. 194 da CF o conceito: "conjunto integrado de ações de iniciativa dos Poderes Públicos e da sociedade, destinadas a assegurar os direitos relativos à saúde, à previdência e à assistência social".

A **solidariedade** é o fundamento da seguridade social.

Pela definição constitucional, a seguridade social compreende o direito à saúde, à assistência social e à previdência social, cada qual com disciplina constitucional e infraconstitucional específica. Trata-se de normas de **proteção social**, destinadas a prover o necessário para a sobrevivência com dignidade, que se concretizam quando o indivíduo, acometido de doença, invalidez, desemprego, ou outra causa, não tem condições de prover seu sustento ou de sua família.

É com a proteção dada por uns dos institutos componentes da seguridade social que se garantem os **mínimos necessários** à sobrevivência com **dignidade**, à efetivação do **bem-estar**, à **redução das desigualdades**, que conduzem à justiça social.

As mutações sociais e econômicas decorrentes do avanço tecnológico conduzem a novas situações causadoras de necessidades, fazendo com que a proteção social tenha que se adequar aos novos tempos. O art. 194, parágrafo único, da CF, permite que se expanda a proteção e, consequentemente, também o seu financiamento.

Deseja a Constituição que **todos** estejam protegidos, de alguma forma, dentro da seguridade social. E a proteção adequada se fixa em razão do custeio e da necessidade.

Assim, se o necessitado for **segurado** da previdência social, a proteção social será dada pela concessão do **benefício previdenciário** correspondente à contingência-necessidade que o atingiu.

Caso o necessitado **não seja segurado** de nenhum dos regimes previdenciários disponíveis, e preencha os **requisitos legais**, terá direito à **assistência social**.

Todos, ricos ou pobres, segurados da previdência ou não, têm o mesmo **direito à saúde** (art. 196).

Portanto, todos os que vivem no território nacional, de alguma forma, estão ao abrigo do "grande guarda-chuva da seguridade social", pois a seguridade social é **direito social**, cujo atributo principal é a **universalidade**, impondo que todos tenham direito a alguma forma de proteção, independentemente de sua condição socioeconômica.

A seguridade social garante os **mínimos necessários** à sobrevivência. É instrumento de bem-estar e de justiça social, e redutor das desigualdades sociais, que se manifestam quando, por alguma razão, faltam ingressos financeiros no orçamento do indivíduo e de sua família.

O direito subjetivo às prestações de seguridade social depende do preenchimento de requisitos específicos.

Para ter direito subjetivo à proteção da **previdência social**, é necessário ser ***segurado***, isto é, **contribuir para o custeio** do sistema porque, nessa parte, a seguridade social é semelhante ao antigo *seguro social*.

O direito subjetivo à **saúde** é de todos, e **independe de contribuição** para o custeio.

O direito subjetivo às prestações de **assistência social**, dado a quem dela necessitar, na forma da lei, também **independe de contribuição** para o custeio.

Prestações de seguridade social é o **gênero** do qual **benefícios e serviços** são espécies. Os benefícios são as prestações pagas em dinheiro.

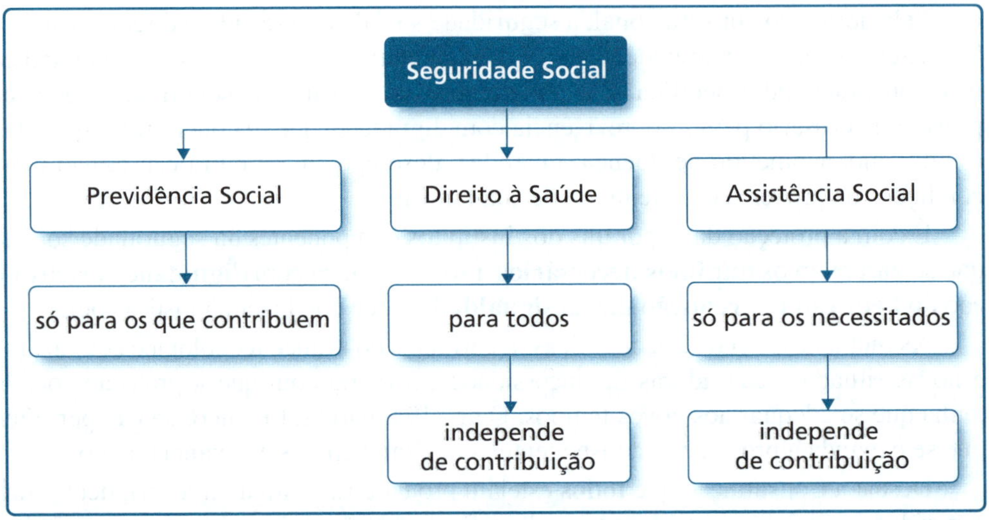

1.2.2. A relação jurídica de seguridade social

Estando a seguridade social assentada no tripé Previdência Social, Assistência Social e direito à saúde, engloba **três tipos** diferentes de relações jurídicas: relação jurídica de previdência social, relação jurídica de assistência social e relação jurídica de assistência à saúde.

São sujeitos da relação jurídica de seguridade social:

a) sujeito ativo: quem dela necessitar;

b) sujeito passivo: os poderes públicos (União, Estados e Municípios) e a sociedade.

Quanto ao **objeto** da relação jurídica de seguridade social, há alguns pontos a fixar.

Muito antes da moderna concepção de seguridade social, a proteção social se fazia pela caridade, sem direito subjetivo, e, posteriormente, pelo **seguro social**, com proteção apenas para aqueles que o contratassem. Era, assim, proteção securitária fundada no conceito de **risco**, típico do Direito Civil, isto é, evento futuro e incerto, cuja ocorrência gera dano para a vítima. Configurado o sinistro (risco acontecido), o dano decorrente é coberto pela indenização; nesse caso, só existe direito à cobertura se o segurado tiver pago o prêmio. O risco e a extensão da indenização são livremente escolhidos pelas partes, e a relação jurídica nasce da celebração do contrato.

O **seguro social** também se fundava no risco e o trabalhador interessado na cobertura pagava sua contribuição. Porém, os riscos não eram livremente escolhidos pelas partes, mas, sim, fixados em lei.

Para a seguridade social, entretanto, a noção civilista de risco não se mostra adequada à definição do objeto da relação jurídica.

Primeiro, porque a noção de **risco** está diretamente ligada a **dano**, prejuízo recomposto com a **indenização**.

Ocorre que nem sempre a proteção da seguridade se destina a reparar danos. Eis um exemplo: a **invalidez**, que causa incapacidade para o trabalho, é, evidentemente, **dano** que tem cobertura previdenciária ou assistencial, conforme a hipótese. Porém, a **maternidade** também tem cobertura pela seguridade social, porque a segurada mãe fica impossibilitada de trabalhar e prover seu sustento e de sua família por um período; entretanto, não se pode conceituar a maternidade como dano.

Segundo, porque o seguro, para pagar a indenização decorrente do sinistro, exige pagamento do prêmio. Mas não é o que ocorre na seguridade social, porque **nem todos contribuem para o custeio**, mas todos têm direito a algum tipo de proteção social; se pode contribuir é segurado da previdência social; se não pode contribuir tem direito à assistência social, preenchidos os requisitos legais; porém, todos têm direito à assistência à saúde, independentemente de contribuição para o custeio.

Como definir, então, o objeto da relação jurídica de seguridade social? Do tripé que compõe a seguridade, apenas, a relação jurídica previdenciária se aproxima da noção civilista de seguro, porque sempre dependerá do pagamento de contribuições do segurado. Porém, **não há contrato**, mas, sim, situações cuja cobertura sempre é definida, taxativamente, pela Constituição e pela legislação infraconstitucional.

Então, o **objeto** da relação jurídica de seguridade social não é o risco, mas, sim, a **contingência** que gera a **consequência-necessidade**, objeto da proteção. O que importa é a consequência que o fato produz: a relação jurídica de seguridade social nasce **após** a ocorrência da contingência, para, então, reparar a consequência-necessidade decorrente.

As contingências estão enumeradas na CF: são as prestações de seguridade social.

Fixamos, desde já, que **prestações** é o gênero, do qual são espécies os **benefícios** e os **serviços**, que serão oportunamente definidos.

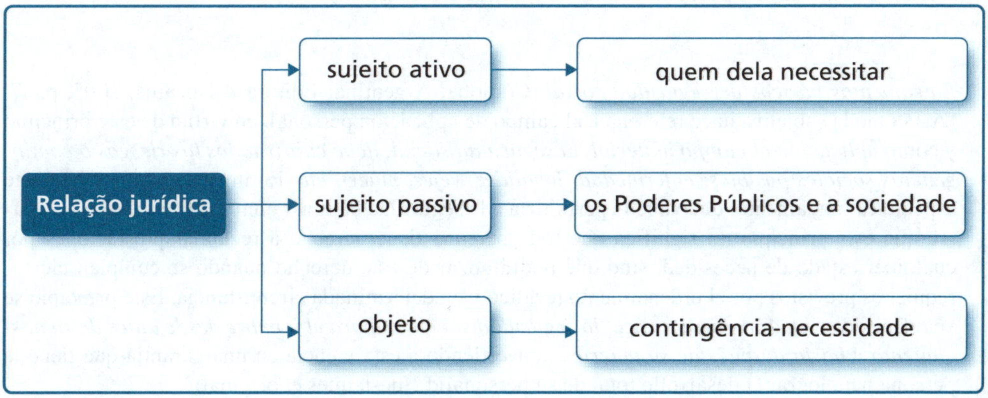

1.2.3. Princípios

O parágrafo único do art. 194 da CF dispõe que a seguridade social será organizada, nos termos da lei, com base nos objetivos que relaciona. Todavia, pela natureza de suas disposições, tais **objetivos** se revelam como autênticos **princípios setoriais**, isto é, aplicáveis apenas à seguridade social: caracterizam-se pela generalidade e veiculam os valores que devem ser protegidos. São fundamentos da ordem jurídica que orientam os métodos de interpretação das normas e, na omissão, são autênticas fontes do direito.

1.2.3.1. Universalidade da cobertura e do atendimento

Todos os que vivem no território nacional têm direito ao mínimo indispensável à sobrevivência com dignidade, não podendo haver excluídos da proteção social.

O princípio tem dois aspectos: universalidade da **cobertura** e universalidade do **atendimento**.

1.2.3.1.1. Universalidade da cobertura

Cobertura é termo próprio dos seguros sociais que se liga ao **objeto** da relação jurídica, às situações de necessidade, fazendo com que a proteção social se aperfeiçoe em todas as suas etapas: de **prevenção**, de **proteção propriamente dita** e de **recuperação**. No dizer de **Rosa Elena Bosio**,[19] que, livremente, traduzimos:

> "Assim como a subjetiva faz referência ao campo da aplicação pessoal, em virtude deste princípio e como *aplicação ao campo material, a seguridade social deve cobrir todos os riscos ou contingências sociais possíveis: doença, invalidez, velhice, morte etc.* Em um sistema completo, este aspecto é fundamental porque permitiria que a seguridade social cumprisse seus fins. Porém, esse princípio não significa que toda pessoa tem direito a reclamar prestações por qualquer estado de necessidade, mas, sim, que poderá gozar desse direito quando cumprir certos requisitos previstos pelo ordenamento jurídico e em determinada circunstância. Esse princípio se reflete no aforismo que diz '*a seguridade social ampara o homem desde seu nascimento e até depois de sua morte*', convertendo esta ciência numa garantia que tem a pessoa para conseguir o desenvolvimento total de sua personalidade" (destaque no original).

[19] *Lineamentos básicos de seguridad social*. Córdoba, Argentina: Editora Advocatus, 2005, p. 17: "Así como la subjetiva hace referencia al campo de aplicación personal, en virtud de este principio y como *aplicación al campo material, la seguridad social, debe cubrir todos los riesgos o contingencias sociales posibles: enfermedad, invalidez, vejez, muert, etc.* En un sistema completo este aspecto es fundamental dado que le permitiría a la seguridad cumprir com sus fines. Debe aclararse que este principio no significa que toda persona tiene derecho a reclamar prestaciones por cualquier estado de necesidad, sino que podrá gozar de este derecho quando se cumplan ciertos requisitos previstos por el ordenamiento jurídico y en determinada circunstancia. Este principio se vê reflejado en el aforismo que dice '*la seguridad social ampara el hombre desde antes de su nascimiento y hasta después de su muerte*', convertiendo a esta ciencia en una garantia que tiene la persona para lograr el desarrollo total de su personalid" (destaques el original).

1.2.3.1.2. *Universalidade do atendimento*

A universalidade do **atendimento** refere-se aos **sujeitos de direito** à proteção social: todos os que vivem no território nacional têm direito subjetivo a alguma das formas de proteção do tripé da seguridade social.

A seguridade social, diferentemente do seguro social, deixa de fornecer proteção apenas para algumas categorias de pessoas para amparar toda a comunidade.

Para **Rosa Elena Bosio**[20] (tradução nossa):

> "Desse ponto de vista, o princípio indica que *deve-se proteger todas as pessoas, que toda a comunidade deve estar amparada pelo sistema*. Toda pessoa, sem discriminação por causa de sua nacionalidade, idade, raça, tipo de atividade que exerce, renda, tem direito à cobertura de suas contingências. É denominado de universalidade porque a disciplina se expande ou estende a cobertura das diferentes contingências à maior quantidade de pessoas possível. (...) A seguridade vai desbordando da restrição classista, já que a necessidade da cobertura das contingências não se admite como privativa de certas categorias sociais, mas sim, como *um direito que deve ser estendido aos assalariados e, finalmente, ao conjunto da população, sem nenhum tipo de exclusão*" (destaques no original).

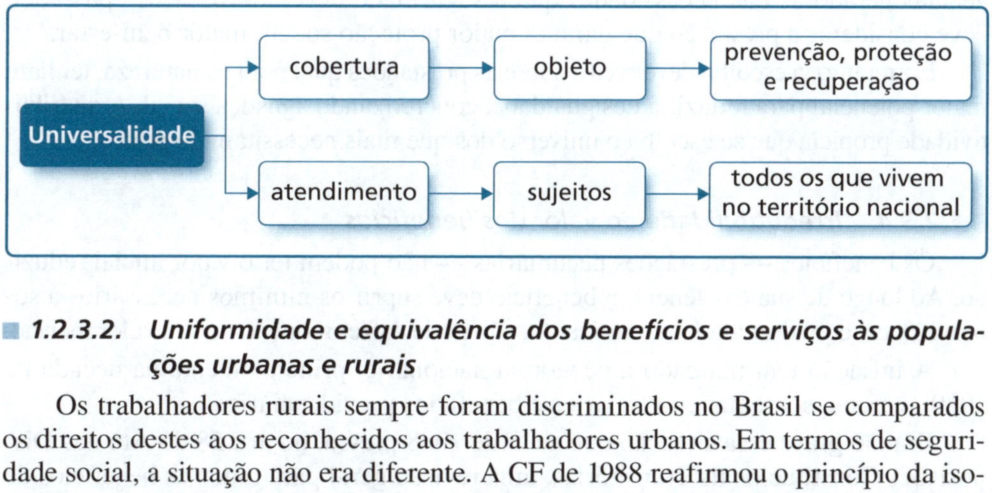

1.2.3.2. *Uniformidade e equivalência dos benefícios e serviços às populações urbanas e rurais*

Os trabalhadores rurais sempre foram discriminados no Brasil se comparados os direitos destes aos reconhecidos aos trabalhadores urbanos. Em termos de seguridade social, a situação não era diferente. A CF de 1988 reafirmou o princípio da isonomia, consagrado no *caput* de seu art. 5º, no inc. II, do parágrafo único, do art. 194, garantindo uniformidade e equivalência de tratamento, entre urbanos e rurais, em termos de seguridade social.

---

[20] Ob. cit., p. 16: "Desde este punto de vista, el principio indica que *debe protegerse a todas las personas, que toda la comunidad quede amparada por el sistema*. Toda persona, sin hacer discriminaciones a causa de su nacionalid, edad, raza, tipo de trabajo que desempena, monto de su ingreso, tiene derecho a la cobertura de sus contingências. Se lo denomina como generalización porque la disciplina se expande o extiende la cobertura de las diferentes contingencias a la mayor cantidad de personas posibles. (...) La segurida va desbordando la restricción clasista, ya que la necesidade de cobertura de las contingencias no se admite como privativa de ciertas categorías sociales sino como *un derecho que debe extenderse a los asalariados y finalmente al conjunto de la población sin exclusiones de ninguna índole*" (destaques el original).

A **uniformidade** significa que **o plano de proteção social será o mesmo** para trabalhadores urbanos e rurais.

Pela **equivalência**, o valor das prestações pagas a urbanos e rurais deve ser **proporcionalmente igual**. Os benefícios devem ser os mesmos (uniformidade), mas o valor da renda mensal é equivalente, não igual. É que o cálculo do valor dos benefícios se relaciona diretamente com o custeio da seguridade. E, como veremos oportunamente, urbanos e rurais têm formas diferenciadas de contribuição para o custeio.

1.2.3.3. *Seletividade e distributividade na prestação dos benefícios e serviços*

Trata-se de princípio constitucional cuja aplicação ocorre no momento da elaboração da lei e que se desdobra em duas fases: **seleção de contingências** e **distribuição de proteção** social.[21]

O sistema de proteção social tem por objetivo a justiça social, a redução das desigualdades sociais (e não a sua eliminação). É necessário garantir os mínimos vitais à sobrevivência com dignidade.

Para tanto, o legislador deve buscar na realidade social e selecionar as contingências geradoras das necessidades que a seguridade deve cobrir. Nesse proceder, deve considerar a prestação que garanta maior proteção social, maior bem-estar.

Entretanto, a escolha deve recair sobre as prestações que, por sua natureza, tenham maior potencial para reduzir a desigualdade, concretizando a justiça social. A distributividade propicia que se escolha o universo dos que mais necessitam de proteção.

1.2.3.4. *Irredutibilidade do valor dos benefícios*

Os benefícios — prestações pecuniárias — não podem ter o valor inicial reduzido. Ao longo de sua existência, o benefício deve suprir os mínimos necessários à sobrevivência com dignidade, e, para tanto, não pode sofrer redução no seu valor mensal.

A inflação tem marcado a economia nacional e, principalmente na década de 1980, marcou, sobremaneira, salários e benefícios previdenciários.

Era tão grave essa situação que a CF de 1988 previu, no art. 58 do Ato das Disposições Constitucionais Transitórias, uma revisão geral para todos os benefícios de prestação continuada **em manutenção**, isto é, **já concedidos em 05.10.1988**, na tentativa de resgatar seu valor originário. Para tanto, determinou que todos esses benefícios fossem recalculados, de forma que passassem a equivaler ao mesmo número de salários mínimos que tinham na data da concessão, até a implantação do novo plano de custeio e benefícios, o que ocorreu com a vigência da Lei n. 8.213/91.

O problema, entretanto, não é exclusivo da previdência social do Brasil. Em Portugal, **Ilídio das Neves**[22] aponta sua preocupação ao tratar do "Princípio da Actualização":

---

21 Sobre a seletividade, cf. nosso *O princípio da seletividade das prestações da seguridade social*. São Paulo: LTr, 2004.

22 *Direito da segurança social*: princípios fundamentais numa análise prospectiva. Portugal: Coimbra Editora, 1996, p. 538.

> "(...) A actualização do montante das prestações traduz o princípio do *ajustamento periódico*, que pode apresentar ou não uma certa regularidade, do seu valor nominal, a fim de evitar a degradação do seu poder de compra, ou seja, a redução efectiva do seu valor real. De facto, uma vez fixado no acto de atribuição das prestações, o respectivo montante permanece fixo, estabilizado, pode mesmo dizer-se verdadeiramente congelado, se não for objecto de modificação. De certo modo, intervém aqui a aplicação analógica do princípio civilístico da *restitutio in statu quo ante*. Por isso mesmo se fala em reposição do valor das prestações."

O art. 201, § 4º, da CF, reafirma o princípio da irredutibilidade, ao garantir o reajustamento dos benefícios, para preservar-lhes o valor real, conforme critérios estabelecidos em lei.

1.2.3.5. Equidade na forma de participação no custeio

A nosso ver, a equidade na forma de participação no custeio não corresponde, exatamente, ao princípio da capacidade contributiva.

O conceito de "equidade" está ligado à ideia de "justiça", mas não à justiça em relação às possibilidades de contribuir, e sim à capacidade de gerar contingências que terão cobertura pela seguridade social.

Então, a equidade na participação no custeio deve considerar, em primeiro lugar, a atividade exercida pelo sujeito passivo e, em segundo lugar, sua capacidade econômico-financeira. Quanto maior a probabilidade de a atividade exercida gerar contingências com cobertura, maior deverá ser a contribuição.

1.2.3.6. Diversidade da base de financiamento

O financiamento da seguridade social é de **responsabilidade de toda a comunidade**, na forma do art. 195 da CF.

Trata-se da aplicação do **princípio da solidariedade**, que impõe a todos os segmentos sociais — Poder Público, empresas e trabalhadores — a contribuição na medida de suas possibilidades. A proteção social é encargo de todos porque a desigualdade social incomoda a sociedade como um todo.

Feijó Coimbra ensina:[23]

> "Realmente, à medida que se consolida, na consciência social, a convicção de que o infortúnio de um cidadão causa dano à sociedade inteira, mais rápido e perto se chega da conclusão de que cumpre à mesma sociedade contribuir para tornar tais infortúnios impossíveis, ou amenizar-lhes os efeitos, para que o cidadão por eles atingido venha a recuperar sua condição econômica anterior ao dano, deixando de ser um peso para a comunidade, um fato negativo para seu progresso."

Os aportes ao orçamento da seguridade social são feitos por meio de recursos orçamentários da União, dos Estados, do Distrito Federal e dos Municípios, além de

---

[23] *Direito previdenciário brasileiro*. 10. ed. Rio de Janeiro: Edições Trabalhistas, 1999, p. 231.

contribuições pagas pelo empregador, pela empresa ou entidade a ela equiparada (art. 195, I), pelo trabalhador e demais segurados da previdência social (art. 195, II, com a redação dada pela **EC n. 103, de 12.11.2019**), pelas contribuições incidentes sobre as receitas dos concursos de prognósticos (art. 195, III) e pelas contribuições pagas pelo importador de bens ou serviços do exterior, ou de quem a lei a ele equiparar (art. 195, IV).

As bases de cálculos das contribuições da empresa e da entidade a ela equiparada são diversas e estão previstas no inc. I, *a*, *b* e *c*, do art. 195.

Outras fontes de custeio podem ser instituídas para garantir a expansão da seguridade social. Para tanto, deve ser observado o disposto no § 4º do art. 195, que remete ao art. 154, I, de modo que novas fontes de custeio só podem ser criadas por meio de **lei complementar**, desde que não cumulativas e que não tenham fato gerador ou base de cálculo próprios dos já discriminados na CF.

1.2.3.7. Caráter democrático e descentralizado da gestão administrativa. Participação da comunidade

A gestão da seguridade social é **quadripartite**, com a participação de representantes dos trabalhadores, dos empregadores, dos aposentados e do Poder Público nos órgãos colegiados (art. 194, parágrafo único, VII).

A participação desses representantes se dá em **órgãos colegiados** de deliberação, como o Conselho Nacional de Assistência Social (art. 17 da Lei n. 8.742/93), Conselho Nacional de Saúde (art. 1º da Lei n. 8.142/90) e Conselho Nacional de Previdência Social (art. 3º da Lei n. 8.213/91).

Esses Conselhos têm suas atribuições restritas ao campo da **formulação de políticas públicas** de seguridade e **controle das ações de execução**.

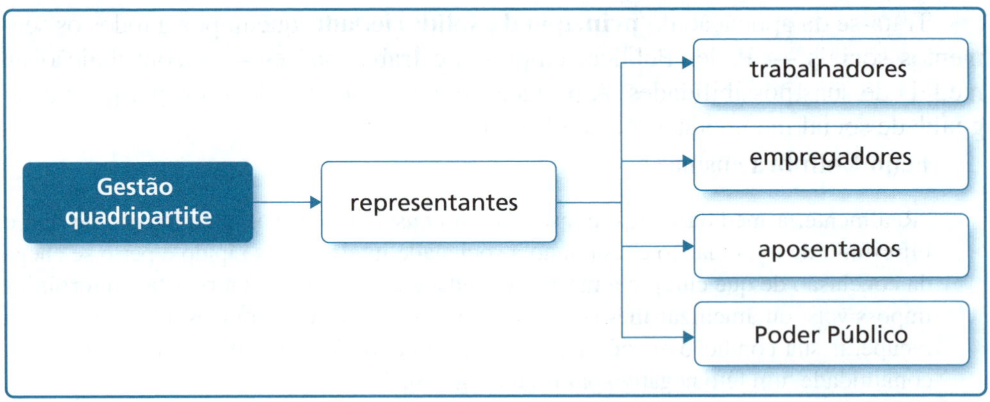

A descentralização significa que a seguridade social tem um **corpo distinto da estrutura institucional do Estado**. No campo previdenciário, essa característica sobressai com a existência do Instituto Nacional do Seguro Social **(INSS)**, autarquia federal encarregada da execução da legislação previdenciária.

1.2.3.8. *A regra da contrapartida*

Embora não prevista expressamente como um princípio, não há como deixar de mencionar a regra da contrapartida, trazida pelo § 5º do art. 195: "nenhum benefício ou serviço da seguridade social poderá ser criado, majorado ou estendido sem a correspondente fonte de custeio total".

A seguridade social só pode ser efetivada com o equilíbrio de suas contas, com a sustentação econômica e financeira do sistema. Por isso, opera com conceitos atuariais.

A CF quer o **equilíbrio financeiro e atuarial do sistema**, de forma que a criação, instituição, majoração ou extensão de benefícios e serviços devem estar calcadas em verbas já previstas no orçamento.

Na área da previdência social, há disposição específica no *caput* do art. 201 da CF: a previdência social será organizada sob a forma de regime geral, de caráter contributivo e filiação obrigatória, observados os critérios que preservem o equilíbrio financeiro e atuarial do sistema.

1.3. FONTES DO DIREITO PREVIDENCIÁRIO

O Direito Previdenciário, assim como os demais ramos do Direito, tem suas bases assentadas na Constituição Federal.

Há, ainda, um extenso rol de normas jurídicas infraconstitucionais sobre a matéria, principalmente no campo da previdência social. Porém, a abundância de legislação impõe que se atente aos princípios da **supremacia da Constituição** e da **hierarquia das leis**, de modo que cada espécie normativa não exceda os limites traçados pela CF.

São fontes do Direito Previdenciário: a Constituição Federal, a Emenda Constitucional, a Lei Complementar, a Lei Ordinária, a Lei Delegada (até o momento nunca utilizada em matéria previdenciária), a Medida Provisória, o Decreto Legislativo, a Resolução do Senado Federal, os Atos Administrativos Normativos (Instrução Normativa, Ordem de Serviço, Circular, Orientação Normativa, Portaria etc.), a jurisprudência dos Tribunais Superiores e da Turma Nacional de Uniformização dos Juizados Especiais Federais.

1.4. INTERPRETAÇÃO DO DIREITO PREVIDENCIÁRIO

A interpretação da norma jurídica impõe a localização topográfica da matéria na Constituição.

A seguridade social está situada no Título VIII — Da Ordem Social; é **direito social**, é um dos instrumentos de **preservação da dignidade da pessoa humana** e de **redução das desigualdades** sociais e regionais, que são respectivamente fundamento e objetivo do Estado Democrático de Direito (arts. 1º e 3º da CF).

O art. 6º da CF relaciona os direitos sociais: educação, saúde, trabalho, lazer, segurança, previdência social, proteção à maternidade e à infância e assistência aos desamparados, disciplinados *na forma da Constituição*, ou seja, conforme o disposto no Título VIII.

A Ordem Social tem como *base* o primado do **trabalho**, e seus objetivos são o ***bem-estar*** e a ***justiça sociais***.

O constituinte de 1988 escolheu o *trabalho* como alicerce da Ordem Social, indicando que toda atividade legislativa e interpretativa dessas normas deve prestigiar os direitos do trabalhador.

O *trabalho* e a *dignidade da pessoa humana* são fundamentos do Estado Democrático de Direito (art. 1º, III e IV, da CF). É com o trabalho que o homem sustenta a si e à sua família, do que resulta que só há dignidade humana quando houver trabalho. Só o trabalho propicia bem-estar e justiça sociais.

Também são direitos sociais os enumerados no art. 7º da CF, voltados ao trabalhador com relação de emprego.

Há outros direitos sociais por todo o texto constitucional; normas cuja obediência levará à efetivação do bem-estar e da justiça sociais. O art. 3º traça os objetivos fundamentais da República, e neles inclui **a erradicação da pobreza e da marginalização** e **a redução das desigualdades sociais e regionais**.

É de grande importância o art. XXV da Declaração Universal dos Direitos do Homem e do Cidadão, de 1948, que o Brasil subscreveu:

> "1. Todo homem tem direito a um padrão de vida capaz de assegurar a si e a sua família saúde e bem-estar, inclusive alimentação, vestuário, habitação, cuidados médicos e os serviços sociais indispensáveis, e direito à segurança em caso de desemprego, doença, invalidez, viuvez, velhice ou outros casos de perda dos meios de subsistência em circunstâncias fora de seu controle.
>
> 2. A maternidade e a infância têm direito a cuidados e assistência especiais. Todas as crianças, nascidas dentro ou fora do matrimônio, gozarão da mesma proteção social."

É objetivo fundamental da República "promover o bem de todos, sem preconceitos de origem, raça, sexo, cor, idade e quaisquer outras formas de discriminação" (art. 3º, IV, da CF), o que só é possível com a efetivação dos direitos sociais.

Os fundamentos do Estado Democrático de Direito e os objetivos fundamentais da República apontam para o conceito de justiça social. A dignidade da pessoa humana, o valor social do trabalho, a solidariedade social, o desenvolvimento, a erradicação da pobreza e da marginalização, a redução das desigualdades sociais e regionais e a promoção do bem de todos são os alicerces, os **princípios e diretrizes norteadores da elaboração, da interpretação e da aplicação do direito**.

Os resultados da interpretação da legislação previdenciária nunca podem acentuar desigualdades nem contrariar o princípio da dignidade da pessoa humana.

■ 1.5. APLICAÇÃO DO DIREITO PREVIDENCIÁRIO

■ 1.5.1. Aplicação no tempo

A lei tem por fim a disciplina das situações futuras, o "dever-ser", e resulta da atividade legislativa que, analisando os fatos sociais, acolhe a disciplina mais adequada à pacificação social.

A Lei de Introdução às Normas do Direito Brasileiro — LINDB (Decreto-lei n. 4.657, de 04.09.1942, com a redação dada pela Lei n. 12.376, de 30.12.2010) disciplina a vigência da lei no tempo e no espaço. E fornece algumas regras fundamentais.

No art. 1º, a LINDB dispõe que a lei começa a vigorar em todo o país 45 dias depois de oficialmente publicada e, caso seja novamente publicada, para fins de correção do texto, antes de entrar em vigor, o prazo começará a correr da nova publicação (art. 1º, § 3º).

A lei permanecerá em vigor até que outra lei posterior a modifique ou revogue (art. 2º). A revogação pode ser expressa ou tácita. É tácita quando a nova lei é com ela incompatível ou quando regule inteiramente a matéria por ela antes regulada (§ 1º). E, se a lei nova perder a vigência, não haverá repristinação, isto é, a lei revogada não será restaurada, salvo disposição em contrário (§ 3º).

É também na LINDB que está **proibida a retroatividade da lei**, cuja vigência deve respeitar **o ato jurídico perfeito, o direito adquirido e a coisa julgada** (art. 6º), preceito que também é garantia fundamental, na forma do art. 5º, XXXVI, da CF.

Essas regras são importantes em matéria de seguridade social em razão das constantes modificações legislativas, notadamente na área da previdência social.

Em matéria previdenciária, aplica-se o princípio segundo o qual ***tempus regit actum*****: aplica-se a lei vigente na data da ocorrência do fato**, isto é, da contingência geradora da necessidade com cobertura pela seguridade social. E nem poderia ser diferente porque se, de um lado, novas situações de necessidade vão surgindo no meio social, por outro lado, a seguridade social está submetida a limitações orçamentárias.

> **Exemplo:** pelo princípio segundo o qual ***tempus regit actum***, a pensão é concedida de acordo com as normas vigentes na data do óbito do segurado, porque o óbito é a contingência geradora de necessidade com cobertura previdenciária. Pode ocorrer que as normas relativas à pensão por morte sejam modificadas após o óbito, trazendo benefícios para os pensionistas. Os pensionistas, então, pedem a revisão do valor do benefício ao fundamento de que a lei nova é mais vantajosa. A jurisprudência, entretanto, tem sucessivamente reafirmado que, nesse caso, se aplica a lei vigente na data do óbito, impossibilitando a aplicação das novas regras à pensão anteriormente concedida. Foi o que ocorreu com a Lei n. 9.032/95, que alterou o coeficiente da pensão por morte para 100% do salário de benefício. A legislação anterior previa percentual inferior. Muitos pensionistas acorreram ao Poder Judiciário pleiteando, então, a majoração do coeficiente. O Plenário do Supremo Tribunal Federal, apreciando o Recurso Extraordinário n. 415454/SC, de relatoria do Ministro Gilmar Mendes, decidiu que, nessa situação, **aplica-se a lei vigente na data do óbito do segurado**.[24]

Entretanto, o julgado citado assenta que a retroatividade pode ocorrer quando a lei expressamente a ressalvar, desde que atendida a prévia indicação da fonte de custeio total. Em duas oportunidades, pelo menos, isso já ocorreu: com o art. 58 do ADCT e com a vigência da Lei n. 8.213/91, conforme veremos no tópico relativo ao cálculo do valor dos benefícios previdenciários.

---

[24] "(...) 15. Salvo disposição legislativa expressa e que atenda à prévia indicação da fonte de custeio total, **o benefício previdenciário deve ser calculado na forma prevista na legislação vigente à data da sua concessão.** A Lei n. 9.032/95 somente pode ser aplicada às concessões ocorridas a partir de sua entrada em vigor. 16. No caso em apreço, aplica-se o teor do art. 75 da Lei n. 8.213/91 em sua redação ao momento da concessão do benefício à recorrida (...)" (*DJe*-131, divulg. 25.10.2007). **Ainda sobre o tema**, cf. RE-AgR 436.995/RJ, Rel. Min. Ellen Gracie, *DJe*-227 28.11.2008.

A aquisição dos direitos previdenciários, em regra, impõe o cumprimento de longos prazos. E é rotineiro que a legislação se modifique, alterando "as regras do jogo" antes que o direito a determinada prestação se aperfeiçoe.

Há alguns exemplos de alteração da legislação previdenciária que têm produzido grandes discussões: a alteração do regime jurídico das aposentadorias dos servidores públicos e das aposentadorias do Regime Geral de Previdência Social (RGPS), introduzida pela Emenda Constitucional n. 20/98 e, posteriormente, pelas Emendas Constitucionais ns. 41/2003, 47/2005 e 103/2019. Como mais adiante estudaremos, as Emendas Constitucionais e a legislação infraconstitucional que se seguiu acabaram por atingir segurados de ambos os regimes previdenciários que ainda não haviam cumprido todos os requisitos para a aposentadoria. Surgiu, então, a questão: têm direito adquirido à aposentadoria pelas normas vigentes antes das alterações constitucionais?

A questão do aperfeiçoamento da aquisição de direitos não é simples em nenhum ramo do Direito. E no Direito Previdenciário se complica porque se trata de direito social, o que impõe outra pergunta: **em que momento se adquire o direito a benefícios previdenciários?** Na data do ingresso no sistema?

Como veremos no decorrer deste trabalho, o direito aos benefícios previdenciários impõe o cumprimento de diversos requisitos, dentre eles o cumprimento de carências. Nas aposentadorias por tempo de contribuição, exemplo de mais fácil compreensão, há necessidade de comprovação de períodos de, no mínimo, 30 anos. Não se tem notícia de legislação previdenciária que no Brasil tenha vigorado por tanto tempo, de modo que é comum que a legislação se modifique antes que os requisitos tenham sido cumpridos.

A nosso ver, a interpretação mais consentânea com os fins da Seguridade Social é no sentido de que se adquire o direito ao benefício na conformidade das normas vigentes quando do ingresso no sistema. Isso porque a seguridade social, por definição, destina-se à proteção social que garante ao indivíduo bem-estar e justiça sociais. No terreno previdenciário, eminentemente contributivo, não parece correto que se ingresse no sistema com a expectativa de obter a aposentadoria conforme as regras então vigentes e, no meio do caminho, mudem as regras do jogo, colocando por terra todo o planejamento feito para o futuro. Onde está a segurança jurídica de quem contribui para o custeio da seguridade social por longo tempo quando, repentinamente, as regras mudam e a aposentadoria já não pode mais ser concedida?

Entretanto, nosso posicionamento não encontra guarida no **STF**, que, há muito, vem decidindo que **não há direito adquirido a regime jurídico**. Nesse sentido, o julgamento do MS 26.646, Relator Ministro Luiz Fux.[25] Fica claro, assim, que os **benefí-**

---

[25] "(...) 1. A aposentadoria rege-se pela lei vigente à época do preenchimento de todos os requisitos conducentes à inatividade. 2. Destarte, consoante o art. 3º da Emenda Constitucional 41/2003, somente os servidores públicos que preencheram os requisitos para aposentadoria estabelecidos na vigência da Emenda Constitucional 20/1998 poderiam solicitar o benefício com fundamento na mesma regra editada pelo constituinte derivado. 3. O cômputo do acréscimo de dezessete por cento do período exercido como membro do Ministério Público para a aposentadoria segundo os ditames da Emenda Constitucional n. 20/1998 apenas alcança aqueles que incorporaram o direito de se aposentar pelas regras da aludida emenda. a) *In casu*, os membros do Ministério Público que não tinham preenchido

cios previdenciários são concedidos e calculados de acordo com as normas vigentes na data em que foram cumpridos todos os requisitos para a sua concessão.

Neste particular, vale mencionar inovação do art. 37, § 14, da CF, cuja redação dada pela Emenda Constitucional n. 103/2019, determina ruptura do vínculo gerador do tempo de contribuição quando utilizados cargo, emprego ou função pública, inclusive do Regime Geral de Previdência Social.

A norma foi disciplinada pelo art. 153-A do Decreto n. 10.410/2020.

1.5.2. Aplicação no espaço

As normas previdenciárias se aplicam **a todos que vivem no território nacional**, conforme o **princípio da territorialidade**.

Há situações, entretanto, em que a lei prevê proteção previdenciária no Brasil para pessoas que estão **fora do território nacional**. É o que prevê o art. 11, I, *c*, da Lei n. 8.213/91, que classifica como segurados empregados o brasileiro ou o estrangeiro domiciliado e contratado no Brasil para trabalhar como empregado em sucursal ou agência de empresa nacional no exterior.

Também é segurado obrigatório, na condição de empregado (art. 11, I, *e*), o brasileiro civil que trabalha para a União, no exterior, em organismos oficiais brasileiros ou internacionais dos quais o Brasil seja membro efetivo, ainda que lá domiciliado e contratado.

Atenção: não será segurado obrigatório do RGPS se estiver segurado na forma da legislação vigente do país do domicílio.

Convém lembrar a situação dos **diplomatas estrangeiros que prestam serviços no Brasil**. Em regra, essas pessoas estão protegidas pela legislação previdenciária do país de origem. Porém, se estão no Brasil prestando serviços à missão diplomática ou à repartição consular de carreira estrangeira e a órgãos a ela subordinados, são **segurados empregados, na forma do art. 11, I, *c***.

Atenção: se esses estrangeiros não têm residência permanente no Brasil, não são segurados obrigatórios do RGPS. E o brasileiro que preste serviços a essas missões diplomáticas ou repartições consulares também não será segurado obrigatório se estiver amparado pela legislação previdenciária do respectivo país (art. 11, I, *d*).

os requisitos para a aposentadoria quando do advento das novas normas constitucionais passaram a ser regidos pelo regime **previdenciário** estatuído na Emenda Constitucional n. 41/2003. b) O impetrante, nascido em 23/3/1951, completou os 53 anos de idade apenas em 23/3/2004, posteriormente, portanto, à Emenda Constitucional n. 41/2003, que revogara a EC n. 20/1998, não se aplicando ao caso a emenda constitucional revogada. É o momento em que preenchidos os requisitos para aposentadoria que define a legislação que será aplicada ao caso, não cabendo falar-se em **direito adquirido** a **regime jurídico** anterior ao tempo em que preenchidos tais requisitos. 4. Outrossim, é cediço na Corte que não há **direito adquirido** a **regime jurídico**, aplicando-se à aposentadoria a norma vigente à época do preenchimento dos requisitos para sua concessão (...)" (j. 12.05.2015, *DJe* 01.06.2015).

Essas normas são extremamente importantes porque o Brasil tem assinado tratados internacionais em matéria previdenciária (Portugal, Cabo Verde, Itália, Espanha, Argentina, Chile, Uruguai, Japão, Estados Unidos etc.). Havendo reciprocidade previdenciária entre os países, os segurados neles poderão obter benefícios previdenciários. A aplicação dos Acordos Internacionais está prevista nos arts. 32, §§ 9º, 35, § 1º e 18, do Decreto n. 3.048, de 06.05.1999 (Regulamento da Previdência Social).

■ 1.6. QUESTÕES

1. (TRF 1ª Região — XII Concurso — Juiz Federal Substituto — 2006) Assinale a alternativa incorreta:

a) A Seguridade Social compreende um conjunto integrado de ações de iniciativa dos poderes públicos e da sociedade, destinado a assegurar o direito relativo à saúde, à previdência e à assistência social, segundo princípios e diretrizes previstos em lei, entre eles a universalidade da cobertura e do atendimento, equidade de participação no custeio, uniformidade e equivalência de benefícios e serviços às populações urbanas e rurais.

b) A Previdência Social tem por fim assegurar aos seus beneficiários meios indispensáveis de manutenção, por motivo de incapacidade, idade avançada, tempo de serviço, desemprego involuntário, encargos de família, reclusão ou morte daqueles de quem dependiam economicamente.

c) A Assistência Social é a política social que provê o atendimento das necessidades básicas, traduzidas em proteção à família, à maternidade, à infância, à adolescência, à velhice e à pessoa portadora de deficiência, independentemente de contribuição à Seguridade Social.

d) A Seguridade Social é financiada, de forma direta e indireta, nos termos da Constituição e de lei específica, mediante recursos exclusivamente provenientes da União, dos Estados, do Distrito Federal, dos Municípios e de contribuições sociais.

2. (TRF 3ª Região — X Concurso — Juiz Federal Substituto — Questão 84) Considerando os princípios e regras gerais pertinentes à seguridade social, assinale a alternativa incorreta:

a) o princípio da uniformidade determina que o elenco de prestações devidas ao trabalhador urbano seja o mesmo atribuído aos trabalhadores rurais;

b) a regra da contrapartida impõe que nenhum benefício ou serviço da seguridade social possa ser criado, majorado ou estendido sem a correspondente fonte de custeio total, estando nessa regra incluído o benefício de assistência social;

c) as entidades beneficentes de assistência social, que atendam as exigências estabelecidas em lei, gozam de imunidade subjetiva referente às contribuições pertinentes à seguridade social;

d) o princípio da seletividade e distributividade na prestação dos benefícios significa que a seguridade social deve atender a todas as pessoas, de molde a que a proteção alcance todos aqueles que se encontrem em situações consideradas pela lei como de risco social.

3. (CESPE/UnB — Advocacia-Geral da União (AGU) — Procurador Federal de 2ª Categoria — 2007) Julgue os itens a seguir, acerca do conceito, da organização e dos princípios da seguridade social (C para "certo" e E para "errado"):

6. Assistência social é a política social que provê o atendimento das necessidades básicas, traduzidas em proteção à família, à maternidade, à infância, à adolescência, à velhice e à pessoa portadora de deficiência, independentemente de contribuição à seguridade social.

7. A seguridade social obedece aos princípios da seletividade e da distributividade na prestação dos benefícios e serviços.

4. (CESPE/UnB — Advocacia-Geral da União (AGU) — Procurador Federal de 2ª Categoria — 2002 — Questão 37) A Constituição da República determina que compete ao poder público, nos termos da lei, organizar a seguridade social, com base em determinados objetivos, os quais incluem:

I. uniformidade e equivalência dos benefícios e serviços às populações urbanas e rurais;
II. seletividade e distributividade na prestação dos benefícios e serviços;
III. irredutibilidade do valor dos benefícios;
IV. equidade na forma de participação no custeio;
V. diversidade da base de financiamento.

Em face dessas considerações, julgue os itens a seguir:

1. No Brasil, teve início, durante a Era Vargas, a edição de leis que instituíam proteção previdenciária em favor tanto de trabalhadores urbanos como de trabalhadores rurais.
2. Se, atualmente, tal como ocorria antes do advento da Constituição de 1988, não houvesse norma jurídica que estabelecesse para os trabalhadores rurais a obrigação de contribuir para a previdência social, essa omissão legislativa poderia ser impugnada mediante mandado de injunção.
3. Enquanto a disposição constitucional que determina a irredutibilidade do valor dos benefícios ligados à seguridade social é norma de eficácia plena, o dispositivo que determina a diversidade da base de financiamento da seguridade é uma norma programática.
4. Se a União editasse lei ordinária fixando a renda mensal do auxílio-acidente em 60% do salário de benefício, essa lei seria inconstitucional porque acarretaria diminuição no valor da renda mensal do auxílio-acidente, em flagrante violação do princípio constitucional da irredutibilidade de benefícios.
5. Apesar de a Constituição da República determinar como objetivo da seguridade social a equidade na forma de participação no custeio, o acesso à saúde é universal e deve ser prestado tanto às pessoas que contribuem como às que não contribuem para a seguridade, inclusive aos estrangeiros em trânsito no país.

5. (TRF 4ª Região — XIV Concurso — Juiz Federal Substituto — 2010) Dadas as assertivas abaixo acerca dos princípios informadores da Seguridade Social e da Previdência Social, assinale a alternativa correta.

I. Em razão do princípio da uniformidade e da equivalência dos benefícios e serviços, é totalmente vedada a adoção de requisitos e critérios diferenciados para a concessão de aposentadoria aos beneficiários do Regime Geral de Previdência Social.
II. Em razão de princípio consagrado na Constituição Federal, é assegurado o reajustamento dos benefícios para preservar-lhes, em caráter permanente, o valor real, conforme critérios definidos em decreto do Presidente da República, após proposta do Conselho Nacional de Previdência Social.
III. Por força de princípio constitucional, há possibilidade de instituição de regime de previdência privada facultativo, de caráter complementar e organizado de forma autônoma em relação ao Regime Geral de Previdência Social, baseado na constituição de reservas que garantam o benefício contratado, e regulado por lei complementar.
IV. O princípio da universalidade garante o acesso à Previdência Social, independentemente de qualquer condição, a todas as pessoas residentes no país, inclusive estrangeiros.

V. Os princípios previstos na Constituição Federal acerca da Seguridade Social estabelecem, dentre outras coisas, equidade na forma de participação no custeio, diversidade da base de financiamento e caráter democrático e descentralizado da administração, mediante gestão quadripartite, com participação dos trabalhadores, dos empregadores, dos aposentados e do Governo nos órgãos colegiados.

a) Está correta apenas a assertiva III.
b) Estão corretas apenas as assertivas I e IV.
c) Estão corretas apenas as assertivas III e V.
d) Estão corretas apenas as assertivas IV e V.
e) Nenhuma assertiva está correta.

6. (FCC — TCE-SE — Analista de Controle Externo — Coordenadoria Jurídica — 2011 — Questão 59) Maria e João são empregados da empresa X. Maria possui três dependentes enquanto João não possui dependentes. Na qualidade de segurada Maria recebe o benefício salário-família enquanto João apesar de segurado não recebe. Neste caso específico está sendo aplicado o princípio constitucional da

a) equidade na forma de participação no custeio.
b) distributividade na prestação dos benefícios.
c) universalidade do atendimento.
d) diversidade da base de financiamento.
e) seletividade da prestação dos benefícios.

7. (FCC — TCE-SE — Analista de Controle Externo — Coordenadoria Jurídica — 2011 — Questão 60) No tocante à evolução legislativa da Seguridade Social no Brasil, dentre as primeiras regras de proteção, a aposentadoria por invalidez aos servidores públicos

a) foi prevista inicialmente na Constituição Federal brasileira de 1946.
b) somente teve previsão constitucional na Constituição Federal brasileira de 1988.
c) teve previsão inicial em lei especial de caráter nacional publicada em 1942.
d) foi prevista inicialmente na Constituição Federal brasileira de 1891.
e) teve previsão inicial de caráter nacional na conhecida Lei Eloy Chaves.

8. (TRT 24ª Região (MS) — Juiz do Trabalho — 2012 — Questão 92) Assinale a alternativa INCORRETA:

a) Ao Estado brasileiro compete organizar e administrar a Seguridade Social e a responsabilidade por garantir a proteção preconizada é do Poder Público e da sociedade.
b) A atuação da Seguridade Social, composta de serviços e benefícios, desenvolve-se por meio de três áreas distintas, com organização e ministérios próprios, quais sejam: saúde (Ministério da Saúde); assistência social (Ministério do Desenvolvimento Social e Combate à Fome) e previdência social (Ministério da Previdência Social).
c) Existe no Brasil um sistema de proteção social destinado a proteger todos os cidadãos em todas as situações de necessidade, denominado Previdência Social.
d) A Seguridade Social é financiada por toda a sociedade, de forma direta e indireta, mediante recursos provenientes dos orçamentos da União, dos Estados, do Distrito Federal e dos Municípios, além das contribuições sociais.
e) A Previdência Social é direito de todos que possuam capacidade contributiva.

9. (TRT 18ª Região (GO) — Juiz do Trabalho — 2012 — Questão 93) São objetivos inspiradores da organização da Seguridade Social, a serem observados pelo Poder Público, conforme previsão constitucional:

a) Atendimento com prioridade para atividades preventivas.
b) Universalidade da cobertura e particularidade do atendimento.
c) Caráter democrático e centralizado da administração.
d) Seletividade e distributividade na prestação dos benefícios e serviços.
e) Dissemelhança dos benefícios às populações urbanas e rurais.

10. (CESPE — DPE-AC — Defensor Público — 2012 — Questão 87) Assinale a opção correta no que se refere à seguridade social.

a) A seguridade social compreende um conjunto de ações de proteção social custeado pelo Estado, conforme suas limitações orçamentárias, e organizado com base, entre outros objetivos, na irredutibilidade do valor das contribuições.
b) A previdência social estrutura-se como um sistema não contributivo, sendo os recursos para o financiamento de suas ações provenientes da arrecadação de tributos pelos entes estatais.
c) A dimensão subjetiva da universalidade de cobertura e atendimento do seguro social, relacionada às situações de risco social, adquire não apenas caráter reparador, mas também preventivo.
d) O princípio da equidade, que fundamenta a forma de participação no custeio da seguridade social, está associado aos princípios da capacidade contributiva e da isonomia fiscal.
e) São considerados direitos fundamentais de primeira geração ou dimensão os relativos à saúde, à previdência e à assistência social.

11. (FCC — TRT 1ª Região (RJ) — Juiz do Trabalho — 2012 — Questão 86) A seguridade social compreende um conjunto integrado de ações

a) de iniciativa da sociedade, reguladas pelos Poderes Públicos, destinadas a assegurar os direitos relativos a saúde, previdência e assistência social.
b) exclusivas dos Poderes Públicos, destinadas a prover, quando materialmente possível, os direitos relativos a saúde, previdência e assistência social.
c) exclusivas dos Poderes Públicos, destinadas a assegurar os direitos relativos a saúde, previdência e assistência social.
d) de iniciativa dos Poderes Públicos e da sociedade, destinadas a assegurar os direitos relativos a saúde, previdência e assistência social.
e) de iniciativa dos Poderes Públicos e da sociedade, destinadas a prover, quando materialmente possível, os direitos relativos a saúde, previdência e assistência social.

12. (CESPE — TRF 5ª Região — Juiz Federal Substituto — 2011) Em relação às fontes e princípios e à eficácia e interpretação das normas de seguridade, assinale a opção correta.

a) Com base no princípio constitucional de irredutibilidade do valor dos benefícios, não se admite redução do valor nominal do benefício previdenciário pago em atraso, exceto na hipótese de índice negativo de correção para os períodos em que ocorra deflação.
b) As fontes formais do direito previdenciário consistem nos fatores que interferem na produção de suas normas jurídicas, como, por exemplo, os fundamentos do surgimento e da manutenção dos seguros sociais e os costumes no âmbito das relações entre a autarquia previdenciária — no caso, o INSS — e o segurado.
c) Havendo antinomia entre norma principiológica e norma infraconstitucional, a questão se resolve pela sobreposição da norma constitucional à legal, razão pela qual o STF declarou a inconstitucionalidade formal da Lei n. 9.876/1999, na parte que estendeu o salário-maternidade às contribuintes individuais, sob o argumento de que a CF somente prevê o benefício expressamente às empregadas urbanas, rurais e domésticas e às trabalhadoras avulsas.

d) Diante de aparente antinomia entre normas principiológicas ou constitucionais, não é correto, segundo a doutrina dominante, falar-se em conflito, mas em momentâneo estado de tensão ou de mal-estar hermenêutico, cuja solução não se dá pela exclusão de uma norma do ordenamento jurídico, como ocorre com as regras em geral, mas pela ponderação entre os princípios, em cada caso concreto.

e) A interpretação teleológica das normas previdenciárias consiste na análise da norma no contexto desse ramo do direito ou do ordenamento jurídico como um todo, e não, isoladamente. Busca-se, com isso, a integração da norma com os princípios norteadores e demais institutos aplicáveis.

13. (CESPE — TRF 1ª Região — Juiz Federal Substituto — 2013 — Questão 11) Com relação à seguridade social e seus princípios, assinale a opção correta.

a) A seguridade social compreende um conjunto integrado de ações de iniciativa dos poderes públicos e da sociedade destinadas a assegurar os direitos relativos ao trabalho, à saúde, à previdência e à assistência social.

b) A gestão tripartite do sistema previdenciário, com participação dos trabalhadores, dos empregadores e dos aposentados e decorrente do caráter democrático e descentralizado da administração, garante a segurança e a moralidade na administração desse sistema.

c) O equilíbrio financeiro e atuarial do sistema previdenciário consiste na observação dos critérios que preservem a sua solvência financeira, de modo a fornecer segurança e tranquilidade aos segurados e garantir o fomento público em situações de instabilidade econômica.

d) Constituem objetivos da seguridade social a universalidade e a uniformidade da cobertura e do atendimento e a inequidade na forma de participação no custeio.

e) Segundo a jurisprudência majoritária do STF, o princípio da irredutibilidade do valor dos benefícios refere-se apenas ao valor nominal desses benefícios, não resultando na garantia da concessão de reajustes periódicos, característica relativa à preservação do valor real.

14. (CESPE — Advogado da União de 2ª Categoria (AGU) — 2012) Com base na jurisprudência do STF, julgue os itens a seguir, acerca da seguridade social.

192. Em face do princípio constitucional da irredutibilidade do valor dos benefícios previdenciários, a aplicação de novos critérios de cálculo mais benéficos estabelecidos em lei deve ser automaticamente estendida a todos os benefícios cuja concessão tenha corrido sob regime legal anterior.

193. Como o direito à proteção da seguridade social, no Brasil, é garantido apenas aos segurados de um dos regimes previdenciários previstos em lei, o indivíduo que não contribui para nenhum desses regimes não faz jus à referida proteção.

15. (CESPE/UnB — Procurador do Bacen — 2013 — Questão 96) Considerando a evolução histórico-legislativa e os princípios da seguridade social no Brasil, assinale a opção correta.

a) Com o advento da CF, a seguridade social foi adotada e disciplinada sistematicamente pela primeira vez no Brasil, sendo-lhe dedicado um capítulo integral no texto constitucional e implementadas, desde então, significativas mudanças na área, como, por exemplo, a progressiva extinção do critério de escala do salário-base, prevista na Lei de Custeio.

b) A seguridade social no Brasil é organizada com base em vários princípios constitucionais, entre os quais se inclui o princípio da equidade na forma de participação no custeio, segundo o qual é necessária a participação idêntica de todos, com alíquotas iguais, para garantir o atendimento ao princípio da igualdade.

c) A seguridade social é financiada diretamente por toda a sociedade, por meio de recursos provenientes dos orçamentos da União, do Distrito Federal, dos estados e dos municípios, que destinam parte do pagamento dos tributos a esse fim, e, indiretamente, por meio das contribuições do empregador, do empregado ativo e do empregado aposentado.

d) O INSS, importante órgão na estrutura da seguridade social brasileira, foi instituído no Brasil na década de noventa do século XX, como autarquia federal, mediante fusão do Instituto de Administração da Previdência e Assistência Social com o Instituto Nacional de Previdência Social.

e) Desde 1919, já havia legislação sobre acidente de trabalho no Brasil, entretanto, somente com a publicação da Lei Eloy Chaves, em 1946, foram implementadas as primeiras experiências previdenciárias, tendo a referida lei criado caixas de aposentadorias e pensões para os empregados das empresas ferroviárias e aeroferroviárias brasileiras.

16. (CESPE — Defensoria Pública do Distrito Federal — Defensor Público de Segunda Categoria — 2013) Julgue os itens a seguir, relativos à seguridade social e a acidente do trabalho.

179. Entre os objetivos em que se baseia a organização da seguridade social no Brasil inclui-se o caráter democrático e descentralizado da administração, mediante gestão tripartite, com participação dos trabalhadores, dos empregadores e do governo nos órgãos colegiados.

182. Nos termos da CF, a seguridade social compreende um conjunto integrado de ações de iniciativa dos poderes públicos e da sociedade destinadas a assegurar, exclusivamente, os direitos relativos à previdência e à assistência social.

17. (CESPE — TRF 2ª Região — Juiz Federal Substituto — 2012 — Questão 11) Conforme a CF, a seguridade social será financiada por toda a sociedade, de forma direta e indireta, nos termos da lei, mediante recursos provenientes dos orçamentos da União, dos estados, do Distrito Federal e dos municípios, e de determinadas contribuições. Nesse sentido, as contribuições sociais constitucionalmente previstas incluem a contribuição

a) sobre o domínio econômico incidente sobre a venda de petróleo e derivados.
b) do exportador de serviços para o exterior.
c) do aposentado pelo RGPS.
d) da pensionista de trabalhador falecido que se tenha aposentado pelo RGPS.
e) da entidade equiparada a empresa, na forma da lei, incidente sobre o faturamento.

18. (CESPE — TRF 5ª Região — Juiz Federal Substituto — 2012 — Questão 11) No que concerne aos princípios, à eficácia e à interpretação das normas de seguridade social, assinale a opção correta.

a) Embora não haja nas normas previdenciárias preceito equivalente ao previsto no CPC, segundo o qual o juiz somente se pode valer da equidade quando autorizado por lei, essa técnica tem sido utilizada na solução de conflitos que envolvam matéria previdenciária, como os casos de concessão de benefícios previdenciários nas relações homoafetivas.

b) De acordo com o princípio do equilíbrio financeiro e atuarial, o poder público, na execução das políticas relativas à saúde e à assistência social, assim como à previdência social, deve atentar sempre para a relação entre custo e pagamento de benefícios, a fim de manter o sistema em condições superavitárias.

c) Por adotar os princípios da seletividade e distributividade, o poder público pode averiguar a capacidade contributiva do indivíduo para fins de concessão dos benefícios e dos serviços da seguridade social.

d) Como as normas previdenciárias aplicam-se somente às pessoas que vivem no território nacional, o brasileiro ou estrangeiro domiciliado e contratado no Brasil para trabalhar como empregado em sucursal ou agência de empresa nacional no exterior não pode ser segurado da previdência social.

e) Os tratados, convenções e outros acordos internacionais de que Estado estrangeiro ou organismo internacional e o Brasil sejam partes e que versem sobre matéria previdenciária são interpretados como leis ordinárias gerais.

19. (CESPE — Defensor Público do Estado do Acre — 2012 — Questão 87) Assinale a opção correta no que se refere à seguridade social.

a) A seguridade social compreende um conjunto de ações de proteção social custeado pelo Estado, conforme suas limitações orçamentárias, e organizado com base, entre outros objetivos, na irredutibilidade do valor das contribuições.

b) A previdência social estrutura-se como um sistema não contributivo, sendo os recursos para o financiamento de suas ações provenientes da arrecadação de tributos pelos entes estatais.

c) A dimensão subjetiva da universalidade de cobertura e atendimento do seguro social, relacionada às situações de risco social, adquire não apenas caráter reparador, mas também preventivo.

d) O princípio da equidade, que fundamenta a forma de participação no custeio da seguridade social, está associado aos princípios da capacidade contributiva e da isonomia fiscal.

e) São considerados direitos fundamentais de primeira geração ou dimensão os relativos à saúde, à previdência e à assistência social.

20. (CESPE — TRF 1ª Região — Juiz Federal Substituto — 2013 — Questão 11) Com relação à seguridade social e seus princípios, assinale a opção correta.

a) A seguridade social compreende um conjunto integrado de ações de iniciativa dos poderes públicos e da sociedade destinadas a assegurar os direitos relativos ao trabalho, à saúde, à previdência e à assistência social.

b) A gestão tripartite do sistema previdenciário, com participação dos trabalhadores, dos empregadores e dos aposentados e decorrente do caráter democrático e descentralizado da administração, garante a segurança e a moralidade na administração desse sistema.

c) O equilíbrio financeiro e atuarial do sistema previdenciário consiste na observação dos critérios que preservem a sua solvência financeira, de modo a fornecer segurança e tranquilidade aos segurados e garantir o fomento público em situações de instabilidade econômica.

d) Constituem objetivos da seguridade social a universalidade e a uniformidade da cobertura e do atendimento e a inequidade na forma de participação no custeio.

e) Segundo a jurisprudência majoritária do STF, o princípio da irredutibilidade do valor dos benefícios refere-se apenas ao valor nominal desses benefícios, não resultando na garantia da concessão de reajustes periódicos, característica relativa à preservação do valor real.

21. (CESPE — TRF 1ª Região — Juiz Federal Substituto — 2013 — Questão 12) Assinale a opção correta no que se refere à saúde, à previdência e à assistência social.

a) A pessoa participante de regime próprio de previdência pode filiar-se, na qualidade de segurado facultativo, ao regime geral de previdência social (RGPS), se para ele contribuir.

b) O Sistema Único de Saúde é financiado com recursos do orçamento da seguridade social, da União, dos estados, do DF e dos municípios, sendo vedadas outras fontes de custeio.

c) Sendo organizada sob a forma de regime geral, de caráter contributivo e de filiação não obrigatória, a previdência social protege o trabalhador em situação de desemprego involuntário apenas se ele for filiado ao regime.
d) É de um salário mínimo e meio o valor do benefício assistencial, comumente denominado LOAS, pago mensalmente à pessoa portadora de deficiência e ao idoso que comprovem não possuir meios de prover a própria manutenção ou de tê-la provida por sua família.
e) Os objetivos da assistência social, que deve ser prestada a quem dela necessitar, independentemente de contribuição à seguridade social, incluem habilitar e reabilitar pessoas portadoras de deficiência, preparando-as para uma integração comunitária.

22. (CESPE — AGU — Advogado da União — 2015) No que diz respeito à seguridade social, julgue os itens a seguir.

186. As diretrizes que fundamentam a organização da assistência social são a descentralização político-administrativa para os estados, o Distrito Federal e os municípios, e comando único em cada esfera de governo; a participação da população, mediante organizações representativas, na formulação das políticas e no controle das ações; e a prevalência da responsabilidade do Estado na condução da política de assistência social.

187. De acordo com a CF, a gestão administrativa da seguridade social deve ser tripartite, ou seja, formada por trabalhadores, empregadores e governo.

188. Conforme a jurisprudência do STF, a irredutibilidade do valor dos benefícios é garantida constitucionalmente, seja para assegurar o valor nominal, seja para assegurar o valor real dos benefícios, independentemente dos critérios de reajuste fixados pelo legislador ordinário.

189. De acordo com entendimento do STF, o princípio da preexistência do custeio em relação ao benefício ou serviço aplica-se à seguridade social financiada por toda sociedade, estendendo-se às entidades de previdência privada.

23. (CESPE — TRF 1ª Região — Juiz Federal Substituto — 2015 — Questão 11) Com base na CF e na legislação sobre seguridade social — saúde, previdência e assistência social —, assinale a opção correta.

a) Apesar de ser constitucionalmente previsto o caráter democrático da administração da seguridade social, de sua gestão não participam os trabalhadores e empregados.
b) A previdência está organizada sob a forma de regime geral, de caráter contributivo e de filiação facultativa, ainda que o trabalhador não esteja amparado por regime próprio de previdência.
c) Enquanto o acesso à saúde é universal e independe de qualquer retribuição financeira por parte do usuário, o acesso à previdência e à assistência social exige a contribuição direta do beneficiário ou do assistido.
d) A irredutibilidade do valor dos benefícios está elencada entre os princípios constitucionais da seguridade social.
e) Todas as entidades beneficentes são isentas de contribuição para a seguridade social.

24. (CESPE — TRF 5ª Região — Juiz Federal Substituto — 2014 — Questão 12) Considerando que, no âmbito do direito previdenciário, os princípios se confundem com os objetivos da seguridade social, assinale a opção correta.

a) A distributividade na prestação dos serviços visa evitar, entre outros efeitos, a concentração de atendimento em certas regiões do país em detrimento de outras.
b) Historicamente, a irredutibilidade do valor dos benefícios tem sido adotada tanto em seu sentido real quanto nominal.

c) A universalidade de cobertura restringe-se ao aspecto objetivo da seguridade social, ao passo que a universalidade de atendimento, ao aspecto subjetivo.
d) A equivalência dos benefícios e serviços prestados às populações urbanas e rurais deve ser entendida com relatividade, admitindo-se, no âmbito principiológico, diferenciações decorrentes da relevância de uns trabalhadores sobre outros.
e) O princípio da seletividade evidencia as diferenças que podem ser admitidas no tratamento entre beneficiários de um mesmo regime.

25. (CESPE — TRF 5ª Região — Juiz Federal Substituto — 2014 — Questão 14) Consoante o *caput* do art. 194 da CF: "A seguridade social compreende um conjunto integrado de ações de iniciativa dos poderes públicos e da sociedade, destinadas a assegurar os direitos relativos à saúde, à previdência e à assistência social". No que se refere às distinções entre as três grandes funções de governo que compõem a seguridade social, é correto afirmar que

a) a função de assistência social destina-se aos segurados da previdência social mais carentes, ao passo que a previdência destina-se ao segurado que não tem plano próprio de previdência privada.
b) as ações do poder público no campo da saúde estão precipuamente voltadas para a prestação de serviços, enquanto aquelas no âmbito da previdência social referem-se à prestação de benefícios previdenciários.
c) a função saúde atende aos segurados que se encontram no gozo dos direitos que, nessa qualidade, lhes são inerentes, ao passo que a assistência social destina-se aos que perderam essa qualidade.
d) o benefício de prestação continuada, previsto na Lei Orgânica da Assistência Social, destina-se a ações direcionadas à saúde e à assistência social.
e) a função saúde não se destina aos segurados da previdência que possuam planos privados de saúde.

26. (CESPE — Defensoria Pública da União — Defensor Público Federal de Segunda Categoria — 2017) Acerca da seguridade social no Brasil, de sua evolução histórica e de seus princípios, julgue os itens a seguir.

133. A Lei Eloy Chaves, de 1923, foi um marco na legislação previdenciária no Brasil, pois unificou os diversos institutos de aposentadoria e criou o INPS.

134. Dado o princípio da universalidade de cobertura, a seguridade social tem abrangência limitada àqueles segurados que contribuem para o sistema.

27. (TRF3 — XVII Concurso — Juiz Federal Substituto (2016/2017) — Questão 10) Estabelece o artigo 194 da Constituição Federal que "A seguridade social compreende um conjunto integrado de ações de iniciativa dos Poderes Públicos e da sociedade, destinadas a assegurar os direitos relativos à saúde, à previdência e à assistência social". Assinale a alternativa correta sobre os princípios constitucionais específicos que regem a Seguridade Social:

a) Universalidade da cobertura e do atendimento pode ser destacada como subjetiva e objetiva e refere-se ao direito dos contribuintes à cobertura das necessidades nas situações socialmente danosas.
b) Uniformidade e equivalência dos benefícios e serviços às populações urbanas e rurais impõe que, diante de idênticas situações de necessidade, haja diversidade de proteção, em forma de benefícios e serviços.
c) Seletividade e distributividade na prestação dos benefícios e serviços indica que o sistema de proteção social deve oferecer todas as prestações, sem exceções, a quem delas necessite, para a consecução da igualdade e da justiça social.
d) Diversidade da base de financiamento refere-se à busca da seguridade social pela pluralidade de recursos, com participação individual e social e decorre do solidarismo so-

cial, pelo qual devem ser adotadas técnicas de proteção social e conjugados esforços de todos para a cobertura das contingências sociais.

28. (CESPE — TRF5 — XIV Concurso — Juiz Federal Substituto — 2017 — Questão 15) Quanto à aplicação da lei previdenciária no tempo, assinale a opção correta.

a) Independentemente do benefício pretendido, aplica-se o princípio *tempus regit actum*: a lei do tempo em que se preencheram todos os requisitos para a concessão do benefício pretendido pelo segurado.

b) Com exceção das aposentadorias por tempo de contribuição e por idade, aplica-se a lei em vigor à época em que o segurado ingressou no sistema previdenciário.

c) Aplica-se o princípio *lex posterior derrogat priori* para os benefícios devidos aos segurados, independentemente de ser mais ou menos vantajoso; aplicando-se entretanto, a lei em vigor na data de ingresso do segurado no sistema previdenciário para os benefícios devidos aos dependentes.

d) Independentemente do benefício pretendido, será adotada a interpretação que mais se aproxima do ideal de justiça, pautado em princípio valorativo e finalístico, segundo o qual se aplica a lei mais vantajosa ao segurado.

e) Aplica-se o princípio *lex posterior derrogat priori*, com a ressalva de que havendo alteração da lei após o ingresso do trabalhador ao sistema previdenciário, será adotada a lei mais vantajosa ao beneficiário segurado ou dependente.

GABARITO

1. "d".
2. "d".
3. 6. "certo"; 7. "certo".
4. 1. "errado"; 2. "errado"; 3. "certo"; 4. "errado"; 5. "certo".
5. "c".
6. "e".
7. "d".
8. "c".
9. "d".
10. "d".
11. "d".
12. "d".
13. "e".
14. 192. "errado"; 193. 1. "errado".
15. "d".
16. 179. "errado"; 182. "errado".
17. "e".
18. "a".
19. "d".

20. "e".
21. "e".
22. 186. "certo"; 187. "errado"; 188. "errado"; 189. "errado".
23. "d".
24. "a".
25. "b".
26. 133. "errado"; 134. "errado".
27. "d".
28. "a".

2

O FINANCIAMENTO DA SEGURIDADE SOCIAL

2.1. NORMAS GERAIS CONSTITUCIONAIS. FINANCIAMENTO DE FORMA DIRETA E INDIRETA

O art. 195 da CF prevê que a seguridade social é financiada "por toda a sociedade, de forma **direta** e **indireta**, nos termos da lei, mediante recursos provenientes dos orçamentos da União, dos Estados, do Distrito Federal e dos Municípios", e pelas contribuições sociais previstas nos incs. I a IV.

Já tratamos da diversidade da base de financiamento (1.2.3.6 *supra*), previsto no art. 194, VI. Com a **EC n. 103/2019**, o dispositivo foi alterado, passando a determinar que cada setor da Seguridade Social – Previdência Social, Saúde e Assistência Social – tenha rubricas contábeis específicas, com identificação das receitas e despesas vinculadas, preservado o caráter contributivo da previdência social, o que tem como objetivo dar transparência e confiabilidade à arrecadação e aplicação dessas verbas.

O financiamento de **forma direta** é feito com o pagamento de **contribuições sociais** previstas nos incs. I a IV do art. 195, da contribuição para o Programa de Integração Social (PIS) e para o Programa de Formação do Patrimônio do Servidor Público (PASEP) (art. 239), destinadas a financiar o programa do seguro-desemprego, outras ações da previdência social e o abono previsto no § 3º (um salário mínimo), pago aos empregados que recebem até dois salários mínimos de remuneração mensal.

O financiamento de **forma indireta** é feito com o aporte de **recursos orçamentários** da União, dos Estados, dos Municípios e do Distrito Federal, que devem constar dos respectivos orçamentos dos entes federativos. Esses recursos **não integram o orçamento da União**.

FINANCIAMENTO	
Forma direta	**Forma indireta**
■ Contribuições sociais	■ Recursos orçamentários

A Lei n. 8.212, de 24.07.1991 (Plano de Custeio), dispõe no art. 11 que, no **âmbito federal**, o orçamento da seguridade social é composto por **receitas da União, receitas das contribuições sociais e receitas de outras fontes**.

Caso o orçamento da seguridade se mostre insuficiente para o pagamento dos benefícios previdenciários, a União é responsável por estes, na forma da Lei Orçamentária (art. 16, parágrafo único, da Lei n. 8.212/91).

2.1.1. Competência

Estão enumeradas no art. 195 da CF as contribuições sociais destinadas ao financiamento da seguridade: do empregador, da empresa e da entidade a ela equiparada, na forma da lei, incidentes sobre a folha de salários e demais rendimentos do trabalho, a receita ou o faturamento e o lucro (inc. I, *a*, *b* e *c*); do trabalhador e dos demais segurados da Previdência Social, podendo ser adotadas alíquotas progressivas de acordo com o valor do salário de contribuição, não incidindo contribuição sobre aposentadoria e pensão concedidas pelo RGPS (inc. II, com a redação da **EC n. 103/2019**); sobre a receita de concursos de prognósticos[1] (inc. III); e do importador de bens ou serviços do exterior, ou de quem a lei a ele equiparar (inc. IV).

A EC n. 103/2019 alterou o art. 195, II, e passou a permitir a adoção de alíquotas progressivas de acordo com o valor do salário de contribuição do segurado.

Compete à **União** instituir as contribuições enumeradas pelo art. 195 (art. 149 da CF), **por lei ordinária**.

Outras fontes de custeio, diferentes das previstas nos incs. I a IV do art. 195, podem ser instituídas. Trata-se de **competência residual da União**, que só pode ser exercida por **lei complementar, proibidos a cumulatividade e o *bis in idem*** (art. 154, I, e § 4º do art. 195).

Importante frisar que, para instituir as contribuições previstas nos incs. I a IV do art. 195, não é necessária lei complementar, bastando a lei ordinária. Essa questão foi levantada por ocasião da edição da Lei n. 7.689, de 15.12.1988, que instituiu a Contribuição Social sobre o Lucro das Pessoas Jurídicas (CSSL), ainda sob a égide da redação original da CF. O STF, então, firmou a **necessidade de lei complementar apenas para novas fontes de custeio.**[2]

Os Estados, o Distrito Federal e os Municípios também podem instituir regimes próprios de previdência e assistência social. Por isso, têm competência para instituir e cobrar de seus servidores contribuições destinadas ao financiamento.

2.1.2. Imunidade

A CF, com frequência, faz referência à isenção e à não incidência em situações que configuram imunidade.

[1] O conceito é dado pelo § 1º do art. 212 do Decreto n. 3.048/99: "Consideram-se concurso de prognósticos todo e qualquer concurso de sorteio de números ou quaisquer outros símbolos, loterias e apostas de qualquer natureza no âmbito federal, estadual, do Distrito Federal ou municipal, promovidos por órgãos do Poder Público ou por sociedades comerciais ou civis".

[2] "(...) II — A contribuição da Lei n. 7.689, de 15.12.1988, é uma contribuição social instituída com base no art. 195, I, da Constituição. As contribuições do art. 195, I, II, III, da Constituição, não exigem, para a sua instituição, lei complementar. Apenas a contribuição do § 4º do mesmo art. 195 é que exige, para a sua instituição, lei complementar, dado que essa instituição deverá observar a técnica da competência residual da União (CF, art. 195, § 4º; CF, art. 154, I). Posto estarem sujeitas a lei complementar do art. 146, III, da Constituição, porque não são impostos, não há necessidade de que a lei complementar defina o seu fato gerador, base de cálculo e contribuintes (CF, art. 146, III, *a*) (...)" (RE 138284/CE, Rel. Min. Carlos Velloso, Tribunal Pleno, *DJ* 28.08.1992, p. 13456).

As hipóteses de imunidade em relação às contribuições para o custeio da seguridade social são **apenas as enumeradas na CF**, porque o entendimento firmado pela jurisprudência é no sentido de que essas exações são **tributos**. Porém, **não são impostos**, de forma que não se lhes aplica o disposto no art. 150, VI, da CF.[3]

2.1.2.1. *Imunidade das aposentadorias e pensões do RGPS*

Ao prever a contribuição "do trabalhador e dos demais segurados da previdência social", o art. 195, II, dispõe que **não incide contribuição sobre aposentadoria e pensão concedidas pelo regime geral de previdência social** de que trata o art. 201.

As aposentadorias e pensões dos servidores públicos não têm imunidade.

2.1.2.2. *Imunidade das entidades beneficentes de assistência social*

No § 7º do art. 195, quando se utiliza a expressão **"são isentas"**, na verdade se está concedendo imunidade às **entidades beneficentes de assistência social** que atendam às exigências estabelecidas em lei.

A dificuldade reside em conceituar "entidade beneficente de assistência social".

O **art. 55 da Lei n. 8.212/91**, na sua redação original, estabelecia requisitos para a "isenção" das contribuições previdenciárias dessas entidades, dentre os quais o de promover a assistência social beneficente, inclusive educacional ou de saúde, a menores, idosos, excepcionais ou pessoas carentes (inc. III).

A **Lei n. 9.732/98** modificou o inc. III do art. 55, passando a ser requisito promover, "gratuitamente e em caráter exclusivo, a assistência social beneficente a pessoas carentes, em especial a crianças, adolescentes, idosos e portadores de deficiência".

A Lei n. 9.732/98 introduziu o § 3º do art. 55 da Lei n. 8.212/91, dispondo que: "Para os fins deste artigo, entende-se por assistência social beneficente a prestação gratuita de benefícios e serviços a quem dela necessitar". E acrescentou também o § 5º: "Considera-se também de assistência social beneficente, para os fins deste artigo, a oferta e a efetiva prestação de serviços de pelo menos sessenta por cento ao Sistema Único de Saúde, nos termos do regulamento".

O art. 4º da Lei n. 9.732/98 dispôs:

> **Art. 4º** As entidades sem fins lucrativos educacionais e as que atendam ao Sistema Único de Saúde, mas não pratiquem de forma exclusiva e gratuita atendimento a pessoas carentes, gozarão da isenção das contribuições de que tratam os arts. 22 e 23 da Lei n. 8.212, de 1991, na proporção do valor das vagas cedidas, integral e gratuitamente, a carentes e do valor do atendimento à saúde de caráter assistencial, desde que satisfaçam os requisitos referidos nos incisos I, II, IV e V do art. 55 da citada Lei, na forma do regulamento.

A imposição de requisitos pela Lei n. 9.732/98 foi impugnada na **ADI 2.028-5**, ao fundamento de padecer de inconstitucionalidade formal e material. Do ponto de vista formal, o argumento foi no sentido de que, embora o art. 195, § 7º, da CF, se refira à

[3] Cf. STF, RE-AgR 342336/RS, Rel. Min. Eros Grau, *DJ* 11.05.2007, p. 98.

isenção, trata-se, na verdade, de imunidade, limitação constitucional ao poder de tributar, que só poderia ser disciplinada por lei complementar, conforme disposto no art. 146, II, da CF. Quanto ao aspecto material, o fundamento foi o da violação aos arts. 195, § 7º; 199, § 1º; 196; 197, § 6º; 203 e 204, I, II e IV, todos da CF; isso porque a Lei n. 9.732/98 restringiu o alcance da imunidade concedida pela Constituição, porque, ao definir entidade beneficente de assistência social, albergou apenas as que prestem serviços de saúde exclusivamente gratuitos, ou que dirijam pelo menos 60% de sua prestação de serviços ao atendimento do SUS, requisitos que não constam do art. 14 do CTN; além do mais, a restrição impõe a concessão de imunidade apenas às entidades beneficentes, e não às filantrópicas, que com elas não se confundem.

O Relator, Ministro Moreira Alves, concedeu a liminar, em 14.07.1999, confirmada pelo Plenário em 11.11.1999, para suspender a eficácia do art. 1º, na parte em que alterou a redação do art. 55, III, da Lei n. 8.212/91 e acrescentou-lhe os §§ 3º, 4º e 5º, bem como dos arts. 4º, 5º e 7º da Lei n. 9.732, de 11.12.1998. Com a concessão da liminar, **passou a prevalecer o disposto no art. 55 da Lei n. 8.212/91, na redação anterior à Lei n. 9.732/98, até o julgamento da ADI**.

O art. 55, II, referido, exigia dessas entidades a apresentação de **Registro e Certificado de Entidade Beneficente de Assistência Social (CEBAS)**, fornecidos pelo Conselho Nacional de Assistência Social, renovado a cada 3 anos. Essa exigência foi questionada judicialmente, havendo posicionamento firme do **STF** no sentido de sua **legalidade**.

O mesmo entendimento tem sido adotado pelo **STJ**, que editou a **Súmula 352:** "A obtenção ou a renovação do Certificado de Entidade Beneficente de Assistência Social (CEBAS) não exime a entidade do cumprimento dos requisitos legais supervenientes".

O art. 55 foi revogado pela **Lei n. 12.101, de 27.11.2009**, que define as entidades de assistência social como **pessoas jurídicas de direito privado, sem fins lucrativos**, reconhecidas como entidades beneficentes de assistência social com a finalidade de prestação de serviços nas áreas de assistência social, saúde ou educação, e que atendam ao disposto na Lei.

Com as alterações introduzidas na Lei Orgânica da Assistência Social — LOAS (Lei n. 8.742/93), pela Lei n. 12.435/2011, essas entidades passam a integrar o Sistema Único de Assistência Social — SUAS. Com a nova redação, o art. 3º da LOAS deu-lhes nova definição: consideram-se entidades e organizações de assistência social aquelas **sem fins lucrativos** que, isolada ou cumulativamente, prestam atendimento e assessoramento aos beneficiários abrangidos por esta Lei, bem como as que atuam na defesa e garantia de direitos.

Essas entidades auxiliam a seguridade social, sendo justificável, por isso, a concessão da imunidade.

A nosso ver, somente podem ser consideradas entidades de assistência social as que atuam complementarmente ao Poder Público na área de assistência social. Por isso, o conceito de entidade de assistência social não se aplica às **entidades de previdência privada que recebam contribuições dos beneficiários**, que, portanto, não são alcançadas pela imunidade. Esse é o entendimento do **STF**, fixado na **Súmula 730:** "A imunidade tributária conferida a instituições de assistência social sem fins lucrativos pelo art. 150, VI, *c*, da Constituição, somente alcança as entidades fechadas de previdência social privada se não houver contribuição dos beneficiários".

2.1.2.3. Imunidade das receitas decorrentes de exportação

No art. 149, § 2º, I, a CF dispõe que **não incidirão** as contribuições sociais, inclusive de seguridade social, sobre as **receitas decorrentes de exportação**.

A CF restringiu a imunidade às "receitas", com o que outras verbas não podem ser abrangidas.

O STF, em Repercussão Geral, decidiu que a isenção prevista no art. 149, § 2º, **não alcança a Contribuição Social sobre o Lucro Líquido (CSLL)**.[4]

O **STJ** tem entendimento no sentido de que "ainda que se possa conferir interpretação restritiva à regra de isenção prevista no art. 14 da Lei n. 10.637/2002, deve ser afastada a incidência de **PIS e Cofins sobre as receitas decorrentes de variações cambiais positivas** em face da regra de imunidade do art. 149, § 2º, I, da CF/88, estimuladora da atividade de exportação, norma que deve ser interpretada extensivamente (...)".[5] Em julgamento proferido em 23.05.2013,[6] em Repercussão Geral, o STF decidiu no mesmo sentido em relação às receitas das variações cambiais ativas decorrentes de exportação, "(...) a atrair a aplicação da regra de imunidade e afastar a incidência da contribuição ao PIS e da COFINS (...)."

---

4 "(...) A imunidade encerra exceção constitucional à capacidade ativa tributária, cabendo interpretar os preceitos regedores de forma estrita. IMUNIDADE — EXPORTAÇÃO — RECEITA — LUCRO. A imunidade prevista no inciso I do § 2º do artigo 149 da Carta Federal não alcança o lucro das empresas exportadoras. LUCRO — CONTRIBUIÇÃO SOCIAL SOBRE O LUCRO LÍQUIDO — EMPRESAS EXPORTADORAS. Incide no lucro das empresas exportadoras a Contribuição Social sobre o Lucro Líquido)" (RE 564.413/SC, Rel. Min. Marco Aurélio, *DJe* 06.12.2010).

5 REsp 1.059.041/RS, Rel. Min. Castro Meira, *DJe* 04.09.2008.

6 "(...) I — Esta Suprema Corte, nas inúmeras oportunidades em que debatida a questão da hermenêutica constitucional aplicada ao tema das imunidades, adotou a interpretação teleológica do instituto, a emprestar-lhe abrangência maior, com escopo de assegurar à norma supralegal máxima efetividade. II — O contrato de câmbio constitui negócio inerente à exportação, diretamente associado aos negócios realizados em moeda estrangeira. Consubstancia etapa inafastável do processo de exportação de bens e serviços, pois todas as transações com residentes no exterior pressupõem a efetivação de uma operação cambial, consistente na troca de moedas. III — O legislador constituinte — ao contemplar na redação do art. 149, § 2º, I, da Lei Maior as "receitas decorrentes de exportação" — conferiu maior amplitude à desoneração constitucional, suprimindo do alcance da competência impositiva federal todas as receitas que resultem da exportação, que nela encontrem a sua causa, representando consequências financeiras do negócio jurídico de compra e venda internacional. A intenção plasmada na Carta Política é a de desonerar as exportações por completo, a fim de que as empresas brasileiras não sejam coagidas a exportarem os tributos que, de outra forma, onerariam as operações de exportação, quer de modo direto, quer indireto. IV — Consideram-se receitas decorrentes de exportação as receitas das variações cambiais ativas, a atrair a aplicação da regra de imunidade e afastar a incidência da contribuição ao PIS e da COFINS. V — Assenta esta Suprema Corte, ao exame do *leading case*, a tese da inconstitucionalidade da incidência da contribuição ao PIS e da COFINS sobre a receita decorrente da variação cambial positiva obtida nas operações de exportação de produtos. VI — Ausência de afronta aos arts. 149, § 2º, I, e 150, § 6º, da Constituição Federal (...)" (RE 627.815, Rel. Min. Rosa Weber, *DJe* 1º.10.2013).

2.1.3. Anterioridade

O princípio da anterioridade impõe que o tributo não seja cobrado no mesmo exercício financeiro em que haja sido publicada a lei que o instituiu ou aumentou (art. 150, III, *b*, da CF).

O princípio **não se aplica às contribuições sociais**, que podem ser cobradas no mesmo exercício financeiro em que instituídas ou modificadas, **desde que respeitado o decurso de 90 dias após a publicação da lei**, conforme o art. 195, § 6º, da CF.

Trata-se da conhecida **"anterioridade mitigada ou nonagesimal"**.

2.1.4. Moratória, parcelamento, remissão e anistia

O art. 195, § 11, da CF, foi alterado pela **EC n. 103/2019**, resultando em regras que restringem os prazos para moratória e parcelamento, que não podem superar 60 (sessenta) meses. A inadimplência em relação às contribuições previdenciárias é uma das causas dos enormes prejuízos sofridos pelo sistema previdenciário.

São grandes as dificuldades enfrentadas pela Receita Federal na cobrança desses débitos, resultando em parcelamentos de longo prazo, premiando os inadimplentes e punindo, por via oblíqua, o contribuinte que paga seus débitos fiscais pontualmente.

A moratória e o parcelamento são causas de **suspensão da exigibilidade** do crédito tributário (art. 151, I e VI, do CTN).

O **parcelamento** é concedido quando o devedor está em mora, possibilitando o pagamento da dívida com acréscimos legais, na forma prevista em lei específica, no máximo em 60 (sessenta) parcelas.

Atenção: a limitação do prazo a 60 (sessenta) parcelas **não se aplica** aos parcelamentos previstos na legislação vigente até a entrada em vigor da alteração constitucional (art. 31 da EC n. 103/2019). Mas é vedada a reabertura de prazo para adesão.

A **moratória** é concedida antes do vencimento do débito fiscal, concedendo prazo maior para pagamento do débito fiscal, que pode ser em parcela única ou no máximo em 60 (sessenta) meses.

MORATÓRIA	PARCELAMENTO
Antes do vencimento	Depois do vencimento
Suspende a exigibilidade	Suspende a exigibilidade
Até 60 meses	Até 60 meses

O art. 195, § 11, da CF, prevê **a concessão de remissão ou anistia** das contribuições devidas pelo empregador, pela empresa e pela entidade a ela equiparada e pelos trabalhadores e demais segurados da previdência, desde que por ***lei complementar***.

Remissão e anistia são institutos jurídicos distintos.

A **remissão** só pode ocorrer depois que o crédito estiver constituído pelo lançamento, configurando hipótese de extinção do crédito tributário (art. 156, IV, do CTN).

A **anistia** ocorre em momento anterior ao do lançamento e atinge as penalidades impostas ao contribuinte por descumprir a legislação tributária. É hipótese de exclusão do crédito tributário (art. 175, II, do CTN).

REMISSÃO	ANISTIA
Depois da constituição do crédito pelo lançamento	**Antes da constituição do crédito pelo lançamento**
■ Extingue o crédito tributário	■ Atinge as penalidades por descumprimento da legislação tributária
	■ Exclui o crédito tributário

■ 2.1.5. Prescrição e decadência

O art. 45, I e II, da Lei n. 8.212/91 (PCSS) previa **prazo decadencial de 10 anos** para apuração e constituição dos créditos da Seguridade Social. A prescrição era regulada pelo art. 46 do PCSS: o direito de cobrar os créditos da Seguridade Social prescreve em 10 anos contados da sua constituição.

A constitucionalidade dos arts. 45 e 46 da Lei n. 8.212/91 foi questionada no STF ao fundamento de que a fixação de normas gerais de direito tributário deve ser feita por lei complementar. Entendeu o STF que a **natureza tributária das contribuições para a Seguridade Social as submete ao regime jurídico-tributário constitucional**, o que impõe a aplicação das normas tributárias sobre prescrição e decadência, cuja competência está reservada à lei complementar pelo art. 146, *b*, III, da CF. Vale a transcrição do Acórdão:

> "(...) As normas relativas à prescrição e à decadência tributárias têm natureza de normas gerais de direito tributário, cuja disciplina é reservada a **lei complementar**, tanto sob a Constituição pretérita (art. 18, § 1º, da CF de 1967/69) quanto sob a Constituição atual (art. 146, *b*, III, da CF de 1988). Interpretação que preserva a força normativa da Constituição, que prevê disciplina homogênea, em âmbito nacional, da prescrição, decadência, obrigação e crédito tributários. Permitir regulação distinta sobre esses temas, pelos diversos entes da federação, implicaria prejuízo à vedação de tratamento desigual entre contribuintes em situação equivalente e à segurança jurídica. II. DISCIPLINA PREVISTA NO CÓDIGO TRIBUTÁRIO NACIONAL. O Código Tributário Nacional (Lei n. 5.172/66), promulgado como lei ordinária e recebido como lei complementar pelas Constituições de 1967/69 e 1988, disciplina a prescrição e a decadência tributárias. III. NATUREZA TRIBUTÁRIA DAS CONTRIBUIÇÕES. As contribuições, inclusive as previdenciárias, têm natureza tributária e se submetem ao **regime jurídico-tributário previsto na Constituição**. Interpretação do art. 149 da CF de 1988. Precedentes. IV. RECURSO EXTRAORDINÁRIO NÃO PROVIDO. **Inconstitucionalidade dos arts. 45 e 46 da Lei 8.212/91**, por violação do art. 146, III, *b*, da Constituição de 1988, e do parágrafo único do art. 5º do Decreto-lei 1.569/77, em face do § 1º do art. 18 da Constituição de 1967/69. V. MODULAÇÃO DOS EFEITOS DA DECISÃO. SEGURANÇA JURÍDICA. São legítimos os recolhimentos efetuados nos prazos previstos nos arts. 45 e 46 da Lei n. 8.212/91 e não impugnados antes da data de conclusão deste julgamento" (RE 556.664/RS Rel. Min. Gilmar Mendes, Tribunal Pleno, *DJe*-216 14.11.2008).

O STF editou, então, a **Súmula Vinculante 8:** "São inconstitucionais o parágrafo único do artigo 5º do Decreto-lei n. 1.569/77 e os artigos 45 e 46 da Lei n. 8.212/91, que tratam de prescrição e decadência de crédito tributário". A Súmula Vinculante 8 passou a produzir **efeitos a partir de 20.06.2008.**

> **Atenção:** o STF modulou os efeitos da decisão: só terão direito à restituição do que indevidamente pagaram os contribuintes que ajuizaram ação judicial ou fizeram requerimento administrativo até 11.06.2008, data do julgamento dos Recursos Extraordinários ns. 556664, 559882, 559943 e 560626.

Os arts. 45 e 46 da Lei n. 8.212/91 foram revogados pela Lei Complementar n. 128, de 19.12.2008.

A nosso ver, após a decisão do STF e em razão da subsequente revogação dos arts. 45 e 46, aplica-se o disposto no Código Tributário Nacional, determinando-se os prazos de prescrição e decadência em cinco anos, na forma dos arts. 173 e 174:

> **Art. 173.** O direito de a Fazenda Pública constituir o crédito tributário extingue-se após 5 (cinco) anos, contados:
>
> I — do primeiro dia do exercício seguinte àquele em que o lançamento poderia ter sido efetuado;
>
> II — da data em que se tornar definitiva a decisão que houver anulado, por vício formal, o lançamento anteriormente efetuado;
>
> Parágrafo único. O direito a que se refere este artigo extingue-se definitivamente com o decurso do prazo nele previsto, contado da data em que tenha sido iniciada a constituição do crédito tributário, pela notificação, ao sujeito passivo, de qualquer medida preparatória indispensável ao lançamento.
>
> **Art. 174.** A ação para a cobrança do crédito tributário prescreve em cinco anos, contados da data da sua constituição definitiva.
>
> Parágrafo único. A prescrição se interrompe:
>
> I — pelo despacho do juiz que ordenar a citação em execução fiscal; (nova redação dada pela LCP n. 118, de 09.02.2005)
>
> II — pelo protesto judicial;
>
> III — por qualquer ato judicial que constitua em mora o devedor;
>
> IV — por qualquer ato inequívoco ainda que extrajudicial, que importe em reconhecimento do débito pelo devedor;

O prazo decadencial se conta:

a) a partir do 1º dia do exercício seguinte àquele em que o lançamento poderia ter sido efetuado;

b) a partir da data em que se tornou definitiva a decisão que houver anulado, por vício formal, o lançamento anteriormente efetuado.

A **interrupção da prescrição** ocorre com o despacho do juiz que ordenou a citação em execução fiscal, pelo protesto judicial, por qualquer ato judicial que constitua em mora o devedor, e por qualquer ato inequívoco, mesmo que extrajudicial, que importe o reconhecimento do débito pelo devedor.[7]

---

[7] Cf. STJ, AgREsp 200800169650, 1ª Turma, Rel. Min. Luiz Fux, *DJe* 10.05.2010:

"(...) 3. A **prescrição**, causa extintiva do crédito **tributário**, resta assim regulada pelo artigo 174, do Código **Tributário** Nacional, *in verbis*: 'Art. 174. A ação para a cobrança do crédito **tributá-**

rio prescreve em cinco anos, contados da data da sua constituição definitiva. Parágrafo único. A **prescrição** se interrompe: I — pela citação pessoal feita ao devedor; I — pelo despacho do juiz que ordenar a citação em execução fiscal; (Redação dada pela LCP n. 118, de 2005) II — pelo protesto judicial; III — por qualquer ato judicial que constitua em mora o devedor; IV — por qualquer ato inequívoco ainda que extrajudicial, que importe em reconhecimento do débito pelo devedor'. 4. A constituição definitiva do crédito **tributário**, sujeita à **decadência**, inaugura o decurso do prazo prescricional de cinco anos para o Fisco cobrar judicialmente o crédito **tributário**. 5. Deveras, assim como ocorre com a **decadência** do direito de constituir o crédito **tributário**, a **prescrição** do direito de cobrança judicial pelo Fisco encontra-se disciplinada em cinco regras jurídicas gerais e abstratas, a saber: (a) regra da **prescrição** do direito do Fisco nas hipóteses em que a constituição do crédito se dá mediante ato de formalização praticado pelo contribuinte (tributos sujeitos a lançamento por homologação); (b) regra da **prescrição** do direito do Fisco com constituição do crédito pelo contribuinte e com suspensão da exigibilidade; (c) regra da **prescrição** do direito do Fisco com lançamento **tributário** *ex officio*; (d) regra da **prescrição** do direito do Fisco com lançamento e com suspensão da exigibilidade; e (e) regra de reinício do prazo de **prescrição** do direito do Fisco decorrente de causas interruptivas do prazo prescricional (In: *Decadência e prescrição no direito tributário*, Eurico Marcos Diniz de Santi, 3. ed. Max Limonad, págs. 224/252). 6. Consoante cediço, as aludidas regras prescricionais revelam prazo quinquenal com *dies a quo* diversos. 7. Assim, conta-se da data estipulada como vencimento para o pagamento da obrigação tributária declarada (DCTF, GIA, etc.) o prazo quinquenal para o Fisco acioná-lo judicialmente, nos casos dos tributos sujeitos a lançamento por homologação, em que não houve o pagamento antecipado (inexistindo valor a ser homologado, portanto), nem quaisquer das causas suspensivas da exigibilidade do crédito ou interruptivas do prazo prescricional (Precedentes da Primeira Seção: Resp 850.423/SP, Rel. Min. Castro Meira, julgado em 28.11.2007, *DJ* 07.02.2008). 8. Por outro turno, nos casos em que o Fisco constitui o crédito **tributário**, mediante lançamento, inexistindo quaisquer causas de suspensão da exigibilidade ou de interrupção da **prescrição**, o prazo prescricional conta-se da data em que o contribuinte for regularmente notificado do lançamento **tributário** (arts. 145 e 174, ambos do CTN). 9. Entrementes, sobrevindo causa de suspensão de exigibilidade antes do vencimento do prazo para pagamento do crédito **tributário**, formalizado pelo contribuinte (em se tratando de tributos sujeitos a lançamento por homologação) ou lançado pelo Fisco, não tendo sido reiniciado o prazo *ex vi* do parágrafo único, do artigo 174, do CTN, o *dies a quo* da regra da **prescrição** desloca-se para a data do desaparecimento jurídico do obstáculo à exigibilidade. Sob esse enfoque, a doutrina atenta que nos 'casos em que a suspensão da exigibilidade ocorre em momento posterior ao vencimento do prazo para pagamento do crédito, aplicam-se outras regras: a regra da **prescrição** do direito do Fisco com a constituição do crédito pelo contribuinte e a regra da **prescrição** do direito do Fisco com lançamento'. Assim, 'nos casos em que houver suspensão da exigibilidade depois do vencimento do prazo para o pagamento, o prazo prescricional continuará sendo a data da constituição do crédito, mas será descontado o período de vigência do obstáculo à exigibilidade' (Eurico Marcos Diniz de Santi, in ob. cit., págs. 219/220). 10. Considere-se, por fim, a data em que suceder qualquer uma das causas interruptivas (ou de reinício) da contagem do prazo prescricional, taxativamente elencadas no parágrafo único, do artigo 174, a qual 'servirá como *dies a quo* do novo prazo prescricional de cinco anos, qualificado pela conduta omissiva de o Fisco exercer o direito de ação' (Eurico Marcos Diniz de Santi, in ob. cit., pág. 227). 11. *In casu*: (a) cuida-se de crédito **tributário** oriundo de **contribuições previdenciárias** declaradas e não pagas, cujo fato gerador é de 1995 e 1996; (b) os créditos **tributários** foram parcelados, porém se encontram vencidos, desde 1997; (c) deste descumprimento, a exação em comento inicia-se em 2001. 12. A regra prescricional aplicável ao caso concreto é aquela prevista no item 07, segunda parte, da ementa, em que 'nos casos em que houver suspensão da exigibilidade depois do vencimento do prazo para o pagamento, o prazo prescricional continuará sendo a data da constituição do crédito, mas será descontado o

A **suspensão do prazo prescricional** ocorre nas hipóteses do art. 151 do CTN: moratória, depósito integral do montante do débito, reclamações e recursos nos termos da legislação que regula o processo administrativo tributário, a concessão de liminar em mandado de segurança, a concessão de liminar ou antecipação de tutela em outras ações e o parcelamento.

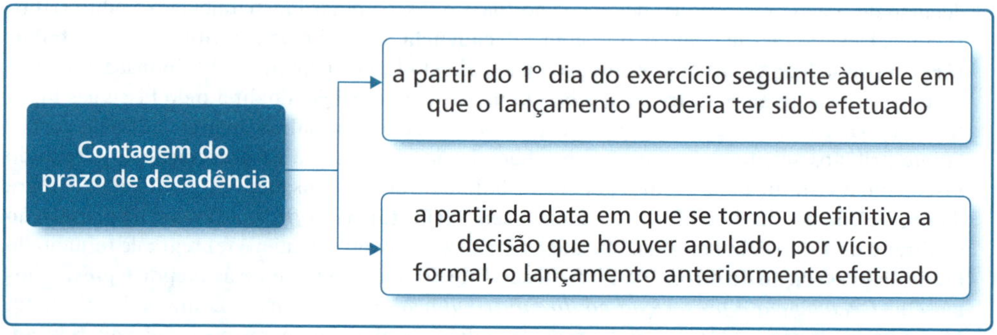

PRESCRIÇÃO	
Suspensão	**Interrupção**
■ Moratória	■ Despacho do juiz que ordenar a citação em execução fiscal
■ Depósito integral do montante do débito	■ Protesto judicial
■ Reclamações e recursos nos termos da legislação que regula o processo administrativo tributário	■ Qualquer ato judicial que constitua em mora o devedor
■ Concessão de liminar em mandado de segurança	■ Qualquer ato inequívoco, mesmo extrajudicial, que importe reconhecimento do débito pelo devedor
■ Concessão de liminar ou antecipação de tutela em outras ações	
■ Parcelamento	

■ 2.2. CONTRIBUIÇÕES SOCIAIS PARA O CUSTEIO DA SEGURIDADE SOCIAL

■ 2.2.1. Natureza jurídica

O art. 195 da CF enumera as contribuições sociais destinadas ao financiamento da seguridade social: do empregador, da empresa e da entidade a ela equiparada (I); do trabalhador e dos demais segurados da previdência social (II); sobre a receita de concursos de prognósticos (III); e do importador de bens ou serviços do exterior, ou de quem a lei a ele equiparar (IV).

Essas contribuições sociais suscitam divergência sobre sua natureza jurídica. Predomina na doutrina e na jurisprudência o entendimento de que são **tributos**, mais precisamente **contribuições especiais**.

período de vigência do obstáculo à exigibilidade'. 13. Desta sorte, tendo em vista que o prazo prescricional retomou seu curso em 1997 e a execução fiscal restou intentada em 2001, não se revela prescrito o direito de o Fisco pleitear judicialmente o crédito **tributário** *in foco*. (...)."

As receitas que compõem o orçamento da seguridade social estão elencadas no **art. 11 do PCSS:** receitas da União (I), receitas das contribuições sociais (II) e receitas de outras fontes (III). No parágrafo único relaciona as contribuições sociais: as das empresas, incidentes sobre a remuneração paga ou creditada aos segurados aos seus serviços (a); as dos empregadores domésticos (b); as dos trabalhadores, incidentes sobre seu salário de contribuição (c); as das empresas, incidentes sobre o faturamento e o lucro (d); e as incidentes sobre a receita de concursos de prognósticos (e). Não se pode esquecer, porém, que a EC n. 42/2003 acrescentou o inc. IV ao art. 195 da CF, acrescendo às verbas formadoras do orçamento da seguridade a contribuição do importador de bens ou serviços do exterior, ou de quem a lei a ele equiparar.

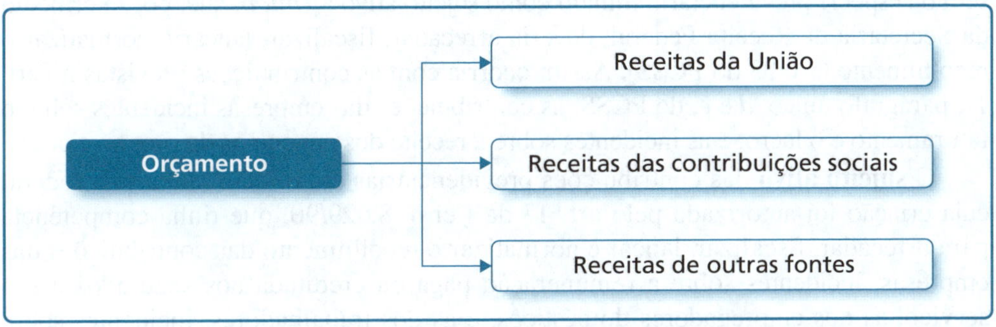

Contribuições para o custeio da seguridade social é **gênero**, do qual as contribuições previdenciárias são **espécie**.

CONTRIBUIÇÕES			
Das empresas	Dos trabalhadores e demais segurados	Das receitas dos concursos de prognósticos	Do importador de bens ou serviços do exterior ou de quem a lei a ele equiparar
■ sobre a remuneração paga ou creditada a segurados a seu serviço; ■ sobre a receita e o faturamento; ■ sobre o lucro.	■ sobre os salários de contribuição		

As contribuições previdenciárias destinam-se ao custeio da previdência social, e estão previstas no art. 195, I, *a*, II, e III, da CF. O inc. XI do art. 167 da CF proíbe a utilização do produto da arrecadação das contribuições previstas nos incisos I, *a*, e II do art. 195 no pagamento de despesas outras que não as relativas à cobertura do RGPS prevista no art. 201, conforme previsto pela Emenda Constitucional n. 20/98.

A disciplina infraconstitucional das contribuições previdenciárias está na **Lei n. 8.212, de 24.07.1991**, denominada **Plano de Custeio (PCSS)**.

Súmula Vinculante 53: "A competência da Justiça do Trabalho prevista no art. 114, VIII, da Constituição Federal alcança a execução de ofício das contribuições previdenciárias relativas ao objeto da condenação constante das sentenças que proferir e acordos por ela homologados".

2.2.2. A relação jurídica de custeio

A Lei n. 8.212/91 (PCSS) tratou diferentemente a relação jurídica de custeio, estabelecendo *sujeito ativo, base de cálculo* e *alíquota,* que se distinguiam conforme se tratasse de contribuição destinada ao custeio da seguridade social (gênero) ou de contribuição previdenciária (espécie).

2.2.2.1. O sujeito ativo

As contribuições previdenciárias eram instituídas pela União, mas arrecadadas e cobradas pelo INSS.

As contribuições sociais para o financiamento da seguridade social que não fossem da espécie previdenciária tinham como sujeito ativo a *União*, que, por intermédio da Secretaria da Receita Federal, deveria arrecadar, fiscalizar, lançar e normatizar o recolhimento (art. 33 do PCSS). Assim ocorria com as contribuições previstas no art. 11, parágrafo único, *d* e *e*, do PCSS: as contribuições das empresas incidentes sobre o faturamento e o lucro, e as incidentes sobre a receita dos concursos de prognósticos.

O **sujeito ativo** das contribuições previdenciárias era o *INSS*, autarquia federal cuja criação foi autorizada pelo art. 17 da Lei n. 8.029/90, que tinha competência para arrecadar, fiscalizar, lançar e normatizar o recolhimento das contribuições das empresas, incidentes sobre a remuneração paga ou creditada aos segurados a seu serviço; as dos empregadores domésticos; e as dos trabalhadores, incidentes sobre seu salário de contribuição (art. 33 do PCSS).

A **Lei n. 11.457, de 16.03.2007**, tornou a **União** o **sujeito ativo** de todas essas contribuições sociais.

A Lei n. 11.457/2007 criou a **Secretaria da Receita Federal do Brasil ("Super--Receita")**, órgão da Administração direta subordinado ao Ministro de Estado da Fazenda (art. 1º), que resultou da união da Secretaria da Receita Federal e da Secretaria da Receita Previdenciária **(art. 7º-A)**.

A partir de **1º.05.2007** (art. 16), cabe à Secretaria da Receita Federal do Brasil planejar, executar, acompanhar e avaliar as atividades relativas à tributação, fiscalização, arrecadação, cobrança e ao recolhimento das contribuições sociais previstas nas alíneas *a*, *b* e *c* do parágrafo único do art. 11 da Lei n. 8.212, de 24.07.1991, e das contribuições instituídas a título de substituição.

Com a alteração introduzida pela Lei n. 11.941/2009, o **art. 33 da Lei n. 8.212/91** dispõe que compete à **Secretaria da Receita Federal do Brasil** planejar, executar, acompanhar e avaliar as atividades relativas à tributação, à fiscalização, à arrecadação, à cobrança e ao recolhimento das contribuições sociais previstas no parágrafo único do art. 11, das contribuições incidentes a título de substituição e das devidas a outras entidades e fundos.

SUJEITO ATIVO	LEI N. 8.212/91	LEI N. 11.457/2007
■ Previdenciárias	■ INSS	■ União (Super-Receita)
■ Não previdenciárias	■ União	■ União (Super-Receita)

2.2.2.2. *O sujeito passivo*

O **sujeito passivo** é o devedor, isto é, o que tem a obrigação de pagar.

O sujeito passivo das contribuições previstas no inc. I, *a*, *b*, e *c* é o empregador, a empresa ou a entidade a ela equiparada.

O trabalhador e os demais segurados são os sujeitos passivos da contribuição prevista no inc. II.

A contribuição sobre a receita de concursos de prognóstico (inc. III) é devida pelos órgãos do Poder Público ou pelas entidades privadas que os promoverem.

E o importador de bens ou serviços do exterior, ou quem a lei a ele equiparar, é o sujeito passivo da contribuição prevista no inc. IV.

2.3. CONTRIBUIÇÕES DO EMPREGADOR, DA EMPRESA OU DA ENTIDADE A ELA EQUIPARADA

2.3.1. Alíquotas e bases de cálculo diferenciadas

Antes da vigência da **EC n. 47, de 05.07.2005**, houve grande divergência na doutrina e na jurisprudência sobre a constitucionalidade da fixação de alíquotas ou bases de cálculo diferenciadas dessas contribuições.

Com a edição da EC n. 47, de 05.07.2005, publicada no *DOU* em 06.07.2005, foi alterado o § 9º do art. 195 da CF, que passou a dispor que as contribuições previstas no inc. I do *caput* do referido artigo "poderão ter alíquotas ou bases de cálculo diferenciadas, em razão da atividade econômica, da utilização intensiva de mão de obra, do porte da empresa ou da condição estrutural do mercado de trabalho".

O § 9º do art. 195 foi novamente alterado pela **EC n. 103/2019**, passando a autorizar também a adoção de **bases de cálculos diferenciadas apenas no caso de contribuições sobre a receita ou o faturamento e sobre o lucro (inciso I, *b* e *c*)**.

> **Atenção:** caso a contribuição tenha sido instituída antes da entrada em vigor da EC n. 103/2019 para substituir a contribuição incidente sobre a folha de salários e demais rendimentos do trabalho pagos ou creditados, a qualquer título, à pessoa física que preste serviço, mesmo sem vínculo empregatício (inciso I, *a*), não se aplica a vedação de diferenciação de base de cálculo (art. 30 da EC n. 103/2019).

2.3.2. O empregador, a empresa e a entidade a ela equiparada

O art. 195, I, da CF prevê a contribuição do empregador, da empresa ou da entidade a ela equiparada.

O conceito é importante porque, na redação original do inc. I, a CF previa apenas a contribuição do empregador, o que causava polêmica porque se indagava se eram devedoras dessas contribuições as empresas ou pessoas que não tivessem empregados. A polêmica deixou de existir com a alteração do inc. I, introduzida pela EC n. 20/98.

Coube à lei ordinária fixar o conceito de **empresa**, conforme posto no art. 15 do PCSS: é "a **firma individual ou sociedade** que assume o risco de atividade econômica **urbana ou rural**, com **fins lucrativos ou não**, bem como os **órgãos e entidades da administração pública direta, indireta e fundacional**".

Mas não é só: apenas para fins de custeio da seguridade social, o parágrafo único do art. 15 equipara a empresa "**o contribuinte individual e a pessoa física na condição de proprietário ou dono de obra de construção civil**, em relação a segurado que lhe presta serviço, bem como **a cooperativa, a associação ou a entidade de qualquer natureza ou finalidade, a missão diplomática e a repartição consular de carreira estrangeiras**" (Redação da Lei n. 13.202/2015).

EMPRESA		
Firma individual ou sociedade	**Órgãos ou entidades da Administração direta, indireta e fundacional**	**Por equiparação**
		■ contribuinte individual (em relação a segurado que lhe presta serviço); ■ a pessoa física na condição de proprietário ou dono de obra de construção civil (em relação a segurado que lhe presta serviço); ■ cooperativa; ■ associação de qualquer natureza ou finalidade; ■ missão diplomática; ■ repartição consular de carreiras estrangeiras.

É importante a equiparação feita pela lei, porque a relação jurídica de custeio se modifica em relação ao objeto considerado.

Exemplo: o contribuinte individual é sujeito passivo da relação de custeio em relação à contribuição que recolhe à União nessa qualidade; porém, é sujeito passivo da relação de custeio, na qualidade de empresa, por equiparação, com relação à contribuição incidente sobre a folha de salários dos segurados empregados que contratou.

O mesmo ocorre com a **cooperativa:** é sujeito passivo da contribuição patronal em relação aos segurados com os quais mantém relação empregatícia; porém, se for cooperativa de trabalho, não será parte na relação de custeio em relação aos serviços que seus cooperados prestarem a terceiros.

■ 2.3.3. Contribuições sobre a receita ou o faturamento e o lucro

O objeto deste trabalho é o estudo do Direito Previdenciário, o que nos levará a estudar com maior profundidade as contribuições previdenciárias.

Entretanto, apenas para dar sequência lógica à matéria, vamos fazer referência às demais contribuições destinadas ao custeio da seguridade social.

O FINSOCIAL foi criado pelo Decreto-lei n. 1.940/82, que foi recepcionado expressamente pela CF/88, e esteve em vigor até a instituição da Contribuição para o Financiamento da Seguridade Social **(COFINS)** pela **Lei Complementar n. 70/91**. A base de cálculo da COFINS é o total das receitas auferidas no mês pela pessoa jurídica, independentemente de sua denominação ou classificação contábil, conforme dispõe a Lei n. 10.833/2003, alterada pela Lei n. 12.973/2014. O fundamento constitucional dessa contribuição é o art. 195, I, da CF.

O **art. 239 da CF** recepcionou a contribuição para o **PIS/PASEP**, na forma da **Lei Complementar n. 26, de 11.09.1975**. Essa contribuição está destinada a financiar o seguro-desemprego e o abono previsto no § 3º do referido art. 239, no valor de um salário mínimo, pago aos trabalhadores que recebem remuneração de até dois salários mínimos mensais de empregadores que contribuem para o Programa de Integração Social (PIS) ou para o Programa de Formação do Patrimônio do Servidor Público (PASEP).

A **Lei n. 7.689/88** instituiu a **Contribuição Social Sobre o Lucro (CSSL)**, cuja base de cálculo é o resultado do exercício antes da provisão para o imposto de renda.

2.3.4. Contribuições previdenciárias incidentes sobre a folha de salários e demais rendimentos do trabalho. Regras gerais

A contribuição previdenciária das empresas, prevista no art. 195, I, *a*, da CF, está disciplinada no art. 22, I, III e IV, do PCSS. Cada um desses incisos constitui uma modalidade da contribuição sobre a folha de salários e demais rendimentos do trabalho, que será estudada separadamente, com a análise do fato gerador, base de cálculo, alíquota, sujeito ativo e sujeito passivo.

Importante salientar que algumas empresas de setores econômicos específicos têm sido beneficiadas com a denominada "desoneração da folha de pagamento", que nada mais é que a substituição prevista no art. 195, I, *a*, da CF, por alíquotas adicionais à contribuição sobre a receita bruta/faturamento.

2.3.4.1. Fato gerador

Em qualquer de suas modalidades, o *fato gerador* dessa contribuição previdenciária é **dever, pagar ou creditar** *remuneração, a qualquer título, à pessoa física.*

> **Atenção:** o fato gerador **não é o pagamento** da remuneração, bastando que ela seja ***devida*** ao trabalhador. Esse tem sido também o entendimento do STJ: (...) 2. O aresto regional consignou que **o fato gerador da contribuição em comento não é o efetivo pagamento dos salários, mas o fato de o empregador encontrar-se em débito para com seus empregados pelos serviços prestados**, entendimento esse consentâneo com o assentado no STJ. Por conseguinte, o tributo deve ser recolhido à Autarquia Previdenciária até o segundo dia do mês subsequente ao mês laborado, conforme dispõe o art. 22 da Lei n. 8.212/91. (...)" (AgREsp 200802649545, 2ª Turma, Rel. Min. Humberto Martins, *DJe* 25.06.2009).

2.3.4.2. Base de cálculo

Na redação original do inc. I do art. 195, a CF previa a incidência sobre a "folha de salários". E havia dúvida sobre o conceito de salário para fins de base de cálculo da contribuição. Tinha-se, de um lado, a redação do inc. I, do art. 195, e, de outro, o § 4º, do art. 201, na redação original, que utilizava os termos "salário" e "empregado", dando, porém, a "salário" conceito mais abrangente para fins de incidência da contribuição.

Argumentava-se, então, que a instituição de contribuição sobre remuneração que não se configurasse salário só poderia ocorrer pela via da lei complementar, na forma dos arts. 195, § 4º, e 154, I.

A questão foi levada ao STF quando as Leis n. 7.787/89 e 8.212/91, ainda na vigência da redação original do inc. I do art. 195, instituíram a contribuição sobre a folha de salários. Porém, incluíram na base de cálculo os pagamentos feitos a administradores, autônomos e avulsos.

A contribuição foi novamente instituída, porém, de forma legítima, pela Lei Complementar n. 84/96, que a fez incidir sobre o total das remunerações ou retribuições pagas ou creditadas a segurados empresários, trabalhadores autônomos, administradores, avulsos e demais pessoas físicas.

Com a modificação introduzida pela EC n. 20/98, a base de cálculo deixou de ser somente os ***salários***, para abranger também **rendimentos pagos ou creditados a qualquer título**. E a EC n. 20 também alcançou o art. 201, acrescentando-lhe o § 11 para dispor que "**os ganhos habituais do empregado, a qualquer título**, serão incorporados ao salário para efeito de contribuição previdenciária e consequente repercussão em benefícios, nos casos e na forma da lei".

Dessa forma, **após a EC n. 20/98, não há mais necessidade de lei complementar** para a instituição dessa contribuição, que é regulada agora pelo art. 22, III, da Lei n. 8.212/91, na redação dada pela Lei n. 9.876/99, que revogou a LC n. 84/96.

O STF decidiu, em Repercussão Geral, que "A contribuição social a cargo do empregador incide sobre ganhos habituais do empregado, a qualquer título, quer anteriores, quer posteriores à Emenda Constitucional n. 20/98 — inteligência dos arts. 195, inciso I, e 201, § 11, da Constituição Federal", afastando antiga controvérsia sobre a incidência apenas sobre o salário.[8]

A proteção previdenciária permitida pelo RGPS **não abrange apenas segurados empregados**, no conceito da legislação trabalhista. Há pessoas que exercem atividade remunerada, mas não recebem *salário*. Porém, se trabalharem para empresa ou entidade a ela equiparada, sem vínculo empregatício, a remuneração recebida integrará a respectiva folha de salários.[9]

De modo que a expressão ***"salário"***, no seu conceito eminentemente trabalhista, não se presta à definição da base de cálculo.

---

8 RE 565.160/SC, Rel. Min. Marco Aurélio, *DJe* 23.08.2017.

9 Cf. Leandro Paulsen, *Contribuições:* custeio da seguridade social, Livraria do Advogado Editora, Porto Alegre, 2007, p. 97: "(...) Ou seja, a competência não se limita mais à instituição de contribuição sobre a folha de salários, ensejando, agora, que sejam alcançadas também outras remunerações pagas por trabalho prestado, que não necessariamente salários nem necessariamente em função de relação de emprego. Assim, também as remunerações a sócios-diretores (pró-labore), autônomos, avulsos e, inclusive, a remuneração prestada por Municípios aos agentes políticos (prefeitos e vereadores), estão sujeitas a serem tributadas como contribuição ordinária ou nominada de custeio da seguridade social, ou seja, como contribuição já prevista no art. 195, I, *a*, da CF, capaz de instituição mediante simples lei ordinária. Daí a validade das leis que, após a EC n. 20/98, fizerem com que incidisse contribuição sobre a remuneração tanto dos sócios-gerentes, autônomos e avulsos, como sobre a remuneração dos agentes políticos (...)".

Porém, nem todas as verbas pagas a empregados ou demais pessoas a serviço do empregador, da empresa ou da entidade a ela equiparada são consideradas remuneração para fins de composição da base de cálculo da contribuição sobre a folha de salários.

A Medida Provisória n. 905, de 11.11.2019 (*DOU* 12.11.2019), que instituía o Contrato de Trabalho Verde e Amarelo, alterou o art. 457, § 5º, da Consolidação das Leis do Trabalho, dispondo que não tem natureza salarial o fornecimento de alimentação *in natura* ou por meio de documentos de legitimação, tais como tíquetes, vales, cupons, cheques, cartões eletrônicos destinados à aquisição de refeições ou de gêneros alimentícios, de modo que não é tributável para fins de contribuição previdenciária sobre a folha de salários. O novo dispositivo fazia parte das medidas de desoneração da folha de pagamento. **A MP n. 905 foi revogada pela MP n. 955/2020**.

O § 9º do art. 28 do PCSS relaciona as verbas que não integram o salário de contribuição do segurado e que não são consideradas remuneração para fins de cálculo da contribuição devida pela empresa (art. 22, § 2º, do PCSS). Destacamos: as importâncias recebidas a título de férias indenizadas e respectivo adicional constitucional, inclusive o valor correspondente à dobra da remuneração de férias de que trata o art. 137 da CLT (*d*); as recebidas a título da indenização (*e* 3); as recebidas a título de incentivo à demissão (*e* 5); e as recebidas a título de abono de férias na forma dos arts. 143 e 144 da CLT (*e* 6).

As **verbas que têm natureza indenizatória não integram a base de cálculo** porque não estão abrangidas pela expressão "rendimentos do trabalho", conforme entendimento assentado na jurisprudência, do qual destacamos acórdão do Superior Tribunal de Justiça:

> "(...) 1. Conforme iterativa jurisprudência das Cortes Superiores, considera-se ilegítima a incidência de Contribuição Previdenciária sobre verbas indenizatórias ou que não se incorporem à remuneração do Trabalhador. 2. O salário-maternidade é um pagamento realizado no período em que a segurada encontra-se afastada do trabalho para a fruição de licença maternidade, possuindo clara natureza de benefício, a cargo e ônus da Previdência Social (arts. 71 e 72 da Lei 8.213/91), não se enquadrando, portanto, no conceito de remuneração de que trata o art. 22 da Lei 8.212/91. 3. Afirmar a legitimidade da cobrança da Contribuição Previdenciária sobre o salário-maternidade seria um estímulo à combatida prática discriminatória, uma vez que a opção pela contratação de um Trabalhador masculino será sobremaneira mais barata do que a de uma Trabalhadora mulher. 4. A questão deve ser vista dentro da singularidade do trabalho feminino e da proteção da maternidade e do recém nascido; assim, no caso, a relevância do benefício, na verdade, deve reforçar ainda mais a necessidade de sua exclusão da base de cálculo da Contribuição Previdenciária, não havendo razoabilidade para a exceção estabelecida no art. 28, § 9º, *a* da Lei 8.212/91. 5. O Pretório Excelso, quando do julgamento do AgRg no AI 727.958/MG, de relatoria do eminente Ministro EROS GRAU, *DJe* 27.02.2009, firmou o entendimento de que o terço constitucional de férias tem natureza indenizatória. O terço constitucional constitui verba acessória à remuneração de férias e também não se questiona que a prestação acessória segue a sorte das respectivas prestações principais. Assim, não se pode entender que seja ilegítima a cobrança de Contri-

> buição Previdenciária sobre o terço constitucional, de caráter acessório, e legítima sobre a remuneração de férias, prestação principal, pervertendo a regra áurea acima apontada. 6. O preceito normativo não pode transmudar a natureza jurídica de uma verba. Tanto no salário-maternidade quanto nas férias usufruídas, independentemente do título que lhes é conferido legalmente, não há efetiva prestação de serviço pelo Trabalhador, razão pela qual, não há como entender que o pagamento de tais parcelas possuem caráter retributivo. Consequentemente, também não é devida a Contribuição Previdenciária sobre férias usufruídas. 7. Da mesma forma que só se obtém o direito a um benefício previdenciário mediante a prévia contribuição, a contribuição também só se justifica ante a perspectiva da sua retribuição futura em forma de benefício (ADI-MC 2.010, Rel. Min. CELSO DE MELLO); dest'arte, não há de incidir a Contribuição Previdenciária sobre tais verbas (...)" (REsp 201200974088, 1ª Seção, Rel. Min. Napoleão Nunes Maia Filho, *DJe* 08.03.2013).

Ao julgar o **Tema 72**, em Repercussão Geral, o **STF** decidiu:

> "É inconstitucional a incidência de contribuição previdenciária em salário-maternidade" (RE 576.967, j. 05.08.2020).

Porém, não têm natureza de indenização as verbas pagas a empregados em razão de **acordos trabalhistas**, que **são remuneratórias** e, por isso, **sobre elas incide a contribuição previdenciária**, conforme jurisprudência do STJ:

> "(...) É cediço nesta Corte que as verbas decorrentes de acordos trabalhistas celebrados com os empregados não têm caráter indenizatório, mas, ao reverso, remuneratório, devendo, pois, incidir sobre elas a contribuição previdenciária. Todavia, querendo afastar essa incidência, cabe ao interessado comprovar que tais parcelas são, na realidade, indenizatórias. (...)" (REsp 200400799770, 1ª Turma, Rel. Min. Denise Arruda, *DJ* 28.08.2006, p. 220).

Ao contrário do que ocorre com o segurado, a base de cálculo da contribuição da empresa **não tem previsão legal de limites máximos:** a alíquota incide sobre a base de cálculo sem qualquer limitação, independentemente do valor da remuneração paga a cada um dos beneficiários. Nem poderia ser de outra forma, em razão do **princípio da equidade no custeio**. O segurado contribui com limites mínimo e máximo de salário de contribuição, porque esses serão os limites do valor da renda mensal dos benefícios previdenciários que vier a receber.

2.3.5. Contribuição das empresas (art. 22, I, do PCSS)

Fato gerador: dever, pagar ou creditar remuneração, a qualquer título, durante o mês, aos segurados empregados e trabalhadores avulsos.

Sujeito ativo: a União.

Sujeito passivo: o empregador, a empresa ou entidade equiparada que deve, paga ou credita remuneração a qualquer título aos segurados empregados e aos trabalhadores avulsos que lhe prestem serviços.

Base de cálculo: o total das remunerações pagas, devidas ou creditadas a qualquer título, durante o mês, aos segurados empregados e trabalhadores avulsos, destinadas a retribuir o trabalho, qualquer que seja a sua forma, inclusive as gorjetas, os ganhos habituais sob a forma de utilidades e os adiantamentos decorrentes de reajuste salarial, quer pelos serviços efetivamente prestados, quer pelo tempo à disposição do empregador ou tomador do serviço, nos termos da lei ou do contrato ou, ainda, de convenção ou acordo coletivo de trabalho ou sentença normativa. A partir de 01.11.2015, a base de cálculo dessa contribuição é acrescida pelo "valor da compensação pecuniária a ser paga no âmbito do Programa do Seguro-Emprego — PSE", previsto na Medida Provisória n. 680, de 06.07.2015 (*DOU* 07.07.2015), convertida na Lei n. 13.189, de 10.11.2015 (*DOU* 20.11.2015), alterada pela MP n. 761/2016. O Programa de Proteção ao Emprego teve sua denominação alterada para **Programa do Seguro-Emprego (PSE)** (na forma da Lei n. 13.456/2017).

Atenção: A MP n. 905, de 11.11.2019, que isentava as empresas do pagamento da parcela de contribuição previdenciária prevista no art. 22, I, incidente sobre a folha de pagamento dos contratados na modalidade Contrato de Trabalho Verde e Amarelo, foi revogada pela MP n. 955, de 20.4.2020.

A MP n. 905/2019 tinha por objetivo criar novos postos de trabalho para fins de registro do primeiro emprego na Carteira de Trabalho e Previdência Social para pessoas com idade entre 18 e 29 anos.

A isenção concedida pela MP n. 905/2019 abrangia parcelas de outras contribuições sociais incidentes sobre a folha de salários do contrato Verde e Amarelo: salário-educação, Sesi, Sesc, Sest, Senai, Senac, Senat, Sebrae, Senar e Sescoop.

Note-se que a base de cálculo é apurada no período de um mês.

Alíquota: 20%.

Vencimento: o pagamento deve ser feito até o dia 20 do mês seguinte ao da competência (art. 30, I, *b*, do PCSS, e art. 216, I, *b*, do RPS), antecipando-se o vencimento para o dia útil imediatamente anterior quando não houver expediente bancário nesse dia. O vencimento não ocorre no mês seguinte ao do pagamento, mas, sim, no mês seguinte ao da competência. Não importa a data em que a remuneração foi paga, mas, sim, em que o trabalho tenha sido executado, isto é, o mês da competência. Esse é o entendimento do STJ.[10]

2.3.6. Contribuição das empresas sobre a remuneração de contribuintes individuais (art. 22, III, do PCSS)

Fato gerador: pagar ou creditar, a qualquer título, remuneração a segurados contribuintes individuais.

Sujeito ativo: a União.

Sujeito passivo: o empregador, a empresa ou entidade equiparada que paga ou credita remuneração a qualquer título aos segurados contribuintes individuais que lhe prestem serviços.

---

[10] "(...) 1. A controvérsia dos autos diz respeito ao prazo para o recolhimento da contribuição previdenciária incidente sobre a remuneração dos empregados. 2. O aresto regional consignou que o fato gerador da contribuição em comento não é o efetivo pagamento dos salários, mas o fato de o empregador encontrar-se em débito com seus empregados pelos serviços prestados, entendimento esse consentâneo com o assentado no STJ (...)" (AgREsp 200802649545, Rel. Min. Humberto Martins, *DJe* 25.06.2009).

Atenção: a cooperativa de trabalho não é sujeito passivo em relação às importâncias que distribui, paga ou credita a seus cooperados contribuintes individuais, quando tais importâncias configurarem remuneração ou retribuição pelos serviços que, por seu intermédio, prestarem a empresas (art. 201, § 19, do RPS).

Base de cálculo: total das remunerações pagas ou creditadas a qualquer título, durante o mês, aos segurados contribuintes individuais.

O RPS (art. 201, § 2º) traz disciplina específica em relação ao ***médico-residente*** participante de programa de residência médica, na forma do art. 4º da Lei n. 6.932, de 07.07.1981: quando contribuinte individual, a remuneração, para fins de base de cálculo da contribuição patronal de que se trata, abrange o valor da bolsa de estudos a ele paga ou creditada.

Atenção: O STJ tem entendimento no sentido de que não incide contribuição previdenciária sobre verbas pagas pelas seguradoras de saúde aos profissionais da área de saúde credenciados que prestam serviços a pacientes segurados.[11]

Alíquota: 20%.

Vencimento: até o dia 20 do mês seguinte ao da competência, antecipando-se para o dia útil imediatamente anterior quando não houver expediente bancário nesse dia (art. 30, I, *b*, do PCSS, e art. 216, I, *b*, do RPS). Cabem aqui as mesmas considerações sobre o vencimento feitas no item *supra*.

2.3.7. Contribuição adicional de 2,5% das instituições financeiras (art. 22, § 1º, do PCSS)

Além da contribuição prevista nos incs. I e III do art. 22, os bancos comerciais, bancos de investimentos, bancos de desenvolvimento, caixas econômicas, sociedades de crédito, financiamento e investimento, sociedades de crédito imobiliário, sociedades corretoras, distribuidoras de títulos e valores mobiliários, empresas de arrendamento mercantil, cooperativas de crédito, empresas de seguros privados e de capitalização, agentes autônomos de seguros privados e de crédito e entidades de previdência privada abertas e fechadas também são sujeitos passivos de uma **contribuição adicional** cuja alíquota é **de 2,5%** sobre a mesma base de cálculo (§ 1º, com a redação dada pela MP n. 2.158-35/2001).

A constitucionalidade desse adicional à contribuição devida pelas instituições financeiras foi questionada, ao fundamento de ter a lei ordinária (Lei n. 9.876/99) revogado dispositivo da Lei Complementar n. 84/96, que disciplinara a contribuição, bem como por ferir o princípio da isonomia.

A jurisprudência inclinou-se no sentido de que, após a EC n. 20/98, a matéria regulada pela Lei Complementar n. 84 ficou fora do campo reservado à lei complementar, razão pela qual poderia ser alterada ou revogada por lei ordinária e, ainda,

---

11 RESP 1.259.034, 2ª Turma, Rel. Min. Mauro Campbell Marques, *DJe* 09.12.2011.

não fere o princípio da isonomia.[12]

Em Repercussão Geral reconhecida no RE 598.572/SP, o STF decidiu que "é constitucional a previsão legal de diferenciação de alíquotas em relação às contribuições previdenciárias incidentes sobre a folha de salários de instituições financeiras ou de entidades a elas legalmente equiparáveis, após a edição da Emenda Constitucional n. 20/1998".[13]

2.3.8. Contribuição adicional ao SAT em razão do grau de risco da atividade preponderante (art. 22, II, do PCSS)

O art. 22, II, prevê o pagamento de contribuição **destinada ao financiamento do benefício de aposentadoria especial** (arts. 57 e 58 do PBPS) **e dos benefícios concedidos em razão do grau de incidência de incapacidade laborativa decorrente de riscos ambientais do trabalho**, sobre o total das remunerações pagas ou creditadas, no decorrer do mês, aos segurados empregados e trabalhadores avulsos.

A contribuição é conhecida como Seguro de Acidentes do Trabalho (SAT), embora financie também a aposentadoria especial e não somente os benefícios decorrentes de acidente do trabalho.

Fato gerador: pagar ou creditar remuneração a segurados empregados ou trabalhadores avulsos (não incluídos os contribuintes individuais).

Sujeito ativo: a União.

Sujeito passivo: a empresa ou entidade equiparada que paga remuneração a segurados empregados e trabalhadores avulsos.

Base de cálculo: o total da remuneração paga ou creditada a segurados empregados e trabalhadores avulsos (não se inclui a remuneração paga a contribuintes individuais porque estes não têm direito a cobertura de benefícios por acidente do trabalho).

Alíquotas: variam de acordo com o grau de risco de acidentes do trabalho da atividade preponderante do sujeito passivo: 1% quando o risco for considerado leve; 2% quando o risco for considerado médio; e 3% quando o risco for considerado grave.

O art. 202, § 3º, do RPS dá o conceito de **atividade preponderante:** é a atividade que ocupa, em cada estabelecimento da empresa, o maior número de segurados empregados e de trabalhadores avulsos.

O Superior Tribunal de Justiça tem entendido que **o grau de risco deve ser aferido em cada estabelecimento da empresa, desde que cada um tenha** Cadastro Nacional de Pessoas Jurídicas (CNPJ) próprio. Se a empresa tiver um único CNPJ, o grau de risco considerado para fins de fixação da alíquota será o da atividade preponderante.

Esse entendimento foi consolidado na **Súmula 351:** A alíquota de contribuição para o Seguro de Acidente do Trabalho (SAT) é aferida pelo grau de risco desenvolvido em cada empresa, individualizada pelo seu CNPJ, ou pelo grau de risco da atividade preponderante quando houver apenas um registro.

[12] Cf. STF, AC/1109, Rel. p/ Acórdão Min. Carlos Britto, *DJe* 19.07.2007.

[13] Rel. Min. Edson Fachin, *DJe* 09.08.2016.

O Anexo V do RPS contém a Relação de Atividades Preponderantes e correspondentes Graus de Riscos, contida no Anexo V do RPS (art. 202, § 4º).

A empresa deve fazer o enquadramento de sua atividade preponderante no respectivo grau de risco, mensalmente, e o INSS pode fazer a revisão do autoenquadramento em caso de erro.

A constitucionalidade da contribuição ao SAT tem sido questionada com os seguintes fundamentos: trata-se de contribuição nova, que deveria ter sido instituída por lei complementar; a definição de atividade preponderante compete à lei porque se trata de imposição de obrigação, restando ferido o princípio da legalidade; também a classificação das atividades para fins do grau de risco é matéria reservada à lei, razão pela qual o RPS feriu o princípio da legalidade também nesse aspecto. Esses argumentos já foram rejeitados pelo STF:

> "**CONTRIBUIÇÃO SOCIAL** — SEGURO DE ACIDENTE DE TRABALHO — **SAT**. A teor do que decidido no Recurso Extraordinário n. 343.446-2/SC e reafirmado no Recurso Extraordinário n. 684.291/PR, paradigma submetido à sistemática da repercussão geral, tem-se a **constitucionalidade** da cobrança do Seguro de Acidente do Trabalho. (...)" (AI 620978/BA, Rel. Min. Marco Aurélio, *DJe* 04.09.2012).

Vencimento: até o dia 20 do mês seguinte ao da competência, antecipando-se para o dia útil imediatamente anterior quando não houver expediente bancário nesse dia (art. 30, I, *b*, do PCSS e art. 216, I, *b*, do RPS).

2.3.8.1. O Fator Acidentário de Prevenção (FAP)

A Lei n. 10.666, de 08.05.2003 (art. 10), previu a possibilidade de redução de até 50% ou aumento de até 100%, na forma do Regulamento, das alíquotas de 1%, 2% e 3% em razão do desempenho da atividade da empresa em relação à respectiva atividade econômica. Para isso, previu metodologia de cálculo, aprovada pelo Conselho Nacional de Previdência Social, que considere os índices de frequência, gravidade e custo dos acidentes do trabalho em cada empresa.

O **Decreto n. 10.402, de 30.06.020**, alterou a redação do art. 202-A ao RPS, ao tratar do **Fator Acidentário de Prevenção (FAP)**.

O FAP é um **multiplicador variável**, destinado a aferir o desempenho da empresa em relação às demais do mesmo segmento de atividade econômica, considerando a ocorrência de acidentes do trabalho. A aplicação do FAP poderá causar a redução em até 50% ou o aumento em até 100% das alíquotas da contribuição.

Com o FAP objetiva-se incentivar as empresas a praticarem ações que visem à melhoria das condições de trabalho e saúde do trabalhador, para fins de reduzir os casos de acidente do trabalho.[14]

O **Decreto n. 6.957, de 09.09.2009**, alterou novamente o RPS e definiu o FAP como um multiplicador variável num intervalo contínuo de cinco décimos (0,5000) a

[14] Cf. <http://www.previdencia.gov.br>: "(...) Pela metodologia do FAP, as empresas que registrarem maior número de acidentes ou doenças ocupacionais pagam mais. Por outro lado, o Fator Acidentário de Prevenção aumenta a bonificação das empresas que registram acidentalidade menor. No caso de nenhum evento de acidente de trabalho, a empresa é bonificada com a redução de 50% da alíquota".

dois inteiros (2,0000), aplicado com quatro casas decimais, considerado o critério de arredondamento na quarta casa decimal, a ser aplicado à respectiva alíquota.

Esse multiplicador variável deve ser recalculado periodicamente, e é aplicado às alíquotas 1%, 2% ou 3% sobre a folha de salários, para financiar o SAT, a partir da tarifação coletiva por atividade econômica.

O FAP considera os índices de **frequência, gravidade** e **custos** dos acidentes do trabalho.

Objetiva-se que seja maior o valor da contribuição das empresas em que com mais frequência ocorram acidentes, e, ainda, aquelas em que os acidentes sejam de natureza mais grave. Inversamente, as empresas em que os acidentes sejam menos frequentes ou menos graves contribuirão com alíquota menor.

Por ser elucidativa, transcrevemos a lição de **Francisco Milton Araújo Júnior:**[15]

> "(...) O FAP de cada empresa, portanto, será apurado anualmente pelo Ministério da Previdência Social a partir dos coeficientes de frequência, gravidade e custo das patologias laborais obtidos pela empresa dentro do liame comparativo com o seu respectivo CNAE, possibilitando a correção do SAT, que pode ser reduzido em até 50% (cinquenta por cento) caso a empresa obtenha índices inferiores à média do CNAE do seu empreendimento econômico ou elevado em até 100% (cem por cento) caso a empresa obtenha índice superior à média do CNAE que se encontra vinculado pela atividade econômica.
>
> A partir desta nova sistemática, o SAT passa a depender do desempenho da empresa no âmbito da saúde, higiene e segurança no trabalho, ou seja, passa a depender dos resultados anuais da empresa referente à ocorrência de acidentes e doenças ocupacionais apurados pelos requisitos do FAP (...)."

A nosso ver, a regra atende ao princípio da equidade no custeio.

A constitucionalidade do art. 10 da Lei n. 10.666/2003 e sua regulamentação será apreciada em sede de Repercussão Geral no RE 677.725/RS (Tema 554), não julgado pelo STF até o fechamento desta edição.

2.3.9. Contribuição adicional ao SAT sobre a remuneração de trabalhadores expostos a condições especiais (art. 22, II, do PCSS e art. 57, § 6º, do PBPS)

A aposentadoria especial é financiada com recursos provenientes da contribuição prevista no art. 22, II, do PCSS (SAT), conforme dispõe o art. 57, § 6º, da Lei n. 8.213/91.

Essa contribuição previdenciária financia também os benefícios concedidos em razão do grau de incidência de incapacidade laborativa decorrente dos riscos ambientais do trabalho.

As alíquotas daquela contribuição são acrescidas de 12%, 9% ou 6% conforme a atividade exercida pelo segurado a serviço da empresa permita aposentadoria especial após 15, 20 ou 25 anos de contribuição, respectivamente.

---

[15] Nexo Técnico Epidemiológico (NTEP) e Fator Acidentário de Prevenção — Objetivo Apenas Prevencionista, Apenas Arrecadatório, ou Prevencionista e Arrecadatório? *Revista IOB Trabalhista e Previdenciária*, São Paulo, IOB, n. 249, mar. 2010, p. 55.

Fato gerador: pagar ou creditar remuneração a segurados empregados ou trabalhadores avulsos.

Sujeito ativo: a União.

Sujeito passivo: empresa ou entidade equiparada que paga a remuneração a segurados empregados e trabalhadores avulsos.

Base de cálculo: o total da remuneração paga ou creditada exclusivamente a segurados sujeitos a condições especiais que prejudiquem a saúde ou a integridade física (art. 57, § 7º, do PBPS e art. 202, § 2º, do RPS).

Alíquotas: as alíquotas variam conforme a atividade do segurado a serviço do sujeito passivo permita a concessão de aposentadoria especial após 15, 20 ou 25 anos de contribuição: 12% quando o segurado tiver direito à aposentadoria especial com 15 anos de contribuição; 9% quando tiver esse direito com 20 anos de contribuição; e 6% quando tiver o direito com 25 anos de contribuição.

Vencimento: até o dia 20 do mês seguinte ao da competência, antecipando-se para o dia útil imediatamente anterior quando não houver expediente bancário nesse dia (art. 30, I, *b*, do PCSS e art. 216, I, *b*, do RPS).

Também com relação à contribuição adicional, o STF tem decidido pela constitucionalidade da exação: "(...) I — Esta Corte possui entendimento firmado pela constitucionalidade do art. 22, II, da **Lei 8.212/91**, com a redação dada pela **Lei 9.732/98**, o qual estabelece que a contribuição para o custeio do Seguro de Acidente do Trabalho também financiará o benefício da aposentadoria especial. Precedentes (...)" (AI 809496/AM, Rel. Min. Ricardo Lewandowski, *DJe* 1º.02.2011).

2.3.10. Contribuição sobre o valor bruto da nota fiscal ou fatura de prestação de serviços prestados por cooperados por intermédio de cooperativas de trabalho (art. 22, IV, do PCSS)

O inc. IV do art. 22 foi incluído pela Lei n. 9.876/99.

Há empresas que contratam mão de obra por intermédio de cooperativas de trabalho.

Não se firma vínculo empregatício entre a empresa tomadora do serviço e o trabalhador associado à cooperativa nem entre a cooperativa e o trabalhador contratado.

Após a grande polêmica na doutrina e na jurisprudência, a inconstitucionalidade do inc. IV do art. 22 foi declarada no RE 595.838/SP, Rel. Min. Dias Toffoli (*DJe* 08.10.2014), em Repercussão Geral:

> "(...) 1. O fato gerador que origina a obrigação de recolher a contribuição previdenciária, na forma do art. 22, inciso IV da Lei n. 8.212/91, na redação da Lei 9.876/99, não se origina nas remunerações pagas ou creditadas ao cooperado, mas na relação contratual estabelecida entre a pessoa jurídica da cooperativa e a do contratante de seus serviços.
> 2. A empresa tomadora dos serviços não opera como *fonte* somente para fins de retenção. A empresa ou entidade a ela equiparada é o próprio sujeito passivo da relação tributária, logo, típico "contribuinte" da contribuição.
> 3. Os pagamentos efetuados por terceiros às cooperativas de trabalho, em face de serviços prestados por seus cooperados, não se confundem com os valores efetivamente pagos ou creditados aos cooperados.

> 4. O art. 22, IV, da Lei n. 8.212/91, com a redação da Lei n. 9.876/99, ao instituir contribuição previdenciária incidente sobre o valor bruto da nota fiscal ou fatura, extrapolou a norma do art. 195, inciso I, *a*, da Constituição, descaracterizando a contribuição hipoteticamente incidente sobre os rendimentos do trabalho dos cooperados, tributando o faturamento da cooperativa, com evidente *bis in idem*. Representa, assim, nova fonte de custeio, a qual somente poderia ser instituída por lei complementar, com base no art. 195, § 4º — com a remissão feita ao art. 154, I, da Constituição.
>
> 5. Recurso extraordinário provido para declarar a inconstitucionalidade do inciso IV do art. 22 da Lei n. 8.212/91, com a redação dada pela Lei n. 9.876/99".

Em 30.03.2016, o Senado Federal expediu a Resolução n. 10, que suspendeu a execução do inc. IV do art. 22 em razão da decisão proferida pelo STF no RE 595.838/SP.

Mantivemos este item 2.3.10 apenas para noticiar aos leitores que a referida contribuição já não mais existe juridicamente.

■ 2.3.11. Contribuição adicional para o financiamento da aposentadoria especial do segurado cooperado que preste serviços à empresa tomadora por intermédio de cooperativa de trabalho e de produção (art. 1º, §§ 1º e 2º, da Lei n. 10.666/2003)

Essa contribuição era adicional à contribuição tratada no item *supra*.

A Lei n. 10.666/2003 garante aposentadoria especial ao segurado filiado ao RGPS, associado de cooperativa de trabalho e de produção, que trabalhe sujeito a condições especiais que prejudiquem sua saúde ou sua integridade física (art. 1º).

A base de cálculo era o valor da nota fiscal ou fatura de prestação de serviço pago ao cooperado que prestasse serviço ao sujeito passivo, por intermédio de cooperativa de trabalho, que trabalhasse sujeito a condições especiais que prejudicassem sua saúde ou integridade física, garantindo aposentadoria especial após 15, 20 ou 25 anos de contribuição.

Com a declaração de inconstitucionalidade do art. 22, IV, a contribuição adicional também deixou de existir, conforme reconhecido pelo **Ato Declaratório Interpretativo RFB n. 5, de 25.05.2015**, que dispôs:

> **Art. 2º.** A Secretaria da Receita Federal do Brasil não constituirá crédito tributário decorrente da contribuição de que trata o § 1º do art. 1º da Lei n. 10.666, de 8 de maio de 2003, que instituiu contribuição adicional àquela prevista no inciso IV do art. 22 da Lei n. 8.212, de 1991, para fins de custeio de aposentadoria especial para cooperados filiados a cooperativas de trabalho [*princípio de Direito: acessório segue o principal*].

■ 2.3.12. Contribuição da associação desportiva que mantém equipe de futebol profissional (art. 22, § 6º, do PCSS)

A associação desportiva que mantém equipe de futebol profissional participa do custeio da seguridade mediante pagamento da contribuição patronal de que trata o § 6º do art. 22, acrescentado pela Lei n. 9.528/97. Essa contribuição substitui a prevista nos incs. I e II do art. 22, isto é, a contribuição sobre a remuneração de empregados e avulsos e o adicional ao SAT.

Fato gerador: auferir receita em razão da realização de espetáculos desportivos e de qualquer forma de patrocínio, licenciamento de uso de marcas e símbolos, publicidade, propaganda e de transmissão de espetáculos desportivos.

Partilhamos do mesmo entendimento de Leandro Paulsen[16] com relação à inconstitucionalidade dessa contribuição. Trata-se de nova fonte de custeio que não poderia ser instituída senão por lei complementar. Não se enquadra na alínea no art. 195, I, *a*, da Constituição Federal e "A Lei n. 9.528/97 acabou por sobrepor à COFINS (contribuição sobre a receita instituída com suporte no art. 195, I, *b*, da Constituição) uma nova contribuição sobre a receita, infringindo, desta forma, o art. 195, § 4º, da CF".[17]

Sujeito ativo: a União.

Sujeito passivo: a associação desportiva que mantém equipe de futebol profissional e que se organize na forma da Lei n. 9.615, de 24.03.1998. Será também sujeito passivo a associação desportiva que mantiver outras modalidades de esporte, além de manter equipe de futebol profissional.

As demais associações desportivas, ou seja, as que *não mantêm* equipe de futebol profissional contribuem na forma dos incs. I e II do art. 22 e do art. 23 do PCSS.

A contribuição é **retida na fonte** e **recolhida pela entidade promotora do espetáculo, pela empresa ou entidade que repassar recursos** a título de patrocínio, licenciamento de uso de marcas e símbolos, publicidade, propaganda e transmissão de espetáculos (art. 22, §§ 7º e 9º, do PCSS e arts. 20 e 205, §§ 1º e 3º, do RPS).

Base de cálculo: a receita bruta, inadmitida qualquer dedução, decorrente dos espetáculos desportivos de que participem em todo o território nacional em qualquer modalidade desportiva, inclusive jogos internacionais, e de qualquer forma de patrocínio, licenciamento de uso de marcas e símbolos, publicidade, propaganda e de transmissão de espetáculos desportivos.

Os arts. 22, § 8º, do PCSS e 205, § 2º, do RPS determinam que o sujeito passivo da obrigação tributária informe a entidade promotora do espetáculo todas as receitas auferidas no evento, discriminando-as detalhadamente, para que efetue o desconto da contribuição na fonte.

Alíquota: 5%.

Vencimento: até 2 dias úteis após a realização do evento (§ 7º do art. 22 do PCSS e art. 205, § 1º, do RPS), quando se tratar de recolhimento pela entidade promotora do espetáculo. Nas demais hipóteses, o vencimento se dá no dia 20 do mês seguinte (art. 205, § 3º, do RPS).

Atenção: as demais associações desportivas devem contribuir na forma dos incisos I e II do art. 22.

[16] Op. cit., p. 164-165.

[17] Idem, ibidem.

2.3.13. Contribuição do produtor rural pessoa física, do segurado especial e do consórcio de produtores rurais. Financiamento dos benefícios por acidente do trabalho (arts. 25 e 25-A do PCSS)

Não se deve confundir o produtor rural pessoa física com o segurado especial, que trabalha em regime de economia familiar e sem contratar empregados.

O produtor rural pessoa física, nessa hipótese, equipara-se à empresa. Como segurado obrigatório da previdência social, é contribuinte individual (art. 12, V, *a*, do PCSS).

Em Repercussão Geral no **RE 718.874/RS**, o STF reconheceu a **constitucionalidade** da contribuição do produtor rural pessoa física, onde restou firmada a tese **(Tema 669)**: "É constitucional formal e materialmente a contribuição social do empregador rural pessoa física, instituída pela Lei n. 10.256/2001, incidente sobre a receita bruta obtida com a comercialização de sua produção".[18]

O art. 25-A equipara o consórcio de produtores rurais, para fins de custeio, ao produtor rural pessoa física.

O consórcio é formado pela união de produtores rurais pessoas físicas, que escolhem um deles, a quem outorgam poderes para contratar, gerir e demitir trabalhadores rurais, na condição de empregados, para prestação de serviços, exclusivamente, aos seus integrantes. O consórcio deve ser matriculado no INSS em nome do consorciado a quem tenham sido outorgados os poderes.

Os integrantes do consórcio são responsáveis solidários em relação às obrigações previdenciárias.

Fato gerador: auferir receita da comercialização da produção.

Sujeito ativo: a União.

Sujeitos passivos: o produtor rural pessoa física, o segurado especial e o consórcio simplificado de produtores rurais.

A contribuição será recolhida pelo adquirente, consumidor ou consignatário ou pela cooperativa.

O produtor rural pessoa física, o segurado especial e o consórcio simplificado de produtores rurais só fazem o recolhimento dessa contribuição quando comercializam a produção com adquirente domiciliado no exterior, diretamente, no varejo, a consumidor pessoa física, a outro produtor rural pessoa física ou a outro segurado especial.

A empresa ou cooperativa adquirente, consumidora ou consignatária da produção deve fornecer ao segurado especial cópia do documento fiscal de entrada da mercadoria, para possibilitar a comprovação da operação e o recolhimento da contribuição previdenciária (art. 30, § 7º).

> **Atenção:** a Lei n. 13.606/2018 autoriza o produtor rural pessoa física, a partir de 1º.01.2018, a optar por contribuir na forma prevista no art. 25 ou na forma dos incisos I e II do *caput* do art. 22; para tanto, deverá manifestar sua opção mediante o pagamento da contribuição incidente sobre a folha de salários relativa a janeiro de cada ano, ou à primeira competência subsequente ao início da atividade rural, e será irretratável para todo o ano-calendário (§ 13 do art. 25).

[18] Rel. Min. Edson Fachin, *DJe* 03.10.2017.

Base de cálculo: a receita bruta proveniente da comercialização da produção de artigos de origem animal ou vegetal, em estado natural ou submetidos a processos de beneficiamento ou industrialização rudimentar, assim compreendidos, entre outros, os processos de lavagem, limpeza, descaroçamento, pilagem, descascamento, lenhamento, pasteurização, resfriamento, secagem, fermentação, embalagem, cristalização, fundição, carvoejamento, cozimento, destilação, moagem, torrefação, bem como os subprodutos e os resíduos obtidos por meio desses processos; da comercialização da produção obtida em razão de contrato de parceria ou meação de parte do imóvel rural; da comercialização de artigos de artesanato, na forma do art. 12, § 10, VII, do PCSS; de serviços prestados, de equipamentos utilizados e de produtos comercializados no imóvel rural, desde que em atividades turísticas e de entretenimento desenvolvidas no próprio imóvel, inclusive hospedagem, alimentação, recepção, recreação e atividades pedagógicas, bem como taxa de visitação e serviços especiais; do valor de mercado da produção rural dada em pagamento ou que tiver sido trocada por outra, qualquer que seja o motivo ou finalidade; e de atividade artística de que trata o art. 12, § 10, VIII, do PCSS. Ver § 10 do art. 25 e inc. XII do art. 30 da Lei n. 8.212/91, na redação dada pela Lei n. 11.718/2008.

Alíquotas: 1,2% (Lei n. 13.606, de 09.01.2018).

Para o custeio da complementação das prestações por acidente do trabalho, a alíquota é de 0,1%.

Vencimento: o dia 20 do mês subsequente ao da operação de venda ou consignação da produção rural.

Atenção: o STJ tem entendimento no sentido de que o consórcio de produtores rurais pode se beneficiar do REFIS (Programa de Recuperação Fiscal).[19]

[19] "(...) 1. Consórcio de Produtores Rurais criado e reconhecido pelo Ministério do Trabalho como instrumento de otimização das relações com os trabalhadores rurais. Técnica que viabiliza a atividade para todos os consorciados, mercê da regularização das carteiras de trabalho dos trabalhadores. Obtenção de CEI junto ao INSS como grupo de produtores rurais pessoas físicas. A Responsabilidade do Consórcio para com as contribuições previdenciárias implica em reconhecer-lhe aptidão para beneficiar-se do programa REFIS, muito embora não seja pessoa jurídica. Na era da 'desconsideração da pessoa jurídica' e do reconhecimento da *legitimatio ad causam* às entidades representativas de interesses difusos, representaria excesso de formalismo negar ao Consórcio reconhecido pelo Ministério do Trabalho a assemelhação às pessoas jurídicas para fins de admissão no REFIS, máxime porque, essa opção encerra promessa de cumprimento das obrigações tributárias. 2. Acórdão recorrido que, confirmando decisão singular, concedeu a antecipação da tutela e determinou a inclusão junto ao denominado 'Programa de Recuperação Fiscal — REFIS' de **consórcio** de empregadores rurais, equiparando-o *in casu* a pessoa jurídica. 3. Possibilidade de interpretação extensiva da legislação que dispõe sobre o ingresso junto ao REFIS, permitindo aos **consórcios** equiparação às pessoas jurídicas. 4. Natureza dúplice das disposições que disciplinam o REFIS que fomentam o adimplemento das obrigações tributárias e permitem ao Estado o recebimento, mesmo que parcelado, de seus créditos fiscais (...)" (REsp 413.865, 1ª Turma, Rel. Min. Luiz Fux, *DJ* 19.12.2002, p. 338).

2.3.14. Contribuição da agroindústria. O custeio da aposentadoria especial e dos benefícios por acidente do trabalho (art. 22-A do PCSS)

A contribuição da agroindústria, instituída pelo art. 22-A (incluído pela Lei n. 10.256/2001), substitui as contribuições previstas nos incs. I e II do art. 22.

Agroindústria é o **produtor rural pessoa jurídica** cuja atividade econômica seja a ***industrialização de produção própria ou de produção própria e adquirida de terceiros***.

Fato gerador: auferir receita da comercialização da produção. As operações relativas à prestação de serviços a terceiros não são fatos geradores da contribuição em comento (art. 22-A, § 2º, do PCSS e art. 201-A, § 2º, do RPS).[20]

Sujeito ativo: a União.

Sujeito passivo: a agroindústria.

As sociedades cooperativas e as agroindústrias de piscicultura, carcinicultura, suinocultura e avicultura não são sujeitos passivos dessa contribuição (art. 22-A, § 4º, do PCSS).

O art. 201-A, § 4º, II, do RPS dispõe que também não é sujeito passivo a pessoa jurídica cuja atividade rural seja apenas de "florestamento e reflorestamento como fonte de matéria-prima para industrialização própria mediante a utilização de processo industrial que modifique a natureza química da madeira ou a transforme em pasta celulósica".

Base de cálculo: a receita bruta proveniente da comercialização da produção. *Receita bruta*, no caso, é o valor total da receita proveniente da comercialização da produção própria e da adquirida de terceiros, industrializada ou não (art. 201-A, § 1º, do RPS).

Na forma do § 3º do art. 22-A do PCSS, deve-se excluir da base de cálculo a receita bruta correspondente aos serviços prestados a terceiros, que, aliás, não é fato gerador da contribuição.

Alíquota: 2,5%.

Para o financiamento da aposentadoria especial e dos benefícios concedidos em razão do grau de incidência de incapacidade decorrente dos riscos ambientais da atividade, a alíquota é de 0,1%.

2.4. CONTRIBUIÇÃO DO EMPREGADOR DOMÉSTICO

O **empregador doméstico** é "a pessoa ou família que admite a seu serviço, sem finalidade lucrativa, empregado doméstico" (art. 15, II, do PCSS).

O **empregado doméstico** é "aquele que presta **serviço de natureza contínua** a **pessoa ou família**, no **âmbito residencial** desta, em atividades **sem fins lucrativos**" (art. 11, II, da Lei n. 8.213/91).

A Lei Complementar n. 150, de 01.06.2015 (*DOU* 02.06.2015) define o empregado doméstico como **"aquele que presta serviço de forma contínua, subordina-**

[20] Cf. TRF1, AC 00078453520024013400, 7ª Turma, Rel. Gilda Sigmaringa Seixas, e-DJF1 18.12.2009, p. 803: "(...) 1. À míngua de ofensa à Constituição Federal, apresenta-se legítima a exigência da contribuição previdenciária incidente sobre a receita bruta da comercialização da produção, na forma prevista no artigo 22-A, da Lei n. 8.212/91, com a redação dada pela Lei n. 10.256/2001. 2. Como registrou o juízo monocrático, a 'empresa deve ser encarada como uma única entidade contribuinte, de modo que, havendo industrialização de produção própria, impõe-se a aplicação do art. 22-A da Lei n. 8.212/91, com a nova redação dada pela Lei n. 10.256/2001' (...)".

da, onerosa e pessoal e de finalidade não lucrativa à pessoa ou à família, no âmbito residencial destas, por mais de 2 (dois) dias por semana" (art. 1º). O conceito está voltado para a relação trabalhista, mas também se aplica no campo previdenciário, uma vez que a Lei Complementar n. 150 também trata da relação jurídica previdenciária em que o empregado doméstico é sujeito passivo no campo do custeio, e sujeito ativo no campo das coberturas previdenciárias.

> **Atenção:** para evitar que o empregado doméstico seja prejudicado em seus direitos de natureza previdenciária, a Lei n. 12.470/2011 proíbe que o empregador doméstico o contrate como microempreendedor individual caso fiquem configurados os elementos da relação de emprego doméstico (art. 24, parágrafo único, da Lei n. 8.212/91).
>
> O § 26 do art. 9º do Decreto n. 3.048/99 trouxe a definição de microempreendedor individual.

O empregador doméstico **não se enquadra como empresa** para fins previdenciários. É que a atividade do empregado doméstico está limitada ao âmbito residencial de seu empregador, sem finalidade lucrativa.

Fato gerador: pagar remuneração a empregado doméstico a seu serviço (art. 24 do PCSS).

Sujeito ativo: a União.

Sujeito passivo: o empregador doméstico.

Base de cálculo: o salário de contribuição do empregado doméstico.

Alíquota: 8% a partir de novembro de 2015. E 0,8% para o financiamento do seguro contra acidentes do trabalho, na forma da Lei n. 13.202, de 08.12.2015, que alterou o art. 24 do PCSS.

> **Atenção:** a antiga alíquota de 12% foi alterada pela **LC n. 150/2015** (art. 34, II) para **8%**. É que a LC n. 150 instituiu o **"Simples Doméstico"**, que é um regime unificado de pagamento de tributos, contribuições e outros encargos atribuídos ao empregador doméstico, como a inclusão do empregado doméstico no Fundo de Garantia do Tempo de Serviço (art. 21).

Vencimento: até o dia 7 do mês seguinte ao da competência (art. 30, V, do PCSS, com a redação dada pela LC n. 150/2015).

A contribuição do empregado doméstico é **arrecadada e recolhida pelo empregador doméstico.**[21]

O art. 26, § 4º-A do RPS, por força da nova redação, determina que, para fins de carência, no caso de segurado empregado doméstico, considera-se presumido o recolhimento das contribuições dele descontadas pelo empregador doméstico, a partir da competência de junho de 2015.

---

[21] "(...) Cabe ao empregador, e não ao empregado doméstico, o recolhimento das contribuições previdenciárias devidas. Precedentes do STJ (...)" (STJ, AgREsp 931961, Rel. Min. Arnaldo Esteves Lima, *DJe* 25.05.2009).

Durante o período de gozo de **licença-maternidade da empregada doméstica**, o empregador doméstico deve fazer **apenas o recolhimento da contribuição de que é sujeito passivo**; nesse período, a segurada empregada doméstica recebe a cobertura previdenciária de salário-maternidade e, por isso, não está obrigada a contribuir para o custeio da seguridade social (art. 216, VIII, do RPS).

■ 2.5. CONTRIBUIÇÃO DO SEGURADO

■ 2.5.1. Salário de contribuição. Regras gerais

Quando se trata de cobertura previdenciária, isto é, recebimento de benefício previdenciário, o segurado é sujeito ativo, isto é, credor, da relação jurídica.

Em termos de **custeio**, porém, o segurado é **sujeito passivo da relação jurídica**, isto é, **devedor** da contribuição previdenciária prevista no art. 195, II, da CF.

O segurado está obrigado ao pagamento das contribuições previstas nos arts. 20 e 21 do PCSS, conforme se enquadre como segurado empregado, empregado doméstico e trabalhador avulso (art. 20), bem como segurado contribuinte individual e facultativo.

A **base de cálculo** da contribuição devida pelo segurado denomina-se **salário de contribuição**, e será utilizada no cálculo do salário de benefício.

Vamos notar que a lei, ao definir o salário de contribuição dos diversos segurados, utiliza a palavra "remuneração" e não "salário", esta mais adequada para denominar a remuneração recebida pelos empregados.

Conforme o tipo de segurado, a definição legal de salário de contribuição pode variar.

O salário de contribuição tem limites máximo (teto) e mínimo (piso).

O salário de contribuição dos segurados **contribuinte individual e facultativo** não pode ser inferior ao valor de um **salário mínimo**.

Já os segurados **empregado, empregado doméstico e trabalhador avulso** não podem ter salário de contribuição inferior ao **piso salarial legal ou normativo da categoria**. Se não existir o piso salarial ou normativo da categoria, o salário de contribuição não pode ser inferior a um salário mínimo mensal, diário ou horário, conforme o ajustado e o tempo de efetivo trabalho durante o mês (art. 28, § 3º, do PCSS e art. 214, § 3º, II, do RPS).

A EC n. 103/2019 trouxe previsão específica sobre a hipótese de o salário de contribuição do segurado ser inferior ao mínimo exigido, contida no § 14 do art. 195 da CF. Nesse caso, a competência em que a contribuição tiver base de cálculo inferior ao mínimo legal **não será computada** como tempo de contribuição, mas o segurado poderá **agrupar** períodos de contribuição nessas condições.

> **Atenção:** Há regra de transição, aplicável enquanto não editada a lei ordinária, para os segurados que já estejam no RGPS na data da entrada em vigor da EC n. 103/2019: se o segurado desejar, poderá (a) complementar a contribuição para alcançar o mínimo exigido; (b) utilizar o valor excedente do limite mínimo de uma competência para outra; e (c) agrupar contribuições inferiores ao mínimo de competências diferentes para aproveitar em contribuições mínimas mensais. Porém, esses ajustes só poderão ser feitos durante o mesmo ano civil.

Atenção: o salário de contribuição de **menor aprendiz** não pode ser inferior ao valor de sua remuneração mínima prevista em lei (art. 28, § 4º, do PCSS).

Qualquer que seja o tipo de segurado, o salário de contribuição não poderá ser superior ao **teto máximo** fixado mediante portaria do Ministério da Economia, expedida sempre que for alterado o valor dos benefícios (art. 28, § 5º, do PCSS e art. 214, § 5º, do RPS). Esse limite é reajustado na mesma época e com os mesmos índices que os do reajustamento dos benefícios previdenciários (art. 20, § 1º, e art. 21, § 1º, do PCSS).[22]

O § 2º do art. 12 do PCSS determina que "todo aquele que exercer, **concomitantemente, mais de uma atividade remunerada** sujeita ao Regime Geral de Previdência Social é obrigatoriamente filiado em relação a cada uma delas". Essa disposição tem reflexos no custeio e no cômputo do tempo de contribuição. No custeio, porque a pessoa física será **segurado obrigatório em todas as atividades que exercer** e, com isso, estará obrigado ao recolhimento da contribuição previdenciária em cada uma delas, até o limite do teto do salário de contribuição. No cômputo do tempo de contribuição, porque as denominadas **"atividades concomitantes"** têm regramento específico.

O § 4º do referido art. 12 trata da situação do **aposentado que volta a exercer atividade vinculada ao RGPS:** o aposentado pelo Regime Geral de Previdência Social (RGPS) que estiver exercendo ou que voltar a exercer atividade abrangida por esse Regime é segurado obrigatório em relação a essa atividade, ficando sujeito às contribuições de que trata essa lei, para fins de custeio da Seguridade Social.

A nosso ver, de forma equivocada, alguns argumentam pela inconstitucionalidade dessa norma, ao fundamento de que a nova filiação e consequente contribuição ao custeio não garantem cobertura previdenciária. O equívoco está em considerar que a contribuição para o custeio tem em vista apenas a cobertura previdenciária para o segurado. Na verdade, o segurado contribui por outras razões: primeiro, porque deve ser solidário com o sistema; segundo, porque sua nova atividade é potencialmente geradora de contingências que irão originar cobertura previdenciária para outros segurados.

SALÁRIO DE CONTRIBUIÇÃO	
PISO	■ **um salário mínimo** → contribuintes individual e facultativo; ■ **piso salarial ou normativo da categoria** → empregado, empregado doméstico e trabalhador avulso; ■ **remuneração mínima prevista em lei ou um salário mínimo** → menor aprendiz.
TETO	■ Fixado por Portaria do Ministério da Economia.

2.5.2. Verbas que integram o salário de contribuição: art. 28 do PCSS

O salário de contribuição varia conforme o tipo de segurado considerado.

[22] O **valor** é fixado anualmente por Portaria do Ministério da Economia, para adequação decorrente do reajuste do salário mínimo. Ver Portaria SEPRT n. 3.659, de 11.02.2020 (*DOU* 12.02.2020).

Há algumas verbas que suscitam dúvida acerca de integrarem ou não o salário de contribuição.

O art. 7º, XVII, da CF, garante ao trabalhador férias anuais remuneradas com, pelo menos, um terço a mais do que o salário normal. Esse **adicional à remuneração das férias** é salário de contribuição, razão pela qual **sobre ele incide a contribuição do segurado** (art. 214, § 4º, RPS).

Também o **13º salário** é salário de contribuição, ou seja, sobre ele **incide contribuição** do segurado, recolhida somente por ocasião do pagamento ou crédito da última parcela, ou quando rescindido o contrato de trabalho. Após controvérsia na jurisprudência, o STF editou a **Súmula 688:** "É legítima a incidência da contribuição previdenciária sobre o 13º salário".

Atenção: o 13º salário não será computado no cálculo do salário de benefício (art. 28, § 7º, do PCSS; art. 29, § 3º, do PBPS e art. 214, § 6º, do RPS).

Atenção: a parcela mensal do seguro-desemprego passou a ser considerada salário de contribuição a partir de 12.11.2019, data de publicação da MP n. 905/2019. Contudo, a partir de 20.4.2020, não pode mais ser considerado salário de contribuição em razão da revogação do dispositivo pela MP n. 955/2020.

O total das **diárias** pagas, desde que supere 50% da remuneração mensal, integra o salário de contribuição (art. 28, § 8º, *a*, do PCSS).

O **salário-maternidade** é considerado salário de contribuição (art. 28, § 2º, do PCSS).

Atenção: a incidência de contribuição previdenciária sobre o salário-maternidade tem sido impugnada judicialmente, chegando ao STF que, no RE 576.967, reconheceu a existência de Repercussão Geral, mas não julgou o mérito do recurso até o fechamento desta edição.

O **auxílio-alimentação recebido em pecúnia** integra o salário de contribuição (Súmula 67 da TNU).

2.5.2.1. *Segurado empregado e trabalhador avulso*

Para o segurado empregado e para o trabalhador avulso, o salário de contribuição é a remuneração auferida em uma ou mais empresas, assim entendida a totalidade dos rendimentos pagos, devidos ou creditados a qualquer título, durante o mês, destinados a retribuir o trabalho, qualquer que seja a sua forma, inclusive as gorjetas, os ganhos habituais sob a forma de utilidades e os adiantamentos decorrentes de reajuste salarial, quer pelos serviços efetivamente prestados, quer pelo tempo à disposição do empregador ou tomador de serviços nos termos da lei ou do contrato ou, ainda, de convenção ou acordo coletivo de trabalho ou sentença normativa.

Se, **no curso do mês**, o empregado for admitido, dispensado, afastado ou faltar ao trabalho, **o salário de contribuição será proporcional ao número de dias de trabalho efetivo**, na forma estabelecida em regulamento.

2.5.2.2. *Segurado empregado doméstico*

O salário de contribuição do empregado doméstico é a remuneração registrada na Carteira de Trabalho e Previdência Social, observadas as normas a serem estabelecidas em regulamento para comprovação do vínculo empregatício e do valor da remuneração.

2.5.2.3. *Segurado contribuinte individual*

Para o contribuinte individual, o salário de contribuição é a remuneração auferida em uma ou mais empresas ou pelo exercício de sua atividade por conta própria, durante o mês, observado o limite máximo.

2.5.2.4. *Segurado facultativo*

O salário de contribuição do segurado facultativo é o valor por ele declarado, observado o limite máximo.

Consoante nova redação do Regulamento da Previdência Social, incluída pelo Decreto n. 10.410/2020, o segurado poderá contribuir facultativamente durante os períodos de afastamento ou de inatividade, desde que não receba remuneração nesses períodos e não exerça outra atividade que o vincule ao RGPS ou a regime próprio de previdência social. Confira-se art. 11, § 5º.

2.5.3. Verbas que não integram o salário de contribuição

As verbas que não integram o salário de contribuição, ou seja, **sobre as quais não incide contribuição previdenciária**, estão relacionadas no art. 28, § 9º, do PCSS, rol do qual destacamos: os benefícios da previdência social, nos termos e limites legais, salvo o salário-maternidade; as ajudas de custo e o adicional mensal recebidos pelo aeronauta nos termos da Lei n. 5.929, de 30 de outubro de 1973; a parcela *in natura* recebida de acordo com os programas de alimentação aprovados pelo Ministério do Trabalho e da Previdência Social, nos termos da Lei n. 6.321, de 14 de abril de 1976; as importâncias recebidas a título de férias indenizadas e respectivo adicional constitucional, inclusive o valor correspondente à dobra da remuneração de férias de que trata o art. 137 da Consolidação das Leis do Trabalho-CLT; licença-prêmio indenizada; vale-transporte; ajuda de custo em razão de mudança de local de trabalho do empregado; valores efetivamente pagos pela pessoa jurídica relativos a programas de previdência complementar, aberta ou fechada.

Atenção às Súmulas:

Súmula 310 do STJ: o Auxílio-creche não integra o salário de contribuição.[23]

Súmula 207 do STF: as gratificações habituais, inclusive a de Natal, consideram-se tacitamente convencionadas, integrando o salário.

---

[23] Cf. STJ, em julgamento de recurso repetitivo: REsp **1.066.682**/SP, 1ª Seção, Rel. Min. Luiz Fux, *DJe* 01.02.2010.

Porém, se essas verbas forem pagas ou creditadas em desacordo com a lei, serão consideradas integrantes do salário de contribuição, além de serem cominadas as penalidades cabíveis. A previsão se justifica, porque sempre haveria a possibilidade de, por exemplo, pagar ao segurado empregado verbas de natureza salarial como se fossem indenizações, sobre as quais não incide a contribuição previdenciária; comprovada essa hipótese, o valor pago será considerado integrante do salário de contribuição, impondo-se o recolhimento da contribuição, além de estarem os infratores sujeitos às penalidades previstas na lei.

O STJ, em decisão que merece transcrição, elucidou a questão relativa à composição do salário de contribuição por algumas verbas:[24]

> "(...)
>
> 1. O **auxílio-doença pago até o 15º dia pelo empregador** é inalcançável pela contribuição previdenciária, uma vez que referida verba não possui natureza remuneratória, inexistindo prestação de serviço pelo empregado, no período. (...)
>
> 2. Os valores percebidos a título de **auxílio-creche**, benefício trabalhista de nítido caráter indenizatório, não integram o salário de contribuição. Inteligência do verbete sumular n. 310/STJ: 'O auxílio-creche não integra o salário de contribuição' (...).
>
> 3. O **salário-maternidade** possui natureza salarial e integra, consequentemente, a base de cálculo da contribuição previdenciária.
>
> 4. O fato de ser custeado pelos cofres da Autarquia Previdenciária, porém, não exime o empregador da obrigação tributária relativamente à contribuição previdenciária incidente sobre a folha de salários, incluindo, na respectiva base de cálculo, o salário-maternidade auferido por suas empregadas gestantes (Lei n. 8.212/91, art. 28, § 2º) (...).
>
> 5. As verbas relativas ao **1/3 de férias**, às **horas extras** e **adicionais** possuem natureza remuneratória, sendo, portanto, passíveis de contribuição previdenciária.
>
> (...)
>
> 8. Também quanto às **horas extras** e **demais adicionais**, a jurisprudência desta Corte firmou-se no seguinte sentido: '(...) 1. A jurisprudência deste Tribunal Superior é firme no sentido de que a contribuição previdenciária incide sobre o total das remunerações pagas aos empregados, inclusive sobre o **13º salário** e o **salário-maternidade** (Súmula n. 207/STF). 2. Os **adicionais noturnos, hora extra, insalubridade e periculosidade** possuem caráter salarial. Iterativos precedentes do TST (Enunciado n. 60) (...). 4. O legislador ordinário, ao editar a Lei n. 8.212/91, enumera no art. 28, § 9º, quais as verbas que não fazem parte do salário de contribuição do empregado, e, em tal rol, não se encontra a previsão de exclusão dos adicionais de hora extra, noturno, de periculosidade e de insalubridade. (...)' (REsp 486.697/PR, 1ª Turma, Rel. Min. Denise Arruda, *DJU* de 17.12.2004).
>
> (...)."

2.5.4. Contribuição do segurado empregado e do segurado trabalhador avulso

Fato gerador: receber remuneração (art. 20 do PCSS).

[24] AgREsp 200702808713, 1ª Turma, Rel. Min. Luiz Fux, *DJe* 25.06.2009.

Sujeito ativo: a União.

Sujeito passivo: o segurado empregado e o segurado trabalhador avulso.

Os segurados obrigatórios do Regime Geral de Previdência Social, na condição de **empregados**, estão relacionados no art. 12, I, do PCSS.

Como **segurados empregados** estão relacionados, entre outros: aquele que presta serviço de natureza urbana ou rural à empresa, em caráter não eventual, sob sua subordinação e mediante remuneração, inclusive como diretor empregado; aquele que, contratado por empresa de trabalho temporário, definida em legislação específica, presta serviço para atender à necessidade transitória de substituição de pessoal regular e permanente ou a acréscimo extraordinário de serviços de outras empresas; o servidor público ocupante de cargo em comissão, sem vínculo efetivo com a União, Autarquias, inclusive em regime especial, e Fundações Públicas Federais; o exercente de mandato eletivo federal, estadual ou municipal, desde que não vinculado a regime próprio de previdência social.

Atenção:

a) Servidor público ocupante de **cargo em comissão**, que não tem vínculo efetivo com a Administração Pública é **segurado obrigatório do RGPS**, na condição de **empregado**, porque não tem cobertura pelo regime previdenciário próprio dos servidores titulares de cargo efetivo.

b) O exercente de **mandato eletivo** federal, estadual ou municipal, que não tenha cobertura previdenciária por regime próprio de previdência, também é segurado obrigatório do RGPS na condição de empregado.

c) O ocupante de cargo de **Ministro de Estado**, de **Secretário Estadual**, **Distrital** ou **Municipal**, sem vínculo efetivo com a União, Estados, Distrito Federal e Municípios, suas autarquias, ainda que em regime especial, e fundações também é segurado do RGPS na condição de **empregado**. Se forem servidores públicos com vínculo efetivo, então, terão cobertura previdenciária pelo regime próprio dos servidores, ficando, então, excluídos do RGPS.

O **segurado trabalhador avulso** está definido pelo art. 12, VI, do PCSS: quem presta, a diversas empresas, sem vínculo empregatício, serviços de natureza urbana ou rural definidos no regulamento.

Cabe ao empregador descontar, previamente, da remuneração o valor da contribuição do segurado a seu serviço e, após, **fazer o respectivo recolhimento**, na forma prevista no art. 30, I, *a* e *b*, da Lei n. 8.212/91.

Se o segurado especial tiver trabalhadores ao seu serviço, terá a mesma obrigação em relação às contribuições desses segurados, conforme prevê o inc. XIII do art. 30, incluído pela Lei n. 11.718/2008.

O **descumprimento** dessa obrigação, por parte do empregador, configura **infração administrativa** e, em alguns casos, **infração penal**.

Essa obrigação do empregador tem repercussão na comprovação do tempo de contribuição dos segurados empregado e trabalhador avulso: bastará a anotação do contrato do trabalho na CTPS para comprovar o tempo de contribuição, sendo desnecessário apresentar documentos que comprovem o recolhimento da contribuição, uma vez que a obrigação é do empregador. Por isso, milita em favor desses segurados a presunção de recolhimento.

Caso o empregador não tenha feito o recolhimento das contribuições, os segurados empregado e trabalhador avulso não poderão ter indeferidos seus pedidos de benefícios com esse fundamento, cabendo à autoridade administrativa providenciar a autuação do empregador e a cobrança do respectivo crédito tributário.

Salário de contribuição: aqui se deve atentar para as verbas recebidas pelo segurado e separar as que não têm natureza remuneratória. O art. 28, I, do PCSS, e o art. 214, I, do RPS dão o conceito: remuneração auferida em uma ou mais empresas, entendida como a totalidade dos rendimentos pagos, devidos ou creditados, durante o mês, destinados a retribuir o trabalho, qualquer que seja a sua forma. Incluem-se as gorjetas, os ganhos habituais sob a forma de utilidades e os adiantamentos decorrentes de reajuste salarial. Considera-se essa remuneração tanto em relação aos serviços efetivamente prestados como ao tempo em que o segurado esteve à disposição do empregador ou tomador de serviços, nos termos da lei ou do contrato, ou de convenção ou acordo coletivo de trabalho ou sentença normativa.

Devem ser observados os limites mínimo e máximo do salário de contribuição.

Alíquota: o valor do salário de contribuição revela a alíquota correspondente, de acordo com a tabela do art. 20 do PCSS, aplicada de forma não cumulativa.

Atenção: o art. 28 da EC n. 103/2019, em vigor a partir de 13.11.2019, fixou as alíquotas dessas contribuições até que seja editada lei que altere as alíquotas estabelecidas pela Lei n. 8.212/1991: 7,5% para salários de contribuição até 1 (um) salário mínimo; 9% para salários de contribuição acima de 1 (um) salário mínimo até R$ 2.000,00; 12% para salários de contribuição de R$ 2.000,01 até R$ 3.000,00; 14% para salários de contribuição de R$ 3.000,01 até o limite do salário de contribuição. Esses valores serão reajustados a partir da data da entrada em vigor da EC, sempre na mesma data e com o mesmo índice de reajuste dos benefícios do RGPS.

A Portaria ME n. 914, de 13.01.2020, fixou as alíquotas dos salários de contribuição:

REMUNERAÇÃO DE 1º DE JANEIRO DE 2020 A 29 DE FEVEREIRO DE 2020	
Salário de contribuição (R$)	**Alíquota para fins de recolhimento ao INSS**
até 1.830,29	8%
de 1.830,30 até 3.050,52	9%
de 3.050,53 até 6.101,06	11%

REMUNERAÇÃO A PARTIR DE 1º DE MARÇO DE 2020	
Salário de contribuição (R$)	**Alíquota para fins de recolhimento ao INSS**
até 1.039,00	7,5%
de 1.039,01 até 2.089,60	9%
de 2.089,61 até 3.134,40	12%
de 3.134,41 até 6.101,06	14%

Os valores foram novamente alterados após a fixação do salário mínimo em R$ 1.045,00 — Portaria SEPRT n. 3.659, de 11.02.2020 (*DOU* 12.02.2020).

Constata-se que a Reforma Previdenciária promovida pela EC n. 103/2019 acabou por aumentar significativamente as alíquotas do custeio para esses segurados.

A constitucionalidade das alíquotas progressivas previstas no art. 20 do PCSS está sendo questionada no STF, no RE 852.796, com Repercussão Geral reconhecida **(Tema 833)**, sem julgamento do mérito até o fechamento desta edição.

Entretanto, a partir da EC n. 103/2019 (art. 28, § 1º), a progressividade dessas alíquotas passou a constar expressamente do texto constitucional.

■ 2.5.5. Contribuição do segurado empregado doméstico

Fato gerador: receber remuneração (art. 20 do PCSS).

Sujeito ativo: a União.

Sujeito passivo: o segurado empregado doméstico.

Cabe ao empregador doméstico a obrigação do recolhimento da contribuição do empregado doméstico; desconta-se o respectivo valor por ocasião do pagamento da remuneração ao empregado doméstico a seu serviço.

As contribuições do empregador doméstico e do segurado empregado doméstico devem ser recolhidas pelo empregador (art. 30, V, do PCSS). Cabem aqui as mesmas considerações feitas a respeito no item anterior.

Salário de contribuição: a remuneração registrada na Carteira de Trabalho e Previdência Social, observados os limites mínimo e máximo do salário de contribuição (art. 28, II, do PCSS).

Alíquota: a correspondente ao salário de contribuição, aplicada de forma não cumulativa, conforme disposto na EC n. 103/2019, a partir de 13.11.2019 (7,5%, 9%, 12% ou 14%).

Vencimento: o dia 7 do mês seguinte ao da competência (art. 30, V, do PCSS, com a redação dada pela LC n. 150/2015).

■ 2.5.6. Contribuição do segurado contribuinte individual

Fato gerador: receber remuneração em uma ou mais empresas ou pelo exercício de sua atividade por conta própria (art. 21 do PCSS).

Sujeito ativo: a União.

Sujeito passivo: o contribuinte individual, que deve proceder ao recolhimento por iniciativa própria (art. 30, II, do PCSS).

Por ser responsável pelo recolhimento das contribuições, o contribuinte individual, para comprovar tempo de contribuição, deverá apresentar os comprovantes de recolhimento.

Porém, nem sempre é assim. O contribuinte individual pode prestar serviços a pessoas físicas e a pessoas jurídicas.

As pessoas jurídicas, para as quais o contribuinte individual presta serviços, estão obrigadas a fazer a retenção e o posterior recolhimento da contribuição desse segurado. Essas empresas são, nesse caso, responsáveis tributárias por substituição,[25] na forma do art. 4º da Lei n. 10.666/2003.

Caso o contribuinte individual preste serviços a diversas empresas durante o mês, deverá verificar a regularidade das retenções e dos recolhimentos em cada uma delas, porque deve obedecer aos valores mínimos e máximo do salário de contribuição. **Se o total das retenções tiver considerado valor inferior ao mínimo, o segurado contribuinte individual deverá fazer a devida complementação.**

O contribuinte individual deve informar a todas as empresas para as quais preste serviços durante o mês as retenções feitas no período por outras empresas, de modo que seja respeitado o teto máximo do salário de contribuição.

Entretanto, quando o contribuinte individual presta serviços para pessoas físicas, essas não estão obrigadas a fazer a retenção e o recolhimento, obrigações que são do próprio segurado, que deverá observar os limites mínimo e máximo do salário de contribuição.

O contribuinte individual está definido no art. 12, V, do PCSS.

Salário de contribuição: a **remuneração** auferida em uma ou mais empresas ou pelo **exercício de sua atividade por conta própria, durante o mês** (art. 28, III, do PCSS), observados os limites mínimo e máximo do salário de contribuição.

Alíquota: 20%.

> **Atenção:** o Ato Declaratório Interpretativo RFB n. 5, de 25.05.2015, com a redação dada pelo ADI RFB n. 1, de 23.01.2017, dispõe: "A alíquota da contribuição previdenciária devida pelo contribuinte individual que presta serviço a empresa ou a pessoa física por intermédio de cooperativa de trabalho é de 20% (vinte por cento) sobre o salário de contribuição definido pelo inciso III ou sobre a remuneração apurada na forma prevista no § 11, ambos do art. 28 da Lei n. 8.212, de 24 de julho de 1991".

O art. 30, § 4º, do PCSS prevê redução de alíquota na hipótese de o segurado contribuinte individual prestar serviços a uma ou mais empresas. Nesse caso, o contribuinte individual poderá deduzir da sua contribuição mensal até 45% da contribuição da empresa, efetivamente recolhida ou declarada, incidente sobre a remuneração que lhe tenha sido paga ou creditada. Essa dedução, porém, não poderá ultrapassar 9% do salário de contribuição. Na prática, a dedução poderá levar o contribuinte individual a uma alíquota de sua contribuição de 11% do salário de contribuição.

Vencimento: o dia 15 do mês seguinte ao da competência (art. 30, II, do PCSS).

Há situações em que o salário de contribuição é igual a um salário mínimo; nesse caso, o contribuinte individual pode optar por recolhimentos trimestrais, até o dia 15 do mês seguinte ao de cada trimestre civil (art. 216, § 15, do RPS).

Os §§ 2º e 3º do art. 21 da Lei n. 8.212/91 foram alterados pela Lei Complementar n. 123/2006 e pela Lei n. 12.470/2011, que tiveram por objetivo promover a inclusão previdenciária de pessoas de baixa renda, que, por características de sua condi-

[25] Cf. Leandro Paulsen, ob. cit., p. 217.

ção social e atividade, acabam sem proteção previdenciária (cf. art. 20, §§ 12 e 13, da CF). São o **contribuinte individual** e o **microempreendedor individual**, na forma do **art. 18-A da Lei Complementar n. 123/2006.**[26]

Com as alterações, o art. 21 permitiu que esses segurados recolhessem as contribuições previdenciárias com alíquotas reduzidas, desde que optassem pela **exclusão do direito à aposentadoria por tempo de contribuição, extinta pela EC n. 103/2019**.

Para o **contribuinte individual que opte pelo recolhimento da contribuição previdenciária com alíquota reduzida**, pode-se, então, resumir:

Sujeito passivo: o contribuinte individual que trabalha **por conta própria**, **sem relação de trabalho com empresa ou equiparado**, que optou pela exclusão do direito à aposentadoria por tempo de contribuição.

Salário de contribuição: o valor correspondente ao limite mínimo mensal do salário de contribuição (um salário mínimo).

Alíquota: 11%.

Para o **microempreendedor individual** que fez a mesma opção, têm-se:

Sujeito passivo: o microempreendedor individual.

Salário de contribuição: o valor correspondente ao limite mínimo mensal do salário de contribuição (um salário mínimo).

Alíquota: 5%.

Caso o segurado que tenha feito a opção pelo recolhimento com alíquota reduzida se arrependa e queira se aposentar por tempo de contribuição, deverá recolher a diferença entre o valor pago e o de 20% do valor do limite mínimo mensal do salário de contribuição, em vigor na competência a ser complementada, acrescido dos juros moratórios, na forma do **§ 3º do art. 5º da Lei n. 9.430/96.**

Atenção: embora a Lei n. 12.470 tenha sido publicada em 1º.09.2011, os efeitos em relação aos §§ 2º e 3º do art. 21 são produzidos a partir de 1º.05.2011.

2.5.7. Contribuição do segurado facultativo

O segurado facultativo está definido no art. 14 do PCSS: **o maior de 14 anos de idade** que se filiar ao Regime Geral de Previdência Social, mediante contribuição, na forma do art. 21, desde que não incluído nas disposições do art. 12, isto é, desde que não seja segurado obrigatório.

Fato gerador: inscrever-se como segurado do RGPS (art. 21 do PCSS).

Sujeito ativo: a União.

Sujeito passivo: o segurado facultativo, que deve fazer o recolhimento por iniciativa própria (art. 30, II, do PCSS).

Salário de contribuição: o valor declarado pelo segurado facultativo (art. 28, IV, do PCSS), observados os limites mínimo e máximo.

[26] Art. 18-A. O Microempreendedor Individual — MEI poderá optar pelo recolhimento dos impostos e contribuições abrangidos pelo Simples Nacional em valores fixos mensais, independentemente da receita bruta por ele auferida no mês, na forma prevista neste artigo.

Alíquota: 20%.

Vencimento: o dia 15 do mês seguinte ao da competência (art. 30, II, do PCSS).

Assim como o contribuinte individual, o segurado facultativo pode optar pelo recolhimento trimestral caso o salário de contribuição seja igual ao salário mínimo; nesse caso, o vencimento será no dia 15 do mês seguinte ao de cada trimestre civil (art. 216, § 15, do RPS).

O segurado facultativo também pode optar pela exclusão do direito à aposentadoria por tempo de contribuição. Se o fez, pode contribuir para o custeio na forma prevista no item *supra*, em razão das alterações introduzidas no art. 21 da Lei n. 8.212/91 pela Lei Complementar n. 123/2006 e pela Lei n. 12.470/2011.

Nessa hipótese, a relação de custeio terá:

Sujeito passivo: o segurado facultativo que optou pela exclusão do direito à aposentadoria por tempo de contribuição.

Salário de contribuição ou base de cálculo: o valor correspondente ao limite mínimo mensal do salário de contribuição (um salário mínimo).

Alíquota: 11%.

Além de conservar o que já estava garantido pela Lei Complementar n. 123/2006, a Lei n. 12.470/2011, seguindo o mandamento constitucional de inclusão previdenciária das pessoas de baixa renda, trouxe importante previsão que beneficia a "dona de casa", que não tem renda própria e "que se dedique **exclusivamente ao trabalho doméstico no âmbito de sua residência**, desde que pertencente a família de baixa renda".

A **família de baixa renda**, nesse caso, deve estar inscrita no **Cadastro Único para Programas Sociais do Governo Federal — CadÚnico**, com **renda mensal de até 2 (dois) salários mínimos**.

Nessa hipótese, assim se resume a relação de custeio:

Sujeito passivo: o segurado facultativo sem renda própria, que se dedique exclusivamente ao trabalho doméstico, pertencente a família de baixa renda.

Salário de contribuição: o valor correspondente ao limite mínimo mensal do salário de contribuição (um salário mínimo).

Alíquota: 5%.

Assim como o contribuinte individual, se o segurado facultativo optar pela alíquota de 11% ou de 5%, estará sujeito as mesmas regras referidas no **item 2.5.6, *supra***, caso queira se aposentar por tempo de contribuição ou utilizar o período para fins de contagem recíproca.

■ 2.6. QUESTÕES

1. (TRF 1ª Região — XI Concurso — Juiz Federal Substituto — 2005 — Questão 30) São parcelas que integram o cálculo de salário de contribuição, para fins previdenciários:

a) diárias para viagens, 13º salário e abono de férias;
b) vale-transporte, férias e horas extras;
c) adicional de insalubridade, gorjetas e indenização de férias;
d) salário-maternidade, comissões e aviso prévio trabalhado.

2. (TRF 1ª Região — XI Concurso — Juiz Federal Substituto — 2005 — Questão 33) A lei que instituir nova contribuição previdenciária entra em vigor:

a) 180 dias após sua publicação;
b) 90 dias após sua publicação;
c) 60 dias após sua publicação;
d) 120 dias após sua publicação.

3. (TRF 1ª Região — XII Concurso — Juiz Federal Substituto — 2006 — Questão 36) Assinale a alternativa incorreta:

a) salário de contribuição é a remuneração auferida em uma ou mais empresas, assim entendida a totalidade dos rendimentos pagos, devidos ou creditados a qualquer título, qualquer que seja a sua forma, durante o mês, destinados a retribuir o trabalho;
b) os limites mínimo e máximo do salário de contribuição podem ser ajustados livremente, não podendo o mínimo, todavia, nunca ser inferior ao salário mínimo, tomado no seu valor mensal, diário ou horário;
c) equiparam-se à empresa, para fins previdenciários, a sociedade com fins lucrativos ou não, órgãos e entidades da administração pública, a cooperativa, entre outros que a lei relaciona, que, por isso, estão sujeitos à contribuição sobre a folha de salários (contribuição do empregador), e à retenção e repasse ao INSS das contribuições retidas dos seus empregados;
d) ao INSS e à Secretaria da Receita Federal nos procedimentos de fiscalização, a empresa e o segurado estão obrigados a prestar todos os esclarecimentos solicitados, podendo, em caso de recusa ou sonegação, arbitrar, por estimativa, a importância que reputarem devida.

4. (CESPE/UnB — TRF 2ª Região — XII Concurso — Juiz Federal Substituto — 2009 — Questão 13) Acerca dos princípios e das regras de custeio da seguridade social, assinale a opção correta.

a) Ressalvadas as situações excepcionais de força maior devidamente comprovadas, nenhum benefício ou serviço pode ser instituído, majorado ou estendido a categorias de segurados sem a correspondente fonte de custeio.
b) As contribuições sociais apenas são exigíveis depois de transcorridos noventa dias da vigência da lei que as tenha instituído ou majorado.
c) O regime de solidariedade social é garantido pela cobrança compulsória de contribuições sociais, exigidas apenas de indivíduos segurados, bem como de pessoas jurídicas.
d) O princípio do orçamento diferenciado impede que o orçamento da seguridade social seja confundido com o da União, a qual, todavia, em caráter excepcional, está autorizada a lançar mão de parte dos recursos destinados à seguridade social, mediante prévia autorização do Senado Federal.
e) As contribuições sociais incidem sobre as aposentadorias e pensões concedidas no RGPS.

5. (TRF 3ª Região — X Concurso — Juiz Federal Substituto — Questão 83) Em se tratando de financiamento da seguridade social, assinale a alternativa incorreta:

a) as contribuições sociais do empregador, da empresa e da entidade a ela equiparada poderão incidir sobre a folha de salários e demais rendimentos do trabalho pagos ou creditados, a qualquer título, à pessoa física que lhe preste serviço, mesmo sem vínculo empregatício, bem como sobre a receita ou o faturamento e o lucro;
b) as contribuições sociais destinadas ao financiamento da seguridade social não poderão ser exigidas no mesmo exercício financeiro em que haja sido publicada a lei que as instituiu ou modificou;
c) as contribuições sociais do trabalhador e dos demais segurados da previdência social não incidirão sobre a aposentadoria e a pensão concedidas pelo regime geral de previdência social;

d) a diversidade de bases de financiamento está prevista na Constituição Federal e significa que a seguridade social será financiada por toda a sociedade, de forma direta e indireta, nos termos da lei, mediante recursos provenientes dos orçamentos da União, dos Estados, do Distrito Federal e dos Municípios, além das contribuições sociais dos empregadores, trabalhadores e sobre a receita de concursos de prognósticos.

6. (TRF 3ª Região — XI Concurso — Juiz Federal Substituto — Questão 76) No que se refere ao salário de contribuição, é correto afirmar que:

a) o décimo terceiro salário integra o salário de contribuição para todos os efeitos, inclusive o cálculo do benefício;
b) o salário-maternidade não integra o salário de contribuição;
c) as férias indenizadas acrescidas do terço constitucional integram o salário de contribuição;
d) os valores recebidos em decorrência de cessão de direitos autorais não integram o salário de contribuição.

7. (CESPE/UnB — Advocacia-Geral da União (AGU) — Procurador Federal de 2ª Categoria — 2007) A respeito do custeio do RGPS e do salário de contribuição, julgue os itens subsequentes.

11. Os valores do salário de contribuição serão reajustados na mesma época e com os mesmos índices que os do reajustamento dos benefícios de prestação continuada da previdência social.

12. Considere que Maria receba salário-maternidade. Nessa situação, não haverá desconto da contribuição previdenciária do valor desse benefício.

13. Considere que um auditor fiscal constate que determinado segurado, contratado como trabalhador avulso, preenche as condições da relação de emprego. Nessa situação, o auditor deverá ingressar, na Procuradoria do INSS, com uma ação judicial visando desconsiderar o vínculo pactuado e, consequentemente, efetuar, por decisão judicial, o enquadramento como segurado empregado.

Em relação aos benefícios de previdência social, julgue o item que se segue.

14. Considere que Joana seja empregada e não tenha conseguido comprovar o valor dos seus salários de contribuição, no período básico de cálculo. Nessa situação, mesmo que preenchidos os requisitos para a concessão do benefício, Joana não fará jus a um benefício previdenciário.

8. (CESPE/UnB — Advocacia-Geral da União (AGU) — Procurador Federal de 2ª Categoria — 2010) Em relação ao custeio da seguridade social, julgue os itens a seguir.

1. O STF decidiu que a cobrança da contribuição ao Seguro Acidente de Trabalho (SAT) incidente sobre o total das remunerações pagas tanto aos empregados quanto aos trabalhadores avulsos é ilegítima.

2. É desnecessária a edição de lei complementar para a majoração de alíquota da contribuição para o financiamento da seguridade social. O conceito de receita bruta sujeita à incidência dessa contribuição envolve não só aquela decorrente da venda de mercadorias e da prestação de serviços, como também a soma das receitas oriundas do exercício de outras atividades empresariais.

No que concerne à legislação acidentária, ao benefício de prestação continuada previsto na Lei de Organização da Assistência Social e jurisprudência dos tribunais superiores, julgue o item que se segue.

3. A alíquota da contribuição para o SAT deve corresponder ao grau de risco da atividade desenvolvida em cada estabelecimento da empresa, individualizado por seu CNPJ. Possuindo esta um único CNPJ, a alíquota da referida exação deve corresponder à atividade preponderante por ela desempenhada.

9. (CESPE — TCE-ES — Auditor de Controle Externo — 2012) Com relação ao financiamento da seguridade social, julgue o próximo item.

162. A isenção das contribuições destinadas à seguridade social é garantida, por norma constitucional, às entidades beneficentes de assistência social que prestam serviços gratuitos (total ou parcialmente) de assistência social, saúde ou educação a pessoas carentes. Essa isenção, no entanto, nos termos da legislação de regência, não se estende a entidade com personalidade jurídica própria constituída e mantida pela entidade à qual a isenção tenha sido concedida.

10. (TRT 24ª Região (MS) — Juiz — 2012 — Questão 97) Assinale a alternativa INCORRETA:

a) O financiamento da seguridade social advém de recursos provenientes dos orçamentos da União, dos Estados, do Distrito Federal e dos Municípios e da contribuição social do empregador da empresa e da entidade a ela equiparada.
b) A contribuição social do empregador da empresa e da entidade a ela equiparada para o custeio da seguridade social incide sobre a folha de salários e demais rendimentos do trabalho pagos ou creditados, a qualquer título, à pessoa física que lhe preste serviço, mesmo sem vínculo empregatício, a receita ou faturamento e o lucro.
c) É devida a contribuição social do trabalhador e dos demais segurados da previdência social para custeio da seguridade social.
d) Não é devida contribuição social para custeio da seguridade social incidente sobre a receita de concursos de prognósticos.
e) É devida contribuição social para custeio da seguridade social do importador de bens ou serviços do exterior, ou de quem a lei a ele equiparar.

11. (TRT 18ª Região (GO) — Juiz do Trabalho — 2012 — Questão 95) Sobre o sistema de financiamento da Seguridade Social é correto afirmar que

a) As receitas dos Estados, do Distrito Federal e dos Municípios destinadas à Seguridade Social integrarão o orçamento da União.
b) A pessoa jurídica em débito com a Seguridade Social, como estabelecido em lei, não poderá receber benefícios do Poder Público ou incentivos fiscais.
c) A criação de benefício de Seguridade Social independe de fonte de custeio total.
d) As contribuições sociais que custeiam a Seguridade Social só podem ser exigidas após sessenta dias da data da publicação da lei que as houver instituído.
e) A contribuição social das entidades beneficentes de assistência social que atendam as exigências estabelecidas em lei incidem apenas sobre a folha de salários.

12. (TRT 18ª Região (GO) — Juiz do Trabalho — 2012 — Questão 96) Considere as assertivas referentes ao sistema contributivo para custeio da Seguridade Social:

I. A obrigação de prestar a contribuição social deriva de uma relação jurídica estatutária, daí por que ser compulsória àqueles que a lei impõe.
II. São contribuintes não apenas os segurados, mas também outras pessoas da sociedade.
III. Nos sistemas não contributivos, o custeio pode ser obtido pela receita tributária, unicamente.
IV. No Brasil, o sistema vigente em termos de Seguridade Social é o de repartição.

Está correto o que se afirma em

a) I e II, apenas.

b) II e IV, apenas.
c) I, II, III e IV.
d) I e IV, apenas.
e) II, III e IV, apenas.

13. (FCC — TRT 1ª Região (RJ) — Juiz do Trabalho — 2012 — Questão 87) Poderão ter alíquotas ou bases de cálculo diferenciadas, em razão da atividade econômica, da utilização intensiva de mão de obra, do porte da empresa ou da condição estrutural do mercado de trabalho, as contribuições sociais destinadas à seguridade social devidas

a) por empresas ou por seus trabalhadores, com ou sem vínculo empregatício.
b) por empresas ou por seus trabalhadores com vínculo empregatício.
c) por empresas, quaisquer segurados da previdência social, apostadores de concursos de prognósticos e importadores de bens ou serviços.
d) por empresas, exclusivamente incidentes sobre a folha de pagamentos.
e) por empresas, incidentes sobre a folha de pagamentos, receita ou faturamento ou lucro.

14. (CESPE — TRF 1ª Região — Juiz Federal — 2011) Assinale a opção correta com referência ao financiamento da seguridade social.

a) Aplica-se à tributação da pessoa jurídica, para as contribuições destinadas ao custeio da seguridade social, calculadas com base na remuneração, o regime de competência, de forma que o tributo incide no momento em que surge a obrigação legal de pagamento, não importando se este vai ocorrer em oportunidade posterior.
b) A CF autoriza a utilização dos recursos provenientes das contribuições sociais incidentes sobre a folha de salários e demais rendimentos dos segurados para custear as despesas com pessoal e administração geral do Instituto Nacional do Seguro Social.
c) Para fins de cálculo do salário de contribuição do segurado empregado, não se admite fracionamento, razão pela qual, quando a admissão, a dispensa, o afastamento ou a falta do segurado empregado ocorrer no curso do mês, o salário de contribuição será calculado considerando-se o número total de dias do mês.
d) Conforme previsão constitucional, nenhum benefício ou serviço da seguridade social ou de previdência privada poderá ser criado, majorado ou estendido sem a correspondente fonte de custeio total.
e) Integram a produção, para os efeitos de contribuição do empregador rural pessoa física, os produtos de origem vegetal submetidos a processos de beneficiamento ou industrialização rudimentar, excetuando-se os processos de lavagem, limpeza, descaroçamento, pilagem, descascamento, lenhamento, pasteurização, resfriamento, secagem, fermentação, embalagem, cristalização e fundição.

15. (CESPE — TRF 2ª Região — Juiz Federal Substituto — 2011) Em referência ao custeio da seguridade social, assinale a opção correta.

a) O grau de risco — leve, médio ou grave — para a determinação da contribuição para o custeio da aposentadoria especial, partindo-se da atividade preponderante da empresa, deve ser definido por lei, sendo ilegítima a definição por mero decreto.
b) Para o contribuinte individual, estipula-se como salário de contribuição a remuneração auferida durante o mês em uma ou mais empresas ou pelo exercício de sua atividade por conta própria, sem limite, nesse último caso.
c) O salário-maternidade não tem natureza remuneratória, mas indenizatória, razão pela qual não integra a base de cálculo da contribuição previdenciária devida pela segurada empregada.
d) O abono recebido em parcela única e sem habitualidade pelo segurado empregado, previsto em convenção coletiva de trabalho, não integra a base de cálculo do salário de contribuição.

e) Constitui receita da seguridade social a renda bruta dos concursos de prognósticos, excetuando-se os valores destinados ao programa de crédito educativo.

16. (CESPE — TRF 1ª Região — Juiz Federal Substituto — 2011/12 — Questão 14) Assinale a opção correta com referência ao financiamento da seguridade social.

a) Aplica-se à tributação da pessoa jurídica, para as contribuições destinadas ao custeio da seguridade social, calculadas com base na remuneração, o regime de competência, de forma que o tributo incide no momento em que surge a obrigação legal de pagamento, não importando se este vai ocorrer em oportunidade posterior.
b) A CF autoriza a utilização dos recursos provenientes das contribuições sociais incidentes sobre a folha de salários e demais rendimentos dos segurados para custear as despesas com pessoal e administração geral do Instituto Nacional do Seguro Social.
c) Para fins de cálculo do salário de contribuição do segurado empregado, não se admite fracionamento, razão pela qual, quando a admissão, a dispensa, o afastamento ou a falta do segurado empregado ocorrer no curso do mês, o salário de contribuição será calculado considerando-se o número total de dias do mês.
d) Conforme previsão constitucional, nenhum benefício ou serviço da seguridade social ou de previdência privada poderá ser criado, majorado ou estendido sem a correspondente fonte de custeio total.
e) Integram a produção, para os efeitos de contribuição do empregador rural pessoa física, os produtos de origem vegetal submetidos a processos de beneficiamento ou industrialização rudimentar, excetuando-se os processos de lavagem, limpeza, descaroçamento, pilagem, descascamento, lenhamento, pasteurização, resfriamento, secagem, fermentação, embalagem, cristalização e fundição.

17. (CESPE — Delegado de Polícia Federal — 2012) De acordo com as normas constitucionais e legais acerca do financiamento da seguridade social, julgue os itens seguintes.

101. Integram o salário de contribuição que equivale à remuneração auferida pelo empregado, as parcelas referentes ao salário e às férias, ainda que indenizadas.

18. (CESPE — Defensoria Pública do Distrito Federal — Defensor Público 2ª Categoria — 2013) Relativamente às fontes de custeio da seguridade social, julgue o item abaixo.

26. A seguridade social tem como únicas fontes de custeio, além dos recursos advindos dos orçamentos da União, dos estados, do DF e dos municípios, as contribuições do empregador e do trabalhador.

19. (CESPE — Defensor Público do Estado do ACRE — 2012 — Questão 88) Assinale a opção correta com relação ao custeio da seguridade social.

a) Os produtores rurais integrantes de consórcio simplificado de produtores rurais são responsáveis subsidiários em relação às obrigações previdenciárias.
b) O limite mínimo do salário de contribuição do menor aprendiz corresponde à sua remuneração mínima definida em lei.
c) Integram o salário de contribuição os valores recebidos em decorrência da cessão de direitos autorais e a importância recebida a título de bolsa de aprendizagem assegurada a adolescentes até quatorze anos de idade.
d) A alíquota de contribuição do segurado facultativo é de 30% sobre o respectivo salário de contribuição.
e) Constitui receita da seguridade social a renda bruta proveniente dos concursos de prognósticos.

20. (CESPE — TRF 2ª Região — Juiz Federal Substituto — 2012 — Questão 14) A Lei n. 8.212/1991, que institui o plano de custeio da seguridade social, distingue as pessoas que são consideradas empresas daquelas que se equiparam a empresas. Entre as que se equiparam a empresa encontram-se as

a) fundações públicas.
b) cooperativas.
c) firmas individuais.
d) sociedades que assumam o risco de atividade econômica rural com fins lucrativos.
e) autarquias.

21. (CESPE — TRF 2ª Região — Juiz Federal Substituto — 2012 — Questão 13) A Lei n. 8.212/1991 prevê que tem a faculdade, e não a obrigatoriedade, de ser segurado da previdência social

a) o maior de quatorze anos de idade que se filiar ao RGPS mediante contribuição desde que não incluído em uma das hipóteses de segurado obrigatório.
b) o estrangeiro domiciliado e contratado no Brasil para trabalhar como empregado em sucursal ou agência de empresa nacional no exterior.
c) o estrangeiro que, com residência permanente no Brasil, preste serviço no Brasil a missão diplomática estrangeira.
d) o brasileiro civil domiciliado e contratado no exterior que trabalhe para a União, em organismos oficiais brasileiros localizados no exterior, e que não seja segurado na forma da legislação vigente do país do domicílio.
e) o empregado doméstico.

22. (CESPE — TRF 1ª Região — Juiz Federal Substituto — 2015 — Questão 14) Assinale a opção correta no que se refere ao financiamento da seguridade social.

a) Em obediência ao princípio da isonomia, a CF veda a diferenciação entre alíquotas ou bases de cálculo de contribuição social devida por empresas de ramos distintos.
b) Não obstante a determinação constitucional de que a seguridade social seja financiada por toda a sociedade, a União é a responsável pela cobertura de eventuais insuficiências financeiras decorrentes do pagamento de benefícios de prestação continuada da previdência social.
c) As contribuições sociais destinadas ao financiamento da seguridade social não podem ser exigidas no mesmo exercício financeiro em que tiver sido publicada a lei que as instituir, visto que a elas se aplica o princípio da anterioridade constitucionalmente previsto para os tributos em geral.
d) As aposentadorias e o auxílio-doença concedidos pelo RGPS integram o salário de contribuição.
e) Caso opte pela exclusão do direito ao benefício de aposentadoria por tempo de contribuição, é dado ao segurado empregado, ao contribuinte individual e ao facultativo a opção de reduzir pela metade a alíquota de contribuição incidente sobre o seu salário de contribuição.

23. (CESPE — TRF 5ª Região — Juiz Federal Substituto — 2014 — Questão 15) Tendo em vista que grande parte do custeio do RGPS decorre de contribuições de empresas e trabalhadores, calculadas em razão da remuneração ou do salário de contribuição, assinale a opção correta.

a) A contribuição do empregador ao RGPS relativamente ao faturamento limita-se ao somatório dos salários de contribuição da totalidade dos seus empregados.
b) A contribuição do empregador ao RGPS relativamente a cada empregado tem sua base de cálculo limitada ao salário de contribuição do respectivo empregado.

c) A contribuição do servidor público ao RGPS incide sobre a sua remuneração integral.
d) A contribuição do empregado ao RGPS incide sobre o seu salário de contribuição.
e) A contribuição do empregador ao RGPS relativamente ao lucro limita-se ao somatório dos salários de contribuição da totalidade dos seus empregados.

GABARITO

1. "d".
2. "b".
3. "b".
4. "b".
5. "b".
6. "d".
7. 11. "certo"; 12. "errado"; 13. "errado"; 14. "errado".
8. 1. "errado"; 2. "certo"; 3. "certo".
9. "certo".
10. "d".
11. "b".
12. "c".
13. "e".
14. "a".
15. "d".
16. "a".
17. "errado".
18. "errado".
19. "b".
20. "b".
21. "a".
22. "b".
23. "d".

3

O DIREITO À SAÚDE

■ 3.1. CONCEITO

O direito à saúde está garantido nos arts. 196 a 200 da Constituição. O art. 196 dispõe:

> **Art. 196.** A saúde é direito de todos e dever do Estado, garantido mediante políticas sociais e econômicas que visem à redução do risco doença e de outros agravos e ao acesso universal igualitário às ações e serviços para sua promoção, proteção e recuperação.

O dispositivo atende ao **princípio da universalidade**, seja da cobertura, seja do atendimento. Da **cobertura**, porque se dirige a todas as etapas: promoção, proteção e recuperação. Do **atendimento**, porque garante a todos o direito e o acesso igualitário às ações e serviços de saúde.

Trata-se de **direito subjetivo** de todos quantos vivem no território nacional, que tem o Estado (Poder Público) como sujeito passivo, eis que contempla todos os que tiverem a sua saúde afetada, **independentemente de filiação e de contribuição** para o financiamento da seguridade social.

Mas não é só do Estado o dever de garantir o direito à saúde, uma vez que essa responsabilidade também é das pessoas, da família, das empresas e da sociedade (Lei n. 8.080/90, art. 2º).

O direito à saúde é amplo, a CF não fez distinções, daí se poder afirmar que abrange a **saúde física e mental**, tanto que o art. 3º, parágrafo único, da Lei n. 8.080/90 dispõe que dizem respeito também à saúde as ações que se destinam a garantir às pessoas e à coletividade condições de **bem-estar físico, mental e social**.

Tão importante é o direito à saúde que o art. 3º da Lei n. 8.080/90, na redação dada pela Lei n. 12.864/2013, dispõe que: "Os níveis de saúde expressam a organização social e econômica do País", indicando claramente que a ausência do Estado na efetivação desse direito apenas comprova o atraso no desenvolvimento econômico e social.

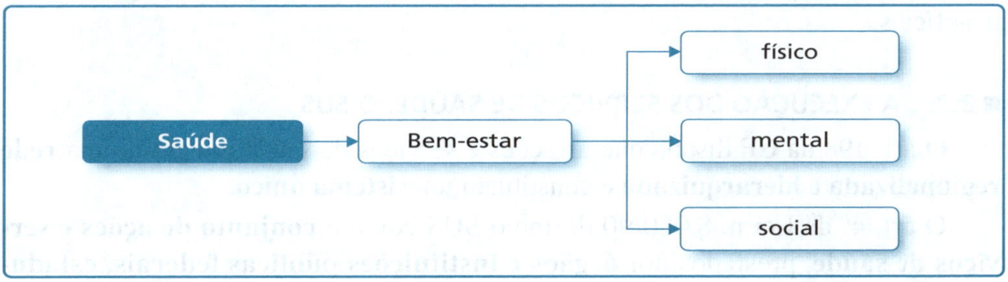

A Lei n. 8.080, de 19.09.1990, dispõe sobre as condições para a promoção, proteção e recuperação da saúde, a organização e o funcionamento dos serviços correspondentes e dá outras providências. Regula, em todo o território nacional, as ações e serviços de saúde, executados isolada ou conjuntamente, em caráter permanente ou eventual, por pessoas naturais ou jurídicas de direito público ou privado (art. 1º).

Atendendo uma vez mais ao princípio da universalidade, a Lei n. 9.836, de 23.09.1999, instituiu o **Subsistema de Atenção à Saúde Indígena**.

O art. 197 da CF deu **relevância pública** às ações e aos serviços de saúde. Cabe ao Estado, por meio de políticas econômicas e sociais, efetivar o direito à saúde de todos quantos se encontram no território nacional. O agir do Estado deve ser dirigido a reduzir o risco "doença" e outros agravos e garantir acesso universal e igualitário às ações e serviços de saúde, sempre com vista à sua promoção, proteção e recuperação (art. 196).

A atuação estatal deve se voltar para todas as etapas da cobertura.

Na etapa da **promoção** do direito à saúde, estão as ações de **prevenção** do risco doença e outros agravos, de que são exemplos as campanhas para prevenção da contaminação pelo vírus HIV, de prevenção de doenças endêmicas, de vacinação etc.

Na etapa da **proteção**, propriamente dita, estão o **atendimento e o tratamento** necessários.

E na etapa da **recuperação** deve ser facilitado o acesso a próteses, órteses e demais equipamentos necessários ao retorno para a vida em comunidade.

As políticas econômicas e sociais de proteção à saúde não se situam apenas no campo da medicina. O art. 3º da Lei n. 8.080/90 dispõe que são **fatores condicionantes e determinantes da saúde** a alimentação, a moradia, o saneamento básico, o meio ambiente, o trabalho, a renda, a educação, a atividade física, o transporte, o lazer e o acesso aos bens e serviços essenciais, entre outros.

A Lei n. 12.864, de 24.09.2013, alterou o art. 3º, passando a dispor que "Os níveis de saúde expressam a organização social e econômica do País", e acrescentou a atividade física como fator determinante e condicionante da saúde.

O serviço de assistência à saúde é **serviço público**, quer seja prestado diretamente pelo Estado ou pela iniciativa privada. A falta ou deficiência do serviço, caso acarrete dano para o usuário, poderá dar origem à responsabilidade objetiva do Estado e, consequentemente, ao dever de indenizar.

A relação jurídica entre o titular do direito e o Estado garante apenas **prestação de serviços**, uma vez que não há até o momento previsão legal de pagamento de benefícios.

■ 3.2. A EXECUÇÃO DOS SERVIÇOS DE SAÚDE. O SUS

O art. 198 da CF dispõe que as ações e serviços de saúde integram uma **rede regionalizada e hierarquizada** e constituem um **sistema único**.

O art. 4º da Lei n. 8.080/90 define o SUS como o **conjunto de ações e serviços de saúde**, prestados por **órgãos e instituições públicas federais, estadu-**

ais e municipais, da Administração direta e indireta e das fundações mantidas pelo Poder Público. O § 1º inclui no SUS **as instituições públicas federais, estaduais e municipais de controle de qualidade, pesquisa e produção de insumos, medicamentos, inclusive de sangue e hemoderivados, e de equipamentos para saúde**.

A proteção à saúde é dada por meio da prestação de serviços públicos. Tais serviços podem ser executados diretamente pelo **Poder Público**, por intermédio de **terceiros** e por **pessoas físicas ou jurídicas de direito privado**.

O art. 199 da CF autoriza que a **iniciativa privada** atue no setor de saúde. Entretanto, o legislador constituinte enfatizou que a atuação da iniciativa privada só pode ocorrer **de forma complementar**, impondo que o Poder Público continue a prestar diretamente o serviço. A disposição é repetida pelo § 2º do art. 4º da Lei n. 8.080/90.

Os princípios e diretrizes constitucionais, explicitados na Lei n. 8.080/90, **se aplicam não somente às instituições públicas que prestem serviços de saúde, mas também aos serviços privados contratados ou conveniados que integrem o SUS**.

O financiamento do SUS é feito com recursos do orçamento da seguridade social, da União, dos Estados, do Distrito Federal e dos Municípios, além de outras fontes (art. 198, § 1º, da CF).

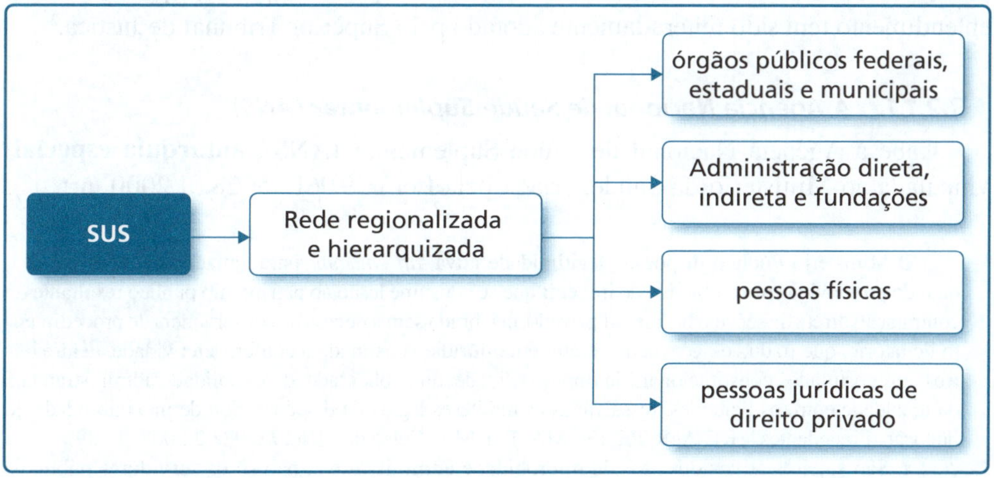

3.2.1. A participação complementar

Sempre que a atuação do Poder Público se mostrar insuficiente para garantir cobertura assistencial à população de uma determinada área, os serviços privados de saúde podem participar do SUS, em caráter complementar. Essa participação será viabilizada por **contrato ou convênio**, que devem ser precedidos de **licitação**, na forma do art. 24 e parágrafo único da Lei n. 8.080/90.

A exigência do procedimento licitatório para a participação da iniciativa privada tem sido confirmada pelo STF, que afirmou, inclusive, ter o Ministério Público Federal legitimidade ativa para ajuizar ação civil pública nessa hipótese.[1]

As **entidades filantrópicas e as sem fins lucrativos** deverão ter **preferência** no processo licitatório para a participação complementar de particulares (art. 25).

Tratando-se de **contrato administrativo**, deve ser preservado o **equilíbrio econômico e financeiro**, garantindo a efetiva qualidade da execução dos serviços. Para tanto, cabe ao Conselho Nacional de Saúde (CNS) aprovar os critérios e valores para a remuneração dos serviços e os parâmetros de cobertura assistencial fixados pela direção nacional do SUS (art. 26), fundamentando-se em demonstrativo econômico-financeiro.

O objetivo de dar confiabilidade ao sistema faz com que o art. 26, § 4º, da Lei n. 8.080/90 proíba os proprietários, administradores e dirigentes de entidades privadas que celebrarem contrato ou convênio de exercerem cargos de chefia ou função de confiança dentro do SUS.

Trata-se de serviço público e a participação da iniciativa privada tem natureza de **serviço público por delegação**, razão pela qual as empresas e seus dirigentes estão sujeitos à Lei n. 8.429/92 (**improbidade administrativa**), que dispõe sobre as sanções aplicáveis aos agentes públicos nos casos de enriquecimento ilícito no exercício de mandato, cargo, emprego ou função na administração pública direta, indireta ou fundacional.[2]

Também para **fins penais**, os médicos e administradores de hospitais particulares participantes do SUS são considerados **funcionários públicos por equiparação**. Esse entendimento tem sido reiteradamente adotado pelo Superior Tribunal de Justiça.[3]

3.2.1.1. *A Agência Nacional de Saúde Suplementar (ANS)*

Cabe à Agência Nacional de Saúde Suplementar (ANS), **autarquia especial**, vinculada ao Ministério da Saúde, criada pela Lei n. 9.961, de 28.01.2000 (art. 1º),

---

1 "(...) O Ministério Público dispõe de legitimidade ativa '*ad causam*' para ajuizar ação civil pública, quando promovida com o objetivo de impedir que se consume lesão ao patrimônio público resultante de contratação direta de serviço hospitalar privado, celebrada sem a necessária observância de procedimento licitatório, que traduz exigência de caráter ético-jurídico destinada a conferir efetividade, dentre outros, aos postulados constitucionais da impessoalidade, da publicidade, da moralidade administrativa e da igualdade entre os licitantes, ressalvadas as hipóteses legais de dispensa e/ou de inexigibilidade de licitação. Precedentes" (RE-AgR 262.134/MA, Rel. Min. Celso de Melo, *DJ* 02.02.2007, p. 139).

2 "(...) 1. São sujeitos ativos dos atos de improbidade administrativa, não só os servidores públicos, mas todos aqueles que estejam abrangidos no conceito de agente público, insculpido no art. 2º da Lei n. 8.429/92. 2. Deveras, a Lei Federal n. 8.429/92 dedicou científica atenção na atribuição da sujeição do dever de probidade administrativa ao agente público, que se reflete internamente na relação estabelecida entre ele e a Administração Pública, superando a noção de servidor público, com uma visão mais dilatada do que o conceito do funcionário público contido no Código Penal (art. 327). 3. Hospitais e médicos conveniados ao SUS que além de exercerem função pública delegada, administram verbas públicas, são sujeitos ativos dos atos de improbidade administrativa" (STJ, REsp 495.933/RS, 1ª Turma, Rel. Min. Luiz Fux, *DJ* 19.04.2004, p. 155).

3 Cf. REsp 286.679, 5ª Turma, Rel. Min. Arnaldo Esteves Lima, *DJ* 24.04.2006, p. 432.

regular, normatizar e fiscalizar a atuação, em caráter suplementar, da iniciativa privada no setor de saúde.

A ANS deve "promover a defesa do interesse público na assistência suplementar à saúde, regulando as operadoras setoriais, inclusive quanto às suas relações com prestadores e consumidores, contribuindo para o desenvolvimento das ações de saúde no país" (art. 3º), submetendo-se às disposições da Lei n. 13.848, de 25.06.2019.

As atribuições da ANS estão definidas no art. 4º da Lei n. 9.961/2000, das quais destacamos: propor políticas e diretrizes gerais ao Conselho Nacional de Saúde Suplementar para a regulação do setor de saúde suplementar; fixar critérios para os procedimentos de credenciamento e descredenciamento de prestadores de serviço às operadoras; estabelecer normas para ressarcimento ao SUS; estabelecer normas relativas à adoção e utilização, pelas operadoras de planos de assistência à saúde, de mecanismos de regulação do uso dos serviços de saúde; normatizar os conceitos de doença e lesão preexistentes; estabelecer critérios, responsabilidades, obrigações e normas de procedimento para garantia dos direitos assegurados nos arts. 30 e 31 da Lei n. 9.656/98; estabelecer critérios gerais para o exercício de cargos diretivos das operadoras de planos privados de assistência à saúde; estabelecer critérios de aferição e controle da qualidade dos serviços oferecidos pelas operadoras de planos privados de assistência à saúde, sejam eles próprios, referenciados, contratados ou conveniados; estabelecer normas, rotinas e procedimentos para concessão, manutenção e cancelamento de registro dos produtos das operadoras de planos privados de assistência à saúde; autorizar reajustes e revisões das contraprestações pecuniárias dos planos privados de assistência à saúde, ouvido o Ministério da Fazenda; autorizar o registro dos planos privados de assistência à saúde; monitorar a evolução dos preços de planos de assistência à saúde, seus prestadores de serviços e respectivos componentes e insumos; fiscalizar as atividades das operadoras de planos privados de assistência à saúde e zelar pelo cumprimento das normas atinentes ao seu funcionamento; exercer o controle e a avaliação dos aspectos concernentes à garantia de acesso, manutenção e qualidade dos serviços prestados, direta ou indiretamente, pelas operadoras de planos privados de assistência à saúde; aplicar as penalidades pelo descumprimento da Lei n. 9.656/98 e de sua regulamentação; proceder à liquidação extrajudicial e autorizar o liquidante a requerer a falência ou insolvência civil das operadoras de planos privados de assistência à saúde; articular-se com os órgãos de defesa do consumidor visando a eficácia da proteção e defesa do consumidor de serviços privados de assistência à saúde, observado o disposto na Lei n. 8.078/90, e zelar pela qualidade dos serviços de assistência à saúde no âmbito da assistência à saúde suplementar.

No exercício de sua atividade administrativa fiscalizatória do setor, a ANS, agência reguladora, deve respeitar os princípios da legalidade e do contraditório.[4]

---

[4] Cf. STJ, AgREsp 1.287.739, 1ª Turma, Rel. Min. Francisco Falcão, *DJe* 31.05.2012: "(...) 1. O excepcional poder sancionador da Administração Pública, por representar uma exceção ao monopólio jurisdicional do Judiciário, somente pode ser exercido em situações peculiares e dentro dos estritos limites da legalidade formal, não havendo, nessa seara específica do Direito Administrativo (Direi-

O art. 18 da Lei n. 9.961/2000 instituiu a **Taxa de Saúde Suplementar (TSS)**. A taxa é devida a partir de 1º.01.2000, e tem como **fato gerador** o exercício, pela ANS, do **poder de polícia** que lhe é legalmente atribuído. São **sujeitos passivos** da exação (art. 19): as pessoas jurídicas, condomínios ou consórcios constituídos sob a modalidade de sociedade civil ou comercial, cooperativa ou entidade de autogestão, que operem produto, serviço ou contrato com a finalidade de garantir a assistência à saúde visando a assistência médica, hospitalar ou odontológica.

A TSS é recolhida em conta vinculada à ANS (art. 23). Em caso de inadimplemento, é apurada administrativamente e inscrita na dívida ativa da própria ANS, com o posterior ajuizamento de execução fiscal (art. 24) por sua Procuradoria (art. 25).

3.2.2. Objetivos

Cabe ao SUS identificar e divulgar os fatores condicionantes e determinantes da saúde (art. 5º, I, Lei n. 8.080/90) para que, com vista ao acesso universal e igualitário às ações e aos serviços de saúde, possa formular a política de saúde, destinada a promover, nos campos econômico e social, a inclusão das pessoas, da família, das empresas e da sociedade nas atividades de prestação desses serviços (art. 5º, II).

Há exemplos importantes de política nacional de saúde, dos quais destacamos a **Lei n. 9.434, de 04.02.1997**, que dispõe sobre a **remoção de órgãos, tecidos e partes do corpo humano para fins de transplante e tratamento** e dá outras providências, dando cumprimento, no particular, ao disposto no § 4º do art. 199 da CF. O art. 2º da referida lei dispõe que "a realização de transplante ou enxertos de tecidos, órgãos ou partes do corpo humano só poderá ser realizada por estabelecimento de saúde, público ou privado, e por equipes médico-cirúrgicas de remoção e transplante previamente autorizados pelo órgão de gestão nacional do Sistema Único de Saúde", impondo o controle governamental, exercido sempre com vista à redução do risco doença e outros agravos.

Já no século XXI, doenças emocionais e psíquicas, como depressão, síndrome do pânico etc., acabaram por causar a elevação do número de suicídios em todo o planeta, impondo a adoção de políticas públicas de saúde. Foi, então, editada a **Lei n. 13.819, de 26.04.2019**, que institui a **Política Nacional de Prevenção da Automutilação e do Suicídio**, a ser implementada pela União, em cooperação com os Estados, o Distrito

---

to Sancionador), a possibilidade de atuação administrativa discricionária, na qual vigora a avaliação de oportunidade, conveniência e motivação, pelo próprio agente público, quanto à emissão e ao conteúdo do ato. 2. Somente a Lei, em razão do princípio da estrita adstrição da Administração à legalidade, pode instituir sanção restritiva de direitos subjetivos; neste caso, a reprimenda imposta ao recorrente pela Agência Nacional de Saúde — ANS não se acha prevista em Lei, mas apenas em ato administrativo de hierarquia inferior (Resolução Normativa 11/2002-ANS), desprovido daquela potestade que o sistema atribui somente à norma legal. 3. É condição de validade jurídica da sanção administrativa que a pessoa sancionada tenha sido convocada para integrar o processo do qual resultou o seu apenamento, em atenção à garantia do *due process of law*, porquanto os atos administrativos que independem da sua observância são somente os que se referem ao exercício do poder-dever executório da Administração, não os que veiculam sanção de qualquer espécie ou natureza. 4. Recurso provido, mas sem prejuízo da instauração ulterior de processo administrativo regular, com o estrito atendimento das exigências próprias da atividade sancionadora do Poder Público (...)".

Federal e os Municípios, impondo, ainda, às operadoras de planos de saúde, a inclusão de cobertura de atendimento à violência autoprovocada e às tentativas de suicídio.

3.2.3. Atribuições

Os incs. I a XI do art. 6º da Lei n. 8.080/90 enumeram as atribuições do SUS das quais destacamos: execução de ações de vigilância sanitária, de vigilância epidemiológica, de saúde do trabalhador e de assistência terapêutica integral, inclusive farmacêutica, formulação da política de medicamentos, equipamentos, imunobiológicos e outros insumos de interesse para a saúde e a participação na sua produção, e formulação e execução da política de sangue e seus derivados.

3.2.3.1. Vigilância sanitária

O § 1º do art. 6º da Lei n. 8.080/90 define assim a vigilância sanitária: "um conjunto de ações capaz de eliminar, diminuir ou prevenir riscos à saúde e de intervir nos **problemas sanitários decorrentes do meio ambiente, da produção e circulação de bens e da prestação de serviços de interesse da saúde"**. Abrange "o **controle de bens de consumo** que, direta ou indiretamente, se relacionem com a saúde, compreendidas todas as etapas e processos, da produção a consumo" (§ 1º, I), e "o **controle da prestação de serviços** que se relacionam direta ou indiretamente com a saúde" (§ 1º, II).

3.2.3.2. Vigilância epidemiológica

O § 2º do art. 6º diz que a *vigilância epidemiológica* é "um conjunto de ações que proporcionam o **conhecimento, a detecção ou prevenção de qualquer mudança nos fatores determinantes e condicionantes de saúde individual ou coletiva**, com a finalidade de recomendar e adotar as medidas de prevenção e controle das doenças ou agravos".

3.2.3.3. A saúde do trabalhador

Para os fins da lei, a *saúde do trabalhador* é "um conjunto de atividades que se destina, através das ações de vigilância epidemiológica e vigilância sanitária, à **promoção e proteção da saúde dos trabalhadores, assim como visa à recuperação e reabilitação da saúde dos trabalhadores submetidos aos riscos e agravos advindos das condições de trabalho"** (art. 6º, § 3º).

3.2.3.4. Assistência terapêutica integral, inclusive farmacêutica

O SUS deve *executar ações de assistência terapêutica integral, inclusive farmacêutica* (art. 6º, I, *d*).

A dificuldade de delimitação, pela via da interpretação, do alcance da expressão "assistência terapêutica integral, inclusive farmacêutica" tem levado questionamentos ao Poder Judiciário, principalmente em relação ao fornecimento gratuito de medicamentos e ao tratamento médico no exterior.

Essa situação desembocou na edição da Lei n. 12.401, de 28.04.2011, que alterou a Lei n. 8.080/90, acrescentando alguns artigos ao seu texto original. O art. 19-M, acrescentado, definiu a assistência terapêutica integral como (I) a dispensação de medicamentos e produtos de interesse para a saúde, cuja prescrição esteja em conformidade com as diretrizes terapêuticas definidas em protocolo clínico para a doença ou o agravo à saúde a ser tratado ou, na falta do protocolo, em conformidade com o disposto no art. 19-P; (II) a oferta de procedimentos terapêuticos, em regime domiciliar, ambulatorial e hospitalar, constantes de tabelas elaboradas pelo gestor federal do SUS, realizados no território nacional por serviço próprio, conveniado ou contratado.

No art. 19-N, I, está o conceito de produtos de interesse para a saúde: órteses, próteses, bolsas coletoras e equipamentos médicos.

Protocolo clínico e diretriz terapêutica também estão definidos no novo art. 19-N: documento que estabelece critérios para o diagnóstico da doença ou do agravo à saúde; o tratamento prescrito, com os medicamentos e demais produtos apropriados, quando couber; as posologias recomendadas; os mecanismos de controle clínico; e o acompanhamento e a verificação dos resultados terapêuticos, a serem seguidos pelos gestores do SUS (inciso II).

3.2.3.4.1. Fornecimento de medicamentos

Nos dias atuais é tormentosa a questão relativa à **extensão do direito à saúde**, que se reflete diretamente na questão da existência ou não de direito subjetivo ao fornecimento gratuito de medicamentos.

E aqui é lembrada, às vezes, a Teoria da Reserva do Possível, que pretende dar aos direitos sociais feição meramente programática, tirando-lhes a natureza de direitos subjetivos, com o que ao Estado caberia, não podendo atender a todas as demandas, estipular as prioridades a serem atendidas.

A Lei n. 12.401/2011 condiciona o fornecimento de medicamentos à existência de protocolo clínico e diretriz terapêutica. Por isso, também proíbe a dispensação do medicamento não registrado na ANVISA.

A nosso ver, em se tratando de seguridade social, além dos princípios constitucionais gerais, há que se respeitar, ainda, os **princípios setoriais**, dentre eles o da **seletividade e distributividade** das prestações de seguridade social.

O fornecimento de remédios é prestação de seguridade social da espécie *serviços*, tendo aplicação os princípios constitucionais setoriais. Tanto o legislador quanto o administrador, na esfera de suas competências, devem selecionar as contingências geradoras de necessidade de medicamentos, sempre com vista ao seu maior potencial distributivo. Daí por que se justifica que o Administrador escolha os medicamentos que deverão compor a lista dos fornecidos gratuitamente, com vistas, é claro, ao atendimento do maior número possível de necessitados. Fornecer, gratuitamente, medicamento que não está incluído no rol dos que compõem a lista farmacêutica básica do Ministério da Saúde pode significar a oneração do sistema, dando proteção a um em detrimento de muitos outros necessitados.

O direito à saúde tem sido interpretado como garantia constitucional que não sofre limitações de qualquer natureza, de modo que até mesmo os medicamentos que não constam da lista do Ministério da Saúde devem ser fornecidos ao paciente que não tenha condições de adquiri-los.

O STF decidiu em Repercussão Geral, adotando entendimento em favor do necessitado de tratamento, ao fundamento de configurar direito à saúde, que é dever do Estado:[5]

> "(...) O tratamento médico adequado aos necessitados se insere no rol dos deveres do Estado, porquanto responsabilidade solidária dos entes federados. O polo passivo pode ser composto por qualquer um deles, isoladamente, ou conjuntamente. (...)" (Plenário, RE 855.178, Rel. Min. Luiz Fux, *DJe* 16.03.2015).

Esse direito, entretanto, não implica garantir o fornecimento de todo e qualquer medicamento não fornecido pelo SUS e foi delimitado pelo STJ que, no julgamento do **Tema 106**, fixou a tese:[6]

A concessão dos medicamentos não incorporados em atos normativos do SUS exige a presença cumulativa dos seguintes requisitos:

(i) comprovação, por meio de laudo médico fundamentado e circunstanciado expedido por médico que assiste o paciente, da imprescindibilidade ou necessidade do medicamento, assim como da ineficácia, para o tratamento da moléstia, dos fármacos fornecidos pelo SUS;

(ii) incapacidade financeira de arcar com o custo do medicamento prescrito;

(iii) existência de registro do medicamento na ANVISA.

Atente-se para a exigência, na tese fixada: **é necessário o registro do medicamento na ANVISA, bem como a comprovação dos demais requisitos para que o paciente tenha direito ao fornecimento gratuito**.

No **Recurso Extraordinário 657.718/MG**, o STF reconheceu a Repercussão Geral da matéria relativa à obrigatoriedade do fornecimento de medicamento não registrado na ANVISA **(Tema 500)**. No julgamento de mérito realizado em 22.05.2019 (Ata de Julgamento publicada no *DJE* 04.06.2019), foi firmada a tese:

---

5 Conf. também: "(...) A INTERPRETAÇÃO DA NORMA PROGRAMÁTICA NÃO PODE TRANSFORMÁ-LA EM PROMESSA CONSTITUCIONAL INCONSEQUENTE.

— O caráter programático da regra inscrita no art. 196 da Carta Política — que tem por destinatários todos os entes políticos que compõem, no plano institucional, a organização federativa do Estado brasileiro — não pode converter-se em promessa constitucional inconsequente, sob pena de o Poder Público, fraudando justas expectativas nele depositadas pela coletividade, substituir, de maneira ilegítima, o cumprimento de seu impostergável dever, por um gesto irresponsável de infidelidade governamental ao que determina a própria Lei Fundamental do Estado.

DISTRIBUIÇÃO GRATUITA, A PESSOAS CARENTES, DE MEDICAMENTOS ESSENCIAIS À PRESERVAÇÃO DE SUA VIDA E/OU DE SUA SAÚDE: UM DEVER CONSTITUCIONAL QUE O ESTADO NÃO PODE DEIXAR DE CUMPRIR.

— O reconhecimento judicial da validade jurídica de programas de distribuição gratuita de medicamentos a pessoas carentes dá efetividade a preceitos fundamentais da Constituição da República (arts. 5º, *caput*, e 196) e representa, na concreção do seu alcance, um gesto reverente e solidário de apreço à vida e à saúde das pessoas, especialmente daquelas que nada têm e nada possuem, a não ser a consciência de sua própria humanidade e de sua essencial dignidade. Precedentes do STF (...)" (RE-AgR 393.175/RS, Rel. Min. Celso de Mello, *DJ* 02.02.2007, p. 140).

6 REsp 1657156, 1ª Seção, Rel. Min. Benedito Gonçalves, *DJe* 04.05.2018.

> "1. O Estado não pode ser obrigado a fornecer medicamentos experimentais. 2. A ausência de registro na ANVISA impede, como regra geral, o fornecimento de medicamento por decisão judicial. 3. É possível, excepcionalmente, a concessão judicial de medicamento sem registro sanitário, em caso de mora irrazoável da ANVISA em apreciar o pedido (prazo superior ao previsto na Lei n. 13.411/2016), quando preenchidos três requisitos: (i) a existência de pedido de registro do medicamento no Brasil (salvo no caso de medicamentos órfãos para doenças raras e ultrarraras);(ii) a existência de registro do medicamento em renomadas agências de regulação no exterior; e (iii) a inexistência de substituto terapêutico com registro no Brasil. 4. As ações que demandem fornecimento de medicamentos sem registro na ANVISA deverão necessariamente ser propostas em face da União".

Com a tese firmada, o STF firmou a regra geral de que **a União não pode ser compelida judicialmente a fornecer medicamento experimental, não registrado na ANVISA**. Porém, o STF considerou também a possibilidade de deferimento do pedido quando já tiver sido requerido o registro e há **mora irrazoável da ANVISA** na apreciação do requerimento, desde que comprovado o pedido de registro do medicamento no Brasil (salvo no caso de medicamentos órfãos para doenças raras e ultrarraras), (a existência de registro do medicamento em renomadas agências de regulação no exterior, e a inexistência de substituto terapêutico com registro no Brasil.

Há ações judiciais em andamento em que tem sido exigida a perícia médica prévia para a concessão do pedido. O STJ decidiu ser desnecessária a perícia judicial prévia, bastando a prescrição do médico que assiste o paciente, sendo de se aplicar o decidido no Tema 106.[7]

Dentro do tema da distribuição gratuita de medicamentos está o art. 1º da Lei n. 9.313, de 13.11.1996, que dá **direito subjetivo** à distribuição gratuita de medicamentos aos **portadores do HIV** (Vírus da Imunodeficiência Humana) e **doentes de AIDS** (Síndrome da Imunodeficiência Adquirida). A prestação é financiada com recursos do orçamento da seguridade social da União, dos Estados e dos Municípios (art. 2º).

A União, os Estados, o Distrito Federal e os Municípios são legitimados passivos, de forma **solidária**, para as ações judiciais em que se pede o fornecimento gratuito de medicamentos. Sendo solidária a responsabilidade, a ação pode ser proposta contra qualquer deles. Esse é o entendimento adotado pelo STF, pelos Tribunais,[8] e também pela Turma Nacional de Uniformização dos Juizados Especiais Federais.[9]

Se o pedido judicial for de fornecimento de medicamento **não registrado** na ANVISA, a ação deve ser movida contra a **União**, que tem a legitimidade passiva.[10]

---

7 AREsp 1534208/RN 2ª Turma, Rel. Min. Herman Benjamin, *DJe* 06.09.2019.

8 Cf. STJ, AgREsp 468.887, 2ª Turma, Rel. Min. Humberto Martins, *DJe* 28.03.2014; AgREsp 200800277342, 1ª Turma, Rel. Min. Luiz Fux, *DJe* 15.12.2008.

9 Pedido de Uniformização de Interpretação de Lei Federal 200481100052205, Juíza Fed. Vanessa Vieira de Mello, *DOU* 11.03.2011.

10 RE 657718, Ata de Julgamento publicada no *DJe* 04.06.2019).

No julgamento do **Tema 262** da Repercussão Geral, o STF fixou a tese: "O Ministério Público é parte legítima para ajuizamento de ação civil pública que vise o fornecimento de remédios a portadores de certa doença".[11]

Tema 990 do STJ: "As operadoras de plano de saúde não estão obrigadas a fornecer medicamento não registrado pela ANVISA" (REsp 1712163/SP, 2ª Seção, Rel. Min. Moura Ribeiro, *DJe* 26.11.2018).

3.2.3.4.2. *Tratamento médico no exterior*

Novamente se coloca a questão da **extensão do direito à saúde**. Há direito subjetivo do indivíduo de ter tratamento médico fora do território nacional custeado pelo Estado com fundamento no direito à saúde?

O art. 19-M, II, incluído na LOS pela Lei n. 12.401/2011, restringe ao território nacional a oferta de procedimentos terapêuticos, em regime domiciliar, ambulatorial e hospitalar, constantes de tabelas elaboradas pelo gestor federal do SUS, realizados por serviço próprio, conveniado ou contratado.

A nosso ver, invocando os princípios da universalidade e do atendimento e da seletividade e da distributividade, não existe direito subjetivo de assistência à saúde mediante o custeio, por parte do Poder Público, de tratamento médico no exterior sem expressa previsão legal.

Universalidade da cobertura e do atendimento implica dar a todos, sem distinções, em todo o território nacional, o mesmo acesso aos serviços de saúde. Somente a lei pode autorizar o custeio pelo Estado de tratamento ou procedimento médico fora do território nacional. E se o fizer deverá respeitar os mesmos princípios constitucionais: universalidade, seletividade e distributividade, sob pena de desvirtuar-se o sistema, desfalcando-o dos recursos necessários para a assistência dentro do território nacional.

O Ministério da Saúde editou a **Portaria n. 763/94**, que **vedou o financiamento** pelo SUS de tratamento médico no exterior. Referida Portaria foi considerada **legítima** pela jurisprudência do Superior Tribunal de Justiça (MS 8895/DF, 1ª Seção, Rel. Min. Eliana Calmon, *DJ* 07.06.2004, p. 151).[12]

A questão, entretanto, não está pacificada. Alguns Tribunais têm decidido no sentido de que o tratamento médico no exterior integra o direito à saúde e deve ser custeado pelo Estado porque é direito fundamental que não comporta restrições. Nesse sentido, v. TRF 1ª Região, AMS 200534000011739, Rel. Juiz Fed. Gláucio Maciel Gonçalves (conv.), *e-DJF1* 29.07.2011, p. 96.

---

[11] Re 605.533, Rel. Min. Marco Aurélio, j. 15.08.2018, ata publicada no *DJe* em 20.08.2018.

[12] "(...) 1. Parecer técnico do Conselho Brasileiro de Oftalmologia desaconselha o tratamento da 'retinose pigmentar' no Centro Internacional de Retinoses Pigmentárias em Cuba, o que levou o Ministro da Saúde a baixar a Portaria 763, proibindo o financiamento do tratamento no exterior pelo SUS. 2. Legalidade da proibição, pautada em critérios técnicos e científicos. 3. A Medicina Social não pode desperdiçar recursos com tratamentos alternativos, sem constatação quanto ao sucesso nos resultados (...)." Cf., também, **STJ, EEEARE 1028835 (*DJe* 02.03.2010)**.

3.2.3.4.3. *Cirurgia plástica reparadora*

As mulheres que sofrerem **mutilação total ou parcial de mama**, decorrente de técnica de tratamento de **câncer**, têm direito subjetivo à cirurgia plástica reconstrutiva, na forma da Lei n. 9.797, de 06.05.1999. A cirurgia deve ser feita pelo SUS, por meio de suas unidades públicas ou conveniadas, e, havendo condições técnicas, a reconstrução da mama deve ser feita no mesmo ato cirúrgico. Se não for possível, a paciente deverá ser encaminhada para acompanhamento, sendo garantida a realização da cirurgia reparadora assim que alcançar as condições clínicas necessárias. Essa garantia foi acrescentada pela Lei n. 12.802, de 24.04.2013, que alterou a Lei n. 9.797/99.

A contingência geradora de necessidade *selecionada* pelo legislador como objeto da proteção social do direito à saúde foi a mutilação de mama decorrente de técnica de tratamento de câncer.

As operadoras de **planos privados de saúde**, por sua rede conveniada, estão **obrigadas a fazer essa cirurgia**, utilizando-se de todos os meios e técnicas necessárias para o tratamento de mutilação decorrente de utilização de técnica de tratamento de câncer (art. 10-A da Lei n. 9.656/98, incluído pela Lei n. 10.223/2001). A jurisprudência, entretanto, tem estendido o mesmo direito à cirurgia plástica reparadora quando decorrente de cirurgia bariátrica:

> "ADMINISTRATIVO — CONTRATO DE ASSISTÊNCIA MÉDICO-HOSPITALAR — CAARJ — CIRURGIA DE DERMOLIPECTOMIA ABDOMINAL NÃO ESTÉTICA — RECUSA DE AUTORIZAÇÃO DO **PLANO DE SAÚDE** — CONSTITUIÇÃO FEDERAL DE 1988 (ART. 1º, INCISO III). PRINCÍPIO DA DIGNIDADE DA PESSOA HUMANA. INDENIZAÇÃO POR DANO MORAL. NÃO CABIMENTO. RAZOABILIDADE E PROPORCIONALIDADE. 1 — A Constituição Federal de 1988 (art. 1º, III), ao dispor sobre a dignidade da pessoa humana e os direitos e garantias individuais, como fundamento do Estado Democrático de Direito, reconheceu que o Estado existe em função da pessoa humana, uma vez que sua finalidade precípua é o próprio ser humano. 2 — Não pode a Ré recusar-se a custear a **cirurgia plástica reparadora** decorrente da sobredita perda de peso, necessária à correção do excesso de pele, por se tratar de ato complementar e subsequente a cirurgia bariátrica. (...)" (TRF 2ª Região, AC 200551010216839, 6ª Turma Especializada, Rel. Des. Fed. Frederico Gueiros, *DJ* 07.07.2011, p. 385).

Posteriormente, a Lei n. 13.770, de 19.12.2018, acrescentou três parágrafos ao art. 10-A, em similaridade às disposições trazidas pela Lei n. 12.802/2013 imposta ao SUS. O § 1º determina que a reconstrução da mama seja feita no mesmo tempo cirúrgico da mutilação. Na impossibilidade, o § 2º impõe que a paciente seja encaminhada a tratamento que lhe garanta a reconstrução da mama assim que tiver alcançado as condições clínicas necessárias. A cirurgia plástica reconstrutiva compreende os procedimentos de simetrização da mama contralateral e de reconstrução do complexo aréolo-mamilar para os fins do *caput* e do § 1º do art. 10-A.

3.2.3.5. *Formulação da política de medicamentos, equipamentos, imunobiológicos e outros insumos de interesse para a saúde e a participação na sua produção. O medicamento genérico*

Ao SUS também cabe formular a política de medicamentos, equipamentos, imunobiológicos e outros insumos de interesse para a saúde e participar na sua produção.

Em termos de política de medicamentos, convém lembrar a Lei n. 9.787, de 10.02.1999, que estabeleceu o "**medicamento genérico:** medicamento similar a um produto de referência ou inovador, que se pretende ser com este intercambiável, geralmente produzido após a expiração ou renúncia da proteção patentária ou de outros direitos de exclusividade, comprovada a sua eficácia, segurança e qualidade, e designado pela DCB (Denominação Comum Brasileira) ou, na sua ausência, pela DCI (Denominação Comum Internacional)".

A intenção foi **facilitar o acesso** de toda a população aos medicamentos existentes mediante o **barateamento dos preços**, propiciado pela **expiração ou renúncia das patentes**.

3.2.3.6. *Formulação e execução da política de sangue e seus derivados*

Na forma do art. 199, § 4º, da CF, cabe à **lei ordinária** a normatização das condições e requisitos que facilitem a coleta, o processamento e transfusão de sangue e seus derivados, proibido todo tipo de comercialização.

A Lei n. 10.205, de 21.03.2001 — Lei do Sangue, estabeleceu a Política Nacional de Sangue, Componentes e Hemoderivados e criou o Sistema Nacional de Sangue, Componentes e Hemoderivados.

A Política Nacional de Sangue, Componentes e Hemoderivados (arts. 8º a 18 da Lei n. 10.205/2001) tem por finalidades garantir a autossuficiência do País no setor e harmonizar as ações do Poder Público em todos os níveis de governo. No âmbito do SUS, a PNSH deve ser concretizada pelo SINASAN, e observar os princípios e diretrizes do SUS (art. 10).

A Lei do Sangue regulamenta coleta, processamento, estocagem, distribuição e aplicação do sangue, seus componentes e derivados, estabelece o ordenamento institucional indispensável à execução adequada dessas atividades e dá outras providências. Proíbe a compra, venda ou qualquer outro tipo de comercialização do sangue, de seus componentes e derivados, em todo o território nacional, por pessoas físicas ou jurídicas, em caráter eventual ou permanente, que estejam em desacordo com suas normas (art. 1º). Entretanto, não é considerada comercialização "a cobrança de valores referentes a insumos, materiais, exames sorológicos, imunoematológicos e demais exames laboratoriais definidos pela legislação competente, realizados para a seleção do sangue, componentes ou derivados, bem como honorários por serviços médicos prestados na assistência aos pacientes e aos doadores".

Somente órgãos e entidades autorizadas, anualmente, em cada nível de governo, pelo respectivo Órgão de Vigilância Sanitária, podem exercer as **atividades hemoterápicas**, sempre obedecidas as normas fixadas pelo Ministério da Saúde (art. 3º, § 2º), que devem estar sob a responsabilidade de médico hemoterapeuta ou hematologista; inexistindo profissionais dessas especialidades, podem ser substituídos por médicos devidamente treinados em hemocentros ou outros estabelecimentos credenciados pelo Ministério da Saúde (art. 7º).

Os princípios e as diretrizes da Política Nacional de Sangue foram fixados pelo art. 14 da **Lei n. 10.205/2001: universalização do atendimento** à população; **doação de sangue exclusivamente voluntária**, não remunerada, que deve ser estimulada como ato relevante de solidariedade humana e compromisso social; **proibição de comercialização** da coleta, processamento, estocagem, distribuição e transfusão do sangue, componentes e hemoderivados; proteção da saúde do doador e do receptor; obrigatoriedade de responsabilidade, supervisão e assistência médica na triagem de doadores, para avaliação de seu estado de saúde; **direito à informação** sobre a origem e procedência do sangue, componentes e hemoderivados, bem como sobre os serviços de hemoterapia responsável pela origem desses; participação de entidades civis brasileiras no processo de fiscalização, vigilância e controle das ações desenvolvidas no âmbito dos Sistemas Nacional e Estaduais de Sangue, Componentes e Hemoderivados etc.

O art. 14, § 1º, **proíbe a doação ou exportação de sangue, componentes e hemoderivados, exceto nas hipóteses de solidariedade internacional ou se houver excedentes nas necessidades nacionais** em produtos acabados, ou por indicação médica com finalidade de elucidação diagnóstica, ou ainda nos acordos autorizados pelo órgão gestor do SINASAN para processamento ou obtenção de derivados por meio de alta tecnologia, não acessível ou disponível no País.

Cabe ao Ministério da Saúde regulamentar a distribuição e/ou produção de derivados de sangue produzidos no País ou importados (art. 22).

Questão importante diz respeito à **legitimidade passiva** para responder à ação de indenização proposta por pessoa contaminada em transfusão de sangue. A nosso ver, sendo atividade vinculada ao SUS, nas três esferas de Poder, **todos os entes públicos envolvidos** são responsáveis civilmente pelos danos decorrentes de transfusões de sangue contaminado.

Há jurisprudência do STJ adotando entendimento de que **cabe à União e aos Estados-membros** a responsabilidade civil:

> "(...)5. O Estado do Rio de Janeiro e a União possuem legitimidade passiva, nos termos da Lei 4.701/65, para responder pelos danos causados aos hemofílicos contaminados, em transfusões de sangue, por HIV e Hepatite C, na década de 1980. Precedentes: REsp 1423483/PE, Rel. Ministro Humberto Martins, 2ª Turma, j. 25.11.2014, *DJe* 05.12.2014; REsp 1479358/PE, Rel. Ministro Og Fernandes, 2ª Turma, j. 02.10.2014. 6. Responsabilidade objetiva do Estado, com base na teoria do risco administrativo, por contaminação com o vírus HIV e HCV (hepatite C), em decorrência de transfusão de sangue. Dano e nexo causal reconhecidos pelo Tribunal de Origem. Não se observa excludente de culpabilidade no caso em análise. Reconhece-se a conduta danosa da Administração Pública ao não tomar as medidas cabíveis para o controle da pandemia. No início da década de 80, já era notícia no mundo científico de que a AIDS poderia ser transmitida pelas transfusões de sangue. O desconhecimento acerca do vírus transmissor (HIV) não exonera o Poder Público de adotar medidas para mitigar os efeitos de uma pandemia ou epidemia. Princípio da Precaução no âmbito do Direito Administrativo (...)" (REsp 1.299.900 — RJ (2011/0302811-8), 2ª Turma, Rel. Min. Humberto Martins, *DJe* 13.05.2015).

ATRIBUIÇÕES	
VIGILÂNCIA SANITÁRIA	
VIGILÂNCIA EPIDEMIOLÓGICA	
SAÚDE DO TRABALHADOR	
ASSISTÊNCIA TERAPÊUTICA INTEGRAL	■ fornecimento gratuito de medicamentos (controvérsia); ■ tratamento médico no exterior (controvérsia).
FORMULAÇÃO DE POLÍTICAS	■ medicamentos; ■ equipamentos; ■ imunobiológicos; ■ outros insumos de interesse; ■ participação na produção.
FORMULAÇÃO DA POLÍTICA DE SANGUE E DERIVADOS	

■ 3.3. DESCENTRALIZAÇÃO DA GESTÃO DO SUS

Os serviços executados pelo SUS, diretamente ou com a participação complementar da iniciativa privada, *serão organizados de forma regionalizada e hierarquizada em níveis de complexidade crescente* (art. 8º da Lei n. 8.080/90).

Há uma **direção única** do SUS **dentro de cada uma das esferas de governo**, na forma do disposto no art. 198 da CF e no art. 9º da Lei n. 8.080/90.

No plano federal, o SUS é dirigido pelo **Ministério da Saúde** (art. 9º, I, da Lei n. 8.080/90). Nos Estados e no Distrito Federal, a direção compete à respectiva **Secretaria de Saúde** ou órgão equivalente (art. 9º, II). E, nos Municípios, a direção é feita pela **Secretaria Municipal de Saúde** ou órgão equivalente (art. 9º, III).

Os Municípios podem desenvolver em conjunto suas respectivas ações e serviços de saúde. Para tanto, podem formar **consórcios administrativos** intermunicipais (art. 10). Os atos constitutivos do consórcio, nesse caso, devem disciplinar a forma como se desenvolverá a **direção única** (art. 10, § 1º).

Cada esfera de governo tem duas instâncias colegiadas, que propiciam a participação da comunidade na gestão do SUS (Lei n. 8.142, de 28.12.1990): são a Conferência de Saúde e o Conselho de Saúde (art. 1º, I e II).

A **Conferência de Saúde**, que se reúne a cada 4 anos, tem a representação de vários segmentos sociais. Reúne-se para avaliar a situação de saúde e propor diretrizes de políticas públicas (art. 1º, § 1º).

O **Conselho de Saúde** tem caráter permanente e deliberativo. É órgão colegiado, composto por representantes do governo, prestadores de serviço, profissionais de saúde e usuários. Sua atuação é voltada para a formulação de estratégias e para o controle da execução da política de saúde na instância correspondente, inclusive nos aspectos econômicos e financeiros, cujas decisões serão homologadas pelo chefe do poder legalmente constituído em cada esfera de governo (art. 1º, § 2º).

CONFERÊNCIA DE SAÚDE	
COMPOSIÇÃO	■ vários segmentos sociais.
ATRIBUIÇÕES	■ avalia situação da saúde; ■ propõe diretrizes de políticas públicas.

CONSELHO DE SAÚDE	
COMPOSIÇÃO	■ representantes do governo; ■ prestadores de serviço; ■ profissionais de saúde; ■ usuários.
ATRIBUIÇÕES	■ formulação de estratégias; ■ controle da execução da política de saúde; ■ controle dos aspectos econômicos e financeiros.

■ 3.4. PLANOS DE SAÚDE

As Operadoras de Plano de Assistência à Saúde são **pessoas jurídicas de direito privado** constituídas sob a forma de **sociedade civil ou comercial, cooperativa, ou entidade de autogestão**, que operem produtos ou serviços de Plano Privado de Assistência à Saúde. Sua atividade está disciplinada pela Lei n. 9.656, de 03.06.1998.

A lei dá o conceito de **Plano Privado de Assistência à Saúde:** "prestação continuada de serviços ou cobertura de custos assistenciais a preço pré ou pós-estabelecido, por prazo indeterminado, com a finalidade de garantir, sem limite financeiro, a assistência à saúde, pela faculdade de acesso e atendimento por profissionais ou serviços de saúde, livremente escolhidos, integrantes ou não de rede credenciada, contratada ou referenciada, visando a assistência médica, hospitalar e odontológica, a ser paga integral ou parcialmente às expensas da operadora contratada, mediante reembolso ou pagamento direto ao prestador, por conta e ordem do consumidor" (art. 1º, I).

Carteira é "o conjunto de contratos de cobertura de custos assistenciais ou de serviços de assistência à saúde em qualquer das modalidades".

Pessoas físicas não podem operar Planos de Saúde (art. 1º, § 4º). Pessoas físicas ou jurídicas residentes ou domiciliadas no exterior **podem constituir ou participar do capital**, ou do aumento do capital, de pessoas jurídicas de direito privado constituídas sob as leis brasileiras para operar esses planos.

Cabe à ANS normatizar e fiscalizar qualquer modalidade de produto, serviço e contrato que apresente, além da garantia de cobertura financeira de riscos de assistência médica, hospitalar e odontológica, outras características que o diferencie de atividade exclusivamente financeira (art. 1º, § 1º).

Para obter autorização de **funcionamento**, as operadoras de planos privados de saúde devem preencher os requisitos fixados pelo art. 8º da Lei n. 9.656/98, dos quais se destacam: **registro** nos Conselhos Regionais de Medicina e Odontologia, conforme o caso, nos termos do art. 1º da Lei n. 6.839, de 30.10.1980; demonstração da **capacidade** de atendimento em razão dos serviços a serem prestados; demonstração da **viabilidade econômico-financeira** dos planos privados de assistência à saúde oferecidos, respeitadas as peculiaridades operacionais de cada uma das respectivas operadoras; e **especificação da área geográfica** coberta pelo plano privado de assistência à saúde.

Para encerrarem voluntariamente suas atividades, as operadoras privadas também devem preencher os requisitos enumerados no § 3º do art. 8º: comprovação de transferência da carteira **sem prejuízo para o consumidor**, ou a inexistência de beneficiários sob sua responsabilidade; garantia da **continuidade da prestação dos serviços** dos beneficiários internados ou em tratamento; comprovação da **quitação de suas obrigações** com os prestadores de serviços no âmbito da operação de planos privados de assistência à saúde; e **informação prévia** à ANS, aos beneficiários e aos prestadores de serviços contratados, credenciados ou referenciados, na forma e nos prazos a serem definidos pela ANS.

O art. 10 da Lei n. 9.656 instituiu o *plano-referência de assistência à saúde*, padrão do conteúdo mínimo da cobertura estabelecida: cobertura assistencial médico-ambulatorial e hospitalar, compreendendo partos e tratamentos, realizados exclusivamente no Brasil, com padrão de enfermaria, centro de terapia intensiva, ou similar, quando necessária a internação hospitalar, das doenças listadas na Classificação Estatística Internacional de Doenças e Problemas Relacionados com a Saúde, da Organização Mundial de Saúde, respeitadas as exigências mínimas previstas no art. 12. Todas essas coberturas são devidas em caso de violência autoprovocada e de tentativa de suicídio, conforme inovação trazida pela Lei n. 13.819/2019, que acrescentou o **art. 10-C**.

Não estão incluídos no plano-referência: tratamento clínico ou cirúrgico experimental; procedimentos clínicos ou cirúrgicos para fins estéticos, bem como órteses e próteses para o mesmo fim; inseminação artificial; tratamento de rejuvenescimento ou de emagrecimento com finalidade estética; fornecimento de medicamentos importados não nacionalizados; fornecimento de medicamentos para tratamento domiciliar; fornecimento de próteses, órteses e seus acessórios não ligados ao ato cirúrgico; tratamentos ilícitos ou antiéticos, assim definidos sob o aspecto médico, ou não reconhecidos pelas autoridades competentes; e casos de cataclismos, guerras e comoções internas, quando declarados pela autoridade competente.

O art. 10-B da Lei n. 9.656/98, inserido pela Lei n. 12.738, de 30.11.2012, tornou obrigatório o fornecimento de bolsas de colostomia, ileostomia e urostomia, de coletor de urina e de sonda vesical pelos planos privados de assistência à saúde, sem limite de prazo, valor ou quantidade.

Em caso de **doença ou lesão preexistente** à celebração do contrato, a lei proíbe a exclusão de cobertura quando o contrato tiver sido celebrado há mais de 24 meses, cabendo à operadora a prova de que o consumidor ou beneficiário tinha conhecimento da existência daquela doença ou lesão.

Súmula 609 do STJ: "A recusa de cobertura securitária, sob a alegação de doença preexistente, é ilícita se não houve a exigência de exames médicos prévios à contratação ou a demonstração de má-fé do segurado". Sem o exame médico à contratação, a operadora do plano de saúde não poderá negar a cobertura ao fundamento da preexistência da doença.

A Lei n. 9.656/98 estabelece as regras que devem ser respeitadas por ocasião da celebração do contrato de assistência à saúde. Porém, **de forma complementar, são aplicáveis as normas gerais previstas no Código Civil**, e, ainda, no **Código de Defesa do Consumidor.**[13] Adotando esse entendimento, o STJ editou a **Súmula 608**: Aplica-se o Código de Defesa do Consumidor aos contratos de plano de saúde, salvo os administrados por entidades de autogestão.

Durante internação hospitalar, em qualquer hipótese, não pode ser suspenso ou rescindido unilateralmente o contrato (art. 13, parágrafo único, III).

As operadoras de planos privados de assistência à saúde não podem discriminar e impedir o consumidor de participar dos planos em razão da idade ou de sua condição de pessoa com deficiência (art. 14).

Devem estar expressamente previstos no contrato a variação das contraprestações pecuniárias em razão da idade do consumidor e os percentuais de reajuste incidentes em cada uma das faixas etárias, conforme normas da ANS (art. 15). Os consumidores com mais de sessenta anos de idade não estarão sujeitos à variação da mensalidade do plano de saúde se ele ou seus sucessores dele participarem há mais de dez anos (parágrafo único). No REsp Repetitivo 1568244, o STJ decidiu pela legalidade do reajuste da mensalidade de Plano de Saúde em razão da mudança de faixa etária do contratante, desde que não se configure abusiva, firmando a tese[14] **(Tema 952)**:

> "(...) 10. TESE para os fins do art. 1.040 do CPC/2015: O reajuste de mensalidade de plano de saúde individual ou familiar fundado na mudança de faixa etária do beneficiário é válido desde que (i) haja previsão contratual, (ii) sejam observadas as normas expedidas pelos órgãos governamentais reguladores e (iii) não sejam aplicados percentuais desarrazoados ou aleatórios que, concretamente e sem base atuarial idônea, onerem excessivamente o consumidor ou discriminem o idoso (...)".

---

[13] Sobre a interpretação das cláusulas contratuais, cf. TRF 2ª Região, REOMS 200651010022892, 5ª Turma Especializada, Rel. Des. Fed. Vera Lucia Lima, *DJU* 16.04.2008, p. 367: "(...) A hipótese é de demanda ajuizada objetivando, em síntese, o impetrante, o custeio, pela CAARJ, de stents farmacológicos necessários à realização de cateterismo, indispensável à manutenção de sua vida, eis que portador de cardiopatia grave. Afirma o demandante que a impetrada não lhe deu autorização para a realização da cirurgia pretendida, em virtude de o plano contratado não prever a cobertura de próteses. — Não se trata de saber se o contrato prevê ou não o uso de próteses, órteses e demais acessórios. Trata-se, sim, de verificar se estes são imprescindíveis para o efetivo tratamento da doença prevista no contrato, o que torna incabível a recusa do pagamento das despesas oriundas com a aquisição desse material. **O que está em discussão, vale sublinhar, é a obrigação das seguradoras de custearem o adequado tratamento da patologia que, em determinados casos, inclui necessariamente procedimento para colocação de próteses, órteses e outros acessórios, não podendo as seguradoras e operadoras de planos de saúde estabelecer cláusulas que limitem sua responsabilidade, mormente quando a parcela não coberta é de valor tal que inviabiliza todo o tratamento.** — Na hipótese, a colocação de stent para dilatação das artérias revela-se necessária ao tratamento do autor, conforme se verifica da documentação acostada às fls. 18/19 e 21/25. — Remessa necessária desprovida".

[14] 2ª Seção, Rel. Min. Ricardo Villas Bôas Cueva, *DJe* 19.12.2016.

"(...) 1. Incidência do Estatuto do Idoso aos contratos anteriores à sua vigência. O direito à vida, à dignidade e ao bem-estar das pessoas idosas encontra especial proteção na Constituição da República de 1988 (artigo 230), tendo culminado na edição do Estatuto do Idoso (Lei 10.741/2003), norma cogente (imperativa e de ordem pública), cujo interesse social subjacente exige sua aplicação imediata sobre todas as relações jurídicas de trato sucessivo, a exemplo do plano de assistência à saúde. Precedente.

2. Inexistência de antinomia entre o Estatuto do Idoso e a Lei 9.656/98 (que autoriza, nos contratos de planos de saúde, a fixação de reajuste etário aplicável aos consumidores com mais de sessenta anos, em se tratando de relações jurídicas mantidas há menos de dez anos). Necessária interpretação das normas de modo a propiciar um diálogo coerente entre as fontes, à luz dos princípios da boa-fé objetiva e da equidade, sem desamparar a parte vulnerável da contratação.

2.1. Da análise do artigo 15, § 3º, do Estatuto do Idoso, depreende-se que resta vedada a cobrança de valores diferenciados com base em critério etário, pelas pessoas jurídicas de direito privado que operam planos de assistência à saúde, quando caracterizar discriminação ao idoso, ou seja, a prática de ato tendente a impedir ou dificultar o seu acesso ao direito de contratar por motivo de idade.

2.2. Ao revés, a variação das mensalidades ou prêmios dos planos ou seguros saúde em razão da mudança de faixa etária não configurará ofensa ao princípio constitucional da isonomia, quando baseada em legítimo fator distintivo, a exemplo do incremento do elemento risco nas relações jurídicas de natureza securitária, desde que não evidenciada a aplicação de percentuais desarrazoados, com o condão de compelir o idoso à quebra do vínculo contratual, hipótese em que restará inobservada a cláusula geral da boa-fé objetiva, a qual impõe a adoção de comportamento ético, leal e de cooperação nas fases pré e pós-pactual.

(...)

3. Em se tratando de contratos firmados entre 02 de janeiro de 1999 e 31 de dezembro de 2003, observadas as regras dispostas na Resolução CONSU 6/98, o reconhecimento da validade da cláusula de reajuste etário (aplicável aos idosos, que não participem de um plano ou seguro há mais de dez anos) dependerá: (i) da existência de previsão expressa no instrumento contratual; (ii) da observância das sete faixas etárias e do limite de variação entre a primeira e a última (o reajuste dos maiores de setenta anos não poderá ser superior a seis vezes o previsto para os usuários entre zero e dezessete anos); e (iii) da inexistência de índices de reajuste desarrazoados ou aleatórios, que onerem excessivamente o consumidor, em manifesto confronto com a cláusula geral da boa-fé objetiva e da especial proteção do idoso conferida pela Lei 10.741/2003.

4. Na espécie, a partir dos contornos fáticos delineados na origem, a segurada idosa participava do plano há menos de dez anos, tendo seu plano de saúde sido reajustado no percentual de 93% (noventa e três por cento) de variação da contraprestação mensal, quando do implemento da idade de 60 (sessenta) anos. A celebração inicial do contrato de trato sucessivo data do ano de 2001, cuidando-se, portanto, de relação jurídica submetida à Lei 9.656/98 e às regras constantes da Resolução CONSU 6/98.

(...)

5. De acordo com o entendimento exarado pela Quarta Turma, quando do julgamento do Recurso Especial 866.840/SP, acerca da exegese a ser conferida ao § 3º do artigo 15 da Lei 10.741/2003, "a cláusula contratual que preveja aumento de mensalidade com

base exclusivamente em mudança de idade, visando forçar a saída do segurado idoso do plano, é que deve ser afastada".

(...)

6. Recurso especial provido, para reconhecer a abusividade do percentual de reajuste estipulado para a consumidora maior de sessenta anos, determinando-se, para efeito de integração do contrato, a apuração, na fase de cumprimento de sentença, do adequado aumento a ser computado na mensalidade do plano de saúde, à luz de cálculos atuariais voltados à aferição do efetivo incremento do risco contratado" (STJ, REsp 1.280.211, 2ª Seção, Rel. Min. Marco Buzzi, *DJe* 04.09.2014).

Visando assegurar os direitos do consumidor, o art. 16 determina que os contratos devam conter dispositivos que **indiquem com clareza:**[15] as condições de admissão; o início da vigência; os períodos de carência para consultas, internações, procedimentos e exames; as faixas etárias e os percentuais de reajuste, nos termos do art. 15; as condições de perda da qualidade de beneficiário; os eventos cobertos e excluídos; o regime, ou tipo de contratação (individual ou familiar, coletivo empresarial, ou coletivo por adesão); a franquia, os limites financeiros ou o percentual de coparticipação do consumidor ou beneficiário, contratualmente previstos nas despesas com assistência médica, hospitalar e odontológica; os bônus, os descontos ou os agravamentos da contraprestação pecuniária; a área geográfica de abrangência; os critérios de reajuste das contraprestações pecuniárias; e o número de registro na ANS. Ao consumidor titular de plano individual ou familiar há de ser entregue, na inscrição, cópia do contrato, do regulamento ou das condições gerais dos produtos oferecidos, além de material explicativo que descreva, em linguagem simples e precisa, todas as suas características, direitos e obrigações (§ 1º do art. 16).

Questão importante levou o Superior Tribunal de Justiça a editar a **Súmula 302:** "É **abusiva** a cláusula contratual de plano de saúde que limita no tempo a internação hospitalar do segurado".

Sobre a legalidade de cláusulas de contratos de planos de assistência à saúde, anteriores à Lei n. 9.656/98, restritivas de direito a coberturas de procedimentos médicos, fisioterápicos e hospitalares, o **STJ**, considerando-as abusivas, decidiu pela **aplicação do Código de Defesa do Consumidor**:

---

15 Sobre a legalidade dessas cláusulas contratuais, cf. STJ, AGARESP 201300132174, 4ª Turma, Rel. Min. Raul Araújo, *DJe* 1º.08.2013: "(...) 1. A col. Corte de origem dirimiu, fundamentadamente, as matérias que lhe foram submetidas, motivo pelo qual o acórdão recorrido não padece de omissão, contradição ou obscuridade. Não se vislumbra, portanto, a afronta ao art. 535 do Código de Processo Civil. 2. O eg. Tribunal estadual, ao estabelecer a obrigatoriedade de o plano de saúde proceder a tratamento domiciliar, decidiu em conformidade com a jurisprudência desta Corte no sentido de considerar que 'a exclusão de cobertura de determinado procedimento médico/hospitalar, quando essencial para garantir a saúde e, em algumas vezes, a vida do segurado, vulnera a finalidade básica do contrato' (REsp 183719/SP, Relator o Ministro LUIS FELIPE SALOMÃO, *DJe* de 13.10.2008). 3. O v. aresto atacado está assentado na afirmação de que, em se tratando de contrato de adesão submetido às regras do CDC, a interpretação de suas cláusulas deve ser feita da maneira mais favorável ao consumidor, bem como que devem ser consideradas abusivas as cláusulas que visam a restringir procedimentos médicos (...)".

"(...) 2. As regras estabelecidas na Lei 9.656/98 restringem-se ao contratos de plano de saúde celebrados após sua vigência (art. 35), mas o abuso de cláusula contratual prevista em avenças celebradas em datas anteriores pode ser aferido com base no Código de Defesa do Consumidor.

3. À luz do Código de Defesa do Consumidor, devem ser reputadas como abusivas as cláusulas que nitidamente afetam de maneira significativa a própria essência do contrato, impondo restrições ou limitações aos procedimentos médicos, fisioterápicos e hospitalares (v.g. limitação do tempo de internação, número de sessões de fisioterapia, entre outros) prescritos para doenças cobertas nos contratos de assistência e seguro de saúde dos contratantes.

4. Se há cobertura de doenças ou sequelas relacionadas a certos eventos, em razão de previsão contratual, não há possibilidade de restrição ou limitação de procedimentos prescritos pelo médico como imprescindíveis para o êxito do tratamento, inclusive no campo da fisioterapia (...)" Agr int REsp 1.349.647, Rel. Min. Raul Araújo, *DJe* 23.11.2018).

As **sociedades seguradoras** podem operar no ramo dos planos privados de assistência à saúde, na forma da Lei n. 10.185, de 12.02.2001, submetendo-se às normas e à fiscalização da ANS. Para tanto, devem comprovar a **especialização** nesse ramo de seguro, o que deve estar expressamente previsto no estatuto social, **vedada a atuação em quaisquer outros ramos ou modalidades** (art. 1º).

A Lei n. 10.850, de 25.03.2004, atribui competências à ANS e fixa diretrizes a serem observadas na definição de normas para implantação de programas especiais de incentivo à adaptação de contratos anteriores à Lei n. 9.656/98.

As operadoras de planos de saúde têm dever legal de **ressarcir o SUS** pelos serviços por este prestados a seus consumidores e respectivos dependentes. Entretanto, o ressarcimento está limitado aos serviços que estejam previstos nos respectivos contratos firmados entre a operadora e o consumidor (art. 32 da Lei n. 9.656/98).[16]

O ressarcimento deve ser feito "com base em regra de valoração aprovada e divulgada pela ANS, mediante crédito ao Fundo Nacional de Saúde — FNS" (§ 1º), e os valores a serem ressarcidos não serão inferiores aos praticados pelo SUS nem superiores aos praticados pelas operadoras (§ 8º).

O art. 32 foi objeto da ADI-MC 1.931.[17] Argumentava-se, na ocasião, que o artigo impugnado transferia para a iniciativa privada o ônus, que é do Estado, de assegurar saúde para todos, violando, assim, os arts. 196 e 199 da Constituição.

O STF rejeitou a alegada inconstitucionalidade:

[16] Art. 32. Serão ressarcidos pelas operadoras dos produtos de que tratam o inciso I e o § 1º do art. 1º desta Lei, de acordo com normas a serem definidas pela ANS, os serviços de atendimento à saúde previstos nos respectivos contratos, prestados a seus consumidores e respectivos dependentes, em instituições públicas ou privadas, conveniadas ou contratadas, integrantes do Sistema Único de Saúde — SUS.

[17] Rel. Min. Maurício Corrêa, j. 21.08.2003.

> "(...) 4. Prestação de serviço médico pela rede do **SUS** e instituições conveniadas, em virtude da impossibilidade de atendimento pela operadora de **Plano de Saúde**. **Ressarcimento** à Administração Pública mediante condições preestabelecidas em resoluções internas da Câmara de Saúde Complementar. Ofensa ao devido processo legal. Alegação improcedente. Norma programática pertinente à realização de políticas públicas. Conveniência da manutenção da vigência da norma impugnada. (...)."

Os valores a serem ressarcidos são fixados pela Tabela Única Nacional de Equivalência de Procedimentos — TUNEP, editada pela Agência Nacional de Saúde Suplementar — ANS. Para o STJ, esses valores têm natureza indenizatória:

> "(...) 2. A jurisprudência desta Corte firmou-se no sentido de que os valores devidos, a título de ressarcimento, pelas operadoras de planos de saúde à Agência Nacional de Saúde Suplementar, possuem natureza indenizatória, não se enquadrando no conceito legal de preços públicos ou referentes a operações financeiras que não envolvam recursos orçamentários a fim de obstar a inscrição do débito no CADIN (...)" (AGARESP 89.711, 1ª Turma, Rel. Min. Napoleão Nunes Maia Filho, *DJe* 10.09.2013).

Súmula 597 do STJ: A cláusula contratual de plano de saúde que prevê carência para utilização dos serviços de assistência médica nas situações de emergência ou de urgência é considerada abusiva se ultrapassado o prazo máximo de 24 horas contado da data da contratação.

Tema 990 do STJ: "As operadoras de planos de saúde não estão obrigadas a fornecer medicamento não registrado pela ANVISA" (REsp 1712163/SP, 2ª Seção, Rel. Min. Moura Ribeiro, *DJe* 26.11.2018).

■ 3.5. QUESTÕES

1. (CESPE/UnB — Defensor Público Federal de 2ª Categoria — 2010) Julgue os itens que se seguem, acerca da responsabilidade civil de hospitais, médicos e seguradoras de saúde.

1. Em se tratando de plano de saúde previsto em regime de livre escolha de médicos e hospitais e de reembolso das despesas médico-hospitalares, a seguradora não é responsável pela deficiência de atuação de médico ou de hospital.

2. Por ser considerada objetiva, a responsabilidade do hospital persiste, mesmo quando o insucesso de uma cirurgia não tenha sido decorrente de defeito no serviço por ele prestado.

2. (CESPE — AGU — Advogado da União de 2ª Categoria — 2012) Julgue o item que se segue, acerca da tutela antecipada.

119. Ajuizada ação contra a fazenda pública com vistas a forçá-la ao cumprimento de obrigação de fazer consistente no fornecimento de medicamento, há possibilidade de concessão de antecipação dos efeitos da tutela ao autor bem como de imposição de multa diária para o caso de descumprimento da decisão.

3. (CESPE — Defensoria Pública do Distrito Federal — Defensor Público de 2ª Categoria — 2013) Julgue o item que se segue, relativo às práticas comerciais e à proteção contratual no âmbito do direito do consumidor.

127. De acordo com o entendimento do STJ, não é abusiva cláusula que exclua do plano de saúde o custeio de prótese, em procedimento cirúrgico coberto pelo plano, fabricada de material importado, ainda que necessária ao restabelecimento da saúde do segurado.

4. (CESPE — Defensoria Pública da União — Defensor Público Federal de Segunda Categoria — 2017) Lúcio foi internado em um hospital da rede privada para submeter-se a tratamento médico eletivo a ser realizado pelo SUS. Na unidade hospitalar onde ele foi internado, os quartos individuais superiores são reservados a pacientes particulares, e àqueles que desfrutam do atendimento gratuito são disponibilizados quartos coletivos de nível básico. Com o intuito de utilizar um quarto individual, por ser mais confortável, Lúcio se prontificou a pagar o valor da diferença entre as modalidades dos quartos, o que foi recusado pelo hospital, que informou ser vedado o uso das acomodações superiores por pacientes atendidos pelo SUS, mesmo mediante pagamento complementar. Considerando essa situação hipotética, julgue os seguintes itens com base na posição majoritária e atual do STF.

161. É vedado às instituições privadas com fins lucrativos participarem do SUS, as quais não podem, ainda, oferecer quartos com custos diferentes para pacientes sujeitos ao mesmo procedimento médico.

162. A vedação à internação de Lúcio em acomodações superiores mediante o pagamento da diferença é constitucional: o atendimento pelo SUS é orientado, entre outros critérios, pela isonomia.

Acerca da proteção a grupos vulneráveis, julgue o seguinte item.

179. O STJ entende que, em decorrência do mandamento constitucional de proteção ao idoso e do princípio da solidariedade entre gerações, são irregulares os contratos de plano de saúde que preveem reajustes de mensalidade em razão da mudança de faixa etária do beneficiário.

5. (TRF3 — XVIII Concurso — Juiz Federal Substituto (2016/2017) — Questão 11) Quanto à assistência à saúde, é correto afirmar:

a) É um direito de acesso universal e igualitário às ações e aos serviços de saúde e de atendimento integral, com preferência para as atividades preventivas, sendo devido pelo Estado complementarmente aos serviços privados, podendo ser executado diretamente pelo Poder Público ou por intermédio de terceiros, pessoas físicas ou jurídicas.

b) As ações e os serviços públicos de saúde integram uma rede regionalizada e hierarquizada, constituída na forma de um sistema único de saúde, financiado com recursos do orçamento da seguridade social e da União, não podendo, no caso da União, a receita líquida do respectivo exercício financeiro ser inferior a 15% (quinze por cento).

c) A Agência Nacional de Saúde Suplementar — ANS é autarquia especial, vinculada ao Ministério da Saúde, com funções de regular, normatizar, controlar e fiscalizar as medidas sanitárias, cabendo aos Estados e Municípios e à rede privada a prestação dos serviços de saúde e vigilância sanitária em todo o território nacional.

d) Entende-se por vigilância sanitária um conjunto de ações capaz de eliminar, diminuir ou prevenir riscos à saúde e de intervir nos problemas sanitários decorrentes do meio ambiente, da produção e circulação de bens e da prestação de serviços de interesse da saúde.

6. (TRF3 — XVIII Concurso — Juiz Federal Substituto (2016/2017) — Questão 24) Para fins penais, é considerado funcionário público:

a) O médico não concursado, que presta serviços pelo SUS;
b) Os funcionários das empresas de ônibus, haja vista que o transporte público é serviço fundamental;
c) Os funcionários das empresas de telecomunicações, haja vista que se trata de serviço essencial;
d) Apenas quem tenha prestado concurso público.

7. (CESPE — TRF5 — XIV Concurso — Juiz Federal Substituto — 2017— Questão 80) A respeito da disciplina constitucional do direito à saúde, do Sistema Único de Saúde (SUS), do papel do Poder Judiciário na efetividade das políticas públicas sanitárias e da improbidade administrativa, assinale a opção correta.

a) Por entender que a substância fosfoetanolamina sintética (a pílula do câncer) é ineficaz para o tratamento contra o câncer, o STF declarou a inconstitucionalidade da lei que autorizou a sua produção, distribuição e dispensação no país.
b) Segundo o STJ, configura-se *bis in idem* a condenação por acórdão do TCU e por sentença condenatória em ação civil pública de improbidade referente ao mesmo fato e com imposição de sanção de ressarcimento ao erário.
c) Situação hipotética: A ausência de prestação de contas do prefeito de determinado município importou na sua condenação por ato de improbidade administrativa, devendo o prefeito ressarcir o valor integral do dano apurado. Os seus direitos políticos foram suspensos e ele ficou proibido de contratar com o poder público por três anos. Assertiva: Conforme entendimento do STJ, após a interposição de recurso, é possível a redução da penalidade aplicada, considerando-se o princípio da proporcionalidade.
d) Entende o STF que a concessão judicial de medicamento de alto custo não previsto nos protocolos do SUS está condicionada, em regra geral, ao registro na Agência Nacional de Vigilância Sanitária e à ausência de tratamento alternativo eficaz.
e) Ao colegiado do Conselho de Saúde compete, em âmbito municipal, formular estratégias e controlar a execução da política de saúde, excluindo-se os aspectos econômicos e financeiros.

GABARITO

1. 1. "certo"; 2. "errado".
2. "certo".
3. "errado".
4. 161. "errado"; 162. "certo"; 179. "errado".
5. "a".
6. "a".
7. "d".

4 A ASSISTÊNCIA SOCIAL

■ 4.1. CONCEITO

O art. 203 da CF prescreve que a Assistência Social "será prestada **a quem dela necessitar**, independentemente de contribuição à seguridade social".

A PEC n. 6/2019 continha proposta de alteração do art. 203, porém, nessa parte, não foi aprovada pelo Congresso Nacional.

As prestações de assistência social **independem de contribuição** para o custeio da seguridade social por parte do beneficiário.

Os **objetivos** da Assistência Social estão enumerados no **art. 203**: a proteção à família, à maternidade, à adolescência e à velhice; o amparo às crianças e adolescentes carentes; a promoção da integração ao mercado de trabalho; a habilitação e a reabilitação das pessoas com deficiência e a promoção de sua integração à vida comunitária; a garantia de um salário mínimo mensal à pessoa com deficiência e ao idoso que comprovem não possuir meios de prover à própria manutenção ou de tê-la provida por sua família, conforme dispuser a lei.

Para a CF a Assistência Social é **instrumento de transformação social**, e não meramente assistencialista. As prestações de assistência social devem promover a integração e a inclusão do assistido na vida comunitária, fazer com que, a partir do recebimento das prestações assistenciais, seja "menos desigual" e possa exercer atividades que lhe garantam a subsistência. O art. 203 da CF foi regulamentado pela **Lei n. 8.742, de 07.12.1993**, a **Lei Orgânica da Assistência Social (LOAS)**, alterada pela **Lei n. 12.435, de 06.07.2011**, que definiu a assistência social como *Política de Seguridade Social não contributiva, que provê os* ***mínimos sociais****, realizada por meio de um conjunto integrado de ações de iniciativa pública e da sociedade, para garantir o* ***atendimento às necessidades básicas***. Isso significa que deve garantir ao assistido o necessário para a sua existência com dignidade. A Lei n. 12.435/2011 alterou substancialmente diversas disposições da LOAS e, inclusive, adequou a terminologia original — pessoas portadoras de deficiência — para referir-se, agora, a **pessoas com deficiência**.

Os **objetivos** da Assistência Social estão previstos no art. 2º da LOAS, que, na redação original, deles tratava de forma genérica. Aperfeiçoado tecnicamente pela Lei n. 12.435/2011, o art. 2º divide os objetivos em: proteção social, com vistas à garantia da vida, à redução de danos e à prevenção da incidência de riscos; vigilância socioassistencial; e defesa de direitos.

A proteção social visa **garantir a vida, a redução de danos e a prevenção da incidência de riscos**. Deve ser dirigida, **especialmente**, à família, à maternidade, à infância, à adolescência e à velhice; ao amparo às crianças e aos adolescentes carentes; à habilitação e reabilitação das pessoas com deficiência e à promoção de sua integração à vida comunitária; à garantia de um salário mínimo mensal à pessoa com deficiência e ao idoso que comprovem não possuir meios de prover a própria manutenção ou de tê-la provida por sua família. Note-se que a proteção social deve alcançar justamente os sujeitos mais frágeis das relações sociais: família, infância, adolescência, velhice e pessoas com deficiência. A proteção social é efetivada por meio das ações do Sistema Único de Assistência Social (SUAS), conforme prevê o § 1º do art. 6º da LOAS.

A vigilância socioassistencial visa analisar territorialmente a capacidade protetiva das famílias e nela a ocorrência de vulnerabilidades, de ameaças, de vitimizações e danos. Neste aspecto, a lei indica que a atividade administrativa de desenvolvimento de projetos sociais deve ser fundada em levantamentos e estudos de bases territoriais, que propiciem o conhecimento das peculiaridades locais e das carências das respectivas comunidades.

A defesa de direitos deve garantir o **pleno acesso aos direitos** no conjunto das provisões assistenciais. A atividade administrativa, para além da execução dos programas assistenciais, deve garantir que a comunidade carente tenha acesso a informações sobre os programas assistenciais disponíveis e, ainda, que seja assistida na defesa desses direitos. Parece-nos que o legislador quis enfatizar que há prestações assistenciais disponíveis, que não se limitam ao benefício de prestação continuada, no valor de um salário mínimo, e que podem ser instrumento de redução de desigualdades sociais.

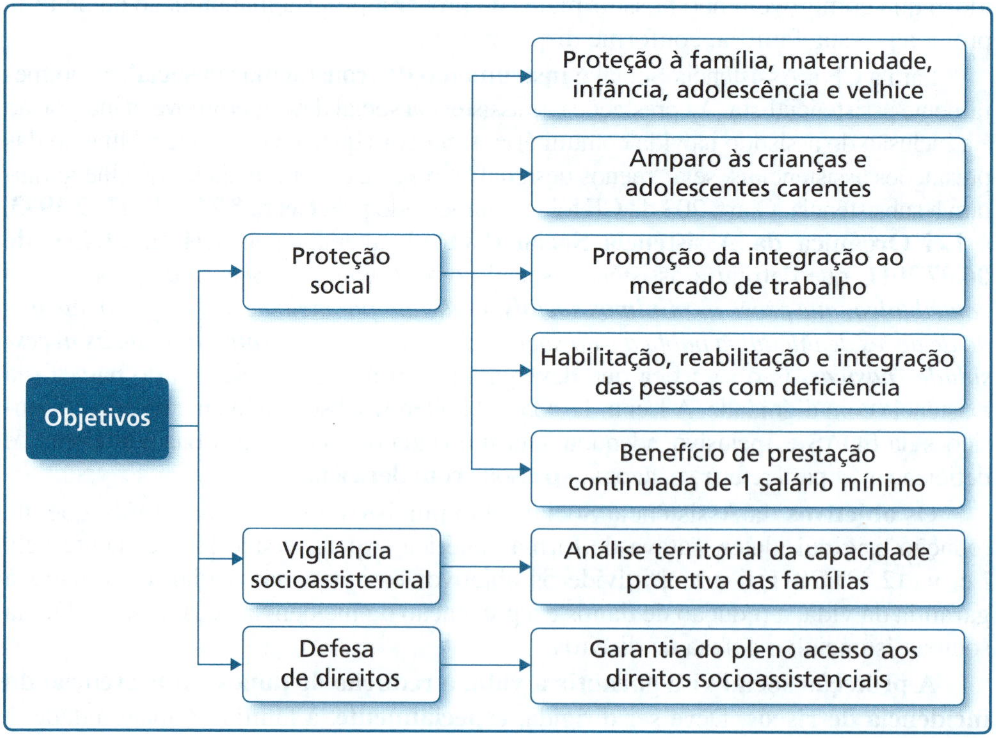

A Assistência Social, a nosso ver, é o instituto que melhor atende o preceito de redução das desigualdades sociais e regionais, porque se destina a combater a pobreza, a criar as condições para atender contingências sociais e à universalização dos direitos sociais. Para enfrentar a pobreza, a Assistência Social efetiva-se por meio de **integração às políticas setoriais** (art. 2º, parágrafo único).

A LOAS está regulamentada pelo **Decreto n. 6.214, de 26.09.2007**, com sucessivas alterações.

A comunidade participa por meio de entidades e organizações de assistência social, que surgem na sociedade atendendo demandas específicas da comunidade carente: são as Organizações Não Governamentais (ONGs). São definidas pelo art. 3º da LOAS como "aquelas sem fins lucrativos que, isolada ou cumulativamente, prestam atendimento e assessoramento aos beneficiários abrangidos por esta lei, bem como as que atuam na defesa e garantia de direitos".

■ 4.2. FINANCIAMENTO

O financiamento da Assistência Social é feito com **recursos do orçamento da seguridade social**, previstos no art. 195, além de **outras fontes** (art. 204 da CF).

O Decreto n. 91.970, de 22.11.1985, instituiu o Fundo Nacional de Ação Comunitária (FUNAC), transformado em **Fundo Nacional de Assistência Social (FNAS)** pela LOAS (art. 27). O FNAS foi regulamentado pelo Decreto n. 7.788, de 15.08.2012.

O financiamento das prestações assistenciais é feito com **recursos do FNAS**, das **contribuições previstas no art. 195 da CF, da União, dos Estados, do Distrito Federal e dos Municípios** (art. 28 da LOAS). Os recursos de responsabilidade da União são automaticamente repassados ao FNAS, na medida em que se forem realizando as receitas (art. 29).

O Sistema Único de Assistência Social — SUAS é financiado pelos 3 entes federados, que devem dirigir os recursos dos fundos de assistência social para a operacionalização, prestação, aprimoramento e viabilização dos serviços, programas, projetos e benefícios do sistema.

O repasse dos recursos aos Estados, aos Municípios e ao Distrito Federal só ocorre se cada uma dessas esferas de governo instituir Conselho de Assistência Social — com composição paritária entre governo e sociedade civil —, e Fundo de Assistência Social e Plano de Assistência Social — com orientação e controle do respectivo Conselho de Assistência Social. E, a partir de 1999, esses entes públicos devem comprovar a existência, nos respectivos orçamentos, de previsão dos recursos próprios destinados à Assistência Social, alocados em seus respectivos Fundos de Assistência Social (art. 30).

O parágrafo único do art. 204 da CF, incluído pela EC n. 42, de 19.12.2003, facultou aos Estados e ao Distrito Federal vincular até **cinco décimos por cento de sua receita tributária líquida** a programa de apoio à inclusão e promoção social. Restou proibido que tais recursos sejam utilizados no pagamento de despesas com pessoal e encargos sociais, serviço da dívida e qualquer outra despesa corrente não vinculada diretamente aos investimentos e ações apoiados.

■ 4.3. PRINCÍPIOS E DIRETRIZES

A Assistência Social é um dos entes componentes da seguridade social, e, por isso, está submetida aos **mesmos princípios** constitucionais. Porém, os arts. 203 e 204, da Constituição, e o art. 4º, da LOAS, têm **regras específicas** que devem orientar as políticas públicas destinadas à cobertura pela assistência social, pautadas, principalmente, pelo respeito ao princípio da **dignidade da pessoa humana**.

O respeito **à dignidade do cidadão, à sua autonomia** e ao seu direito **a benefícios e serviços de qualidade** são exigências da lei para a concessão da cobertura assistencial. A assistência social **não pode ser imposta**, mas, sim, prestada em razão da vontade manifestada do necessitado, quando suas condições pessoais o permitirem.

Da assistência social **não pode resultar discriminação** de nenhuma espécie em relação à pessoa assistida. Não se pode perder de vista que se busca a justiça social, de modo que as ações assistenciais não podem acentuar desigualdades sociais, mas, sim, devem reduzi-las.

Importante frisar que a lei proíbe qualquer **comprovação vexatória de necessidade** (art. 4º, III).

A transparência da utilização dos recursos destinados ao financiamento da assistência social está prevista no inc. V, que impõe a ampla divulgação dos benefícios, serviços e projetos assistenciais e dos critérios para sua concessão.

As diretrizes da organização da assistência social estão no art. 5º da LOAS: **descentralização político-administrativa**, **participação da população** e **primazia da responsabilidade do Estado** na condução da política de assistência social.

■ 4.4. ORGANIZAÇÃO E GESTÃO

O sistema de Assistência Social é **descentralizado e participativo**, denominado Sistema Único de Assistência Social (SUAS) pela Lei n. 12.435/2011, que alterou a organização e gestão do sistema.

Com a criação do SUAS, de forma semelhante ao Sistema Único de Saúde (SUS), pretendeu a Lei n. 12.435/2011 aperfeiçoar o serviço de Assistência Social, integrando serviços públicos e privados, definindo com mais detalhes as responsabilidades das entidades participantes do sistema, de modo a tornar efetiva a proteção social garantida pelo art. 203 da Constituição.

O SUAS é composto dos entes federativos — União, Estados, Distrito Federal e Municípios, dos respectivos conselhos de assistência social e das organizações de assistência social.

As entidades e organizações privadas vinculadas ao SUAS podem, assim como ocorre no SUS, celebrar convênios, contratos, acordos, ou ajustes com o Poder Público, com garantia de financiamento integral com recursos públicos, para execução das ações de assistência social.

Cabe ao Ministério do Desenvolvimento Social e Combate à Fome a coordenação da Política Nacional de Assistência Social.

O SUAS tem um **conjunto de instâncias deliberativas** compostas dos diversos setores envolvidos na área.

A descentralização obedece ao comando constitucional e foi definida pelo art. 11 da LOAS: as ações governamentais são **articuladas**, cabendo a **coordenação e as normas gerais à esfera federal**.

Os **Estados, o Distrito Federal e os Municípios**, nas suas respectivas áreas, **coordenam e executam** os programas assistenciais. Os arts. 12 a 15 discriminaram as competências de cada uma das esferas de governo.

As instâncias deliberativas do SUAS são: o Conselho Nacional de Assistência Social (CNAS), os Conselhos Estaduais de Assistência Social (CEAS), o Conselho de Assistência Social do Distrito Federal (CASDF) e os Conselhos Municipais de Assistência Social (CMAS), todos com caráter permanente e composição paritária entre governo e sociedade civil (art. 16).

O CNAS é vinculado ao Ministério do Desenvolvimento Social e Combate à Fome. É o órgão superior de deliberação colegiada cuja composição está prevista no § 1º do art. 17: 18 membros e respectivos suplentes, sendo 9 representantes governamentais e 9 representantes da sociedade civil.

São da competência do CNAS, dentre outras: aprovar a Política Nacional de Assistência Social, normatizar e regular a prestação de serviços de natureza pública e privada no campo da assistência social, acompanhar e fiscalizar o processo de certificação das entidades e organizações de assistência social no Ministério do Desenvolvimento Social e Combate à Fome e zelar pela efetivação do sistema descentralizado e participativo de assistência social (art. 18).

CONSELHO NACIONAL DE ASSISTÊNCIA SOCIAL	
COMPOSIÇÃO	■ 9 representantes governamentais; ■ 9 representantes da sociedade civil.

■ 4.5. PRESTAÇÕES, SERVIÇOS, PROGRAMAS E PROJETOS DE ASSISTÊNCIA SOCIAL

Os incs. I a V do art. 203 da CF asseguram assistência social por meio de **benefícios e serviços**. Somente o inc. V prevê o pagamento de benefício assistencial.

■ 4.5.1. O Benefício de Prestação Continuada (BPC)

A CF garante **um salário mínimo** de benefício mensal à **pessoa com deficiência e ao idoso** que comprovem não possuir meios de prover à própria manutenção ou de tê-la provida por sua família, conforme dispuser a lei.

A lei, impropriamente, denomina esse benefício como Benefício de Prestação Continuada (BPC), porque, na sua maioria, os benefícios são de prestação continuada, uma vez que pagos mês a mês desde o termo inicial até o termo final.

Previsto no art. 203, V, da Constituição, o BPC está disciplinado pelos arts. 20 e 21 da LOAS, e regulamentado pelo Decreto n. 6.214, de 26.09.2007, com a redação dada pelo Decreto n. 7.617/2011.

Trata-se de benefício de **caráter personalíssimo**, que não tem natureza previdenciária, e, por isso, **não gera direito à pensão por morte** (art. 23 do Dec. n. 6.214/2007).

Também **não dá direito a abono anual** (art. 22 do Dec. n. 6.214/2007).

O valor não recebido em vida pelo beneficiário será pago aos seus herdeiros ou sucessores, na forma da lei civil. Essa disposição é novidade trazida pelo Decreto n. 6.214/2007 (art. 23, parágrafo único), uma vez que não era prevista no regulamento anterior (Dec. n. 1.744/95).

Contingência: ser pessoa com deficiência ou idosa com 65 anos ou mais, que comprove não possuir meios de prover a própria manutenção nem de tê-la provida por sua família. São **requisitos cumulativos: a deficiência ou a idade e a necessidade**.

O art. 20 da LOAS define "pessoa com deficiência", "pessoa idosa", "necessidade" e "família", e foi modificado por legislação posterior:

REDAÇÃO ORIGINAL	LEI N. 9.720/98	LEI N. 12.435/2011	LEI N. 12.470/2011	LEI N. 13.146/2015
Art. 20. O benefício de prestação continuada é a garantia de 1 (um) salário mínimo mensal à pessoa portadora de deficiência e ao idoso com 70 (setenta) anos ou mais e que comprovem não possuir meios de prover a própria manutenção e nem de tê-la provida por sua família.		**Art. 20.** O benefício de prestação continuada é a garantia de um salário mínimo mensal à pessoa com deficiência e ao idoso com 65 (sessenta e cinco) anos ou mais que comprovem não possuir meios de prover a própria manutenção nem de tê-la provida por sua família.		
§ 1º Para os efeitos do disposto no *caput*, entende-se por família a unidade mononuclear, vivendo sob o mesmo teto, cuja economia é mantida pela contribuição de seus integrantes.	§ 1º Para os efeitos do disposto no *caput*, entende-se como família o conjunto de pessoas elencadas no art. 16 da Lei n. 8.213, de 24 de julho de 1991, desde que vivam sob o mesmo teto.	§ 1º Para os efeitos do disposto no *caput*, a família é composta pelo requerente, o cônjuge ou companheiro, os pais e, na ausência de um deles, a madrasta ou o padrasto, os irmãos solteiros, os filhos e enteados solteiros e os menores tutelados, desde que vivam sob o mesmo teto.		
§ 2º Para efeito de concessão deste benefício, a pessoa portadora de deficiência é aquela incapacitada para a vida independente e para o trabalho.		§ 2º Para efeito de concessão deste benefício, considera-se:	§ 2º Para efeito de concessão deste benefício, considera-se pessoa com deficiência aquela que tem impedimentos de longo prazo de natureza física, mental, intelectual ou sensorial, os quais, em interação com diversas barreiras, podem obstruir sua participação plena e efetiva na sociedade em igualdade de condições com as demais pessoas.	§ 2º Para efeito de concessão do benefício de prestação continuada, considera-se pessoa com deficiência aquela que tem impedimento de longo prazo de natureza física, mental, intelectual ou sensorial, o qual, em interação com uma ou mais barreiras, pode obstruir sua participação plena e efetiva na sociedade em igualdade de condições com as demais pessoas.

		I — pessoa com deficiência: aquela que tem impedimentos de longo prazo de natureza física, intelectual ou sensorial, os quais, em interação com diversas barreiras, podem obstruir sua participação plena e efetiva na sociedade com as demais pessoas;	REVOGADO	
		II — impedimentos de longo prazo: aqueles que incapacitam a pessoa com deficiência para a vida independente e para o trabalho pelo prazo mínimo de 2 (dois) anos.	REVOGADO	
§ 3º Considera-se incapaz de prover a manutenção da pessoa portadora de deficiência ou idosa a família cuja renda mensal *per capita* seja inferior a 1/4 (um quarto) do salário mínimo.		§ 3º Considera-se incapaz de prover a manutenção da pessoa com deficiência ou idosa a família cuja renda mensal *per capita* seja inferior a 1/4 (um quarto) do salário mínimo.		
§ 4º O benefício de que trata este artigo não pode ser acumulado pelo beneficiário com qualquer outro no âmbito da seguridade social ou de outro regime, salvo o da assistência médica.		§ 4º O benefício de que trata este artigo não pode ser acumulado pelo beneficiário com qualquer outro no âmbito da seguridade social ou de outro regime, salvo os da assistência médica e da pensão especial de natureza indenizatória.		
§ 5º A situação de internado não prejudica o direito do idoso ou do portador de deficiência ao benefício.		§ 5º A condição de acolhimento em instituições de longa permanência não prejudica o direito do idoso ou da pessoa com deficiência ao benefício de prestação continuada.		
§ 6º A deficiência será comprovada através de avaliação e laudo expedido por serviço que conte com equipe multiprofissional do Sistema Único de Saúde (SUS) ou do Instituto Nacional do Seguro Social (INSS), credenciados para esse fim pelo Conselho Municipal de Assistência Social.	§ 6º A concessão do benefício ficará sujeita a exame médico pericial e laudo realizados pelos serviços de perícia médica do Instituto Nacional do Seguro Social — INSS.	§ 6º A concessão do benefício ficará sujeita à avaliação da deficiência e do grau de incapacidade, composta por avaliação médica e avaliação social realizadas por médicos peritos e por assistentes sociais do Instituto Nacional do Seguro Social (INSS).	§ 6º A concessão do benefício ficará sujeita à avaliação da deficiência e do grau de impedimento de que trata o § 2º, composta por avaliação médica e avaliação social realizadas por médicos peritos e por assistentes sociais do Instituto Nacional de Seguro Social — INSS.	
§ 7º Na hipótese de não existirem serviços credenciados no Município de residência do beneficiário, fica assegurado o seu encaminhamento ao Município mais próximo que contar com tal estrutura.	§ 7º Na hipótese de não existirem serviços no município de residência do beneficiário, fica assegurado, na forma prevista em regulamento, o seu encaminhamento ao município mais próximo que contar com tal estrutura.			

	§ 8º A renda familiar mensal a que se refere o § 3º deverá ser declarada pelo requerente ou seu representante legal, sujeitando-se aos demais procedimentos previstos no regulamento para o deferimento do pedido.			
			§ 9º A remuneração da pessoa com deficiência na condição de aprendiz não será considerada para fins do cálculo a que se refere o § 3º deste artigo.	§ 9º Os rendimentos decorrentes de estágio supervisionado e de aprendizagem não serão computados para os fins de cálculo da renda familiar *per capita* a que se refere o § 3º deste artigo.
			§ 10 Considera-se impedimento de longo prazo, para os fins do § 2º deste artigo, aquele que produza efeitos pelo prazo mínimo de 2 (dois) anos.	
				§ 11 Para concessão do benefício de que trata o *caput* deste artigo, poderão ser utilizados outros elementos probatórios da condição de miserabilidade do grupo familiar e da situação de vulnerabilidade, conforme regulamento.

Na redação original, o § 2º do art. 20 definia a **pessoa com deficiência** como aquela incapacitada para a vida independente e para o trabalho.

Não nos parecia correta essa definição porque confundia deficiência com incapacidade. A deficiência não leva necessariamente à incapacidade e vice-versa.

Sobre esse tema, citamos sempre o magistério de **Eugênia Augusta Gonzaga Fávero:**

> "No artigo 20, § 2º, a LOAS definiu o termo 'pessoa portadora de deficiência', como se esta definição fosse necessária e já não constasse de outros diplomas legais e infralegais. Fez muito mal, pois definiu pessoa com deficiência, para efeito deste benefício, como aquela *incapacitada para a vida independente e para o trabalho* (art. 20, § 2º). **Tal definição choca-se, frontalmente, com todo o movimento mundial pela inclusão da pessoa que tem deficiência.** Num momento em que se procura ressaltar os potenciais e as capacidades da pessoa com deficiência, por esta lei, ela deve demonstrar exatamente o contrário. ***Nossa Constituição, que não foi observada pela LOAS, estabeleceu este benefício para a pessoa com deficiência, e não para a pessoa incapaz, termos que não são sinônimos e não deveriam ser associados para qualquer fim,* sob pena de se estimular a não preparação dessas pessoas para a vida em sociedade.**

Aliás, é o que está acontecendo na prática, em razão dessa disciplina da LOAS. Muitos pais acabam impedindo seus filhos com deficiência de estudar e de se qualificar, justamente para não perderem o direito a esse salário mínimo".[1]

A CF de 1988 quis dar proteção às pessoas com deficiências físicas e psíquicas em razão das dificuldades de colocação no mercado de trabalho e de integração na vida da comunidade. Não tratou de incapacidade para o trabalho, mas, sim, de ausência de meios de prover à própria manutenção ou tê-la provida pela família, situações que não são sinônimas.

Então, parece-nos que o conceito trazido pela LOAS era equivocado e acabava por tornar iguais situações de desigualdade evidente. E não é só: ao exigir a comprovação da incapacidade para a vida independente e para o trabalho, o que não é previsto pela Constituição, acabava por impedir a integração de muitas pessoas com deficiência.

Argumenta-se que pessoas incapazes para o trabalho, que nunca foram seguradas do RGPS, ficariam sem proteção. O argumento é equivocado porque a cobertura pela assistência social não se dá apenas sob a forma de pagamento do benefício previsto no art. 203, V, da CF, mas, sim, há diversos outros serviços de assistência social que são prestados e podem atender essas pessoas.

Também não se pode esquecer que o direito à saúde está garantido na CF a todos, independentemente de custeio, de modo que os incapazes para o trabalho em razão de doença têm proteção também fora dos sistemas assistencial e previdenciário.

A **Lei n. 7.853, de 24.10.1989**, que dispõe sobre a Política Nacional para a Integração da Pessoa Portadora de Deficiência, consolida as normas de proteção e dá outras providências, foi regulamentada pelo Decreto n. 3.298, de 20.12.1999, cujo art. 3º fornece os conceitos de deficiência, deficiência permanente e incapacidade.

O art. 4º do Decreto n. 3.298/99 conceitua a pessoa com deficiência como a que se enquadra nas seguintes categorias, que também têm definição específica: deficiência física, deficiência auditiva, deficiência visual, deficiência mental e deficiência múltipla. A nosso ver, essas diretrizes traçadas pelo Decreto n. 3.298/99 são as que melhor auxiliam na conceituação de pessoa com deficiência para fins de concessão do BPC.

Entretanto, não era esse o posicionamento adotado pela jurisprudência então formada, visto que **prevalecia o entendimento de que deficiência e incapacidade se confundem**. O que vinha sendo abrandado pela jurisprudência era o requisito da incapacidade para a vida independente e para o trabalho, bastando, tão somente, a existência da **incapacidade para o trabalho.**[2]

[1] *Direitos das pessoas com deficiência*: garantia de igualdade na diversidade. Rio de Janeiro: WVA Ed., 2004, p. 189-190.

[2] "(...) I — A pessoa portadora do vírus HIV, que necessita de cuidados frequentes de médico e psicólogo e que se encontra incapacitada, tanto para o trabalho, quanto de prover o seu próprio sustento ou de tê-lo provido por sua família — tem direito à percepção do benefício de prestação

Súmula 29 da TNU dos Juizados Especiais Federais: "Para os efeitos do art. 20, § 2º, da Lei n. 8.742, de 1993, incapacidade para a vida independente não é só aquela que impede as atividades mais elementares da pessoa, mas também a impossibilita de prover ao próprio sustento".

Antes da modificação legislativa, não era necessário comprovar a incapacidade permanente para ter direito ao benefício. Nesse sentido, a Súmula 48 da TNU: "A incapacidade não precisa ser permanente para fins de concessão do benefício assistencial de prestação continuada".

O art. 20 da LOAS foi alterado pela **Lei n. 12.435/2011** e, dias depois, pela **Lei n. 12.470, de 31.08.2011 (*DOU* 1º.09.2011)**, restando modificado o § 2º.

O novo conceito deixou de considerar a incapacidade pura e simples para o trabalho e para a vida independente. As limitações física, mental, intelectual e sensorial agora devem ser conjugadas com fatores sociais, com o contexto em que vive a pessoa com deficiência, devendo ficar comprovado que suas limitações a impedem de se integrar plenamente na vida em sociedade, dificultando sua convivência com os demais. Nesse aspecto, a lei agora se aproxima do conceito de incapacidade fixado pelo Decreto n. 3.298/99 (art. 3º, III): "(...) uma redução efetiva e acentuada da capacidade de integração social, com necessidade de equipamentos, adaptações, meios ou recursos especiais para que a pessoa portadora de deficiência possa receber ou transmitir informações necessárias ao seu bem-estar pessoal e ao desempenho de função ou atividade a ser exercida".

Nova alteração ao § 2º foi trazida **pela Lei n. 13.146, de 06.07.2015 (*DOU* 07.07.2015), o Estatuto da Pessoa com Deficiência:** "§ 2º Para efeito de concessão do benefício de prestação continuada, considera-se pessoa com deficiência aquela que tem impedimento de longo prazo de natureza física, mental, intelectual ou sensorial, o qual, em interação com uma ou mais barreiras, pode obstruir sua participação plena e efetiva na sociedade em igualdade de condições com as demais pessoas".

A alteração, aparentemente, foi apenas de redação. Porém, é de grande importância porque o conceito de pessoa com deficiência trazido pelo Estatuto, incorporado à LOAS, restou uniformizado na legislação brasileira, afastando o subjetivismo na apreciação do caso concreto. E mais: a nova redação não utiliza a palavra "impedimentos", mas, sim, "impedimento", o que pode sinalizar que, a partir da vigência do Estatuto, basta apenas um impedimento, e que a redação anterior exigia a comprovação de mais de um impedimento para que se aperfeiçoasse a contingência.

---

continuada previsto no art. 20 da Lei 8.742/93, ainda que haja laudo médico-pericial atestando a capacidade para a vida independente. II — O laudo pericial que atesta a incapacidade para a vida laboral e a capacidade para a vida independente, pelo simples fato da pessoa não necessitar da ajuda de outros para se alimentar, fazer sua higiene ou se vestir, não pode obstar a percepção do benefício, pois, se esta fosse a conceituação de vida independente, o benefício de prestação continuada só seria devido aos portadores de deficiência tal, que suprimisse a capacidade de locomoção do indivíduo — o que não parece ser o intuito do legislador (...)" (STJ, REsp 200101200886, 5ª Turma, Rel. Min. Gilson Dipp, *DJ* 1º.07.2002, p. 37).

Atenção: o Estatuto da Pessoa com Deficiência entrou em vigor em 03.01.2016.

Os impedimentos de longo prazo devem ter duração mínima de 2 anos (§ 10). Isso quer dizer que, se o prognóstico médico for de impedimento por período inferior, não estará configurada a condição de pessoa com deficiência para fins de benefício de prestação continuada. Parece-nos que quis o legislador ser coerente com o prazo de 2 anos para a reavaliação das condições dos benefícios concedidos.

A concessão do benefício está sujeita à prévia avaliação da deficiência e do grau de impedimento. Ou seja, é necessário que a perícia indique o tipo de deficiência — se física, mental, intelectual, sensorial, ou conjugação de tipos — bem como o grau de impedimento para o trabalho e para a integração social.

A deficiência e o grau de impedimento são determinados por meio de **avaliação médica e avaliação social**, a cargo do INSS (art. 20, § 6º, da LOAS), feitas por seus peritos médicos e seus assistentes sociais.

Se o benefício for requerido judicialmente, também serão necessárias as perícias médica e social, feitas por peritos e assistentes sociais nomeados pelo juiz.

A perícia médica, administrativa ou judicial, deverá determinar o início do impedimento e o prognóstico de sua duração, se inferior ou superior a 2 anos.

Também o assistente social deverá ir além de meras informações sobre a composição da renda familiar do interessado e da descrição de suas condições de vida. Deverá avaliar, também, o grau de dificuldade de sua integração à vida social, considerando a comunidade em que estiver inserido.

A alteração legislativa beneficia, em especial, os portadores de HIV. Ao se adotar o conceito de incapacidade da redação original da LOAS, essas pessoas só teriam direito ao benefício se estivessem acometidas das denominadas "doenças oportunistas", que as impedissem de trabalhar. A contaminação pelo HIV, mesmo que assintomática, é fator de discriminação social, que, quando não impede, dificulta a integração na vida comunitária, em razão do preconceito que ainda predomina. Além do mais, o contaminado pelo vírus não consegue esconder sua condição no exame admissional para vaga de emprego.

A **avaliação médica** deverá considerar as deficiências nas funções e nas estruturas do corpo.

A **avaliação social** considerará os fatores ambientais, sociais e pessoais.

Súmula 80 da TNU: "Nos pedidos de benefício de prestação continuada (LOAS), tendo em vista o advento da Lei n. 12.470/2011, para adequada valoração dos fatores ambientais, sociais, econômicos e pessoais que impactam na participação da pessoa com deficiência na sociedade, é necessária a realização de avaliação social por assistente social ou outras providências aptas a revelar a efetiva condição vivida no meio social pelo requerente".

E ambas, avaliação médica e avaliação social, considerarão a **limitação do desempenho de atividades e a restrição da participação social**, segundo suas especificidades.

A concessão do BPC visa facilitar a integração da pessoa com deficiência à vida comunitária e, muitas vezes, facilita o acesso a atendimentos especializados. A melhora das condições médicas e sociais, todavia, que não chegue a propiciar o exercício de atividade remunerada, não pode ser causa para a suspensão ou cessação do pagamento do benefício (art. 21, § 3º).

A Lei n. 12.764, de 27.12.2012, dispõe que "A pessoa com transtorno do espectro autista é considerada pessoa com deficiência, para todos os efeitos legais" (art. 1º, § 2º).

Na redação original da LOAS, **pessoa idosa** era aquela com 70 anos ou mais (art. 20). Posteriormente, com a vigência do Estatuto do Idoso (Lei n. 10.741, de 1º.10.2003), a idade foi alterada para **65 anos**. A Lei n. 12.435/2011 alterou o art. 20, que passou agora a considerar pessoa idosa, para fins de BPC, aquela com 65 anos ou mais.

Para ambos, idoso e pessoa com deficiência, é necessário comprovar, além dessas condições, não possuir meios de prover a própria manutenção nem de tê-la provida por sua família.

A definição dessa condição de necessidade está no § 3º do art. 20 da LOAS, que considera incapaz de prover a manutenção da pessoa com deficiência ou idosa a família cuja **renda mensal *per capita* seja inferior a 1/4 do salário mínimo**.

O § 3º do art. 20 é manifestamente inconstitucional. Não se pode perder de vista que o BPC é aquela parcela de proteção assistencial que se consubstancia em benefício. E a CF quer que esse benefício seja a garantia da manutenção da pessoa com deficiência ou idosa que não tenha ninguém por si. E o fixou em um salário mínimo. O bem-estar social está qualificado e quantificado na CF: qualificado porque se efetiva com a implementação dos direitos sociais; quantificado porque a CF fixou em um salário mínimo a remuneração mínima e o valor dos benefícios previdenciários, demonstrando que ninguém pode ter seu sustento provido com valor inferior.

Ao fixar em 1/4 do salário mínimo o fator discriminante para aferição da necessidade, o legislador elegeu *discrimen* inconstitucional porque deu aos necessitados conceito diferente de bem-estar social, presumindo que a renda *per capita* superior a ¼ do mínimo seria a necessária e suficiente para a sua manutenção, ou seja, quanto menos têm, menos precisam ter!

Quantificar o bem-estar social em valor inferior ao salário mínimo é o mesmo que "voltar para trás" em termos de direitos sociais. A ordem jurídica constitucional e infraconstitucional não pode "voltar para trás" em termos de direitos fundamentais, sob pena de ofensa ao *princípio do não retrocesso social,* muito bem exposto por J. J. Gomes Canotilho.[3]

---

[3] *Direito constitucional e teoria da constituição*. 2. ed. Coimbra, Portugal: Almedina, 1998, p. 320-321: "(...) A ideia aqui expressa também tem sido designada como proibição de 'contrarrevolução social' ou da 'evolução reacionária'. Com isto quer dizer-se que os direitos sociais e económicos (ex.: direito dos trabalhadores, direito à assistência, direito à educação), uma vez obtido um determinado grau de realização, passam a constituir, simultaneamente, uma garantia institucional e um direito

A **ADIn 1.232-1** impugnou o dispositivo, ao fundamento de contrariar o art. 7º, IV, da CF. A ADIn foi julgada improcedente, o que originou interpretações no sentido de que o julgamento do STF, no caso, não teria força vinculante.

A questão, entretanto, não restou pacificada no STJ e nas demais instâncias.

O STJ, desde então, passou a decidir no sentido de que o STF não retirou a **possibilidade de aferição da necessidade por outros meios de prova** que não a renda *per capita* familiar; a renda *per capita* familiar de 1/4 do salário mínimo configuraria presunção absoluta de miserabilidade, dispensando outras provas. Daí que, **suplantado tal limite, outros meios de prova** poderiam ser utilizados para a demonstração da condição de miserabilidade, expressa na situação de absoluta carência de recursos para a subsistência.

Esse entendimento passou a ser adotado, também, pelos Tribunais Regionais Federais.

A **TNU dos Juizados Especiais Federais**, no mesmo sentido, editou a **Súmula 11:** "A renda mensal, *per capita*, familiar, superior a 1/4 (um quarto) do salário mínimo não impede a concessão do benefício assistencial previsto no art. 20, § 3º, da Lei n. 8.742, de 1993, desde que comprovada, por outros meios, a miserabilidade do postulante". A Súmula foi cancelada em 24.04.2006.

Longe de ser pacificada, a questão foi levada reiteradamente ao STF, que, embora mantendo o entendimento sobre a constitucionalidade do § 3º do art. 20 da Lei n. 8.742/93, vinha admitindo a comprovação da miserabilidade por **outros meios de prova**.[4]

---

subcjetivo. A 'proibição de retrocesso social' nada pode fazer contra as crises econômicas (reversibilidade fática), mas o princípio em análise limite a reversibilidade dos direitos adquiridos (ex.: segurança social, subsídio de desemprego, prestações de saúde), em clara violação do princípio da protecção da confiança e da segurança dos cidadãos no âmbito econômico, social e cultural, e do núcleo essencial da existência mínima inerente ao respeito pela dignidade da pessoa humana. O reconhecimento dessa protecção de 'direitos prestacionais de propriedade', subjetivamente adquiridos, constitui um limite jurídico do legislador e, ao mesmo tempo, uma obrigação de prossecução de uma política congruente com os direitos concretos e as expectativas subjectivamente alicerçadas. A violação do núcleo essencial efectivado justificará a sanção de inconstitucionalidade relativamente a normas manifestamente aniquiladoras da chamada 'justiça social' (...)".

4 "'Decisão: reclamação — Aplicação de norma não contrária ao quanto decidido na ADI 1.232 — Autoridade do *decisum* vinculante e autoridade do juiz — Art. 5º da Lei de Introdução ao Código Civil — Negativa de seguimento da reclamação'. O exame dos votos proferidos no julgamento revela que o Supremo Tribunal apenas declarou que a norma do art. 20 e seu § 3º da Lei n. 8.742/93 não apresentava inconstitucionalidade ao definir limites gerais para o pagamento do benefício a ser assumido pelo INSS, ora Reclamante. Mas não afirmou que, no exame do caso concreto, o juiz não poderia fixar o que se fizesse mister para que a norma constitucional do art. 203, V, e demais direitos fundamentais e princípios constitucionais se cumprissem rigorosa, prioritária e inescusavelmente. Como afirmado pelo Ministro Sepúlveda Pertence no voto proferido naquele julgamento, 'considero perfeita a inteligência dada ao dispositivo constitucional (...) no sentido de que o legislador deve estabelecer outras situações caracterizadoras da absoluta incapacidade de manter-se o idoso ou o deficiente físico, a fim de completar a efetivação do programa normativo de assistência contido no art. 203 da Constituição. A meu ver, isso não o faz inconstitucional. (...) Haverá aí in-

Em decisão proferida no RE 567.985/MT, Rel. Min. Marco Aurélio, *DJe* 65/2008, 11.04.2008, o STF reconheceu a existência de **repercussão geral**. Em 18.04.2013, o Pleno do STF julgou o mérito do RE, reconhecendo a inconstitucionalidade do § 3º do art. 20 da referida lei, sem pronúncia de nulidade:[5]

> **"1. Benefício assistencial de prestação continuada ao idoso e ao deficiente. Art. 203, V, da Constituição.**
>
> A Lei de Organização da Assistência Social (LOAS), ao regulamentar o art. 203, V, da Constituição da República, estabeleceu os critérios para que o benefício mensal de um salário mínimo seja concedido aos portadores de deficiência e aos idosos que comprovem não possuir meios de prover a própria manutenção ou de tê-la provida por sua família.
>
> **2. Art. 20, § 3º, da Lei 8.742/1993 e a declaração de constitucionalidade da norma pelo Supremo Tribunal Federal na ADI 1.232.**
>
> Dispõe o art. 20, § 3º, da Lei 8.742/93 que '*considera-se incapaz de prover a manutenção da pessoa portadora de deficiência ou idosa a família cuja renda mensal* per capita *seja inferior a 1/4 (um quarto) do salário mínimo*'.
>
> O requisito financeiro estabelecido pela lei teve sua constitucionalidade contestada, ao fundamento de que permitiria que situações de patente miserabilidade social fossem consideradas fora do alcance do benefício assistencial previsto constitucionalmente.
>
> Ao apreciar a Ação Direta de Inconstitucionalidade 1.232-1/DF, o Supremo Tribunal Federal declarou a constitucionalidade do art. 20, § 3º, da LOAS.

---

constitucionalidade por omissão de outras hipóteses? A meu ver, certamente sim, mas isso não encontrará remédio nesta ação direta'. De se concluir, portanto, que o Supremo Tribunal teve por constitucional, em tese (cuidava-se de controle abstrato), a norma do art. 20 da Lei n. 8.742/93, mas não afirmou inexistirem outras situações concretas que impusessem atendimento constitucional e não subsunção àquela norma. (...) A constitucionalidade da norma legal, assim, não significa a inconstitucionalidade dos comportamentos judiciais que, para atender, nos casos concretos, à Constituição, garantidora do princípio da dignidade humana e do direito à saúde, e à obrigação estatal de prestar a assistência social 'a quem dela necessitar, independentemente da contribuição à seguridade social', tenham de definir aquele pagamento diante da constatação da necessidade da pessoa portadora de deficiência ou do idoso que não possa prover a própria manutenção ou de tê-la provida por sua família. (...) No caso que ora se apresenta, não parece ter havido qualquer afronta, portanto, ao julgado. (...) Quer o INSS, ora Reclamante, se considere ser a definição do benefício concedido pela sentença reclamada incompatível com o quanto decidido na Ação Direta de Inconstitucionalidade 1.232. Não é o que se tem no caso. Também afirma que haveria incompatibilidade entre aquela decisão e a norma do § 3º do art. 20 da Lei n. 8.742/93. Afirmo: e a miséria constatada pelo juiz é incompatível com a dignidade da pessoa humana, princípio garantido no art. 1º, III, da Constituição da República; e a política definida a ignorar a miserabilidade de brasileiros é incompatível com os princípios postos no art. 3º e seus incisos da Constituição; e a negativa do Poder Judiciário em reconhecer, no caso concreto, a situação comprovada e as alternativas que a Constituição oferece para não deixar morrer à míngua algum brasileiro é incompatível com a garantia da jurisdição, a todos assegurada como direito fundamental (art. 5º, XXXV, da Constituição da República). Portanto, não apenas não se comprova afronta à autoridade de decisão do Supremo Tribunal na sentença proferida, como, ainda, foi exatamente para dar cumprimento à Constituição da República, de que é guarda este Tribunal, que se exarou a sentença na forma que se pode verificar até aqui. (...)" (Rcl 3805/SP, Rel. Min. Carmem Lúcia, *DJU* 18.10.2006, p. 41).

[5] Rel. para o acórdão Min. Gilmar Mendes, *DJe* 03.10.2013.

3. Decisões judiciais contrárias aos critérios objetivos preestabelecidos e Processo de inconstitucionalização dos critérios definidos pela Lei 8.742/1993.

A decisão do Supremo Tribunal Federal, entretanto, não pôs termo à controvérsia quanto à aplicação em concreto do critério da renda familiar *per capita* estabelecido pela LOAS. Como a lei permaneceu inalterada, elaboraram-se maneiras de se contornar o critério objetivo e único estipulado pela LOAS e de se avaliar o real estado de miserabilidade social das famílias com entes idosos ou deficientes.

Paralelamente, foram editadas leis que estabeleceram critérios mais elásticos para a concessão de outros benefícios assistenciais, tais como: a Lei 10.836/2004, que criou o Bolsa Família; a Lei 10.689/2003, que instituiu o Programa Nacional de Acesso à Alimentação; a Lei 10.219/01, que criou o Bolsa Escola; a Lei 9.533/97, que autoriza o Poder Executivo a conceder apoio financeiro a Municípios que instituírem programas de garantia de renda mínima associados a ações socioeducativas.

O Supremo Tribunal Federal, em decisões monocráticas, passou a rever anteriores posicionamentos acerca da intransponibilidade dos critérios objetivos.

Verificou-se a ocorrência do processo de inconstitucionalização decorrente de notórias *mudanças fáticas* (políticas, econômicas e sociais) e *jurídicas* (sucessivas modificações legislativas dos patamares econômicos utilizados como critérios de concessão de outros benefícios assistenciais por parte do Estado brasileiro).

4. Declaração de inconstitucionalidade parcial, sem pronúncia de nulidade, do art. 20, § 3º, da Lei 8.742/1993.

5. Recurso extraordinário a que se nega provimento.”

A nosso ver, com o reconhecimento da inconstitucionalidade do § 3º do art. 20, não há mais critério objetivo de aferição da miserabilidade, de modo que cabe ao juiz, usando seu livre-convencimento motivado, avaliar o estado de necessidade que justifique a concessão do benefício. Esse também é o entendimento do TRF da 4ª Região.[6]

A questão, contudo, está longe de ser resolvida, porque a falta de critérios objetivos dá lugar a interpretações subjetivas que poderão levar a decisões diferentes em situações assemelhadas.

Embora tenha sido reconhecida a inconstitucionalidade do § 3º do art. 20 da Lei n. 8.742/93, é bom lembrar que o **Decreto n. 6.214/2007** forneceu os requisitos para cálculo da renda *per capita* familiar.

No inc. VI do **art. 4º**, o decreto dá o conceito de **renda mensal bruta familiar:** a **soma dos rendimentos** brutos auferidos mensalmente pelos membros da família composta por salários, proventos, pensões, pensões alimentícias, benefícios de previdência pública ou privada, seguro-desemprego, comissões, pró-labore, outros rendimentos do trabalho não assalariado, rendimentos do mercado informal ou autônomo,

---

6 “Tendo em vista a inconstitucionalidade do art. 20, § 3º, da Lei 8.742/1993 e do art. 34, parágrafo único, da Lei 10.741/2003, reconhecida no julgamento dos Recs. Exts. 567.985 e 580.963 em 18/04/2013, a miserabilidade para fins de benefício assistencial deve ser verificada em cada caso concreto.

Verificada a deficiência da parte autora e a miserabilidade do caso concreto, atestada em laudo assistencial, é devido o benefício pretendido.”

(Proc. 5050031-44.2011.404.7100/RS, 6ª Turma, Rel. Paulo Paim da Silva, *DE* 25.10.2013).

rendimentos auferidos do patrimônio, Renda Mensal Vitalícia e Benefício de Prestação Continuada, ressalvado o disposto no parágrafo único do art. 19.

A nosso ver, o Decreto n. 6.214/2007, no particular, contém disposição restritiva de direitos, incompatível com os princípios da hierarquia das leis e da supremacia da Constituição. É que, ao estabelecer que o conceito de família incapaz está ligado ao de sua renda bruta, acabou por reduzir o alcance da proteção pretendida pela Constituição.

O Estatuto da Pessoa com Deficiência (Lei n. 13.146/2015) acrescentou o § 11 ao art. 20 da LOAS, adotando, a nosso ver, o entendimento do Supremo Tribunal Federal: poderão ser utilizados outros elementos probatórios da condição de miserabilidade do grupo familiar e da situação de vulnerabilidade, **conforme regulamento**. O Estatuto entrou em vigor em 03.01.2016. Caberá ao regulamento dar efetividade ao dispositivo.

O **Estatuto do Idoso exclui** do cômputo, para cálculo da renda *per capita*, o benefício de prestação continuada anteriormente concedido a **outro idoso do grupo familiar**. O art. 19, parágrafo único, do Decreto n. 6.214/2007 repete o comando da lei.

O dispositivo suscitava grande controvérsia na jurisprudência, porque há entendimentos no sentido de que o mesmo critério deve ser aplicado, por **analogia**, quando se tratar de **pessoa com deficiência:** exclui-se do cômputo da renda *per capita* familiar o benefício assistencial anteriormente concedido a outra pessoa com deficiência do grupo familiar.

Alguns julgados têm entendido que até mesmo o **benefício previdenciário com renda mensal de um salário mínimo**, concedido a outra pessoa do mesmo grupo familiar, deve ser excluído do cômputo da renda *per capita*.[7] Não nos parece correto o entendimento, porque o benefício previdenciário, por definição, é renda, uma vez que substitui os salários de contribuição ou remuneração do segurado quando em atividade, além de ter caráter vitalício na maioria das vezes. O mesmo não se dá em relação ao benefício assistencial concedido ao outro integrante do grupo familiar, porque o BPC não se encaixa no conceito de renda, pois é provisório por definição.

Porém, no REsp Repetitivo 1.355.052/SP, o STJ firmou entendimento:[8]

---

[7] Cf. "(...) 5. A percepção de benefício previdenciário por outro membro da família não afasta a condição de miserabilidade. Inteligência da Lei n. 10.741/2003, ao tratar do benefício de assistência social previsto na Lei n. 8.742/93 para a pessoa idosa (...)" (TRF 2ª Região, AC 200502010135783, 2ª Turma Especializada, Rel. Des. Fed. Andrea Cunha Esmeraldo, *DJU* 08.05.2009, p. 224).

Cf. também: "(...) VII — Embora o dispositivo legal refira-se a outro benefício assistencial, nada impede que se interprete a lei atribuindo-se à expressão também o sentido de benefício previdenciário, de forma a dar-se tratamento igual a casos semelhantes. A avaliação da hipossuficiência tem caráter puramente econômico, pouco importando o *nomen juris* do benefício recebido: basta que seja no valor de um salário mínimo. É o que se poderia chamar de simetria ontológica e axiológica em favor de um ser humano que se ache em estado de penúria equivalente à miserabilidade de outrem (...)" (TRF 3ª Região, AC 200761110005413, 8ª Turma, Rel. Des. Fed. Newton De Lucca, *DJF3 CJ2* 13.01.2009, p. 1636).

[8] "(...) 2. Tratando-se de pessoa deficiente e havendo regra legal específica, é dizer a Lei n. 8.742/93, inexistindo, portanto, vácuo normativo, não se justifica o pleito de aplicação, por analogia, do art. 34

> "(...) Aplica-se o parágrafo único do artigo 34 do Estatuto do Idoso (Lei n. 10.741/03), por analogia, a pedido de benefício assistencial feito por pessoa com deficiência a fim de que **benefício previdenciário recebido por idoso, no valor de um salário mínimo, não seja computado no cálculo da renda *per capita* prevista no artigo 20, § 3º, da Lei n. 8.742/93** (...)".

A questão foi levada ao STF, que reconheceu a Repercussão Geral nos autos do RE 580.963, Relator Ministro Gilmar Mendes. O Plenário, em 18.04.2013, em julgamento de mérito, por maioria, declarou *incidenter tantum* a inconstitucionalidade do parágrafo único do art. 34 da Lei n. 10.741/2003:[9]

> "(...) **4. A inconstitucionalidade por omissão parcial do art. 34, parágrafo único, da Lei 10.741/2003.**
>
> O Estatuto do Idoso dispõe, no art. 34, parágrafo único, que o benefício assistencial já concedido a qualquer membro da família não será computado para fins do cálculo da renda familiar *per capita* a que se refere a LOAS.
>
> Não exclusão dos benefícios assistenciais recebidos por deficientes e de previdenciários, no valor de até um salário mínimo, percebido por idosos. Inexistência de justificativa plausível para discriminação dos portadores de deficiência em relação aos idosos, bem como dos idosos beneficiários da assistência social em relação aos idosos titulares de benefícios previdenciários no valor de até um salário mínimo.
>
> Omissão parcial inconstitucional.
>
> **5. Declaração de inconstitucionalidade parcial, sem pronúncia de nulidade, do art. 34, parágrafo único, da Lei 10.741/2003** (...)".

Embora o STF tenha reconhecido a inconstitucionalidade da renda *per capita* de 1/4 do salário mínimo e também do art. 34 do Estatuto do Idoso, a nosso ver, a melhor forma de se avaliar a situação de necessidade ainda é por meio do montante que dos ganhos do grupo familiar caberá a cada um de seus integrantes.

Na linha desse entendimento, pensamos que o valor *per capita* a ser considerado, no caso, deverá ser o de um salário mínimo, pois esse é o valor escolhido pela Constituição para qualificar e quantificar o bem-estar social, assegurando os mínimos vitais à existência com dignidade.

Por isso, neste trabalho, continuaremos a analisar os requisitos de comprovação da necessidade do interessado e do seu grupo familiar.

---

do Estatuto do Idoso ao caso concreto" (AgRg no Ag 1.140.015/SP, 5ª Turma, Rel. Min. Arnaldo Esteves Lima, *DJe* 15.03.2010).

Cf. também: "(...) 1. É firme o entendimento no âmbito desta Corte Superior no sentido de que o art. 34, parágrafo único, da Lei n. 10.741/2003 deve ser interpretado restritivamente, ou seja, somente o benefício assistencial porventura recebido por qualquer membro da família pode ser desconsiderado para fins de averiguação da renda *per capita* familiar, quando da concessão do benefício assistencial a outro ente familiar. (...)" (AgRg REsp 926.203/SP, 5ª Turma, Rel. Min. Laurita Vaz, *DJe* 06.04.2009).

[9] Acórdão publicado em 14.11.2013.

Súmula 79 da TNU: "Nas ações em que se postula benefício assistencial, é necessária a comprovação das condições socioeconômicas do autor por laudo de assistente social, por auto de constatação lavrado por oficial de justiça ou, sendo inviabilizados os referidos meios, por prova testemunhal".

Atenção: se a pessoa com deficiência receber **remuneração na condição de aprendiz**, essa remuneração não será considerada no cálculo da renda *per capita* familiar (art. 20, § 9º, da LOAS, inserido pela Lei n. 12.470/2011). Porém, a partir de 03.01.2016, não são considerados também os rendimentos decorrentes de estágio supervisionado, conforme prevê a Lei n. 13.146/2015.

A LOAS também dá a definição de **família** para fins de concessão do BPC (art. 20, § 1º). A redação original do § 1º foi modificada pelas Leis n. 9.720/98 e n. 12.435/2011.

Na redação original, o § 1º incluía no conceito todas as pessoas que vivessem sob o mesmo teto. Dessa forma, somavam-se os ganhos de cada um dos integrantes e dividia-se o valor encontrado pelo total de integrantes, achando-se, então, a renda *per capita*. O resultado obtido nem sempre correspondia à realidade. Não é raro que as famílias, principalmente de baixa renda, abriguem, temporariamente, sob seu teto, pessoas que estejam desempregadas, parentes ou não. Se consideradas na composição da renda familiar, pode-se ter renda *per capita* variável somente no período em que lá estejam hospedadas. Pode ocorrer, também, de serem recebidas pelo núcleo familiar, por curtos períodos, pessoas que não estejam em situação de penúria, cujos ganhos, se considerados na composição da renda familiar, podem acarretar renda *per capita* superior ao seu real valor, impedindo a concessão do BPC.

Com a modificação introduzida pela Lei n. 9.720/98, o § 1º passou a considerar família o conjunto das pessoas enumeradas pelo art. 16 da Lei n. 8.213/91, desde que vivessem sob o mesmo teto.

O conceito de família parecia claro com a leitura da lei. Porém, na prática, as situações de fato podem acarretar algumas situações em que a definição não é assim tão fácil.

Exemplo: um casal, em que o marido é aposentado por invalidez, com renda mensal de 1 salário mínimo, vive com 2 filhos menores, sendo um deles pessoa com deficiência; um de seus filhos casados, por qualquer problema, volta para o lar paterno acompanhado de esposa e 2 filhos. Suponhamos que, nesse exemplo, o sujeito ativo do BPC seja aquele filho menor, que requer o benefício com fundamento na condição de pessoa com deficiência. Qual é o grupo familiar a ser considerado para fins de apuração da renda *per capita*? A leitura simples da letra da lei pode levar à conclusão de que todas as pessoas que vivam sob o mesmo teto integram o grupo familiar para fins de cálculo: então, por essa interpretação, o grupo familiar considerado será o casal (2 pessoas), o filho menor, o filho menor com deficiência, o filho casado, a nora e 2 netos, totalizando 8 pessoas; nesse caso, o cálculo seria feito com a soma da aposentadoria do idoso, o salário do filho e o salário da nora, tudo em seus valores brutos, dividindo-se o total por 8.

No exemplo citado, o filho casado que voltou para o lar paterno com esposa e dois filhos tem renda mensal de R$ 2.000,00 (dois mil reais). Dividindo-se esse valor por 8, ter-se-á renda *per capita* familiar de R$ 250,00 (duzentos e cinquenta reais).

Porém, utilizando o mesmo exemplo, se considerado o núcleo familiar composto pelo filho com deficiência, seus pais e o irmão menor, obtém-se resultado completamente diferente, uma vez que a renda mensal da aposentadoria de 1 salário mínimo será dividida por 4, de modo que a renda *per capita* familiar será de valor inferior.

A nosso ver, o exemplo demonstra que se devia dar ao art. 20, § 1º, da LOAS, interpretação que levasse à redução das desigualdades sociais. Por isso, entendemos que, sendo um dos filhos casado, passaria, automaticamente, a constituir grupo familiar distinto, mesmo que vivendo sob o mesmo teto de seus pais necessitados; isso porque, a esposa e os filhos seriam seus dependentes na forma do art. 16 da Lei n. 8.213/91, o que excluiria seus pais e irmãos.

Com a alteração introduzida pela Lei n. 12.435/2011, o § 1º continua adotando, implicitamente, o art. 16 da Lei n. 8.213/91, só que de forma abrandada, mais atenta à realidade social. Incluiu a madrasta, o padrasto, os filhos solteiros, os irmãos solteiros e os menores tutelados. Todos devem viver sob o mesmo teto. Embora melhor que a antiga redação, a norma ainda não é perfeita porque considera filhos e irmãos solteiros, como se não fosse possível que estes tenham dependentes que não residam sob o mesmo teto. Pensamos que se esses filhos ou irmãos solteiros que, embora vivam sob o mesmo teto, tenham dependentes que lá não residam, constituem núcleo social distinto, de modo que não podem ter sua renda automaticamente considerada na composição do grupo familiar. Para tanto, o laudo feito por assistente social deverá prestar os devidos esclarecimentos.

O BPC é benefício destinado a pessoas extremamente carentes, que nem sempre têm moradia ou família. O art. 13, § 6º, do Regulamento, prevê a concessão a **"pessoa em situação de rua"**. Nessa situação, deve ser adotado, como referência, o endereço do serviço da rede socioassistencial que o acompanha, se for o caso, ou, caso contrário, o endereço de pessoas com as quais tenha relação de proximidade. O **grupo familiar** a ser considerado é o mesmo do art. 4º, V, desde que convivam com o requerente também em situação de rua (§ 7º) e possam facilmente localizá-lo.

O ato de concessão do BPC é **revisto a cada dois anos**, uma vez que deve ser constatado se o beneficiário continua nas mesmas condições que deram origem ao benefício (art. 21). Se superadas essas condições, cessa o pagamento (art. 21, § 1º).

A Medida Provisória n. 871, de 18.01.2019, conhecida como "MP do pente fino", convertida na Lei n. 13.846, de 18.06.2019, instituiu Programa Especial para Análise de Benefícios com Indícios de Irregularidade, o Programa de Revisão de Benefícios por Incapacidade, o Bônus de Desempenho Institucional por Análise de Benefícios com Indícios de Irregularidade do Monitoramento Operacional de Benefícios e o Bônus de Desempenho Institucional por Perícia Médica em Benefícios por Incapacidade. O objetivo anunciado pelo Poder Executivo foi o de combater fraudes que alcançam a concessão e a manutenção de benefícios por incapacidade, e incluiu no

Programa a revisão do BPC com indícios de irregularidade identificados em auditorias do Tribunal de Contas da União e da Controladoria-Geral da União e em outras avaliações realizadas pela administração pública federal (art. 8º, V).

O BPC **não pode ser acumulado** com qualquer outro benefício no âmbito da Seguridade Social ou de outro regime, salvo o da assistência médica e o caso de recebimento de pensão especial de natureza indenizatória (art. 20, § 4º). Porém, se algum membro do grupo familiar receber pensão especial de natureza indenizatória, esta entrará no cômputo da renda *per capita* familiar (art. 5º do Decreto n. 6.214).

Carência: o BPC é benefício de Assistência Social, que independe de contribuição, e, por isso, não depende de cumprimento de carência.

Renda mensal: o BPC tem renda mensal de um salário mínimo, fixado no art. 203, V, da CF, que supõe que esse seja o valor necessário para assegurar os mínimos vitais.

Sujeito ativo: a pessoa idosa ou com deficiência que não tenha condições de prover a própria manutenção ou de tê-la provida por sua família e que não seja segurado ou dependente de segurado da Previdência Social.

Não é necessária a interdição judicial de idosos ou pessoas com deficiência para requerer o BPC. O art. 35 do Decreto n. 6.214 dispõe que, quando incapaz o beneficiário, o pagamento será feito ao cônjuge, pai, mãe, tutor ou curador; na falta desses, o pagamento poderá ser feito a herdeiro necessário, mediante termo de compromisso, por período não superior a 6 meses. Esse período de 6 meses pode ser prorrogado por iguais períodos se ficar comprovado que está em andamento o processo legal de tutela ou curatela.

Mesmo que estejam **acolhidos em instituições de longa permanência**, o idoso e a pessoa com deficiência que preencham os requisitos legais têm direito ao benefício (art. 20, § 5º, da LOAS). O art. 6º do Decreto n. 6.214/2007 esclarece que o internamento, no caso, é o feito em hospital, abrigo ou instituição congênere.

Os **estrangeiros** também podem ser sujeitos ativos do BPC. Para tanto, o art. 7º do Decreto n. 6.214 exige que sejam naturalizados e domiciliados no Brasil, e atendam a todos os demais critérios estabelecidos em regulamento.

A nosso ver, a exigência de naturalização é inconstitucional: primeiro, porque a CF não fez essa distinção, uma vez que garante a assistência social a quem dela necessitar; segundo, porque, mesmo que tal distinção pudesse ser feita, o Decreto não seria o veículo apropriado.

O tema foi julgado em 19.4.2017 pelo STF em Repercussão Geral no RE 587.970, de Relatoria do Ministro Marco Aurélio (*DJe* 22.09.2017), fixando a tese: "A assistência social prevista no art. 203, inciso V, da Constituição Federal beneficia brasileiros natos, naturalizados e estrangeiros residentes no País, atendidos os requisitos constitucionais e legais".

Sujeito passivo: o INSS. Porém, é o sujeito passivo **onerado**.

Cabe ao INSS a "operacionalização" do BPC, na forma do art. 3º do Regulamento.

Todo o procedimento administrativo de operacionalização do BPC tramita no INSS (art. 39 do Decreto n. 6.214/2007).

O requerente submete-se às avaliações médica e social por peritos do INSS.

Caso indeferido o benefício, caberá **recurso** à Junta de Recursos do Conselho de Recursos da Previdência Social, no **prazo de 30 dias**, contados do recebimento da comunicação.

Concedido o BPC pelo INSS, a este caberá efetuar o pagamento do benefício, o que fará com recursos repassados pelo Fundo Nacional de Assistência Social.

A questão relativa à **legitimidade passiva** para as ações em que se requer o BPC já causou muita polêmica nos Tribunais, porque o art. 7º do Decreto n. 1.744/95 dispunha que o benefício fosse requerido junto aos postos de benefício do INSS, ao órgão autorizado ou a entidade conveniada. Trata-se de benefício de seguridade social, sem natureza previdenciária. Além do mais, o art. 35 da LOAS dispõe que cabe ao órgão responsável pela coordenação da Política Nacional de Assistência Social operar o BPC.

A questão está pacificada pela jurisprudência dominante, no sentido de que **o INSS é parte legítima** nas ações cujo objeto seja a concessão do BPC, não havendo litisconsórcio necessário da União.[10]

Termo inicial: a regra geral é a de que o pedido seja feito administrativamente. Nesse caso, o BPC será pago a partir da **Data da Entrada do Requerimento (DER)**.

Há, porém, situações em que o interessado requer o benefício na via judicial, diretamente ou após o indeferimento ou não apreciação na via administrativa. Nesses casos, como ocorre com os benefícios previdenciários, há duas hipóteses:

a) se não houve requerimento administrativo e o benefício é concedido por sentença de procedência do pedido, há divergência na jurisprudência: o termo inicial é a **citação ou a data do laudo pericial, ou, ainda, da juntada do laudo** que atesta a incapacidade, caso não seja preciso nesse ponto;[11]

b) se houve requerimento administrativo não apreciado ou indeferido, sendo procedente o pedido, o termo inicial será a **Data do Requerimento Administrativo (DER)**.[12]

---

[10] "(...) A Eg. Terceira Seção deste Tribunal pacificou o entendimento de ser o Instituto Nacional do Seguro Social — INSS parte legítima para figurar no polo passivo, nas causas que visem a continuada (...)" (STJ, ED AgRg no REsp 217.053/SP, Rel. Min. José Arnaldo da Fonseca, *DJ* 30.10.2000, p. 174).

[11] Na data da **juntada do laudo:** "(...) O termo inicial para o benefício assistencial previsto no art. 203, V, da CF e no art. 20 da Lei n. 8.742/93, quando inexistente nos autos requerimento administrativo ao INSS, é a data da juntada do laudo médico-pericial em juízo (...)" (STJ, AgREsp 809490/SP, 6ª Turma, Rel. Min. Paulo Medina, *DJ* 23.04.2007, p. 323).

Na data da **citação:** "(...) PREVIDENCIÁRIO. ASSISTÊNCIA SOCIAL. BENEFÍCIO DE PRESTAÇÃO CONTINUADA. ARTS. 20 E 21 DA LEI 8.742/93, ALTERADA PELA LEI N. 9.720/98. PORTADOR DE DEFICIÊNCIA. TERMO INICIAL. AUSÊNCIA DE REQUERIMENTO ADMINISTRATIVO PRÓPRIO. CITAÇÃO (...)" (STJ, REsp 828.828/SP, 5ª Turma, Rel. Min. Arnaldo Esteves Lima, *DJ* 26.06.2006, p. 198).

[12] "(...) 5. No que pertinente à data de início do benefício, o entendimento jurisprudencial assente nessa Corte Regional Federal é de que 'quando há requerimento administrativo prévio, o benefício da renda mensal vitalícia tem seu termo inicial contado a partir dessa data' (TRF1, EDAC 1997.01.00.001288-1/MG, 1ª Turma Suplementar, Rel. Juiz Conv. João Carlos Mayer Soares, *DJU*, II, 23.05.2002) (...)" (TRF 1ª Região, AC 01001192284/MG, Rel. Juiz Fed. Conv. Antonio Cláudio

Nesse sentido também a **Súmula 22 da TNU dos Juizados Especiais Federais:** "Se a prova pericial realizada em juízo dá conta de que a incapacidade já existia na data do requerimento administrativo, esta é o termo inicial do benefício assistencial".

Termo final: a cessação do pagamento do BPC está prevista nos arts. 21 e 21-A da LOAS e no art. 48 do Decreto n. 6.214/2007:

a) quando a pessoa com deficiência exercer atividade remunerada, inclusive como microempreendedor individual;

b) quando superadas as condições que deram origem ao benefício;

c) quando se constatar irregularidade na sua concessão ou utilização;

d) com a morte do beneficiário ou a morte presumida, declarada em juízo;

e) em caso de ausência do beneficiário, judicialmente declarada.

Atenção: deixando a pessoa com deficiência de exercer atividade remunerada, inclusive como microempreendedor, e encerrado o pagamento do seguro-desemprego, se for o caso, poderá continuar a receber o BPC. Nessa hipótese, se ainda estiver dentro do prazo de 2 anos previsto no art. 21 da LOAS, não precisará submeter-se a nova perícia médica.

O BPC deve ser concedido sempre com o objetivo de facilitar a integração da pessoa idosa ou com deficiência na vida social. O que se busca, principalmente com as pessoas com deficiência, é encorajá-las a se desenvolverem plenamente, inclusive como profissionais. Por isso, há situações em que, após a concessão do benefício, a pessoa com deficiência apresenta melhora no seu estado de saúde e chega, até, a conseguir emprego. Nessas hipóteses, nem sempre o pagamento do benefício é suspenso:

a) quando desenvolve capacidades cognitivas, motoras ou educacionais e a realização de atividades não remuneradas de habilitação e reabilitação, entre outras.

b) quando for contratada como **aprendiz**. Porém, o recebimento da renda mensal do BPC em concomitância com a remuneração de aprendiz não poderá ultrapassar o prazo de 2 anos (art. 21-A, § 2º).

Independentemente da causa de cessação do pagamento do benefício, a pessoa com deficiência terá novamente direito ao BPC se preencher os requisitos legais.

BENEFÍCIO DE PRESTAÇÃO CONTINUADA (BPC)	
CONTINGÊNCIA	■ Ser pessoa com deficiência ou idosa com 65 anos ou mais, sem meios de prover a própria manutenção nem de tê-la provida por sua família.
CARÊNCIA	■ Trata-se de benefício assistencial, que independe de contribuição para o custeio.
RENDA MENSAL	■ Um salário mínimo.
SUJEITO ATIVO	■ A pessoa idosa ou com deficiência, *inclusive estrangeiro*, sem condições de prover a própria manutenção ou de tê-la provida por sua família, que não seja segurado ou dependente de segurado da Previdência Social.
SUJEITO PASSIVO	■ INSS (onerado).

Macedo da Silva, *DJ* 19.02.2004, p. 52).

TERMO INICIAL	■ a DER; ■ a data do indeferimento administrativo, se procedente o pedido judicial; ■ a data da citação ou da apresentação ou juntada do laudo pericial em juízo, se não requerido administrativamente.
TERMO FINAL	■ quando a pessoa com deficiência exercer atividade remunerada, inclusive como microempreendedor individual; ■ quando superadas as condições que deram origem ao benefício; ■ quando constatada irregularidade na concessão ou utilização; ■ a data da morte do beneficiário ou a morte presumida, declarada em juízo; ■ em caso de ausência do beneficiário, judicialmente declarada.
NÃO CESSA O PAGAMENTO PARA AS PESSOAS COM DEFICIÊNCIA	■ o desenvolvimento de capacidades cognitivas, motoras ou educacionais e a realização de atividades não remuneradas de habilitação e reabilitação, entre outras; ■ a contratação como aprendiz → só pode acumular com a remuneração pelo período de 2 anos.

4.5.2. O benefício assistencial para os trabalhadores portuários avulsos

A antiga Lei dos Portos (Lei n. 9.719/98) foi alterada pela Lei n. 12.815, de 05.06.2013, que instituiu um benefício assistencial para os trabalhadores portuários avulsos que não cumpram os requisitos para se aposentarem pelo RGPS (art. 10-A).

O valor desse benefício assistencial será de até 1 (um) salário mínimo e será pago aos trabalhadores portuários avulsos, com mais de 60 (sessenta) anos, que não cumprirem os requisitos para se aposentarem em qualquer das formas previstas na Lei n. 8.213/91 e que não possuam meios para prover a sua subsistência.

O Decreto n. 8.033, de 27.06.2013, regulamentou a Lei dos Portos, ficando condicionada a concessão do benefício à expedição de Ato Conjunto dos Ministros de Estado da Fazenda, do Planejamento, Orçamento e Gestão, da Previdência Social, do Desenvolvimento Social e Combate à Fome e Chefe da Secretaria de Portos da Presidência da República, que deverá fixar o valor do benefício; os critérios para a comprovação da insuficiência de meios para prover a própria subsistência; os procedimentos para o requerimento e a concessão do benefício; e as hipóteses de perda ou cassação do benefício.

O Ato Conjunto foi editado em 1º.08.2014. Trata-se da **Portaria Interministerial n. 1, publicada no *DOU* em 04.08.2014**, que disciplina a concessão e a manutenção do benefício. O Ato Conjunto entrou em vigor em 04.11.2014, noventa dias após sua publicação.

A Portaria Interministerial n. 1/2014 prevê a revisão anual do benefício concedido, destinada a apurar a manutenção da condição de necessidade do beneficiário.

O ato de concessão do benefício pode ser revisto a qualquer tempo por solicitação formal dos órgãos de controle, por denúncias fundadas ou por indícios de irregularidade fundamentados (art. 15).

Assim como o BPC, o benefício assistencial destinado aos trabalhadores portuários avulsos não pode ser cumulado com o recebimento de outro benefício da seguridade social ou de outro regime, salvo os da assistência médica ou as pensões especiais de natureza indenizatória.

Sendo de natureza assistencial, o benefício não dá direito ao pagamento de gratificação natalina (art. 9º).

Pela mesma razão, e por ter caráter personalíssimo, os dependentes do beneficiário não terão direito à pensão por morte (art. 10), mas seus herdeiros ou sucessores, na forma da lei civil, terão direito ao recebimento de eventual resíduo por ele não recebido em vida, mediante alvará judicial ou escritura pública, observada a legislação aplicável (parágrafo único).

O Regulamento fornece alguns requisitos para a concessão do benefício: a) no mínimo 15 anos de registro ou cadastro como trabalhador portuário avulso; b) comparecimento a, no mínimo, 80% das chamadas realizadas pelo respectivo órgão de gestão de mão de obra; e c) comparecimento a, no mínimo, 80% dos turnos de trabalho para os quais tenha sido escalado no período.

Contingência: ser trabalhador portuário avulso, com 60 anos de idade ou mais, domiciliado no Brasil, que não cumpra os requisitos para as aposentadorias por invalidez, por idade, por tempo de contribuição e especial, na forma da Lei n. 8.213/91, sem meios para prover a sua subsistência, que conte com, no mínimo, 15 anos de cadastro ou registro ativo como trabalhador portuário avulso, que tenha comparecido, no mínimo, a 80% das chamadas realizadas pelo respectivo órgão de gestão de mão de obra, bem como, no mínimo, a 80% dos turnos de trabalho para os quais tenha sido escalado no período.

Para fins desse benefício, o trabalhador portuário avulso é aquele domiciliado no Brasil e com cadastro ativo ou registro ativo junto ao OGMO — Órgão Gestor de Mão de Obra do Trabalho Portuário Avulso, na forma da Portaria Interministerial n. 1/2014 (art. 1º, § 1º).

Considera-se sem condições de prover a própria subsistência o trabalhador portuário avulso que comprove renda média mensal individual, nos últimos 12 meses, inferior a um salário mínimo mensal (art. 1º, § 2º).

Os rendimentos do grupo familiar não são considerados para apuração da miserabilidade do trabalhador. A média mensal deve ser calculada com base na média aritmética simples dos últimos 12 meses anteriores ao requerimento, e deverá considerar, se for o caso, a renda de 13º salário. Para tanto, serão utilizadas as informações constantes das bases de dados dos sistemas corporativos da Previdência Social (art. 4º).

Carência: trata-se de benefício assistencial, de modo que não há carência.

Cálculo da RMI: 1 (um) salário mínimo (art. 1º da Portaria Interministerial n. 1/2014).

Sujeito ativo: o trabalhador portuário avulso com 60 anos de idade ou mais, domiciliado no Brasil, que não cumpra os requisitos para se aposentar na forma da Lei n. 8.213/91, com, no mínimo, 15 anos de cadastro ativo ou registro ativo junto ao OGMO — Órgão Gestor de Mão de Obra do Trabalho Portuário Avulso, e que tenha comparecido, no mínimo, a 80% das chamadas feitas pelo respectivo órgão de gestão de mão de obra, bem como, no mínimo, a 80% dos turnos de trabalho para os quais tenha sido escalado no período, e que comprove não ter meios para prover a própria subsistência.

Sujeito passivo: o INSS (onerado), ao qual os arts. 17, 18, e 19 da Portaria Interministerial n. 1/2014 incumbiram de administrar os requerimentos, os pagamentos, a revisão e demais medidas necessárias à operacionalização do benefício.

Termo inicial: a regra geral é a **Data da Entrada do Requerimento (DER)**. Mas o primeiro pagamento do beneficiário deve ser feito em até 45 dias depois de cumpridas todas as exigências junto ao INSS. O termo inicial poderá variar em razão de o benefício ter sido ou não requerido administrativamente (v. item 4.5.1 *supra*).

Termo final (arts. 11 e 12 da Portaria Interministerial n. 1/2014):

a) quando identificada irregularidade na concessão ou manutenção;

b) quando superadas as condições que lhe deram origem;

c) a morte do beneficiário ou morte presumida, declarada judicialmente;

d) em caso de ausência do beneficiário, declarada em juízo.

Caso o beneficiário obtenha rendimentos decorrentes do trabalho no período compreendido entre a data da concessão do benefício e a data da revisão anual, só serão consideradas superadas as condições iniciais se a renda média mensal individual, prevista no art. 2º, II, for igual ou superior ao valor do salário mínimo.

BENEFÍCIO ASSISTENCIAL PARA OS TRABALHADORES PORTUÁRIOS AVULSOS	
CONTINGÊNCIA	■ Ser trabalhador portuário avulso, com 60 anos de idade ou mais, domiciliado no Brasil, que não cumpra os requisitos para as aposentadorias por invalidez, por idade, por tempo de contribuição e especial, sem meios para prover a sua subsistência, com, no mínimo, 15 anos de cadastro ou registro ativo como trabalhador portuário avulso, que tenha comparecido, no mínimo, a 80% das chamadas realizadas pelo respectivo órgão de gestão de mão de obra, bem como, no mínimo, a 80% dos turnos de trabalho para os quais tenha sido escalado no período.
CARÊNCIA	■ Por ser assistencial, não há carência.
RENDA MENSAL	■ Um salário mínimo.
SUJEITO ATIVO	■ O trabalhador portuário avulso que cumpra os requisitos.
SUJEITO PASSIVO	■ INSS (onerado).
TERMO INICIAL	■ A DER, podendo variar em razão de o benefício ter sido ou não requerido administrativamente.
TERMO FINAL	■ quando identificada irregularidade na concessão ou manutenção; ■ quando superadas as condições que lhe deram origem; ■ a morte do beneficiário ou morte presumida, declarada judicialmente; ■ em caso de ausência do beneficiário, declarada em juízo.
NÃO CESSA O PAGAMENTO	■ A obtenção de rendimentos decorrentes do trabalho no período compreendido entre a data da concessão do benefício e a data da revisão anual, se a renda média mensal individual, prevista no art. 2º, II, for inferior ao valor do salário mínimo.

■ 4.5.3. Benefício assistencial para as crianças portadoras de microcefalia em razão de contaminação pelo *Aedes aegypti*. Transformação em pensão especial

O art. 18 da Lei n. 13.301, de 27.06.2016, estendeu o Benefício da Prestação Continuada temporária, na condição de pessoa com deficiência, à criança vítima de microcefalia em decorrência de sequelas neurológicas decorrentes de doenças transmitidas pelo *Aedes aegypti*.

A nosso ver, a Lei nada inovou, porque a microcefalia se enquadra no conceito de deficiência independentemente de suas causas.

Porém, a Lei estabeleceu que o benefício seria pago pelo prazo máximo de 3 anos, previsão de manifesta inconstitucionalidade, por ferir o princípio da isonomia. É que o BPC, uma vez concedido, tem obrigatórias revisões periódicas, que só podem resultar na cessação do benefício se as condições de sua concessão se alterarem. Não faz sentido que se estabeleça regra geral para os casos de microcefalia, limitando a 3 anos o prazo de pagamento do benefício, quando é sabido que se trata de deformidade irreversível.

O benefício instituído pela Lei n. 13.301/2016 foi transformado em **pensão especial** vitalícia pela Medida Provisória n. 894, de 04.09.2019.

4.5.4. Benefícios eventuais

O art. 22 da LOAS, com a redação dada pela Lei n. 12.435/2011, define os **benefícios eventuais:** as provisões suplementares e provisórias que integram organicamente as garantias do SUAS e são prestadas aos cidadãos e às famílias em virtude de nascimento, morte, situações de vulnerabilidade temporária e de calamidade pública.

Não são benefícios de prestação continuada, mas, sim, são previstos para socorrer famílias de baixa renda quando do nascimento ou morte de seus membros, situações de vulnerabilidade temporária e de calamidade pública. Os benefícios eventuais têm por escopo atender necessidades advindas de **situações emergenciais e temporárias**.

Cabe aos Estados, Distrito Federal e Municípios regulamentar a concessão e o valor desses benefícios, e, ainda, deverão fazer a respectiva previsão em suas leis orçamentárias anuais. Os critérios e prazos serão definidos pelos respectivos Conselhos de Assistência Social (art. 22, § 1º).

O CNAS pode propor a instituição de *benefícios subsidiários* no valor de até 25% do salário mínimo para cada criança de até 6 anos de idade. A proposta deve ser apreciada pelas respectivas representações dos Estados e Municípios dele participantes, e consideradas as disponibilidades orçamentárias das três esferas de governo (art. 22, § 3º).

Os benefícios subsidiários **não podem ser cumulados com** o do Programa Bolsa-Renda para atendimento a agricultores familiares atingidos pelos efeitos da estiagem nos Municípios em estado de calamidade pública ou situação de emergência (Lei n. 10.458/2002) nem com o Auxílio Emergencial Financeiro para atendimento à população atingida por desastres, residentes nos Municípios em estado de calamidade pública ou situação de emergência (Lei n. 10.954/2004).

A **Lei n. 13.014, de 21.07.2014, acrescentou o art. 40-A à LOAS. Dispõe a lei que os** benefícios monetários decorrentes do disposto no art. 22 serão **pagos preferencialmente à mulher responsável pela unidade familiar**, quando cabível.

4.5.4.1 O auxílio emergencial decorrente da pandemia do novo coronavírus.

Com a pandemia causada pelo vírus com a pandemia da Covid-19, causada pelo vírus Sars-Cov-2, sobreveio necessidade de dar um amparo financeiro aos trabalhadores cujas renda e sobrevivência digna foram consideravelmente afetadas, configurando-se a **situação de vulnerabilidade temporária**.

A Lei n. 13.982, de 02.04.2020 instituiu o **Auxílio Emergencial**.

Regulamentou o benefício o Decreto n. 10.316, de 07.04.2020.

O Auxílio Emergencial tem natureza jurídica de benefício assistencial. Não se faz necessário, para recebê-lo, verter contribuições em momento antecedente.

O benefício, inicialmente, foi pago no importe de R$ 600,00 (seiscentos reais).

Caso a beneficiária seja chefe de família monoparental, a percepção do benefício pode ocorrer em duas cotas, no montante de R$ 1.200,00 (hum mil e duzentos reais).

São requisitos do Auxílio Emergencial:

- Idade superior a 18 anos;
- Ausência de emprego formal, consoante a CLT;
- Situação em que o beneficiário não perceba benefício previdenciário, assistencial ou seguro-desemprego. Pode haver recebimento de bolsa-família;
- Renda mensal familiar *per capita* de até metade do salário-mínimo, ou de até três salários, a considerar-se a renda familiar.
- Limite de percepção, no ano de 2018, de montante limitado à cifra de R$ 28.559,70 (vinte e oito mil, quinhentos e cinquenta e nove reais e setenta centavos).

Tratando-se da mesma família, o auxílio emergencial somente pode albergar dois membros.

O art. 9º do Decreto n. 10.316/2020 veda acumulação de benefício de seguro-desemprego ou seguro-defeso e auxílio emergencial.

O CadÚnico viabiliza aferição dos requisitos, principalmente o da renda familiar *per capita*, considerados os trabalhadores cuja inscrição tenha ocorrido até o dia 20 de março de 2020.

Importante considerar-se, também, tratar-se o auxílio emergencial de benefício impenhorável, na forma do disposto no art. 833, IV, do Código de Processo Civil. Cuida-se de valor cuja destinação é o sustento do beneficiário e de sua família, ainda que sua natureza jurídica seja de cunho assistencial.

4.5.5. Serviços

A LOAS prevê a prestação de serviços socioassistenciais, e os define como "as atividades continuadas que visem à melhoria de vida da população e cujas ações, voltadas para as necessidades básicas, observem os objetivos, princípios e diretrizes" que estabelece (art. 23).

A organização desses serviços deve voltar-se com **prioridade à infância e à adolescência em situação de risco pessoal e social, e em situação de rua**, para cumprir o disposto no art. 227 da CF e na Lei n. 8.069, de 13.07.1990 (Estatuto da Criança e do Adolescente).

4.5.6. Programas de assistência social e projetos de enfrentamento da pobreza

Os programas de assistência social compreendem ações integradas e complementares, cujos objetivos, tempo e área de abrangência devem ser definidos para **qualificar, incentivar e melhorar os benefícios e serviços assistenciais** (art. 24).

Cabe aos respectivos CAS definir esses programas, com prioridade para a inserção profissional e social. Quando voltados para o idoso e a pessoa com deficiência, devem ser articulados com o BPC. São exemplos: Programa de Combate à Exploração Sexual de Crianças e Adolescentes, Programas de Atenção à Pessoa Idosa, Programa Agente Jovem de Desenvolvimento Social e Humano, Programa de Complementação ao Atendimento Educacional Especializado às Pessoas Portadoras de Deficiência (PAED) (ver <http://www.desenvolvimentosocial.gov.br>).

Os arts. 24-A, 24-B e 24-C da LOAS, incluídos pela Lei n. 12.435/2011, instituíram, respectivamente, o Serviço de Proteção e Atendimento Integral à Família — Paif, o Serviço de Proteção e Atendimento Especializado a Famílias e Indivíduos — Paefi e o Programa de Erradicação do Trabalho Infantil — Peti.

Os projetos de enfrentamento da pobreza, previstos nos arts. 25 e 26, compreendem *investimento econômico-social nos grupos populares; sua finalidade é subsidiar, financeira e tecnicamente, iniciativas que garantam meios, capacidade produtiva e de gestão para melhoria das condições gerais de subsistência, elevação do padrão de qualidade de vida, a preservação do meio ambiente e sua organização social.* Para a realização desses projetos, haverá ação articulada e participação de diferentes áreas governamentais, com a cooperação entre organismos governamentais, ONGs e sociedade civil. São exemplos: Programa Bolsa Família, Programa Fome Zero, Programa de Atenção Integral à Família, Programa Dinheiro Direto na Escola, Programa Nacional de Alimentação Escolar (PNAE).

4.6. QUESTÕES

1. (CESPE/UnB — Advocacia-Geral da União — Procurador 2007 — Questões 6 e 7) Julgue os itens a seguir, acerca do conceito, da organização e dos princípios da seguridade social:

6. A Assistência Social é a política social que provê o atendimento das necessidades básicas, traduzidas em proteção à família, à maternidade, à infância, à adolescência, à velhice e à pessoa portadora de deficiência, independentemente de contribuição à seguridade social.

7. A seguridade social obedece aos princípios da seletividade e da distributividade na prestação dos benefícios e serviços.

2. (TRF 3ª Região — X Concurso — Juiz Federal Substituto — Questão 92) Em se tratando do benefício de assistência social, assinale a alternativa incorreta:

a) consiste na garantia de um salário mínimo mensal à pessoa portadora de deficiência e ao idoso que comprove não possuir meios de prover a própria manutenção ou de tê-la provida por sua família;
b) o benefício pode ser acumulado somente com o de pensão por morte;
c) a condição de segurado não é requisito para a sua concessão;
d) falecendo o titular do benefício assistencial, não há transferência aos seus dependentes.

3. (TRF 3ª Região — XV Concurso — Juiz Federal Substituto — Questão 11) Segundo o artigo 203 da Constituição Federal de 1.988, a Assistência Social será prestada:

a) a quem dela necessitar, conforme dispuser a lei, porém dependente de contribuição à seguridade social;
b) a quem dela necessitar, independentemente de contribuição à seguridade social, e tem por exclusivo objetivo a proteção à família, à maternidade, à infância e à adolescência;
c) a quem dela necessitar, atendida a qualidade de segurado da previdência social e as condições previstas em lei;
d) a quem dela necessitar, independentemente de contribuição à seguridade social, e tem entre seus objetivos a garantia de um salário mínimo de benefício mensal à pessoa portadora de deficiência e ao idoso que comprovem não possuir meios de prover à própria manutenção ou de tê-la provida por sua família, conforme dispuser a lei.

4. (ESPP — TRT 9ª Região (PR) — Juiz do Trabalho — 2012 — Questão 94)

José Amintas, com 35 anos de idade, desde o nascimento é portador de doença mental. Aufere o equivalente a um salário mínimo por mês do INSS relativo ao benefício de prestação continuada, tendo em vista o reconhecimento de sua condição de pessoa com deficiência, sem recursos que lhe possam garantir a subsistência digna. No entanto, realizou curso profissionalizante no SENAI tendo se formado como padeiro. Em 12/09/2009, logo após a conclusão do referido curso, foi contratado, na qualidade de aprendiz, pela Panificadora Pão do Tio, pelo prazo de dois anos, com salário mensal equivalente a 1,5 vezes um salário mínimo. Ao final do contrato de aprendiz (12/09/2011), celebrou com a mesma panificadora contrato de trabalho por tempo indeterminado, com salário mensal equivalente a duas vezes o salário mínimo.
Analise as proposições abaixo:

I. O contrato de aprendiz é nulo, já que celebrado por pessoa com idade superior a 24 anos, caracterizando-se contrato de trabalho por tempo indeterminado, de forma que é indevido o benefício de prestação continuada a partir de 19/09/2009.
II. Quando José Amintas foi contratado como aprendiz, o benefício de prestação continuada deveria ter sido suspenso pelo órgão concedente, já que ele passou a exercer atividade remunerada, só podendo ser retomado pagamento após cessada realização de atividade remunerada.
III. Durante a vigência do contrato de aprendiz, o benefício de prestação continuada deve ser acumulado com o salário recebido do empregador, cancelado o benefício quando da celebração do contrato de trabalho por tempo indeterminado.
IV. Caso seja extinto o contrato de trabalho entre José Amintas e a Panificadora Pão do Tio, deverá ser restabelecido o pagamento do benefício de prestação continuada, independentemente de nova perícia médica para a reavaliação da deficiência.

Assinale a alternativa correta:

a) É correta apenas a proposição I.
b) São corretas apenas as proposições II e III.
c) É correta apenas a proposição IV.
d) São corretas apenas as proposições II e IV.
e) Todas as proposições são incorretas.

5. (CESPE — TRF 1ª Região — Juiz Federal Substituto — 2013 — Questão 12) Assinale a opção correta no que se refere à saúde, à previdência e à assistência social.

a) A pessoa participante de regime próprio de previdência pode filiar-se, na qualidade de segurado facultativo, ao regime geral de previdência social (RGPS), se para ele contribuir.
b) O Sistema Único de Saúde é financiado com recursos do orçamento da seguridade social, da União, dos estados, do DF e dos municípios, sendo vedadas outras fontes de custeio.
c) Sendo organizada sob a forma de regime geral, de caráter contributivo e de filiação

não obrigatória, a previdência social protege o trabalhador em situação de desemprego involuntário apenas se ele for filiado ao regime.

d) É de um salário mínimo e meio o valor do benefício assistencial, comumente denominado LOAS, pago mensalmente à pessoa portadora de deficiência e ao idoso que comprovem não possuir meios de prover a própria manutenção ou de tê-la provida por sua família.

e) Os objetivos da assistência social, que deve ser prestada a quem dela necessitar, independentemente de contribuição à seguridade social, incluem habilitar e reabilitar pessoas portadoras de deficiência, preparando-as para uma integração comunitária.

6. (TRF 2ª Região — XV Concurso — Juiz Federal Substituto — 2014 — Questão 39) A seguridade social abrange as ações de assistência social. Relativamente ao benefício assistencial da Lei n. 8.742/1993, mais conhecida como "LOAS" (Lei Orgânica da Assistência Social), assinale a opção correta:

a) O critério para aferir miserabilidade é o tipificado na Lei n. 8.742/1993, qual a renda mensal familiar *per capita* inferior a 1/4 do salário mínimo.

b) A Turma Nacional de Jurisprudência dos Juizados Especiais Federais (TNU), em incidente de uniformização de jurisprudência, pode e deve reanalisar a questão de fato relativa à miserabilidade para, quando for o caso, conceder o benefício.

c) O benefício previdenciário recebido por membro da família não é considerado, para fins de deferimento do benefício assistencial, na contagem da renda familiar referida pela Lei n. 8.742/1993.

d) O deferimento do benefício assistencial, no exame da miserabilidade econômica, exige prova pericial sociológica ou laudo de verificação por assistente social, não sendo suficiente a mera aferição atestada por Oficial de Justiça.

e) A incapacidade não precisa ser permanente para fins de concessão do benefício assistencial de prestação continuada.

7. (TRF3 — XVII Concurso — Juiz Federal Substituto (2016/2017) — Questão 12) Considerando as assertivas abaixo, assinale a alternativa correta:

I. São diretrizes para a organização das ações governamentais na área da assistência social: a descentralização político-administrativa e a participação da população, por meio de organizações representativas.

II. A assistência social será prestada a quem dela necessitar, independentemente de contribuição, para subsistência da pessoa necessitada, portadora de deficiência e do idoso, cabendo à família do beneficiário contribuir com valor mensal correspondente a 1/4 do salário mínimo *per capita*, nos termos da lei.

III. A renda mensal vitalícia, o benefício de prestação continuada, o auxílio-natalidade e os benefícios eventuais, previstos no artigo 22 da Lei Orgânica da Assistência Social — LOAS, são benefícios concedidos independentemente de requerimento e contribuição da pessoa necessitada e prestados com recursos do orçamento da seguridade social, como encargo de toda a sociedade, de forma direta ou indireta.

IV. O benefício de prestação continuada não pode ser acumulado pelo beneficiário com qualquer outro no âmbito da seguridade social ou de outro regime, excepcionados apenas o de assistência médica e da pensão especial de natureza indenizatória, não sendo também computados os rendimentos decorrentes de estágio supervisionado e de aprendizagem, para os fins de cumprimento do requisito da renda familiar mínima.

a) As assertivas I e IV estão corretas.

b) As assertivas I e III estão corretas.

c) Apenas a assertiva III está incorreta.

d) Apenas a assertiva I está correta.

8. (TRF5 — XIV Concurso — Juiz Federal Substituto — 2017 — Questão 11) O benefício de prestação continuada concedido a pessoa com deficiência será suspenso no caso de o beneficiário

a) receber a título de herança patrimônio capaz de prover sua manutenção.
b) ser acolhido por instituição assistencial pública ou particular, como, por exemplo, abrigo ou instituição congênere.
c) receber imóvel para fixação de residência, mediante doação de programa social concedido pelo poder público.
d) completar dois anos de recebimento do benefício.
e) passar a exercer atividade remunerada na condição de aprendiz.

■ GABARITO ■

1. 6. "certo"; 7. "certo".
2. "b".
3. "d".
4. "c".
5. "e".
6. "e".
7. "a".
8. "a".

5

OS REGIMES PREVIDENCIÁRIOS

A Constituição Federal prevê sistema previdenciário que tem dois regimes: regime público e regime privado.

São **regimes públicos** o Regime Geral de Previdência Social (RGPS), o regime previdenciário próprio dos servidores públicos civis e o regime previdenciário próprio dos militares. Esses regimes previdenciários são de **caráter obrigatório**, isto é, a filiação independe da vontade do segurado.

É **regime privado** a previdência complementar, prevista no art. 202 da CF. É regime de **caráter facultativo**, no qual se ingressa por manifestação expressa da vontade do interessado.

SISTEMA PREVIDENCIÁRIO	
Regimes públicos	**Regime privado**
Regime geral (RGPS)	Previdência complementar
Regime próprio dos servidores públicos civis	
Regime próprio dos servidores públicos militares	

Os regimes previdenciários, do ponto de vista financeiro, podem ser de 2 tipos: de capitalização ou de repartição simples.

No regime de **capitalização**, adotam-se técnicas financeiras de seguro e poupança. A capitalização pode ser individual ou coletiva.

Na capitalização individual, as contribuições se creditam na conta de cada segurado, e, com os rendimentos desse capital, por longo período, será possível o pagamento das prestações devidas. O fundo é individual. Na capitalização coletiva, as contribuições, em seu conjunto, são consideradas em favor da coletividade segurada.[1]

No regime de **repartição simples**, baseado na solidariedade entre indivíduos e entre gerações, as contribuições dos que podem trabalhar são imediatamente empregadas no pagamento das prestações dos que não podem exercer a atividade laboral.[2] Nos dizeres de **Flavio Martins Rodrigues**, "é um sistema de custeio em regime de caixa, pelo

---

[1] Cf. Feijó Coimbra, *Direito previdenciário brasileiro*. 10. ed. Rio de Janeiro: Edições Trabalhistas, 1999, p. 235.

[2] Idem, ibidem.

qual o que se arrecada é imediatamente gasto, sem que haja, obrigatoriamente, um processo de acumulação. Este regime de custeio, também conhecido como ***pay-as-you-go*** (PAYG), pressupõe que um grupo de indivíduos mais jovens arcará com os custos da aposentadoria dos mais velhos; e os mais jovens, acreditam que o mesmo será feito ao se tornarem idosos, montando-se aí o que se denominou **'pacto entre gerações'**, de forma que a geração anterior custeia os benefícios previdenciários da seguinte".[3]

Os **regimes públicos brasileiros adotam o sistema de repartição simples**, o que não foi alterado pela Reforma da Previdência promovida pela EC n. 103, de 12.11.2019 (*DOU* 13.11.2019).

TÍTULO I
O REGIME GERAL DE PREVIDÊNCIA SOCIAL

5.1. CONCEITO

A Constituição Federal garante **regime público** de previdência social, de caráter **obrigatório**, para os **segurados da iniciativa privada**, ou seja, que não estejam submetidos à disciplina legal dos servidores públicos civis e militares.

O conceito é dado pelo art. 201 da CF, na redação dada pela EC n. 103, de 11.11.2019: "a previdência social será organizada sob a forma de Regime Geral de Previdência Social, de caráter contributivo e de filiação obrigatória, observados critérios que preservem o equilíbrio financeiro e atuarial".

As **contingências** que têm cobertura previdenciária pelo RGPS estão relacionadas no art. 201: cobertura de eventos de incapacidade temporária ou permanente para o trabalho e idade avançada; proteção à maternidade, especialmente à gestante; proteção ao trabalhador em situação de desemprego involuntário; salário-família e auxílio-reclusão para os dependentes dos segurados de baixa renda; e pensão por morte do segurado, homem ou mulher, ao cônjuge ou companheiro e dependentes.

A Emenda Constitucional n. 103/2019 alterou substancialmente o regime de aposentadorias e pensões do Regime Geral de Previdência Social e também do Regime Próprio de Previdência Social dos servidores públicos federais. A normatização infraconstitucional da Reforma da Previdência depende de leis ordinárias e leis complementares, ainda não editadas na data do fechamento desta edição. Porém, grande parte da legislação previdenciária atual será aplicada até a publicação das novas regras no que não conflitarem com o texto constitucional.

O RGPS está regulado pela Lei n. 8.212 (Plano de Custeio da Seguridade Social — PCSS) e Lei n. 8.213 (Plano de Benefícios da Previdência Social — PBPS), ambas de 24.07.1991, regulamentadas pelo Decreto n. 3.048, de 06.05.1999 (Regulamento da Previdência Social — RPS).

O regime é de ***caráter contributivo*** porque a cobertura previdenciária pressupõe o pagamento de contribuições do segurado para o custeio do sistema. Somente quem contribui adquire a condição de segurado da Previdência Social e, cumpridas as res-

[3] *Fundos de pensão de servidores públicos*. Rio de Janeiro: Renovar, 2002, p. 10.

pectivas carências, salvo quando dispensadas, tem direito à cobertura previdenciária correspondente à contingência-necessidade que o acomete.

A ***filiação é obrigatória*** porque quis o legislador constituinte, de um lado, que todos tivessem cobertura previdenciária e, de outro, que todos contribuíssem para o custeio. A cobertura previdenciária garante proteção ao segurado e desonera o Estado de arcar com os custos de atendimento àquele que não pode trabalhar em razão da ocorrência das contingências-necessidade enumeradas na Constituição e na lei.

Quis a CF que os critérios de organização do RGPS preservem o ***equilíbrio financeiro e atuarial***.

As contribuições previdenciárias formam um fundo destinado ao financiamento das prestações previdenciárias, e que não pode ser deficitário, sob pena de comprometer a sobrevivência do sistema.

5.2. DISCIPLINA CONSTITUCIONAL

Além de enumerar as contingências geradoras das necessidades que terão cobertura previdenciária (incs. I a V do art. 201), a CF estabelece outras diretrizes que o legislador ordinário e a Administração devem seguir para bem conduzir os rumos do RGPS.

5.2.1. Proibição de adoção de requisitos e critérios diferenciados para a concessão de aposentadoria no RGPS

Os benefícios têm requisitos específicos, que devem ser os mesmos para todos os beneficiários, vedadas quaisquer diferenciações, o que atende aos princípios da universalidade e da uniformidade e equivalência de benefícios e serviços às populações urbanas e rurais.

> **Exemplo:** na ocorrência de necessidade decorrente da **contingência *doença***, agora denominada incapacidade temporária pela EC n. 103/2019, que acarreta incapacidade total e temporária para as atividades habituais, a proteção previdenciária adequada é o **benefício de *auxílio-doença***, na forma prevista no PBPS. Esse benefício tem como requisitos o cumprimento da carência e a incapacidade total e temporária para o trabalho. Esses dois requisitos são os únicos para qualquer segurado, não podendo ser criado um terceiro requisito em razão da qualidade da pessoa ou do tipo de atividade que exerça. O benefício de auxílio-doença tem os **mesmos requisitos e a mesma forma de cálculo** para todos os segurados, independentemente de sua condição pessoal ou profissional.

A **exceção** à proibição constitucional está no **§ 1º, I e II,** do art. 201, que ressalva a adoção de requisitos e critérios diferenciados, com possibilidade de previsão de idade e tempo de contribuição distintos da regra geral, quando se tratar de segurados **com deficiência** e de segurados cujas atividades sejam exercidas com **efetiva exposição** a agentes físicos, químicos e biológicos prejudiciais à saúde, ou associação desses agentes, vedada a caracterização por categoria profissional ou ocupação.

5.2.2. Renda mensal nunca inferior ao salário mínimo

Nenhum benefício que substitua o salário de contribuição ou o rendimento do trabalho do segurado terá valor mensal inferior ao salário mínimo (art. 201, § 2º).

Nem sempre foi assim. Antes da CF de 1988, o sistema previdenciário propiciava a existência de benefícios cuja renda mensal era inferior ao salário mínimo, situação que atingia principalmente os trabalhadores rurais.

A EC n. 103/2019 manteve a garantia.

5.2.3. Correção de todos os salários de contribuição utilizados para o cálculo da renda mensal do benefício

O salário de contribuição é a **base de cálculo** das contribuições previdenciárias do segurado.

A renda mensal da maioria dos benefícios previdenciários é calculada com a utilização dos salários de contribuição.

> **Atenção:** não importa o valor da contribuição paga. O que importa para o cálculo da renda mensal inicial do benefício previdenciário é o valor da base de cálculo da contribuição do segurado, ou seja, do salário de contribuição.

O art. 201, § 3º, da CF objetiva que a renda do benefício seja calculada de modo a garantir que o valor apurado não tenha defasagem inicial, preocupação que se explica em razão da tradição inflacionária da moeda brasileira.

Por isso, todos os salários de contribuição, ou seja, **todas as bases de cálculo** das contribuições previdenciárias que o segurado pagou, serão **corrigidos monetariamente** até a data do cálculo, na forma da lei.

A garantia foi mantida pela EC n. 103/2019 (Reforma da Previdência).

5.2.4. Preservação do valor real dos benefícios

O benefício previdenciário se destina a substituir os rendimentos do segurado, de modo que possa manter seu sustento e de sua família. O poder de compra da renda mensal do benefício previdenciário deve ser preservado desde a renda mensal inicial até enquanto durar a cobertura previdenciária, e não pode ficar sujeito às desvalorizações da moeda.

A preservação do valor real dos benefícios previdenciários deve ser observada por ocasião dos **reajustes do valor da renda mensal**.

A maioria das ações judiciais que impugnam critérios de reajustes de benefícios tem por fundamento a violação do princípio da preservação do valor real.

O STF tem entendimento firmado no sentido de que o reajuste dos benefícios previdenciários está **sujeito ao que for disposto em lei ordinária**, já que o § 4º do art. 201 da Constituição estabeleceu que os critérios fossem por ela definidos. Entende o STF que **a preservação do valor real impõe que a irredutibilidade seja apenas *nominal***. Porém, havendo inflação, o índice de reajuste aplicado pode não recompor a real perda do poder aquisitivo do segurado ou dependente.

Esse posicionamento do STF foi exposto no julgamento de recurso extraordinário que tinha por objeto a aplicação da URV aos reajustes dos benefícios:[4]

> "(...) A norma inscrita no art. 20, inciso I, da Lei n. 8.880/94 — que determinou a conversão, em URV, dos benefícios mantidos pela Previdência Social, com base na média do valor nominal vigente nos meses de novembro e dezembro de 1993 e de janeiro e fevereiro de 1994 — não transgride os postulados constitucionais da irredutibilidade do valor dos benefícios previdenciários (CF, art. 194, parágrafo único, n. IV) e da intangibilidade do direito adquirido (CF, art. 5º, XXXVI). Precedente: RE 313.382/SC (Pleno). (...). A manutenção, em bases permanentes, do valor real dos benefícios previdenciários tem, no próprio legislador — e neste, apenas —, o sujeito concretizante das cláusulas fundadas no art. 194, parágrafo único, n. IV, e no art. 201, § 4º (na redação dada pela EC n. 20/98), ambos da Constituição da República, pois **o reajustamento de tais benefícios, para adequar-se à exigência constitucional de preservação de seu *quantum*, deverá conformar-se aos critérios exclusivamente definidos em lei**. O sistema instituído pela Lei n. 8.880/94, ao dispor sobre o reajuste quadrimestral dos benefícios mantidos pela Previdência Social, não vulnerou a exigência de preservação do valor real de tais benefícios, eis que a noção de valor real — por derivar da estrita observância dos 'critérios definidos em lei' (CF, art. 201, § 4º, *in fine*) — traduz conceito eminentemente normativo, considerada a **prevalência, na matéria, do princípio da reserva de lei** (...)."

Com a Reforma da Previdência restou mantida a garantia de preservação do valor real dos benefícios.

5.2.5. Vedação de filiação ao RGPS, na qualidade de segurado facultativo, de pessoa filiada a regime próprio de previdência social

Na redação original do art. 201, § 1º, qualquer pessoa podia participar do RGPS, mediante contribuição na forma dos planos de benefícios previdenciários. Era comum que servidores públicos ingressarem no RGPS como segurados facultativos, o que lhes propiciava obter aposentadoria nos dois regimes previdenciários.

A EC n. 20/98 deu nova redação ao § 5º do art. 201, e **vedou** a filiação ao RGPS, **como segurado facultativo, de pessoa participante de regime próprio de previdência**, o que foi mantido pela EC n. 103/2019.

5.2.6. Gratificação natalina para aposentados e pensionistas

É garantido pela Constituição aos aposentados e pensionistas do RGPS o pagamento de gratificação natalina, que terá por base os proventos do mês de dezembro de cada ano (art. 201, § 6º).

A atual redação do § 6º foi dada pela EC n. 20 e mantida pela EC n. 103, mas apenas repete o que dispunha o § 6º do art. 201, na redação original, que o STF declarou ser **norma autoaplicável:**

[4] AgRg no RE 322.348/SC, Rel. Min. Celso de Mello, *DJ* 06.12.2002, p. 74.

"(...) A gratificação natalina dos aposentados e pensionistas, equivalente aos proventos do mês de dezembro, prevista no art. 201, § 6º, da Constituição Federal, revela garantia de aplicabilidade direta e imediata (...)" (RE 206.074/SP, Rel. Min. Ilmar Galvão, *DJ*, 28.02.1997, p. 4081).

5.2.7. Aposentadoria

A aposentadoria estava garantida pela Constituição na redação original do art. 202.

A EC n. 20/98 deu nova redação ao art. 201, § 7º, assegurando a cobertura previdenciária correspondente a dois tipos de aposentadoria: **por tempo de contribuição** e **por idade**, **não havendo mais a aposentadoria proporcional** do regime anterior.

As normas da EC n. 20/98 ficaram conhecidas como "reforma da previdência social". Eram regras novas, que só poderiam ser aplicadas, de maneira integral, aos que ingressaram no RGPS **após** a sua vigência: as regras permanentes.

Mas a história previdenciária do segurado deve ser sempre respeitada e preservada.

Os que já participavam do RGPS ao tempo da promulgação da EC n. 20/98, mas não haviam ainda cumprido todos os requisitos para a aposentadoria, não poderiam ser por ela completamente atingidos, sob pena de ofensa ao direito adquirido. Para esses, a EC n. 20/98 trouxe disposições específicas, no campo da aposentadoria: **as regras de transição**, contidas no art. 9º da EC n. 20/98.

Os segurados que estavam no RGPS e já tinham cumprido os requisitos para se aposentarem, inclusive na forma proporcional, até o dia anterior à vigência da EC n. 20/98, tiveram reconhecido o respeito ao **direito adquirido**, isto é, podem se aposentar de acordo com as regras então vigentes.

A Emenda Constitucional n. 103, de 12.11.2019, alterou substancialmente o § 7º do art. 201, uma vez que substituiu as aposentadorias por idade e por tempo de contribuição por uma única **aposentadoria com requisitos cumulativos** de 65 anos de idade para homens e 62 anos de idade para mulheres, e tempo mínimo de contribuição a ser fixado em lei.

Com a Reforma da Previdência da EC n. 103/2019, a **aposentadoria por idade** restou garantida apenas para os trabalhadores rurais e aqueles que exerçam suas atividades em regime de economia familiar, nestes incluídos o produtor rural, o garimpeiro e o pescador artesanal, aos 60 anos de idade para homens e aos 55 para mulheres.

O art. 57 do Decreto n. 10.410/2020 cuidou da aposentadoria híbrida. Assim o fez aplicando as novas regras permanentes da aposentadoria voluntária.

5.2.8. Contagem recíproca para fins de aposentadoria

A contagem recíproca do tempo de serviço/tempo de contribuição respeita a história previdenciária do segurado e garante o ressarcimento ao regime previdenciário em que se dará a aposentadoria.

O segurado pode ter em sua história laboral períodos trabalhados na iniciativa privada (urbana e rural) e no serviço público, com **contribuições recolhidas para**

regimes previdenciários diferentes, sem que, em nenhum deles, tenha cumprido todos os requisitos para se aposentar.

A CF garante a contagem do tempo de contribuição para o RGPS e para os regimes próprios de previdência social, e destes entre si, para que, ao final, possa o segurado obter sua aposentadoria por tempo de contribuição ou por idade (art. 201, § 9º, com a redação da EC n. 103/2019).

Atenção: o art. 201, § 14, veda a contagem de **tempo de contribuição fictício** para fins de aposentadoria e de contagem recíproca.

Diz a CF que os diversos regimes de previdência social se **compensarão financeiramente**, segundo critérios estabelecidos em lei.

A EC n. 103/2019 acrescentou o § 9º-A ao art. 201, restando garantido o cômputo do tempo de serviço militar para fins de contagem recíproca: tempo de serviço militar prestado pelos militares dos Estados, do Distrito Federal e dos Territórios (membros da Polícias Militares e Corpos de Bombeiros Militares); pelos das Forças Armadas (Exército, Marinha e Aeronáutica); e o tempo de serviço militar obrigatório. A contagem recíproca será feita para fins de inativação militar e para a concessão de aposentadoria, com a compensação financeira feita entre as receitas de contribuição dos militares e as receitas de contribuição aos demais regimes.

A matéria está disciplinada, atualmente, pela **Lei n. 9.796, de 26.05.1999**, que "dispõe sobre a compensação financeira entre o Regime Geral de Previdência Social e os regimes de previdência dos servidores da União, dos Estados, do Distrito Federal e dos Municípios, nos casos de contagem recíproca de tempo de contribuição para efeito de aposentadoria, e dá outras providências". Porém, em cumprimento à EC n. 103/2019, nova lei ordinária deverá regular a compensação financeira entre os regime previdenciários.

5.2.9. Cobertura de benefícios não programados, inclusive os decorrentes de acidente do trabalho

O § 10 do art. 201 da CF deixou para a lei complementar a disciplina da cobertura do risco de benefícios não programados, inclusive os decorrentes de acidente do trabalho, a ser atendida concorrentemente pelo regime geral de previdência social e pelo setor privado, deixando de ter cobertura exclusiva pelo RGPS.

Esses benefícios poderão ser objeto de contrato com entidades privadas.

Benefício programado é aquele que tem natureza voluntária, objeto de contribuição paga pelo segurado para garantir seu sustento quando já não mais puder trabalhar em razão do decurso do tempo. É o caso da aposentadoria voluntária, como consequência natural da vida laboral. E também da pensão por morte, destina aos dependentes do segurado falecido.

Benefício não programado é aquele que decorre de contingências não programadas ao longo da vida laboral, não planejadas, que impedem o segurado de trabalhar de forma total ou parcial, temporária ou permanentes (auxílio-doença, auxílio-

-acidente, salário-maternidade etc.). E também a pensão por morte do segurado em razão de acidente de trabalho.

A CF permite a edição de lei complementar ("poderá disciplinar"), mas não a determina. Parece que a intenção do Poder Legislativo é desonerar o sistema previdenciário com a terceirização da cobertura de benefícios não programados, o que abre espaço para as instituições financeiras.

5.2.10. Incorporação dos ganhos habituais do empregado

Todos os ganhos habituais do empregado, a qualquer título, devem ser incorporados ao seu salário **para efeitos previdenciários** (art. 201, § 11).

A norma é importante para o segurado porque, quanto maior a base de cálculo de sua contribuição previdenciária, maior será o valor da renda mensal inicial de seus benefícios previdenciários. E é importante para o sistema previdenciário em razão dos reflexos no custeio.

5.2.11. Sistema de inclusão previdenciária para trabalhadores de baixa renda

A grave crise econômica mundial, que há muito tempo vem se desenvolvendo, expõe um grande número de trabalhadores que não encontram colocação no mercado formal de trabalho e, necessitando garantir sua sobrevivência e de sua família, submetem-se a condições subumanas de trabalho e de remuneração, e de sua atividade nada resultará, no futuro, em termos previdenciários.

O § 12 do art. 201, modificado pela EC n. 103/2019, quis promover a **inclusão previdenciária** dos trabalhadores de baixa renda, inclusive os que se encontram em situação de informalidade, e daqueles que, sem renda própria, se dediquem exclusivamente ao trabalho doméstico no âmbito de sua residência, desde que pertencentes a famílias de baixa renda.

O sistema especial de inclusão previdenciária permite o estabelecimento de **alíquotas de contribuição diferenciadas** das vigentes para os demais segurados da previdência social. Na redação anterior, dada pela EC n. 47/2015, era permitido também estabelecer carências diferenciadas, o que foi suprimido pela Reforma da Previdência de 2019.

Nesse caso, a renda mensal da aposentadoria será de 1 (um) salário mínimo.

A Lei Complementar n. 123/2006 e a Lei n. 12.470/2011 efetivaram o comando constitucional, possibilitando que o contribuinte individual e o microempreendedor individual, bem como o segurado facultativo sem renda própria que se dedique exclusivamente ao trabalho doméstico no âmbito de sua residência, desde que pertencente a família de baixa renda, recolham contribuições previdenciárias com alíquotas reduzidas (v. itens 2.5.6 e 2.5.7 do Capítulo 2, *supra*).

5.3. O PLANO DE BENEFÍCIOS DA PREVIDÊNCIA SOCIAL

A Reforma da Previdência de 2019 prevê a edição de lei ordinária, e, em algumas hipóteses, de lei complementar para regular a concessão de benefícios e sua fórmula de cálculo.

Enquanto não editada a nova legislação, e no que não conflitar com as novas regras constitucionais, entendemos que pode continuar sendo aplicada a Lei n. 8.213/91.

A **Lei n. 8.213, de 24.07.1991**, publicada em 27.07.1991, introduziu o **Plano de Benefícios da Previdência Social (PBPS)**.

O PBPS foi diversas vezes alterado pela legislação posterior, e passou por sucessivas regulamentações por meio de Decretos.

Atualmente, a Lei n. 8.213/91 está regulamentada pelo **Decreto n. 3.048, de 06.05.1999 (Regulamento da Previdência Social — RPS)**, que também já sofreu diversas alterações.

O PBPS contém as normas que regem a relação jurídica entre segurados, dependentes e previdência social, sob o prisma dos benefícios e serviços.

5.3.1. Finalidade e princípios básicos. O Conselho Nacional de Previdência Social (CNPS), a Ouvidoria Geral e o Fórum Nacional de Previdência Social (FNPS)

Cabe à Previdência Social assegurar aos seus beneficiários, mediante contribuição, "meios indispensáveis de manutenção, por motivo de **incapacidade**, **desemprego involuntário**, **idade avançada**, **tempo de serviço**, **encargos familiares** e **prisão ou morte** daqueles de quem dependiam economicamente" (art. 1º da Lei n. 8.213/91).

O PBPS repete os princípios e objetivos da previdência social consagrados pela CF.

A mesma lei criou um órgão superior de deliberação colegiada que denominou de Conselho Nacional de Previdência Social (CNPS). Trata-se de órgão colegiado, com a atribuição de concretizar a gestão democrática e descentralizada (art. 194, VII, da CF).

Os membros do CNPS são nomeados pelo Presidente da República.

O CNPS é composto por 6 representantes do Governo Federal e 9 representantes da sociedade civil, sendo 3 representantes de aposentados e pensionistas, 3 representantes dos trabalhadores em atividade e 3 representantes dos empregadores (art. 3º, I e II).

As **competências** do CNPS estão fixadas no art. 4º, das quais destacamos: estabelecimento de diretrizes gerais e apreciação das decisões políticas aplicáveis à Previdência Social; participação, acompanhamento e avaliação da gestão previdenciária; apreciação e aprovação das propostas orçamentárias da Previdência Social, antes de sua consolidação na proposta orçamentária da Seguridade Social; apreciação da aplicação da legislação previdenciária; apreciação da prestação anual de contas feita ao TCU, podendo, até, se necessário, contratar auditoria externa.

As decisões do CNPS devem ser publicadas no *Diário Oficial da União*, em obediência ao princípio da publicidade dos atos administrativos.

O art. 6º da Lei n. 8.213/91 previu a criação de uma **Ouvidoria Geral**, no âmbito da Previdência Social, com atribuições definidas em regulamento.

O Decreto n. 6.019, de 22.01.2007, instituiu o **Fórum Nacional da Previdência Social (FNPS)**, no âmbito do Ministério da Previdência Social.

Cabe ao FNPS (art. 1º): promover o debate entre os representantes dos trabalhadores, dos aposentados e pensionistas, dos empregadores e do Governo Federal com vista ao aperfeiçoamento e sustentabilidade dos regimes de previdência social e sua coordenação com as políticas de assistência social; subsidiar a elaboração de proposições legislativas e normas infralegais pertinentes; e submeter ao Ministro de Estado da Previdência Social os resultados e as conclusões sobre os temas discutidos no âmbito do FNPS.

O FNPS é composto por representantes do Governo Federal; dos trabalhadores ativos, aposentados e pensionistas e dos empregadores. Todos são designados pelo Ministro de Estado da Previdência Social (art. 2º).

5.3.2. Cobertura do Plano de Benefícios

O art. 1º da Lei n. 8.213/91 enumera as contingências cobertas pelo plano de benefícios: **incapacidade, desemprego involuntário, idade avançada, tempo de serviço, encargos familiares** e **prisão ou morte** daqueles de quem dependiam economicamente.

Essas contingências têm cobertura pelas prestações enumeradas no art. 18. Algumas têm como sujeito ativo o segurado; outras o dependente e outras o segurado e o dependente.

São devidas ao segurado, inclusive em razão de acidente do trabalho, aposentadoria por invalidez (incapacidade permanente), aposentadoria por idade, aposentadoria por tempo de contribuição, aposentadoria especial, auxílio-doença (incapacidade temporária), salário-família, salário-maternidade e auxílio-acidente.

Com a EC n. 103/2019, a idade deixa de ter cobertura previdenciária específica para os trabalhadores urbanos e passa a ser requisito cumulativo com o tempo de contribuição para a aposentadoria do segurado. A aposentadoria por idade para os trabalhadores urbanos, como se verá adiante, só existirá nas regras de transição, aplicáveis aos que ingressaram no RGPS até a data da entrada em vigor da EC n. 103/2019.

Somente os trabalhadores rurais e segurados especiais continuaram a ter cobertura de aposentadoria por idade após a Reforma da Previdência de 2019.

Aos dependentes são devidos pensão por morte e auxílio-reclusão.

Os segurados e os dependentes têm direito a reabilitação profissional.

Embora previsto no art. 201, III, da CF, e no art. 1º do PBPS, a situação de **desemprego involuntário**[5] não tem cobertura previdenciária dentro do plano de benefícios, mas, sim, é objeto de **lei específica**, a Lei n. 7.998, de 11.01.1990 (alterada pelas Leis n. 8.900, de 30.06.1994, n. 10.608, de 20.12.2002, e n. 12.513, de 26.10.2011, pela MP n. 665, de 30.12.2014, **e** pela Lei n. 13.134, de 16.06.2015), que regula o Programa de Seguro-Desemprego, o Abono Salarial, institui o Fundo de Amparo ao Trabalhador (FAT), e dá outras providências.

---

[5] Há entendimentos do STJ no sentido de que o seguro-desemprego tem natureza jurídica de benefício previdenciário. Cf. REsp 653.134.

O **seguro-desemprego** não foi afetado pela alteração constitucional, mas o beneficiário não é considerado segurado obrigatório do RGPS por força do disposto na Medida Provisória n. 955, de 20 de abril de 2020, **que revogou a MP n. 905/2019**.

A **Lei Complementar n. 123, de 14.12.2006**, alterou o § 1º do art. 9º e o § 3º do art. 18, ambos da Lei n. 8.213/91, **excluindo também da cobertura pelo PBPS a aposentadoria por tempo de contribuição prevista no art. 21, § 2º, da Lei n. 8.212/91**.

PRESTAÇÕES		
Segurados	**Dependentes**	**Segurados e dependentes**
■ Aposentadoria por invalidez/incapacidade total e permanente	■ Pensão por morte	
■ Aposentadoria voluntária com requisitos cumulativos de idade e tempo de contribuição: para os segurados que ingressaram no RGPS a partir de 13.11.2019.		
■ Aposentadoria por idade: a) urbanos: que ingressaram no RGPS até 13.11.2019 → regras de transição b) rurais: aos 60 anos (H) e 55 anos (M)	■ Auxílio-reclusão	■ Reabilitação profissional
■ Aposentadoria por tempo de contribuição: só para os que ingressaram no RGPS até 13.11.2019 → regras de transição		
■ Aposentadoria especial: a) segurados com deficiência; b) segurados que exerçam atividades com efetiva exposição a agentes químicos, físicos e biológicos prejudiciais à saúde, ou associação desses agentes → vedada a caracterização por categoria profissional ou ocupação.		
■ Auxílio-doença: incapacidade total e temporária para o trabalho ou para a atividade habitual		
■ Salário-família		
■ Salário-maternidade		
■ Auxílio-acidente		

5.3.3. Os beneficiários: segurados e dependentes

Segurados e dependentes são **sujeitos ativos da relação jurídica** cujo objeto seja o recebimento de prestação de natureza previdenciária.

São diferentes as relações jurídicas que se estabelecem entre segurado e Previdência Social e entre dependente e Previdência Social.

A relação jurídica **entre segurado e Previdência Social** se inicia com seu **ingresso no sistema**, e se estenderá enquanto estiver filiado.

A relação jurídica **entre dependente e Previdência Social** só se formaliza se **não houver mais a possibilidade de se instalar a relação jurídica com o segurado** porque não há, no sistema previdenciário, nenhuma hipótese de cobertura concomitante para segurado e dependente.

5.3.3.1. Os segurados

Sendo de caráter contributivo, a Previdência Social é o ramo da seguridade social que mais se assemelha ao seguro, sendo essa a razão da denominação "segurados".

Segurados são **pessoas físicas que contribuem** para o regime previdenciário e, por isso, têm direito a *prestações* — benefícios ou serviços — de natureza previdenciária. São **sujeitos ativos** da relação jurídica previdenciária, quando o objeto for benefício ou serviço de natureza previdenciária.

Sob o prisma da relação jurídica de custeio, o segurado é sujeito passivo.

A intenção do legislador constituinte foi dar proteção previdenciária para todos os que trabalham, ou seja, para todos os que, de alguma forma, participam da atividade econômica ou social com o seu trabalho.

Para alguns, o PBPS estabeleceu a obrigatoriedade de terem cobertura previdenciária. Para outros, a mesma lei possibilitou a opção por terem ou não cobertura previdenciária, em razão de suas atividades ou da qualidade da pessoa.

As pessoas físicas que, **obrigatoriamente**, devem ser seguradas da Previdência Social são os **segurados obrigatórios**, cujo rol está previsto no art. 11.

As pessoas físicas que podem, **facultativamente**, ingressar no sistema, são os **segurados facultativos**, na forma do art. 14.

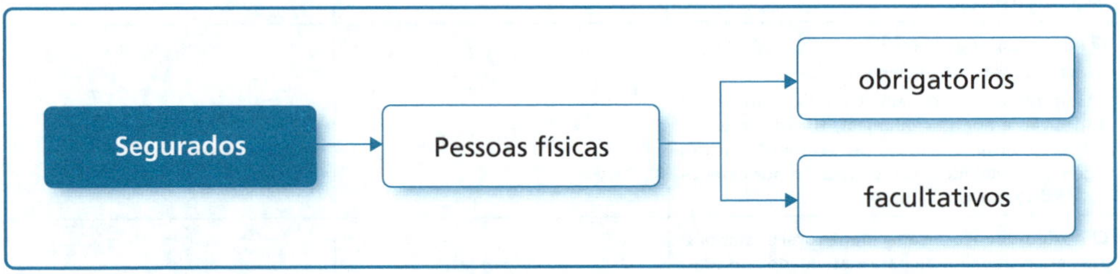

5.3.3.1.1. Aquisição da qualidade de segurado: filiação e inscrição

A filiação ao sistema é o **marco inicial** da história previdenciária do segurado; é o vínculo que se estabelece entre o segurado e a Previdência Social, constituindo uma relação jurídica da qual decorrem direitos e obrigações para ambas as partes.

Para os **trabalhadores celetistas**, a anotação do contrato de trabalho na CTPS os torna automaticamente filiados ao RGPS, ou seja, a **filiação não depende de um ato formal** praticado entre a autarquia e o segurado. No decorrer deste estudo, veremos que a filiação tem para esses segurados consequências jurídicas importantes.

Outros, entretanto, devem formalizar a filiação ao RGPS, praticando um ato formal, perante o INSS. A esse ato formal, pelo qual se dá a apresentação do interessado ao INSS, se denomina **inscrição**. É mediante a inscrição que se filiam ao INSS os segurados **contribuintes individuais e os facultativos**.

O **segurado especial**, nessa matéria, tem disciplina específica no art. 17, § 4º, da Lei n. 8.213/91, com a redação dada pela Lei n. 12.873/2013: a inscrição do segurado especial será feita de forma a **vinculá-lo ao seu respectivo grupo familiar** e conterá, além das informações pessoais, a identificação da propriedade em que desenvolve a atividade e a que título, se nela reside ou o Município onde reside e, quando for o caso, a identificação e a inscrição da pessoa responsável pela unidade familiar. Se não for proprietário ou dono do imóvel rural em que desenvolver a atividade, no ato da inscrição deverá informar, conforme o caso, o nome do parceiro ou meeiro outorgante, arrendador, comodante ou assemelhado (§ 5º).

O art. 19-E do Decreto n. 10.410/2020, que alterou o Decreto n. 3.048/91, determinou que "para fins de aquisição e manutenção da qualidade de segurado, de carência, de tempo de contribuição e de cálculo do salário de benefício exigidos para o reconhecimento do direito aos benefícios do RGPS e para fins de contagem recíproca, somente serão consideradas as competências cujo salário de contribuição seja igual ou superior ao limite mínimo mensal do salário de contribuição".

Há que se verificar a situação dos trabalhadores que laboram por hora.

Outro tema a ser questionado é o princípio da capacidade contributiva, de cunho constitucional.

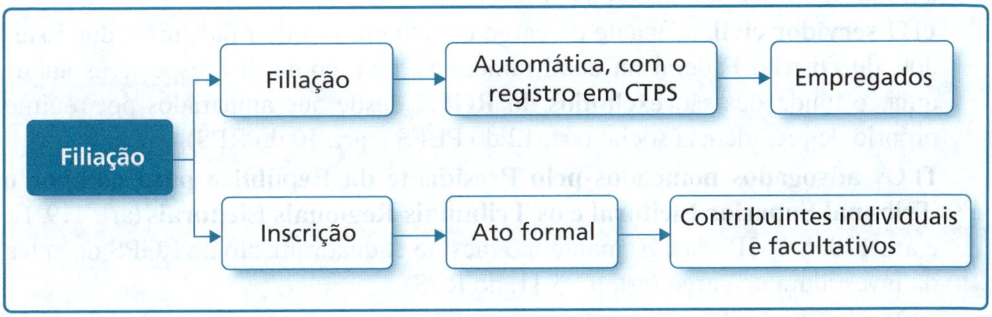

■ *5.3.3.1.2. Segurados obrigatórios*

Os segurados obrigatórios estão enumerados no art. 11 do PBPS e no art. 12 do PCSS. São segurados obrigatórios todos os que exercem atividade remunerada, de natureza urbana ou rural, com ou sem vínculo empregatício: empregado, empregado doméstico, contribuinte individual, trabalhador avulso e segurado especial.

Antes de analisar cada categoria de segurado, é necessário fixar algumas regras para melhor compreensão do sistema:

a) O exercício de **atividade remunerada** sujeita a filiação obrigatória ao RGPS (art. 9º, § 12, do RPS). Todos aqueles que exercem atividade econômica, em qualquer de suas modalidades, devem contribuir para o custeio da previdência social e devem ter cobertura previdenciária. Não se deve perder de vista que a filiação ao RGPS dá direito à cobertura previdenciária. Mas também considera que o segurado, no exercício de sua atividade laborativa, é um potencial agente causador de contingências que terão cobertura previdenciária.

b) O exercício de **atividades concomitantes** sujeita o segurado à filiação obrigatória em cada uma delas. É comum que o segurado exerça mais de uma atividade remunerada sujeita ao RGPS, de forma concomitante. Pode, por exemplo, ser contador durante o dia e professor de contabilidade à noite. Nesse caso, **pagará contribuição previdenciária em todas as atividades**, nos termos do Plano de Benefícios (§ 2º do art. 11 da Lei n. 8.213/91 e art. 9º, § 13, do Dec. n. 3.048/99). Essa regra também se aplica ao servidor ou militar que venha a exercer, concomitantemente, uma ou mais atividades abrangidas pelo RGPS (art. 12, § 1º, do PBPS e art. 10, § 2º, do RPS).

c) O exercício de **atividade por aposentado do RGPS**. Se o aposentado voltar a exercer atividade abrangida pelo RGPS, será segurado obrigatório em relação a essa atividade, e, por isso, pagará a contribuição previdenciária respectiva, nos termos do PCSS (§ 3º do art. 11 do PBPS). Há muitas ações tramitando no Poder Judiciário questionando a constitucionalidade da cobrança da contribuição previdenciária do aposentado que volta ao trabalho.

d) O **dirigente sindical**, enquanto estiver no exercício do mandato eletivo, manterá o **mesmo enquadramento** no RGPS que tinha antes da investidura (art. 11, § 4º, do PBPS e art. 9º, § 10, do RPS).

e) O **servidor civil**, ocupante de cargo efetivo ou o militar da União, dos Estados, do Distrito Federal ou dos Municípios, bem como das respectivas autarquias e fundações são **excluídos do RGPS**, desde que amparados por regime próprio de previdência social (art. 12 do PBPS e art. 10 do RPS).

f) Os **advogados nomeados pelo Presidente da República para compor o Tribunal Superior Eleitoral e os Tribunais Regionais Eleitorais** (art. 119, II, e art. 120, § 1º, III, da CF) mantêm o mesmo enquadramento no RGPS de antes da investidura no cargo (art. 9º, § 11, do RPS).

g) Regime próprio de previdência social é aquele que **assegura pelo menos as aposentadorias e pensão por morte previstas no art. 40 da CF**. Essa definição é do Regulamento da Previdência Social (art. 10, § 3º).

5.3.3.1.2.1. Segurado empregado

A categoria se restringe àqueles que têm **relação de emprego**, abrangendo trabalhadores urbanos e rurais.

O rol dos segurados obrigatórios na condição de empregados está contido no inc. I, *a* a *j*, do art. 11 da Lei n. 8.213/91, e no art. 12, I, *a* a *j*, da Lei n. 8.212/91:

a) Aquele que presta **serviço de natureza urbana ou rural à empresa,** em caráter **não eventual**, sob sua **subordinação** e mediante contribuição, inclusive como diretor empregado.

O art. 9º, § 4º, do RPS considera o serviço prestado em caráter não eventual como aquele relacionado direta ou indiretamente com as atividades normais da empresa.

O trabalhador rural foi incluído na categoria dos segurados obrigatórios empregados. Não era assim no regime jurídico anterior à Lei n. 8.213/91, em que os rurícolas não eram segurados obrigatórios e, por isso, tinham dificultada a proteção previdenciária.

Os trabalhadores rurais só passaram a ter os mesmos direitos previdenciários dados aos urbanos com o advento da CF de 1988, que inovou o sistema, introduzindo o princípio da uniformidade e equivalência de benefícios e serviços às populações urbanas e rurais (art. 194, II, da CF).

Especial atenção merece a situação dos trabalhadores rurais denominados **"boias-frias"**, até hoje excluídos do emprego formal. Para fins previdenciários, a jurisprudência os tem qualificado como "segurados empregados".

b) Aquele que, **contratado por empresa de trabalho temporário**, definida em legislação específica, presta serviço para atender a necessidade transitória de substituição de pessoal regular e permanente, ou a acréscimo extraordinário de serviços de outras empresas.

O trabalho temporário está disciplinado pela Lei n. 6.019, de 03.01.1974, alterada pela Lei n. 13.429, de 31.03.2017: é aquele prestado por pessoa física contratada por uma empresa de trabalho temporário que a coloca à disposição de uma empresa tomadora de serviços, para atender à necessidade de substituição transitória de pessoal permanente ou à demanda complementar de serviços (art. 2º). E a empresa de trabalho temporário é a pessoa jurídica, devidamente registrada no Ministério do Trabalho, responsável pela colocação de trabalhadores à disposição de outras empresas temporariamente (art. 4º).

A relação de emprego se estabelece entre o empregado e a empresa que coloca à disposição de outras o trabalho temporário (art. 4º-A, §§ 1º e 2º).

c) O **brasileiro ou estrangeiro** domiciliado e contratado no Brasil para trabalhar como empregado em sucursal ou agência de empresa nacional no exterior.

d) Aquele que presta serviço no Brasil à **missão diplomática ou à repartição consular de carreira estrangeira e a órgãos a ela subordinados**, ou a membros dessas missões ou repartições, excluídos o não brasileiro sem residência permanente no Brasil e o brasileiro amparado por legislação previdenciária do país da respectiva missão diplomática ou repartição consular.

O dispositivo mostra que o legislador quis que aquele que, brasileiro ou estrangeiro, com residência fixa no país, preste serviços a esses entes estrangeiros aqui sediados tenha cobertura previdenciária. Tanto que exclui da obrigatoriedade de filiação ao RGPS o estrangeiro sem residência permanente no Brasil e o brasileiro amparado pela legislação previdenciária do país da respectiva missão diplomática ou consular.

e) O **brasileiro civil que trabalha para a União, no exterior**, em organismos oficiais brasileiros ou internacionais dos quais o Brasil seja membro efetivo, ainda que lá domiciliado e contratado, salvo se segurado na forma da legislação vigente do país de domicílio.

f) O brasileiro ou estrangeiro domiciliado e contratado no Brasil para trabalhar como **empregado em empresa domiciliada no exterior**, cuja maioria do capital votante pertença a empresa brasileira de capital nacional.

g) O **servidor público ocupante de cargo em comissão, sem vínculo efetivo** com a União, Autarquias, inclusive em regime especial, e Fundações Públicas Federais.

A Emenda Constitucional n. 103/2019 modificou o art. 40 da CF, garantindo aos servidores públicos regime de previdência de caráter contributivo e solidário, mediante contribuição do respectivo ente federativo, de servidores ativos, de aposentados e de pensionistas, observados os critérios que preservem o equilíbrio financeiro e atuarial. Somente os servidores titulares de cargos efetivos da União, dos Estados, do Distrito Federal e dos Municípios, incluídas suas autarquias e fundações, têm garantido regime próprio de previdência social, de caráter contributivo e solidário, mediante contribuição para o custeio (ver Capítulo 5, Título II, *infra*).

Os servidores titulares de cargos em comissão, que não são titulares de cargos efetivos, desde a EC n. 20/98 estão excluídos do regime próprio de previdência dos servidores públicos.

Porém, nenhum trabalhador pode ficar sem proteção previdenciária, razão pela qual o legislador ordinário colocou os **titulares de cargos em comissão sem cargo efetivo** no rol dos **segurados obrigatórios**, como **empregados**.

Houve discussão sobre a constitucionalidade da inclusão desses servidores no RGPS. Nos autos da **ADIn 2.024 MC/DF**, Relator Ministro Sepúlveda Pertence, *DJ* 1º.12.2000, p. 70, o STF decidiu pela **constitucionalidade** da inclusão de tais servidores como segurados obrigatórios do RGPS.[6]

---

[6] "(...) II. Previdência social (CF, art. 40, § 13, cf. EC n. 20/98): submissão dos ocupantes exclusivamente de cargos em comissão, assim como os de outro cargo temporário ou de emprego público ao regime geral da previdência social: arguição de inconstitucionalidade do preceito por tendente a abolir a 'forma federativa do Estado' (CF, art. 60, § 4º, I): improcedência. 1. A 'forma federativa de Estado' — elevado a princípio intangível por todas as Constituições da República — não pode ser conceituada a partir de um modelo ideal e apriorístico de Federação, mas, sim, daquele que o constituinte originário concretamente adotou e, como o adotou, erigiu em limite material imposto às futuras emendas à Constituição; de resto as limitações materiais ao poder constituinte de reforma, que o art. 60, § 4º, da Lei Fundamental enumera, não significam a intangibilidade literal da respectiva disciplina na Constituição originária, mas apenas a proteção do núcleo essencial dos princípios e institutos cuja preservação nelas se protege. 2. À vista do modelo ainda acentuadamente centralizado do federalismo adotado pela versão originária da Constituição de 1988, o preceito questionado da EC n. 20/98 nem tende a aboli-lo, nem sequer a afetá-lo. 3. Já assentou o Tribunal (MS 23047-MC, Pertence), que no novo art. 40 e seus parágrafos da Constituição (cf. EC n. 20/98), nela, pouco inovou 'sob a perspectiva da Federação, a explicitação de que aos servidores efetivos dos Estados, do Distrito Federal e dos Municípios, 'é assegurado regime de previdência de caráter contributivo, observados critérios que preservem o equilíbrio financeiro e atuarial', assim como as normas relativas às respectivas aposentadorias e pensões, objeto dos seus numerosos parágrafos: afinal, toda a disciplina constitucional originária do regime dos servidores públicos — inclusive a do seu regime previdenciário — já abrangia os três níveis da organização federativa, impondo-se à observância de todas as unidades federadas, ainda quando — com base no art. 149, parágrafo único — que a proposta não altera — organizem sistema previdenciário próprio para os seus servidores': análise da evolução do tema, do texto constitucional de 1988, passando pela EC n. 3/93, até a recente reforma previdenciária. 4. A matéria da disposição discutida é previdenciária e, por sua natureza, comporta norma geral de âmbito nacional de validade, que à União se facultava editar, sem prejuízo da legislação estadual suplementar ou plena, na falta de lei federal (CF 88, arts. 24, XII, e 40, § 2º): se já o podia ter feito a lei federal, com base nos preceitos recordados do texto constitucional originário,

A Lei n. 9.876/99 acrescentou o § 5º do art. 11 da Lei n. 8.213/91, incluindo no rol dos segurados obrigatórios, como empregados, na forma da alínea *g*, os ocupantes dos cargos de **Ministro de Estado, de Secretário Estadual, Distrital ou Municipal, sem vínculo efetivo com a União, Estados, Distrito Federal e Municípios, suas autarquias, ainda que em regime especial, e fundações.**

Porém, se essas pessoas foram servidores públicos titulares de cargos efetivos, estarão sob a proteção do regime próprio da previdência dos servidores públicos e, assim, excluídas do RGPS.

h) O exercente de mandato eletivo federal, estadual ou municipal, desde que não vinculado a regime próprio de previdência.

Atenção: a alínea *h* tem a mesma redação que a alínea *j*:

j) O exercente de mandato eletivo federal, estadual ou municipal, desde que não vinculado a regime próprio de Previdência Social.

Os dois dispositivos são idênticos. É que a alínea *h* resultou da Lei n. 9.506/97, ao passo que a alínea *j* foi incluída pela Lei n. 10.887/2004, em cumprimento às disposições da EC n. 41/2003.

A alínea *h* do art. 12, I, da Lei n. 8.212/91 (PCSS) foi declarada inconstitucional pelo STF nos autos do RE 351.717/PR, de Relatoria do Ministro Carlos Velloso, o que reflete, também na alínea *h* do art. 11, I, da Lei n. 8.213/91. O STF entendeu que a Lei n. 9.506/97 contrariou o disposto no art. 195, II, e § 4º, da CF, na redação anterior à da EC n. 20/98.

É que o art. 195, II, na redação original, se referia à contribuição dos trabalhadores, o que, no entendimento do STF, era expressão que não abrangia o exercente de mandato eletivo. E, ainda, somente lei complementar poderia instituir nova fonte de custeio da seguridade social, na forma do § 4º do mesmo artigo.[7]

Após a EC n. 41/2003 foi editada a Lei n. 10.887/2004, que introduziu a alínea *j*, e, com isso, **os servidores titulares de cargo exclusivamente em comissão, em**

---

obviamente não afeta ou, menos ainda, tende a abolir a autonomia dos Estados-membros que assim agora tenha prescrito diretamente a norma constitucional sobrevinda. 5. É da jurisprudência do Supremo Tribunal que o princípio da imunidade tributária recíproca (CF, art. 150, VI, *a*) — ainda que se discuta a sua aplicabilidade a outros tributos, que não os impostos — não pode ser invocado na hipótese de contribuições previdenciárias. 6. A autoaplicabilidade do novo art. 40, § 13 é questão estranha à constitucionalidade do preceito e, portanto, ao âmbito próprio da ação direta."

7 "(...) I — A Lei n. 9.506/97, § 1º do art. 13, acrescentou a alínea *h* ao inc. I do art. 12 da Lei n. 8.212/91, tornando segurado obrigatório do regime geral de previdência social o exercente de mandato eletivo, desde que não vinculado a regime próprio de previdência social. II — Todavia, não poderia a lei criar figura nova de segurado obrigatório da previdência social, tendo em vista o disposto no art. 195, II, da CF. Ademais, a Lei n. 9.506/97, § 1º, do art. 13, ao criar figura nova de segurado obrigatório, instituiu fonte nova de custeio da seguridade social, instituindo contribuição social sobre o subsídio de agente político. A instituição dessa nova contribuição, que não estaria incidindo sobre a '*folha de salários, o faturamento e os lucros*', (CF, art. 195, I, sem a EC n. 20/98), exigiria a técnica da competência residual da União, art. 154, I, *ex vi* do disposto no art. 195, § 4º, ambos da CF. É dizer, somente por lei complementar poderia ter sido instituída citada contribuição. III — Inconstitucionalidade da alínea *h* do inc. I do art. 12 da Lei n. 8.212/91, introduzida pela Lei n. 9.506/97, § 1º do art. 13..." (*DJ* 21.11.2003).

vínculo efetivo com a Administração, passaram a ser **segurados obrigatórios do RGPS**, na qualidade de **segurados empregados**, pagando a respectiva contribuição previdenciária.

i) O **empregado de organismo oficial internacional ou estrangeiro** em funcionamento no Brasil, salvo quando coberto por regime próprio de previdência social.

Deve-se atentar, ainda, para a existência de **outros segurados obrigatórios**, na condição de empregados, que não estão relacionados na lei, mas estão previstos no RPS (art. 9) dos quais se destacam: **o bolsista e o estagiário** que prestam serviço à empresa, em desacordo com a Lei n. 11.788, de 25.09.2008 (alínea *h*); **o escrevente e o auxiliar contratados por titular de serviços notariais** e de registro a partir de 21 de novembro de 1994, bem como aquele que optou pelo Regime Geral de Previdência Social, em conformidade com a Lei n. 8.935, de 18.11.1994 (alínea *o*).

Com relação ao **estagiário** e ao **bolsista**, se trabalharem em desacordo com a Lei n. 11.788/2008, mantém, na verdade, autêntica relação de emprego, embora disfarçada, que deve ser reconhecida para todos os fins. Assim sendo, são segurados obrigatórios.

O STJ firmou esse entendimento quando o estágio era disciplinado pela Lei n. 6.494/77, que pode ser aplicado também às hipóteses abrangidas pela Lei n. 11.788/2008:

> "(...) 2. O vínculo contratual estabelecido para fins de estágio, cujo interesse é o aprendizado do bolsista, não se confunde com a atividade empregatícia, cuja finalidade é a exploração da mão de obra. 3. Não tendo restado demonstrado o recolhimento **previdenciário** do período, nem tendo restado configurado vínculo empregatício, não há falar, nos termos do art. 4º da Lei 6.494/77, em reconhecimento do tempo de serviço, para fins de aposentação, do período em que o agravante aduz ter atuado como **estagiário** da empresa COPEL — Companhia Paranaense de Energia Elétrica. (...)" (AGRESP 929.894, 6ª Turma, *DJe* 16.03.2011, Rel. Min. Maria Thereza de Assis Moura).

O **escrevente e o auxiliar contratados por titular de serviços notariais e de registro**, antes da Lei n. 8.935/94, eram servidores públicos. Com o advento dessa lei, os notários e os oficiais de registro podem, "para o desempenho de suas funções, contratar escreventes, dentre eles escolhendo os substitutos, e auxiliares como empregados, com remuneração livremente ajustada e sob o regime da legislação do trabalho" (art. 20). O art. 40 da Lei n. 8.935/94 dispõe que "os notários, oficiais de registro, escreventes e auxiliares são vinculados à previdência social, de âmbito federal, e têm assegurada a contagem recíproca de tempo de serviço em sistemas diversos".

> **Atenção:** somente o escrevente e o auxiliar contratados pelo notário são segurados do RGPS na condição de empregados. O notário está classificado em outra categoria de segurados (ver item 5.3.3.1.2.3, *infra*).

5.3.3.1.2.2. Segurado empregado doméstico

O empregado doméstico é "aquele que presta serviço de natureza contínua a pessoa ou família, no âmbito residencial desta, em atividades sem fins lucrativos" (art. 11, II, Lei n. 8.213/91).

A **Lei Complementar n. 150/2015**, que disciplina o contratado de trabalho doméstico, dispõe que **"o empregado doméstico é segurado obrigatório da Previdência Social"**, com direito às prestações arroladas na Lei n. 8.213/91 (art. 20). E define o empregado doméstico como "aquele que presta serviços de forma contínua, subordinada, onerosa e pessoal e de finalidade não lucrativa à pessoa ou à família, no âmbito residencial destas, por mais de 2 (dois) dias por semana".

O correto enquadramento previdenciário impõe a presença de todos os elementos do conceito: a relação jurídica trabalhista tem como **empregador** uma **pessoa física**, que dá emprego ao segurado no âmbito de sua residência, para prestar-lhe e à sua família serviços de natureza contínua.

O conceito legal indica que os empregados domésticos podem exercer diversas atividades vinculadas à rotina doméstica de seu empregador: **governantas, copeiros, mordomos, cozinheiros, jardineiros, os motoristas particulares dos membros da família, o caseiro do sítio etc**.

O empregado doméstico só se tornou segurado obrigatório do RGPS com a edição da **Lei n. 5.859, de 11.12.1972**, regulamentada pelo Decreto n. 71.885, de 09.03.1973. A IN 77/2015, no art. 17, dispõe que o enquadramento como empregado doméstico só pode ser feito a partir da competência abril de 1973, data da vigência do Decreto n. 71.885.

A proteção previdenciária obrigatória para o empregado doméstico só passou a existir a partir da vigência da Lei n. 5.879/72, que assegurou aos domésticos "os benefícios e serviços da Lei Orgânica da Previdência Social (LOPS), na qualidade de segurados obrigatórios" (art. 4º). Antes da lei, o empregado doméstico só poderia ter proteção previdenciária se se inscrevesse no sistema como segurado facultativo, recolhendo as respectivas contribuições. Mesmo que o empregador fizesse o registro do contrato de trabalho na Carteira de Trabalho, os efeitos seriam apenas trabalhistas, mas não repercutiriam no plano previdenciário porque não havia a obrigação legal de o empregador pagar a sua contribuição e arrecadar e repassar a do seu emprego doméstico.

Se não houve contribuição, a nosso ver, o período anterior à Lei n. 5.879/72 não pode ser computado para fins previdenciários. Nosso posicionamento, entretanto, não encontra respaldo na jurisprudência do STJ, que tem decidido no sentido de computar o período de atividade do empregado doméstico anterior à Lei n. 5.879/72.[8] O entendimento parece equivocado porque está baseado na premissa de que caberia ao empregador o recolhimento de sua contribuição e da contribuição arrecadada do empregado doméstico. Entretanto, por não ser o empregado doméstico segurado obrigatório, na época, não se podia obrigar o empregador ao recolhimento. Nessa hipótese, a comprovação do tempo de serviço deve ser feita com documentos contemporâneos à época da prestação do serviço.[9]

---

8 "(...) 1. A jurisprudência do Superior Tribunal de Justiça tem se firmado no sentido da desobrigação do trabalhador **doméstico** de efetuar o recolhimento das **contribuições** previdenciárias para fins de aposentadoria no período que antecedeu a vigência da Lei 5.859/72, porquanto, à época da prestação do serviço, não havia previsão legal de seu registro, tampouco obrigatoriedade de filiação à Previdência. Precedentes. (...)" (REsp 1.479.250, Rel. Min. Humberto Martins, *DJe* 29.09.2014).

9 "PREVIDENCIÁRIO. TEMPO DE SERVIÇO. EMPREGADA DOMÉSTICA. COMPROVAÇÃO DE TEMPO MEDIANTE DECLARAÇÃO EXTEMPORÂNEA DE EX-EMPREGADOR. DES-

Se a atividade para a qual o segurado foi contratado tiver **finalidade lucrativa**, fica **descaracterizada a natureza doméstica** do serviço prestado.

Se a atividade não for contínua, também fica descaracterizada a natureza doméstica. O art. 9º, § 15, VI, do RPS, considera contribuinte individual aquele "que presta serviço de natureza não contínua, por conta própria, a pessoa ou família, no âmbito residencial desta, em atividade sem fins lucrativos, até dois dias por semana". São enquadrados nessa situação os diaristas. Porém, se configurado vínculo empregatício, serão considerados empregados domésticos para fins previdenciários.

O trabalho doméstico foi **proibido para os menores de 18 anos** pelo Decreto n. 6.481, de 12.06.2008, em vigor a partir de 12.09.2008, que regulamenta os arts. 3º, alínea *d*, e 4º, da Convenção 182 da Organização Internacional do Trabalho (OIT), que trata da proibição das piores formas de trabalho infantil e ação imediata para sua eliminação, aprovada pelo Decreto Legislativo n. 178, de 14.12.1999, e promulgada pelo Decreto n. 3.597, de 12.09.2000. A proibição foi repetida pelo art. 1º, parágrafo único, da LC n. 150/2015.

A Emenda Constitucional n. 72, de 02.04.2013, alterou o parágrafo único do art. 7º da Constituição, ampliando os direitos trabalhistas dos empregados domésticos, o que acaba tendo reflexos na sua vida previdenciária.

5.3.3.1.2.3. *Segurado contribuinte individual*

Os contribuintes individuais estão enumerados no art. 11, V, do PBPS, e art. 12, V, do PCSS.

Essa classe de segurados **não tem vínculo de natureza trabalhista**, como empregados, com outras pessoas físicas ou jurídicas. É o que no senso comum se denomina "trabalhador autônomo", "por conta própria", de forma que a denominação da antiga legislação era mais esclarecedora.

A redação original do art. 11 do PBPS e do art. 12 do PCSS previa a condição de segurados obrigatórios do RGPS para os empresários, autônomos e equiparados. A nova denominação — contribuinte individual — foi introduzida pela Lei n. 9.876, de 26.11.1999.

As duas leis enumeram os contribuintes individuais, sendo que a alínea *d*, em ambos os incisos, foi revogada:

a) A pessoa física, proprietária ou não, que explora atividade agropecuária, a qualquer título, em caráter permanente ou temporário, em área superior a 4 módulos fiscais; ou, quando em área igual ou inferior a 4 módulos fiscais ou atividade pesqueira, com auxílio de empregados ou por intermédio de prepostos; ou ainda nas hipóteses dos §§ 10 e 11 deste artigo.

A referência ao módulo rural é novidade trazida pela Lei n. 11.718/2008. A modificação legislativa levou em consideração a dificuldade, até então existente,

---

CABIMENTO. 1. A teor do disposto no art. 55, § 3º, da Lei 8.213/91, o início de prova material deve se basear em documentos contemporâneos à aludida época trabalhada. Precedente da Terceira Seção (...)" (STJ, 5ª Turma, Rel. Min. Jorge Mussi, *DJe* 06.05.2011).

para diferenciar o produtor rural contribuinte individual do produtor rural segurado especial (item 5.3.3.1.2.5, *infra*). Com frequência, a jurisprudência fazia referência ao tamanho da propriedade rural na tentativa de efetuar o correto enquadramento do segurado.

Se o cônjuge ou companheiro do produtor enquadrado como contribuinte individual participar, com ele, da exploração da mesma atividade rural, será também enquadrado como contribuinte individual.

A IN 77/2015 (art. 20, III) enquadra como contribuinte individual o **assemelhado a pescador** que, **sem utilizar embarcação pesqueira**, exerce atividade de captura ou de extração de elementos animais ou vegetais que tenham na água seu meio normal ou mais frequente de vida, na beira do mar, no rio ou na lagoa, **com auxílio de empregado em número que exceda à razão de cento e vinte pessoas/dia dentro do ano civil**.

b) A pessoa física, proprietária ou não, que explora atividade de extração mineral — garimpo, em caráter permanente ou temporário, diretamente ou por intermédio de prepostos, com ou sem auxílio de empregados, utilizados a qualquer título, ainda que de forma não contínua.

Na redação original das Leis n. 8.212 e 8.213, de 1991, o **garimpeiro** era enquadrado como segurado especial, situação que foi modificada pela Lei n. 8.398, de 07.01.1992.

c) O **ministro de confissão religiosa e o membro de instituto de vida consagrada, de congregação ou de ordem religiosa**. Quanto a esses, convém lembrar que só passaram a ter proteção previdenciária a partir da vigência da Lei n. 6.696/79.[10]

A IN 20/2007 (art. 5º, *a* a *i*) dava as definições necessárias:

Instituição de confissão religiosa: aquela caracterizada por uma comunidade de pessoas unidas no corpo de doutrina obrigadas a cumprir um conjunto de normas expressas de conduta, para consigo mesmas e para com os outros, exercidas na forma de cultos, traduzidas em ritos, práticas e deveres para com o Ser Superior.

Instituto de vida consagrada: a sociedade aprovada por legítima autoridade religiosa, na qual seus membros emitem votos públicos ou assumem vínculos estáveis para servir à confissão religiosa adotada, além do compromisso comunitário, independentemente de convivência sob o mesmo teto.

Ordem religiosa: a sociedade aprovada por legítima autoridade religiosa, na qual os membros emitem votos públicos determinados, perpétuos ou temporários,

---

[10] "(...) Antes do advento da Lei n. 6.696/79, os ministros de confissão religiosa e os membros de institutos de vida consagrada e de congregação ou ordem religiosa não estavam inseridos no rol de segurados obrigatórios da Lei Orgânica da Previdência Social (Lei n. 3.807, de 26 de agosto de 1960), remanescendo a possibilidade de contribuição como segurados facultativos. — O reconhecimento do tempo laborado em atividade religiosa antes da Lei n. 6.696/79 depende de indenização do período a computar, incumbência a cargo do religioso, dada a ausência de previsão legal de dever de recolhimento da entidade religiosa. — Labor urbano, em atividade religiosa, não reconhecido, diante da ausência de recolhimentos como segurado facultativo (...)" (AC 556196, TRF 3ª Região, Rel. Des. Fed. Therezinha Cazerta, *DJF3* 11.11.2008).

passíveis de renovação e assumem o compromisso comunitário regulamentar de convivência sob o mesmo teto.

Ministros de confissão religiosa: aqueles que consagram sua vida a serviço de Deus e do próximo, com ou sem ordenação, dedicando-se ao anúncio de suas respectivas doutrinas e crenças, à celebração dos cultos próprios, à organização das comunidades e à promoção de observância das normas estabelecidas, desde que devidamente aprovados para o exercício de suas funções pela autoridade religiosa competente.

Membros do instituto de vida religiosa: os que emitem voto determinado ou seu equivalente, devidamente aprovado pela autoridade religiosa competente.

Membros de ordem ou congregação religiosa: os que emitem ou nelas professam os votos adotados.

A IN 20/2007 foi revogada pela IN 45/2010, que não repetiu as definições, o que ocorreu também na IN 77/2015. Entretanto, na ausência de norma, as disposições revogadas são de grande utilidade para o intérprete.

Para fins previdenciários, os religiosos são contribuintes individuais e o seu ingresso na Previdência Social não tem como consequência o reconhecimento da existência de relação de emprego, vínculos de trabalho assalariado ou prestação de serviços remunerados com a entidade religiosa. O que importa é a natureza das entidades ou instituições, que não têm fins lucrativos e nem assumem os riscos da atividade econômica. Mesmo que o religioso seja mantido pela entidade religiosa, o que importa, para fins previdenciários, é apenas o caráter da atividade religiosa. Assim sendo, essas entidades, em relação aos religiosos, não têm obrigações para com a Previdência Social.

d) O **brasileiro civil que trabalha no exterior para organismo oficial internacional, do qual o Brasil é membro efetivo**, ainda que lá domiciliado e contratado, salvo quando coberto por regime próprio de previdência social.

e) O **titular de firma individual urbana ou rural**, o **diretor não empregado** e o **membro de conselho de administração de sociedade anônima**, o **sócio solidário**, o **sócio de indústria**, o **sócio-gerente** e o **sócio cotista** que recebam remuneração decorrente de seu trabalho em empresa urbana ou rural, e o **associado eleito para cargo de direção em cooperativa, associação ou entidade de qualquer natureza ou finalidade**, bem como **o síndico** ou administrador eleito para exercer atividade de direção condominial, desde que recebam remuneração.

Quanto ao **síndico** ou administrador eleito para exercer atividade de direção do condomínio, só serão enquadrados como contribuinte individual se receberem remuneração. A isenção da taxa de condomínio, a partir de 06.03.1997 (publicação do Decreto n. 2.172/97, antigo RGP), equivale à remuneração, razão pela qual, também nesse caso, o síndico está enquadrado como contribuinte individual (IN 77/2015).[11]

[11] "(...) 1. Na Lei n. 3.807/60, vigente à época em que se pretende o reconhecimento do tempo de serviço — 14.08.1968 a 22.03.1976 —, não havia disposição específica quanto ao enquadramento do síndico como um dos segurados obrigatórios do Regime Geral da Previdência Social. Por essa razão, não pode ser reconhecido o tempo no qual o autor exerceu essa função para fins de aposentadoria. 2. Ademais, o síndico não pode ser qualificado como empregado de condomínio residencial,

SÍNDICO DE CONDOMÍNIO	
■ Sem remuneração	■ Não é segurado obrigatório
■ Com remuneração	■ Segurado obrigatório contribuinte individual
■ Com isenção de taxa condominial	■ Segurado obrigatório contribuinte individual

f) Quem presta serviço de natureza urbana ou rural, em **caráter eventual**, em uma ou mais empresas, **sem relação de emprego**.

g) A pessoa física que exerce, por conta própria, atividade econômica de natureza urbana, com fins lucrativos ou não.

As alíneas *g* e *h* têm redação genérica, que foi mais bem detalhada pelas alíneas *j* e *l* do art. 9º, V, do RPS.

O § 15 do art. 9º, em enumeração não taxativa, traz um extenso rol de segurados enquadrados nessas alíneas, do qual destacamos:

- aquele que, pessoalmente ou por conta própria e a seu risco, exerce **pequena atividade comercial em via pública ou de porta em porta, como comerciante ambulante**, nos termos da Lei n. 6.586, de 06.11.1978;
- aquele que presta serviço de natureza não contínua, por conta própria, à pessoa ou família, no âmbito residencial desta, sem fins lucrativos (aqui está a **diarista**);
- **o notário ou tabelião e o oficial de registros ou registrador, titular de cartório**, que detêm a delegação do exercício da atividade notarial e de registro, não remunerados pelos cofres públicos, admitidos a partir de 21.11.1994;
- o **médico-residente** de que trata a Lei n. 6.932, de 07.07.1981;
- o **árbitro de jogos desportivos e seus auxiliares** que atuam em conformidade com a Lei n. 9.615, de 24.03.1998;
- o **membro de conselho tutelar** de que trata o art. 132 da Lei n. 8.069, de 13.07.1990, quando remunerado;
- o **interventor, o liquidante, o administrador especial e o diretor fiscal** de instituição financeira de que trata o § 6º do art. 201.

A lei não conseguiu, apesar de tantos incisos, esgotar o rol de pessoas que podem ser enquadradas como contribuintes individuais.

O RPS, no art. 9º, V, *m*, acrescenta ao extenso rol dos segurados obrigatórios, como contribuinte individual, "**o aposentado de qualquer regime previdenciário, nomeado magistrado classista da Justiça do Trabalho**, na forma dos incs. II do § 1º do art. 111 ou III do art. 115 ou do parágrafo único do art. 116 da CF, ou nomeado magistrado da Justiça Eleitoral, na forma dos incs. II do art. 119 ou III do § 1º do

uma vez que não preenche os requisitos do art. 3º, da CLT. Na função de síndico, não resta configurada subordinação a um empregador. Além disso, não restou demonstrado que o autor percebia remuneração (...)" (TRF 5ª Região, 1ª Turma, AC 9905611649, Rel. Des. Fed. Francisco de Barros e Silva, *DJ* 17.10.2008, p. 231).

art. 120 da CF". Essa categoria de segurados tende a desaparecer tão logo sejam cumpridos os mandatos dos juízes classistas. É que a EC n. 24, de 09.12.1999, transformou as antigas Juntas de Conciliação e Julgamento em Varas do Trabalho, que não são mais compostas pelos juízes classistas. O art. 2º da Emenda assegura o cumprimento dos mandatos dos que exerciam tais cargos temporários quando de sua entrada em vigor.

O TSE e os TREs têm na sua composição 2 juízes nomeados entre 6 advogados de notável saber jurídico e idoneidade moral, indicados pelo STF (art. 119, II, e art. 120, § 1º, III, da CF). Enquanto durar o mandato, esses juízes são segurados obrigatórios do RGPS, como contribuintes individuais. Essa é a regra. Porém, na forma do § 11 do art. 9º do RPS, se, por ocasião da nomeação, esses magistrados já estiverem aposentados pelo RGPS, deverão manter o mesmo enquadramento previdenciário anterior à investidura no cargo.

O inc. V ainda acrescenta nas alíneas *n* e *p*:

n) o **cooperado da cooperativa de produção** que, nessa condição, presta serviço à sociedade cooperativa mediante remuneração ajustada ao trabalho executado;

p) o **Micro Empreendedor Individual — MEI** de que tratam os **arts. 18-A e 18-C da Lei Complementar n. 123, de 14.12.2006**, que opte pelo recolhimento dos impostos e contribuições abrangidos pelo Simples Nacional em valores fixos mensais.

5.3.3.1.2.4. *Segurado trabalhador avulso*

O inc. VI do art. 11 do PBPS e o inc. VI do art. 12 do PCSS definem o segurado obrigatório "trabalhador avulso: quem presta, a diversas empresas, sem vínculo empregatício, serviço de natureza urbana ou rural definidos no Regulamento".

Sendo genérica a definição da lei, o art. 9º, VI, do RPS, detalhou o conceito: trabalhador avulso é aquele que "sindicalizado ou não, preste serviço de natureza urbana ou rural a diversas empresas, ou equiparados, sem vínculo empregatício, com intermediação obrigatória do órgão gestor de mão de obra, nos termos do disposto na Lei n. 12.815, de 5 de junho de 2013, ou do sindicato da categoria". A Lei n. 12.815, de 05.06.2013, é a nova Lei dos Portos.

Atenção: o trabalho avulso, para fins previdenciários, só se caracteriza com a **intermediação pelo gestor de mão de obra ou pelo sindicato da categoria**.

O inc. VI do art. 9º do RPS relaciona os trabalhadores avulsos que exercem suas atividades nos portos:

a) o trabalhador que exerça atividade portuária de capatazia, estiva, conferência e conserto de carga e vigilância de embarcação e bloco;

b) o trabalhador de estiva de mercadorias de qualquer natureza, inclusive carvão e minério;

c) o trabalhador em alvarenga (embarcação para carga e descarga de navios);

d) o amarrador de embarcação;

e) o ensacador de café, cacau, sal e similares;

f) o trabalhador na indústria de extração de sal;

g) o carregador de bagagem em porto;

h) o prático de barra em porto;

i) o guindasteiro; e

j) o classificador, o movimentador e o empacotador de mercadorias em portos; e

5.3.3.1.2.5. *Segurado especial*

A CF de 1988 consagrou a igualdade entre trabalhadores urbanos e rurais dentro da Seguridade Social ao determinar a uniformidade e equivalência de benefícios e serviços.

O respeito à igualdade impõe também o respeito às peculiaridades de cada categoria, o que não poderia ser esquecido em relação aos trabalhadores rurais. Respeitando as peculiaridades de alguns trabalhadores, o art. 195, § 8º, prevê contribuição para a Seguridade Social em regime diferenciado para "o produtor, o parceiro, o meeiro e o arrendatário rurais e o pescador artesanal, bem como os respectivos cônjuges, que exerçam suas atividades em regime de economia familiar, sem empregados permanentes", que incidirá "mediante a aplicação de uma alíquota sobre o resultado da comercialização de sua produção e farão jus aos benefícios nos termos da lei".

Atualmente, o Regulamento da Previdência Social traz possibilidade de reconhecimento da qualidade de segurado caso haja vínculo empregatício mantido entre cônjuges ou companheiros (art. 9º, § 27, decorrente das modificações do Decreto n. 10.410/2020).

Na redação original, o dispositivo incluía o **garimpeiro**, dele **excluído** pela EC n. 20/98.

Na redação original do art. 11, VII, do PBPS (repetida pelo PCSS), o garimpeiro estava incluído no rol dos segurados especiais. Porém, com a edição da Lei n. 8.398, de 07.01.1992, o **garimpeiro deixou de ser segurado especial** e, atualmente, está enquadrado como contribuinte individual pela Lei n. 9.876/99 (art. 11, V, *b*, do PBPS).

O art. 11, VII, do PBPS (disposição contida também no art. 12, VII, do PCSS), na redação da Lei n. 11.718, de 20.06.2008, define o segurado especial: a pessoa física residente no imóvel rural ou em aglomerado urbano ou rural próximo a ele que, individualmente ou em regime de economia familiar, ainda que com o auxílio eventual de terceiros, na condição de:

a) o produtor, seja proprietário, usufrutuário, possuidor, assentado, parceiro ou meeiro outorgados, comodatário ou arrendatário rurais, que explore atividade: 1. agropecuária em área de até 4 módulos fiscais; 2. de seringueiro ou extrativista vegetal que exerça suas atividades nos termos do inc. XII do *caput* do art. 2º da Lei n. 9.985, de 18.07.2000, e faça dessas atividades o principal meio de vida.

O art. 40, § 1º, da IN 77/2015, esclarece:

Produtor: o proprietário, condômino, usufrutuário, possuidor, assentado, acampado, parceiro, meeiro, comodatário, arrendatário rural, quilombola, seringueiro ou extrativista vegetal, que desenvolve atividade agrícola, pastoril ou hortifrutigranjeira, individualmente ou em regime de economia familiar.

Parceiro: aquele que tem contrato escrito de parceria com o proprietário da terra ou detentor da posse e desenvolve atividade agrícola, pastoril ou hortifrutigranjeira, partilhando lucros ou prejuízos.

Meeiro: aquele que tem contrato escrito com o proprietário da terra ou detentor da posse e da mesma forma exerce atividade agrícola, pastoril ou hortifrutigranjeira, partilhando rendimentos ou custos.

Arrendatário: aquele que, comprovadamente, utiliza a terra, mediante pagamento de aluguel, em espécie ou *in natura*, ao proprietário do imóvel rural, para desenvolver atividade agrícola, pastoril ou hortifrutigranjeira.

A atividade agropecuária com frequência é submetida à análise judicial, normalmente em razão do tamanho da área em que o interessado exerce sua atividade. Há uma tendência jurisprudencial no sentido de descartar o enquadramento como segurado especial quando se trata de grandes áreas rurais. Entretanto, antes da recente alteração legislativa, não havia parâmetro indicativo do que seria propriedade rural de grande porte, de modo a inviabilizar a atividade como segurado especial e, na verdade, configurar a existência de uma empresa rural.

O debate judicial levou à edição da **Súmula 30 da TNU** dos Juizados Especiais Federais: "Tratando-se de demanda previdenciária, o fato de o imóvel ser superior ao módulo rural não afasta, por si só, a qualificação de seu proprietário como segurado especial, desde que comprovada, nos autos, a sua exploração em regime de economia familiar".

A modificação trazida pela Lei n. 11.718/2008 é extremamente importante: a área rural onde o segurado exerce suas atividades não pode ser superior a 4 módulos fiscais. Se for maior, o enquadramento correto desse trabalhador rural será o de contribuinte individual, na forma disposta no art. 11, V, *a*.

O conceito de **módulo fiscal** está no art. 50 do Estatuto da Terra (Lei n. 4.504/64) e foi criado para fins de cálculo do Imposto Territorial Rural. É "uma forma de catalogação econômica dos imóveis rurais, variando com base em indicadores econômicos e de produtividade de cada região e indicadores específicos de cada imóvel".[12]

O módulo fiscal não tem uma definição única e nacional. A lei determina que sua fixação seja feita por município, em hectares, considerando-se o tipo de exploração predominante no município, a renda obtida nesse tipo de exploração, outras explorações não predominantes, mas que tenham expressão em função da renda, bem como o conceito de "propriedade familiar".

Calcula-se o módulo fiscal dividindo-se sua área aproveitável total pelo módulo fiscal do Município (§ 3º do art. 50), sendo que constitui área aproveitável do imóvel rural a que for passível de exploração agrícola, pecuária ou florestal (§ 4º).

b) o **pescador artesanal ou assemelhado** que faça da pesca profissão habitual ou principal meio de vida.[13]

---

[12] Conf. Eduardo Augusto, *Georreferenciamento de imóveis rurais*: a gratuidade legal. Disponível em: <http://www.irib.org.br>.

[13] "(...) 'O Pescador Profissional na Pesca Artesanal é aquele que, com meios de produção próprios,

O art. 41, II, da IN 77/2015 enquadra o **assemelhado a pescador** na categoria de segurado especial: aquele que realiza atividade de apoio à pesca artesanal, exercendo trabalhos de confecção e de reparos de artes e petrechos de pesca e de reparos em embarcações de pequeno porte ou atuando no processamento do produto da pesca artesanal.

O Decreto n. 3.048/99 foi alterado, no particular, pelo Decreto n. 8.424/2015, em razão da publicação da Lei n. 13.134/2015, que dispõe sobre o seguro-desemprego do pescador artesanal. Pelas mesmas razões, a IN 77/2015 foi alterada pela IN 79/2015.

c) o cônjuge ou companheiro, bem como filho maior de 16 anos de idade ou a este equiparado, do segurado de que tratam as alíneas *a* e *b* deste inciso, que, comprovadamente, trabalhem com o grupo familiar respectivo.

O art. 39, § 4º, da IN 77, considera segurado especial "o índio reconhecido pela Fundação Nacional do Índio — FUNAI, inclusive o artesão que utilize matéria-prima proveniente de extrativismo vegetal, desde que atendidos os demais requisitos constantes no inciso V do § 4º deste artigo, independentemente do local onde resida ou exerça suas atividades, sendo irrelevante a definição de indígena aldeado, indígena não aldeado, índio em vias de integração, índio isolado ou índio integrado, desde que exerça a atividade rural individualmente ou em regime de economia familiar e faça dessas atividades o principal meio de vida e de sustento".

O conceito de segurado especial é extremamente importante porque a lei pretende amparar aquele que faz da atividade laboral em pequenas propriedades o instrumento de seu sustento e de sua família. Daí porque a lei querer que o segurado resida no imóvel rural ou em aglomerado urbano ou rural próximo a ele.

As atividades do segurado especial podem ser exercidas **individualmente ou em regime de economia familiar, ainda que com o auxílio eventual de terceiros**.

O § 1º do art. 11, repetido pelo § 1º do art. 12 do PCSS, dá o **conceito de regime de economia familiar:** "a atividade em que o trabalho dos membros da família é indispensável à própria subsistência e ao desenvolvimento socioeconômico do núcleo familiar e é exercido em condições de mútua dependência e colaboração, sem a utilização de empregados permanentes".

Todos os membros da família — o cônjuge ou companheiro, bem como filho maior de 16 anos de idade ou a este equiparado — **são segurados especiais** pelo fato de ser paga contribuição para o custeio da seguridade social incidente sobre o produto da comercialização da produção.

A expressão **a este equiparado** se refere ao rol de dependentes do art. 16, § 2º, da Lei n. 8.213/91: **o enteado e o menor tutelado**, mediante declaração do segurado e desde que comprovada a dependência econômica na forma estabelecida no Regulamento.

---

exerce sua atividade de forma autônoma, individualmente ou em regime de economia familiar ou, ainda, com auxilio eventual de outros parceiros, sem vínculo empregatício.' (Fonte: <http://www.planalto.gov.br/seap/>) — O enquadramento do autor como pescador profissional em documento emitido pelo Ministério do Meio Ambiente não descaracteriza, por si só, a condição de segurado especial do requerente, mormente quando o mesmo não possuía grande embarcação e não fazia uso de empregados, desenvolvendo a atividade pesqueira de forma artesanal (...)" (TRF 3ª Região, AC 199903990052946, 8ª Turma, Rel. Des. Fed. Therezinha Cazerta, *DJF3* 24.03.2009, p. 1531).

O trabalho em **mútua dependência e colaboração** significa que todos os membros do grupo familiar exercem a atividade para garantir a subsistência e o desenvolvimento socioeconômico do próprio grupo. Para que sejam considerados segurados especiais, deverão ter participação ativa nas atividades rurais do grupo familiar. Nesse sentido, a jurisprudência do STJ:

> "(...) 2. O **regime de economia familiar** que dá direito ao segurado especial de se aposentar, independentemente do recolhimento de contribuições, é a atividade desempenhada em família, com o trabalho indispensável de seus membros para a sua subsistência. O segurado especial, para ter direito a essa aposentadoria, deve exercer um único trabalho, de cultivo da terra em que mora, juntamente com o seu cônjuge e/ou com os seus filhos, produzindo para o sustento da família. 3. Enquadramento da autora no **conceito** dado pelo Estatuto do Trabalhador Rural — Lei 5.889/73 —, regulamentado pelo Decreto 73.626/74, segundo o qual trabalhador rural é toda pessoa física que, em propriedade rural ou prédio rústico, presta serviços de natureza não eventual a empregador rural, sob a dependência deste e mediante salário (...)" (3ª Seção, AR 199900473787, Rel. Min. Maria Theresa de Assis Moura, *DJe* 02.08.2010).

A contratação de empregados descaracteriza o regime de economia familiar. Entretanto, a lei admite o **auxílio eventual de terceiros**. Para o § 6º do art. 9º do RPS, o auxílio eventual de terceiros é aquele "exercido ocasionalmente, em condições de mútua colaboração, não existindo subordinação nem remuneração".

A jurisprudência abrandou a aplicação desse conceito para admitir a **contratação eventual de mão de obra**, por exemplo, durante a colheita, época em que o grupo familiar pode não dar conta da tarefa. Esse posicionamento foi adotado pelas Leis n. 11.718/2008 e n. 12.873/2013, passando a ser admitida a contratação de empregados por prazo determinado, ou de diaristas, em épocas de safra. O número de contratados, porém, não poderá ultrapassar **120 pessoas por dia no ano civil, em períodos corridos ou intercalados ou, ainda, por tempo equivalente em horas de trabalho**. Não é computado nesse prazo o período de afastamento do contratado em gozo de auxílio-doença (art. 11, § 7º, da Lei n. 8.213/91):

> "(...) 3. A **contratação** de **empregados** por prazo determinado ou de trabalhador eventual/safrista não descaracteriza o regime de economia familiar, conforme veio a ser disciplinado nas novas regras inseridas no art. 11, inciso V e parágrafos, da Lei n. 8.213/91, pela Lei n. 11.718/2008 (...)" (TRF 1ª Região, AC 200601990230350, 1ª Turma Suplementar, Rel. Juiz Fed. Francisco Hélio Camelo Ferreira, *DJ* 27.07.2011, p. 185).

O § 8º do art. 11 da Lei n. 8.213/91, nos incs. I a VI, enumera situações em que **não se descaracteriza** a condição de segurado especial:

- contratação de parceria, meação ou comodato de até 50% de imóvel rural cuja área total não supere 4 módulos fiscais. Para tanto, outorgante e outorgado devem continuar a exercer a respectiva atividade, individualmente ou em regime de economia familiar;

- a exploração da atividade turística da propriedade rural, inclusive com hospedagem, por não mais de 120 dias ao ano;
- a participação em plano de previdência complementar instituído por entidade classista a que seja associado em razão da condição de trabalhador rural ou de produtor rural em regime de economia familiar;
- ser beneficiário ou fazer parte de grupo familiar que tem algum componente que seja beneficiário de programa assistencial oficial de governo;
- a utilização pelo próprio grupo familiar, na exploração da atividade, de processo de beneficiamento ou industrialização artesanal realizado diretamente pelo próprio produtor rural pessoa física, desde que não esteja sujeito à incidência do Imposto sobre Produtos Industrializados (IPI);
- a associação em cooperativa agropecuária ou de crédito rural (redação dada pela Lei n. 13.183, de 04.11.2015, *DOU* 05.11.2015);
- a incidência do Imposto sobre Produtos Industrializados — IPI sobre o produto das atividades desenvolvidas quando o segurado especial participar em sociedade empresária, em sociedade simples, como empresário individual ou como titular de empresa individual de responsabilidade limitada de objeto ou âmbito agrícola, agroindustrial ou agroturístico, considerada microempresa nos termos da Lei Complementar n. 123/2006, desde que, mantido o exercício da sua atividade rural como segurado especial, a pessoa jurídica componha-se apenas de segurados especiais e tenha sede no mesmo Município ou em Município limítrofe àquele em que eles desenvolvam suas atividades.

Há situações em que um dos membros do grupo familiar tem outra fonte de rendimento além da que decorre do trabalho do grupo. Nesse caso, a lei retirou-lhe a condição de segurado. Essa é a **regra geral**.

A regra tem **exceções:** a lei prevê a possibilidade de o segurado especial auferir outros rendimentos, sem, contudo, perder o enquadramento. São as hipóteses elencadas no art. 11, § 9º, I a VIII:

- benefício de pensão por morte, auxílio-acidente ou auxílio-reclusão, cujo valor não supere o do menor benefício de prestação continuada da Previdência Social. O dispositivo está de acordo com o sistema porque os benefícios previdenciários a que faz jus o segurado especial não têm renda mensal de valor superior ao do salário mínimo;
- benefício previdenciário pela participação em plano de previdência complementar instituído por entidade classista a que seja associado em razão da condição de trabalhador rural ou de produtor rural em regime de economia familiar;
- exercício de atividade remunerada em período de entressafra ou do defeso, não superior a 120 dias, corridos ou intercalados, no ano civil, sendo devidas as contribuições previdenciárias;[14]

[14] A Lei n. 10.779, de 25.11.2003, **alterada pela Lei n. 13.134/2015**, instituiu **o seguro-desemprego para o pescador artesanal no período do defeso:** "O pescador artesanal de que tratam a **alínea**

- exercício de mandato eletivo de dirigente sindical de organização da categoria de trabalhadores rurais;
- exercício de mandato de vereador do Município em que desenvolve a atividade rural ou de dirigente de cooperativa rural constituída, exclusivamente, por segurados especiais, devendo ser recolhidas as respectivas contribuições previdenciárias;
- parceria ou meação de até 50% de imóvel rural cuja área total não seja superior a 4 módulos fiscais, desde que outorgante e outorgado continuem a exercer a respectiva atividade, individualmente ou em regime de economia familiar;
- atividade artesanal desenvolvida com matéria-prima produzida pelo respectivo grupo familiar, podendo esta ser utilizada de outra origem, desde que a renda mensal obtida na atividade não exceda ao menor benefício de prestação continuada da Previdência Social;
- atividade artística, desde que em valor mensal inferior ao menor benefício de prestação continuada da Previdência Social.

Súmula 41 da Turma Nacional de Uniformização dos Juizados Especiais Federais: "A circunstância de um dos integrantes do núcleo familiar desempenhar atividade urbana não implica, por si só, a descaracterização do trabalhador rural como segurado especial, condição que deve ser analisada no caso concreto".

Todos os membros do grupo que trabalham em regime de economia familiar são segurados especiais, e, nessa condição, têm direito à cobertura previdenciária prevista no art. 39 da Lei n. 8.213/91, com renda mensal no valor de **um salário mínimo: aposentadoria por idade, aposentadoria por invalidez, auxílio-doença, auxílio-acidente, auxílio-reclusão e pensão por morte**. O segurado especial passou a ter direito ao auxílio-acidente somente a partir da Lei n. 12.873, de 24.10.2013.

A segurada especial tem direito à cobertura previdenciária de **salário-maternidade**, com renda mensal de um salário mínimo (art. 39, parágrafo único).

> **Atenção:** o segurado especial não tem direito à aposentadoria por tempo de contribuição. É que a contribuição do segurado especial é feita mediante a aplicação de uma alíquota sobre o resultado da comercialização da produção.

Para ter direito à aposentadoria por tempo de contribuição dos que ingressaram no RGPS até a EC n. 103/2019, bem como aos demais benefícios previdenciários com renda mensal superior a um salário mínimo, o segurado especial deve ingressar no sistema previdenciário como segurado contribuinte individual ou facultativo e pagar contribuição previdenciária na forma prevista no Plano de Custeio (art. 39, II). Essa hipótese está prevista no art. 200, § 2º, do RPS, na redação dada pelo Decreto n. 6.042, de 12.02.2007.[15] E a regra vale também para os que ingressarem no RGPS

'b' do inciso VII do art. 12 da Lei n. 8.212, de 24 de julho de 1991, e a **alínea 'b' do inciso VII do art. 11 da Lei n. 8.213, de 24 de julho de 1991**, desde que exerça sua atividade profissional ininterruptamente, de forma artesanal e individualmente ou em regime de economia familiar, fará jus ao benefício do seguro-desemprego, no valor de 1 (um) salário mínimo mensal, durante o período de defeso de atividade pesqueira para a preservação da espécie" (art. 1º).

15 "(...) Segundo precedentes, 'a contribuição sobre percentual retirado da receita bruta da comercia-

a partir da EC n. 103/2019 e desejarem se aposentar com requisitos cumulativos de idade e tempo de contribuição.

Atenção: O art. 19-E, do Decreto n. 10.410/2020, dispõe que "para fins de aquisição e manutenção da qualidade de segurado, de carência, de tempo de contribuição e de cálculo do salário de benefício exigidos para o reconhecimento do direito aos benefícios do RGPS e para fins de contagem recíproca, **somente serão consideradas as competências cujo salário de contribuição seja igual ou superior ao limite mínimo mensal do salário de contribuição**".

5.3.3.1.3. *Segurados facultativos*

É segurado facultativo aquele que está fora da roda da atividade econômica, mas deseja ter proteção previdenciária. É de sua **livre escolha** o ingresso no sistema, que se faz por **inscrição**.

O enquadramento como segurado facultativo só é possível **a partir dos 16 anos**, e desde que não esteja exercendo atividade remunerada que o enquadre como segurado obrigatório do RGPS ou de Regime Próprio de Previdência Social.

Não prevalece mais a idade de 14 anos prevista no art. 14 em razão da alteração do art. 7º, XXXIII, da CF, introduzida pela EC n. 20/98, que proíbe o exercício de qualquer trabalho a menor de 16 anos, salvo na condição de aprendiz, a partir de 14 anos.

O **art. 11 do RPS** fornece o rol dos segurados facultativos. A enumeração não é taxativa:

a) aquele que se dedique exclusivamente ao trabalho doméstico no âmbito de sua residência;

b) o síndico de condomínio, quando não remunerado (quando remunerado, é segurado obrigatório contribuinte individual, nos termos do art. 11, V, *f*, da Lei n. 8.213/91);

c) o estudante (a partir de 16 anos de idade);

d) o brasileiro que acompanha cônjuge que presta serviço no exterior;

e) aquele que deixou de ser segurado obrigatório da previdência social;

f) o membro de conselho tutelar de que trata o art. 132 da Lei n. 8.069, de 13.07.1990 (Estatuto da Criança e do Adolescente), quando não esteja vinculado a qualquer regime de previdência social;

g) o bolsista e o estagiário que prestam serviços à empresa, de acordo com a Lei n. 11.788, de 2008;

lização da produção rural, considerada como obrigatória, não garante ao segurado especial a aposentadoria por tempo de serviço', pois, 'tal benefício, conforme se depreende do exame dos arts. 11, inciso VII, e 39, I e II, da Lei n. 8.213/91, tem sua concessão condicionada ao recolhimento facultativo de contribuições, estas disciplinadas no art. 23 do Dec. 2.173/97, e substancialmente diversas daquelas efetuadas sobre a produção rural — art. 24 do mesmo decreto' (...)" (STJ, REsp 441582/CE, Rel. Min. José Arnaldo da Fonseca, *DJ* 14.10.2002, p. 273). Cf. ainda: STJ, 5ª Turma, REsp 20030275070, Rel. Min. Laurita Vaz, *DJ* 10.11.2003, p. 206.

h) o bolsista que se dedique em tempo integral a pesquisa, curso de especialização, pós-graduação, mestrado ou doutorado, no Brasil ou no exterior;

i) o presidiário que não exerce atividade remunerada nem esteja vinculado a qualquer regime de previdência social;

j) o brasileiro residente ou domiciliado no exterior;

k) o segurado recolhido à prisão sob regime fechado ou semiaberto, que, nesta condição, preste serviço, dentro ou fora da unidade penal, a uma ou mais empresas, com ou sem intermediação da organização carcerária ou entidade afim, ou que exerce atividade artesanal por conta própria.

l) o atleta beneficiário da Bolsa-Atleta não filiado a regime próprio de previdência social ou não enquadrado em uma das hipóteses previstas no art. 9º.

A Lei n. 12.470/2011 alterou o art. 21 da Lei n. 8.212/91, propiciando a inclusão previdenciária, na categoria de **segurado facultativo**, da pessoa que, sem renda própria, se dedique exclusivamente ao trabalho doméstico no âmbito de sua residência, desde que pertencente a família de baixa renda (v. item 2.5.7 do Capítulo 2, *supra*). A intenção do legislador foi a de dar proteção previdenciária às donas de casa, aquelas que, com exclusividade, cuidam da família, sem possibilidade de exercer atividade remunerada fora do lar.

Nesse caso, o segurado facultativo pagará contribuição de 5% do valor mínimo do salário de contribuição, ou seja, 5% de um salário mínimo.

A EC n. 103/2019 prevê a inclusão previdenciária também para os trabalhadores que estejam em situação de informalidade.

Para ter direito ao recolhimento na forma prevista na Lei n. 12.470/2011, o segurado facultativo deve comprovar que sua família esteja inscrita no **Cadastro Único para Programas Sociais do Governo Federal — CadÚnico**, com renda mensal de até 2 salários mínimos.

Na vigência da legislação anterior à Lei n. 8.213/91, era comum que pessoas participantes de regimes próprios de previdência (servidores públicos) se filiassem ao RGPS na qualidade de segurados facultativos, com a finalidade de obter cobertura previdenciária também nesse regime, principalmente aposentadoria.

O art. 201, § 5º, da CF veda a filiação ao RGPS, na qualidade de segurado facultativo, de pessoa participante de regime próprio de previdência. A proibição foi repetida pelo RPS (art. 11, § 2º).

Contudo, a filiação dessas pessoas como segurados facultativos é permitida, excepcionalmente, na hipótese de afastamento sem vencimento e desde que não permitida, nessa situação, contribuição para o respectivo regime próprio; nessa hipótese, em se tratando de servidores públicos, o tempo de contribuição como segurados facultativos para o RGPS será computado no regime próprio, se para ele retornarem, já que a CF assegura a contagem recíproca.

A filiação como segurado facultativo só produz **efeitos a partir da inscrição e do primeiro recolhimento e não pode ser retroativa**, isto é, para computar período anterior ao da inscrição. A lei veda o recolhimento de contribuições relativas a competências anteriores à inscrição (Dec. n. 3.048/99, art. 11, § 3º), não sendo possível recolher contribuições não pagas na época oportuna, para fins de comprovação de tempo de contribuição.[16]

Depois da filiação, o segurado facultativo só pode recolher contribuições em atraso se não tiver perdido a qualidade de segurado (art. 11, § 4º, do RPS).

■ 5.3.3.1.4. *Manutenção, perda e reaquisição da qualidade de segurado*

■ 5.3.3.1.4.1. *Manutenção da qualidade de segurado: o "período de graça"*

A regra geral é a de que a qualidade de segurado se mantém enquanto forem pagas as contribuições previdenciárias para o custeio do RGPS.

Manter a qualidade de segurado significa manter o direito à cobertura previdenciária prevista na Lei n. 8.213/91.

Porém, a lei prevê situações em que, mesmo **sem o pagamento de contribuições previdenciárias**, é mantida a qualidade de segurado. É o que se denomina **período de graça**, durante o qual o segurado faz jus a toda a cobertura previdenciária. Exemplo: se, durante o período de graça, o segurado ficar incapaz total e definitivamente para o trabalho, terá direito à cobertura previdenciária de aposentadoria por invalidez, se cumprida a carência, quando for o caso.

O período de graça pode ou não ter duração determinada, conforme dispõe a lei.

As hipóteses de manutenção da condição de segurado sem contribuição estão taxativamente enumeradas no art. 15 do PBPS, e no art. 13 do RPS. Mantém a qualidade de segurado:

Sem limite de prazo: quem está em gozo de benefício, exceto do auxílio-acidente, restrição imposta pela Lei n. 13.876, de 18.06.2019, publicada na mesma data. Estar em gozo de benefício significa estar em período de recebimento de cobertura previdenciária, durante o qual o segurado não paga contribuições para o custeio do sistema. Exemplificando: enquanto estiver em gozo do benefício de auxílio-doença — o que ocorre quando o segurado está total e temporariamente incapacitado para o trabalho ou para suas atividades habituais (arts. 59 a 63 do PBPS) — mantém essa qualidade sem o pagamento de contribuições porque está, justamente, recebendo a cobertura previdenciária decorrente da contingência *incapacidade total e temporária para o trabalho ou atividade habitualmente exercida*.

---

[16] "(...) 1. Não há como retirar o caráter estritamente acadêmico da monitoria, tanto que seu exercício é restrito aos estudantes dos cursos de graduação. Tem como escopo principal, conforme se extrai do art. 41 da Lei n. 5.540/68, iniciar o treinamento de graduandos interessados em futuramente exercer o magistério superior. 2. Como estudantes, a teor da legislação pretérita e da atual, são considerados segurados facultativos. **Desse modo o período em que exercida a função de monitor pode ser contado como tempo de serviço tão somente se as contribuições previdenciárias à época tivessem sido recolhidas, ante a impossibilidade, nesse caso, de filiação retroativa** (...)" (STJ, REsp 480.227, 5ª Turma, Rel. Min. Laurita Vaz, *DJ* 06.10.2003, p. 302).

Até 12 meses após a cessação das contribuições: o segurado que deixar de exercer atividade remunerada abrangida pela Previdência Social ou estiver suspenso ou licenciado sem remuneração ou que deixar de receber seguro-desemprego. O período de graça para o beneficiário do seguro-desemprego foi previsto pela MP n. 905/2019 (12.11.2019), que o tornou segurado obrigatório durante o período de recebimento do benefício, com recolhimento da respectiva contribuição previdenciária. Porém, a MP n. 905/2019 foi revogada pela MP n. 955/2020.

> **Atenção:** o art. 13, II, do RPS, especifica que esse mesmo prazo é dado na hipótese de cessação de benefício por incapacidade, ou seja, cessada a cobertura previdenciária — o que ocorre quando o segurado readquire a capacidade —, o prazo de 12 meses começa a fluir da data da cessação do benefício.
>
> Com a nova redação do RPS dada pelo Decreto n. 10.410, de 2020, há que se verificar o valor da contribuição, bem como eventuais ajustes de complementação, considerado o salário mínimo.

Até 12 meses após cessar a segregação: o segurado acometido de doença de segregação compulsória.

Até 12 meses após o livramento: o segurado recolhido à prisão em regime fechado.

O RGPS prevê cobertura previdenciária de auxílio-reclusão para os dependentes do segurado recolhido à prisão em regime fechado, na forma do art. 80 do PBPS (item 5.3.6.2, *infra*). Durante o período em que está recolhido à prisão o segurado não paga contribuições previdenciárias, mas a cobertura previdenciária está sendo dada aos dependentes.

Cessado o recolhimento à prisão em regime fechado, inicia-se, então, o prazo de 12 meses, durante o qual fica mantida a qualidade de segurado e, consequentemente, toda a cobertura previdenciária a que este fizer jus.

Até 3 meses após o licenciamento: o segurado incorporado às Forças Armadas para prestar serviço militar.

A incorporação é o ato de inclusão às Forças Armadas e ocorre no início do primeiro e do segundo semestre do ano. Os selecionados se alistam e, se aprovados em todas as fases do processo seletivo, vão desempenhar a função de recruta na Marinha, no Exército ou na Aeronáutica.

A prestação do serviço militar tem duração de 12 meses.

Até 6 meses após a cessação das contribuições: o segurado facultativo.

Para o segurado facultativo o período de graça é menor. Convém lembrar que se tiver perdido a qualidade de segurado, o facultativo não poderá recolher contribuições em atraso (art. 11, § 3º, do RPS).

Há situações em que o período de graça é estendido:

Até 24 meses: o segurado que deixar de exercer atividade remunerada abrangida pela Previdência Social ou estiver suspenso ou licenciado sem remuneração, que já tiver pago mais de **120 contribuições mensais** sem interrupção que acarrete a perda da qualidade de segurado.

Atenção: para ter direito à prorrogação do período de graça, nesse caso, o segurado não pode ter interrupção de contribuições no período de 10 anos que o tenha levado a perder a condição de segurado.

O sistema previdenciário dá cobertura por prazo maior para quem contribuiu por mais tempo para o custeio do RGPS.

Até 24 meses: o segurado que deixar de exercer atividade remunerada abrangida pela Previdência Social ou estiver suspenso ou licenciado sem remuneração, que estiver desempregado, desde que comprovada essa situação por registro próprio do Ministério do Trabalho e Emprego.

Atenção: essa regra tem aplicação, também, ao **segurado que se desvincular de regime próprio de previdência social** (art. 13, § 4º, do RPS).

O registro do desemprego que a lei determina é aquele feito para fins de requerimento do seguro-desemprego, no Serviço Nacional de Empregos do Ministério do Trabalho e Emprego (SINE).

O art. 137, § 4º, da IN 77/2015 dispõe, de forma não taxativa, sobre os documentos hábeis à comprovação do registro do desemprego: registro em órgão do MTE; comprovação do recebimento do seguro-desemprego; ou inscrição cadastral no Sistema Nacional de Emprego (SINE), órgão responsável pela política de emprego nos Estados da federação.

A jurisprudência de alguns Tribunais Regionais Federais vinha abrandando a exigência do registro oficial do desemprego, no entendimento de que basta a anotação de rescisão do contrato de trabalho na CTPS.[17]

A **Súmula 27 da TNU dos Juizados Especiais Federais** firmou entendimento no mesmo sentido: "A ausência de registro em órgão do Ministério do Trabalho não impede a comprovação do desemprego por outros meios admitidos em direito".

Esse entendimento, entretanto, não prevaleceu no STJ.

Em Incidente de Uniformização de Interpretação de Lei Federal, o STJ decidiu que **a situação de desemprego pode ser comprovada por outros meios de prova, e não apenas pelo registro no Ministério do Trabalho e do Emprego**. Entretanto, firmou entendimento de que **não basta a simples anotação de rescisão do contrato de trabalho na CTPS do segurado:**

"(...) 2. No que diz respeito à hipótese sob análise, em que o requerido alega ter deixado de exercer atividade remunerada abrangida pela Previdência Social, incide a disposição do inciso II e dos §§ 1º e 2º do citado art. 15 de que é mantida a **qualidade de segurado** nos 12 (doze) meses após a cessação das contribuições, podendo ser prorrogado por mais 12 (doze) meses se comprovada a situação por meio de registro no órgão próprio do Ministério do Trabalho e da Previdência Social. 3. Entretanto, diante do compromisso constitucional com a dignidade da pessoa humana, esse dispositivo deve ser interpre-

[17] TRF 4ª Região, AC 489146, Rel. Juiz Paulo Afonso Brum Vaz, *DJ* 26.02.2003, p. 871.

tado de forma a proteger não o registro da situação de **desemprego**, mas o segurado desempregado que, por esse motivo, encontra-se impossibilitado de contribuir para a Previdência Social. 4. Dessa forma, **esse registro não deve ser tido como o único meio de prova da condição de desempregado do segurado, especialmente considerando que, em âmbito judicial, prevalece o livre convencimento motivado do Juiz e não o sistema de tarifação legal de provas**. Assim, **o registro perante o Ministério do Trabalho e da Previdência Social poderá ser suprido quando for comprovada tal situação por outras provas constantes dos autos, inclusive a testemunhal**. 5. No presente caso, o Tribunal *a quo* considerou mantida a condição de segurado do requerido em face da situação de **desemprego** apenas com base no registro na CTPS da data de sua saída no emprego, bem como na ausência de registros posteriores. 6. A ausência de anotação laboral na CTPS do requerido não é suficiente para comprovar a sua situação de **desemprego,** já que não afasta a possibilidade do exercício de atividade remunerada na informalidade. 7. Dessa forma, não tendo o requerido produzido nos autos prova da sua condição de desempregado, merece reforma o acórdão recorrido que afastou a perda da **qualidade de segurado** e julgou procedente o pedido; sem prejuízo, contudo, da promoção de outra ação em que se enseje a produção de prova adequada. 8. Incidente de Uniformização do INSS provido para fazer prevalecer a orientação ora firmada" (PET 200900415402, PET 7115, 3ª Seção, Rel. Min. Napoleão Nunes Maia Filho, *DJe* 06.04.2010).

Até 36 meses: o segurado desempregado, que tiver pago mais de 120 contribuições mensais sem interrupção que acarrete a perda da qualidade de segurado, desde que comprovada essa situação no órgão próprio do Ministério do Trabalho e Emprego (art. 15, § 2º, do PBPS e art. 13, § 2º, do RPS), regra que se aplica, também, ao segurado que se desvincular de regime próprio de previdência (art. 13, § 4º, do RPS).

Aqui, também, o período de graça é maior para aquele que por mais tempo contribuiu para o custeio do RGPS, desde que esteja desempregado. Valem, aqui, as mesmas considerações já feitas em relação à interpretação da jurisprudência sobre a necessidade de registro do desemprego no Ministério do Trabalho e Emprego.

Atenção: em se tratando de contribuinte individual, há disposição específica no Regulamento sobre a contagem do prazo do período de graça: art. 14. O reconhecimento da perda da qualidade de segurado no termo final dos prazos fixados no art. 13 ocorrerá **no dia seguinte ao do vencimento da contribuição do contribuinte individual relativa ao mês imediatamente posterior ao término daqueles prazos**.

5.3.3.1.4.2. Perda da qualidade de segurado: consequências

Regra geral, transcorrido o período de graça, sem que o segurado volte a pagar contribuições destinadas ao custeio do RGPS, opera-se a perda da qualidade de segurado.

Perder a qualidade de segurado significa perder o direito a toda e qualquer cobertura previdenciária para o segurado e seus dependentes (art. 102 do PBPS).

Necessário, porém, atentar para o disposto no **§ 4º do art. 15 do PBPS:** a perda da qualidade de segurado ocorrerá **no dia seguinte ao do término do prazo** fixado no Plano de Custeio da Seguridade Social **para recolhimento da contribuição** referente ao mês imediatamente posterior ao do final dos prazos fixados neste artigo e seus parágrafos.

Há situações em que a perda da qualidade de segurado não acarreta a perda do direito à cobertura previdenciária. São hipóteses **taxativamente** enumeradas na lei:

a) Aposentadorias por tempo de contribuição (regras de transição da EC n. 103/2019) e especial. O art. 3º da Lei n. 10.666/2003[18] e o § 5º do art. 13 do RPS preveem que a perda da qualidade de segurado não impede a concessão das aposentadorias por tempo de contribuição e especial.

O dispositivo só pode ser compreendido se analisado de forma sistemática. O regime previdenciário é eminentemente contributivo, tanto que, como será analisado (item 5.3.4.1, *infra*), impõe o cumprimento de carências para que se aperfeiçoe o direito à proteção previdenciária, salvo exceções expressamente previstas na lei.

Se o segurado cumpriu a necessária carência para a obtenção desses benefícios, a posterior perda da qualidade de segurado não pode impedi-lo de usufruir o benefício, sob pena de enriquecimento ilícito do orçamento previdenciário. É o que dispõem os arts. 102, § 1º, do PBPS, e 180, do RPS. O benefício será, então, concedido na forma da legislação em vigor na data em que todos os requisitos foram cumpridos. É a garantia constitucional do direito adquirido, respeitada pela legislação previdenciária.

b) Aposentadoria por idade. O § 1º do art. 3º da Lei n. 10.666/2003 dispõe que: "Na hipótese de aposentadoria por idade, a perda da qualidade de segurado não será considerada para a concessão desse benefício, desde que o segurado conte com, no mínimo, o tempo de contribuição correspondente ao exigido para efeito de carência na data do requerimento do benefício".

A Lei n. 10.666/2003 apenas acolheu o que a jurisprudência há muito decidia, garantindo o direito à aposentadoria por idade ao segurado que, tendo perdido essa condição, contasse com, no mínimo, o tempo de contribuição exigido para efeito de carência na data do requerimento do benefício.

Note-se que o dispositivo legal determina que a carência a considerar é a da **data do requerimento do benefício** e não a da data em que o segurado completou a idade.

A nosso ver, o dispositivo não se aplica a todas as situações. É que nem sempre a data do requerimento do benefício coincide com a data em que se completou a idade para esse tipo de aposentadoria. Pode ocorrer que o segurado humilde, sem informação, complete todos os requisitos para se aposentar por idade — carência + idade —, mas só faça o requerimento algum tempo depois. Se levada em consideração a carência exigida na data do requerimento, que pode ser maior, pode ocorrer de o segurado não conseguir cumpri-la. Se isso ocorrer, restará violado o

[18] Art. 3º A perda da qualidade de segurado não será considerada para a concessão das aposentadorias por tempo de contribuição e especial.

seu direito adquirido de se aposentar pela norma vigente quando completou todos os requisitos.

Não se deve perder de vista que a aposentadoria por idade só é concedida aos trabalhadores urbanos conforme as regras de transição da EC n. 103/2019, uma vez que o implemento da idade deixa de ser contingência protegida com aposentadoria.

As regras, contudo, continuam valendo para os trabalhadores rurais, que continuam tendo direito à aposentadoria por idade aos 60 anos, se homem, e 55 anos, se mulher.

c) Pensão por morte após a perda da qualidade de segurado. Regra geral, perdida a qualidade de segurado, tanto este quanto seus dependentes deixam de ter direito a toda e qualquer cobertura previdenciária.

Há situações, porém, em que a perda da qualidade de segurado ocorre quando já cumpridos, pelo segurado, todos os requisitos para a aposentadoria, em qualquer de suas espécies.

Nesses casos, se vivo estivesse, o segurado teria direito adquirido de se aposentar. Então, a morte, nesse caso, após a perda da qualidade de segurado continua sendo contingência geradora de necessidade protegida pelo sistema previdenciário, ficando garantido aos dependentes o benefício de pensão por morte (art. 102, § 2º, do PBPS e art. 180, § 2º, do RPS). Em Recurso Especial julgado sob o rito dos Recursos Repetitivos, o STJ adotou esse entendimento:

> "(...) I — A condição de segurado do *de cujus* é requisito necessário ao deferimento do benefício de pensão por morte ao(s) seu(s) dependente(s). Excepciona-se essa regra, porém, na hipótese de o falecido ter preenchido, ainda em vida, os requisitos necessários à concessão de uma das espécies de aposentadoria do Regime Geral de Previdência Social — RGPS. Precedentes.
>
> II — *In casu*, não detendo a *de cujus*, quando do evento morte, a condição de segurada, nem tendo preenchido em vida os requisitos necessários à sua aposentação, incabível o deferimento do benefício de pensão por morte aos seus dependentes (...)" (REsp 1.110.565, 3ª Seção, Rel. Min. Felix Fischer, *DJe* 03.08.2009).

d) Aposentadoria por invalidez (incapacidade total e permanente). Não perde a qualidade de segurado aquele que deixa de contribuir em razão de incapacidade para o trabalho, fazendo jus à aposentadoria por invalidez (incapacidade permanente, na forma da EC n. 103/2019).[19]

A incapacidade, total ou parcial, temporária ou permanente, é contingência geradora de necessidade protegida pela Previdência Social, que, uma vez configurada, faz nascer direito subjetivo a um benefício por incapacidade (auxílio-doença ou aposentado-

[19] Cf. "(...) 1. Para efeito de concessão de aposentadoria por invalidez, não há que se falar em perda da qualidade de segurado, tendo em vista que a interrupção no recolhimento das contribuições previdenciárias ter decorrido de circunstâncias alheias à vontade do beneficiário, qual seja, ter sido acometido de moléstia incapacitante (...)" (STJ, AGA 200801541119, 6ª Turma, Rel. Min. Og Fernandes, *DJe* 09.12.2008).

ria por invalidez, conforme se trate de incapacidade temporária ou permanente), que, por várias razões, pode não ter sido exercido pelo segurado durante o período de graça.[20]

Tema 245 da TNU: "A invalidação do ato de concessão de benefício previdenciário não impede aplicação do art. 15, I da Lei 8.213/91 ao segurado de boa-fé" (*DJe* 25.06.2020).

5.3.3.1.4.3. *Reaquisição da qualidade de segurado*

Findo o período de graça, configura-se a perda da qualidade de segurado. Se este desejar impedir que isso aconteça, deverá providenciar o recolhimento da contribuição previdenciária referente ao mês imediatamente posterior ao do final dos prazos fixados no art. 15 do PBPS (§ 4º do art. 15 e art. 14 do Dec. n. 3.048/99). Exemplificamos: se o período de graça findou em 13 de outubro e o segurado deseja manter essa qualidade, deve proceder ao recolhimento da contribuição referente ao mês de novembro no prazo fixado no Plano de Custeio (Lei n. 8.212/91).

5.3.3.2. *Os dependentes*

Os dependentes do segurado falecido estão **expressamente relacionados** na legislação previdenciária.

A relação jurídica entre dependentes e INSS só se instaura quando deixa de existir relação jurídica entre este e o segurado, o que ocorre com sua morte ou recolhimento à prisão. Não existe hipótese legal de cobertura previdenciária ao dependente e ao segurado, simultaneamente.

A inscrição do dependente se dá por ocasião do requerimento do benefício a que tiver direito (art. 17, § 1º, do PBPS), e mediante a apresentação dos documentos exigidos pelo art. 22 do RPS.

> **Atenção:** partir de 13.11.2019 (EC n. 103/2019), a condição de dependente pode ser reconhecida antes do óbito do segurado, quando se tratar de dependente inválido ou com deficiência intelectual, mental ou grave. Nesse caso, o dependente deverá ser submetido a avaliação biopsicossocial realizada por equipe multiprofissional e interdisciplinar, com revisões periódicas na forma da lei. Contudo, a relação jurídica previdenciária entre dependente e INSS só será aperfeiçoada com o óbito do segurado (art. 23, § 5º, da EC n. 103/2019).

Os dependentes do segurado são os enumerados nos incs. I a III do art. 16 do PBPS. Cada inciso corresponde a uma **classe de dependentes**.

Coloca-se, então, a **questão:** é ou não é taxativo o rol de dependentes previsto no art. 16? Predomina entendimento na jurisprudência no sentido de que o rol é taxativo.[21]

---

[20] "(...) 2. 'Não perde a qualidade de segurado aquele que deixa de contribuir para a Previdência Social em razão de incapacidade legalmente comprovada' (REsp 418373/SP, Sexta Turma, Rel. Min. FERNANDO GONÇALVES, *DJ* 1º.07.2002). 3. Recurso especial provido" (STJ, REsp 800.860, Rel. Min. Arnaldo Esteves Lima, *DJe* 18.05.2009).

[21] (...) A pensão por morte é benefício previdenciário instituído em favor dos dependentes do segurado, de caráter personalíssimo destes, observada a ordem preferencial das classes previstas no art. 16 da Lei n.

Os parágrafos do art. 16 estendem a condição de dependentes a algumas pessoas que especificam. Como a Lei n. 8.213/91 foi alterada, segue quadro demonstrativo das modificações:

REDAÇÃO ORIGINAL	LEI N. 9.032/95	LEI N. 9.528/97	LEI N. 12.470/2011	LEI N. 13.135/2015	LEI N. 13.146/2015	LEI N. 13.846/2019
Art. 16. São beneficiários do Regime Geral de Previdência Social, na condição de dependentes do segurado:						
I — o cônjuge, a companheira, o companheiro e o filho, de qualquer condição, menor de 21 (vinte e um) anos ou inválido;	I — o cônjuge, a companheira, o companheiro e o filho não emancipado, de qualquer condição, menor de 21 (vinte e um) anos ou inválido;		I — o cônjuge, a companheira, o companheiro e o filho não emancipado, de qualquer condição, menor de 21 (vinte e um) anos ou inválido ou que tenha deficiência intelectual ou mental que o torne absoluta ou relativamente incapaz, assim declarado judicialmente;	I — o cônjuge, a companheira, o companheiro e o filho não emancipado, de qualquer condição, menor de 21 (vinte e um) anos ou inválido ou que tenha deficiência intelectual ou mental ou deficiência grave;	I — o cônjuge, a companheira, o companheiro e o filho não emancipado, de qualquer condição, menor de 21 (vinte e um) anos ou inválido ou que tenha deficiência intelectual ou mental ou deficiência grave;	
II — os pais;						
III — o irmão, de qualquer condição, menor de 21 (vinte e um) anos ou inválido;	III — o irmão não emancipado, de qualquer condição, menor de 21 (vinte e um) anos ou inválido;		III — o irmão não emancipado, de qualquer condição, menor de 21 (vinte e um) anos ou inválido ou que tenha deficiência intelectual ou mental que o torne absoluta ou relativamente incapaz, assim declarado judicialmente;	III — o irmão não emancipado, de qualquer condição, menor de 21 (vinte e um) anos ou inválido ou que tenha deficiência intelectual ou mental ou deficiência grave;	III — o irmão não emancipado, de qualquer condição, menor de 21 (vinte e um) anos ou inválido ou que tenha deficiência intelectual ou mental ou deficiência grave;	

8.213/91, possuindo a classe I dependência econômica presumida, devendo para as demais, a dependência ser comprovada (§ 4º). — Para obtenção da pensão por morte, deve o requerente comprovar o evento morte, a condição de segurado do falecido (aposentado ou não) e a condição de dependente do requerente (no momento do óbito), sendo o benefício regido pela legislação do instante do óbito do segurado (Súmula 340 do STJ), inclusive para definição do rol dos dependentes. — Benefício de pensão por morte não concedido, em razão de não preencher os requisitos legais obrigatórios para concessão do referido benefício, nos termos do art. 16, § 2º, da Lei n. 8.213/91. — A autora vivia com a mãe que detinha a sua guarda da menor, sendo a primeira dependente da segunda para fins previdenciários. O avô da autora auxiliava financeiramente a neta, contudo não detinha o poder familiar, não fazendo parte do rol taxativo de dependentes estabelecidos no art. 16, § 2º, da Lei n. 8.213/91. (...)". (TRF 3ª Região, 7ª Turma, AC 0005961-50.2015.4.03.6183, Rel. Des. Federal Inês Virgínia, *DJe* 31.10.2018).

IV — a pessoa designada, menor de 21 (vinte e um) anos ou maior de 60 (sessenta) anos ou inválida.	REVOGADO					
§ 1º A existência de dependente de qualquer das classes deste artigo exclui do direito às prestações os das classes seguintes.						
§ 2º Equiparam-se a filho, nas condições do inciso I, mediante declaração do segurado: o enteado; o menor que, por determinação judicial, esteja sob a sua guarda; e o menor que esteja sob sua tutela e não possua condições suficientes para o próprio sustento e educação.		§ 2º O enteado e o menor tutelado equiparam-se a filho mediante declaração do segurado e desde que comprovada a dependência econômica na forma estabelecida no Regulamento.				
§ 3º Considera-se companheira ou companheiro a pessoa que, sem ser casada, mantém união estável com o segurado ou com a segurada, de acordo com o § 3º do art. 226 da Constituição Federal.						
§ 4º A dependência econômica das pessoas indicadas no inciso I é presumida e a das demais deve ser comprovada.						
§ 5º						§ 5º As provas de união estável e de dependência econômica exigem início de prova material contemporânea dos fatos, produzido em período não superior a 24 (vinte e quatro)

						meses anterior à data do óbito ou do recolhimento à prisão do segurado, não admitida a prova exclusivamente testemunhal, exceto na ocorrência de motivo de força maior ou caso fortuito, conforme disposto no regulamento.
						§ 6º Na hipótese da alínea *c* do inciso V do § 2º do art. 77 desta Lei, a par da exigência do § 5º deste artigo, deverá ser apresentado, ainda, início de prova material que comprove união estável por pelo menos 2 (dois) anos antes do óbito do segurado.
						§ 7º Será excluído definitivamente da condição de dependente quem tiver sido condenado criminalmente por sentença com trânsito em julgado, como autor, coautor ou partícipe de homicídio doloso, ou de tentativa desse crime, cometido contra a pessoa do segurado, ressalvados os absolutamente incapazes e os inimputáveis.

O quadro demonstra que o dispositivo foi alterado pela Lei n. 9.032/95, que revogou o inc. IV, que previa o **dependente designado**. Então, a partir da Lei n. 9.032/95, deixou de existir a figura do dependente designado.

As modificações da legislação sempre trazem a questão da aplicação do direito intertemporal. Com relação ao dependente designado, tem-se:

a) dependente designado que recebe cobertura previdenciária desde **data anterior** à Lei n. 9.032/95: a nosso ver, existe direito adquirido do dependente designado porque sua relação jurídica com o INSS se formou antes da modificação da lei;

b) pessoa designada que pretende receber cobertura previdenciária na hipótese de morte do segurado ou de seu recolhimento à prisão **após** a vigência da Lei n. 9.032/95: não há direito adquirido porque a qualidade de dependente só poderia efetivar-se no momento da morte do segurado ou de seu recolhimento à prisão; tendo ocorrido a contingência após a vigência da nova lei, que não previa a pessoa designada no rol dos dependentes, não chegou a formar-se a relação jurídica entre aquela e o INSS, razão pela qual não há direito adquirido a invocar, nesse caso. Tem sido esse o posicionamento do STJ:

> "AÇÃO RESCISÓRIA. PREVIDENCIÁRIO. PENSÃO POR MORTE. MENOR DESIGNADO. ALEGAÇÃO DE VIOLAÇÃO À LEI 9.032/95. RESCISÃO DO JULGADO. 1. A Lei 8.213/91, que trata dos benefícios previdenciários, previa, na redação original do art. 16, IV, a possibilidade de designação de dependente do segurado e que, portanto, seria reconhecido como beneficiário do RGPS. Ocorre que a Lei 9.032/95 alterou o citado dispositivo e retirou a figurado do dependente designado do rol de dependentes previdenciários. 2. A lei aplicável à concessão de pensão previdenciária por morte é aquela vigente na data do óbito do segurado (Súmula 340/STJ). 3. *In casu*, o falecimento do instituidor do benefício ocorreu após a entrada em vigor da Lei 9.032/95, motivo pelo qual não é devida a concessão de pensão por morte à ré, menor designada. 4. Pedido rescisório procedente". (AR 3131, 3ª Seção, Rel. Antonio Saldanha Palheiro, *DJe* 09.03.2017).

A **TNU** dos Juizados Especiais Federais, no mesmo sentido, editou a **Súmula 4:** "Não há direito adquirido, na condição de dependente, de pessoa designada, quando o falecimento do segurado deu-se após o advento da Lei n. 9.032/95".

Dependente designado	→	Só tem direito adquirido se o óbito do segurado ocorreu antes da Lei n. 9.032/95

Há uma **hierarquia** entre as classes de dependentes: a existência de dependentes de uma classe anterior exclui os dependentes das classes seguintes (art. 16, § 1º). Assim, havendo dependentes da 1ª classe, automaticamente estão excluídos os dependentes das 2ª e 3ª classes. Exemplo: a existência de filhos do segurado (1ª classe) exclui o direito de seus pais (2ª classe) e irmãos (3ª classe).

Os dependentes da **1ª classe** têm em seu favor a **presunção absoluta de dependência econômica** em relação ao segurado falecido ou recolhido à prisão.

Os dependentes das 2ª e 3ª classes devem comprovar a dependência econômica em relação ao segurado, sob pena de não se aperfeiçoar a relação jurídica previdenciária.

A partir 18.01.2019 (MP n. 871/2019, convertida na Lei n. 13.846/2019), a dependência econômica dos dependentes de 2ª e 3ª classes deve ser comprovada com início de prova material contemporânea aos fatos, desde que produzida até 24 meses antes do óbito ou do recolhimento à prisão em regime fechado.

DEPENDENTES	
1ª classe	2ª e 3ª classes
■ Presunção absoluta de dependência econômica	■ Precisam comprovar a dependência econômica → a partir de 18.01.2019 é necessário início de prova material contemporânea aos fatos, desde que produzida até 24 meses antes do óbito ou recolhimento à prisão em regime fechado

Analisaremos cada uma das classes.

a) 1ª classe: o cônjuge, a companheira, o companheiro e o filho não emancipado, de qualquer condição, menor de 21 (vinte e um) anos ou inválido ou que tenha deficiência intelectual ou mental ou deficiência grave, na forma prevista na Lei n. 13.146/2015 (Estatuto da Pessoa com Deficiência), em vigor **a partir de 03.01.2016**, que alterou o inciso I do art. 16. A alteração excluiu a exigência de comprovação, na via judicial, da incapacidade absoluta ou relativa.

Os dependentes da 1ª classe gozam de presunção absoluta de dependência econômica, ou seja, não precisam comprová-la.

a.1) Cônjuge: o conceito de cônjuge é o mesmo da lei civil, ou seja, **a pessoa casada**. A legislação previdenciária não faz distinção em relação ao regime de bens.

Na legislação anterior à Lei n. 8.213/91, o marido só tinha a condição de dependente da esposa se fosse inválido.

Embora o art. 16 não mencione o cônjuge separado, de fato ou judicialmente, e o divorciado, há que se atentar para o disposto no art. 76, § 2º, do PBPS. O dispositivo dá direito de concorrer em igualdade de condições, com os dependentes de 1ª classe, ao **cônjuge divorciado ou separado judicialmente ou de fato que recebia pensão alimentícia**.

A nosso ver, da interpretação sistemática dos dois dispositivos legais (arts. 16 e 76, § 2º) resulta que o cônjuge separado, de fato ou judicialmente, e o divorciado não são dependentes se não recebiam pensão alimentícia ao tempo do óbito do segurado. Se os dependentes da 1ª classe têm a dependência econômica presumida, não faria sentido que a separação de fato ou judicial e o divórcio, sem pagamento de pensão alimentícia por parte do segurado, não os retirasse do rol de dependentes. Se estavam separados, por qualquer das formas, e sem a ajuda financeira do segurado, não há como presumi-los seus dependentes economicamente.

A controvérsia foi dirimida com a edição da **Súmula 336 do STJ:** "A mulher que renunciou aos alimentos na separação judicial tem direito à pensão previdenciária por morte do ex-marido, comprovada a necessidade econômica superveniente".

Porém, o tema voltou a ser tratado pela MP n. 871, de 18.01.2019, convertida na Lei n. 13.846/2019, que inseriu o § 3º no art. 76 do PBPS: Na hipótese de o segurado falecido estar, na data de seu falecimento, obrigado por determinação judicial a pagar **alimentos temporários** a ex-cônjuge, ex-companheiro ou ex-companheira, a pensão por morte será devida pelo prazo remanescente na data do óbito, caso não incida outra hipótese de cancelamento anterior do benefício.

Com a alteração, a nosso ver, não é mais possível aplicar a Súmula 336, considerando como dependente, por necessidade superveniente, aquele que não tinha direito à pensão alimentícia, na data da separação judicial ou de fato, ainda que tenha recebido alimentos temporariamente.

a.2) Companheiro ou companheira são os definidos pelo § 3º do art. 16: a pessoa que, sem ser casada, mantém união estável com o segurado ou com a segurada, na forma do § 3º do art. 226 da CF.

Para o RPS (art. 16, § 6º), a união estável é aquela configurada na convivência pública, contínua e duradoura entre o homem e a mulher, estabelecida com intenção de constituição de família, observado o § 1º do art. 1.723 do Código Civil (Lei n. 10.406, de 10.01.2002).

A interpretação da Lei e do Regulamento, contudo, não pode levar à conclusão de que a união estável só pode ser reconhecida para os que não têm impedimentos, ao fundamento de que, se casados com outras pessoas, sua vida em comum configuraria autêntico concubinato adulterino. A realidade demonstra que é comum que pessoas casadas se separem apenas de fato e constituam novas famílias, razão pela qual não há fundamento jurídico, dentro do Sistema da Seguridade Social, para que os dependentes resultantes da união estável sejam excluídos do direito ao recebimento do benefício.

A lei e o regulamento não exigem que o companheiro seja previamente designado pelo segurado.

A união estável é comprovada por meio dos documentos relacionados no art. 22, I, *b*, do RPS: documento de identidade e certidão de casamento com averbação da separação judicial ou divórcio, quando um dos companheiros ou ambos já tiverem sido casados, ou de óbito, se for o caso.

A jurisprudência tem abrandado essa exigência, contentando-se com prova testemunhal, ao entendimento de que as normas administrativas vinculam apenas os servidores públicos, podendo o juiz decidir com base no seu livre convencimento motivado.[22]

Nesse sentido, a **Súmula 63 da TNU** dos Juizados Especiais Federais: "A comprovação de união estável para efeito de concessão de pensão por morte prescinde de início de prova material".

A jurisprudência firmada antes da Lei n. 13.846/2019 decidia majoritariamente que a **existência de prole em comum** era suficiente para a comprovação da união estável.[23]

Entretanto, a partir da vigência da Lei n. 13.846/2019 (18.06.2019), a comprovação da união estável exige início de prova material contemporânea aos fatos, vedada a prova exclusivamente testemunhal. E mais: o início de prova material de ter sido

---

22 "(...) 2. Se a lei não impõe a necessidade de prova material para a comprovação tanto da convivência em união estável como da dependência econômica para fins previdenciários, não há por que vedar à companheira a possibilidade de provar sua condição mediante testemunhas, exclusivamente. 3. Ao magistrado não é dado fazer distinção nas situações em que a lei não faz (...)" (STJ, REsp 783.697/GO, Rel. Min. Nilson Naves, *DJ* 09.10.2006, p. 372).

23 Cf. "(...) 2. Comprovada por meio de documentos e testemunhas que o *de cujus* convivia em regime de união estável com a autora, bem assim existente a prole comum, denotando a mútua intenção de constituir família, não há que se falar em necessidade de provar dependência econômica, tendo em vista a presunção legal contida no artigo 16, I, § 4º, da Lei 8.213/91 (...)" (TRF 3ª Região, AC 1190460, Proc. n. 200703990157070/SP, 10ª Turma, Rel. Des. Fed. Jediael Galvão, *DJU* 13.02.2008, p. 2129).

produzido em período não superior a 24 meses anteriores ao óbito ou recolhimento à prisão. A regra só não se aplica se ocorrer motivo de força maior ou caso fortuito, definidos pelo regulamento.

O art. 16, § 6º-A, do RPS, vedou a prova exclusivamente testemunhal para comprovar união estável e dependência econômica, exceto em caso de motivo de força maior ou caso fortuito.

> **Atenção**, contudo, à situação em que se trata de **concubinato adulterino**, porque este **não é protegido pelo direito previdenciário** porque não configura a união estável. O STJ tem firmado esse entendimento:
>
> "**PREVIDENCIÁRIO. CONCUBINATO ADULTERINO.** RELAÇÃO CONCORRENTE COM O CASAMENTO. EMBARAÇO À CONSTITUIÇÃO DE **UNIÃO ESTÁVEL** APLICAÇÃO. IMPEDIMENTO. 1. A jurisprudência desta Corte prestigia o entendimento de que a existência de impedimento para o matrimônio, por parte de um dos componentes do casal, embaraça a constituição da **união estável**. (...)" (AGRESP 1267832, 5ª Turma, Rel. Min. Jorge Mussi, *DJe* 19.12.2011).

Mas o tema continua em discussão, agora no Supremo Tribunal Federal, que, em 25.09.2019, iniciou o julgamento do RE 1.045.273, de Relatoria do Min. Alexandre de Moraes, cuja Ata foi publicada em 15.10.2019. O tema central em apreciação é a possibilidade de reconhecimento de uniões estáveis concomitantes para fins de habilitação à pensão por morte. O julgamento está suspenso por pedido de vista.

A CF prestigia a união estável entre homem e mulher. Porém, o **companheiro homossexual** também está incluído na primeira classe dos dependentes do segurado, por força de decisão proferida em Ação Civil Pública (Proc. n. 2000.71.00.009347-0, 3ª Vara Federal Previdenciária de Porto Alegre-RS).

A decisão judicial teve diversos fundamentos, dos quais destacamos: o respeito ao princípio da dignidade da pessoa humana; a orientação sexual não pode ser fator de exclusão da proteção previdenciária; a união entre homossexuais pode ser abrangida pelo conceito de entidade familiar; a relação previdenciária deve respeitar as uniões estáveis entre pessoas do mesmo sexo da mesma forma que deve aceitar as uniões estáveis entre heterossexuais. Também se entendeu que cabem as mesmas exigências para comprovação do vínculo afetivo e dependência econômica presumida, tanto na pensão por morte quanto no auxílio-reclusão.

Para cumprir a decisão, o INSS editou sucessivas normas administrativas, estando em vigor o disposto no art. 130 da IN 77/2015: "De acordo com a Portaria MPS n. 513, de 9 de dezembro de 2010, publicada no *DOU*, de 10 de dezembro de 2010, o companheiro ou a companheira do mesmo sexo do segurado inscrito no RGPS integra o rol dos dependentes e, desde que comprovada a união estável, concorre, para fins de pensão por morte e de auxílio reclusão, com os dependentes preferenciais de que trata o inciso I do art. 16 da Lei n. 8.213, de 1991, para óbito ou reclusão ocorridos a partir de 5 de abril de 1991, conforme o disposto no art. 145 do mesmo diploma legal, revogado pela MP n. 2.187-13, de 24 de agosto de 2001".

a.3) Filho não emancipado, de qualquer condição, menor de 21 anos ou inválido ou que tenha deficiência intelectual ou mental ou deficiência grave, na forma da Lei

n. 13.146/2015, em vigor a partir de 03.01.2016: pode ser o filho natural ou o adotado, uma vez que a expressão "de qualquer condição" exclui qualquer discriminação. Com a alteração, não há mais a exigência de declaração judicial de incapacidade.

O art. 123 da IN n. 77/2015 dispõe que filhos de qualquer condição são aqueles havidos ou não da relação de casamento, ou adotados, que possuem os mesmos direitos e qualificações dos demais, proibidas quaisquer designações discriminatórias relativas à filiação, nos termos do § 6º do art. 227 da CF.

Antes da Lei n. 9.032/95 não havia referência à emancipação do filho menor. Com a modificação, se o filho menor se emancipar, perderá a condição de dependente.

Os filhos são dependentes até completarem **21 anos**. A maioridade civil, prevista no Código Civil, não tem efeitos no Direito Previdenciário, que estabelece proteção com base no princípio da seletividade e distributividade. Assim, mesmo que a maioridade civil se dê aos 18 anos, a proteção previdenciária, para o filho, na qualidade de dependente, estende-se até os 21 anos.

Atenção: em matéria previdenciária não se aplica o entendimento de que a qualidade de dependente se prorroga até os 24 anos, data provável em que o filho completaria seus estudos universitários, como ocorre para fins de fixação de pensão alimentícia, que é instituto do direito de família, que não se confunde com a relação jurídica decorrente do direito previdenciário. Por isso, **mesmo que, após os 21 anos, o filho continue seus estudos, deixará de ter a qualidade de dependente**. Esse entendimento foi adotado pelo STJ no julgamento de Recurso Repetitivo.[24]

Súmula 37 da TNU dos Juizados Especiais Federais: "A pensão por morte, devida ao filho até os 21 anos de idade, não se prorroga pela pendência de curso universitário".

Os **filhos inválidos** mantêm a qualidade de dependentes enquanto durar a invalidez, independentemente de terem completado 21 anos de idade.

Atenção: para que o filho maior de 21 anos e inválido tenha a condição de dependente, **é necessário que a invalidez seja contemporânea ao óbito do segurado**. Não devemos esquecer que se aplica a lei vigente na data do óbito (*tempus regit actum*), de modo que o direito à pensão por morte se aperfeiçoa se todos os requisitos estiverem preenchidos na data do óbito. Tem sido esse o entendimento do STJ e dos Tribunais Regionais Federais:

[24] "(...) 2. A concessão de benefício previdenciário rege-se pela norma vigente ao tempo em que o beneficiário preenchia as condições exigidas para tanto. Inteligência da Súmula 340/STJ, segundo a qual 'A lei aplicável à concessão de pensão previdenciária por morte é aquela vigente na data do óbito do segurado'. 3. Caso em que o óbito dos instituidores da pensão ocorreu, respectivamente, em 23/12/94 e 5/10/01, durante a vigência do inc. I do art. 16 da Lei 8.213/91, o qual, desde a sua redação original, admite, como dependentes, além do cônjuge ou companheiro(a), os filhos menores de 21 anos, os inválidos ou aqueles que tenham deficiência mental ou intelectual. 4. Não há falar em restabelecimento da pensão por morte ao beneficiário, maior de 21 anos e não **inválido**, diante da taxatividade da lei previdenciária, porquanto não é dado ao Poder Judiciário legislar positivamente, usurpando função do Poder Legislativo. Precedentes. 5. Recurso especial provido. Acórdão sujeito ao regime do art. 543-C do Código de Processo Civil (...)" (STJ, REsp 201300631659, 1ª Seção, Rel. Min. Arnaldo Esteves Lima, *DJe* 07.08.2013).

> "(...) 2. É firme o entendimento desta Corte no sentido de que 'a lei aplicável à concessão de pensão previdenciária por morte é a vigente na data do óbito do segurado (*tempus regit actum*)' (AgRg no REsp 1.321.225/RJ, Rel. Ministro Napoleão Nunes Maia Filho, Primeira Turma, *DJe* 16/8/2016). 3. Nos termos do 'art. 5º, II, da Lei n. 3.373/58, não faz jus ao benefício de pensão por morte o dependente que tenha apresentado invalidez em período posterior ao óbito do genitor, uma vez que em se tratando de benefício de cunho previdenciário, sua concessão rege-se pelas normas vigentes ao tempo do fato gerador' (AgRg no AREsp 692.663/SP, Rel. Ministro Og Fernandes, Segunda Turma, julgado em 23/06/2015, *DJe* 01/07/2015). Nesse mesmo sentido: AgRg no REsp 332.177/RS, Rel. Ministro Gilson Dipp, Quinta Turma, *DJU* 4/2/2002; REsp 1.656.690/RJ, Rel. Ministra Regina Helena Costa, *DJe* 30/6/2017; AREsp 1.103.995/RJ, Rel. Ministro Sérgio Kukina, *DJe* 8/6/2017 (...)" (STJ, REsp 1693647, 2ª Turma, Rel. Min. Herman Benjamin, *DJe* 23.10.2017).

O filho de qualquer condição que tenha deficiência intelectual ou mental ou deficiência grave também mantém a condição de dependente do segurado falecido mesmo depois de completar 21 anos de idade. Também nessa hipótese a condição de deficiência deve ser contemporânea ao óbito do segurado.

Súmula 340 do STJ: "A lei aplicável à concessão de pensão previdenciária por morte é aquela vigente na data do óbito do segurado".

Para que **o enteado e o menor tutelado**, equiparados a filho, se qualifiquem como dependentes, o segurado deve fazer declaração ao INSS.

A tutela deve ser comprovada mediante apresentação do termo de tutela (art. 16, § 4º, do RPS).

Embora equiparados a filhos, concorrendo, assim, entre os dependentes da 1ª classe, o enteado e o menor tutelado **deverão comprovar que dependiam economicamente do segurado**. É necessário que não tenham bens suficientes para o próprio sustento e educação (arts. 16, § 2º, e 22, § 3º, do RPS).

> **Atenção:** para a situação do **menor sob guarda por determinação judicial:** o § 2º do art. 16 do PBPS, na redação original, equiparava a filho o menor sob guarda por determinação judicial. O dispositivo foi alterado pela MP n. 1.536/96, convertida na Lei n. 9.528/97, não havendo mais proteção previdenciária para o menor sob guarda por determinação judicial.

A alteração da legislação trouxe questão importante em termos de Previdência Social: como ficariam, então, enquadrados os menores que estavam sob a guarda judicial do segurado antes da modificação legislativa, e este faleceu depois dela? Teriam direito adquirido à condição de dependentes do segurado falecido?

A nosso ver, no caso, não existe direito adquirido porque a relação jurídica entre dependente e previdência só se forma quando o segurado morre ou é recolhido à prisão. Enquanto um desses eventos não ocorrer, a relação jurídica entre dependente e INSS não se forma, não havendo, por isso, direito adquirido a ser invocado. Ademais, na concessão dos benefícios — no caso, pensão por morte ou auxílio-reclusão — aplica-se a legislação vigente na data da contingência geradora da necessidade, em razão do princípio *tempus regit actum*, entendimento que foi adotado pelo STJ.[25]

Entretanto, o **Estatuto da Criança e do Adolescente** (Lei n. 8.069/90), anterior à Lei n. 8.213/91, tem disposição específica: a guarda confere à criança ou adolescente a condição de dependente, para todos os fins e efeitos de direito, **inclusive previdenciários** (art. 33, § 3º).

O Ministério Público Federal ajuizou Ações Civis Públicas objetivando o reconhecimento da condição de dependente para o menor sob guarda do segurado por determinação judicial. Em razão de decisões proferidas nessas Ações Civis Públicas ajuizadas, o **INSS editou a IN INSS/DC n. 106, de 14.04.2004**, mencionando que os menores sob guarda judicial continuam tendo a qualidade de dependentes mesmo após a publicação da Lei n. 9.528/97, nos Estados de **São Paulo, Minas Gerais, Sergipe e Tocantins**.

O STJ, em Embargos de Divergência, decidiu que a lei previdenciária, por ser especial, prevalece sobre o Estatuto da Criança e do Adolescente, de modo que, a partir da Lei n. 9.528/97, o **menor sob guarda judicial está excluído do rol de dependentes** do segurado (EREsp 200500821356, 3ª Seção, Rel. Min. Paulo Gallotti, *DJe* 04.08.2009). Posteriormente, nos Embargos de Divergência no REsp 11411788, a Corte Especial decidiu em sentido contrário, adotando entendimento de que o ECA prevalece sobre as disposições da lei previdenciária (Rel. Min. João Otavio de Noronha, *DJe* 16.12.2016).

O STJ firmou a tese no **Tema 732**: O menor sob guarda tem direito à concessão do benefício de pensão por morte do seu mantenedor, comprovada sua dependência econômica, nos termos do art. 33, § 3º, do Estatuto da Criança e do Adolescente, ainda que o óbito do instituidor da pensão seja posterior à vigência da Medida Provisória n. 1.523/96, reeditada e convertida na Lei n. 9.528/97. Funda-se essa conclusão na qualidade de lei especial do Estatuto da Criança e do Adolescente (Lei n. 8.069/90), frente à legislação previdenciária. (REsp 1411258, Rel. Min. Napoleão Nunes Maia Filho, *DJe* 21.08.2018, do qual foi interposto o RE 1164452).

Sobre o mesmo tema está em tramitação no STF a ADI 5.083, ajuizada pelo Conselho Federal da OAB, distribuída à relatoria do Ministro Dias Toffoli, não julgada até o fechamento desta edição.

Porém a questão está longe de ser pacificada. O art. 23, § 6º, da EC n. 103/2019, retirou da legislação ordinária a disciplina dessa matéria, estabelecendo que, para fins de recebimento de pensão previdenciária, equiparam-se a filho "exclusivamente

[25] "(...) I — Em regra, os benefícios previdenciários são regidos pelo princípio *tempus regit actum*. II — O menor sob guarda judicial, nos moldes do art. 16, § 2º, da Lei n. 8.213/91, não tem direito a receber pensão por morte se a condição fática necessária à concessão do benefício, qual seja, o óbito do segurado, sobreveio à vigência da Medida Provisória n. 1.523/96, posteriormente convertida na Lei n. 9.528/97, que alterando o disposto no art. 16, § 2º, da Lei n. 8.213/91 acabou por afastar do rol dos dependentes da Previdência Social a figura do menor sob guarda judicial (...)" (REsp 438.844/RS, Rel. Min. Felix Fischer, *DJ* 04.08.2003, p. 364).

o enteado e o menor tutelado, desde que comprovada a dependência econômica". Dessa forma, quando o óbito do segurado ocorrer a partir de 13.11.2019, data da publicação da EC, o menor sob guarda não terá a condição de dependente, aplicando-se o princípio *tempus regit actum*.

Quando o óbito do segurado ocorreu até 12.11.2019, o menor sob guarda deverá ser considerado dependente do segurado falecido, na forma decidida pelo STJ no Tema 732, até julgamento da ADI 5.083.

b) 2ª classe: os pais do segurado só têm cobertura previdenciária quando não houver dependentes da 1ª classe (art. 16, § 1º), e **devem comprovar a dependência econômica**, apresentando os documentos relacionados no art. 22, § 3º, do RPS. A jurisprudência abrandava esse entendimento, aceitando outros meios idôneos de prova. Mas, a partir da vigência da MP n. 871/2019 (18.01.2019), convertida na Lei n. 13.846/2019, a prova da dependência econômica deve ser feita com início de prova material, por documentos datados de no máximo 24 meses anteriores ao óbito ou recolhimento à prisão do segurado em regime fechado.

A lei colocou os **pais** e não os *ascendentes* do segurado como dependentes da 2ª classe, com o que, nos exatos termos da lei, outros ascendentes, que não os pais, não são dependentes para fins previdenciários. Porém, o STJ já considerou o *avô* dependente do segurado falecido:

> "(...) 1. A questão recursal gira em torno do reconhecimento do direito dos avós do segurado falecido receberem pensão por morte, nos termos dos artigos 16 e 74 da Lei 8.213/1991, em razão de terem sido os responsáveis pela criação do neto, falecido em 11/11/2012, ocupando verdadeiro papel de genitores. 2. O benefício pensão por morte está disciplinado nos artigos 74 a 79 da Lei de Benefícios, regulamentados pelos artigos 105 a 115 do Decreto 3.048/1999. É devido exclusivamente aos dependentes do segurado falecido, com o intuito de amenizar as necessidades sociais e econômicas decorrentes do evento morte, no núcleo familiar. 3. O benefício pensão por morte é direcionado aos dependentes do segurado, divididos em classes, elencados no artigo 16 da Lei 8.213/1991, rol considerado taxativo. A qualidade de dependente é determinada pela previsão legal e também pela dependência econômica, ora real, ora presumida. A segunda classe de dependentes inclui apenas os pais. 4. No caso concreto, são incontroversos os fatos relativos ao óbito, a qualidade de segurado, a condição dos avós do falecido similar ao papel de genitores, pois o criaram desde seus dois anos de vida, em decorrência do óbito dos pais naturais, e, a dependência econômica dos avós em relação ao segurado falecido. 5. O fundamento adotado pelo Tribunal *a quo* de que a falta de previsão legal de pensão aos avós não legitima o reconhecimento do direito ao benefício previdenciário não deve prevalecer. Embora os avós não estejam elencados no rol de dependentes, a criação do segurado falecido foi dada por seus avós, ora recorrentes. Não se trata de elastecer o rol legal, mas identificar quem verdadeiramente ocupou a condição de pais do segurado. 6. Direito à pensão por morte reconhecido (...)" (REsp n. 1.574.859/SP, 2ª Turma, Rel. Min. Mauro Campbell Marques, *DJe* 14.11.2016).

Pode ocorrer de o pai ou mãe ser segurado da Previdência e, nessa condição, receber cobertura previdenciária de aposentadoria. Coloca-se, então, a questão: poderá receber, também, pensão por morte de filho? De início, não há na legislação proibição de acumulação de aposentadoria e pensão por morte (art. 124 do PBPS). Depois, porque só a análise do caso concreto vai demonstrar a situação de dependência econômica dos pais em relação ao filho falecido. Em famílias de baixa renda é comum que os filhos, enquanto forem solteiros, ajudem no sustento dos pais, até porque esses, mesmo aposentados, dificilmente têm cobertura previdenciária de valor mensal superior a um salário mínimo.

O extinto **Tribunal Federal de Recursos** tinha entendimento sobre o tema, até hoje adotado pela jurisprudência,[26] estampado na sua **Súmula 229**: "A mãe do segurado tem direito a pensão previdenciária, em caso de morte do filho, se provada a dependência econômica, mesmo não exclusiva".

A comprovação da dependência econômica dos pais em relação ao filho não exigia início de prova material, satisfazendo-se com a produção de prova testemunhal, conforme reiteradamente decidido pelo STJ:

> "(...) 1. A Terceira Seção deste Superior Tribunal, no âmbito da Quinta e da Sexta Turma, já consolidou entendimento no sentido de que não se exige início de prova material para comprovação da **dependência** econômica de **mãe** para com o filho, para fins de obtenção do benefício de **pensão** por morte. (...)" (AGRESP 200602014106, 5ª Turma, Rel. Min. Arnaldo Esteves Lima, *DJe* 03.11.2008).

Porém, **a partir de 18.09.2019**, data da vigência da Lei n. 13.846/2019, os pais também devem apresentar início de prova material da dependência econômica em relação ao filho falecido ou recluso. E, como para os demais dependentes, o início de prova material deve ter sido produzido em período não superior aos 24 meses que antecederam o óbito ou o recolhimento à prisão em regime fechado. A exceção apenas se apresenta em caso de ocorrência de caso fortuito ou força maior, na forma disposta em regulamento.

c) 3ª classe: o irmão não emancipado, de qualquer condição, menor de 21 anos ou inválido ou que tenha deficiência intelectual ou mental ou deficiência grave, que só tem cobertura previdenciária na hipótese de inexistência de dependentes da 1ª e 2ª classes (art. 16, § 1º), que também **deve comprovar** a dependência econômica, na forma do disposto no RPS.

O inciso III do art. 16 foi alterado pelo Estatuto da Pessoa com Deficiência (Lei n. 13.146, de 06.07.2015). **A partir de 03.01.2016**, o dependente de 3ª classe não necessi-

[26] "(...) Observa-se que, sendo beneficiária mãe, há de ser comprovada a dependência econômica, sendo devida a pensão somente se não existir dependente da primeira classe, nos termos do art. 16, I, e § 4º, da LBPS. — No presente caso, restou evidenciado que o falecido era solteiro e que não possuía dependente algum enquadrado no art. 16, I, da Lei n. 8.213/91, conforme certidão de óbito. — Os depoimentos das testemunhas demonstram a dependência econômica da mãe em relação ao seu filho. Tal prova já é suficiente para ensejar a concessão do benefício, conforme entendimento do E. Superior Tribunal de Justiça. — Quanto à alegação de que a autora é casada e depende então de seu cônjuge, que exerce atividade rural, ressalte-se que a dependência econômica exigida não é exclusiva, nos termos da Súmula n. 229 do extinto TFR (...)" (TRF 3ª Região, AC 200703990045734, 9ª Turma, Rel. Des. Fed. Diva Malerbi, *DJF3* 25.06.2008).

ta mais comprovar a declaração judicial da incapacidade absoluta ou relativa, mas, sim, sua condição de inválido ou com deficiência intelectual ou mental ou deficiência grave.

A alteração foi importante. Primeiro, porque deixou de exigir a edição de regulamento para a caracterização da deficiência, que deixa de ter sentido em razão da publicação do Estatuto. Segundo, porque a alteração pela Lei n. 13.145 só entraria em vigor em junho de 2017, e a redação dada pela Lei n. 13.146 passa a vigorar a partir de 03.01.2016.

De qualquer condição significa que o vínculo entre o segurado e dependente não precisa ser consanguíneo, sendo dependente também o irmão decorrente de relação de adoção.

Ao completar 21 anos, cessa a qualidade de dependente. Aplica-se, aqui, o mesmo entendimento já esclarecido em relação ao dependente filho que completa 21 anos, não se estendendo a qualidade de dependente até que complete 24 anos.

O irmão inválido tem a qualidade de dependente enquanto durar a invalidez, qualquer que seja sua idade, o mesmo se aplicando ao irmão com deficiência intelectual ou mental ou com deficiência grave, até que seja afastada a condição de deficiência.

■ *5.3.3.2.1. Perda da qualidade de dependente*

As hipóteses de perda da qualidade de dependente estão relacionadas no art. 17 do RPS, modificado pelo Decreto n. 10.410, de 2020. Porém, o dispositivo deverá ser adequado às alterações do art. 16 decorrentes das Leis ns. 13.135 e 13.146, de 2015.

Perdem a condição de dependentes:

a) O cônjuge: pelo divórcio ou pela separação judicial ou de fato, enquanto não lhe for assegurada a prestação de alimentos, pela anulação do casamento, pelo óbito ou por sentença judicial transitada em julgado;

b) A(o) companheira(o): quando cessar a união estável com o(a) segurado(a), se não tiver direito à pensão alimentícia, ou decorrer o pagamento de alimentos temporários fixados por decisão judicial.

c) Os filhos e irmãos, de qualquer condição: quando completarem 21 anos, salvo se forem inválidos ou com deficiência mental ou intelectual ou deficiência grave, ou se emanciparem.

Se, embora *inválidos ou com deficiência mental ou intelectual ou deficiência grave*, se emanciparem e a emancipação se der em decorrência de colação de grau em curso superior, não se opera a perda da qualidade de dependente (art. 114, II, do RPS).

O Decreto n. 10.410/2020 modificou a redação do art. 108 do RPS: a pensão por morte será devida ao filho, ao enteado, ao menor tutelado e ao irmão, desde que comprovada a dependência econômica dos três últimos, que sejam inválidos ou que tenham deficiência intelectual, mental ou grave, cuja invalidez ou deficiência tenha ocorrido antes da data do óbito, observado o disposto no § 1º do art. 17

d) Os filhos e irmãos, de qualquer condição, com deficiência intelectual ou mental: pelo levantamento da interdição. Atente-se, porém, para a nova redação dada ao art. 16 do PBPS, que deixou de exigir a declaração judicial de incapacidade.

e) Os dependentes em geral: quando cessar a invalidez, quando cessar a condição de deficiência ou pelo seu falecimento.

5.3.4. Regras aplicáveis às prestações em geral

A concessão das coberturas previdenciárias previstas no Plano de Benefícios (art. 18) está sujeita às regras gerais e às regras específicas, analisadas neste tópico.

5.3.4.1. Períodos de carência

Sendo o sistema previdenciário de caráter contributivo, é justificável a exigência do cumprimento de carência para a obtenção de determinadas prestações, bem como a dispensa da carência em outras, em razão da necessidade de manutenção do equilíbrio financeiro e atuarial do sistema.

A carência tem definição legal (art. 24 do PBPS e art. 26 do RPS): é o **número mínimo de contribuições mensais** indispensáveis para que o beneficiário faça jus ao benefício, consideradas a partir do transcurso do primeiro dia dos meses de suas competências. É o período durante o qual o segurado contribui, mas ainda não tem direito a certas prestações.

O Decreto n. 10.410/2020 alterou a redação da definição:

> **Art. 26.** Período de carência é o tempo correspondente ao número mínimo de contribuições mensais indispensáveis para que o beneficiário faça jus ao benefício, consideradas as competências cujo salário de contribuição seja igual ou superior ao seu limite mínimo mensal.

Cumpre citar, ainda, que o art. 19-E, § 1º, do Decreto n. 10.410/2020 prevê possibilidade de complementação das contribuições.

Conta-se o período de carência a partir do transcurso do primeiro dia dos meses de competência das contribuições pagas.

> **Exemplo:** se o segurado paga a contribuição da competência *fevereiro* no mês de março, conta-se o período de carência a partir do dia 1º de fevereiro.

O parágrafo único do art. 24 **trazia** disposição importante: havendo **perda da qualidade de segurado**, as contribuições anteriores a essa data só seriam computadas para efeito de carência depois que o segurado contasse, **a partir da nova filiação à Previdência Social**, com, no mínimo, **um terço** do número de contribuições exigidas para o cumprimento da carência definida para o benefício a ser requerido.

Se ocorresse a perda da qualidade de segurado, as contribuições pagas até então só poderiam ser computadas para efeitos de carência se o segurado se filiasse novamente à Previdência Social. Porém, para que tal contagem pudesse ser feita, o segurado deveria cumprir, novamente, no mínimo, **um terço do número de contribuições exigidas para o cumprimento da carência do benefício que iria pedir**.

O parágrafo único do art. 24 do PBPS foi revogado pela MP n. 242/2005. A nosso ver, com a revogação, poder-se-ia concluir que, perdida a qualidade de segurado, a carência exigida para o benefício deveria ser novamente cumprida por inteiro, independentemente do número de contribuições anteriores à perda da qualidade de segurado.

A questão esteve *sub judice* no STF nos autos das ADIn 3.467-7/DF, 3.473-1/DF e 3.505-3/DF, todas de relatoria do Ministro Marco Aurélio, que deferiu liminar em Medida Cautelar incidental, em 1º.07.2005, do que resultou, na prática, que a Lei n. 8.213/91 permanecesse em vigor sem as alterações introduzidas pela MP n. 242/2005.

Em 20.07.2005, o Senado Federal rejeitou os pressupostos constitucionais de relevância e urgência e determinou o arquivamento da MP n. 242/2005 (Ato Declaratório n. 1, de 2005, do Presidente do Senado Federal, *DOU* 21.07.2005). Permaneceu, então, inalterada a anterior redação da Lei n. 8.213/91 e resultou sem objeto a ADIn 3.467-7/DF.

O referido parágrafo único foi novamente revogado pela MP n. 739/2016, cuja eficácia foi cessada pelo decurso do prazo para sua conversão em lei, de modo que o dispositivo continuou em vigor.

Entretanto, a MP n. 767, de 06.01.2017 (*DOU* 06.01.2017), convertida na Lei n. 13.457, de 26.06.2017, novamente revogou o parágrafo único do art. 24.

REDAÇÃO ORIGINAL	MP N. 242, DE 24.03.2005 (REJEITADA)	MP N. 739/2016 (EFICÁCIA CESSADA)	MP N. 767/2017 (CONVERTIDA NA LEI N. 13.457/2017)
Art. 24. Período de carência é o número mínimo de contribuições mensais indispensáveis para que o beneficiário faça jus ao benefício, consideradas a partir do transcurso do primeiro dia dos meses de suas competências.			
Parágrafo único. Havendo perda da qualidade de segurado, as contribuições anteriores a essa data só serão computadas para efeito de carência depois que o segurado contar, a partir da nova filiação à Previdência Social, com, no mínimo, 1/3 (um terço) do número de contribuições exigidas para o cumprimento da carência definida para o benefício a ser requerido.	REVOGADO	REVOGADO	REVOGADO

A Lei n. 13.457/2017 inseriu o art. 27-A na Lei n. 8.213/91, disposição específica sobre o cômputo da carência para os benefícios de **auxílio-doença, aposentadoria por invalidez e salário-maternidade quando perdida a condição de segurado**: a partir da nova filiação, o segurado deverá **cumprir novamente metade dos prazos de carência** previstos no art. 25, I e III.

Com a edição da MP n. 871, de 18.01.2019, que alterou o art. 27-A, o **auxílio-reclusão** passou a ser benefício cuja concessão depende de carência, que antes era dispensada. E determinou que a partir da nova filiação fossem cumpridos integralmente os prazos de carência e, nessa parte, não foi convertida em lei.

A Lei n. 13.846, de 18.09.2019, novamente alterou o art. 27-A, mantendo o auxílio-reclusão, mas determinando o cumprimento novamente da metade dos prazos de carência previstos no art. 25, I, III e IV, do PBPS.

A nova redação do art. 27-A do RPS também alude à necessidade de cumprir, novamente, metade dos prazos de carência após nova filiação, ao reportar-se aos benefícios de auxílio por incapacidade temporária, de aposentadoria por incapacidade permanente, de salário-maternidade e de auxílio-reclusão.

CUMPRIMENTO DE CARÊNCIA APÓS NOVA FILIAÇÃO AO RGPS		
Redação original (Lei n. 13.457/2017)	**MP n. 871/2019**	**Lei n. 13.846/2019**
Art. 27-A. No caso de perda da qualidade de segurado, para efeito de carência para a concessão dos benefícios de que trata esta lei, o segurado deverá contar, a partir da nova filiação à Previdência Social, com **metade** dos períodos previstos nos incisos I e III do *caput* do art. 25 desta Lei.	Art. 27-A. Na hipótese de perda da qualidade de segurado, para fins da concessão dos benefícios de auxílio-doença, de aposentadoria por invalidez, de salário-maternidade e de **auxílio-reclusão**, o segurado deverá contar, a partir da data da nova filiação à Previdência Social, com os **períodos integrais** de carência previstos nos incisos I, III e IV do *caput* do art. 25.	Art. 27-A. Na hipótese de perda da qualidade de segurado, para fins da concessão dos benefícios de auxílio-doença, de aposentadoria por invalidez, de salário-maternidade e de **auxílio-reclusão**, o segurado deverá contar, a partir da data da nova filiação à Previdência Social, com **metade** dos períodos previstos nos incisos I, III e IV do *caput* do art. 25 desta Lei.

Os prazos de carência estão discriminados no art. 25 do PBPS e no art. 29 do RPS.

Doze contribuições mensais: auxílio-doença (incapacidade temporária) e aposentadoria por invalidez/incapacidade permanente.

Cento e oitenta contribuições mensais: aposentadoria por idade, aposentadoria por tempo de contribuição e aposentadoria especial.

Vinte e quatro contribuições mensais: auxílio-reclusão.

Na redação original do art. 25, o inc. II se referia à aposentadoria por idade, à aposentadoria por tempo de serviço, à aposentadoria especial e ao abono de permanência em serviço. Com a extinção do benefício de abono de permanência em serviço, o inc. II foi alterado pela Lei n. 8.870/94, passando a prever a carência de 180 contribuições mensais para as aposentadorias por idade, por tempo de serviço e especial.

A aposentadoria por tempo de serviço foi extinta pela EC n. 20/98 e substituída pela aposentadoria por tempo de contribuição. Entretanto, o PBPS continua com a mesma redação, fazendo referência à aposentadoria por tempo de serviço.

Com a edição da EC n. 103/2019, as aposentadorias por idade e por tempo de contribuição deixaram de ser coberturas previdenciárias para os segurados que ingressarem no RGPS a partir de 13.11.2019, que deverão cumprir requisitos cumulativos de idade mínima e tempo de contribuição para a aposentadoria voluntária.

Porém, por muito tempo ainda, as regras antigas serão aplicadas porque a Reforma da Previdência de 2019 garantiu o respeito ao direito adquirido, de modo que aquelas regras devem ser estudadas para possibilitar o correto enquadramento do caso concreto.

Há **regras de transição** para as aposentadorias por idade e por tempo de contribuição, conforme será analisado quando tratarmos especificamente de cada benefício.

Há também **regras de transição** para os segurados inscritos no RGPS até 24.07.1991, bem como para o trabalhador e o empregador rural. O **art. 142 do PBPS** estabelece uma tabela de períodos de carência nessas hipóteses, levando em conta o ano em que foram cumpridas as condições necessárias ao deferimento do benefício.

Dez contribuições mensais: salário-maternidade para a segurada contribuinte individual, segurada especial e segurada facultativa (art. 25, III, com a redação da MP n. 871/2019, convertida na Lei n. 13.846/2019).

O inc. III do art. 25 foi introduzido pela Lei n. 9.876/99.

A contribuinte individual, a segurada especial e a segurada facultativa devem cumprir carência de 10 contribuições mensais para terem direito à cobertura previdenciária de salário-maternidade.

A segurada especial, a que se refere o inc. III, é aquela que contribui como contribuinte individual, na forma do art. 39, II, do PBPS.

Se o parto for antecipado, a carência de 10 contribuições mensais será reduzida no mesmo número de meses em que o parto se antecipou.

Exemplo: se o parto se antecipou em 2 meses, reduzem-se duas contribuições mensais do período de carência, passando a ser, então, de 8 contribuições mensais.

Se a **segurada especial não contribui como contribuinte individual**, aplicam-se as regras do art. 39, parágrafo único, do PBPS: terá direito ao **salário-maternidade com renda mensal no valor de um salário mínimo**, desde que comprove o exercício de atividade rural, ainda que de forma descontínua, nos 10 meses imediatamente anteriores ao início do benefício. Não se trata, então, de carência, cujo conceito está ligado ao de contribuições previdenciárias que, no caso, não são pagas pelo segurado especial que faz jus aos benefícios previstos no parágrafo único do art. 39 do PBPS.

Para as seguradas contribuintes individual e facultativa, ao contrário do que ocorre com a segurada empregada — dispensada, no caso, do cumprimento da carência para o salário-maternidade — a exigência do cumprimento da carência justifica-se para evitar que ingressem no sistema apenas para terem a cobertura previdenciária do salário-maternidade, sem intenção de nele permanecer.

A Medida Provisória n. 664, de 30.12.2014 (*DOU* 30.12.2014), inseriu o inciso IV no art. 25 da Lei n. 8.213/91, passando a exigir a carência de 24 contribuições mensais para pensão por morte e auxílio-reclusão. Nessa parte, a MP n. 664/2014 entrou em vigor em **1º.03.2015**.

Porém, a MP n. 664/2014 foi convertida na Lei n. 13.135, de 17.06.2015, que **não adotou a carência para pensão por morte e auxílio-reclusão**.

Vinte e quatro contribuições mensais (art. 25, IV, do PBPS): auxílio-reclusão, benefício que independia de carência até a edição da MP n. 871/2019, convertida na Lei n. 13.846/2019. Assim, a carência de 24 meses deverá ser cumprida nas hipóteses em que o recolhimento do segurado à prisão ocorra a partir de **18.01.2019**.

REDAÇÃO ORIGINAL	LEI N. 8.870/94	LEI N. 9.876/99	MP N. 664/2014 (convertida na Lei n. 13.135/2015)	LEI N. 13.135/2015	MP N. 871/2019 (convertida na Lei n. 13.846/2019)
Art. 25. A concessão das prestações pecuniárias do Regime Geral de Previdência Social depende dos seguintes períodos de carência, ressalvado o disposto no art. 26:					
I — auxílio-doença e aposentadoria por invalidez: 12 contribuições mensais;					
II — aposentadoria por idade, aposentadoria por tempo de serviço, aposentadoria especial e abono de permanência em serviço: 180 contribuições mensais.	II — aposentadoria por idade, aposentadoria por tempo de serviço e aposentadoria especial: 180 contribuições mensais.				
		III— salário-maternidade para as seguradas de que tratam os incisos V e VII do art. 11 e o art. 13: 10 contribuições mensais, respeitado o disposto no parágrafo único do art. 39 desta Lei.			III — salário-maternidade para as seguradas de que tratam os incisos V e VII do *caput* do art. 11 e o art. 13 desta Lei: 10 (dez) contribuições mensais, respeitado o disposto no parágrafo único do art. 39 desta Lei; e
			IV — pensão por morte: 24 contribuições mensais, salvo nos casos em que o segurado esteja em gozo de auxílio-doença ou de aposentadoria por invalidez.	(Não convertido em lei)	IV — auxílio-reclusão: 24 (vinte e quatro) contribuições mensais.
		Parágrafo único. Em caso de parto antecipado, o período de carência a que se refere o inciso III será reduzido em número de contribuições equivalente ao número de meses em que o parto foi antecipado.			

5.3.4.2. *Dispensa do período de carência*

O sistema previdenciário é eminentemente contributivo, o que faz com que a **regra geral** seja a do **cumprimento de carências**.

Há situações em que a cobertura previdenciária é devida sem que a carência seja cumprida. São as hipóteses taxativamente enumeradas no art. 26 do PBPS, e art. 30 do RPS, em que o cumprimento da carência é dispensado, tal como acontece no campo dos seguros privados.

a) Pensão por morte, salário-família e auxílio-acidente. Na redação original do inc. I do art. 26, estavam incluídos a pensão por morte, o auxílio-reclusão e os pecúlios. Estes últimos foram excluídos do inc. I pela Lei n. 9.876/99.

A pensão por morte e o auxílio-reclusão foram excluídos pela MP n. 664/2014 a partir de 1º.03.2015. Porém, nessa parte, a MP n. 664 não foi convertida em lei, de modo que a pensão por morte e o auxílio-reclusão continuaram sendo benefícios que independiam de carência.

Porém, o dispositivo foi modificado pela MP n. 871/2019, que passou a exigir carência também para o auxílio-reclusão (item 5.3.4.1 *supra*).

O salário-família e o auxílio-acidente são benefícios pagos ao segurado.

b) Auxílio-doença (incapacidade temporária) e aposentadoria por invalidez/incapacidade permanente nos casos de acidente de qualquer natureza ou causa e de doença profissional ou do trabalho, bem como quando concedidos em razão das patologias elencadas no inc. II do art. 26 do PBPS e do inc. III do art. 30 do RPS. A regra para a concessão do auxílio-doença e da aposentadoria por invalidez é a exigência de carência de 12 contribuições mensais.

Porém, a **lei enumera taxativamente as hipóteses em que esses benefícios são concedidos independentemente do cumprimento de carência**, restritas às hipóteses de a contingência se originar: de acidente de qualquer natureza ou causa, de doença profissional ou do trabalho, de doenças especificadas em lista ministerial oficial, desde que acometam o segurado após sua filiação ao RGPS. A MP n. 664/2014 retirou a exigência da participação do Ministério do Trabalho na elaboração da lista, o que também foi dispensado pela Lei n. 13.135/2015. Porém, a lista de doenças deve agora ser atualizada a cada 3 (três) anos.

A lista de doenças a que se refere o inc. II do art. 26 deve obedecer a critérios de estigma, deformação, mutilação, deficiência, ou outro fator que lhes dê especificidade e gravidade que exijam tratamento particularizado.

O **art. 151** do PBPS, revogado pela MP n. 664/2014, enumerava algumas doenças: tuberculose ativa, hanseníase, alienação mental, neoplasia maligna, cegueira, paralisia irreversível e incapacitante, cardiopatia grave, doença de Parkinson, espondiloartrose anquilosante, nefropatia grave, estado avançado da doença de Paget (osteíte deformante), AIDS e contaminação por radiação.

A Lei n. 13.135/2015 não adotou a revogação do dispositivo, mantendo-o, porém, com algumas alterações, que incluíram na relação de doenças a esclerose múltipla e a hepatopatia grave.

Atualmente está em vigor a **Portaria Interministerial MPAS/MS n. 2.998, de 23.08.2001**, que relaciona as doenças ou afecções que excluem a exigência de carência para a concessão de auxílio-doença ou de aposentadoria por invalidez aos segurados do Regime Geral de Previdência Social (RGPS): tuberculose ativa; hanseníase;

alienação mental; neoplasia maligna; cegueira, paralisia irreversível e incapacitante; cardiopatia grave; doença de Parkinson; espondiloartrose anquilosante; nefropatia grave; estado avançado da doença de Paget (osteíte deformante); Síndrome da Deficiência Imunológica Adquirida (AIDS); contaminação por radiação, com base em conclusão da medicina especializada; e hepatopatia grave.

Confira-se, a respeito, o art. 30 do RPS.

Na legislação anterior ao PBPS não há disposição correspondente, uma vez que a LOPS e as CLPS de 1976 e 1984 enumeravam taxativamente as doenças e afecções que excluíam a exigência da carência.

O acidente de qualquer natureza ou causa está definido no parágrafo único do art. 30 do RPS: de origem traumática e por exposição a agentes exógenos, físicos, químicos ou biológicos, que acarrete lesão corporal ou perturbação funcional que cause a morte ou a perda ou a redução permanente ou temporária da capacidade laborativa.

c) Benefícios concedidos aos segurados especiais, no valor de um salário mínimo (art. 39, I, do PBPS). Os benefícios garantidos aos segurados especiais, independentemente do pagamento de contribuições, são os relacionados no art. 39, I, do PBPS: aposentadoria por idade, aposentadoria por invalidez, auxílio-doença, auxílio-reclusão, pensão por morte, e auxílio-acidente (a partir da Lei n. 12.873/2013, na forma do art. 86 do PBPS), todos com renda mensal igual a um salário mínimo.

Os segurados especiais estão dispensados do cumprimento de carência quando se trata dos benefícios de valor mínimo assegurados no inc. I do art. 39, porque não estão obrigados a contribuir. Porém, para ter direito a esses benefícios, devem comprovar o **efetivo exercício de atividade rural**, ainda que de forma descontínua, pelo período correspondente ao da carência do benefício. Exemplificando: se requerer auxílio-doença, deverá comprovar o efetivo exercício nas lides rurais pelo prazo de 12 meses, ainda que de forma descontínua, no período imediatamente anterior ao do requerimento do benefício.

A partir de 1º.01.2023, atividade rural será comprovada exclusivamente na forma prevista nos arts. 38-A e 38-B do PBPS, acrescentados pela MP n. 871/2019, convertida na Lei n. 13.846/2019: cadastro no Cadastro Nacional de Informações Sociais (CNIS), nos termos dispostos em regulamento, atualizado anualmente até o dia 30 de junho do ano seguinte, vedada a atualização depois do decurso do prazo de 5 anos. Findo esse prazo de 5 anos, o segurado especial só poderá computar o período de trabalho rural se efetuados em época própria a comercialização da produção e o recolhimento da contribuição prevista no art. 25, II, do PCPS).

d) Salário-maternidade para as seguradas empregada, trabalhadora avulsa e empregada doméstica. As seguradas empregada, trabalhadora avulsa e empregada doméstica têm em seu favor a presunção de que seu ingresso no sistema previdenciário tem ânimo definitivo e não o intuito de cobertura apenas para a contingência maternidade, ficando preservado o equilíbrio financeiro e atuarial do RGPS.

Essa previsão foi incluída pelo inc. VI do art. 26, acrescido pela Lei n. 9.876/99.

REDAÇÃO ORIGINAL	LEI N. 9.876/99	MP N. 664/2014 (convertida na Lei n. 13.135/2015)	LEI N. 13.135/2015	MP N. 871/2019 (convertida na Lei n. 13.846/2019)
Art. 26. Independe de carência a concessão das seguintes prestações:				
I — pensão por morte, auxílio-reclusão, salário-família, salário-maternidade, auxílio-acidente e pecúlios;	I — pensão por morte, auxílio-reclusão, salário-família e auxílio-acidente;	I — salário-família e auxílio-acidente;	Não convertido em lei.	I — pensão por morte, salário-família e auxílio-acidente;
II — auxílio-doença e aposentadoria por invalidez nos casos de acidente de qualquer natureza ou causa e de doença profissional ou do trabalho, bem como nos casos de segurado que, após filiar-se ao Regime Geral de Previdência Social, for acometido de alguma das doenças e afecções especificadas em lista elaborada pelos Ministérios da Saúde e do Trabalho e da Previdência Social a cada três anos, de acordo com os critérios de estigma, deformação, mutilação, deficiência, ou outro fator que lhe confira especificidade e gravidade que mereçam tratamento particularizado;		II — auxílio-doença e aposentadoria por invalidez nos casos de acidente de qualquer natureza ou causa e de doença profissional ou do trabalho, bem como nos casos de segurado que, após filiar-se ao Regime Geral de Previdência Social, for acometido de alguma das doenças e afecções especificadas em lista elaborada pelos Ministérios da Saúde e da Previdência Social, de acordo com os critérios de estigma, deformação, mutilação, deficiência ou outro fator que lhe confira especificidade e gravidade que mereçam tratamento particularizado;		
III — os benefícios concedidos na forma do inciso I do art. 39, aos segurados especiais referidos no inciso VII do art. 11 desta Lei;				
IV — serviço social;				
V — reabilitação profissional.				
	VI — salário-maternidade para as seguradas empregada, trabalhadora avulsa e empregada doméstica.			
		VII — pensão por morte nos casos de acidente do trabalho e doença profissional ou do trabalho.	Não convertido em lei.	

5.3.4.3. *Contagem do período de carência*

5.3.4.3.1. *Regras gerais*

As regras gerais que disciplinam a contagem do período de carência estão no art. 27 do PBPS e no art. 26 do RPS.

5.3.4.3.1.1. *Segurado especial*

Não cansamos de repetir que o segurado especial, para ter direito aos benefícios de valor mínimo previstos no art. 39, I, do PBPS, não precisa comprovar o pagamento de contribuições para o custeio do sistema, mas, sim, que efetivamente exerceu atividade rural, ainda que de forma descontínua, pelo período correspondente ao da carência do benefício requerido (art. 26, § 1º, do RPS).[27]

■ 5.3.4.3.1.2. *Servidores públicos titulares apenas de cargo em comissão*

Já assentamos que os servidores titulares de cargo em comissão, que não tenham vínculo efetivo com a União, Autarquias, inclusive em regime especial, e Fundações Públicas Federais, são segurados obrigatórios do RGPS, como empregados (art. 12, I, *g*, do PCSS, e art. 11, I, *g*, do PBPS). Esse preceito legal decorre da Lei n. 8.647, de 13.04.1993, que alterou o PCSS e o PBPS. O fundamento está no art. 40, § 13, da CF, alterado pela EC n. 103/2019.

No período anterior à vigência da Lei n. 8.647/93, esses segurados estavam vinculados ao regime próprio dos servidores públicos.

O art. 55, VI, do PBPS e o art. 26, § 2º, do RPS, garantem o cômputo, para efeito de carência, do período em que contribuíram para o Plano de Seguridade do Servidor Público.

Assim, quando requererem aposentadoria no RGPS, terão o direito de contar, para efeitos de carência, o período de contribuição para o regime próprio dos servidores públicos.

■ 5.3.4.3.1.3. *Período de atividade rural anterior à competência novembro de 1991*

Na vigência da legislação anterior ao advento da Lei n. 8.213/91, o trabalhador rural não era segurado obrigatório do RGPS, a não ser quando submetido ao regime celetista (ver item 5.7, *infra*).

O Regime Geral de Previdência Social foi criado pela Constituição Federal de 1988 e instituído pela Lei n. 8.213/91 com caráter eminentemente contributivo, que não permite sejam computados como tempo de contribuição períodos em que o trabalhador rural não participava do custeio.

A proibição está expressa no **art. 55, § 2º, do PBPS**, e no art. 26, § 3º, do RPS.

Embora seja permitido computar o tempo de serviço rural anterior ao PBPS, **não é possível contá-lo para efeitos de carência**.

---

[27] "(...) 1. Procede o pedido de aposentadoria rural por idade quando atendidos os requisitos previstos nos arts. 11, VII, 48, § 1º, e 142 da Lei n. 8.213/1991. 2. Comprovados o implemento da idade mínima (60 anos para homens e 55 anos para mulheres) e o exercício de atividade rural por tempo igual ao número de meses correspondente à carência exigida, ainda que a comprovação seja feita de forma descontínua, é devido o benefício de aposentadoria rural por idade à parte autora. 3. Para o reconhecimento do tempo rural não é necessário que o início de prova material seja contemporâneo a todo o período de carência exigido, desde que a sua eficácia probatória seja ampliada pela prova testemunhal colhida nos autos (REsp 1.650.963/PR, Rel. Min. Herman Benjamin, Segunda Turma, *DJe* 20.04.2017) (...)" (STJ, ARESP 1539221, 2ª Turma, Rel. Min. Herman Benjamin, *DJe* 11.10.2019).

■ 5.3.4.3.1.4. Recolhimento das contribuições do segurado empregado, inclusive o doméstico, do trabalhador avulso e do contribuinte individual

Os segurados empregado, trabalhador avulso e contribuinte individual têm a seu favor a presunção que decorre do § 4º do art. 26 do RPS no que tange ao cômputo do período de carência. A nosso ver, a presunção beneficia também o empregado doméstico, principalmente após a edição da Lei Complementar n. 150/2015.

Cabe ao **empregador** o recolhimento das contribuições do segurado empregado, inclusive o doméstico, e do trabalhador avulso. Considera-se, então, **presumido o recolhimento** porque é feito pelo empregador.

A partir da competência abril/2003, essa presunção também **favorece o contribuinte individual** quando as contribuições são dele descontadas pela empresa à qual prestar serviço. Esse dispositivo decorre do art. 216, I, *a*, do mesmo Regulamento.

■ 5.3.4.3.1.5. Recolhimento de contribuições para regime próprio de previdência

Essa situação é diferente daquela do servidor público titular apenas de cargo em comissão, que só pode computar as contribuições vertidas para o regime próprio dos servidores antes da Lei n. 8.647/93, que os tornou segurados obrigatórios do RGPS.

Trata-se aqui daquele que, mesmo tendo sido titular de cargo efetivo e mesmo após a Lei n. 8.647/93, sai do serviço público e passa a exercer atividade de filiação obrigatória ao RGPS ou ingressa como segurado facultativo.

As contribuições vertidas para o regime próprio de previdência dos servidores são também computadas para efeito de carência (art. 26, § 5º, do RPS).

O antigo servidor público, e agora segurado do RGPS, nessa hipótese, se beneficia do disposto no art. 13, § 4º, do RPS: manterá a qualidade de segurado pelo período de graça de 12 ou de 24 meses, nas hipóteses previstas no inc. II e § 1º do art. 13.

■ 5.3.4.3.1.6. Cômputo do período de recolhimento anterior à perda da qualidade de segurado

Já vimos (item 5.3.3.1.4.2, *supra*) que perder a qualidade de segurado implica perder o direito a toda e qualquer cobertura previdenciária.

Para que se readquira a condição de segurado, é necessário que haja nova filiação ao RGPS.

E somente após a nova filiação é que as contribuições pagas anteriormente serão computadas para efeito de carência. A partir daí, o segurado deverá novamente cumprir a carência prevista no art. 29 do RPS para a cobertura previdenciária que desejar obter.

A mesma regra se aplica ao segurado oriundo de regime próprio de previdência.

Alertamos, entretanto, para as regras específicas do art. 27-A em relação aos benefícios de auxílio-doença, aposentadoria por invalidez, salário-maternidade e auxílio-reclusão (item 5.3.4.1 *supra*): deverá ser cumprida metade da carência.

■ 5.3.4.3.2. *Para os segurados empregados, inclusive o doméstico, e trabalhador avulso*

Os segurados empregados, **empregados** domésticos e trabalhadores avulsos computam o período de carência **a partir da data da filiação** ao RGPS, porque o recolhimento de suas contribuições fica a cargo do empregador. Os empregados domésticos foram incluídos no art. 27, I, do PBPS pela Lei Complementar n. 150/2015.

■ 5.3.4.3.3. *Para os segurados contribuinte individual, especial e facultativo*

Para os segurados contribuinte individual, facultativo e segurado especial — desde que recolha como contribuinte individual ou facultativo (art. 200, § 2º, do RPS) — o período de carência é computado **a partir da data do efetivo recolhimento da primeira contribuição sem atraso**. Antes da edição da Lei Complementar n. 150/2015, esse dispositivo se aplicava também ao empregado doméstico.

Contribuições anteriores recolhidas **com atraso não são consideradas** para efeito de carência.

Para o **segurado especial**, que não esteja inscrito no sistema como contribuinte individual, insistimos, não há comprovação de carência, mas, sim, de **efetiva atividade rural**. Para o RPS (art. 28, § 1º), esse período é comprovado na forma do seu art. 62, que traz extenso rol de documentos hábeis à comprovação da atividade rural. Porém, a partir de 1º.01.2023, a comprovação será feita, exclusivamente, pelas informações constantes do CNIS (art. 38-A e 38-B da Lei n. 8213/91).

CONTAGEM DO PERÍODO DE CARÊNCIA	
■ Segurado empregado ■ Segurado empregado doméstico (LC n. 150/2015) ■ Segurado trabalhador avulso	■ A partir da data da filiação ao RGPS
■ Segurado contribuinte individual ■ Segurado facultativo ■ Segurado especial que contribui como contribuinte individual	■ A partir da data do recolhimento da primeira contribuição sem atraso

■ 5.3.4.4. *Cálculo do valor dos benefícios. Salário de benefício, salário de contribuição, Período Básico de Cálculo (PBC), Fator Previdenciário (FP) e fórmula 85/95 (86/96). A EC n. 103/2019*

A **EC n. 103, de 12.11.2019,** determinou a apuração dos proventos de aposentadorias e pensões do RGPS de acordo com a legislação em vigor à época em que foram atendidos os requisitos nela estabelecidos (art. 3º, § 3º), adotando o *princípio tempus regit actum*.

A alteração constitucional tem reflexos diretos no cálculo dos benefícios previdenciários, regras que serão estudadas com mais detalhes quando da análise de cada um dos benefícios.

Necessário, assim, conhecer todas regras, para o correto enquadramento de cada uma das situações.

O cálculo do valor dos benefícios de prestação continuada está regulado pelos arts. 28 a 32 do PBPS e arts. 31 a 34 do RPS. Essas regras se aplicam a todos os benefícios cuja renda mensal é calculada com base no salário de benefício, e mesmo que se trate de benefício decorrente de acidente do trabalho.

Esses dispositivos não se aplicam ao cálculo da renda mensal inicial dos benefícios de salário-família, pensão por morte, salário-maternidade e outros previstos em lei especial (art. 31 do RPS).

Os benefícios decorrentes de acidente do trabalho só passaram a ser calculados com base no salário de benefício com a vigência da Lei n. 9.032/95 (item 5.3.5.10, *infra*).

REDAÇÃO ORIGINAL	LEI N. 9.032/95
Art. 28. O valor do benefício de prestação continuada, inclusive o regido por norma especial, exceto o salário-família e o salário-maternidade, será calculado com base no salário de benefício.	**Art. 28.** O valor do benefício de prestação continuada, inclusive o regido por norma especial e o decorrente de acidente do trabalho, exceto o salário-família e o salário-maternidade, será calculado com base no salário de benefício.

No cálculo do valor dos benefícios são utilizados fatores cujo conceito deve ser antes fixado: salário de benefício, salário de contribuição, Período Básico de Cálculo (PBC) e Fator Previdenciário (FP).

A palavra "salário", no Direito Previdenciário, comumente é utilizada para denominar bases de cálculo: base de cálculo da contribuição sobre a folha de salários, base de cálculo da contribuição do segurado, base de cálculo da renda mensal inicial. A palavra "salário" é utilizada para denominar apenas as coberturas previdenciárias de salário-maternidade e salário-família.

Salário de benefício: é a **base de cálculo da renda mensal inicial** do benefício previdenciário. Não se deve confundi-la com o valor da renda que o segurado receberá mensalmente.

A renda mensal inicial é calculada mediante a aplicação de um percentual sobre o valor do salário de benefício apurado, conforme veremos quando da análise de cada um dos benefícios.

Salário de contribuição: é a **base de cálculo da contribuição do segurado**. Não deve ser confundido com o valor da contribuição recolhida aos cofres da Previdência.

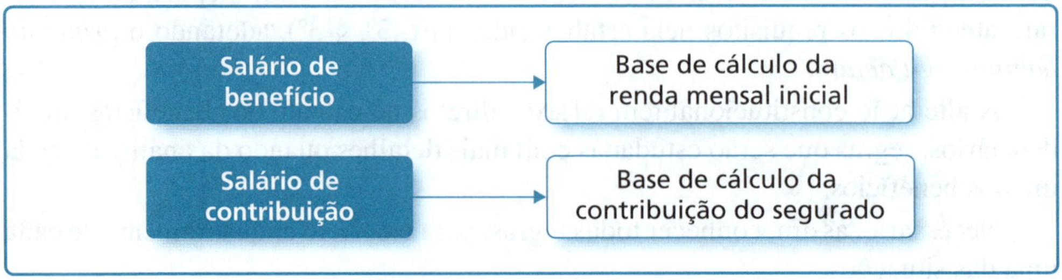

O art. 201, § 3º, da CF, assegura a **atualização**, na forma da lei, **de todos os salários de contribuição considerados para o cálculo do benefício**.

Essa garantia constitucional se destina a fazer com que a renda mensal do benefício inicialmente apurada seja justa, do ponto de vista de seu poder de compra, e consentânea com os encargos que teve o segurado com o custeio.

A correção monetária dos salários de contribuição é questão constantemente levada ao Poder Judiciário em ações de revisão da renda mensal inicial dos benefícios previdenciários, com a alegação de que os índices aplicados pelo INSS não refletem a real inflação no período. A jurisprudência do **STJ** tem entendimento firmado no sentido de que **cabe ao legislador ordinário definir os índices de correção monetária dos salários de contribuição.**[28]

Assim, após a vigência da Lei n. 8.213/91, os indexadores utilizados na atualização monetária dos salários de contribuição integrantes do período básico de cálculo passaram a ser os seguintes:

PERÍODO	INDEXADOR	FUNDAMENTO
■ De 03/91 a 12/92	■ INPC-IBGE	■ Lei n. 8.213/91 (art. 31)
■ De 01/93 a 02/94	■ IRSM-IBGE	■ Lei n. 8.542/92 (art. 9º, § 2º)
■ De 03/94 a 06/94	■ URV	■ Lei n. 8.880/94 (art. 21, § 1º)
■ De 07/94 a 06/95	■ IPC-r	■ Lei n. 8.880/94 (art. 21, § 2º)
■ De 07/95 a 04/96	■ INPC-IBGE	■ MPs n. 1.053/95 e 1.398/96 (art. 8º, § 3º)
■ De 05/96 a 05/2004	■ IGP-DI	■ MP n. 1.440/96 (art. 8º, § 3º) e Lei n. 9.711/98 (art. 10)
■ De 06/2004 em diante	■ INPC-IBGE	■ MP n. 167/2004 e Lei n. 10.887/2004 (art. 12)

[28] "(...) 1. De acordo com o art. 201, § 3º da CF, os **salários de contribuição** utilizados no **cálculo** do valor do benefício **previdenciário** devem ser corrigidos monetariamente na forma prevista na legislação previdenciária. 2. Apurada a renda mensal inicial, a Constituição Federal de 1988 assegurou o reajustamento dos benefícios para preservar-lhes, em caráter permanente, o valor real, conforme critérios definidos em lei (art. 201, § 4º da CF). 3. O egrégio Supremo Tribunal Federal já firmou entendimento de que os dispositivos constitucionais que determinam a obrigação de **correção** monetária não são autoaplicáveis, remetendo ao legislador ordinário a definição do critério de **correção** com a determinação dos **índices** que reflitam a inflação do período, de modo a preservar o valor real dos **salários de contribuição**. 4. Dando cumprimento ao comando constitucional, foi editada a Lei 8.213/91, que definiu as regras de **cálculo** da Renda Mensal Inicial dos benefícios **previdenciários** e fixou, na redação original do art. 31 da Lei 8.213/91, os critérios de atualização dos **salários de contribuição**. 5. No presente caso, como analisado pelo acórdão recorrido, a renda mensal inicial do benefício do recorrente foi calculada com base nos **salários de contribuição**, atualizados, mês a mês, pela variação integral do Índice Nacional de Preços ao Consumidor, conforme determina o citado art. 31 da Lei 8.213/91, em sua redação original e pelos **índices** que se sucederam. Além disso, após a apuração da RMI até a data do efetivo pagamento foram utilizados os **índices** de reajuste dos benefícios **previdenciários**, tendo aos atrasados sido aplicados os **índices** de **correção** monetária. Dessa forma, não há que se falar em redução dos valores reais dos **salários de contribuição** e da Renda Mensal Inicial do benefício. (...)" (200702194695, 5ª Turma, Rel. Min. Napoleão Nunes Maia Filho, *DJe* 21.06.2010).

Logo, não há que se falar na utilização de outros índices senão aqueles legalmente previstos, sob pena de violação ao princípio da legalidade.

Atualmente, a correção monetária dos salários de contribuição é calculada de acordo com a variação integral do **Índice Nacional de Preços ao Consumidor (INPC)**, apurado pelo IBGE (art. 29-B do PBPS, incluído pela Lei n. 10.887/2004).

Período Básico de Cálculo (PBC): é o **período contributivo considerado no cálculo do valor do benefício**.

Na redação original da CF de 1988, o PBC consistia nos 36 últimos salários de contribuição do segurado (art. 202). A EC n. 20/98, alterando o art. 201, § 3º, tirou da CF o conceito de PBC e o transferiu para a legislação ordinária, e, nesse ponto, não foi alterado pela EC n. 103/2019.

REDAÇÃO ORIGINAL	EC N. 20/98
Art. 202. É assegurada aposentadoria, nos termos da lei, calculando-se o benefício sobre a média dos **36 últimos salários de contribuição**, corrigidos monetariamente mês a mês, e comprovada a regularidade dos reajustes dos salários de contribuição de modo a preservar seus valores reais e obedecidas as seguintes condições:	**Art. 201.** A previdência social será organizada sob a forma de regime geral, de caráter contributivo e de filiação obrigatória, observados critérios que preservem o equilíbrio financeiro e atuarial, e atenderá, nos termos da lei, a:
	§ 3º **Todos os salários de contribuição** considerados para o cálculo de benefício serão devidamente atualizados, **na forma da lei**.

O dispositivo constitucional foi regulamentado pela Lei n. 9.876, de 26.11.1999, que alterou o art. 29 do PBPS, com o que o PBC passou a ser **todo o período contributivo** do segurado, porque determina sejam considerados no cálculo do benefício todos os salários de contribuição, o que se aplicou a todos os que ingressaram no RGPS após a vigência da lei. Para os que ingressaram *antes* da vigência da Lei n. 9.876/90, o PBC considerado se inicia na competência julho/1994.

O art. 26 da EC n. 103/2019 fixou o PBC para todos os benefícios: 100% do período contributivo a partir da competência julho de 1994, ou desde o início da contribuição, se posterior àquela competência. A novidade está na fixação do **termo inicial do PBC**, que passou a ter sede constitucional, na **competência julho/1994**, o que, na prática, era o que resultava da aplicação da Lei n. 9.876/99, o que poderá ser alterado por lei ordinária.

PERÍODO BÁSICO DE CÁLCULO (PBC)	
■ Direito adquirido antes da Lei n. 9.876/99	■ 36 últimos salários de contribuição
■ Segurados que ingressaram no RGPS após a Lei n. 9.876/99	■ Todos os salários de contribuição de todo o período contributivo
■ Segurados que ingressaram no RGPS antes da Lei n. 9.876/99, mas sem cumprir todos os requisitos para o benefício)	■ Todos os salários de contribuição de todo o período contributivo contado a partir da competência julho/94
■ Segurados que ingressaram no RGPS antes da EC n. 103/2019	■ Todos os salários de contribuição de todo o período contributivo contado a partir da competência julho/94
■ Segurados que ingressaram no RGPS a partir da EC n. 103/2019	■ Todos os salários de contribuição de todo o período contributivo

Fator previdenciário: o fator previdenciário, que passaremos a denominar **FP**, foi criado pela Lei n. 9.876/99. Trata-se do resultado obtido após a aplicação de uma **fórmula** (veja a seguir), e que se aplica sobre a média dos salários de contribuição.

O FP só se aplica ao cálculo dos benefícios de **aposentadoria por idade e aposentadoria por tempo de contribuição conforme regras de transição da EC n. 103/2019**.

Para os segurados que ingressarem no RGPS a partir da EC n. 103/2019, idade e tempo de contribuição não serão mais coberturas previdenciárias, mas, sim, serão requisitos cumulativos para a aposentadoria voluntária.

A fórmula do cálculo do FP era a prevista no art. 32, § 11, do RPS. O dispositivo foi revogado pelo Decreto n. 10.410/2020.

$$f = \frac{Tc \times a}{Es} \times \left[1 + \frac{(Id + Tc \times a)}{100}\right]$$

A MP n. 676/2015 acrescentou o art. 29-C ao PBPS, que permitiu ao segurado optar por não aplicar o FP no cálculo de sua aposentadoria, desde que cumprida a denominada **regra "85/95"**. Fazendo essa opção, a soma de sua idade com o tempo de contribuição deveria totalizar, na data do requerimento, 95 pontos, se homem, e 85 pontos, se mulher.

A Lei n. 13.183, de 04.11.2015 (DOU 05.11.2015), adotou a fórmula 85/95, mas estabeleceu a majoração da pontuação a partir de 31.12.2018 até 31.12.2026.

Com a Reforma da Previdência de 2019, a regra passou a ser conhecida como **"86/96"** e só se aplica no cálculo da aposentadoria nas regras de transição dos arts. 15 e 21 da EC n. 103/2019.

FATOR PREVIDENCIÁRIO (FP) E FÓRMULA 85/95 (86/96)
■ **FP ou fórmula 85/95** na aposentadoria por tempo de contribuição
■ **FP** opcional na aposentadoria por idade
■ **Fórmula 86/96** só se aplica nas regras de transição dos arts. 15 e 21 da EC n. 103/2019

Ressalte-se que o FP tem aplicação progressiva: 1/60 por mês que se seguir à publicação da Lei, sendo de aplicação integral decorridos 60 meses.

A nosso ver, são duas as principais consequências da aplicação do FP:

a) diminuição do salário de benefício para quem resolve se aposentar de acordo com as regras anteriores;

b) majoração do valor do benefício para quem retardar a aposentadoria, porque computará um tempo de contribuição maior e receberá a cobertura previdenciária por um período menor.

Tramitam no STF duas Ações Diretas de Inconstitucionalidade que têm por objeto a declaração de inconstitucionalidade do FP: **ADI — MC 2.110**, proposta por Partido Comunista do Brasil (PCdoB), Partido dos Trabalhadores (PT), Partido Democrático Trabalhista (PDT) e Partido Socialista Brasileiro (PSB); **ADI — MC 2.111**, movida por Confederação Nacional dos Trabalhadores Metalúrgicos (CNTM). As duas ações foram reunidas, em razão da conexão, para julgamento conjunto, e o atual Relator é o Ministro Celso de Mello.

Na **Ação Cautelar na ADI 2.111**, o STF, por decisão não unânime do Plenário, não conheceu da ADI em relação à alegação de inconstitucionalidade formal da Lei n. 9.876/99, indeferiu a liminar relativamente ao art. 2º, na parte em que deu nova redação ao art. 29, *caput*, seus incisos e parágrafos da Lei n. 8.213/91:

> "(...) 1. Na inicial, ao sustentar a inconstitucionalidade formal da Lei n. 9.876, de 26.11.1999, por inobservância do parágrafo único do art. 65 da Constituição Federal, segundo o qual 'sendo o projeto emendado, voltará à Casa iniciadora', não chegou a autora a explicitar em que consistiram as alterações efetuadas pelo Senado Federal, sem retorno à Câmara dos Deputados. Deixou de cumprir, pois, o inciso I do art. 3º da Lei n. 9.868, de 10.11.1999, segundo o qual a petição inicial da ADI deve indicar 'os fundamentos jurídicos do pedido em relação a cada uma das impugnações'. Enfim, não satisfeito esse requisito, no que concerne à alegação de inconstitucionalidade formal de toda a Lei n. 9.868, de 10.11.1999, a Ação Direta de Inconstitucionalidade não é conhecida, nesse ponto, ficando, a esse respeito, prejudicada a medida cautelar. 2. Quanto à alegação de inconstitucionalidade material do art. 2º da Lei n. 9.876/99, na parte em que deu nova redação ao art. 29, *caput*, incisos e parágrafos, da Lei n. 8.213/91, a um primeiro exame, parecem corretas as objeções da Presidência da República e do Congresso Nacional. É que **o art. 201, §§ 1º e 7º, da CF, com a redação dada pela EC n. 20, de 15.12.1998, cuidaram apenas, no que aqui interessa, dos requisitos para a obtenção do benefício da aposentadoria. No que tange ao montante do benefício, ou seja, quanto aos proventos da aposentadoria, propriamente ditos, a Constituição Federal de 5.10.1988, em seu texto originário, dele cuidava no art. 202. O texto atual da Constituição, porém, com o advento da EC n. 20/98, já não trata dessa matéria, que, assim, fica remetida 'aos termos da lei', a que se referem o *caput* e o § 7º do novo art. 201**. Ora, se a Constituição, em seu texto em vigor, já não trata do cálculo do montante do benefício da aposentadoria, ou melhor, dos respectivos proventos, não pode ter sido violada pelo art. 2º da Lei n. 9.876, de 26.11.99, que, dando nova redação ao art. 29 da Lei n. 8.213/91, cuidou exatamente disso. E em cumprimento, aliás, ao *caput* e ao § 7º do novo art. 201. 3. Aliás, com essa nova redação, não deixaram de ser adotados, na Lei, critérios destinados a preservar o equilíbrio financeiro e atuarial, como determinado no *caput* do novo art. 201. O equilíbrio financeiro é o previsto no orçamento geral da União. E o equilíbrio atuarial foi buscado, pela Lei, com critérios relacionados com a expectativa de sobrevida no momento da aposentadoria, com o tempo de contribuição e com a idade, até esse momento, e, ainda, com a alíquota de contribuição correspondente a 0,31. 4. Fica, pois, indeferida a medida cautelar de suspensão do art. 2º da Lei n. 9.876/99, na parte em que deu nova redação ao art. 29, *caput*, incisos e parágrafos, da Lei n.

8.213/91. 5. Também não parece caracterizada violação do inciso XXXVI do art. 5º da CF, pelo art. 3º da Lei impugnada. É que se trata, aí, de norma de transição, para os que, filiados à Previdência Social até o dia anterior ao da publicação da Lei, só depois vieram ou vierem a cumprir as condições exigidas para a concessão dos benefícios do Regime Geral da Previdência Social. 6. Enfim, a Ação Direta de Inconstitucionalidade não é conhecida, no ponto em que impugna toda a Lei n. 9.876/99, ao argumento de inconstitucionalidade formal (art. 65, parágrafo único, da Constituição Federal). É conhecida, porém, quanto à impugnação dos artigos 2º (na parte em que deu nova redação ao art. 29, seus incisos e parágrafos da Lei n. 8.213/91) e 3º daquele diploma. Mas, nessa parte, resta indeferida a medida cautelar" (*DJ* 05.12.2003, p. 17).

A liminar também foi negada na **Ação Cautelar na ADI 2.110**:

"(...) 1. Na ADI n. 2.111 já foi indeferida a suspensão cautelar dos arts. 3º e 2º da Lei n. 9.876, de 26.11.1999 (este último na parte em que deu nova redação ao art. 29 da Lei n. 8.213, de 24.07.1991). 2. O art. 5º da Lei n. 9.876/99 é norma de desdobramento, que regula o cálculo do salário de benefício, mediante aplicação do fator previdenciário, cujo dispositivo não foi suspenso na referida ADI n. 2.111. Pelas mesmas razões não é suspenso aqui. 3. E como a norma relativa ao 'fator previdenciário' não foi suspensa, é de se preservar, tanto o art. 6º, quanto o art. 7º da Lei n. 9.876, de 26.11.1999, exatamente para que não se venha, posteriormente, a alegar a violação de direitos adquiridos, por falta de ressalva expressa. 4. Com relação à pretendida suspensão dos artigos 25, 26 e de parte do art. 67 da Lei n. 8.213/91, em sua redação originária e também na que lhe foi dada pela Lei n. 9.876/99, bem como do artigo 9º desta última, os fundamentos jurídicos da inicial ficaram seriamente abalados com as informações do Congresso Nacional, da Presidência da República e, sobretudo, com o parecer da Consultoria Jurídica do Ministério da Previdência e Assistência Social, não se vislumbrando, por ora, nos dispositivos impugnados, qualquer afronta às normas da Constituição. 5. Medida cautelar indeferida, quanto a todos os dispositivos impugnados" (*DJ* 05.12.2003, p. 17).

Com as decisões proferidas nas duas Ações Cautelares em ADI, o FP continuará a ser aplicado até que seja julgado o mérito das ADIs ou revogada a Lei n. 9.876/99.

A nosso ver, o FP é inconstitucional. O legislador constituinte reformador não adotou a idade como limitadora do direito à aposentadoria. Basta ver que no PEC que deu origem à EC n. 20/98, a aposentadoria por tempo de contribuição impunha o requisito da idade mínima. Porém, o PEC não foi aprovado com a redação original, de modo que a utilização da *idade* na fórmula do FP, na verdade, acaba por incluí-la entre os requisitos para a aposentadoria por tempo de contribuição, uma vez que quanto menor a idade do segurado na data do requerimento da aposentadoria, menor será o valor da renda mensal do benefício, o que o obrigará a permanecer mais tempo dentro do sistema.

O Congresso Nacional aprovou o Projeto de Lei de Conversão n. 2, de 2010, relativo à MP n. 475/2009. Foi aprovada alteração ao art. 29 da Lei n.

8.213/91, excluindo o fator previdenciário do cálculo do salário de benefício a partir de 1º.01.2011. O dispositivo foi vetado pelo Presidente da República, tendo sido, então, publicada a Lei n. 12.254/2010, restando inalterado o art. 29 da Lei n. 8.213/91.

5.3.4.4.1. *Salário de benefício*

O salário de benefício está definido no art. 29 do PBPS. Para cada benefício de prestação continuada há um conceito de salário de benefício.

Trata-se da **base de cálculo da renda mensal inicial do benefício**.

A EC n. 103/2019 definiu o salário de benefício para o cálculo de todos os benefícios do RGPS: a média aritmética simples dos salários de contribuição e das remunerações adotados como base para contribuições a RPPS e ao RGPS, ou para contribuições decorrentes de atividades militares, atualizados monetariamente, a partir da competência julho de 1994, ou desde o início da contribuição, se posterior àquela competência (art. 26).

A média resultante desse cálculo será limitada ao valor máximo do salário de contribuição para o RGPS.

Para os segurados que cumpriram os requisitos da cobertura previdenciária até a data da publicação da EC n. 103/2019 (12.11.2019), o salário de benefício corresponde à média aritmética simples dos maiores salários de contribuição correspondentes a 80% de todo o período contributivo. Na aposentadoria por tempo de contribuição, esse valor deve ser multiplicado pelo Fator Previdenciário, de aplicação facultativa na aposentadoria por idade.

As modificações na legislação previdenciária culminam em regras que contemplam: a) as situações dos segurados que ingressaram após a vigência da nova lei; b) as dos que já haviam cumprido todos os requisitos para obterem o benefício antes da alteração legislativa; e c) as daqueles que, embora estivessem já no sistema previdenciário, não haviam ainda cumprido todos os requisitos antes da vigência da nova lei.

A tabela elucida essas hipóteses:

SALÁRIO DE BENEFÍCIO	
■ Direito adquirido	■ Requisitos cumpridos antes da nova regra
■ Regras permanentes	■ Para os que ingressaram no RGPS após a nova regra
■ Regras transitórias	■ Para os que ingressaram no RGPS antes da nova regra, mas ainda não cumpriram todos os requisitos

E vamos verificar que essas regras estão, na verdade, relacionadas ao período básico de cálculo que vamos considerar.

Transcrevemos o art. 29, com a redação original e atual, bem como o art. 26 da EC n. 103/2019, para melhor compreensão.

SALÁRIO DE BENEFÍCIO						
REDAÇÃO ORIGINAL	**LEI N. 8.870/94**	**LEI N. 9.876/99**	**LEI N. 11.718/2008**	**MP N. 664/2014 (convertida na Lei n. 13.135/2015)**	**LEI N. 13.135/2015**	**EC N. 103/2019**
Art. 29. O salário de benefício consiste na média aritmética simples de todos os últimos salários de contribuição dos meses imediatamente anteriores ao do afastamento da atividade ou da data da entrada do requerimento, até o máximo de 36 (trinta e seis), apurados em período não superior a 48 (quarenta e oito) meses.		**Art. 29.** O salário de benefício consiste:				Art. 26. Até que lei discipline o cálculo dos benefícios do regime próprio de previdência social da União e do Regime Geral de Previdência Social, será utilizada a média aritmética simples dos salários de contribuição e das remunerações adotados como base para contribuições a regime próprio de previdência social e ao Regime Geral de Previdência Social, ou como base para contribuições decorrentes das atividades militares de que tratam os arts. 42 e 142 da Constituição Federal, atualizados monetariamente, correspondentes a 100% (cem por cento) do período contributivo desde a competência julho de 1994 ou desde o início da contribuição, se posterior àquela competência.
		I — para os benefícios de que tratam as alíneas *b* e *c* do inciso I do art. 18, na média aritmética simples dos maiores salários de contribuição correspondentes **a oitenta por cento de todo o período contributivo**, multiplicada pelo fator previdenciário;				
		II — para os benefícios de que tratam as alíneas *a, d, e* e *h* do inciso I do art. 18, na média aritmética simples dos maiores salários de contribuição correspondentes **a oitenta por cento de todo o período contributivo**.				

§ 1º No caso de aposentadoria por tempo de serviço, especial ou por idade, contando o segurado com menos de 24 (vinte e quatro) contribuições no período máximo citado, o salário de benefício corresponderá a 1/24 (um vinte e quatro avos) da soma dos salários de contribuição apurados.		REVOGADO				
§ 2º O valor do salário de benefício não será inferior ao de um salário mínimo, nem superior ao do limite máximo do salário de contribuição na data de início do benefício.						
§ 3º Serão considerados para o cálculo do salário de benefício os ganhos habituais do segurado empregado, a qualquer título, sob forma de moeda corrente ou de utilidades, sobre os quais tenha incidido contribuição previdenciária.	§ 3º Serão considerados para cálculo do salário de benefício os ganhos habituais do segurado empregado, a qualquer título, sob forma de moeda corrente ou de utilidades, sobre os quais tenha incidido contribuições previdenciárias, exceto o décimo-terceiro salário (gratificação natalina).					
§ 4º Não será considerado, para o cálculo do salário de benefício, o aumento dos salários de contribuição que exceder o limite legal, inclusive o voluntariamente concedido nos 36 (trinta e seis) meses imediatamente anteriores ao início do benefício, salvo se homologado pela Justiça do Trabalho, resultante de promoção regulada por normas gerais da empresa, admitida pela legislação do trabalho, de sentença normativa ou de reajustamento salarial obtido pela categoria respectiva.						

§ 5º Se, no período básico de cálculo, o segurado tiver recebido benefícios por incapacidade, sua duração será contada, considerando-se como salário de contribuição, no período, o salário de benefício que serviu de base para o cálculo da renda mensal, reajustado nas mesmas épocas e bases dos benefícios em geral, não podendo ser inferior ao valor de 1 (um) salário mínimo.						
		§ 6º No caso de segurado especial, o salário de benefício, que não será inferior ao salário mínimo, consiste:	§ 6º O salário de benefício do segurado especial consiste no valor equivalente ao salário mínimo, ressalvado o disposto no inciso II do art. 39 e nos §§ 3º e 4º do art. 48 desta Lei.			
		I — para os benefícios de que tratam as alíneas *b* e *c* do inciso I do art. 18, em um treze avos da média aritmética simples dos maiores valores sobre os quais incidiu a sua contribuição anual, correspondentes **a oitenta por cento de todo o período contributivo, multiplicada pelo fator previdenciário**;	REVOGADO			
		II — para os benefícios de que tratam as alíneas *a, d, e* e *h* do inciso I do art. 18, em um treze avos da média aritmética simples dos maiores valores sobre os quais incidiu a sua contribuição anual, correspondentes **a oitenta por cento de todo o período contributivo**.	REVOGADO			
		§ 7º O fator previdenciário será calculado considerando-se a idade, a expectativa de sobrevida e o tempo de contribuição do segurado ao se aposentar, segundo a fórmula constante do Anexo desta Lei.				

		§ 8º Para efeito do disposto no § 7º, a expectativa de sobrevida do segurado na idade da aposentadoria será obtida a partir da tábua completa de mortalidade construída pela Fundação Instituto Brasileiro de Geografia e Estatística — IBGE, considerando-se a média nacional única para ambos os sexos.				
		§ 9º Para efeito da aplicação do fator previdenciário, ao tempo de contribuição do segurado serão adicionados:				
		I — cinco anos, quando se tratar de mulher;				
		II — cinco anos, quando se tratar de professor que comprove exclusivamente tempo de efetivo exercício das funções de magistério na educação infantil e no ensino fundamental e médio;				
		III — dez anos, quando se tratar de professora que comprove exclusivamente tempo de efetivo exercício das funções de magistério na educação infantil e no ensino fundamental e médio.				
				§ 10. O auxílio-doença não poderá exceder a média aritmética simples dos últimos 12 salários de contribuição, inclusive no caso de remuneração variável, ou, se não alcançado o número de 12, a média aritmética simples dos salários de contribuição existentes.	§ 10. O auxílio-doença não poderá exceder a média aritmética simples dos últimos 12 (doze) salários de contribuição, inclusive em caso de remuneração variável, ou, se não alcançado o número de 12 (doze), a média aritmética simples dos salário de contribuição existentes.	

5.3.4.4.1.1. *Direito adquirido*

Para melhor compreensão da questão relativa ao direito adquirido ao cálculo do salário de benefício, convém fazer um breve histórico da legislação previdenciária, cujas constantes modificações atingiram principalmente o Período Básico de Cálculo e a correção monetária dos salários de contribuição.

É justamente nessa matéria que se concentra a maioria das ações previdenciárias que tramitam no Poder Judiciário: são segurados e dependentes reclamando da forma de cálculo da renda mensal do benefício, o que, na verdade, impugna o cálculo da correção monetária dos salários de contribuição e, por consequência, o cálculo do salário de benefício.

A regra é a de que tem direito adquirido o segurado que **cumpriu todos os requisitos para obter benefício antes da modificação da legislação**,[29] garantida no art. 3º da EC n. 103/2019.

A Lei n. 3.807/60 (Lei Orgânica da Previdência Social — LOPS) fixou o PBC em 12 meses, e ainda não se falava em correção monetária dos salários de contribuição.

Com a edição do Decreto-lei n. 710, de 28.07.1969, as aposentadorias por tempo de serviço, especial e por idade tiveram o seu PBC ampliado de 12 para 36 meses. Para os demais benefícios (aposentadoria por invalidez, pensão por morte e auxílio-doença), o PBC foi mantido em 12 meses.

Por se tratar de período muito longo — 36 meses —, foi estabelecido que os salários de contribuição anteriores aos 12 últimos, ou seja, os 24 primeiros salários de contribuição seriam corrigidos monetariamente. Estava criada a sistemática de atualização dos salários de contribuição. E os índices de correção monetária adotados eram estabelecidos pelo Serviço Atuarial do Ministério do Trabalho e da Previdência Social (SAMTPS), ou seja, eram fixados pela autoridade administrativa. Porém, para os benefícios com PBC de 12 meses, não havia correção monetária dos salários de contribuição.

Com a edição da Lei n. 6.423, de 21.06.1977, o índice de correção monetária dos salários de contribuição passou a ser a ORTN/OTN, aplicável somente aos benefícios que tivessem PBC de 36 meses (corrigiam-se os 24 primeiros).

---

[29] O STF firmou entendimento nesse sentido: "Recurso extraordinário. Revisão de benefício previdenciário. Decreto 89.312/84 e Lei n. 8.213/91. Inexistência, no caso, de direito adquirido. — Esta Corte de há muito firmou o entendimento de que **o trabalhador tem direito adquirido a, quando aposentar-se, ter os seus proventos calculados em conformidade com a legislação vigente ao tempo em que preencheu os requisitos para a aposentadoria**, o que, no caso, foi respeitado, mas não tem ele direito adquirido ao regime jurídico que foi observado para esse cálculo quando da aposentadoria, o que implica dizer que, mantido o *quantum* daí resultante, esse regime jurídico pode ser modificado pela legislação posterior, que, no caso, aliás, como reconhece o próprio recorrente, lhe foi favorável. O que não é admissível, como bem salientou o acórdão recorrido, é pretender beneficiar-se de um sistema híbrido que conjugue os aspectos mais favoráveis de cada uma dessas legislações. Recurso extraordinário não conhecido" (RE 278.718/SP, Rel. Min. Moreira Alves, *DJ* 14.06.2002).

Apurado o salário de benefício, sobre ele aplicava-se um coeficiente de cálculo que se alterava ora conforme a espécie de benefício, ora de acordo com o tempo de serviço do segurado, variando entre 70% e 100%.

Com a vigência da CF de 1988, restou garantida a correção monetária de todos os salários de contribuição utilizados no cálculo do salário de benefício. Porém, já se constatava a grande defasagem nos valores da renda mensal dos benefícios previdenciários concedidos antes da CF de 1988, principalmente em razão dos índices de correção monetária aplicados e, também, porque a maioria tinha PBC de 36 meses, mas correção monetária apenas dos 24 primeiros salários de contribuição considerados no cálculo.

Visando corrigir a defasagem, o art. 58 do Ato das Disposições Constitucionais Transitórias garantiu a revisão de todos os benefícios em manutenção (já concedidos) em 05.10.1988, para que equivalessem, então, ao mesmo número de salários mínimos da data de sua concessão.

Até a edição da Lei n. 9.876/99, o salário de benefício representava a média aritmética dos salários de contribuição integrantes do período básico de cálculo, que poderia variar de 12 a 48 meses conforme a espécie de benefício e o período no qual foi concedido.

No caso concreto, para aplicação do direito intertemporal, ou seja, para estabelecer qual a regra aplicável ao cálculo do salário de benefício, é necessário verificar em que data o segurado cumpriu os requisitos para obter o benefício. Fixada essa data, o passo seguinte será verificar qual das normas estava então em vigor (*tempus regit actum*). E, após, concluir pela existência ou não de direito adquirido à forma de cálculo do salário de benefício.

PERÍODO BÁSICO DE CÁLCULO						
	LOPS (sem correção monetária)	**Decreto n. 710/69**	**Lei n. 6.423/77**	**CF de 1988 e Lei n. 8.213/91**	**Lei n. 9.876/99**	**EC n. 103/2019 (regras de transição)**
■ Aposentadoria por tempo de serviço/contribuição	■ 12 meses	■ 36 meses, com correção monetária dos 24 primeiros (índices do SAMTPS)	■ 36 meses, com correção monetária dos 24 primeiros (índices da ORTN/OTN)	■ 36 meses, com correção monetária de todos os salários de contribuição	■ Todo o período contributivo, com correção de todos os salários de contribuição	■ Todo o período contributivo, a partir de julho/1994, com correção de todos os salários de contribuição
■ Aposentadoria especial	■ 12 meses	■ 36 meses, com correção monetária dos 24 primeiros (índices do SAMTPS)	■ 36 meses, com correção monetária dos 24 primeiros (índices da ORTN/OTN)	■ 36 meses, com correção monetária de todos os salários de contribuição	■ Todo o período contributivo, com correção de todos os salários de contribuição	■ Todo o período contributivo a partir de julho/1994, com correção de todos os salários de contribuição
■ Aposentadoria por idade	■ 12 meses	■ 36 meses, com correção monetária dos 24 primeiros (índices do SAMTPS)	■ 36 meses, com correção monetária dos 24 primeiros (índices da ORTN/OTN)	■ 36 meses, com correção monetária de todos os salários de contribuição	■ Todo o período contributivo, com correção de todos os salários de contribuição	■ Todo o período contributivo a partir de julho/1994, com correção de todos os salários de contribuição

■ Aposentadoria por invalidez	■ 12 meses	■ 12 meses, sem correção monetária	■ 12 meses, sem correção monetária	■ 36 meses, com correção monetária de todos os salários de contribuição	■ Todo o período contributivo, com correção de todos os salários de contribuição	■ Todo o período contributivo a partir de julho/1994, com correção de todos os salários de contribuição
■ Pensão por morte	■ 12 meses	■ 12 meses, sem correção monetária	■ 12 meses, sem correção monetária			
■ Auxílio-doença	■ 12 meses	■ 12 meses, sem correção monetária	■ 12 meses, sem correção monetária	■ 36 meses, com correção monetária de todos os salários de contribuição	■ Todo o período contributivo, com correção de todos os salários de contribuição	■ Todo o período contributivo a partir de julho/1994, com correção de todos os salários de contribuição

■ *5.3.4.4.1.2. Salário de benefício: requisitos cumpridos até 13.11.2019 (EC n. 103/2019)*

a) Salário de benefício das aposentadorias por idade e por tempo de contribuição: não serão mais coberturas previdenciárias devidas aos segurados que ingressarem no RGPS a partir de 13.11.2019 porque idade e tempo de contribuição passam a ser os requisitos cumulativos da aposentadoria comum voluntária, criada pela EC n. 103/2019.

A Reforma da Previdência de 2019 garantiu o respeito ao **direito adquirido, a qualquer tempo**, "à concessão de aposentadoria ao segurado do RGPS e de pensão por morte aos respectivos dependentes, desde que tenham sido cumpridos os requisitos para obtenção desses benefícios até a data de entrada em vigor desta Emenda Constitucional, observados **os critérios da legislação vigente na data em que foram atendidos os requisitos** para a concessão da aposentadoria ou da pensão por morte" (art. 3º da EC n. 103/2019).

A forma de cálculo do salário de benefício dessas duas aposentadorias está definida no art. 29, I, do PBPS e no art. 32, do RPS. O salário de benefício é "**a média aritmética simples dos salários de contribuição e das remunerações adotadas como base para contribuições a regime próprio de previdência social ou como base para contribuições decorrentes das atividades militares de que tratam os art. 42 e art. 142 da Constituição, considerados para a concessão do benefício, atualizados monetariamente, correspondentes a cem por cento do período contributivo desde a competência julho de 1994 ou desde o início da contribuição, se posterior a essa competência**".

Atenção: conforme art. 29-C do PBPS, acrescentado pela **MP n. 676/2015**, convertida na **Lei n. 13.183, de 04.11.2015** (*DOU* 05.11.2015), na aposentadoria por tempo de contribuição o segurado pode **optar** entre a aplicação do FP e a fórmula 85/95.

Já afirmamos que, com relação à aposentadoria por idade, o segurado tem o direito de optar por não aplicar o FP (art. 7º da Lei n. 9.876/99).

O PBC é o período computado **a partir do mês de competência julho/94**.

Então, são corrigidos todos os salários de contribuição do segurado a partir do mês de competência julho/94. Após, apuram-se os 80% maiores, somam-se e faz-se a média aritmética simples, cujo resultado será multiplicado pelo FP correspondente, obtendo-se, então, o salário de benefício.

b) Salário de benefício das aposentadorias por invalidez e especial, auxílio-doença e auxílio-acidente.

O cálculo do salário de benefício das aposentadorias por invalidez e especial, do auxílio-doença e do auxílio-acidente é feito **sem aplicação do fator previdenciário ou da fórmula 85/95**. É apenas nesse ponto que difere do cálculo do salário de benefício das aposentadorias por idade e tempo de contribuição nas regras permanentes (item *a*, *supra*).

O salário de benefício, então, é a "**média aritmética simples** dos maiores salários de contribuição correspondentes **a 80% de todo o período contributivo**", sem a aplicação do FP (art. 29, II, com a redação da Lei n. 9.876/99).

A MP n. 664/2014, convertida na Lei n. 13.135/2015, acrescentou o § 10 ao art. 29 do PBPS. A regra, entretanto, condiz com o valor da renda mensal inicial do auxílio-doença, que trataremos no item 5.3.5.7 *infra*.

Tal como nas regras das aposentadorias por idade e tempo de contribuição, o cálculo do salário de benefício tem como **PBC** o período contributivo considerado **a partir do mês de competência, qual seja, julho de 1994**. Porém, **não se aplica o FP e nem a fórmula 85/95**.

O art. 188-A, § 4º, do RPS, foi revogado pelo Decreto n. 10.410/2020.

c) Salário de benefício: segurado especial.

O salário de benefício do segurado especial está definido no § 6º do art. 29, na redação dada pela Lei n. 11.718/2008: valor equivalente ao **salário mínimo**. Porém, se contribuir facultativamente como contribuinte individual, o salário de benefício será calculado como para os demais segurados, obedecendo-se o disposto nos arts. 39, II, e 48, § 4º.

Trata-se, aqui, do segurado especial que optou por se inscrever no RGPS como contribuinte individual e, por isso, tem direito a aposentadorias por idade e tempo de contribuição.

Como nas regras gerais, o salário de benefício do segurado especial não pode ser inferior ao salário mínimo.

O PBC considerado, nessa hipótese, será também todo o período contributivo.

d) Salário de benefício do contribuinte individual e do facultativo que façam recolhimento trimestral: art. 32, § 10, do RPS.

Os segurados contribuinte individual e facultativo, que tenham salários de contribuição de valor igual a um salário mínimo, podem optar pelo recolhimento trimestral das contribuições previdenciárias, conforme autoriza o art. 216, § 15, do RPS.

Nessa hipótese, quando requerem qualquer benefício previdenciário, o salário de benefício é a média aritmética simples de todos os salários de contribuição que serviram para formar a base de cálculo da contribuição trimestral, desde que efetivamente recolhida.

■ *5.3.4.4.1.3. Salário de benefício: requisitos cumpridos após 13.11.2019. A EC n. 103/2019*

A EC n. 103/2019 definiu o salário de benefício para o cálculo de todos os benefícios do RGPS: a média aritmética simples dos salários de contribuição e das remunerações adotados como base para contribuições a RPPS e ao RGPS, ou para contribuições decorrentes de atividades militares, atualizados monetariamente, a partir da competência julho de 1994, ou desde o início da contribuição, se posterior àquela competência (art. 26).

A mudança acarretará sensível diminuição no valor do salário de benefício e, por consequência, da renda mensal inicial, uma vez que não mais serão descartados do cálculo os 20% menores salários de contribuição.

A média resultante desse cálculo será limitada ao valor máximo do salário de contribuição para o RGPS.

A Fórmula 85/95, atual 86/96, foi mantida pela EC n. 103/2019 apenas no cálculo das aposentadorias por idade e por tempo de contribuição que forem concedidas na forma das regras de transição.

■ *5.3.4.4.1.4. Auxílio-acidente*

O cálculo da renda mensal inicial do auxílio-acidente continua a ser feito com base no salário de benefício, uma vez que a MP n. 905/2019 foi revogada pela MP n. 955/2020.

Corresponderá a 50% do salário de benefício e será devido até a véspera do início de qualquer aposentadoria ou até a data do óbito do segurado.

Ocorre que, com a EC n. 103/2019, a aposentadoria por invalidez, submetida ao cálculo do salário de benefício com base em 100% da média aritmética simples dos salários de contribuição a partir de julho/1994, terá renda mensal inicial com cálculo de 60% do salário de benefício, com alguns acréscimos dependendo do tempo de contribuição.

Daí se vê que a base de cálculo do auxílio-acidente será sensivelmente reduzida.

Para fins de facilitar a consulta à legislação, transcrevemos tabela indicativa do cálculo do salário de benefício de cada um dos benefícios previdenciários devidos aos segurados e das respectivas modificações introduzidas pela legislação:

BENEFÍCIO	SALÁRIO DE BENEFÍCIO
APOSENTADORIA POR INVALIDEZ (INCLUSIVE EM RAZÃO DE ACIDENTE DO TRABALHO)	■ de 05.04.1991 a 28.11.1999 ■ Média aritmética simples dos últimos 36 salários de contribuição dos meses anteriores ao do afastamento da atividade ou da data da entrada do requerimento, apurados em período não superior a 48 meses. ■ a partir de 29.11.1999 ■ Média aritmética simples dos maiores salários de contribuição correspondentes a 80% de todo o período contributivo (desde julho/94). ■ a partir de 13.11.2019 ■ Média aritmética simples dos salários de contribuição correspondentes a 100% do período contributivo a partir de julho/1994.
APOSENTADORIA POR IDADE	■ de 05.04.1991 a 28.11.1999 ■ Média aritmética simples dos últimos 36 salários de contribuição dos meses anteriores ao do afastamento da atividade ou da data da entrada do requerimento, apurados em período não superior a 48 meses. ■ a partir de 29.11.1999 ■ Média aritmética simples dos maiores salários de contribuição correspondentes a 80% de todo o período contributivo (desde julho/94), multiplicada pelo FP (opcional). ■ a partir de 13.11.2019 ■ Média aritmética simples dos salários de contribuição correspondentes a 100% do período contributivo a partir de julho/1994, com FP em algumas hipóteses
APOSENTADORIA POR TEMPO DE SERVIÇO/ CONTRIBUIÇÃO	■ de 05.04.1991 a 28.11.1999 ■ Média aritmética simples dos últimos 36 salários de contribuição dos meses anteriores ao do afastamento da atividade ou da data da entrada do requerimento, apurados em período não superior a 48 meses. ■ a partir de 29.11.1999 ■ Média aritmética simples dos maiores salários de contribuição correspondentes a 80% de todo o período contributivo (desde julho/94), multiplicada pelo fator FP. ■ a partir de 18.06.2015 ■ Pode optar entre aplicar o FP ou a fórmula 85/95. ■ a partir de 13.11.2019: ■ Média aritmética simples dos salários de contribuição correspondentes a 100% do período contributivo a partir de julho/1994, com FP ou fórmula 86/96 em algumas hipóteses
APOSENTADORIA ESPECIAL	■ de 05.04.1991 a 28.11.1999 ■ Média aritmética simples dos últimos 36 salários de contribuição dos meses anteriores ao do afastamento da atividade ou da data da entrada do requerimento, apurados em período não superior a 48 meses. ■ a partir de 29.11.1999 ■ Média aritmética simples dos maiores salários de contribuição correspondentes a 80% de todo o período contributivo (desde julho/94). ■ a partir de 13.11.2019 ■ Média aritmética simples dos salários de contribuição correspondentes a 100% do período contributivo a partir de julho/1994
AUXÍLIO-DOENÇA (INCLUSIVE EM RAZÃO DE ACIDENTE DO TRABALHO)	■ de 05.04.1991 a 28.11.1999 ■ Média aritmética simples dos últimos 36 salários de contribuição dos meses anteriores ao do afastamento da atividade ou da data da entrada do requerimento, apurados em período não superior a 48 meses. ■ a partir de 29.11.1999 ■ Média aritmética simples dos maiores salários de contribuição correspondentes a 80% de todo o período contributivo (desde julho/94). ■ corresponderá a 50% do salário de benefício.

AUXÍLIO-ACIDENTE (INCLUSIVE EM RAZÃO DE ACIDENTE DO TRABALHO)	■ de 05.04.1991 a 28.11.1999 ■ Média aritmética simples dos últimos 36 salários de contribuição dos meses anteriores ao do afastamento da atividade ou da data da entrada do requerimento, apurados em período não superior a 48 meses. ■ a partir de 29.11.1999 ■ Média aritmética simples dos maiores salários de contribuição correspondentes a 80% de todo o período contributivo (desde julho/94). ■ a partir de 13.11.2019 ■ Média aritmética simples dos salários de contribuição correspondentes a 100% do período contributivo a partir de julho/1994. ■ corresponderá a 50% do salário de benefício;

■ *5.3.4.4.2. Regras aplicáveis ao salário de benefício*

■ *5.3.4.4.2.1. Piso e teto. Art. 29, § 2º, do PBPS e art. 32, § 3º, do RPS*

Assim como o salário de contribuição, o salário de benefício tem piso e teto.

O salário de benefício não poderá ser inferior ao valor de um salário mínimo. Isso porque, para a apuração da Renda Mensal Inicial (RMI) de cada benefício, aplica-se um coeficiente sobre o valor do salário de benefício, podendo resultar em valor inferior ao salário mínimo, e a renda mensal dos benefícios previdenciários não pode ser inferior ao salário mínimo (art. 201, § 2º, CF). Se o valor for menor que o de um salário mínimo, a RMI também o será, violando o art. 201, § 2º. Sendo inferior ao piso, o valor do salário de benefício deve ser alterado para corresponder a um salário mínimo.

A Portaria SEPRT n. 3.659, de 11.02.2020 (*DOU* 12.02.2020) fixou o piso do salário de benefício em R$ 1.045,00 (mil e quarenta e cinco reais), a partir de 1º.03.2020.

O salário de benefício também não poderá ser superior ao limite máximo do salário de contribuição, considerado na data do início do benefício. Deve ser mantido o equilíbrio financeiro e atuarial do RGPS: se há um valor máximo para o salário de contribuição, esse deve ser também o valor máximo do salário de benefício porque, reiteramos, ao valor do salário de benefício aplica-se um coeficiente para apurar a RMI; se esse valor for maior que o limite máximo do salário de contribuição, nas hipóteses em que o coeficiente é de 100% (aposentadoria por invalidez, por exemplo), poderia ser encontrada RMI superior ao limite máximo do salário de contribuição. Não faria sentido que se pudesse ter benefício com renda mensal superior ao limite máximo de contribuição do segurado.

Se apurado valor superior ao do limite máximo do salário de contribuição, será feita a devida redução.

A Portaria SEPRT n. 3.659, de 11.02.2020 (*DOU* 12.02.2020) fixou o teto do salário de contribuição em R$ 6.101,06 (seis mil, cento e um reais e seis centavos).

A jurisprudência do STJ já assentou que são constitucionais as normas que fixam limites máximo e mínimo para o salário de benefício:

> "(...) 2. O Plano de Benefícios da Previdência Social, ao definir o cálculo do valor da renda inicial, em cumprimento ao art. 202 da Carta Magna, fixou limite mínimo para o valor do salário de benefício — nunca inferior ao salário mínimo vigente na data do início do benefício — e máximo — nunca superior ao limite do salário de contribuição vigente à mesma data —, a teor do estabelecido no art. 29, § 2º, da Lei 8.213/91. 3. O Plenário do Supremo Tribunal Federal decidiu que o art. 202 da Constituição é carecedor de integração legislativa infraconstitucional (RE 193.456-5/RS, *DJ* 07.11.1997), cuja eficácia ficou condicionada à edição da Lei 8.213/91 (...)" (AgREsp 200700320252, 5ª Turma, Rel. Min. Arnaldo Esteves Lima, *DJe* 29.06.2009).

■ *5.3.4.4.2.2. Valores considerados na apuração do salário de benefício. Art. 29, §§ 3º e 4º, do PBPS e art. 32, §§ 4º e 5º, do RPS*

Todos os ganhos habituais do segurado empregado, na forma de moeda corrente ou de utilidades, são considerados no cálculo, desde que sobre eles tenha incidido a contribuição previdenciária.

O **13º salário** não é considerado para fins de cálculo do salário de benefício a partir da vigência da Lei n. 8.870/94. Como a redação anterior não fazia a ressalva quanto ao 13º salário, existe entendimento de que deveria então ser computado no cálculo do salário de benefício antes da Lei n. 8.870/94. Embora já tenhamos adotado entendimento em sentido contrário, após melhor reflexão, concluímos que a alteração introduzida no art. 29, § 3º, da Lei n. 8.213/91 significa que, antes da Lei n. 8.870/94, o 13º salário devia ser computado para fins de cálculo do salário de benefício. O STJ adota esse entendimento.

O STJ adotou esse entendimento no julgamento do REsp, e firmou a tese no **Tema 904.**[30]

> "(...) 2. O art. 28, § 7º, da Lei n. 8.212/1991 (Lei de Custeio) dispunha que a gratificação natalina integrava o salário de contribuição para fins de apuração do salário de benefício, de sorte que a utilização da referida verba para fins de cálculo de benefício foi vedada apenas a partir da vigência da Lei n. 8.870/1994, que alterou a redação da citada norma e do § 3º do art. 29 da Lei n. 8.213/1991 (Lei de Benefícios), dispondo expressamente que a parcela relativa ao décimo terceiro salário integra o salário de contribuição, exceto para efeito de cálculo salário de benefício. 3. "Do acurado exame da legislação pertinente, esta Corte firmou o entendimento segundo o qual, o cômputo dos décimos terceiros salários para fins de cálculo da renda mensal inicial de benefício previdenciário foi autorizado pela legislação previdenciária, até a edição da Lei n. 8.870, de 15 de abril de 1994, que alterou a redação dos arts. 28, § 7º, da Lei de n. 8.212/1991 (Lei de Custeio) e 29, § 3º, da Lei n. 8.213/1991 (Lei de Benefícios)". Precedente: AgRg no REsp 1.179.432/RS, Rel. Ministro Marco Aurélio Bellizze, Quinta Turma, julgado em 28.08.2012, *DJe* 28.09.2012. 4. Tanto no Supremo Tribunal Federal quanto nesta Corte Superior de Justiça, encontra-se pacificado o entendimento segundo o qual, em homenagem ao princípio *tempus regit actum*, o cálculo do valor dos Documento: 70538424 — EMENTA / ACORDÃO — Site certificado — *DJe*: 17.05.2017 Página 1 de 3 Superior Tribunal de Justiça benefícios previdenciários deve

[30] (REsp 1.546.680 – RS, 1ª Seção, Rel. Min. Og Fernandes, *DJe* 17.05.2017).

> ser realizado com base na legislação vigente à época em que foram cumpridas as exigências legais para a concessão do benefício. 5. No caso em exame, os requisitos para concessão do benefício do segurado instituidor somente foram atendidos após a vigência da Lei n. 8.870/1994, razão pela qual incidem suas disposições, na íntegra. 6. Dessa forma, não é possível a aplicação conjugada das regras previstas pela redação originária do § 7º do art. 28 da Lei n. 8.212/1991 e do § 3º do art. 29 da Lei n. 8.213/1991 com as da Lei n. 8.870/1994, sob pena de tal mister "implicar a aplicação conjunta de ordenamentos jurídicos diversos, criando-se, dessa maneira, um regime misto de aplicação da lei". Precedente: AgRg no REsp 967.047/SC, Rel. Ministra Maria Thereza de Assis Moura, Sexta Turma, julgado em 03.02.2011, *DJe* 21.02.2011. 7. Tese jurídica firmada: O décimo terceiro salário (gratificação natalina) somente integra o cálculo do salário de benefício, nos termos da redação original do § 7º do art. 28 da Lei n. 8.212/1991 e § 3º do art. 29 da Lei n. 8.213/1991, quando os requisitos para a concessão do benefício forem preenchidos em data anterior à publicação da Lei n. 8.870/1994, que expressamente excluiu o décimo terceiro salário do cálculo da Renda Mensal Inicial (RMI), independentemente de o Período Básico de Cálculo (PBC) do benefício estar, parcialmente, dentro do período de vigência da legislação revogada. 8. Recurso julgado sob a sistemática do art. 1.036 e seguintes do CPC/2015 e art. 256-N e seguintes do Regimento Interno do Superior Tribunal de Justiça. 9. Recurso especial conhecido e não provido.

A Súmula 60 da TNU dos Juizados Especiais Federais adotou entendimento contrário: "O décimo terceiro salário não integra o salário de contribuição para fins de cálculo do salário de benefício, independentemente da data da concessão do benefício previdenciário".

Por divergir do entendimento do STJ, foi admitido incidente de uniformização de interpretação de lei federal contra decisão da TNU sobre a inclusão das parcelas relativas ao 13º salário no cálculo de benefício previdenciário concedido antes da Lei n. 8.870/94, onde restou decidido que o 13º salário só integra o cálculo do salário de benefício quando os requisitos forem preenchidos em data anterior à publicação da Lei n. 8.870/94, conforme Acórdão publicado no *DJe* de 1º.03.2018 (PET 9.723/SC, Rel. Min. Napoleão Nunes Maia Filho).

A Súmula 60 foi cancelada em 16.03.2016 (*DOU* 21.03.2016), data em que a TNU editou a **Súmula 83:** "A partir da entrada em vigor da Lei n. 8.870/94, o décimo terceiro salário não integra o salário de contribuição para fins de cálculo do salário de benefício".

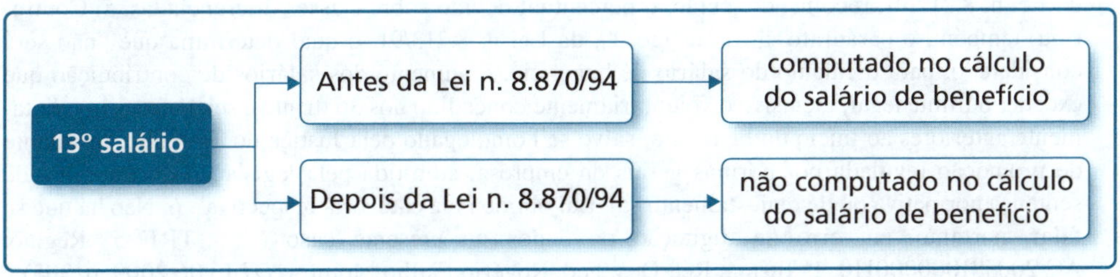

O § 4º do art. 29 proíbe que sejam considerados aumentos de salário de contribuição acima do limite legal, mesmo que voluntariamente concedido nos últimos 36 meses imediatamente anteriores ao início do benefício. Esses aumentos só podem ser considerados se ocorrerem em razão de homologação pela Justiça do Trabalho, se resultantes de promoção regulada por normas gerais da empresa, admitida pela legislação trabalhista, de sentença normativa ou de reajustamento salarial obtido pela respectiva categoria.[31]

■ *5.3.4.4.2.3. Benefícios por incapacidade recebidos no PBC: art. 29, § 5º, do PBPS e art. 32, § 6º, do RPS*

A história previdenciária do segurado pode revelar que passou por períodos em que, ao invés de pagar contribuições para o sistema, recebeu cobertura previdenciária por estar incapacitado para o trabalho (auxílio-doença, aposentadoria por invalidez etc.).

Esses períodos sem contribuição, mas com cobertura previdenciária em razão da incapacidade, não podem ser desprezados quando o segurado requer outra cobertura previdenciária (ao se aposentar, por exemplo). É a situação em que **o período básico de cálculo é integrado por meses em que não houve contribuição, mas, sim, o recebimento do benefício por incapacidade**.

Essa hipótese está prevista na Lei e no Regulamento: será **considerado salário de contribuição**, nesse período, **o valor do salário de benefício que serviu de base para a concessão do benefício por incapacidade**.

Mas a questão não é assim tão simples porque há **três hipóteses** a considerar:

---

[31] "(...) O cerne da controvérsia cinge-se em saber se realmente houve equívoco na digitação dos dados e correspondente erro de cálculo nos valores das 36 últimas contribuições pagas e, na sequência, na aplicação dos índices de reajustes do benefício, resultando em perda no valor inicial do benefício. 2. A sentença de primeiro grau restringiu-se em afirmar que estava em debate apenas a questão referente ao atrelamento do valor do benefício, desde sua concessão, ao valor da base de cálculo das contribuições pagas, ou seja, dos salários de contribuição considerados para o cálculo. 3. Da análise dos documentos às fls. 22 e 62 a 68, constata-se que, nos meses de agosto/1992 a março/1995, os valores correspondentes aos salários de contribuição constantes da carta de concessão/memória de cálculo não são equivalentes aos constantes dos comprovantes de recolhimento das referidas contribuições, trazidas aos autos pelo suplicante. 4. O apelante não seguiu a tabela de escalonamento do salário-base para o recolhimento de sua contribuição, de acordo com o *caput* e § 11 do art. 29 da Lei n. 8.212/91, recolhendo, então, o percentual devido sobre classes diferenciadas. 5. Contrariou, também, o parágrafo 4º, do artigo 29, da Lei n. 8.213/91, o qual determina que "não será considerado, para o cálculo do salário de benefício, o aumento dos salários de contribuição que exceder o limite legal, inclusive o voluntariamente concedido nos 36 (trinta e seis) meses imediatamente anteriores ao início do benefício, salvo se homologado pela Justiça do Trabalho, resultante de promoção regulada por normas gerais da empresa, admitida pela legislação do trabalho, de sentença normativa ou de reajustamento salarial obtido pela categoria respectiva". 6. Não há que se falar, portanto, em erro de digitação de dados no presente caso (...)" (TRF 5ª Região, AC 200581000000110, 1ª Turma, Rel. Des. Fed. Rogério Fialho Moreira, *DJ* 16.06.2009, p. 305).

a) o segurado recebeu o auxílio-doença, **sem interrupção**, até que se aposentou por invalidez;

b) recebeu o auxílio-doença ou a aposentadoria por invalidez, que foi cessado(a), e voltou a contribuir, havendo, assim, **períodos intercalados de recebimento de auxílio-doença ou aposentadoria por invalidez e de recolhimento de contribuições**.

c) recebeu o auxílio-doença, que foi cessado, **e não voltou a contribuir, não havendo períodos intercalados de recebimento de auxílio-doença e pagamento de contribuições.**

A regra deve ser analisada em conjunto com **o art. 55, II, da Lei n. 8.213/91:**

> **Art. 55.** O tempo de serviço será comprovado na forma estabelecida no Regulamento, compreendendo, além do correspondente às atividades de qualquer das categorias de segurados de que trata o art. 11 desta Lei, mesmo que anterior à perda da qualidade de segurado:
>
> II — o tempo intercalado em que esteve em gozo de auxílio-doença ou aposentadoria por invalidez;

Para fins de contagem de tempo de serviço (v. item 5.3.5.3.1.4.3, *infra*), os períodos de recebimento da cobertura previdenciária de auxílio-doença ou aposentadoria por invalidez só serão computados se estiverem **intercalados** com períodos de atividade, isto é, se houver períodos de contribuição posteriores aos de incapacidade. Se não forem períodos intercalados, não será computado como tempo de serviço/contribuição o período em que foi pago o auxílio-doença ou a aposentadoria por invalidez.

Para fins de cálculo do salário de benefício, o entendimento da jurisprudência tem sido o mesmo: só se computa como salário de contribuição o salário de benefício do auxílio-doença se houver períodos intercalados de recolhimentos de contribuição e de incapacidade. Não havendo períodos intercalados, a aposentadoria por invalidez é considerada como mera conversão do auxílio-doença, de modo que, para o cálculo da renda mensal inicial, é aplicado o percentual de 100% sobre o salário de benefício do auxílio-doença.

Não concordamos com esse entendimento. No sistema da Lei n. 8.213/91, a aposentadoria por invalidez não é mero benefício derivado, como é a pensão por morte, mas benefício novo, com metodologia de cálculo própria.[32] Nosso entendimento,

[32] Nesse sentido também o entendimento de Wladimir Novaes Martinez *in Comentários à lei básica da previdência social* — Tomo II — Plano de benefícios. 3. ed. São Paulo: LTr, 1995, p. 197-199: "O § 5º reedita a regra do art. 21, § 3º, da CLPS, mantendo a tradição do Direito Previdenciário de não prejudicar, quando da aposentação, o trabalhador se ele, às portas da concessão, isto é, dentro dos 4 anos antecedentes, recebeu auxílio-doença ou aposentadoria por invalidez.

O salário de benefício dessas duas prestações, concedidas por incapacidade substitui, no seu período de fruição, o salário de contribuição inexistente.

(...)

Mandar contar a 'duração' do benefício significa dizer: o salário de benefício das prestações substituirá integralmente os salários de contribuição e não só completarão a carência como ampliarão os coeficientes aplicáveis ao salário de benefício da prestação hodiernamente requerida.

entretanto, não é o que prevalece.[33]

A questão foi levada ao STF no Recurso Extraordinário n. 583.834,[34] que, em repercussão geral, decidiu que **o art. 29, § 5º, só se aplica quando o afastamento que precede a aposentadoria por invalidez não é contínuo, mas intercalado com períodos de atividade**, porque não é permitida a contagem de tempos fictícios para fins de concessão de benefícios.

Súmula 73 da TNU: O tempo de gozo de auxílio-doença ou de aposentadoria por invalidez não decorrentes de acidente do trabalho só pode ser computado como tempo de contribuição ou para fins de carência quando intercalado entre períodos nos quais houve recolhimento de contribuições para a previdência social.

A lei não faz distinção e, assim, os auxílios-doenças ou aposentadorias por invalidez auferidos no período básico de cálculo prestar-se-ão para o cálculo da aposentadoria por tempo de serviço, especial ou por idade e, também, para o próprio auxílio-doença ou aposentadoria por invalidez.

Pelo menos até a véspera de 5.4.91, data da efetiva implantação do Plano de Benefícios, o auxílio-doença e a aposentadoria por invalidez tiveram as contribuições contidas no seu período básico de cálculo tomadas em seu valor nominal, não corrigidas por estarem excluídas do art. 21, § 1º, da CLPS. Com isso, nos anos de inflação elevada, os salários de benefício resultaram, praticamente, em 50% do último salário de contribuição.

Levando em conta as bases de cálculo da contribuição serem na época, atualizadas periodicamente, não tinha — e por isso impôs-se o *caput* do art. 202 da Lei Maior — e, ainda hoje, não tem sentido não serem corrigidos os valores originais.

Pode acontecer de um desses benefícios situar-se no lapso de tempo de 48 meses definidores do período básico de cálculo e apresentarem-se salários de contribuição atualizados anteriores e posteriores à fruição dos respectivos benefícios por incapacidade.

Ora, o mesmo precisa acontecer com próprio valor do salário de benefício, antes dele ser corrigido. Isto é, antes de o órgão gestor proceder à hodiernização do valor da média necessária à avaliação da renda mensal inicial desses benefícios por incapacidade contidos no período básico de cálculo, objeto do § 5º, eles devem ser revistos, com fulcro na Lei 8.213/91, contemporanizadas as contribuições-base para a aferição do primeiro valor e, somente após essa operação, apurado um novo salário de benefício (mesmo se tal importância não tenha, realmente, à ocasião, se prestado para a determinação do direito). Finalmente, esse salário de benefício será atualizado, atendendo-se ao disposto no § 5º".

33 Cf. STJ REsp 200802112152, 5ª Turma, Rel. Min. Jorge Mussi, *DJe* 03.08.2009.

34 "CONSTITUCIONAL. PREVIDENCIÁRIO. REGIME GERAL DA PREVIDÊNCIA SOCIAL. CARÁTER CONTRIBUTIVO. APOSENTADORIA POR INVALIDEZ. AUXÍLIO-DOENÇA. COMPETÊNCIA REGULAMENTAR. LIMITES. 1. O caráter contributivo do regime geral da previdência social (*caput* do art. 201 da CF) a princípio impede a contagem de tempo ficto de contribuição. 2. O § 5º do art. 29 da Lei n. 8.213/1991 (Lei de Benefícios da Previdência Social — LBPS) é exceção razoável à regra proibitiva de tempo de contribuição ficto com apoio no inciso II do art. 55 da mesma Lei. E é aplicável somente às situações em que a aposentadoria por invalidez seja precedida do recebimento de auxílio-doença durante período de afastamento intercalado com atividade laborativa, em que há recolhimento da contribuição previdenciária. Entendimento, esse, que não foi modificado pela Lei n. 9.876/99. 3. O § 7º do art. 36 do Decreto n. 3.048/1999 não ultrapassou os limites da competência regulamentar porque apenas explicitou a adequada interpretação do inciso II e do § 5º do art. 29 em combinação com o inciso II do art. 55 e com os arts. 44 e 61, todos da Lei n. 8.213/1991. 4. A extensão de efeitos financeiros de lei nova a benefício previdenciário anterior à respectiva vigência ofende tanto o inciso XXXVI do art. 5º quanto o § 5º do art. 195 da Constituição Federal. Precedentes: REs 416.827 e 415.454, ambos da relatoria do Ministro Gilmar Mendes. 5. Recurso extraordinário com repercussão geral a que se dá provimento." (Rel. Min. Ayres Britto, *DJe* 14.02.2012).

A **Portaria Conjunta n. 12/2020 DIRBEN PFE/INSS**, cumprindo decisão proferida em Ação Civil Pública, dispôs:

> "**Art. 1º** Comunicar para cumprimento a decisão judicial proferida na Ação Civil Pública-ACP n. 0216249-77.2017.4.02.5101/RJ, determinando ao INSS que compute, para fins de carência, o período em gozo de benefício por incapacidade não acidentário intercalado e o período em gozo de benefício por incapacidade acidentário, intercalado ou não".

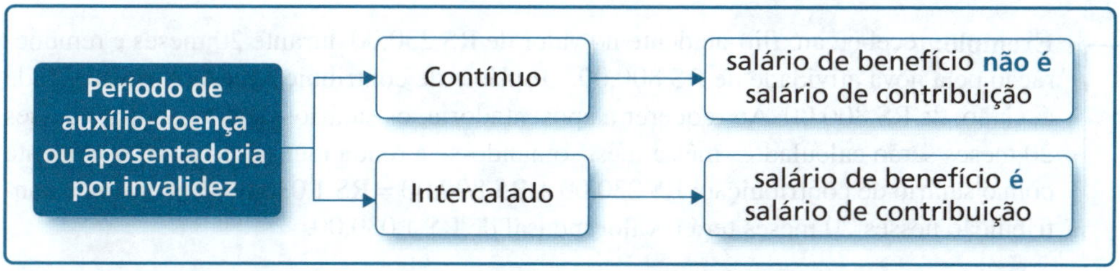

▪ *5.3.4.4.2.4. Inexistência de salários de contribuição no PBC*

Pode ocorrer, ainda, que o PBC não contenha períodos de contribuição.

> **Exemplo:** o segurado requer aposentadoria por idade. Pode ocorrer, como veremos adiante (item 5.3.5.2), que, embora tenha perdido a qualidade de segurado, tenha direito à aposentadoria. Entretanto, ingressou no sistema antes da vigência da Lei n. 9.876/99 e, por isso, está submetido às regras de transição, tendo por PBC o período que se iniciou em julho/94. Porém, desde antes de julho/94, não pagava contribuições para o RGPS, razão pela qual não tem salários de contribuição a considerar.

Nessas situações, **a renda mensal do benefício será igual ao valor de um salário mínimo**, porque a CF garante que nenhum benefício que substitua a renda do segurado ou o salário de contribuição seja inferior a um salário mínimo.

> **Atenção: essa regra não se aplica ao salário-família e ao auxílio-acidente**, que são benefícios com regramento próprio.

▪ *5.3.4.4.2.5. Aposentadorias precedidas de auxílio-acidente: art. 32, § 8º, do RPS*

O benefício de auxílio-acidente tem natureza indenizatória (item 5.3.5.9, *infra*).

Esse benefício tem como objetivo ressarcir o segurado que, após a consolidação das lesões decorrentes de acidente, passa a ter sequelas que implicam redução da capacidade para o trabalho que habitualmente exercia, conforme situações a serem discriminadas em regulamento, restando prejudicado em sua remuneração quando volta ao mercado de trabalho.

Trata-se de indenização em razão da redução da renda mensal decorrente do acidente, que será recebida enquanto persistirem as sequelas e o segurado não se aposentar.

Com a aposentadoria cessa o pagamento do auxílio-acidente, uma vez que terá cobertura previdenciária única.

Entretanto, se houve redução da capacidade de trabalho, por certo houve também redução do novo salário de contribuição após o retorno ao trabalho em outra atividade para a qual o segurado teve que se adaptar. Recebia remuneração e auxílio-acidente.

O salário de contribuição que embasar o cálculo da aposentadoria deverá ser integrado pelo valor do auxílio-acidente que recebia, sob pena de ter sua renda mensal defasada. Pelo art. 32, § 8º, do RPS, ao valor do salário de contribuição será acrescido o do auxílio-acidente.

> **Exemplo:** recebeu auxílio-acidente no valor de R$ 230,00 durante 20 meses e remuneração pela nova atividade de R$ 800,00. O salário de contribuição nesta nova atividade é, então, de R$ 800,00. Ao requerer a aposentadoria, os salários de contribuição desses 20 meses serão calculados, mês a mês, somando-se a renda mensal do auxílio-acidente com o salário de contribuição: R$ 230,00 + R$ 800,00 = R$ 1.030,00. O salário de contribuição nesses 20 meses terá o valor mensal de R$ 1.030,00.

O art. 32, § 8º, do RPS, melhor esclarece: para fins de apuração do salário de benefício de qualquer aposentadoria precedida de auxílio-acidente, o valor mensal deste será somado ao salário de contribuição antes da aplicação da correção a que se refere o art. 33, **não podendo o total apurado ser superior ao limite máximo do salário de contribuição**.

Mas nem sempre foi assim. O art. 31 da Lei n. 8.213/91, na sua redação original, não previa a inclusão do valor do auxílio-acidente no salário de contribuição. Esse artigo foi revogado pela Lei n. 8.880/94, e restabelecido com a redação atual pela Lei n. 9.528/97, que dispõe: "O valor mensal do auxílio-acidente integra o salário de contribuição, para fins de cálculo do salário de benefício de qualquer aposentadoria, observado, no que couber, o disposto no art. 29 e no art. 86, § 5º".

Surge, então, a questão: têm direito adquirido ao recebimento dos dois benefícios, cumulativamente — auxílio-acidente e aposentadoria — os segurados que já recebiam auxílio-acidente antes da Lei n. 9.528/97?

A nosso ver, o direito adquirido à percepção cumulativa dos dois benefícios — aposentadoria e auxílio-acidente — só está configurado quando ambas as coberturas previdenciárias foram concedidas antes da Lei n. 9.528/97, uma vez que o benefício previdenciário é regido pela lei vigente ao tempo do cumprimento de todos os requisitos (*tempus regit actum*).

Se o auxílio-acidente foi concedido antes da Lei n. 9.528/97, mas a aposentadoria foi posterior à Lei, não há direito adquirido porque, nesse caso, o auxílio-acidente integra o salário de contribuição para fins de cálculo da aposentadoria, e o recebimento conjunto desses benefícios implicaria em *bis in idem*.

A cumulação do auxílio-acidente com a aposentadoria era permitida antes da Lei n. 9.528/97, porque o auxílio-acidente não integrava os salários de contribuição utilizados no cálculo da aposentadoria.

Depois de grande controvérsia, o STJ decidiu, em Recurso Especial Repetitivo, que o auxílio-acidente só pode ser acumulado com a aposentadoria quando ambos os benefícios tenham sido concedidos antes de 11.11.1997, data da MP que alterou a Lei n. 9.528/97 (1ª Seção, REsp 1.296.673, Rel. Min. Herman Benjamin, *DJe* 03.09.2012). Em 31.03.2014, editou a **Súmula 507:** "A acumulação de auxílio-acidente com aposentadoria pressupõe que a lesão incapacitante e a aposentadoria sejam anteriores a 11.11.1997, observado o critério do art. 23 da Lei n. 8.213/91 para definição do momento da lesão nos casos de doença profissional ou do trabalho".

ANTES DA VIGÊNCIA DA LEI N. 9.528/97	A PARTIR DA VIGÊNCIA DA LEI N. 9.528/97
■ Auxílio-acidente + aposentadoria (recebimento conjunto)	■ Auxílio-acidente integra salário de contribuição da aposentadoria (vedado o recebimento conjunto) ■ Permitido o recebimento conjunto se ambos os benefícios foram concedidos antes de 11.11.1997

■ 5.3.4.4.2.6. Contribuição em razão de atividades concomitantes: art. 32 do PBPS e art. 34 do RPS

É comum que o segurado exerça, **ao mesmo tempo, mais de uma atividade vinculada ao RGPS**. Pode ter 2 empregos, por exemplo. Nesse caso, o segurado deve participar do custeio em todas as atividades até o limite máximo do salário de contribuição.

O art. 32 do PBPS dita as regras para a consideração das atividades concomitantes no cálculo do salário de benefício:

> **Art. 32.** O salário de benefício do segurado que contribuir em razão de atividades concomitantes será calculado com base na soma dos salários de contribuição das atividades exercidas na data do requerimento ou do óbito, ou no período básico de cálculo, observado o disposto no art. 29 desta Lei.
>
> § 1º O disposto neste artigo não se aplica ao segurado que, em obediência ao limite máximo do salário de contribuição, contribuiu apenas por uma das atividades concomitantes.
>
> § 2º Não se aplica o disposto neste artigo ao segurado que tenha sofrido redução do salário de contribuição das atividades concomitantes em respeito ao limite máximo desse salário.

Comprovado o exercício de atividades concomitantes, a regra do *caput* do art. 32 determina a soma dos respectivos salários de contribuição das atividades exercidas até na data do requerimento ou do óbito ou no PBC; entretanto, a soma não pode ultrapassar o valor do limite máximo do salário de contribuição.

■ 5.3.4.4.2.7. Comprovação dos salários de contribuição

A comprovação dos salários de contribuição tende a ser um dos maiores problemas do segurado quando requer cobertura previdenciária. As diversas atividades exercidas acabam por acarretar formas diferentes de comprovação do recolhimento de contribuições: ora foi segurado empregado, ora contribuinte individual, ou segurado especial etc.

O segurado do RGPS, historicamente, sempre teve dificuldades para comprovar o valor dos salários de contribuição sobre os quais participou do custeio, principalmente os que não tinham vínculo empregatício. Carnês de contribuição estavam sempre sujeitos a extravio, impedindo o segurado de ter a cobertura previdenciária devida.

O segurado empregado não tem grandes dificuldades para fazer essa prova: basta apresentar as anotações do contrato de trabalho em CTPS, porque é do empregador a obrigação de arrecadar e recolher a contribuição previdenciária do segurado empregado.

Na tentativa de pôr fim ao problema, o art. 29-A do PBPS, modificado pela Lei Complementar n. 128, de 19.12.2008, determinou que o INSS, para fins de cálculo do salário de benefício, comprovação de filiação ao RGPS, tempo de contribuição e relação de emprego utilize os dados do **Cadastro Nacional de Informações Sociais (CNIS)** sobre os vínculos e as remunerações dos segurados.

A nosso ver, essa solução não é definitiva. Nem sempre o banco de dados do CNIS representa a verdade dos fatos. É muito comum que o segurado empregado, por exemplo, esteja submetido a uma condição de subemprego, em que o empregador não faz nenhum recolhimento de contribuição previdenciária, sem o que não há como constar do CNIS. Por isso, a nosso ver, o segurado deve sempre guardar todos os documentos comprobatórios de suas relações de emprego, ou do recolhimento de suas contribuições previdenciárias, no caso dos segurados contribuinte individual e facultativo.

O segurado pode requerer que o INSS lhe forneça as informações constantes do CNIS, o que deverá ser atendido em 180 dias (art. 29-A, § 1º).

Se as informações da base de dados do CNIS não corresponderem à realidade, o segurado poderá requerer a inclusão de informações, a exclusão ou retificação das existentes, apresentando os documentos comprobatórios de suas alegações, conforme critérios definidos pelo INSS (art. 29-A, § 2º).

■ 5.3.4.4.3. *Renda mensal do benefício*

Calculado o valor do salário de benefício, passa-se à operação seguinte, que é o cálculo do valor da **Renda Mensal Inicial do Benefício (RMI)**.

A RMI é o **valor da primeira prestação** que o segurado receberá mensalmente. É calculada mediante a aplicação de um **coeficiente sobre o valor do salário de benefício**. Esse coeficiente varia de acordo com o benefício requerido.

Há regras específicas para a renda mensal do benefício.

A CF garante (art. 201, § 2º) que a renda mensal do benefício que substitua o salário de contribuição **não poderá ter valor inferior ao do salário mínimo**. A disposição constitucional é repetida pelo art. 33 do PBPS.

O RPS tem regras que permitem a existência de **renda mensal de benefício cujo valor seja inferior ao de um salário mínimo: auxílio-acidente, salário-família e a parcela a cargo do RGPS dos benefícios por totalização** concedidos com base em acordos internacionais de previdência social (art. 42, parágrafo único).

Atenção: esses benefícios *não substituem* o último salário de contribuição.

O art. 33 prevê, também, que a renda mensal do benefício não pode ter valor superior ao do limite máximo do salário de contribuição. A regra, novamente, tem 2 exceções:

a) a hipótese prevista no art. 45 do PBPS, que dispõe sobre a aposentadoria por invalidez/incapacidade permanente do segurado que necessitar da assistência permanente de outra pessoa, cuja renda mensal será acrescida de 25%, e poderá ser superior ao limite máximo legal;

b) embora não expressa na lei, a renda mensal do salário-maternidade da segurada empregada pode ser superior ao limite máximo do valor do salário de contribuição. Essa hipótese decorre de decisão do STF na ADI 1.946/DF, de Relatoria do Ministro Sydney Sanches (*DJ* 16.05.2003, p. 00090), que valorizou o trabalho da mulher empregada:

"EMENTA: DIREITO CONSTITUCIONAL, PREVIDENCIÁRIO E PROCESSUAL CIVIL. LICENÇA-GESTANTE. SALÁRIO. LIMITAÇÃO. AÇÃO DIRETA DE INCONSTITUCIONALIDADE DO ART. 14 DA EMENDA CONSTITUCIONAL N. 20, DE 15.12.1998. ALEGAÇÃO DE VIOLAÇÃO AO DISPOSTO NOS ARTIGOS 3º, IV, 5º, I, 7º, XVIII, E 60, § 4º, IV, DA CONSTITUIÇÃO FEDERAL. 1. O legislador brasileiro, a partir de 1932 e mais claramente desde 1974, vem tratando o problema da proteção à gestante, cada vez menos como um encargo trabalhista (do empregador) e cada vez mais como de natureza previdenciária. Essa orientação foi mantida mesmo após a Constituição de 05/10/1988, cujo art. 6º determina: a proteção à maternidade deve ser realizada 'na forma desta Constituição', ou seja, nos termos previstos em seu art. 7º, XVIII: 'licença à gestante, sem prejuízo do empregado e do salário, com a duração de cento e vinte dias'.

2. Diante desse quadro histórico, não é de se presumir que o legislador constituinte derivado, na Emenda 20/98, mais precisamente em seu art. 14, haja pretendido a revogação, ainda que implícita, do art. 7º, XVIII, da Constituição Federal originária. Se esse tivesse sido o objetivo da norma constitucional derivada, por certo a E.C. n. 20/98 conteria referência expressa a respeito. E, à falta de norma constitucional derivada, revogadora do art. 7º, XVIII, a pura e simples aplicação do art. 14 da E.C. 20/98, de modo a torná-la insubsistente, implicará um retrocesso histórico, em matéria social-previdenciária, que não se pode presumir desejado.

3. Na verdade, se se entender que a Previdência Social, doravante, responderá apenas por R$ 1.200,00 (hum mil e duzentos reais) por mês, durante a licença da gestante, e que o empregador responderá, sozinho, pelo restante, ficará sobremaneira facilitada e estimulada a opção deste pelo trabalhador masculino, ao invés da mulher trabalhadora. Estará, então, propiciada a discriminação que a Constituição buscou combater, quando proibiu diferença de salários, de exercício de funções e de critérios de admissão, por motivo de sexo (art. 7º, inc. XXX, da C.F./88), proibição, que, em substância, é um desdobramento do princípio da igualdade de direitos, entre homens e mulheres, previsto no inciso I do art. 5º da Constituição Federal. Estará, ainda, conclamado o empregador a oferecer à mulher trabalhadora, quaisquer que sejam suas aptidões, salário nunca superior a R$ 1.200,00, para não ter de responder pela diferença. Não é crível que o constituinte derivado, de 1998,

tenha chegado a esse ponto, na chamada Reforma da Previdência Social, desatento a tais consequências. Ao menos não é de se presumir que o tenha feito, sem o dizer expressamente, assumindo a grave responsabilidade.

4. A convicção firmada, por ocasião do deferimento da Medida Cautelar, com adesão de todos os demais Ministros, ficou agora, ao ensejo deste julgamento de mérito, reforçada substancialmente no parecer da Procuradoria Geral da República.

5. Reiteradas as considerações feitas nos votos, então proferidos, e nessa manifestação do Ministério Público Federal, a Ação Direta de Inconstitucionalidade é julgada procedente, em parte, para se dar, ao art. 14 da Emenda Constitucional n. 20, de 15.12.1998, interpretação conforme à Constituição, excluindo-se sua aplicação ao salário da licença-gestante, a que se refere o art. 7º, inciso XVIII, da Constituição Federal.

6. Plenário. Decisão unânime."

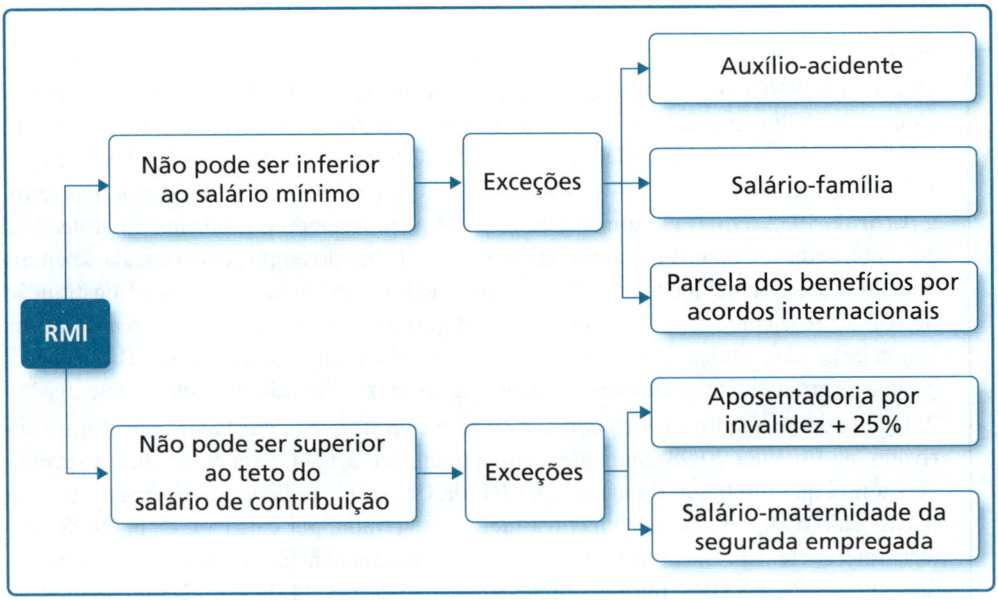

■ *5.3.4.4.3.1. Reajuste da renda mensal do benefício*

A CF (art. 201, § 4º) garante que a renda mensal do benefício seja reajustada de forma que mantenha seu valor real.

O reajuste está disciplinado pelo art. 41-A do PBPS, acrescentado MP n. 316, de 11.08.2006, convertida na Lei n. 11.430/2006, que revogou o art. 41 do PBPS:

> **Art. 41-A.** O valor dos benefícios em manutenção será reajustado, anualmente, na mesma data do reajuste do salário mínimo, *pro rata*, de acordo com suas respectivas datas de início ou do último reajustamento, com base no Índice Nacional de Preços ao Consumidor — INPC, apurado pela Fundação Instituto Brasileiro de Geografia e Estatística — IBGE.

O **primeiro reajuste** deve ser feito ***pro rata***, isto é, **proporcionalmente**, de acordo com a data de início do benefício ou de seu último reajuste, com base no INPC, apurado pelo IBGE. Isso porque os benefícios, na maioria das vezes, têm início em data que não é a do primeiro dia do mês e, inclusive, em data posterior ao reajuste dos que já estavam anteriormente em manutenção. Então, por ocasião do reajuste, o índice é calculado proporcionalmente, respeitando a data do início do benefício ou do seu último reajuste.

A jurisprudência do STF é firme no sentido de ser válido o critério da proporcionalidade previsto no art. 41 revogado, porém mantido pelo art. 41-A.[35]

[35] "(...) 1. O artigo 41, II, da Lei n. 8.213/91 não infringiu o disposto nos artigos 194, IV, e 201, § 2º, da Constituição Federal que asseguram, respectivamente, a irredutibilidade do valor dos benefícios e a preservação do seu valor real. Precedentes.

2. A revisão dos benefícios previdenciários não pode ser atrelada à variação do salário mínimo, após a implantação do plano de custeio e benefícios. Precedentes.

3. *In casu*, o acórdão recorrido assentou: 'PREVIDÊNCIA SOCIAL — REAJUSTE DE BENEFÍCIO PREVIDENCIÁRIO CONCEDIDO NA VIGÊNCIA DA CONSTITUIÇÃO FEDERAL DE 1988 — IMPOSSIBILIDADE DE APLICAÇÃO DA SÚMULA N. 260 DO TFR OU DO ART. 58 DO ADCT DA CF/88 — SÚMULAS N. 20 E 21 DO TRF/1ª REGIÃO — APLICAÇÃO DO ART. 41 DA LEI N. 8.213/91, ALTERADO PELO ART. 9º DA LEI N. 8.542/92 — PRIMEIRO REAJUSTE DE BENEFÍCIO CONCEDIDO APÓS 05/10/88, DE ACORDO COM A DATA DE SEU INÍCIO (ART. 41, II, DA LEI N. 8.213/91) — CONSTITUCIONALIDADE — SÚMULA N. 36 DO TRF/1ª REGIÃO. I. Inexistia, até o advento do art. 58 do ADCT da Constituição Federal de 1988, disposição legal determinando a manutenção da proporcionalidade do número de salários mínimos percebidos à época da concessão do benefício. II. O critério de reajuste de benefício, previsto no art. 58 do ADCT da CF/88, aplica-se apenas aos benefícios mantidos em 05/10/88, sendo a referida atualização de benefício devida e paga a partir de 05/04/89, nos termos do art. 58 e parágrafo único, do ADCT da CF/88 e da Súmula n. 20 do TRF/1ª Região, mantendo-se tal critério de reajustamento de 05/04/89 a 04/04/91, quando passou a incidir o critério do art. 41, II, da Lei n. 8.213/91, que deve ser observado até janeiro de 1993, quando o INPC passou a ser substituído pelo IRSM-Índice de Reajuste do Salário Mínimo, observando-se, ulteriormente, seu substituto (art. 20 da Lei n. 8.880, de 27/05/94 e legislação subsequente). III. A pretensão de pagamento de benefício concedido posteriormente à implantação dos planos de custeio e benefícios da Previdência Social, pelo mesmo número de salários mínimos da data de sua concessão, encontra óbice no art. 7º, IV, da Constituição Federal (RE n. 201.472-9/SP, 1ª T. do STF, Rel. Min. Celso de Mello, unânime, in *DJU* de 27/09/96, pág. 36.175). IV. A Súmula n. 260 do TFR — aplicável aos benefícios concedidos até 04/10/88 (Súmula n. 21 do TRF/1ª Região) — firmou entendimento no sentido de que, no primeiro reajuste do benefício, deve-se aplicar o índice integral do aumento verificado, independentemente do mês de sua concessão, em face de a legislação vigente à época não prever a aplicação de índice proporcional de aumento, no primeiro reajuste do benefício, de vez que o art. 67, § 2º, da Lei n. 3.807/90, em sua redação original — que previa reajuste proporcional do benefício, levando-se em conta a data de sua concessão — foi alterado pelo Decreto-lei n. 66/66, que não mais reproduziu aquela previsão legal. V. No caso de benefício concedido em 14/07/91, os reajustamentos regem-se pelos arts. 41 e 145 da Lei n. 8.213/91, com as alterações do art. 9º da Lei n. 8.542/92 e legislação subsequente. VI. Prevendo o art. 41, II, e § 2º, da Lei n. 8.213/91, no primeiro reajustamento do benefício, a aplicação de índice proporcional, de acordo com a data de seu início, pela variação integral do INPC, criando, ainda, um reajuste extraordinário, para recompor o valor real do benefício, na hipótese de se constatar perda de poder aquisitivo com a aplicação dos critérios de reajustamento nele previstos, com vistas ao atendimento do disposto no art. 201, § 2º, da Constituição Federal, inexiste vício de inconstitucionalidade no aludido dispositivo legal, bem assim no art. 9º da Lei n. 8.542/92, que manteve a mesma proporcionalidade do primeiro reajuste do benefício, pela variação do IRSM. Precedentes do TRF/1ª Região e do STJ (REsp n. 85.663-RS, Rel. Min. Edson Vidigal). VII. O crité-

Nessa questão do reajuste da renda mensal dos benefícios previdenciários, convém lembrar o disposto no **art. 58 do ADCT** e fazer um breve histórico.

O legislador constituinte de 1988, pretendendo resgatar um passado de reajustes que não preservavam o poder de compra dos benefícios, determinou que fossem recalculados todos os benefícios previdenciários já concedidos na data da promulgação da CF, de modo que a renda mensal correspondesse ao número de salários mínimos que tinham na data de sua concessão.

A CF criou **critério provisório** (*do sétimo mês da promulgação da Constituição — abril de 1989 — até a implantação do plano de custeio e benefícios da previdência social — 9 de dezembro de 1991*) de reajuste desses benefícios previdenciários que, naquela data, estavam sendo mantidos pela Previdência Social. Determinou que, após a conversão em salários mínimos, passassem a ser reajustados pelos mesmos índices e nas mesmas datas de variação do salário mínimo. Porém, tal critério seria preservado, tão somente, até a data da implantação do plano de custeio e benefícios da Previdência Social.

O sistema de reajustamento dos benefícios pelo mesmo índice de variação do salário mínimo só vigoraria até a data da implantação do plano de custeio e benefícios da Previdência Social, que se deu em 9 de dezembro de 1991, com a publicação do Decreto n. 357/91. Não é demais lembrar que o art. 7º, IV, da CF, proíbe a vinculação do salário mínimo para qualquer fim.[36]

---

rio fixado para o primeiro reajuste de benefício concedido na vigência da CF/88 representa uma opção legítima do legislador para manter atual o valor do benefício, desde a sua concessão, encontrando justificativa no fato de que, quanto mais recente for a concessão do benefício, menor desgaste sofreu em sua renda mensal inicial, pelo efeito inflacionário, e mais elevados os salários de contribuição que integraram o período básico de cálculo, para apuração do salário de benefício, resultando em renda mensal inicial de valor mais elevado, de vez que o art. 31, da Lei n. 8.213/91, determinou a atualização monetária dos salários de contribuição computados no cálculo do valor do benefício concedido a partir de 05/10/88, pela variação integral do INPC, 'referente ao período decorrido a partir da data da competência do salário de contribuição até a do início do benefício, de modo a preservar os seus valores reais'. VIII. Quis o legislador constituinte tratar desigualmente situações desiguais, quando fixou critérios diversos de reajuste de benefícios para os de valor mínimo e os de valor superior ao salário mínimo (art. 201, § 5º, da CF/88, art. 58 do ADCT), pelo que incabível invocação de ofensa ao princípio da isonomia pelo art. 41, II, da Lei n. 8.213/91. IX. 'O inciso II do art. 41, da Lei n. 8.213/91, revogado pela Lei n. 8.542/92, era compatível com as normas constitucionais que asseguram o reajuste dos benefícios para preservação de seu valor real' (Súmula n. 36 do TRF/1ª Região). X. Apelação improvida.

4. Agravo Regimental desprovido" (1ª Turma, AI-AgR 776.724, Rel. Min. Luiz Fux, *DJe* 09.10.2012).

[36] "(...) Benefício previdenciário: reajuste conforme a variação do salário mínimo. (...) 2 — **Viola, porém, o art. 58 ADCT e contraria também o art. 201, § 2º, da Constituição, o acórdão que mantém a vinculação do benefício previdenciário ao salário mínimo após cessada, com 'a implantação do plano de custeio e benefícios' (Lei n. 8.213/91), a eficácia temporal daquela disposição transitória"** (STF, RE 234.202, Rel. Min. Sepúlveda Pertence, *DJ* 16.04.1999).

BENEFÍCIOS EM MANUTENÇÃO EM 05.10.1988
RM recalculada para o mesmo número de salários mínimos da RMI
Até dezembro/91 ■ reajuste pelo salário mínimo
Após dezembro/91 ■ reajuste pelo INPC do IBGE

A Lei n. 8.213/91 só entrou em vigor em julho de 1991, mas seus **efeitos retroagiram a 05.04.1991**, conforme dispunha o art. 145.

Já se disse que o direito intertemporal é extremamente relevante em termos de Previdência Social. No meio de tantas normas, há ainda uma situação a considerar: benefícios concedidos após a promulgação da CF, mas antes da vigência dos PBPS e PCPS, no período popularmente denominado **"buraco negro"**.

Se a equivalência salarial garantida pelo art. 58 do ADC estava garantida só para os benefícios já concedidos na data da promulgação da CF, como seria feito o reajuste dos benefícios concedidos no buraco negro? Poder-se-ia invocar a isonomia para dar a estes o reajuste pela equivalência salarial?

A Lei n. 7.787, de 30.06.1989, estabeleceu que os benefícios concedidos após a promulgação da Constituição passariam a ser reajustados pelo índice oficial de inflação, o IPC do IBGE, que reajustava os valores dos BTNs (Bônus do Tesouro Nacional).[37]

Com a edição da Lei n. 8.213/91, o art. 144 (posteriormente revogado) dispôs:

REDAÇÃO ORIGINAL	MP N. 2.022-17/2000 REEDITADA ATÉ MP N. 2.187-13/2001
Art. 144. Até 1º de junho de 1992, todos os benefícios de prestação continuada concedidos pela Previdência Social, entre 5 de outubro de 1988 e 5 de abril de 1991, devem ter sua renda mensal inicial recalculada e reajustada, de acordo com as regras estabelecidas nesta Lei.	REVOGADO
Parágrafo único. A renda mensal recalculada de acordo com o disposto no *caput* deste artigo substituirá para todos os efeitos a que prevalecia até então, não sendo devido, entretanto, o pagamento de quaisquer diferenças decorrentes da aplicação deste artigo referentes às competências de outubro de 1988 a maio de 1992.	REVOGADO

Os benefícios concedidos antes da vigência da Lei n. 8.213/91 foram calculados na forma do que dispunha a legislação anterior: PBC de 12 meses, ou PBC de 36

[37] Art. 15. Os benefícios de prestação continuada da Previdência Social, iniciados a partir de 6 de outubro de 1988, até a aprovação dos Planos de Custeio e Benefícios, serão assim reajustados:

I — no mês de junho de 1989, com base na variação integral do índice oficial de inflação relativa ao período de fevereiro a maio de 1989, de acordo com suas respectivas datas de início; e

II — a partir de julho de 1989, sempre que o salário mínimo for reajustado, com base na variação integral do índice oficial de inflação, acumulada do mês do último reajuste até o mês imediatamente anterior, de acordo com suas respectivas datas de início.

meses, sendo que somente os salários de contribuição anteriores aos 12 últimos foram corrigidos monetariamente. O que se tira do art. 144 é que esses benefícios foram recalculados na forma da Lei n. 8.213/91, ou seja, com PBC de 36 meses e correção de todos os salários de contribuição.

Com essa interpretação, ficou afastada a equivalência em salários mínimos para os benefícios concedidos no "buraco negro".

BENEFÍCIOS CONCEDIDOS NO "BURACO NEGRO"
■ PBC de 12 ou 36 meses
■ Correção dos 24 salários de contribuição anteriores aos 12 últimos
■ Reajuste pelo IPC do IBGE
RMI recalculada conforme art. 144 do PBPS ■ não se aplica o art. 58 do ADCT ■ efeitos a partir de junho/92

A **Súmula 687 do STF** pôs fim à controvérsia: "A revisão de que trata o art. 58 do ADCT não se aplica aos benefícios previdenciários concedidos após a promulgação da Constituição de 1988".

Porém, deve-se atentar para o que dispõe a parte final do parágrafo único do art. 144: "(...) não sendo devido, entretanto, o pagamento de quaisquer diferenças decorrentes da aplicação deste artigo referentes às competências de outubro de 1988 a maio de 1992". Em outras palavras, embora reconhecido que durante o "buraco negro" houve prejuízo no cálculo dos benefícios, **os efeitos financeiros da revisão do art. 144 só foram produzidos a partir de junho de 1992**.

Por isso, os reajustes dos benefícios previdenciários, na vigência do PBPS, não estão vinculados aos índices de reajuste do salário mínimo.

O reajuste tem a mesma data e a mesma periodicidade — anual — dos reajustes do salário mínimo. O índice, porém, é o do INPC do IBGE. Na forma do entendimento jurisprudencial já firmado, não há ofensa às garantias constitucionais da irredutibilidade e da preservação do valor real dos benefícios:

> "(...) 1. A Terceira Seção do Superior Tribunal de Justiça tem entendimento dominante no sentido de que, a partir de janeiro de 1992, os reajustamentos dos benefícios previdenciários devem ser feitos de acordo com os critérios estabelecidos no art. 41, II, da Lei n. 8.213/91, e suas alterações posteriores, não sendo mais aplicável o reajuste pelo salário mínimo. 2. O Superior Tribunal de Justiça, em consonância com precedente do Supremo Tribunal Federal, pacificou entendimento no sentido de que o índice adotado pelo art. 41, II, da Lei 8.213/91 não ofende as garantias da irredutibilidade do valor dos benefícios e da preservação do seu valor real (...)" (STJ, AGA 752625, 5ª Turma, Rel. Min. Arnaldo Esteves Lima, *DJ* 05.02.2007, p. 336).

Após o reajuste, a renda mensal do benefício não pode ser superior ao limite máximo do salário de benefício na data do reajustamento, respeitados os direitos adquiridos (art. 41-A).

REAJUSTE DOS BENEFÍCIOS NA VIGÊNCIA DO PBPS
Periodicidade do salário mínimo ■ anual
■ Mesma data do reajuste do salário mínimo
■ *Pro rata* no primeiro reajuste
■ Índice: INPC do IBGE

5.3.5. Benefícios pagos aos segurados trabalhadores urbanos

Nessa parte, trataremos dos benefícios devidos aos trabalhadores urbanos. O regime jurídico dos trabalhadores rurais será tratado no item 5.7, *infra*.

O RGPS, a partir da EC n. 103/2019, garante cobertura previdenciária aos seus segurados na forma de benefícios: aposentadoria por invalidez/incapacidade permanente, aposentadoria comum voluntária, aposentadoria especial, auxílio-doença/incapacidade temporária, salário-família, salário-maternidade e auxílio-acidente.

As antigas aposentadorias por idade e por tempo de contribuição deixaram de ser coberturas previdenciárias específicas, uma vez que idade e tempo de contribuição passaram a ser requisitos cumulativos para a concessão da aposentadoria comum voluntária, e só continuam previstas nas regras de transição da EC n. 103/2019, isto é, para aqueles que já eram segurados do RGPS em 13.11.2019, data de entrada em vigor da EC n. 103/2019.

BENEFÍCIOS DEVIDOS AOS SEGURADOS URBANOS	
APOSENTADORIAS	■ Invalidez/incapacidade permanente ■ Comum voluntária ■ Especial ■ Idade → regras de transição da EC n. 103/2019 ■ Tempo de contribuição → regras de transição da EC n. 103/2019
AUXÍLIO-DOENÇA	
SALÁRIO-FAMÍLIA	
SALÁRIO-MATERNIDADE	
AUXÍLIO-ACIDENTE	

5.3.5.1. Aposentadoria por invalidez, denominada aposentadoria por incapacidade permanente

A cobertura da contingência ***invalidez/incapacidade permanente*** está prevista no art. 201, I, da CF, com a redação dada pela EC n. 103/2019, e restou prevista nos arts. 42 a 47 da Lei n. 8.213/91, regulamentada nos arts. 43 a 50 do RPS. Antes que venha alteração legislativa, valem as disposições da Lei n. 8.213/91, que trata da aposentadoria por invalidez, cobertura previdenciária ao segurado incapaz de forma total e permanente para o trabalho.

A Reforma da Previdência de 2019 alterou a denominação da invalidez para incapacidade permanente.

O art. 42 do PBPS dispõe:

> **Art. 42.** A aposentadoria por invalidez, uma vez cumprida, quando for o caso, a carência exigida, será devida ao segurado que, estando ou não em gozo de auxílio-doença, for considerado incapaz e insusceptível de reabilitação para o exercício de atividade que lhe garanta a subsistência, e ser-lhe-á paga enquanto permanecer nesta condição.

Note-se que a invalidez tem definição legal: **incapacidade total e impossibilidade de reabilitação para o exercício de atividade que garanta a subsistência do segurado.**

Trata-se da incapacidade que impede o segurado de exercer toda e qualquer atividade que lhe garanta a subsistência, sem prognóstico de melhoria de suas condições, sinalizando que perdurará definitivamente, resultando na antecipação da velhice. A incapacidade configuradora da contingência é, exclusivamente, a **incapacidade profissional**.

Por ser esclarecedora, convém transcrever a lição: "(...) tomado em sua totalidade o risco invalidez — considerado como 'enfermidade prolongada' ou como 'velhice prematura', e sempre dominado pela ideia de que seu traço definidor é a **redução ou eliminação da possibilidade de obter renda com o trabalho** — tem múltiplas dificuldades de cobertura, entre outras razões, por sua variedade; o *inválido* é uma abstração, sob a qual existem os indivíduos inválidos, 'todos diferentes, cada um com seus próprios problemas psicológicos e sociais, e com sua própria e peculiar invalidez'".[38]

Contingência: incapacidade total e permanente. A perícia médica a cargo do INSS deve comprovar a impossibilidade de o segurado exercer a mesma ou qualquer outra atividade que lhe garanta a subsistência (art. 42, § 1º).

Ao se submeter à perícia médica do INSS, o segurado poderá ser acompanhado por médico de sua confiança. Porém, deverá custear os gastos decorrentes da contratação desse profissional.

> **Atenção:** para que se configure a contingência, **não é necessário** que o segurado, esteja, antes, em gozo de auxílio-doença, uma vez que a incapacidade total e permanente pode existir desde logo.

Na análise do caso concreto, deve-se considerar as condições pessoais do segurado e conjugá-las com as conclusões do laudo pericial para avaliar a incapacidade.

Não raro o laudo pericial atesta que o segurado está incapacitado para a atividade habitualmente exercida, mas com possibilidade de adaptar-se para outra atividade. Nesse caso, não estaria comprovada a incapacidade total e permanente, de modo que não teria direito à cobertura previdenciária de aposentadoria por invalidez. Porém, as

---

[38] Manuel Alonso Olea e José Luis Tortuero Plaza, *Instituciones de seguridad social*, Madrid, Espanha, Editorial Civitas, S. A., 14. ed., 1995, p. 260-261: "(...) Tomado em su totalidad el riesgo de invalidez — considerado como 'enfermedad prolongada', o como 'vejez prematura', y siempre dominado por la idea de que su rasgo definitorio es la reducción o eliminación de la posibilidad de obtener rentas de trabajo — tiene múltiples dificultades de cobertura, entre otras razones por su variedad; el *inválido* es uma abstracción, bajo la cual existen los individuos inválidos, 'todos diferentes, cada uno com sus propios problemas pscológicos y sociales, y com sua propia e peculiar invalidez'".

condições pessoais do segurado podem revelar que não está em condições de adaptar-se a uma nova atividade que lhe garanta subsistência: pode ser idoso, ou analfabeto; se for trabalhador braçal, dificilmente encontrará colocação no mercado de trabalho em idade avançada. "O que constitui a incapacidade não é a incapacidade, considerada exclusivamente como tal, na sua realidade biológica, mas a incapacidade declarada, isto é, verificada nos termos legalmente estabelecidos, que nem sempre é exclusivamente médica, mas por vezes também socioprofissional".[39]

A jurisprudência tem prestigiado a avaliação das provas de forma global, aplicando o princípio do livre convencimento motivado, de modo que **a incapacidade, embora negada no laudo pericial, pode restar comprovada com a conjugação das condições pessoais do segurado.**[40]

Atividades concomitantes: se o segurado exercer **atividades concomitantes**, a incapacidade total só estará configurada se tiver que se **afastar de todas as atividades** (art. 44, § 3º, do RPS).

Nesse sentido, **Hermes Arrais Alencar**[41] ensina:

> "(...) Para os segurados que desempenham simultaneamente diversas atividades, de rigor apurar o alcance da incapacidade, se restrita a uma atividade específica (uniprofissional); abrangente de diversas atividades profissionais (multiprofissional), ou, por fim, se resulta obstáculo, de forma genérica, a todas as atividades laborativas (omniprofissional). Verificado o exercício de atividades concomitantes, a concessão de aposentadoria por invalidez será exclusiva a incapacidade 'omniprofissional'. Dito de outro modo, ainda que a incapacidade seja 'definitiva' para uma das atividades concomitantes, o benefício cabível será o de auxílio-doença, por prazo indeterminado, porque este benefício permitirá a continuidade do trabalho desenvolvido nas outras atividades."

O tema será retomado quando analisado o auxílio-doença (item 5.3.5.6, *infra*).

Doenças ou lesões preexistentes: são as que já acometiam o segurado **antes** de ingressar no RGPS.

A preexistência da doença ou da lesão tira do segurado a cobertura incapacidade permanente, é a regra. Entretanto, há situações em que o segurado ingressa no RGPS já portador da doença, por vezes assintomática; contribui para o custeio e só depois de algum tempo é que surge a incapacidade, em razão da progressão ou agravamento da doença ou lesão.

---

39 Ilídio das Neves, ob. cit., p. 506-507.

40 "(...) 1. Ainda que o sistema previdenciário seja contributivo, não há como desvinculá-lo da realidade social, econômica e cultural do país, onde as dificuldades sociais alargam, em muito, a fria letra da lei. 2. No Direito Previdenciário, com maior razão, o magistrado não está adstrito apenas à prova pericial, devendo considerar fatores outros para averiguar a possibilidade de concessão do benefício pretendido pelo segurado. 3. Com relação à concessão de aposentadoria por invalidez, este Superior Tribunal de Justiça possui entendimento no sentido da desnecessidade da vinculação do magistrado à prova pericial, se existentes outros elementos nos autos aptos à formação do seu convencimento, podendo, inclusive, concluir pela incapacidade permanente do segurado em exercer qualquer atividade laborativa, não obstante a perícia conclua pela incapacidade parcial. (...)" (STJ, AGA 1102739, 6ª Turma, Rel. Min. Og Fernandes, *DJe* 09.11.2009).

41 Ob. cit., p. 371.

Essa situação está prevista no § 2º do art. 42 do PBPS e no § 2º do art. 43 do RPS: a doença ou lesão de que o segurado já era portador ao filiar-se ao Regime Geral de Previdência Social não lhe conferirá direito à aposentadoria por invalidez, salvo quando a incapacidade sobrevier por motivo de progressão ou agravamento dessa doença ou lesão.

Exemplo: a Doença de Chagas é contraída em tenra idade pelo futuro segurado, que passa muito tempo de sua vida sem ter conhecimento disso. Já avançado na idade, passa a ter problemas cardíacos e vem, então, diagnóstico da doença e a incapacidade total e permanente para o trabalho. Embora preexistente, a doença era assintomática, tanto que o segurado trabalhou e contribuiu para o custeio do RGPS por longo tempo.

A jurisprudência do STJ tem sido no mesmo sentido:

"(...) 1. Os benefícios por incapacidade foram idealizados com o intuito de amparar o Trabalhador em situações excepcionais, quando, por eventos cujas ocorrências não podem ser controladas, o Segurado tem reduzida sua capacidade para exercer sua atividade de trabalho. Concretizam, assim, a proteção garantida ao Trabalhador no contrato de seguro firmado com a Previdência Social. 2. Importante a compreensão de que o requisito legal para a concessão do benefício é a existência de incapacidade para exercício da atividade laboral e que tal incapacidade não seja preexistente à filiação do Segurado ao Regime Geral de Previdência. 3. Assim, não há óbice que a doença que atinge o Segurado seja preexistente à sua filiação, desde que tal enfermidade não interfira em sua capacidade para o trabalho e fique comprovado que a incapacidade se deu em razão do agravamento ou da progressão da doença ou lesão que já acometia o segurado. 4. Na hipótese dos autos, a Corte de origem, com base no acervo probatório dos autos, concluiu que a incapacidade da Segurada é decorrente do agravamento progressivo da patologia que apresenta, não merecendo, assim, qualquer reparo o acórdão neste ponto. 5. O laudo pericial ou o laudo da junta médica administrativa norteiam somente o livre convencimento do Juiz quanto aos fatos alegados pelas partes, portanto, não servem como parâmetro para fixar termo inicial de aquisição de direitos. 6. O termo inicial da aposentadoria por invalidez corresponde ao dia seguinte à cessação do benefício anteriormente concedido ou do prévio requerimento administrativo; subsidiariamente, quando ausentes as condições anteriores, o marco inicial para pagamento será a data da citação. Precedentes (...)" (REsp 1471461, 1ª Turma, Rel. Min. Napoleão Nunes Maia Filho, *DJe* 16.04.2018).

Apreciando a questão em pedido de aposentadoria por invalidez de segurado acometido de Doença de Chagas, a 9ª Turma do TRF da 3ª Região, em acórdão de nossa relatoria, decidiu:

"(...) III — Incapacidade total, permanente e insuscetível de reabilitação atestada por laudo oficial, afirmando ser o autor portador de doença de Chagas, com insuficiência cardíaca (cardiopatia chagásica), constatadas através de exame clínico e exames complementares. IV — Não há como aferir a data exata do início da doença de Chagas. Porém, ainda que fosse preexistente à época em que o autor começou a trabalhar, trata-se de um mal degenerativo, que permitiu o trabalho até progredir, se agravar e causar limitações ao grau de esforço físico que ele tem condições de despender, não obstando o deferimento ao benefício de aposentadoria por invalidez. Aplicação da 2ª parte do art. 42 da Lei n. 8.213/91 (...)" (AC 96030704474, Rel. Des. Fed. Marisa Santos, *DJU* 05.11.2004, p. 417).

Outra situação que tem se apresentado com frequência é a dos **portadores do HIV**. A jurisprudência se divide diante da situação peculiar que a contaminação por esse vírus apresenta. Nem sempre estamos diante de pessoa incapaz para o trabalho do ponto de vista da medicina. Mas não se pode negar que o preconceito e o estigma que alcançam os portadores do vírus acabam por transformá-los em incapazes do ponto de vista social. Há, por isso, decisões que entendem configurada a incapacidade apenas quando as doenças oportunistas que caracterizam a AIDS acometem o segurado, e outras decisões que entendem configurada a incapacidade pela simples contaminação.[42] A simples contaminação pelo HIV impede a aprovação em exame admissional a emprego, de modo que o segurado contaminado, embora possa exercer normalmente sua atividade em períodos assintomáticos, acaba por se tornar incapacitado socialmente. Nessas situações, a contaminação, a idade, o grau de instrução e o grupo social, analisados conjuntamente, podem levar à conclusão de que o segurado está total e definitivamente incapacitado para o trabalho. Não se pode, então, negar a cobertura previdenciária porque, em tese, o segurado pode trabalhar. A questão é objeto da **Súmula 78 da Turma Nacional de Uniformização dos Juizados Especiais Federais:** "Comprovado que o requerente de benefício é portador do vírus HIV, cabe ao julgador verificar as condições pessoais, sociais, econômicas e culturais, de forma a analisar a incapacidade em sentido amplo, em face da elevada estigmatização social da doença".

Em matéria de doenças preexistentes, **a jurisprudência dominante está firmada no sentido de que a contingência só se configura com a existência da incapacidade total de permanente, e não com a existência da doença**.

---

42 "(...) 3. Viabilidade da concessão do benefício pretendido, nos casos de doenças preexistentes à filiação, desde que o agravamento ou a progressão da doença gere a incapacidade, nos moldes do artigo 59 da Lei n. 8.213/91. 4. A AIDS é doença que não tem cura, existindo apenas tratamento que aumenta a capacidade de sobrevivência do doente, permitindo-lhe uma melhor qualidade de vida. Contudo, é sabido que **os portadores de tal doença são verdadeiros excluídos, pessoas socialmente anuladas, em virtude de diversos fatores, dentre eles o preconceito e o temor, enfim, restrições de toda ordem, mormente quando disputam uma vaga no mercado de trabalho. E as dificuldades são tantas para a inserção no mercado de trabalho, além dos sintomas patológicos provocados pela doença, que o artigo 151 da Lei n. 8.213/91 garante o direito à aposentadoria por invalidez e a concessão do auxílio-doença ao portador de AIDS, independente de carência** (...)" (TRF 3ª Região, AG 200303000501784, 10ª Turma, Rel. Des. Fed. Jediael Galvão, *DJU* 20.02.2004, p. 748).

"(...) Os documentos juntados atestam que o autor é **portador de doença infectocontagiosa crônica**, ocasionada pelo vírus da imunodeficiência humana **(HIV)**. Contudo são **insuficientes para demonstrar a necessidade de afastamento de suas atividades laborativas. — Prevalência de exame realizado pelo INSS**, que goza da presunção de legitimidade inerente aos atos administrativos, atestando ausência de incapacidade (...)" (TRF 3ª Região, AI 200803000121160, 8ª Turma, Rel. Des. Fed. Therezinha Cazerta, *DJF3 CJ2* 26.05.2009, p. 1249).

Súmula 53 da TNU dos Juizados Especiais Federais: "Não há direito a auxílio-doença ou a aposentadoria por invalidez quando a incapacidade para o trabalho é preexistente ao reingresso do segurado no Regime Geral de Previdência Social".

Carência: em regra, é de 12 contribuições mensais (art. 25, I).

Atenção: a partir da Lei n. 13.457, de 26.06.2017, que incluiu o art. 27-A na Lei n. 8.213/91, uma vez perdida a qualidade de segurado, este só terá direito ao benefício se cumprir novamente metade da carência, ou seja, 6 meses de contribuição. A disposição foi mantida pela Lei n. 13.846/2019.

Há hipóteses em que a carência é dispensada (art. 26, II): acidente de qualquer natureza ou causa, doença profissional ou do trabalho e as doenças previstas no art. 151 do PBPS.

Sujeito ativo: o segurado.

Sujeito passivo: INSS.

Termo inicial: o termo inicial do benefício varia conforme o tipo ou situação do segurado.

a) Segurado em gozo de auxílio-doença: a aposentadoria por invalidez é devida a partir do dia imediato ao da cessação do auxílio-doença (art. 43 do PBPS). Isso porque a situação comum é justamente a de cobertura previdenciária inicial de auxílio-doença e, após, constatada a incapacidade total e definitiva, a conversão em aposentadoria por invalidez.

b) Segurado empregado:

b.1) a partir do 16º dia do afastamento da atividade; é que os primeiros 15 dias de afastamento são remunerados pela empresa como salário (art. 43, §§ 1º, *a*, e 2º, do PBPS). Convém alertar que a MP n. 664/2014 alterou o termo inicial para o 31º dia de afastamento, e deveria vigorar a partir de 1º.03.2015. Entretanto, a alteração não foi acolhida pela Lei n. 13.135/2015.

b.2) a partir da data da entrada do requerimento, se entre esta e a do afastamento decorrerem mais de 30 dias. Aqui também a MP n. 664/2014, que fixava o prazo de 45 dias, não foi convertida em lei.

c) Segurado empregado doméstico, trabalhador avulso, contribuinte individual, segurado facultativo e segurado especial:

c.1) a partir da data do início da incapacidade;

c.2) a partir da data do requerimento se entre esta e a do início da incapacidade decorreram mais de 30 dias.

d) Benefício requerido ao Poder Judiciário: o termo inicial será fixado se o pedido for julgado procedente, conforme tenha ou não o segurado antes requerido o benefício administrativamente:

d.1) na data da citação; a jurisprudência se dividia, fixando o termo inicial na data da citação, na data do laudo pericial ou na data da juntada do laudo pericial aos autos, quando não tivesse sido feito pedido administrativo. Entretanto, o STJ decidiu pela **citação** no julgamento de Recurso Especial Representativo de Controvérsia:

> "(...) A **citação** válida informa o litígio, constitui em mora a autarquia previdenciária federal e deve ser considerada como **termo inicial** para a implantação da aposentadoria por **invalidez** concedida na via judicial quando ausente a prévia postulação administrativa (...)" (REsp 1.369.165, 1ª Seção, Rel. Min. Benedito Gonçalves, *DJe* 07.03.2014);

d.2) na data do requerimento administrativo (DER), se indeferido o benefício administrativo e o pedido judicial for julgado procedente.

> "(...) Nos termos da jurisprudência do STJ, o benefício previdenciário de cunho acidental ou o decorrente de invalidez deve ser concedido a partir do requerimento administrativo, e, na sua ausência, a partir da citação. A fixação do termo *a quo* a partir da juntada do laudo em juízo estimula o enriquecimento ilícito do INSS, visto que o benefício é devido justamente em razão de incapacidade anterior à própria ação judicial. No caso dos autos houve pedido administrativo de concessão do benefício. Todavia, o laudo pericial atestou que a incapacidade do autor só ocorreu anos após a interposição do recurso administrativo. 3. Determinar como início da concessão do benefício a data do requerimento administrativo seria conceder benefício sem o preenchimento de um dos requisitos essenciais para tal, qual seja, a incapacidade. *In casu*, o benefício deve ser concedido a partir da constatação da incapacidade atestada no laudo pericial como estabelecido na sentença de primeiro grau (...)" (STJ, REsp 201303408190, 2ª Turma Rel. Min. Humberto Martins, *DJe* 25.10.2013).

RMI: com as alterações trazidas pela EC n. 103/2019, a aplicação do princípio *tempus regit actum* dirá qual a regra aplicável. Há três hipóteses a considerar:

a) requisitos cumpridos *até 12/11/2019*: 100% do salário de benefício, mesmo que a invalidez seja decorrente de acidente do trabalho (art. 44 do PBPS).

O salário de benefício corresponderá à média aritmética simples dos 80% maiores salários de contribuição a partir de julho/1994.

b) Requisitos cumpridos *a partir de 13/11/2019*, data da vigência da EC n. 103/2019: 60% do salário de benefício, acrescidos de 2% a cada ano de contribuição que exceder 20 anos, para homem, e 15 anos, para mulher.

O salário de benefício corresponderá a 100% da média aritmética simples de todos os salários de contribuição a partir de julho de 1994.

c) Requisitos cumpridos *a partir de 13.11.2019*, data da vigência da EC n. 103/2019, quando a incapacidade resultar de *acidente do trabalho, doença profissional e doença do trabalho*: 100% do salário de benefício.

O salário de benefício também corresponderá a 100% da média de todos os salários de contribuição a partir de julho de 1994.

O art. 45 do PBPS trata da **aposentadoria valetudinária:**[43] o valor da aposentadoria por invalidez do segurado que necessitar da assistência permanente de outra pessoa será acrescido de 25%.

[43] Denominação adotada por Hermes Arrais Alencar, ob. cit., p. 383.

O art. 45 do RPS determina a observância de seu Anexo I, que relaciona as situações em que o aposentado por invalidez terá direito ao acréscimo de 25%:[44]

SITUAÇÕES EM QUE O APOSENTADO POR INVALIDEZ TEM DIREITO À MAJORAÇÃO DE 25%
■ Cegueira total
■ Perda de 9 dedos das mãos ou superior a esta
■ Paralisia dos 2 membros superiores ou inferiores
■ Perda dos membros inferiores, acima dos pés, quando a prótese for impossível
■ Perda de uma das mãos e de 2 pés, ainda que a prótese seja possível
■ Perda de 1 membro superior e outro inferior, quando a prótese for impossível
■ Alteração das faculdades mentais com grave perturbação da vida orgânica e social
■ Doença que exija permanência contínua no leito
■ Incapacidade permanente para as atividades da vida diária

A pessoa que dará assistência permanente ao segurado não será, necessariamente, de sua família. Se a lei não faz restrições, não pode o intérprete fazer. É o que entende a jurisprudência.

Com o acréscimo de 25%, pode resultar renda mensal inicial que ultrapasse o teto legal. A lei permite, expressamente, que, nessa hipótese, a RMI seja **superior ao teto** (art. 45, parágrafo único, *a*, do PBPS), disposição repetida pelo art. 45, I, do RPS.

A nosso ver, o acréscimo de 25% só se aplica à aposentadoria por invalidez e não pode ser estendido a outras espécies de aposentadoria porque equivaleria a criar novo benefício por decisão judicial, violando, assim, o princípio da legalidade.

A **TNU** uniformizou entendimento no sentido de que "(...) o acréscimo de 25% (vinte e cinco por cento) à aposentadoria por **invalidez** é devido, independentemente do requerimento administrativo, desde a concessão do benefício, se verificada, na época, a necessidade de auxílio permanente de terceiros (...)".[45]

Esse valor será recalculado sempre que for reajustado o benefício que lhe deu origem.

Com a **morte do segurado aposentado, o acréscimo de 25% deixa de ser pago**, não se incorporando ao valor da pensão por morte.

Há ações judiciais que pleiteiam a concessão do acréscimo de 25% para segurados aposentados por tempo de contribuição ou por idade que, posteriormente à concessão da aposentadoria, passam a necessitar do auxílio permanente de outra pessoa em razão de complicações em seu estado de saúde. A nosso ver, o acréscimo de 25% só se aplica à aposentadoria por invalidez e não pode ser estendido a outras espécies de aposentadoria porque equivaleria a criar novo benefício por decisão judicial, violando, assim, o princípio da legalidade.

---

[44] "(...) O acréscimo de vinte e cinco por cento sobre o valor da aposentadoria é direito do autor desde a data da aposentação, devido em razão de necessitar de assistência permanente de outra pessoa, não merecendo acolhida alegações no sentido de que o termo inicial do benefício deve ser fixado na data da citação (...)" (TRF da 3ª Região, AC 219822/SP, Rel. Juíza Marisa Santos, *DJU* 06.06.2001, p. 187).

[45] PEDILEF 50090847420134047100, Rel. Juiz Fed. Bruno Leonardo Câmara Carrá, *DOU* 10.07.2015, p. 193-290.

A questão foi decidida pelo STJ no **REsp 1.648.305/RS**, no rito dos recursos repetitivos (**Tema 982**), em 22.08.2018, onde foi fixada a tese: "Comprovada a necessidade de assistência permanente de terceiro, é devido o acréscimo de 25%, previsto no art. 45 da Lei n. 8.213/91, a todas as modalidades de aposentadoria." O Acórdão foi publicado no *DJe* de 26.09.2018.

A polêmica, entretanto, está longe de ser encerrada. A 1ª Turma do STF suspendeu o andamento todos os processos, individuais ou coletivos, em qualquer fase e em todo o território nacional, que versem sobre a extensão do acréscimo de 25% previsto no art. 45 da Lei n. 8.213/91 para os segurados aposentados por invalidez, às demais espécies de aposentadoria do RGPS (Ag Rg Pet 8002/RS, *DJe* 1º.08.2019), de modo que o tema aguarda ainda decisão de mérito pelo STF.

Termo final:

a) a data do retorno do segurado aposentado à atividade, se o fizer voluntariamente (art. 46 do PBPS).

Se o segurado aposentado por invalidez retorna, voluntariamente, à atividade laborativa, a aposentadoria por invalidez é automaticamente ***cancelada*** a partir da data do retorno (art. 46 do PBPS). O cancelamento do benefício, nessa hipótese, tem caráter punitivo e pode ensejar a devolução das quantias indevidamente recebidas a título de aposentadoria por invalidez após a volta ao trabalho.

Para que isso não aconteça, o segurado que se julgar apto a retornar ao trabalho deve requerer a realização de nova perícia no INSS, que, se concluir pela recuperação da capacidade laborativa, cancelará o benefício (art. 47, parágrafo único, do RPS). O cancelamento do benefício, assim, não terá o caráter de penalidade.

b) a data da recuperação da capacidade para o trabalho.

Nessa hipótese, a cessação do benefício pode ocorrer de forma gradativa, tendo em vista o lapso de tempo decorrido entre o termo inicial do benefício e a recuperação da capacidade de trabalho, na forma do art. 47 do PBPS, e do art. 49 do RPS.

Quando a capacidade para o trabalho é recuperada **dentro dos 5 anos** contados da data do início da aposentadoria por invalidez ou, se for o caso, do auxílio-doença que a antecedeu, há 2 termos finais diferentes: **de imediato**, para o segurado empregado que tiver direito a retornar à função que desempenhava na empresa ao se aposentar, na forma da legislação trabalhista; **após tantos meses quantos forem os anos de duração** do auxílio-doença ou da aposentadoria por invalidez, para os demais segurados.

Pode ocorrer, também, de a capacidade para o trabalho ser recuperada parcialmente, ou após os 5 anos anteriormente referidos, ou, ainda, o segurado ser declarado apto para o exercício de atividade diversa da que habitualmente exercia quando se aposentou por invalidez. Nessas hipóteses, o pagamento da aposentadoria por invalidez deverá cessar gradualmente: será pago o valor integral, durante 6 meses contados da data em que for verificada a recuperação da capacidade; após esses 6 meses, será pago com redução de 50%, no período seguinte de 6 meses; após esses 12 meses, será pago com redução de 75%, também por igual período de 6 meses. Decorridos esses 18 meses, o pagamento será definitivamente cessado.

c) a data da morte do segurado.

Concedido o benefício, o segurado aposentado por invalidez, independentemente de sua idade, deve cumprir as obrigações previstas no art. 101 do PBPS, sob pena de sustação do pagamento: submeter-se à perícia médica, no INSS, a cada dois anos (art. 46 do RPS), a processo de reabilitação profissional prescrito e custeado pelo INSS, e a tratamento gratuito. Não está obrigado, porém, a procedimentos cirúrgicos e de transfusão de sangue, que são facultativos.

O segurado aposentado por invalidez pode ser convocado a qualquer momento para avaliação das condições que deram origem ao benefício, ainda que concedido judicialmente (art. 43, § 4º, PBPS), observado o disposto no art. 101. A partir da Lei n. 13.847/2019, que acrescentou o § 5º ao art. 43, está dispensada dessa avaliação a pessoa com HIV/AIDS.

A nova redação do Regulamento da Previdência Social, mais precisamente no art. 46, § 5º, do Decreto n. 10.410/2020, refere-se somente à AIDS, sem se reportar ao HIV. Isso pode gerar situação mais gravosa ao segurado.

O aposentado por invalidez estará isento de comparecer a nova perícia em duas hipóteses:

a) após completar 55 anos ou mais de idade e quando decorridos 15 anos da data da concessão da aposentadoria por invalidez ou do auxílio-doença que a precedeu;

b) após completar 60 anos de idade.

Há, porém, **exceções** a essa regra: deverá submeter-se à perícia, mesmo após os 55 ou 60 anos de idade, para apuração da necessidade do auxílio permanente de outra pessoa, com vistas ao pagamento do acréscimo de 25%; a seu pedido, para verificação da recuperação de sua capacidade para o trabalho; e para subsidiar autoridade judiciária na concessão de curatela.

APOSENTADORIA POR INVALIDEZ	
CONTINGÊNCIA	■ Incapacidade total e permanente
CARÊNCIA	■ 12 meses → regra ■ dispensada em casos de acidente de qualquer natureza ou causa, doença profissional ou do trabalho e doenças previstas no art. 151 do PBPS
SUJEITO ATIVO	■ Segurado
SUJEITO PASSIVO	■ INSS
RMI	■ a) requisitos cumpridos até 12.11.2019: 100% do salário de benefício, mesmo que a incapacidade seja decorrente de acidente do trabalho; ■ salário de benefício: média aritmética simples dos 80% maiores salários de contribuição a partir de julho/1994 ■ b) requisitos cumpridos a partir de 13.11.2019: 60% do salário de benefício + 2%/ano de contribuição que exceder 20 anos (homem) e 15 anos (mulher) ■ salário de benefício: 100% da média aritmética simples de todos os salários de contribuição a partir de julho/1994 ■ c) requisitos cumpridos a partir de 13.11.2019 quando a incapacidade resultar de acidente do trabalho, doença profissional e de doença do trabalho: 100% do salário de benefício ■ salário de benefício: 100% da média aritmética simples de todos os salários de contribuição a partir de julho/1994

TERMO INICIAL	■ o dia imediato ao da cessação do auxílio-doença; ■ o 16º dia do afastamento da atividade (segurado empregado); ■ a DER, se entre esta e a do afastamento transcorrer mais de 30 dias (segurado empregado); ■ a data do início da incapacidade (empregado doméstico, trabalhador avulso, contribuinte individual, segurado facultativo e segurado especial); ■ a DER, se entre esta e a do início da incapacidade decorreram mais de 30 dias (empregado doméstico, trabalhador avulso, contribuinte individual, segurado facultativo e segurado especial); ■ a DER, se indeferido o benefício administrativo e o pedido judicial for julgado procedente; ■ a data da citação, se não houve requerimento administrativo.
TERMO FINAL	■ a data do retorno do segurado aposentado à atividade, se voluntário; ■ a data da recuperação da capacidade para o trabalho; ■ a data da morte do segurado.

5.3.5.2. *Aposentadoria comum voluntária com requisitos cumulativos de idade e tempo de contribuição: art. 201, § 7º, I, da CF, com a redação da EC n. 103/2019*

A Reforma da Previdência promovida pela Emenda Constitucional n. 103, de 12.11.2019, publicada em 13.11.2019, alterou as regras da aposentadoria voluntária. As antigas aposentadoria por tempo de contribuição e por idade foram substituídas pela aposentadoria com requisitos cumulativos de idade e tempo de contribuição.

Aos que ingressaram no RGPS *após* a publicação da EC n. 103/2019 aplicam-se as *regras permanentes*, vedado para eles computar tempos fictícios, isto é, que não sejam de efetiva contribuição ao RGPS, para concessão de benefícios ou contagem recíproca em outro regime de previdência (art. 201, § 14, da CF).

Aos que ingressaram no RGPS *antes* da publicação da EC n. 103/2019, que ainda não haviam cumprido todos os requisitos para se aposentarem, aplicam-se as *regras de transição*.

E aos que cumpriram todos os requisitos para a aposentadoria por tempo de contribuição e por idade antes da Reforma da Previdência, restou garantido o direito ao benefício com base nas regras então vigentes, restando respeitado, assim, o *direito adquirido*.

5.3.5.2.1. *Regras permanentes: segurados que ingressaram no RGPS após a data da publicação da EC n. 103/2019 (art. 201, § 7º)*

Contingência: contar cumulativamente com 65 anos de idade se homem, e 62 anos de idade, se mulher, e tempo de contribuição mínimo a ser estabelecido em lei.

O tempo de contribuição será fixado em lei.

Somente períodos de efetiva contribuição poderão ser computados. O § 14 do art. 201 veda a contagem de tempo fictício para efeito de concessão de benefícios previdenciários e de contagem recíproca.

Carência: até que lei disponha a respeito, a carência será de 15 anos de contribuição para a mulher e 20 anos de contribuição para o homem. Trata-se de regra transitória prevista no art. 19 da EC n. 103/2019.

A PEC n. 133/2019, conhecida como PEC paralela, propõe a alteração do art. 19 da EC n. 103/2019, com redução em 5 anos de contribuição para o homem até que seja editada a lei.

Sujeito ativo: o segurado, trabalhador urbano ou rural, exceto o segurado especial.

Sujeito passivo: o INSS.

Cálculo da RMI: na forma da lei a ser editada.

5.3.5.2.2. *Regras gerais de transição: segurados inscritos no RGPS até a data da publicação da EC n. 103/2019 (13.11.2019)*

A extinção das aposentadorias por idade e tempo de contribuição atingiu segurados que ingressaram no RGPS antes de 13.11.2019 e que não haviam ainda cumprido todos os requisitos para a aposentadoria na forma da legislação anterior. Esses segurados acumularam patrimônio previdenciário, consolidando direitos que não podem ser desprezados pelas novas regras, respeitado, portando, o direito adquirido, na forma do art. 3º da EC n. 103/2019.

Essa é a razão da existência das denominadas *regras de transição*, que permitem que esses direitos acumulados sejam aproveitados após a modificação constitucional e infraconstitucional que a suceder.

O art. 25 da EC n. 103/2019 garante a *contagem de tempo fictício* (sem contribuição) permitido pela legislação anterior à sua vigência para fins de concessão de aposentadoria.

A compreensão das regras de transição exige o conhecimento da jurisprudência até aqui firmada, principalmente em relação a reconhecimento e contagem de tempos de contribuição.

Neste trabalho, a análise será restrita às regras de transição aplicáveis em razão da EC n. 103/2019. Porém, ao final do tópico, mantivemos nos quadros sinóticos as regras de transição das antigas aposentadorias por tempo de contribuição e por idade, para facilitar o estudo e o correto enquadramento do caso concreto.

a) Qualidade de segurado

O § 1º do art. 102 do PBPS dispõe que "a perda da qualidade de segurado não prejudica o direito à aposentadoria para cuja concessão tenham sido preenchidos todos os requisitos, segundo a legislação em vigor à época em que estes requisitos foram atendidos".

Trata-se de norma que respeita o **direito adquirido** do segurado e que terá reflexo na cobertura previdenciária até para seus dependentes. Não teria sentido se, cumpridos os requisitos para se aposentar, deixando o segurado de contribuir e perdendo essa condição, perdesse o direito ao benefício.

A regra foi repetida pelo art. 3º da Lei n. 10.666/2003, que dispõe que "a perda da qualidade de segurado não será considerada para a concessão das aposentadorias por tempo de contribuição e especial". Assim como fez com a aposentadoria por idade, a lei acolheu o entendimento então dominante na jurisprudência: **a perda da qualidade de segurado não impede a concessão do benefício àquele que anteriormente tenha cumprido todos os requisitos para se aposentar, em respeito ao direito adquirido.**[46]

b) Períodos computados para fins de tempo de contribuição

A partir da EC n. 20/98, que tornou o sistema eminentemente contributivo, **só são considerados os períodos de efetiva contribuição**.

Há períodos anteriores à EC n. 20/98 que não são de contribuição, mas que podem ser considerados para tal fim.

A questão é importante porque está ligada diretamente ao cumprimento de carências.

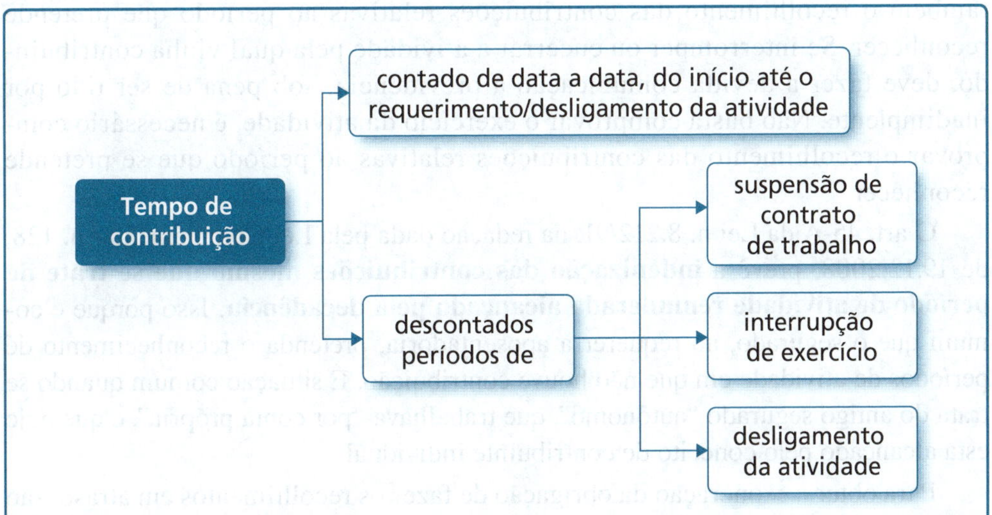

Antes da legislação atualmente vigente, nem todas as atividades econômicas exercidas pela pessoa física eram de filiação obrigatória ao Regime de Previdência Social Urbana. Como regra, tem-se que **o trabalhador urbano que tenha exercido atividade que não era de filiação obrigatória só poderá averbar esse tempo de serviço se recolher as contribuições correspondentes**, na forma do RPS.

46 "(...) APOSENTADORIA POR TEMPO DE SERVIÇO. PERDA DA QUALIDADE DE SEGURADO. REQUISITOS LEGAIS PREENCHIDOS. PRAZO DE CARÊNCIA CUMPRIDO NA FORMA DA LEI. A perda da qualidade de segurado não afasta o direito de percepção do benefício de aposentadoria quando preenchidos os requisitos legais (...)" (STJ, AgREsp 200401509652, 5ª Turma, Rel. Min. José Arnaldo da Fonseca, *DJ* 17.10.2005, p. 339).

O cálculo das contribuições, nesse caso, é feito na forma determinada pelo art. 122 do RPS: aplica-se o disposto nos §§ 7º a 14 do art. 216, com a redação dada pelo Decreto n. 6.722/2008, e § 8º do art. 239, que disciplinam a forma de cálculo dos valores das contribuições em atraso, bem como a incidência de juros e multa.

Em regra, os períodos computados para fins de tempo de serviço/contribuição correspondem às atividades de qualquer das categorias de segurados previstas no art. 11 do PBPS. Há, porém, outros períodos que a lei determina que sejam considerados para o mesmo fim, ainda que anteriores à perda da qualidade de segurado, e outros períodos previstos no RPS. Vamos destacar alguns.

b.1) Contribuinte individual

O contribuinte individual deve comprovar, além do exercício da atividade, também o recolhimento das contribuições relativas ao período que pretende reconhecer. Se interromper ou encerrar a atividade pela qual vinha contribuindo, deve fazer a devida comunicação à previdência, sob pena de ser tido por inadimplente. Não basta comprovar o exercício da atividade, é necessário comprovar o recolhimento das contribuições relativas ao período que se pretende reconhecer.

O art. 45-A da Lei n. 8.212/91, na redação dada pela Lei Complementar n. 128, de 19.12.2008, prevê a **indenização das contribuições mesmo que se trate de período de atividade remunerada alcançado pela decadência**. Isso porque é comum que o segurado, ao requerer a aposentadoria, pretenda o reconhecimento de períodos de atividade em que não houve contribuição. É situação comum quando se trata do antigo segurado "autônomo", que trabalhava "por conta própria", e que hoje está alcançado pelo conceito de contribuinte individual.

Para obter a exoneração da obrigação de fazer os recolhimentos em atraso, são comuns alegações no sentido de que as contribuições foram alcançadas pela decadência ou prescrição. A nosso ver, invocar decadência ou prescrição, nessa hipótese, equivale a utilizar a própria torpeza. A Previdência Social é a parte da Seguridade Social que é autêntico seguro, que impõe o pagamento do prêmio para obtenção da indenização quando ocorrer o sinistro. Esse é também o entendimento da jurisprudência:

> "(...) 1. O reconhecimento do labor desenvolvido como **contribuinte individual** depende do **recolhimento** das **contribuições** correspondentes. 2. Quanto ao lapso temporal, este será computado para fins de concessão de benefício previdenciário desde que efetuado o pagamento da respectiva **indenização**. 3. O parcelamento do débito não tem o condão de suprir a necessidade de implementação dos requisitos necessários ao deferimento do benefício de aposentadoria, o que ocorrerá com a devida quitação da dívida (...)" (STJ, AGREsp 1.233.270, 6ª Turma, Rel. Min. Og Fernandes, *DJe* 29.04.2013).

Nos itens 2.5.6 e 2.5.7 do Capítulo 2, supra, tratou-se da contribuição devida pelo contribuinte individual e pelo facultativo. Apresentou-se a hipótese desses segurados optarem por contribuir com **alíquota reduzida de 11% sobre o salário de contribuição**, quando, então, **não terão direito à aposentadoria por tempo de contribuição**. Se esses segurados tiverem contribuído dessa forma (§ 2º do art. 21 do PCPS), esse período não será computado como tempo de contribuição. **Se desejarem obter a aposentadoria por tempo de contribuição, deverão fazer a complementação das contribuições, recolhendo mais 9%, acrescidos de juros moratórios**, conforme previsto nos §§ 2º e 3º do art. 21 do PCPS (na redação da Lei n. 12.470/2011), e § 4º do art. 55 do PBPS, acrescentado pela LC n. 123/2006.

b.2) O tempo de serviço militar

Conta-se o tempo de serviço militar, tanto o obrigatório (art. 143 da CF) quanto o voluntário, ainda que prestado em período anterior à filiação ao RGPS. Entretanto, para valer como tempo de serviço no RGPS, esse período **não pode ter sido antes contado para fins de inatividade remunerada nas Forças Armadas ou aposentadoria no serviço público** (art. 55, I, do PBPS).

b.3) O tempo intercalado em que o segurado esteve em gozo de auxílio-doença ou aposentadoria por invalidez, entre períodos de atividade

É comum que o segurado passe por períodos de incapacidade em que recebe cobertura de auxílio-doença ou aposentadoria por invalidez. Para que esses períodos possam ser computados como tempo de serviço/tempo de contribuição, é necessário que sejam sucedidos por períodos de atividade, ou seja, devem estar, na "linha do tempo", entre períodos de atividade. Se o segurado recebe a cobertura previdenciária por incapacidade, e, cessada esta, não retorna à atividade, aqueles períodos não poderão ser computados para fins de tempo de serviço/tempo de contribuição.[47]

b.4) O tempo de contribuição como segurado facultativo

Cabem aqui as mesmas considerações *supra* (item b.1, *supra*), feitas em relação ao contribuinte individual, quando se trata da complementação dos recolhimentos quando aplicada a alíquota de 11% sobre o salário de contribuição (art. 55, III, do PBPS).

b.5) O tempo de serviço referente ao exercício de mandato eletivo federal, estadual ou municipal

Esse período só será computado se já não tiver sido contado para fins de aposentadoria em outro regime de previdência (art. 55, IV, do PBPS).

---

[47] Em **Repercussão Geral**, o STF decidiu que o período de gozo de benefício por incapacidade só é computado para fins de tempo de contribuição quando intercalado com períodos de atividade, porque é vedada a contagem de tempo fictício (**RE 583.834**, Rel. Min. Ayres Britto, *DJe* 14.02.2012).

b.6) O tempo de serviço público prestado à administração federal direta e autarquias federais, bem como às estaduais, do Distrito Federal e municipais, quando aplicada a legislação que autorizou a contagem recíproca do tempo de contribuição

Trata-se aqui do cômputo do tempo para fins de contagem recíproca, melhor estudada no item 5.3.9, *infra*.

b.7) O tempo de contribuição do servidor público da União, ocupante de cargo em comissão

Também se incluem, aqui, os servidores não titulares de cargo efetivo e ocupantes de cargo em comissão nos Estados, Distrito Federal e Municípios, que passaram a ser segurados obrigatórios do RGPS após a EC n. 20/98.

b.8) O período em que a segurada esteve recebendo salário-maternidade

O art. 19-C, do RPS, prevê o cômputo, como tempo de contribuição, do período em que a segurada teve cobertura previdenciária de salário-maternidade.

b.9) O tempo de serviço do trabalhador rural anterior à vigência do PBPS

O tempo de atividade rural anterior à vigência da Lei n. 8.213/91 é computado como tempo de serviço/tempo de contribuição.

O tema está desenvolvido no item 5.7, *infra*.

b.10) O período em que o segurado esteve recebendo benefício por incapacidade decorrente de acidente do trabalho, intercalado ou não (art. 19, VIII, do RPS)

c) Comprovação do tempo de contribuição

A comprovação do tempo de serviço é uma das matérias que mais ensejam a propositura de ações judiciais. A maioria dos segurados é mal-informada quanto aos seus direitos previdenciários, e muitos não têm o hábito de guardar documentos. A situação é mais grave quando se trata de trabalhadores rurais.

O tempo de serviço/contribuição será **comprovado na forma estabelecida no Regulamento**, conforme dispõe o art. 55 do PBPS. Trata-se do tempo de serviço/contribuição correspondente às atividades de qualquer das categorias dos segurados obrigatórios (art. 11).

c.1) O Cadastro Nacional de Informações Sociais (CNIS)

Os **dados** constantes do Cadastro Nacional de Informações Sociais **(CNIS)** relativos a vínculos, remunerações e contribuições **valem como prova** de filiação à Previdência Social, tempo de contribuição e salários de contribuição. Por isso, se constatada a irregularidade das anotações do CNIS, o segurado pode pedir a retificação, apresentando documentos que comprovem os dados divergentes (art. 19 do RPS).

CNIS COMPROVA
■ Filiação
■ Tempo de contribuição
■ Salários de contribuição

c.2) Prova documental

Art. 62. A prova de tempo de serviço, considerado tempo de contribuição na forma do art. 60, observado o disposto no art. 19 e, no que couber, as **peculiaridades do segurado** de que tratam as alíneas j e l do inciso V do ***caput*** do art. 9º e do art. 11, é feita mediante documentos que comprovem o exercício de atividade nos períodos a serem contados, devendo esses documentos ser **contemporâneos dos fatos a comprovar** e mencionar as **datas de início e término** e, quando se tratar de trabalhador avulso, a duração do trabalho e a condição em que foi prestado.

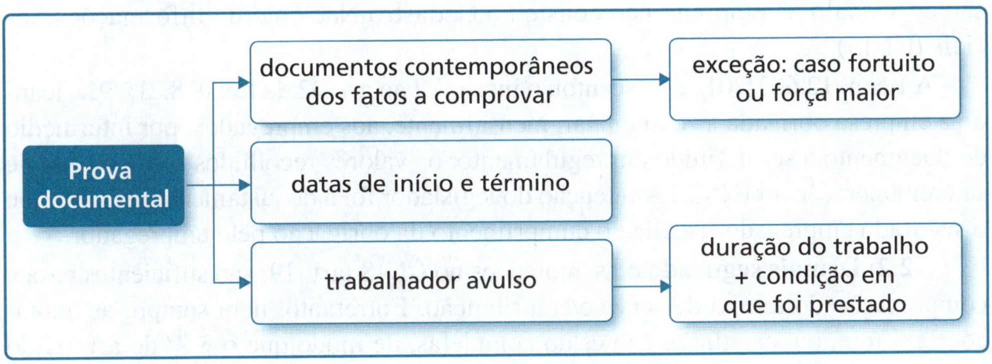

A comprovação do tempo de serviço/contribuição impõe que sejam consideradas as peculiaridades de cada tipo de segurado: empregado, avulso, contribuinte individual, segurado especial, trabalhador rural etc., pois se trata, basicamente, de comprovar o recolhimento das contribuições do segurado.

Cada segurado tem sua obrigação de contribuir para o custeio e forma específica de fazer os recolhimentos. Essas regras, portanto, só podem ser compreendidas em conjunto com as regras do custeio.

Regra geral, o segurado comprova o tempo de serviço/contribuição apresentando os documentos relativos ao exercício da atividade e os comprovantes de pagamento das respectivas contribuições previdenciárias.

c.2.1) Segurado empregado e empregado doméstico: cabe ao empregador fazer o recolhimento das contribuições dos segurados empregados e empregados domésticos a seu serviço. É por isso que esses segurados não precisam comprovar o recolhimento das contribuições. **Basta-lhes apresentar a CTPS onde estejam anotados os contratos de trabalho** (art. 62, § 2º, I).

Há situações em que a CTPS não tem todas as folhas (podem ter se perdido em incêndios, enchentes etc.). Nesse caso, as anotações em Carteira Profissional e/ou Carteira de Trabalho e Previdência Social relativas a férias, alterações de salários e outras que demonstrem a sequência do exercício da atividade podem suprir possível falha de registro de admissão ou dispensa (§ 2º).

São comuns processos judiciais em que se discute a contagem de tempo de serviço/contribuição de segurado empregado que, embora apresente as anotações na CTPS, não tem os registros dos recolhimentos de contribuições no CNIS. O INSS costuma indeferir a contagem ao fundamento da inexistência de recolhimentos; porém, fica sempre vencido, justamente porque não pode exigir que a obrigação seja cumprida pelo segurado, mas, sim, deve constituir o crédito tributário e cobrar do empregador as respectivas contribuições previdenciárias arrecadadas do segurado.[48]

No mesmo sentido, a **Súmula 75 da TNU:** "A Carteira de Trabalho e Previdência Social (CTPS) em relação à qual não se aponta defeito formal que lhe comprometa a fidedignidade goza de presunção relativa de veracidade, formando prova suficiente de tempo de serviço para fins previdenciários, ainda que a anotação de vínculo de emprego não conste no Cadastro Nacional de Informações Sociais (CNIS)".

A Lei n. 12.692/2012 acrescentou o inciso VI ao art. 32 da Lei n. 8.212/91, ficando a empresa obrigada a "comunicar, mensalmente, aos empregados, por intermédio de documento a ser definido em regulamento, os valores recolhidos sobre o total de sua remuneração ao INSS". A intenção do legislador foi a de justamente permitir que o segurado empregado fiscalize o cumprimento da obrigação pelo empregador.

c.2.2) Demais segurados: as anotações no CNIS (art. 19) são suficientes para a comprovação do tempo de serviço/contribuição. Entretanto, nem sempre as anotações existem, ou, existindo, não estão completas, de modo que o § 2º do art. 62 do Regulamento relaciona outros documentos que podem, subsidiariamente, suprir as informações inexistentes, insuficientes ou inexatas do CNIS.

Subsidiariamente, os **trabalhadores em geral** podem apresentar:

c.2.2.1) o contrato individual de trabalho, a Carteira Profissional, a Carteira de Trabalho e Previdência Social, a carteira de férias, a carteira sanitária, a caderneta de matrícula e a caderneta de contribuições dos extintos institutos de aposentadoria e pensões, a caderneta de inscrição pessoal visada pela Capitania dos Portos, pela Superintendência do Desenvolvimento da Pesca, pelo Departamento Nacional de Obras Contra as Secas e declarações da Secretaria da Receita Federal do Brasil;

[48] "(...) 1. Em se tratando de segurado empregado, cumpre assinalar que a ele não incumbe a responsabilidade pelo recolhimento das contribuições. Nessa linha de raciocínio, demonstrado o exercício da atividade vinculada ao Regime Geral da Previdência, nasce a obrigação tributária para o empregador. 2. Uma vez que o segurado empregado não pode ser responsabilizado pelo não recolhimento das contribuições na época própria, tampouco pelo recolhimento a menor, não há de se falar em dilatação do prazo para o efetivo pagamento do benefício por necessidade de providência a seu cargo. (...)" (STJ, REsp 200802791667, 5ª Turma, Rel. Min. Jorge Mussi, *DJe* 03.08.2009).

c.2.2.2) certidão de inscrição em órgão de fiscalização profissional, acompanhada do documento que prove o exercício da atividade;

c.2.2.3) contrato social e respectivo distrato, quando for o caso, ata de assembleia geral e registro de empresário; ou

c.2.2.4) certificado de sindicato ou órgão gestor de mão de obra que agrupa trabalhadores avulsos.

c.3) Documentos contemporâneos: para que o documento tenha a necessária força probatória, deve ser contemporâneo, ou seja, deve ter sido produzido na **mesma época do fato que se pretende comprovar**. A regra tem sua razão de ser porque nem sempre merece credibilidade documento atual com informações de fatos passados.

Mas nem sempre o segurado tem documentos contemporâneos ao período de exercício da atividade vinculada à Previdência Social que pretende comprovar.

Se no período, cuja comprovação pretende, tiver sido empregado e a empresa empregadora ainda existir, poderá apresentar **declaração do empregador ou seu preposto**, apresentação de atestado de que a empresa ainda existe, certidão ou certificado de entidade oficial dos quais constem os dados previstos no *caput* do art. 62. Porém, para que esses documentos sejam admitidos como prova do tempo de serviço/contribuição, os dados deles constantes devem ser **extraídos de registros efetivamente existentes** e que possam ser fiscalizados pelo INSS (§ 3º). Sem esses requisitos, a declaração de ex-empregador não valerá como prova.

A jurisprudência do STJ e dos TRFs é unânime no entendimento de **que documentos não contemporâneos equivalem à prova testemunhal**.[49]

A pesquisa de jurisprudência sobre o tema indica que a casuística é muito grande, todo tipo de documento pode ser considerado início de prova material se for contemporâneo ao fato que se quer comprovar e se não pairar dúvida sobre sua autenticidade. A análise é feita caso a caso.[50]

A **TNU** dos Juizados Especiais Federais (JEF) editou a **Súmula 34:** "Para fins de comprovação do tempo de labor rural, o início de prova material deve ser contemporâneo à época dos fatos a provar".

---

49 "(...) 1. A **declaração de ex-empregador** pode ser equiparada a simples depoimento pessoal reduzido a termo, destituído de cunho oficial, com o agravante de não ter sido observado o contraditório. 2. Para fins de aplicação do disposto no art. 55, § 3º, da Lei n. 8.213/91, o **início de prova material** deve se basear em documentos contemporâneos à aludida época trabalhada. (...)" (STJ, AR 200300700906, 3ª Seção, Rel. Min. Maria Thereza de Assis Moura, *DJe* 20.11.2009).

50 **Acolhendo recibo de pagamento de salários, contemporâneo ao fato:** "(...) Nos termos do art. 62 do Decreto n. 3.048/99 constituem prova material do tempo de serviço a declaração do empregador ou seu preposto desde que extraídos de registros efetivamente existentes e acessíveis à fiscalização do Instituto Nacional do Seguro Social. 4. Verifica-se, ainda, que o recibo de salário, apresentado pela Impetrante, datado de 29 de março de 1982, é contemporâneo ao período que a Impetrante intenta comprovar. 5. Existindo prova material, acompanhada de prova testemunhal, encontra-se atendida a exigência constante no § 3º do art. 55 da Lei n. 8.213/91, devendo ser reconhecido o tempo de serviço compreendido entre março de 1982 e novembro de 1984 (...)" (TRF 5ª Região, REO 343467/SE, Rel. Des. Fed. Francisco Cavalcanti, *DJ* 06.01.2005, p. 131).

c.4) Início de prova material

Em regra, tempo de serviço/tempo de contribuição é comprovado com documentos.

Quando se trata de segurado empregado que durante toda sua vida laboral esteve sujeito ao trabalho formal, com o cumprimento das obrigações previdenciárias e trabalhistas por seus empregadores, não há dificuldades para a comprovação.

Entretanto, a realidade social demonstra que a maioria dos trabalhadores no Brasil se sujeita a regimes de trabalho informal, de subemprego, enfim, situações em que direitos trabalhistas e previdenciários não são respeitados. No momento de requerer benefício, tem que comprovar a condição de segurado e, na maioria dos casos, também o cumprimento da carência. Depara-se, então, com a falta de documentos para a prova que necessita fazer. Tem de se socorrer de outros meios de prova.

O art. 55, § 3º, do PBPS, com a redação dada pela MP n. 871, de 18.1.2019, convertida na Lei n. 13.846/2019 dispõe:

> **Art. 55.** O tempo de serviço será comprovado na forma estabelecida no Regulamento, compreendendo, além do correspondente às atividades de qualquer das categorias de segurados de que trata o art. 11 desta Lei, mesmo que anterior à perda da qualidade de segurado:
>
> § 3º A comprovação do tempo de serviço para os fins desta Lei, inclusive mediante justificativa administrativa ou judicial, observado o disposto no art. 108 desta Lei, só produzirá efeito quando for baseada em *início de prova material contemporânea dos fatos, não admitida a prova exclusivamente testemunhal*, exceto na ocorrência de motivo de força maior ou caso fortuito, na forma prevista no regulamento.

A redação original do § 3º não exigia início de prova material contemporânea aos fatos, questão que acabou reiteradamente levada aos tribunais.

A lei não admite a prova exclusivamente testemunhal.

Deve existir **início de prova material, corroborado por prova testemunhal idônea**.

Não há inconstitucionalidade nessa exigência da lei, tanto que foi editada a **Súmula 149 do STJ:** "A prova exclusivamente testemunhal não basta para a comprovação da atividade rurícola, para efeito de obtenção de benefício previdenciário".

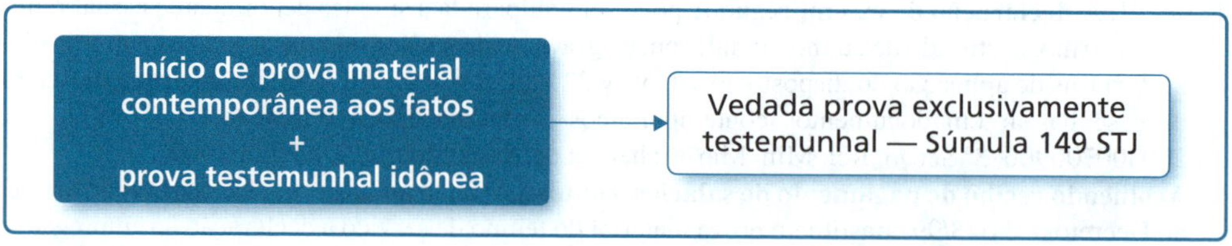

A exigência de início de prova material é aplicada aos segurados urbanos e aos rurais.[51]

---

[51] Em julgamento de **REsp Repetitivo**, o STJ decidiu: "(...) 1. Prevalece o entendimento de que a prova exclusivamente testemunhal não basta, para o fim de obtenção de benefício previdenciário, à

O conceito de **início de prova material** tem sido construído pela jurisprudência. Mas já se pode fixar que prova material, no caso, é **prova documental, prova escrita**.

Quando se pretende comprovar tempo de serviço/tempo de contribuição com início de prova material é porque o segurado não dispõe dos documentos elencados no art. 106 do PBPS. Sendo assim, é necessário fixar que **o início de prova material não precisa abranger todo o período que se pretende comprovar**, bastando que comprove a atividade exercida, porque outros meios de prova poderão ser utilizados em complementação. Não é necessário que o segurado apresente início de prova material ano a ano.

O substantivo "início" indica que é dessa prova que o intérprete deve partir, "iniciar" a análise da comprovação da atividade. É "início" porque, sem essa prova, não é possível prosseguir na análise do caso concreto. Havendo "início" de prova material, a prova testemunhal será suficiente para complementá-la:

> "(...) 2. Para efeito de reconhecimento do tempo de serviço urbano ou rural, não há exigência legal de que o documento apresentado abranja **todo o período** que se quer ver comprovado, devendo o início de **prova** material ser contemporâneo aos fatos alegados e referir-se, pelo menos, a uma fração daquele período, desde que robusta **prova** testemunhal lhe amplie a eficácia probatória, o que, *in casu*, não ocorreu (...)" (STJ, AGA 201001509989, 5ª Turma, Rel. Min. Laurita Vaz, *DJe* 29.11.2010).

O início de prova material não precisa abranger todo o período que se pretende comprovar, bastando que comprove a atividade exercida, porque outros meios de prova poderão ser utilizados em complementação.

> "(...) Para o reconhecimento do tempo rural não é necessário que o início de prova material seja contemporâneo a todo o período de carência exigido, desde que a sua eficácia probatória seja ampliada pela prova testemunhal colhida nos autos (REsp 1.650.963/PR, Rel. Min. Herman Benjamin, Segunda Turma, *DJe* 20.04.2017) (...)" (ARESP 1539221, 2ª Turma, Rel. Min. Herman Benjamin, *DJe* 11.10.2019).

A jurisprudência aceita vários documentos como início de prova material do trabalho urbano e do rural. Relacionamos as ocorrências mais frequentes.

c.4.1) Sentença proferida em reclamação trabalhista. O empregador não fez anotação do contrato de trabalho na CTPS e o empregado ajuizou reclamação trabalhista.

No entendimento do STJ, a sentença proferida na reclamação trabalhista só configura início de prova material quando está acompanhada de outras provas, mesmo que o INSS não tenha sido parte na relação processual.

A sentença que julgar procedente a reclamatória trabalhista só será aceita como início da prova material se estiver **fundamentada em documentos que**

---

comprovação do trabalho rural, devendo ser acompanhada, necessariamente, de um início razoável de prova material (art. 55, § 3º, da Lei n. 8.213/91 e Súmula 149 deste Superior Tribunal de Justiça) (...)" (**REsp 1.133.863,** 3ª Seção, Rel. Celso Limongi, *DJe* 15.04.2011).

indiquem que o reclamante realmente exerceu a atividade cujo período quer comprovar.[52]

Às vezes a sentença resulta de **acordo** entre as partes. Nesse caso, a sentença de homologação de acordo valerá como início de prova material somente se da reclamatória constarem elementos que indiquem o exercício da atividade.[53]

A **Súmula 31 da TNU** dos Juizados Especiais Federais dispõe: "A anotação na CTPS de sentença trabalhista homologatória constitui início de prova material para fins previdenciários".

Porém, em julgado posterior, a TNU fixou entendimento no sentido de que a reclamatória trabalhista é início de prova material em duas hipóteses: (1) fundada em

---

52 "PROCESSUAL CIVIL. PREVIDENCIÁRIO. AGRAVO INTERNO NO RECURSO ESPECIAL. CÓDIGO DE PROCESSO CIVIL DE 2015. APLICABILIDADE. INÍCIO DE PROVA MATERIAL PARA OBTENÇÃO DE BENEFÍCIO PREVIDENCIÁRIO. SENTENÇA TRABALHISTA. POSSIBILIDADE. PRECEDENTES DESTA CORTE. ARGUMENTOS INSUFICIENTES PARA DESCONSTITUIR A DECISÃO ATACADA. APLICAÇÃO DE MULTA. ART. 1.021, § 4º, DO CÓDIGO DE PROCESSO CIVIL DE 2015. DESCABIMENTO. (...) II — O acórdão recorrido adotou entendimento pacificado nesta Corte segundo o qual a sentença trabalhista pode ser considerada como início de prova material para a obtenção de benefício previdenciário, ainda que o INSS não tenha integrado a respectiva lide, desde que fundada em elementos que evidenciem o período trabalhado e a função exercida pelo trabalhador, como aconteceu no caso dos autos. III — Não apresentação de argumentos suficientes para desconstituir a decisão recorrida. (...)" (STJ, 1ª Turma, Rel. Min. Regina Helena Costa, *DJe* 23.10.2019).

Cf. Hermes Arrais Alencar, ob. cit., p. 431: "(...) A autarquia previdenciária admite plena valia à sentença trabalhista apenas se estiver fundada em início de prova material. Por conseguinte, ainda que satisfeitas as contribuições devidas pelo reclamado-empregador (por ocasião da execução da sentença), caso a sentença esteja lastreada exclusivamente em prova testemunhal, ou seja fruto de avença entabulada entre as partes (sentença homologatória), não produzirá efeitos perante o INSS (...)".

53 "(...) 1. A jurisprudência do Superior Tribunal de Justiça está firmada no sentido de que a sentença trabalhista pode ser considerada como início de prova material, desde que prolatada com base em elementos probatórios capazes de demonstrar o exercício da atividade laborativa, durante o período que se pretende ter reconhecido na ação previdenciária. Precedentes: AgInt no AREsp 529.963/RS, Rel. Ministro Benedito Gonçalves, Primeira Turma, *DJe* 28.02.2019; REsp 1.758.094/RJ, Rel. Ministro Herman Benjamim, Segunda Turma, *DJe* 17.12.2018; e AgInt no AREsp 688.117/SP, Rel. Ministro Sérgio Kukina, 1ª Turma, *DJe* 11.12.2017.

2. O Tribunal *a quo* reconheceu a qualidade de segurado do instituidor da pensão, com base na "sentença homologatória de acordo realizado em sede de Reclamação Trabalhista (fl. 110), em que foi reconhecida a relação de emprego entre o *de cujus* e a empresa DIVIPISO COMÉRCIO DE DIVISÓRIAS FORROS E PISOS LTDA-ME, no período de 03.05.2004 a 17.11.2005, na função de montador" (fl. 278, e-STJ).

3. Na espécie, ao que se tem dos autos, a sentença judicial trabalhista só homologou os termos de acordo entre as partes, para o reconhecimento de vínculo laboral do trabalhador já falecido, sem nenhuma incursão em matéria probatória.

4. Assim, inexistindo, quer naqueles autos da Justiça Especializada, quer nos da Justiça Federal, a produção de prova documental ou mesmo testemunhal, para se reconhecer o período de tempo em que o falecido teria trabalhado para a empresa firmatária do acordo, a sentença homologatória trabalhista é insuficiente, no caso, para embasar a pensão por morte aos dependentes do segurado (...)" (STJ, REsp 170216, 2ª Turma, Rel. Min. Herman Benjamin, *DJe* 23.04.2019).

documentos que sinalizem o exercício da atividade laborativa na função e nos períodos alegados, ou (2) ajuizada imediatamente após o término do labor, antes da ocorrência da prescrição, cuja consumação impede a obtenção de direitos trabalhistas perante o empregador.[54]

c.4.2) Declarações de ex-empregadores. Valem como início de prova material quando são **contemporâneas** aos fatos.

Esse é o entendimento do STJ:

> "(...) 3. A declaração de ex-empregador contemporânea aos fatos alegados deve ser considerada como início de prova material apta à comprovação do exercício da atividade apontada (...)" (3ª Seção, AR 200401691142, Rel. Min. Paulo Gallotti, *DJe* 17.04.2008).

c.4.3) Declarações não contemporâneas aos fatos. É comum que o interessado se valha de declarações de pessoas, empregadores ou não, que conhecem sua vida laboral, antigos colegas de trabalho, vizinhos etc.

Essas declarações, entretanto, se não forem contemporâneas aos fatos, equivalem a prova testemunhal e **não constituem início de prova material**:

> "(...) 2. A 3ª Seção desta Corte firmou-se no entendimento de que a simples declaração prestada em favor do segurado, sem guardar contemporaneidade com o fato declarado, carece da condição de prova material, exteriorizando, apenas, simples testemunho escrito que, legalmente, não se mostra apto a comprovar a atividade laborativa para fins previdenciários (...)" (STJ, REsp 200300514964, 6ª Turma, Rel. Min. Hélio Quaglia Barbosa, *DJ* 28.05.2007, p. 404).

Declarações não contemporâneas aos fatos = prova testemunhal

c.4.4) Fotografias. A apresentação de fotografias como início de prova material também é comum. Esse meio de prova, entretanto, é encarado com reservas porque o decurso do tempo acaba por tornar extremamente difícil a identificação das pessoas fotografadas.

A análise dessa prova deve ser feita com cuidado e em conjunto com as demais provas. A jurisprudência é rica em decisões sobre esse tema:

> "(...) 1. Meras fotografias não datadas e sem identificação da época em que foram tiradas, que, ademais, não confirmam tanto a presença do autor em alguma delas quanto sua vinculação ao exercício de qualquer atividade, não constituem início razoável de prova material do exercício de atividades rurais (...)" (TRF 1ª Região, AC 199901000427495, 2ª Turma, Rel. Juíza Fed. Conv. Mônica Jacqueline Sifuentes Pacheco de Medeiros, *DJ* 28.04.2006, p. 19).

[54] "PEDIDO NACIONAL DE UNIFORMIZAÇÃO DE JURISPRUDÊNCIA. SENTENÇA EM RECLAMATÓRIA TRABALHISTA. INÍCIO DE PROVA MATERIAL. A reclamatória trabalhista será válida como início de prova material em duas situações: **(1)** fundada em documentos que sinalizem o exercício da atividade laborativa na função e períodos alegados, **ou (2)** ajuizada imediatamente após o término do labor, antes da ocorrência da prescrição, cuja consumação impede a obtenção de direitos trabalhistas perante o empregador. Incidente provido" (Processo 2012.50.50.002501-9, Rel. Juiz Fed. Daniel Machado da Rocha, j. 17.08.2016)

c.4.5) Caso fortuito e força maior. Coube ao Regulamento definir o caso fortuito e a força maior que dispensam o início de prova material (art. 143, § 2º):

> **Art. 143.** A justificação administrativa ou judicial, no caso de prova exigida pelo art. 62, dependência econômica, identidade e de relação de parentesco, somente produzirá efeito quando baseada em início de prova material, não sendo admitida prova exclusivamente testemunhal.
>
> § 2º Caracteriza motivo de força maior ou caso fortuito a verificação de ocorrência notória, **tais como incêndio, inundação ou desmoronamento,** que tenha atingido a empresa na qual o segurado alegue ter trabalhado, devendo ser comprovada mediante registro da ocorrência policial feito em época própria ou apresentação de documentos contemporâneos dos fatos, e verificada a correlação entre a atividade da empresa e a profissão do segurado.

A enumeração não é taxativa. O início de prova material, nessa hipótese, refere-se à situação de caso fortuito ou força maior que se quer comprovar. Por isso é necessário apresentar o Boletim de Ocorrência que registrou a catástrofe, e esse B.O. deve ser contemporâneo ao fato:

> "(...) 1. É firme a orientação desta Corte de que a comprovação do tempo de serviço só produzirá efeito quando baseada em início de prova material, não sendo admitida prova exclusivamente testemunhal, salvo na ocorrência de motivo de força maior ou caso fortuito. 2. No caso dos autos, a Corte de origem, com base no acervo probatório produzido nos autos, reconheceu a ocorrência de caso fortuito que impede o autor de apresentar prova material para fins de reconhecimento de tempo de serviço; tendo expressamente consignado que a Gerência Regional de Administração do Estado do Amapá admitiu o extravio dos documentos relativos a antiga Guarda Territorial no período de 1960 a 1970. 3. Assim, reconhecido pela própria Administração a impossibilidade de comprovação material por conta da negligência do Estado em armazenar tais documentos, resta comprovada a hipótese de caso fortuito, capaz de permitir a comprovação por tempo de serviço ancorada, tão somente, em prova testemunhal (...)" (STJ, AGARESP 82633, 1ª Turma, Rel. Min. Napoleão Nunes Maia Filho, *DJe* 09.03.2016).

c.5) Justificação administrativa ou judicial

A justificação administrativa está prevista no art. 108 do PBPS e nos arts. 142 a 151 do RPS, e tem por objeto fazer prova para fins previdenciários. É utilizada para suprir a falta de documento ou provar interesse de beneficiário ou empresa.

Prevista no art. 108 do PBPS, a justificação administrativa foi regulamentada nos arts. 142 a 151 do RPS.

É processada no INSS, já que se destina a fazer prova em requerimento administrativo.

Não é admitida justificação administrativa nas hipóteses em que a prova tiver que ser feita por registro público de casamento, de idade ou de óbito, ou se destinar a comprovar ato jurídico para o qual a lei exija forma especial.

A justificação pode ser feita, também, pela via judicial. Entretanto, atualmente é raro requerimento de justificação em juízo. Isso porque, uma vez produzida a prova, o juiz homologa a justificação e entrega os autos ao interessado, que os levará à autoridade administrativa para instruir requerimento. A justificação homologada judicialmente não obriga a Administração a reconhecer o direito do segurado, daí podendo resultar o indeferimento do requerimento administrativo, o que o levará novamente ao Judiciário, desta vez para requerer benefício ou reconhecimento de tempo de serviço/contribuição.

A justificação administrativa ou judicial, quando destinada a comprovar tempo de serviço, dependência econômica e relação de parentesco, só produzirá efeitos se **baseada em início de prova material contemporânea dos fatos** (art. 143 do RPS), só dispensado por motivo de caso fortuito ou força maior (art. 143, § 1º).

c.6) Ação declaratória de tempo de serviço

É comum que o segurado queira o reconhecimento de tempo de serviço/contribuição, sem, contudo, requerer benefício; deseja assegurar-se para o futuro, evitando demora na concessão da aposentadoria. Vale-se, para isso, da ação declaratória.

O STJ tem entendimento firmado no sentido de que o **tempo de serviço/contribuição pode ser comprovado por ação declaratória**.[55]

■ 5.3.5.2.3. *Regras de transição: aplicáveis aos segurados filiados ao RGPS até a data da entrada em vigor da EC n. 103/2019*

A EC n. 103/2019 trouxe regras de transição para os segurados filiados ao RGPS até 13.11.2019, que ainda não tivessem cumprido todos os requisitos para a aposentadoria pelas regras anteriores.

São quatro regras de transição, cuja aplicação depende do correto enquadramento do caso concreto.

a) Primeira regra de transição: art. 15 da EC n. 103/2019 (requisitos cumulativos)

Contingência: contar cumulativamente com tempo de contribuição e número de pontos.

Essa regra de transição aplica a **Fórmula 86/96** para o cálculo do salário de benefício, que é o resultado da soma da idade com o tempo de contribuição, incluídas as frações, formando o número de pontos necessário ao cumprimento dos requisitos.

Atenção: nesta regra de transição não se exige idade mínima porque se aplica a Fórmula 86/96.

Tempo de contribuição: 30 anos, se mulher, e 35 anos, se homem.

Pontos (somados idade e tempo de contribuição, incluídas as frações): 86, se mulher e 96, se homem.

---

55 "(...) 1. A ação declaratória é meio processual adequado ao reconhecimento de tempo de serviço para fins previdenciários. Inteligência da Súmula 204/STJ. 2. O razoável início de prova material, conjugado com provas testemunhais, é meio probatório apto ao reconhecimento do tempo de serviço urbano (...)"(REsp 232021, 6ª Turma, Rel. Min. Maria Thereza De Assis Moura, *DJ* 6.8.2007, p. 702).

A partir de 1º.01.2020, será aumentado 1 ponto a cada ano, até totalizar 100 pontos , se mulher, e 105 pontos, se homem.

Salário de benefício: a média aritmética simples de todos os salários de contribuição (100%) do período contributivo a partir da competência julho/94, ou desde o início, caso o período contributivo seja posterior.

RMI: 60% do salário de benefício, *acrescidos* de 2% para cada ano de contribuição que exceder o tempo de 20 anos, se homem, e 15 anos, se mulher.

b) Segunda regra de transição: art. 16 da EC n. 103/2019 (requisitos cumulativos)

Contingência: contar cumulativamente com idade e tempo de contribuição.

Idade: 56 anos para mulher e 61 anos para homem. A partir de 1º.01.2020, serão acrescidos 6 meses a cada ano, até atingir 62 anos para mulher e 65 para homem.

> **Atenção:** esta hipótese exige idade mínima.

Tempo de contribuição: 30 anos para mulher e 35 anos para homem.

Salário de benefício: a média aritmética simples de todos os salários de contribuição (100%) do período contributivo a partir da competência julho/94, ou desde o início, caso o período contributivo seja posterior.

RMI: 60% do salário de benefício, acrescidos de 2% para cada ano de contribuição que exceder o tempo de 20 anos, se homem, e 15 anos, se mulher.

c) Terceira regra de transição: art. 17 da EC n. 103/2019 (requisitos cumulativos). Aplicação do fator previdenciário. Pedágio de 50%

Contingência: contar cumulativamente com tempo de contribuição e período adicional de 50% (pedágio) do tempo faltante em 13.11.2019.

Tempo de contribuição: mais de 28 anos para mulher e mais de 33 anos para homem.

Período adicional (pedágio): 50% do tempo faltante, em 13.11.2019, para alcançar 30 anos de contribuição para mulher e 35 anos para homem.

Trata-se de hipótese que contempla os segurados que estavam a *menos de 2 anos* de cumprir os requisitos para a aposentadoria por tempo de contribuição.

Exemplificando: segurada com 29 anos de contribuição na data da entrada em vigor da EC n. 103/2019 (13.11.2019), que teria direito ao benefício aos 30 anos de contribuição, deverá contribuir mais um ano, acrescido de 50%, o que, na hipótese, corresponderia a um ano de meio de contribuição.

RMI: a média aritmética simples de todos os salários de contribuição de todo o período contributivo, multiplicada pelo fator previdenciário.

> **Atenção:** Nesta regra, não se aplica o coeficiente de 60% do salário de benefício, como nas regras anteriores, mas há incidência do fator previdenciário.

d) Quarta regra de transição: art. 20 da EC n. 103/2019 (requisitos cumulativos). Pedágio de 100%

Contingência: contar cumulativamente com idade e tempo de contribuição, acrescido de período adicional de 100% (pedágio) do tempo faltante em 13.11.2019.

Idade: 57 anos, se mulher, e 60 anos, se homem.

Tempo de contribuição: o computado em 13.11.2019, acrescido de 100% do período faltante para completar 30 anos se mulher e 35 se homem.

A hipótese é diversa da prevista acima (linha *"d"*). Trata-se de situação em que o segurado está distante *mais de 2 anos* de cumprir os requisitos para a aposentadoria por tempo de contribuição em 13.11.2019.

Atenção: Além do pedágio de 100%, o segurado deve também cumprir o requisito da idade mínima.

RMI: 100% da média aritmética simples de todos os salários de contribuição a partir da competência julho/1994.

APOSENTADORIA COMUM VOLUNTÁRIA REGRAS PERMANENTES Para os filiados ao RGPS após 13.11.2019 (EC n. 103/2019): art. 201, § 7º, da CF Requisitos cumulativos de idade e tempo de contribuição (Vedada a contagem de tempo fictício: art. 201, § 14, da CF)	
▪ Contingência: Requisitos cumulativos de ID e TC	▪ ID: 62 anos (mulher) 65 anos (homem) ▪ TC → até edição da lei (art. 19 da EC n. 103/2019): 15 anos (mulher) e 20 anos (homem)
▪ Sujeito ativo	▪ O segurado urbano ou rural, exceto o segurado especial
▪ Sujeito passivo	▪ INSS
▪ RMI	▪ Na forma da lei

(ID = Idade; TC = Tempo de Contribuição; FP = Fator Previdenciário)

APOSENTADORIA COMUM VOLUNTÁRIA REGRAS DE TRANSIÇÃO Para os filiados RGPS até 13.11.2019 (antes da EC n. 103/2019): art. 15 e § 3º da EC n. 103/2019
a) Garantido o respeito ao direito adquirido do segurado que cumpriu todos os requisitos para a aposentadoria até 13.11.2019, na forma da legislação então vigente na data do cumprimento dos requisitos (art. 3º da EC n. 103/2019).
b) Permitida a contagem do tempo fictício nas hipóteses previstas na legislação vigente até 13.11.2019 (art. 25 da EC n. 103/2019)
c) O tempo de contribuição é contado de data a data, desde o início até a data do requerimento ou do desligamento de atividade abrangida pela Previdência Social; descontam-se os períodos sem recolhimento de contribuições previdenciárias.
d) O trabalhador urbano que tenha exercido atividade que não era de filiação obrigatória ao antigo Regime de Previdência Social Urbana só pode averbar esse tempo de serviço se recolher as contribuições correspondentes.
e) Contribuinte individual: necessário comprovar o exercício da atividade e o recolhimento das contribuições relativas ao período que pretende reconhecer.
f) São computados: o tempo de serviço militar; o tempo intercalado em que o segurado esteve recebendo gozo de auxílio-doença ou aposentadoria por invalidez, entre períodos de atividade; o tempo de contribuição como segurado facultativo; o tempo de serviço referente ao exercício de mandato eletivo federal, estadual ou municipal, desde que não contado para fins de aposentadoria em outro regime; o tempo de serviço público na administração federal direta e autarquias federais, nas estaduais, do Distrito Federal e municipais, quando aplicada a legislação que autorizou a contagem recíproca; o período de gozo de benefício por incapacidade decorrente de acidente do trabalho, intercalado ou não; o tempo de contribuição do servidor público da União, ocupante de cargo em comissão; o período de gozo de salário-maternidade.
g) Tempo de serviço do trabalhador rural anterior à vigência da Lei n. 8.213/91: não é computado para efeitos de carência.

1ª REGRA DE TRANSIÇÃO: ART. 15 DA EC N. 103/2019	
■ Contingência: requisitos cumulativos de TC e pontos (ID + TC)	■ TC: 30 anos (mulher) e 35 anos (homem) ■ Pontos: 86 (mulher) e 96 (homem) → aumento de 1 ponto/ano a partir de 1º.01.2020, até alcançar 100 (mulher) e 105 (homem)
■ Sujeito ativo	■ O(A) segurado(a) urbano e rural, exceto o segurado especial
■ Sujeito passivo	■ O INSS
■ Salário de benefício	■ Média aritmética simples de todos (100%) os salários de contribuição a partir da competência julho/1994
■ RMI	■ 60% do salário de benefício + 2% para cada ano de contribuição que exceder 20 anos (homem) e 15 anos (mulher)

2ª REGRA DE TRANSIÇÃO: ART. 16 DA EC N. 103/2019	
■ Contingência: requisitos cumulativos de ID e TC	■ ID: 56 (mulher) e 61 (homem) → acréscimo de 6 meses/ano, a partir de 1º.01.2020, até atingir 62 (mulher) e 65 (homem)
■ Salário de benefício	■ Média aritmética simples de todos (100%) os salários de contribuição a partir da competência julho/1994
■ RMI	■ 60% do salário de benefício + 2% para cada ano de contribuição que exceder 20 anos (homem) e 15 anos (mulher)

3ª REGRA DE TRANSIÇÃO: ART. 17 DA EC N. 103/2019 (TEMPO ADICIONAL DE 50% E FATOR PREVIDENCIÁRIO (FP)	
■ Contingência: requisitos cumulativos de TC e tempo adicional de 50% do tempo faltante	■ TC em 13.11.2019: mais de 28 anos (mulher) e mais de 30 anos (homem) + pedágio de 50%
■ Acréscimo (pedágio)	■ 50% do TC que, em 13.11.2019, faltava para completar 30 anos (mulher) e 35 (homem)
■ Sujeito ativo	■ O(A) segurado urbano e rural, exceto o segurado especial
■ Sujeito passivo	■ O INSS
■ Salário de benefício	■ Média aritmética simples de todos (100%) os salários de contribuição a partir da competência julho/1994
■ RMI	■ Salário de benefício × FP

4ª REGRA DE TRANSIÇÃO: ART. 20 DA EC N. 103/2019	
■ Contingência: requisitos cumulativos de ID, TC e tempo adicional de 100%	■ ID: 57 (mulher) e 60 (homem) ■ TC: o tempo computado até 13.11.2019 + pedágio de 100%
■ Acréscimo (pedágio)	■ 100% do tempo que, em 13.11.2019, faltava para completar 30 anos (mulher) e 35 anos (homem)
■ Sujeito ativo	■ O(A) segurado(a) urbano e rural, exceto o segurado especial
■ Sujeito passivo	■ O INSS
■ RMI	■ 100% da média aritmética simples de todos os salários de contribuição a partir da competência julho/1994

APOSENTADORIA POR TEMPO DE CONTRIBUIÇÃO NA VIGÊNCIA DA EC N. 20/98	
Aplicáveis aos segurados filiados ao RGPS após publicação da EC n. 20/98	
CONTINGÊNCIA PARA TRABALHADORES URBANOS E RURAIS	Tempo de contribuição → 35 anos (homem) → 30 anos (mulher)
CARÊNCIA	420 contribuições mensais (35 anos) → homem 360 contribuições mensais (30 anos) → mulher
SUJEITO ATIVO	Segurado
SUJEITO PASSIVO	INSS
TERMO INICIAL	Fixado na forma prevista para a aposentadoria por idade
RMI	100% do salário de benefício, multiplicado pelo fator previdenciário ou 100% do salário de benefício quando aplicada a fórmula 85/95
TERMO FINAL	Data da morte do segurado

APOSENTADORIA POR TEMPO DE CONTRIBUIÇÃO — REGRAS DE TRANSIÇÃO	
Aplicáveis aos segurados filiados ao RGPS antes da Lei n. 8.213/1991, que ainda não tinham completado todos os requisitos para se aposentarem na data da promulgação da EC n. 20/98	
CONTINGÊNCIA	Tempo de serviço/contribuição 35 anos (homem) 30 anos (mulher)
CARÊNCIA	Número de contribuições mensais previstas na tabela do art. 142 do PBPS
SUJEITO ATIVO	O segurado trabalhador urbano O trabalhador e o empregador rural (segurados da Previdência Social Rural)
RMI	100% do salário de benefício, multiplicado pelo fator previdenciário ou 100% do salário de benefício quando aplicada a fórmula 85/95
TERMO INICIAL	Idêntico ao da aposentadoria por tempo de contribuição
TERMO FINAL	Idêntico ao da aposentadoria por tempo de contribuição

■ *5.3.5.3 Aposentadoria do Professor*

■ *5.3.5.3.1. Histórico*

A aposentadoria do professor é **espécie** de aposentadoria por tempo de contribuição.

É comum encontrar referências à "aposentadoria especial do professor", porque assim era considerada na legislação anterior à Emenda Constitucional n. 18, de 1981, como veremos no tópico relativo à aposentadoria especial.

Nos termos da legislação vigente, a aposentadoria do professor **não é considerada aposentadoria especial**.

APOSENTADORIA DO PROFESSOR		
Até EC n. 18/81	**Após EC n. 18/81**	**Após EC n. 103/2019**
■ Aposentadoria especial	■ Aposentadoria por tempo de serviço/ contribuição	■ Aposentadoria voluntária com requisitos cumulativos de idade e tempo de contribuição

A **Lei n. 3.807/60 — Lei Orgânica da Previdência Social (LOPS)** garantia aposentadoria especial ao segurado que, contando no mínimo 50 anos de idade e 15 anos de contribuições, trabalhasse durante 15, 20 ou 25 anos pelo menos, conforme a atividade profissional, em serviços, para esse efeito, considerados penosos, insalubres ou perigosos, por Decreto do Poder Executivo.

Para regulamentar a lei, veio o Decreto n. 53.831, publicado em 30.03.1964, cujo item 2.1.4 classificava como "penosa" a atividade de magistério, garantindo a aposentadoria especial ao professor com 25 anos de exercício dessa atividade.

Com algumas modificações na legislação, a atividade de magistério continuou a dar direito à aposentadoria especial ao professor até a entrada em vigor da **Emenda Constitucional n. 18, de 30.06.1981**, publicada em 9 de julho do mesmo ano.

A EC n. 18/81 acrescentou o inc. XX ao art. 165 da CF, restando garantida a aposentadoria para o professor após 30 anos e, para a professora, após 25 anos de efetivo exercício em funções de magistério, com salário integral.

A partir da vigência da EC n. 18/81, a aposentadoria dos professores **deixou de ter caráter de aposentadoria especial**.

A CF de 1988 e a EC n. 20/98 continuaram a dar à aposentadoria dos professores a natureza de espécie de aposentadoria por tempo de serviço/contribuição.

O art. 202, III, na redação original, dispunha:

> **Art. 202.** É assegurada aposentadoria, nos termos da lei, calculando-se o benefício sobre a média dos trinta e seis últimos salários de contribuição, corrigidos monetariamente mês a mês, e comprovada a regularidade dos reajustes dos salários de contribuição de modo a preservar seus valores reais e obedecidas as seguintes condições:
>
> III — após trinta anos, ao professor, e, após vinte e cinco, à professora, por efetivo exercício de função de magistério.

Com as alterações introduzidas pela EC n. 20/98, o art. 201 passou a dispor:

> **Art. 201.** A previdência social será organizada sob a forma de regime geral, de caráter contributivo e de filiação obrigatória, observados critérios que preservem o equilíbrio financeiro e atuarial, e atenderá, nos termos da lei, a:
>
> § 7º É assegurada aposentadoria no regime geral de previdência social, nos termos da lei, obedecidas as seguintes condições:
>
> I — trinta e cinco anos de contribuição, se homem, e trinta anos de contribuição, se mulher;
>
> § 8º Os requisitos a que se refere o inciso I do parágrafo anterior serão reduzidos em cinco anos, para o professor que comprove exclusivamente tempo de efetivo exercício das funções de magistério na educação infantil e no ensino fundamental e médio.

A EC n. 103/2019 trouxe nova alteração na aposentadoria do professor, passando a exigir idade mínima, o que antes não era requisito, e tempo de contribuição reduzidos em 5 anos em relação à aposentadoria comum voluntária:

> **Art. 201.** A previdência social será organizada sob a forma do Regime Geral de Previdência Social, de caráter contributivo e de filiação obrigatória, observados critérios que preservem o equilíbrio financeiro e atuarial, e atenderá, na forma da lei, a:
>
> § 7º É assegurada aposentadoria no regime geral de previdência social, nos termos da lei, obedecidas as seguintes condições
>
> I — 65 (sessenta e cinco) anos de idade, se homem, e 62 (sessenta e dois) anos de idade, se mulher, observado tempo mínimo de contribuição;
>
> § 8º O requisito de idade a que se refere o inciso I do § 7º será reduzido em 5 (cinco) anos, para o professor que comprove tempo de efetivo exercício das funções de magistério na educação infantil e no ensino fundamental e médio fixado em lei complementar.

Das sucessivas alterações resultou que a aposentadoria dos professores:

a) da vigência da Lei n. 3.807/60 até o dia anterior à vigência da EC n. 18/81, tinha natureza jurídica de aposentadoria especial;

b) a partir da EC n. 18/81, passou a ser espécie de aposentadoria por tempo de serviço/contribuição;

c) da vigência da EC n. 18/81 até o dia anterior à vigência da EC n. 20/98, era cobertura previdenciária para os professores cuja atividade fosse exercida no magistério de qualquer nível, inclusive superior;

d) a partir da vigência da EC n. 20/98, é cobertura previdenciária apenas para os professores cujo magistério seja exercido exclusivamente na educação infantil e no ensino fundamental e médio;

e) a partir da vigência da EC n. 103/2019, é cobertura previdenciária que exige cumulativamente cumprimento de idade mínima e tempo de contribuição exclusivamente na educação infantil e no ensino fundamental e médio.

APOSENTADORIA DO PROFESSOR			
Lei n. 3.807/60	**EC n. 18/81**	**EC n. 20/98**	**EC n. 103/2019**
■ Aposentadoria especial	■ Aposentadoria por tempo de serviço	■ Aposentadoria por tempo de contribuição	■ Aposentadoria voluntária com requisitos cumulativos de idade mínima e tempo de contribuição
	■ Magistério em geral, inclusive no ensino superior	■ Magistério exclusivamente na educação infantil e no ensino fundamental e médio	■ Magistério exclusivamente na educação infantil e no ensino fundamental e médio

■ 5.3.5.3.2. *Regras permanentes: aplicáveis aos professores que se filiaram ao RGPS após a EC n. 103/2019. Art. 201, § 8º, da CF (requisitos cumulativos)*

Contingência: contar cumulativamente com 60 anos de idade, se homem, e 57 anos de idade, se mulher.

Carência: a ser fixada por lei complementar.

Sujeito ativo: o professor que comprove tempo de contribuição exclusivamente no exercício do magistério na educação infantil e no ensino fundamental e médio.

Sujeito passivo: o INSS.

Cálculo da RMI: a ser fixada por lei.

5.3.5.3.3. Regras de transição: aplicáveis aos professores filiados ao RGPS até a data da publicação da EC n. 103/2019

Discute-se na jurisprudência o conceito de "função de magistério". O art. 54, § 2º, do RPS, com a redação dada pelo Decreto n. 10.410/2020, estabelece que, para esse fim, a função de magistério é exercida por professor em estabelecimento de ensino de educação básica em seus diversos níveis e modalidades, incluídas, além do exercício da docência, as funções de direção de unidade escolar e de coordenação e assessoramento pedagógicos.

Nesse sentido, o **STF** editou a **Súmula 726:** "Para efeito de aposentadoria especial de professores, não se computa o tempo de serviço prestado fora da sala de aula".

Em 10.05.2006 foi editada a Lei n. 11.301, que alterou a Lei n. 9.394/96 (que estabelece diretrizes e bases da educação nacional), cujo art. 67, § 2º, passou a dispor que "para os efeitos do disposto no § 5º do art. 40 e no § 8º do art. 201 da Constituição Federal, **são consideradas funções de magistério as exercidas por professores e especialistas em educação no desempenho de atividades educativas, quando exercidas em estabelecimento de educação básica em seus diversos níveis e modalidades, incluídas, além do exercício da docência, as de direção de unidade escolar e as de coordenação e assessoramento pedagógico**".

Posteriormente, o Decreto n. 6.722, de 30.12.2008, alterou os §§ 1º e 2º do RPS, dispondo: considera-se função de magistério a exercida por professor, quando exercida em estabelecimento de educação básica em seus diversos níveis e modalidades, incluídas, além do exercício da docência, as funções de direção de unidade escolar e as de coordenação e assessoramento pedagógico.

Porém, o STF adotou posicionamento em **sentido contrário ao da Súmula 726** no julgamento da **Ação Direta de Inconstitucionalidade n. 3772/DF**, movida pelo Procurador-Geral da República, impugnando o art. 1º da Lei n. 11.301/2006, que alterou o art. 67, § 2º, da Lei n. 9.394/96. A ADI 3772 foi julgada parcialmente procedente para dar **interpretação conforme** aos dispositivos impugnados:

> "(...) **I — A função de magistério não se circunscreve apenas ao trabalho em sala de aula, abrangendo também a preparação de aulas, a correção de provas, o atendimento aos pais e alunos, a coordenação e o assessoramento pedagógico e, ainda, a direção de unidade escolar. II — As funções de direção, coordenação e assessoramento pedagógico integram a carreira do magistério, desde que exercidos, em estabelecimentos de ensino básico, por professores de carreira, excluídos os especialistas em educação**, fazendo jus aqueles que as desempenham ao regime especial de aposentadoria estabelecido nos arts. 40, § 5º, e 201, § 8º, da Constituição Federal. III — Ação direta julgada parcialmente procedente, com interpretação conforme, nos termos *supra*" (Tribunal Pleno, Rel. Min. Carlos Britto, Rel. p/ Ac. Min. Ricardo Lewandowski, *DJe*-059, divulg. 26.03.2009, publ. 27.03.2009, republicação *DJe*-204, divulg. 28.10.2009, publ. 29.10.2009).

Com a interpretação conforme, a atividade de magistério, para fins previdenciários, tanto no RGPS quanto no regime próprio dos servidores públicos, **não se restringe ao trabalho em sala de aula, mas abrange, também, a coordenação e o assessoramento pedagógicos e a direção da unidade escolar**, desde que exercidas por professores de carreira em escolas de ensino básico.

Embora a Súmula 726 não tenha sido revogada, o STF continuou afastando sua aplicação com fundamento na decisão proferida na ADI 3.772.

A questão foi novamente levada ao STF, que reconheceu a **Repercussão Geral** no RE 1.039.644, com entendimento contrário ao da Súmula 726 (Rel. Min. Alexandre de Moraes, *DJe* 13.11.2017):

> "(...) 2. Reafirma-se a jurisprudência dominante desta Corte nos termos da seguinte tese de repercussão geral: 'Para a concessão da aposentadoria especial de que trata o art. 40, § 5º, da Constituição, conta-se o tempo de efetivo exercício, pelo professor, da docência e das atividades de direção de unidade escolar e de coordenação e assessoramento pedagógico, desde que em estabelecimentos de educação infantil ou de ensino fundamental e médio' (...)".

A nosso ver, o STF deu a justa solução à questão. No plano dos fatos, a atividade em sala de aula é o resultado do trabalho do professor fora dela, no estudo e pesquisa da matéria, no preparo das aulas, na elaboração e correção de provas, na orientação aos alunos e pais, no planejamento do ano escolar etc.

a) Primeira regra de transição: art. 15, § 3º, da EC n. 103/2019 (requisitos cumulativos)

Contingência: contar cumulativamente com tempo de contribuição e número de pontos, comprovando magistérios exclusivamente na educação infantil e no ensino fundamental e médio.

Tempo de contribuição: 25 anos para mulher e 30 para homens, exclusivamente na educação infantil e no ensino fundamental e médio.

Pontos (somados idade e tempo de contribuição incluindo frações): 81, se mulher e 91, se homem. A partir de 1º.01.2020, será aumentado 1 ponto a cada ano, até totalizar 92 pontos, se mulher e 100 pontos, se homem.

Sujeito ativo: o(a) professor(a) que comprove exclusivamente exercício na educação infantil e no ensino fundamental e médio.

Salário de benefício: a média aritmética simples de todos os salários de contribuição (100%) do período contributivo a partir da competência julho/94, ou desde o início, caso o período contributivo seja posterior.

RMI: 60% do salário de benefício, *acrescidos* de 2% para cada ano de contribuição que exceder o tempo de 20 anos, se homem, e 15 anos, se mulher.

b) Segunda regra de transição: art. 16, § 2º, da EC n. 103/2019 (requisitos cumulativos)

Contingência: contar cumulativamente com idade e tempo de contribuição exclusivamente na educação infantil e no ensino fundamental e médio.

Idade: 51 para mulheres e 56 para homens. A partir de 1º.01.2020, serão acrescidos 6 meses a cada ano, até totalizar 57 anos para mulher e 60 anos para homem.

Tempo de contribuição: 25 anos para mulheres e 30 para homens, exclusivamente na educação infantil e no ensino fundamental e médio.

Sujeito ativo: o(a) professor(a) que comprove exclusivamente exercício na educação infantil e no ensino fundamental e médio.

Salário de benefício: a média aritmética simples de todos os salários de contribuição (100%) do período contributivo a partir da competência julho/94, ou desde o início, caso o período contributivo seja posterior.

RMI: 60% do salário de benefício, *acrescidos* de 2% para cada ano de contribuição que exceder o tempo de 20 anos, se homem, e 15 anos, se mulher.

c) Terceira regra de transição: art. 20, § 1º, da EC n. 103/2019 (requisitos cumulativos)

Contingência: contar cumulativamente com idade e tempo de contribuição, acrescido de período adicional de 100% (pedágio) do tempo faltante em 13.11.2019, exclusivamente no magistério na educação infantil e no ensino fundamental e médio.

Idade: 52 anos, se mulher, e 55, se homem.

Tempo de contribuição: o computado na data em 13.11.2019, acrescido de 100% do período faltante para completar 25 anos, se mulher e 30, se homem.

Sujeito ativo: o(a) professor(a) que comprove exclusivamente exercício na educação infantil e no ensino fundamental e médio.

RMI: 100% da média aritmética simples de todos os salários de contribuição a partir da competência julho/1994, limitada ao teto do RGPS.

APOSENTADORIA DO PROFESSOR – REGRAS PERMANENTES	
Professor filiado ao RGPS a partir da EC n. 103/2019 (art. 201, § 8º, da CF)	
■ Contingência: requisitos cumulativos de ID e TC exercido exclusivamente na educação infantil e no ensino fundamental e médio	■ ID: 57 (mulher) e 60 (homem) ■ TC: a ser fixado em lei complementar
■ Sujeito ativo	■ O(A) professor(a) que comprove exclusivamente exercício na educação infantil e no ensino fundamental e médio
■ Sujeito passivo	■ O INSS
■ RMI	■ Na forma da lei

APOSENTADORIA DO PROFESSOR — REGRAS DE TRANSIÇÃO	
Professor filiado ao RGPS até 12.11.2019 (antes da EC n. 103/2019)	
Primeira regra de transição (art. 15, § 3º, EC n. 103/2019)	
■ Contingência: requisitos cumulativos TC exercido exclusivamente na educação infantil e no ensino fundamental e médio e pontos (ID + TC)	■ TC: 25 anos (mulher) e 30 anos (homem) ■ Pontos: 81 (mulher) e 91 (homem) → aumento de 1 ponto/ano, a partir de 1º.01.2020, até atingir 92 (mulher) e 100 (homem)
■ Sujeito ativo	■ O(A) professor(a) que comprove exclusivamente exercício na educação infantil e no ensino fundamental e médio
■ Sujeito passivo	■ O INSS

■ Salário de benefício	■ Média aritmética simples de todos (100%) os salários de contribuição a partir da competência julho/1994
■ RMI	■ 60% do salário de benefício + 2% para cada ano de contribuição que exceder 20 anos (homem) e 15 anos (mulher)
Segunda regra de transição (art. 16, § 2º, da EC n. 103/2019)	
■ Contingência: requisitos cumulativos de ID e TC exclusivamente na educação infantil e no ensino fundamental e médio	■ ID: 51 (mulher) e 56 (homem) → acréscimo de 6 meses/ano, a partir de 1º.01.2020, até atingir 57 (mulher) e 60 (homem) ■ TC: 25 anos (mulher) e 30 anos (homem)
■ Sujeito ativo	■ O(A) professor(a) que comprove exclusivamente exercício na educação infantil e no ensino fundamental e médio
■ Sujeito passivo	■ O INSS
■ Salário de benefício	■ Média aritmética simples de todos (100%) os salários de contribuição a partir da competência julho/1994
■ RMI	■ 60% do salário de benefício + 2% para cada ano de contribuição que exceder 20 anos (homem) e 15 anos (mulher)
Terceira regra de transição (art. 20, § 1º, da EC n. 103/2019)	
■ Contingência: requisitos cumulativos de ID, TC e tempo adicional de 100%	■ ID: 52 (mulher) e 55 (homem) ■ TC: o tempo computado até 13.11.2019 + pedágio de 100%
■ Acréscimo (pedágio)	■ 100% do tempo que, em 13.11.2019, faltava para completar 25 anos (mulher) e 30 anos (homem)
■ Sujeito ativo	■ O(A) professor(a) que comprove exclusivamente exercício na educação infantil e no ensino fundamental e médio
■ Sujeito passivo	■ O INSS
■ RMI	■ 100% da média aritmética simples de todos os salários de contribuição a partir da competência julho/1994

PROFESSOR FILIADO AO RGPS A PARTIR DA VIGÊNCIA DA EC N. 20/98	
CONTINGÊNCIA	■ Ter contribuído 30 anos, se homem, e 25 anos, se mulher, com efetivo exercício nas funções de magistério na educação infantil e no ensino fundamental e médio
SUJEITO ATIVO	■ O(A) segurado(a) professor(a)
SUJEITO PASSIVO	■ INSS
RMI	■ 100% do salário de benefício, multiplicado pelo fator previdenciário; ou ■ 100% do salário de benefício se aplicada a fórmula 85/95, acrescentando 5 (cinco) pontos à soma da idade com o tempo de contribuição
TERMO INICIAL	■ Idêntico ao da aposentadoria por tempo de contribuição
TERMO FINAL	■ Data da morte do(a) segurado(a) professor(a)

PROFESSOR FILIADO AO RGPS ANTES DA VIGÊNCIA DA EC N. 20/98, MAS NÃO HAVIA CUMPRIDO OS REQUISITOS PARA A APOSENTADORIA	
CONTINGÊNCIA	■ Tempo de contribuição ■ 35 anos (homem) ■ 30 anos (mulher) ■ Exercício apenas de atividade de magistério
BÔNUS (ACRÉSCIMO)	■ homem: ■ 17% de acréscimo ao tempo de atividade de magistério até a data da publicação ■ mulher: ■ 20% de acréscimo ao tempo de atividade de magistério até a data da publicação
ATIVIDADE	■ Apenas magistério em qualquer nível (permitido também o magistério de nível superior)

SUJEITO ATIVO	■ O(A) segurado(a) professor(a)
SUJEITO PASSIVO	■ INSS
RMI	■ 100% do salário de benefício, multiplicado pelo fator previdenciário; **ou** ■ 100% do salário de benefício se aplicada a fórmula 85/95, **sem** o acréscimo de 5 (cinco) pontos.
TERMO INICIAL	■ Idêntico ao da aposentadoria por tempo de contribuição
TERMO FINAL	■ A data da morte do(a) segurado(a) professor(a)

5.3.5.4. *Aposentadoria por idade, atualmente denominada aposentadoria programada*

5.3.5.4.1. *Regras gerais para os trabalhadores urbanos*

O art. 201, I, da CF, com a redação anterior à EC n. 103, de 12.11.2019, previa cobertura previdenciária para a contingência ***idade avançada***, e, no § 7º, II, especificava a cobertura: aposentadoria por idade.

A Reforma Previdenciária de 2019 substituiu as aposentadorias por idade e por tempo de contribuição por apenas uma aposentadoria com requisitos cumulativos de idade e tempo de contribuição.

A aposentadoria por idade restou garantida apenas para os trabalhadores rurais e para os que exercem suas atividades em regime de economia familiar, nestes incluídos o produtor rural, o garimpeiro e o pescador artesanal, não se lhes aplicando as regras de transição da EC n. 103/2019 (item 5.7.4 *infra*).

Para os trabalhadores *urbanos*, a cobertura previdenciária de aposentadoria por idade só restou garantida aos segurados que se filiaram ao RGPS *até 13.11.2019*. Essa cobertura previdenciária não existe mais para os filiados ao RGPS após a entrada em vigor da EC n. 103/2019.

Dessa forma, a aposentadoria por idade dos trabalhadores urbanos só está garantida para os que cumpriram os requisitos *até 13.11.2019*, que têm **direito adquirido** ao benefício (art. 3º da EC n. 103/2019), e para os que se enquadrarem nas **regras de transição** decorrentes do novo regime constitucional.

A contingência *idade avançada* é, por certo, a mais importante em termos previdenciários, uma vez que presume a incapacidade para o trabalho.[56]

O envelhecimento é evento certo, previsível, que a cada ano adquire diferentes contornos em razão da longevidade cada vez maior, fruto da melhoria das condições gerais de vida da população.

A expectativa de vida aumenta ano a ano. Para o caixa da Previdência, as consequências já se fazem sentir: a cobertura previdenciária se estende por longo tempo, uma vez que a aposentadoria será desfrutada por maior prazo.

Na direção contrária, o controle da natalidade faz com que diminua, paulatinamente, o número de pessoas economicamente ativas, que contribuem para o custeio da Previdência Social.

[56] Rosa Elena Bosio, ob. cit., p. 356: "a) La vejez es um proceso biológico, que inevitablemente acaece a todas las personas y que por lo normal provoca una disminución de las aptitudes laborales, lo que determina un estado de necesidad que requiere la asistencia tutelar".

Esses 2 fatores — expectativa de vida e controle da natalidade — são os grandes vilões da previdência do futuro.

É esclarecedor o pensamento de Olea e Tortuero Plaza (traduzimos):[57]

> "De todos os riscos cobertos pela seguridade social, consistentes em falta de renda, o mais importante, com certeza, é o da velhice; enquanto a i.t., ainda que frequente, só dá lugar a prestações por períodos reduzidos de tempo, a invalidez é comparativamente infrequente, e a morte que importa à seguridade social é a que atinge o segurado, em cujo encargo e expensas vivem pessoas com capacidade de trabalho limitada, tampouco de frequência extremada, **a velhice se caracteriza pela frequência de sua ocorrência, como 'término previsível e normal da vida profissional'**, agravada pelo progressivo aumento da idade média da população, sendo cada vez mais numerosas as pessoas que sobrevivem a idades de sessenta, sessenta e cinco ou setenta anos."

Esse benefício era denominado *Aposentadoria por Velhice* pela Lei n. 3.807/60 (Lei Orgânica da Previdência Social), posteriormente modificada pela Lei n. 5.890/73. A CLPS de 1976 (Decreto n. 77.077/76) e a CLPS de 1984 (Decreto n. 89.312/84) deram a mesma denominação ao benefício.

A aposentadoria por velhice prevista, na legislação anterior à Lei n. 8.213/91, só era concedida aos segurados urbanos, uma vez que os **trabalhadores rurais não eram segurados do Regime Geral**, e tinham proteção assistencial na forma da **Lei Complementar n. 11**, de 25.05.1971. Como se verá adiante, os trabalhadores rurais só passaram a ter cobertura previdenciária no RGPS a partir da vigência da Lei n. 8.213/91 (item 5.7, *infra*).

O art. 201, § 7º, II, da CF dava os contornos da aposentadoria por idade: era garantida ao segurado que, tendo cumprido a carência, completasse 65 anos de idade, se homem, e 60, se mulher. A idade era reduzida em 5 anos para os trabalhadores rurais.

A Reforma da Previdência depende de regulamentação por legislação infraconstitucional, mas, a nosso ver, enquanto isso não acontecer, deve ser aplicada a legislação vigente no que não conflitar com a EC n. 103/2019.

Em regra, trata-se de benefício requerido **voluntariamente** pelo segurado. Porém, o art. 51 do PBPS prevê a possibilidade de ser a aposentadoria por idade requerida **pela empresa quando o segurado empregado, cumprido o período de carência, tenha completado 70 anos, se homem, e 65 anos, se mulher**. Nessa hipótese, a aposentadoria será **compulsória**, mas ao segurado empregado é garantida a indeni-

[57] Ob. cit., p. 291: "De todos los riesgos cubiertos por la seguridad social consistentes en defectos de renta, el más importante, con mucho, es el de *vejez*; mientras que la i.t., aunque frecuente, sólo da lugar a prestaciones por períodos reducidos de tiempo, la invalidez es comprativamente infrecuente, y la muerte que a la seguridad social importa es la ocurrida al asegurado a cuyo cargo y expensas viven personas con capacidad de trabajo limitada, tampoco de frecuencia extremada, la vejez se caracteriza por la frecuencia de su ocorrência, 'como término previsible y normal de la vida profesional', agravada por el progresivo aumento de la edad media de la población, siendo cada vez más numerosas las personas que sobreviven edades de sesenta, sesenta y cinco o setenta años".

zação prevista na legislação trabalhista; a data da rescisão do contrato de trabalho será considerada como sendo a imediatamente anterior à do início da aposentadoria.

Para se ter direito à cobertura previdenciária, é **indispensável a manutenção da qualidade de segurado na data do requerimento**. Essa é a regra. Entretanto, o **art. 3º, § 1º, da Lei n. 10.666, de 08.05.2003**, tem **disposição específica** para a aposentadoria por idade:

> **Art. 3º** (...)
>
> 1º Na hipótese de aposentadoria por idade, a perda da qualidade de segurado não será considerada para a concessão desse benefício, desde que o segurado conte com, no mínimo, o tempo de contribuição correspondente ao exigido para efeito de carência na data do requerimento do benefício.

Pode ocorrer de ser atingida a idade para a aposentadoria no momento em que o interessado já perdera a qualidade de segurado. O que a Lei n. 10.666/2003 garante é a **cobertura previdenciária se tiver sido cumprida a carência**, mesmo que já perdida a condição de segurado.

A Lei n. 10.666/2003 acolheu o entendimento predominante na jurisprudência, no sentido de que **não é necessário que os requisitos de idade mínima e carência sejam simultaneamente preenchidos, remanescendo direito à aposentadoria por idade mesmo completada após a perda da qualidade de segurado, desde que anteriormente tenha sido cumprida a carência**. O STJ sedimentou entendimento nesse sentido no julgamento de Embargos de Divergência:

> "(...) 2. Esta Corte Superior de Justiça, por meio desta Terceira Seção, asseverou, também, ser desnecessário o implemento simultâneo das condições para a **aposentadoria por idade**, na medida em que tal pressuposto não se encontra estabelecido pelo art. 102, § 1º, da Lei n. 8.213/91. 3. Desse modo, não há óbice à concessão do benefício **previdenciário**, ainda que, quando do implemento da idade, já se tenha perdido a qualidade de segurado. Precedentes. 4. No caso específico dos autos, é de se ver que o obreiro, além de contar com a idade mínima para a obtenção do benefício em tela, cumpriu o período de carência previsto pela legislação previdenciária, não importando, para o deferimento do pedido, que tais **requisitos** não tenham ocorrido simultaneamente. (...)" (EREsp 200600467303, 3ª Seção, Rel. Min. Og Fernandes, *DJ* 22.03.2010, p. 152).

A nosso ver, a Lei n. 10.666/2003 tacitamente revogou em parte o disposto no art. 102, § 1º, do PBPS, que, para desconsiderar a perda da qualidade de segurado, exigia o cumprimento simultâneo de todos os requisitos para a aposentadoria.

Para o estudo das aposentadorias por idade, é necessário fixar que a Lei n. 8.213/91 tornou-se o marco temporal, de extrema importância, a ser considerado na análise do caso concreto.

Em tema de aposentadoria por idade do segurado trabalhador urbano, a análise da legislação previdenciária brasileira indica que, após a EC n. 103/2019, há cinco situações a considerar:

a) a dos segurados filiados ao RGPS **antes** da Lei n. 8.213/91, que já haviam cumprido todos os requisitos para se aposentarem pelas regras anteriores (com direito adquirido);

b) a situação dos segurados filiados **antes da Lei n. 8.213/91**, mas que **não haviam ainda cumprido todos os requisitos** para se aposentarem pelas regras então vigentes (sem direito adquirido);

c) a dos segurados filiados ao RGPS **a partir da** Lei n. 8.213/91 que cumpriram todos os requisitos para se aposentarem até 13.11.2019, data da publicação da EC n. 103/2019 (com direito adquirido);

d) a dos segurados filiados ao RGPS a partir da Lei n. 8.213/91, que não haviam cumprido todos os requisitos para a aposentadoria por idade até 13.11.2019 (sem direito adquirido); e

e) a dos filiados ao RGPS a partir de 13.11.2019, que não terão mais direito ao benefício.

APOSENTADORIA POR IDADE DOS SEGURADOS DO RGPS TRABALHADORES URBANOS				
■ Filiados antes da Lei n. 8.213/91, com requisitos cumpridos em 25.7.1991	■ Filiados antes da Lei n. 8.213/91, sem requisitos cumpridos em 25.7.1991	■ Filiados antes da Lei n. 8.213/91, com requisitos cumpridos até 13.11.2019	■ Filiados a partir da Lei n. 8.213/91, sem requisitos cumpridos até 13.11.2019	■ Filiados a partir de 13.11.2019
■ DIREITO ADQUIRIDO	■ Regras de transição da Lei n. 8.213/91	■ DIREITO ADQUIRIDO	■ Regras de transição da EC n. 103/2019	■ NÃO TERÃO DIREITO AO BENEFÍCIO

O segurado que tenha cumprido todos os requisitos para obter o benefício **antes** da vigência da nova lei tem **direito adquirido** à concessão pelas normas então vigentes.

A garantia fundamental do respeito ao ato jurídico perfeito e ao direito adquirido também se aplica em matéria previdenciária. Os benefícios concedidos, de acordo com as normas então vigentes, não podem ser revistos, salvo se ilegalmente concedidos, sob pena de ofensa ao ato jurídico perfeito.

A **Súmula 359 do STF** garante: ressalvada a revisão prevista em lei, os proventos da inatividade regulam-se pela lei vigente ao tempo em que o militar, ou o servidor civil, reuniu os requisitos necessários.

E o STF tem garantido a aplicação da Súmula 359 às aposentadorias do RGPS:

> "CONSTITUCIONAL. PREVIDENCIÁRIO. APOSENTADORIA: PROVENTOS: DIREITO ADQUIRIDO.
>
> I — Proventos de aposentadoria: direito aos proventos na forma da lei vigente ao tempo da reunião dos requisitos da inatividade, mesmo se requerida após a lei menos favorável. Súmula 359-STF: desnecessidade do requerimento. Aplicabilidade à aposentadoria previdenciária. Precedentes do STF (...)" (RE-AgR 269.407/RS, Rel. Min. Carlos Velloso, *DJ* 02.08.2002, p. 00101).

5.3.5.4.2. Regras aplicáveis aos segurados urbanos que ingressaram no RGPS a partir da publicação da Lei n. 8.213/91 e haviam cumprido todos os requisitos até 13.11.2019 (EC n. 103/2019). Direito adquirido

Contingência para o(a) segurado(a) trabalhador(a) urbano(a): completar 65 anos de idade, se homem, e 60 anos de idade, se mulher.

Podem ser computados os períodos previstos nos incs. III a VIII do § 9º do art. 11, conforme redação dada pelas Leis ns. 11.718/2008 **e 12.873/2013**, desde que tenham sido recolhidas as contribuições previdenciárias devidas. São períodos de atividade rural ou correlata, que só podem ser computados quando há contribuições previdenciárias.

Carência: 180 contribuições mensais (art. 25, II, do PBPS).

Sujeito ativo: o(a) segurado(a) trabalhador(a) urbano(a).

Sujeito passivo: o INSS.

Termo inicial: varia de acordo com o tipo de segurado.

a) Segurado empregado, inclusive o doméstico:

a.1) a partir da data do desligamento do emprego, se requerida até 90 dias depois desta;

a.2) a partir da data do requerimento, se requerida após 90 dias do desligamento do emprego.

b) demais segurados: a partir da data do requerimento;

c) benefício requerido ao Poder Judiciário: o termo inicial será fixado se o pedido for julgado procedente, conforme tenha ou não o segurado antes requerido o benefício administrativamente:

c.1) data do ajuizamento da ação, quando não tiver sido feito pedido administrativo, conforme decidido pelo STJ em Embargos de Divergência.[58]

c.2) data do requerimento administrativo (DER), caso tenha sido indeferido ou não apreciado e o pedido judicial seja julgado procedente.[59]

RMI: calcula-se a renda mensal inicial aplicando o percentual de 70% do salário de benefício, a cujo resultado se acresce 1% deste por cada grupo de 12 contribuições, até o máximo de 30%, uma vez que não se pode ultrapassar 100% do salário de benefício (art. 50 do PBPS).

Atenção: já vimos (**item 5.3.4.4.1, *supra***) que o cálculo do salário de benefício também se submete a regras permanentes e regras de transição, dependendo do Período Básico de Cálculo (PBC) considerado.

[58] Cf. "(...) 5. A contar do momento em que a parte interessada deduziu em juízo sua pretensão e obteve um título judicial em seu favor, assiste-lhe o direito de exercê-lo, porquanto, é na propositura da ação que o segurado deve trazer os fundamentos de fato e de direito que respaldam a concessão do benefício requerido (...)" (REsp 964.318/GO, 3ª Seção, Rel. Min. Jorge Mussi, *DJe* 05.10.2009).

[59] "(...) 1. A teor da determinação legal prevista no art. 49, II, da Lei 8.213/91, o termo inicial da aposentadoria por idade é o requerimento administrativo, momento a partir do qual deverão ser pagas as parcelas devidas, independentemente de pedido expresso da parte autora (...)" (STJ, REsp 283.993, Rel. Min. Arnaldo Esteves Lima, *DJe* 09.05.2014).

Termo final: a data da morte do segurado. A aposentadoria por idade é cobertura previdenciária de caráter vitalício.

APOSENTADORIA POR IDADE	
Regras aplicáveis aos segurados que ingressaram no RGPS a partir da publicação do PBPS e haviam cumprido os requisitos até 13.11.2019	
CONTINGÊNCIA	■ Idade → 65 anos (homem) → 60 anos (mulher)
CARÊNCIA	■ 180 contribuições mensais
SUJEITO ATIVO	■ Segurado
SUJEITO PASSIVO	■ INSS
TERMO INICIAL	■ Segurado empregado/empregado doméstico → data do desligamento do emprego → se até 90 dias → data do requerimento → se após 90 dias ■ Demais segurados → data do requerimento ■ Sentença de procedência → sem pedido administrativo → data do ajuizamento da ação → com pedido administrativo → DER
RMI	■ 70% do salário de benefício + 1% por grupo de 12 contribuições
TERMO FINAL	■ Data da morte do segurado

■ *5.3.5.4.3. Regras de transição aplicáveis aos segurados que ingressaram no RGPS antes da publicação do PBPS e não haviam cumprido os requisitos até 25.07.1991*

Contingência para o(a) segurado(a) trabalhador(a) urbano(a): completar 65 anos de idade, se homem, e 60 anos de idade, se mulher.

Carência: número de contribuições mensais previstas na tabela do art. 142 do PBPS, considerando-se a data em que o segurado cumpriu todas as condições para se aposentar por idade. Começando pelo ano de 1991, a tabela do art. 142 é progressiva, aumentando o número de contribuições exigidas na medida em que avança o ano do cumprimento das condições pelo segurado, terminando no ano de 2011:

ANO DE IMPLEMENTAÇÃO DAS CONDIÇÕES	MESES DE CONTRIBUIÇÃO EXIGIDOS
1991	60 meses
1992	60 meses
1993	66 meses
1994	72 meses
1995	78 meses
1996	90 meses
1997	96 meses
1998	102 meses
1999	108 meses
2000	114 meses
2001	120 meses
2002	126 meses

2003	132 meses
2004	138 meses
2005	144 meses
2006	150 meses
2007	156 meses
2008	162 meses
2009	168 meses
2010	174 meses
2011	180 meses

Exemplo: o segurado trabalhador urbano — homem — completou a idade em 2005; deverá, então, ter, no mínimo, 144 meses de contribuição.

Sujeito ativo: o(a) segurado(a) trabalhador(a) urbano(a).
Sujeito passivo: o INSS.
Termo inicial:

a) Segurado empregado, inclusive o doméstico:

a.1) a partir da data do desligamento do emprego, se requerida até 90 dias depois desta;

a.2) a partir da data do requerimento, se requerida após 90 dias do desligamento do emprego;

b) demais segurados: a partir da data do requerimento;

c) benefício requerido ao Poder Judiciário: o termo inicial será fixado na forma prevista no item *supra*.

RMI: 70% do salário de benefício, a cujo resultado se acresce 1% por grupo de 12 contribuições, até o máximo de 30%, uma vez que não se pode ultrapassar 100% do salário de benefício (art. 50 do PBPS).

Atenção: nesta hipótese o PBC considerado será sempre o da regra de transição (a partir da competência julho de 1994), porque se trata de segurado filiado ao RGPS antes da EC n. 20/98. Se o segurado não comprovar contribuições após a competência julho de 1994, a renda mensal inicial será fixada em um salário mínimo.

Termo final: a data da morte do segurado.

APOSENTADORIA POR IDADE — REGRAS DE TRANSIÇÃO	
	Aplicáveis aos segurados que ingressaram no RGPS antes da publicação do PBPS e não haviam cumprido os requisitos até 25.07.1991
CONTINGÊNCIA	■ Idade → 65 anos (homem) → 60 anos (mulher)
CARÊNCIA	■ Número de contribuições mensais previstas na tabela do art. 142 DO PBPS
SUJEITO ATIVO	■ Segurado
SUJEITO PASSIVO	■ INSS

TERMO INICIAL	■ Segurado empregado/empregado doméstico → data do desligamento do emprego: se até 90 dias → data do requerimento: se após 90 dias ■ Demais segurados: data do requerimento ■ Sentença de procedência → sem pedido administrativo: data do ajuizamento da ação → com pedido administrativo: DER
RMI	■ 60% do salário de benefício + dois pontos percentuais para cada contribuição que exceder o tempo de 20 anos de contribuição, para os homens, ou de 15 anos de contribuição, para as mulheres. (art. 53 do RPS, com a Redação dada pelo Decreto n. 10.410/2020).
TERMO FINAL	■ Data da morte do segurado

■ *5.3.5.4.4. Regras aplicáveis aos segurados que ingressaram no RGPS até 13.11.2019 e ainda não haviam cumprido os requisitos (art. 18 da EC n. 103/2019)*

Contingência: completar 60 anos de idade, se mulher, e 65 anos de idade, se homem. A partir de 1º.01.2020, a idade de 60 anos prevista para a mulher será acrescida de 6 meses por ano até completar 62 anos de idade (2023).

Carência: 15 anos de contribuição, para ambos os sexos.

Sujeito ativo: o trabalhador urbano. Reiteramos que a aposentadoria por idade do trabalhador rural não foi alterada pela EC n. 103/2019.

Sujeito passivo: o INSS

Termo inicial (art. 49, I e II, do PBPS e art. 52, I, do RPS):

a) para o segurado empregado, inclusive o doméstico:

a.1) a partir da data do desligamento do emprego, se requerida até 90 dias depois deste;

a.2) a partir da data do requerimento, quando não houver desligamento do emprego, ou quando requerida após 90 dias do desligamento do emprego;

b) para os demais segurados: a partir da data do requerimento;

c) para o segurado que requer o benefício na via judicial: na hipótese de o segurado mover ação contra o INSS para que lhe seja concedido o benefício, o termo inicial será fixado, se o pedido for julgado procedente, conforme tenha ou não requerido antes o benefício administrativamente:

c.1) data do ajuizamento da ação, quando não tiver sido feito pedido administrativo, na forma do entendimento adotado pelo STJ em Embargos de Divergência:

> "(...) 5. A contar do momento em que a parte interessada deduziu em juízo sua pretensão e obteve um título judicial em seu favor, assiste-lhe o direito de exercê-lo, porquanto, é na propositura da ação que o segurado deve trazer os fundamentos de fato e de direito que respaldam a concessão do benefício requerido. (...)" (REsp 964.318/GO, 3ª Seção, Rel. Min. Jorge Mussi, *DJe*, 5-10-2009).

c.2) data do requerimento administrativo, caso tenha sido indeferido ou não apreciado e o pedido judicial seja julgado procedente.

"(...) 1. A teor da determinação legal prevista no art. 49, II, da Lei n. 8.213/91, o termo inicial da aposentadoria por idade é o requerimento administrativo, momento a partir do qual deverão ser pagas as parcelas devidas, independentemente de pedido expresso da parte autora (...)" (STJ, REsp 283.993, Rel. Min. Arnaldo Esteves Lima, *DJe*, 09.05.2014).

Salário de benefício: a média aritmética simples de todos (100%) os salários de contribuição a partir da competência julho/1994.

RMI: 60% do salário de benefício, *acrescidos* de 2% para cada ano de contribuição que exceder o tempo de 20 anos, se homem, e 15 anos, se mulher.

APOSENTADORIA POR IDADE – REGRAS DE TRANSIÇÃO DA EC N. 103/2019	
Aplicáveis aos segurados inscritos no RGPS até 13.11.2019	
CONTINGÊNCIA	■ Completar 60 anos de idade (mulher) e 65 anos (homem) → a partir de 1º.01.2010, a idade de 60 anos prevista para a mulher será acrescida de 6 meses por ano até completar 62 anos de idade (2023)
CARÊNCIA	■ 15 anos de contribuição, para ambos os sexos
SUJEITO ATIVO	■ O segurado trabalhador urbano
SUJEITO PASSIVO	■ O INSS
TERMO INICIAL	■ a) para o segurado empregado, inclusive o doméstico: ■ a.1) a partir da data do desligamento do emprego, se requerida até 90 dias depois deste ■ a.2) a partir da data do requerimento, se requerida após 90 dias do desligamento do emprego ■ b) para os demais segurados: a partir da data do requerimento ■ c) para o segurado que requer o benefício na via judicial: na hipótese de o segurado mover ação contra o INSS para que lhe seja concedido o benefício, o termo inicial será fixado, se o pedido for julgado procedente, conforme tenha ou não requerido antes o benefício administrativamente: ■ c.1) data do ajuizamento da ação, quando não tiver sido feito pedido administrativo ■ c.2) data do requerimento administrativo, caso tenha sido indeferido ou não apreciado e o pedido judicial seja julgado procedente
SALÁRIO DE BENEFÍCIO	■ a média aritmética simples de todos (100%) os salários de contribuição a partir da competência julho/1994
RMI	■ 60% do salário de benefício, acrescidos de 2% para cada ano de contribuição que exceder o tempo de 20 anos, se homem, e 15 anos, se mulher

5.3.5.5. *Aposentadoria voluntária especial*

5.3.5.5.1. *Histórico*

A aposentadoria especial é benefício que desde a sua instituição pela Lei n. 3.807/60 foi alterado muitas vezes pela legislação posterior.

As sucessivas modificações legislativas acabam trazendo para a prática dificuldades de enquadramento das atividades especiais, não só em razão da modificação de seu conceito como também em relação à possibilidade de conversão de tempo especial em comum e vice-versa.

A aplicação do direito intertemporal é questão de grande importância, porque a legislação previdenciária, em regra, não tem vida longa, e as modificações legislativas acabam por alcançar segurados em plena fase de aquisição de direitos.

E não se deve esquecer que, em matéria previdenciária, prevalece o princípio segundo o qual ***tempus regit actum***, impondo que o tempo de serviço/contribuição seja sempre computado na forma da legislação vigente ao tempo do exercício da atividade.

Por essa razão, faz-se o histórico da aposentadoria especial desde a sua instituição.

a) Lei n. 3.807, de 26.08.1960 — Lei Orgânica da Previdência Social (LOPS).

A aposentadoria especial nasceu no direito brasileiro com a **Lei n. 3.807/60**, a Lei Orgânica da Previdência Social (LOPS), que dispunha:

> **Art. 31.** A aposentadoria especial será concedida ao segurado que, contando no mínimo 50 (cinquenta) anos de idade e 15 (quinze) anos de contribuições tenha trabalhado durante 15 (quinze), 20 (vinte) ou 25 (vinte e cinco) anos pelo menos, conforme a atividade profissional, em serviços, que, para esse efeito, forem considerados penosos, insalubres ou perigosos, por Decreto do Poder Executivo.
>
> § 1º A aposentadoria especial consistirá numa renda mensal calculada na forma do § 4º do art. 27, aplicando-se-lhe, outrossim, o disposto no § 1º do art. 20.
>
> § 2º Reger-se-á pela respectiva legislação especial a aposentadoria dos aeronautas e a dos jornalistas profissionais.

A LOPS impunha requisitos cumulativos de idade mínima — 50 anos, 15 anos de contribuições e o exercício, por 15, 20 ou 25 anos, de atividade profissional cujos serviços fossem considerados penosos, insalubres ou perigosos por Decreto do Poder Executivo. E remetia à legislação especial a aposentadoria dos aeronautas e jornalistas profissionais.

A LOPS foi regulamentada pelo **Decreto n. 48.959-A/60**, que aprovou o Regulamento Geral da Previdência Social. **O Regulamento trazia anexo quadro que definia os serviços insalubres, penosos ou perigosos que conferiam natureza especial à atividade para fins de cobertura previdenciária**.

As aposentadorias de aeronauta e jornalista profissional foram regulamentadas pelo mesmo Decreto, embora previstas em leis diversas: Lei n. 3.501, de 21.12.1958, e Lei n. 3.329, de 1º.01.1959, respectivamente.

Posteriormente foi editado o Decreto n. 53.831, de 25.03.1964, que trouxe nova regulamentação ao art. 31 da LOPS. Foi criado um Quadro Anexo, que relacionou os agentes químicos, físicos e biológicos, bem como os serviços e atividades profissionais cujo exercício dava direito à aposentadoria especial, e o período (de 15, 20 ou 25 anos) necessário à concessão do benefício.

Para que o período de atividade fosse enquadrado como especial, era necessário que o segurado comprovasse que os agentes físicos, químicos e biológicos, bem como as atividades exercidas, estavam relacionados no Quadro Anexo ao Decreto n. 53.831/64.

Depois, foi publicado o Decreto n. 60.501/67, que deu nova redação ao RPS.

b) Lei n. 5.440-A, de 23.05.1968.

A Lei n. 5.440-A/68 alterou o art. 31 da LOPS, para excluir a expressão "50 (cinquenta) anos de idade". **A aposentadoria especial deixou de ter, então, o requisito da idade mínima**.

Novo Decreto regulamentador foi editado, o Decreto n. 63.230, de 10.08.1968, que criou 2 novos Quadros Anexos: o Quadro I, de Classificação das Atividades Profissionais Segundo os Agentes Nocivos, e o Quadro II, de Classificação das Atividades Segundo Grupos Profissionais.

Ocorreu com o Decreto n. 63.230/68 importante alteração: foram **excluídos dos Quadros os engenheiros de construção civil e eletricista**.

c) Lei n. 5.527, de 08.11.1968.

Com a Lei n. 5.527/68, foi restabelecido o direito à aposentadoria especial para as categorias profissionais de **engenheiros de construção civil e eletricista**, na forma prevista no art. 31 da LOPS, ou seja, os engenheiros de construção civil e eletricistas que faziam jus à aposentadoria especial quando da edição do Decreto n. 63.230/68 conservaram o direito ao benefício com as exigências da idade mínima e do tempo de serviço então vigentes.

d) Lei n. 5.890, de 08.06.1973.

A **Lei n. 5.890/73** alterou vários dispositivos da LOPS. Com relação à aposentadoria especial dispôs:

> **Art. 9º** A aposentadoria especial será concedida ao segurado que, contando no mínimo 5 (cinco) anos de contribuição, tenha trabalhado durante 15 (quinze), 20 (vinte) ou 25 (vinte e cinco) anos pelo menos, conforme a atividade profissional, em serviços que, para esse efeito, forem considerados penosos, insalubres ou perigosos, por decreto do Poder Executivo.
>
> § 1º A aposentadoria especial consistirá numa renda mensal calculada na forma do § 1º do artigo 6º, desta lei, aplicando-se-lhe ainda o disposto no § 3º, do artigo 10.
>
> § 2º Reger-se-á pela respectiva legislação especial a aposentadoria dos aeronautas e a dos jornalistas profissionais.

A carência foi reduzida para 5 anos (60 meses) de contribuições. A aposentadoria de aeronautas e jornalistas profissionais continuou fora da incidência da norma geral.

Maria Helena Carreira Alvim Ribeiro[60] lembra com propriedade que a Lei n. 5.890/73 "Silenciou, porém, quanto ao limite mínimo de idade; não é por outra razão que, durante muito tempo o INSS continuou a condicionar a concessão da aposentadoria especial à exigência de idade mínima. Essa questão foi dirimida pela jurisprudência, que considerou que desde o advento da Lei n. 5.890/73 não havia exigência legal de idade mínima para a concessão de aposentadoria especial".

A nosso ver, o requisito da idade mínima para a aposentadoria especial não existe desde a Lei n. 5.440-A/68, que alterou a redação do art. 31 da LOPS "para excluir a expressão '50 (cinquenta) anos de idade'". Há entendimento do STJ nesse sentido.[61]

O Decreto n. 72.771, de 06.09.1973, instituiu novo Regulamento para a LOPS e para a aposentadoria especial de aeronautas e jornalistas profissionais. Foram criados o Quadro I — Classificação das Atividades Profissionais Segundo os Agentes Nocivos e o Quadro II — Classificação das Atividades Segundo Grupos Profissionais.

e) Decreto n. 77.077, de 24.01.1976 — primeira CLPS (Consolidação das Leis da Previdência Social).

---

60 *Aposentadoria especial*: regime geral da Previdência Social. 9. ed. Curitiba: Juruá, 2018, p. 59.

61 "(...) A contar da Lei n. 5.440/68, descabe a exigência de idade mínima para a aposentadoria especial por atividades perigosas, insalubres ou penosas. Precedentes (...)" (REsp 199700911209, 5ª Turma, Rel. Min. Gilson Dipp, *DJ* 1º.03.1999, p. 359).

Após as inúmeras alterações introduzidas na LOPS, a Lei n. 6.243, de 1975, autorizou o Poder Executivo a expedir, por Decreto, "a consolidação da Lei Orgânica da Previdência Social, com a respectiva legislação complementar, em texto único revisto, atualizado e remunerado, sem alteração da matéria legal substantiva, repetindo anualmente essa providência".

Foi então editada a **CLPS de 1976**, que dispôs sobre a aposentadoria especial:

> **Art. 38.** A aposentadoria especial será devida ao segurado que, contando no mínimo 60 (sessenta) contribuições mensais, tenha trabalhado durante 15 (quinze), 20 (vinte) ou 25 (vinte e cinco) anos pelo menos, conforme a atividade profissional, em serviços que para esse efeito sejam considerados penosos, insalubres ou perigosos, por decreto do Poder Executivo, observado o disposto no artigo 127.
>
> Parágrafo único. A aposentadoria especial consistirá numa renda mensal calculada na forma do § 1º do artigo 35, regulando-se seu início pelo disposto no § 3º do artigo 41.
>
> **Art. 39.** O segurado aeronauta que, contando no mínimo 45 (quarenta e cinco) anos de idade, tenha completado 25 (vinte e cinco) anos de serviço terá direito à aposentadoria especial.
>
> § 1º A aposentadoria especial do aeronauta consistirá numa renda mensal correspondente a tantos 1/30 (um trinta avos) do salário de benefício quantos forem seus anos de serviço, não podendo exceder 95% (noventa e cinco por cento) desse salário, observado o disposto no artigo 28.
>
> § 2º É considerado aeronauta, para os efeitos deste artigo aquele que, habilitado pelo Ministério da Aeronáutica, exerça função remunerada a bordo de aeronave civil nacional.
>
> § 3º O aeronauta que voluntariamente se tenha afastado do voo por período superior a 2 (dois) anos consecutivos perderá o direito à aposentadoria nas condições deste artigo.
>
> **Art. 40.** O segurado jornalista profissional que trabalhe em empresa jornalística poderá aposentar-se aos 30 (trinta) anos de serviço, com renda mensal correspondente a 95% (noventa e cinco por cento) do salário de benefício, observado o disposto no artigo 28.
>
> § 1º Considera-se jornalista profissional aquele cuja função remunerada e habitual compreenda a busca ou a documentação de informações, inclusive fotograficamente; a redação de matéria a ser publicada, contenha ou não comentários; a revisão de matéria já composta tipograficamente; a ilustração, por desenho ou por outro meio, do que for publicado; a recepção radiotelegráfica e telefônica de noticiário nas redações de empresas jornalísticas; a organização e conservação cultural e técnica do arquivo redatorial; e a organização, orientação e direção desses trabalhos e serviços.
>
> § 2º O jornalista profissional que, embora reconhecido e classificado como tal na forma do § 1º, não seja registrado no órgão regional competente do Ministério do Trabalho não terá direito à aposentadoria nas condições deste artigo.

A carência foi fixada em 60 contribuições mensais.

Foi mantida a sistemática de relação, em Quadros Anexos, de serviços executados em condições penosas, insalubres ou perigosas.

A CLPS de 1976 garantiu a todas as categorias profissionais que tinham direito à aposentadoria prevista no art. 31 da LOPS até 22.05.1968, mas que foram excluídas pelo Decreto n. 63.230/68, o direito à aposentadoria especial de acordo com as regras então vigentes (idade e tempo de serviço).

Atenção: nos arts. 39 e 40 passou a norma geral previdenciária a dispor também sobre a aposentadoria especial dos aeronautas e dos jornalistas profissionais.

Para o aeronauta, foram fixados requisitos cumulativos de idade mínima — 45 anos — e 25 anos de serviço.

Ao jornalista profissional que trabalhasse em empresa jornalística foi garantida aposentadoria especial aos 30 anos de serviço, com renda mensal correspondente a 95% do salário de benefício.

Novo Regulamento da Previdência Social foi expedido com o Decreto n. 83.080, de 24.01.1979, que manteve também a sistemática de relacionar em Quadros Anexos as atividades cujo exercício dava direito à aposentadoria especial.

f) Lei n. 6.887, de 10.12.1980.

A Lei n. 6.887/80 alterou o art. 9º da Lei n. 5.890/73 e introduziu no Direito Previdenciário a sistemática da **conversão de tempo especial em comum:**

Art. 9º

§ 4º O tempo de serviço exercido alternadamente em atividades comuns e em atividades que, na vigência desta Lei, sejam ou venham a ser consideradas penosas, insalubres ou perigosas, será somado, após a respectiva conversão, segundo critérios de equivalência a serem fixados pelo Ministério da Previdência Social, para efeito de aposentadoria de qualquer espécie.

A vida trabalhista do segurado nem sempre abrange apenas períodos de atividade considerada especial pela legislação, de modo a conferir-lhe o direito à aposentadoria especial, com tempo de serviço/contribuição de 15, 20 ou 25 anos.

É muito comum que o segurado alterne períodos de atividade especial com outros de atividade comum.

Exemplo: durante 10 anos o segurado exerceu atividade de motorista e durante 15 anos foi escriturário. A atividade de motorista, em regra, dá direito ao enquadramento como especial, mas a de escriturário não. Não terá direito à aposentadoria especial porque exerceu atividades de natureza comum. Porém, também não seria justo que os períodos como motorista, considerados especiais, fossem computados como de tempo comum, uma vez que esteve exposto a condições que, por presunção legal, são lesivas à sua saúde e integridade física.

A lei passou a permitir, então, que, nesses casos, os períodos de atividade considerada especial fossem computados com peso maior, dando-lhes um *valor maior*, obtido mediante a aplicação de um **fator de conversão, um multiplicador**. A conversão de tempo especial para comum permite a concessão da aposentadoria por tempo de serviço/contribuição comum.

O inverso também passou a ser permitido: a conversão do tempo comum em especial, para que o segurado pudesse obter a aposentadoria especial, também mediante a aplicação de fatores de conversão.

A matéria foi regulamentada pelo Decreto n. 87.374, de 08.07.1982, que alterou o Decreto n. 83.080/79.

g) Decreto n. 89.312, de 13.01.1984 — segundo CLPS (Consolidação das Leis da Previdência Social).

O Decreto n. 89.312/84 (2ª edição da CLPS) regulou a aposentadoria especial e, também, as aposentadorias da legislação especial do aeronauta,[62] do jornalista profissional e do professor:

> **Art. 35.** A aposentadoria especial é devida ao segurado que, contando no mínimo 60 (sessenta) contribuições mensais, trabalhou durante 15 (quinze), 20 (vinte) ou 25 (vinte e cinco) anos pelo menos, conforme a atividade profissional, em serviço para esse efeito considerado perigoso, insalubre ou penoso em decreto do Poder Executivo.
>
> § 1º A aposentadoria especial consiste numa renda mensal calculada na forma do § 1º do artigo 30, observado o disposto no § 1º do artigo 23, e sua data de início é fixada de acordo com o § 1º do artigo 32.
>
> § 2º O tempo de serviço exercido alternadamente em atividade comum e em atividade que seja ou venha a ser considerada perigosa, insalubre ou penosa é somado, após a respectiva conversão, segundo critérios de equivalência fixados pelo MPAS, para efeito de qualquer espécie de aposentadoria.
>
> § 3º O período em que o trabalhador integrante de categoria profissional enquadrada neste artigo permanece licenciado do emprego para exercer cargo de administração ou de representação sindical é contado para a aposentadoria especial, na forma fixada em regulamento.
>
> § 4º A categoria profissional que até 22 de maio de 1968 fazia jus à aposentadoria especial em condições posteriormente alteradas conserva o direito a ela nas condições então vigentes.
>
> **Art. 36.** O segurado aeronauta que completa 45 (quarenta e cinco) anos de idade e 25 (vinte e cinco) anos de serviço tem direito à aposentadoria por tempo de serviço.
>
> § 1º A aposentadoria do aeronauta consiste numa renda mensal correspondente a tantos 1/30 (um trinta avos) do salário de benefício quantos são os seus anos de serviço, não podendo exceder a 95% (noventa e cinco por cento) desse salário, observado o disposto no artigo 23.
>
> § 2º É considerado aeronauta quem, habilitado pelo Ministério da Aeronáutica, exerce função remunerada a bordo de aeronave civil nacional.
>
> § 3º O aeronauta que voluntariamente se afasta do voo por período superior a (dois) anos consecutivos perde o direito à aposentadoria nas condições deste artigo.
>
> **Art. 37.** O segurado jornalista profissional que trabalha em empresa jornalística pode aposentar-se por tempo de serviço aos 30 (trinta) anos de serviço, com renda mensal correspondente a 95% (noventa e cinco por cento) do salário de benefício, observado o disposto no artigo 23.
>
> § 1º É considerado jornalista profissional aquele cuja função remunerada e habitual compreende a busca ou a documentação de informações, inclusive fotograficamente; a redação de matéria a ser publicada, contenha ou não comentário; a revisão de matéria já

[62] Sobre a **aposentadoria especial de aeronauta, ver Súmula 231 do extinto Tribunal Federal de Recursos** (*DJ* 03.12.1986): "O aeronauta em atividade profissional, após reunir as condições para aposentadoria especial por tempo de serviço, tem direito ao abono de permanência".

composta tipograficamente; a ilustração, por desenho ou outro meio, do que é publicado; a recepção radiotelegráfica ou telefônica na redação de empresa jornalística; a organização e conservação cultural e técnica do arquivo redatorial; e a organização, orientação e direção desses serviços.

§ 2º O jornalista profissional que, embora reconhecido e classificado como tal, não está registrado no órgão regional competente do Ministério do Trabalho não tem direito à aposentadoria nas condições deste artigo.

Art. 38. O professor, após 30 (trinta) anos, e a professora, após 25 (vinte e cinco) anos, de efetivo exercício em funções de magistério podem aposentar-se por tempo de serviço com renda mensal correspondente a 95% (noventa e cinco por cento) do salário de benefício.

A CLPS de 1984 introduziu importante modificação no sistema: instituiu a **aposentadoria especial de professor** (ver item 5.3.5.4, *supra*).

Restou mantida, também, a sistemática de conversão de tempo especial em comum.

h) Constituição Federal de 1988.

A aposentadoria especial ganhou o terreno constitucional no art. 202, II, da CF, na redação original:

Art. 202. É assegurada aposentadoria, nos termos da lei, calculando-se o benefício sobre a média dos trinta e seis últimos salários de contribuição, corrigidos monetariamente mês a mês, e comprovada a regularidade dos reajustes dos salários de contribuição de modo a preservar seus valores reais e obedecidas as seguintes condições:

II — após trinta e cinco anos de trabalho, ao homem, e, após trinta, à mulher, ou em tempo inferior, se sujeitos a trabalho sob condições especiais, que prejudiquem a saúde ou a integridade física, definidas em lei;

i) Lei n. 8.213, de 24.07.1991 (PBPS).

O Plano de Benefício da Previdência Social, editado em julho de 1991, dispôs sobre a aposentadoria especial nos arts. 57 e 58, posteriormente modificados pelas Leis n. 9.032/95 e 9.732/98.

O PBPS, no art. 148, dispôs que a aposentadoria do aeronauta, do jornalista profissional, do ex-combatente e do jogador profissional de futebol reger-se-á pela legislação específica até que sejam revistas pelo Congresso Nacional. O dispositivo foi revogado pela Lei n. 9.528/97.

A Lei n. 8.213/91 foi regulamentada pelos Decretos ns. 357/91, 611/92, 2.172/97, 2.782/98 e 3.048/99, este atualmente em vigor, embora já com diversas alterações posteriores.

Transcreve-se o art. 57 e suas alterações posteriores:

REDAÇÃO ORIGINAL	LEI N. 9.032/95	LEI N. 9.732/98
Art. 57. A aposentadoria especial será devida, uma vez cumprida a carência exigida nesta lei, ao segurado que tiver trabalhado durante 15 (quinze), 20 (vinte) ou 25 (vinte e cinco) anos, **conforme a atividade profissional**, sujeito a condições especiais que prejudiquem a saúde ou a integridade física.	**Art. 57.** A aposentadoria especial será devida, uma vez cumprida a carência exigida nesta Lei, ao segurado que tiver trabalhado sujeito a condições especiais que prejudiquem a saúde ou a integridade física, durante 15 (quinze), 20 (vinte) ou 25 (vinte e cinco) anos, **conforme dispuser a lei.**	

§ 1º A aposentadoria especial, observado o disposto na Seção III deste capítulo, especialmente no art. 33, consistirá numa renda mensal de 85% (oitenta e cinco por cento) do salário de benefício, mais 1% (um por cento) deste, por grupo de 12 (doze) contribuições, não podendo ultrapassar 100% (cem por cento) do salário de benefício.	§ 1º A aposentadoria especial, observado o disposto no art. 33 desta Lei, consistirá numa renda mensal equivalente a 100% (cem por cento) do salário de benefício.	
§ 2º A data de início do benefício será fixada da mesma forma que a da aposentadoria por idade, conforme o disposto no art. 49.		
§ 3º O tempo de serviço exercido alternadamente em atividade comum e em atividade profissional sob condições especiais que sejam ou venham a ser consideradas prejudiciais à saúde ou à integridade física será somado, após a respectiva conversão, segundo critérios de equivalência estabelecidos pelo Ministério do Trabalho e da Previdência Social, para efeito de qualquer benefício.	§ 3º A concessão da aposentadoria especial dependerá de comprovação pelo segurado, perante o Instituto Nacional do Seguro Social — INSS, do tempo de **trabalho permanente, não ocasional nem intermitente**, em condições especiais que prejudiquem a saúde ou a integridade física, durante o período mínimo fixado.	
§ 4º O período em que o trabalhador integrante de categoria profissional enquadrada neste artigo permanecer licenciado do emprego, para exercer cargo de administração ou de representação sindical, será contado para aposentadoria especial.	§ 4º O segurado deverá comprovar, além do tempo de trabalho, exposição aos agentes nocivos químicos, físicos, biológicos ou associação de agentes prejudiciais à saúde ou à integridade física, pelo período equivalente ao exigido para a concessão do benefício.	
	§ 5º O tempo de trabalho exercido sob condições especiais que sejam ou venham a ser consideradas prejudiciais à saúde ou à integridade física será somado, após a respectiva **conversão ao tempo de trabalho exercido em atividade comum**, segundo critérios estabelecidos pelo Ministério da Previdência e Assistência Social, para efeito de concessão de qualquer benefício.	
	§ 6º É vedado ao segurado aposentado, nos termos deste artigo, continuar no exercício de atividade ou operações que o sujeitem aos agentes nocivos constantes da relação referida no art. 58 desta Lei.	§ 6º O benefício previsto neste artigo será financiado com os recursos provenientes da contribuição de que trata o inciso II do art. 22 da Lei n. 8.212, de 24 de julho de 1991, cujas alíquotas serão acrescidas de doze, nove ou seis pontos percentuais, conforme a atividade exercida pelo segurado a serviço da empresa permita a concessão de aposentadoria especial após quinze, vinte ou vinte e cinco anos de contribuição, respectivamente.
		§ 7º O acréscimo de que trata o parágrafo anterior incide exclusivamente sobre a remuneração do segurado sujeito às condições especiais referidas no *caput*.
		§ 8º Aplica-se o disposto no art. 46 ao segurado aposentado nos termos deste artigo que continuar no exercício de atividade ou operação que o sujeite aos agentes nocivos constantes da relação referida no art. 58 desta Lei.

Atenção: o **Decreto n. 357, de 07.12.1992**, primeiro Regulamento do PBPS, considerando que na redação original o art. 57 da Lei n. 8.213/91 remetia para lei específica a relação das atividades profissionais prejudiciais à saúde e à integridade física do segurado, determinou (art. 295) que fossem aplicados os **Anexos I e II do Decreto n. 83.080/79 e o Anexo do Decreto n. 53.831/64** até que referida lei fosse promulgada. A disposição foi repetida pelo Decreto n. 611/92, e **vigorou até a edição da Lei n. 9.032/95**.

Outra alteração importante é relativa à natureza especial dos períodos de atividade que se pretende computar. A redação original do art. 57 fazia referência à "atividade profissional" que sujeitasse o segurado a condições especiais que prejudicassem a saúde ou a integridade física.

Com a modificação introduzida pela **Lei n. 9.032/95**, não basta mais ao segurado comprovar a atividade profissional. Deve comprovar, também, que **a atividade especial não era exercida de forma ocasional ou intermitente**. E mais: deve comprovar **o tempo trabalhado, bem como a exposição aos agentes químicos, físicos, biológicos ou associação de agentes** prejudiciais à saúde ou à integridade física, pelo período equivalente ao exigido para a concessão do benefício.

Não se contentou mais a lei com as relações constantes dos Quadros Anexos. **Maria Helena Carreira Alvim Ribeiro** esclarece:

> "(...) Até a edição da Lei n. 9.032/95 existe a presunção *juris et jure* de exposição a agentes nocivos, relativamente às categorias profissionais relacionadas na legislação previdenciária, presumindo a exposição aos agentes nocivos. A intenção do legislador, a partir da edição da Lei n. 9.032/95, seria não mais permitir o enquadramento do tempo especial simplesmente por pertencer o segurado a uma determinada categoria profissional. É certo que um trabalhador poderia pertencer a uma categoria que ensejasse a aposentadoria especial em razão de constar do Anexo do Decreto 53.831/64 e nos Anexos I e II do Decreto 83.080/79, e nem por isso, ter sido submetido a qualquer agente nocivo".[63]

A TNU dos Juizados Especiais Federais consolidou entendimento na Súmula 49: "Para reconhecimento de condição especial de trabalho antes de 29.04.1995, a exposição a agentes nocivos à saúde ou à integridade física não precisa ocorrer de forma permanente".

O § 5º, introduzido pela Lei n. 9.032/95, dispôs que a conversão do tempo especial em comum deverá ser feita segundo critérios estabelecidos pelo Ministério da Previdência e Assistência Social, para efeito de concessão de qualquer benefício.

O art. 58 do PBPS previa, inicialmente, que as atividades cujo exercício daria direito à aposentadoria especial deveriam ser relacionadas em lei específica. No entanto, o dispositivo também foi posteriormente modificado pelas Leis ns. 9.528/97 e 9.732/98:

REDAÇÃO ORIGINAL	LEI N. 9.528/97	LEI N. 9.732/98
Art. 58. A relação de atividades profissionais prejudiciais à saúde ou à integridade física será objeto de lei específica.	**Art. 58.** A relação dos agentes nocivos químicos, físicos e biológicos ou associação de agentes prejudiciais à saúde ou à integridade física considerados para fins de concessão da aposentadoria especial de que trata o artigo anterior **será definida pelo Poder Executivo**.	

[63] Ob. cit., p. 98.

	§ 1º A comprovação da efetiva exposição do segurado aos agentes nocivos será feita mediante formulário, na forma estabelecida pelo Instituto Nacional do Seguro Social — INSS, emitido pela empresa ou seu preposto, com base em laudo técnico de condições ambientais do trabalho expedido por médico do trabalho ou engenheiro de segurança do trabalho.	§ 1º A comprovação da efetiva exposição do segurado aos agentes nocivos será feita mediante formulário, na forma estabelecida pelo Instituto Nacional do Seguro Social — INSS, emitido pela empresa ou seu preposto, com base em laudo técnico de condições ambientais do trabalho expedido por médico do trabalho ou engenheiro de segurança do trabalho nos termos da legislação trabalhista.
	§ 2º Do laudo técnico referido no parágrafo anterior deverão constar informação sobre a existência de tecnologia de proteção coletiva que diminua a intensidade do agente agressivo a limites de tolerância e recomendação sobre a sua adoção pelo estabelecimento respectivo.	§ 2º Do laudo técnico referido no parágrafo anterior deverão constar informação sobre a existência de tecnologia de proteção coletiva ou individual que diminua a intensidade do agente agressivo a limites de tolerância e recomendação sobre a sua adoção pelo estabelecimento respectivo.
	§ 3º A empresa que não mantiver laudo técnico atualizado com referência aos agentes nocivos existentes no ambiente de trabalho de seus trabalhadores ou que emitir documento de comprovação de efetiva exposição em desacordo com o respectivo laudo estará sujeita à penalidade prevista no art. 133 desta Lei.	
	§ 4º A empresa deverá elaborar e manter atualizado perfil profissiográfico abrangendo as atividades desenvolvidas pelo trabalhador e fornecer a este, quando da rescisão do contrato de trabalho, cópia autêntica desse documento.	

A Lei n. 9.528 resultou da conversão da Medida Provisória n. 1.596-14, de 10.11.1997.

Com a alteração legislativa, já não é mais necessário que lei específica defina as atividades profissionais. Foi dado ao Poder Executivo poder para regulamentar a lei e, por decreto, estabelecer a **relação dos agentes nocivos químicos, físicos e biológicos ou associação de agentes prejudiciais à saúde ou à integridade física** que devem ser considerados para fins de concessão da aposentadoria especial.

A comprovação do tempo de serviço em condições especiais passou a ser feita na forma do § 1º do art. 58: **formulário**, na forma estabelecida pelo INSS, **emitido pela empresa ou seu preposto, com base em laudo técnico de condições ambientais do trabalho expedido por médico do trabalho ou engenheiro de segurança do trabalho**.

A apresentação de laudo técnico passou a ser obrigatória para a comprovação da exposição aos agentes nocivos. Na legislação anterior, somente na hipótese de **ruído e calor** a comprovação era feita por laudo.

O § 3º sujeita às penalidades do art. 133 do PBPS a empresa que não mantiver laudo técnico atualizado com referência aos agentes nocivos existentes no ambiente de trabalho de seus trabalhadores ou que emitir documento de comprovação de efetiva exposição em desacordo com o respectivo laudo.

Importante frisar que o laudo técnico deve informar sobre a existência de tecnologia de proteção coletiva que diminua a intensidade do agente agressivo a limites de tolerância e recomendação sobre a sua adoção pelo estabelecimento respectivo (§ 2º).

Por fim, a Lei n. 9.528/97 criou o **"Perfil Profissiográfico"**, um documento no qual a empresa deve descrever as atividades desenvolvidas pelo trabalhador. Por ocasião da rescisão do contrato de trabalho, a empresa deve fornecer ao segurado cópia autêntica desse documento.

Foi, então, expedido novo Regulamento dos Benefícios Previdenciários pelo Decreto n. 2.172, 05.03.1997, cujo Anexo IV classificou os agentes nocivos em agentes químicos, físicos e biológicos.

j) Lei n. 9.711, de 20.11.1998.

Em 28.05.1998 foi editada a Medida Provisória n. 1.663-10, que revogou o § 4º do art. 57 do PBPS, restando, então, **vedada a conversão de tempo especial em comum**.

Na conversão da MP n. 1.663-10 na Lei n. 9.711/98, outra foi a disposição do art. 28:

> **Art. 28.** O Poder Executivo estabelecerá critérios para a conversão do tempo de trabalho exercido até **28 de maio de 1998**, sob condições especiais que sejam prejudiciais à saúde ou à integridade física, nos termos dos arts. 57 e 58 da Lei n. 8.213, de 1991, na redação dada pelas Leis ns. 9.032, de 28 de abril de 1995, e 9.528, de 10 de dezembro de 1997, e de seu regulamento, em tempo de trabalho exercido em atividade comum, desde que o segurado tenha implementado percentual do tempo necessário para a obtenção da respectiva aposentadoria especial, conforme estabelecido em regulamento.

Durante algum tempo, prevaleceu entendimento no sentido de que estava vedada a conversão de tempo especial em comum a partir de 28.05.1998.

Após, foi editada a controversa Ordem de Serviço n. 600/98, alterada pela Ordem de Serviço n. 612/98, estabelecendo certas exigências para a conversão do período especial em comum:

> 1) a exigência de que o segurado tenha direito adquirido ao benefício até 28.05.1998, véspera da edição da Medida Provisória n. 1.663-10, de 28.05.1998;
>
> 2) se o segurado tinha direito adquirido ao benefício até 28.04.1995 (Lei n. 9.032/95), seu tempo de serviço seria computado segundo a legislação anterior;
>
> 3) se o segurado obteve direito ao benefício entre 29.04.1995 (Lei n. 9.032/95) e 05.03.1997 (Decreto n. 2.172/97), ou mesmo após esta última data, seu tempo de serviço somente poderia ser considerado especial se atendidos dois requisitos: 1º) enquadramento da atividade na nova relação de agentes agressivos; e 2º) exigência de laudo técnico da efetiva exposição aos agentes agressivos para todo o período, inclusive o anterior a 29.04.1995.

Em resumo, essas ordens de serviço estabeleceram o termo inicial para as exigências da nova legislação relativa ao tempo de serviço especial. Com fundamento nessas normas infralegais, o INSS passou a denegar o direito de conversão dos períodos de trabalho em condições especiais.

As Ordens de Serviço deixaram de ser aplicadas após a edição do Decreto n. 4.827, de 03.09.2003, que deu nova redação ao art. 70 do Decreto n. 3.048/99, atual Regulamento da Previdência Social.

k) Lei n. 9.732, de 11.12.1998.

A Medida Provisória n. 1.729, de 02.12.1998, convertida na Lei n. 9.732/98, estabeleceu forma de financiamento da aposentadoria especial: criou o **adicional à contribuição** prevista no art. 22, II, da Lei n. 8.212/91, cujas alíquotas serão acrescidas de 12%, 9% ou 6%, conforme a atividade que, exercida pelo segurado a serviço da empresa, permita a concessão de aposentadoria especial após 15, 20 ou 25 anos de contribuição, respectivamente (Capítulo 2, item 2.3, *supra*).

Novamente foi modificada a redação dos §§ 1º e 2º do art. 58 do PBPS, resultando que a **prova da efetiva exposição aos agentes nocivos** deve ser feita mediante formulário, na forma estabelecida pelo INSS, emitido pela empresa ou seu preposto, com base em laudo técnico de condições ambientais do trabalho expedido por médico do trabalho ou engenheiro de segurança do trabalho nos termos da legislação trabalhista. E do laudo deve constar informação sobre a existência de tecnologia de proteção coletiva ou individual que diminua a intensidade do agente agressivo a limites de tolerância e recomendação sobre a sua adoção pelo estabelecimento respectivo.

l) Emenda Constitucional n. 20, de 15.12.1998 (publicada em 16.12.1998).

A EC n. 20/98 alterou novamente a Constituição, passando o art. 201, § 1º, a dispor:

> **Art. 201.** A previdência social será organizada sob a forma de regime geral, de caráter contributivo e de filiação obrigatória, observados critérios que preservem o equilíbrio financeiro e atuarial, e atenderá, nos termos da lei, a:
>
> § 1º É vedada a adoção de requisitos e critérios diferenciados para a concessão de aposentadoria aos beneficiários do regime geral de previdência social, ressalvados os casos de atividades exercidas sob condições especiais que prejudiquem a saúde ou a integridade física, definidos em lei complementar.

O art. 15 da EC n. 20/98 trouxe regra de extrema relevância:

> **Art. 15. Até que a lei complementar** a que se refere o art. 201, § 1º, da Constituição Federal, seja publicada, **permanece em vigor o disposto nos arts. 57 e 58** da Lei n. 8.213, de 24 de julho de 1991, **na redação vigente à data da publicação desta Emenda**.

A EC foi publicada em 16.12.1998, de modo que, enquanto não for editada a lei complementar, continua em vigor o disposto nos arts. 57 e 58 do PBPS, na redação então vigente.

m) Decreto n. 3.048, de 05.05.1999 (RPS).

O atual RPS foi aprovado pelo Decreto n. 3.048/99, cujo Anexo IV traz a relação das atividades e o tempo de exposição necessários para a concessão da aposentadoria especial.

Quanto aos **agentes cancerígenos**, a antiga redação do Decreto n. 3.048/99 apontava que bastava sua presença na lista da LINACH, sem que se eliminasse a nocividade.

Atualmente, com o art. 68, § 4º, do Decreto n. 10.410/2020, além da presença do agente químico cancerígeno no ambiente do trabalho, há necessidade de avaliação, pelo INSS, se as medidas de controle previstas na legislação trabalhista estão eliminando a nocividade do agente.

O art. 70 do RPS, ora revogado, vedou a conversão do tempo de serviço especial a partir de 28.05.1998. A questão foi levada aos Tribunais, pela impugnação, inclusive, da aplicação das OSs 600 e 612/98.

Reiterados julgamentos favoráveis ao segurado resultaram na modificação do referido art. 70 pelo Decreto n. 4.827/2003:

Art. 70. A conversão de tempo de atividade sob condições especiais em tempo de atividade comum dar-se-á de acordo com a seguinte tabela:

TEMPO A CONVERTER	MULTIPLICADORES	
	Mulher (para 30)	Homem (para 35)
■ de 15 anos	■ 2,00	■ 2,33
■ de 20 anos	■ 1,50	■ 1,75
■ de 25 anos	■ 1,20	■ 1,40

§ 1º A caracterização e a comprovação do tempo de atividade sob condições especiais obedecerá ao disposto na legislação em vigor na época da prestação do serviço.

§ 2º As regras de conversão de tempo de atividade sob condições especiais em tempo de atividade comum constantes deste artigo aplicam-se ao trabalho prestado em qualquer período.

n) Emenda Constitucional n. 47, de 05.07.2005 (publicada em 06.07.2005).

Com a EC n. 47/2005, foi novamente alterado o § 1º do art. 201 da CF, que ora dispõe:

§ 1º É vedada a adoção de requisitos e critérios diferenciados para a concessão de aposentadoria aos beneficiários do regime geral de previdência social, ressalvados os casos de atividades exercidas sob condições especiais que prejudiquem a saúde ou a integridade física e quando se tratar de segurados portadores de deficiência, nos termos definidos em lei complementar.

A EC n. 47/2005 estendeu a aposentadoria especial aos **segurados com deficiência**, o que não ocorria na redação anterior do § 1º do art. 201 da CF. A Lei Complementar n. 142, de 08.05.2013, regulamenta a concessão de aposentadoria à pessoa com deficiência segurada do RGPS (item 5.3.5.6, *infra*).

Em 05.06.2010, o STF decidiu, por maioria de votos, em Repercussão Geral no RE 791.961, que o trabalhador que recebe aposentadoria especial não tem direito à continuidade do recebimento do benefício quando continua ou volta a trabalhar em atividade nociva à saúde, ainda que diferente da que ensejou o pedido de aposentação precoce (**Tema 709**).

o) Emenda Constitucional n. 103, de 12.11.2019 (publicada em 13.11.2019)

A aposentadoria especial foi novamente alterada pela EC n. 103/2019, a Reforma da Previdência de 2019. O art. 201, § 1º, I e II, da CF, passou a ter a seguinte redação:

Art. 201. A previdência social será organizada sob a forma do Regime Geral de Previdência Social, de caráter contributivo e de filiação obrigatória, observados critérios que preservem o equilíbrio financeiro e atuarial, e atenderá, na forma da lei, a:

§ 1º É vedada a adoção de requisitos ou critérios diferenciados para concessão de benefícios, ressalvada, nos termos de lei complementar, a possibilidade de previsão de idade e tempo de contribuição distintos da regra geral para concessão de aposentadoria exclusivamente em favor dos segurados:

I — com deficiência, previamente submetidos a avaliação biopsicossocial realizada por equipe multiprofissional e interdisciplinar;

II — cujas atividades sejam exercidas com efetiva exposição a agentes químicos, físicos e biológicos prejudiciais à saúde, ou associação desses agentes, vedada a caracterização por categoria profissional ou ocupação.

Duas alterações importantes foram feitas pela EC n. 103/2019: as *atividades de risco* não são mais abrangidas e a lei complementar poderá estabelecer requisitos cumulativos de *idade mínima e tempo de contribuição*. Daí se concluir que no período compreendido entre a vigência da EC n. 103/2019 e a edição da lei complementar não será possível computar como especial o tempo de atividade de risco (prejudicial à integridade física).

Está em tramitação no Congresso Nacional projeto de lei complementar para regular a aposentadoria especial.[64]

■ 5.3.5.5.2. *Comprovação do tempo de serviço/contribuição especial*

A **legislação aplicável** ao reconhecimento da natureza da atividade exercida pelo segurado — se comum ou especial —, bem como à forma de sua demonstração, **é aquela vigente à época do exercício da atividade**, porque se aplica o princípio segundo o qual ***tempus regit actum***. Esse entendimento está sedimentado na jurisprudência do STJ.[65]

Não poderia ser diferente, porque, primeiro, fica amparado o segurado contra leis que lhe sejam desfavoráveis e, segundo, o órgão segurador tem a garantia de que lei nova mais benéfica ao segurado não atingirá situação consolidada sob o império da legislação anterior, a não ser que a lei o diga expressamente.

Por isso, quando se procede à análise de questão relativa a enquadrar-se ou não como especial a atividade exercida pelo segurado, é necessário verificar a legislação vigente à época do exercício da atividade.

Até o advento da Lei n. 9.032/95, a comprovação do exercício de atividade especial era feita por meio do cotejo da categoria profissional do segurado, observada a classificação inserta nos Anexos I e II do Decreto n. 83.080/79 e Anexo do Decreto n. 53.831/64, os quais foram ratificados expressamente pelo art. 295 do Decreto n. 357/91.

Entretanto, a jurisprudência do **Tribunal Federal de Recursos** firmou entendimento no sentido de que a atividade especial pode ser assim considerada, mesmo que não conste em regulamento, bastando a comprovação da exposição a agentes agressivos por prova pericial, conforme sua **Súmula 198:** "Atendidos os demais requisitos, é devida a aposentadoria especial, se perícia judicial constata que a atividade exerci-

---

[64] Projeto de Lei Complementar n. 245, de 2019.

[65] "(...) II — O segurado que presta serviço em condições especiais, nos termos da legislação então vigente, e que teria direito por isso à aposentadoria especial, **faz jus ao cômputo do tempo nos moldes previstos à época em que realizada a atividade**. Isso se verifica à medida em que se trabalha. Assim, **eventual alteração no regime ocorrida posteriormente, mesmo que não mais reconheça aquela atividade como especial, não retira do trabalhador o direito à contagem do tempo de serviço na forma anterior, porque já inserida em seu patrimônio jurídico**. III — O Decreto n. 72.771/73 estabelecia como atividade especial a exposição do trabalhador, em caráter permanente, a ambientes com ruídos superiores a 90dB. IV — *In casu*, considerando-se a legislação vigente à época em que o serviço foi prestado, incabível o enquadramento do labor como atividade especial (...)" (ADREsp 200400036640, 5ª Turma, Rel. Min. Felix Fischer, *DJ* 04.04.2005, p. 339). **Cf.** ainda, AGARESP 381.554, 2ª Turma, Rel. Min. Assusete Magalhães, *DJe* 03.04.2014.

da pelo segurado é perigosa, insalubre ou penosa, ainda que não inscrita em Regulamento". Essa orientação vem sendo seguida pelo STJ:

> "(...) 1. 'É que o fato das atividades enquadradas serem consideradas especiais por presunção legal não impede, por óbvio, que outras atividades, não enquadradas, sejam reconhecidas como insalubres, perigosas ou penosas por meio de comprovação pericial' (REsp 600.277/RJ, Sexta Turma, Rel. Min. HAMILTON CARVALHIDO, *DJ* 10/5/04). (...)" (AGA 200501541697, 5ª Turma, Rel. Min. Arnaldo Esteves Lima, *DJe* 19.10.2009).

DA LOPS ATÉ A LEI N. 9.032/95	A PARTIR DA LEI N. 9.032/95
■ Anexos I e II do Decreto n. 83.080/79 e Anexo do Decreto n. 53.831/64	■ Efetiva demonstração da exposição do segurado a agente prejudicial à saúde ou integridade física
■ Súmula 198 do TFR	■ Súmula 198 do TFR

Os agentes nocivos químicos, físicos, biológicos e associação de agentes prejudiciais à saúde ou à integridade física do segurado, considerados para fins de aposentadoria especial, estão relacionados no Anexo IV do RPS, na forma do disposto no *caput* do art. 58 do PBPS. Havendo dúvidas sobre o enquadramento da atividade, caberá a solução ao Ministério do Trabalho e Emprego e ao Ministério da Previdência Social (art. 68, § 1º, do RPS).

Para comprovar a efetiva exposição aos agentes nocivos, observa-se o que, à época do exercício da atividade, exigia o Regulamento: formulários SB-40 e DSS-8030 até a vigência do Decreto n. 2.172/97, e, após a edição do referido Decreto, laudo técnico, devendo a empresa fornecer ao segurado o Perfil Profissiográfico Previdenciário (PPP), na forma da MP n. 1.523/96, convertida na Lei n. 9.528/97. É a posição firmada pelo STJ.

Súmula 68 da TNU dos Juizados Especiais Federais: "O laudo pericial não contemporâneo ao período trabalhado é apto à comprovação da atividade especial do segurado".

■ 5.3.5.5.3. *O agente "ruído"*

Sobre atividade exercida com exposição a ruído, a **TNU** editou a **Súmula 32:** "O tempo de trabalho laborado com exposição a ruído é considerado especial, para fins de conversão em comum, nos seguintes níveis: superior a 80 decibéis, na vigência do Decreto n. 53.831/64 (item 1.1.6); superior a 90 decibéis, a partir de 5 de março de 1997, na vigência do Decreto n. 2.172/97; superior a 85 decibéis, a partir da edição do Decreto n. 4.882, de 18 de novembro de 2003".

NÍVEIS DE RUÍDO PARA FINS DE TEMPO ESPECIAL	
■ Decreto n. 53.831/64	■ Superior a 80 decibéis
■ Decreto n. 2.172/97	■ Superior a 90 decibéis
■ Decreto n. 4.882/2003	■ Superior a 85 decibéis

Em relação aos níveis do agente "ruído", o STJ também aplica o princípio segundo o qual *tempus regit actum*, de modo que será considerado especial o período em que o segurado esteve submetido ao nível previsto na legislação então vigente:

> "(...) 1. Conforme jurisprudência do STJ, em observância ao princípio do *tempus regit actum*, ao reconhecimento de tempo de serviço especial deve-se aplicar a legislação vigente no momento da efetiva atividade laborativa. 2. É considerada especial a atividade exercida com exposição a **ruídos** superiores a 80 decibéis até a edição do Decreto n. 2.171/97, sendo considerado prejudicial, após essa data, o nível de **ruído** superior a 90 decibéis. A partir da entrada em vigor do Decreto n. 4.882, em 18.11.2003, o limite de tolerância de **ruído** ao agente físico foi reduzido a 85 decibéis. 3. A exposição de modo habitual e permanente a solventes derivados tóxicos do carbono, contendo hidrocarbonetos aromáticos e inflamáveis, são fatores caracterizadores de agentes nocivos para fins de **aposentadoria especial** (...)" (AGRESP 1.452.778, 2ª Turma, Rel. Min. Humberto Martins, *DJe* 24.10.2014).

Há na jurisprudência alguma divergência sobre a necessidade de apresentação de laudo técnico para comprovação da exposição a ruído acima dos limites toleráveis. Para alguns, há necessidade de laudo; outros entendem que é suficiente a apresentação do Perfil Profissiográfico Previdenciário — PPP.

A legislação brasileira, conquanto tenha estabelecido diversas formas de comprovação do tempo especial, sempre exigiu o laudo técnico para comprovação da exposição a ***ruído*** e ***calor***.

A questão foi levada ao STJ em Incidente de Uniformização, Petição 10.262/RS, Rel. Min. Sérgio Kukina, 1ª Seção, em razão de decisão da TNU, que dispensou o laudo técnico e considerou comprovada a exposição ao ruído apenas com base no PPP. O Incidente foi julgado em 08.02.2017.[66] Assentou o STJ que o PPP é suficiente, desde que não impugnadas especificamente as informações dele constantes, situação em que será necessária a apresentação do respectivo laudo:

> "PREVIDENCIÁRIO. COMPROVAÇÃO DE TEMPO DE SERVIÇO ESPECIAL. RUÍDO. PERFIL PROFISSIOGRÁFICO PREVIDENCIÁRIO (PPP). APRESENTAÇÃO SIMULTÂNEA DO RESPECTIVO LAUDO TÉCNICO DE CONDIÇÕES AMBIENTAIS DE TRABALHO (LTCAT). DESNECESSIDADE QUANDO AUSENTE IDÔNEA IMPUGNAÇÃO AO CONTEÚDO DO PPP.
>
> 1. Em regra, trazido aos autos o Perfil Profissiográfico Previdenciário (PPP), dispensável se faz, para o reconhecimento e contagem do tempo de serviço especial do segurado, a juntada do respectivo Laudo Técnico de Condições Ambientais de Trabalho (LTCAT), na medida que o PPP já é elaborado com base nos dados existentes no LTCAT, ressalvando-se, entretanto, a necessidade da também apresentação desse laudo quando idoneamente impugnado o conteúdo do PPP.
>
> 2. No caso concreto, conforme destacado no escorreito acórdão da TNU, assim como no bem lançado pronunciamento do Parquet, não foi suscitada pelo órgão previdenciário nenhuma objeção específica às informações técnicas constantes do PPP anexado aos autos, não se podendo, por isso, recusar-lhe validade como meio de prova apto à comprovação da exposição do trabalhador ao agente nocivo 'ruído'. 3. Pedido de uniformização de jurisprudência improcedente".

[66] *DJe* 16.02.2017.

5.3.5.5.4. Conversão do tempo de serviço/contribuição especial para comum

Enquanto não for editada a lei complementar a que se refere o art. 201, § 1º, da CF, aplica-se o disposto nos arts. 57 e 58 da Lei n. 8.213/91 no que não conflitar com o texto constitucional, conforme dispõe o art. 19, § 1º, da EC n. 103/2019.

Na redação dos arts. 57 e 58 do PBPS, vigente quando promulgada a EC n. 20/98, a conversão de tempo de serviço especial em comum era autorizada pela lei.

Esses dispositivos legais, a nosso ver, em razão do disposto no art. 15 da EC n. 20/98, acabaram por adquirir verdadeiro *status* de lei complementar, uma vez que somente esta poderá dispor sobre a aposentadoria especial.[67]

Sendo assim, as alterações trazidas por lei ou decreto, posteriores à EC n. 20/98, não têm validade jurídica.

Por isso, **ainda pode ser convertido em comum o tempo de serviço/contribuição especial posterior a 28.05.1998**.

A **TNU** dos Juizados Especiais Federais editou a **Súmula 16:** "A conversão em tempo de serviço comum do período trabalhado em condições especiais somente é possível relativamente à atividade exercida até 28 de maio de 1998 (art. 28 da Lei n. 9.711/98)". A Súmula, entretanto, foi cancelada em 27.03.2009 (*DJ* 24.04.2009), eis que contrária ao entendimento dominante no STJ. Posteriormente a TNU editou a **Súmula 50:** "É possível a conversão do tempo de serviço especial em comum do trabalho prestado em qualquer período".

A questão foi apreciada pelo STJ em julgamento de Recurso Especial Repetitivo, adotando o entendimento já consolidado:

> "1. Permanece a possibilidade de conversão do tempo de serviço exercido em atividades especiais para comum após 1998, pois a partir da última reedição da MP n. 1.663, parcialmente convertida na Lei n. 9.711/1998, a norma tornou-se definitiva sem a parte do texto que revogava o referido § 5º do art. 57 da Lei n. 8.213/1991. 2. Precedentes do STF e do STJ. (...) 1. A teor do § 1º do art. 70 do Decreto n. 3.048/99, a legislação em vigor na ocasião da prestação do serviço regula a caracterização e a comprovação do tempo de atividade sob condições especiais. Ou seja, observa-se o regramento da época do trabalho para a prova da exposição aos agentes agressivos à saúde: se pelo mero enquadramento da atividade nos anexos dos Regulamentos da Previdência, se mediante as anotações de formulários do INSS ou, ainda, pela existência de laudo assinado por médico do trabalho. 2. O Decreto n. 4.827/2003, ao incluir o § 2º no art. 70 do Decreto n. 3.048/99, estendeu ao trabalho desempenhado em qualquer período a mesma regra de conversão. Assim, no tocante aos efeitos da prestação laboral vinculada ao Sistema Previdenciário, a obtenção de benefício fica submetida às regras da legislação em vigor na data do requerimento. 3. A adoção deste ou daquele fator de conversão depende, tão somente, do tempo de contribuição total exigido em lei para a aposentadoria integral, ou seja, deve corresponder ao valor tomado como parâmetro, numa relação de proporcionalidade, o que corresponde a um mero cálculo matemático e não de regra previdenciária. 4. Com a alteração dada pelo Decreto n. 4.827/2003 ao Decreto n. 3.048/1999, a

[67] STJ, AgREsp 200802460140, 5ª Turma, Rel. Min. Napoleão Nunes Maia Filho, *DJe* 09.11.2009.

> Previdência Social, na via administrativa, passou a converter os períodos de tempo especial desenvolvidos em qualquer época pela regra da tabela definida no artigo 70 (art. 173 da Instrução Normativa n. 20/2007). 5. Descabe à autarquia utilizar da via judicial para impugnar orientação determinada em seu próprio regulamento, ao qual está vinculada. Nesse compasso, a Terceira Seção desta Corte já decidiu no sentido de dar tratamento isonômico às situações análogas, como na espécie (EREsp 412.351/RS)" (REsp 1.151.363/MG, 3ª Seção, Rel. Min. Jorge Mussi, *DJe* 05.04.2011).

Nessa matéria, aplica-se também o princípio segundo o qual ***tempus regit actum***.

Entretanto, deve ser aplicado o fator de conversão em vigor na data do requerimento da aposentadoria, conforme **Súmula 55 da TNU** dos Juizados Especiais Federais: "A conversão do tempo de atividade especial em comum deve ocorrer com aplicação do fator multiplicativo em vigor na data da concessão da aposentadoria".

Esse é também o entendimento do **STJ**.[68]

> **Atenção!** O tempo especial trabalhado após a entrada em vigor da EC n. 103/2019 não poderá mais ser objeto de conversão. Tanto nas regras permanentes, quanto nas regras de transição, só será possível contar tempos de atividade especial apenas para fins da própria aposentadoria especial, sendo vedada a conversão para outros fins (art. 25, § 2º, da EC n. 103/2019).

CONVERSÃO DE TEMPO DE SERVIÇO/CONTRIBUIÇÃO ESPECIAL PARA COMUM	
Atividades exercidas	
■ Da LOPS até 13.11.2019	■ A partir de 14.11.2019
■ Possível a conversão para comum	■ Não é possível a conversão para comum

■ 5.3.5.5.5. *A atividade de professor*

No item 5.3.5.4, *supra*, tratamos da aposentadoria do professor. Desde a Lei n. 3.807/60 (LOPS) até o advento da EC n. 18/81, aos professores era concedida aposentadoria especial.

A EC n. 18/81 retirou a atividade de professor do rol das atividades especiais, tendo em vista a implementação de regra excepcional de aposentação para essa categoria.

Com a alteração constitucional, **não há mais possibilidade de considerar a atividade de professor como especial**, de modo que não cabe mais converter o período de exercício dessa atividade, como se fosse especial, para comum.

Novamente se aplica a máxima ***tempus regit actum***. Se o exercício da atividade como professor é anterior à EC n. 18/81, considera-se como tempo de serviço especial, havendo a possibilidade de sua conversão em atividade comum, para efeito de cômputo de tempo de serviço; caso contrário, não.

---

[68] Cf. **AGARESP** 666.891, 2ª Turma, Rel. Min. Humberto Martins, *DJe* 06.05.2015: "(...) 2. Para a configuração do tempo de serviço especial, deve-se observância à lei no momento da prestação do serviço (primeiro pedido basilar do presente processo); para definir o **fator de conversão**, observa-se a lei vigente no momento em que preenchidos os requisitos da concessão da aposentadoria (em regra, efetivada no momento do pedido administrativo) (...)".

É esse o entendimento do STF:

> "(...) 1. É firme o entendimento da Corte no sentido de que, para efeito de **aposentadoria**, não é possível a **conversão** do **tempo** de magistério em **tempo** de exercício comum. 2. Ressalva-se do entendimento apenas o período anterior à Emenda Constitucional 18/81, uma vez que nessa reside o marco temporal a partir do qual a **aposentadoria** do **professor** deixou de ser **aposentadoria especial** para caracterizar-se como espécie de benefício por **tempo** de contribuição, com o requisito etário reduzido. (...)" (RE 787.582 AgR/RS, 1ª Turma, Rel. Min. Dias Toffoli, *DJe* 04.11.2014).

ATIVIDADE DE PROFESSOR	
Da LOPS até a EC n. 18/81	**A partir da EC n. 18/81**
■ Atividade especial	■ Regra excepcional de aposentadoria
■ Possível conversão para comum	■ Não é possível a conversão para comum

5.3.5.5.6. *A configuração atual da aposentadoria especial*

As sucessivas modificações legislativas demonstram a importância do benefício de aposentadoria especial.

Considerando as disposições da EC n. 103/2019, analisaremos as *regras permanentes* e as *regras de transição* e as *hipóteses de direito adquirido.*

Regras permanentes serão as aplicáveis aos segurados que se filiarem ao RGPS **após** a edição da lei complementar que deverá dispor sobre a aposentadoria especial.

Regras de transição são as aplicáveis aos segurados que se filiaram ao RGPS **até** a edição da lei complementar.

E analisaremos também a hipótese de **direito adquirido** dos segurados do RGPS que cumprirem todos os requisitos da legislação anterior à edição da lei complementar que disporá sobre a aposentadoria especial.

a) ***Direito adquirido:*** requisitos cumpridos até 13.11.2019

O art. 3º da EC n. 103/2019 garante o direito adquirido ao segurado do RGPS que tenha cumprido os requisitos para a obtenção de benefícios até 13.11.2019, com aplicação, inclusive, dos critérios da legislação então vigente.

Contingência: exercer **atividade sujeita a condições especiais** que prejudiquem a saúde ou a integridade física, **de forma permanente, e não ocasional nem intermitente**, com a efetiva exposição aos agentes nocivos químicos, físicos, biológicos ou associação de agentes prejudiciais à saúde ou à integridade física, durante 15, 20 ou 25 anos.

> **Atenção: a atividade de risco** (prejudicial à integridade física) não será mais considerada especial se exercida após a vigência da EC n. 103/2019.

O conceito de **trabalho permanente** está fixado no *caput* do art. 65 do RPS, na redação dada pelo Decreto n. 8.123, de 16.10.2013: "aquele que é **exercido de forma não ocasional nem intermitente**, no qual a exposição do empregado, do trabalhador avulso ou do cooperado ao agente nocivo seja indissociável da produção do bem ou da prestação do serviço".

O parágrafo único do art. 65 do RPS estende o conceito de trabalho permanente aos períodos de descanso determinados pela legislação trabalhista, inclusive férias, os de afastamento decorrentes de gozo de benefícios de auxílio-doença ou aposentadoria por invalidez acidentários, bem como os de percepção de salário-maternidade, desde que, à data do afastamento, o segurado estivesse exposto aos fatores de risco de que trata o art. 68.

A nosso ver, o que se pretende é que a **exposição aos agentes nocivos** seja **indispensável ao exercício da atividade** do segurado. Caso contrário, não se caracteriza a atividade especial.

Atualmente, os agentes nocivos químicos, físicos, biológicos e associação de agentes prejudiciais à saúde ou à integridade física do segurado, considerados para fins de aposentadoria especial, estão relacionados no **Anexo IV do RPS**, na forma do disposto no *caput* do art. 58 do PBPS.

Se houver dúvidas sobre o enquadramento da atividade, caberá a solução ao Ministério do Trabalho e Emprego e ao Ministério da Previdência Social (art. 68, § 1º, do RPS).

O **Anexo IV do RPS** estabelece o tempo de serviço de **15, 20 ou 25 anos** exigido para a aposentadoria especial, levando em conta o grau de exposição do segurado aos agentes nocivos.

O segurado comprova a efetiva exposição aos agentes nocivos por um **formulário** emitido pela empresa ou seu preposto, conforme estabelecido pelo INSS. O formulário deve ser baseado em **laudo técnico** de condições ambientais do trabalho expedido por médico do trabalho ou engenheiro de segurança do trabalho, na forma da legislação trabalhista.

O laudo deve informar se a empresa tem **equipamento de proteção coletiva (EPC)** ou **individual (EPI)** que diminua a intensidade da atuação dos agentes nocivos a limites de tolerância, bem como recomendação para que seja utilizado (§§ 2º, 3º e 4º do art. 58 do PBPS).

Quanto ao EPC ou EPI, há discussão acerca de ser ou não o seu fornecimento fator de afastamento da natureza especial da atividade. Na jurisprudência do STJ, prevalece o entendimento de que **o fornecimento e utilização do EPC ou EPI não descaracteriza a atividade especial**.[69]

Nesse sentido, **a Súmula 9 da TNU** dos Juizados Especiais Federais: "O uso de Equipamento de Proteção Individual (EPI), ainda que elimine a insalubridade, no caso de exposição a ruído, não descaracteriza o tempo de serviço especial prestado".

A questão foi levada ao STF, que reconheceu a Repercussão Geral no ARE 664.335, de Relatoria do Ministro Luiz Fux, e julgou o mérito em 04.12.2014 (*DJe* 12.02.2015):

---

[69] "(...) 1. Este Tribunal Superior posiciona-se no sentido de que o simples **fornecimento** de **EPI**, ainda que tal equipamento seja efetivamente utilizado, não afasta, por si só, a caracterização da **atividade especial** (...)" (AGARESP 201401541510, 2ª Turma, Rel. Min. Herman Benjamin, *DJe* 30.10.2014).

"(...) 2. A eliminação das atividades laborais nocivas deve ser a meta maior da Sociedade — Estado, empresariado, trabalhadores e representantes sindicais —, que devem voltar-se incessantemente para com a defesa da saúde dos trabalhadores, como enuncia a Constituição da República, ao erigir como pilares do Estado Democrático de Direito a dignidade humana (art. 1º, III, CRFB/88), a valorização social do trabalho, a preservação da vida e da saúde (art. 3º, 5º e 196, CRFB/88), e o meio ambiente de trabalho equilibrado (art. 193 e 225, CRFB/88).

3. A aposentadoria especial prevista no artigo 201, § 1º, da Constituição da República, significa que poderão ser adotados, para concessão de aposentadorias aos beneficiários do regime geral de previdência social, requisitos e critérios diferenciados nos 'casos de atividades exercidas sob condições especiais que prejudiquem a saúde ou a integridade física, e quando se tratar de segurados portadores de deficiência, nos termos definidos em lei complementar'.

4. A aposentadoria especial possui nítido caráter preventivo e impõe-se para aqueles trabalhadores que laboram expostos a agentes prejudiciais à saúde e *a fortiori* possuem um desgaste naturalmente maior, por que não se lhes pode exigir o cumprimento do mesmo tempo de contribuição que aqueles empregados que não se encontram expostos a nenhum agente nocivo.

(...)

8. O risco social aplicável ao benefício previdenciário da aposentadoria especial é o exercício de atividade em condições prejudiciais à saúde ou à integridade física (CRFB/88, art. 201, § 1º), de forma que torna indispensável que o indivíduo trabalhe exposto a uma nocividade notadamente capaz de ensejar o referido dano, porquanto a tutela legal considera a exposição do segurado pelo risco presumido presente na relação entre agente nocivo e o trabalhador.

9. A interpretação do instituto da aposentadoria especial mais consentânea com o texto constitucional é aquela que conduz a uma proteção efetiva do trabalhador, considerando o benefício da aposentadoria especial excepcional, destinado ao segurado que efetivamente exerceu suas atividades laborativas em 'condições especiais que prejudiquem a saúde ou a integridade física'.

10. Consectariamente, a primeira tese objetiva que se firma é: o direito à aposentadoria especial pressupõe a efetiva exposição do trabalhador a agente nocivo à sua saúde, de modo que, se o EPI for realmente capaz de neutralizar a nocividade, não haverá respaldo constitucional à aposentadoria especial.

11. A Administração poderá, no exercício da fiscalização, aferir as informações prestadas pela empresa, sem prejuízo do inafastável *judicial review*. Em caso de divergência ou dúvida sobre a real eficácia do Equipamento de Proteção Individual, a premissa a nortear a Administração e o Judiciário é pelo reconhecimento do direito ao benefício da aposentadoria especial. Isto porque o uso de EPI, no caso concreto, pode não se afigurar suficiente para descaracterizar completamente a relação nociva a que o empregado se submete.

12. *In casu*, tratando-se especificamente do agente nocivo ruído, desde que em limites acima do limite legal, constata-se que, apesar do uso de Equipamento de Proteção Individual (protetor auricular) reduzir a agressividade do ruído a um nível tolerável, até no mesmo patamar da normalidade, a potência do som em tais ambientes causa danos ao organismo que vão muito além daqueles relacionados à perda das funções auditivas. O benefício previsto neste artigo será financiado com os recursos provenientes da contribuição de que trata o inciso II do art. 22 da Lei n. 8.212, de 24 de julho de 1991, cujas alíquotas serão acrescidas de doze, nove ou seis pontos percentuais, conforme a atividade exercida pelo segurado a serviço da empresa permita a concessão de aposentadoria

> especial após quinze, vinte ou vinte e cinco anos de contribuição, respectivamente.
> 13. Ainda que se pudesse aceitar que o problema causado pela exposição ao **ruído** relacionasse apenas à perda das funções auditivas, o que indubitavelmente não é o caso, **é certo que não se pode garantir uma eficácia real na eliminação dos efeitos do agente nocivo ruído com a simples utilização de EPI, pois são inúmeros os fatores que influenciam na sua efetividade, dentro dos quais muitos são impassíveis de um controle efetivo, tanto pelas empresas, quanto pelos trabalhadores.**
> 14. Desse modo, a segunda tese fixada neste Recurso Extraordinário é a seguinte: na hipótese de exposição do trabalhador a ruído acima dos limites legais de tolerância, a declaração do empregador, no âmbito do Perfil Profissiográfico Previdenciário (PPP), no sentido da eficácia do Equipamento de Proteção Individual (EPI), não descaracteriza o tempo de serviço especial para aposentadoria.

A decisão do STF assentou uma **presunção relativa**: fornecido o EPI, só caberá o reconhecimento do respectivo período de atividade como especial se o segurado comprovar a ineficácia do EPI para neutralizar o risco da exposição aos agentes físicos, químicos e biológicos, ou à associação de agentes.

Mas a decisão, ainda por maioria, também criou uma **presunção absoluta:** "na hipótese de exposição do trabalhador a ruído acima dos limites legais de tolerância, a declaração do empregador, no âmbito do Perfil Profissiográfico Previdenciário (PPP), da eficácia do Equipamento de Proteção Individual (EPI), não descaracteriza o tempo de serviço especial para aposentadoria".

Súmula 87 da TNU: A eficácia do EPI não obsta o reconhecimento da atividade especial exercida antes de 03.12.1998, data de início da vigência da MP n. 1.729/98, convertida na Lei n. 9732/98.

A TNU, em 25.06.2020. em sede de Representativo de Controvérsia, fixou a tese no **Tema 213**:

"Considerando que o Equipamento de Proteção Individual (EPI) apenas obsta a concessão do reconhecimento do trabalho em condições especiais quando for realmente capaz de neutralizar o agente nocivo, havendo divergência real ou dúvida razoável sobre a sua real eficácia, provocadas por impugnação fundamentada e consistente do segurado, o período trabalhado deverá ser reconhecido como especial".

Com relação ao agente "ruído", bastará que o segurado comprove a exposição a níveis superiores ao limite fixado à época do exercício da atividade, independentemente de ter ou não utilizado o EPI, para que o período seja reconhecido como de atividade especial.

A empresa deve elaborar e manter **perfil profissiográfico** (PPP) abrangente de todas as atividades desenvolvidas pelo trabalhador e, quando rescindido o contrato de trabalho, fornecer-lhe cópia autêntica desse documento (art. 58, § 4º, do PBPS). Trata-se de documento elaborado segundo modelo instituído pelo INSS, com o **histórico-laboral** do segurado, que, entre outras informações, deve conter o resultado das avaliações ambientais, o nome dos responsáveis pela monitoração biológica e das avaliações ambientais, os resultados de monitoração biológica e os dados administrativos correspondentes (art. 68, §§ 8º e 9º, do RPS).

Para conferir a exatidão das informações contidas no PPP ou outros documentos da empresa, o INSS poderá inspecionar o local de trabalho do segurado.

Atenção: A Lei n. 13.467, de 13.07.2017, que promove parte da denominada Reforma Trabalhista, alterou o art. 394-A da Consolidação das Leis do Trabalho — CLT, que já fora alterado pela Lei n. 13.287/2016. Transcrevemos o artigo para melhor compreensão:

Art. 394-A. Sem prejuízo de sua remuneração, nesta incluído o valor do adicional de insalubridade, a empregada deverá ser afastada de:

I – atividades consideradas insalubres em grau máximo, enquanto durar a gestação;

II – atividades consideradas insalubres em grau médio ou mínimo, quando apresentar atestado de saúde, emitido por médico de confiança da mulher, que recomende o afastamento durante a gestação;

III – atividades consideradas insalubres em qualquer grau, quando apresentar atestado de saúde, emitido por médico de confiança da mulher, que recomende o afastamento durante a lactação.

Embora se trate de norma relativa a relações de trabalho, seus reflexos previdenciários são evidentes. Enquanto exposta a agentes nocivos, a gestante tem direito à contagem do respectivo período como especial, com reflexos posteriores na sua aposentadoria. Se for transferida para local de trabalho onde não se exponha àqueles agentes nocivos, o período respectivo não será contado como especial. Se não houver a transferência, "o período de serviço terá características de tempo especial a que aludem os arts. 57/58 da Lei n. 8.213/1991, gerando o ônus fiscal de recolher os 6% da Lei n. 9.732/1998".[70]

Muito se discutiu nos Tribunais sobre a possibilidade de ser computado como tempo especial o período em que o segurado esteve em gozo de auxílio-doença, uma vez que a legislação não é expressa sobre essa situação. A desconsideração do período de cobertura de auxílio-doença como tempo especial acarretava prejuízo no cômputo do período de contribuição do segurado.

Ao decidir o **Tema 998**,[71] o STJ fixou a tese.

O art. 65, parágrafo único, do RPS, trouxe disposição diversa do entendimento do STJ: o tempo de recebimento de benefício por incapacidade, ainda que decorra de acidente do trabalho, de quem exerce atividade especial **não contará mais como especial**.

Carência: 180 contribuições mensais.

Sujeito ativo: o segurado empregado, o trabalhador avulso e o contribuinte individual filiado à cooperativa de trabalho ou de produção que tenha trabalhado pelo período de 15, 20 ou 25 anos, conforme o caso, sujeito a condições especiais que prejudiquem sua saúde ou sua integridade física (art. 64 do RPS e art. 1º da Lei n. 10.666/2003).

Atenção: não têm direito à aposentadoria especial os segurados empregados domésticos, os segurados especiais e os segurados facultativos.

Convém lembrar que a lei só admite o contribuinte individual como sujeito ativo da aposentadoria especial na condição de filiado a cooperativa de trabalho ou de produção, não admitindo, portanto, o contribuinte individual não cooperado:

---

70 Cf. Wladimir Novaes Martinez, Aspectos Previdenciários da Reforma Trabalhista, in *Revista Síntese Direito Previdenciário*, Síntese, vol. 81, nov./dez.2017, p. 35-55.

71 REsp n. 1.759.098/RS e REsp n. 1.723.181/RS, 1ª Seção, Rel. Min. Napoleão Nunes Maia, *DJe* 1º.08.2019.

Entretanto, a **TNU** dos Juizados Especiais Federais consolidou entendimento em sentido contrário, conforme **Súmula 62**: "O segurado contribuinte individual pode obter reconhecimento de atividade especial para fins previdenciários, desde que consiga comprovar exposição a agentes nocivos à saúde ou à integridade física".

O STJ vem adotando o mesmo entendimento.[72]

Esse entendimento, a nosso ver, não se sustenta por inexistir, por parte do segurado contribuinte individual, a correspondente fonte de custeio.

Sujeito passivo: o INSS.

RMI: 100% do salário de benefício (art. 57, § 1º, do PBPS e art. 67 do RPS).

O fator previdenciário e a fórmula 85/95 não se aplicam à aposentadoria especial nesta regra.

Termo inicial: varia conforme o tipo de segurado, tal qual na aposentadoria por idade (art. 57, § 2º, do PBPS e art. 69 do RPS), inclusive quando requerido judicialmente.

a) segurado empregado:

a.1) a partir da data do desligamento do emprego, se requerida a aposentadoria especial até 90 (noventa) dias após essa data;

a.2) a partir da data do requerimento, quando não houver desligamento do emprego ou quando a aposentadoria for requerida após 90 (noventa) dias.

b) demais segurados: a partir da data da entrada do requerimento.

c) benefício requerido judicialmente:

c.1) a data do ajuizamento da ação, quando não tiver sido formulado requerimento administrativo;

c.2) a data do requerimento administrativo, caso tenha sido indeferido ou não apreciado e o pedido for julgado procedente.

Termo final: em regra, o benefício cessa na data da morte do segurado.

Entretanto, há que atentar para o disposto no § 8º do art. 57 do PBPS, com a redação dada pela Lei n. 9.732/98: aplica-se o disposto no art. 46 ao segurado aposentado, nos termos deste artigo, que continuar no exercício de atividade ou operação que o sujeite aos agentes nocivos constantes da relação referida no art. 58 desta Lei.

O **benefício será, então, cancelado se o segurado, usufruindo de aposentadoria especial, continuar a exercer atividade de natureza especial**. Nada impede, entretanto, que retorne ao trabalho em atividade de natureza comum.

---

72 "(...) 1. O art. 57 da Lei n. 8.213/1991 não traça qualquer diferenciação entre as diversas categorias de segurados, permitindo o reconhecimento da especialidade da atividade laboral exercida pelo segurado contribuinte individual. 2. O art. 64 do Decreto n. 3.048/1999 ao limitar a concessão do benefício aposentadoria especial e, por conseguinte, o reconhecimento do tempo de serviço especial, ao segurado empregado, trabalhador avulso e contribuinte individual cooperado, extrapola os limites da Lei de Benefícios que se propôs a regulamentar, razão pela qual deve ser reconhecida sua ilegalidade. 3. Destarte, é possível o reconhecimento de tempo de serviço especial ao segurado contribuinte individual não cooperado, desde que comprovado, nos termos da lei vigente no momento da prestação do serviço, que a atividade foi exercida sob condições especiais que prejudiquem a sua saúde ou sua integridade física (...)" (REsp 1793029, 2ª Turma, Rel. Min. Herman Benjamin, *DJe* 30.05.2019).

APOSENTADORIA ESPECIAL	
Requisitos cumpridos até 13.11.2019 **Direito adquirido**	
CONTINGÊNCIA	■ efetiva exposição aos agentes nocivos químicos, físicos, biológicos ou associação de agentes; ■ de forma permanente, não ocasional nem intermitente; ■ durante 15, 20 ou 25 anos; ■ Anexo IV do RPS; ■ fornecimento de EPC e EPI tira a natureza especial da atividade, ressalvada apenas a exposição a ruído.
CARÊNCIA	■ 180 contribuições mensais
SUJEITO ATIVO	■ empregado; ■ trabalhador avulso; ■ contribuinte individual filiado à cooperativa de trabalho ou de produção.
SUJEITO PASSIVO	■ INSS
RMI	■ 100% do salário de benefício, não aplicáveis FP e fórmula 85/95
TERMO INICIAL	■ segurado empregado → data do desligamento do emprego → se até 90 dias; → data da entrada do requerimento → se após 90 dias. ■ demais segurados → data da entrada do requerimento. ■ sentença de procedência → sem pedido administrativo → data do ajuizamento da ação; → com pedido administrativo → DER.
TERMO FINAL	■ a data da morte do segurado; ■ a data da volta do segurado ao exercício de outra atividade de natureza especial.

b) *Regras permanentes*: aplicáveis aos filiados ao RGPS após a edição da lei complementar que regulamentará o art. 201, II, da CF

Contingência: requisitos cumulativos de idade e tempo de contribuição que serão estabelecidos em lei complementar.

Só será computado o tempo de contribuição no exercício de atividades com efetiva exposição a agentes físicos, químicos e biológicos prejudiciais à saúde, ou associação desses agentes, *vedada a caracterização por categoria profissional ou ocupação.*

APOSENTADORIA ESPECIAL	
Regras permanentes **Segurados inscritos no RGPS após a edição da LC prevista no art. 201, II, da CF**	
CONTINGÊNCIA	■ Cumprir requisitos cumulativos de idade e tempo de contribuição → estabelecidos em lei complementar. ■ Só computado tempo de contribuição no exercício de atividades com efetiva exposição a agentes físicos, químicos e biológicos prejudiciais à saúde, ou associação desses agentes → vedada a caracterização por categoria profissional ou ocupação.
SUJEITO ATIVO	■ O segurado → conforme lei complementar
SUJEITO PASSIVO	■ O INSS
RMI	■ Conforme lei complementar
TERMO INICIAL	■ Conforme lei complementar
TERMO FINAL	■ Conforme lei complementar

c) *Regras de transição*: aplicáveis aos filiados ao RGPS até a edição da lei complementar que não cumpriram os requisitos para a aposentadoria especial

Enquanto não editada a lei complementar, a aposentadoria especial será regida pelas novas normas constitucionais e pelo disposto nos arts. 57 e 58 do PBPS, no que não conflitarem com o novo texto constitucional.

Atenção: Para os que ingressarem no RGPS no período compreendido entre a data da vigência da EC n. 103/2019 e a edição da lei complementar não será possível contar como especial o tempo de atividade de risco (prejudicial à integridade física).

c.1) *primeira regra de transição*: requisitos cumulativos (art. 19, § 1º, I, da EC n. 103/2019)

Contingência: requisitos cumulativos de idade mínima e tempo de contribuição no exercício de atividades com efetiva exposição a agentes físicos, químicos e biológicos prejudiciais à saúde, ou associação desses agentes, vedada a caracterização por categoria profissional ou ocupação, durante 15, 20 ou 25 anos.

Idade mínima e tempo de contribuição para ambos os sexos:

(i) 55 anos de idade: atividade especial de 15 anos de contribuição
(ii) 58 anos de idade: atividade especial de 20 anos de contribuição
(iii) 60 anos de idade: atividade especial de 25 anos de contribuição

Sujeito ativo: o segurado empregado, o trabalhador avulso e o contribuinte individual filiado a cooperativa de trabalho ou de produção que tenha trabalhado pelo período de 15, 20 ou 25 anos, conforme o caso, com efetiva exposição a agentes físicos, químicos e biológicos prejudiciais à saúde, ou associação desses agentes (art. 64 do RPS e art. 1º da Lei n. 10.666/2003).

Salário de benefício: a média aritmética simples de todos (100%) os salários de contribuição a partir da competência julho/1994.

RMI: 60% do salário de benefício, *acrescidos* de 2% para cada ano de contribuição que exceder o tempo de 15 anos (art. 26, § 2º, IV, e § 5º, da CF).

APOSENTADORIA ESPECIAL REGRAS DE TRANSIÇÃO FILIADOS AO RGPS ATÉ A EDIÇÃO DA LC QUE NÃO CUMPRIRAM OS REQUISITOS PARA A APOSENTADORIA ESPECIAL APLICAÇÃO DAS REGRAS DA EC N. 103/2019 E DOS ARTS. 57 E 58 DO PBPS	
PRIMEIRA REGRA DE TRANSIÇÃO: REQUISITOS CUMULATIVOS ART. 19, § 1º, I, DA EC N. 103/2019	
CONTINGÊNCIA	■ requisitos cumulativos de idade mínima e tempo de contribuição igual para ambos os sexos: ■ (i) 55 anos de idade: atividade especial de 15 anos de contribuição; ■ (ii) 58 anos de idade: atividade especial de 20 anos de contribuição; ■ (iii) 60 anos de idade: atividade especial de 25 anos de contribuição. ■ exercício de atividades com efetiva exposição a agentes físicos, químicos e biológicos prejudiciais à saúde, ou associação desses agentes; ■ vedada a caracterização por categoria profissional ou ocupação; ■ filiados ao RGPS entre a data da vigência da EC n. 103/2019 e a edição da LC → não contado como especial o tempo de atividade de risco (prejudicial à integridade física)
SUJEITO ATIVO	■ O segurado empregado, o trabalhador avulso e o contribuinte individual filiado a cooperativa de trabalho ou de produção que tenha trabalhado pelo período de 15, 20 ou 25 anos, conforme o caso, com efetiva exposição a agentes físicos, químicos e biológicos prejudiciais à saúde, ou associação desses agentes (art. 64 do RPS e art. 1º da Lei n. 10.666/2003).
SUJEITO PASSIVO	■ O INSS
SALÁRIO DE BENEFÍCIO	■ A média aritmética simples de todos (100%) os salários de contribuição a partir da competência julho/1994.

RMI	■ 60% do salário de benefício, acrescidos de 2% para cada ano de contribuição que exceder o tempo de 15 anos (art. 26, §2º, IV, e § 5º, da CF).
TERMO INICIAL	■ Idêntico ao item *a*
TERMO FINAL	■ Idêntico ao item *a*

c.2) *segunda regra de transição:* requisitos cumulativos (art. 21 da EC n. 103/2019)

Contingência: contar cumulativamente com tempo de contribuição em atividades exercidas com efetiva exposição a agentes físicos, químicos e biológicos ou associação de agentes, vedada a caracterização por categoria profissional ou ocupação, e número de pontos.

Pontos e tempo de contribuição para ambos os sexos:

- 66 pontos e 15 anos de efetiva exposição;
- 76 pontos e 20 anos de efetiva exposição;
- 86 pontos e 25 anos de efetiva exposição.

Salário de benefício: a média aritmética simples de todos os salários de contribuição (100%) do período contributivo a partir da competência julho/94, ou desde o início, caso o período contributivo seja posterior.

RMI: 60% do salário de benefício, acrescidos de 2% para cada ano de contribuição que exceder o tempo de 15 anos.

APOSENTADORIA ESPECIAL REGRAS DE TRANSIÇÃO FILIADOS AO RGPS ATÉ A EDIÇÃO DA LC QUE NÃO CUMPRIRAM OS REQUISITOS PARA A APOSENTADORIA ESPECIAL APLICAÇÃO DAS REGRAS DA EC N. 103/2019 E DOS ARTS. 57 E 58 DO PBPS	
Segunda regra de transição: requisitos cumulativos art. 21 da EC n. 103/2019	
CONTINGÊNCIA	■ Requisitos cumulativos tempo de contribuição em atividades exercidas com efetiva exposição a agentes físicos, químicos e biológicos ou associação de agentes, *e* número de pontos, iguais para ambos os sexos: ■ 66 pontos e 15 anos de efetiva exposição ■ 76 pontos e 20 anos de efetiva exposição ■ 86 pontos e 25 anos de efetiva exposição ■ exercício de atividades com efetiva exposição a agentes físicos, químicos e biológicos prejudiciais à saúde, ou associação desses agentes ■ vedada a caracterização por categoria profissional ou ocupação ■ filiados ao RGPS entre a data da vigência da EC n. 103/2019 e a edição da LC → não contado como especial o tempo de atividade de risco (prejudicial à integridade física)
SUJEITO ATIVO	■ O segurado empregado, o trabalhador avulso e o contribuinte individual filiado a cooperativa de trabalho ou de produção que tenha trabalhado pelo período de 15, 20 ou 25 anos, conforme o caso, com efetiva exposição a agentes físicos, químicos e biológicos prejudiciais à saúde, ou associação desses agentes (art. 64 do RPS e art. 1º da Lei n. 10.666/2003).
SUJEITO PASSIVO	■ O INSS
SALÁRIO DE BENEFÍCIO	■ A média aritmética simples de todos os salários de contribuição (100%) do período contributivo a partir da competência julho/94, ou desde o início, caso o período contributivo seja posterior.

RMI	■ 60% do salário de benefício, *acrescidos* de 2% para cada ano de contribuição que exceder o tempo de 15 anos (art. 26, § 2º, IV, e § 5º, da CF).
TERMO INICIAL	■ Idêntico ao item *a*
TERMO FINAL	■ Idêntico ao item *a*

5.3.5.6. Aposentadoria especial da pessoa com deficiência

O art. 201, § 1º, da CF, com a redação dada pela EC n. 47/2005, garantia a adoção de critérios diferenciados para a aposentadoria de segurados portadores de deficiência, nos termos de Lei Complementar.

Foi, então, editada a LC n. 142, de 08.05.2013, que produziu efeitos a partir de 09.11.2013, seis meses após a sua publicação.

Posteriormente, foi editada a Lei n. 13.146, de 06.07.2015 – Estatuto da Pessoa com Deficiência.

O art. 201 da CF foi alterado pela EC n. 103/2019 também em relação à proteção previdenciária de aposentadoria do segurado com deficiência, previamente submetido a avaliação biopsicossocial realizada por equipe multiprofissional e interdisciplinar, tudo a ser disciplinado por Lei Complementar.

Enquanto não for editada a Lei Complementar exigida pelo art. 201, § 1º, I, serão aplicadas as disposições da Lei Complementar n. 142/2013 para a concessão da aposentadoria especial do segurado com deficiência, inclusive quanto aos critérios de cálculo dos benefícios (art. 22 da EC n. 103/2019).

A Lei Complementar n. 142, de 08.05.2013, dispõe sobre a aposentadoria especial do segurado do RGPS com deficiência, na forma prevista pela Emenda Constitucional n. 47/2005. As novas regras produzem efeitos a partir de 09.11.2013, seis meses após a sua publicação.

A Lei n. 13.146, de 06.07.2015 (*DOU* 07.07.2015) — Estatuto da Pessoa com Deficiência, dispõe que "A pessoa com deficiência segurada do Regime Geral de Previdência Social (RGPS) tem direito à aposentadoria nos termos da Lei Complementar n. 142, de 8 de maio de 2013" (art. 41).

Os segurados com deficiência podem agora se aposentar **por tempo de contribuição ou por idade**, com **critérios diferenciados** em relação aos mesmos benefícios concedidos a segurados que não apresentem deficiência. O art. 2º da LC 142 dá o conceito de pessoa com deficiência: aquela que tem impedimentos de longo prazo de natureza física, mental, intelectual ou sensorial, os quais, em interação com diversas barreiras, podem obstruir sua participação plena e efetiva na sociedade em igualdade de condições com as demais pessoas. O Estatuto da Pessoa com Deficiência e a Lei n. 8.742/93 (LOAS) adotaram o mesmo conceito, dando a necessária coerência ao sistema de Seguridade Social.

A deficiência, para a lei, tem três graus: grave, moderada e leve.

A LC 142/2013 foi regulamentada pelo Decreto n. 8.145, de 03.12.2013 (*DO* 03.12.2013), que alterou o Decreto n. 3.048/99.

Nos termos do Regulamento, os impedimentos de longo prazo serão definidos por Ato Conjunto do Ministro de Estado Chefe da Secretaria de Recursos Humanos da Presidência da República, dos Ministros de Estado da Previdência Social, da Fazenda, do Planejamento, Orçamento e Gestão e do Advogado-Geral da União, a ser editado até 45 dias contados da entrada em vigor do Decreto.

O Ato Conjunto é a Portaria Interministerial **AGU/MPS/MF/SEDH/MP** n. 1, de 27.01.2014 (*DO* 30.01.2014), que "Aprova o instrumento destinado à avaliação do segurado da Previdência Social e à identificação dos graus de deficiência, bem como define impedimento de longo prazo, para os efeitos do Decreto n. 3.048, de 6 de maio de 1999".

A avaliação da condição de deficiência, bem como de seu grau, deverá considerar os aspectos médico e funcional. Será feita por perícia médica do INSS e produzirá efeitos apenas no campo previdenciário.

Sob o aspecto funcional, deverá ser considerado o conceito de funcionalidade disposto na Classificação Internacional de Funcionalidade, Incapacidade e Saúde — CIF, da Organização Mundial de Saúde, mediante a aplicação do Índice de Funcionalidade Brasileiro Aplicado para Fins de Aposentadoria — IFBrA, na forma do Anexo à Portaria Interministerial n. 1/2014.

Trata-se de perícia complexa, que deve considerar vários fatores tanto na via administrativa quanto na via judicial.

Por elucidativo, transcrevemos o entendimento de **José Ricardo Caetano Costa**:[73]

> "(...) No rumo que estamos seguindo já é possível dizer que o ato pericial não pode se esgotar somente na avaliação das funções e estruturas do corpo. Estas, diga-se, são facilmente avaliáveis por meio de uma perícia médica.
>
> Ocorre que o conceito de incapacidade e de deficiência sofreu uma significativa alteração no último decênio, notadamente a partir de 2001 quando a Organização Mundial da Saúde (OMS) emitiu a Classificação Internacional de Funcionalidade, Incapacidade e Saúde.
>
> O fundamento desta classificação, que deve ser vista conjuntamente com a CID-10,[74] vez que esta fornece um modelo etiológico das condições de saúde, repousa na fixação dos critérios de avaliação fundados em dois domínios: funções e estruturas do corpo e atividades e participação.
>
> (...) A CIF propõe a análise da incapacidade e da funcionalidade por meio de uma interação dinâmica de diversos fatores, como já acenamos. Nos Fatores Contextuais encontramos os fatores ambientais e pessoais, sendo que estes últimos interagem com todos os componentes da funcionalidade e da incapacidade. Vale relembrar, pela importância que assumem nesta concepção, os conceitos de incapacidade e de funcionalidade: no termo **incapacidade** estão presentes as deficiências, limitações de atividades ou restrições na participação, enquanto no termo **funcionalidade** estão presentes todas as funções do corpo, atividades e participação (...)" (destaques no original).

[73] *Perícia biopsicossocial*: *aplicabilidade, metodologia, casos concretos*. São Paulo, LTr, 2018, p. 37-38.

[74] Em 18.06.2018, a Organização Mundial da Saúde (OMS) lançou a **CID 11**, para apresentação aos Estados-Membros durante a Assembleia Mundial da Saúde (maio de 2019), cuja vigência está prevista para 1º.01.2022.

O conceito de impedimento de longo prazo foi dado pela Portaria Interministerial n. 1/2014: aquele que produza efeitos de natureza física, mental, intelectual ou sensorial, pelo prazo mínimo de 2 (dois) anos, contados de forma ininterrupta.

Tratando-se de benefício que leva em conta as condições pessoais do segurado em relação à sua aptidão física, mental, intelectual e sensorial, será necessário avaliar se a condição de deficiência, bem como o seu grau, era ou não preexistente ao seu ingresso no RGPS, ou se a adquiriu posteriormente. A questão está regulada no § 1º do art. 6º da LC n. 142: "a existência de deficiência anterior à data da vigência desta Lei Complementar deverá ser certificada, inclusive quanto ao seu grau, por ocasião da primeira avaliação, sendo obrigatória a fixação da data provável do início da deficiência". A comprovação não poderá ser feita por prova exclusivamente testemunhal.

No Pedido de Uniformização de Interpretação de Lei (PUIL) n. 051.729-92.2016.4.05.8300 a TNU fixou tese no sentido de para o fim de concessão de aposentadoria por tempo de contribuição nos termos da Lei Complementar n. 142/2013, a aferição da deficiência pelo exame pericial, administrativo ou judicial, não prescinde das diretrizes fixadas na Portaria Interministerial SDH/MPS/MF/MPOG/AGU n. 1, de 27/1/2014, especialmente a avaliação médica e funcional baseada na Classificação Internacional de Funcionalidade, Incapacidade e Saúde (Rel. Juiz Federal Guilherme Bollorini, *DJe* 29.11.2018).

Se a deficiência for adquirida após o ingresso do segurado no RGPS, ou se o grau de deficiência se alterar durante o período de contribuição, a perícia médica deverá constatar a data de início da deficiência e/ou as variações entre seus graus. Nessas hipóteses, os requisitos de tempo de contribuição "serão proporcionalmente ajustados, considerando-se o número de anos em que o segurado exerceu atividade laboral sem deficiência e com deficiência, observado o grau de deficiência correspondente, nos termos do regulamento" (art. 7º). O art. 70-E do Decreto n. 3.048/99, inserido pelo Decreto n. 8.145/2013, fixa os multiplicadores aplicáveis em caso de ajuste proporcional dos requisitos.

Os períodos de contribuição na condição de segurado com deficiência poderão ser computados, na mesma condição, para fins de **contagem recíproca** entre regimes previdenciários diversos.

Quis a LC, cumprindo a Constituição, dar cobertura previdenciária diferenciada a pessoas que apresentem maior dificuldade para o desempenho de suas atividades em comparação com os demais segurados não acometidos pela deficiência.

Note-se que a "especialidade" que dá ensejo ao benefício com critérios diferenciados não está na exposição a agentes nocivos, que ponham em risco a saúde e a integridade física do trabalhador. **A "especialidade", neste caso, está no sujeito ativo da proteção previdenciária.** Protege-se de maneira diferenciada o segurado que, em razão de sua deficiência, tem maiores dificuldades para desempenhar suas atividades.

A condição de pessoa com deficiência deve ser comprovada na data da entrada do requerimento ou na data da implementação dos requisitos para o benefício (art. 70-A do RPS).

O segurado com deficiência pode optar por qualquer outra aposentadoria prevista no RGPS, se lhe for mais vantajosa. Tem direito, portanto, ao melhor benefício.

5.3.5.6.1. Aposentadoria especial por tempo de contribuição

Contingência: ser segurado da Previdência Social, com deficiência grave, moderada ou leve, que tenha contribuído pelo período respectivo. Não se exige idade mínima, bastando a comprovação do grau de deficiência e do respectivo tempo de contribuição.

Em caso de **deficiência grave**, o tempo de contribuição a ser comprovado é de 25 anos para o homem e de 20 anos para a mulher.

Para a **deficiência moderada**, o tempo de contribuição exigido é de 29 anos para o homem e de 24 anos para a mulher.

Se a **deficiência for de grau leve**, o tempo de contribuição necessário é de 33 anos para o homem e de 28 anos para a mulher.

Em todas as hipóteses há diferença de 5 anos de contribuição entre homem e mulher.

Para o correto enquadramento, a deficiência será apurada por perícia do INSS, quando deverão ser considerados os aspectos médico e funcional.

> **Atenção:** essa redução de tempo de contribuição não pode ser acumulada, no mesmo período, com a redução prevista para a aposentadoria especial regulada pelos arts. 57 e 58 da Lei n. 8.213/91.

O Regulamento não permite a conversão de períodos de contribuição na condição de pessoa com deficiência para fins da aposentadoria especial prevista nos arts. 57 e 58 da Lei n. 8.213/91.

Carência: varia conforme o grau de deficiência e o gênero.

Deficiência grave: 300 contribuições mensais (25 anos) para o homem e 240 contribuições mensais (20 anos) para a mulher.

Deficiência moderada: 348 contribuições mensais (29 anos), se homem, e 288 contribuições mensais (24 anos), se mulher.

Deficiência leve: 396 contribuições mensais (33 anos), se homem, e 336 contribuições mensais (28 anos), se mulher.

Sujeito ativo: o segurado.

A lei não distingue entre as diversas classes de segurado, podendo-se concluir que o segurado de qualquer das classes, desde que contribua para o custeio, pode ser sujeito ativo. Porém, o segurado especial só terá direito ao benefício se participar do custeio facultativamente, conforme previsto no art. 199 e no § 2º do art. 200 do RPS.

Sujeito passivo: o INSS.

Termo inicial: a data da entrada do requerimento.

RMI: 100% do salário de benefício. O salário de benefício deverá ser calculado na forma do disposto no art. 26 da EC n. 103/2019, considerando a média aritmética simples de todos os salários de contribuição (100%) do período contributivo a partir da competência julho/1994 (art. 70-J do RPS, com a redação do Decreto n. 10.410/2020).

Deve-se lembrar que a aplicação do fator previdenciário é obrigatória na aposentadoria por tempo de contribuição tratada no item 5.3.5.3, *supra*.

Termo final: a data da morte do segurado.

■ 5.3.5.6.2. *Aposentadoria especial por idade*

Contingência: ser segurado com deficiência, com 60 anos de idade, se homem, ou 55 anos de idade, se mulher, que tenha contribuído por, no mínimo, 15 anos e comprove a situação de deficiência em igual período.

A configuração do direito ao benefício independe do grau de deficiência.

Carência: 180 meses (15 anos) de contribuição, devendo ser comprovada a deficiência em igual período.

O segurado especial terá direito ao benefício na condição de pessoa com deficiência, mas deverá comprovar que trabalhou nessa condição pelo período correspondente à carência.

O § 1º do art. 70-F do Regulamento permite que tempos de contribuição sujeitos a condições que prejudiquem a saúde ou a integridade física do segurado sejam convertidos para fins de aposentadoria especial por idade, desde que tenham sido trabalhados na condição de pessoa com deficiência. Porém, o tempo convertido não será computado para efeito de carência e só será utilizado para fins de cálculo da renda mensal inicial.

Sujeito ativo: o segurado com deficiência.

Sujeito passivo: o INSS.

Termo inicial: a data da entrada do requerimento.

RMI: 70% mais 1% do salário de benefício por grupo de 12 contribuições mensais até o máximo de 30%. O cálculo do salário de benefício deverá obedecer o disposto no art. 26 da EC n. 103/2019.

À semelhança da aposentadoria por idade comum, poderá ser aplicado o fator previdenciário se dele resultar renda mensal de valor maior.

Termo final: a data da morte do segurado.

APOSENTADORIA ESPECIAL DA PESSOA COM DEFICIÊNCIA		
EC N. 103/2019 REGRA TRANSITÓRIA	Enquanto não editada a LC prevista no art. 201, § 1º, I, da CF, serão aplicadas as disposições da LC n. 141/2013 para a concessão da aposentadoria especial do segurado com deficiência, inclusive quanto aos critérios de cálculo.	
Por tempo de contribuição		
CONTINGÊNCIA	Ser segurado da Previdência Social, com deficiência grave, moderada ou leve, que tenha contribuído pelo período respectivo.	
CARÊNCIA	Deficiência grave:	H → 25 anos de contribuição M → 20 anos de contribuição
	Deficiência moderada:	H → 29 anos de contribuição M → 24 anos de contribuição
	Deficiência leve:	H → 33 anos de contribuição M → 28 anos de contribuição

SUJEITO ATIVO	O segurado
SUJEITO PASSIVO	INSS
RMI	100% do salário de benefício, calculado na forma do art. 26 da EC n. 103/2019, com FP se for favorável
TERMO INICIAL	Data do requerimento
TERMO FINAL	Data da morte do segurado
Por idade	
CONTINGÊNCIA	■ Ser segurado com deficiência de qualquer grau → Homem: 60 anos de idade; → Mulher: 55 anos de idade
CARÊNCIA	■ 15 anos de contribuição + deficiência em igual período
SUJEITO ATIVO	■ Segurado com deficiência
SUJEITO PASSIVO	■ INSS
RMI	■ 70% + 1% do salário de benefício por grupo de 12 contribuições mensais até o máximo de 30% → aplica-se o FP se mais vantajoso
TERMO INICIAL	■ Data do requerimento
TERMO FINAL	■ Data da morte do segurado

5.3.5.7. *Auxílio-doença (incapacidade temporária)*

O art. 201 da CF, com a redação dada pela EC n. 103/2019, alterou a denominação que dava à contingência doença e passou a denominá-la *incapacidade temporária*.

Antes que venha alteração legislativa valem as disposições da Lei n. 8.213/1991, que dispõe sobre o auxílio-doença, cobertura previdenciária ao segurado incapaz de forma total e temporária para o trabalho ou para a atividade habitual por mais de 15 dias consecutivos.

O benefício está regulado pelos arts. 59 a 63 do PBPS e arts. 71 a 80 do RPS. O art. 59 dispõe:

> **Art. 59.** O auxílio-doença será devido ao segurado que, havendo cumprido, quando for o caso, o período de carência exigido nesta Lei, ficar incapacitado para o seu trabalho ou para a sua atividade habitual por mais de 15 (quinze) dias consecutivos.

Contingência: estar incapacitado para o trabalho ou para a **atividade habitual** por mais de 15 dias.

A contingência refere-se à **incapacidade temporária**, porque a incapacidade permanente é contingência que gera cobertura previdenciária de aposentadoria por invalidez.

O auxílio-doença foi alcançado pelas disposições da Medida Provisória n. 664, de 30.12.2014, convertida na Lei n. 12.135, de 17.06.2015.

O parágrafo único do art. 59 traz disposição sobre as **doenças ou lesões preexistentes:**

> **Art. 59.** (...)
>
> § 1º. Não será devido o auxílio-doença ao segurado que se filiar ao Regime Geral de Previdência Social já portador da doença ou da lesão invocada como causa para o bene-

fício, exceto quando a incapacidade sobrevier por motivo de progressão ou agravamento da doença ou da lesão (redação dada pela MP n. 871/2019, convertida na Lei n. 13.846/2019).

Remetemos o leitor às considerações expendidas acerca das doenças ou lesões preexistentes em relação à aposentadoria por invalidez (incapacidade permanente), que também se aplicam ao auxílio-doença.

Súmula 65 da TNU: "Os benefícios de auxílio-doença, auxílio-acidente e aposentadoria por invalidez concedidos no período de 28/3/2005 a 20/7/2005 devem ser calculados nos termos da Lei n. 8.213/1991, em sua redação anterior à vigência da Medida Provisória n. 242/2005".

A incapacidade é comprovada por meio de **perícia médica** feita por médico da Previdência Social, integrante da carreira de Perícia Médica da Previdência Social (Lei n. 10.876/2004).

Súmula 78 da TNU: "Comprovado que o requerente de benefício é portador do vírus HIV, cabe ao julgador verificar as condições pessoais, sociais, econômicas e culturais, de forma a analisar a incapacidade em sentido amplo, em face da elevada estigmatização social da doença".

É comum que o segurado, tendo sido indeferido o benefício na via administrativa, ajuíze ação contra o INSS visando a concessão do auxílio-doença.

Ocorre que, em algumas situações, o segurado requer judicialmente a aposentadoria por invalidez. Feita a perícia judicial, conclui-se pela inexistência de incapacidade total e permanente, mas o laudo pericial conclui pela incapacidade temporária. A jurisprudência maciça adota o entendimento no sentido que o auxílio-doença pode ser concedido, judicialmente, mesmo quando o pedido inicial tenha sido de aposentadoria por invalidez, não se configurando julgamento *extra petita*. Entende-se, no caso, que **o auxílio-doença é um *minus* em relação à aposentadoria por invalidez**.[75]

A **Lei n. 13.135/2015** acrescentou disposições importantes à disciplina do auxílio-doença.

A primeira está no **§ 6º do art. 60 do PBPS:** "O segurado que durante o gozo do auxílio-doença vier a exercer atividade que lhe garanta subsistência poderá ter o benefício cancelado a partir do retorno à atividade". No caso concreto, o dispositivo deve ser analisado com muito cuidado. Pode ocorrer de o segurado requerer o benefício e demorar a ter a resposta ao seu requerimento, ficando com sua subsistência comprometida porque não pode exercer sua atividade habitual nem está recebendo a cobertura previdenciária. Volta, então, ao trabalho, apesar das dificuldades que a doença lhe acarreta. Nesse caso, a jurisprudência majoritária decide que, apesar de

---

[75] "(...) II – Não há que se falar em julgamento *extra petita* porque o benefício deferido caracteriza um ***minus*** em relação ao pleito formulado na inicial. III – Para a concessão da aposentadoria por invalidez é necessário comprovar a condição de segurado(a), o cumprimento da carência, salvo quando dispensada, e a incapacidade total e permanente para o trabalho. O auxílio-doença tem os mesmos requisitos, ressalvando-se a incapacidade, que deve ser total e temporária para a atividade habitualmente exercida. (...)" (TRF-3ª Região, AC 0004513-69.2017.4.03.9999, 9ª Turma, Rel. Des. Fed. Marisa Santos, *e-DJF3* Judicial 09.08.2018).

ter exercido atividade durante o período em que deveria receber o auxílio-doença, o segurado tem direito ao recebimento dos valores que lhe deveriam ter sido pagos. A **TNU** dos Juizados Especiais Federais consagrou esse entendimento na **Súmula 72:** "É possível o recebimento de benefício por incapacidade durante período em que houve exercício de atividade remunerada quando comprovado que o segurado estava incapaz para as atividades habituais na época em que trabalhou".

A segunda está no § 7º do mesmo art. 60: "Na hipótese do § 6º, caso o segurado, durante o gozo do auxílio-doença, venha a exercer atividade diversa daquela que gerou o benefício, deverá ser verificada a incapacidade para cada uma das atividades exercidas".

Note-se que, aqui, o dispositivo contempla o exercício, durante o período de gozo do auxílio-doença, de atividade diversa daquela exercida habitualmente pelo segurado. A contingência protegida pela cobertura previdenciária é a *incapacidade para o exercício da atividade habitual por mais de 15 dias*. O que a lei pretende é que se verifique se realmente a contingência se aperfeiçoou, de modo que a incapacidade esteja restrita à atividade habitual, evitando-se a burla ao sistema.

Carência: 12 contribuições mensais, exceto nas hipóteses de dispensa (art. 26, II, do PBPS).

Atenção: com a Lei n. 13.457, de 26.6.2017, que introduziu o art. 27-A no PBPS, o segurado que perder essa condição só terá direito ao auxílio-doença se cumprir metade da carência prevista para o benefício, ou seja, 6 contribuições mensais.

Em se tratando de segurado que exerce **atividades concomitantes**, se ficar incapacitado para apenas uma delas, para efeito de carência são contadas as contribuições pagas apenas em relação a essa atividade (art. 73, § 1º, do RPS).

Não é raro que o segurado exerça mais de uma atividade concomitante. Exemplo: é segurado empregado, exercendo as funções de digitador, mas é também professor de contabilidade. Se for acometido de doença que o incapacite temporariamente para a atividade de digitador, poderá requerer o auxílio-doença em relação a essa atividade e continuar trabalhando como professor. Porém, para ter direito ao auxílio-doença, nesse caso, deverá ter cumprido a carência em relação à atividade de digitador.

Atenção: se o segurado exercer a mesma profissão em todas as atividades concomitantes, terá de se afastar imediatamente de todas elas (art. 73, §§ 1º e 2º, do RPS).

Sujeito ativo: o segurado. A lei não faz distinção entre as espécies de segurados, de modo que todos os segurados podem ter direito ao auxílio-doença.

Atenção: a partir da Lei n. 13.846, de 18.09.2019, o auxílio-doença não será pago ao segurado recluso em regime fechado (art. 59, § 2º, e art. 71, § 3º, do RPS).

Sujeito passivo: o INSS.

Termo inicial:

a) Para o segurado empregado:

a.1) a partir do 16º dia contado do afastamento da atividade. Os primeiros 15 dias são pagos pelo empregador a título de salário (art. 60, § 3º, do PBPS).

a.2) a partir da data do requerimento administrativo, quando o segurado estiver afastado da atividade por mais de 30 dias (art. 72, III, do RPS);

b) Para os demais segurados, inclusive o empregado doméstico:

b.1) a partir da data do início da incapacidade (art. 72, II, do RPS);

b.2) a partir da data do requerimento administrativo, se requerido quando o segurado já estiver afastado da atividade por mais de 30 dias (art. 72, III, do RPS).

RMI: 91% do salário de benefício (art. 61 do PBPS), inclusive se decorrente de acidente do trabalho.

Com a EC n. 103, de 12.11.2019 (*DOU* 13.11.2019), o salário de benefício deve ser calculado, em todos os benefícios previdenciários, considerando 100% dos salários de contribuição do período contributivo contado a partir da competência julho/1994 (art. 26 da EC n. 103/2019).

O auxílio-doença, com a alteração constitucional, passou a ter RMI superior à da aposentadoria por invalidez porque, embora alterado o salário de benefício, o coeficiente de 91% não foi alterado.

A Medida Provisória n. 664, de 30.12.2014, acrescentou o § 10 ao art. 29 do PBPS (em vigor a partir de 1º.03.2015). O dispositivo foi convertido em lei, com algumas alterações de redação, pela **Lei n. 13.135/2015**:

> **§ 10.** O auxílio-doença não poderá exceder a média aritmética simples dos últimos 12 (doze) salários-de-contribuição, inclusive em caso de remuneração variável, ou, se não alcançado o número de 12 (doze), a média aritmética simples dos salários de contribuição existentes.

Criou-se mais uma etapa para o cálculo da RMI do auxílio-doença: calculado o valor de 91% do salário de benefício, este não poderá ser superior à média aritmética simples dos últimos 12 salários de contribuição, ainda que variável a remuneração.

Na hipótese de o segurado não ter ainda pago 12 contribuições mensais, a média será calculada sobre os salários de contribuição comprovados.

A previsão do § 10 é uma tentativa do Poder Executivo de desestimular os requerimentos do benefício. Isso porque há casos em que o sistema de cálculo anterior — sem a inovação do § 10 — possibilitava a obtenção de RMI do auxílio-doença superior à remuneração do segurado.

Atenção: o acréscimo de 25% por necessidade do auxílio permanente de outra pessoa **não se aplica ao auxílio-doença** por falta de previsão legal, vedada a aplicação por analogia do art. 45 do PBPS. A questão será julgada pelo STJ em Recurso Repetitivo, conforme tema n. 982 (v. 5.3.5.1 *supra*).

Termo final: nos termos do art. 78 do RPS, são três as hipóteses em que cessa o auxílio-doença:

a) recuperação da capacidade do trabalho;

b) concessão de aposentadoria por incapacidade permanente; ou,

c) na hipótese de o evento causador da redução da capacidade laborativa ser o mesmo que gerou o auxílio por incapacidade temporária, pela concessão do auxílio-acidente.

A regra é, realmente, que o benefício cesse quando cessar a incapacidade para o trabalho, o que somente a perícia médica pode indicar. Porém, o INSS argumenta sempre que seu reduzido quadro de peritos não permite manter em dia as perícias nos segurados em gozo do benefício, o que pode causar o recebimento por período que ultrapasse o da incapacidade temporária.

Para tentar resolver essa questão, a Lei n. 13.457/2017 acrescentou o § 8º ao art. 60, dispondo que, "sempre que possível, o ato de concessão ou de reativação de auxílio-doença, judicial ou administrativo, deverá fixar o prazo estimado para a duração do benefício". Ou seja, pretende-se que tanto administrativamente quanto na concessão judicial do benefício seja feita uma previsão de cessação da incapacidade, em muito semelhante à "alta médica programada", instituída pela Orientação Interna DIRBEN n. 130, já revogada.

O processo de reabilitação profissional só é instaurado se o segurado não tem mais capacidade para o exercício de sua atividade habitual, mas pode ter condições de exercer outra atividade que lhe garanta a subsistência. Trata-se de procedimento administrativo, ao final do qual o segurado poderá ser considerado apto para o exercício de outra atividade, ou aposentado por invalidez. Enquanto submetido ao procedimento, o segurado continuará recebendo a cobertura previdenciária de auxílio-doença.

Após a concessão do benefício, o segurado tem a obrigação, independentemente de sua idade e sob pena de suspensão do benefício, enquanto não dado por recuperado ou não aposentado por invalidez, de submeter-se periodicamente a exames médicos no INSS.

Também é dever do segurado submeter-se a processos de reabilitação profissional, até mesmo para o exercício de outra atividade, prescritos e custeados pelo INSS, tratamento gratuito, exceto cirurgias e transfusões de sangue, que são facultativos (arts. 60, § 10, e 101 do PBPS e arts. 77 e 79 do RPS).

A IN n. 77/2015 (art. 304, § 2º) dispõe que o segurado poderá requerer ao INSS a realização de nova perícia médica por meio de Pedido de Prorrogação (PP) nos 15 dias anteriores à cessação do benefício, cuja perícia poderá ser realizada pelo mesmo profissional responsável pela avaliação anterior. Se o PP for negado, o segurado terá o prazo de 30 dias, contados da comunicação da decisão contrária, para recorrer à Junta de Recursos do Conselho de Recursos da Previdência Social — JR/CRPS.

Durante o **período de gozo do auxílio-doença**, o segurado empregado, inclusive o doméstico (LC n. 150/2015), será considerado pela empresa e pelo empregador doméstico como **licenciado** (art. 63 do PBPS e art. 80 do RPS).

A MP n. 871, de 18.01.2019 **("pente fino")**, convertida na Lei n. 13.876, de 18.06.2019, instituiu o Programa de Revisão de Benefícios por Incapacidade. Com o objetivo de combater fraudes no recebimento desses benefícios, o INSS deve submeter à perícia médica de revisão os segurados que estejam recebendo o benefício por período superior a 6 meses, que não possuam data de cessação fixada ou indicação de reabilitação profissional.

Também integrará o Programa de Revisão o acompanhamento por médico perito de processos judiciais de benefícios por incapacidade.

O segurado ingressa com a ação judicial após o indeferimento administrativo do benefício. Com frequência, a demora na solução do processo leva o segurado a trabalhar para poder prover seu sustentando, mesmo estando incapacitado. Surge, então, a questão: nos períodos em que tramitava o processo e recebeu remuneração, o segurado tem direito à cobertura previdenciária de auxílio-doença?

A questão foi julgada pelo STJ, no rito dos recursos repetitivos, com suspensão de todos os processos em andamento no território nacional que tratem da mesma questão, que fixou a tese no **Tema 1013**: no período entre o indeferimento administrativo e a efetiva implantação de auxílio-doença ou de aposentadoria por invalidez mediante decisão judicial, o segurado do RGPS tem direito ao recebimento conjunto das rendas do trabalho exercido – ainda que incompatível com a sua incapacidade laboral – e do benefício previdenciário pago retroativamente.

AUXÍLIO-DOENÇA	
CONTINGÊNCIA	■ Estar incapacitado para a atividade habitual por mais de 15 dias
CARÊNCIA	■ 12 contribuições mensais, exceto nas hipóteses de dispensa
SUJEITO ATIVO	■ Segurado
SUJEITO PASSIVO	■ INSS
RMI	■ 91% do salário de benefício, calculado na forma do art. 26 da EC n. 103/2019, inclusive se decorrente de acidente do trabalho, limitada, a partir de 1º.03.2015, à média aritmética simples dos 12 últimos salários de contribuição.
TERMO INICIAL	■ Segurado empregado: ■ o 16º dia contado do afastamento da atividade; ■ a data do requerimento administrativo, quando afastado por mais de 30 dias. ■ Demais segurados, inclusive o empregado doméstico: ■ a data do início da incapacidade; ■ a data do requerimento administrativo, se requerido quando já afastado por mais de 30 dias.
TERMO FINAL	■ o dia em que o benefício for convertido em aposentadoria por invalidez ou auxílio-acidente; ■ o dia em que cessar a incapacidade para o trabalho, conforme perícia médica do INSS; ■ **o dia em que cessar** o prazo de 120 dias, contado da data de concessão ou de reativação se não tiver sido fixada outra data.

■ 5.3.5.8. *Salário-família*

O salário-família foi instituído pela Lei n. 4.266, de 03.10.1963.

A Lei n. 4.266/63 deu o direito ao salário-família aos segurados empregados que tivessem filhos menores, de qualquer condição, até 14 anos de idade. O benefício era pago pela empresa vinculada à Previdência Social, que era reembolsada, mensalmente, dos pagamentos das cotas feitos aos seus empregados, mediante desconto do valor pago no total das contribuições recolhidas ao Instituto ou Institutos de Aposentadoria e Pensões a que forem vinculadas (art. 4º, § 5º).

O benefício foi estendido aos trabalhadores avulsos pela Lei n. 5.480, de 10.08.1968.

O art. 7º, XII, da CF, na redação original, garantia o salário-família para os dependentes dos trabalhadores urbanos e rurais.

A EC n. 20/98 alterou o inc. XII do art. 7º e também o art. 201 da CF, que passaram a dispor:

> **Art. 7º** São direitos dos trabalhadores urbanos e rurais, além de outros que visem à melhoria de sua condição social:
>
> XII — salário-família pago em razão do dependente do trabalhador de baixa renda nos termos da lei;

> **Art. 201.** A previdência social será organizada sob a forma de regime geral, de caráter contributivo e de filiação obrigatória, observados critérios que preservem o equilíbrio financeiro e atuarial, e atenderá, nos termos da lei, a:
>
> IV — salário-família e auxílio-reclusão para os dependentes dos segurados de baixa renda;

Com as alterações introduzidas pela EC n. 20/98, o salário-família é devido **apenas aos dependentes do segurado de baixa renda**, restrição que não existia na legislação anterior.

Embora seja denominado "salário", trata-se de benefício previdenciário, pago pelo empregador ao segurado a seu serviço, mas tendo como sujeito passivo onerado o INSS.

O § 12 do art. 7º da CF deixou para a legislação ordinária a normatização do benefício.

A matéria está regulada pelos arts. 65 a 70 do PBPS, com a redação dada pela LC n. 150/2015, e arts. 81 a 92 do RPS, que determinam o pagamento do benefício ao **segurado empregado**, inclusive o **doméstico**, e ao **segurado trabalhador avulso**, na proporção do respectivo número de filhos ou equiparados (art. 16, § 2º, do PBPS) de até 14 anos de idade ou inválidos de qualquer idade. Antes da LC n. 150/2015, o empregado doméstico estava excluído do rol de sujeitos ativos.

O art. 13 da EC n. 20/98 estabeleceu que o salário-família fosse concedido apenas àqueles que tivessem, à época, renda bruta mensal igual ou inferior a R$ 360,00 (trezentos e sessenta reais), corrigidos monetariamente até que lei disciplinasse o acesso ao benefício, o que ocorreu com a edição do PBPS e de seus sucessivos decretos regulamentadores.

Os valores das cotas do salário-família e da renda bruta considerada são fixados por Portaria, editada anualmente para vigência a partir de 1º de janeiro. A Portaria Ministerial ME n. 09/2019, que dispôs que o valor da renda bruta do trabalhador de baixa renda não poderia ser superior a R$ 1.364,43 (um mil trezentos e sessenta e quatro reais e quarenta e três centavos). Esse valor foi mantido pelo art. 27 da EC n. 103/2019 até que seja editada lei que discipline o acesso ao salário-família. A EC n. 103/2019 também fixou valor único para a cota do benefício.

A Portaria ME n. 914, de 13.01.2020, fixou em R$ 1.425,56 (mil, quatrocentos e vinte e cinco reais e cinquenta e seis centavos) o valor da renda bruta a ser considerada a partir de 1º.01.2020.

O salário-família **não substitui** a renda ou o salário de contribuição, mas, sim, se destina a dar ao trabalhador de baixa renda condições de propiciar o sustento e a educação de seus filhos.

Contingência: ser segurado empregado, empregado doméstico ou avulso, com renda bruta não superior a **R$ 1.425,56** (um mil, quatrocentos e vinte e cinco reais e cinquenta e seis centavos) que mantém filhos de até 14 anos de idade incompletos ou inválidos de qualquer idade. A comprovação da invalidez é feita por perícia médica no INSS.

A lei equipara aos filhos **os enteados e os tutelados** que não tenham condições de manter o próprio sustento (arts. 65 e 66 do PBPS e art. 81 do RPS).

O segurado deve apresentar ao INSS a certidão de nascimento do filho ou a documentação relativa ao equiparado ou ao inválido; anualmente deverá apresentar atestado de vacinação obrigatória (até 6 anos de idade) e, semestralmente, de frequência do filho ou equiparado à escola (a partir de 7 anos de idade), sob pena de suspensão do benefício (art. 84, § 2º, do RPS). O empregado doméstico deverá apresentar apenas a certidão de nascimento do filho ou equiparado (art. 67, parágrafo único, do PBPS, incluído pela LC n. 150/2015).

Carência: independe de carência (art. 26, I, do PBPS).

Sujeito ativo: os segurados empregados, empregados domésticos e os avulsos, o servidor sem regime próprio de previdência e os segurados aposentados especificados no art. 82 do RPS, isto é, empregado ou trabalhador avulso aposentados por invalidez ou por idade, trabalhador rural aposentado por idade, e os demais aposentados que tenham 60 anos ou mais, se mulheres, e 65 anos ou mais, se homens.

Os segurados contribuinte individual, segurado especial e segurado facultativo não têm direito ao benefício.

Se o pai e a mãe forem segurados empregados, inclusive domésticos, ou trabalhadores avulsos, ambos terão direito ao benefício (art. 82, § 3º, do RPS). Para tanto, a renda de cada um deles não pode ultrapassar o valor máximo permitido.

Em se tratando de pais separados, só tem direito ao benefício aquele que tem a guarda do filho.

Atenção: o sujeito ativo é o segurado. Porém, o art. 87 do RPS determina que o salário-família seja **pago àquele a cujo cargo ficar o sustento do menor ou a outra pessoa (desde que por determinação judicial)** nas hipóteses de divórcio, separação judicial ou de fato dos pais, abandono legalmente caracterizado ou perda do pátrio poder.

Sujeito passivo: é o INSS, sujeito passivo onerado pelo pagamento.

O benefício é pago ao segurado empregado, junto com seu salário, mensalmente, pela empresa.

A empresa, mensalmente, deve fazer a compensação do que pagou a título de salário-família com os valores da contribuição previdenciária sobre a folha de salários a seu cargo (art. 68 do PBPS e art. 82, § 4º, do RPS).

Ao segurado trabalhador avulso o salário-família é pago pelo sindicato, que receberá do INSS o repasse dos valores pagos.

É o INSS que paga o salário-família aos segurados aposentados ou em gozo de auxílio-doença.

RM: o salário-família é calculado com base no número de dependentes cuja existência dá direito ao benefício. **A cada dependente corresponde uma cota**, de modo que a renda mensal corresponde à soma do número de cotas.

A renda mensal não é calculada com base no salário de benefício.

A cota tem valor fixo. A partir de 13.11.2019 (EC n. 103/2019), o valor da cota do salário-família foi fixado em R$ 46,54 (quarenta e seis reais e cinquenta e quatro centavos), independentemente da faixa salarial do segurado. Mas a Portaria ME n. 914, de 13.01.2020, fixou o valor em R$ 48,62 (quarenta e oito reais e sessenta e dois centavos) a partir de 1º.01.2020.

Até 12.11.2019, o valor da cota do salário família variava de acordo com a faixa salarial do segurado.

Atenção: o valor das cotas do salário-família não será incorporado ao salário ou ao salário de benefício (art. 70 do PBPS e art. 92 do RPS).

Por ser benefício que não substitui a renda ou o salário de contribuição, a renda mensal do salário-família **pode ser inferior a um salário mínimo**, não tendo aplicação o disposto no art. 201, § 2º, da CF.

Termo inicial: a data da apresentação da documentação exigida em lei (art. 67 do PBPS e art. 84 do RPS).

Termo final (art. 88 do RPS):

a) por morte do filho, do enteado ou do menor tutelado, a contar do mês seguinte ao do óbito;

b) quando o filho ou equiparado completar 14 anos de idade, salvo se inválido, a partir do mês seguinte ao da data do aniversário;

c) quando recuperada a capacidade do filho ou equiparado inválido, a partir do mês seguinte ao da cessação da incapacidade;

d) pelo desemprego do segurado.

SALÁRIO-FAMÍLIA	
CONTINGÊNCIA	■ Ser segurado empregado, empregado doméstico ou avulso com renda bruta não superior a R$ 1.425,56 que mantém filhos de até 14 anos de idade incompletos ou inválidos de qualquer idade, até que lei disponha sobre o benefício.
CARÊNCIA	■ Independe de carência
SUJEITO ATIVO	■ o segurado empregado; ■ o segurado empregado doméstico; ■ o segurado trabalhador avulso; ■ o servidor sem regime próprio de previdência; ■ o segurado empregado ou trabalhador avulso aposentado por invalidez ou por idade; ■ o trabalhador rural aposentado por idade; ■ os demais aposentados que tenham 60 anos ou mais (mulheres), e 65 anos ou mais (homens).
SUJEITO PASSIVO	■ INSS (sujeito passivo onerado)
RENDA MENSAL	Fixado em número de cotas correspondente ao número de dependentes. ■ cota de R$ 48,62, independentemente de quantidade de contratos e de atividades exercidas (Portaria ME n. 914/2020).
TERMO INICIAL	■ A data da apresentação da documentação exigida em lei.
TERMO FINAL	■ a contar do mês seguinte ao do óbito, em caso de morte do filho ou equiparado; ■ a partir do mês seguinte ao da data do aniversário quando o filho ou equiparado completar 14 anos de idade, salvo se inválido; ■ a partir do mês seguinte ao da cessação da incapacidade do filho ou equiparado inválido; ■ pelo desemprego do segurado.

■ *5.3.5.9. Salário-maternidade*

Antes da Constituição de 1988, o salário-maternidade estava previsto no art. 392 da Consolidação das Leis do Trabalho (CLT) e era devido durante 84 dias, que equivalem a 12 semanas.

A CF de 1988 (art. 7º, XVIII) garante licença à gestante, sem prejuízo do emprego ou do salário, com a duração de 120 dias. E no art. 201, II, está garantida a proteção previdenciária à maternidade, especialmente à gestante.

O art. 71 do PBPS garante:

> **Art. 71.** O salário-maternidade é devido à segurada da Previdência Social, durante 120 (cento e vinte) dias, com início no período entre 28 (vinte e oito) dias antes do parto e a data de ocorrência deste, observadas as situações e condições previstas na legislação no que concerne à proteção à maternidade.

A Lei n. 10.421, de 15.04.2002, acrescentou ao PBPS o art. 71-A e estendeu o benefício à **segurada que adotar ou obtiver guarda judicial para fins de adoção:**

> **Art. 71-A.** À segurada da Previdência Social que adotar ou obtiver guarda judicial para fins de adoção de criança é devido salário-maternidade pelo período de 120 (cento e vinte) dias, se a criança tiver até 1(um) ano de idade, de 60 (sessenta) dias, se a criança tiver entre 1 (um) e 4 (quatro) anos de idade, e de 30 (trinta) dias, se a criança tiver de 4 (quatro) a 8 (oito) anos de idade.
>
> Parágrafo único. O salário-maternidade de que trata este artigo será pago diretamente pela Previdência Social.

O art. 71-A foi alterado pela Lei n. 12.873, de 24.10.2013, trazendo duas importantes inovações no salário-maternidade, quando se tratar de adoção ou de guarda judicial para fins de adoção: o benefício será pago durante 120 dias, independentemente da idade da criança adotada ou sob guarda judicial para fins de adoção; e passou-se a permitir que a cobertura previdenciária seja dada também ao segurado que adotar ou obtiver guarda judicial para fins de adoção:

> **Art. 71-A.** Ao segurado ou segurada da Previdência Social que adotar ou obtiver guarda judicial para fins de adoção de criança é devido salário-maternidade pelo período de 120 (cento e vinte) dias.
>
> § 1º O salário-maternidade de que trata este artigo será pago diretamente pela Previdência Social.
>
> § 2º Ressalvado o pagamento do salário-maternidade à mãe biológica e o disposto no art. 71-B, não poderá ser concedido o benefício a mais de um segurado, decorrente do mesmo processo de adoção ou guarda, ainda que os cônjuges ou companheiros estejam submetidos a Regime Próprio de Previdência Social.

A Lei n. 11.770, de 09.09.2008, instituiu o Programa Empresa Cidadã, destinado a prorrogar por 60 (sessenta) dias a duração da licença-maternidade prevista no art. 7º, XVIII, da CF. Entretanto, a licença-maternidade com duração de 180 dias só pode ser concedida a partir de 2010.

> **Atenção:** a prorrogação da duração da licença-maternidade não foi acompanhada de igual disposição em matéria previdenciária. **O salário-maternidade concedido pelo PBPS tem duração de 120 dias**.

Havendo prorrogação da licença-maternidade, a segurada empregada terá direito à sua remuneração integral, nos mesmos moldes devidos no período de percepção do salário-maternidade pago pelo regime geral de previdência social, na forma do art. 3º da Lei n. 11.770/2008. Caberá à empresa empregadora pagar os salários do período de prorrogação da licença e, tratando-se de pessoa jurídica tributada com base no lucro real, poderá deduzir do imposto devido, em cada período de apuração, o total dos valores pagos à empregada no período; porém, esses valores não poderão ser deduzidos como despesa operacional (art. 5º).

O **salário-maternidade não pode ser acumulado com benefício por incapacidade**; havendo incapacidade concomitante, o benefício pago em razão da contingência *incapacidade* será suspenso enquanto durar o pagamento do salário-maternidade (art. 102 do RPS).

A segurada aposentada que voltar a exercer atividade sujeita ao RGPS terá direito a salário-maternidade (art. 103 do RPS).

Contingência: ser mãe, adotar ou obter guarda judicial para fins de adoção.

O art. 343, § 1º, da IN 77/2015, utilizando a expressão "fato gerador", dispõe que "considera-se fato gerador do salário-maternidade, **o parto, inclusive do natimorto, o aborto não criminoso, a adoção ou a guarda judicial para fins de adoção**".

Carência: o período de carência varia ou não existe de acordo com o tipo de segurado ou segurada considerado.

Com a inclusão do art. 27-A no PBPS pela Lei n. 13.457/2017, alterado pela Lei n. 13.846/2019, a perda da condição de segurada imporá o cumprimento de **metade** da carência para posterior direito ao benefício.

O período de carência é **reduzido em caso de parto antecipado**. A redução é igual ao número de contribuições equivalente ao número de meses da antecipação (art. 25, parágrafo único, do PBPS).

Variando conforme o tipo de segurado ou segurada, tem-se que a carência para:

a) seguradas(os) empregada(o), empregada(o) doméstica(o) e avulsa(o): não é exigida (art. 26, VI, do PBPS).

> **Atenção:** para fins de salário-maternidade, há julgados que acolhem entendimento no sentido de que a trabalhadora rural diarista (boia-fria) deve ser enquadrada como segurada empregada.[76]

b) seguradas(os) contribuinte individual e facultativa(o): 10 contribuições mensais.

c) segurada(o) especial: no item 5.3.3.1.2.5, *supra*, tratou-se do conceito de segurado especial, que nessa condição não recolhe contribuições previdenciárias, a não ser que se inscreva como contribuinte individual.

Se não paga contribuição previdenciária, o segurado especial não comprova carência, mas, sim, o exercício de atividade rural, ainda que de forma descontínua, nos 10 meses imediatamente anteriores ao do início do benefício (art. 25, III, e art. 39, parágrafo único, do PBPS, com a redação dada pela Lei n. 13.846/2019).

Sujeito ativo: com as alterações introduzidas no PBPS pela Lei n. 12.873, de 24.10.2013, o segurado passou a ter direito ao benefício quando adotar ou obtiver guarda judicial para fins de adoção. Por isso, deve ser acrescentado ao rol de sujeitos ativos da relação jurídica.

A alteração foi mais além, prevendo situações em que o(a) segurado(a) vem a morrer antes de iniciar ou no decorrer do período de recebimento do benefício. Nesse caso, o art. 71-B, acrescentado pela Lei n. 12.873/2013, com vigência a partir de 25.01.2014, dispõe que o benefício será pago, por todo o período ou pelo período restante, ao cônjuge ou companheiro sobrevivente que tenha a qualidade de segurado. O segurado sobrevivente só não sucederá o falecido no recebimento do benefício se não se afastar do trabalho, se o filho morrer ou for abandonado.

---

[76] "(...) 7 — A trabalhadora rural, diarista, é empregada e segurada da Previdência Social, enquadrada no inciso I, do artigo 11, da Lei n. 8.213/91, tendo em vista que sua atividade tem características de subordinação e habitualidade, porém, dada a realidade do campo, não é possível manter o trabalho regido por horário fixo e por dias certos e determinados. 8 — Por ser qualificada como empregada rural, a concessão do benefício independe de carência. Inteligência do artigo 26, VI, da Lei de Benefícios (...)" (TRF 3ª Região, AC 200303990092937, 9ª Turma, Rel. Des. Fed. Nelson Bernardes, *DJF3* 07.05.2008).

Trata-se de autêntica sucessão de sujeitos ativos. Note-se que a hipótese não é de concessão de novo benefício ao sobrevivente, mas, sim, do mesmo benefício, que apenas passa a ser pago a outro sujeito ativo.

Tem-se, então, 3 classes de sujeitos ativos:

1ª) a segurada empregada, empregada doméstica, trabalhadora avulsa, segurada servidora pública sem regime próprio de previdência, segurada contribuinte individual, segurada especial e segurada contribuinte facultativa que tenha filho;

2ª) o(a) segurado(a) empregado(a), empregado(a) doméstico(a), trabalhador(a) avulso(a), segurado(a) servidor(a) público(a) sem regime próprio de previdência, segurado(a) contribuinte individual, segurado(a) especial e segurado(a) contribuinte facultativo(a), que adote ou obtenha guarda judicial para fins de adoção;

3ª) a partir de 25.01.2014, o(a) segurado(a) cônjuge ou companheiro(a) sobrevivente do(a) segurado(a) falecido, mesmo que adotante, antes de iniciar ou no gozo do período de pagamento do salário-maternidade, salvo se o filho morrer ou for abandonado, ou, ainda, se não se afastar do trabalho ou da atividade desempenhada.

O reconhecimento da adoção e da guarda judicial, para fins de adoção como contingências geradoras de cobertura previdenciária, e, ainda, o reconhecimento do direito do homem adotante ao benefício têm direta repercussão no número de benefícios concedidos em razão do mesmo processo de adoção. É que, no caso, deve-se considerar eventual direito da mãe biológica, do adotante e de seu sucessor em caso de falecimento. Por isso, o § 2º do art. 71-A dispõe que o benefício não poderá ser concedido a mais de um segurado em razão do mesmo processo de adoção ou guarda, ainda que os cônjuges ou companheiros estejam filiados a regimes próprios de previdência social. Dessa forma, se um dos cônjuges ou companheiros receber o benefício em razão de sua filiação ao regime previdenciário dos servidores públicos, o outro não terá cobertura pelo RGPS.

Atenção: o art. 97 do RPS, na sua redação original, vedava a concessão de salário-maternidade à **segurada desempregada**. O indeferimento do benefício ocorria mesmo quando a segurada ainda estava em gozo do período de graça. O dispositivo foi muito combatido no Poder Judiciário, ao fundamento de que a restrição não constava de lei e, por consequência, não poderia ser veiculada por Decreto.

A nosso ver, o Decreto realmente extrapolou a lei porque, além de, sem legitimidade, trazer restrição a direitos, contrariou o próprio sistema previdenciário, que continua a dar proteção por alguns períodos, taxativamente indicados em lei, independentemente de contribuição.

Esse entendimento foi reiteradamente adotado pela jurisprudência[77] até que foram editados o **Decreto n. 6.122, de 13.06.2007** (*DOU* 14.06.2007), e o Decreto n. 10.420, de 30.06.2020 que alterou o art. 97 do RPS, passando a dispor:

[77] "(...) Não é necessária a existência de vínculo empregatício para a concessão do salário-maternidade, bastando a comprovação da manutenção da qualidade de segurada. O art. 97 do Decreto n.

Art. 97. O salário-maternidade da segurada empregada será devido pela previdência social enquanto existir relação de emprego, observadas as regras quanto ao pagamento desse benefício pela empresa.

Parágrafo único. Durante o período de graça a que se refere o art. 13, a segurada desempregada fará jus ao recebimento do salário-maternidade, situação em que o benefício será pago diretamente pela previdência social.

Com a alteração, a cobertura previdenciária foi **estendida à segurada desempregada, durante o período de graça**, nas hipóteses em que a demissão ocorra antes da gravidez ou, se durante a gestação, nas hipóteses de dispensa por justa causa ou a pedido.

Sujeito passivo: o INSS é o sujeito passivo onerado.

O pagamento do benefício nem sempre é feito pelo INSS:

a) segurado(a) que adotar ou obtiver guarda judicial para fins de adoção, trabalhador(a) avulso(a), empregado(a) doméstico(a), empregado(a) do microempreendedor individual (art. 18-A da LC 123/2006),[78] contribuinte individual, contribuinte facultativo(a) e segurado(a) com contrato de trabalho intermitente: o pagamento é feito diretamente pelo INSS (arts. 71-A, 72, § 3º, e 73 do PBPS e arts. 93-A, § 6º, 100 e 101 do RPS);

b) segurado(a) empregado(a): o pagamento é feito diretamente pela respectiva empresa empregadora e enquanto existir a relação de emprego (art. 97 do RPS). A empresa responsável pelo pagamento fará a compensação por ocasião do pagamento das contribuições incidentes sobre a folha de salários (art. 72, § 1º, do PBPS e art. 94 do RPS);

c) segurado(a) desempregado(a): o pagamento será feito diretamente pela Previdência Social (art. 97, parágrafo único, do RPS, com as alterações do Decreto n. 10.410/2020).

d) segurado(a) sucessor(a) de segurado(a) falecido(a) com direito ao salário-maternidade: o pagamento é feito diretamente pelo INSS (art. 71-B, § 1º).

RM: a renda mensal do salário-maternidade é fixada de acordo com o tipo de segurada considerado:

a) Segurado(a) empregado(a): renda mensal igual à sua última remuneração integral (art. 72 do PBPS e art. 94 do RPS).

A renda mensal do salário-maternidade do(a) segurado(a) empregado(a) **não está sujeita ao limite máximo do salário de contribuição**.

3.048/99, ao restringir a concessão do salário-maternidade à existência de relação empregatícia, exorbitou a competência regulamentar prevista constitucionalmente, dispondo de modo diverso da previsão legal. Comprovada a manutenção da qualidade de segurada na data do parto, nos termos do art. 15, inc. II, da Lei n. 8.213/91, é de ser reconhecido o direito ao benefício de salário-maternidade. (...)" (TRF 3ª Região, AC 200561190015882, 7ª Turma, Rel. Des. Fed. Leide Polo, *DJF3 CJ1* 13.08.2009, p. 315).

78 Modificação do § 3º do art. 72 pela Lei n. 12.470/2011.

Na redação original, o art. 72 do PBPS dispunha: o salário-maternidade para a segurada empregada ou trabalhadora avulsa consistirá numa renda mensal igual à sua remuneração integral e será pago pela empresa, efetivando-se a compensação quando do recolhimento das contribuições, sobre a folha de salários.

A EC n. 20/98 fixou em R$ 1.200,00 (um mil e duzentos reais) o valor máximo da renda mensal dos benefícios previdenciários. A partir daí, o INSS passou a adotar entendimento no sentido de que a renda mensal do salário-maternidade também não poderia superar o teto.

A questão foi levada ao **STF, que acabou por afastar do salário-maternidade da segurada empregada a aplicação do limite máximo** do valor dos benefícios do RGPS fixado pelo art. 14 da EC n. 20/98:

> "(...) 3. Na verdade, se se entender que a Previdência Social, doravante, responderá apenas por R$ 1.200,00 (hum mil e duzentos reais) por mês, durante a licença da gestante, e que o empregador responderá, sozinho, pelo restante, ficará sobremaneira, facilitada e estimulada a opção deste pelo trabalhador masculino, ao invés da mulher trabalhadora. Estará, então, propiciada a discriminação que a Constituição buscou combater, quando proibiu diferença de salários, de exercício de funções e de critérios de admissão, por motivo de sexo (art. 7º, inc. XXX, da CF/88), proibição, que, em substância, é um desdobramento do princípio da igualdade de direitos, entre homens e mulheres, previsto no inciso I do art. 5º da Constituição Federal. Estará, ainda, conclamado o empregador a oferecer à mulher trabalhadora, quaisquer que sejam suas aptidões, salário nunca superior a R$ 1.200,00, para não ter de responder pela diferença. (...) 5. Reiteradas as considerações feitas nos votos, então proferidos, e nessa manifestação do Ministério Público federal, a Ação Direta de Inconstitucionalidade é julgada procedente, em parte, para se dar, ao art. 14 da Emenda Constitucional n. 20, de 15.12.1998, interpretação conforme à Constituição, excluindo-se sua aplicação ao salário da licença-gestante, a que se refere o art. 7º, inciso XVIII, da Constituição Federal. 6. Plenário. Decisão unânime" (ADI 1.946/DF, Rel. Min. Sydney Sanches, *DJ* 16.05.2003, p. 90).

Nessa decisão, o STF aplicou não só princípios setoriais da seguridade social, como também garantiu que o sistema previdenciário não servisse de fator de discriminação para as mulheres, que, a vingar a pretensão do INSS de que o empregador pagasse o valor que superasse o limite máximo, acabariam mesmo prejudicadas na busca do emprego.

Se tiver empregos concomitantes, o(a) segurado(a) empregado(a) terá direito ao salário-maternidade relativo a cada emprego (art. 98 do RPS);

b) Segurado(a) trabalhador(a) avulso(a): a renda mensal é igual à remuneração integral equivalente a um mês de trabalho (art. 100 do RPS);

c) Segurado(a) empregado(a) doméstico(a): a renda mensal é igual ao valor do seu último salário de contribuição (art. 73, I, do PBPS e art. 101, I, do RPS);

d) Segurado(a) especial: renda mensal igual ao valor de um salário mínimo (art. 39, parágrafo único, do PBPS e art. 101, II, do RPS);

e) Segurado(a) especial que contribui facultativamente como contribuinte individual: (um doze avos) do valor sobre o qual incidiu sua última contribuição anual (art. 73, II, do PBPS);

f) Segurado(a) contribuinte individual, facultativo(a) e para as que mantenham a qualidade de segurado(a): (um doze avos) da soma dos 12 últimos salários de contribuição apurados em período não superior a 15 meses (art. 73, III, do PBPS e art. 101, III, do RPS).

g) Segurado(a) sucessor(a) de segurado(a) falecido(a) com direito ao salário-maternidade: valor fixado na forma prevista para os demais segurados.

h) Segurado(a) desempregado(a), desde que mantida a qualidade de segurado(a): 1/12 (um doze avos) da soma dos 12 últimos salários de contribuição, apurados em um período não superior a 15 meses, na forma do parágrafo único do art. 73, incluído no PBPS pela Lei n. 13.846/2019 (13.06.2019).

Esses segurados, por vezes, têm períodos em que não há contribuição para o custeio.

Nesse caso, para manter o equilíbrio financeiro e atuarial do sistema previdenciário, os 12 últimos salários de contribuição considerados para o cálculo do valor da renda mensal do salário-maternidade não podem ser apurados em período superior a 15 meses, ou seja, devem ser encontrados 12 meses de contribuição dentro de um período retroativo de até 15 meses.

Termo inicial: regra geral, o salário-maternidade pode ser concedido dentro dos 28 dias que antecedem o parto, podendo ser antecipado em 2 semanas em casos excepcionais, atestados por médico (art. 93, § 3º, do RPS). Essa é a regra geral.

Para as seguradas que adotam criança e as que têm guarda judicial para fins de adoção, o termo inicial é a data da adoção ou da guarda judicial para fins de adoção.

Para o(a) segurado(a) sucessor(a), o termo inicial é a data do óbito do segurado(a) falecido(a) com direito ao salário-maternidade.

Termo final: em regra, o termo final se dá no final de 91 dias após o parto, antecipado ou não (art. 93, § 4º, do RPS), podendo ser acrescido de mais 2 semanas, em casos excepcionais, mediante atestado médico específico (art. 93, § 3º, do RPS), ou com a morte da segurada.

Porém, há situações em que o termo final é fixado com a utilização de outros critérios:

Em caso de aborto não criminoso, o termo final ocorrerá no último dia de 2 semanas (art. 93, § 5º, do RPS).

Antes da modificação introduzida pela Lei n. 12.873/2013, para a segurada que adotasse ou obtivesse guarda judicial para fins de adoção, o termo final era fixado em razão da idade da criança adotada ou sob guarda judicial para fins de adoção (art. 71-A do PBPS e art. 93-A do RPS).

A nosso ver, não era legítima a utilização da idade da criança como critério para fixação da duração do período do recebimento de benefício. Parece-nos que a lei caminhou na contramão da realidade, porque quanto maior a idade da criança, sem dúvida, mais difícil é a adaptação entre mãe e filho.

A Medida Provisória n. 613, de 06.06.2013, alterou o art. 71-A, excluindo a restrição da duração do benefício em razão da idade da criança adotada, fixando-a em 120 dias. A MP n. 613/2013 foi convertida na Lei n. 12.873/2013, que manteve o prazo de 120 dias e passou a prever o pagamento do benefício também para o segurado adotante.

SALÁRIO-MATERNIDADE	
CONTINGÊNCIA	■ Ser mãe, adotar ou obter guarda judicial para fins de adoção
CARÊNCIA	■ varia ou não existe de acordo com o tipo de segurado(a) considerado; ■ reduzida, em caso de parto antecipado, em número de meses igual ao da antecipação;
SUJEITO ATIVO	■ segurado(a) empregado(a); ■ empregado(a) doméstico(a); ■ trabalhador(a) avulso(a); ■ segurado(a) servidor(a) público(a) sem regime próprio de previdência; ■ segurado(a) contribuinte individual; ■ segurado(a) especial; ■ facultativo(a); ■ desempregado(a), durante o período de graça; ■ a partir de 25.01.2014, o(a) segurado(a) sucessor(a) de segurado(a) falecido(a) com direito ao benefício. ■ a partir de 18.06.2019, o(a) segurado(a) desempregado(a), desde que mantida a qualidade de segurado(a).
SUJEITO PASSIVO	■ INSS (onerado)
RMI	■ Fixada de acordo com o tipo de segurado(a) considerado
TERMO INICIAL	■ dentro dos 28 dias que antecedem o parto; ■ pode ser antecipado em 2 semanas, em casos excepcionais; ■ o dia do óbito do(a) segurado(a) com direito ao benefício.
TERMO FINAL	■ em regra, no final de 91 dias após o parto, antecipado ou não; ■ pode ser acrescido de mais 2 semanas, em casos excepcionais; ■ no último dia de 2 semanas, em caso de aborto não criminoso. ■ no final de 120 dias após a adoção ou guarda judicial para fins de adoção.

5.3.5.10. *Auxílio-acidente*

O auxílio-acidente de qualquer natureza é benefício previdenciário ***sui generis***, uma vez que não substitui os salários de contribuição ou os ganhos habituais do trabalhador que deixa de exercer suas atividades. A lei lhe confere, expressamente, **natureza indenizatória** (art. 86 do PBPS).

Na redação original da Lei n. 8.213/91, o auxílio-acidente era cobertura previdenciária concedida apenas quando se tratasse de acidente do trabalho, tal como definido na lei. Com as alterações introduzidas pelas Leis ns. 9.032/95 e 9.528/97, a cobertura previdenciária alcança **acidente de qualquer natureza, inclusive do trabalho:**[79]

---

[79] Cf. Hermes Arrais Alencar, ob. cit., p. 391: "(...) Na verdade, a alteração buscou a harmonia na lógica na concessão dos benefícios, uma vez que os benefícios previdenciários *stricto sensu* auxílio-doença, aposentadoria por invalidez e pensão por morte, possuem homônimos acidentários. O auxílio-acidente (INSS b/94) era a exceção; era o único benefício concedido tão só em decorrência de acidente de trabalho (e de mesopatias e tecnopatias). A exclusividade cessou com a Lei n. 9.032, de 1995. O auxílio-acidente, agora, possui homônimo previdenciário. Em suma, **o auxílio-acidente é devido em decorrência de acidente do trabalho, já por ocasião da Lei n. 8.213, de 1991, redação original, bem como em virtude de acidente de qualquer natureza, desde a Lei n. 9.032/95** (...)".

REDAÇÃO ORIGINAL	LEI N. 9.032/95	LEI N. 9.129/95	LEI N. 9.528/97	MP N. 905/2019	MP N. 955/2020
Art. 86. O auxílio-acidente será concedido ao segurado quando, após a consolidação das lesões decorrentes do acidente do trabalho, resultar sequela que implique:	**Art. 86.** O auxílio-acidente será concedido, como indenização, ao segurado quando, após a consolidação das lesões decorrentes de acidente de qualquer natureza que impliquem em redução da capacidade funcional.	**Art. 86.** O auxílio-acidente será concedido, como indenização, ao segurado quando, após a consolidação das lesões decorrentes de acidente de qualquer natureza, resultar sequelas que impliquem redução da capacidade funcional.	**Art. 86.** O auxílio-acidente será concedido, como indenização, ao segurado quando, após consolidação das lesões decorrentes de acidente de qualquer natureza, resultarem sequelas que impliquem redução da capacidade para o trabalho que habitualmente exercia.	**Art. 86.** O auxílio-acidente será concedido, como indenização, ao segurado quando, após a consolidação das lesões decorrentes de acidente, resultarem sequelas que impliquem redução da capacidade para o trabalho que habitualmente exercia, conforme situações discriminadas no regulamento.	REVOGADO
I — redução da capacidade laborativa que exija maior esforço ou necessidade de adaptação para exercer a mesma atividade, independentemente de reabilitação profissional;	REVOGADO				
II — redução da capacidade laborativa que impeça, por si só, o desempenho da atividade que exercia à época do acidente, porém, não o de outra, do mesmo nível de complexidade, após reabilitação profissional; ou	REVOGADO				
III — redução da capacidade laborativa que impeça, por si só, o desempenho da atividade que exercia à época do acidente, porém não o de outra, de nível inferior de complexidade, após reabilitação profissional.	REVOGADO				
§ 1º O auxílio-acidente, mensal e vitalício, corresponderá, respectivamente às situações previstas nos incisos I, II e III deste artigo, a 30% (trinta por cento), 40% (quarenta por cento) ou 60% (sessenta por cento) do salário de contribuição do segurado vigente no dia do acidente, não podendo ser inferior a esse percentual do seu salário de benefício.	§ 1º O auxílio-acidente mensal e vitalício corresponderá a 50% (cinquenta por cento) do salário de benefício do segurado.		§ 1º O auxílio-acidente mensal corresponderá a cinquenta por cento do salário de benefício e será devido, observado o disposto no § 5º, até a véspera do início de qualquer aposentadoria ou até a data do óbito do segurado.	§ 1º O auxílio-acidente mensal corresponderá a 50% (cinquenta por cento) do benefício de aposentadoria por invalidez a que o segurado teria direito e será devido somente enquanto persistirem as condições de que trata o *caput*.	REVOGADO

§ 2º O auxílio-acidente será devido a partir do dia seguinte ao da cessação do auxílio-doença, independentemente de qualquer remuneração ou rendimento auferido pelo acidentado.			§ 2º O auxílio-acidente será devido a partir do dia seguinte ao da cessação do auxílio-doença, independentemente de qualquer remuneração ou rendimento auferido pelo acidentado, vedada sua acumulação com qualquer aposentadoria.	§ 1º-A. Na hipótese de manutenção das condições que ensejaram o reconhecimento do auxílio-acidente, o auxílio será devido até a véspera do início de qualquer aposentadoria ou até a data do óbito do segurado.	REVOGADO
§ 3º O recebimento de salário ou concessão de outro benefício não prejudicará a continuidade do recebimento do auxílio-acidente.			§ 3º O recebimento de salário ou concessão de outro benefício, exceto de aposentadoria, observado o disposto no § 5º, não prejudicará a continuidade do recebimento do auxílio-acidente.		
§ 4º Quando o segurado falecer em gozo do auxílio-acidente, a metade do valor deste será incorporada ao valor da pensão se a morte não resultar do acidente do trabalho.	REVOGADO		§ 4º A perda da audição, em qualquer grau, somente proporcionará a concessão do auxílio-acidente, quando, além do reconhecimento de causalidade entre o trabalho e a doença, resultar, comprovadamente, na redução ou perda da capacidade para o trabalho que habitualmente exercia.		
§ 5º Se o acidentado em gozo do auxílio-acidente falecer em consequência de outro acidente, o valor do auxílio-acidente será somado ao da pensão, não podendo a soma ultrapassar o limite máximo previsto no § 2º do art. 29 desta lei.	REVOGADO				
				§ 6º As sequelas a que se refere o *caput* serão especificadas em lista elaborada e atualizada a cada três anos pela Secretaria Especial de Previdência e Trabalho do Ministério da Economia, de acordo com critérios técnicos e científicos.	REVOGADO

Trata-se de benefício concedido ao segurado que, após sofrer **acidente de qualquer natureza, inclusive do trabalho, passa a ter redução na sua capacidade de trabalho.**

Não se configura a incapacidade total para o trabalho, mas sim, consolidadas as lesões decorrentes do acidente, o segurado tem que se dedicar a outra atividade, na qual, por certo, terá rendimento menor.

O auxílio-acidente tem por objetivo **recompor, "indenizar"** o segurado pela perda parcial de sua capacidade de trabalho, com consequente redução da remuneração.

O benefício será pago enquanto o segurado não se aposentar, ou seja, receberá o benefício e a remuneração da nova atividade que exercer, ou até a data fixada como de cessação das condições que deram direito ao benefício (art. 86, § 1º).

Por pertinente, cabe transcrever a lição de **Simone Barbisan Fortes e Leandro Paulsen**:[80]

> "(...) O fato gerador do benefício, portanto, é complexo, uma vez que envolve: 1) **acidente**; 2) **sequelas redutoras da capacidade laborativa do indivíduo**; 3) **nexo causal entre o acidente e as sequelas**. (...) O conceito de acidente legalmente determinado para sua concessão, embora fosse restrito ao acidente de trabalho no início da vigência da Lei n. 8.213/91, alargou-se para abarcar, a partir da Lei n. 9.032/95 (que modificou a redação do referido art. 86, depois novamente modificada pela Lei n. 9.528/97), aquele provindo de acidente de qualquer natureza ou causa. Tem-se, pois, hoje, a exigência de ocorrência de um acidente de qualquer natureza ou causa, isto é, que pode ser *acidente de trabalho ou não*, determinante de uma enfermidade que resulte em incapacidade parcial para o trabalho. (...) Exemplifica-se: tanto o segurado que sofre uma queda de um andaime na construção civil, quebrando uma perna, quanto aquele que sofre o mesmo resultado em acidente de automóvel, no final de semana, poderão enquadrar-se para fins de percepção de auxílio-acidente, se daí resultarem sequelas incapacitantes (...)."

O art. 30, § 1º, do RPS fornece o conceito de acidente de qualquer natureza ou causa:

> **Art. 30.**
> § 1º. Entende-se como acidente de qualquer natureza ou causa aquele de origem traumática e por exposição a agentes exógenos, físicos, químicos ou biológicos, que acarrete lesão corporal ou perturbação funcional que cause a morte ou a perda ou a redução permanente ou temporária da capacidade laborativa.

Contingência: redução da capacidade para o trabalho habitualmente exercido, em razão da consolidação das lesões decorrentes de acidente de qualquer natureza, inclusive acidente do trabalho, das quais resultarem sequelas, conforme situações discriminadas em regulamento.

---

80 *Direito da seguridade social*. Porto Alegre: Livraria do Advogado Editora, 2005, p. 133.

Tem de haver **nexo de causalidade** entre o acidente e as lesões consolidadas redutoras da capacidade de trabalho.

O art. 86 do PBPS dispõe sobre a proteção previdenciária em razão de acidente de qualquer natureza do qual resultem sequelas redutoras da capacidade para o trabalho habitual. O dispositivo é genérico, de modo que cabe à perícia médica analisar, no caso concreto, se do acidente, com a consolidação das lesões, resultaram sequelas e seu potencial redutor da capacidade para a atividade habitualmente exercida pelo segurado.

Atenção: importante frisar a diferença entre o auxílio-acidente e os benefícios de auxílio-doença e de aposentadoria por invalidez.

No auxílio-doença, a contingência coberta é a incapacidade total e temporária para o exercício das atividades habituais, mas que é passível de recuperação.

Na aposentadoria por invalidez, tem cobertura previdenciária a incapacidade total e permanente (definitiva) para o trabalho.

O auxílio-acidente ***indeniza*** o segurado prejudicado em razão da redução de sua capacidade laborativa em relação às atividades exercidas quando ocorreu o acidente.

■ Auxílio-doença	■ Incapacidade total e temporária para o exercício das atividades habituais, mas passível de recuperação
■ Aposentadoria por invalidez	■ Incapacidade total e permanente (definitiva)
■ Auxílio-acidente	■ Indenização ao segurado em razão da redução de sua capacidade laborativa em relação às atividades exercidas quando ocorreu o acidente

O Anexo III do RPS relaciona as **situações que dão direito ao auxílio-acidente**, especificadas em 9 Quadros: Aparelho Visual (Quadro 1), Aparelho Auditivo (Quadro 2), Aparelho da Fonação (Quadro 3), Prejuízo Estético (Quadro 4), Perda de Segmentos e Membros (Quadro 5), Alterações Articulares (Quadro 6), Encurtamento de Membro Inferior (Quadro 7), Redução da Força e/ou da Capacidade Funcional dos Membros (Quadro 8) e Outros Aparelhos e Sistemas (Quadro 9). Com a alteração do § 6º, deverá ser elaborada, pela Secretaria Especial de Previdência e Trabalho do Ministério da Economia, lista com o rol taxativo das situações que darão direito ao benefício.

A contingência se configura independentemente do grau de limitação decorrente da consolidação das lesões, isto é, basta que haja redução da capacidade para a atividade habitualmente exercida, ainda que em grau mínimo. Esse entendimento é correto, porque a lei não faz distinção entre os graus de lesão e de redução da incapacidade, e foi adotado pelo STJ em julgamento de recurso repetitivo:[81]

[81] *V.* também TNU, 50017838620124047108, Rel. Juiz Fed. João Batista Lazzari, *DOU* 16.05.2014, p. 125-165.

> "1. Conforme o disposto no art. 86, *caput*, da Lei n. 8.213/91, exige-se, para concessão do auxílio-acidente, a existência de lesão, decorrente de acidente do trabalho, que implique redução da capacidade para o labor habitualmente exercido. 2. **O nível do dano e, em consequência, o grau do maior esforço, não interferem na concessão do benefício, o qual será devido ainda que mínima a lesão**" (REsp 1.109.591/SC, 3ª Seção, Rel. Celso Limongi (Des. Conv. do TJ/SP), *DJe* 08.09.2010).

Embora sejam diversas as situações, o art. 86, § 4º, do PBPS traz disposição específica sobre a **perda da audição:**

Art. 86.

§ 4º A perda da audição, em qualquer grau, somente proporcionará a concessão do auxílio-acidente, quando, além do reconhecimento de causalidade entre o trabalho e a doença, resultar, comprovadamente, na redução ou perda da capacidade para o trabalho que habitualmente exercia.

A perda de audição que dá direito ao auxílio-acidente deve decorrer do exercício da atividade laborativa habitual do segurado e reduzir a capacidade de exercício dessa mesma atividade.

Sobre o tema, a **Súmula 44 do STJ:** "A definição, em ato regulamentar, de grau mínimo de disacusia, não exclui, por si só, a concessão do benefício previdenciário".

O STJ decidiu, em recurso repetitivo:

> "(...) 2. Conforme a jurisprudência deste Tribunal Superior, ora reafirmada, estando presentes os requisitos legais exigidos para a concessão do auxílio-acidente com base no art. 86, § 4º, da Lei n. 8.213/91 — deficiência auditiva, nexo causal e a redução da capacidade laborativa —, não se pode recusar a concessão do benefício acidentário ao obreiro, ao argumento de que o grau de disacusia verificado está abaixo do mínimo previsto na Tabela de Fowler. 3. O tema, já exaustivamente debatido no âmbito desta Corte Superior, resultou na edição da Súmula n. 44/STJ, segundo a qual 'A definição, em ato regulamentar, de grau mínimo de disacusia, não exclui, por si só, a concessão do benefício previdenciário'. 4. A expressão 'por si só' contida na citada Súmula significa que **o benefício acidentário não pode ser negado exclusivamente em razão do grau mínimo de disacusia apresentado pelo Segurado**. 5. No caso em apreço, restando evidenciados os pressupostos elencados na norma previdenciária para a concessão do benefício acidentário postulado, tem aplicabilidade a Súmula n. 44/STJ (...)" (REsp 1.095.523/SP, 3ª Seção, Rel. Min. Laurita Vaz, *DJe* 05.11.2009).

Porém, se da consolidação das lesões não resultar perda ou redução da capacidade para a atividade habitualmente exercida, a contingência não se configura e, portanto, o segurado não terá direito ao benefício. O auxílio-acidente tem natureza indenizatória. Daí que, se não comprovada a redução ou perda da capacidade para a atividade laboral exercida habitualmente, não haverá prejuízo a ser indenizado.[82]

---

[82] **Em recurso repetitivo,** o STJ decidiu: "1. Nos termos do art. 86, *caput* e § 4º da Lei n. 8.213/91, **para a concessão de auxílio-acidente fundamentado na perda de audição, como no caso, é necessário que a sequela seja ocasionada por acidente de trabalho e que acarrete uma diminuição efetiva e permanente da capacidade para a atividade que o segurado habitualmente**

Carência: o auxílio-acidente independe de carência (art. 26, I, do PBPS).

Sujeito ativo: o segurado empregado, o empregado doméstico, o trabalhador avulso e o segurado especial (art. 18, § 1º, do PBPS). O empregado doméstico foi incluído pela LC n. 150/2015.

Não têm direito ao auxílio-acidente o contribuinte individual, o empregado doméstico e o segurado facultativo.

> **Atenção:** na redação original, o art. 104, § 7º, do RPS, vedava a concessão de auxílio-acidente ao **segurado desempregado**. O dispositivo foi alterado pelo Decreto n. 6.722/2008, restando permitida a "concessão de auxílio-acidente oriundo de acidente de qualquer natureza ocorrido durante o período de **manutenção da qualidade de segurado**, desde que atendidas às condições inerentes à espécie".

Sujeito passivo: o INSS.

RMI: 50% do valor da renda mensal do benefício de aposentadoria por invalidez a que teria direito o segurado, na forma (art. 86, § 1º).

O coeficiente de 50% incide sobre o salário de benefício que deu origem ao auxílio-doença, corrigido até o mês anterior ao do início do auxílio-acidente (art. 86, § 1º, do PBPS e art. 104, § 1º, do RPS).

O auxílio-acidente não substitui os salários de contribuição nem os ganhos habituais do segurado. Por isso, a renda mensal pode ser **inferior ao valor do salário mínimo**.

O cálculo do valor da renda mensal desse benefício foi diversas vezes modificado. Nos termos da Lei n. 6.367/76, que o denominava *auxílio-suplementar*, a renda mensal era fixada em 20% do salário de contribuição. Com a Lei n. 8.213/91, passou a ter a denominação atual, com renda mensal fixada em razão do grau de redução da capacidade laborativa, em 30%, 40% e 60% do salário de contribuição. A partir da vigência da Lei n. 9.032/95, a renda mensal passou a ser de 50% do salário de benefício que deu origem ao auxílio-doença.

As sucessivas mudanças da legislação suscitaram a questão da aplicação do direito intertemporal, porque muitos segurados que já recebiam essa cobertura previdenciária pretenderam a revisão do valor da renda mensal do benefício de acordo com as novas regras, mais benéficas na maioria dos casos.

Em matéria previdenciária, aplica-se o princípio segundo o qual *tempus regit actum*, que tem por fundamento o equilíbrio financeiro e atuarial do sistema. Esse tem sido o entendimento do STF, consolidado no julgamento do RE 415.454/SC, que decidiu sobre a aplicação da Lei n. 9.032/95 às pensões por morte concedidas antes de sua vigência (v. item 5.3.6.1.2, *infra*).

---

exercia. 2. O auxílio-acidente visa indenizar e compensar o segurado que não possui plena capacidade de trabalho em razão do acidente sofrido, não bastando, portanto, apenas a comprovação de um dano à saúde do segurado, quando o comprometimento da sua capacidade laborativa não se mostre configurado. 3. No presente caso, não tendo o segurado preenchido o requisito relativo ao efetivo decréscimo de capacidade para o trabalho que exercia, merece prosperar a pretensão do INSS para que seja julgado improcedente o pedido de concessão de auxílio-acidente (...)" (REsp 1.108.298/SC, 3ª Seção, Rel. Min. Napoleão Nunes Maia Filho, *DJe* 06.08.2010).

A questão chegou ao STJ, que, em julgamento de recurso repetitivo, adotou entendimento em sentido contrário ao do STF. O fundamento invocado foi o de que, ao contrário da pensão por morte, em que as contribuições do segurado são cessadas em razão do óbito, o auxílio-acidente é pago a segurado que continua a contribuir, justificando, assim, a aplicação das novas regras aos benefícios anteriormente concedidos.[83]

Termo inicial: o dia seguinte ao da cessação do auxílio por incapacidade temporária, independentemente de qualquer remuneração ou rendimento auferido pelo acidentado, vedada a sua acumulação com qualquer aposentadoria (art. 86, § 2º, do PBPS e art. 104, § 2º, do RPS).

É comum que o segurado tenha prévia cobertura previdenciária de auxílio-doença em razão de sequela de acidente que lhe acarreta a incapacidade temporária, e, **somente após a consolidação das lesões, terá direito ao auxílio-acidente**. Essa questão foi levada ao STJ em recursos especiais representativos de controvérsia, originando o **Tema 862**: Fixação do termo inicial do auxílio-doença, na forma dos arts. 23 e 86, § 2º, da Lei n. 8.213/91. Está suspensa a tramitação de processos com a mesma questão de direito em todo o território nacional (*DJe* 02.08.2019).

Casos há em que o segurado requer o benefício judicialmente. Nessas hipóteses, se o benefício foi requerido administrativamente e foi indeferido, caso procedente o pedido judicial, o termo inicial será a data do indeferimento administrativo.[84]

---

[83] "(...) 3. A Terceira Seção desta Corte de Justiça consolidou seu entendimento no sentido de que o art. 86, § 1º, da Lei n. 8.213/91, alterado pela Lei n. 9.032/95, tem aplicação imediatamente, atingindo todos os segurados que estiverem na mesma situação seja referente aos benefícios pendentes de concessão ou aos já concedidos, pois a questão encerra uma relação jurídica continuativa, sujeita a pedido de revisão quando modificado o estado de fato, passível de atingir efeitos futuros de atos constituídos no passado (retroatividade mínima das normas), sem que isso implique em ofensa ao ato jurídico perfeito e ao direito adquirido. 4. O fato de o Supremo Tribunal Federal ter posicionamento diverso do Superior Tribunal de Justiça não impede que essa Corte de Justiça adote orientação interpretativa que entender mais correta à norma infraconstitucional, embora contrária ao Pretório Excelso, na medida em as decisões proferidas em sede de agravo regimental não têm efeito vinculante aos demais órgãos do judiciário. Precedentes. 5. A distinção da natureza entre os benefícios de pensão por morte e auxílio-acidente impede a aplicação do precedente firmado pelo Supremo Tribunal Federal, em relação aos benefícios de pensão por morte. Enquanto na pensão por morte o segurado para de contribuir para a previdência, a partir do seu recebimento, no auxílio--acidente o segurado permanece contribuindo, razão pela qual os princípios da solidariedade e da preexistência de custeio não ficam violados. Precedente. 6. A aplicação da majoração do auxílio--acidente apenas aos benefícios concedidos após a instituição da Lei n. 9.032/95, consubstancia tratamento diferente a segurados na mesma situação. Veja-se que um segurado, que teve seu benefício concedido anteriormente à majoração instituída pela Lei n. 9.032/95, receberá o valor no percentual de 30%, enquanto outro segurado, que teve seu benefício concedido após a edição da referida norma, em semelhante situação fática, receberá o mesmo benefício no percentual de 50% (...)" (REsp 109.6244/ SC, 3ª Seção, Rel. Min. Maria Thereza de Assis Moura, *DJe* 08.05.2009).

[84] "(...) Havendo indeferimento do auxílio-acidente em âmbito administrativo, fixa-se o termo inicial do benefício nesta data (...)" (STJ, REsp 598.954/SP, Rel. Min. Laurita Vaz, *DJ* 02.08.2004, p. 533).

Se o benefício **não foi requerido administrativamente**, mas em juízo a pretensão for julgada procedente, o termo inicial será **a data da apresentação do laudo pericial** em juízo, conforme entendimento do STJ em Embargos de Divergência.[85]

Termo final:

a) até a véspera do início de qualquer aposentadoria ou até a data do óbito do segurado (art. 86, § 1º).

Porém, em alguns casos concretos, pode ocorrer de o segurado estar em gozo de auxílio-acidente por longos períodos e, apesar disso, deixar de ter reduzida a capacidade para o exercício de sua atividade habitual não porque as sequelas consolidadas deixaram de existir, mas, sim, porque o avanço da tecnologia e da medicina podem criar condições de fazer com que a limitação deixe de existir. Assim sendo, não se justificaria mais o pagamento do auxílio-acidente.

A nosso ver, essas situações devem ser analisadas com cautela, considerando as condições pessoais do segurado como tempo de recebimento do benefício, idade, possibilidade de adaptação a novas tecnologias, as dificuldades do mercado de trabalho etc.

A MP n. 1.596-14/97, convertida na Lei n. 9.528, de 10.12.1997, alterou a redação dos §§ 1º e 3º do art. 86 do PBPS, vedando a acumulação do auxílio-acidente com o benefício de aposentadoria, e permitindo-a em relação a qualquer remuneração, rendimento ou outro benefício auferido pelo acidentado.

A partir da data da publicação da MP n. 1.596-14/97 (11.11.1997), o auxílio-acidente deixa de ser vitalício, cessando com a aposentadoria do segurado.

A alteração é significativa porque, como sempre acontece em matéria previdenciária, atingiu segurados que já recebiam a cobertura previdenciária de auxílio-acidente antes da Lei n. 9.528/97. Surgiu, então, a questão: esses segurados têm direito adquirido ao auxílio-acidente de forma vitalícia e, por isso, podem acumulá-lo com a aposentadoria?

Não cansamos de repetir que, em matéria previdenciária, aplica-se a lei vigente na data da ocorrência da contingência que dá direito à cobertura: *tempus regit actum*.

Em Recurso Especial Repetitivo, o STJ firmou o entendimento no sentido de que **só há direito adquirido à acumulação se o auxílio-acidente e a aposentadoria foram concedidos antes de 11.11.1997, quando foi publicada a MP n. 1.596-14/97, convertida na Lei n. 9.528/97:**

---

[85] "(...) 2. O termo *a quo* do auxílio-acidente é a data da juntada do laudo pericial em Juízo, não havendo, nos autos, postulação em âmbito administrativo, nem a concessão de auxílio-doença. 3. Embargos de divergência acolhidos para, cassando o acórdão embargado, dar parcial provimento ao recurso especial, tão somente para determinar a data da apresentação do laudo pericial em Juízo como termo inicial do benefício (...)" (EDiv no REsp 351291/SP, Rel. Min. Laurita Vaz, *DJ* 11.10.2004, p. 234).

> "(...) 3. A acumulação do auxílio-acidente com proventos de aposentadoria pressupõe que a eclosão da lesão incapacitante, ensejadora do direito ao auxílio-acidente, e o início da aposentadoria sejam anteriores à alteração do art. 86, §§ 2º e 3º, da Lei 8.213/1991 (...), promovida em 11.11.1997 pela Medida Provisória 1.596-14/1997, que posteriormente foi convertida na Lei 9.528/1997 (...)
> 4. Para fins de fixação do momento em que ocorre a lesão incapacitante em casos de doença profissional ou do trabalho, deve ser observada a definição do art. 23 da Lei 8.213/1991, segundo a qual 'considera-se como dia do acidente, no caso de doença profissional ou do trabalho, a data do início da incapacidade laborativa para o exercício da atividade habitual, ou o dia da segregação compulsória, ou o dia em que for realizado o diagnóstico, valendo para este efeito o que ocorrer primeiro (...)'" (1ª Seção, REsp 1.296.673, Rel. Min. Herman Benjamin, *DJe* 03.09.2012).

Em 31.03.2014, **o STJ editou a Súmula 507:** "A acumulação de auxílio-acidente com aposentadoria pressupõe que a lesão incapacitante e a aposentadoria sejam anteriores a 11.11.1997, observado o critério do art. 23 da Lei n. 8.213/1991 para definição do momento da lesão nos casos de doença profissional ou do trabalho".

A questão será julgada pelo Supremo Tribunal Federal no RE 687.813, no qual foi reconhecida a Repercussão Geral (Tema n. 599).

> **Atenção:** quando o auxílio-acidente decorre de **acidente do trabalho**, a **competência** para processar e julgar a ação judicial é da **Justiça Estadual**, mais precisamente das Varas de Acidente do Trabalho, onde houver (art. 109, I, da CF). Se, porém, o auxílio-acidente for pago em razão de **acidente de outra natureza**, a competência para processar e julgar as ações judiciais é da Justiça Federal, ou da Justiça Estadual, a partir de 1º.01.2020, quando a Comarca de domicílio do segurado estiver localizada a mais de 70 km de Município sede de Vara Federal (EC n. 103/2019 e art. 15 da Lei n. 13.876, de 18.09.2019).

O STJ tem reafirmado a competência da Justiça Estadual para o julgamento das ações previdenciárias de concessão e de revisão de benefícios decorrentes de acidente do trabalho:

> "AGRAVO REGIMENTAL NO CONFLITO NEGATIVO DE COMPETÊNCIA. JUSTIÇAS FEDERAL E ESTADUAL. PREVIDENCIÁRIO. PRETENSÃO QUE VISA À REVISÃO DE BENEFÍCIO ACIDENTÁRIO. APLICAÇÃO DO ART. 109, I, DA CF/88. COMPETÊNCIA DA JUSTIÇA ESTADUAL. DECISÃO AGRAVADA MANTIDA. 1. É competente a Justiça Estadual para processar e julgar ação relativa a acidente de trabalho, estando abrangida nesse contexto tanto a lide que tem por objeto a concessão de benefício como, também, as relações daí decorrentes (restabelecimento, reajuste, cumulação), uma vez que o art. 109, I, da CF/88, não fez qualquer ressalva a este respeito. Incidência da Súmula 15/STJ: Compete à justiça estadual processar e julgar os litígios decorrentes de acidente do trabalho. 2. Agravo regimental a que se nega provimento" (AGRCC 117.486, 3ª Seção, Rel. Des. Conv. do TJ/RJ Adilson Vieira Macabu, *DJe* 19.12.2011).

AUXÍLIO-ACIDENTE	
CONTINGÊNCIA	■ Redução da capacidade para o trabalho habitualmente exercido, resultante da consolidação das lesões decorrentes de acidente de qualquer natureza, inclusive acidente do trabalho.
CARÊNCIA	■ Independe de carência
SUJEITO ATIVO	■ segurado empregado; ■ segurado empregado doméstico (LC n. 150/2015); ■ trabalhador avulso; ■ segurado especial; ■ segurado desempregado se o acidente ocorrer no período de graça.
SUJEITO PASSIVO	■ INSS
RMI	■ 50% do valor do salário de benefício;
TERMO INICIAL	■ o dia seguinte ao da cessação do auxílio-doença (Tema 862 do STJ); ■ a data do indeferimento administrativo, se procedente o pedido judicial; ■ a data da apresentação do laudo pericial em juízo, se não requerido administrativamente.
TERMO FINAL	■ a data fixada como de cessação das condições que deram direito ao benefício (art. 86, § 1º); ■ a data da morte do segurado, se o auxílio-acidente e a aposentadoria foram concedidos antes de 11.11.1997; ■ a véspera da aposentadoria, se o acidente ocorreu a partir da vigência da Lei n. 9.528/97.

■ *5.3.5.11. Acidente do trabalho*

■ *5.3.5.11.1. Histórico*

A preocupação histórica com a saúde do trabalho deu origem às primeiras garantias no campo do seguro social: a proteção contra o acidente do trabalho e as doenças ocupacionais.

No Brasil, adotou-se, no início, a ideia de que cabia ao empregador contratar um seguro para seus empregados, protegendo-os contra os riscos decorrentes do exercício da atividade laborativa. Configurado o sinistro, o segurador ficava sub-rogado nas obrigações do empregador. A Lei n. 3.724, de 15.01.1919 (Lei de Acidentes do Trabalho), adotou a teoria do risco profissional ou teoria da responsabilidade objetiva do empregador.

O art. 121, § 1º, *g*, da CF de 1934, garantiu a **instituição de previdência**, mediante contribuição igual da União, do empregador e do empregado, **nos casos de acidentes de trabalho** e outros riscos. Quis a Constituição de 1934 dar caráter de prestação previdenciária à proteção nos casos de acidente do trabalho, sem, contudo, proibir que o empregador contratasse o seguro de natureza privada.

Com a Constituição de 1937, na mesma linha da CF de 1934, foram instituídos os seguros de velhice, de invalidez, de vida e para os casos de acidentes do trabalho (art. 137, *m*).

O Decreto-lei n. 7.036, de 10.11.1944, que vigorou até a promulgação da Lei n. 5.316, de 1967, manteve a mesma concepção de seguro da Lei n. 3.724/19, como contrato de direito privado, regido pelo Código Civil, "devido cumulativamente com as prestações previdenciárias".[86] O valor do benefício acidentário passou a ser fixado em função da re-

[86] Cf. Carlos Alberto Pereira de Castro e João Batista Lazzari, ob. cit., p. 552.

muneração do trabalhador acidentado, "em substituição à concepção de indenização em parcela única, em que existia uma tabela, na qual 'cada parte do corpo tinha um valor'".[87]

Com a CF de 1946, passou a ser obrigação do empregador a instituição do seguro contra os acidentes do trabalho (art. 157, XVII), de caráter privado, ficando fora da proteção previdenciária que lhe fora dada pelas Constituições de 1934 e 1937.

A CF de 1967 não trouxe inovações ao tema de seguro de acidentes do trabalho.

A matéria foi disciplinada de modo totalmente diverso pela Lei n. 5.316, de 14.09.1967, que integrou o seguro de acidentes do trabalho na Previdência Social, conforme dispôs no art. 1º: O seguro obrigatório de acidentes do trabalho, de que trata o art. 158, item XVII, da Constituição Federal, será realizado na previdência social, transformando-o de seguro mercantilista em seguro social.[88]

Feijó Coimbra ensina:

> "(...) Mas, já então, não se tratava de simples mudança de organismo segurador. O que o legislador teve em vista, na realidade, foi **substituir a indenização por morte ou incapacidade por *prestações previdenciárias*** tais como auxílio-doença, auxílio-acidente, auxílio suplementar, aposentadoria por invalidez, pensão por morte e pecúlios, com o que caracterizava a proteção contra o acidente de trabalho como pura e simples ação da previdência social. Essas disposições de lei tiveram a chancela do texto constitucional de 1969, no qual o artigo 165, XVI, entre as prestações de previdência colocou a endereçada aos danos por acidentes do trabalho. **Unificava-se, dessa forma, a ação protetora do Estado, atuando por um só organismo de proteção, em face de todas as causas de danos ao trabalhador**".[89]

Com a **Lei n. 6.367, de 19.10.1976**, foi alterada a sistemática de custeio do SAT: permaneceram as contribuições previdenciárias a cargo da União, da empresa e do empregado, porém, foi instituído um acréscimo, a cargo exclusivo da empresa, com percentuais variáveis, incidente sobre a folha de salários de contribuição dos segurados a seu serviço.[90]

---

87 Idem, ibidem.

88 Cf. Feijó Coimbra, ob. cit., p. 188.

89 Idem, ibidem.

90 Art. 15. O custeio dos encargos decorrentes desta lei será atendido pelas atuais contribuições previdenciárias a cargo da União, da empresa e do segurado, com um acréscimo, a cargo exclusivo da empresa, das seguintes percentagens do valor da folha de salário de contribuição dos segurados de que trata o art. 1º:

I — 0,4% (quatro décimos por cento) para a empresa em cuja atividade o risco de acidente do trabalho seja considerado leve;

II — 1,2% (um e dois décimos por cento) para a empresa em cuja atividade esse risco seja considerado médio;

III — 2,5% (dois e meio por cento) para a empresa em cuja atividade esse risco seja considerado grave.

§ 1º O acréscimo de que trata este artigo será recolhido juntamente com as demais contribuições arrecadadas pelo INPS.

§ 2º O Ministério da Previdência e Assistência Social (MPAS) classificará os três graus de risco em tabela própria organizada de acordo com a atual experiência de risco, na qual as empresas serão

A **CF de 1988** (art. 7º, XXVIII) garantiu aos trabalhadores urbanos e rurais seguro contra acidentes de trabalho, a cargo do empregador, sem excluir a indenização a que este está obrigado, quando incorrer em dolo ou culpa. E, na redação original do art. 201, I, garantia cobertura previdenciária aos eventos de doença, invalidez, morte, incluídos os resultantes de acidentes do trabalho, velhice e reclusão.

Com a nova CF, dá-se a cobertura previdenciária e, ainda, a cobertura a cargo do empregador.[91]

Foram, então, editadas as **Leis ns. 8.212 e 8.213, de 1991**. A proteção previdenciária por acidente do trabalho era feita por benefícios específicos, calculados de forma diversa dos demais benefícios previdenciários não acidentários.

Na redação original do art. 28 da Lei n. 8.213/91, o § 1º dispunha que o valor de benefício decorrente de acidente do trabalho deveria ser feito com base no salário de contribuição vigente no dia do acidente, se mais vantajoso, e não utilizando o salário de benefício, como era feito para os demais benefícios previdenciários.

A **Lei n. 9.032/95** alterou a redação do *caput* do art. 28 e revogou os parágrafos, restando unificado o cálculo de todos os benefícios previdenciários, exceto salário-família e salário-maternidade, com a utilização do salário de benefício.

O art. 86 da Lei n. 8.213/91, que originariamente previa cobertura de auxílio-acidente para o segurado após a consolidação de lesões decorrentes de acidente do trabalho, foi alterado pelas Leis ns. 9.032/95, 9.129/95 e 9.528/97, abrangendo agora a cobertura previdenciária para acidentes de qualquer natureza, inclusive do trabalho (item 5.3.5.9, *supra*).

A EC n. 20/98 introduziu o § 10 no art. 201 da CF, determinando que a lei ordinária discipline a cobertura dessa contingência de forma concorrente pelo RGPS e pelo setor privado.

E a EC n. 103/2019 alterou o § 10 do art. 201, facultando à lei complementar disciplinar a cobertura de benefícios não programados, inclusive os decorrentes de acidente do trabalho, a ser atendida concorrentemente pelo RGPS e pelo setor privado.

■ 5.3.5.11.2. Conceito

O acidente do trabalho está definido no art. 19 do PBPS, com a redação que lhe foi dada pela LC n. 150/2015, que dispõe sobre o contrato de trabalho do empregado doméstico e seus reflexos na legislação previdenciária:

> **Art. 19.** Acidente do trabalho **é o que ocorre pelo exercício do trabalho a serviço de empresa ou de empregador doméstico ou pelo exercício do trabalho dos segurados**

---

automaticamente enquadradas, segundo a natureza da respectiva atividade.

§ 3º A tabela será revista trienalmente pelo Ministério da Previdência e Assistência Social, de acordo com a experiência de risco verificada no período.

§ 4º O enquadramento individual na tabela, de iniciativa da empresa, poderá ser revisto pelo INPS, a qualquer tempo.

[91] Cf. Carlos Alberto Pereira Castro e João Batista Lazzari, ob. cit., p. 553: "(...) Adota-se, cumulativamente, a teoria do risco empresarial, com a do risco social".

referidos no inciso VII do art. 11 desta Lei, provocando lesão corporal ou perturbação funcional que cause a morte ou a perda ou redução, permanente ou temporária, da capacidade para o trabalho.

§ 1º A empresa é responsável pela adoção e uso das medidas coletivas e individuais de proteção e segurança da saúde do trabalhador.

§ 2º Constitui contravenção penal, punível com multa, deixar a empresa de cumprir as normas de segurança e higiene do trabalho.

§ 3º É dever da empresa prestar informações pormenorizadas sobre os riscos da operação a executar e do produto a manipular.

§ 4º O Ministério do Trabalho e da Previdência Social fiscalizará e os sindicatos e entidades representativas de classe acompanharão o fiel cumprimento do disposto nos parágrafos anteriores, conforme dispuser o Regulamento.

O art. 20 do PBPS considera acidente do **trabalho a doença profissional e a doença do trabalho**. E, no art. 21, equipara outros eventos a acidente do trabalho:

Art. 20. Consideram-se acidente do trabalho, nos termos do artigo anterior, as seguintes entidades mórbidas:

I — doença profissional, assim entendida a produzida ou desencadeada pelo exercício do trabalho peculiar a determinada atividade e constante da respectiva relação elaborada pelo Ministério do Trabalho e da Previdência Social;

II — doença do trabalho, assim entendida a adquirida ou desencadeada em função de condições especiais em que o trabalho é realizado e com ele se relacione diretamente, constante da relação mencionada no inciso I.

§ 1º Não são consideradas como doença do trabalho:

a) a doença degenerativa;

b) a inerente a grupo etário;

c) a que não produza incapacidade laborativa;

d) a doença endêmica adquirida por segurado habitante de região em que ela se desenvolva, salvo comprovação de que é resultante de exposição ou contato direto determinado pela natureza do trabalho.

§ 2º Em caso excepcional, constatando-se que a doença não incluída na relação prevista nos incisos I e II deste artigo resultou das condições especiais em que o trabalho é executado e com ele se relaciona diretamente, a Previdência Social deve considerá-la acidente do trabalho.

Art. 21. Equiparam-se também ao acidente do trabalho, para efeitos desta Lei:

I — o acidente ligado ao trabalho que, embora não tenha sido a causa única, haja contribuído diretamente para a morte do segurado, para redução ou perda da sua capacidade para o trabalho, ou produzido lesão que exija atenção médica para a sua recuperação;

II — o acidente sofrido pelo segurado no local e no horário do trabalho, em consequência de:

a) ato de agressão, sabotagem ou terrorismo praticado por terceiro ou companheiro de trabalho;

b) ofensa física intencional, inclusive de terceiro, por motivo de disputa relacionada ao trabalho;

c) ato de imprudência, de negligência ou de imperícia de terceiro ou de companheiro de trabalho;

d) ato de pessoa privada do uso da razão;

e) desabamento, inundação, incêndio e outros casos fortuitos ou decorrentes de força maior;

III — a doença proveniente de contaminação acidental do empregado no exercício de sua atividade;

IV — o acidente sofrido pelo segurado ainda que fora do local e horário de trabalho:

a) na execução de ordem ou na realização de serviço sob a autoridade da empresa;

b) na prestação espontânea de qualquer serviço à empresa para lhe evitar prejuízo ou proporcionar proveito;

c) em viagem a serviço da empresa, inclusive para estudo quando financiada por esta dentro de seus planos para melhor capacitação da mão de obra, independentemente do meio de locomoção utilizado, inclusive veículo de propriedade do segurado;

§ 1º Nos períodos destinados a refeição ou descanso, ou por ocasião da satisfação de outras necessidades fisiológicas, no local do trabalho ou durante este, o empregado é considerado no exercício do trabalho.

§ 2º Não é considerada agravação ou complicação de acidente do trabalho a lesão que, resultante de acidente de outra origem, se associe ou se superponha às consequências do anterior.

Somente o segurado empregado, o empregado doméstico, o trabalhador avulso (CF, art. 7º, XXXIV) e o segurado especial têm cobertura previdenciária por acidente do trabalho.

Para se caracterizar um acidente do trabalho, devem estar presentes **três requisitos:** o **evento danoso** (infortúnio), as **sequelas incapacitantes ou a morte** (consequencial) e que o **evento lesivo tenha sido ocasionado durante a prestação do labor** (nexo causal).[92]

REQUISITOS	
INFORTÚNIO	■ evento danoso
CONSEQUENCIAL	■ sequelas incapacitantes ou morte
NEXO CAUSAL	■ evento lesivo ocorrido durante a prestação do labor

O art. 20, I, do PBPS, define a **doença profissional**, considerada acidente do trabalho: "a **produzida ou desencadeada pelo exercício do trabalho peculiar a determinada atividade** e constante da respectiva relação elaborada pelo Ministério do Trabalho".

No inc. II do art. 20, a definição de **doença do trabalho**, também considerada acidente do trabalho: "a **adquirida ou desencadeada em função das condições especiais em que o trabalho é realizado e com ele se relacione diretamente**, constante da relação mencionada no inciso I".

92 Hermes Arrais Alencar, ob. cit., p. 9.

Atenção: excluem-se do conceito a **doença degenerativa**, **a inerente a grupo etário**, **a que não produza incapacidade laborativa**. Em regra, a **doença endêmica** também está excluída do conceito; porém, se comprovado que é resultante de exposição ou contato direto determinado pela natureza do trabalho, é doença do trabalho.

A lista de doenças elaborada pelo Ministério do Trabalho não é taxativa, uma vez que o § 2º do art. 20 considera que, excepcionalmente, pode restar comprovado que a doença que acomete o segurado, embora não faça parte da relação, resultou das condições especiais em que o trabalho é executado, havendo nexo de causalidade. Nesse caso, caberá ao INSS enquadrá-la como acidente do trabalho.

Há outras contingências que a lei **equipara a acidente do trabalho** para fins de proteção previdenciária (art. 21, I a IV, do PBPS): o **acidente ligado ao trabalho**, embora não tenha sido causa única; o acidente sofrido pelo segurado no **local e no horário de trabalho**; **doença proveniente de contaminação acidental do empregado** no exercício de sua atividade; o acidente **sofrido pelo segurado ainda que fora do local e horário de trabalho**, desde que, de alguma forma, ligado à atividade da empresa.

ACIDENTE DO TRABALHO — CONCEITO
■ Ocorre pelo exercício do trabalho a serviço da empresa ou de empregador doméstico ou pelo exercício do trabalho.
■ Doença profissional = doença típica da profissão.
■ Doença do trabalho = doença atípica.
■ Acidente ligado ao trabalho, embora não tenha sido causa única.
■ Acidente sofrido no local e no horário de trabalho.
■ Acidente sofrido ainda que fora do local e horário de trabalho, desde que ligado à atividade da empresa.

A MP n. 316/2006, convertida na Lei n. 11.430, de 26.12.2006, acrescentou o art. 21-A ao PBPS, alterado pela LC n. 150/2015.

O art. 21-A dispõe que a perícia médica do INSS "considerará caracterizada a natureza acidentária da incapacidade quando constatar ocorrência de nexo técnico epidemiológico entre o trabalho e o agravo, decorrente da relação entre a atividade da empresa ou do empregado doméstico e a entidade mórbida motivadora da incapacidade elencada na Classificação Internacional de Doenças (CID), em conformidade com o que dispuser o regulamento".

A matéria está regulada pelo art. 337 do RPS, §§ 1º a 13, dos quais destacamos:

> **Art. 337.** O acidente do trabalho será caracterizado tecnicamente pela Perícia Médica Federal, por meio da identificação do nexo causal entre o trabalho e o agravo.
>
> § 1º O setor de benefícios do Instituto Nacional do Seguro Social reconhecerá o direito do segurado à habilitação do benefício acidentário.
>
> § 2º Será considerado agravamento do acidente aquele sofrido pelo acidentado quanto estiver sob a responsabilidade da reabilitação profissional.
>
> § 3º Considera-se estabelecido o nexo entre o trabalho e o agravo quando se verificar nexo técnico epidemiológico entre a atividade da empresa e a entidade mórbida motiva-

dora da incapacidade, elencada na Classificação Internacional de Doenças — CID em conformidade com o disposto na Lista C do Anexo II deste Regulamento.

§ 4º Para os fins deste artigo, considera-se agravo a lesão, doença, transtorno de saúde, distúrbio, disfunção ou síndrome de evolução aguda, subaguda ou crônica, de natureza clínica ou subclínica, inclusive morte, independentemente do tempo de latência.

§ 5º Reconhecidos pela Perícia Médica Federal a incapacidade para o trabalho e o nexo causal entre o trabalho e o agravo, na forma prevista no § 3º, serão devidas as prestações acidentárias a que o beneficiário tiver direito.

§ 6º A perícia médica do INSS deixará de aplicar o disposto no § 3º quando demonstrada a inexistência de nexo entre o trabalho e o agravo, sem prejuízo do disposto nos §§ 7º e 12.

§ 7º A empresa poderá requerer ao INSS a não aplicação do nexo técnico epidemiológico ao caso concreto mediante a demonstração de inexistência de correspondente nexo entre o trabalho e o agravo.

O Nexo Técnico Epidemiológico (NTEP), na lição de Francisco Milton Araújo Júnior:[93]

"(...) consiste em uma metodologia para identificar a correlação entre a atividade profissional desempenhada em determinado empreendimento econômico a partir da utilização da Classificação Nacional de Atividade Econômica (CNAE) e a enfermidade do obreiro identificada na Classificação Internacional de Doenças (CID-10), de modo a proporcionar a possibilidade de reconhecimento automático da presunção de existências das enfermidades próprias da categoria específica do trabalhador."

Se não restar demonstrada a existência do nexo epidemiológico, a perícia médica do INSS não poderá considerar caracterizada a natureza acidentária da incapacidade.

A empresa pode requerer a não aplicação do nexo técnico epidemiológico ao caso concreto. Nesse caso, deverá demonstrar a inexistência de correspondente nexo causal entre o trabalho e o agravo (art. 21-A, § 2º, do PBPS, e art. 337, §§ 7º e 8º, do RPS).

O Anexo II do RPS traz o rol dos **agentes patogênicos causadores de doenças profissionais ou do trabalho**.

Na Lista A do Anexo II estão relacionados **os agentes ou fatores de risco de natureza ocupacional relacionados com a etiologia de doenças profissionais e de outras doenças relacionadas com o trabalho**.

A Lista B do Anexo II relaciona as **doenças infecciosas e parasitárias relacionadas com o trabalho**.

E a Lista C, incluída pelo Decreto n. 6.957/2009, **indica os intervalos de CID-10 em que se reconhece Nexo Técnico Epidemiológico**, na forma do § 3º do art. 337, entre a entidade mórbida e as classes de CNAE indicadas, nelas incluídas todas as subclasses cujos quatro dígitos iniciais sejam comuns.

Com a pandemia causada pelo SARS-COV-2, a Covid-19 passou a integrar o rol de doenças ocupacionais, por força da Portaria n. 2.309/2020 do Ministério da Saúde. Entretanto, o dispositivo foi revogado pela Portaria n. 2.345/2020.

93 Ob. cit., p. 51-52.

5.3.5.11.3. *Comunicação de Acidente do Trabalho (CAT)*

A lei impõe à empresa e ao empregador doméstico o dever de comunicar à Previdência Social a ocorrência do acidente do trabalho. Devem fazê-lo **até o 1º dia útil seguinte ao de sua ocorrência**.

Se do acidente resultar morte, a empresa ou o empregador doméstico deverão fazer a devida comunicação, imediatamente, à autoridade competente; se não o fizerem, estarão sujeitos à pena de multa, aplicada e cobrada pela Previdência Social, na forma do art. 22 do PBPS.

Havendo omissão da empresa ou do empregador doméstico, a comunicação pode ser feita pelo acidentado, seus dependentes, a entidade sindical, o médico que o atendeu ou qualquer autoridade pública (§ 2º).

Deve ser fornecida cópia da CAT ao acidentado ou aos seus dependentes, bem como ao sindicato da respectiva categoria (§ 1º).

5.3.5.11.4. *Cobertura*

Nos termos da legislação vigente, o acidente do trabalho é contingência que tem cobertura previdenciária pelo benefício **de auxílio-doença, auxílio-acidente, aposentadoria por invalidez, pensão por morte e abono anual**, sempre independentemente de carência.

Atenção: o art. 121 do PBPS dispõe: o pagamento, pela Previdência Social, das prestações por acidente do trabalho não exclui a responsabilidade civil da empresa ou de outrem.

5.3.5.11.5. *Competência para o julgamento das ações acidentárias*

O pedido judicial de concessão de benefício por acidente do trabalho é da competência da **Justiça Estadual**, na forma do art. 109, I, da CF.

O **STF**, a respeito, editou as Súmulas 235 e 501:

> **Súmula 235:** "É competente para a ação de acidente do trabalho a Justiça cível comum, inclusive em segunda instância, ainda que seja parte autarquia seguradora".
>
> **Súmula 501:** "Compete à Justiça ordinária estadual o processo e julgamento, em ambas as instâncias, das causas de acidente do trabalho, ainda que promovidas contra a União, suas autarquias, empresas públicas ou sociedades de economia mista".

No mesmo sentido também o entendimento do **STJ**, consolidado na **Súmula 15:** "Compete à Justiça Estadual processar e julgar litígios decorrentes de acidente do trabalho".

Ainda quando se tratar de reajuste de benefício previdenciário decorrente de acidente do trabalho, e não de sua concessão, a competência é da Justiça Estadual.[94]

---

[94] "(...) 1. No tema relativo à competência, sem embargo do posicionamento contrário, deve ser adotada a linha jurisprudencial do Supremo Tribunal Federal por se tratar de matéria de cunho constitucional. 2. Em consequência, compete à Justiça Estadual o processo e julgamento das

Entretanto, em relação à competência quando o benefício é **de pensão por morte decorrente de acidente do trabalho**, o **STJ** vinha decidindo que compete à **Justiça Federal** processar ação em que se requer pensão por morte, ainda que decorrente de acidente do trabalho.[95]

A nosso ver, o STJ, embora não o tenha dito expressamente, entendia que a competência da Justiça Estadual se firma somente quando a relação jurídica de cobertura previdenciária decorrente de acidente do trabalho se firma entre o segurado e o INSS. O mesmo já não ocorre quando a relação se firma entre o dependente do segurado que sofreu acidente do trabalho e o INSS, hipótese em que a competência seria da Justiça Federal.

O entendimento foi modificado, voltando o STJ a decidir pela competência da Justiça Estadual quando o benefício requerido seja o da pensão por morte:

> "(...) 1. Conflito negativo de competência em que se examina a qual Juízo compete o processamento e julgamento de pretensão por pensão por morte cujo óbito do trabalhador decorreu de assalto sofrido no local e horário de trabalho. 2. O assalto sofrido pelo *de cujus* no local e horário de trabalho equipara-se ao acidente do trabalho por presunção legal e o direito ao benefício decorrente do evento inesperado e violento deve ser apreciado pelo Juízo da Justiça Estadual, nos termos do que dispõe o art. 109, I (parte final), da Constituição Federal combinado com o art. 21, II, *a*, da Lei n. 8.213/91. 3. Conflito de competência conhecido para declarar competente o Juízo de Direito da 3ª Vara de Acidentes do Trabalho de São Paulo — SP" (CC 132034, 1ª Seção, Rel. Min. Benedito Gonçalves, *DJe* 02.06.2014).

5.3.5.11.6. *Ação regressiva contra os responsáveis pelo acidente do trabalho*

Os arts. 120 e 121 da Lei n. 8.213/91, com a redação dada pela Lei n. 13.846/2019, preveem que o INSS cobrará dos responsáveis pelo acidente do trabalho as verbas que tiver dispendido:[96]

---

causas referentes a reajuste de benefício decorrente de acidente do trabalho. Corolário da regra de o acessório seguir a sorte do principal. Precedentes do STF — RREE 176.532, Plenário — 169.632 — 2ª Turma e 205.886-6 (...)" (STJ, REsp 295.577/SC, Rel. Min. Fernando Gonçalves, *DJ* 07.04.2003, p. 343).

[95] "(...) 2. A Terceira Seção desta Corte, no julgamento do CC 62.531/RJ, Rel. Min. Maria Thereza de Assis Moura, *DJU* de 26/03/2007, afastou a incidência da Súmula n. 15/STJ e consignou o entendimento de que nos conflitos nos quais se discute a concessão ou a revisão de benefício de **pensão por morte**, decorrente ou não do falecimento do segurado em razão de acidente de trabalho, a competência para o processamento e julgamento do feito é da Justiça Federal, ressalvando-se apenas casos de competência delegada, prevista no art. 109, § 3º, da Constituição da República (...)" (3ª Seção, AGRCC 200901242224, Rel. Celso Limongi (convocado), *DJe* 04.05.2010).

[96] Decreto n. 3.048/99:

Art. 341. Nos casos de negligência quanto às normas de segurança e saúde do trabalho indicadas para a proteção individual e coletiva, a previdência social proporá ação regressiva contra os responsáveis. Parágrafo único. O Ministério do Trabalho e Emprego, com base em informa-

Art. 120. A Previdência Social ajuizará ação regressiva contra os responsáveis nos casos de:
I — negligência quanto às normas padrão de segurança e higiene do trabalho indicadas para a proteção individual e coletiva;
II — violência doméstica e familiar contra a mulher, nos termos da Lei n. 11.340, de 7 de agosto de 2006.

Art. 121. O pagamento de prestações pela Previdência Social em decorrência dos casos previstos nos incisos I e II do *caput* do art. 120 desta Lei **não exclui a responsabilidade civil da empresa, no caso do inciso I**, ou do responsável pela violência doméstica e familiar, no caso do inciso II.

O ressarcimento ao INSS deve ser feito quando o acidente tiver ocorrido em razão da negligência na observância das normas de segurança e higiene do trabalho, que devem ser individual e coletivamente aplicadas pelas empresas.

Não se trata de mera faculdade conferida ao INSS, mas, sim, de dever legal de ir em busca do ressarcimento do fundo previdenciário, em razão das verbas que foram destinadas à cobertura da contingência causada pela negligência do empregador.

Mesmo que o empregador tenha feito o seguro de acidente do trabalho previsto no art. 7º, XXVIII, da Constituição, se proceder com dolo ou culpa na observância das normas padrão de segurança e higiene do trabalho, terá o dever de indenizar, não excluído pelo seguro previsto na Constituição. E tanto o segurado vitimado, no caso, quanto o INSS terão direito à indenização: o segurado, pela responsabilidade civil do empregador; o INSS, em razão do disposto nos arts. 120 e 121 da Lei n. 8.213/91.

Esse é também o entendimento do STJ:

"(...) 1. O direito de regresso do INSS é assegurado no art. 120 da Lei 8.213/1991, que autoriza o ajuizamento de **ação regressiva** em face da empresa empregadora que, por negligência quanto às normas, padrão de segurança e higiene do trabalho indicados para a proteção individual e coletiva, causou o acidente do trabalho. 2. O Seguro de Acidente de Trabalho — SAT, previsto no art. 22 da Lei 8.212/91, refere-se a contribuição previdenciária feita pela empresa para o custeio da Previdência Social relacionado aos benefícios concedidos em razão do grau de incidência de incapacidade de trabalho decorrentes dos riscos ambientais do trabalho. 3. Da leitura conjunta dos arts. 22 da Lei 8.212/91 e 120 da Lei 8.213/91 conclui-se que o recolhimento do Seguro de Acidente de Trabalho — SAT não exclui a responsabilidade da empresa nos casos de acidente do trabalho decorrentes de culpa por inobservância das normas de segurança e higiene do trabalho. 4. Tendo o Tribunal de origem asseverado expressamente que os embargantes foram negligentes com relação 'às suas obrigações de fiscalizar o uso de equipamento

ções fornecidas trimestralmente, a partir de 1º de março de 2011, pelo Ministério da Previdência Social relativas aos dados de acidentes e doenças do trabalho constantes das comunicações de acidente de trabalho registradas no período, encaminhará à Previdência Social os respectivos relatórios de análise de acidentes do trabalho com indícios de negligência quanto às normas de segurança e saúde do trabalho que possam contribuir para a proposição de ações judiciais regressivas.

> de proteção em seus empregados, caracterizando claramente a culpa *in vigilando*', resta configurada a legalidade da cobrança efetuada pelo INSS por intermédio de **ação regressiva**. 5. Embargos de declaração acolhidos, sem efeitos infringentes para, tão somente, esclarecer que o recolhimento do Seguro de **Acidente** do Trabalho — SAT não impede a cobrança pelo INSS, por intermédio de **ação regressiva**, dos benefícios pagos ao segurado nos casos de **acidente** do trabalho decorrentes de culpa da empresa por inobservância das normas de segurança e higiene do trabalho" (EAERES 200701783870, 6ª Turma, Rel. Alderita Ramos de Oliveira, *DJe* 23.10.2013).

O INSS tem o **prazo prescricional de 5 (cinco) anos, contados da data da concessão do respectivo benefício previdenciário,** para ajuizar a ação regressiva, na forma prevista pelo Decreto n. 20.930/32, que dispõe sobre o prazo para a propositura de ação contra a Fazenda Pública. O STJ tem entendido que não se aplica o disposto nos arts. 102 e 103 da Lei n. 8.213/91 porque se trata de ação indenizatória, sem natureza previdenciária:

> "(...) 1. Nas demandas ajuizadas pelo INSS contra o empregador do segurado falecido em acidente laboral, visando ao ressarcimento dos danos decorrentes do pagamento da pensão por morte, o termo *a quo* da prescrição da pretensão é a data da concessão do referido benefício previdenciário.
>
> 2. Em razão do princípio da isonomia, é quinquenal, nos termos do art. 1º do Decreto n. 20.910/32, o prazo prescricional da ação de regresso acidentária movida pelo INSS em face de particular.
>
> 3. A natureza ressarcitória de tal demanda afasta a aplicação do regime jurídico-legal previdenciário, não se podendo, por isso, cogitar de imprescritibilidade de seu ajuizamento em face do empregador (...)" (REsp 1.457.646/PR, Rel. Min. Sérgio Kukina, *DJe* 14.11.2014).

5.3.6. Benefícios devidos aos dependentes

A relação jurídica entre os dependentes e a Previdência Social (INSS) só se forma quando o segurado já não tem direito a nenhuma cobertura previdenciária. Só entram em cena os dependentes quando sai de cena o segurado.

E isso acontece apenas em 2 situações: na morte ou no recolhimento à prisão. Ocorrendo um desses eventos, a proteção social previdenciária é dada aos que dependiam economicamente do segurado e que, com sua morte ou prisão, se vêm desprovidos de seu sustento.[97]

Somente esses 2 eventos — morte e recolhimento à prisão — são contingências com proteção previdenciária garantida na CF (art. 201, **IV e** V), mediante concessão de pensão por morte e auxílio-reclusão.

---

[97] Cf. **Feijó Coimbra**, ob. cit., p. 168, que as denomina "Prestações por perda do sustento": "(...) São estas prestações as que a lei reserva para os dependentes, por direito próprio, que nasce com a ocorrência do fato (morte ou reclusão do segurado), que vem privá-los do amparo que o segurado lhes proporcionava. (...)".

5.3.6.1. *Pensão por morte*

5.3.6.1.1. *Histórico*

a) Decreto n. 3.724/19 (Lei de Acidentes do Trabalho)

O Decreto n. 3.724/19 (Lei de Acidentes do Trabalho) conferia ao empregador responsabilidade objetiva de indenizar o empregado pelos danos decorrentes de acidente do trabalho, o que era feito com a celebração de contrato de seguro, de natureza eminentemente privada, regido pelo Direito Civil. Se do acidente de trabalho resultasse a morte do empregado, cabia à empresa o pagamento de uma indenização ao cônjuge sobrevivente e aos herdeiros necessários do segurado, que correspondia a uma soma de 3 anos de salários do falecido, que não poderia superar 2:400 $ (contos de réis), mesmo que o salário da vítima excedesse essa quantia. Tratava-se, ainda, de **seguro de natureza privada**.

DECRETO N. 3.724/19 (LEI DE ACIDENTES DO TRABALHO)
Morte do empregado em acidente do trabalho
■ cabia à empresa o pagamento de indenização ao cônjuge sobrevivente e aos herdeiros necessários; ■ seguro de natureza privada.

b) Decreto n. 4.682/23 (Lei Eloy Chaves)

Como objeto de proteção pelo seguro social, o risco morte surgiu com o **Decreto n. 4.682/23 (Lei Eloy Chaves)**, que criou uma "caixa de aposentadorias e pensões" nas empresas de estrada de ferro, beneficiando os respectivos empregados. Foi prevista a concessão de pensão e pecúlio em dinheiro para os herdeiros em caso de morte do segurado.[98]

DECRETO N. 4.682/23 (LEI ELOY CHAVES)
■ **Risco morte** = objeto de proteção pelo seguro social apenas para a categoria dos ferroviários
■ **Morte por acidente do trabalho** = seguro de natureza privada
■ **Morte comum** = pensão paga pela "caixa"
■ **Pecúlio**
■ **Beneficiários** = herdeiros do segurado falecido

[98] Cf. **Heloísa Hernandez Derzi**, *Os beneficiários da pensão por morte*. São Paulo: Lex Editora, 2004, p. 102: "(...) Quanto aos beneficiários das prestações decorrentes da morte, estes coincidiam com os 'herdeiros legítimos' com direito à sucessão patrimonial, em nítida confirmação do caráter essencialmente securitário do modelo de proteção, em que as contribuições pagas constituíam verdadeiro 'acervo patrimonial' dos segurados empregados, passível de meação entre os mesmos sucessores que a lei civil legitimava para partilhar os bens deixados pelo *de cujus*, a título de 'herança'. No caso de não ter havido a carência mínima de 10 anos para o direito à pensão, os valores vertidos para a 'caixa' seriam restituídos em forma de pecúlio, obedecido um limite em espécie. (...)".

c) Decreto n. 26.778/49

Com o **Decreto n. 26.778/49**, outras categorias foram, paulatinamente, ingressando no regime de "Caixas de Aposentadorias e Pensões" (empregados em serviços telegráficos e radiotelegráficos, empresas de força, luz e bonde, portuários e marítimos etc.), o que resultou na transformação e unificação em alguns Institutos de Aposentadorias e Pensões.

Da unificação resultou a concessão, dentre outros benefícios, de pensões em decorrência de morte natural ou presumida e em caso de desaparecimento, desde que tivesse o segurado cumprido carência de 12 contribuições mensais ou estar aposentado.

O Decreto previu, ainda, a concessão de auxílio-funeral e pecúlio.

O **auxílio-funeral** era pago a quem tivesse custeado as despesas com o falecimento e não poderia ter valor superior ao dobro do salário mínimo vigente no local do óbito.

Quando o segurado falecia antes de cumprir os 12 meses de carência, indispensáveis à concessão da pensão, os beneficiários tinham direito ao **pecúlio**, isto é, à restituição das contribuições pagas, com o acréscimo de juros de 4% ao ano.

Os beneficiários da pensão por morte eram: a esposa, o marido inválido, os filhos de qualquer condição, menores de 18 anos ou inválidos, e as filhas solteiras de qualquer condição, menores de 21 anos ou inválidas (I); a mãe e o pai inválido, que poderiam concorrer com a esposa ou esposo inválido, desde que houvesse declaração expressa do segurado falecido (II); os irmãos menores de 18 anos ou inválidos e as irmãs solteiras menores de 21 anos ou inválidas (III); não havendo dependentes da primeira classe, o segurado poderia inscrever pessoa que vivia sob sua dependência e que, em razão da idade, condição de saúde ou encargos domésticos, não pudesse manter o próprio sustento (IV).

Continuava em vigor, ainda, a obrigação das empresas de contratarem seguro de natureza privada para a cobertura por morte decorrente de acidente do trabalho.

DECRETO N. 26.778/49
Transformação das "caixas" em Institutos de Aposentadorias e Pensões
Pensão ■ morte natural ou presumida e desaparecimento; ■ carência de 12 contribuições mensais ou estar o segurado aposentado.
Beneficiários da pensão ■ deixaram de ser os herdeiros, passando os beneficiados a figurar em classes.
Auxílio-funeral ■ até o dobro do salário mínimo do local do óbito; ■ para quem comprovasse o pagamento das despesas.
Pecúlio ■ se não cumprida carência de 12 meses, beneficiários recebiam em devolução as contribuições recolhidas, acrescidas de juros de 4% ao ano.
Morte por acidente do trabalho ■ seguro de natureza privada.

d) Lei n. 3.807/60 (Lei Orgânica da Previdência Social — LOPS)

Em 26.08.1960 foi editada a Lei n. 3.807, denominada **Lei Orgânica da Previdência Social (LOPS)**, que **unificou toda a legislação previdenciária**, e previu proteção previdenciária para os riscos idade avançada, incapacidade, tempo de serviço, prisão ou morte, e, ainda, prestação de serviços com vista à proteção da saúde e bem-estar do segurado e beneficiários.

Os dependentes do segurado falecido tinham direito a **pecúlio, pensão, auxílio-funeral e serviço de assistência financeira**.

A **pensão** era devida em decorrência de **morte natural ou presumida**, desde que o segurado tivesse cumprido a **carência** de 12 contribuições mensais.

Quanto à **morte em razão de acidente do trabalho**, a lei autorizou os Institutos de Aposentadorias e Pensões a contratarem o seguro com empresas privadas.

O **auxílio-funeral**, como na legislação anterior, era devido a quem custeasse as despesas com o falecimento, e não podia ter valor que superasse o dobro do salário mínimo vigente no local do óbito.

A LOPS enumerou os dependentes do segurado no art. 11, alterado posteriormente pelo Decreto-lei n. 66/66 e pela Lei n. 5.890/73: a esposa, o marido inválido, a companheira, mantida há mais de 5 anos, os filhos de qualquer condição menores de 18 anos ou inválidos, e as filhas solteiras de qualquer condição, menores de 21 anos ou inválidas (I); a pessoa designada, que, se do sexo masculino, só poderá ser menor de 18 anos ou maior de 60 anos ou inválida (II); o pai inválido e a mãe (III); os irmãos de qualquer condição menores de 18 anos ou inválidos, e as irmãs solteiras de qualquer condição menores de 21 anos ou inválidas (IV). Equiparavam-se a filho ou enteado, o menor sob guarda judicial e o tutelado.

A existência de dependentes de uma classe excluía o direito das classes subsequentes.

Atenção: a LOPS excluía da proteção previdenciária os empregados domésticos e os trabalhadores rurais.

LEI N. 3.807/60 (LOPS)
Pensão ■ morte natural ou presumida; ■ carência de 12 contribuições mensais.
Beneficiários da pensão ■ enumerados em classes.
Auxílio-funeral ■ até o dobro do salário mínimo do local do óbito; ■ para quem comprovasse pagamento das despesas.
Morte por acidente do trabalho ■ Institutos podiam contratar seguro de natureza privada.

e) Decreto n. 77.077, de 24.01.1976 (CLPS — 1ª edição)

A primeira CLPS, Decreto n. 77.077/76, previa como proteção previdenciária para os dependentes do segurado falecido a concessão de pensão e auxílio-funeral.

A **pensão** era devida aos dependentes do segurado falecido, aposentado ou não, que tivesse cumprido carência de 12 contribuições mensais.

A CLPS previa, também, **pensão por morte decorrente de acidente do trabalho** (art. 169), devida a contar da data do óbito.

O **auxílio-funeral** era pago ao executor do funeral, em valor não excedente ao dobro do valor de referência da localidade de trabalho do segurado. Se o executor fosse dependente do segurado, recebia o valor máximo previsto (art. 64).

DECRETO N. 77.077/76 (CLPS — 1ª EDIÇÃO)
Pensão ■ morte natural ou presumida; ■ carência de 12 contribuições mensais; ■ a contar do óbito.
Morte por acidente do trabalho ■ pensão a contar do óbito.
Auxílio-funeral ■ pago ao executor do funeral; ■ valor não superior ao dobro do valor de referência do local de trabalho do segurado.

f) Lei n. 6.367, de 19.10.1976

Com a **Lei n. 6.367/1976**, foi alterada a disciplina da **pensão por morte decorrente de acidente do trabalho** devida, a contar do óbito, no valor mensal igual ao do salário de contribuição vigente no dia do acidente, não podendo ser inferior ao salário de benefício (art. 5º).

Os dependentes do acidentado tinham direito, ainda, ao **pecúlio**, no valor de 30 vezes o valor de referência, fixado nos termos da Lei n. 6.205/75, vigente na localidade de trabalho do acidentado.

LEI N. 6.367/76
Pensão ■ decorrente de acidente do trabalho; ■ desde o óbito; ■ RMI igual ao salário de contribuição vigente no dia do acidente, não podendo ser inferior salário de benefício.
Pecúlio ■ valor de 30 vezes o valor da localidade de trabalho do acidentado.

g) Decreto n. 89.312, de 23.01.1984 (CLPS — 2ª edição)

O Decreto n. 89.312/84 substituiu a primeira CLPS (Decreto n. 77.077/76). Trouxe também proteção previdenciária de pensão por morte, auxílio-funeral e pecúlio para os dependentes do segurado.

A pensão por **morte natural ou presumida** era devida aos dependentes do segurado, aposentado ou não, cujo óbito ocorresse após 12 contribuições mensais.

A renda mensal da pensão por morte era fixada considerando-se, em primeiro lugar, se o segurado estava ou não aposentado na data do óbito. Considerava-se o valor da aposentadoria que recebia ou da que teria direito se estivesse aposentado na data do óbito (art. 48).

Como a pensão era devida ao conjunto de dependentes, o valor consistia numa parcela familiar de 50% do valor da aposentadoria considerado, acrescido de tantas parcelas de 10% desse valor quantos fossem os dependentes, até o máximo de 5.

O termo inicial da pensão por morte era a data do óbito do segurado.

Quando **decorrente de acidente do trabalho**, a pensão por morte era devida a contar do óbito e tinha valor mensal igual ao do salário de contribuição vigente no dia do acidente, não podendo ser inferior ao do salário de benefício.

O **auxílio-funeral** era devido ao executor do funeral do segurado, em valor não superior ao dobro do valor de referência da sua localidade de trabalho.

Quanto ao **pecúlio**, os dependentes só o recebiam caso o segurado não tivesse recebido em vida. O pecúlio era devido aos segurados que se filiassem à Previdência Social com mais de 60 anos de idade e aos que, aposentados, continuavam a trabalhar ou voltavam ao exercício de atividade sujeita às leis previdenciárias. Os valores das contribuições então pagas por esses segurados eram restituídos com o acréscimo de 4% ao ano a título de juros.

Os dependentes do segurado eram relacionados em classes.

DECRETO N. 89.312/84 (CLPS — 2ª EDIÇÃO)
Pensão ■ morte natural ou presumida; ■ carência de 12 contribuições mensais; ■ a contar do óbito; ■ RMI = parcela familiar de 50% do valor da aposentadoria + tantas parcelas de 10% quantos fossem os dependentes, até o máximo de 5.
Beneficiários ■ enumerados em classes.
Morte por acidente do trabalho ■ a contar do óbito; ■ RMI igual ao salário de contribuição vigente no dia do acidente, não podendo ser inferior ao salário de benefício.
Auxílio-funeral ■ devido ao executor do funeral; ■ valor não superior ao dobro do valor de referência do local de trabalho do segurado.
Pecúlio ■ devido aos segurados que se filiassem à Previdência Social com mais de 60 anos de idade e aos aposentados que continuavam a trabalhar ou voltavam ao exercício de atividade sujeita às leis da previdência social; ■ pago aos dependentes se o segurado não recebesse em vida.

5.3.6.1.2. Lei n. 8.213, de 24.07.1991 (PBPS). Requisitos atuais

A pensão por morte atualmente está disciplinada pelo PBPS, nos arts. 74 a 79, que foram alterados por legislação posterior.

Na redação original do art. 74, o termo inicial da pensão por morte estava fixado na data do óbito ou da decisão judicial, quando se tratasse de morte presumida.

A Lei n. 9.528/97 alterou o art. 74 e fixou o termo inicial conforme a data do requerimento, o que novamente foi alterado pela MP n. 871/2019, convertida na Lei n. 13.846/2019:

REDAÇÃO ORIGINAL	LEI N. 9.528/97	MP N. 871/2019	LEI N. 13.846/2019
Art. 74. A pensão por morte será devida ao conjunto dos dependentes do segurado que falecer, aposentado ou não, a contar da data do óbito ou da decisão judicial, no caso de morte presumida.	**Art. 74.** A pensão por morte será devida ao conjunto dos dependentes do segurado que falecer, aposentado ou não, a contar da data:		
	I — do óbito, quando requerida até trinta dias depois deste;	I — do óbito, quando requerida em até cento e oitenta dias após o óbito, para os filhos menores de dezesseis anos, ou em até noventa dias após o óbito, para os demais dependentes;	I — do óbito, quando requerida em até 180 (cento e oitenta) dias após o óbito, para os filhos menores de 16 (dezesseis) anos, ou em até 90 (noventa) dias após o óbito, para os demais dependentes;
	II — do requerimento, quando requerida após o prazo previsto no inciso anterior;		
	III — da decisão judicial, no caso de morte presumida.		

O art. 75, originariamente, a exemplo da legislação anterior, fixava o valor da renda mensal inicial em percentuais, considerando uma parcela familiar de 80% do valor da aposentadoria que o segurado recebia, ou da que teria direito se estivesse aposentado na data do óbito, acrescida de tantas parcelas de 10% quantos fossem os dependentes, até o máximo de 2.

Com as alterações introduzidas pela Lei n. 9.032/95, que igualou a cobertura previdenciária decorrente de acidente do trabalho e a não acidentária, a RMI da pensão por morte foi fixada em 100% do salário de benefício.

O art. 75 foi novamente modificado pela Lei n. 9.528/97. Da alteração resultou que a RMI foi fixada em 100% do valor da aposentadoria que o segurado recebia se estava aposentado na data do óbito; se não estava aposentado, a RMI foi fixada em 100% da aposentadoria que receberia se fosse aposentado por invalidez.

Nova alteração foi feita pela Medida Provisória n. 664/2014, fixando a RMI em 50% da aposentadoria que o segurado recebia ou daquela a que teria direito se aposentado por invalidez, acrescido percentual de cotas individuais de 10% do valor da aposentadoria, correspondentes ao número de dependentes titulares do benefício até o máximo de 5. Contudo, nessa parte, a MP n. 664 não foi convertida em lei, permanecendo o dispositivo com a redação dada pela Lei n. 9.528/97 até a edição da EC n. 103/2019.

REDAÇÃO ORIGINAL	LEI N. 9.032/95	LEI N. 9.528/97	MP N. 664/2014 (art. 75, *caput* e incisos, não convertidos em lei)	LEI N. 13.135/2015
Art. 75. O valor mensal da pensão por morte será:	**Art. 75.** O valor mensal da pensão por morte, inclusive a decorrente de acidente do trabalho, consistirá numa renda mensal correspondente a 100% (cem por cento) do salário de benefício, observado o disposto na Seção III, especialmente no art. 33 desta Lei.	**Art. 75.** O valor mensal da pensão por morte será de cem por cento do valor da aposentadoria que o segurado recebia ou daquela a que teria direito se estivesse aposentado por invalidez na data de seu falecimento, observado o disposto no art. 33 desta Lei.	**Art. 75.** O valor mensal da pensão por morte corresponde a 50% do valor da aposentadoria que o segurado recebia ou daquela a que teria direito se estivesse aposentado por invalidez na data de seu falecimento, acrescido de tantas cotas individuais de 10% do valor da mesma aposentadoria, quantos forem os dependentes do segurado, até o máximo de 5, observado o disposto no art. 33.	**(Não convertido em lei)**
a) constituído de uma parcela, relativa à família, de 80% (oitenta por cento) do valor da aposentadoria que o segurado recebia ou a que teria direito, se estivesse aposentado na data do seu falecimento, mais tantas parcelas de 10% (dez por cento) do valor da mesma aposentadoria quantos forem os seus dependentes, até o máximo de 2 (duas).				
b) 100% (cem por cento) do salário de benefício ou do salário de contribuição vigente no dia do acidente, o que for mais vantajoso, caso o falecimento seja consequência de acidente do trabalho.				
			§ 1º A cota individual cessa com a perda da qualidade de dependente, na forma estabelecida em regulamento, observado o disposto no art. 77.	**(Não convertido em lei)**

			§ 2º O valor mensal da pensão por morte será acrescido de parcela equivalente a uma única cota individual de que trata o *caput*, rateado entre os dependentes, no caso de haver filho do segurado ou pessoa a ele equiparada, que seja órfão de pai e mãe na data da concessão da pensão ou durante o período de manutenção desta, observado:	**(Não convertido em lei)**
			I — o limite máximo de 100% do valor da aposentadoria que o segurado recebia ou daquela a que teria direito se estivesse aposentado por invalidez na data de seu falecimento; e	**(Não convertido em lei)**
			II — o disposto no inciso II do § 2º do art. 77.	**(Não convertido em lei)**
			§ 3º O disposto no § 2º não será aplicado quando for devida mais de uma pensão aos dependentes do segurado.	**(Não convertido em lei)**

A pensão por morte foi alcançada pelas disposições do art. 23 da EC n. 103/2019, não somente em relação ao valor das cotas, como também aos dependentes e ao tempo de duração do benefício e das cotas por dependente.

O art. 76 trata da habilitação dos dependentes à pensão por morte e foi alterado pela MP n. 871/2019, convertida na Lei n. 13.846/2019:

REDAÇÃO ORIGINAL	MP N. 871 (CONVERTIDA NA LEI N. 13.846/2019)
Art. 76. A concessão da pensão por morte não será protelada pela falta de habilitação de outro possível dependente, e qualquer inscrição ou habilitação posterior que importe em exclusão ou inclusão de dependente só produzirá efeito a contar da data da inscrição ou habilitação.	
§ 1º O cônjuge ausente não exclui do direito à pensão por morte o companheiro ou a companheira, que somente fará jus ao benefício a partir da data de sua habilitação e mediante prova de dependência econômica.	
§ 2º O cônjuge divorciado ou separado judicialmente ou de fato que recebia pensão de alimentos concorrerá em igualdade de condições com os dependentes referidos no inciso I do art. 16 desta Lei.	
	§ 3º Na hipótese de o segurado falecido estar, na data de seu falecimento, obrigado por determinação judicial a pagar alimentos temporários a ex-cônjuge, ex-companheiro ou ex-companheira, a pensão por morte será devida pelo prazo remanescente na data do óbito, caso não incida outra hipótese de cancelamento anterior do benefício.

O art. 77 dispôs, originalmente, sobre o rateio da renda mensal da pensão por morte e sobre o seu termo final. A Lei n. 9.032/95 trouxe alteração coerente com a sistemática que adotou para excluir o dependente designado (item 5.3.3.2, *supra*), bem como o emancipado. Por outro lado, com mais propriedade, dispôs sobre a extinção da cota individual da pensão, prevista na redação original, de forma tecnicamente incorreta, como extinção da pensão. Nova alteração foi feita pela Lei n. 12.470/2011, que incluiu, no rol de dependentes do segurado, o filho ou o irmão que tenha deficiência intelectual ou mental. Foi novamente alterado pela MP n. 664/2014, que, em grande parte, não foi convertida na Lei n. 13.135/2015, com nova alteração pela Lei n. 13.846/2019:

REDAÇÃO ORIGINAL	LEI N. 9.032/95	LEI N. 12.470/2011	MP N. 664/2014	LEI N. 13.135/2015	LEI N. 13.846/2019
Art. 77. A pensão por morte, havendo mais de um pensionista:	**Art. 77.** A pensão por morte, havendo mais de um pensionista, será rateada entre todos em parte iguais.				
I — será rateada entre todos, em partes iguais;	§ 1º Reverterá em favor dos demais a parte daquele cujo direito à pensão cessar.		§ 1º Reverterá em favor dos demais a parte daquele cujo direito à pensão cessar, mas sem o acréscimo da correspondente cota individual de 10%.	**(Não convertido em lei)**	
II — reverterá em favor dos demais a parte daquele cujo direito à pensão cessar.	§ 2º A parte individual da pensão extingue-se:			§ 2º O direito à percepção de cada cota individual cessará:	§ 2º O direito à percepção da cota individual cessará:
1º O direito à parte da pensão por morte cessa:	I — pela morte do pensionista;				
a) pela morte do pensionista;	II — para o filho, a pessoa a ele equiparada ou o irmão, de ambos os sexos, pela emancipação ou ao completar 21 (vinte e um) anos de idade, salvo se for inválido;	II — para o filho, a pessoa a ele equiparada ou o irmão, de ambos os sexos, pela emancipação ou ao completar 21 (vinte e um) anos de idade, salvo se for inválido ou com deficiência intelectual ou mental que o torne absoluta ou relativamente incapaz, assim declarado judicialmente;		II — para filho, pessoa a ele equiparada ou irmão, de ambos os sexos, ao completar 21 (vinte e um) anos de idade, salvo se for inválido ou com deficiência;	
b) para o filho ou irmão ou dependente designado menor, de ambos os sexos, que completar 21 (vinte e um) anos de idade, salvo se for inválido;	III — para o pensionista inválido, pela cessação da invalidez.	III — para o pensionista inválido pela cessação da invalidez e para o pensionista com deficiência intelectual ou mental, pelo levantamento da interdição.	III — para o pensionista inválido pela cessação da invalidez e para o pensionista com deficiência mental, pelo levantamento da interdição; e	III — para filho ou irmão inválido, pela cessação da invalidez;	
			IV — pelo decurso do prazo para recebimento de pensão pelo cônjuge, companheiro ou companheira, nos termos do § 5º.	IV — pelo decurso do prazo de recebimento de pensão pelo cônjuge, companheiro ou companheira, nos termos do § 5º.	

				V — para cônjuge ou companheiro:	
				a) se inválido ou com deficiência, pela cessação da invalidez ou pelo afastamento da deficiência, respeitados os períodos mínimos decorrentes da aplicação das alíneas "b" e "c";	
				b) em 4 (quatro) meses, se o óbito ocorrer sem que o segurado tenha vertido 18 (dezoito) contribuições mensais ou se o casamento ou a união estável tiverem sido iniciados em menos de 2 (dois) anos antes do óbito do segurado;	
				c) transcorridos os seguintes períodos, estabelecidos de acordo com a idade do beneficiário na data de óbito do segurado, se o óbito ocorrer depois de vertidas 18 (dezoito) contribuições mensais e pelo menos 2 (dois) anos após o início do casamento ou da união estável:	
				1) 3 (três) anos, com menos de 21 (vinte e um) anos de idade;	
				2) 6 (seis) anos, entre 21 (vinte e um) e 26 (vinte e seis) anos de idade;	
				3) 10 (dez) anos, entre 27 (vinte e sete) e 29 (vinte e nove) anos de idade;	
				4) 15 (quinze) anos, entre 30 (trinta) e 40 (quarenta) anos de idade;	
				5) 20 (vinte) anos, entre 41 (quarenta e um) e 43 (quarenta e três) anos de idade;	

				6) vitalícia, com 44 (quarenta e quatro) ou mais anos de idade.	VI — pela perda do direito, na forma do § 1º do art. 74 desta Lei.
				§ 2º-A. Serão aplicados, conforme o caso, a regra contida na alínea "a" ou os prazos previstos na alínea "c", ambas do inciso V do § 2º, se o óbito do segurado decorrer de acidente de qualquer natureza ou de doença profissional ou do trabalho, independentemente do recolhimento de 18 (dezoito) contribuições mensais ou da comprovação de 2 (dois) anos de casamento ou de união estável.	
				§ 2º-B. Após o transcurso de pelo menos 3 (três) anos e desde que nesse período se verifique o incremento mínimo de um ano inteiro na média nacional única, para ambos os sexos, correspondente à expectativa de sobrevida da população brasileira ao nascer, poderão ser fixadas, em números inteiros, novas idades para os fins previstos na alínea "c" do inciso V do § 2º, em ato do Ministro de Estado da Previdência Social, limitado o acréscimo na comparação com as idades anteriores ao referido incremento.	
c) para o pensionista inválido, pela cessação da invalidez.	§ 3º Com a extinção da parte do último pensionista a pensão extinguir-se-á.				
2º Com a extinção da parte do último pensionista a pensão se extinguirá.		§ 4º A parte individual da pensão do dependente com deficiência intelectual ou mental que o torne absoluta ou relativamente incapaz, assim declarado judicialmente, que exerça atividade remunerada, será reduzida em 30% (trinta por cento), devendo ser integralmente restabelecida em face da extinção da relação de trabalho ou da atividade empreendedora.		**Revogado**	

<table>
<tr>
<td></td>
<td></td>
<td></td>
<td>§ 5º O tempo de duração da pensão por morte devida ao cônjuge, companheiro ou companheira, inclusive na hipótese de que trata o § 2º do art. 76, será calculado de acordo com sua expectativa de sobrevida no momento do óbito do instituidor segurado, conforme tabela abaixo:
<table>
<tr><th>Expectativa de sobrevida à idade x do cônjuge, companheiro ou companheira, em anos (E(x))</th><th>Duração do benefício de pensão por morte (em anos)</th></tr>
<tr><td>$55 < E(x)$</td><td>3</td></tr>
<tr><td>$50 < E(x) \le 55$</td><td>6</td></tr>
<tr><td>$45 < E(x) \le 50$</td><td>9</td></tr>
<tr><td>$40 < E(x) \le 45$</td><td>12</td></tr>
<tr><td>$35 < E(x) \le 40$</td><td>15</td></tr>
<tr><td>$E(x) \le 35$</td><td>vitalícia</td></tr>
</table>
</td>
<td>§ 5º O tempo de contribuição a Regime Próprio de Previdência Social (RPPS) será considerado na contagem das 18 (dezoito) contribuições mensais de que tratam as alíneas "b" e "c" do inciso V do § 2º.</td>
<td></td>
</tr>
<tr>
<td></td>
<td></td>
<td></td>
<td>§ 6º Para efeito do disposto no § 5º, a expectativa de sobrevida será obtida a partir da Tábua Completa de Mortalidade — ambos os sexos — construída pela Fundação Instituto Brasileiro de Geografia e Estatística — IBGE, vigente no momento do óbito do segurado instituidor.</td>
<td>(Não convertido em lei)</td>
<td></td>
</tr>
<tr>
<td></td>
<td></td>
<td></td>
<td>§ 7º O cônjuge, o companheiro ou a companheira considerado incapaz e insuscetível de reabilitação para o exercício de atividade remunerada que lhe garanta a subsistência, mediante exame médico-pericial a cargo do INSS, por acidente ou doença ocorrido entre o casamento ou início da união estável e a cessação do pagamento do benefício, terá direito à pensão por morte vitalícia, observado o disposto no art. 101.</td>
<td>(Não convertido em lei)</td>
<td>§ 7º Se houver fundados indícios de autoria, coautoria ou participação de dependente, ressalvados os absolutamente incapazes e os inimputáveis, em homicídio, ou em tentativa desse crime, cometido contra a pessoa do segurado, será possível a suspensão provisória de sua parte no benefício de pensão por morte, mediante processo administrativo próprio, respeitados a ampla defesa e o contraditório, e serão devidas, em caso de absolvição, todas as parcelas corrigidas desde a data da suspensão, bem como a reativação imediata do benefício.</td>
</tr>
</table>

A pensão em decorrência da morte presumida do segurado está prevista no art. 78, ainda em vigor na redação original:

Art. 78. Por morte presumida do segurado, declarada pela autoridade judicial competente, depois de 6 (seis) meses de ausência, será concedida pensão provisória, na forma desta Subseção.

§ 1º Mediante prova do desaparecimento do segurado em consequência de acidente, desastre ou catástrofe, seus dependentes farão jus à pensão provisória independentemente da declaração e do prazo deste artigo.

§ 2º Verificado o reaparecimento do segurado, o pagamento da pensão cessará imediatamente, desobrigados os dependentes da reposição dos valores recebidos, salvo má-fé.

Por fim, o art. 79, na redação original, afastava o pensionista menor, incapaz ou ausente da aplicação do disposto no art. 103, que trata da decadência e da prescrição (ver item 5.4, infra). Porém, o dispositivo foi revogado pela MP n. 871/2019, convertida na Lei n. 13.846/2019.

REDAÇÃO ORIGINAL	MP N. 871/2019 CONVERTIDA NA LEI N. 13.846/2019
■ **Art. 79.** Não se aplica o disposto no art. 103 desta Lei ao pensionista menor, incapaz ou ausente, na forma da lei.	■ REVOGADO

Contingência: ser dependente de segurado falecido.

Com a morte do segurado que deixa dependentes, inicia-se nova relação jurídica previdenciária, cujo objeto será o pagamento da pensão por morte.

Das disposições do art. 74 do PBPS resulta que a nova relação jurídica previdenciária é formada com os dependentes do segurado falecido.

A contingência só se configura com a ocorrência de 2 elementos essenciais: a morte do segurado e a existência de dependentes na data do óbito.

a) Morte do segurado

A morte do segurado, na presunção legal, deixa desamparados os seus dependentes. Essa é a razão pela qual o Direito Previdenciário dá proteção aos dependentes do segurado falecido. **José Francisco Blasco Lahoz e outros** esclarecem que o Direito espanhol adotou o mesmo entendimento: "(...) De modo que as contingências gerais que dão origem ao direito a essas prestações são a morte do trabalhador e a sobrevivência dos familiares que estavam sob sua dependência (que com ele conviviam e dele dependiam economicamente) (...)" (tradução nossa).[99]

A lei não contempla somente a morte real (natural), mas, também, a morte presumida ou morte legal.[100]

[99] José Francisco Blasco Lahoz, Juan López Gandía e Maria Ángeles Momparler Carrasco, *Curso de seguridad social (régimen general y prestaciones non contributivas).* 7. ed. Valencia, Espanha: Tirant lo Blanch Libros, 2000, p. 456.

[100] Art. 68 da Lei n. 8.212/91 (redação dada pela Lei n. 13.846/2019): O Titular do Cartório de Registro Civil de Pessoas Naturais remeterá ao INSS, em até 1 (um) dia útil, pelo Sistema Nacional de Informações de Registro Civil (Sirc) ou por outro meio que venha a substituí-lo, a relação dos nascimentos, dos natimortos, dos casamentos, dos óbitos, das averbações, das anotações e das retificações registradas na serventia.

O conceito de morte natural e morte presumida são fornecidos pelo Direito Civil, do qual se socorre o Direito Previdenciário.

Diz o art. 6º do Código Civil: "A existência da pessoa natural termina com a morte; presume-se esta quanto aos ausentes, nos casos em que a lei autoriza a abertura da sucessão definitiva".

A **morte natural**, ensina a Professora Heloisa Hernandes Derzi, "(...) verifica-se com a cessação das atividades cerebrais do indivíduo, atestada por profissionais de Medicina. (...)".[101] Com a morte cessa a personalidade jurídica da pessoa natural, que deixa de ser sujeito de direitos e obrigações.

Quanto à **morte presumida**, não há que ser confundida com a "ausência" prevista nos arts. 22 a 39 do Código Civil.

A declaração de ausência, no procedimento sucessório do Direito Civil, visa à abertura da sucessão provisória dos bens deixados pelo desaparecido.

A "ausência previdenciária" tem conotação específica, que não se confunde com a do Direito Civil. Trata-se de impropriedade técnica do legislador, uma vez que, na hipótese previdenciária, desaparecido o segurado por período superior a 6 meses, ou seja, "ausente", tem-se por presumido o seu falecimento, dando ensejo à concessão provisória de pensão por morte, a qual cessará necessariamente com o seu retorno.

À míngua de nomenclatura mais adequada, pode-se afirmar que se trata de ausência *sui generis*.

Importante questionamento costuma surgir quando se trata de declarar a morte presumida do segurado para fins de concessão da pensão provisória por morte: há necessidade do procedimento judicial específico para declarar a ausência do segurado, ou pode o juiz da causa previdenciária declará-la incidentalmente?

A nosso ver, não é necessário, para fins previdenciários, que seja declarada a ausência do segurado em procedimento específico. O raciocínio é semelhante àquele aplicado quando se trata de reconhecer a existência de união estável: o juiz da causa previdenciária pode reconhecê-la, para fins previdenciários. Isso porque a declaração só produzirá efeitos na esfera previdenciária, não acarretando outras consequências de natureza civil, principalmente em matéria de sucessão de bens. Trata-se de dar efetividade à proteção previdenciária devida ao dependente, que não pode ser obstada por questões ligadas à sucessão patrimonial do segurado desaparecido. O Direito Previdenciário não está imbricado com o Direito Sucessório, uma vez que se trata de proteção social e não de questão patrimonial. Esse é o entendimento adotado pela jurisprudência.[102]

[101] Ob. cit., p. 184.

[102] Cf. STJ, REsp 200000401617, 6ª Turma, Rel. Min. Fernando Gonçalves, *DJ* 11.09.2000, p. 00303: "(...) 1. O reconhecimento da morte presumida do segurado, com vista à percepção de benefício previdenciário (art. 78 da Lei n. 8.213/91), não se confunde com a declaração de ausência prevista nos Códigos Civil e de Processo Civil, razão pela qual compete à Justiça Federal processar e julgar a ação. (...)". E, ainda: TRF 1ª Região, AC 00340932820074019199, 1ª Câmara Regional Previdenciária de Minas Gerais, Rel. Juiz Fed. Márcio José de Aguiar Barbosa, *e-DJF1* 27.08.2015, p. 126:

Porém, se a ausência for decorrente de acidente, desastre ou catástrofe, a pensão provisória deve ser imediatamente concedida, independentemente do prazo de 6 meses ou de declaração de ausência na forma da lei civil. Bastará, a nosso ver, a prova da existência do evento que atingiu o segurado desaparecido. O RPS dispõe:

> **Art. 112.** A pensão poderá ser concedida, em caráter provisório, por morte presumida:
>
> I — mediante sentença declaratória de ausência, expedida por autoridade judiciária, a contar da data de sua emissão; ou
>
> II — em caso de desaparecimento do segurado por motivo de catástrofe, acidente ou desastre, a contar da data da ocorrência, mediante prova hábil.
>
> Parágrafo único. Verificado o reaparecimento do segurado, o pagamento da pensão cessa imediatamente, ficando os dependentes desobrigados da reposição dos valores recebidos, salvo má-fé.

A morte presumida do segurado, declarada judicialmente, gera direito à pensão por morte de forma **provisória** porque, reaparecendo o segurado, o pagamento do benefício cessa imediatamente. Nesse caso, os dependentes só serão obrigados a devolver os valores recebidos se ficar comprovado que agiram de má-fé, prova que cabe ao INSS produzir.

MORTE DO SEGURADO	
NATURAL	
PRESUMIDA	■ após 6 meses de ausência; ou ■ sem prazo se desaparecido em catástrofe, acidente ou desastre.

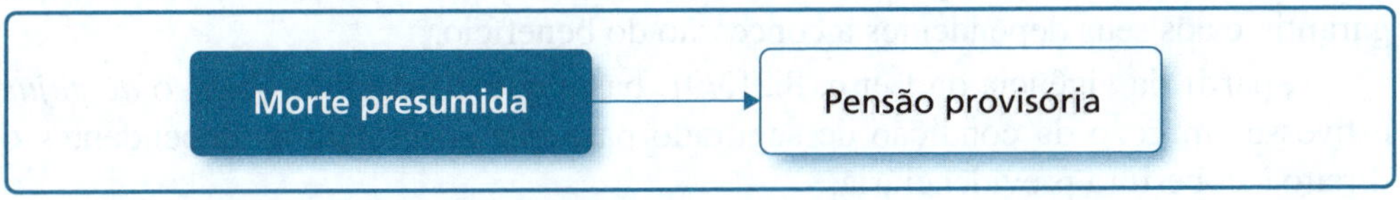

b) Manutenção da qualidade de segurado

Para que se configure a contingência, é **necessário, ainda, que o falecido mantenha a qualidade de segurado na data do óbito**; perdida a condição de segurado, não há cobertura previdenciária para os dependentes.[103]

"(...) Conforme jurisprudência do C. STJ, quando a declaração de ausência visa unicamente à obtenção de benefício previdenciário, a autoridade competente para tal declaração, nos termos do art. 78 da Lei 8.213/91, é o juízo federal (...)".

[103] Cf. Heloísa Hernandez Derzi, ob. cit., p. 168: "(...) Não se trata, portanto, da morte de qualquer pessoa, mas da morte de um segurado da Previdência Social, qualidade jurídica atribuída pelo vínculo institucional estabelecido com o regime de proteção social, para os segurados obrigatórios, pelo exercício do trabalho remunerado, e, para os facultativos, pela vontade opcional de filiar-se. (...)".

A regra, entretanto, tem exceção prevista no § 2º do art. 102 do PBPS: se, antes de perder a qualidade de segurado, o falecido cumprira todos os requisitos para a obtenção de aposentadoria, os dependentes terão direito à pensão por morte.

O raciocínio é simples: se, na data do óbito, o falecido tinha direito à cobertura previdenciária, embora já perdida a condição de segurado, seus dependentes terão direito à pensão por morte.[104] É frequente que, após cumprir os requisitos para se aposentar, o segurado deixe de contribuir para o RGPS, embora não requeira o benefício, perdendo a condição de segurado.

Súmula 416 do STJ: É devida a pensão por morte aos dependentes do segurado que, apesar de ter perdido essa qualidade, preencheu os requisitos legais para a obtenção de aposentadoria até a data do seu óbito.

A interpretação do art. 3º, § 1º, da Lei n. 10.666/2003, que dispôs sobre a aposentadoria por idade, acaba por conduzir à mesma regra do art. 102, § 2º, do PBPS, uma vez que reconhecer o direito à aposentadoria por idade daquele que, embora tenha perdido a qualidade de segurado, conte, no mínimo, o tempo de contribuição correspondente ao exigido para efeito de carência na data do requerimento do benefício. Indiretamente, a nosso ver, acabou reconhecendo o direito dos dependentes à pensão por morte.

c) A existência de dependentes

Os dependentes do segurado falecido são os sujeitos ativos da relação jurídica previdenciária que tem por objeto a pensão por morte. Morrendo o segurado sem deixar dependentes, não se instaura relação jurídica com esse objeto.

Carência: independe de carência. A legislação previdenciária anterior à Lei n. 8.213/91 fixava prazo de carência até mesmo para a pensão por morte. Era necessário que, na data do óbito, o segurado tivesse um número mínimo de contribuições que garantisse aos seus dependentes a concessão do benefício.

A partir da vigência da Lei n. 8.213/91, basta que, na data do óbito, o *de cujus* estivesse em gozo da condição de segurado para que surja para os dependentes o direito à cobertura previdenciária.

Em matéria de pensão por morte, aplica-se a norma vigente na data do óbito do segurado (*tempus regit actum*). Se, naquela data, era exigida a carência, a superveniên-

---

[104] É comum o INSS negar a pensão por morte com fundamento na perda de condição de segurado do falecido. Em julgamento de **Recurso Especial Repetitivo**, o STJ entendeu que, nessa hipótese, tem aplicação o disposto no art. 102, § 2º, mediante a verificação do cumprimento dos requisitos de aposentadoria pelo *de cujus* antes da perda da condição de segurado, mesmo que não a tenha requerido: "(I — A condição de segurado do *de cujus* é requisito necessário ao deferimento do benefício de pensão por morte ao(s) seu(s) dependente(s). Excepciona-se essa regra, porém, na hipótese de o falecido ter preenchido, ainda em vida, os requisitos necessários à concessão de uma das espécies de aposentadoria do Regime Geral de Previdência Social — RGPS. Precedentes. II — *In casu*, não detendo a *de cujus*, quando do evento morte, a condição de segurada, nem tendo preenchido em vida os requisitos necessários à sua aposentação, incabível o deferimento do benefício de pensão por morte aos seus dependentes" (REsp 1.110.565/SE, 3ª Seção, Rel. Min. Felix Fischer, *DJe* 03.08.2009).

cia de norma que a dispensa não altera a relação jurídica. Esse entendimento tem sido reiteradamente adotado pelos Tribunais.[105]

A nosso ver, a dispensa da carência nem sempre se revela mais benéfica para os dependentes. Embora dispense a carência, a lei exige a manutenção da condição de segurado na data do óbito. Em muitas situações, o óbito ocorre após a perda da condição de segurado, quando já vertidas contribuições para o RGPS por muitos anos, sem, contudo, ter o falecido cumprido os requisitos para se aposentar. Nesse caso, embora pagas muitas contribuições mensais, não haverá direito à pensão por morte.

No direito anterior, contudo, embora exigido o cumprimento da carência de 12 contribuições mensais, não era exigida a manutenção da condição de segurado na data do óbito. Dessa forma, um número maior de dependentes era beneficiado com a cobertura previdenciária.

RMI: coeficiente aplicado sobre o valor da aposentadoria que o segurado recebia ou daquela a que teria direito se aposentado por invalidez na data do óbito ocorrido a partir de 13.11.2019, data da publicação da Reforma da Previdência.

O art. 23 da EC n. 103/2019 fixou o coeficiente de cálculo em uma cota fixa de 50% acrescida de 10% por dependente até o limite de 100%.

Por ter sido a regra da Reforma da Previdência considerada gravosa para os dependentes, já tramita no Congresso Nacional a PEC n. 133/2019 (PEC paralela), que aumenta para 20% o acréscimo quando o dependente contar com menos de 18 anos de idade.

O coeficiente será de 100% quando existir dependente inválido ou com deficiência intelectual, mental ou grave, até o limite máximo do valor dos benefícios do RGPS. Se o valor do benefício superar o limite máximo, sobre o excedente será aplicado o sistema de cotas (50% de cota familiar acrescido de 10% por dependente).

Quando o óbito do segurado ocorrer até 12.11.2019, a RMI da pensão por morte será de 100% da aposentadoria que recebia ou daquela a que teria direito se aposentado por invalidez na data do óbito.

Deixando de haver dependente inválido ou com deficiência intelectual, mental ou grave, a renda mensal da pensão por morte será recalculada para se adequar ao sistema de cotas (50% acrescidos de 10% por dependente).

Na redação original do art. 75, a RMI da pensão por morte era calculada mediante a aplicação do coeficiente de 80% do valor da aposentadoria que o segurado recebia ou a que teria direito, se estivesse aposentado na data do seu falecimento, mais tantas parcelas de 10% do valor da mesma aposentadoria quantos fossem os

[105] Cf. STJ, REsp 200100157300, 5ª Turma, Rel. Min. Felix Fischer, *DJ* 03.06.2002, p. 00241: "(...) I — Conforme dicção do art. 47 do Decreto n. 89.312/84, a pensão por morte é devida aos dependentes do segurado, aposentado ou não, que falece após ter realizado 12 (doze) contribuições mensais. II — Perdendo o *de cujus* a qualidade de segurado devido o disposto no art. 7º, *caput*, do Decreto n. 89.312/84, e vindo a falecer antes de realizar a quantidade de contribuições exigidas pela legislação aplicável à data do óbito, não tem a recorrente, portanto, direito ao benefício previdenciário da pensão por morte. (...)".

seus dependentes, até o máximo de 2. Caso decorrente de acidente do trabalho, o coeficiente era de 100% do salário de benefício ou do salário de contribuição vigente no dia do acidente, o que fosse mais vantajoso.

O art. 75 foi modificado pela Lei n. 9.032/95, fixando a RMI em 100% do salário de benefício, mesmo que decorrente de acidente do trabalho.

Nova alteração foi feita pela Lei n. 9.528/97, que fixou a RMI da pensão por morte em 100% do valor da aposentadoria que o segurado recebia ou daquela a que teria direito se estivesse aposentado por invalidez na data de seu falecimento.

A alteração introduzida pela MP n. 664/2014 não foi convertida em lei.

O quadro abaixo mostra as alterações no cálculo da RMI da pensão por morte.

CÁLCULO DA PENSÃO POR MORTE				
Redação original	**Lei n. 9.032/95**	**Lei n. 9.528/97**	**MP N. 664/2014 (não convertido em lei)**	**EC n. 103/2019**
■ 80% do valor da aposentadoria do segurado + tantas parcelas de 10% quantos fossem os dependentes, até o máximo de 2.	■ 100% do salário de benefício, mesmo que decorrente de acidente do trabalho.	■ 100% do valor da aposentadoria que o segurado recebia ou da que teria direito se aposentado por invalidez.	■ 50% do valor da aposentadoria que o segurado recebia ou daquela a que teria direito se aposentado por invalidez + tantas cotas de 10% quantos forem os dependentes, até o máximo de 5.	■ **a)** 50% do valor da aposentadoria recebida pelo segurado ou daquela a que teria direito se fosse aposentado por incapacidade permanente na data do óbito (cota familiar), acrescida de cotas de 10 (dez) pontos percentuais por dependente, até o máximo de 100%; e ■ **b)** 100% quando existir dependente inválido ou com deficiência intelectual, mental ou grave, até o limite máximo do valor dos benefícios do RGPS.

Atenção: em obediência ao princípio *tempus regit actum*, o cálculo da RMI da pensão por morte será feito na forma da **lei vigente na data do óbito** do segurado.

As regras da EC n. 103/2019 acarretam sensível diminuição no valor da renda mensal da pensão por morte. Não se deve esquecer as novas regras de cálculo do salário de benefício, que embasa o cálculo das aposentadorias, que já acarretariam, por si só, a diminuição dos valores, situação que se agrava com o sistema de cálculo de percentual por cota familiar e por dependente.

De qualquer forma, o § 2º do art. 201 da CF não foi alterado, restando garantido que a pensão por morte não poderá ter renda mensal inferior a um salário mínimo.

Importante notar que o coeficiente de 100% fixado pelas leis modificadoras tem incidência sobre **bases de cálculo diferentes:** o **salário de benefício** (Lei n. 9.032/95) e o **valor da aposentadoria** (Lei n. 9.528/97).

As modificações legislativas deram ensejo à propositura de muitas ações pleiteando a revisão da RMI de pensões por morte concedidas em data anterior à vigência da Lei n. 9.032/95, para que fosse majorado o coeficiente de cálculo para 100%.

O **STJ** firmou posição em Embargos de Divergência no sentido de ser aplicada a lei nova nesses casos.

A **TNU** dos Juizados Especiais Federais, no mesmo sentido, editou a **Súmula 15 (cancelada em 26.03.2007)**.

A questão foi levada a julgamento no **STF**, que pôs fim à controvérsia no julgamento do RE 415.454/SC, Rel. Min. Gilmar Mendes, adotando o entendimento de que prevalece a legislação vigente na **data do óbito do segurado *(tempus regit actum)*:**

> "(...) 15. Salvo disposição legislativa expressa e que atenda à prévia indicação da fonte de custeio total, o benefício previdenciário deve ser calculado na forma prevista na legislação vigente à data da sua concessão. A Lei n. 9.032/95 somente pode ser aplicada às concessões ocorridas a partir de sua entrada em vigor. 16. No caso em apreço, **aplica-se o teor do art. 75 da Lei n. 8.213/91 em sua redação ao momento da concessão do benefício** à recorrida. 17. Recurso conhecido e provido para reformar o acórdão recorrido" (*DJ* 26.10.2007, p. 42).

A nosso ver, a decisão respeita os princípios constitucionais, notadamente os da Seguridade Social. Não há base legal para fazer retroagir a legislação previdenciária ao fundamento de ser mais benéfica, sob pena de afrontar a preservação do equilíbrio financeiro e atuarial do sistema.

Cabe ao legislador prever a retroatividade benéfica, o que, aliás, não seria novidade em matéria previdenciária. O art. 58 do Ato das Disposições Constitucionais Transitórias determinou a revisão dos benefícios previdenciários em manutenção na data da promulgação da Constituição, para que fosse apurada a renda mensal que tinham na data de sua concessão, em número de salários mínimos. Prevaleceu a vontade do legislador constitucional, ciente da defasagem dos valores dos benefícios causada pela inflação.

Não havendo previsão na lei, não há fundamento para fazer retroagir a legislação nova, ainda que mais benéfica.

Em 13.08.2007, o **STJ** publicou a **Súmula 340:** "A lei aplicável à concessão de pensão previdenciária por morte é aquela vigente na data do óbito do segurado".

Havendo mais de um dependente, a renda mensal da pensão por morte é rateada em partes iguais (art. 77 do PBPS e art. 113 do RPS), uma vez que cada beneficiário recebe uma cota-parte do benefício.

> **Atenção:** o valor da renda mensal é igual à soma das cotas-partes, e não pode ser inferior ao salário mínimo nem superior ao limite máximo do salário de contribuição. Isso porque a pensão por morte **substitui a renda do segurado** utilizada para a manutenção de seus dependentes. Porém, **cada cota do benefício pode ter valor inferior ao salário mínimo**. Há entendimento do STJ nesse sentido:
>
> "(...) 3 — **A vedação constitucional de percepção de benefício previdenciário em valor inferior ao salário mínimo só se aplica ao benefício que substitua o salário de contribuição ou o rendimento do trabalho do segurado, não abarcando, pois, todo e qualquer benefício previdenciário, dentre eles a cota-parte cabível a cada benefi-**

> **ciária de pensão por morte**. 4 — Ao se admitir a possibilidade de arredondamento da cota-parte para um salário mínimo, quando aquém, estar-se-ia admitindo a majoração reflexa do benefício, pois, mesmo que a pensão por morte fosse fixada, em sua totalidade, em um salário mínimo, tendo o ex-segurado diversos dependentes com dependência econômica presumida cada um deles teria direito ao recebimento desse valor, o que terminaria por violar outro preceito constitucional ínsito no art. 195, § 5º da CF; o da preexistência do custeio em relação ao benefício ou serviço, que veda a possibilidade de majoração ou extensão de benefício sem prévia fonte de custeio (...)" (REsp 200101328012, 6ª Turma, Rel. Min. Maria Thereza de Assis Moura, *DJe* 02.03.2009).

A pensão por morte é concedida ao conjunto de dependentes, razão pela qual a cota-parte individual pode ter valor inferior ao salário mínimo.

Em se tratando de aposentadoria por invalidez valetudinária (item 5.3.5.1, *supra*), o **acréscimo de 25%** previsto no art. 45 do PBPS **não será incorporado à RMI da pensão por morte** (art. 45, parágrafo único, *c*, do PBPS e art. 45, parágrafo único, do RPS).

Antes da vigência da EC n. 103/2019, quando cessado o direito do dependente à pensão por morte, sua cota-parte revertia em favor dos demais.

Porém, o art. 23, § 1º, da PEC n. 103 dispõe que as cotas por dependente cessarão com a perda dessa qualidade e não serão reversíveis para os dependentes remanescentes, preservando-se o valor de 100% quando o número de dependentes for igual ou superior a 5. A regra é aplicável às pensões por morte de segurado falecido a partir de 13.11.2019 (*tempus regit actum*).

> Atenção: as regras do art. 23 da EC n. 103/2019 poderão ser alteradas por lei ordinária, na forma autorizada pelo § 7º.

Sujeito ativo: o conjunto de dependentes do segurado falecido (art. 74 do PBPS).

Têm direito à pensão por morte os dependentes do segurado falecido, obedecida a hierarquia entre as classes prevista no art. 16 da Lei n. 8.213/91.

A Lei n. 13.135/2015 trouxe para o direito previdenciário, com justiça, a **indignidade** como causa de **perda do direito à pensão por morte**. O § 1º foi incluído no art. 74 para vedar a concessão do benefício ao **dependente condenado por decisão transitada em julgado pela prática de crime do qual tenha dolosamente resultado a morte do segurado** (V. art. 105, § 4º, do RPS).

O § 1º do art. 74 foi alterado pela Lei n. 13.846/2019, estendendo a indignidade ao condenado criminalmente por sentença com trânsito em julgado, como autor, coautor ou partícipe de homicídio doloso, ou de tentativa desse crime, cometido contra a pessoa do segurado, ressalvados os absolutamente incapazes e os inimputáveis.

A indignidade também é hipótese de **suspensão do pagamento da cota** da pensão por morte (art. 77, § 7º, do PBPS, incluído pela Lei n. 13.846/2019), mediante processo administrativo próprio, respeitados o contraditório e a ampla defesa: se houver fundados indícios de autoria, coautoria ou participação de dependente, ressalvados os absolutamente incapazes e os inimputáveis, em homicídio, ou em tentativa desse crime, cometido contra a pessoa do segurado. Em caso de absolvição, deverão ser pagas todas as parcelas corrigidas desde a data da suspensão, com a reativação imediata do benefício.

No direito civil, a indignidade é causa de exclusão do direito à herança por parte de herdeiros ou legatários que tenham sido autores, coautores ou partícipes de homicídio doloso, ou tentativa, contra o autor da herança, seu cônjuge, companheiro, ascendente ou descendente (art. 1.814, I, do Código Civil).

Também perde o direito ao benefício **o cônjuge, o companheiro ou a companheira se comprovada, a qualquer tempo, simulação ou fraude no casamento ou na união estável, ou a formalização desses com o fim exclusivo de constituir benefício previdenciário, apuradas em processo judicial no qual será assegurado o direito ao contraditório e à ampla defesa**. O objetivo da norma é o de impedir que casamentos e uniões oportunistas onerem o sistema, o que normalmente ocorre quando o(a) segurado(a) é idoso(a) ou doente e resolve casar-se ou unir-se a alguém bem mais jovem, cujo objetivo é o recebimento da pensão por morte por longo período (V. art. 105, § 5, do RPS).

Interessante mencionar a hipótese do **namoro qualificado**, situação em que não há intenção de constituir família. Em julgado do TRF da 1ª Região, foi decidido, conforme o STJ, existir uma linha tênue entre o namoro moderno, chamado de namoro qualificado, e a união estável (AC 1000145-20.2018.4.01.9999, julgado em 13.05.2020), restando negado provimento ao recurso em situação cuja dependência econômica não ficou totalmente caracterizada.

CAUSAS DE PERDA DO DIREITO À PENSÃO POR MORTE	
DEPENDENTES (EM GERAL)	■ Sua condenação, com trânsito em julgado, como autor, coautor ou partícipe de homicídio doloso, ou de tentativa desse crime, cometido contra a pessoa do segurado, ressalvados os absolutamente incapazes e os inimputáveis.
CÔNJUGE E COMPANHEIRO(A)	■ Simulação ou fraude no(a) casamento/união estável. ■ Formalização do(a) casamento/união estável com o fim exclusivo de constituir benefício previdenciário.

a) Habilitação dos dependentes

Ocorrendo o óbito do segurado, os dependentes devem se habilitar ao recebimento da pensão por morte. Nem sempre todos o fazem na mesma data, por motivos diversos: domicílio distante do local do óbito, conhecimento posterior da morte do segurado etc.

A pensão deve ser paga aos dependentes que se habilitarem, independentemente da existência de outros que não se apresentaram. O art. 76 do PBPS e o art. 107 do RPS preveem que a concessão do benefício não pode ser retardada. Se houver inscrição ou habilitação posterior, que inclua ou exclua algum dependente, só produzirá efeitos a contar da data da inscrição ou habilitação. A jurisprudência tem considerado legítima essa regra:

> "(...) De acordo com o art. 76 da Lei 8.213/91, a habilitação posterior do dependente somente poderá começar a produzir efeitos a partir desse episódio, de modo que não há que falar em efeitos financeiros para momento anterior à inclusão do dependente. 3. A concessão do benefício para momento anterior à habilitação da autora, na forma pugnada na exordial, acarretaria, além da inobservância dos arts. 74 e 76 da Lei 8.213/91, inevitável prejuízo à autarquia previdenciária, que seria condenada a pagar duplamente o valor da pensão, sem que, para justificar o duplo custo, tenha praticado qualquer ilegalidade na concessão do benefício à outra filha do *de cujus*, que já recebe o benefício desde 21-06-2004 (...)" (STJ, REsp 201300891404, 2ª Turma, Rel. Min. Eliana Calmon, *DJe* 05.08.2013).

A Lei n. 13.846/2019 criou a **habilitação provisória** de dependente no § 3º do art. 74 do PBPS. Trata-se da hipótese em que é ajuizada ação para reconhecimento da qualidade de dependente, a exemplo da ação de investigação de paternidade de filho não reconhecido pelo segurado. Nessa situação, tendo havido a habilitação de outros dependentes, estes passam a receber o benefício. Sucede que, reconhecida a paternidade, o dependente requer o pagamento das parcelas a que teria direito em razão do rateio da renda mensal do benefício a partir da data do óbito do segurado instituidor. E o INSS indefere o pedido ao fundamento de que a cobertura previdenciária foi paga na sua integralidade aos demais dependentes, não tendo, então, a obrigação de fazer o pagamento, o que acaba sendo levado ao Poder Judiciário.

Com a nova regra, o interessado pode requerer sua habilitação provisória apenas para fim de rateio dos valores com outros dependentes. Porém, não será feito o pagamento da cota até o trânsito em julgado da respectiva ação, salvo se sobrevier decisão judicial em contrário.

A habilitação provisória pode ser feita de ofício pelo INSS em ações previdenciárias nas quais for parte. Nessa hipótese também a reserva da cota será feita apenas para efeitos de rateio, descontando os valores referentes a esta habilitação das demais cotas.

Rejeitada a pretensão do dependente provisoriamente habilitado, o pagamento será feito aos demais dependentes de acordo com as cotas e a duração do benefício.

b) Cônjuge ausente

Há no art. 76 do PBPS disposições específicas aplicáveis ao cônjuge do segurado falecido.

O **§ 1º** trata do **cônjuge ausente:** sua habilitação ao recebimento da pensão por morte não exclui o direito do companheiro ou da companheira do falecido; porém, o ausente deverá fazer prova de sua dependência econômica e só receberá o benefício a partir da data de sua habilitação (art. 110 do RPS), dividindo a renda mensal com o companheiro.

A norma é extremamente relevante porque, aparentemente, conflita com as disposições do art. 16, § 4º, do PBPS, que presume a dependência econômica dos dependentes arrolados na 1ª classe.

O conflito é apenas aparente porque no art. 16, I, estão relacionados os dependentes que, presumidamente, estavam sob a dependência econômica direta do segurado na data do óbito. Não é o que ocorre com o cônjuge ausente, distante do lar conjugal, que, por isso, se presume independente economicamente do segurado falecido.

É por essa razão que o § 1º do art. 76 exige que o cônjuge ausente comprove a dependência econômica em relação ao segurado falecido para que possa receber uma cota do benefício. Porém, seu direito só se aperfeiçoará na data da produção da prova de dependência econômica e não impedirá o companheiro ou companheira do segurado de exercer seu direito.[106]

c) Cônjuge divorciado ou separado judicialmente ou de fato que recebia pensão alimentícia

O § 2º do art. 76 traz hipótese diferente: não se trata de ausência do cônjuge, mas, sim, de separação de fato.

Diz a lei que a separação de fato, a separação judicial e o divórcio só constituem presunção absoluta de dependência do cônjuge que recebia pensão alimentícia, caso em que concorrerá em igualdade de condições com os dependentes da 1ª classe, ou seja, não precisará provar sua dependência econômica.

A contrario sensu, se o cônjuge separado de fato ou judicialmente ou divorciado não recebia pensão alimentícia, não terá a seu favor a presunção absoluta de dependência econômica.

É antiga na jurisprudência a questão da condição de dependente da mulher que renunciou a alimentos na separação judicial ou no divórcio.

A nosso ver, a renúncia aos alimentos na separação judicial ou no divórcio faz cessar a condição de dependente do cônjuge renunciante. Entretanto, não é esse o entendimento majoritário da jurisprudência, que admite que o cônjuge que renunciou a alimentos comprove posteriormente sua necessidade econômica.

O **STJ** assentou esse entendimento na **Súmula 336:** "A mulher que renunciou aos alimentos na separação judicial tem direito à pensão previdenciária por morte do ex-marido, comprovada a necessidade econômica superveniente".

Discordamos desse entendimento. Não raro, após a separação ou divórcio, novas relações familiares são formadas e rompidos os antigos laços com o cônjuge que renunciou aos alimentos. Depois da morte do segurado, seus dependentes são surpreendidos com a alegação de que o antigo cônjuge está economicamente necessitado e, por isso, com ele terão que repartir a pensão por morte.

A controvérsia será reavivada com a alteração promovida pela Lei n. 13.846/2019, que incluiu o § 3º no art. 76: trata-se da hipótese de estar o segurado, na data do óbito, obrigado por determinação judicial a pagar **alimentos temporários** para cônjuge, ex-companheiro ou ex-companheira. Nessa hipótese, a pensão por morte será paga pelo prazo remanescente na data do óbito, se não houver outra causa de exclusão do benefício (art. 111, parágrafo único, do RPS).

A nosso ver, o novo dispositivo legal apenas reafirma que o cônjuge ou companheiro separado judicialmente ou de fato que não recebia pensão alimentícia, não é sujeito ativo da pensão por morte do instituidor. Tanto é assim que a lei vincula a

---

[106] Cf. TRF 4ª Região, AG 199904010936447, 6ª Turma, Rel. Des. Fed. Luiz Carlos de Castro Lugon, *DJ* 21.03.2001, p. 477: "(...) 1. Se a esposa e filhos residiam no estrangeiro, longe do falecido segurado, há necessidade de prova da dependência econômica, que em tal caso não se presume, à semelhança com a situação do cônjuge ausente, na separação de fato, regulada pelo § 1º do art. 76 da Lei n. 8.213/91 (...)".

duração do benefício ao prazo de pagamento da pensão alimentícia, obrigação que decorre do Direito Civil.

Sujeito passivo: o INSS.

Termo inicial: o art. 74 do PBPS estabelece o termo inicial do benefício levando em conta a data do óbito do segurado e a do requerimento por parte dos dependentes.

Na redação original, o art. 74 do PBPS fixava o termo inicial da pensão por morte na data do óbito ou da decisão judicial, no caso de morte presumida.

A regra foi modificada pela Lei n. 9.528/97. O termo inicial do benefício passou a ser fixado levando em conta a data do óbito e a data do requerimento da pensão por morte feito pelos dependentes, bem como a hipótese de ocorrência de morte presumida, ao que acrescentamos a hipótese de requerimento da pensão na via judicial. A Lei n. 9.528/97 fixou esse prazo em 30 dias, alterado depois pela Lei n. 13.183/2015 para 90 dias. E nova alteração foi introduzida pela MP n. 871/2019, convertida na Lei n. 13.846/2019:

a) a data do óbito, quando requerida até 180 dias depois deste, para os filhos menores de 16 anos;

b) a data do óbito, quando requerida até 90 dias depois deste, para os demais dependentes;

c) a data do requerimento, quando esgotados os prazos anteriores.

Atenção: aplicando a **Súmula 340 do STJ**, o termo inicial das pensões decorrentes de óbitos anteriores à vigência da Lei n. 9.528/97 é sempre a data do óbito do segurado porque se aplicam as normas então vigentes. Esse tem sido o entendimento do STJ: "(...) 2. Nos termos da Súmula n. 340/STJ, 'A lei aplicável à concessão de pensão previdenciária por morte é aquela vigente na data do óbito do segurado'. Dessa forma, tendo a morte do segurado ocorrido antes da modificação do art. 74 da Lei n. 8.213/91, o termo inicial do benefício deve ser fixado nos termos do referido dispositivo legal, conforme determinado no *decisum* recorrido (...)" (AgREsp 200800977764, 5ª Turma, Rel. Min. Laurita Vaz, *DJe* 15.09.2008).

Incide o prazo de 90 dias se o óbito ocorreu na vigência da Lei n. 13.183/2015 (5.11.2015), mas antes da vigência da MP n. 871, de 18.01.2019 (*DOU* 18.01.2019), convertida na Lei n. 13.846/2019.

E, a partir de 18.01.2019 (MP n. 871/2019), o prazo será de 180 dias.

Mais uma vez se aplica o *tempus regit actum*.

O art. 79 do PBPS excluía a incidência de prescrição e decadência, na forma do art. 103, quando se tratasse de pensionista menor, incapaz ou ausente, na forma da lei, em conformidade com o disposto nos arts. 198, I e 208 do Código Civil. Ainda que o benefício fosse requerido depois de decorridos os 30 dias do óbito do segurado, o termo inicial em relação aos dependentes absolutamente incapazes era a data do óbito, entendimento predominante na jurisprudência do STJ:

"(...) 2. Não corre **prescrição** contra o menor absolutamente **incapaz**, não se lhe podendo aplicar, dest'arte, a regra do art. 74, II da Lei 8.213/91, sendo, portanto, devido o benefício de **pensão** por **morte** aos **dependentes** menores desde a data do óbito do mantenedor (...)" (STJ, 1ª Turma, AGAREsp 269.887, Rel. Min. Napoleão Nunes Maia Filho, *DJe* 21.03.2014).

Entretanto, a MP n. 871/2019 revogou o art. 79, de modo que, a partir de 18.01.2019, os prazos de 180 dias se aplicam aos pensionistas menores, ausentes ou incapazes.

A nosso ver, a alteração exclui direitos garantidos pela Constituição, restando violadas regras protetivas da criança e do adolescente, principalmente o art. 227.[107]

d) a data da decisão judicial, no caso de morte presumida, depois de 6 meses de ausência.

Atenção: é a data da decisão judicial, e não a de sua publicação ou de seu trânsito em julgado.[108]

Havendo prova de que o segurado desapareceu em **catástrofe, acidente ou desastre**, o **termo inicial** será a data da ocorrência:

"(...) O desaparecimento decorrente de acidente, desastre ou catástrofe configura exceção ao artigo 74, da LBPS, prescindindo da necessidade de declaração judicial da morte presumida, sendo o pensionamento devido desde a data do infortúnio (artigo 78, § 1º, LPBS), ressalvadas as parcelas atingidas pela prescrição quinquenal, nos termos da Súmula n. 85 do STJ. (...)" (TRF 4ª Região, 5ª Turma, APELREEX 200471010019404, Rel. Juíza Fed. Maria Isabel Pezzi Klein, *DE* 05.10.2009).

e) a data da citação ou do ajuizamento da ação, se não tiver sido feito requerimento administrativo e o interessado fizer o pedido diretamente ao Poder Judiciário.[109]

f) a data do requerimento administrativo ou do óbito. É a hipótese em que o pedido administrativo é feito, e importa verificar se dentro ou não do **prazo de 180 ou 90 dias**. Indeferido ou não apreciado, o beneficiário ingressa com a ação judicial.

---

107 Cf. João Batista Lazzari e Carlos Alberto Pereira de Castro, in *Manual de Direito Previdenciário*, 22. ed. Rio de Janeiro: Forense, 2019, p. 877).

108 Cf. REF 1ª Região, AC 200101990235035, 1ª Turma, Rel. Juíza Fed. Conv. Mônica Neves Aguiar da Silva, *DJ* 22.11.2007, p. 24. Cf. também STJ, AGA 201100042142, 5ª Turma, Rel. Min. Marco Aurélio Bellizze, *DJe* 23.10.2013.

109 **Na data da citação:** "(...) 1. Na vigência do artigo 74 da Lei n. 8.213/91, com redação conferida pela Lei n. 9.528/97, o termo inicial do benefício da pensão por morte deve ser fixado na data do óbito, quando requerida até 30 dias depois deste, ou na data em que ocorreu o requerimento, quando requerida após aquele prazo. 2. Não havendo, contudo, prévio requerimento administrativo, o termo inicial do pensionamento é a data da citação da autarquia (...)" (STJ, REsp 543.737/SP, Rel. Min. Hamilton Carvalhido, *DJ*, 17.05.2004, p. 300). **Na data do ajuizamento da ação:** "(...) 3. Não havendo requerimento administrativo, a fixação do termo inicial do pagamento do benefício dar-se-á na data do ajuizamento da ação. (...)" (STJ, REsp 200602614064, Rel. Min. Laurita Vaz, *DJe* 02.06.2008).

Se, feito o pedido administrativo antes dos 180 ou 90 dias posteriores ao óbito, não for apreciado ou for indeferido, e o segurado tiver sentença acolhendo sua pretensão, o termo inicial será a data do óbito.

Se, contudo, o pedido for feito depois dos 180 ou 90 dias posteriores ao óbito, e não apreciado ou indeferido administrativamente, e for acolhido pelo Poder Judiciário, o termo inicial será a data do requerimento administrativo.

Termo final: cada cota da pensão por morte é extinta individualmente (art. 77, § 2º, do PBPS, e art. 114, do RPS):

a) pela morte do pensionista;

b) para o filho, o enteado, o menor tutelado ou o irmão, de ambos os sexos, ao completar vinte e um anos de idade, exceto se o pensionista for inválido ou tiver deficiência intelectual, mental ou grave;

c) para o filho, o enteado, o menor tutelado ou o irmão que tenha deficiência intelectual, mental ou grave, pelo afastamento da deficiência;

A partir da Lei n. 13.457/2017 (26.06.2017), estará dispensado da perícia médica periódica após completar 60 anos de idade. Mas deverá submeter-se à perícia em caso de curatela em processo judicial e a seu requerimento, quando se julgar apto ao exercício de atividade que lhe garanta a subsistência e desejar a cessação do pagamento da pensão; e

d) para o cônjuge, companheiro ou companheira:

d.1) se inválido(a) ou com deficiência, pela cessação da invalidez ou pelo afastamento da deficiência. Porém, o pagamento do benefício deverá ser feito pelos períodos mínimos fixados nos itens d.2 e d.3 abaixo. A pensão é, em regra, vitalícia para o cônjuge ou companheiro(a) inválido(a) ou com deficiência. Porém, cessada a invalidez ou afastada a deficiência, o pagamento do benefício deverá cessar apenas quando decorrido o respectivo prazo de duração.

d.2) em 4 (quatro) meses, se o óbito ocorrer sem que o segurado tenha vertido 18 (dezoito) contribuições mensais **ou** se o casamento ou a união estável tiverem menos de 2 (dois) anos na data do óbito do segurado. Trata-se de **requisitos alternativos**.

MENOS DE 18 CONTRIBUIÇÕES MENSAIS *OU* MENOS DE 2 ANOS DE CASAMENTO (na data do óbito)	
▫ Duração do benefício	▫ 4 meses

d.3) transcorridos os seguintes períodos, estabelecidos de acordo com a idade do beneficiário na data de óbito do segurado, se o óbito ocorrer depois de vertidas 18 (dezoito) contribuições mensais **e** pelo menos 2 (dois) anos após o início do casamento ou da união estável, conforme tabela abaixo. Note-se que a hipótese é de **requisitos cumulativos**.

18 CONTRIBUIÇÕES MENSAIS *E* 2 ANOS DE CASAMENTO/UNIÃO ESTÁVEL (na data do óbito)	
Idade do cônjuge ou companheiro(a) beneficiário(a)	**Duração do benefício**
Menos de 21 anos	3 anos
Entre 21 e 26 anos	6 anos
Entre 27 e 29 anos	10 anos
Entre 30 e 40 anos	15 anos
Entre 41 e 43 anos	20 anos
44 ou mais	Vitalício

A Lei n. 13.135/2015 estabeleceu como critério a idade do dependente na data do óbito do segurado instituidor da pensão por morte.

Porém, a lei prevê que as idades fixadas poderão ser alteradas após o transcurso de, pelo menos, 3 (três) anos, desde que nesse período, ocorrendo "o incremento mínimo de um ano inteiro na média nacional única, para ambos os sexos, correspondente à expectativa de sobrevida da população brasileira ao nascer, poderão ser fixadas, em números inteiros". A alteração poderá ser feita por ato do Ministro de Estado da Previdência Social.

A análise da tabela indica que se trata de mais uma tentativa de vedar a burla ao sistema previdenciário, dando menor duração a pensões originadas de casamentos e uniões de conveniência, celebrados unicamente para fins de recebimento do benefício.

A pensão será vitalícia, ou seja, cessará apenas com a morte do cônjuge, companheiro ou companheira, quando este tiver 44 (quarenta e quatro) anos de idade ou mais.

Atenção: quando o óbito do segurado instituidor da pensão decorrer de acidente de qualquer natureza ou de doença profissional ou do trabalho, independentemente do recolhimento de 18 (dezoito) contribuições mensais ou da comprovação de 2 (dois) anos de casamento ou de união estável, também deverão ser respeitados os prazos dos itens d.2 e d.3, *supra*.

d.4) por comprovação, a qualquer tempo, de simulação ou fraude no casamento ou na união estável, ou a formalização desses com o fim exclusivo de constituir benefício previdenciário, apuradas em processo judicial no qual será assegurado o direito ao contraditório e à ampla defesa.

e) para os dependentes em geral, por condenação criminal em sentença com trânsito em julgado, como autor, coautor ou partícipe de homicídio doloso, ou de tentativa desse crime, cometido contra a pessoa do segurado, ressalvados os absolutamente incapazes e os inimputáveis.

A pensão por morte é extinta com a extinção da cota do último pensionista (art. 77, § 3º, do PBPS e art. 114, § 1º, do RPS).

Atenção: a pensão provisória, concedida em razão da morte presumida, se extingue com o reaparecimento do segurado.

PENSÃO POR MORTE	
CONTINGÊNCIA	■ Ser dependente de segurado falecido.
CARÊNCIA	■ Independe de carência.
SUJEITO ATIVO	■ Conjunto de dependentes do segurado falecido. ■ Excluído o dependente condenado criminalmente por sentença com trânsito em julgado, como autor, coautor ou partícipe de homicídio doloso, ou de tentativa desse crime, cometido contra a pessoa do segurado → ressalvados os absolutamente incapazes e os inimputáveis.
SUJEITO PASSIVO	■ INSS.
RMI	■ óbito do segurado até 12.11.2019: 100% do valor da aposentadoria que o segurado recebia ou daquela a que teria direito se estivesse aposentado por invalidez — havendo mais de um dependente, será rateada entre todos em partes iguais → o acréscimo de 25% que o segurado aposentado por invalidez recebia não será incorporado à pensão por morte. ■ óbito do segurado a partir de 13.11.2019 (EC n. 103/2019): coeficiente aplicado sobre o valor da aposentadoria que o segurado recebia ou daquela a que teria direito se aposentado por invalidez na data do óbito → 50% acrescida de 10% por dependente até o limite de 100%; e 100% quando existir dependente inválido ou com deficiência intelectual, mental ou grave, até o limite máximo do valor dos benefícios do RGPS → o acréscimo de 25% que o segurado aposentado por invalidez recebia não será incorporado à pensão por morte.
TERMO INICIAL	■ a data do óbito, quando requerida até 180 dias (filhos menores de 16 anos) ou 90 dias (demais dependentes) depois; ■ a data do requerimento, quando requerida depois de 180 ou 90 dias do óbito; ■ a data da decisão judicial, no caso de morte presumida; ■ a data da ocorrência se o segurado desapareceu em catástrofe, acidente ou desastre; ■ a data da citação ou ajuizamento da ação, se não houver requerimento administrativo; ■ a data do requerimento administrativo, se requerido depois de 180 ou 90 dias do óbito e julgado procedente em juízo; ■ a data do óbito, se requerido ao INSS em 180 ou 90 dias e julgado procedente em juízo.
TERMO FINAL	■ a morte do pensionista; ■ ao completar 21 anos, salvo se for inválido ou com deficiência intelectual ou mental ou deficiência grave, para filho, pessoa a ele equiparada ou irmão, de ambos os sexos; ■ a cessação da invalidez ou afastamento da deficiência, para o filho ou irmão inválido ou com deficiência intelectual ou mental ou deficiência grave; ■ a cessação da invalidez ou o afastamento da deficiência, para o cônjuge/companheiro inválido ou com deficiência, respeitados os respectivos prazos; ■ o decurso do prazo de quatro meses, para cônjuge/companheiro → menos de 18 contribuições ou menos de 2 anos de casamento/união estável; ■ o decurso dos prazos estabelecidos, de acordo com a idade, para cônjuge/companheiro → mais de 18 contribuições e 2 anos ou mais de união estável; ■ por comprovação, a qualquer tempo, de simulação ou fraude no casamento ou na união estável, ou a formalização desses com o fim exclusivo de constituir benefício previdenciário, apuradas em processo judicial no qual será assegurado o direito ao contraditório e à ampla defesa. ■ a condenação criminal em sentença com trânsito em julgado, como autor, coautor ou partícipe de homicídio doloso, ou tentativa desse crime, cometido contra a pessoa do segurados, ressalvados os absolutamente incapazes e os inimputáveis, para os dependentes em geral. ■ o reaparecimento do segurado, em caso de morte presumida.

■ 5.3.6.2. *Auxílio-reclusão*

■ 5.3.6.2.1. *Histórico*

a) Lei n. 3.807/60 (Lei Orgânica da Previdência Social — LOPS)

O art. 43 da LOPS previa a concessão do auxílio-reclusão aos beneficiários do segurado detento ou recluso, que não recebesse remuneração da empresa, com carência de 12 contribuições mensais.

O benefício era pago de acordo com as normas da pensão por morte relativas ao cálculo do valor do benefício, aos dependentes e sua habilitação, ao termo inicial e ao termo final.

O auxílio-reclusão era devido aos dependentes enquanto durasse a reclusão ou detenção do segurado.

LEI N. 3.807/60
Auxílio-reclusão ■ detenção ou reclusão; ■ carência de 12 contribuições mensais.
Beneficiários ■ os mesmos da pensão por morte.
Renda mensal ■ o mesmo cálculo da pensão por morte.
Termos inicial e final ■ os mesmos da pensão por morte.
Duração ■ Pago enquanto durasse a detenção ou reclusão.

b) Decreto n. 77.077/76 (CLPS — 1ª edição)

Na CLPS de 1976, o auxílio-reclusão continuou a ser pago aos dependentes do segurado detento ao recluso, que não recebesse remuneração da empresa, exigindo-se também a carência de 12 meses.

Quanto ao cálculo da RMI e aos termos inicial e final, as regras eram as mesmas da pensão por morte, e o benefício era pago enquanto o segurado estivesse detido ou recluso.

DECRETO N. 77.077/76 (CLPS)
Auxílio-reclusão ■ detenção ou reclusão; ■ carência de 12 contribuições mensais.
Beneficiários ■ os mesmos da pensão por morte.
Renda mensal ■ o mesmo cálculo da pensão por morte.
Termos inicial e final ■ os mesmos da pensão por morte.
Duração ■ Pago enquanto durasse a detenção ou reclusão.

c) Decreto n. 89.312/84 (CLPS — 2ª edição)

Na CLPS de 1984, as regras do auxílio-reclusão não se modificaram.

DECRETO N. 89.312/84 (CLPS)
Auxílio-reclusão ■ detenção ou reclusão; ■ carência de 12 contribuições mensais.

Beneficiários
■ os mesmos da pensão por morte.
Renda mensal
■ o mesmo cálculo da pensão por morte.
Termos inicial e final
■ os mesmos da pensão por morte.
Duração
■ Pago enquanto durasse a detenção ou reclusão.

d) Constituição Federal de 1988

O auxílio-reclusão é cobertura previdenciária garantida pelo art. 201, IV, da CF, aos dependentes dos segurados de baixa renda. A exigência da baixa renda é inovação da Constituição de 1988.

O art. 201, IV, da CF, dá a regra constitucional do auxílio-reclusão e do salário-família.

Atenção: ao contrário do salário-família, o auxílio-reclusão é pago aos dependentes do segurado.

Com a EC n. 20/98 (art. 13), ficou definido o conceito de baixa renda para fins de salário-família e auxílio-reclusão: renda bruta mensal igual ou inferior a R$ 360,00, corrigidos monetariamente até que lei ordinária regulasse a matéria.

A EC n. 103/2019, no art. 27, deu nova definição à baixa renda: R$ 1.364,43, valor que deverá ser corrigido monetariamente pelos índices aplicados aos benefícios do RGPS até que lei discipline o acesso ao benefício.

■ 5.3.6.2.2. *Lei n. 8.213/91 (PBPS). Requisitos atuais*

O auxílio-reclusão está disciplinado, atualmente, no art. 80 do PBPS, alterado pela MP n. 871, de 18.01.2019, convertido na Lei n. 13.846/2019, e nos arts. 116 a 119 do RPS.

> **Art. 80.** O auxílio-reclusão, cumprida a carência prevista no inciso IV do *caput* do art. 25 desta Lei, será devido, nas condições da pensão por morte, aos dependentes do segurado de baixa renda recolhido à prisão em regime fechado que não receber remuneração da empresa nem estiver em gozo de auxílio-doença, de pensão por morte, de salário-maternidade, de aposentadoria ou de abono de permanência em serviço.
>
> § 1º O requerimento do auxílio-reclusão será instruído com certidão judicial que ateste o recolhimento efetivo à prisão, e será obrigatória a apresentação de prova de permanência na condição de presidiário para a manutenção do benefício.
>
> § 2º O INSS celebrará convênios com os órgãos públicos responsáveis pelo cadastro dos presos para obter informações sobre o recolhimento à prisão.
>
> § 3º Para fins do disposto nesta Lei, considera-se segurado de baixa renda aquele que, no mês de competência de recolhimento à prisão, tenha renda, apurada nos termos do disposto no § 4º deste artigo, de valor igual ou inferior àquela prevista no art. 13 da Emenda Constitucional n. 20, de 15 de dezembro de 1998, corrigido pelos índices de reajuste aplicados aos benefícios do RGPS.

§ 4º A aferição da renda mensal bruta para enquadramento do segurado como de baixa renda ocorrerá pela média dos salários de contribuição apurados no período de 12 (doze) meses anteriores ao mês do recolhimento à prisão.

§ 5º A certidão judicial e a prova de permanência na condição de presidiário poderão ser substituídas pelo acesso à base de dados, por meio eletrônico, a ser disponibilizada pelo Conselho Nacional de Justiça, com dados cadastrais que assegurem a identificação plena do segurado e da sua condição de presidiário.

§ 6º Se o segurado tiver recebido benefícios por incapacidade no período previsto no § 4º deste artigo, sua duração será contada considerando-se como salário de contribuição no período o salário de benefício que serviu de base para o cálculo da renda mensal, reajustado na mesma época e com a mesma base dos benefícios em geral, não podendo ser inferior ao valor de 1 (um) salário mínimo.

§ 7º O exercício de atividade remunerada do segurado recluso, em cumprimento de pena em regime fechado, não acarreta a perda do direito ao recebimento do auxílio-reclusão para seus dependentes.

§ 8º Em caso de morte de segurado recluso que tenha contribuído para a previdência social durante o período de reclusão, o valor da pensão por morte será calculado levando-se em consideração o tempo de contribuição adicional e os correspondentes salários de contribuição, facultada a opção pelo valor do auxílio-reclusão.

Antes da Reforma da Previdência de 2019 (EC n. 103) e das alterações feitas no art. 80 do PBPS, a renda bruta considerada para fins de aferição da baixa renda era o último salário de contribuição do segurado recolhido à prisão.

A MP n. 871, de 18.01.2019, convertida na Lei n. 13.846/2019 determinou nova fórmula de cálculo para os benefícios decorrentes de prisão ocorrida a partir de sua vigência: a renda mensal bruta será o resultado da média dos salários de contribuição apurados no período de 12 meses anteriores ao mês de recolhimento à prisão (art. 80, § 4º, PBPS). A nosso ver, a regra é justa porque, não raro, o segurado recolhido à prisão tem renda mensal variável.

Até o fechamento desta edição, o valor da renda bruta do trabalhador de baixa renda não pode ser superior a R$ 1.425,56 (um mil, quatrocentos e vinte e cinco reais e cinquenta e seis centavos), nos termos da **Portaria Ministerial ME n. 914/2020**, da EC n. 103/2019 e da Portaria SEPRT n. 3.659, de 11.02.2020.

Repetindo o direito anterior, o art. 80 do PBPS dispõe que o auxílio-reclusão será concedido, **nas mesmas condições da pensão por morte**, aos dependentes do segurado recolhido à prisão em regime fechado, que não estiver em gozo de auxílio-doença, de pensão por morte, de salário-maternidade, de aposentadoria ou de abono de permanência em serviço.

Se o segurado preso recebe remuneração de empresa, o auxílio-reclusão não é devido aos dependentes, porque não haverá a ausência de renda que lhes garanta o sustento.

Se o segurado, mesmo recolhido à prisão, tiver **direito a benefício previdenciário**, seus dependentes **não terão direito ao auxílio-reclusão**. Não se deve esquecer que não existe cobertura previdenciária concomitante para segurado e dependente. O dependente só entra na cena previdenciária quando dela sai o segurado, o que só ocorre com o óbito ou o recolhimento à prisão.

Contingência: ser dependente de segurado recolhido à prisão **em regime fechado** que não receba remuneração da empresa nem esteja em gozo de auxílio-doença, de pensão por morte, de salário-maternidade, de aposentadoria ou de abono de permanência em serviço, e desde que a renda mensal bruta do mês de competência do recolhimento à prisão seja inferior ou igual a R$ 1.425,56 (um mil, quatrocentos e vinte e cinco reais e cinquenta e seis centavos), nos termos da Portaria Ministerial ME n. 914/2020, da EC n. 103/2019 e da Portaria SEPRT n. 3.659, de 11.02.2020.

Tratando-se de cobertura previdenciária, é necessário que esteja mantida a qualidade de segurado no momento de sua prisão em regime fechado, valendo as mesmas considerações expendidas em relação à pensão por morte.

Antes de 18.01.2019, data da publicação da MP n. 871, a lei não restringia o benefício apenas à prisão em regime fechado. O art. 116, § 5º, do RPS, com a redação do Decreto n. 10.410/2020, determina o pagamento do benefício durante o período em que o segurado estiver recolhido à prisão sob regime fechado.

No REsp Repetitivo 1.672.295/RS (*DJe* 26.10.2017), o STJ decidiu que o benefício também é devido em caso de **prisão domiciliar**, desde que previsto o regime fechado para o cumprimento da pena.

Os dependentes devem instruir o requerimento do auxílio-reclusão com **certidão de efetivo recolhimento do segurado à prisão**, expedido pela autoridade competente. Será obrigatória apresentação de prova de permanência na condição de presidiário para a manutenção do benefício (art. 116, § 2º, do RPS).

Para que o benefício seja mantido, o beneficiário deverá apresentar trimestralmente atestado de que o segurado continua detido ou recluso, firmado pela autoridade competente (art. 117, § 2º, do RPS).

O benefício é suspenso em caso de **fuga do preso**. Recapturado o segurado, o pagamento será restabelecido a contar da data da nova prisão, se ainda mantiver a qualidade de segurado (art. 117, § 2º, do RPS).

O auxílio-reclusão deve ser requerido enquanto o segurado estiver preso, porque não pode ser concedido depois que for libertado (art. 119 do RPS).

O auxílio-reclusão é cobertura previdenciária para os dependentes do segurado. Entretanto, o art. 201, IV, da CF, refere-se a **"segurado de baixa renda"**, e não a "dependente de baixa renda".

O art. 27 da EC n. 103/2019 garante o benefício apenas àqueles que tenham renda mensal bruta inferior ou igual a R$ 1.364,43. Porém, a Portaria ME n. 914/2020 atualizou esse valor para R$ 1.425,56 a partir de 1º.01.2020, o que foi mantido pela Portaria SEPRT n. 3.659/2020.

> **Atenção:** há situações em que o segurado é recolhido à prisão durante o período de graça. Como nesse período não há recolhimento previdenciário, indaga-se: qual o valor da renda bruta a ser considerada?

Antes da alteração constitucional e do PBPS, estando o segurado recolhido à prisão no período de graça, aplicava-se o disposto no art. 116, § 1º, do RPS, e no art. 385,

§ 2º, I e II, da IN 77/2015: considerava-se o último salário de contribuição do segurado antes do recolhimento à prisão, ou seja, aquele que antecedeu o período de graça.[110]

É bom lembrar que a jurisprudência diverge sobre o salário de contribuição a ser considerado quando o segurado é preso no período de graça. O STJ adotou entendimento, em Recurso Repetitivo, no sentido de que o **segurado desempregado** não tem renda, de modo que deve ser considerada **ausência de renda**:

> "Para a concessão de auxílio-reclusão (art. 80 da Lei n. 8.213/1991), o critério de aferição de renda do segurado que não exerce atividade laboral remunerada no momento do recolhi-mento à prisão é a ausência de renda, e não o último salário de contribuição". (REsp 1.485.417/MS, 1º Seção, Rel. Min. Herman Benjamin, *DJe* 02.02.2018).[111]

A nosso ver, com o novo critério de apuração da renda bruta, a questão deverá ser revisitada porque será necessário fixar se a ausência de renda do segurado recolhido à prisão desempregado, ainda no período de graça, deverá ser considerada se houver atividade laboral no período de 12 meses anteriores à prisão.

A legislação infraconstitucional considerou a renda do segurado, uma vez que determina a observância do valor de seu último salário de contribuição.

O Regime Geral de Previdência Social é eminentemente contributivo, de forma que não se justifica, do ponto de vista do custeio, que somente segurados ou dependentes de baixa renda tenham direito ao auxílio-reclusão.

O auxílio-reclusão é benefício previdenciário e não assistencial, de modo que, a nosso ver, não poderia ser concedido a apenas um grupo de pessoas. Selecionar beneficiários da cobertura previdenciária pelo critério da "renda" ofende os princípios da seletividade e distributividade, uma vez que todos os segurados contribuem para o custeio.

Ademais, se o auxílio-reclusão substitui os ganhos habituais que o segurado auferia, todos os dependentes de segurado preso deveriam ter direito à cobertura previdenciária.

O rígido critério da baixa renda, porém, já vem sendo flexibilizado pelo STJ, que tem precedentes no sentido de conceder o benefício mesmo quando a renda do segurado recolhido à prisão ultrapasse, de modo ínfimo, o limite legal:

---

110 Art. 385. Quando o efetivo recolhimento à prisão tiver ocorrido a partir de 16 de dezembro de 1998, data da publicação da Emenda Constitucional n. 20, de 1998, o benefício de **auxílio-reclusão** será devido desde que o último salário de contribuição do segurado, tomado no seu valor mensal, seja igual ou inferior ao valor fixado por Portaria Interministerial, atualizada anualmente.

§ 2º. Quando não houver salário de contribuição na data do efetivo recolhimento à prisão, será devido o **auxílio-reclusão**, desde que:

I — não tenha perdido a qualidade de segurado;

II — o último salário de contribuição, tomado em seu valor mensal, na data da cessação das contribuições ou do afastamento do trabalho seja igual ou inferior aos valores fixados por Portaria Ministerial, atualizada anualmente.

111 A **TNU** dos Juizados Especiais Federais tem o mesmo entendimento: cf. PEDILEF 5000221-27.2012.4.04.7016, Rel. para o acórdão Juiz Fed. João Batista Lazzari, *DOU* 23.01.2015, p. 68-160.

> "PROCESSUAL CIVIL. PREVIDENCIÁRIO. AGRAVO INTERNO NOS EMBARGOS DE DECLARAÇÃO NO RECURSO ESPECIAL. CÓDIGO DE PROCESSO CIVIL DE 2015. APLICABILIDADE. AUXÍLIO-RECLUSÃO. FLEXIBILIZAÇÃO DO CRITÉRIO ECONÔMICO ABSOLUTO PREVISTO NA LEGISLAÇÃO PREVIDENCIÁRIA, AINDA QUE O SALÁRIO DE CONTRIBUIÇÃO DO SEGURADO SUPERE O VALOR LEGALMENTE FIXADO COMO CRITÉRIO DE BAIXA RENDA. POSSIBILIDADE. PREVALÊNCIA DA FINALIDADE DE PROTEÇÃO SOCIAL DA PREVIDÊNCIA SOCIAL. ARGUMENTOS INSUFICIENTES PARA DESCONSTITUIR A DECISÃO ATACADA. HONORÁRIOS RECURSAIS. CABIMENTO. AGRAVO INTERNO CONTRA DECISÃO FUNDAMENTADA NAS SÚMULAS 83 E 568/STJ (PRECEDENTE JULGADO SOB O RITO DOS RECURSOS REPETITIVOS). MANIFESTA IMPROCEDÊNCIA. APLICAÇÃO DE MULTA. ART. 1.021, § 4º, DO CÓDIGO DE PROCESSO CIVIL DE 2015. CABIMENTO. (...) É possível a flexibilização do critério econômico definidor da condição de baixa renda, para efeito de concessão do auxílio-reclusão, quando na análise do caso concreto restar demonstrado a necessidade de proteção social dos dependentes do segurado recluso. III — *In casu*, o salário de contribuição do segurado recluso ultrapassou em valor ínfimo o limite normativo para o período — somente R$ 2,69 (dois reais e sessenta e nove centavos) — o que autoriza a flexibilização do critério de renda do instituidor do benefício. IV — Não apresentação de argumentos suficientes para desconstituir a decisão recorrida (...)"(AIEDRESP 1741600, 1ª Turma, Rel. Min. Regina Helena Costa, *DJE* 04.04.2019).

Mesmo que se considerasse legítimo o *discrimen*, a nosso ver, a "baixa renda" considerada deveria ser a do dependente, porque a ele se destina a cobertura previdenciária.

A questão foi levada ao Poder Judiciário em diversas ações, até que o **STF**, em sede de **Repercussão Geral**, decidiu que a **renda considerada é a do segurado** e não a dos dependentes:

> "(...) I — Segundo decorre do art. 201, IV, da Constituição, a renda do segurado preso é que deve ser utilizada como parâmetro para a concessão do benefício e não a de seus dependentes. II — Tal compreensão se extrai da redação dada ao referido dispositivo pela EC n. 20/98, que restringiu o universo daqueles alcançados pelo auxílio-reclusão, a qual adotou o critério da seletividade para apurar a efetiva necessidade dos beneficiários. III — Diante disso, o art. 116 do Decreto 3.048/99 não padece do vício da inconstitucionalidade. IV — Recurso extraordinário conhecido e provido" (RE 587.365/SC, Rel. Min. Ricardo Lewandowski, *DJe*-084 08.05.2009).

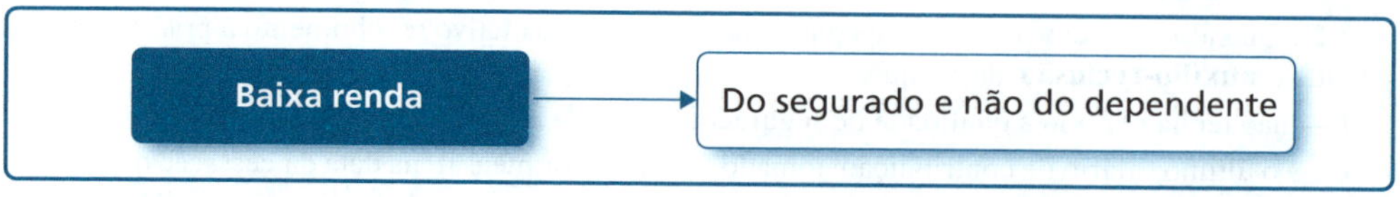

Há situações em que o segurado recolhido à prisão exerce atividade remunerada e contribui para o custeio da Previdência Social como Contribuinte Individual.

Pode contribuir, também, como facultativo. Nesses casos, os dependentes teriam direito à cobertura previdenciária de auxílio-reclusão? A resposta estava no art. 2º, *caput*, da Lei n. 10.666/2003:[112] o trabalho e pagamento de contribuições no período da reclusão não são causa impeditiva de concessão nem de cessação do benefício.

A partir da Lei n. 13.846/2019, o art. 80 do PBPS prevê expressamente que "o exercício de atividade remunerada do segurado recluso, em cumprimento de pena em regime fechado, não acarreta a perda do direito ao recebimento do auxílio-reclusão para seus dependentes" (§ 7º).

Carência: 24 contribuições mensais quando o recolhimento à prisão em regime fechado ocorrer a partir de 18.01.2019 (MP n. 871, convertida na Lei n. 13.846/2019).

Se o recolhimento à prisão for anterior a 18.01.2019, não se exige cumprimento de carência, mas se exige a qualidade de segurado.

RMI: coeficiente aplicado sobre o valor da aposentadoria por invalidez a que o segurado teria direito na data do recolhimento à prisão em regime fechado ocorrido a partir de 13.11.2019, data da publicação da Reforma da Previdência, não podendo exceder o valor de um salário mínimo (art. 27, § 1º, da EC n. 103/2019).

A EC n. 103/2019 fixou o coeficiente de cálculo em uma cota fixa de 50% acrescida de 10% por dependente até o limite de 100%.

A PEC n. 133/2019 (PEC paralela), que tramita no Congresso Nacional, aumenta para 20% o acréscimo quando o dependente contar com menos de 18 anos de idade.

A RMI do auxílio-reclusão **não poderá ser superior ao valor de um salário mínimo**.

Em caso de prisão de segurado especial, o valor da renda mensal do benefício será igual a um salário mínimo (art. 39, I, do PBPS).

Assim como a pensão por morte, a renda mensal do auxílio-reclusão, havendo mais de um dependente, é rateada entre todos em partes iguais.

Sujeito ativo: o conjunto dos dependentes do segurado recolhido à prisão em regime fechado.

Sujeito passivo: o INSS.

Termo inicial: a fixação do termo inicial do auxílio-reclusão também leva em conta a data do encarceramento em regime fechado e a data do requerimento, uma vez que se aplicam as regras da pensão por morte:

a) a data do efetivo recolhimento à prisão em regime fechado, quando requerido **até 180 dias** depois deste, para os filhos menores de 16 anos;

b) a data do efetivo recolhimento à prisão em regime fechado, quando requerido até **90 dias** depois deste, para os demais dependentes.

c) a data do requerimento, se requerido **depois de 180 ou 90 dias** da prisão.

---

[112] Art. 2º O exercício de atividade remunerada do segurado recluso em cumprimento de pena em regime fechado ou semiaberto que contribuir na condição de contribuinte individual ou facultativo não acarreta a perda do direito ao recebimento do auxílio-reclusão para seus dependentes.

Assim como na pensão por morte, aplica-se a **legislação vigente na data do encarceramento do segurado**. Se anterior à Lei n. 9.528/97, a data do requerimento não altera o termo inicial, que continuará sendo a data do recolhimento à prisão. Se na vigência da Lei n. 9.528/97, os prazos são de 30 dias. A partir da vigência da Lei n. 13.183/2015, os prazos são de 90 dias. E a partir de 18.01.2019, aplicam-se os prazos estabelecidos pela MP n. 871, convertida na Lei n. 13.846/2019.

A nosso ver, são aplicáveis ao auxílio-reclusão as mesmas considerações feitas sobre o termo inicial da pensão por morte quando requerida por dependente absolutamente incapaz (v. item 5.3.6.1, *supra*), tendo em vista a revogação do art. 79 pela MP n. 871/2019.

d) a data da citação, quando não tiver sido feito requerimento administrativo;

e) a data do requerimento administrativo ou da prisão, conforme tenha sido feito ou não dentro do prazo de 180 ou 90 dias, se, indeferido ou não apreciado, o beneficiário ingressar com a ação judicial e seu pedido for julgado procedente.

Termo final: o benefício deve ser pago enquanto o segurado permanecer recluso em regime fechado (art. 117 do RPS).

O termo final pode ser causado por condições relativas ao segurado ou ao dependente.

Considerando a situação do segurado, o termo final do benefício será:

a) a data em que for libertado por ter cumprido a pena, ou em razão da progressão do regime de cumprimento da pena para regime aberto, ou, ainda, por ter obtido livramento condicional;

b) a data do óbito do segurado recluso. Nessa hipótese, o auxílio-reclusão será automaticamente convertido em pensão por morte (art. 118 do RPS);

c) a data da concessão da aposentadoria durante o período em que o segurado estiver preso em regime fechado.

Considerando a situação dos dependentes, cada cota será extinta individualmente, conforme as regras de extinção das cotas da pensão por morte:

a) pela morte do dependente;

b) para filho, pessoa a ele equiparada ou irmão, de ambos os sexos, ao completar 21 anos, salvo se for inválido ou com deficiência intelectual ou mental ou deficiência grave;

c) pela cessação da invalidez ou afastamento da deficiência, para o filho ou irmão inválido ou com deficiência intelectual ou mental ou deficiência grave;

d) a cessação da invalidez ou o afastamento da deficiência, para o cônjuge/companheiro inválido ou com deficiência, respeitados os respectivos prazos;

e) o decurso do prazo de 4 meses, para cônjuge/companheiro → menos de 18 contribuições ou menos de 2 anos de casamento/união estável;

f) o decurso dos prazos estabelecidos, de acordo com a idade, para cônjuge/companheiro → mais de 18 contribuições e 2 anos ou mais de casamento/união estável.

Não se aplica, por evidente, a previsão relativa à pensão por morte vitalícia porque o auxílio-reclusão terá como termo final a libertação do preso em razão do cumprimento da pena.

Extinta a cota do último dependente, o auxílio-reclusão será extinto, conforme aplicação analógica do art. 77, § 3º, do PBPS e art. 114, § 1º, do RPS.

AUXÍLIO-RECLUSÃO	
CONTINGÊNCIA	■ Ser dependente de segurado de baixa renda recolhido à prisão em regime fechado.
CARÊNCIA	■ 24 contribuições mensais →. Recolhimento à prisão em regime fechado a partir de 18.1.2019 ■ carência dispensada → recolhimento à prisão em regime fechado antes de 18.1.2019
SUJEITO ATIVO	■ Conjunto de dependentes do segurado de baixa renda recolhido à prisão em regime fechado.
SUJEITO PASSIVO	■ INSS
RMI	■ Uma cota fixa de 50% acrescida de 10% por dependente até o limite de 100% → Coeficiente aplicado sobre o valor da aposentadoria por invalidez a que o segurado teria direito na data do recolhimento à prisão em regime fechado a partir de 13.11.2019. ■ Não podendo ser superior a um salário mínimo (art. 27, § 1º, da EC n. 103/2019).
TERMO INICIAL	■ a data do efetivo recolhimento à prisão, quando requerido até 180 dias (menores de 16 anos) ou 90 dias (demais dependentes) depois deste; ■ a data do requerimento, se requerido depois de 180 ou 90 dias da prisão em regime fechado; ■ a data da citação, quando não tiver sido feito requerimento administrativo; ■ a data do requerimento administrativo ou da prisão em regime fechado, conforme tenha sido feito ou não em 180 ou 90 dias, se, indeferido ou não apreciado, pedido judicial for julgado procedente.
TERMO FINAL	■ a data em que for libertado por ter cumprido a pena, ou em razão da progressão do regime de cumprimento da pena para regime aberto, ou, ainda, por ter obtido livramento condicional; ■ a data do óbito do segurado recluso; ■ a data da concessão de aposentadoria no período em que o segurado estiver recolhido à prisão em regime fechado; ■ a morte do dependente; ■ as mesmas causas de extinção da cota da pensão por morte.

5.3.7. Do benefício devido ao segurado, rural ou urbano, e ao dependente. Abono anual

O art. 201, § 6º, da CF, garante o pagamento de gratificação natalina aos aposentados e pensionistas com base nos proventos do mês de dezembro de cada ano.

O preceito constitucional foi regulado pelo art. 40 do PBPS:

> **Art. 40.** É devido abono anual ao segurado e ao dependente da Previdência Social que, durante o ano, recebeu auxílio-doença, auxílio-acidente ou aposentadoria, pensão por morte ou auxílio-reclusão.
>
> Parágrafo único. O abono anual será calculado, no que couber, da mesma forma que a Gratificação de Natal dos trabalhadores, tendo por base o valor da renda mensal do benefício do mês de dezembro de cada ano.

Contingência: estar em gozo, durante o ano, de auxílio-doença, auxílio-acidente, aposentadoria, salário-maternidade, pensão por morte ou auxílio-reclusão.

Atenção: o abono anual é benefício previdenciário, e, por isso, não é pago aos beneficiários de benefício assistencial.

O PBPS denominou o benefício de **abono anual**, e, indo além do texto constitucional, estendeu-o aos que durante o ano receberam auxílio-doença, auxílio-acidente e auxílio-reclusão.

O art. 120 do RPS, a partir da modificação introduzida pelo Decreto n. 4.032/2001, estendeu o benefício à segurada que recebeu **salário-maternidade**.[113]

Assim continuou na vigência do atual RPS, com a redação dada pelo Decreto n. 10.410, de 2020.

Carência: não há exigência de cumprimento de carência, mas é necessário que tenha ocorrido, durante o ano, o pagamento de qualquer dos benefícios relacionados no PBPS e no RPS.

Sujeito ativo: o segurado ou dependente que durante o ano tenha recebido auxílio-doença, auxílio-acidente ou aposentadoria, pensão por morte ou auxílio-reclusão.

Sujeito passivo: o INSS.

Cálculo do valor: o valor do abono anual não é calculado com base no salário de benefício.

Para cumprir a CF, a Lei n. 8.213/91 determina que o abono anual seja calculado, **no que couber**, da mesma forma que a gratificação natalina dos trabalhadores, tendo por base a renda mensal do benefício no **mês de dezembro de cada ano** (art. 40, parágrafo único), disposição repetida pelo Regulamento (art. 120, § 1º).

Para ter direito ao abono anual, não é necessário que o segurado ou dependente tenha recebido o benefício durante todo o período de 12 meses. A aplicação, ***no que couber***, da legislação trabalhista faz com que seja calculado **proporcionalmente** ao número de meses em que o benefício foi recebido durante o ano, assim como acontece com o 13º salário dos trabalhadores em geral. Assim, o abono anual poderá ser integral ou proporcional ao número de meses em que o benefício foi pago.

Para o cálculo, toma-se por base a renda mensal do benefício correspondente ao mês de dezembro, e não o salário de benefício.

Termo de pagamento: (conforme MP n. 891, de 05.08.2019, *DOU* 06.08.2019):

a) 1ª parcela (até 50% do valor do benefício devido no mês de agosto): a data do pagamento dos benefícios da competência agosto;

---

[113] Cf. TRF 5ª Região, AC 200905990015706, 1ª Turma, Rel. Des. Fed. José Maria Lucena, *DEJ* 17.09.2009, p. 429: "(...) 4. Apenas com o advento do Decreto n. 4.032, de 2001, o abono anual foi previsto para os beneficiários do salário-maternidade. Como o fato gerador do referido benefício se deu em data anterior, a parte autora não faz jus ao pagamento da mencionada gratificação (...)". Cf. também TRF 4ª Região, REsp 200302170900, 6ª Turma, Rel. Des. Fed. João Batista Pinto Silveira, *DJe* 03.05.2012.

b) 2ª parcela (a diferença entre o valor total do abono anual e o valor da primeira parcela): a data do pagamento dos benefícios da competência novembro.

Em se tratando de **salário-maternidade**, que é recebido apenas durante o período de 120 dias (item 5.3.5.8, *supra*), o abono será pago com a última parcela do benefício devida no exercício correspondente, na forma do art. 120, § 2º, do RPS.

ABONO ANUAL	
CONTINGÊNCIA	■ Ter recebido, durante o ano, auxílio-doença, auxílio-acidente, aposentadoria, salário-maternidade, pensão por morte ou auxílio-reclusão.
CARÊNCIA	■ Independe de carência.
SUJEITO ATIVO	■ O segurado ou dependente que durante o ano tenha recebido auxílio-doença, auxílio-acidente ou aposentadoria, pensão por morte ou auxílio-reclusão.
SUJEITO PASSIVO	■ INSS.
VALOR	■ Calculado com base na renda do mês de dezembro, podendo ser proporcional ao número de meses de recebimento do benefício.
TERMO DE PAGAMENTO	■ 1ª parcela (até 50% do valor do benefício devido no mês de agosto): a data do pagamento dos benefícios da competência agosto; ■ 2ª parcela (a diferença entre o valor total do abono anual e o valor da primeira parcela): a data do pagamento dos benefícios da competência novembro.

■ 5.3.8. Serviços devidos ao segurado e ao dependente

■ *5.3.8.1. Histórico*

a) Lei n. 3.807/60 (LOPS)

O art. 22, III, *c*, da LOPS, na redação dada pela Lei n. 5.890/73, previa a concessão de assistência reeducativa e de readaptação profissional para os beneficiários em geral.

b) Decreto n. 77.077/76 (CLPS — 1ª edição)

A CLPS de 1976 também previa a concessão de alguns serviços pelo Regime Geral, dentre eles a assistência reeducativa e de readaptação profissional (art. 23, III, *c*).

c) Decreto n. 89.312/84 (CLPS — 2ª edição)

A mesma previsão estava contida no art. 17, III, *c*, da CLPS de 1984: assistência reeducativa e de readaptação profissional.

d) Lei n. 8.213/91 (PBPS)

O Plano de Benefícios da previdência social prevê a concessão de duas espécies de prestações: benefícios e serviços.

Apenas um serviço está previsto na Lei n. 8.213/91 (art. 18, III, *c*): reabilitação profissional, devido a segurado e dependente.

Esse serviço é regulado pelos arts. 89 a 93 do PBPS.

■ *5.3.8.2. Reabilitação e reabilitação profissional*

A cobertura previdenciária abrange não só o pagamento de benefícios. Deve também colocar à disposição do segurado e dependentes, incapacitados total ou parcialmente, e aos portadores de deficiência, **serviços que os preparem para o retorno ao mercado de trabalho e para o convívio social**.

A reabilitação profissional **independe de carência**.

Trata-se de serviço **obrigatório para o segurado**, ainda que aposentado, o que significa que, além de ser obrigação do INSS o fornecimento do serviço, é **direito subjetivo** do segurado.

> **Exemplo:** se ficar comprovado que o auxílio-doença foi cessado sem que fosse o segurado submetido ao processo de reabilitação, e que permaneceu incapacitado para o exercício de sua atividade habitual, será considerada indevida a cessação do benefício.[114]

Para os dependentes o serviço só é prestado na medida das possibilidades administrativas, técnicas, financeiras e locais do órgão previdenciário.

Os serviços de reabilitação profissional compreendem os relacionados no art. 89, parágrafo único, do PBPS: o fornecimento de aparelho de prótese, órtese e instrumentos de auxílio para locomoção quando possibilitem atenuar a perda ou redução da capacidade funcional; a reparação ou substituição dos equipamentos mencionados, desde que desgastados pelo uso normal ou por ocorrência estranha à vontade do beneficiário; o transporte do acidentado do trabalho, quando for necessário.[115]

A reabilitação profissional é extremamente importante porque alcança principalmente os segurados em gozo de auxílio-doença. Com frequência, após longo período de tratamento e cobertura previdenciária pelo auxílio-doença, o segurado não fica incapacitado totalmente para o trabalho, mas também já não tem mais condições de exercer sua atividade habitual. Pode ainda ser jovem, em condições para se readaptar a outra atividade. É nessas situações que a reabilitação profissional desempenha o papel de propiciar ao segurado o seu retorno ao mercado de trabalho.

[114] Cf. TRF 1ª Região, AC 200801990568262, 1ª Turma, Rel. Des. Fed. Antônio Sávio de Oliveira Chaves, *e-DJF1* 02.06.2009, p. 75: "(...) 3. O autor não faz jus à conversão do benefício de auxílio-doença em aposentadoria por invalidez, uma vez que a perícia médica atesta que se trata de incapacidade temporária, passível de reabilitação. 4. O benefício deverá ser mantido até que o segurado seja submetido a processo de reabilitação profissional, consoante dispõe o art. 62 da Lei n. 8.213/91. 5. O segurado em gozo de auxílio-doença, insusceptível de recuperação para sua atividade habitual, deverá submeter-se a processo de reabilitação profissional para o exercício de outra atividade. Não cessará o benefício até que seja dado como habilitado para o desempenho de nova atividade que lhe garanta a subsistência ou, quando considerado não recuperável, for aposentado por invalidez (...)".

[115] *V.* in <www.inss.gov.br/orientacoes/reabilitacao-profissional/>: "É a assistência educativa ou reeducativa e de adaptação ou readaptação profissional, instituída sob a denominação genérica de habilitação e reabilitação profissional (RP), visando proporcionar aos beneficiários incapacitados parcial ou totalmente para o trabalho, em caráter obrigatório, independente de carência, e às pessoas com deficiência, os meios indicados para o reingresso no mercado de trabalho e no contexto em que vivem (art. 89 da Lei n. 8.213/1991 e art. 136 do Decreto n. 3.048/1999). O ingresso do segurado no serviço de Reabilitação Profissional depende do encaminhamento pela perícia médica, o que em geral ocorre no exame de avaliação de beneficio por incapacidade".

Como consequência, o sistema previdenciário deixa pagar o benefício e ainda receberá contribuições previdenciárias em razão do exercício da nova atividade.

Depois de concluído o processo de habilitação ou reabilitação social e profissional, o beneficiário receberá **certificado**, emitido pela Previdência Social, que deverá **indicar as atividades que poderão ser exercidas**. Entretanto, a existência do certificado não impede que o beneficiário exerça outra atividade para a qual esteja capacitado (art. 92).

O art. 93 do PBPS impõe obrigação às empresas com 100 ou mais empregados de preencherem de 2% a 5% dos seus cargos mediante contratação de beneficiários reabilitados ou pessoas com deficiência habilitadas: até 200 empregados, 2%; de 201 a 500 empregados, 3%; de 501 a 1.000 empregados, 4%; e acima de 1.000 empregados, 5%. A despedida ao final do contrato por prazo determinado de mais de 90 dias e a despedida imotivada, se contrato de prazo indeterminado, pressupõem a prévia contratação de substituto em situação semelhante (§ 1º).

> **Atenção:** o Estatuto da Pessoa com Deficiência (Lei. n. 13.146/2015), em vigor a partir de 03.01.2016, alterou o § 1º do art. 93, passando a dispor: § 1º A dispensa de pessoa com deficiência ou de beneficiário reabilitado da Previdência Social ao final de contrato por prazo determinado de mais de 90 (noventa) dias e a dispensa imotivada em contrato por prazo indeterminado somente poderão ocorrer após a contratação de outro trabalhador com deficiência ou beneficiário reabilitado da Previdência Social.

A determinação legal cria condições de recolocação de beneficiários reabilitados e pessoas com deficiência habilitadas de ingressarem no mercado de trabalho e na vida social. Além do mais, ao obrigar as empresas, atende ao comando constitucional de que a seguridade social compreende um conjunto integrado de ações de iniciativa dos Poderes Públicos e da sociedade (art. 194 da CF).

5.3.9. Contagem recíproca de tempo de serviço/contribuição

5.3.9.1. Histórico

a) Lei n. 3.807/60 (LOPS) e Lei n. 3.841, de 15.12.1960

A LOPS (Lei n. 3.807/60) não previa contagem recíproca.

A Lei n. 3.841/60 dispôs sobre a contagem recíproca, para efeito de aposentadoria, do tempo de serviço prestado por funcionários à União, às Autarquias e às Sociedades de Economia Mista:

> **Art. 1º** A União, as Autarquias, as Sociedades de Economia Mista e as Fundações instituídas pelo Poder Público contarão, reciprocamente, para os efeitos de aposentadoria, o tempo de serviço anterior prestado a qualquer dessas entidades, pelos respectivos funcionários ou empregados.
>
> § 1º Será também computado, para os mesmos efeitos deste dispositivo, o tempo de serviço prestado a qualquer das referidas entidades, anteriormente ao ato da admissão no cargo

ou emprego, por seus funcionários ou servidores, seja qual for a sua categoria profissional, a natureza do trabalho executado e a respectiva relação jurídica ou de dependência.

§ 2º A contagem de tempo será feita de acordo com os informes ou registros existentes, em poder da entidade ou do funcionário exigida, porém, no caso da reciprocidade prevista neste artigo, prova hábil do órgão ou pessoa jurídica a que o beneficiário haja servido.

Tratava-se, na verdade, de contagem de tempo de serviço público, prestado nas administrações direta e indireta, tanto estaduais quanto municipais.

b) Constituição Federal de 1967 e EC n. 1/69

O § 1º do art. 101 da CF de 1967 garantiu a contagem do tempo de serviço público federal, estadual e municipal para fins de aposentadoria e disponibilidade:

Art. 101.

§ 1º O tempo de serviço público federal, estadual ou municipal será computado integralmente para os efeitos de aposentadoria e disponibilidade.

A disposição foi repetida pela EC n. 1/69, que deixou para a lei ordinária a regulação da matéria. O art. 102, § 3º passou a dispor:

Art. 102.

§ 3º O tempo de serviço público federal, estadual ou municipal será computado integralmente para os efeitos de aposentadoria e disponibilidade, na forma da lei.

c) Decreto-lei n. 367, de 19.12.1968

A matéria foi posteriormente regulada pelo Decreto-lei n. 367/68, que dispôs:

Art. 1º Os funcionários públicos civis da União e das Autarquias que, a partir da vigência deste Decreto-lei, se afastarem dos seus cargos por motivo de exoneração, terão os respectivos tempos de serviço computados para fins de aposentadoria por tempo de serviço, regulada pela Lei n. 3.807, de 26 de agosto de 1960 e legislação subsequente.

Parágrafo único. Para os fins do disposto neste artigo, é vedado o cômputo de serviço público simultâneo com o de atividade privada, bem como tempo em dobro e em outras condições especiais.

Art. 2º O ônus financeiro da aposentadoria concedida em decorrência deste Decreto-lei será repartido entre o Instituto Nacional da Previdência Social (INPS) e o Tesouro Nacional ou as Autarquias referidas no artigo 22, § 1º, da Lei n. 3.807, de 26 de agosto de 1960, na proporção de tempo de serviço público e da atividade privada.

§ 1º Anualmente, serão apurados pelo INPS os ônus do Tesouro Nacional e das Autarquias, referido no *caput* do artigo, para efeito do competente reembolso ao INPS.

§ 2º A parcela correspondente ao débito do Tesouro Nacional para com o INPS, apurada na forma deste artigo, será incluída no orçamento anual da União, à conta de pessoal inativo e, sob esse título, será transferida diretamente para o INPS.

Art. 3º O presente Decreto-lei, que entrará em vigor na data de sua publicação, será regulamentado pelo Poder Executivo no prazo de 30 (trinta) dias, ficando revogadas as disposições em contrário.

O Decreto-lei n. 367/68 permitiu a contagem recíproca de tempo de serviço em atividade pública e em atividade privada, chegando mesmo a prever a repartição do ônus financeiro da aposentadoria, de forma proporcional, entre o então Instituto Nacional da Previdência Social (INPS) e o Tesouro Nacional e as autarquias federais. Ficou vedada a contagem recíproca dos períodos de exercício de atividades de forma concomitante no setor público e no setor privado.

d) Lei n. 6.226, de 14.07.1975

A Lei n. 6.226, de 14.07.1975, deu nova disciplina à matéria:

> **Art. 1º** Os funcionários públicos civis de órgãos da Administração Federal Direta e das Autarquias Federais que houverem completado 5 (cinco) anos de efetivo exercício terão computado, para efeito de aposentadoria por invalidez, por tempo de serviço e compulsória, na forma da Lei número 1.711, de 28 de outubro de 1952, o tempo de serviço prestado em atividade vinculada ao regime da Lei n. 3.807, de 26 de agosto de 1960, e legislação subsequente.
>
> **Art. 2º** Os segurados do Instituto Nacional de Previdência Social (INPS) que já houverem realizado 60 (sessenta) contribuições mensais terão computado, para todos os benefícios previstos na Lei n. 3.807, de 26 de agosto de 1960, com as alterações contidas na Lei n. 5.890, de 8 de junho de 1973, ressalvado o disposto no artigo 6º, o tempo de serviço público prestado à administração Federal Direta e às Autarquias Federais.
>
> **Art. 3º** (VETADO).
>
> **Art. 4º** Para efeitos desta Lei, o tempo de serviço ou de atividades, conforme o caso, será computado de acordo com a legislação pertinente, observadas as seguintes normas:
>
> I — Não será admitida a contagem de tempo de serviço em dobro ou em outras condições especiais;
>
> II — É vedada a acumulação de tempo de serviço público com o de atividades privadas, quando concomitante;
>
> III — Não será contado por um sistema, o tempo de serviço que já tenha servido de base para a concessão de aposentadoria pelo outro sistema;
>
> IV — O tempo de serviço relativo à filiação dos segurados de que trata o artigo 5º, item III, da Lei n. 3.807, de 26 de agosto de 1960, bem como o dos segurados facultativos, dos domésticos e dos trabalhadores autônomos, só será contado quando tiver havido recolhimento, nas épocas próprias, da contribuição previdenciária correspondente aos períodos de atividade.
>
> **Art. 5º** A aposentadoria por tempo de serviço, com o aproveitamento da contagem recíproca, autorizada por esta Lei, somente será concedida ao funcionário público federal ou ao segurado do Instituto Nacional de Previdência Social (INPS), que contar ou venha a completar 35 (trinta e cinco) anos de serviço, ressalvadas as hipóteses expressamente previstas na Constituição Federal, de redução para 30 (trinta) anos de serviço, se mulher ou Juiz, e para 25 (vinte e cinco) anos, se ex-combatente.
>
> Parágrafo único. Se a soma dos tempos de serviço ultrapassar os limites previstos neste artigo, o excesso não será considerado para qualquer efeito.
>
> **Art. 6º** O segurado do sexo masculino, beneficiado pela contagem recíproca de tempo de serviço na forma desta Lei, não fará jus ao abono mensal de que trata o item II, do § 4º, do artigo 10, da Lei n. 5.890, de 8 de junho de 1973.

Art. 7º As disposições da presente Lei aplicam-se aos segurados do Serviço de Assistência e Seguro Social dos Economiários (SASSE), observadas as normas contidas no artigo 9º.

Art. 8º As aposentadorias e demais benefícios de que tratam os artigos 1º e 2º, resultantes da contagem recíproca de tempo de serviço prevista nesta Lei, serão concedidos e pagos pelo sistema a que pertencer o interessado ao requerê-los e seu valor será calculado na forma da legislação pertinente.

Parágrafo único. O ônus financeiro decorrente caberá, conforme o caso, integralmente ao Tesouro Nacional, à Autarquia Federal ou ao SASSE, à conta de dotações orçamentárias próprias, ou ao INPS, à conta de recursos que lhe forem consignados pela União, na forma do inciso IV, do artigo 69, da Lei n. 3.807, de 26 de agosto de 1960, com a redação que lhe deu a Lei n. 5.890, de 8 de junho de 1973.

A contagem recíproca, com aproveitamento do período de exercício de atividade privada vinculada ao regime da LOPS, ficou restrita aos funcionários públicos que tivessem no mínimo 5 anos de efetivo exercício, para fins de aposentadoria por invalidez, por tempo de serviço e compulsória.

e) Decreto n. 77.077/76 (CLPS — 1ª edição)

A CLPS de 1976 (Decreto n. 77.077/76) dispôs sobre a contagem recíproca nos arts. 80 a 87, bem como nos arts. 234 e 235, e determinou sua aplicação também aos segurados do Serviço de Assistência e Seguro Social dos Economiários (SASSE). Entretanto, deixou estabelecido que tais normas não se aplicavam às aposentadorias concedidas antes de 1º.10.1975:

Art. 86. O disposto neste capítulo aplica-se aos segurados do Serviço de Assistência e Seguro Social dos Economiários (SASSE).

Art. 87. A contagem de tempo de serviço na forma deste capítulo não se aplica às aposentadorias concedidas antes de 1º de outubro de 1975, data do início da vigência da Lei n. 6.226, de 14 de julho de 1975, nem aos casos de opção regulados pelas Leis ns. 6.184 e 6.185, de 11 de dezembro de 1974, em que serão observadas as disposições específicas.

Art. 234. Será computado para gozo dos direitos assegurados na legislação trabalhista e de previdência social, inclusive para efeito de carência, o tempo de serviço anteriormente prestado à administração pública pelo funcionário que, por força do art. 1º da Lei n. 6.184, de 11 de dezembro de 1974, integre ou venha a integrar quadro de pessoal de sociedade de economia mista, empresa pública ou fundação.

Parágrafo único. A contagem do tempo de serviço de que trata este artigo obedecerá às normas pertinentes ao regime estatutário, inclusive computando-se em dobro, para fins de aposentadoria, os períodos de licença especial não gozadas cujo direito tenha sido adquirido sob o mesmo regime.

Art. 235. A União custeará, no caso dos funcionários de que trata o artigo 1º da Lei n. 6.184, de 11 de dezembro de 1974, e mediante inclusão no orçamento, anualmente, de dotação específica em favor do INPS, a parcela da aposentadoria correspondente ao tempo de serviço prestado sob o regime estatutário.

f) Decreto n. 89.312/84 (CLPS — 2ª edição)

A CLPS de 1984 determinou a aplicação da contagem recíproca às pessoas que indicou no art. 77 e ressalvou sua não aplicação às aposentadorias concedidas antes de 1º.10.1975:

Art. 77. O disposto neste capítulo aplica-se:

I — ao segurado do extinto Serviço de Assistência e Seguro Social dos Economiários (SASSE), observado o disposto no artigo 119;

II — a contar de 1º de março de 1981, ao servidor público civil e militar, inclusive autárquico, de Estado ou Município que assegura, mediante legislação própria, a contagem do tempo de serviço prestado em atividade abrangida pela previdência social urbana, para efeito de aposentadoria por invalidez, por tempo de serviço e compulsória, pelos cofres estaduais ou municipais.

Art. 78. A contagem de tempo de serviço na forma deste capítulo não se aplica às aposentadorias concedidas antes de 1º de outubro de 1975 nem aos casos de opção regulados pelas Leis ns. 6.184 e 6.185, de 11 de setembro de 1974, em que são observadas as disposições específicas.

Art. 114. O tempo de serviço anteriormente prestado à administração pública sob o regime estatutário por funcionário que por opção legal passou ao regime da legislação trabalhista é contado para todos os efeitos, inclusive carência, na previdência social urbana, de acordo com as normas pertinentes ao regime estatutário.

g) Constituição Federal de 1988

A contagem recíproca do tempo de serviço público com o de atividade privada, pela primeira vez, foi assegurada por normas constitucionais pela CF de 1988, cujo art. 202, § 2º, na redação original, dispunha:

Art. 202.

§ 2º Para efeito de aposentadoria, é assegurada a contagem recíproca do tempo de contribuição na administração pública e na atividade privada, rural e urbana, hipótese em que os diversos sistemas de previdência social se compensarão financeiramente, segundo critérios estabelecidos em lei.

A CF determinou a **compensação financeira** entre os regimes, e deixou para a legislação ordinária a definição dos critérios, o que foi feito pela Lei n. 9.796/99, ainda em vigor.

Com a Emenda Constitucional n. 20/98, o art. 201, § 9º, passou a dispor:

Art. 201.

§ 9º Para efeito de aposentadoria, é assegurada a contagem recíproca do tempo de contribuição na administração pública e na atividade privada, rural e urbana, hipótese em que os diversos regimes de previdência social se compensarão financeiramente, segundo critérios estabelecidos em lei.

A EC n. 103/2019 (Reforma da Previdência) incluiu o § 14 no art. 201, restando vedada a utilização de tempo fictício para efeitos de concessão de benefícios previdenciários e de contagem recíproca:

Art. 201.

§ 14. É vedada a contagem de tempo de contribuição fictício para efeito de concessão dos benefícios previdenciários e de contagem recíproca.

h) Lei n. 8.213/91

A contagem recíproca está regulada pelos arts. 94 a 99 do PBPS e arts. 125 a 135 do RPS.

O art. 94 da Lei n. 8.213/91 foi alterado pelas Leis ns. 9.528/97, 9.711/98 e Lei Complementar n. 123/2006.

Na redação original e na da Lei n. 9.528/97, o art. 94 garantia a contagem recíproca para fins de concessão dos benefícios — e não só das aposentadorias — no RGPS.

Com a alteração introduzida pela Lei n. 9.711/98, o art. 94 passou a garanti-la **também para efeito dos benefícios previstos no serviço público**.

No mesmo sentido também o **art. 125 do RPS:** para fins dos benefícios previstos no RGPS, **garante o cômputo do tempo de contribuição na administração pública**; para fins de utilização no serviço público, assegura a expedição de certidão, pelo INSS, do **tempo de contribuição no RGPS**.

Atenção: se o segurado contribuir na forma prevista na LC n. 123/2006 (Capítulo 2, item 2.5.6, *supra*), não poderá utilizar esse período para fins de contagem recíproca.

REDAÇÃO ORIGINAL	LEI N. 9.528/97	LEI N. 9.711/98	LC N. 123/2006
Art. 94. Para efeito dos benefícios previstos no Regime Geral de Previdência Social, é assegurada a contagem recíproca do tempo de contribuição ou de serviço na administração pública e na atividade privada, rural e urbana, hipótese em que os diferentes sistemas de previdência social se compensarão financeiramente.	Art. 94. Para efeito dos benefícios previstos no Regime Geral de Previdência Social, é assegurada a contagem recíproca do tempo de contribuição na atividade privada, rural e urbana, e do tempo de contribuição ou de serviço na administração pública, hipótese em que os diferentes sistemas de previdência social se compensarão financeiramente.	Art. 94. Para efeito dos benefícios previstos no Regime Geral de Previdência Social ou no serviço público é assegurada a contagem recíproca do tempo de contribuição na atividade privada, rural e urbana, e do tempo de contribuição ou de serviço na administração pública, hipótese em que os diferentes sistemas de previdência social se compensarão financeiramente.	
Parágrafo único. A compensação financeira será feita ao sistema a que o interessado estiver vinculado ao requerer o benefício pelos demais sistemas, em relação aos respectivos tempos de contribuição ou de serviço, conforme dispuser o Regulamento.			§ 1° A compensação financeira será feita ao sistema a que o interessado estiver vinculado ao requerer o benefício pelos demais sistemas, em relação aos respectivos tempos de contribuição ou de serviço, conforme dispuser o Regulamento.
			§ 2° Não será computado como tempo de contribuição, para efeito dos benefícios previstos em regimes próprios de previdência social, o período em que o segurado contribuinte individual ou facultativo tiver contribuído na forma do § 2° do art. 21 da Lei n. 8.212, de 24 de julho de 1991, salvo se complementadas as contribuições na forma do § 3° do mesmo artigo.

Na redação original, o art. 95 do PBPS permitia a contagem recíproca, para fins dos benefícios do RGPS, desde que o segurado cumprisse a carência de 36 contribuições mensais. O dispositivo, entretanto, foi revogado pela MP n. 1.891-8/99, reeditada até a MP n. 2.187-14/2001, restando que **não é mais exigido o cumprimento de carência para fins de contagem recíproca**.

5.3.9.2. Conceito

A contagem recíproca só ocorre quando se computam **períodos de contribuição entre regimes previdenciários diferentes**, isto é, entre o RGPS e o regime dos servidores públicos civis ou dos militares.

Quando se computam períodos de contribuição em atividade urbana e em atividade rural, não se trata de contagem recíproca, pois as duas atividades estão submetidas ao RGPS.

Contagem recíproca é a **soma dos períodos de atividade/contribuição sujeitos a regimes previdenciários diversos**. Há entendimento do STJ nesse sentido:

> "(...) 3. Não há que se falar em contagem recíproca, expressão utilizada para definir a soma do tempo de serviço público ao de atividade privada, para a qual não pode ser dispensada a prova de contribuição. A contagem recíproca é, na verdade, o direito à contagem de tempo de serviço prestado na atividade privada, rural ou urbana, para fins de concessão de aposentadoria no serviço público ou, vice-versa, em face da mudança de regimes de previdência — geral e estatutário —, não se confundindo, pois, com a hipótese em tela, em que a segurada sempre prestou serviço na atividade privada e pretende a averbação do tempo de serviço trabalhado como rural a partir dos seus 12 anos de idade. (...)" (AR 200601838805, 3ª Seção, Rel. Min. Maria Thereza de Assis Moura, *DJe* 09.09.2008).

> **Atenção:** não é contagem recíproca o cômputo de tempo de serviço urbano e de tempo de serviço rural, exercido sob as regras do Regime Geral de Previdência Social, porque se está dentro do mesmo regime previdenciário.

5.3.9.3. Regras gerais

As regras da contagem recíproca estão no art. 96 do PBPS e detalhadas no RPS.

REDAÇÃO ORIGINAL	LEI N. 9.528/97	MP 2.022-17/2000, REEDITADA ATÉ A MP 2.187-13/2001
Art. 96. O tempo de contribuição ou de serviço de que trata esta Seção será contado de acordo com a legislação pertinente, observadas as normas seguintes:		
I — não será admitida a contagem em dobro ou em outras condições especiais;		
II — é vedada a contagem de tempo de serviço público com o de atividade privada, quando concomitantes;		

III — não será contado por um sistema o tempo de serviço utilizado para concessão de aposentadoria pelo outro;		
IV — o tempo de serviço anterior ou posterior à obrigatoriedade de filiação à Previdência Social só será contado mediante indenização da contribuição correspondente ao período respectivo, com os acréscimos legais;	IV — o tempo de serviço anterior ou posterior à obrigatoriedade de filiação à Previdência Social só será contado mediante indenização da contribuição correspondente ao período respectivo, com acréscimo de juros moratórios de um por cento ao mês e multa de dez por cento.	IV — o tempo de serviço anterior ou posterior à obrigatoriedade de filiação à Previdência Social só será contado mediante indenização da contribuição correspondente ao período respectivo, com acréscimo de juros moratórios de zero vírgula cinco por cento ao mês, capitalizados anualmente, e multa de dez por cento.
V — o tempo de serviço do segurado trabalhador rural, anterior à data de início de vigência desta lei, será computado sem que seja necessário o pagamento das contribuições a ele correspondentes, desde que cumprido o período de carência.	EXCLUÍDO	

5.3.9.3.1. *Tempo de atividade em condições especiais*

Não é permitida a contagem em dobro ou em outras condições especiais. Isso porque, na forma do disposto na EC n. 20/98, não se podia computar tempo fictício. A EC n. 103/2019 manteve a proibição, o que respeita o caráter contributivo dos regimes previdenciários.

Atenção: nos termos da Lei n. 8.213/91 (art. 96, I), **não é possível** fazer a conversão de tempo de serviço exercido em atividade sujeita a condições especiais em tempo de contribuição comum para fins de contagem recíproca. O STJ decidiu, nesse sentido, em Embargos de Divergência:

"(...) 1. O REsp n. 534.638/PR, relatado pelo Excelentíssimo Ministro Felix Fischer, indicado como paradigma pela Autarquia Previdenciária, espelha a jurisprudência sedimentada desta Corte no sentido de que, **objetivando a contagem recíproca de tempo de serviço, vale dizer, a soma do tempo de serviço de atividade privada (urbana ou rural) ao serviço público, não se admite a conversão do tempo de serviço especial em comum, ante a expressa proibição legal (artigo 4º, I, da Lei n. 6.226/75 e o artigo 96, I, da Lei n. 8.213/91)**. Precedentes. 2. Embargos de divergência acolhidos para dar-se provimento ao recurso especial do Instituto Nacional do Seguro Social — INSS, reformando-se o acórdão recorrido para denegar-se a segurança" (EREsp, 3ª Seção, Rel. Min. Jorge Mussi, *DJe* 24.03.2014).

Entretanto, conforme **Súmula 66 da TNU dos Juizados Especiais Federais**, tem-se entendimento firmado em sentido contrário: "O servidor público ex-celetista que trabalhava sob condições especiais antes de migrar para o regime estatutário tem direito adquirido à conversão do tempo de atividade especial em tempo comum com o devido acréscimo legal, para efeito de contagem recíproca no regime previdenciário próprio dos servidores públicos".

A nosso ver, a questão precisa ser estudada com vistas ao enunciado da Súmula Vinculante 33: "Aplicam-se ao servidor público, no que couber, as regras do regime geral da previdência social sobre aposentadoria especial de que trata o artigo 40, § 4º, inciso III da Constituição Federal, até a edição de lei complementar específica".

Se o servidor público pode obter aposentadoria especial conforme as regras do Regime Geral, que prevê a conversão do tempo especial em comum, não faz sentido tirar-lhe a possibilidade de converter períodos de atividade especial em comum na contagem recíproca entre os regimes.

O inciso IX do art. 96 do PBPS, inserido pela Lei n. 13.846/2019, disciplina a contagem recíproca de tempo especial para fins de aposentadoria especial no RGPS e no Regime Próprio de Previdência dos Servidores Públicos. Nessa hipótese, a CTC deverá discriminar, de data a data, os períodos reconhecidos como especiais pelo regime de origem, *sem conversão em tempo comum*. Caberá ao regime que concederá o benefício decidir sobre a conversão do tempo especial em comum.

O **STF** julgou o **Tema 942**, no qual decidiu que os servidores que trabalharam em atividade prejudicial têm direito de converter esse tempo especial em comum desde que a atividade tenha sido exercida até a data em que a Emenda Constitucional n. 103/2019 foi publicada (RE 1.014.286).

5.3.9.3.2. *Tempo de atividades concomitantes*

Se os períodos que se pretende computar são de **atividades concomitantes** no serviço público e na atividade privada, **não é permitida a contagem recíproca** (art. 96, II, do PBPS e art. 127, II, do RPS).

A regra é bem explicada por Simone Barbisan Fortes e Leandro Paulsen:[116]

> "(...) Ademais, é vedado o somatório de atividade privada e pública quando exercidas de forma concomitante, por exemplo, na situação do segurado médico servidor de um hospital público e também autônomo, que exerceu as duas atividades durante o mesmo período de 15 anos, caso em que não poderá somar os 15 anos de uma atividade aos 15 anos da outra para totalizar 30 anos (...)."

5.3.9.3.3. *Períodos já computados para concessão de aposentadoria em outro regime*

O período de contribuição já computado para fins de concessão de aposentadoria num regime não pode ser novamente computado em outro regime (art. 96, III, do PBPS e art. 127, III, do RPS).

> **Exemplo:** o segurado se aposentou no RGPS. Posteriormente, é aprovado em concurso público para exercer cargo de analista; depois de algum tempo, pretende somar o período já computado para a aposentadoria no RGPS com o período de exercício do cargo público, para fins de obter aposentadoria no regime próprio dos servidores públicos. A lei veda, expressamente, essa pretensão.

Surge aqui questão importante e atual: pode o segurado "renunciar" à aposentadoria pelo RGPS para, posteriormente, aproveitar o período lá computado e se apo-

[116] Ob. cit., p. 184.

sentar em outro regime? Se a resposta for positiva, deverá restituir o que recebeu de proventos enquanto esteve aposentado?

A essa situação vem sendo dado o nome de **desaposentação** (ver item 5.6, *infra*).

Na situação específica do servidor público que pretende renunciar à aposentadoria do RGPS para aproveitar o tempo lá computado e se aposentar no Regime Próprio, a "desaposentação" esbarra nas disposições do art. 201, § 9º, da Constituição, com a redação da EC n. 103/2019, na parte em que prevê "a compensação financeira, de acordo com os critérios estabelecidos em lei".

A Lei n. 9.796/99 dispõe sobre a compensação financeira entre os regimes previdenciários envolvidos na contagem recíproca. A compensação financeira em caso de "desaposentação" não está prevista na lei. E nem poderia ser diferente: se um dos regimes previdenciários já está pagando a cobertura previdenciária devida ao segurado, como poderá compensar financeiramente, em caso de renúncia, o regime que passará a dar essa cobertura previdenciária?

Na falta de previsão legal específica, seja para a desaposentação, seja para a compensação entre os regimes, não há possibilidade de aproveitamento do tempo já computado e que resultou em aposentadoria, para fins de concessão de aposentadoria em outro regime previdenciário.

O Supremo Tribunal Federal pôs fim à controvérsia no julgamento do RE 661.256 (cf. 5.6, *infra*).

■ 5.3.9.3.4. *Pagamento das contribuições*

O art. 96, IV, do PBPS e o art. 127, IV, do RPS, determinam que, **para fins de contagem recíproca, o tempo de serviço anterior ou posterior à data da obrigatoriedade de filiação ao RGPS só poderá ser computado se o interessado indenizar o sistema mediante o pagamento das contribuições correspondentes ao período que se quer computar**. Essa indenização será acrescida de juros moratórios de 0,5% ao mês, capitalizados anualmente, e de multa de 10%.

A cobrança da multa alcançará fatos geradores ocorridos a partir de 14.10.1996 (art. 8º-A do RPS, com a redação dada pelo Decreto n. 10.410/2020).

A questão se apresenta com frequência quando se pretende computar períodos de exercício de atividade rural anteriores à Lei n. 8.213/91, em que o trabalhador rural não era segurado obrigatório da Previdência Social (item 5.7, *infra*). Porém, a situação se coloca, também, quando, embora segurado obrigatório (como contribuinte individual, por exemplo), o interessado não pagou as contribuições que devia. Após exercer atividade como servidor público, o interessado pode pretender computar aqueles períodos anteriores em que não houve contribuições.

A regra é: **para que o interessado possa computar períodos de atividade no RGPS em outro regime previdenciário, é imprescindível o prévio recolhimento das contribuições previdenciárias respectivas**.

A exigência da lei está em sintonia com as demais normas do RGPS.

O **trabalhador rural** não era segurado obrigatório do RGPS **antes** da Lei n. 8.213/91. Prevendo essa situação, o art. 55, § 2º, permite a contagem do trabalho rural anterior à lei, independentemente do recolhimento das contribuições a ele correspondentes, exceto para efeito de carência, ou seja, a própria norma de isenção excepciona a utilização do tempo de serviço rural, sem o recolhimento de contribuições sociais, quando a finalidade for a de determinar a carência.

O art. 55, § 2º, foi reforçado pela disposição do art. 96, IV, da Lei n. 8.213/91, que trata da contagem recíproca, na nova redação conferida pela Lei n. 9.528/97: o tempo de serviço anterior ou posterior à obrigatoriedade de filiação à Previdência Social só será contado mediante indenização da contribuição correspondente ao período respectivo, com acréscimo de juros moratórios de 1% ao mês e multa de 10%.

O cotejo do art. 201, § 9º, da CF com o art. 55, § 2º, e art. 96, IV, todos do PBPS, leva à conclusão de que **a isenção das contribuições se aplica somente aos benefícios previstos no RGPS, pois somente nesse regime é que existe a previsão da concessão de benefícios sem o prévio custeio por parte do segurado**.

Entretanto, na hipótese de **contagem recíproca**, na qual existe a mescla do tempo de serviço privado, rural ou urbano, com tempo de serviço na administração pública (que exige contribuições sociais para todos os benefícios), **o recolhimento das contribuições sociais é pressuposto para a averbação ou cômputo do período de trabalho privado (rural ou urbano)**.

O tema foi julgado pelo STJ, que firmou a tese **(Tema 609)**: O segurado que tenha provado o desempenho de serviço rurícola em período anterior à vigência da Lei n. 8.213/1991, embora faça jus à expedição de certidão nesse sentido para mera averbação nos seus assentamentos, somente tem direito ao cômputo do aludido tempo rural, no respectivo órgão público empregador, para contagem recíproca no regime estatutário se, com a certidão de tempo de serviço rural, acostar o comprovante de pagamento das respectivas contribuições previdenciárias, na forma da indenização calculada conforme o dispositivo do art. 96, IV, da Lei n. 8.213/1991. (REsp 1682678/SP, 1ª Seção, Rel. Min. Og Fernandes, *DJE* 30.04.2018).

O art. 96, V, do PBPS foi alterado pela MP n. 871/2019 e, novamente, pela Lei n. 13.846/2019.

O novo dispositivo veda a emissão de Certidão de Tempo de Contribuição (CTC) com o registro exclusivo de tempo de serviço, sem a comprovação de contribuição efetiva. Essa é a regra geral.

Porém, a CTC poderá ser expedida sem a comprovação do pagamento das contribuições quando se tratar de segurado empregado, empregado doméstico, trabalhador avulso e, a partir de 1º.04.2003, de contribuinte individual que presta serviço a empresa obrigada a arrecadar a contribuição a seu cargo, observado o disposto no § 5º do art. 4º da Lei n. 10.666, de 08.05.2003, porque o recolhimento das respectivas contribuições é a obrigação do empregador ou da empresa tomadora dos serviços do contribuinte individual.

Importante disposição está contida no art. 94, § 2º, do PBPS, acrescentado pela LC n. 123/2006. Nos itens 2.5.6 e 2.5.7 do Capítulo 2, destacamos a impossibilidade de ser computado como tempo de contribuição o período em que o segurado contribuinte individual ou facultativo contribuiu para o custeio da previdência social na forma prevista no art. 21, § 2º, da Lei n. 8.212/91, salvo se fizer o **complemento** previsto no § 3º. A regra é a mesma na contagem recíproca: **só será possível o cômputo como tempo de contribuição se a complementação das contribuições for feita na forma prevista no § 3º do art. 21 da Lei n. 8.212/91**.

Atenção: importante destacar a situação quando se trata de **contagem recíproca de tempo de serviço de atividade rural por quem se tornou funcionário público**. O tema é importante em razão do grande número de trabalhadores rurais que passam a exercer cargos públicos e necessitam da certidão de tempo de serviço expedida pelo INSS quando, então, é exigida a comprovação do pagamento das contribuições. São situações em que a atividade rural foi exercida antes do PBPS e do PCPS, época em que o trabalhador rural não era segurado obrigatório do Regime Geral.

Depois de grande debate na jurisprudência, decorrente de alterações na Lei n. 8.213/91, o STF tem entendido pela **necessidade do pagamento das contribuições nessa hipótese**:

> "(...) I — É inadmissível a contagem recíproca do tempo de serviço rural para fins de aposentadoria no serviço público sem que haja o recolhimento das contribuições previdenciárias correspondentes (...)" (MS 26.461, Rel. Min. Ricardo Lewandowski, *DJe* 06.03.2009).[117]

No mesmo sentido a **Súmula 10 da TNU** dos Juizados Especiais Federais: "O tempo de serviço rural anterior à vigência da Lei n. 8.213/91 pode ser utilizado para fins de contagem recíproca, assim entendida aquela que soma tempo de atividade privada, rural ou urbana, ao de serviço público estatutário, desde que sejam recolhidas as respectivas contribuições previdenciárias".

Quando o interessado pretende fazer o pagamento das contribuições em atraso como contribuinte individual, depara-se com a forma de cálculo prevista no art. 45-A da Lei n. 8.212/91, incluído pela Lei Complementar n. 128/2008:

> **Art. 45-A.** O contribuinte individual que pretenda contar como tempo de contribuição, para fins de obtenção de benefício no Regime Geral de Previdência Social ou de contagem recíproca do tempo de contribuição, período de atividade remunerada alcançada pela decadência deverá indenizar o INSS.
>
> § 1º O valor da indenização a que se refere o *caput* deste artigo e o § 1º do art. 55 da Lei n. 8.213, de 24 de julho de 1991, corresponderá a 20% (vinte por cento):
>
> I — da média aritmética simples dos maiores salários de contribuição, reajustados, correspondentes a 80% (oitenta por cento) de todo o período contributivo decorrido desde a competência julho de 1994; ou

[117] Cf. também MS 26.734, Rel. Min. Luiz Fux, *DJe* 22.04.2015.

II — da remuneração sobre a qual incidem as contribuições para o regime próprio de previdência social a que estiver filiado o interessado, no caso de indenização para fins da contagem recíproca de que tratam os arts. 94 a 99 da Lei n. 8.213, de 24 de julho de 1991, observados o limite máximo previsto no art. 28 e o disposto em regulamento.

§ 2º Sobre os valores apurados na forma do § 1º deste artigo incidirão juros moratórios de 0,5% (cinco décimos por cento) ao mês, capitalizados anualmente, limitados ao percentual máximo de 50% (cinquenta por cento), e multa de 10% (dez por cento).

§ 3º O disposto no § 1º deste artigo não se aplica aos casos de contribuições em atraso não alcançadas pela decadência do direito de a Previdência constituir o respectivo crédito, obedecendo-se, em relação a elas, as disposições aplicadas às empresas em geral.

Na redação original, o art. 45, § 2º, revogado pela LC n. 128/2008, determinava que o cálculo das contribuições em atraso, em se tratando de contribuinte individual, utilizasse como base de incidência o valor da média aritmética simples dos maiores salários de contribuição, reajustados, correspondentes a 80% de todo o período contributivo decorrido desde a competência julho de 1994. Nas indenizações para fins da contagem recíproca, a base de incidência deveria ser a remuneração sobre a qual incidem as contribuições para o regime específico de Previdência Social a que estivesse filiado o interessado, conforme disposto no regulamento, observado o limite máximo previsto.

Dos arts. 122, 124, 127, IV, e 216 do RPS resulta que **"a base de incidência será a remuneração da data do requerimento sobre a qual incidem as contribuições para o regime próprio de previdência social a que estiver filiado o interessado"**, observados os limites máximo e mínimo do salário de contribuição.

A fórmula de cálculo das contribuições em atraso tem sido questionada judicialmente.

Para alguns, a **natureza tributária das contribuições previdenciárias** impõe a aplicação da regra vigente ao tempo da ocorrência do fato gerador, não sendo cabível calcular o débito com base nos ganhos atuais do segurado. Para outros, em alguns casos, ter-se-ia consumado a decadência, o que impediria a Previdência Social de constituir e cobrar as contribuições.

Outros, ainda, entendem que não se trata de pagar contribuições, mas, sim, de **indenizar** o sistema para que o tempo de serviço/contribuição possa ser reconhecido, atribuindo **caráter de indenização às contribuições pagas com atraso**.

Alguns julgados acolhem e outros rejeitam a natureza tributária das contribuições previdenciárias.

Embora apreciando a matéria ainda com a redação original do art. 45, no STJ tem prevalecido o entendimento de que **o cálculo deve ser feito com base na legislação vigente ao tempo da atividade cujo período se pretende reconhecer**, seja tributária ou indenizatória a natureza jurídica das contribuições em atraso:

"PREVIDENCIÁRIO. AVERBAÇÃO DE TEMPO DE SERVIÇO. RECOLHIMENTO EXTEMPORÂNEO DAS CONTRIBUIÇÕES. CÁLCULO DO VALOR A SER RECOLHIDO. CRITÉRIO PREVISTO NA LEGISLAÇÃO VIGENTE NO PERÍODO

EM QUE É REALIZADA A ATIVIDADE LABORATIVA. 1. De acordo com o art. 45, § 1º, da Lei n. 8.212/91, para o reconhecimento do exercício de atividade remunerada pelos contribuintes individuais é necessária a indenização das contribuições previdenciárias não recolhidas em época própria. 2. Por sua vez, a Lei n. 9.032/95 incluiu o § 2º ao art. 45 da Lei n. 8.212/91, que implementa o citado § 1º e estabelece a forma do cálculo do valor da indenização do período laborado como contribuinte individual e em relação ao qual não houve o recolhimento tempestivo, inovando ao determinar que a base de cálculo da contribuição é a média aritmética simples dos 36 últimos salários de contribuição do segurado. 3. Esta Corte firmou o entendimento de que, para se apurar os valores da indenização, devem ser considerados os critérios legais existentes ao momento sobre o qual se refere a contribuição (AgRg no REsp 760592/RS, 5ª Turma, Rel. Min. Arnaldo Esteves Lima, *DJU* 02.05.2006, p. 379). 4. No caso dos autos, o período que se pretende averbar é anterior à edição da Lei n. 9.032/95, razão pela qual afasta-se a incidência de suas disposições para o cálculo do valor a ser recolhido pelo segurado, que deve observar a legislação vigente no período em que é realizada a atividade laborativa a ser averbada. (...)" (REsp 200701890666, 5ª Turma, Rel. Min. Napoleão Nunes Maia Filho, *DJe* 24.11.2008).

Argumentos no sentido de que as contribuições em atraso não poderiam ser exigidas por estarem colhidas pela decadência não podem ser acolhidos. O sistema previdenciário é eminentemente contributivo, sustentado pelas contribuições. Acolherem-se alegações de decadência e reconhecer o direito ao cômputo do tempo de serviço sem o recolhimento das contribuições implicaria subverter o sistema e conceder benefício previdenciário sem o correspondente custeio pelo segurado.

■ 5.4. DECADÊNCIA E PRESCRIÇÃO

Os arts. 103 e 103-A do PBPS dispõem sobre decadência e prescrição, para o segurado e para o INSS, quando o objeto da relação jurídica for a concessão de benefício previdenciário.

O art. 103 passou por algumas alterações:

REDAÇÃO ORIGINAL	LEI N. 9.528/97	LEI N. 9.711/98	LEI N. 10.839/2004	MP N. 871/2019
Art. 103. Sem prejuízo do direito ao benefício, prescreve em 5 (cinco) anos o direito às prestações não pagas nem reclamadas na época própria, resguardados os direitos dos menores dependentes, dos incapazes ou dos ausentes.	**Art. 103.** É de dez anos o prazo de decadência de todo e qualquer direito ou ação do segurado ou beneficiário para a revisão do ato de concessão de benefício, a contar do dia primeiro do mês seguinte ao do recebimento da primeira prestação ou, quando for o caso, do dia em que tomar conhecimento da decisão indeferitória definitiva no âmbito administrativo.	**Art. 103.** É de cinco anos o prazo de decadência de todo e qualquer direito ou ação do segurado ou beneficiário para a revisão do ato de concessão de benefício, a contar do dia primeiro do mês seguinte ao do recebimento da primeira prestação ou, quando for o caso, do dia em que tomar conhecimento da decisão indeferitória definitiva no âmbito administrativo.	**Art. 103.** É de dez anos o prazo de decadência de todo e qualquer direito ou ação do segurado ou beneficiário para a revisão do ato de concessão de benefício, a contar do dia primeiro do mês seguinte ao do recebimento da primeira prestação ou, quando for o caso, do dia em que tomar conhecimento da decisão indeferitória definitiva no âmbito administrativo.	**Art. 103.** O prazo de decadência do direito ou da ação do segurado ou beneficiário para a revisão do ato de concessão, indeferimento, cancelamento ou cessação de benefício e do ato de deferimento, indeferimento ou não concessão de revisão de benefício é de 10 (dez) anos, contado:

				I — do dia primeiro do mês subsequente ao do recebimento da primeira prestação ou da data em que a prestação deveria ter sido paga com o valor revisto; ou
				II — do dia em que o segurado tomar conhecimento da decisão de indeferimento, cancelamento ou cessação do seu pedido de benefício ou da decisão de deferimento ou indeferimento de revisão de benefício, no âmbito administrativo.
	Parágrafo único. Prescreve em cinco anos, a contar da data em que deveriam ter sido pagas, toda e qualquer ação para haver prestações vencidas ou quaisquer restituições ou diferenças devidas pela Previdência Social, salvo o direito dos menores, incapazes e ausentes, na forma do Código Civil.			

A Lei n. 10.839/2004 incluiu o art. 103-A:

> **Art. 103-A.** O direito da Previdência Social de anular os atos administrativos de que decorram efeitos favoráveis para os seus beneficiários decai em dez anos, contados da data em que foram praticados, salvo comprovada má-fé.
>
> § 1º No caso de efeitos patrimoniais contínuos, o prazo decadencial contar-se-á da percepção do primeiro pagamento.
>
> § 2º Considera-se exercício do direito de anular qualquer medida de autoridade administrativa que importe impugnação à validade do ato.

Note-se que o prazo de decadência (10 anos) para o INSS só passou a ser previsto no PBPS a partir da Lei n. 10.839/2004. E na legislação ordinária somente a Lei n. 9.784/99 (art. 54) previa o prazo de 5 anos para a Administração anular seus atos, o que se aplicava ao INSS:

> **Art. 54.** O direito da Administração de anular os atos administrativos de que decorram efeitos favoráveis para os destinatários decai em cinco anos, contados da data em que foram praticados, salvo comprovada má-fé.
>
> § 1º No caso de efeitos patrimoniais contínuos, o prazo de decadência contar-se-á da percepção do primeiro pagamento.
>
> § 2º Considera-se exercício do direito de anular qualquer medida de autoridade administrativa que importe impugnação à validade do ato.

O prazo de decadência para o INSS anular seus próprios atos, portanto, não existia antes da Lei n. 9.784/99, com o que a jurisprudência firmou entendimento no sentido de que podia fazê-lo a qualquer tempo.

Ressaltamos todas as modificações da lei, porque questões costumam surgir sobre qual a lei aplicável ao caso concreto. Em matéria de decadência e prescrição, a questão do direito intertemporal tem grande relevância.

A nosso ver, nessa matéria também se aplica o mesmo princípio: ***tempus regit actum***, ou seja, aplica-se a legislação vigente na data do fato. Assim, se a lei posterior modifica o prazo de decadência ou prescrição, não poderá ser aplicada retroativamente a fatos ocorridos antes de sua vigência.

Esse era o posicionamento firmado pela jurisprudência, inclusive do STJ:

> "(...) O prazo de decadência instituído pelo art. 103, da Lei n. 8.213/91, com redação dada pela Medida Provisória n. 1.523/97, não se aplica aos pedidos de revisão de benefícios ajuizados antes de sua vigência, pois o novo regramento não tem aplicação retroativa (...)" (REsp 200000355453, 6ª Turma, Rel. Min. Vicente Leal, *DJ* 11.09.2000, p. 302).

Entretanto, no julgamento do REsp Repetitivo 1.114.938/AL, o STJ adotou entendimento em sentido contrário, determinando **a aplicação do art. 103-A a benefício concedido antes da vigência da Lei n. 10.839/2004:**

> "RECURSO ESPECIAL REPETITIVO. ART. 105, III, ALÍNEA *A* DA CF. DIREITO PREVIDENCIÁRIO. REVISÃO DA RENDA MENSAL INICIAL DOS BENEFÍCIOS PREVIDENCIÁRIOS CONCEDIDOS EM DATA ANTERIOR À VIGÊNCIA DA LEI 9.787/99. PRAZO DECADENCIAL DE 5 ANOS, A CONTAR DA DATA DA VIGÊNCIA DA LEI 9.784/99. RESSALVA DO PONTO DE VISTA DO RELATOR. ART. 103-A DA LEI 8.213/91, ACRESCENTADO PELA MP 19.11.2003, CONVERTIDA NA LEI 10.839/2004. AUMENTO DO PRAZO DECADENCIAL PARA 10 ANOS. PARECER DO MINISTÉRIO PÚBLICO FEDERAL PELO DESPROVIMENTO DO RECURSO. RECURSO ESPECIAL PROVIDO, NO ENTANTO.
>
> 1. A colenda Corte Especial do STJ firmou o entendimento de que os atos administrativos praticados antes da Lei n. 9.784/99 podem ser revistos pela Administração a qualquer tempo, por inexistir norma legal expressa prevendo prazo para tal iniciativa. Somente após a Lei n. 9.784/99 incide o prazo decadencial de 5 anos nela previsto, tendo como termo inicial a data de sua vigência (01.02.1999). Ressalva do ponto de vista do Relator. 2. Antes de decorridos 5 anos da Lei 9.784/99, a matéria passou a ser tratada no âmbito previdenciário pela MP 138, de 19.11.2003, convertida na Lei n. 10.839/2004, que acrescentou o art. 103-A à Lei n. 8.213/91 (LBPS) e fixou em 10 anos o prazo decadencial para o INSS rever os seus atos de que decorram efeitos favoráveis a seus beneficiários. 3. Tendo o benefício do autor sido concedido em 30.7.1997 e o procedimento de revisão administrativa sido iniciado em janeiro de 2006, não se consumou o prazo decadencial de 10 anos para a Autarquia Previdenciária rever o seu ato (...)" (3ª Seção, Rel. Min. Napoleão Nunes Maia Filho, *DJe* 28.08.2010).

5.4.1. Decadência e prescrição para o segurado ou beneficiário

5.4.1.1. Decadência

Os beneficiários do RGPS têm o prazo decadencial de 10 anos para requerer a revisão do ato de concessão, indeferimento, cancelamento ou cessação de benefício e do ato de deferimento, indeferimento ou não concessão de revisão de benefício, conforme disposto no art. 103 do PBPS, com a redação dada pela Lei n. 13.846/2019, que resultou da conversão da MP n. 871/2019.

Na redação anterior, dada pela Lei n. 10.839/2004, a decadência era prevista apenas para revisão do ato de concessão do benefício. A partir da MP n. 871/2019, o prazo decadencial restou previsto também para as hipóteses de revisão do ato de indeferimento, cancelamento ou cessação do benefício. E também alcançou os pedidos de revisão de benefício, englobando deferimento, indeferimento ou não concessão da revisão.

A **regra geral** é de que o prazo se conta a partir do dia primeiro do mês subsequente ao do recebimento da primeira prestação ou da data em que a prestação deveria ter sido paga com o valor revisto.

Em **regra específica**, prazo decadencial é contado do dia em que o segurado tomar conhecimento da decisão de indeferimento, cancelamento ou cessação do seu pedido de benefício ou da decisão de deferimento ou indeferimento de revisão de benefício, no âmbito administrativo.

No direito anterior, os casos de indeferimento do pedido de concessão, bem como os de revisão não eram alcançados pela decadência, mas, sim, pela prescrição quinquenal.

Súmula 81 da TNU: "Não incide o prazo decadencial previsto no art. 103, *caput*, da Lei n. 8.213/91, nos casos de indeferimento e cessação de benefícios, bem como em relação às questões não apreciadas pela Administração no ato de concessão".

Porém, há situações em que o benefício foi concedido sem que a autoridade administrativa apreciasse questão relativa a tempo de contribuição ou tempo de atividade especial que, se considerados, poderiam resultar em renda mensal inicial mais benéfica. E surgiu na jurisprudência o debate de estar ou não essa hipótese abrangida pela decadência.

A matéria será julgada pelo STJ no **Tema 975**: Questão atinente à incidência do prazo decadencial sobre o direito de revisão do ato de concessão de benefício previdenciário do regime geral (art. 103 da Lei n. 8.213/1991) nas hipóteses em que o ato administrativo da autarquia previdenciária não apreciou o mérito do objeto da revisão, com determinação de suspensão do processamento de todos os processos pendentes, individuais ou coletivos, que versem acerca da questão delimitada e tramitem no território nacional (*DJe* 29.07.2017).

A **TNU dos Juizados Especiais Federais** editou a **Súmula 81:** "Não incide o prazo decadencial previsto no art. 103, *caput*, da Lei n. 8.213/91, nos casos de indeferimento e cessação de benefícios, bem como em relação às questões não apreciadas pela Administração no ato da concessão".

Para correta contagem do prazo, é necessário considerar que a redação original do art. 103 apenas previa prazo de prescrição, com o que não havia prazo de decadência para o segurado ou beneficiário.

O prazo decadencial de 10 anos surgiu com a MP n. 1.523-9/97, convertida na Lei n. 9.528/97, que modificou o art. 103.

Mas o art. 103 foi novamente modificado pela Lei n. 9.528/97, que fixou o prazo de decadência em 5 anos. E outra modificação foi feita pela Lei n. 10.839/2004, que novamente fixou o prazo em 10 anos.

Note-se que entre as alterações do art. 103 feitas a partir de 1997 não decorreram 10 anos, de modo que o STJ tem entendido que, **desde a MP n. 1.523-9/1997, o prazo de decadência para o segurado ou beneficiário requerer a revisão do ato de concessão do benefício é de 10 anos**.

E os atos praticados antes da MP n. 1.523-9/97? Não podem ser alcançados pela decadência?

A lei não pode retroagir para atingir atos praticados antes de sua vigência, em respeito ao princípio da irretroatividade das normas jurídicas. Aplicado o princípio, a conclusão seria a de que os atos de concessão de benefício anteriores à MP n. 1.523-9/97 não seriam alcançados pela decadência. Contudo, esse entendimento criaria distinção entre os segurados ou beneficiários com benefícios concedidos antes e depois dessa regra, o que acabaria dando aos anteriores privilégio em relação aos posteriores, violando, agora, o princípio da isonomia.

A interpretação que tem prevalecido no STJ aplica o **prazo de decadência de 10 anos a todos os atos de concessão de benefício, anteriores e posteriores à MP n. 1.523-9/97**. Entretanto, **para os atos anteriores, o prazo decadencial de 10 (dez) anos é contado a partir de 28.06.1997:**[118]

> "(...) 1. Até o advento da MP 1.523-9/1997 (convertida na Lei 9.528/97), não havia previsão normativa de prazo de decadência do direito ou da ação de revisão do ato concessivo de benefício previdenciário. Todavia, com a nova redação, dada pela referida Medida Provisória, ao art. 103 da Lei 8.213/91 (Lei de Benefícios da Previdência Social), ficou estabelecido que 'É de dez anos o prazo de decadência de todo e qualquer direito ou ação do segurado ou beneficiário para a revisão do ato de concessão de benefício, a contar do dia primeiro do mês seguinte ao do recebimento da primeira prestação ou, quando for o caso, do dia em que tomar conhecimento da decisão indeferitória definitiva no âmbito administrativo'.
>
> 2. Essa disposição normativa não pode ter eficácia retroativa para incidir sobre o tempo transcorrido antes de sua vigência. Assim, relativamente aos benefícios anteriormente concedidos, o termo inicial do prazo de decadência do direito ou da ação visando à sua revisão tem como termo inicial a data em que entrou em vigor a norma fixando o referido prazo decenal (28/06/1997). Precedentes da Corte Especial em situação análoga

[118] STJ, REsp 1.303.988/PE, 1ª Seção, Rel. Min. Teori Albino Zavascki, *DJe* 21.03.2012.

> (*v.g.*: MS 9.112/DF, Min. Eliana Calmon, *DJ* 14.11.2005; MS 9.115, Min. César Rocha, *DJ* de 07.08.2006, MS 11.123, Min. Gilson Dipp, *DJ* de 05.02.2007, MS 9.092, Min. Paulo Gallotti, *DJ* de 06.09.2006, MS (AgRg) 9.034, Min. Félix Ficher, DL 28.08.2006). (...)".

O STF adotou o mesmo entendimento no julgamento do RE 626.489, julgado pelo Plenário em 16.10.2013, acórdão publicado no *DJE* em 23.09.2014.

O art. 79 do PBPS previa que a prescrição e a decadência não correm contra **menores, incapazes e ausentes**, na forma do Código Civil. Porém, o dispositivo foi revogado pela MP n. 871/2019, convertida na Lei n. 13.846/2019, de modo que **contra eles também correrão os prazos de decadência e prescrição**.

Os arts. 198, I, e 208 do Código Civil dispõem que a prescrição e a decadência não correm contra os absolutamente incapazes, ou seja, os menores de 16 anos.

A nosso ver, a imposição de prazos de decadência e prescrição em desfavor dos absolutamente incapazes (menores de 16 anos), viola o art. 227 da CF. A proteção previdenciária existe justamente para atender o indivíduo nos seus momentos de fragilidade, de modo que não pode ser retirada dos absolutamente incapazes.

TERMO INICIAL DA DECADÊNCIA	
Atos anteriores a 28.06.1997	**Atos posteriores a 28.06.1997**
■ A partir de 28.06.1997.	■ A partir do 1º dia do mês seguinte ao do recebimento da 1ª prestação. ■ A partir do dia em que o interessado tomar conhecimento da decisão definitiva.

■ *5.4.1.2. Prescrição*

O segurado ou beneficiário tem o prazo de **5 anos** para o ajuizamento de ação para **cobrar prestações vencidas ou quaisquer restituições ou diferenças** devidas pela Previdência Social (art. 103, parágrafo único).

O prazo prescricional é contado a partir da data em que as verbas deveriam ter sido pagas.

O benefício previdenciário, em regra, é pago em parcelas mensais. O prazo prescricional se conta **a partir da data do vencimento de cada parcela mensal**.

Esse tem sido o entendimento do **STJ**, consolidado na **Súmula 85:** Nas relações de trato sucessivo em que a Fazenda Pública figure como devedora, quando não tiver sido negado o próprio direito reclamado, a prescrição atinge apenas as prestações vencidas antes do quinquênio anterior à propositura da ação.

Atenção: a prescrição e a decadência **não correm contra menores, incapazes e ausentes**, na forma do Código Civil (ver art. 79 do PBPS).[119]

[119] Art. 79. Não se aplica o disposto no art. 103 desta Lei ao pensionista menor, incapaz ou ausente, na forma da lei.

Termo inicial da prescrição

↓

A data em que as verbas deveriam ter sido pagas

5.4.2. Decadência para o INSS

A Previdência Social tem o prazo de **10 anos** para anular os atos administrativos de que decorram efeitos favoráveis para seus beneficiários, contando-se o prazo **da data em que foram praticados, salvo comprovada má-fé** (art. 103-A) (v. item 5.4, *supra*).

Se o ato produzir efeitos patrimoniais contínuos, o prazo decadencial se conta a partir do primeiro pagamento (art. 103-A, § 1º).

O prazo é interrompido por qualquer medida de autoridade administrativa que importe impugnação à validade do ato, considerado o exercício do direito de anulá-lo (art. 103-A, § 2º).

O prazo de decadência não será consumado se houver ato da autoridade administrativa dando ciência ao interessado da revisão iniciada.

5.5. CUMULAÇÃO DE BENEFÍCIOS

5.5.1. Histórico

Desde a LOPS (1960) há disposições que proíbem a cumulação de benefícios.

Também nessa matéria aplica-se o princípio segundo o qual ***tempus regit actum***.[120]

Se o beneficiário recebe benefícios que, na data de sua concessão, poderiam ser conjuntamente recebidos, e a legislação posterior proíbe a cumulação, deve haver respeito ao direito adquirido.

a) Lei n. 3.807/60 (LOPS)

O art. 57, parágrafo único, da LOPS dispunha sobre a cumulação de benefícios. A lei foi modificada pelas Leis ns. 5.890/73 e 6.887/80:

REDAÇÃO ORIGINAL	LEI N. 5.890/73	LEI N. 6.887/80
Art. 57	**Art. 57**	**Art. 57**
Parágrafo único. É lícita a acumulação de benefícios, não sendo, porém, permitida ao segurado a percepção conjunta, pela mesma instituição de previdência social:	§ 1º Não será permitida ao segurado a percepção conjunta de:	§ 1º Em relação aos benefícios de que trata a Previdência Social Urbana, não será permitida a percepção conjunta, salvo direito adquirido, de:

120 Cf. STJ, REsp 200600958594, 5ª Turma, Rel. Min. Arnaldo Esteves Lima, *DJe* 06.04.2009: "(...) 1. Segundo entendimento pacífico na jurisprudência, os benefícios previdenciários são regidos pela legislação vigente à época em que satisfeitas as condições para a sua obtenção. 2. O fato de a autora já receber pensão do seu falecido marido impede a posterior concessão da pensão por morte de seu companheiro, uma vez que há vedação legal à cumulação dos benefícios, por força do art. 124, VI, da Lei n. 8.213/91. Precedentes do STJ (...)".

a) de auxílio-doença e aposentadoria;	*a)* auxílio-doença com aposentadoria de qualquer natureza;	*a)* auxílios-natalidade, quando o pai e a mãe forem segurados;
b) de aposentadoria de qualquer natureza;	*b)* auxílio-doença e abono de retorno à atividade;	*b)* aposentadoria e auxílio-doença;
c) de auxílio-natalidade.	*c)* auxílio-natalidade quando o pai e a mãe forem segurados.	*c)* aposentadoria e abono de permanência em serviço;
		d) duas ou mais aposentadorias.
		§ 2º As importâncias não recebidas em vida pelo segurado serão pagas aos dependentes devidamente habilitados à percepção de pensão.

A Súmula 63 do Tribunal Federal de Recursos assentou entendimento no sentido de ser permitido o recebimento conjunto de pensão por morte de servidor público e de segurado do Regime Geral: “A pensão de que trata o art. 242, da Lei n. 1.711, de 1952, não se confunde com a que decorre da filiação do funcionário ao Regime de Previdência Social (LOPS). É cabível sua cumulação, preenchidos os requisitos legais exigidos”.

A nosso ver, o entendimento está correto porque se trata de pensões por morte pagas por regimes previdenciários diversos.

b) Decreto n. 77.077/76 (CLPS — 1ª edição)

Na CLPS de 1976, o art. 25 dispunha:

Art. 25. Não será permitida a percepção conjunta de:
I — auxílio-doença com aposentadoria de qualquer natureza;
II — auxílio-natalidade quando o pai e a mãe forem segurados.

c) Decreto n. 89.312/84 (CLPS — 2ª edição)

O art. 20 da CLPS de 1984 dispunha:

Art. 20. Salvo no caso de direito adquirido, não é permitido o recebimento conjunto de:
a) auxílios-natalidade, quando o pai e a mãe são segurados;
b) aposentadoria e auxílio-doença;
c) aposentadoria e abono de permanência em serviço;
d) duas ou mais aposentadorias;
e) renda mensal vitalícia e qualquer benefício da previdência social urbana ou outro regime, salvo o pecúlio de que tratam os artigos 55 a 57.

5.5.2. Lei n. 8.213/91 (PBPS). Regras atuais

O PBPS, alterado pela Lei n. 9.032/95, enumera os benefícios que não podem ser cumulativamente recebidos pelo mesmo beneficiário:

REDAÇÃO ORIGINAL	LEI N. 9.032/95
Art. 124. Salvo no caso de direito adquirido, não é permitido o recebimento conjunto dos seguintes benefícios da Previdência Social:	

I — aposentadoria e auxílio-doença;	
II — duas ou mais aposentadorias;	II — mais de uma aposentadoria;
III — aposentadoria e abono de permanência em serviço.	
	IV — salário-maternidade e auxílio-doença;
	V — mais de um auxílio-acidente;
	VI — mais de uma pensão deixada por cônjuge ou companheiro, ressalvado o direito de opção pela mais vantajosa.
	Parágrafo único. É vedado o recebimento conjunto do seguro-desemprego com qualquer benefício de prestação continuada da Previdência Social, exceto pensão por morte ou auxílio-acidente.

O abono de permanência em serviço foi extinto pela Lei n. 8.870/94.

Também está vedado o recebimento **de mais de uma pensão por morte deixada por cônjuge ou companheiro**. Entretanto, a lei ressalva o direito de **opção pela pensão mais vantajosa**.

Atenção: não há proibição de recebimento conjunto de mais de uma pensão quando se tratar de segurado que não seja cônjuge ou companheiro do beneficiário. Assim, é possível cumular o recebimento de pensão por morte de cônjuge com pensão por morte de filho, ou de pensão por morte de 2 filhos etc.[121]

Também a **TNU** dos Juizados Especiais Federais consolidou esse entendimento na **Súmula 36:** "Não há vedação legal à cumulação da pensão por morte de trabalhador rural com o benefício da aposentadoria por invalidez, por apresentarem pressupostos fáticos e fatos geradores distintos".

As constantes mudanças na legislação previdenciária podem atingir situações de **cumulação de benefícios proibidas pela legislação atual**, porém, permitidas pela anterior. Nessas hipóteses, o art. 124 do PBPS ressalva o respeito ao **direito adquirido**.

Atenção: v. item 5.3.4.4.2.5, *supra*, sobre recebimento conjunto de auxílio-acidente e aposentadoria.

O **STF** decidiu em Repercussão Geral no RE 602.584, por maioria de votos, em 06.08.2020, que o teto constitucional remuneratório deve incidir sobre a soma do benefício de pensão com a remuneração ou os proventos de aposentadoria recebidos pelo servidor público. (**Tema 359**).

5.5.3. CUMULAÇÃO DE PENSÃO POR MORTE. EC N. 103/2019

A cumulação de pensão por morte com outra pensão por morte e com aposentadoria foi objeto de disposição específica no art. 24 da EC n. 103/2019, que, além de

[121] Cf. STJ, REsp 200401211327, 5ª Turma, Rel. Min. Laurita Vaz, *DJ* 05.12.2005, p. 0036: "(...) 1. Não havendo vedação legal para a percepção conjunta de pensão de natureza rural, proveniente da morte do cônjuge, com pensão de natureza urbana, decorrente do falecimento do descendente, faz jus a parte autora ao restabelecimento do benefício. 2. Recurso especial (...)".

limitar a possibilidade de recebimento conjunto desses benefícios, tanto no RGPS quanto no RPPS, limitou os valores a receber nos casos de cumulação permitida.

As regras de cumulação previstas na EC n. 103/2019 e na legislação vigente poderão ser alteradas por lei complementar (art. 24, § 5º).

É **vedada** a cumulação de mais de uma pensão por morte de cônjuge ou companheiro, no âmbito do mesmo regime de previdência social, o que não é novidade dentro do RGPS.

É **permitida** a cumulação da pensão por morte apenas na forma do § 1º do art. 25 da EC n. 103/2019, nas seguintes hipóteses:

a) Pensão por morte de cônjuge/companheiro de um regime de Previdência Social com pensão por morte de outro regime de Previdência Social, ou com pensão por morte decorrente de militar (Forças Armadas, Polícia Militar dos Estados e DF e bombeiros militares);

b) Pensão por morte de cônjuge/companheiro de um regime de Previdência Social com aposentadoria no RGPS ou RPPS ou proventos de inatividade decorrentes de atividades militares;

c) Pensões militares (não cônjuge) com aposentadoria no RGPS ou no RPPS.

Em todas as hipóteses é assegurado o recebimento integral do benefício mais vantajoso e de uma parte de cada um dos demais benefícios.

O valor do benefício com cumulação permitida será apurado de acordo com as faixas:

a) 60% do valor que exceder 1 salário mínimo até o limite de 2 salários mínimos;
b) 40% do valor que exceder 2 salários mínimos até o limite de 3 salários mínimos;
c) 20% do valor que exceder 3 salários mínimos até o limite de 4 salários mínimos;
d) 10% do valor de exceder 4 salários mínimos.

5.6. DESAPOSENTAÇÃO

5.6.1. Introdução

As constantes modificações da legislação previdenciária, notadamente com relação à proibição de acumulação de aposentadorias dentro do mesmo regime previdenciário, bem como os reduzidos valores da renda mensal desses benefícios, fizeram surgir uma nova pretensão: a desaposentação.

Não raro, o aposentado continua a trabalhar e participar do custeio do regime previdenciário, embora sem direito a nenhuma cobertura em razão dessa nova filiação (art. 18, § 2º, do PBPS). Acresce ao reduzido valor de sua aposentadoria o da remuneração pela atividade que passa a exercer, e continua a pagar contribuição previdenciária incidente sobre esse valor (novo salário de contribuição). Com o passar do tempo, acaba concluindo que não pode mais trabalhar e, como não tem direito à cobertura previdenciária em razão da atividade que passou a exercer, arca com a perda desses rendimentos.

Surge, então, a pretensão de **desistir da aposentadoria que já recebe** para acrescer o tempo de contribuição decorrente da nova atividade ao que já lhe dera direito à aposentação, obtendo novo período básico de cálculo, e, assim, **obter nova aposentadoria**, desta vez com renda mensal de valor maior.

Surgem, evidentemente, questionamentos éticos.

A desaposentação não está prevista em lei. Por isso, não pode o INSS "desaposentar" o segurado e aposentá-lo novamente, acrescendo o período de contribuição decorrente da nova atividade, sob pena de violar o princípio da legalidade, que vincula a Administração Pública.[122]

Por aí, já se pode concluir que a desaposentação só poderia ser concedida pelo Poder Judiciário.

Creditam-se ao Professor **Wladimir Novaes Martinez** os primeiros estudos sobre o tema.

A aceitação do instituto esbarra no entendimento de que os benefícios previdenciários são irrenunciáveis e irreversíveis.

Aceitar a desaposentação implica responder a três questões:[123]

a) deve ser devolvido o *quantum* recebido durante o gozo da aposentadoria?

b) o servidor público também tem direito à desaposentação?

c) os dependentes podem requerer a desaposentação do segurado falecido com vistas ao incremento do valor da renda mensal da pensão por morte ("despensão")?

Quanto a esta última questão, há julgamento no STJ: os dependentes não têm legitimidade para requerer a desaposentação do segurado falecido, uma vez que se trata de direito personalíssimo.[124]

5.6.2. Conceito

Se a concessão da aposentadoria, nesses casos, depende de ato de vontade do segurado, a desaposentação, isto é, o desfazimento do ato de concessão da aposentadoria também pressupõe a manifestação de vontade de seu titular.

A Administração só pode desfazer o ato de concessão de aposentadoria se decorrente de fraude ou outra ilegalidade. Nesse caso, porém, não se trata de desaposentação, mas, sim, de cassação do benefício.

E que benefício teria o segurado com a desaposentação? Poderia contar o tempo utilizado para a concessão da aposentadoria desfeita no cômputo do tempo de contribuição para a nova aposentadoria que poderá requerer.

---

[122] Projeto de Lei de Conversão n. 15/2015 (MP n. 676/2015), que resultou na Lei n. 12.183, de 04.11.2015, pretendeu incluir a desaposentação por meio de modificação do art. 18 da Lei n. 8.213/91. O projeto, nessa parte, foi vetado pela Presidente da República.

[123] Cf. Wladimir Novaes Martinez, *Desaposentação*. São Paulo: LTr, 2008, p. 26.

[124] REsp 1.515.929/RS, 2ª Seção, Rel. Min. Humberto Martins, *DJe* 26.05.2015.

Desaposentação é, então, a desconstituição do ato de concessão da aposentadoria, que depende da manifestação de vontade do segurado.

Wladimir Novaes Martinez adverte:[125]

> "Como expediente, a desaposentação é o inverso da aposentação; restabelecimento do cenário pretérito, voltar ao estágio em que se encontrava quando da concessão do benefício."

5.6.3. O princípio da legalidade

A falta de previsão legal dificulta a análise do instituto.

Deve-se, porém, partir do que dispõe o art. 181-B do Decreto n. 3.048/99 (RPS):

> **Art. 181-B.** As aposentadorias concedidas pela previdência social são irreversíveis e irrenunciáveis.
>
> § 2º O segurado poderá desistir do seu pedido de aposentadoria desde que manifeste essa intenção e requeira o arquivamento definitivo do pedido antes da ocorrência de um dos seguintes atos:
>
> I — recebimento do primeiro pagamento do benefício; ou
>
> II — efetivação do saque do FGTS ou do PIS.

Para o RPS, as aposentadorias por idade e tempo de contribuição, modificadas pela EC n. 103/2019, e especial do RGPS são **irrenunciáveis e irreversíveis**. O segurado pode desistir do pedido de aposentadoria antes do recebimento do primeiro pagamento ou do saque do FGTS ou do PIS.

Aperfeiçoado o ato de aposentadoria, já não é mais possível, para o RPS, a desistência ou renúncia ao benefício.

Entretanto, as disposições do RPS não autorizam concluir pela impossibilidade da desaposentação. De início, porque contém restrição de direito que só a lei pode impor. Depois porque, a nosso ver, a desaposentação não configura renúncia ao benefício.

Só seria cabível invocar a renúncia se o aposentado simplesmente deixasse de receber os proventos, com o que a renúncia produziria efeitos *ex nunc*, ou seja, a partir do requerimento. Não é o que ocorre na desaposentação porque o aposentado pretende fazer cessar um benefício para, depois, somar o tempo considerado na sua concessão com outros períodos, no mesmo ou em outro regime, para fins de obtenção de nova aposentadoria.

Se, por um lado, ao segurado não é permitido renunciar ao benefício, por outro, ao INSS também não é possível rever o ato, salvo por motivo de fraude ou outra ilegalidade.

Há posicionamentos no sentido de que a aposentadoria configura ato jurídico perfeito, o que impossibilitaria seu desfazimento ainda que por vontade de seu titular.

---

[125] Ob. cit., p. 28.

Argumentam outros, em sentido contrário, que as garantias constitucionais não podem ser invocadas em prejuízo dos direitos do segurado, impedindo-o de obter benefício mais vantajoso.[126]

A nosso ver, a questão não está bem colocada. Realmente, os direitos e as garantias individuais constitucionalmente consagrados não podem ser invocados para fins de restringir direitos. Porém, em matéria previdenciária, a questão transcende o indivíduo e atinge o grupo social protegido pelo sistema.

Os regimes previdenciários públicos no Brasil adotam o **sistema de repartição simples**, alimentado pela solidariedade. Reparte-se o todo pelo número de necessitados de proteção social previdenciária.

A desaposentação poderia ser admitida, talvez, se estivéssemos diante de regime de previdência de **capitalização**, em que o segurado financia o próprio benefício numa espécie de fundo de administração, cuja finalidade seria a concessão de um benefício futuro com base em tais contribuições.

Entretanto, o constituinte de 1988 optou por regime de previdência baseado na **solidariedade**, em que as contribuições são destinadas à composição de fundo de custeio geral do sistema, e não a compor fundo privado com contas individuais. A opção pelo regime de repartição simples não dá espaço para imaginar que as contribuições vertidas pelos segurados seriam destinadas à composição de cotas a serem utilizadas posteriormente em uma eventual aposentadoria.

Há também que ser considerado que o fato de o sistema prever o cálculo do benefício, segundo a média salarial percebida pelo segurado (salário de benefício) no período anterior ao do requerimento do benefício ou do afastamento da atividade (art. 29 da Lei n. 8.213/91), reflete mera escolha do legislador. Para tanto, basta observar que, para os servidores públicos, o legislador previu sistemática diversa, com base na última remuneração, se observados os pressupostos legais.

As antigas contingências "tempo de serviço/contribuição", ou "idade", ou, ainda, "tempo de serviço/contribuição em atividades de natureza especial", para a CF e as leis, configuravam a impossibilidade de continuar a exercer atividade que garanta o sustento do segurado e de sua família, gerando, então, a "necessidade" de cobertura previdenciária, ou seja, o benefício previdenciário "substituirá" a remuneração que recebia (a renda mensal substitui o salário de contribuição).

---

[126] Cf. Carla Mota Blank Machado Netto, Desaposentação. *Revista de Previdência Social*, n. 320, LTr, jul. 2007, p. 614: "Tais garantias fundamentais, inseridas como cláusulas pétreas no texto constitucional, não podem ser invocadas em detrimento dos direitos do segurado, sobretudo de adequação do seu benefício a um patamar mais benéfico, frente às contribuições posteriores à jubilação. Ademais, a relativização dos direitos e garantias fundamentais, hodiernamente, destina-se a coordenar os bens jurídicos, evitando-se, *in casu*, que em virtude de um ato jurídico perfeito — tal qual a concessão de uma aposentadoria — o indivíduo fique impedido de desaposentar-se e valer-se do arcabouço de proteção social, trazido pelos princípios constitucionais da Seguridade Social. (...) O ato jurídico perfeito, a coisa julgada e o direito adquirido não podem ser utilizados como barreira impeditiva da existência da própria Ordem Social, que tem como objetivo o bem-estar e a justiça sociais, insculpido no art. 193, *caput*, da Carta Magna".

Aquele que está aposentado e volta a exercer atividade sujeita à filiação obrigatória ao RGPS está, na verdade, apenas "complementando" renda mensal.

Argumenta-se que, nesse caso, a contribuição decorrente da "nova filiação" ao sistema não traz cobertura previdenciária, a não ser salário-família e reabilitação profissional, o que não justificaria a cobrança. O argumento é equivocado porque o sistema é movido pela solidariedade e não se destina apenas à proteção de quem contribui. Quem exerce atividade laboral, de qualquer natureza, também é potencialmente gerador de contingências que terão cobertura previdenciária pelo RGPS.[127] Por isso, participa do custeio não para ter direito a benefícios, porque já está em gozo de benefício, mas, sim, em razão da solidariedade, uma vez que de sua atividade poderão resultar contingências com cobertura pela Previdência Social.

Nesse contexto é que se insere o art. 18, § 2º, da Lei n. 8.213/91, que, em todas as suas redações, sempre proibiu a concessão de qualquer outro benefício que não aqueles que expressamente menciona.[128] Por isso, a nosso ver, não se pode nem mesmo cogitar do pagamento de qualquer benefício além dos elencados no art. 18, e, muito menos, de levar o período laboral utilizado para a concessão do benefício no RGPS para outro regime.

Segundo art. 173 do Regulamento da Previdência Social, o segurado em gozo de aposentadoria que voltar a exercer atividade abrangida pelo RGPS, observados o disposto no art. 168 e, nos casos de aposentadoria especial, o disposto no parágrafo único do art. 69, fará jus ao salário-família e à reabilitação profissional, quando empregado, inclusive o doméstico, ou trabalhador avulso; e ao salário-maternidade.

O tema relativo às contribuições vertidas ao sistema após a aposentação foi levado à apreciação do STF por ocasião do julgamento da ADI 3.105/DF, em que se apreciou a constitucionalidade da incidência de contribuição previdenciária sobre os proventos de aposentadoria e pensões dos servidores públicos de que tratou a EC n. 41/2003.[129] O que se questionava, dentre outros pontos, era sobre a possibilidade de

---

[127] **Exemplo:** o aposentado que se torna motorista de táxi, na condição de contribuinte individual, pode atropelar um transeunte, que terá, em razão da incapacidade temporária ou definitiva, cobertura previdenciária de auxílio-doença ou aposentadoria por invalidez ou, até mesmo, de auxílio-acidente.

[128] **Art. 18.** O Regime Geral de Previdência Social compreende as seguintes prestações, devidas inclusive em razão de eventos decorrentes de acidente do trabalho, expressas em benefícios e serviços:

§ 2º O aposentado pelo Regime Geral de Previdência Social — RGPS que permanecer em atividade sujeita a este Regime, ou a ele retornar, não fará jus a prestação alguma da Previdência Social em decorrência do exercício dessa atividade, exceto ao salário-família e à reabilitação profissional, quando empregado (Redação dada pela Lei n. 9.528/97).

[129] "(...) 1. Inconstitucionalidade. Seguridade social. Servidor público. Vencimentos. Proventos de aposentadoria e pensões. Sujeição à incidência de contribuição previdenciária. Ofensa a direito adquirido no ato de aposentadoria. Não ocorrência. Contribuição social. Exigência patrimonial de natureza tributária. Inexistência de norma de imunidade tributária absoluta. Emenda Constitucional n. 41/2003 (art. 4º, *caput*). Regra não retroativa. Incidência sobre fatos geradores ocorridos depois do início de sua vigência. Precedentes da Corte. Inteligência dos arts. 5º, XXXVI, 146, III, 149, 150, I e III, 194, 195, *caput*, II e § 6º, da CF, e art. 4º, *caput*, da EC n. 41/2003. No ordenamento jurídico vigente, não há norma, expressa nem sistemática, que atribua à condição jurídico-subjetiva da aposentadoria de servidor público o efeito de lhe gerar direito subjetivo como poder de subtrair *ad aeternum* a percepção dos respectivos proventos e pensões à incidência de lei tributária que, ante-

instituição de contribuições previdenciárias sobre os proventos de aposentadoria e pensões dos servidores públicos se tais servidores jamais seriam beneficiados por elas — nas palavras do Min. Marco Aurélio: contribuições para o ALÉM. Concluiu-se que, dentro do sistema previdenciário eleito pelo constituinte, os servidores inativos, por integrarem a sociedade, não poderiam invocar o direito de não contribuir, pois suas contribuições destinavam-se, também, a financiar todo o sistema, razão pela qual a exação foi tida por constitucional.

O mesmo entendimento pode ser aplicado quando se trata das contribuições pagas pelo aposentado do RGPS que volta a exercer atividade econômica. No passado, após a jubilação, o aposentado por tempo de serviço que permanecesse em atividade sujeita ao RGPS só tinha direito à reabilitação profissional, ao auxílio-acidente e aos pecúlios (arts. 18 e 81, II, da Lei n. 8.213/91). Com a extinção do pecúlio (Lei n. 8.870/94), passou a ter direito somente ao salário-família e à reabilitação profissional. De modo que, com o retorno à atividade, suas contribuições passaram a financiar todo o sistema, não se destinando ao incremento de sua aposentadoria no RGPS ou ao acréscimo de tempo de serviço a ser levado a outro regime de previdência.

---

rior ou ulterior, os submeta à incidência de contribuição previdencial. Noutras palavras, não há, em nosso ordenamento, nenhuma norma jurídica válida que, como efeito específico do fato jurídico da aposentadoria, lhe imunize os proventos e as pensões, de modo absoluto, à tributação de ordem constitucional, qualquer que seja a modalidade do tributo eleito, donde não haver, a respeito, direito adquirido com o aposentamento. 2. Inconstitucionalidade. Ação direta. Seguridade social. Servidor público. Vencimentos. Proventos de aposentadoria e pensões. Sujeição à incidência de contribuição previdenciária, por força de Emenda Constitucional. Ofensa a outros direitos e garantias individuais. Não ocorrência. Contribuição social. Exigência patrimonial de natureza tributária. Inexistência de norma de imunidade tributária absoluta. Regra não retroativa. Instrumento de atuação do Estado na área da previdência social. Obediência aos princípios da solidariedade e do equilíbrio financeiro e atuarial, bem como aos objetivos constitucionais de universalidade, equidade na forma de participação no custeio e diversidade da base de financiamento. Ação julgada improcedente em relação ao art. 4º, *caput*, da EC n. 41/2003. Votos vencidos. Aplicação dos arts. 149, *caput*, 150, I e III, 194, 195, *caput*, II e § 6º, e 201, *caput*, da CF. Não é inconstitucional o art. 4º, *caput*, da Emenda Constitucional n. 41, de 19 de dezembro de 2003, que instituiu contribuição previdenciária sobre os proventos de aposentadoria e as pensões dos servidores públicos da União, dos Estados, do Distrito Federal e dos Municípios, incluídas suas autarquias e fundações. 3. Inconstitucionalidade. Ação direta. Emenda Constitucional (EC n. 41/2003, art. 4º, parágrafo único, I e II). Servidor público. Vencimentos. Proventos de aposentadoria e pensões. Sujeição à incidência de contribuição previdenciária. Bases de cálculo diferenciadas. Arbitrariedade. Tratamento discriminatório entre servidores e pensionistas da União, de um lado, e servidores e pensionistas dos Estados, do Distrito Federal e dos Municípios, de outro. Ofensa ao princípio constitucional da isonomia tributária, que é particularização do princípio fundamental da igualdade. Ação julgada procedente para declarar inconstitucionais as expressões 'cinquenta por cento do' e 'sessenta por cento do', constante do art. 4º, § único, I e II, da EC n. 41/2003. Aplicação dos arts. 145, § 1º, e 150, II, cc. art. 5º, *caput* e § 1º, e 60, § 4º, IV, da CF, com restabelecimento do caráter geral da regra do art. 40, § 18. São inconstitucionais as expressões 'cinquenta por cento do' e 'sessenta por cento do', constantes do parágrafo único, incisos I e II, do art. 4º da Emenda Constitucional n. 41, de 19 de dezembro de 2003, e tal pronúncia restabelece o caráter geral da regra do art. 40, § 18, da Constituição da República, com a redação dada por essa mesma Emenda" (Tribunal Pleno, ADI 3.105/DF, Rel. Min. Ellen Gracie, Rel. p/ o Acórdão Min. Cezar Peluso, *DJ* 18.02.2005, p. 4).

Sendo assim, pensamos que as contribuições vertidas após a aposentação não se destinam a compor um fundo próprio e exclusivo do segurado, mas todo o sistema, sendo impróprio falar em desaposentação, pois que o tempo de serviço já utilizado para a concessão da aposentadoria no RGPS não poderá ser levado ao RPPS, exatamente como dispõe o art. 96, III, da Lei n. 8.213/91:

> **Art. 96.** O tempo de contribuição ou de serviço de que trata esta Seção será contado de acordo com a legislação pertinente, observadas as normas seguintes:
>
> III — não será contado por um sistema o tempo de serviço utilizado para concessão de aposentadoria pelo outro;

Há argumentos no sentido de que a ausência de proibição legal autoriza a desaposentação.

Em nosso entendimento, cabe à lei dispor sobre a desaposentação. Inexistindo norma específica, não há como concluir pela possibilidade de desaposentação. A ausência de previsão legal reflete, precisamente, a impossibilidade, e não a permissão de contagem do tempo, pois que, em termos de sistema, o aposentado voluntariamente que retorna ou permanece em atividade contribui para o regime como um todo.

Já houve tentativa de alterar o art. 96, III, de modo a permitir a desaposentação. O Projeto de Lei n. 7.154-C, de 2002, se iniciou na Câmara dos Deputados, com a proposta de dar ao inc. III do art. 93 a seguinte redação:

> **Art. 96.** (...)
>
> III — não será contado por um regime previdenciário o tempo de contribuição utilizado para fins de aposentadoria concedida por outro, salvo na hipótese de renúncia ao benefício;
>
> Parágrafo único. Na hipótese de renúncia à aposentadoria devida pelo Regime Geral de Previdência Social, somente será contado o tempo correspondente a sua percepção para fins de obtenção de benefício por outro regime previdenciário, mediante indenização da respectiva contribuição, com os acréscimos previstos no inciso IV do *caput* deste artigo.

No Senado Federal, o projeto recebeu o número 78/2006, ostentando, praticamente, a mesma redação. Porém, submetido à apreciação da Presidência da República, foi vetado, dentre outros motivos, por ausência de previsão de custeio.[130]

---

[130] Eis a mensagem do veto: "MENSAGEM N. 16, DE 11 DE JANEIRO DE 2008. Senhor Presidente do Senado Federal, Comunico a Vossa Excelência que, nos termos do § 1º do art. 66 da Constituição, **decidi vetar integralmente, por inconstitucionalidade e contrariedade ao interesse público, o Projeto de Lei n. 78, de 2006 (n. 7.154/2002 na Câmara dos Deputados), que 'Altera o art. 96 da Lei n. 8.213, de 24 de julho de 1991, para prever renúncia à aposentadoria concedida pelo Regime Geral de Previdência Social'**. Ouvidos, os Ministérios da Previdência Social, da Fazenda e do Planejamento, Orçamento e Gestão e da Justiça manifestaram-se pelo veto ao Projeto de Lei pelas seguintes razões: 'Ao permitir a contagem do tempo de contribuição correspondente à percepção de aposentadoria pelo Regime Geral de Previdência Social para fins de obtenção de benefício por outro regime, o Projeto de Lei tem implicações diretas sobre a aposentadoria dos servidores públicos da União, dessa forma, sua proposição configura vício de iniciativa, visto que o inciso II, alínea *c*, § 1º, art. 61, da Constituição dispõe que são de iniciativa do Presidente da República as leis que disponham sobre tal matéria. Além disso, o projeto, ao contemplar mudanças na legislação vigente que podem resultar em aumento de despesa de caráter continuado, deveria ter observado a exigência de apresentação da estimativa de impacto orça-

Também do site do Senado Federal (www.senadofederal.gov.br) consta que foi expedido o Ofício CN n. 269, de 29.05.2009, à Ministra de Estado Chefe da Casa Civil, encaminhando-se a Mensagem CN n. 83/2009 ao Presidente da República, mantendo-se o Veto Total oposto ao referido projeto.

A alteração legislativa não foi sacramentada, o que só vem a confirmar que a tese da desaposentação não tem base legal.

O STF reconheceu a Repercussão Geral da matéria no **RE 661.256/SC**, com julgamento de mérito concluído em 27.10.2016, cujo Acórdão foi publicado em 28.09.2017. O STF firmou a tese:

> "No âmbito do Regime Geral de Previdência Social (RGPS), somente lei pode criar benefícios e vantagens previdenciárias, não havendo, por ora, previsão legal do direito à 'desaposentação', sendo constitucional a regra do art. 18, § 2º, da Lei n. 8.213/91".

5.7. O REGIME PREVIDENCIÁRIO DOS TRABALHADORES RURAIS

5.7.1. Histórico

Embora o trabalhador rural seja, **atualmente**, segurado obrigatório do **Regime Geral de Previdência Social**, destacamos sua cobertura previdenciária em razão de suas peculiaridades.

A cobertura previdenciária para os trabalhadores rurais não teve, no Brasil, a mesma evolução legislativa que teve para os trabalhadores urbanos. Sucessivas normas jurídicas cuidaram da proteção social do trabalhador rural, desembocando na legislação atual, que se constitui num verdadeiro subsistema previdenciário que merece estudo destacado das demais normas previdenciárias.

a) Decreto n. 4.682, de 24.01.1923, publicado em 28.01.1923 — Lei Eloy Chaves

A Lei Eloy Chaves é considerada o marco do nascimento da previdência social no Brasil, destinada a proteger a categoria dos ferroviários. Depois foram criadas as Caixas de Aposentadorias e Pensões (CAP) e, após, os Institutos de Aposentadorias e Pensões (IAP), com proteção previdenciária para algumas categorias, como industriários, bancários etc. Nada foi previsto em relação ao trabalhador rural.

b) Constituição Federal de 1934

O art. 121, § 1º, *h*, da CF de 1934, garantiu:

> *h)* assistência médica e sanitária ao trabalhador e à gestante, assegurando a esta descanso antes e depois do parto, sem prejuízo do salário e do emprego, **e instituição de previdência, mediante contribuição igual da União, do empregador e do empregado, a favor da velhice, da invalidez, da maternidade e nos casos de acidentes de trabalho ou de morte**;

---

mentário-financeiro, da previsão orçamentária e da demonstração dos recursos para o seu custeio, conforme preveem os arts. 16 e 17 da Lei de Responsabilidade Fiscal.' Essas, Senhor Presidente, as razões que me levaram a vetar integralmente o projeto em causa, as quais ora submeto à elevada apreciação dos Senhores Membros do Congresso Nacional. Brasília, 11 de janeiro de 2008".

A proteção previdenciária a favor da velhice, da invalidez, da maternidade e nos casos de acidente do trabalho ou morte era **destinada aos trabalhadores urbanos empregados**, uma vez que a CF se referiu ao custeio com contribuição da União, do empregador e do empregado.

c) Constituição Federal de 1937

Com a CF de 1937, a situação dos trabalhadores rurais não foi modificada. O art. 137, *m*, apenas garantiu a instituição de seguros de velhice, de invalidez, de vida e para os casos de acidentes do trabalho, nada dispondo especificamente para os trabalhadores rurais.

d) Constituição Federal de 1946

Com a CF de 1946, a proteção previdenciária continuou garantida apenas aos trabalhadores urbanos empregados. Dispunha o art. 157, XVI:

> **Art. 157.** A legislação do trabalho e a da previdência social obedecerão nos seguintes preceitos, além de outros que visem à melhoria da condição dos trabalhadores:
>
> **XVI** — previdência, mediante contribuição da União, do empregador e do empregado, em favor da maternidade e contra as consequências da doença, da velhice, da invalidez e da morte;

A previdência para o trabalhador urbano era custeada mediante contribuição da União, do empregador e do empregado, e a proteção previdenciária se destinava apenas à maternidade, à doença, à velhice, à invalidez e à morte.

e) Lei n. 3.807/60 (LOPS)

Na vigência da CF de 1946 foi publicada a Lei Orgânica da Previdência Social (LOPS).

Mesmo depois de modificada pelas Leis ns. 5.890/73 e 6.887/80, a LOPS **excluiu, expressamente, os trabalhadores rurais** da proteção previdenciária:

REDAÇÃO ORIGINAL	LEI N. 5.890/73	LEI N. 6.887/80
Art. 3º São excluídos do regime desta lei:		
I — os servidores civis e militares da União, dos Estados, Municípios e dos Territórios bem como os das respectivas autarquias, que estiverem sujeitos a regimes próprios de previdência;		I — os servidores civis e militares da União, dos Estados, dos Municípios, dos Territórios e do Distrito Federal, bem como os das respectivas autarquias, que estejam sujeitos a regimes próprios de previdência, salvo se forem contribuintes da Previdência Social Urbana;
II — **os trabalhadores rurais assim entendidos, os que cultivam a terra** e os empregados domésticos, salvo, quanto a estes, o disposto no art. 166.	II — **os trabalhadores rurais, assim definidos na forma da legislação própria.**	
Parágrafo único. O disposto no inciso I não se aplica aos servidores civis da União, dos Estados, Municípios e Territórios, que são contribuintes de Institutos de Aposentadoria e Pensões.		Parágrafo único. Os servidores de que trata o inciso I deste artigo, que tenham garantido apenas aposentadoria pelo Estado ou Município, terão regime especial de contribuição, fazendo jus, pela Previdência Social Urbana, exclusivamente aos benefícios estabelecidos na alínea "*f*", do inciso I, nas alíneas "*a*", "*b*", e "*c*" do inciso II e no inciso III do artigo 22.

Art. 166. Para a extensão do regime desta Lei aos trabalhadores rurais e aos empregados domésticos, o Poder Executivo, por intermédio do Ministério do Trabalho, Indústria e Comércio promoverá os estudos e inquéritos necessários que deverão ser concluídos e encaminhados ao Poder Legislativo, acompanhados de anteprojeto de lei, dentro do prazo de um ano, contado da data da publicação desta Lei.		
§ 1º Para custeio dos estudos e inquéritos de que trata este artigo, fica o Poder Executivo autorizado a abrir, pelo Ministério do Trabalho, Indústria e Comércio, o crédito especial de Cr$ 10.000.000,00 (dez milhões de cruzeiros).		
§ 2º Mediante acordo com as entidades assistenciais destinadas aos trabalhadores rurais, poderão as instituições de previdência social encarregar-se, desde já, da prestação de serviços médicos a esses trabalhadores, na medida que as condições locais o permitirem.		

f) Lei n. 4.214, de 02.03.1963 (Estatuto do Trabalhador Rural)

O Estatuto do Trabalhador Rural, editado no governo de João Goulart, é resultado das pressões no campo feitas pelas Ligas Camponesas, em busca de melhores condições de trabalho, e da reforma agrária.

O Estatuto criou o Fundo de Assistência e Previdência do Trabalhador Rural **(FUNRURAL)**, que instituiu cobertura previdenciária e fonte de custeio:

> **Art. 158.** Fica criado o "Fundo de Assistência e Previdência do Trabalhador Rural", que se constituirá de 1% (um por cento) do valor dos produtos agropecuários colocados e que deverá ser recolhido pelo produtor, quando da primeira operação ao Instituto de Aposentadoria e Pensões dos Industriários, mediante guia própria, até quinze dias daquela colocação.
>
> § 1º Na hipótese de estabelecimento fabril que utilize matéria-prima de sua produção agropecuária, a arrecadação se constituirá de 1% (um por cento) sobre o valor da matéria-prima própria, que for utilizada.
>
> § 2º Nenhuma empresa, pública ou privada, rodoviária, ferroviária, marítima ou aérea, poderá transportar qualquer produto agropecuário, sem que comprove, mediante apresentação de guia de recolhimento, o cumprimento do estabelecido neste artigo.
>
> **Art. 159.** Fica o Instituto de Aposentadoria e Pensões dos Industriários — IAPI, encarregado, durante o prazo de cinco anos, da arrecadação do Fundo a que se refere o artigo anterior, diretamente, ou mediante Convênio com entidades públicas ou particulares, bem assim incumbido da prestação dos benefícios estabelecidos nesta lei ao trabalhador rural e seus dependentes, indenizando-se das despesas que forem realizadas com essa finalidade.
>
> Parágrafo único. A escrituração do Fundo referido no artigo anterior será inteiramente distinta na contabilidade do IAPI e sua receita será depositada no Banco do Brasil S.A., sob o título "Fundo de Assistência e Previdência do Trabalhador Rural", à ordem do IAPI.

O FUNRURAL era financiado pela **contribuição paga pelo produtor rural**, à razão de **1% do valor dos produtos agropecuários** vendidos.

Em se tratando de **estabelecimento fabril** que utilizasse matéria-prima de sua produção agropecuária, incidia a contribuição de **1% sobre o valor da matéria-prima própria**.

A arrecadação da contribuição era feita pelo Instituto de Aposentadoria e Pensões dos Industriários (IAPI), ao qual a lei deu também a competência para a concessão dos benefícios previdenciários ao trabalhador rural e seus dependentes.

O Estatuto do Trabalhador Rural enumerou os segurados do FUNRURAL:

> **Art. 160.** São obrigatoriamente segurados: os trabalhadores rurais, os colonos ou parceiros, bem como os pequenos proprietários rurais, empreiteiros, tarefeiros e as pessoas físicas que explorem as atividades previstas no art. 30 desta lei, estes com menos de cinco empregados a seu serviço.
>
> **Art. 161.** Os proprietários em geral, os arrendatários, demais empregados rurais não previstos no artigo anterior, bem como os titulares de firma individual, diretores, sócios, gerentes, sócios solidários, sócios quotistas, cuja idade seja, no ato da Inscrição até cinquenta anos, poderão, se o requererem, tornar-se contribuinte facultativo do IAPI.
>
> § 1º A contribuição dos segurados referidos neste artigo será feita à base de 8% (oito por cento) sobre um mínimo de três e um máximo de cinco vezes o salário mínimo vigorante na região.
>
> § 2º Os segurados referidos neste artigo e seus dependentes gozarão de todos os benefícios atribuídos ao segurado rural e dependente rural.

Como **segurados obrigatórios** a lei elegeu os **trabalhadores rurais**, os **colonos ou parceiros**, bem como os **pequenos proprietários rurais**, **empreiteiros**, **tarefeiros** e as **pessoas físicas** que explorassem as atividades com trabalhadores que residissem sozinhos ou com sua família em moradia fornecida pelo empregador, desde que em número inferior a cinco.

Como **segurados facultativos**, o Estatuto permitiu o ingresso dos arrendatários, dos demais empregados rurais que não fossem segurados obrigatórios, bem como dos titulares de firma individual, diretores, sócios, gerentes, sócios solidários, sócios quotistas, desde que tivessem **até 50 anos de idade no ato da inscrição**.

A contribuição dos segurados foi fixada em **8% sobre um mínimo de 3 e um máximo de 5 vezes o salário mínimo regional**.

O art. 162 enumerou os dependentes do segurado:

> **Art. 162.** São dependentes do segurado, para os fins desta lei:
>
> I — a esposa, o marido inválido, os filhos de qualquer condição quando inválidos ou menores de dezoito anos, as filhas solteiras de qualquer condição, quando inválidas ou menores de vinte e um anos;
>
> II — o pai inválido e a mãe;
>
> III — os irmãos inválidos ou menores de dezoito anos e as irmãs solteiras, quando inválidas ou menores de vinte e um anos.

§ 1º O segurado poderá designar para fins de percepção de prestações, qualquer pessoa que viva sob sua dependência econômica.

§ 2º A pessoa designada apenas fará jus à prestação na falta dos dependentes enumerados no item I deste artigo, e se, por motivo de idade, condição de saúde e encargos domésticos, não puder angariar os meios para seu sustento.

Quanto aos benefícios, o Estatuto garantiu:

Art. 164. O IAPI prestará aos segurados rurais ou dependentes rurais, entre outros, os seguintes serviços:

a) assistência à maternidade;

b) auxílio-doença;

c) aposentadoria por invalidez ou velhice;

d) pensão aos beneficiários em caso de morte;

e) assistência médica;

§ 1º Os benefícios correspondentes aos itens "b" e "c" são privativos do segurado rural.

g) Constituição Federal de 1967

A nova Constituição não alterou a situação previdenciária dos trabalhadores rurais, dando garantia de proteção apenas aos trabalhadores urbanos:

Art. 158. A Constituição assegura aos trabalhadores os seguintes direitos, além de outros que, nos termos da lei, visem à melhoria, de sua condição social:

XVI — previdência social, mediante contribuição da União, do empregador e do empregado, para seguro-desemprego, proteção da maternidade e, nos casos de doença, velhice, invalidez e morte;

h) Emenda Constitucional n. 1/69

Com a EC n. 1/69 não houve alterações que alcançassem o trabalhador rural, continuando a Previdência Social garantida apenas aos trabalhadores urbanos empregados, na forma do art. 165, XVI:

Art. 165. A Constituição assegura aos trabalhadores os seguintes direitos, além de outros que, nos termos da lei, visem à melhoria de sua condição social:

XVI — previdência social nos casos de doença, velhice, invalidez e morte, seguro-desemprego, seguro contra acidentes do trabalho e proteção da maternidade, mediante contribuição da União, do empregador e do empregado;

i) Decreto-lei n. 276, de 28.02.1967 (*DOU* 28.02.1967)

Em 1967, o Estatuto do Trabalhador Rural foi modificado pelo Decreto-lei n. 276, passando o art. 158 a ter a seguinte redação:

Art. 158. Fica criado o Fundo de Assistência e Previdência ao Trabalhador Rural (FUNRURAL), destinado ao custeio da prestação de assistência médico-social ao trabalhador rural e seus dependentes, e que será constituído:

I — da contribuição de 1% (um por cento), devida pelo produtor sobre o valor comercial dos produtos rurais, e recolhida:

a) pelo adquirente ou consignatário, que fica sub-rogado, para esse fim, em todas as obrigações do produtor;

b) diretamente pelo produtor, quando ele próprio industrializar os produtos;

II — da contribuição a que se refere o art. 117, item II, da Lei número 4.504, de 30 de novembro de 1964;

III — dos juros de mora a que se refere o § 3º;

IV — das multas aplicadas pela falta de recolhimento das contribuições devidas, no prazo previsto no § 3º, na forma que o regulamento dispuser:

§ 1º Entende-se como produto rural o que provém da lavoura, da pecuária e da atividade extrativa em fonte vegetal ou animal.

§ 2º A contribuição de que trata o item I deste artigo incidirá somente sobre uma transferência da mercadoria e recairá sobre o valor dos produtos em natureza, já beneficiados, em estado de entrega ao mercado consumidor ou de transformação industrial.

§ 3º As contribuições devidas ao FUNRURAL deverão ser recolhidas até o último dia do mês subsequente àquele a que se refiram, incorrendo as que forem recolhidas fora desse prazo em multa de 10% (dez por cento) e juros de mora de 1% (um por cento) ao mês, sem prejuízo das demais sanções fiscais previstas em lei.

A alteração foi extremamente importante porque, ao contrário da redação original, passou a garantir **apenas assistência médico-social ao trabalhador rural e seus dependentes**, na forma do art. 2º do Decreto-lei n. 276/67:

Art. 2º A prestação de assistência médico-social ao trabalhador rural e seus dependentes far-se-á na medida das possibilidades financeiras do FUNRURAL e consistirá em:

a) assistência médico-cirúrgica-hospitalar-ambulatorial;

b) assistência à maternidade, por ocasião do parto;

c) assistência social.

A modificação foi prejudicial para o trabalhador rural, uma vez que a proteção ficou restrita à assistência médico-social e, mesmo assim, na medida das possibilidades financeiras do FUNRURAL.

Com o Decreto-lei n. 276/67 (art. 3º), o recolhimento da contribuição, bem como a administração do FUNRURAL, foi transferido para o Instituto Nacional de Previdência Social (INPS), criado em 1966.

j) Decreto-lei n. 564, de 1º.05.1969

Em 1969 foi editado o Decreto-lei n. 564, que estendeu a Previdência Social aos empregados e seus dependentes não abrangidos pelo sistema geral da LOPS, o que denominou de Plano Básico de Previdência Social.

Passaram a ser **segurados obrigatórios do Plano Básico os empregados e os trabalhadores avulsos do setor rural da agroindústria canavieira** e das empresas de outras atividades que, pelo seu nível de organização, pudessem ser incluídas (art. 2º, I e II).

Os **dependentes** eram os mesmos e nas mesmas condições do sistema geral da previdência social (art. 2º, § 2º).

Para o **segurado**, o Plano Básico garantiu benefícios com renda mensal correspondente a 70% do salário mínimo regional: auxílio-doença, aposentadoria por invalidez e aposentadoria por velhice. Para o **dependente:** auxílio-reclusão, auxílio-funeral e pensão por morte. Para **segurado e dependente:** assistência médica, custeada pelo FUNRURAL.

Importante frisar que o Decreto-lei n. 564/69 **apenas contemplou os trabalhadores rurais empregados e trabalhadores avulsos do setor rural da agroindústria canavieira**, continuando os demais rurícolas fora do regime previdenciário, inclusive do Plano Básico.

O custeio do Plano Básico era feito por contribuições do segurado, da empresa e da União.

O segurado pagava contribuição à alíquota de 4 a 6% do salário mínimo regional, conforme Decreto do Presidente da República.

A empresa pagava duas contribuições: a) quantia igual à soma das contribuições de seus empregados e dos trabalhadores avulsos que lhe prestassem serviços, ainda que por intermédio de terceiro; b) 2% do salário mínimo regional por empregado, para custeio das prestações decorrentes de acidente do trabalho.

À União cabia contribuir com quantia suficiente para o custeio das despesas de pessoal e de administração geral decorrentes da execução do Plano Básico, bem como para cobertura da eventual insuficiência financeira.

Atenção: importante frisar que a contribuição para o Plano Básico de Previdência Social, a nosso ver, traz consequências jurídicas importantes para o segurado. Tendo contribuído para um plano de previdência que, posteriormente, acabou incorporado pelo Regime Geral, os empregados e os trabalhadores avulsos **do setor rural da agroindústria canavieira** terão direito à contagem desse tempo de serviço, inclusive para efeito de carência.

k) Decreto-lei n. 764, de 24.07.1969

Com o Decreto-lei n. 764, **foram incluídos** no rol dos segurados obrigatórios do Plano Básico de Previdência Social **os empregados do setor agrário de empresa agroindustrial**, bem como **os empregados das empresas produtoras e fornecedoras de produto agrário *in natura***, e **os empreiteiros ou organização não constituídos sob a forma de empresa, que utilizassem mão de obra para produção e fornecimento de produto agrário *in natura***.

Estando esses trabalhadores rurais incluídos no rol dos segurados obrigatórios do Plano Básico, pode, a nosso ver, também contar o período de contribuição, inclusive para efeito de carência.

l) Decreto n. 65.106, de 05.09.1969

Esse Decreto de 1969 aprovou o Regulamento da Previdência Social Rural.

m) Lei Complementar n. 11, de 25.05.1971

A Lei Complementar n. 11/71 instituiu o Programa de Assistência ao Trabalhador Rural **(PRORURAL)** e extinguiu o Plano Básico da Previdência Social, instituído pelo Decreto-lei n. 564/69.

O sistema de proteção ao trabalhador rural foi efetivado a partir da LC n. 11/71.

Coube ao FUNRURAL, subordinado ao Ministro do Trabalho e Previdência Social, a execução do PRORURAL. A lei complementar deu ao FUNRURAL personalidade jurídica de natureza autárquica.

O PRORURAL tinha como beneficiários o trabalhador rural e seus dependentes. Para tanto definiu o trabalhador rural (art. 3º):

> **Art. 3º** São beneficiários do Programa de Assistência instituído nesta Lei Complementar **o trabalhador rural e seus dependentes**.
>
> § 1º Considera-se trabalhador rural, para os efeitos desta Lei Complementar:
>
> *a)* a pessoa física que presta serviços de natureza rural a empregador, mediante remuneração de qualquer espécie.
>
> *b)* o produtor, proprietário ou não, que sem empregado, trabalhe na atividade rural, individualmente ou em regime de economia familiar, assim entendido o trabalho dos membros da família indispensável à própria subsistência e exercido em condições de mútua dependência e colaboração.
>
> § 2º Considera-se dependente o definido como tal na Lei Orgânica da Previdência Social e legislação posterior em relação aos segurados do Sistema Geral de Previdência Social.

Importante frisar que **o trabalhador rural continuou fora do regime previdenciário instituído pela LOPS e passou a ter somente a proteção garantida pelo PRORURAL**.

O PRORURAL garantia os seguintes benefícios:

> **Art. 2º** O Programa de Assistência ao Trabalhador Rural consistirá na prestação dos seguintes benefícios:
>
> I — aposentadoria por velhice;
>
> II — aposentadoria por invalidez;
>
> III — pensão;
>
> IV — auxílio-funeral;
>
> V serviço de saúde;
>
> VI — serviço de social.

A **aposentadoria por velhice** era devida ao trabalhador rural com 65 anos de idade ou mais, e tinha renda mensal de **50% do salário mínimo** de maior valor no país.

A aposentadoria por invalidez também tinha renda mensal de 50% do maior salário mínimo vigente no país e era devida ao trabalhador vítima de enfermidade ou lesão orgânica, total e definitivamente incapaz para o trabalho.

Atenção: as aposentadorias por velhice e por invalidez eram pagas apenas ao **chefe ou arrimo da unidade familiar**.

A **pensão por morte** era devida aos dependentes do trabalhador rural, com renda mensal de **30% do salário mínimo** de maior valor no País.

O **auxílio-funeral**, no valor de **um salário mínimo regional**, por morte do trabalhador rural chefe da unidade familiar ou seus dependentes, era pago a quem comprovadamente tivesse providenciado, às suas expensas, o sepultamento.

O PRORURAL era custeado na forma do art. 15 da Lei Complementar n. 11/71:

> **Art. 15.** Os recursos para o custeio do Programa de Assistência ao Trabalhador Rural provirão das seguintes fontes:
>
> I — da contribuição de 2% (dois por cento) devida pelo produtor sobre o valor comercial dos produtos rurais, e recolhida:
>
> a) pelo adquirente, consignatário ou cooperativa que ficam sub-rogados, para esse fim, em todas as obrigações do produtor;
>
> b) pelo produtor, quando ele próprio industrializar seus produtos vendê-los, no varejo, diretamente ao consumidor.
>
> II — da contribuição de que trata o art. 3º do Decreto-lei n. 1.146, de 31 de dezembro de 1970, a qual fica elevada para 2,6% (dois e seis décimos por cento), cabendo 2,4% (dois e quatro décimos por cento) ao FUNRURAL.

n) Lei Complementar n. 16, de 30.10.1973

Alguns dispositivos da LC n. 11/71 foram alterados pela LC n. 16/73.

Alteração importante foi trazida pelo art. 4º da LC n. 16:

> **Art. 4º** Os **empregados** que prestam exclusivamente serviços de natureza rural às **empresas agroindustriais e agrocomerciais** são considerados beneficiários do PRORURAL, ressalvado o disposto no parágrafo único deste artigo.
>
> Parágrafo único. Aos empregados referidos neste artigo que, pelo menos, desde a data da Lei Complementar n. 11, de 25 de maio de 1971, vem sofrendo, em seus salários, o desconto da contribuição devida ao INPS é **garantida a condição de segurados desse Instituto**, não podendo ser dispensados senão por justa causa, devidamente comprovada em inquérito administrativo a cargo do Ministério do Trabalho e Previdência Social.

Veja-se que, agora, os **trabalhadores rurais empregados de empresas agrocomerciais** que prestassem serviços exclusivamente de natureza rural passaram a ser beneficiários do PRORURAL.

E para aqueles que já vinham pagando contribuição ao INPS, porque eram segurados obrigatórios do Plano Básico de Previdência Social instituído pelo Decreto-lei n. 564/69, **ficou garantida a condição de segurados do INPS**.

Atenção: a garantia foi dada apenas àqueles que participavam do custeio do Plano Básico, mas os demais continuaram a ter apenas os benefícios do PRORURAL.

O regime instituído pelo PRORURAL protegeu os trabalhadores rurais até a véspera da vigência da Lei n. 8.213/91, que instituiu o Plano de Benefícios da Previdência Social.

o) Lei n. 6.260, de 06.11.1975

Os **empregadores rurais e seus dependentes** passaram a ter proteção previdenciária a partir da Lei n. 6.260/75:

> **Art. 1º** São instituídos em favor dos empregadores rurais e seus dependentes os benefícios de Previdência e assistência social, na forma estabelecida nesta Lei.

> § 1º Considera-se **empregador rural**, para os efeitos desta Lei, a pessoa física, proprietário ou não, que, em estabelecimento rural ou prédio rústico, explore, com o concurso de empregados, em caráter permanente, diretamente ou através de prepostos, atividade agroeconômica, assim entendidas as atividades agrícolas, pastoris, hortigranjeiras ou a indústria rural, bem como a extração de produtos primários, vegetais ou animais.
>
> § 3º Respeitada a situação dos empregadores rurais que, na data desta Lei, satisfaçam as condições estabelecidas no § 1º, não serão admitidos em seu regime os maiores de 60 anos que, após a sua vigência, se tornarem empregadores rurais por compra ou arrendamento.

A Lei n. 6.260/65 garantiu para os empregadores rurais aposentadoria por invalidez e aposentadoria por velhice. Para os dependentes, pensão e auxílio-funeral.

p) Decreto n. 77.077/76 (CLPS — 1ª edição)

A CLPS de 1976 consolidou toda a legislação previdenciária até então existente, mas os trabalhadores rurais continuaram excluídos expressamente do regime previdenciário:

> **Art. 3º** São excluídos do regime desta Consolidação:
>
> II — **os trabalhadores rurais**, assim definidos na forma da legislação própria.
>
> Parágrafo único. É garantida a condição de segurado do Instituto Nacional de Previdência Social (INPS) ao **empregado que presta exclusivamente serviços de natureza rural a empresa agroindustrial ou agrocomercial e vem contribuindo para esse Instituto pelo menos desde a data da Lei Complementar n. 11, de 25 de maio de 1971**.

A CLPS garantiu ao trabalhador rural **empregado de empresa agroindustrial ou agrocomercial**, que estivesse contribuindo para o INPS, a condição de segurado desse instituto, reiterando a garantia dada pela Lei Complementar n. 16/73.

q) Decreto n. 89.312/84 (CLPS — 2ª edição)

Nova consolidação da legislação previdenciária esparsa foi feita pela CLPS de 1984.

Os trabalhadores rurais continuaram excluídos do regime previdenciário e abrangidos pelo PRORURAL:

> **Art. 4º** A previdência social urbana não abrange:
>
> II — **o trabalhador e o empregador rurais**.

r) Constituição Federal de 1988

Com a CF de 1988, a proteção previdenciária do regime geral ficou garantida aos trabalhadores urbanos e rurais.

Aderindo ao sistema protetivo mais abrangente da Seguridade Social — Saúde, Assistência Social e Previdência Social —, a CF (art. 194, parágrafo único, II) garantiu a uniformidade e equivalência de benefícios e serviços às populações urbanas e rurais.

No art. 195, § 8º, posteriormente modificado pela EC n. 20/98, ficou garantida a proteção previdenciária também para o segurado especial:

REDAÇÃO ORIGINAL	EMENDA CONSTITUCIONAL N. 20/98
§ 8º O produtor, o parceiro, o meeiro e o arrendatário rurais, o garimpeiro e o pescador artesanal, bem como os respectivos cônjuges, que exerçam suas atividades em regime de economia familiar, sem empregados permanentes, contribuirão para a seguridade social mediante a aplicação de uma alíquota sobre o resultado da comercialização da produção e farão jus aos benefícios nos termos da lei.	§ 8º O produtor, o parceiro, o meeiro e o arrendatário rurais e o pescador artesanal, bem como os respectivos cônjuges, que exerçam suas atividades em regime de economia familiar, sem empregados permanentes, contribuirão para a seguridade social mediante a aplicação de uma alíquota sobre o resultado da comercialização da produção e farão jus aos benefícios nos termos da lei.

A EC n. 20/98 **excluiu o garimpeiro**.

s) Lei n. 8.213, de 24.07.1991

Estabelecida a isonomia, para fins de Seguridade Social, entre trabalhadores urbanos e rurais, o RGPS passou a contemplar benefícios e serviços para essas duas categorias de trabalhadores, na forma dos novos Planos de Benefícios e de Custeio da Previdência Social.

O art. 11 da Lei n. 8.213/91 (repetido pelo art. 12 da Lei n. 8.212/91), algumas vezes modificado por legislação posterior, trouxe o trabalhador rural para o rol de segurados obrigatórios do RGPS.

Por já se ter tratado da matéria (item 5.3.3.1.2, *supra*), transcrevemos apenas parte da redação atual do art. 11:

> **Art. 11.** São segurados obrigatórios da Previdência Social as seguintes pessoas físicas:
>
> I — como empregado:
>
> a) aquele que presta serviço de natureza urbana ou rural à empresa, em caráter não eventual, sob sua subordinação e mediante remuneração, inclusive como diretor empregado;
>
> V — como contribuinte individual:
>
> *a)* a pessoa física, proprietária ou não, que explora atividade agropecuária, a qualquer título, em caráter permanente ou temporário, em área superior a 4 (quatro) módulos fiscais; ou, quando em área igual ou inferior a 4 (quatro) módulos fiscais ou atividade pesqueira, com auxílio de empregados ou por intermédio de prepostos; ou ainda nas hipóteses dos §§ 9º e 10 deste artigo;
>
> (...)
>
> *f)* o titular de firma individual urbana ou rural, o diretor não empregado e o membro de conselho de administração de sociedade anônima, o sócio solidário, o sócio de indústria, o sócio-gerente e o sócio cotista que recebam remuneração decorrente de seu trabalho em empresa urbana ou rural, e o associado eleito para cargo de direção em cooperativa, associação ou entidade de qualquer natureza ou finalidade, bem como o síndico ou administrador eleito para exercer atividade de direção condominial, desde que recebam remuneração;
>
> *g)* quem presta serviço de natureza urbana ou rural, em caráter eventual, a uma ou mais empresas, sem relação de emprego;
>
> VI — como trabalhador avulso: quem presta, a diversas empresas, sem vínculo empregatício, serviço de natureza urbana ou rural definidos no Regulamento;
>
> VII — como segurado especial: a pessoa física residente no imóvel rural ou em aglomerado urbano ou rural próximo a ele que, individualmente ou em regime de economia familiar, ainda que com o auxílio eventual de terceiros, na condição de:

a) produtor, seja proprietário, usufrutuário, possuidor, assentado, parceiro ou meeiro outorgados, comodatário ou arrendatário rurais, que explore atividade:

1. agropecuária em área de até 4 (quatro) módulos fiscais;

2. de seringueiro ou extrativista vegetal que exerça suas atividades nos termos do inciso XII do *caput* do art. 2º da Lei n. 9.985, de 18 de julho de 2000, e faça dessas atividades o principal meio de vida;

c) cônjuge ou companheiro, bem como filho maior de 16 (dezesseis) anos de idade ou a este equiparado, do segurado de que tratam as alíneas *a* e *b* deste inciso, que, comprovadamente, trabalhem com o grupo familiar respectivo.

§ 1º Entende-se como regime de economia familiar a atividade em que o trabalho dos membros da família é indispensável à própria subsistência e ao desenvolvimento socioeconômico do núcleo familiar e é exercido em condições de mútua dependência e colaboração, sem a utilização de empregados permanentes.

§ 6º Para serem considerados segurados especiais, o cônjuge ou companheiro e os filhos maiores de 16 (dezesseis) anos ou os a estes equiparados deverão ter participação ativa nas atividades rurais do grupo familiar.

§ 7º O grupo familiar poderá utilizar-se de empregados contratados por prazo determinado ou de trabalhador de que trata a alínea *g* do inc. V do *caput* deste artigo, em épocas de safra, à razão de, no máximo, 120 (cento e vinte) pessoas/dia no ano civil, em períodos corridos ou intercalados ou, ainda, por tempo equivalente em horas de trabalho.

5.7.2. Benefícios devidos ao segurado trabalhador rural

5.7.2.1. Regras gerais

Por ser segurado obrigatório do RGPS, o trabalhador rural tem direito à **mesma cobertura previdenciária devida aos trabalhadores urbanos**.

As diferenças que existem entre urbanos e rurais em alguns benefícios previdenciários decorrem de duas condições:

a) da constante modificação da legislação previdenciária em relação aos rurícolas, o que impõe a observação de algumas **regras de transição** específicas; ou
b) da situação peculiar dos **segurados especiais**.

Por estarem dentro do mesmo regime previdenciário, os trabalhadores rurais também não podem ter benefício previdenciário de valor inferior ao salário mínimo.

Com as novas garantias constitucionais, os benefícios concedidos aos rurícolas com fundamento na Lei Complementar n. 11/71, a partir da CF de 1988, passaram a ter renda mensal igual a um salário mínimo.

A mulher trabalhadora rural também passou a ter direito aos benefícios, mesmo que já concedido anteriormente ao seu marido ou companheiro, uma vez que não mais se exige o requisito de ser o beneficiário chefe ou arrimo de família.

5.7.2.1.1. *Benefícios devidos ao trabalhador rural segurado empregado, avulso, contribuinte individual ou facultativo e aos seus dependentes*

O trabalhador rural segurado empregado, avulso, contribuinte individual ou facultativo tem direito aos mesmos benefícios devidos aos trabalhadores urbanos, em razão do princípio da uniformidade.

O sistema previdenciário é eminentemente contributivo, o que faz com que, em respeito ao princípio da equivalência, os **benefícios sejam concedidos nas mesmas condições e com os mesmos critérios de cálculo utilizados para a cobertura previdenciária dos trabalhadores urbanos**.

Também devem ser respeitadas as mesmas regras relativas à carência para concessão dos benefícios.

Esses segurados têm, então, cobertura previdenciária de aposentadoria por invalidez, aposentadoria por idade, aposentadoria por tempo de contribuição (antes da EC n. 103/2019), aposentadoria voluntária com requisitos cumulativos de idade e tempo de contribuição (a partir da EC n. 103/2019) auxílio-doença, salário-família, salário-maternidade e auxílio-acidente.

Os dependentes têm direito à pensão por morte e ao auxílio-reclusão.

Quanto aos serviços, segurados e seus dependentes também têm direito ao serviço social e à habilitação/reabilitação profissional.

5.7.2.1.2. *Benefícios devidos ao trabalhador rural segurado especial e aos seus dependentes*

O segurado especial e seus dependentes têm direito aos benefícios previstos no **art. 39** da Lei n. 8.213/91:

REDAÇÃO ORIGINAL	LEI N. 8.861/94	LEI N. 12.873/2013	LEI N. 13.846/2019
Art. 39. Para os segurados especiais, referidos no inciso VII do art. 11 desta Lei, fica garantida a concessão:			**Art. 39.** Para os segurados especiais, referidos no inciso VII do *caput* do art. 11 desta Lei, fica garantida a concessão:
I — **de aposentadoria por idade ou por invalidez, de auxílio-doença, de auxílio-reclusão ou de pensão, no valor de 1 (um) salário mínimo**, desde que comprove o exercício de atividade rural, ainda que de forma descontínua, no período imediatamente anterior ao requerimento do benefício, igual ao número de meses correspondentes à carência do benefício requerido; ou		I — de aposentadoria por idade ou por invalidez, de auxílio-doença, de auxílio-reclusão ou de pensão, no valor de 1 (um) salário mínimo, e de auxílio-acidente, conforme disposto no art. 86, desde que comprove o exercício de atividade rural, ainda que de forma descontínua, no período imediatamente anterior ao requerimento do benefício, igual ao número de meses correspondentes à carência do benefício requerido;	I — de aposentadoria por idade ou por invalidez, de auxílio-doença, de auxílio-reclusão ou de pensão, no valor de 1 (um) salário mínimo, e de auxílio-acidente, conforme disposto no art. 86 desta Lei, desde que comprovem o exercício de atividade rural, ainda que de forma descontínua, no período imediatamente anterior ao requerimento do benefício, igual ao número de meses correspondentes à carência do benefício requerido, observado o disposto nos arts. 38-A e 38-B desta Lei; ou

II — dos benefícios especificados nesta Lei, observados os critérios e a forma de cálculo estabelecidos, desde que contribuam facultativamente para a Previdência Social, na forma estipulada no Plano de Custeio da Seguridade Social.			
	Parágrafo único. Para a segurada especial fica garantida a concessão do **salário-maternidade no valor de 1 (um) salário mínimo**, desde que comprove o exercício de atividade rural, ainda que de forma descontínua, nos 12 (doze) meses imediatamente anteriores ao do início do benefício.		

A lei garante ao segurado especial apenas **aposentadoria por idade, aposentadoria por invalidez, auxílio-acidente e auxílio-doença**. A Lei n. 8.861/94 acrescentou o parágrafo único ao art. 39, garantindo à segurada especial o **salário-maternidade**.

A renda mensal desses benefícios é igual a um **salário mínimo**. Contudo, o au-xílio-acidente deverá ser calculado na forma do disposto no art. 86 da Lei n. 8.213/91.

Para terem direito aos demais benefícios previstos no PBPS e com renda mensal superior ao valor mínimo, os segurados especiais têm a **faculdade** de se inscreverem como segurados **contribuintes individuais**.

Do segurado especial **não se exige o cumprimento de carência** porque não existe a sua contribuição pessoal ao RGPS, a menos que, evidentemente, esteja inscrito como contribuinte individual e, nessa condição, pagando contribuições previdenciárias.

Atenção: para ter direito aos benefícios, deve comprovar o **exercício de atividade rural**, ainda que de forma descontínua, no período imediatamente anterior ao requerimento do benefício, **igual ao número de meses correspondentes à carência** do benefício pretendido. Exemplo: se pretender obter auxílio-doença deve comprovar que efetivamente trabalhou como rurícola no período imediatamente anterior ao requerimento, ainda que de forma descontínua, pelo prazo de 12 meses.

Aos dependentes do segurado especial estão garantidos pensão por morte e auxílio-reclusão. Esses benefícios também têm renda mensal de um salário mínimo.

5.7.3. Aposentadoria por invalidez/incapacidade permanente e auxílio-doença (incapacidade temporária).

a) Trabalhador rural segurado empregado, avulso, contribuinte individual e facultativo: a aposentadoria por invalidez/incapacidade permanente e o auxílio-doença (incapacidade temporária), para esses segurados, estão submetidos às mesmas regras do segurado urbano dessas espécies, porque todos têm idêntica forma de participação no custeio.

b) Segurado especial: em se tratando de segurado especial, a aposentadoria por invalidez e o auxílio-doença são concedidos na forma do art. 39 do PBPS.

No lugar da carência, a lei exige do segurado especial a comprovação do efetivo exercício da atividade no período imediatamente anterior ao do requerimento, ainda que de forma descontínua, pelo prazo de 12 meses.

A renda mensal da aposentadoria por invalidez e do auxílio-doença do segurado especial é igual a um salário mínimo.

O termo inicial do benefício é a data do início da incapacidade ou, se for requerida depois de 30 dias, a data do requerimento.

O termo final segue regras iguais às da aposentadoria por invalidez dos segurados urbanos.

APOSENTADORIA POR INVALIDEZ/INCAPACIDADE PERMANENTE E AUXÍLIO-DOENÇA (INCAPACIDADE TEMPORÁRIA)	
Trabalhador rural segurado empregado, avulso, contribuinte individual e facultativo	**Segurado especial**
■ Regras iguais às aplicáveis ao trabalhador urbano.	■ Art. 39 do PBPS.
	■ Efetivo exercício da atividade por 12 meses.
	Renda mensal: ■ 1 salário mínimo.
	Termo inicial: ■ a data do início da incapacidade; ■ a DER, se requerido depois de 30 dias.
	Termo final: ■ igual aos urbanos.

5.7.4. Aposentadoria por idade

O art. 201, § 7º, II, da CF, com a redação dada pela EC n. 103/2019, de 12.11.2019, publicada em 13.11.2019, garantiu a aposentadoria por idade aos trabalhadores rurais e para os que exerçam suas atividades em regime de economia familiar, nestes incluídos o produtor rural, o garimpeiro e o pescador artesanal, ao completar 60 anos, se homem, e 55 anos, se mulher.

A redução do requisito idade para os trabalhadores rurais mostra que o constituinte de 1988 foi sensível à realidade da vida do campo.

Com a CF de 1988, a mulher trabalhadora rural também passou a ter direito ao benefício, mesmo que já concedido anteriormente ao seu marido ou companheiro, uma vez que não mais se exige o requisito de ser o beneficiário chefe ou arrimo de família.

É importante fazer, no que tange à aposentadoria por idade do rurícola, breve referência às regras anteriores à CF de 1988.

Salienta-se, ainda, que a aposentadoria por idade dos trabalhadores rurais se submete às regras permanentes e de transição da EC n. 20/98, inalteradas pela EC n. 103/2019.

a) Lei Complementar n. 11/71

A aposentadoria por velhice era concedida ao trabalhador rural chefe ou arrimo de família, que completasse a idade mínima de 65 anos (LC n. 11/71, art. 4º, parágrafo único):

> **Art. 4º** A aposentadoria por velhice corresponderá a uma prestação mensal equivalente a 50% (cinquenta por cento) do salário mínimo de maior valor no País, e será devida ao trabalhador rural que tiver completado 65 (sessenta e anos) de idade.
>
> Parágrafo único. Não será devida a aposentadoria a mais de um correspondente da unidade familiar, cabendo apenas o benefício ao respectivo chefe ou arrimo.

A "carência" era fixada pelo art. 5º da LC n. 16/73:

> **Art. 5º** A caracterização da qualidade de trabalhador rural, para efeito da concessão das prestações pecuniárias do PRORURAL, dependerá da comprovação de sua atividade pelo menos nos **três últimos anos** anteriores à data do pedido do benefício, ainda que de forma descontínua.

b) Constituição Federal de 1988

Com o advento da nova Ordem Constitucional, a idade mínima para as trabalhadoras rurais passou a ser de 55 anos, nos termos do art. 202, I, atual art. 201, § 7º, II, com as alterações introduzidas pela EC n. 20/98.

A condição de chefe ou arrimo de família não encontrou amparo constitucional.

Com a alteração constitucional, passou a ser requerido no Poder Judiciário que, a partir da vigência da CF de 1988, fosse reconhecido o direito à aposentadoria por idade aos rurícolas que completassem 55 anos, se mulher, ou 60 anos, se homem, afastando o requisito de chefe ou arrimo de família, desde que comprovassem atividade pelo período de 3 anos, conforme dispunha o art. 5º da LC n. 16/73.

A pretensão, entretanto, foi rejeitada na decisão proferida pelo Plenário do STF:

> "Embargos de divergência. Previdência Social. Aposentadoria por idade. Rurícola.
>
> Divergência caracterizada entre o acórdão embargado e os julgados do Plenário nos Mandados de Injunção ns. 183 e 306.
>
> Não autoaplicabilidade do artigo 202, I, da Constituição Federal.
>
> Embargos de divergência conhecidos e providos" (Emb. Div. RE 175.520-2/RS, Rel. Min. Moreira Alves, *DJ* de 06.02.1998).

Do voto do relator destacamos:

> "(...) De feito, a orientação que vem sendo seguida pela Primeira Turma se me afigura correta, porquanto essa aposentadoria foi assegurada, pelo *caput* do artigo 202 NOS TERMOS DA LEI, a todos os trabalhadores rurais, não só abaixando os limites de idade como também modificando, em virtude dessa extensão, o direito à aposentadoria dessa natureza, que, pela legislação anterior — a Lei Complementar n. 11/71 alterada parcialmente pela Lei Complementar n. 16/73 —, só era concedida ao chefe ou arrimo da unidade familiar, ou — de acordo com o Decreto 73.617/74, que regulamentou esse programa de assistência — ao trabalhador que não fizesse parte de nenhuma unidade familiar. E mais: **por causa dessa ampla extensão teriam de ser modificadas as normas — e o foram pelas Leis ns. 8.212 e 8.213 —, relativas às fontes de custeio, passando-se a exigir contribuição do empregado rural e período de carência para o gozo desse direito. Não houve, portanto, apenas uma redu-**

> **ção de idade com a continuação da aplicação do sistema especial anterior que era o do Programa de Assistência ao Idoso Trabalhador Rural, mas, sim, uma modificação de sistema com a inclusão dos trabalhadores rurais no sistema previdenciário geral.**"

Pode-se, então, afirmar que os **trabalhadores rurais só tiveram direito à aposentadoria por idade aos 55 anos — se mulheres, e aos 60 anos — se homens, a partir da vigência do PBPS**.

Antes da vigência da Lei n. 8.213/91, portanto, o trabalhador rural, **homem ou mulher**, só tinha direito à **aposentadoria por idade** quando completasse **65 anos** e desde que comprovasse o **exercício da atividade pelo menos nos 3 últimos anos anteriores** à data do pedido do benefício, bem como sua **condição de chefe ou arrimo de família**, na forma do disposto no art. 4º da LC n. 11/71 e art. 5º da LC n. 16/73. Nos termos do parágrafo único do referido art. 4º, a concessão do benefício a um dos componentes da unidade familiar, que era chefe ou arrimo de família, impedia a concessão do mesmo benefício a outro membro da unidade familiar.

REQUISITOS	LC N. 11/71 E 16/73	CF 1988	LEI N. 8.213/91 (PBPS)
Denominação	**Aposentadoria por velhice**	**Aposentadoria por idade**	**Aposentadoria por idade**
IDADE	Homem e mulher ■ 65 anos	Homem ■ 60 anos Mulher ■ 55 anos	Homem ■ 60 anos Mulher ■ 55 anos
CARÊNCIA	■ 3 anos de atividade	■ Na forma da Lei	Regras permanentes ■ 180 contribuições mensais Regras de transição ■ art. 142
VIGÊNCIA	■ Até a vigência do PBPS		

c) Lei n. 8.213/91

O PBPS regulou a aposentadoria por idade do trabalhador rural nos arts. 48 a 51, modificados pelas Leis ns. 9.032/95, 9.876/99 e 11.718/2008:

REDAÇÃO ORIGINAL	LEI N. 9.032/95	LEI N. 9.876/99	LEI N. 11.718/2008
Art. 48. A aposentadoria por idade será devida ao segurado que, cumprida a carência exigida nesta lei, completar 65 (sessenta e cinco) anos de idade, se homem, ou 60 (sessenta), se mulher, reduzidos esses limites para 60 e 55 anos de idade para os trabalhadores rurais, respectivamente homens e mulheres, referidos na alínea *a* do inciso I e nos incisos IV e VII do art. 11.	**Art. 48.** A aposentadoria por idade será devida ao segurado que, cumprida a carência exigida nesta Lei, completar 65 (sessenta e cinco) anos de idade, se homem, e 60 (sessenta), se mulher.		
Parágrafo único. A comprovação de efetivo exercício de atividade rural será feita com relação aos meses imediatamente anteriores ao requerimento do benefício, mesmo que de forma descontínua, durante período igual ao da carência do benefício, ressalvado o disposto no inciso II do art. 143.	§ 1º Os limites fixados no *caput* são reduzidos para 60 (sessenta) e 55 (cinquenta e cinco) anos no caso dos que exercem atividades rurais, exceto os empresários, respectivamente homens e mulheres, referidos na alínea *a* dos incisos I e IV e nos incisos VI e VII do art. 11 desta Lei.	§ 1º Os limites fixados no *caput* são reduzidos para sessenta e cinquenta e cinco anos no caso de trabalhadores rurais, respectivamente homens e mulheres, referidos na alínea *a* do inciso I, na alínea *g* do inciso V e nos incisos VI e VII do art. 11.	

	§ 2º Para os efeitos do disposto no parágrafo anterior, o trabalhador rural deve comprovar o efetivo exercício de atividade rural, ainda que de forma descontínua, no período imediatamente anterior ao requerimento do benefício, por tempo igual ao número de meses de contribuição correspondente à carência do benefício pretendido.		§ 2º Para os efeitos do disposto no § 1º deste artigo, o trabalhador rural deve comprovar o efetivo exercício de atividade rural, ainda que de forma descontínua, no período imediatamente anterior ao requerimento do benefício, por tempo igual ao número de meses de contribuição correspondente à carência do benefício pretendido, computado o período a que se referem os incisos III a VIII do § 9º do art. 11 desta Lei.
			§ 3º Os trabalhadores rurais de que trata o § 1º deste artigo que não atendam ao disposto no § 2º deste artigo, mas que satisfaçam essa condição, se forem considerados períodos de contribuição sob outras categorias do segurado, farão jus ao benefício ao completarem 65 (sessenta e cinco) anos de idade, se homem, e 60 (sessenta) anos, se mulher.
			§ 4º Para efeito do § 3º deste artigo, o cálculo da renda mensal do benefício será apurado de acordo com o disposto no inciso II do *caput* do art. 29 desta Lei, considerando-se como salário de contribuição mensal do período como segurado especial o limite mínimo de salário de contribuição da Previdência Social.

■ 5.7.4.1. *Regras aplicáveis aos trabalhadores rurais que se filiaram ao RGPS após a promulgação da CF de 1988*

Os trabalhadores rurais e os que exerçam atividade em regime de economia familiar, nestes incluídos o produtor rural, o garimpeiro e o pescador artesanal que exercem atividade a partir da promulgação da CF de 1988 estão submetidos às regras permanentes dos arts. 48 a 51 do PBPS.

Note-se que o garimpeiro, embora tenha deixado de ser considerado segurado especial, ainda tem assegurado pela CF o direito à aposentadoria com a redução de 5 anos na idade.

Contingência para o segurado trabalhador rural, para o garimpeiro e para os que exercem sua atividade em regime de economia familiar, nesses incluídos o produtor rural e o pescador artesanal: completar 60 anos de idade, se homem, e 55 anos de idade, se mulher.

A lei assegura a aposentadoria, com redução de 5 anos na idade em relação aos urbanos, para os trabalhadores tipicamente rurais, isto é, que fizeram do trabalho no campo a fonte do seu sustento e de sua família. Não é por outra razão que a lei exige a comprovação do efetivo exercício da atividade.

O § 1º do art. 48 refere-se expressamente aos trabalhadores rurais, respectivamente homens e mulheres, referidos na alínea *a* do inc. I, na alínea *g* do inc. V e nos incs. VI e VII do art. 11, que são:

a) segurado empregado: aquele que presta serviço de natureza urbana ou rural à empresa, em caráter não eventual, sob sua subordinação e mediante remuneração, inclusive como diretor empregado;

b) contribuinte individual: quem presta serviço de natureza urbana ou rural, em caráter eventual, a uma ou mais empresas, sem relação de emprego;

c) trabalhador avulso: quem presta, a diversas empresas, sem vínculo empregatício, serviço de natureza rural definido no Regulamento;

d) segurado especial: pessoa física residente no imóvel rural ou em aglomerado urbano ou rural próximo a ele que, individualmente ou em regime de economia familiar, ainda que com o auxílio eventual de terceiros.

A Lei n. 11.718/2008 acrescentou o § 9º ao art. 11 do PBPS, que foi alterado pela Lei n. 12.873, de 24.10.2013. Dessa alteração resultou que o exercício das atividades elencadas nos incs. III a VIII não descaracteriza a condição de segurado especial. A consequência é que, se tais atividades são reconhecidas ao segurado especial, o período correspondente pode ser computado para fins de aposentadoria:

a) o exercício de atividade remunerada em período não superior a 120 dias, corridos ou intercalados, no ano civil. Para que seja computado, é necessário o recolhimento das respectivas contribuições previdenciárias;

b) período de **exercício de mandato eletivo de dirigente sindical** de organização da categoria de trabalhadores rurais;

c) período de **exercício de mandato de vereador do Município** em que desenvolve a atividade rural. É necessário o recolhimento das respectivas contribuições previdenciárias;

d) período de **exercício de mandato de dirigente de cooperativa rural** constituída, exclusivamente, por segurados especiais. Entretanto, esse período só poderá ser computado se forem recolhidas as respectivas contribuições previdenciárias;

e) período **de parceria ou meação outorgada por meio de contrato escrito de parceria, meação ou comodato, de até 50% de imóvel rural cuja área total não seja superior a 4 módulos fiscais**, desde que outorgante e outorgado continuem a exercer a respectiva atividade, individualmente ou em regime de economia familiar;

f) período de **atividade artesanal** desenvolvida com matéria-prima produzida pelo respectivo grupo familiar, podendo ser utilizada matéria-prima de outra origem, desde que a renda mensal obtida na atividade não exceda um salário mínimo;

g) período de **atividade artística**, desde que obtida renda mensal de valor mensal inferior a um salário mínimo.

Antes da Lei n. 11.718/2008, esses períodos acabavam por desqualificar o trabalhador como rurícola, impedindo-o de obter a aposentadoria por idade.

Carência para o rural: 180 contribuições mensais (art. 25, II, do PBPS).

Na aposentadoria por idade, o trabalhador rural **empregado** ou **contribuinte individual que preste serviço em caráter eventual a uma ou mais empresas** é beneficiado com a **contagem diferenciada da carência**, conforme dispõe o art. 3º, II e III, da Lei n. 11.718, de 20.06.2008:

Art. 3º Na concessão de aposentadoria por idade do empregado rural, em valor equivalente ao salário mínimo, serão contados para efeito de carência:

II — de janeiro de 2011 a dezembro de 2015, cada mês comprovado de emprego, multiplicado por 3 (três), limitado a 12 (doze) meses, dentro do respectivo ano civil; e

III — de janeiro de 2016 a dezembro de 2020, cada mês comprovado de emprego, multiplicado por 2 (dois), limitado a 12 (doze) meses dentro do respectivo ano civil.

Parágrafo único. Aplica-se o disposto no *caput* deste artigo e respectivo inciso I ao trabalhador rural enquadrado na categoria de segurado contribuinte individual que comprovar a prestação de serviço de natureza rural, em caráter eventual, a 1 (uma) ou mais empresas, sem relação de emprego.

A realidade do trabalhador rural brasileiro está bem retratada no dispositivo porque, é notório, nem sempre o trabalhador rural empregado consegue o registro do contrato de trabalho na CTPS. E o contribuinte individual também tem muitas dificuldades para obter os documentos necessários da empresa para a qual eventualmente prestou o serviço.

"Carência" para o segurado especial: 180 meses de efetivo exercício de atividade rural.

O segurado especial tem direito aos benefícios previstos no art. 39 do PBPS, que terão renda mensal de valor igual ao de um salário mínimo.

O segurado especial não comprova carência porque não paga contribuições, tendo direito àqueles benefícios só pelo fato de ser segurado especial.

Embora não comprove carência, tem que comprovar que **efetivamente trabalhou nas lides rurais**, em regime de economia familiar, ainda que de forma descontínua, por período igual ao número de meses correspondente à carência do benefício que pretende.

Sujeito ativo: o segurado.

Sujeito passivo: o INSS.

Termo inicial (art. 49, I e II, do PBPS e art. 52, I e II, do RPS):

a) trabalhador rural segurado empregado

a.1) a data do desligamento da atividade, se requerida até 90 dias após;

a.2) a data do requerimento, se requerida após 90 dias do desligamento da atividade.

b) demais segurados: a data do requerimento.

c) segurado que requer o benefício na via judicial: se o pedido for julgado procedente, o termo inicial será fixado conforme tenha ou não o segurado antes requerido o benefício administrativamente:

c.1) a data do ajuizamento da ação, se não tiver sido feito pedido administrativo, conforme firmado pelo STJ em Embargos de Divergência:

"(...) 5. A contar do momento em que a parte interessada deduziu em juízo sua pretensão e obteve um título judicial em seu favor, assiste-lhe o direito de exercê-lo, porquanto, é na propositura da ação que o segurado deve trazer os fundamentos de fato e de direito que respaldam a concessão do benefício requerido. (...)" (REsp 964.318/GO, 3ª Seção, Rel. Min. Jorge Mussi, *DJe* 05.10.2009).

c.2) a data do requerimento administrativo, se indeferido ou não apreciado e o pedido judicial for julgado procedente:

"(...) 1. A teor da determinação legal prevista no art. 49, II, da Lei 8.213/91, o **termo inicial** da **aposentadoria por idade** é o **requerimento administrativo**, momento a partir do qual deverão ser pagas as parcelas devidas, independentemente de pedido expresso da parte autora (...)" (STJ, REsp 283.993, Rel. Min. Arnaldo Esteves Lima, *DJe* 09.05.2014).

RMI: 70% do salário de benefício, acrescendo-se 1% deste por cada grupo de 12 contribuições, até o máximo de 30%, não podendo ultrapassar 100% do salário de benefício (art. 50 do PBPS e art. 39, II, do RPS).

RM para o segurado especial: um salário mínimo (art. 39, I, do PBPS).

Art. 39. Para os segurados especiais, referidos no inciso VII do art. 11 desta Lei, fica garantida a concessão:

I — de aposentadoria por idade ou por invalidez, de auxílio-doença, de auxílio-reclusão ou de pensão, no valor de 1 (um) salário mínimo, desde que comprove o exercício de atividade rural, ainda que de forma descontínua, no período, imediatamente anterior ao requerimento do benefício, igual ao número de meses correspondentes à carência do benefício requerido;

A renda mensal da aposentadoria por idade do segurado especial está fixada no art. 39, I, do PBPS.

Para que o segurado especial receba aposentadoria por idade com renda mensal superior a um salário mínimo, deverá contribuir como contribuinte individual.

Termo final: a data da morte do segurado. A aposentadoria por idade é concedida em **caráter vitalício**.

APOSENTADORIA POR IDADE DO TRABALHADOR RURAL — REGRAS PERMANENTES	
CONTINGÊNCIA	■ Completar 60 anos (H) e 55 anos (M).
CARÊNCIA	■ 180 contribuições mensais.
"CARÊNCIA" PARA O SEGURADO ESPECIAL	■ 180 meses de efetivo exercício de atividade rural.
SUJEITO ATIVO	■ Segurado.
SUJEITO PASSIVO	■ INSS.
RMI	■ 70% do salário de benefício + 1% deste por grupo de 12 contribuições, até o máximo de 30%.

RM PARA O SEGURADO ESPECIAL	1 (um) salário mínimo.
TERMO INICIAL	**Segurado empregado:** a data do desligamento da atividade, se requerida até 90 dias após; a DER, se requerida após 90 dias do desligamento da atividade. **Demais segurados:** a data do requerimento. **Benefício requerido em juízo:** a data do ajuizamento, se não tiver sido feito pedido administrativo; a DER, se indeferido ou não apreciado e o pedido for julgado procedente.
TERMO FINAL	A data da morte do segurado.

5.7.4.1.1. A aposentadoria por idade prevista no art. 48, § 2º, do PBPS

No item 5.7.4.1, *supra*, tratamos da aposentadoria por idade do trabalhador rural que paga contribuições para o custeio.

O art. 48, § 2º, trata da mesma aposentadoria, porém alterando a carência e a renda mensal inicial para dar proteção previdenciária à maioria dos trabalhadores rurais brasileiros, notadamente os boias-frias, que **não pagam contribuições previdenciárias**.

Note-se que, para ter direito ao benefício, o rurícola deve **comprovar que efetivamente trabalhou nessa condição pelo período de carência exigido para a aposentadoria por idade, ainda que de forma descontínua**.

A nosso ver, a lei implicitamente reconhece que o trabalhador rural nem sempre consegue emprego, em especial em época de entressafras, o que o obriga a aceitar trabalho de natureza urbana. Não é raro encontrar trabalhadores rurais que, por não encontrarem trabalho no campo, acabam por trabalhar como pedreiros ou jardineiros, atividades tipicamente urbanas.

Para que se caracterize como rural, com direito à aposentadoria com idade reduzida, o trabalhador deve, então, comprovar que exerceu atividade rural pelo menos por um período que, mesmo que descontínuo, some o total correspondente à carência exigida.

O § 2º do art. 48 exige, também, que o interessado comprove o exercício da atividade rural no **período imediatamente anterior** ao do requerimento da aposentadoria por idade. A expressão "imediatamente anterior" tem causado séria controvérsia na jurisprudência, porque a análise dos casos concretos demonstra que nem sempre a última atividade exercida pelo interessado foi de natureza rural. Na análise do **Tema 642**, no REsp Repetitivo 1354908/SP, o STJ decidiu[131]:

> "(...) 1. Tese delimitada em sede de representativo da controvérsia, sob a exegese do artigo 55, § 3º combinado com o artigo 143 da Lei 8.213/1991, no sentido de que **o segurado especial tem que estar laborando no campo, quando completar a idade mínima para se aposentar por idade rural, momento em que poderá requerer seu benefício**. Se, ao alcançar a faixa etária exigida no artigo 48, § 1º, da Lei 8.213/1991, o

131 Rel. Min. Mauro Campbell Marques, 1ª Seção, *DJe* 10.02.2016.

> segurado especial deixar de exercer atividade rural, sem ter atendido a regra transitória da carência, não fará jus à aposentadoria por idade rural pelo descumprimento de um dos dois únicos critérios legalmente previstos para a aquisição do direito. Ressalvada a hipótese do direito adquirido em que o segurado especial preencheu ambos os requisitos de forma concomitante, mas não requereu o benefício (...)".

Não se deve esquecer que a atividade rural pode ser exercida **de forma descontínua**, exatamente como o trabalhador rural do exemplo. Tendo o segurado períodos de atividade urbana intercalados com períodos de atividade rural, cumpre observar qual dessas atividades foi por mais tempo exercida. Se predominar o exercício da atividade rural, a atividade urbana por curtos períodos não tira do segurado a sua natureza de trabalhador rural.

Outra situação comum é aquela em que o trabalhador deixa as lides rurais e completa a idade necessária à concessão do benefício. Por falta de informação, não requer de imediato a aposentadoria. Ao requerer o benefício, o requerimento é indeferido porque não estava no exercício da atividade rural no período imediatamente anterior ao requerimento. Não nos parece correto, nesse caso, que o benefício seja indeferido com esse fundamento. A nosso ver, se, ao completar a idade mínima, o segurado já tinha cumprido a carência, tem direito ao benefício, embora tenha deixado de exercer atividade depois. Nesse sentido, há entendimento do STJ:

> "(...) II. Não se deve exigir do segurado rural que continue a trabalhar na lavoura até às vésperas do dia do requerimento do benefício de aposentadoria por idade, quando ele já houver completado a idade necessária e comprovado o tempo de atividade rural em número de meses idêntico à carência do benefício (...)" (REsp 200900052765, 5ª Turma, Rel. Min. Felix Fischer, *DJe* 14.09.2009).

O **Decreto n. 3.048/99** (art. 51, § 1º), com a alteração introduzida pelo **Decreto n. 6.722/2008**, acabou por acolher, ainda que parcialmente, o entendimento da jurisprudência, ao prever que, **ao completar a idade, o rurícola deve comprovar que exercia sua atividade no mês imediatamente anterior ao do cumprimento da idade:**

> **Art. 51.** A aposentadoria por idade, uma vez cumprida a carência exigida, será devida ao segurado que completar sessenta e cinco anos de idade, se homem, ou sessenta, se mulher, reduzidos esses limites para sessenta e cinquenta e cinco anos de idade para os trabalhadores rurais, respectivamente homens e mulheres, referidos na alínea *a* do inciso I, na alínea *j* do inciso V e nos incisos VI e VII do *caput* do art. 9º, bem como para os segurados garimpeiros que trabalhem, comprovadamente, em regime de economia familiar, conforme definido no § 5º do art. 9º.
>
> § 1º Para os efeitos do disposto no *caput*, o trabalhador rural deve comprovar o efetivo exercício de atividade rural, ainda que de forma descontínua, **no período imediatamente anterior ao requerimento do benefício ou, conforme o caso, ao mês em que cumpriu o requisito etário**, por tempo igual ao número de meses de contribuição correspondente à carência do benefício pretendido, computado o período a que se referem os incisos III a VIII do § 8º do art. 9º.

"Carência": 180 meses de efetivo exercício da atividade rural, ainda que de forma descontínua, no período imediatamente anterior ao requerimento do benefício.

Sujeito ativo: o trabalhador rural, notadamente o boia-fria, que não comprove o pagamento de contribuições previdenciárias.

RMI: 1 (um) salário mínimo.

O benefício tem sujeito passivo, termo inicial e termo final iguais aos da aposentadoria por idade dos demais trabalhadores rurais.

APOSENTADORIA POR IDADE DO TRABALHADOR RURAL SEM CONTRIBUIÇÕES	
"CARÊNCIA"	■ 180 meses de efetivo exercício da atividade rural, ainda que de forma descontínua, no período imediatamente anterior ao requerimento do benefício.
SUJEITO ATIVO	■ O trabalhador rural, notadamente o boia-fria, que não comprove o pagamento de contribuições previdenciárias.
RMI	■ 1 (um) salário mínimo.

■ 5.7.4.1.2. *A aposentadoria por idade introduzida pela Lei n. 11.718/2008: aposentadoria híbrida. A EC n. 103/2019. Direito adquirido*

É comum no meio rural que o trabalhador alterne períodos de atividade rural e de atividade urbana, sem que consiga completar os requisitos para se aposentar por idade como trabalhador rural ou como trabalhador urbano.

Com as alterações introduzidas pela Lei n. 11.718, que acrescentou os §§ 3º e 4º ao art. 48, restou autorizado ao trabalhador rural o **cômputo de períodos que não sejam de atividade rural**, para fins de aposentadoria por idade.

Nesse caso, o segurado deverá comprovar **65 anos** de idade, se homem, e **60 anos** de idade, se mulher.

Atenção: os períodos de trabalho rural **são computados mesmo para fins de carência, ainda que não tenham sido recolhidas as respectivas contribuições.**

Chamamos a atenção do leitor para o julgamento proferido pela TNU no Tema Representativo de Controvérsia n. 168, em que se firmou entendimento no sentido de que o período de trabalho rural anterior à Lei n. 8.213/91 pode ser computado para fins de aposentadoria híbrida desde que não seja considerado "remoto". O entendimento da TNU foi superado com a decisão do Tema 1007 do STJ.

Não se exige que o último período trabalhado pelo segurado seja rural, conforme decidido pelo STJ no **Tema 1007**.[132]

> "O tempo de serviço rural, ainda que remoto e descontínuo, anterior ao advento da Lei n. 8.213/1991, pode ser computado para fins da carência necessária à obtenção da aposentadoria híbrida por idade, ainda que não tenha sido efetivado o recolhimento das contribuições, nos termos do art. 48, § 3º, da Lei n. 8.213/1991, seja qual for a predomi-

132 REsp 1.674.221 e 1.788.404, representativos da controvérsia, Rel. Min. Napoleão Nunes Maia Filho, 1ª Seção, *DJe* 04.09.2019).

nância do labor misto exercido no período de carência ou o tipo de trabalho exercido no momento do implemento do requisito etário ou do requerimento administrativo".

Se forem computados períodos como segurado especial, o salário de contribuição mensal desses períodos será o limite mínimo do salário de contribuição da Previdência Social, que atualmente é de um salário mínimo.

A aposentadoria por idade híbrida não será mais possível a partir da EC n. 103/2019, restando garantido o direito adquirido daqueles que cumpriram todos os requisitos para o benefício até 13.11.2019 (Reforma da Previdência).

5.7.4.2. Regras de transição: segurados que exerciam atividade rural antes da publicação do PBPS (25.07.1991)

Os que ingressaram no RGPS antes de 25.07.1991 podiam estar em duas situações: **a)** os que cumpriram todos os requisitos para a aposentadoria até 24.07.1991 tiveram garantido o direito à aposentadoria de acordo com as normas então vigentes; **b)** e os que não haviam ainda cumprido os requisitos para se aposentarem, ficaram, então, submetidos às regras de transição da Lei n. 8.213/1991.

Contingência para o segurado trabalhador rural, para os que exercem sua atividade em regime de economia familiar, nesses incluídos o produtor rural, o garimpeiro e o pescador artesanal (art. 201, § 7º, II, da CF): completar 60 anos de idade, se homem, e 55 anos de idade, se mulher.

A contingência é a mesma para todos os trabalhadores rurais que já estavam em atividade quando entrou em vigor o PBPS.

Aplica-se aqui, também, a Lei n. 11.718/2008, na parte em que permite a contagem como tempo de atividade rural dos períodos relacionados no § 9º do art. 11 do PBPS.

Carência para o trabalhador rural e para o empregador rural cobertos pela Previdência Social Rural: número de contribuições mensais previstas na tabela progressiva do art. 142 do PBPS, considerando-se a data em que o segurado cumpriu todas as condições para se aposentar por idade.

> **Atenção:** trata-se aqui dos trabalhadores rurais que foram abrangidos pelo Plano Geral de Previdência Social instituído pelo Decreto-lei n. 564/69, **isto é, os trabalhadores rurais empregados e trabalhadores avulsos do setor rural da agroindústria canavieira**, uma vez que, na época, os demais rurícolas estavam excluídos do regime previdenciário, inclusive do Plano Básico.

A CLPS de 1976 garantiu ao trabalhador rural **empregado de empresa agroindustrial ou agrocomercial** a condição de segurado do INPS, desde que estivesse contribuindo para o INPS. Estes também se enquadram na regra.

"Carência" para o trabalhador rural que não tinha cobertura pela Previdência Social Rural antes do PBPS (art. 143): efetivo exercício da atividade rural, ainda que de forma descontínua, no período imediatamente anterior ao requerimento da aposentadoria por idade, pelo número de meses idêntico à carência prevista na tabela do art. 142.

Trata-se do trabalhador rural que não era segurado antes da Lei n. 8.213/91, uma vez que estava expressamente excluído do regime previdenciário.

Por não pagar contribuições para o custeio antes da Lei n. 8.213/91, esse trabalhador rural não comprova carência.

O art. 143 do PBPS, modificado pelas Leis n. 9.032/95 e n. 9.063/95, quis dar proteção a esses trabalhadores que, até então, estavam excluídos da cobertura previdenciária. A forma encontrada pelo legislador foi a de garantir-lhes aposentadoria por idade de valor mínimo, que, na redação original do dispositivo, poderia ser requerida até 15 anos contados da vigência do PBPS, o que se esgotou em 2006.

REDAÇÃO ORIGINAL	LEI N. 9.032/95	LEI N. 9.063/95
Art. 143. O trabalhador rural ora enquadrado como segurado obrigatório do Regime Geral de Previdência Social, na forma da alínea *a* do inciso I, ou do inciso IV ou VII do art. 11 desta Lei, ou os seus dependentes, podem requerer, conforme o caso:	**Art. 143.** O trabalhador rural ora enquadrado como segurado obrigatório no Regime Geral de Previdência Social, na forma da alínea *a* dos incisos I e IV e nos incisos VI e VII do art. 11 desta Lei, pode requerer aposentadoria por idade, no valor de 1 (um) salário mínimo, durante 15 (quinze) anos, contados a partir da data de vigência desta lei, desde que comprove o exercício de atividade rural, ainda que descontínua, no período imediatamente anterior ao requerimento do benefício, em número de meses idênticos à carência do referido benefício.	**Art. 143.** O trabalhador rural ora enquadrado como segurado obrigatório no Regime Geral de Previdência Social, na forma da alínea "a" do inciso I, ou do inciso IV ou VII do art. 11 desta Lei, pode requerer aposentadoria por idade, no valor de um salário mínimo, durante quinze anos, contados a partir da data de vigência desta Lei, desde que comprove o exercício de atividade rural, ainda que descontínua, no período imediatamente anterior ao requerimento do benefício, em número de meses idêntico à carência do referido benefício.
I — auxílio-doença, aposentadoria por invalidez, auxílio-reclusão ou pensão por morte, no valor de 1 (um) salário mínimo, durante 1 (um) ano, contado a partir da data da vigência desta Lei, desde que seja comprovado o exercício de atividade rural com relação aos meses imediatamente anteriores ao requerimento do benefício, mesmo que de forma descontínua, durante período igual ao da carência do benefício; e	REVOGADO	
II — aposentadoria por idade, no valor de 1 (um) salário mínimo, durante 15 (quinze) anos, contados a partir da data da vigência desta lei, desde que seja comprovado o exercício de atividade rural nos últimos 5 (cinco) anos anteriores à data do requerimento, mesmo de forma descontínua, não se aplicando, nesse período, para o segurado especial, o disposto no inciso I do art. 39.	REVOGADO	

A Lei n. 11.718/2008 (art. 2º) prorrogou o prazo até 31.12.2010 para o trabalhador rural empregado e para o contribuinte individual que presta serviços de natureza rural, em caráter eventual, a uma ou mais empresas, sem relação de emprego, requererem a aposentadoria por idade com fundamento no art. 143.

Atenção: embora esses trabalhadores rurais tivessem até 31.12.2010 para requerer o benefício, uma vez concedida **a aposentadoria por idade é vitalícia** e deverá ser paga até a data da morte do segurado.

Atenção: após 31.12.2010, para ter direito à aposentadoria por idade, o trabalhador rural deve cumprir os requisitos previstos no art. 48, §§ 1º e 2º, da Lei n. 8.213/91.

"Carência" para o segurado especial: assim como os demais trabalhadores rurais, o segurado especial deve comprovar que efetivamente trabalhou em regime de economia familiar, pelo período correspondente ao número de meses idêntico ao da carência do benefício, conforme a tabela do art. 142.

Atenção: a Lei n. 11.718/2008 não prorrogou o prazo do art. 143 para os segurados especiais.

Atenção: ao segurado especial também se aplica o disposto no art. 48, §§ 1º e 2º, da Lei n. 8.213/91.

Em Recurso Repetitivo, o STJ decidiu[133]:

"(...) 3. O trabalho urbano de um dos membros do grupo familiar não descaracteriza, por si só, os demais integrantes como segurados especiais, devendo ser averiguada a dispensabilidade do trabalho rural para a subsistência do grupo familiar, incumbência esta das instâncias ordinárias (Súmula 7/STJ).

4. Em exceção à regra geral fixada no item anterior, a extensão de prova material em nome de um integrante do núcleo familiar a outro não é possível quando aquele passa a exercer trabalho incompatível com o labor rurícola, como o de natureza urbana. (...)

6. Recurso Especial do INSS não provido. Acórdão submetido ao regime do art. 543-C do CPC e da Resolução 8/2008 do STJ (...)".

Sujeito ativo: o segurado.

Sujeito passivo: o INSS.

Termo inicial (art. 49, I e II, do PBPS e art. 52, I e II, do RPS):

a) trabalhador rural segurado empregado:

a.1) a data do desligamento da atividade, se requerida até 90 dias após;

a.2) a data do requerimento, se requerida após 90 dias do desligamento da atividade.

b) demais segurados: a data do requerimento.

c) segurado que requer o benefício na via judicial: se o pedido for julgado procedente, o termo inicial será:

c.1) a data do ajuizamento da ação, se não tiver sido feito pedido administrativo;

c.2) a data do requerimento administrativo, se tiver sido indeferido ou não apreciado e o pedido judicial for julgado procedente.

133 REsp 1304479 SP, Rel. Min. Herman Benjamin, 1ª Seção, *DJe* 19.12.2012.

RMI para o trabalhador rural e para o empregador rural: 70% do salário de benefício, acrescido de 1% por cada grupo de 12 contribuições, até o máximo de 30%, não podendo ultrapassar 100% do salário de benefício (art. 50 do PBPS e art. 39, II, do RPS).

RM para o trabalhador rural que não tinha cobertura pela Previdência Social Rural antes do PBPS (art. 143): um salário mínimo.

RM para o segurado especial: um salário mínimo (art. 39, parágrafo único, do PBPS).

Termo final: a data da morte do segurado.

APOSENTADORIA POR IDADE DO TRABALHADOR RURAL — REGRAS DE TRANSIÇÃO	
CONTINGÊNCIA	■ Completar 60 anos (H) e 55 anos (M).
CARÊNCIA	■ Número de contribuições mensais previstas na tabela do art. 142.
"CARÊNCIA" PARA O SEGURADO ESPECIAL	■ Número de meses de efetivo exercício da atividade rural, ainda que de forma descontínua, no período imediatamente anterior ao requerimento, idêntico à carência prevista na tabela do art. 142.
SUJEITO ATIVO	■ Segurado.
SUJEITO PASSIVO	■ INSS.
RMI PARA O TRABALHADOR E O EMPREGADOR RURAIS	■ 70% do salário de benefício + 1% por grupo de 12 contribuições, até o máximo de 30%.
RM PARA O RURÍCOLA QUE NÃO TINHA COBERTURA PELA PREVIDÊNCIA SOCIAL ANTES DO RPS (ART. 143)	■ 1 (um) salário mínimo.
RM PARA O SEGURADO ESPECIAL	■ 1 (um) salário mínimo.
TERMO INICIAL	**Segurado empregado:** ■ a data do desligamento da atividade, se requerida até 90 dias após; ■ a DER, se requerida após 90 dias do desligamento da atividade. **Demais segurados:** ■ a data do requerimento. **Benefício requerido em juízo:** ■ a data do ajuizamento da ação, se não tiver sido feito pedido administrativo; ■ a DER, se indeferido ou não apreciado e o pedido for julgado procedente.
TERMO FINAL	■ A data da morte do segurado.

■ 5.7.5. Aposentadoria por tempo de contribuição. As Emendas Constitucionais 20/98 e 103/2019. O direito adquirido

■ *5.7.5.1. Regras gerais*

O princípio da uniformidade e equivalência dos benefícios e serviços permitiu que os segurados trabalhadores rurais também tivessem cobertura previdenciária de aposentadoria por tempo de serviço/contribuição.

Essa cobertura previdenciária deixou de existir para trabalhadores urbanos e trabalhadores rurais que se filiaram ao RGPS a partir da vigência da EC n. 103/2019. Para os filiados em data anterior, o benefício só restou garantido nas regras de transição, ressalvado o direito adquirido dos segurados que cumpriram todos os requisitos para a aposentadoria até 13.11.2019 (art. 3º da EC n. 103/2019).

O tempo de serviço/tempo de contribuição exigido era o mesmo para urbanos e rurais: 35 anos, se homem, e 30 anos, se mulher.

Para os trabalhadores rurais o benefício também se submete a regras permanentes e a regras de transição.

Os rurícolas só passaram a ter cobertura previdenciária pelo regime geral a partir da Lei n. 8.213/91. Como alguns não eram segurados antes da vigência do PBPS, há regras de transição para fins de aproveitamento do período anterior.

5.7.5.1.1. *Qualidade de segurado*

Assim como para o urbano, o trabalhador rural tem a seu favor a regra do art. 102, § 1º, do PBPS, repetida pelo art. 3ª da Lei n. 10.666/2003: a **perda da condição de segurado não será considerada** para a concessão das **aposentadorias por tempo de contribuição e especial**.

5.7.5.1.2. *A EC n. 20/98 e o direito adquirido*

Assim como fez para os trabalhadores urbanos, a EC n. 20/98 delimitou a aplicação das normas em relação à data do preenchimento dos requisitos necessários para aposentadoria por tempo de contribuição dos rurais.

Para os filiados ao RGPS **antes** da EC n. 20/98, e, antes de sua promulgação, **cumpriram todos os requisitos** para se aposentarem por tempo de serviço, foi assegurado o respeito ao **direito adquirido** de se aposentarem pelas normas então vigentes (art. 3º).

> **Atenção: a Lei n. 9.876/99**, que regulou as disposições da EC n. 20/98, considera como **marco temporal** para o **direito adquirido** o dia anterior à data de sua publicação, isto é, **29.11.1999**.

Para os filiados ao RGPS **após** a promulgação da EC n. 20/98, aplicam-se suas **regras permanentes**.

E os que ingressaram no RGPS **antes** da promulgação da EC n. 20/98, mas que ainda **não haviam cumprido os requisitos** para a aposentadoria por tempo de serviço, aplicam-se as **regras de transição**.

E, por fim, há **regras de transição** aplicáveis aos que ingressaram no RGPS **após a Lei n. 8.213/91**, mas **antes da EC n. 20/98**.

5.7.5.1.3. *A EC n. 103/2019 e o direito adquirido*

A EC n. 103/2019 não prevê mais a cobertura previdenciária de aposentadoria por tempo de contribuição para os segurados que se filiarem ao RGPS a partir de 13.11.2019, mas garantiu o direito adquirido com base nas regras então vigentes para todos que haviam cumprido os requisitos na data em que entrou em vigor.

Aos que ingressaram no RGPS antes da publicação da EC n. 103/2019, que ainda não haviam cumprido todos os requisitos para se aposentarem, aplicam-se as *regras de transição*.

APOSENTADORIA POR TEMPO DE SERVIÇO/CONTRIBUIÇÃO DO TRABALHADOR RURAL		
■ Requisitos cumpridos até 28.11.1999	■ Aposentadoria por tempo de serviço	■ Direito adquirido
■ Ingresso a partir de 16.12.1998	■ Aposentadoria por tempo de contribuição	■ Regras permanentes
■ Ingresso antes de 16.12.1998, sem cumprimento dos requisitos até 29.11.1999	■ Aposentadoria por tempo de contribuição	■ Regras de transição
■ Requisitos cumpridos até 13.11.2019	■ Aposentadoria por tempo de contribuição	■ Direito adquirido
■ Ingresso antes da EC n. 103/2019, sem cumprimento dos requisitos até 13.11.2019	■ Aposentadoria por tempo de contribuição	■ Regras de transição
■ Ingresso a partir da EC n. 103/2019	■ Não há aposentadoria por tempo de contribuição	

5.7.5.1.4. Períodos de trabalho rural computados para fins de aposentadoria por tempo de contribuição

5.7.5.1.4.1. Atividade rural exercida a partir da vigência da Lei n. 8.213/91

Os trabalhadores rurais passaram a ser segurados obrigatórios do RGPS a partir da vigência do PBPS, de modo que esses períodos são computados para fins de aposentadoria por tempo de contribuição.

5.7.5.1.4.2. Atividade rural exercida antes da vigência da Lei n. 8.213/91

O trabalhador rural passou a ser segurado obrigatório a partir da Lei n. 8.213/91. Antes, estava submetido às disposições da LC n. 11/71, que dava aos rurícolas benefícios de natureza assistencial.

O período de atividade rural, como empregado ou segurado especial em regime de economia familiar, exercido antes da lei, é computado para efeitos de aposentadoria por tempo de serviço/contribuição, sem ser necessário comprovar o recolhimento de contribuições previdenciárias (art. 55, § 2º, do PBPS).

Atenção: embora computado como tempo de serviço/contribuição, **esse período não será contado para fins de carência**.

Art. 55.

§ 2º O tempo de serviço do segurado trabalhador rural, anterior à data de início de vigência desta Lei, será computado independentemente do recolhimento das contribuições a ele correspondentes, exceto para efeito de carência, conforme dispuser o Regulamento.

Exemplo: em 2004, a carência para a aposentadoria por tempo de contribuição, nesta hipótese, é de 138 meses de contribuição; se homem, o tempo de contribuição deverá ser de 35 anos; nestes 138 meses não poderão ser computados aqueles anteriores ao PBPS, nos quais não houve contribuições do trabalhador rural. Assim, a carência de 138 meses só estará comprovada se houver recolhimento das contribuições; o período que falta para completar 35 anos computará aquele em que não houve o recolhimento.

A **TNU** dos Juizados Especiais Federais editou a **Súmula 24:** "O tempo de serviço do trabalhador rural anterior ao advento da Lei n. 8.213/91, sem o recolhimento de contribuições previdenciárias, **pode ser considerado para a concessão de benefício previdenciário do Regime Geral de Previdência Social (RGPS), exceto para efeito de carência**, conforme a regra do art. 55, § 2º, da Lei n. 8.213/91".

Estamos aqui tratando da contagem de tempo de serviço/contribuição, hipótese que não deve ser confundida com a do art. 143, que concedia benefício de aposentadoria por idade ao rurícola, com renda mensal igual a um salário mínimo (item 5.7.4.2).

O STJ apreciou a questão no julgamento do AIRESP, 1793400, 2ª Turma, Rel. Min. Mauro Campbell Marques, *DJe* 17.06.2019:

> "(...) 2. O tempo de serviço do segurado trabalhador rural, prestado anteriormente à data de início de vigência da Lei n.º 8.213/91, será computado independentemente do recolhimento das contribuições a ele correspondentes, exceto para efeito de carência (...)".

Antes da Constituição Federal de 1988, o trabalhador rural estava expressamente excluído da cobertura previdenciária pelo RGPS. Porém, não raro esse trabalhador tinha seu contrato de trabalho registrado em Carteira Profissional. Nessa hipótese, o STJ tem entendimento firmado em Recurso Repetitivo (Tema 644) no sentido de que o período anotado em Carteira deve ser computado para efeitos de carência porque era do empregador a obrigação de pagar as devidas contribuições previdenciárias:[134]

> "(...) 1. Caso em que o segurado ajuizou a presente ação em face do indeferimento administrativo de aposentadoria por tempo de serviço, no qual a autarquia sustentou insuficiência de carência. 2. Mostra-se incontroverso nos autos que o autor foi contratado por empregador rural, com registro em carteira profissional desde 1958, razão pela qual não há como responsabilizá-lo pela comprovação do recolhimento das contribuições. 3. Não ofende o § 2º do art. 55 da Lei 8.213/91 o reconhecimento do tempo de serviço exercido por trabalhador rural registrado em carteira profissional para efeito de carência, tendo em vista que o empregador rural, juntamente com as demais fontes previstas na legislação de regência, eram os responsáveis pelo custeio do fundo de assistência e previdência rural (FUNRURAL). 4. Recurso especial improvido. Acórdão sujeito ao regime do art. 543-C do CPC e Resolução STJ nº 8/2008".

5.7.5.1.5. Comprovação da atividade rural

O **exercício de atividade rural** deve ser comprovado na forma do art. **106 da Lei n. 8.213/91**, podendo o segurado apresentar, alternativamente, um ou mais documentos relacionados nos incs. I a X:

I) contrato individual de trabalho ou Carteira de Trabalho e Previdência Social;

II) contrato de arrendamento, parceria ou comodato rural;

III) declaração fundamentada de sindicato que represente o trabalhador rural ou, quando for o caso, de sindicato ou colônia de pescadores, desde que homologada pelo INSS; (revogado pela MP n. 871/2019)

[134] 1ª Seção, REsp 1352791 SP, Rel. Min. Arnaldo Esteves Lima, *DJe* 05.12.2013.

IV) comprovante de cadastro do Instituto Nacional de Colonização e Reforma Agrária (INCRA), no caso de produtores em regime de economia familiar;

V) bloco de notas do produtor rural;

VI) notas fiscais de entrada de mercadorias, de que trata o § 7º do art. 30 da Lei n. 8.212/91, emitidas pela empresa adquirente da produção, com indicação do nome do segurado como vendedor;

VII) documentos fiscais relativos à entrega de produção rural à cooperativa agrícola, entreposto de pescado ou outros, com indicação do segurado como vendedor ou consignante;

VIII) comprovantes de recolhimento de contribuição à Previdência Social decorrentes da comercialização da produção;

IX) cópia da declaração de imposto de renda, com indicação de renda proveniente da comercialização de produção rural;

X) licença de ocupação ou permissão outorgada pelo INCRA.

A partir da vigência da **Lei n. 9.063, de 14.06.1995**, a declaração de sindicato de trabalhadores rurais deve estar **homologada pelo INSS**. Na redação original do art. 106, a declaração do sindicato deveria ser homologada pelo Ministério Público para valer como prova.

A MP n. 871/2019, convertida na Lei n. 13.846/2019, revogou o inciso III, de modo que, a partir de 18.01.2019, a declaração de sindicato de trabalhadores rurais já não mais é aceita para a comprovação de atividade rural.

DECLARAÇÃO DE SINDICATO DE TRABALHADORES RURAIS		
Antes de 14.06.1995	**A partir de 14.06.1995**	**A partir de 18.01.2019**
■ Homologada pelo Ministério Público	■ Homologada pelo INSS	■ Não aceita para comprovar atividade rural

Sem a homologação pelo órgão competente, a declaração do sindicato não servirá como prova material, equivalendo apenas à prova testemunhal.[135]

A esses documentos o art. 62, § 2º, do RPS acrescentava a **certidão fornecida pela Fundação Nacional do Índio (FUNAI), certificando a condição do índio como trabalhador rural, desde que homologada pelo INSS**.

O dispositivo foi revogado pelo Decreto n. 10.410/2020.

Assim como o trabalhador urbano, o rural tem que apresentar documentos contemporâneos aos fatos que pretende comprovar.[136]

---

135 "(...) 3. **A declaração de sindicato rural somente constitui início de prova material hábil a demonstrar o labor campesino se homologada pelo INSS ou pelo Ministério Público.** Precedentes. (...)" (STJ, 2ª Turma, AgREsp 550.391, Rel. Min. Mauro Campbell Marques, *DJe* 08.10.2014).

136 Cf. STJ, AR 200101776193, 3ª Seção, Rel. Min. Maria Thereza de Assis Moura, *DJe* 20.11.2009: "(...) AÇÃO RESCISÓRIA. PREVIDENCIÁRIO. TRABALHADOR RURAL. APOSENTADORIA POR IDADE. (...) DECLARAÇÕES ASSINADAS POR PARTICULARES. INÍCIO DE PROVA MATERIAL INSUFICIENTE. AÇÃO RESCISÓRIA IMPROCEDENTE. (...) A decisão monocrática proferida no âmbito do STJ, ao analisar o mérito de questão amplamente discutida e sumulada por

A **TNU** dos Juizados Especiais Federais adotou o entendimento, já sedimentado na jurisprudência do STJ, na **Súmula 34:** "Para fins de comprovação do tempo de labor rural, o início de prova material deve ser contemporâneo à época dos fatos a provar".

No Recurso Especial Repetitivo 1.348.633/SP, o STJ decidiu que **o reconhecimento do tempo de serviço pode abranger período anterior à data do início de prova material, desde que corroborado por prova testemunhal idônea**.[137]

5.7.5.1.5.1. *Início de prova material. As novas regras para o segurado especial*

A comprovação do período de atividade rural é tema sempre presente em Direito Previdenciário e nas ações judiciais. É raro os trabalhadores rurais terem os documentos exigidos pelo art. 106, pois, em sua maioria, estão no mercado informal de trabalho. É conhecida a situação dos "boias-frias", aliciados para trabalhos temporários, sem conseguir anotação do contrato de trabalho na CTPS.

Por oportuna, transcrevemos a lição de **Wladimir Novaes Martinez:**[138]

> "Em virtude do princípio da equivalência urbano-rural e da necessidade de sua implantação, aliás gradativa, a Previdência Social rural perdeu a sua individualidade e os direitos do trabalhador rural apresentam-se pulverizados em diversos dispositivos. Neste artigo, o legislador cuida especialmente da prova do trabalho rural, aliviada em razão da especificidade das condições rurais, mencionando exemplos de meios eficazes de demonstração. O rol, bastante simplificado, não exaure as infinitas possibilidades. O comando deve ser entendido em consonância com as regras da justificação administrativa ou judicial e deveria fazer remissão aos artigos 55, § 3º, e 108, ambos do PBPS."

O rigor do art. 106 tem sido abrandado com o entendimento de que a enumeração não é taxativa, podendo a atividade ser comprovada por outros documentos aceitos como início de prova material, complementada por prova testemunhal idônea:

> "(...) O rol de documentos previsto no art. 106 da Lei n. 8.213/91 não é *numerus clausus*, sendo possível utilizar-se de documentos em nome dos genitores do autor, com o propósito de suprir o requisito de início de prova material, desde que acrescido por prova testemunhal convincente (...)" (STJ, AgREsp 200801500588, 6ª Turma, Rel. Min. Og Fernandes, *DJe* 02.03.2009).

Além dos documentos relacionados no art. 106, vários outros têm sido admitidos pelo STJ e Tribunais Regionais Federais como início de prova material, desde que corroborado por prova testemunhal idônea, conforme dispõe o art. 55, § 3º, da Lei n. 8.213/91.[139]

esta Corte, firmou o entendimento de que a prova exclusivamente testemunhal não serviria, por si só, para autorizar o reconhecimento do trabalho de rural. Afastada a preliminar de incompetência absoluta do STJ ante o expresso pronunciamento de mérito. (...) 3. Declarações assinadas por particulares, desprovidas de qualquer cunho oficial e extemporâneas aos fatos que se pretende provar, equiparam-se a depoimentos pessoais reduzidos a termo, não servindo de início razoável de prova material (...)".

137 1ª Seção, Rel. Min. Arnaldo Esteves Lima, *DJe* 05.12.2014.

138 *Lei básica da Previdência Social*: plano de benefícios. 3. ed. São Paulo: LTr, 1995. T. II, p. 410-411.

139 Art. 55, § 3º A comprovação do tempo de serviço para os efeitos desta Lei, inclusive mediante justificação administrativa ou judicial, conforme o disposto no art. 108, só produzirá efeito quando

O que não se admite é a prova exclusivamente testemunhal, o que está sedimentado pelo STJ na **Súmula 149:** "A prova exclusivamente testemunhal não basta à comprovação da atividade rurícola para efeito de obtenção de benefício previdenciário".

Esse entendimento foi novamente assentado em Recurso Especial pelo rito do art. 543-C do CPC de 1973:

> "(...) 1. Prevalece o entendimento de que a prova exclusivamente testemunhal não basta, para o fim de obtenção de benefício previdenciário, à comprovação do trabalho rural, devendo ser acompanhada, necessariamente, de um início razoável de prova material (art. 55, § 3º, da Lei n. 8.213/91 e Súmula 149 deste Superior Tribunal de Justiça).
>
> 2. Diante disso, embora reconhecida a impossibilidade de legitimar, o tempo de serviço com fundamento, apenas, em prova testemunhal, tese firmada no julgamento deste repetitivo, tal solução não se aplica ao caso específico dos autos, onde há início de prova material (carteira de trabalho com registro do período em que o segurado era menor de idade) a justificar o tempo admitido na origem (...)" (REsp 1.133.863/RN, 3ª Seção, Rel. Des. Conv. Celso Limongi, *DJe* 15.04.2011).

São muitas as possibilidades, e selecionamos as encontradas com frequência na jurisprudência do STJ: o Cadastramento Nacional do Trabalhador/Contribuinte Individual, na condição de segurado especial, o certificado de associação ao Sindicato Rural e o comprovante de pagamento de ITR em nome do empregador (AgREsp 661.605/CE); o comprovante de pagamento de tributos da propriedade onde a autora exerceu as suas atividades, a guia de recolhimento de contribuição sindical e a carteira de sócia do Sindicato dos Trabalhadores Rurais, onde consta a qualificação de agricultora (REsp 628.995/CE); Título de Eleitor, **onde consta expressamente sua profissão de lavrador** (REsp 246.060/SP); a **certidão de casamento, que atesta a condição de lavrador do cônjuge da segurada** (AR 200501276742) etc.

Quando se trabalha em **regime de economia familiar**, é comum que os documentos da propriedade, notas fiscais de produtor rural etc. sejam todos expedidos com o nome do chefe da família. A dificuldade se apresenta para os demais membros do grupo familiar quando requerem benefício previdenciário e precisam comprovar o exercício da atividade.

A jurisprudência tem entendido que a atividade exercida em regime de economia familiar pode ser comprovada por **documentos relativos ao chefe da família:**

> "(...) A Certidão expedida pelo Instituto Nacional de Colonização e Reforma Agrária — INCRA, que comprova o cadastramento de área rural em nome do pai do segurado, não constando registro de trabalhadores assalariados ou eventuais, demonstra o exercício de atividade rurícola em regime de economia familiar, sendo documento hábil a ser considerado como início de prova documental. — É entendimento firmado neste Tribunal que as atividades desenvolvidas em regime de econo-

---

baseada em início de prova material, não sendo admitida prova exclusivamente testemunhal, salvo na ocorrência de motivo de força maior ou caso fortuito, conforme disposto no Regulamento.

> mia familiar, podem ser comprovadas através de documentos em nome do pai de família, que conta com a colaboração efetiva da esposa e filhos no trabalho rural (...)" (STJ, REsp 200200898656, 5ª Turma, Rel. Min. Jorge Scartezzini, *DJ* 02.08.2004, p. 485).

O segurado especial deve estar inscrito no INSS, vinculado ao respectivo grupo familiar, com informações pessoais, identificação da propriedade onde exerce as atividades e a que título, do local onde reside (campo ou cidade), e identificação e inscrição do responsável pelo grupo familiar. Se não for proprietário do imóvel onde exerce suas atividades, deve o segurado informar, no ato da inscrição, o nome do parceiro, meeiro, arrendador, comodante ou assemelhado (art. 17, §§ 4º e 5º, do PBPS).

A Lei n. 13.846/2019 acrescentou os arts. 38-A e 38-B ao PBPS. Com a alteração, o Ministério da Economia deverá manter cadastro dos segurados especiais no CNIS, observados os dados de inscrição do segurado (art. 17, §§ 4º e 5º). A lei permite que os dados sejam cruzados com o Ministério da Agricultura, Pecuária e Abastecimento e com outros órgãos da administração pública federal, estadual, distrital e municipal, mediante acordo de cooperação.

O segurado especial deverá manter esse cadastro atualizado anualmente até 30 de junho do ano subsequente. Decorrido o prazo de 5 anos sem atualização, o cadastro não poderá mais ser atualizado e o período de trabalho rural só poderá ser computado se comprovar que, na época própria, vendeu sua produção e que foi recolhida a contribuição prevista no art. 25 do PCPS.

A partir de 1º.01.2023, a comprovação da condição e exercício da atividade do segurado especial será feita exclusivamente pelo CNIS.

O período anterior a 1º.01.2013 só poderá ser comprovado pelo segurado especial por meio de autodeclaração ratificada por entidades públicas credenciadas.

Caso haja divergência entre as informações do cadastro e outras bases de dados, podem ser alternativamente apresentados como prova do exercício da atividade rural os documentos relacionados nos incisos I a X: contrato individual de trabalho ou CTPS; contrato de arrendamento, parceria ou comodato rural; Declaração de Aptidão ao Programa Nacional de Fortalecimento da Agricultura Familiar (art. 2º, II, da Lei n. 12.188/2010), ou por documento que a substitua; blocos de nota de produtor rural, notas fiscais de entrada de mercadorias, de que trata o § 7º do art. 3º da Lei n. 8.212/91, emitidas pela empresa adquirente da produção, com indicação do nome do segurado como vendedor; documentos fiscais relativos a entrega de produção rural à cooperativa agrícola, entreposto de pescado ou outros, com indicação do segurado como vendedor ou consignante; comprovante de recolhimento de contribuição à Previdência Social decorrente da comercialização da produção; cópia da declaração de imposto de renda, com indicação de renda proveniente da comercialização da produção rural; ou licença de ocupação ou permissão outorgada pelo INCRA.

Segurado especial → documentos em nome do pai de família servem para todos os membros do grupo familiar

A **mulher trabalhadora rural** tem dificuldade para comprovar o exercício de suas atividades. Normalmente não tem documentos em seu nome, ou é analfabeta, ou é qualificada como "doméstica", "lar", ficando prejudicada em termos de proteção previdenciária.

O tema tem sido analisado pela jurisprudência do STJ e dos TRF, que aceitam documentos como certidão de casamento, título de eleitor, entre outros, descrevendo a profissão do **marido como lavrador**, como início de prova material para a mulher casada para que comprove o exercício de atividade rural, desde que exista convincente prova testemunhal.

De início, esse entendimento da jurisprudência foi aplicado a situações de trabalho rural em regime de economia familiar:

> "(...) 3. A certidão de casamento, que atesta a condição de lavrador do cônjuge da segurada, constitui início razoável de prova documental, para fins de comprovação de tempo de serviço. **Deve-se ter em mente que a condição de rurícola da mulher funciona como extensão da qualidade de segurado especial do marido. Se o marido desempenhava trabalho no meio rural, em regime de economia domiciliar, há a presunção de que a mulher também o fez, em razão das características da atividade — trabalho em família, em prol de sua subsistência** (...)" (STJ, AR 200501276742, 3ª Seção, Rel. Min. Maria Thereza de Assis Moura, *DJe* 09.09.2008).

Porém, atualmente, até mesmo a trabalhadora rural **"boia-fria"**, considerada segurada empregada, consegue comprovar sua atividade com documentos em que o **marido é qualificado como lavrador**. Esse entendimento foi reiterado pelo STJ, agora em REsp Repetitivo:

> "(...) 3. Aplica-se a Súmula 149/STJ ('A prova exclusivamente testemunhal não basta à comprovação da atividade rurícola, para efeitos da obtenção de benefício previdenciário') aos trabalhadores rurais denominados 'boias-frias', sendo imprescindível a apresentação de início de prova material.
>
> 4. Por outro lado, considerando a inerente dificuldade probatória da condição de trabalhador campesino, o STJ sedimentou o entendimento de que a apresentação de prova material somente sobre parte do lapso temporal pretendido não implica violação da Súmula 149/STJ, cuja aplicação é mitigada se a reduzida prova material for complementada por idônea e robusta prova testemunhal (...)" (REsp 1.321.493/PR, 1ª Seção, Rel. Min. Herman Benjamin, *DJe* 19.12.2012).

A jurisprudência aceita como início de prova material da atividade rural diversos documentos em que o **marido da rurícola é qualificado como lavrador:** certidão de casamento, certidão de nascimento dos filhos, certificado de reservista, título de eleitor etc.

A **TNU** dos Juizados Especiais Federais editou, a respeito, a **Súmula 6:** "A certidão de casamento ou outro documento idôneo que evidencie a condição de trabalhador rural do cônjuge constitui início razoável de prova material da atividade rurícola".

Mulher rurícola → certidão de casamento ou outro documento que evidencie a condição de rural do marido/companheiro

Porém, há que ser considerada a situação da **trabalhadora rural solteira**.

Nesses casos, a jurisprudência aceita **documentos de familiares ou companheiros** como início de prova material:

> "(...) 6. Aceitável a utilização de documentos de terceiros, inclusive genitores, como início de **prova** material para comprovação do tempo de atividade **rural** de seguradas **solteiras**. Isto em razão das dificuldades encontradas por elas para comprovar o efetivo exercício de labor campesino, já que lhes é inexigível e inacessível a obtenção de outros registros públicos com menção à profissão (...)" (TRF 1ª Região, 1ª Turma, Rel. Des. Fed. Ângela Catão, *e-DJF1* 24.09.2013, p. 142).

Mulher rurícola solteira → documentos em nome dos pais/outros membros da família, qualificados como lavradores

Súmula 577 do STJ: É possível reconhecer o tempo de serviço rural anterior ao documento mais antigo apresentado, desde que amparado em convincente prova testemunhal colhida sob o contraditório.

5.7.5.2. Regras aplicáveis aos segurados inscritos no RGPS após a data da promulgação da EC n. 20/98

Contingência: ter contribuído para o RGPS durante 35 anos, se homem, e 30 anos, se mulher.

Carência: 420 contribuições mensais (35 anos), se homem, e **360** contribuições mensais (30 anos), se mulher.

São pertinentes as mesmas considerações feitas no item 5.3.5.3, *supra*, em relação à aposentadoria por tempo de contribuição dos trabalhadores urbanos. Sendo o sistema eminentemente contributivo, não é possível computar períodos que não sejam de efetiva contribuição. Se a contingência é tempo de contribuição de 35 e 30 anos, não é correto afirmar que a carência é de 180 contribuições mensais.

Entretanto, alertamos o leitor, para que fique atento às disposições do art. 25, II, do PBPS.

Sujeito ativo: o segurado trabalhador rural, exceto o segurado especial.

Sujeito passivo: o INSS.

Termo inicial: é fixado de forma idêntica ao da aposentadoria por idade, inclusive quando o benefício for requerido judicialmente.

RMI: 100% do salário de benefício, multiplicado pelo fator previdenciário, ou aplicação da fórmula 85/95.

Atenção: aplica-se o fator previdenciário no cálculo.

Termo final: a data da morte do segurado, uma vez que se trata de benefício vitalício.

APOSENTADORIA POR TEMPO DE CONTRIBUIÇÃO — REGRAS PERMANENTES	
CONTINGÊNCIA	■ Ter contribuído para o RGPS durante 35 anos, se homem, e 30 anos, se mulher.
CARÊNCIA	■ 420 contribuições mensais (35 anos) → homem ■ 360 contribuições mensais (30 anos) → mulher
SUJEITO ATIVO	■ Segurado
SUJEITO PASSIVO	■ INSS
RMI	■ 100% do salário de benefício, multiplicado pelo fator previdenciário ou fórmula 85/95.
TERMO INICIAL	■ Fixado como na aposentadoria por idade.
TERMO FINAL	■ A data da morte do segurado.

5.7.5.3. *Regras de transição decorrentes da EC n. 20/98*

Remetemos o leitor às mesmas considerações tecidas no item 5.3.5.2.2, *supra*.

5.7.5.4. *Regras de transição decorrentes do PBPS*

Assim como a aposentadoria por tempo de contribuição dos segurados urbanos, era necessário garantir aos trabalhadores rurais, agora segurados obrigatórios do RGPS, a situação daqueles que anteriormente já exerciam atividade rural e tinham cobertura previdenciária pela Previdência Social Rural.

Aplica-se a esses rurícolas o disposto no art. 142 do PBPS: carência fixada em tabela progressiva em razão do ano em que o segurado cumpriu todos os requisitos para se aposentar.

Contingência para o trabalhador e o empregador rural cobertos pela Previdência Social Rural: completar 35 anos de serviço/contribuição, se homem, e 30 anos de serviço/contribuição, se mulher.

Carência para o trabalhador rural e para o empregador rural cobertos pela Previdência Social Rural: número de contribuições mensais previstas na tabela do art. 142 do PBPS, em razão da data em que o segurado cumpriu todas as condições para se aposentar por tempo de serviço.

Sujeito ativo: o segurado trabalhador rural e o empregador rural que eram segurados da Previdência Social Rural.

Sujeito passivo: o INSS.

RMI: 100% do salário de benefício, multiplicado pelo fator previdenciário, **ou** aplicação da fórmula 85/95.

Atenção: conforme alertamos no item 5.3.5.3.4, *supra*, a Lei n. 13.183/2015, que acrescentou o art. 29-C ao PBPS, adotou a **fórmula 85/95** para o cálculo da RMI da aposentadoria por tempo de contribuição.

A partir da publicação da MP n. 676, convertida na Lei n. 13.183/2015, o segurado poderá **optar entre a aplicação do fator previdenciário e a aplicação da fórmula 85/95**, escolhendo o cálculo de que lhe resulte RMI de maior valor.

A **fórmula 85/95** é o resultado da soma da idade com o tempo de contribuição do segurado na data do requerimento do benefício.

Para os homens, o resultado deverá ser de 95 pontos, e, para as mulheres, 85 pontos. A partir de 01.01.2017, será acrescido 1 (um) ponto em 31.12.2018, 31.12.2020, 31.12.2022, 31.12.2024 e 31.12.2026.

Termo inicial: idêntico ao da aposentadoria por tempo de contribuição.

Termo final: idêntico ao da aposentadoria por tempo de contribuição.

APOSENTADORIA POR TEMPO DE CONTRIBUIÇÃO — REGRAS DE TRANSIÇÃO — LEI N. 8.213/91	
CONTINGÊNCIA	■ Completar 35 anos de serviço/contribuição → homem. ■ Completar 30 anos de serviço/contribuição → mulher.
CARÊNCIA	■ Número de contribuições mensais previstas na tabela do art. 142 do PBPS, considerando a data em que o segurado cumpriu as condições para se aposentar por tempo de serviço.
SUJEITO ATIVO	■ O segurado trabalhador rural e o empregador rural que eram segurados da Previdência Social Rural.
SUJEITO PASSIVO	■ INSS
RMI	■ 100% do salário de benefício, multiplicado pelo fator previdenciário; **ou** ■ fórmula 85/95.
TERMO INICIAL	■ Idêntico ao da aposentadoria por tempo de contribuição.
TERMO FINAL	■ Idêntico ao da aposentadoria por tempo de contribuição.

5.7.5.5. *Regras de transição aplicáveis aos segurados inscritos no RGPS até a publicação da EC n. 103/2019 (13.11.2019)*

Remetemos o leitor ao item 5.3.5.2.2 *supra*.

5.7.6. Salário-maternidade

O salário-maternidade já foi analisado no item 5.3.5.9, *supra*. Destacaremos, apenas, as peculiaridades do benefício quando concedido aos(às) trabalhadores(as) rurais.

Contingência: ser mãe, adotar ou obter guarda judicial para fins de adoção.

Carência: assim como para os(as) trabalhadores(as) urbanos(as), o período de carência é fixado ou não existe, conforme o tipo de segurado(a). Também é reduzido, em caso de parto antecipado, em número de contribuições equivalente ao número de meses da antecipação:

a) Segurados(as) trabalhador(a) rural **empregado(a) e avulso(a):** independe de carência (art. 26, VI, do PBPS).

Já nos referimos ao trabalhador rural **"boia-fria"** quando tratamos dos segurados obrigatórios do RGPS. O enquadramento previdenciário desses trabalhadores é extremamente importante justamente porque tem implicações na definição da carência para a obtenção do salário-maternidade.

Há entendimentos no sentido de que o(a) trabalhador(a) rural volante ou "boia-fria" tem enquadramento como segurado(a) empregado(a), o que o(a) dispensa de comprovação da carência, por ser do empregador o dever de descontar da remuneração a respectiva contribuição previdenciária e fazer o recolhimento:

> "(...) 1. O direito à percepção do salário-maternidade é assegurado pela Constituição Federal, no art. 7º, inc. XVIII, e pelo art. 71 da Lei n. 8.213/91. 2. **A trabalhadora rural diarista, volante ou "boia-fria" é equiparada à categoria de empregada** e, portanto, segurada obrigatória do RGPS, **fazendo jus ao salário-maternidade independentemente de carência** (art. 11, I, *a* e art. 26, IV, ambos da Lei de Benefícios). 3. É de todo conveniente que se admita a prova testemunhal e desde que se apresente de maneira firme e robusta, se dê a ela o condão de demonstrar o tempo de serviço desenvolvido pelo trabalhador rural, necessário à obtenção do benefício previdenciário. 4. **Não há necessidade de recolhimento de contribuição pelos rurícolas, sendo suficiente a comprovação do efetivo exercício de atividade no meio rural**. Ademais, **a responsabilidade pelo recolhimento é do empregador**. 5. Destarte, preenchidos os requisitos legais, faz jus a Autora ao salário-maternidade pleiteado na inicial, nos termos do artigo 26, inciso VI c.c. artigos 71 e seguintes, da Lei n. 8.213/91 a partir da época do nascimento de seu filho em 31.07.01, nos termos do artigo 71 do referido texto legal (...)" (TRF 3ª Região, AC 200803990378715, 7ª Turma, Rel. Des. Fed. Antonio Cedenho, *DJF3 CJ2* 11.02.2009, p. 681).

b) Segurados(as) contribuinte individual e facultativa: 10 contribuições mensais.

c) Segurado(a) especial: por não recolher contribuição previdenciária, o(a) segurado(a) especial tem direito ao benefício na forma do disposto no art. 39, parágrafo único, do PBPS; não comprova carência, mas, sim, o exercício de atividade rural, ainda que de forma descontínua, nos 10 meses imediatamente anteriores ao do início do benefício, na forma dos arts. 25, III, e 39, parágrafo único, com a redação da Lei n. 13.846/2019.

Sujeito ativo: trabalhador(a) rural segurado(a) empregado(a), trabalhador(a) avulso(a), segurado(a) especial e segurado(a) contribuinte individual ou facultativo(a) que tenha filho, adote ou obtenha guarda judicial para fins de adoção.

Sujeito passivo: o INSS (onerado, ver item 5.3.5.9, *supra*).

RM: calculada de formas diferentes conforme o tipo de segurada:

a) segurado(a) **empregado(a):** renda mensal igual à última remuneração integral (art. 72 do PBPS e art. 94 do RPS). Não está sujeita ao limite máximo do salário de contribuição (ver item 5.3.5.8, *supra*);

b) segurado(a) **trabalhador(a) avulso(a):** renda mensal igual à remuneração integral equivalente a um mês de trabalho (art. 100 do RPS);

c) segurado(a) especial: 1 (um) salário mínimo (art. 39, parágrafo único, do PBPS e art. 101, II, do RPS);

d) segurado(a) especial que contribui como **contribuinte individual:** 1/12 (um doze avos) do valor sobre o qual incidiu sua última contribuição anual (art. 73, II, do PBPS);

e) segurado(a) **contribuinte individual, facultativo(a) e os(as) que mantenham a qualidade de segurado(a):** 1/12 (um doze avos) da soma dos 12 últimos salários de contribuição apurados em período não superior a 15 meses (art. 73, III, do PBPS e art. 101, III, do RPS).

Termo inicial: idêntico ao dos(as) trabalhadores(as) urbanos(as).
Termo final: idêntico ao dos(as) trabalhadores(as) urbanos(as).

SALÁRIO-MATERNIDADE DOS(AS) TRABALHADORES(AS) RURAIS	
CONTINGÊNCIA	■ Ser mãe, adotar ou obter guarda judicial para fins de adoção.
CARÊNCIA	■ Segurados(as) trabalhadores(as) rural empregado(a) e avulso(a): independe de carência; ■ Segurados(as) contribuinte individual e facultativo(a): 10 contribuições mensais; ■ Segurado(a) especial: 10 meses de atividade (PBPS).
SUJEITO ATIVO	■ Trabalhador(a) rural segurado(a) empregado(a), trabalhador(a) avulso(a), segurado(a) especial e segurado(a) contribuinte individual ou facultativo(a) que tenha filho, adote ou obtenha guarda judicial para fins de adoção.
SUJEITO PASSIVO	■ INSS (onerado).
RENDA MENSAL	■ Segurado(a) empregado(a): igual à última remuneração integral; ■ Segurado(a) trabalhador(a) avulso(a): igual à remuneração integral equivalente a um mês de trabalho; ■ Segurado(a) especial: 1 (um) salário mínimo; ■ Segurado(a) especial contribuinte individual: 1/12 do valor sobre o qual incidiu a última contribuição anual; ■ Segurado(a) contribuinte individual, facultativo(a) e os(as) que mantenham a qualidade de segurado(a): 1/12 da soma dos 12 últimos salários de contribuição de período não superior a 15 meses.
TERMO INICIAL	■ Idêntico ao dos(as) trabalhadores(as) urbanos(as).
TERMO FINAL	■ Idêntico ao dos(as) trabalhadores(as) urbanos(as).

5.7.7. Auxílio-acidente

O auxílio-acidente foi analisado no item 5.3.5.10, *supra*.

Aplicam-se aos rurícolas as mesmas regras do auxílio-acidente dos trabalhadores urbanos.

Atenção: os trabalhadores rurais têm direito subjetivo ao benefício quando exercem suas atividades como **segurados empregados, trabalhadores avulsos e segurados especiais**, na forma do disposto no art. 18, § 1º, do PBPS.

AUXÍLIO-ACIDENTE DOS TRABALHADORES RURAIS
■ Somente para segurados empregados, trabalhadores avulsos e segurados especiais.

5.7.8. Benefícios devidos aos dependentes do segurado trabalhador rural

5.7.8.1. *Histórico*

a) Lei Complementar n. 11, de 25.05.1971

O trabalhador rural esteve excluído da proteção pelo regime geral de previdência social até a entrada em vigor da Lei n. 8.213/91. Aplicava-se aos trabalhadores excluídos da LOPS a proteção previdenciária da Lei Complementar n. 11/71.

A LC n. 11/71 assegurou pensão por morte para os dependentes do trabalhador rural, com renda mensal de 30% do salário mínimo de maior valor no País. A pensão prevista no art. 6º beneficiava os dependentes do trabalhador rural, definido no § 1º, *a* e *b*, do art. 3º: o empregado e o que exercia sua atividade em regime de economia familiar.

b) Lei Complementar n. 16, de 30.10.1973

Com a edição da Lei Complementar n. 16/73, a renda mensal da pensão por morte prevista na LC n. 11/71 foi alterada para 50% do salário mínimo a partir de janeiro de 1974.

c) Lei n. 7.604, de 26.05.1987

Essa situação mudou com a edição da Lei n. 7.604/87, cujo art. 4º dispôs:

> **Art. 4º** A pensão de que trata o art. 6º da Lei Complementar n. 11, de 25 de maio de 1971, passará a ser devida a partir de 1º de abril de 1987 aos dependentes do trabalhador rural, falecido em data anterior a 26 de maio de 1971.

A Lei n. 7.604/87 expressamente **retroagiu para alcançar fatos pretéritos**, passando a beneficiar dependentes de trabalhadores rurais cujo óbito ocorrera antes da LC n. 11/71.

5.7.8.2. *Pensão por morte*

Com o PBPS, que regulou as disposições da CF de 1988, a pensão por morte de trabalhador rural, devida aos seus dependentes, tem a **mesma cobertura** previdenciária dada aos dependentes do segurado trabalhador urbano.

Contingência: ser dependente de segurado trabalhador rural falecido.

Valem as mesmas considerações feitas quando da análise da contingência no item 5.3.6.1, *supra*.

Carência: independe de carência.

RMI: calculada com os mesmos critérios da pensão por morte de trabalhador urbano.

A renda mensal é rateada entre todos os dependentes em partes iguais (art. 77 do PBPS e art. 113 do RPS).

RM da pensão por morte do segurado especial: 1 (um) salário mínimo (art. 39, I, do PBPS).

Sujeito ativo: o conjunto de dependentes do segurado trabalhador rural falecido.

Aplicam-se, também, as mesmas disposições relativas à indignidade do dependente e às causas de exclusão do direito ao benefício (item 5.3.6.1, *supra*).

Sujeito passivo: o INSS.

Termo inicial: fixado com os mesmos critérios da pensão por morte de segurado urbano[140] (item 5.3.6.1, *supra*).

Termo final: fixado com os mesmos critérios da pensão por morte de segurado urbano (item 5.3.6.1, *supra*).

PENSÃO POR MORTE PARA OS DEPENDENTES DO SEGURADO TRABALHADOR RURAL	
CONTINGÊNCIA	■ Ser dependente de segurado trabalhador rural falecido.
CARÊNCIA	■ Independe de carência.
SUJEITO ATIVO	■ Conjunto de dependentes do segurado falecido.
SUJEITO PASSIVO	■ INSS
RMI	■ Mesmos critérios da pensão por morte de segurado urbano. ■ 1 salário mínimo (art. 39, parágrafo único, do PBPS) → por morte do segurado especial
TERMO INICIAL	■ Mesmos critérios da pensão por morte de segurado urbano.
TERMO FINAL	■ Mesmos critérios da pensão por morte de segurado urbano.

■ 5.7.9. Auxílio-reclusão

O auxílio-reclusão é benefício previdenciário cuja previsão, pela primeira vez, foi feita pela CF de 1988, que o garantiu aos dependentes do **segurado de baixa renda** (art. 201, IV).

Os requisitos para o auxílio-reclusão são os mesmos quando se trata do benefício devido aos dependentes do segurado urbano recolhido à prisão em regime fechado: aplicam-se as regras de regência da pensão por morte (ver item 5.3.6.2, *supra*), exceto com relação à carência.

Carência: 24 contribuições mensais quando o óbito ocorrer após 18.01.2019, na forma do inciso IV, incluído no art. 25 pela MP n. 871/2019, convertida na Lei n. 13.846/2019.

"Carência" para o trabalhador rural e para o segurado especial que não tenha efetuado pagamento de contribuições para o custeio: 24 meses de efetiva atividade rural no período que antecede a prisão em regime fechado.

Apenas destacamos que, quando se trata de prisão de **segurado especial** que não contribua como contribuinte individual, o valor da renda mensal do auxílio-reclusão é igual a **um salário mínimo** (art. 39, I, do PBPS).

Prisão de segurado especial → auxílio-reclusão = um salário mínimo

[140] Súmula 197 do extinto Tribunal Federal de Recursos: "A pensão por morte de trabalhador rural, ocorrida após a entrada em vigor da Lei Complementar n. 11, de 1971, não requerida na via administrativa, é devida a partir da citação".

TÍTULO II
O REGIME PREVIDENCIÁRIO DOS SERVIDORES PÚBLICOS CIVIS

■ 5.8. EVOLUÇÃO HISTÓRICA

A história previdenciária dos servidores públicos no Brasil mostra que esses trabalhadores sempre estiveram fora do regime aplicável aos da iniciativa privada.

A proteção previdenciária dos servidores públicos brasileiros antecedeu a instituição da proteção previdenciária dos trabalhadores em geral. Isso porque "(...) o servidor era considerado um bem do Estado: como tal deveria ser protegido pelo mesmo. (...)".[141]

Em 1795, foi instituído o Plano de Benefícios dos Órfãos e Viúvas dos Oficiais da Marinha.

A criação de Montepios também chegou a favorecer algumas categorias de servidores públicos: Montepio do Exército (1827), Montepio Geral da Economia (1835).

Posteriormente, outras categorias foram beneficiadas pela proteção previdenciária do Estado: funcionários do Ministério da Fazenda, funcionários (civis) do Ministério da Guerra, funcionários da Imprensa Nacional, operários efetivos do Arsenal da Marinha da Capital Federal, funcionários da Estrada de Ferro Central do Brasil etc.[142]

Com a criação das **Caixas de Aposentadorias e Pensões**, outras categorias passaram a ter proteção previdenciária: empregados do setor ferroviário, dos correios, telégrafos, marítimos, portuários.

As aposentadorias dos servidores públicos não dependiam de contribuição para o sistema, e eram **custeadas pelo Erário**. Já os benefícios para os dependentes do servidor dependiam da filiação aos Montepios e, após, aos Institutos de Pensão.

a) Constituição de 1891

O art. 75 da Constituição de 1891 garantia aos funcionários públicos apenas a aposentadoria por invalidez:

> **Art. 75.** A aposentadoria só poderá ser dada aos funcionários públicos em caso de invalidez no serviço da Nação.

---

141 Cf. Delúbio Gomes Pereira da Silva, *Regime de previdência social dos servidores públicos no Brasil:* perspectivas. São Paulo: LTr, 2003, p. 16.

142 Idem, ibidem: "(...) A origem desta proteção previdenciária pelo Estado pode ser explicada por elementos estruturais, de cunho econômico e político. Pois do lado econômico, neste período, o país estava direcionado para uma estratégia de desenvolvimento primário-exportadora, que exigia o fortalecimento do Estado em quatro áreas fundamentais de atuação: (i) justiça e policiamento interno, visando à manutenção da legalidade e da ordem pública; (ii) defesa contra agressões externas, com a constituição de um exército para garantir a soberania do país; (iii) relações diplomáticas, objetivando a administração da inserção do País no cenário político internacional e (iv) fazenda, que tinha como objetivo a cunhagem da moeda, o controle das reservas para adequação ao padrão-ouro, a arrecadação de impostos e o controle dos gastos. Neste sentido, podemos verificar que as primeiras categorias de servidores contempladas com a proteção previdenciária foram as categorias até hoje denominadas carreiras típicas de Estado, tais como: magistratura, polícia, diplomacia e tributária".

b) Constituição de 1934

A Constituição de 1934 dedicou o Título VII à disciplina do regime jurídico dos funcionários públicos, entendidos como todos os que exerçam cargos públicos, seja qual for a forma de pagamento (art. 170). Incluídos, então, os militares.

Foi prevista a aposentadoria compulsória com 68 anos de idade, a aposentadoria por invalidez e os proventos integrais em determinadas situações:

> **Art. 170.** O Poder Legislativo votará o Estatuto dos Funcionários Públicos, obedecendo às seguintes normas, desde já em vigor:
>
> 1º) o quadro dos funcionários públicos compreenderá todos os que exerçam cargos públicos, seja qual for a forma do pagamento;
>
> 3º) salvo os casos previstos na Constituição, serão aposentados, compulsoriamente os funcionários que atingirem 68 anos de idade;
>
> 4º) a invalidez para o exercício do cargo ou posto determinará a aposentadoria ou reforma, que, nesse caso, se contar o funcionário mais de trinta anos de serviço público efetivo, nos termos da lei, será concedida com os vencimentos integrais;
>
> 5º) o prazo para a concessão da aposentadoria com vencimentos integrais, por invalidez, poderá ser excepcionalmente reduzido nos casos que a lei determinar;
>
> 6º) o funcionário que se invalidar em consequência de acidente ocorrido no serviço será aposentado com vencimentos integrais, qualquer que seja o seu tempo de serviço; serão também aposentados os atacados de doença contagiosa ou incurável, que os inabilite para o exercício do cargo;
>
> 7º) os proventos da aposentadoria ou jubilação não poderão exceder os vencimentos da atividade;

Ao fazer referência a "posto" e "reforma", o art. 170 traçou as mesmas diretrizes para a inatividade dos militares.

Note-se que o constituinte de 1934 limitou os proventos da aposentadoria ao valor dos vencimentos da atividade.

c) Constituição de 1937

O art. 156 da Constituição de 1937 manteve o conceito de funcionário público para civis e militares, bem como a aposentadoria compulsória aos 68 anos de idade, os proventos integrais em caso de invalidez com mais de 35 anos de serviço efetivo e em caso de acidente em serviço.

Foi mantida a limitação do valor dos proventos da inatividade ao valor dos vencimentos da atividade:

> **Art. 156.** O Poder Legislativo organizará o Estatuto dos Funcionários Públicos, obedecendo aos seguintes preceitos desde já em vigor:
>
> *a)* o quadro dos funcionários públicos compreenderá todos os que exerçam cargos públicos criados em lei, seja qual for a forma de pagamento;
>
> *b)* a primeira investidura nos cargos de carreira far-se-á mediante concurso de provas ou de títulos;
>
> *c)* os funcionários públicos, depois de dois anos, quando nomeados em virtude de concurso de provas, e, em todos os casos, depois de dez anos de exercício, só poderão ser

exonerados em virtude de sentença judiciária ou mediante processo administrativo, em que sejam ouvidos e possam defender-se;

d) serão aposentados compulsoriamente com a idade de sessenta e oito anos; a lei poderá reduzir o limite de idade para categorias especiais de funcionários, de acordo com a natureza do serviço;

e) a invalidez para o exercício do cargo ou posto determinará aposentadoria ou reforma, que será concedida com vencimentos integrais, se contar o funcionário mais de trinta anos de serviço efetivo; o prazo para a concessão da aposentadoria ou reforma com vencimentos integrais, por invalidez, poderá ser excepcionalmente reduzido nos casos que a lei determinar;

f) o funcionário invalidado em consequência de acidente ocorrido no serviço será aposentado com vencimentos integrais, seja qual for o seu tempo de exercício;

g) as vantagens da inatividade não poderão, em caso algum, exceder às da atividade.

d) Constituição de 1946

O Título VIII da Constituição de 1946 dispôs sobre a previdência dos funcionários públicos, determinando a aposentadoria compulsória aos 70 anos de idade, e dando direito à aposentadoria por invalidez, bem como à aposentadoria voluntária aos 35 anos de serviço, com proventos integrais.

Ficou garantida, também, para fins de aposentadoria, a contagem do tempo de serviço público federal, estadual e municipal (arts. 191, 192 e 193):

Art. 191. O funcionário será aposentado:

I — por invalidez;

II — compulsoriamente, aos 70 anos de idade.

§ 1º Será aposentado, se o requerer, o funcionário que contar 35 anos de serviço.

§ 2º Os vencimentos da aposentadoria serão integrais, se o funcionário contar 30 anos de serviço; e proporcionais, se contar tempo menor.

§ 3º Serão integrais os vencimentos da aposentadoria, quando o funcionário, se invalidar por acidente ocorrido no serviço, por moléstia profissional ou por doença grave contagiosa ou incurável especificada em lei.

§ 4º Atendendo à natureza especial do serviço, poderá a lei reduzir os limites referidos em o n. II e no § 2º deste artigo.

Art. 192. O tempo de serviço público, federal, estadual ou municipal computar-se-á integralmente para efeitos de disponibilidade e aposentadoria.

Art. 193. Os proventos da inatividade serão revistos sempre que, por motivo de alteração do poder aquisitivo da moeda, se modificarem os vencimentos dos funcionários em atividade.

e) Lei n. 1.711, de 28.10.1952 (Estatuto dos Funcionários Públicos Civis da União)

Em 1952, o Estatuto dos Servidores Públicos Civis da União trouxe regras sobre o cômputo do tempo de serviço para fins de aposentadoria e disponibilidade:

Art. 80. Para efeito da aposentadoria e disponibilidade, computar-se-á integralmente:

I — o tempo de serviço público federal, estadual ou municipal;

II — o período de serviço ativo nas Forças Armadas, prestado durante a paz, computando-se pelo dobro o tempo em operações de guerra;

III — o tempo de serviço prestado como extranumerário ou sob qualquer outra forma de admissão, desde que remunerado pelos cofres públicos;

IV — o tempo de serviço prestado em autarquia;

V — o período de trabalho prestado a instituição de caráter privado que tiver sido transformada em estabelecimento de serviço público;

VI — o tempo em que o funcionário esteve em disponibilidade ou aposentado.

Art. 81. É vedada a acumulação de tempo de serviço prestado concorrentemente em dois ou mais cargos ou funções da União, Estado, Distrito Federal e Município, Autarquias e Sociedades de Economia Mista.

O art. 118 previa a concessão, dentre outras vantagens, de salário-família e auxílio-doença.

O **salário-família** era garantido ao funcionário ativo ou inativo, em razão da existência de filho menor de 21 anos, filho inválido, filha solteira sem economia própria e filho estudante, de até 24 anos de idade, que frequentasse curso secundário ou superior em estabelecimento de ensino oficial ou particular, e que não exercesse atividade lucrativa. Equiparavam-se os filhos de qualquer condição, os enteados, os adotivos e o menor que, mediante autorização judicial, vivesse sob a guarda e sustento do funcionário.

O **auxílio-doença** estava previsto no art. 143. Era concedido ao funcionário, após 12 meses consecutivos de licença para tratamento de saúde, em consequência de tuberculose ativa, alienação mental, neoplasia maligna, cegueira, lepra, paralisia ou cardiopatia grave. O funcionário tinha direito a 1 mês de vencimento ou remuneração.

E o art. 144 dispunha que o **tratamento do acidentado em serviço** seria custeado pelos cofres públicos ou por instituição de assistência social, mediante acordo com a União.

A funcionária **gestante**, mediante inspeção médica, tinha assegurada **licença por 4 meses**, **com vencimento ou remuneração**, a contar do 8º mês de gestação (art. 167).

A aposentadoria do funcionário público civil da União foi regulada pelos arts. 176 e seguintes do Estatuto, respeitando o modelo constitucional:

Art. 176. O funcionário será aposentado:

I — compulsoriamente, aos 70 anos de idade;

II — a pedido, quando contar 35 anos de serviço;

III — por invalidez.

§ 1º A aposentadoria por invalidez será sempre precedida de licença por período não excedente de 24 meses, salvo quando o laudo médico concluir pela incapacidade definitiva para o serviço público.

§ 2º Será aposentado o funcionário que depois de 24 meses de licença para tratamento de saúde for considerado inválido para o serviço público.

Os **proventos integrais** da aposentadoria ficaram restritos a **3 hipóteses:**

- 30 anos de serviço ou menos, nas hipóteses previstas em lei, conforme a natureza do serviço;
- por invalidez em consequência de acidente no exercício das atribuições, ou em virtude de doença profissional; e
- em caso de tuberculose ativa, alienação mental, neoplasia maligna, cegueira, lepra, paralisia, cardiopatia grave e outras moléstias indicadas com base em conclusões da medicina especializada.

f) Lei n. 3.807/60 (LOPS)

Com a LOPS, o Brasil adotou o sistema previdenciário proposto por Beveridge, que se destinou apenas a alguns trabalhadores, ficando expressamente **excluídos** os trabalhadores rurais e **os servidores públicos**.

A LOPS foi posteriormente modificada pelas Leis ns. 5.890/73 e 6.887/80, que mantiveram a exclusão dos servidores públicos:

REDAÇÃO ORIGINAL	LEI N. 5.890/73	LEI N. 6.887/80
Art. 3º São excluídos do regime desta Lei:		
I — os servidores civis e militares da União, dos Estados, Municípios e dos Territórios bem como os das respectivas autarquias, que estiverem sujeitos a regimes próprios de previdência;		I — os servidores civis e militares da União, dos Estados, dos Municípios, dos Territórios e do Distrito Federal, bem como os das respectivas autarquias, que estejam sujeitos a regimes próprios de previdência, salvo se forem contribuintes da Previdência Social Urbana;
II — os trabalhadores rurais assim entendidos, os que cultivam a terra e os empregados domésticos, salvo, quanto a estes, o disposto no art. 166.	II — os trabalhadores rurais, assim definidos na forma da legislação própria.	
Parágrafo único — O disposto no inciso I não se aplica aos servidores civis da União, dos Estados, Municípios e Territórios, que são contribuintes de Institutos de Aposentadoria e Pensões.		Parágrafo único. Os servidores de que trata o inciso I deste artigo, que tenham garantido apenas aposentadoria pelo Estado ou Município, terão regime especial de contribuição, fazendo jus, pela Previdência Social Urbana, exclusivamente aos benefícios estabelecidos na alínea "*f*", do inciso I, nas alíneas "*a*", "*b*", e "*c*" do inciso II e no inciso III do artigo 22.

g) Constituição de 1967

Com a Constituição de 1967 foi mantida a idade de 70 anos para a aposentadoria compulsória, bem como a aposentadoria por invalidez.

Importante notar que a aposentadoria voluntária passou a ser garantida aos homens com 35 anos de serviço, e aos 30 anos de serviço para as mulheres, com proventos integrais (art. 100 e 101):

Art. 100. O funcionário será aposentado:

I — por invalidez;

II — compulsoriamente, aos setenta anos de idade;

III — voluntariamente, após trinta e cinco anos de serviço.

§ 1º No caso do n. III, o prazo é reduzido a trinta anos, para as mulheres.

§ 2º Atendendo à natureza especial do serviço, a lei federal poderá reduzir os limites de idade e de tempo de serviço, nunca inferiores a sessenta e cinco e vinte e cinco anos, respectivamente, para a aposentadoria compulsória e a facultativa, com as vantagens do item I do art. 101.

Art. 101. Os proventos da aposentadoria serão:

I — integrais, quando o funcionário:

a) contar trinta e cinco anos de serviço, se do sexo masculino; ou trinta anos de serviço, se do feminino;

b) invalidar-se por acidente ocorrido em serviço, por moléstia profissional ou doença grave, contagiosa ou incurável, especificada em lei;

II — proporcionais ao tempo de serviço, quando o funcionário contar menos de trinta e cinco anos de serviço.

§ 1º O tempo de serviço público federal, estadual ou municipal será computado integralmente para os efeitos de aposentadoria e disponibilidade.

§ 2º Os proventos da inatividade serão revistos sempre que, por motivo de alteração, do poder aquisitivo da moeda, se modificarem os vencimentos dos funcionários em atividade.

§ 3º Ressalvado o disposto no parágrafo anterior, em caso nenhum os proventos da inatividade poderão exceder a remuneração percebida na atividade.

Quanto aos **militares**, o art. 94, § 6º, determinou a aplicação do disposto nos §§ 1º, 2º e 3º do art. 101. E o § 7º deixou para a lei estabelecer os limites de idade e outras condições para a transferência dos militares para a inatividade.

h) Emenda Constitucional n. 1, de 17.10.1969

A EC n. 1/69 não trouxe alterações importantes:

Art. 101. O funcionário será aposentado:

I — por invalidez;

II — compulsoriamente, aos setenta anos de idade; ou

III — voluntariamente, após trinta e cinco anos de serviço.

Parágrafo único. No caso do item III, o prazo é de trinta anos para as mulheres.

Art. 102. Os proventos da aposentadoria serão:

I — integrais, quando o funcionário:

a) contar trinta e cinco anos de serviço, se do sexo masculino, ou trinta anos de serviço, se do feminino; ou

b) se invalidar por acidente em serviço, por moléstia profissional ou doença grave, contagiosa ou incurável, especificada em lei.

II — proporcionais ao tempo de serviço, quando o funcionário contar menos de trinta e cinco anos de serviço, salvo o disposto no parágrafo único do artigo 101.

§ 1º Os proventos da inatividade serão revistos sempre que, por motivo de alteração do poder aquisitivo da moeda, se modificarem os vencimentos dos funcionários em atividade.

§ 2º Ressalvado o disposto no parágrafo anterior, em caso nenhum os proventos da inatividade poderão exceder a remuneração percebida na atividade.

§ 3º O tempo de serviço público federal, estadual ou municipal será computado integralmente para os efeitos de aposentadoria e disponibilidade, na forma da lei.

Art. 103. Lei complementar, de iniciativa exclusiva do Presidente da República, indicará quais as exceções às regras estabelecidas, quanto ao tempo e natureza de serviço, para aposentadoria, reforma, transferência para a inatividade e disponibilidade.

Quanto aos **servidores militares**, o art. 93, § 7º, delegou para a **legislação ordinária** a disciplina jurídica da transferência para a inatividade. E o § 8º disciplinou a revisão dos proventos da inatividade:

Art. 93.
§ 7º A lei estabelecerá os limites de idade e outras condições de transferência para a inatividade.
§ 8º Os proventos da inatividade serão revistos sempre que, por motivo de alteração do poder aquisitivo da moeda, se modificarem os vencimentos dos militares em serviço ativo; ressalvados os casos previstos em lei, os proventos da inatividade não poderão exceder a remuneração percebida pelo militar da ativa no posto ou graduação correspondentes aos dos seus proventos.

i) Decreto n. 77.077/76 (CLPS — 1ª edição)

Na primeira edição da CLPS, em 1976, os servidores públicos continuaram excluídos do regime previdenciário dos demais trabalhadores:

Art. 3º São excluídos do regime desta Consolidação:
I — os servidores civis e militares da União, Estados, Territórios, Distrito Federal e Municípios, bem como das respectivas autarquias, sujeitos a regimes próprios de previdência social;

j) Emenda Constitucional n. 18, de 30.06.1981

Com a EC n. 18/81, foi garantida também aos servidores públicos a **aposentadoria para os professores**, com tempo de serviço reduzido em 5 anos e proventos integrais:

Art. 101. O funcionário será aposentado:
III — voluntariamente, após trinta e cinco anos de serviço, ressalvado o disposto no art. 165, item XX.
Art. 165. A Constituição assegura aos trabalhadores os seguintes direitos, além de outros que, nos termos da lei, visem à melhoria de sua condição social:
XX — a aposentadoria para o professor após 30 anos e, para a professora, após 25 anos de efetivo exercício em funções de magistério, com salário integral.

k) Decreto n. 89.312/84 (CLPS — 2ª edição)

A CLPS de 1984 não trouxe inovações para os servidores públicos em relação ao regime previdenciário dos demais trabalhadores urbanos.

Art. 4º A previdência social urbana não abrange:
I — o servidor civil ou militar da União, Estado, Território, Distrito Federal ou Município, bem como o de autarquia respectiva, sujeito a regime próprio de previdência social, observado o disposto nos §§ 2º e 3º do art. 6º.

l) Constituição Federal de 1988

Embora a CF de 1988 tenha adotado o conceito de Seguridade Social — direito à saúde, previdência social e assistência social —, o que é um avanço na demorada conquista pela valorização dos direitos sociais no Brasil, os servidores públicos ainda têm, em termos previdenciários, **regime distinto e peculiar**.

Preocupou-se o legislador constituinte em **diminuir a diferença existente entre os regimes jurídicos** de trabalho público e privado.

O § 3º do art. 39 da CF, na redação dada pela EC n. 19/98, garante a aplicação do disposto no art. 7º, IV, VII, VIII, IX, XII, XIII, XV, XVI, XVII, XVIII, XIX, XX, XXII e XXX, aos servidores ocupantes de cargo público, podendo a lei estabelecer requisitos diferenciados de admissão quando a natureza do cargo o exigir: remuneração não inferior ao salário mínimo, mesmo em caso de remuneração variável; 13º salário com base no valor da remuneração integral ou no valor da aposentadoria; adicional noturno; salário-família em razão da existência de dependente do servidor de baixa renda, nos termos da lei (art. 13 da EC n. 20/98); jornada de trabalho não superior a 8 horas diárias e a 44 horas semanais; repouso semanal remunerado, preferencialmente aos domingos; remuneração do serviço extraordinário superior, no mínimo, em 50% à do normal; férias remuneradas com, pelo menos, um terço a mais do que o salário normal; licença à gestante, sem prejuízo do cargo e dos vencimentos, por 120 dias; licença-paternidade, nos termos da lei; proteção do mercado de trabalho da mulher, nos termos da lei; redução dos riscos inerentes ao trabalho, por meio de normas de saúde, higiene e segurança; proibição de diferença de remuneração, de exercício de funções e de critérios de admissão por motivo de sexo, idade, cor ou estado civil.

A manutenção de regimes previdenciários distintos, a nosso ver, tem fundamento na **natureza peculiar da atividade dos servidores públicos:** a prestação de *serviço público*.

Heloísa Hernandez Derzi ensina:

> "Então, o primeiro dado relevante quando se pretende abordar o tema da *previdência do servidor público*, é demonstrar que 'esses trabalhadores qualificados' (*i.e., servidores*), em suas *relações de trabalho com o Estado*, sempre estiveram adstritos a *regime jus-laboral institucional*: a estabilidade, as *regras de* disponibilidade, a paridade de vencimentos exemplificam a chamada *natureza estatutária*, *não contratual*, em que as partes não podem livremente negociar as condições; antes, aderem a um *regime* imposto por *lei*, voltado para o atendimento primordial do chamado *interesse público*" (destaques no original).[143]

A natureza estatutária do vínculo dos trabalhadores do setor público com a Administração lhes acarreta vantagens próprias da natureza de suas funções, mas, também, restrições que não alcançam os trabalhadores da iniciativa privada: dedicação exclusiva ao serviço público; limite máximo de remuneração (*teto*); fixação da remuneração por lei; impossibilidade de negociação das condições laborais.

---

[143] Cf. Equívocos da reforma previdenciária do setor público, *Revista de Direito Social,* Notadez, Porto Alegre, n. 12, 2003, p. 55-66, na p. 59.

REGIME ESTATUTÁRIO
■ Dedicação exclusiva ao serviço público
■ Limite máximo de remuneração (*teto*)
■ Fixação da remuneração por lei
■ Impossibilidade de negociação das condições laborais

A existência de regimes previdenciários distintos impossibilita que se construa um sistema previdenciário coeso e apto a dar proteção social a toda a população ativa e inativa do país, seja no setor público, seja no setor privado.

Os servidores públicos ficaram afastados da participação solidária que fundamenta a proteção social que a seguridade social deve garantir.

> "Inobstante a *setorialização administrativa* e a *discriminação das receitas*, outro desvio dos desígnios constitucionais levou à destruição da ideia de *solidariedade* e *segurança* que devem integrar o conceito de Seguridade: a permissão constitucional para a criação dos chamados *sistemas próprios* para os *servidores civis e militares*, em antagonismo à ideia de *sistema universal*" (destaques no original).[144]

Na redação original, o art. 40 da CF garantia aposentadorias e pensões:

> **Art. 40.** O servidor será aposentado:
>
> I — por invalidez permanente, sendo os proventos integrais quando decorrentes de acidente em serviço, moléstia profissional ou doença grave, contagiosa ou incurável, especificadas em lei, e proporcionais nos demais casos;
>
> II — compulsoriamente, aos setenta anos de idade, com proventos proporcionais ao tempo de serviço;
>
> III — voluntariamente:
>
> *a)* aos trinta e cinco anos de serviço, se homem, e aos trinta, se mulher, com proventos integrais;
>
> *b)* aos trinta anos de efetivo exercício em funções de magistério, se professor, e vinte e cinco, se professora, com proventos integrais;
>
> *c)* aos trinta anos de serviço, se homem, e aos vinte e cinco, se mulher, com proventos proporcionais a esse tempo;
>
> *d)* aos sessenta e cinco anos de idade, se homem, e aos sessenta, se mulher, com proventos proporcionais ao tempo de serviço.
>
> § 1º Lei complementar poderá estabelecer exceções ao disposto no inciso III, "a" e "c", no caso de exercício de atividades consideradas penosas, insalubres ou perigosas.
>
> § 2º A lei disporá sobre a aposentadoria em cargos ou empregos temporários.
>
> § 3º O tempo de serviço público federal, estadual ou municipal será computado integralmente para os efeitos de aposentadoria e de disponibilidade.
>
> § 4º Os proventos da aposentadoria serão revistos, na mesma proporção e na mesma data, sempre que se modificar a remuneração dos servidores em atividade, sendo tam-

144 Idem, ibidem.

bém estendidos aos inativos quaisquer benefícios ou vantagens posteriormente concedidos aos servidores em atividade, inclusive quando decorrentes da transformação ou reclassificação do cargo ou função em que se deu a aposentadoria, na forma da lei.

§ 5º O benefício da pensão por morte corresponderá à totalidade dos vencimentos ou proventos do servidor falecido, até o limite estabelecido em lei, observado o disposto no parágrafo anterior.

m) Lei n. 8.112, de 11.12.1990

O art. 39 da CF, na redação original, determinou que a União, os Estados, o Distrito Federal e os Municípios instituíssem, no âmbito de sua competência, **regime jurídico único** e planos de carreira para os servidores da administração pública direta, das autarquias e das fundações públicas.

No âmbito federal, a determinação constitucional foi cumprida com a edição da **Lei n. 8.112/90**, que dispõe sobre o regime jurídico dos **servidores públicos civis da União**, das **autarquias e** das **fundações públicas federais**. No Título VI, a lei disciplina a Seguridade Social do Servidor Público.

O art. 185 garante benefícios e serviços a segurados e dependentes:

Art. 185. Os benefícios do Plano de Seguridade Social do servidor compreendem:

I — quanto ao servidor:

a) aposentadoria;

b) auxílio-natalidade;

c) salário-família;

d) licença para tratamento de saúde;

e) licença à gestante, à adotante e licença-paternidade;

f) licença por acidente em serviço;

g) assistência à saúde;

h) garantia de condições individuais e ambientais de trabalho satisfatórias;

II — quanto ao dependente:

a) pensão vitalícia e temporária;

b) auxílio-funeral;

c) auxílio-reclusão;

d) assistência à saúde.

§ 1º As aposentadorias e pensões serão concedidas e mantidas pelos órgãos ou entidades aos quais se encontram vinculados os servidores, observado o disposto nos arts. 189 e 224.

§ 2º O recebimento indevido de benefícios havidos por fraude, dolo ou má-fé, implicará devolução ao erário do total auferido, sem prejuízo da ação penal cabível.

n) Emenda Constitucional n. 3, de 17.03.1993

A EC n. 3/93 acrescentou o § 6º ao art. 40, resultando que as aposentadorias e pensões dos servidores públicos federais seriam custeadas com recursos provenientes da União e dos servidores públicos federais, na forma da lei.

Esse dispositivo constitucional, entretanto, teve praticamente nenhum efeito prático, porque o sistema previdenciário dos servidores públicos só foi efetivamente estruturado com a EC n. 20, de 1998.

o) Emenda Constitucional n. 20/98

Com a EC n. 20/98, os regimes previdenciários dos trabalhadores da iniciativa privada e dos servidores públicos foram atingidos por novas regras, fazendo surgir a polêmica acerca da garantia constitucional do respeito ao direito adquirido em matéria previdenciária.

A EC n. 20/98 modificou o *caput* do art. 40 para determinar a instituição de **regime previdenciário**, de **caráter contributivo**, para os **titulares de cargos efetivos** das entidades federativas (União, Estados, Distrito Federal e Municípios) suas autarquias e fundações:

> **Art. 40. Aos servidores titulares de cargos efetivos** da União, dos Estados, do Distrito Federal e dos Municípios, incluídas suas autarquias e fundações, é assegurado **regime de previdência de caráter contributivo**, observados critérios que preservem o **equilíbrio financeiro e atuarial** e o disposto neste artigo.

A partir da EC n. 20/98, **todos os entes federativos** — União, Estados, Distrito Federal e Municípios — devem instituir o regime previdenciário de seus respectivos servidores.

Instituído o regime próprio, todos os servidores titulares de cargo efetivo, bem como os magistrados, membros do Ministério Público e dos tribunais de contas serão segurados obrigatórios do respectivo regime próprio.

Quer a CF que os regimes próprios mantenham equilíbrio financeiro e atuarial.

Outras Emendas Constitucionais posteriores — 41/2003, 47/2005 e 88/2015 — introduziram novas modificações no Regime Próprio dos Servidores Públicos.

EC N. 20/98
■ Todos os entes federativos devem instituir regime previdenciário próprio.
■ Aplicável aos servidores titulares de cargo efetivo, Magistrados, membros do Ministério Público e dos Tribunais de Contas.
■ Regimes próprios devem manter equilíbrio financeiro e atuarial.

p) Emenda Constitucional n. 103/2019

A EC n. 103/2019 reformulou o sistema de aposentadorias e pensões dos servidores públicos, aproximando-o ainda mais das regras do RGPS.

Para os **servidores públicos federais**, a Reforma da Previdência garantiu aposentadoria voluntária com requisitos cumulativos de idade mínima e tempo de contribuição.

Para os **servidores públicos dos Estados, Distrito Federal e Municípios,** a reforma poderá ser feita por Emenda às respectivas constituições e leis orgânicas, bem como por leis complementares do respectivo ente federativo. Entretanto, já tramita no Congresso Nacional a PEC n. 133/2019 (PEC paralela), que permite aos

Estados, Distrito Federal e Municípios adotarem em seus regimes próprios de previdência social as mesmas regras aplicáveis ao regime próprio da União.

Os proventos das aposentadorias dos servidores públicos não poderão ser inferiores a um salário mínimo ou superiores ao limite máximo estabelecido para o RGPS, desde que instituído o regime de previdência complementar.

Importante frisar que nem todas as regras da EC n. 103/2019 alcançam os servidores públicos dos Estados, Distrito Federal e Municípios. Parte dessas regras tem aplicação imediata a todos os entes federativos, algumas são aplicáveis apenas ao RPPS da União e outras, ainda, são de aplicação unicamente aos RPPS dos Estados, do Distrito Federal e dos Municípios. Durante a tramitação da PEC n. 287-A não houve consenso quanto à inclusão dos Estados, do Distrito Federal e dos Municípios na Reforma da Previdência, daí resultando que o RPPS já não tem mais uniformidade de regras para todos os entes federativos.

Chamamos a atenção, também, para a PEC n. 133/2019 (PEC "paralela"), que tramita no Congresso Nacional, que, se aprovada, possibilitará a adoção das regras constitucionais do RPPS da União pelos demais entes federativos.

Ao longo dos tópicos seguintes apontaremos as regras aplicáveis unicamente no âmbito federal, bem como as demais aplicáveis a todos os entes federativos.

■ 5.9. DISCIPLINA CONSTITUCIONAL

■ 5.9.1. Competência legislativa

Os regimes próprios foram instituídos por lei do respectivo ente federativo, cabendo à União a edição de **normas gerais** sobre a matéria, o que foi feito com a publicação da Lei n. 9.717, de 27.11.1998.

A EC n. 103/2019 vedou a instituição de novos regimes próprios de previdência social (art. 40, § 22, da CF).

Para os regimes próprios de previdência social já existentes, deverá ser editada **lei complementar federal**, que estabelecerá normas gerais de organização, de funcionamento e de responsabilidade em sua gestão, na forma do § 22 do art. 40 da CF. Enquanto não editada a Lei complementar, será aplicada a Lei n. 9.717/1998.

Chamamos a atenção para a **possibilidade de extinção de RPPS** e migração para o RGPS.

COMPETÊNCIA LEGISLATIVA	
■ Instituição	■ Lei do respectivo ente federativo (União, Estado e Município)
■ Normas gerais	■ Lei Complementar federal → aplicação da Lei n. 9.717/98 até a edição da Lei Complementar

■ 5.9.2. Princípios

O RPSP de todos os entes federativos, embora seja especial, submete-se aos mesmos princípios constitucionais que regem a Seguridade Social, previstos no art. 194 da CF.

Por se tratar de regime especial de Previdência Social, a CF estabeleceu, também, normas específicas para o RPPS, assim como fez para o Regime Geral (arts. 201 e 202).

Estão no art. 40 da CF as diretrizes constitucionais traçadas para o RPPS.

O *caput* do art. 40 está em vigor com a redação que lhe foi dada pela EC n. 103/2019:

> **Art. 40.** O regime próprio de previdência social dos servidores titulares de cargos efetivos terá caráter contributivo e solidário, mediante contribuição do respectivo ente federativo, de servidores ativos, de aposentados e de pensionistas, observados critérios que preservem o equilíbrio financeiro e atuarial.

A EC n. 103/2019 alterou o dispositivo para fazer referência genérica a servidores titulares de cargo efetivo, bem como adequar a redação do art. 40.

■ 5.9.2.1. *Solidariedade*

A solidariedade no financiamento da Previdência Social dos servidores públicos foi constitucionalmente estabelecida pela EC n. 3/93.

Referiu-se a EC n. 3 apenas ao custeio das aposentadorias e pensões do setor público com recursos provenientes da União e dos servidores públicos federais, na forma da lei. Não havia destaque orçamentário da contabilidade da Previdência Social dos servidores públicos: as contribuições eram arrecadadas diretamente ao Tesouro, que também fazia o pagamento dos benefícios.

A EC n. 41/2003 modificou o art. 40 para fixar que o RPPS seja **financiado, solidariamente**, mediante **contribuição do ente público** respectivo, bem como pelas contribuições **dos servidores ativos e inativos e dos pensionistas**, mantendo a exigência de preservação do equilíbrio financeiro e atuarial da redação dada pela EC n. 20/98.[145]

A solidariedade no financiamento do RPPS foi preservada pela EC n. 103/2019.

Trataremos das contribuições no item 5.14, *infra*.

Destacaremos, apenas, as peculiaridades desse regime especial.

■ 5.9.2.2. *Equilíbrio financeiro e atuarial*

O equilíbrio financeiro e atuarial é a chave da sobrevivência de qualquer regime de previdência social público ou privado.

Na forma do que a CF prevê para a Seguridade Social, no art. 195, § 5º, há necessidade de que o sistema tenha equilíbrio entre receita e despesa.

A nosso ver, a previdência social do servidor público não pode ser desvinculada do sistema da Seguridade Social, de modo que se submete aos mesmos princípios.

---

[145] Cf. Marcelo Leonardo Tavares, *Direito Previdenciário*: regime geral de previdência social e regras constitucionais dos regime próprios de previdência social. 14. ed., Niterói: Impetus, 2012, p. 315: "(...) Até a Reforma, tanto os valores arrecadados dos servidores ativos quanto os gastos com os benefícios previdenciários eram incluídos no orçamento fiscal das entidades da Federação, contrariando a determinação constitucional do art. 165, § 5º, que prevê a separação do orçamento da seguridade social do orçamento fiscal (...)".

Sendo assim, a regra do art. 195, § 5º, tem aplicação: nenhum benefício ou serviço da seguridade social poderá ser criado, majorado ou estendido sem a correspondente fonte de custeio total.

■ *5.9.2.3. Princípio da unicidade de regime e gestão*

Os entes federativos não podem adotar mais de um regime previdenciário para seus servidores titulares de cargo efetivo.

A CF exige, também, que a gestão do RPPS seja feita por **apenas um órgão ou unidade gestora**:

> **Art. 40.**
>
> § 20. É vedada a existência de mais de um regime próprio de previdência social e de mais de um órgão ou entidade gestora desse regime em cada ente federativo, abrangidos todos os poderes, órgãos e entidades autárquicas e fundacionais, que serão responsáveis pelo seu financiamento, observados os critérios, os parâmetros e a natureza jurídica definidos na lei complementar de que trata o § 22.

A exigência constitucional foi denominada pelo Professor José dos Santos Carvalho Filho de **princípio da unicidade**.[146]

■ 5.9.3. Aplicação subsidiária das normas do Regime Geral de Previdência Social (RGPS)

O § 12 do art. 40 determina que o RPPS observe, **no que couber**, as normas do RGPS:

> § 12. Além do disposto neste artigo, serão observados, em regime próprio de previdência social, no que couber, os requisitos e critérios fixados para o Regime Geral de Previdência Social.

■ 5.9.4. Beneficiários

Nem todas as pessoas que trabalham na Administração Pública são seguradas do Regime Próprio de Previdência dos Servidores Públicos.

---

[146] *Manual de direito administrativo*. 26. ed. São Paulo: Editora Atlas S/A, 2013, p. 686/687: "Não custa observar que as entidades públicas não poderão adotar mais de um regime previdenciário especial (próprio) para os titulares de cargos efetivos; significa que o conjunto de normas previdenciárias da pessoa federativa deverá abranger todos os servidores efetivos, sem distinções relacionadas a esta ou aquela categoria funcional. Por outro lado, a Constituição também impõe a exigência de apenas uma *unidade gestora* do respectivo regime em cada uma daquelas entidades, exigência que consiste na atribuição de competência específica a órgão ou pessoa administrativa determinada para desempenhar a atividade de gestão dos variados componentes do regime, como arrecadação das contribuições, recursos financeiros, pagamentos de benefícios etc. Vigora, assim, o *princípio da unicidade* de regime e gestão do sistema previdenciário, como emana do art. 40, § 20, da CF, com a redação da EC n. 41/2003" (destaques no original).

Todos os que trabalham para a Administração Pública são **agentes públicos**.[147]

São **agentes públicos:**[148] **agentes políticos, agentes administrativos, servidores públicos, empregados públicos, servidores contratados em regime excepcional, agente honoríficos (ou particulares em regime de colaboração) e agentes delegados.**

A relação desses agentes públicos com a Administração se forma por meio de vínculos que têm natureza jurídica diversa, conforme a categoria considerada.

Agentes políticos são "*Pessoas físicas investidas de funções governamentais*, integrantes do alto escalão governamental, que formulam ou planejam a formulação das políticas públicas e são remuneradas por subsídios. São os chefes do Executivo e seus auxiliares diretos (ministros e secretários, advogado-geral da União, procurador-geral do Estado ou dos Municípios), membros do Legislativo, além de outros agentes que exercitam funções do Estado (primariamente retiram competências ou atribuições diretamente do sistema constitucional), como os juízes, promotores de justiça, membros das carreiras diplomáticas etc.".[149]

Agentes administrativos são "*Pessoas físicas investidas para o exercício de funções administrativas*, sejam os titulares de cargo público, exercentes de funções públicas, sejam os ocupantes de emprego público. Os agentes administrativos são, em regra, regidos pelo regime estatutário (servidores), mas podem ser meros empregados públicos (celetistas). (...) Os agentes administrativos, em geral, devem ser aprovados em concursos de provas e títulos para a investidura em cargo ou emprego público".[150]

Agentes honoríficos são as "*Pessoas físicas incumbidas transitoriamente do exercício de função administrativa* (jurados, mesários eleitorais)".[151]

Agentes delegados são "*Pessoas físicas investidas por delegação* (decorrente de ato ou contrato), *do exercício de função administrativa* (como os concessionários, os serventuários de serventias não oficializadas — Cartórios de Registro de Imóveis etc.)".[152]

Para fins penais, todos os agentes públicos são considerados funcionários públicos, ainda que transitório o exercício da função, na forma do art. 327 do Código Penal.

---

[147] O **art. 2º da Lei n. 8.429, de 02.06.1992 (Lei de Improbidade Administrativa)** dispõe: **Art. 2º** Reputa-se agente público, para os efeitos desta lei, todo aquele que exerce, ainda que transitoriamente ou sem remuneração, por eleição, nomeação, designação, contratação ou qualquer outra forma de investidura ou vínculo, mandato, cargo, emprego ou função nas entidades mencionadas no artigo anterior.

[148] Cf. Ricardo Cunha Chimenti, Marisa Ferreira dos Santos, Márcio Fernando Elias Rosa e Fernando Capez, *Curso de direito constitucional*. 6. ed. São Paulo: Saraiva, 2009, p. 198-199.

[149] Idem, ibidem, destaques no original.

[150] Idem, ibidem.

[151] Idem, ibidem.

[152] Idem, p. 200.

O RPPS, previsto no art. 40 da CF, **aplica-se apenas aos servidores públicos titulares de cargo efetivo** e aos **agentes públicos titulares de cargos vitalícios** quanto às aposentadorias e pensões.

Os agentes públicos titulares de cargos vitalícios submetidos, **quanto às aposentadorias e pensões**, ao regime próprio são: magistrados, membros do Ministério Público e membros dos Tribunais de Contas.

BENEFICIÁRIOS DO RPPS
■ Servidores titulares de cargo efetivo
■ Magistrados
■ Membros do Ministério Público
■ Membros dos Tribunais de Contas
■ Dependentes

Quanto aos **magistrados**, submetem-se à Lei Complementar n. 35, de 14.03.1979 (Lei Orgânica da Magistratura Nacional — LOMAN).

Na redação original do art. 93, VI, da CF, aos magistrados estava garantida aposentadoria compulsória, com proventos integrais, em casos de invalidez ou aos 70 anos de idade. Era garantida, ainda, a aposentadoria facultativa aos 30 anos de serviço, desde que após 5 anos de exercício efetivo na judicatura.

Com a **EC n. 20/98**, a redação do art. 93, VI, foi alterada, ficando, então, os magistrados submetidos ao regime dos servidores públicos em matéria de aposentadoria e pensão por morte.

MAGISTRADOS	
Redação original	**EC n. 20/98**
Art. 93. Lei complementar, de iniciativa do Supremo Tribunal Federal, disporá sobre o Estatuto da Magistratura, observados os seguintes princípios:	
VI — a aposentadoria com proventos integrais é compulsória por invalidez ou aos setenta anos de idade, e facultativa aos trinta anos de serviço, após cinco anos de exercício efetivo na judicatura;	**VI** — a aposentadoria dos magistrados e a pensão de seus dependentes observarão o disposto no art. 40;

O mesmo ocorre com os **membros do Ministério Público**, na forma do art. 129, § 4º, da CF, com a redação dada pela EC n. 45/2004.[153]

Os **membros de tribunais de contas** também tiveram sua situação alterada com a EC n. 20/98, uma vez que, na redação original do § 3º do art. 73, tinham assegurada

[153] Art. 129. São funções institucionais do Ministério Público:

§ 4º Aplica-se ao Ministério Público, no que couber, o disposto no art. 93.

a aposentadoria após 5 anos de exercício no cargo. Com a EC n. 20/98, passaram a submeter-se ao disposto no art. 40 quanto às aposentadorias e pensões.

REDAÇÃO ORIGINAL	EC n. 20/98
Art. 73. O Tribunal de Contas da União, integrado por nove Ministros, tem sede no Distrito Federal, quadro próprio de pessoal e jurisdição em todo o território nacional, exercendo, no que couber, as atribuições previstas no art. 96.	
§ 3º Os Ministros do Tribunal de Contas da União terão as mesmas garantias, prerrogativas, impedimentos, vencimentos e vantagens dos Ministros do Superior Tribunal de Justiça e somente poderão aposentar-se com as vantagens do cargo quando o tiverem exercido efetivamente por mais de cinco anos.	**§ 3º** Os Ministros do Tribunal de Contas da União terão as mesmas garantias, prerrogativas, impedimentos, vencimentos e vantagens dos Ministros do Superior Tribunal de Justiça, aplicando-se-lhes, quanto à aposentadoria e pensão, as normas constantes do art. 40.

Os servidores públicos titulares apenas de **cargos em comissão**, declarados em lei de livre nomeação e exoneração, isto é, que não sejam titulares de cargos efetivos, bem como de outro **cargo temporário, inclusive** mandato eletivo, ou de **emprego público**, estão excluídos do RPSP e **são segurados obrigatórios do Regime Geral de Previdência Social na categoria de segurados empregados** (art. 40, § 13, com a redação da EC n. 103/2019).

A EC n. 103/2019 incluiu os **exercentes de mandato eletivo** como segurados obrigatórios do Regime Geral de Previdência Social.[154]

Os titulares de mandato eletivo da União, dos Estados, do Distrito Federal e dos Municípios eram beneficiados com regimes previdenciários específicos. O art. 14 da EC n. 103/2019 vedou "a adesão de novos segurados e a instituição de novos regimes dessa natureza", de modo que os membros do Poder Legislativo que passaram a exercer mandato a partir da vigência da EC n. 103 (13.11.2019) são segurados obrigatórios do Regime Geral de Previdência Social.

Os segurados desses regimes previdenciários em 13.11.2019 têm o prazo de 180 dias para deles se retirarem, por meio de opção expressa. Se optarem por neles permanecer, terão período adicional de 30% do tempo de contribuição faltante em 13.11.2019 e idade mínima (62 anos, se mulher, e 65, se homem) para adquirirem o direito à aposentadoria.

A Lei n. 4.284, de 20.11.1963, criou o Instituto de Previdência dos Congressistas — IPC, que foi extinto pela Lei n. 9.506, de 30.10.1997. Com a extinção, o IPC foi sucedido pela União, em todos os direitos e obrigações, por intermédio da Câmara dos Deputados e do Senado Federal. Essas casas legislativas assumiram, então, com recursos orçamentários próprios, a concessão e manutenção de benefícios, preservados os direitos adquiridos em relação às pensões concedidas, bem como às pensões a conceder.

[154] § 13. Aplica-se ao agente público ocupante, exclusivamente, de cargo em comissão declarado em lei de livre nomeação e exoneração, de outro cargo temporário, inclusive mandato eletivo, ou de emprego público, o Regime Geral de Previdência Social.

Atenção: o servidor **titular de cargo em comissão que é titular de cargo efetivo** é segurado do Regime Próprio. Isso porque é comum que o servidor titular de cargo efetivo seja chamado para exercer cargo em comissão. Nesse caso, continua **vinculado ao RPPS**.

Há, ainda, os agentes que trabalham para a Administração Pública submetidos ao **regime da CLT e os temporários** (contratados por tempo determinado para atender a necessidade temporária de excepcional interesse público, na forma do art. 37, IX). Esses também são **segurados obrigatórios do RGPS**.

SERVIDORES PÚBLICOS SEGURADOS OBRIGATÓRIOS DO RGPS (art. 40, § 13, com a redação da EC n. 103/2019)	
■ Titulares apenas de cargo em comissão	
■ Temporários	
■ Celetistas	
■ Exercente de mandato eletivo	■ A partir de 13.11.2019

5.9.5. Benefícios

O art. 9º da EC n. 103/2019 limitou a cobertura previdenciária dos regimes próprios às aposentadorias e pensões. Caberá ao respectivo ente federativo (União, Estados e Municípios) o pagamento das remunerações quando se tratar de afastamento por incapacidade temporária e de salário-maternidade.

Os benefícios garantidos aos **filiados** do RPSP pelo art. 40 da CF, com a redação dada pela EC n. 103/2019 são : (I) **aposentadoria por incapacidade permanente** para o trabalho, no cargo em que estiver investido, quando insuscetível de readaptação; (II) **aposentadoria compulsória**, com proventos proporcionais ao tempo de contribuição, aos 70 (setenta) anos de idade, ou aos 75 (setenta e cinco) anos de idade, na forma de lei complementar (EC n. 88/2015); (III) **aposentadoria voluntária**, no âmbito da União, aos 62 (sessenta e dois) anos de idade, se mulher, e aos 65 (sessenta e cinco) anos de idade, se homem, e, no âmbito dos Estados, do Distrito Federal e dos Municípios, na idade mínima estabelecida mediante emenda às respectivas Constituições e Leis Orgânicas, observados o tempo de contribuição e os demais requisitos estabelecidos em lei complementar do respectivo ente federativo; (§ 5º) **aposentadoria voluntária, com idade reduzida em 5 (cinco) anos, aos professores** que comprovem tempo de efetivo exercício nas funções de magistério na educação infantil e no ensino fundamental e médio, na forma de lei complementar do respectivo ente federativo.

O art. 40 permite aos entes federativos que estabeleçam, por lei complementar, tempo de contribuição e idade diferenciados para aposentadoria de **servidor com deficiência** (§4º-A), de ocupantes do cargo de **agente penitenciário**, de **agente socioeducativo**, e de **policiais** da Câmara dos Deputados, do Senado Federal, de policiais federais, de policiais da polícia rodoviária federal, da polícia ferroviária federal e de policiais civis.

Também por lei complementar os entes federativos poderão prever a aposentadoria especial para servidores cujas atividades sejam exercidas com efetiva exposição a agentes químicos, físicos e biológicos prejudiciais à saúde, ou associação desses agentes, vedada a caracterização por categoria profissional ou ocupação.

A **Lei Complementar n. 152, de 03.12.2015** (*DOU* 04.12.2015), cumprindo o previsto na EC n. 88/2015, estendeu a aposentadoria compulsória aos 75 anos de idade a todos os servidores públicos da União, dos Estados e dos Municípios:[155]

> **Art. 2º** Serão aposentados **compulsoriamente**, com **proventos proporcionais** ao tempo de contribuição, **aos 75 (setenta e cinco) anos de idade**:
> I — os servidores titulares de cargos efetivos da União, dos Estados, do Distrito Federal e dos Municípios, incluídas suas autarquias e fundações;
> II — os membros do Poder Judiciário;
> III — os membros do Ministério Público;
> IV — os membros das Defensorias Públicas;
> V — os membros dos Tribunais e dos Conselhos de Contas.
> Parágrafo único. Aos servidores do Serviço Exterior Brasileiro, regidos pela *Lei n. 11.440, de 29 de dezembro de 2006*, o disposto neste artigo será aplicado progressivamente à razão de 1 (um) ano adicional de limite para aposentadoria compulsória ao fim de cada 2 (dois) anos, a partir da vigência desta Lei Complementar, até o limite de 75 (setenta e cinco) anos previsto no *caput*.

A EC n. 41/2003 criou o **abono de permanência em serviço**, incluindo o § 19 no art. 40 da CF, alterado parcialmente pela EC n. 103/2019.

Para os **dependentes**, a CF assegura **pensão por morte**.

Trataremos de cada um dos benefícios em item próprio.

BENEFÍCIOS PREVIDENCIÁRIOS ASSEGURADOS PELA CF	
Segurados	**Dependentes**
■ Aposentadoria por incapacidade permanente para o trabalho, no cargo em que estiver investido, quando insuscetível de reabilitação	■ Pensão por morte
■ Aposentadoria compulsória aos 75 anos	
■ Aposentadoria voluntária com requisitos cumulativos de idade e tempo de contribuição	
■ Aposentadoria especial para servidores com deficiência	
■ Aposentadoria especial para agente penitenciário, agente socioeducativo, policial da Câmara dos Deputados e do Senado Federal, policial federal, policial rodoviário federal, policial ferroviário federal e policial civil.	
■ Aposentadoria especial para servidores cujas atividades sejam exercidas com efetiva exposição a agentes químicos, físicos e biológicos prejudiciais à saúde, ou associação desses agentes	
■ Aposentadoria do professor	

155 A constitucionalidade está sendo questionada no STF na ADI 5.316.

5.9.6. Proibição de critérios diferenciados para a concessão de aposentadoria

Na redação original, o **art. 40, § 1º**, previa a possibilidade de concessão de aposentadoria voluntária, com proventos integrais ou proporcionais, ao servidor que exercesse atividades penosas, insalubres ou perigosas, conforme disposto em lei complementar.

O art. 40 foi sucessivamente modificado pelas Emendas Constitucionais ns. 20/98, 47/2005 e 103/2019.

A **EC n. 20/98**, como fez para o RGPS, vedou a adoção de critérios diferenciados para a concessão das aposentadorias do RPPS, ressalvando, porém, as situações de atividades exercidas exclusivamente sob condições especiais que prejudicassem a saúde ou a integridade física, definidos em lei complementar.

Com a alteração introduzida pela **EC n. 47/2005**, continuou vedada a adoção de critérios diferenciados para a concessão das aposentadorias do RPPS, mas foi ressalvado que lei complementar poderia instituir aposentadoria especial aos servidores **portadores de deficiência**, aos que exercessem **atividades de risco**, e àqueles cujas atividades fossem exercidas sob **condições especiais que prejudicassem a saúde ou a integridade física**.

O art. 40, § 4º, foi novamente alterado pela EC n. 103/2019. Embora continue a vedar a adoção de critérios diferenciados para concessão de benefícios no regime próprio, ressalva o disposto nos §§ 4º-A, 4º-B, 4º-C e 5º: servidores com deficiência; agentes penitenciários; agentes socioeducativos; policiais de Câmara dos Deputados e do Senado Federal; policiais federais; policiais rodoviários federais; policiais ferroviários federais; policiais civis; servidores cujas atividades sejam exercidas com efetiva exposição a agentes químicos, físicos e biológicos prejudiciais à saúde, ou associação desses agentes, vedada a caracterização por categoria profissional: e professores que comprovem tempo de efetivo exercício das funções de magistério na educação infantil e no ensino fundamental e médio.

Note-se que a nova redação excluiu da previsão as **atividades de risco**.

Embora o art. 40, desde sua redação original, preveja a aposentadoria especial, **a lei complementar** por ele exigida **ainda não foi editada**.

CRITÉRIOS DIFERENCIADOS PARA CONCESSÃO DE BENEFÍCIOS NO RPPS	
Regra geral	**Vedada a adoção de critérios diferenciados**
■ Exceções → lei complementar	■ servidores com deficiência ■ agentes penitenciários ■ agentes socioeducativos ■ policiais da Câmara dos Deputados e do Senado Federal ■ policiais federais ■ policiais rodoviários federais ■ policiais ferroviários federais ■ policiais civis ■ servidores cujas atividades sejam exercidas com a efetiva exposição a agentes químicos, físicos e biológicos prejudiciais à saúde, ou associação desses agentes, vedada a caracterização por categoria profissional ■ servidores ocupantes do cargo de professor, desde que comprovem tempo de efetivo exercício das funções de magistério na educação infantil e no ensino fundamental e médio

REDAÇÃO ORIGINAL	EC N. 20/98	EC N. 47/2005	EC N. 103/2019
§ 1º Lei complementar poderá estabelecer exceções ao disposto no inciso III, "a" e "c", no caso de exercício de atividades consideradas penosas, insalubres ou perigosas.	§ 4º É vedada a adoção de requisitos e critérios diferenciados para a concessão de aposentadoria aos abrangidos pelo regime de que trata este artigo, ressalvados os casos de atividades exercidas exclusivamente sob condições especiais que prejudiquem a saúde ou a integridade física, definidos em lei complementar.	§ 4º É vedada a adoção de requisitos e critérios diferenciados para a concessão de aposentadoria aos abrangidos pelo regime de que trata este artigo, ressalvados, nos termos definidos em leis complementares, os casos de servidores:	§ 4º É vedada a adoção de requisitos ou critérios diferenciados para concessão de benefícios em regime próprio de previdência social, ressalvado o disposto nos §§ 4º-A, 4º-B, 4ºC e 5º.
			4º-A Poderão ser estabelecidos por lei complementar do respectivo ente federativo idade e tempo de contribuição diferenciados para aposentadoria de servidores com deficiência, previamente submetidos a avaliação biopsicossocial realizada por equipe multiprofissional e interdisciplinar.
			4º-B Poderão ser estabelecidos por lei complementar do respectivo ente federativo idade e tempo de contribuição diferenciados para aposentadoria de ocupantes do cargo de agente penitenciário, de agente socioeducativo ou de policial dos órgãos de que tratam o inciso IV do *caput* do art. 51, o inciso XIII do *caput* do art. 52 e os incisos I a IV do *caput* do art. 144.
			4º-C Poderão ser estabelecidos por lei complementar do respectivo ente federativo idade e tempo de contribuição diferenciados para aposentadoria de servidores cujas atividades sejam exercidas com efetiva exposição a agentes químicos, físicos e biológicos prejudiciais à saúde, ou associação desses agentes, vedada a caracterização por categoria profissional ou ocupação.
			§ 5º Os ocupantes do cargo de professor terão idade mínima reduzida em 5 (cinco) anos em relação às idades decorrentes da aplicação do disposto no inciso III do § 1º, desde que comprovem tempo de efetivo exercício das funções de magistério na educação infantil e no ensino fundamental e médio fixado em lei complementar do respectivo ente federativo.

Ver item 5.12.1.1.1.6, *infra*.

5.9.7. Proventos de aposentadorias: limites mínimo e máximo de acordo com os estabelecidos para o Regime Geral de Previdência Social

O § 2º do art. 40 da CF, com a redação da EC n. 103/2019, adotou as regras do RGPS em relação aos limites de valor dos proventos de aposentadoria:

> § 2º Os proventos de aposentadoria não poderão ser inferiores ao valor mínimo a que se refere o § 2º do art. 201 ou superiores ao limite máximo estabelecido para o Regime Geral de Previdência Social, observado o disposto nos §§ 14 a 16.

Os §§ 14 a 16 dispõem sobre a obrigação de os entes federativos instituírem regime de previdência complementar para os servidores titulares de cargo efetivo para que possam ser adotados os limites máximo e mínimo de valor dos benefícios do RGPS.

Importante frisar que o art. 3º, § 2º, da EC n. 103/2019 garante o respeito ao princípio do *tempus regit actum*, dispondo que os proventos de aposentadorias e pensões por morte serão calculados de acordo com a legislação em vigor à época em que foram cumpridos os requisitos exigidos para obtenção dessas coberturas previdenciárias.

E não poderia ser diferente, uma vez que o *caput* do art. 3º garante o respeito ao direito adquirido para o servidor público e para seus dependentes, desde que tenham sido cumpridos os requisitos para as aposentadorias ou pensões até a data da entrada em vigor da EC n. 103/2019 (13.11.2019).

Voltaremos ao tema na análise de cada um dos benefícios.

Na redação original do art. 40, as pensões tinham o valor dos vencimentos ou proventos que o servidor recebia na data do óbito.[156]

A **integralidade**, entretanto, **deixou de ser garantia constitucional** a partir da EC n. 41/2003, sendo que tantos os proventos da aposentadoria, quanto os da pensão por morte têm cálculo que agora considera o sistema eminentemente contributivo do RPSP.

As normas são do art. 40 da CF:

REDAÇÃO ORIGINAL	EC N. 20/98	EC N. 41/2003	EC N. 103/2019
	§ 3º Os proventos de aposentadoria, por ocasião da sua concessão, serão calculados com base na remuneração do servidor no cargo efetivo em que se der a aposentadoria e, na forma da lei, corresponderão à totalidade da remuneração.	§ 3º Para o cálculo dos proventos de aposentadoria, por ocasião da sua concessão, serão consideradas as remunerações utilizadas como base para as contribuições do servidor aos regimes de previdência de que tratam este artigo e o art. 201, na forma da Lei.	§ 3º As regras para cálculo das aposentadorias serão disciplinadas em lei do respectivo ente federativo.

[156] Cf. Marcelo Leonardo Tavares, ob. cit., p. 314: "(...) O critério da integralidade (art. 40, §§ 3º e 7º, antiga redação) determinava que a base de cálculo da aposentadoria ou pensão por morte deveria ser o valor da última remuneração do servidor em atividade, isto é, se um servidor homem, ao se aposentar compulsoriamente aos 70 anos de idade, possuísse 30 anos de contribuição, sua aposentadoria seria calculada da seguinte forma: 30/35 do valor da última remuneração. Se a aposentadoria fosse integral, seria 100% desse valor. O mesmo ocorria com a pensão, que, mesmo proporcional, deveria ter como base o valor da última remuneração ou dos proventos da aposentadoria do servidor falecido (...)".

§ 5º O benefício da pensão por morte corresponderá à totalidade dos vencimentos ou proventos do servidor falecido, até o limite estabelecido em lei, observado o disposto no parágrafo anterior.	§ 7º Lei disporá sobre a concessão do benefício da pensão por morte, que será igual ao valor dos proventos do servidor falecido ou ao valor dos proventos a que teria direito o servidor em atividade na data de seu falecimento, observado o disposto no § 3º.	§ 7º Lei disporá sobre a concessão do benefício de pensão por morte, que será igual:	
		I — ao valor da totalidade dos proventos do servidor falecido, até o limite máximo estabelecido para os benefícios do regime geral de previdência social de que trata o art. 201, acrescido de setenta por cento da parcela excedente a este limite, caso aposentado à data do óbito; ou	
		II — ao valor da totalidade da remuneração do servidor no cargo efetivo em que se deu o falecimento, até o limite máximo estabelecido para os benefícios do regime geral de previdência social de que trata o art. 201, acrescido de setenta por cento da parcela excedente a este limite, caso em atividade na data do óbito.	

Como veremos adiante, o cálculo dos benefícios do RPSP assemelha-se, atualmente, ao cálculo dos benefícios do RGPS.

O § 3º do art. 40, com a redação dada pela EC n. 103/2019, transfere para os entes federativos a fixação, por lei, das regras de cálculo dos proventos de aposentadoria:

> § 3º As regras de cálculo dos proventos de aposentadoria serão disciplinadas em lei do respectivo ente federativo.

■ 5.9.8. Proibição de mais de uma aposentadoria dentro do RPSP

O § 6º do art. 40 da CF permite a percepção de mais de uma aposentadoria à conta do RPSP se decorrentes de cargos cuja **acumulação seja permitida:**

> § 6º Ressalvadas as aposentadorias decorrentes dos cargos acumuláveis na forma desta Constituição, é vedada a percepção de mais de uma aposentadoria à conta do regime de previdência próprio de previdência social, aplicando-se outras vedações, regras e condições para a acumulação de benefícios previdenciários estabelecidos no Regime Geral de Previdência Social.

As hipóteses de acumulação permitida de cargos estão previstas no art. 37, XVI e XVII, e se restringem às situações em que haja compatibilidade de horários entre as atividades e, ainda, a remuneração ou subsídio decorrente da acumulação não pode ser superior ao teto constitucional:

> XVI — é vedada a acumulação remunerada de cargos públicos, exceto, quando houver compatibilidade de horários, observado em qualquer caso o disposto no inciso XI:
>
> *a)* a de dois cargos de professor;
>
> *b)* a de um cargo de professor com outro técnico ou científico;
>
> *c)* a de dois cargos ou empregos privativos de profissionais de saúde, com profissões regulamentadas;
>
> XVII — a proibição de acumular estende-se a empregos e funções e abrange autarquias, fundações, empresas públicas, sociedades de economia mista, suas subsidiárias, e sociedades controladas, direta ou indiretamente, pelo poder público;

Tratando-se de regime eminentemente contributivo, o servidor, em situação de acumulação de cargos, paga a contribuição previdenciária em ambos; não faria sentido que assim contribuísse e não pudesse receber as duas aposentadorias.

Daniel Machado da Rocha, no seu *Normas gerais de direito previdenciário e a Previdência do Servidor Público*,[157] tem o mesmo entendimento: "(...) A intelecção do § 6º do art. 40 deve ser conjugada com o art. 37, também da CF/88, o qual impede a acumulação remunerada de cargos públicos, empregos e funções. Excepcionalmente, o recebimento de remunerações simultâneas dos cargos públicos será possível nas hipóteses expressamente referidas, desde que os horários sejam compatíveis e o teto remuneratório previsto no inciso XI do mesmo artigo seja respeitado. Por isso, nas hipóteses de cargos que são acumuláveis, é assegurado o direito à percepção de mais de um benefício de aposentadoria para os agentes públicos, ainda que no mesmo regime". Há situações em que o servidor público também exerce atividade vinculada ao Regime Geral de Previdência Social. É o caso, por exemplo, do professor da rede pública de ensino que também leciona em escola particular. Está, assim, **vinculado a dois regimes previdenciários distintos**. Nesse caso, após preencher os requisitos legais, **poderá ter duas aposentadorias**.[158]

Há, nesse sentido, entendimento do STJ:

> "(...) PREVIDENCIÁRIO E ADMINISTRATIVO. SERVIDOR PÚBLICO FEDERAL. EXERCÍCIO CONCOMITANTE DA ATIVIDADE DE ADVOGADO. CONTRIBUIÇÃO PARA REGIMES PREVIDENCIÁRIOS DIVERSOS. DUPLA

[157] ROCHA, Daniel Machado da. *Normas gerais de direito previdenciário e a Previdência do Servidor Público*. Florianópolis: Conceito Editorial, 2012, p. 246.

[158] Cf. também CAMPOS, Marcelo Barroso Lima Brito de. *Regime Próprio de Previdência dos Servidores Públicos*. 8. ed. Curitiba: Juruá, 2017, p. 318.

> APOSENTADORIA. INEXISTÊNCIA DE VEDAÇÃO LEGAL. REQUISITOS PREENCHIDOS. (...) 1. Considerando que a Medida Provisória n. 1.523/96, substituída pela MP n. 1.596/97, ao ser convertida na Lei n. 9.528/97, não manteve a redação modificada do artigo 48 da Lei n. 8.213/91, não há falar em óbice à acumulação de aposentadorias oriundas de regimes previdenciários diversos. 2. O acórdão recorrido deixa certo que o segurado implementou os requisitos para a concessão da aposentadoria nos dois regimes previdenciários. (...)" (REsp 200301010270, 6ª Turma, Rel. Min. Paulo Gallotti, *DJe* 22.04.2008).

Para que se analise se o servidor tem direito ou não à dupla aposentadoria, quando não se trata de acumulação permitida de cargos, o que se deve indagar é se se trata do mesmo regime previdenciário. Se afirmativa a resposta, não é possível obter as duas aposentadorias. Quando se trata de regimes previdenciários diversos, é possível ter mais de uma aposentadoria.

Percepção de mais de uma aposentadoria no RPSP → somente em caso de acumulação permitida de cargos

O STF tem entendimento firmado no sentido de que a acumulação de aposentadorias dentro do RPSP quando se tratasse de cargos inacumuláveis só é possível quando houver direito adquirido, ou seja, quando os requisitos tenham sido preenchidos antes de 16.12.1998 (EC n. 20/98):[159]

> "(...) 2. A atual jurisprudência do STF tem reconhecido que a redação original da Constituição não vedava a acumulação de proventos, o que somente veio a ocorrer a partir da EC n. 20/1998. 3. No caso concreto, o impetrante já havia adquirido o direito à segunda aposentadoria antes de 16.12.1998, embora o respectivo ato de concessão somente tenha sido publicado posteriormente. 4. Segurança concedida".

■ Cumulação de aposentadorias no RPPS → direito adquirido somente quando os requisitos para ambas as aposentadorias tenham sido cumpridos antes de 16.12.1998 (EC n. 20/98).

■ 5.9.9. Preservação do valor real dos benefícios: extinção da paridade

Na redação original da CF, aos servidores era garantida a **paridade**, que representava a garantia de que os proventos das aposentadorias e pensões seriam revistos na mesma proporção e na mesma data da remuneração dos servidores em atividade; além do mais, aposentados e pensionistas tinham direitos a quaisquer benefícios ou vantagens concedidos posteriormente aos servidores ativos, mesmo quando se tratas-

[159] MS 32.833, Rel. Min. Roberto Barroso, *DJe* 30.03.2015.

se de transformação ou reclassificação de cargo ou função em que se dera a aposentadoria ou servira de referência para a concessão da pensão.

Entretanto, **a partir da EC n. 41/2003, todos os que ingressarem no RPSP deixaram de ter a garantia da paridade**. A matéria será mais bem delineada quando tratarmos das regras permanentes e das regras de transição.

O art. 40, quanto ao reajuste dos proventos, foi modificado pelas EC n. 20/98 e 41/2003 e não foi alterado pela EC n. 103/2019:

REDAÇÃO ORIGINAL	EC N. 20/98	EC N. 41/2003
§ 4º Os proventos da aposentadoria serão revistos, na mesma proporção e na mesma data, sempre que se modificar a remuneração dos servidores em atividade, sendo também estendidos aos inativos quaisquer benefícios ou vantagens posteriormente concedidos aos servidores em atividade, inclusive quando decorrentes da transformação ou reclassificação do cargo ou função em que se deu a aposentadoria, na forma da Lei.	**§ 8º** Observado o disposto no art. 37, XI, os proventos de aposentadoria e as pensões serão revistos na mesma proporção e na mesma data, sempre que se modificar a remuneração dos servidores em atividade, sendo também estendidos aos aposentados e aos pensionistas quaisquer benefícios ou vantagens posteriormente concedidos aos servidores em atividade, inclusive quando decorrentes da transformação ou reclassificação do cargo ou função em que se deu a aposentadoria ou que serviu de referência para a concessão da pensão, na forma da Lei.	**§ 8º** É assegurado o reajustamento dos benefícios para preservar-lhes, em caráter permanente, o valor real, conforme critérios estabelecidos em lei.

Após a EC n. 41/2003, os reajustes dos benefícios previdenciários, a exemplo do RGPS, devem garantir a preservação de seu valor real, conforme os critérios fixados em lei.

Atenção: a regra só se aplica aos servidores que ingressaram no serviço público após a EC n. 41/2003.

A nosso ver, muito em breve os servidores públicos e pensionistas que perderam a garantia da paridade estarão pleiteando judicialmente a revisão da renda mensal dos benefícios, com os mesmos fundamentos utilizados pelos segurados do RGPS.

5.9.10. Contagem recíproca de tempo de serviço/contribuição (art. 40, § 9º, e art. 201, §§ 9º e 9º-A)

O art. 40 da CF, com as alterações introduzidas pela EC n. 103/2019, garante a contagem do tempo de contribuição federal, estadual, distrital ou municipal para fins de **aposentadoria**, observado o disposto no art. 201, §§ 9º e 9º-A, e o tempo de serviço correspondente será contado para fins de **disponibilidade**.

- Tempo de contribuição federal, estadual, distrital ou municipal → aposentadoria
- Tempo de serviço → disponibilidade

O § 9º do art. 201 garante a contagem recíproca do tempo de contribuição entre o RGPS e os regimes próprios de previdência, e destes entre si, observada a compensação financeira, de acordo com os critérios estabelecidos em lei.

E o § 9º-A estende a contagem recíproca de tempo de contribuição ao RGPS ou a regime próprio também a tempo de serviço militar exercido como membro das Polícias Militares e Corpos de Bombeiros Militares dos Estados, Distrito Federal e Territórios, militares das Forças Armadas (Exército, Marinha e Aeronáutica) e tempo de serviço militar obrigatório. Nessa hipótese, a contagem recíproca se dará para fins de inativação militar ou aposentadoria. A compensação financeira será feita entre as receitas das contribuições dos militares e as receitas de contribuição dos demais regimes.

Há, então, cinco situações possíveis:

a) Contagem recíproca entre regimes próprios (servidor público que ostentou essa condição em outros entes federativos): para fins de aposentadoria.

Exemplo: atualmente é servidor federal, mas já foi servidor estadual ou municipal; esteve vinculado a regimes previdenciários diferentes. Nesse caso, o tempo de serviço/contribuição exercido no Estado e no Município será acrescido ao exercido no âmbito federal para todos os fins previdenciários.

b) Contagem recíproca entre regime próprio e RGPS: para fins de aposentadoria.

c) Contagem recíproca entre RGPS e regime dos militares: para fins de inativação militar ou aposentadoria.

d) Contagem recíproca entre RPPS e regime dos militares: para fins de inativação militar ou aposentadoria.

e) contagem recíproca entre RGPS, RPPS e regime dos militares: para fins de inativação ou aposentadoria.

Consoante art. 188-G, parágrafo único, do Decreto n. 10.410/2020, remanesce o direito à contagem dos períodos de tempo de contribuição ou com contribuições abaixo de um salário mínimo para segurados empregados, domésticos e trabalhadores avulsos, dos períodos de trabalho até 13.11.2019. Assim, esses períodos poderão ser computados para tempo de contribuição e para coeficientes de cálculo em relação às aposentadorias que vierem a ser concedidas com base nas regras da Emenda Constitucional n. 103/2019.

5.9.11. Cálculo dos proventos da aposentadoria

O 3º do art. 40, antes da alteração pela EC n. 103/2019, estabelecia regras para o aproveitamento das contribuições pagas ao RGPS no cálculo da aposentadoria do servidor público quando utilizada a contagem recíproca.

Com a alteração constitucional, é dos entes federativos a competência para, por lei, estabelecerem as regras para o cálculo dos proventos da aposentadoria dos servidores públicos.

A regra está coerente com os demais pontos da Reforma da Previdência em relação aos regimes próprios porque os Estados e Municípios ficaram fora das novas regras, o que poderá ser alterado se aprovada a PEC n. 133/2019 (PEC paralela).

Para os benefícios do RPPS dos servidores da União há a regra transitória do **art. 26 da EC n. 103/2019**, aplicável até que seja editada lei federal que discipline o cálculo dos benefícios: a média aritmética simples dos salários de contribuição e das remunerações adotadas como base para contribuições a regime próprio de previdência social e ao RGPS, ou como base para as contribuições decorrentes das atividades militares (arts. 42 e 142 da CF), atualizados monetariamente, correspondentes a 100% da média do período contributivo desde a competência julho/1994 ou desde o início da contribuição, se posterior àquela competência. O valor obtido não poderá ultrapassar o valor máximo do salário de contribuição do RGPS para o servidor que ingressou no serviço público, em cargo efetivo, após a implantação do regime de previdência complementar.

Como RPPS dos Estados, do Distrito Federal e dos Municípios não foram alcançados, nesse ponto, pela Reforma da Previdência da EC n. 103/2019, **enquanto não editada lei do respectivo ente federativo**, as aposentadorias de seus servidores serão concedidas e calculadas na forma das **normas constitucionais e infraconstitucionais anteriores a 13.11.2019**, com obediência, inclusive, à integralidade da remuneração quando for o caso (art. 4º, §§ 9º e 10 da EC n. 103/2019).

CÁLCULO DOS PROVENTOS DA APOSENTADORIA DO RPPS		
REGRA GERAL (art. 40, § 3º, da CF)	**REGRA TRANSITÓRIA DO RPPS DA UNIÃO (art. 26 da EC n. 103/2019)**	**REGRA TRANSITÓRIA DO RPPS DOS ESTADOS, DISTRITO FEDERAL E MUNICÍPIOS (art. 4º, §§ 9º e 10, da EC n. 103/2019)**
■ Competência de cada ente federativo (União, Estados e Municípios) para editar lei que regule o cálculo dos proventos de aposentadoria	■ Aplicada até que lei discipline o cálculo dos benefícios do RPPS da União ■ Aplicada no cálculo dos benefícios do servidor que ingressou no serviço público em cargo efetivo após a implantação do regime de previdência complementar ■ Utilizada a média aritmética simples dos salários de contribuição e das remunerações adotadas como base para contribuições a RPPS e ao RGPS, ou como base para as contribuições decorrentes das atividades militares (arts. 42 e 142 da CF), atualizados monetariamente, correspondentes a 100% da média do período contributivo desde a competência julho/1994 ou desde o início da contribuição, se posterior àquela competência. ■ Média limitada ao valor máximo do salário de contribuição do RGPS	■ Aplicada até que lei do respectivo ente federativo discipline o cálculo dos benefícios do RPPS. ■ Aposentadorias dos servidores serão concedidas e calculadas na forma das normas constitucionais e infraconstitucionais anteriores a 13.11.2019. ■ Obediência à integralidade da remuneração, quando for o caso.

5.9.12. Limitação dos proventos da inatividade

O § 11 do art. 40 instituiu a limitação do total dos proventos da inatividade, o denominado "teto", na forma do disposto no inc. XI do art. 37 da Constituição Federal: o total dos proventos da inatividade não poderá exceder o subsídio mensal, em espécie, dos Ministros do STF, fixado por meio de lei federal ordinária, editada pelo Congresso Nacional, com base em um projeto de lei de iniciativa do próprio STF.

A expressão **total dos proventos da inatividade** abrange os proventos de mais de uma aposentadoria ou pensão, na hipótese de acumulação de aposentadorias à conta de regime próprio (art. 40, § 3º, com a redação da EC n. 103/2019).

É a hipótese em que o servidor público acumula cargos na forma prevista no art. 37, XVI e XVII, da CF (v. 5.10.8 *supra*).

5.9.13. Proibição de contagem de tempo fictício

A partir da EC n. 20/98, a previdência dos servidores públicos passou a ter caráter contributivo, com o que, após a EC n. 20, todo o tempo de exercício no serviço público é denominado *tempo de contribuição*.

Por ser o RPPS eminentemente contributivo, não é possível a contagem de tempo fictício, isto é, **período que não seja de efetiva contribuição** para o sistema. A proibição está expressa no § 10 do art. 40.

> **Atenção:** a regra só vale para os que ingressaram no serviço público a partir da vigência da EC n. 20/98. Isso porque, antes da EC n. 20/98, era garantida ao servidor, por exemplo, a licença-prêmio por assiduidade.

Em matéria previdenciária, inclusive de servidores públicos, a regra é a mesma do RGPS: ***tempus regit actum***. Então, se o servidor, na data da vigência da EC n. 20, já havia adquirido o direito de computar o período de licença-prêmio não gozada como tempo de serviço, esse período será sim computado como tempo de contribuição. Há decisão do STF nesse sentido:

> "CONSTITUCIONAL. ADMINISTRATIVO. SERVIDOR PÚBLICO. CONVERSÃO DE LICENÇA-PRÊMIO NÃO GOZADA EM TEMPO DE SERVIÇO. DIREITO ADQUIRIDO ANTES DA VIGÊNCIA DA EMENDA CONSTITUCIONAL 20/98. I. — Conversão de licença-prêmio em tempo de serviço: direito adquirido na forma da lei vigente ao tempo da reunião dos requisitos necessários para a conversão. Precedentes do STF. II. — Agravo não provido" (RE 394.661 AgR/RS, Rel. Min. Carlos Velloso, 2ª Turma, *DJ* 14.10.2005, p. 22).

A EC n. 103/2019, embora tenha alterado a redação do § 14 do art. 201, também prevê a contagem de tempo fictício para fins de concessão de benefícios previdenciários e de contagem recíproca, de modo que não houve modificação essencial na regra anterior.

Porém, é de se atentar para dispositivo contido no **art. 25 da EC n. 103/2019**, que "*assegura a contagem de tempo de contribuição fictício no Regime Geral de Previdência Social decorrente de hipóteses descritas na legislação vigente até entrada em vigor desta Emenda Constitucional (13.11.2019) para fins de concessão de aposentadoria, observando-se, a partir de sua entrada em vigor, o disposto no § 14 do art. 201 da Constituição Federal*".

A redação do dispositivo é dúbia porque pode levar a interpretação no sentido de que o tempo de contribuição fictício só poderia ser computado quando os requisitos para a concessão dos benefícios foram cumpridos até 13.11.2019. Ou seja, para os que cumprirem os requisitos após 13.11.2019, não seria possível a contagem, ainda que garantida pela legislação então vigente.

E interpretar nesse sentido a norma seria colocar por terra o *tempus regit actum*, que não nos parece possa ser derrogado pela Reforma da Previdência. Até porque a EC n. 20/98 (art. 4º)[160] garantiu que o tempo de serviço anterior fosse considerado tempo de contribuição para todos os fins. Seria desrespeitar o patrimônio jurídico previdenciário acumulado pelo segurado do RGPS ou do RPPS e o princípio da isonomia, com tratamento diferenciado, nesse ponto, entre os que cumpriram os requisitos até e após 13.11.2019.

O tratamento dado ao tempo fictício pelo **art. 25, § 3º, da EC n. 103/2019** configura autêntica confissão da ineficiência dos órgãos fiscalizadores em relação à regularidade do recolhimento das contribuições previdenciárias:

> § 3º Considera-se *nula* a aposentadoria que tenha sido concedida ou que venha a ser concedida por regime próprio da previdência social com contagem recíproca do Regime Geral de Previdência Social mediante o cômputo de tempo de serviço sem o recolhimento da respectiva contribuição ou da correspondente indenização pelo segurado obrigatório responsável, à época do exercício da atividade pelo recolhimento de suas próprias contribuições previdenciárias.

CONTAGEM DE TEMPO FICTÍCIO
■ Proibida para os que ingressaram no serviço público após a EC n. 20/98.

5.9.14. Possibilidade de fixação do valor máximo dos benefícios correspondente ao dos benefícios do RGPS. O regime de previdência complementar dos servidores públicos

O § 14 do art. 40, incluído pela EC n. 20/98, permitiu que a União, os Estados, o Distrito Federal e os Municípios fixassem valor máximo para os benefícios de seus servidores titulares de cargo efetivo, correspondente ao valor máximo dos benefícios do Regime Geral de Previdência Social.

Para tanto, deveriam instituir regime de previdência complementar que os beneficiasse.

Com a alteração do § 14 pela EC n. 103/2019, tornou-se **obrigatória**, para União, Estados, Distrito Federal e Municípios, a limitação do valor dos benefícios aos limites mínimo e máximo do RGPS, bem como a instituição de regime de previdência complementar por lei de iniciativa do respectivo ente federativo:

> **§ 14.** A União, os Estados, o Distrito Federal e os Municípios instituirão, por lei de iniciativa do respectivo Poder Executivo, regime de previdência complementar para servidores públicos ocupantes de cargo efetivo, observado o limite máximo dos benefícios

[160] Art. 4º — Observado o disposto no art. 40, § 10, da Constituição Federal, o tempo de serviço considerado pela legislação vigente para efeito de aposentadoria, cumprido até que a lei discipline a matéria, será contado como tempo de contribuição.

do Regime Geral de Previdência Social para o valor das aposentadorias e das pensões em regime próprio de previdência social, ressalvado o disposto no § 16.

Atenção: a limitação do valor dos benefícios dos servidores ao valor teto dos benefícios do RGPS **depende da instituição de regime de previdência complementar para os servidores públicos. Enquanto esse regime não for instituído, não será possível essa aproximação entre o RPSP e o RGPS**.

REDAÇÃO ORIGINAL (EC N. 20/98)	EC N. 103/2019
§ 14 — A União, os Estados, o Distrito Federal e os Municípios, desde que instituam regime de previdência complementar para os seus respectivos servidores titulares de cargo efetivo, poderão fixar, para o valor das aposentadorias e pensões a serem concedidas pelo regime de que trata este artigo, o limite máximo estabelecido para os benefícios do regime geral de previdência social de que trata o art. 201 (incluído pela Emenda Constitucional n. 20, de 15.12.98)	14. A União, os Estados, o Distrito Federal e os Municípios instituirão, por lei de iniciativa do respectivo Poder Executivo, regime de previdência complementar para servidores públicos ocupantes de cargo efetivo, observado o limite máximo dos benefícios do Regime Geral de Previdência Social para o valor das aposentadorias e das pensões em regime próprio de previdência social, ressalvado o disposto no § 16.

Atenção: os entes federativos têm o prazo máximo de 2 anos, contados de 13.11.2019 (data da vigência da EC n. 103/2019), para instituírem o regime de previdência complementar.

Na redação original do § 15 do art. 40, também incluído pela EC n. 20, foi dada à lei complementar competência para dispor sobre as normas gerais para a instituição do regime complementar, observado o disposto no art. 202 da CF.

Com a alteração feita pela EC n. 41/2003, o § 15 passou a exigir:

a) lei de iniciativa do respectivo Poder Executivo;

b) observância do disposto no art. 202;

c) entidades fechadas de previdência complementar, de natureza pública; e

d) planos de benefícios somente na modalidade de contribuição definida.

O § 15 foi novamente alterado pela EC n. 103/2019 para determinar que os planos de benefícios da previdência complementar dos servidores públicos oferecerão benefícios somente na modalidade contribuição definida e poderão ser efetivados por entidade fechada de previdência complementar ou entidade aberta de previdência complementar. A alteração é extremamente importante porque retira a exclusividade das entidades fechadas (Fundos de Pensão), de natureza pública, e dá à iniciativa privada a possibilidade de operar essas instituições em entidades abertas ou fechadas. Entretanto, até que seja editada lei, somente poderão atuar as entidades fechadas de previdência complementar (art. 202, §§ 4º e 5º, e art. 33 da EC n. 103/2019).

A instituição do novo regime de previdência complementar alcançará servidores públicos que já estarão no exercício de cargos efetivos. Por isso, o § 16 do art. 40, incluído pela EC n. 20/98 e não alterado pela Reforma da Previdência, estabelece que **os servidores que já estiverem no regime na data da publicação do ato que instituir o novo regime de previdência complementar poderão escolher entre permanecer no antigo regime e migrar para o novo.**

A **opção** pelo regime complementar deverá ser feita **expressamente**.

5.9.14.1 *As aposentadorias e pensões dos servidores públicos federais após a implantação do regime de previdência complementar. O benefício especial*

Em 02.05.2012, foi publicada a Lei n. 12.618, de 30.04.2012, que instituiu o regime de previdência complementar dos servidores públicos federais e autorizou a criação de três entidades fechadas — fundações — para os servidores públicos titulares de cargo efetivo da União, suas autarquias e fundações, para os membros do Poder Judiciário, do Ministério Público da União e do Tribunal de Contas da União.

A previdência complementar dos servidores do Poder Executivo foi implementada em 04.02.2013 com a publicação da Portaria n. 44, de 31.01.2013, da Superintendência Nacional de Previdência Complementar — Previc, que aprovou o Regulamento do Plano Executivo Federal e o Convênio de adesão da União, na condição de patrocinadora, representada pelo Ministério do Planejamento, Orçamento e Gestão. O Poder Legislativo Federal aderiu ao mesmo fundo de pensão em 31.01.2013.

Em 04.03.2013, a Previc aprovou o Estatuto da Funpresp-Jud e, em 11.10.2013, a Portaria MPS/PREVIC/DITEC n. 559, publicada em 14.10.2013, aprovou o Regulamento do Plano de Benefícios. À Funpresp-Jud aderiram o Ministério Público da União e o Conselho Nacional do Ministério Público.

O regime de previdência complementar desses servidores já tem **efeitos a partir da publicação da Portaria da Previc**.

Além dos reflexos no sistema de contribuições, naquele item analisados, sobre as aposentadorias e pensões **já incide o limite máximo** do valor dos benefícios do Regime Geral de Previdência Social, calculados na forma da Lei n. 10.887/2004.

A implantação do novo regime de previdência complementar alcança os servidores e membros que ingressaram **a partir da publicação da Portaria da Previc** e, facultativamente, os que antes dessa data já estavam no serviço público.

O art. 3º da Lei n. 12.618/2012, além de fixar o limite máximo (teto) do valor desses benefícios igual ao do RGPS, dispõe sobre sua aplicação conforme tenha o servidor ingressado no serviço público antes ou depois da implantação do regime, que, no caso, ocorreu em 05.02.2013.[161]

O servidor que ingressar **a partir da publicação da Portaria da Previc será, obrigatoriamente, colhido pelas novas regras, independentemente de sua vontade**, ou seja, sua aposentadoria ou pensão paga pela União não terá renda mensal su-

---

[161] Art. 3º Aplica-se o limite máximo estabelecido para os benefícios do regime geral de previdência social às aposentadorias e pensões a serem concedidas pelo regime de previdência da União de que trata o art. 40 da Constituição Federal, observado o disposto na Lei n. 10.887, de 18 de junho de 2004, aos servidores e membros referidos no *caput* do art. 1º desta Lei que tiverem ingressado no serviço público:

I — a partir do início da vigência do regime de previdência complementar de que trata o art. 1º desta Lei, independentemente de sua adesão ao plano de benefícios; e

II — até a data anterior ao início da vigência do regime de previdência complementar de que trata o art. 1º desta Lei, e nele tenham permanecido sem perda do vínculo efetivo, e que exerçam a opção prevista no § 16 do art. 40 da Constituição Federal.

perior ao limite do valor dos benefícios do RGPS. Se desejar que esses futuros benefícios tenham renda mensal superior ao teto do RGPS, deverá aderir ao regime de previdência complementar. Isso porque também a sua contribuição previdenciária incidirá apenas até esse limite.

O servidor que ingressou no serviço público **antes da publicação da Portaria da Previc** sempre pagou a contribuição incidente sobre a totalidade de seus vencimentos. Ele tem a possibilidade de optar pelo novo regime (art. 40, § 16, da Constituição), isto é, de optar por recolher a contribuição incidente apenas até o limite máximo dos benefícios do RGPS — o que reduzirá o valor da futura aposentadoria e da pensão — e ingressar no regime de previdência complementar. Se não fizer a opção, continuará a contribuir sobre o total de sua remuneração, na forma da lei, e os benefícios futuros terão como limite máximo a sua última remuneração.

A opção poderia ser feita em até 24 (vinte e quatro) meses, contados da publicação da Portaria, e é irretratável e irrevogável. O prazo foi prorrogado até 29.03.2019 (MP n. 853, de 25.09.2018, convertida na Lei n. 13.809, de 21.02.2019). Caso aprovada a PEC paralela (PEC n. 133/2019), o prazo para a opção será prorrogado por seis meses.

Atenção: para se enquadrar na situação dos que ingressaram antes da publicação da Portaria, é necessário comprovar que não houve interrupção da atividade que causasse a perda do vínculo efetivo. Se houve interrupção, o enquadramento dar-se-á na primeira hipótese, ou seja, dos que ingressaram a partir da publicação da Portaria e, por isso, estão submetidos aos limites máximos de contribuição e benefício do RGPS.

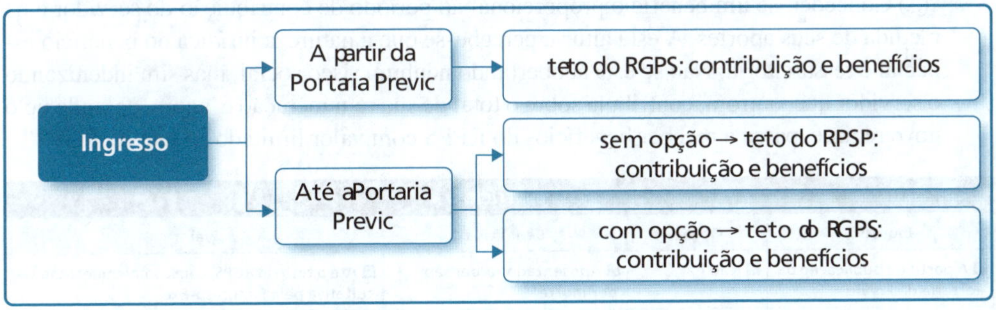

Caso o servidor que ingressou **antes da Portaria da Previc** opte pelo novo regime, a aposentadoria e a pensão serão pagas pela União, e o fundo de pensão pagará a respectiva complementação.

Assim como sempre acontece em matéria previdenciária, a nova lei traz regras de transição, cuja aplicação, entretanto, só ocorrerá se o servidor optar pelo novo regime previdenciário.

A Lei n. 12.618/2012 criou o **benefício especial**, que será pago pela União ao servidor que optar por aderir à previdência complementar, juntamente com sua aposentadoria, inclusive por invalidez, ou pensão por morte. Esse benefício será calculado com base nas contribuições que recolheu ao RPPS de qualquer dos entes federativos, na forma dos §§ 1º e 2º do art. 3º:

Art. 3º (...)

§ 1º É assegurado aos servidores e membros referidos no inciso II do *caput* deste artigo o direito a um benefício especial calculado com base nas contribuições recolhidas ao regime de previdência da União, dos Estados, do Distrito Federal ou dos Municípios de que trata o art. 40 da Constituição Federal, observada a sistemática estabelecida nos §§ 2º a 3º deste artigo e o direito à compensação financeira de que trata o § 9º do art. 201 da Constituição Federal, nos termos da lei.

§ 2º O benefício especial será equivalente à diferença entre a média aritmética simples das maiores remunerações anteriores à data de mudança do regime, utilizadas como base para as contribuições do servidor ao regime de previdência da União, dos Estados, do Distrito Federal ou dos Municípios, atualizadas pelo Índice Nacional de Preços ao Consumidor Amplo (IPCA), divulgado pela Fundação Instituto Brasileiro de Geografia e Estatística (IBGE), ou outro índice que venha a substituí-lo, correspondentes a 80% (oitenta por cento) de todo o período contributivo desde a competência julho de 1994 ou desde a do início da contribuição, se posterior àquela competência, e o limite máximo a que se refere o *caput* deste artigo, na forma regulamentada pelo Poder Executivo, multiplicada pelo fator de conversão.

A opção pelo regime de previdência complementar não pode acarretar o desprezo de todo o período contributivo que, antes do novo regime, excedeu o teto de contribuição do RGPS. Por isso, a lei procura dar ao servidor optante ou seu dependente uma "compensação financeira", garantindo-lhe, além do benefício limitado ao teto, um outro benefício. A lição de João Marcelino Soares é elucidativa:[162]

"(...) Concedeu-se um benefício proporcional ao período de contribuição do servidor e na medida de seus aportes. A esta altura, percebe-se que a natureza jurídica do benefício especial é ressarcitória. Não se está acobertando nenhum risco social, mas sim indenizando o servidor que, outrora, contribuía sobre o total de sua remuneração e, agora, optando pelo novo regime, passa a receber benefícios do RPPS com valor limitado ao teto do RGPS".

BENEFÍCIOS			
Ingresso	Opção	Benefícios	Valor
■ A partir da publicação da Portaria da Previc	■ Não há	■ Aposentadoria/pensão por morte	■ Até o teto do RGPS, com complementação facultativa pela Funpresp-Exe
■ Até a publicação da Portaria da Previc	■ Não optante	■ Aposentadoria/pensão por morte	■ Até o teto do RPPS
■ Até a publicação da Portaria da Previc	■ Optante	■ Aposentadoria/pensão por morte + benefício especial	■ Aposentadoria/pensão → até o teto do RGPS ■ Benefício especial → a diferença entre a média aritmética simples das 80% maiores remunerações do RPSP (a partir de julho/94) e o teto do RGPS, multiplicada pelo FC

Na prática, o servidor optante (ou seu dependente) receberá, então, da União, cumulativamente, 2 (dois) benefícios: a aposentadoria (ou pensão), cujo valor não poderá ultrapassar o teto do RGPS; e o benefício especial.

[162] O regime complementar dos servidores públicos federais: uma análise constitucional do fator de conversão. Revista *Síntese Direito Previdenciário*. São Paulo, Síntese, IOB, nov.-dez./2012, p. 33.

O benefício que dá cobertura previdenciária à contingência é a aposentadoria ou pensão.

O benefício especial tem, por isso, natureza indenizatória.

O cálculo do benefício especial está minuciosamente disciplinado pelos §§ 3º e 4º do art. 3º da Lei n. 12.618/2012, que, na forma do que já dispunha a Lei n. 10.664/2004, considera a média aritmética das 80% maiores remunerações do servidor a partir de julho de 1994. E, a exemplo do que acontece no RGPS, onde se aplica o fator previdenciário, aplica-se ao resultado da média obtida o **Fator de Conversão**:[163]

FC = Tc/Tt

Tc = o total de contribuições mensais pagas pelo servidor ao RPPS.

Tt = uma constante em razão de ser o servidor homem ou mulher, ou professor ou professora de educação infantil e do ensino fundamental, ou com deficiência ou, ainda, que exerça atividades de risco ou sob condições especiais que prejudiquem a saúde ou a integridade física.

O termo inicial do benefício especial será igual ao do benefício previdenciário concedido ao servidor: aposentadoria, aposentadoria por invalidez ou pensão por morte.

O termo final desse benefício será o mesmo do benefício previdenciário.

---

[163] § 3º O fator de conversão de que trata o § 2º deste artigo, cujo resultado é limitado ao máximo de 1 (um), será calculado mediante a aplicação da seguinte fórmula:

FC = Tc/Tt

Onde:

FC = fator de conversão;

Tc = quantidade de contribuições mensais efetuadas para o regime de previdência da União de que trata o art. 40 da Constituição Federal, efetivamente pagas pelo servidor titular de cargo efetivo da União ou por membro do Poder Judiciário, do Tribunal de Contas e do Ministério Público da União até a data da opção;

Tt = 455, quando servidor titular de cargo efetivo da União ou membro do Poder Judiciário, do Tribunal de Contas e do Ministério Público da União, se homem, nos termos da alínea "a" do inciso III do art. 40 da Constituição Federal;

Tt = 390, quando servidor titular de cargo efetivo da União ou membro do Poder Judiciário, do Tribunal de Contas e do Ministério Público da União, se mulher, ou professor de educação infantil e do ensino fundamental, nos termos do § 5º do art. 40 da Constituição Federal, se homem;

Tt = 325, quando servidor titular de cargo efetivo da União de professor de educação infantil e do ensino fundamental, nos termos do § 5º do art. 40 da Constituição Federal, se mulher.

§ 4º O fator de conversão será ajustado pelo órgão competente para a concessão do benefício quando, nos termos das respectivas leis complementares, o tempo de contribuição exigido para concessão da aposentadoria de servidor com deficiência, ou que exerça atividade de risco, ou cujas atividades sejam exercidas sob condições especiais que prejudiquem a saúde ou a integridade física, for inferior ao Tt de que trata o § 3º.

O servidor, nessa hipótese, receberá também a gratificação natalina (art. 3º, § 5º, da Lei n. 12.618/2012).

Os reajustes serão feitos pelos mesmos índices aplicados aos benefícios do RGPS.

BENEFÍCIO ESPECIAL				
Requisitos	**Renda mensal**	**Reajustes**	**Termo inicial**	**Termo final**
■ Ser servidor público federal ou seu dependente	■ A diferença entre a média aritmética simples das 80% maiores remunerações que serviram de base para as contribuições anteriores à data de mudança do regime, atualizadas pelo IPCA/IBGE, ou outro índice que venha a substituí-lo, considerado todo o período contributivo desde a competência julho/94 e o teto do valor dos benefícios do RGPS, multiplicada pelo fator de FC	■ Índices aplicados aos benefícios do RGPS	■ A data da concessão de aposentadoria ou pensão pelo RPPS	■ A data da cessação da aposentadoria ou pensão paga pelo RPSP
■ Ingresso antes da instituição do regime de previdência complementar, sem perda do vínculo efetivo				
■ Opção pelo regime de previdência complementar				
■ Concessão de aposentadoria/pensão pelo RPPS				

■ 5.10. NORMAS GERAIS

O art. 40, § 22, da CF, modificado pela Reforma da Previdência, proíbe a instituição de novos RPPS e, quanto aos já existentes, determina a edição de **lei complementar federal** para dispor sobre as normas gerais de organização, funcionamento e de responsabilidade em sua gestão:

> § 22. Vedada a instituição de novos regimes próprios de previdência social, lei complementar federal estabelecerá, para os que já existam, normas gerais de organização, de funcionamento e de responsabilidade em sua gestão, dispondo, entre outros aspectos, sobre:
>
> I — requisitos para sua extinção e consequente migração para o Regime Geral de Previdência Social;
>
> II — modelo de arrecadação, de aplicação e de utilização dos recursos;
>
> III — fiscalização pela União e controle externo e social;
>
> IV — definição de equilíbrio financeiro e atuarial;
>
> V — condições para instituição do fundo com finalidade previdenciária de que trata o art. 249 e para vinculação a ele dos recursos provenientes de contribuições e dos bens,

direitos e ativos de qualquer natureza;

VI — mecanismos de equacionamento do *deficit* atuarial;

VII — estruturação do órgão ou entidade gestora do regime, observados os princípios relacionados com governança, controle interno e transparência;

VIII — condições e hipóteses para responsabilização daqueles que desempenhem atribuições relacionadas, direta ou indiretamente, com a gestão do regime;

IX — condições para adesão a consórcio público;

X — parâmetros para apuração da base de cálculo e definição de alíquota de contribuições ordinárias e extraordinárias.

Vedando a **criação** de novos, a CF prevê a possibilidade de **extinção** dos que já existem e a consequente migração para o RGPS (§ 22, I), ainda que exista *superávit* atuarial (art. 34, parágrafo único, da EC n. 103/2019).

A **extinção** de RPPS e a consequente migração dos seus segurados para o RGPS deve ser feita por lei do respectivo ente federativo. Mas lei federal deverá dispor sobre a matéria e, enquanto não for editada, o art. 34 da EC n. 103/2019 estabelece os requisitos que o ente federativo deve observar.

Enquanto não editada a lei complementar federal exigida pelo § 22 do art. 40, devem ser aplicado o disposto na Lei n. 9.717, de 27.11.1998, que passa a ter *status* de lei complementar, e também as normas autoaplicáveis da EC n. 103/2019.

Atenção: o § 22 também se aplica aos Estados, Distrito Federal e Municípios

NORMAS GERAIS (EC N. 103/2019)
Aplicáveis à União, aos Estados e aos Municípios
■ Vedada a criação de novos RPPS
■ RPPS existentes → Lei Complementar Federal: normas gerais de organização, funcionamento e responsabilidade na gestão, e a extinção e migração para o regime geral
■ Lei n. 9.717/98 → aplicável até a edição da Lei Complementar Federal (art. 9º da EC n. 103/2019)
■ Extinção de RPPS: aplicável art. 34 da EC n. 103/2019 até a edição de lei federal que estabeleça normas gerais → possível mesmo na hipótese de *superávit* atuarial

As regras gerais para a organização e o funcionamento dos regimes próprios de Previdência Social dos servidores públicos da União, dos Estados, do Distrito Federal e dos Municípios, e dos militares dos Estados e do Distrito Federal estão na Lei n. 9.717, de 27.11.1998, e serão aplicadas até a edição da lei complementar prevista no art. 202 da CF.

Na verdade, a Constituição dispôs sobre a maioria das regras dos regimes próprios, pouco restando para a legislação ordinária.

5.10.1. Equilíbrio financeiro e atuarial

A Lei n. 9.717/98, no art. 1º, explicita os critérios a serem observados para a manutenção do equilíbrio financeiro e atuarial dos regimes próprios, dos quais destacamos os mais importantes.

O objetivo é assegurar que o custeio do sistema garanta o pagamento das coberturas previdenciárias por ele previstas, que seja solvente.

A deterioração dos regimes previdenciários inexoravelmente compromete a proteção social prometida. Com a evolução tecnológica, que leva à melhoria das condições de vida da população economicamente ativa, as aposentadorias, principalmente, serão pagas por mais tempo para o segurado que, aposentado, deixa de exercer atividade laborativa e, consequentemente, deixa de contribuir para o custeio. A deficiente gestão dos sistemas, a corrupção, enfim, contribuem para o comprometimento da solvência.

O art. 9º da EC n. 103/2019, na tentativa de melhor controle da administração dos RPPS, estabeleceu no § 1º:

> § 1º O equilíbrio financeiro e atuarial do regime próprio de previdência social deverá ser comprovado por meio de **garantia de equivalência, a valor presente, entre o fluxo das receitas estimadas e das despesas projetadas, apuradas atuarialmente**, que, juntamente com os bens, direitos e ativos vinculados, comparados às obrigações assumidas, evidenciem a solvência e a liquidez do plano de benefícios.

5.10.1.1. *Organização*

A organização desses regimes próprios deverá ser feita com base em normas gerais de contabilidade e atuária.

O financiamento será feito com recursos da União, dos Estados, do Distrito Federal e dos Municípios, com a contribuição previdenciária do respectivo pessoal civil e militar ativo e inativo, e também com a contribuição dos pensionistas.

A lei proíbe a utilização das contribuições e recursos vinculados ao Fundo Previdenciário e das contribuições de segurados ativos, inativos e dos pensionistas para pagamento de despesas que não sejam relativas aos benefícios previdenciários do respectivo regime, salvo as despesas com taxa de administração.

5.10.1.2. *Número mínimo de segurados*

A lei impõe a cobertura de um número mínimo de segurados para que o regime possa ter aptidão para garantir diretamente a cobertura da totalidade dos riscos previstos no respectivo plano de benefícios, sem necessidade de resseguro.

5.10.1.3. *Exclusividade para servidores públicos titulares de cargos efetivos, militares e dependentes*

O regime próprio deve ter como beneficiário apenas seus respectivos servidores e dependentes.

O dispositivo veda que sejam celebrados convênios ou consórcios entre os entes federativos para fins previdenciários.

5.10.2. Vinculação do servidor cedido ao regime de origem

A lei prevê a possibilidade de o servidor titular de cargo efetivo em um dos entes federativos ser cedido para órgão ou entidade de outra unidade da federação. Nesse caso, o servidor permanecerá vinculado ao RPSP de origem (art. 1ª-A).

5.10.3. O custeio dos regimes previdenciários próprios dos servidores públicos

5.10.3.1. Contribuição dos entes federativos: piso e teto

O art. 2º da Lei n. 9.717/98, na redação da Lei n. 10.887/2004, dispõe que a contribuição dos entes federativos, incluídas suas autarquias e fundações, não poderá ser inferior ao valor da contribuição nem superior ao dobro da contribuição do servidor ativo.

CONTRIBUIÇÃO DA UNIÃO, DOS ESTADOS, DO DISTRITO FEDERAL E DOS MUNICÍPIOS (INCLUSIVE AUTARQUIAS E FUNDAÇÕES)	
Piso	**Teto**
■ O valor da contribuição do servidor ativo	■ O dobro do valor da contribuição do servidor ativo

5.10.3.2. Responsabilidade subsidiária dos entes federativos

Se o RPSP apresentar **insuficiência financeira** (*déficit* atuarial), decorrente do pagamento de benefícios previdenciários, cabe ao respectivo ente federativo fazer o aporte financeiro necessário à solvência do sistema.

Essa responsabilidade subsidiária tende a desaparecer após a implementação das regras trazidas pela EC n. 103/2019.

Com a Reforma da Previdência de 2019, o art. 149 da CF foi alterado, possibilitando, em caso de *déficit*, a instituição de **alíquotas progressivas** para os RPPS da União, dos Estados e dos Municípios.

Na mesma situação, caso não resultado o equacionamento do *déficit* no **RPPS da União**, pode ser instituída, por prazo determinado, **alíquota extraordinária** para servidores ativos, aposentados e pensionistas (item 5.11.3.3 *infra*).

INSUFICIÊNCIA FINANCEIRA DO RPPS (DÉFICIT ATUARIAL)	
Lei n. 9.717/98	**EC n. 103/2019**
■ Responsabilidade subsidiária dos entes federativos	■ Poderão ser instituídas alíquotas, a contribuição poderá incidir sobre o valor dos proventos de aposentadorias de pensões que superem 1 salário mínimo → RPPS da União, dos Estados e dos Municípios
	■ Poderá ser instituída alíquota extraordinária por prazo determinado, simultaneamente com outras medidas para equacionamento do *déficit* → RPPS da União

5.10.4. Plano de benefícios

O plano de benefícios dos regimes próprios só pode conceder aos seus segurados e dependentes os benefícios previstos para o RGPS (Lei n. 8.213/91). Somente a CF pode dispor de forma diferente, criando benefício previdenciário não previsto também para os segurados do regime geral.

Cada vez mais fica evidente a intenção de diminuir as diferenças entre os RPSP e o RGPS.

Atenção: o parágrafo único do art. 5º veda a concessão da aposentadoria especial enquanto não for editada lei complementar federal que discipline a matéria. V. Súmula Vinculante 33 do STF.

5.10.5. Fundos previdenciários

O problema da solvência e sobrevivência dos regimes próprios foi previsto pela EC n. 20/98, que incluiu o art. 249 da CF. É possível a criação de fundos compostos por recursos provenientes de contribuições e por bens, direitos e ativos de qualquer natureza, que visem à **garantia de pagamento de proventos de aposentadorias e pensões para os segurados e dependentes dos RPSP**.

O art. 6º da Lei n. 9.717/98 estabelece as regras que os entes federativos deverão observar em caso de constituírem os fundos previdenciários.

5.11. APOSENTADORIAS DOS SEGURADOS DO REGIME PRÓPRIO DE PREVIDÊNCIA DOS SERVIDORES PÚBLICOS. AS EMENDAS CONSTITUCIONAIS NS. 20/98, 41/2003, 47/2005 E 103/2019

Analisaremos neste trabalho os benefícios garantidos pela Constituição de 1988 aos servidores públicos e seus dependentes.

As aposentadorias serão analisadas desde a redação original da CF, com as sucessivas alterações posteriores, que culminaram na Reforma da Previdência de 2019 pela EC n. 103/2019.

O RPSP foi substancialmente modificado pelas Emendas Constitucionais 20/98, 41/2003, 47/2005 e 103/2019.

As modificações introduzidas no art. 40 da CF atingiram servidores em três situações:

a) os que já haviam cumprido os requisitos para a aposentadoria nos termos da redação original do art. 40;
b) os que, embora servidores públicos na data da promulgação das referidas Emenda Constitucionais, ainda não haviam cumprido todos os requisitos para a aposentadoria na forma anteriormente prevista no art. 40; e
c) os que ingressaram no RPSP após a promulgação das Emendas Constitucionais.

Por isso, para os servidores públicos que **cumpriram os requisitos** para a aposentadoria **antes** de entrar em vigor cada uma das Emendas Constitucionais restou assegurado o **direito adquirido** à aposentadoria pelas regras então vigentes.

Para os que ingressaram no serviço público **a partir da vigência de Emendas Constitucionais**, aplicam-se integralmente as novas regras, as quais denominaremos de **regras permanentes**, como já feito em relação ao RGPS.

E para aqueles que ingressaram no serviço público antes **de entrar em vigor qualquer das citadas Emendas Constitucionais**, mas, nessa data, **ainda não haviam cumprido todos os requisitos** para a aposentadoria pelas normas então vigentes, aplicam-se as **regras de transição**.

Trataremos de cada uma das Emendas Constitucionais e suas respectivas regras permanentes e regras de transição.

Após, analisaremos cada um dos benefícios à luz das alterações constitucionais até sua configuração atual após a EC n. 103/2019.

Na redação original, o art. 40 da CF garantia aos servidores públicos as seguintes aposentadorias:

a) por **invalidez permanente:** com **proventos integrais** se a invalidez se originasse de acidente em serviço, moléstia profissional ou doença grave, contagiosa ou incurável, especificadas em lei; com **proventos proporcionais** nos demais casos;

b) compulsória: aos 70 anos de idade, com proventos proporcionais ao tempo de serviço;

c) voluntária por tempo de serviço: com proventos integrais, aos 35 anos de serviço para o homem e 30 anos de serviço para a mulher. Os **professores** também se aposentavam voluntariamente, com proventos integrais, aos 30 anos de efetivo tempo de magistério, se homem, e 25 anos, se mulher;

d) voluntária por tempo de serviço: com proventos proporcionais, aos 30 anos de serviço para o homem e aos 25 anos de serviço para a mulher;

e) voluntária por idade: com proventos proporcionais ao tempo de serviço, aos 65 anos para o homem e 60 anos para a mulher;

f) aposentadoria especial: pelo exercício de atividades penosas, insalubres ou perigosas, definidas em lei complementar que, aliás, não chegou a ser editada. Por isso, na prática, à falta de lei complementar, os servidores públicos não chegaram a obter aposentadoria especial.[164]

A **idade mínima não era requisito** para obtenção da aposentadoria.

Era garantida a **paridade** dos proventos com os vencimentos dos servidores em atividade: revisão na mesma proporção e na mesma data. Aos inativos se estendiam quaisquer benefícios ou vantagens concedidas posteriormente aos servidores da ativa, mesmo quando se tratasse de verbas decorrentes da transformação ou reclassificação do cargo ou função em que o servidor tivesse se aposentado.

ART. 40 REDAÇÃO ORIGINAL		
APOSENTADORIA	**PROVENTOS**	**REAJUSTE**
■ **Invalidez permanente**	■ **Integrais:** em caso de acidente em serviço, moléstia profissional ou doença grave, contagiosa ou incurável especificadas em lei.	■ Paridade
■ **Compulsória aos 70 anos de idade**	■ Proporcionais	■ Paridade

[164] Cf. STF, RE 371.749 AgR/RS Rel. Min. Cezar Peluso, 1ª Turma, *DJ* 04.02.2005, p. 24: "RECURSO. Extraordinário. Provimento parcial. Servidor público federal. Regime celetista. Atividade insalubre. Contagem especial de tempo de serviço. Período posterior à Lei n. 8.112/90. Art. 40, § 4º, na redação anterior à Emenda Constitucional n. 20/98. Inaplicabilidade. Agravo regimental parcialmente provido. Para concessão do direito à contagem de especial de tempo de serviço referente ao período posterior à Lei n. 8.112/90, é necessária a complementação legislativa de que trata o artigo 40, § 4º, da Constituição, na redação anterior à Emenda Constitucional n. 20/98".

■ **Voluntaria integral por tempo de serviço**	■ Integrais: aos 35 anos de serviço, se homem, e 30 anos de serviço, se mulher	■ Paridade
■ **Voluntária proporcional por tempo de serviço**	■ Proporcionais: aos 30 anos de serviço, se homem, e 25 anos de serviço, se mulher	■ Paridade
■ **Voluntária por idade**	■ Proporcionais: aos 65 anos de idade, se homem, e 60 anos de idade, se mulher	■ Paridade
■ **Especial: exercício de atividades penosas, insalubres ou perigosas, nos termos de LC, não editada**		

a) A Emenda Constitucional n. 20/98

A EC n. 20/98 alterou os requisitos para a aposentadoria dos servidores públicos.

Após a EC n. 20/98, todo o tempo de exercício no serviço público passou a ser denominado **tempo de contribuição**, já que se trata de regime de caráter contributivo.

No § 10 do art. 40 foi introduzida a **proibição da contagem de tempo fictício**, isto é, período que não seja de efetiva contribuição para o sistema.

Para os que ingressaram no serviço público **a partir da vigência da EC n. 20/98** aplicam-se as **regras permanentes**, que garantiram as seguintes aposentadorias: por invalidez permanente; compulsória aos 70 anos de idade; voluntária, por tempo de contribuição; voluntária, por tempo de contribuição, dos professores; voluntária, por idade; aposentadoria especial.

As **regras de transição** se aplicavam aos servidores que ingressaram no serviço público **antes** da promulgação da EC n. 20/98, mas que ainda não haviam cumprido todos os requisitos para a aposentadoria voluntária.

A EC n. 20/98 passou a exigir requisitos cumulativos para a aposentadoria por tempo de contribuição, instituindo a **idade mínima** e o tempo de exercício no serviço público e no cargo em que se desse a aposentadoria.

Os **professores** continuaram beneficiados com a redução de 5 anos no tempo de contribuição, estendida agora à idade mínima. Mas só pode ser **contado exclusivamente tempo de efetivo exercício nas funções de magistério na educação infantil e no ensino fundamental e médio**, disposição que não foi modificada pelas Emendas Constitucionais posteriores.

Ficaram **mantidas a integralidade e a paridade**.

EC N. 20/98
Apenas tempo de contribuição
Proibida a contagem de tempo fictício (sem contribuição)
■ **Aposentadorias:** por invalidez permanente; compulsória aos 70 anos de idade; voluntária, por tempo de contribuição; voluntária, por tempo de contribuição, dos professores; voluntária, por idade; aposentadoria especial
■ **Aposentadoria por tempo de contribuição:** requisitos cumulativos de tempo de contribuição, idade mínima, tempo de efetivo exercício de serviço público, e tempo cargo efetivo da aposentadoria
■ **Aposentadoria do professor:** redução de 5 anos na idade mínima e no tempo de contribuição e comprovação de exercício exclusivamente nas funções de magistério na educação infantil e no ensino fundamental e médio
■ **Regras permanentes:** para os que ingressaram no serviço público a partir da vigência da EC n. 20/98

■ **Regras de transição:** para os que ingressaram no serviço público antes da promulgação da EC n. 20/98, mas que ainda não haviam cumprido todos os requisitos para a aposentadoria voluntária.
■ **Mantidas integralidade e paridade**

b) A Emenda Constitucional n. 41/2003

As regras para a concessão das aposentadorias não foram alteradas pela EC n. 41/2003.

As alterações atingiram o financiamento do RPSP, que passou a tributar os inativos e pensionistas, criou nova fórmula de apuração da renda mensal dos benefícios previdenciários dos servidores públicos e revogou a regra da paridade.

Os proventos da aposentadoria não poderão ser superiores ao **limite máximo fixado para os benefícios do regime geral de previdência social, desde que implantado o regime de previdência complementar** dos servidores públicos.

Os servidores que ingressaram no serviço público após a EC n. 41/2003 estão sujeitos às **normas do RGPS**, aplicáveis aos trabalhadores do setor privado, quanto ao cálculo da renda mensal inicial de seus benefícios e aos reajustes posteriores, desde que instituído o regime de previdência complementar.

Deixou de existir correlação entre os vencimentos que o servidor tinha na atividade e os proventos da aposentadoria que passará a receber, porque a contribuição previdenciária dos servidores públicos incidirá apenas sobre a parcela da remuneração que não exceda o teto fixado para o RGPS.

O **cálculo da renda mensal inicial** também foi **equiparado ao do RGPS**: todas as remunerações utilizadas como bases de cálculo da contribuição previdenciária, e que integrem o cálculo, serão corrigidas monetariamente (art. 40, §§ 3º e 17, da CF).

O índice de correção, no caso, deve ser o mesmo utilizado pelo RGPS.

O cálculo dos proventos das aposentadorias dos servidores foi regulamentado pela **Lei n. 10.887, de 18.06.2004**. Passou a ser adotado o mesmo critério do RGPS: a **média aritmética simples das maiores remunerações** utilizadas como base para as contribuições do servidor aos regimes de previdência a que esteve vinculado, correspondente **a 80%** de todo o período contributivo. Convém transcrever a regra do art. 1º da Lei n. 10.887/2004:

> **Art. 1º** No cálculo dos proventos de aposentadoria dos servidores titulares de cargo efetivo de qualquer dos Poderes da União, dos Estados, do Distrito Federal e dos Municípios, incluídas suas autarquias e fundações, previsto no § 3º do art. 40 da Constituição Federal e no art. 2º da Emenda Constitucional n. 41, de 19 de dezembro de 2003, será considerada a **média aritmética simples das maiores remunerações**, utilizadas como base para as contribuições do servidor aos regimes de previdência a que esteve vinculado, correspondentes a **80% (oitenta por cento) de todo o período contributivo desde a competência julho de 1994 ou desde a do início da contribuição, se posterior àquela competência**.
>
> § 1º As remunerações consideradas no cálculo do valor inicial dos proventos terão os seus valores atualizados mês a mês de acordo com a variação integral do índice fixado para a atualização dos salários de contribuição considerados no cálculo dos benefícios do regime geral de previdência social.

§ 2º A base de cálculo dos proventos será a remuneração do servidor no cargo efetivo nas competências a partir de julho de 1994 em que não tenha havido contribuição para regime próprio.

§ 3º Os valores das remunerações a serem utilizadas no cálculo de que trata este artigo serão comprovados mediante documento fornecido pelos órgãos e entidades gestoras dos regimes de previdência aos quais o servidor esteve vinculado ou por outro documento público, na forma do regulamento.

§ 4º Para os fins deste artigo, as remunerações consideradas no cálculo da aposentadoria, atualizadas na forma do § 1º deste artigo, não poderão ser:

I — inferiores ao valor do salário mínimo;

II — superiores ao limite máximo do salário de contribuição, quanto aos meses em que o servidor esteve vinculado ao regime geral de previdência social.

§ 5º Os proventos, calculados de acordo com o *caput* deste artigo, por ocasião de sua concessão, não poderão ser inferiores ao valor do salário mínimo nem exceder a remuneração do respectivo servidor no cargo efetivo em que se deu a aposentadoria.

O critério de cálculo foi alterado pela EC n. 103/2019, como adiante se verá.

A lei fixou valores mínimo (piso) e máximo (teto) das remunerações consideradas no cálculo do benefício:

a) piso: o valor de um salário mínimo;

b) teto: o valor máximo das remunerações do respectivo ente público;

c) teto do salário de contribuição do período de vinculação ao RGPS: o valor máximo dos salários de contribuição.

Da mesma forma que no RGPS, o Período Básico de Cálculo **(PBC)** abrange todo o período contributivo do segurado, podendo retroagir até a competência julho de 1994 nas hipóteses em que não tenha havido contribuição para RPSP.

O valor dos proventos não poderá ser inferior ao salário mínimo (piso) nem superior à remuneração do servidor no cargo efetivo em que se deu a aposentadoria.

Não há mais garantia da paridade dos reajustes dos proventos em relação à remuneração dos servidores da ativa.

Os reajustes ficaram submetidos a **critérios fixados em lei**. Instituído o regime de previdência complementar, os proventos da aposentadoria do RPSP não poderão ser superiores ao limite máximo fixado para os benefícios do RGPS.

O art. 15 da Lei n. 10.887/2004, com a redação dada pela Lei n. 11.784/2008, dispõe que "Os proventos de aposentadoria e as pensões de que tratam os arts. 1º e 2º serão reajustados, **a partir de janeiro de 2008, na mesma data e índice em que se der o reajuste dos benefícios do regime geral de previdência social**, ressalvados os beneficiados pela garantia de paridade de revisão de proventos de aposentadoria e pensões de acordo com a legislação vigente".

Atenção: em sessão de 28.09.2011, o Plenário do STF concedeu liminar na **ADI 4.582**, para **suspender os efeitos do art. 15 em relação aos Estados**. A decisão teve por fundamento a competência da União para legislar, no tema, por normas gerais, não podendo dispor sobre revisão de aposentadorias e pensões dos Estados (mérito não julgado até o fechamento desta edição).[165]

EC N. 41/2003
Instituída a cobrança de inativos e pensionistas
■ **Piso e teto** = iguais aos dos benefícios do RGPS, desde que implantado o regime de previdência complementar
■ **PBC** = todo o período contributivo do segurado, podendo retroagir até a competência julho/1994
■ **Paridade** = extinta
■ **Reajustes** = critérios fixados em lei, ressalvados os garantidos pela paridade

c) A EC n. 47/2005

Dessa vez, a alteração constitucional só alcançou a aposentadoria especial dos servidores públicos, passando a proteger os portadores de deficiência, os que exerçam atividades de risco e aqueles cujas atividades sejam exercidas sob condições especiais que prejudiquem a saúde ou a integridade física, na forma de lei complementar, que não foi editada.

EC N. 47/2005	
Aposentadoria especial:	■ portadores de deficiência ■ atividades de risco ■ atividades exercidas sob condições especiais prejudiciais à saúde ou à integridade física

d) A EC n. 103/2019

O regime jurídico das aposentadorias dos servidores públicos foi substancialmente modificado pela reforma previdenciária de 2019.

Mas nem todas as regras têm aplicação aos RPPS dos Estados, Distrito Federal e Municípios.

Já se disse antes que a Reforma da Previdência de 2019 não atingiu integralmente os RPPS, de modo que, ao longo da explanação, destacaremos as regras com aplicação a todos os RPPS, as regras aplicáveis somente ao RPPS da União, bem como as respectivas regras de transição.

As alterações atingiram, principalmente, as aposentadorias por tempo de contribuição e por idade, que foram substituídas por uma **única aposentadoria voluntária com requisitos cumulativos de idade mínima e tempo de contribuição**, além de outros requisitos relativos ao tempo de exercício no serviço público e no cargo em que se dará a aposentadoria.

A **aposentadoria por incapacidade permanente** substituiu a aposentadoria por invalidez.

E todas as aposentadorias foram alcançadas pelos novos critérios de cálculo, tendo em vista a aproximação cada vez maior do Regime Geral de Previdência Social.

---

[165] ADI 4.582, Rel. Min. Marco Aurélio, *DJe* 09.02.2012.

5.11.1. Aposentadoria por incapacidade permanente/invalidez

Na redação original, **o art. 40, I, da CF**, garantia a aposentadoria por invalidez permanente, com proventos integrais quando decorrentes de acidente em serviço, moléstia profissional ou doença grave, contagiosa ou incurável, especificadas em lei, e proporcionais nos demais casos.

A aposentadoria por invalidez permanente, na forma como tratada pela EC n. 20/98, permaneceu basicamente com os mesmos contornos.

A EC n. 41/2003 apenas alterou a expressão "especificadas em lei" por "na forma da lei". A alteração é importante porque deu competência mais abrangente à lei ordinária, que não mais ficou limitada à enumeração da moléstia profissional ou doença grave, contagiosa ou incurável, mas, sim, pode editar normas gerais, por meio de lei federal.[166]

O valor dos proventos da aposentadoria por invalidez variava conforme a causa da incapacidade total e permanente: em regra, eram proporcionais; mas seriam integrais na hipótese de invalidez decorrente de acidente em serviço, moléstia profissional ou doença grave, contagiosa ou incurável, na forma da lei.

Para que os proventos fossem integrais, era, então, necessário que a invalidez decorresse de moléstia profissional ou doença grave, contagiosa ou incurável, na forma da lei:

> "CONSTITUCIONAL. ADMINISTRATIVO. **SERVIDOR PÚBLICO**. **APOSENTADORIA** POR **INVALIDEZ** COM **PROVENTOS INTEGRAIS**. ART. 40, § 1º, I, DA CF. SUBMISSÃO AO DISPOSTO EM LEI ORDINÁRIA. 1. O art. 40, § 1º, I, da Constituição Federal assegura aos **servidores públicos** abrangidos pelo regime de previdência nele estabelecido o direito a **aposentadoria** por **invalidez** com proventos proporcionais ao tempo de contribuição. O benefício será devido com **proventos integrais** quando a **invalidez** for decorrente de acidente em serviço, moléstia profissional ou doença grave, contagiosa ou incurável, 'na forma da lei'. 2. Pertence, portanto, ao domínio normativo ordinário a definição das doenças e moléstias que ensejam **aposentadoria** por **invalidez** com **proventos integrais**, cujo rol, segundo a jurisprudência assentada pelo STF, tem natureza taxativa (...)" (RE 656.860, Rel. Min. Teori Zavascki, *DJe* 18.09.2014).

A **Lei n. 8.112/90**, que dispõe sobre o regime jurídico dos servidores públicos civis da União, das autarquias e das fundações públicas federais, relaciona as doenças que darão direito à **aposentadoria por invalidez com proventos integrais:** tuberculose ativa, alienação mental, esclerose múltipla, neoplasia maligna, cegueira posterior ao ingresso no serviço público, hanseníase, cardiopatia grave, doença de Parkinson, paralisia irreversível e incapacitante, espondiloartrose anquilosante, nefropatia grave, estados avançados do mal de Paget (osteíte deformante), Síndrome de Imunodeficiência Adquirida (AIDS), e outras que a lei indicar, com base na medicina especializada (art. 186, § 1º).

[166] Cf. Marcelo Leonardo Tavares, ob. cit., p. 320.

O cálculo do valor da renda mensal da aposentadoria por invalidez foi atingido pelas alterações trazidas pela **Emenda Constitucional n. 70, de 29.03.2012**. Essa EC acrescentou o art. 6º-A à EC n. 41/2003, trazendo **regra específica para os servidores públicos que ingressaram no serviço público até a data da publicação da EC n. 41/2003 e ficaram incapacitados após essa data**.[167]

A EC n. 70/2012 não alterou o art. 40, § 1º, I, da CF, de modo que os proventos da aposentadoria por invalidez continuaram sendo, em regra, proporcionais ao tem-po de contribuição e integrais quando a aposentadoria decorresse de acidente em serviço, moléstia profissional ou doença grave, contagiosa ou incurável, na forma da lei.

O que foi modificado foi a **base de cálculo** e os critérios de reajuste dos proventos.

A base de cálculo deixou de ser a média aritmética simples das remunerações que serviram de base para a contribuição do servidor aos regimes de previdência.

Com a **EC n. 70**, a base de cálculo passou a ser a remuneração do servidor no cargo efetivo em que se der a aposentadoria. Isso significa que, quando se tratasse de proventos integrais, o valor da renda mensal seria igual a 100% da remuneração recebida em atividade; quando se tratasse de proventos proporcionais, o cálculo seria feito com base na remuneração, considerando o tempo de contribuição do servidor.

Os reajustes continuaram, no caso, a seguir a regra da *paridade*, isto é, os proventos serão reajustados na mesma data e na mesma proporção aplicadas à remuneração do servidor em atividade.

A EC n. 70/2012 determinou a revisão das aposentadorias por invalidez, bem como das pensões delas decorrentes, concedidas a partir de 1º.01.2004, para adequação à nova fórmula de cálculo. Os efeitos financeiros, contudo, são produzidos a partir de 29.03.2012 (data da promulgação da EC n. 70/2012).[168]

A questão foi analisada pelo STF em **Repercussão Geral** reconhecida no **RE 924.456/RJ**, onde restou firmada a tese: "Os efeitos financeiros das revisões de aposentadoria concedidas com base no art. 6º-A da Emenda Constitucional 41/2003, introduzido pela Emenda Constitucional 70/2012, somente se produzirão a partir da data de sua promulgação (30.02.2012)".[169]

---

[167] Art. 6º-A: O servidor da União, dos Estados, do Distrito Federal e dos Municípios, incluídas suas autarquias e fundações, que tenha ingressado no serviço público até a data de publicação desta Emenda Constitucional e que tenha se aposentado ou venha a se aposentar por invalidez permanente, com fundamento no inciso I do § 1º do art. 40 da Constituição Federal, tem direito a proventos de aposentadoria calculados com base na remuneração do cargo efetivo em que se der a aposentadoria, na forma da lei, não sendo aplicáveis as disposições constantes dos §§ 3º, 8º e 17 do art. 40 da Constituição Federal.

Parágrafo único. Aplica-se ao valor dos proventos de aposentadorias concedidas com base no *caput* o disposto no art. 7º desta Emenda Constitucional, observando-se igual critério de revisão às pensões derivadas dos proventos desses servidores.

[168] Cf. Nota Técnica n. 02/2012/CGNAL/DRPSP/SPPS/MPS e Orientação Normativa n. 1, de 30.05.2012 (INSS).

[169] Rel. Min. Dias Toffoli, Rel. p/ Acórdão Min. Alexandre de Moraes, *DJe* 08.09.2017: "(...) 1. Os proventos de aposentadoria por invalidez decorrente de doença grave ou acidente de trabalho (art. 40, § 1º, I, da Constituição Federal) correspondiam à integralidade da remuneração percebida pelo servidor no momento da aposentação, até o advento da EC n. 41/2003, a partir de quando

A EC n. 103, de 12.11.2019, trouxe a atual redação do art. 40, § 1º, I:

> I — por incapacidade permanente para o trabalho, no cargo em que estiver investido, quando insuscetível de readaptação, hipótese em que será obrigatória a realização de avaliações periódicas para verificação da continuidade das condições que ensejaram a concessão da aposentadoria, na forma de lei do respectivo ente federativo;

A antiga aposentadoria por invalidez foi, então, denominada de **aposentadoria por incapacidade permanente**.

Contingência: incapacidade permanente para o trabalho, no cargo em que estiver investido, conforme a lei a ser editada.

A alteração exige que fique comprovada a impossibilidade de *readaptação* do servidor, e deixa expresso que o aposentado por incapacidade permanente deverá ser submetido a *avaliações periódicas* para verificação da continuidade das condições que ensejaram a concessão do benefício.

A redação do art. 40, § 1º, I, exige a edição de *lei do respectivo ente federativo*, de modo que o dispositivo *não é autoaplicável*. A União, os Estados, o Distrito Federal e os Municípos deverão, em lei do respectivo Poder Legislativo, dispor sobre a readaptação do sevidor para exercer outro cargo, bem como sobre a realização de avaliações periódicas.

O art. 24 da Lei n. 8.112/1990 (Estatuto dos Servidores Públicos Federais) dá o conceito de readaptação:

> **Art. 24.** Readaptação é a investidura do servidor em cargo de atribuições e responsabilidades compatíveis com a limitação que tenha sofrido em sua capacidade física ou mental verificada em inspeção médica.
>
> § 1º Se julgado incapaz para o serviço público, o readaptando será aposentado.
>
> § 2º A readaptação será efetivada em cargo de atribuições afins, respeitada a habilitação exigida, nível de escolaridade e equivalência de vencimentos e, na hipótese de inexistência de cargo vago, o servidor exercerá suas atribuições como excedente, até a ocorrência de vaga.

---

o conceito de proventos integrais deixou de ter correspondência com a remuneração recebida em atividade e foi definida pela Lei 10.887/2004 como a média aritmética de 80% das melhores contribuições revertidas pelo servidor ao regime previdenciário. 2. A Emenda Constitucional 70/2012 inovou no tratamento da matéria ao introduzir o art. 6º-A no texto da Emenda Constitucional 41/2003. A regra de transição pela qual os servidores que ingressaram no serviço público até a data de promulgação da EC n. 41/2003 terão direito ao cálculo de suas aposentadorias com base na remuneração do cargo efetivo foi ampliada para alcançar os benefícios de aposentadoria concedidos a esses servidores com fundamento no art. 40, § 1º, I, CF, hipótese que, até então, submetia-se ao disposto nos §§ 3º, 8º e 17 do art. 40 da CF. 3. Por expressa disposição do art. 2º da EC n. 70/2012, os efeitos financeiros dessa metodologia de cálculo somente devem ocorrer a partir da data de promulgação dessa Emenda, sob pena, inclusive, de violação ao art. 195, § 5º, CF, que exige indicação da fonte de custeio para a majoração de benefício previdenciário. 4. Recurso provido, com afirmação de tese de repercussão geral: "Os efeitos financeiros das revisões de aposentadoria concedidas com base no art. 6º-A da Emenda Constitucional 41/2003, introduzido pela Emenda Constitucional 70/2012, somente se produzirão a partir da data de sua promulgação (30.02.2012)".

Sofrida limitação na capacidade física ou mental do servidor, constatada por perícia médica, o servidor público federal deve ser reabilitado em cargo de atribuições afins, com respeito à habilitação exigida, nível de escolaridade e equivalência de vencimentos.

Renda mensal: na forma da lei a ser editada pelos entes federativos. Os reajustes serão os mesmos aplicados aos benefícios do RGPS.

■ 5.11.1.1. *Regras transitórias aplicáveis à aposentadoria por incapacidade permanente do RPPS da União. Arts. 10 e 26 da EC n. 103/2019*

Os arts. 10, § 1º, II, e 26 da EC n. 103/2019 trazem regras transitórias, aplicadas aos benefícios do RPPS dos servidores públicos federais até que seja editada a respectiva lei ordinária.

Contingência: incapacidade permanente para o trabalho, no cargo em que estiver investido, quando insuscetível de readaptação, hipótese em que será obrigatória a realização de avaliações médicas periódicas para verificação da continuidade das condições que ensejaram a concessão da aposentadoria (art. 10, § 1º, II).

Renda mensal (regra geral): 60% da média aritmética apurada, com acréscimo de 2% por ano de contribuição que exceder o tempo de contribuição de 20 anos.

Renda mensal (incapacidade permanente decorrente de acidente de trabalho, de doença profissional e de doença do trabalho): 100% da média aritmética simples.

Trata-se da média aritmética simples de *100%* do período contributivo desde a competência *julho de 1994*. Consideram-se no cálculo os salários de contribuição e as remunerações adotadas como base de cálculo para contribuições ao RPPS e ao RGPS, ou como base para as contribuições decorrentes das atividades militares dos Estados, do Distrito Federal, do Territórios e das Forças Armadas.

> **Atenção:** se o servidor público federal ingressou no serviço público em cargo efetivo após a implantação do regime de previdência complementar ou exerceu a opção correspondente (art. 40, §§ 14 a 16, da CF), a média será limitada ao valor máximo do salário de contribuição do RGPS.

A renda mensal da aposentadoria por incapacidade permanente dos servidores públicos federais sofreu sensível redução no valor, uma vez que o coeficiente (60% ou 100%) incidirá, em qualquer hipótese, sobre a média dos salários de contribuição a partir de julho de 1994, e, em algumas hipóteses, estará limitada ao teto do RGPS.

Os reajustes serão sempre na forma do reajuste dos benefícios do RGPS.

APOSENTADORIA POR INCAPACIDADE PERMANENTE	
REQUISITOS	■ Na forma da lei do respectivo ente federativo
CONTINGÊNCIA	■ Incapacidade permanente para o trabalho, no cargo em que estiver investido, quando insuscetível de readaptação → avaliações periódicas para verificação da continuidade das condições que ensejam a concessão.
SUJEITO ATIVO	■ O servidor público

SUJEITO PASSIVO	■ O Poder Público respectivo
TERMO INICIAL	■ A data da publicação do respectivo ato
PROVENTOS	■ Na forma da lei do respectivo ente federativo

REGRA TRANSITÓRIA PARA O RPPS DA UNIÃO (arts. 10 e 26 da EC n. 103/2019)	
APLICAÇÃO	■ Até a edição da lei federal que disponha sobre os requisitos
CONTINGÊNCIA	■ Incapacidade permanente para o trabalho, no cargo em que estiver investido, quando insuscetível de readaptação → avaliações periódicas para verificação da continuidade das condições que ensejaram a concessão do benefício
PROVENTOS	■ 60% da média aritmética simples, considerados todos os salários de contribuição e bases de cálculo de remuneração em regime próprio e de militares → regra geral ■ 100% da média aritmética simples, considerados todos os salários de contribuição e bases de cálculo de remuneração em regime próprio e de militares → incapacidade decorrente de acidente de trabalho, de doença profissional ou de doença do trabalho ■ Limitados ao teto do RGPS → para os que ingressaram no RPPS após a implantação do regime de previdência complementar e para os que exerceram a opção

■ *5.11.2. Aposentadoria compulsória*

A aposentadoria compulsória ocorria aos **70 anos de idade**, com proventos proporcionais ao tempo de contribuição (art. 40, II, da CF). A idade era a mesma para homens e mulheres.

Em 29.09.2015, o Plenário do Senado aprovou o Projeto de Lei Complementar n. 274/2015, para regulamentar a aposentadoria compulsória por idade aos 75 anos para o servidor público, com proventos proporcionais, em cumprimento ao disposto na **Emenda Constitucional n. 88, de 07.05.2015**. O projeto foi vetado por vício de iniciativa, que é privativa do Presidente da República.

A EC n. 88/2015 acrescentou o art. 100 ao Ato das Disposições Constitucionais Transitórias, estabelecendo que "Até que entre em vigor a lei complementar de que trata o inciso II do § 1º do art. 40 da Constituição Federal, os Ministros do Supremo Tribunal Federal, dos Tribunais Superiores e do Tribunal de Contas da União aposentar-se-ão, compulsoriamente, aos 75 (setenta e cinco) anos de idade, nas condições do art. 52 da Constituição Federal".

A Lei Complementar n. 152, de 02.12.2015 (*DOU* 04.12.2015), estendeu a aposentadoria compulsória, com *vencimentos proporcionais*, aos 75 anos de idade, para os servidores titulares de cargos efetivos da União, dos Estados, do Distrito Federal e dos Municípios, incluídas suas autarquias e fundações; os membros do Poder Judiciário; os membros do Ministério Público os membros das Defensorias Públicas e os membros dos Tribunais e dos Conselhos de Contas.

As regras não foram alteradas pela EC n. 103/2019 em relação aos requisitos de idade e ao valor proporcional dos proventos.

Todos os entes federativos deverão editar as respectivas leis ordinárias para regulamentar a aposentadoria compulsória de seus servidores, mantida a idade (75 anos) e a regra da proporcionalidade do valor dos proventos.

APOSENTADORIA COMPULSÓRIA	
CONTINGÊNCIA	■ Completar 75 anos de idade
SUJEITO ATIVO	■ O servidor público
SUJEITO PASSIVO	■ O Poder Público respectivo
TERMO INICIAL	■ A data da publicação do respectivo ato
PROVENTOS	■ Na forma da lei do respectivo ente federativo

5.11.2.1 *Regras transitórias aplicáveis à aposentadoria compulsória do RPPS da União. Arts. 10 e 26 da EC n. 103/2019*

Também há regras transitórias para a aposentadoria no RPPS da União, que valerão até que seja editada a respectiva lei: art. 10, § 1º, III, e art. 26, § 4º, da EC n. 103/2019.

Até 13.11.2019, o cálculo dos proventos da aposentadoria compulsória do RPPS era feito na forma da Lei n. 10.887/2004.

A regra transitória, com redação confusa, dispõe: o valor do benefício corresponderá ao resultado do tempo de contribuição dividido por 20 anos, limitado a um inteiro, multiplicado pelo valor apurado na forma do § 2º do *caput* do art. 26, ressalvado o caso de cumprimento de critérios de acesso para aposentadoria voluntária que resulte em situação mais favorável.

O cálculo, então, deve partir da *soma do tempo de contribuição dividido por 20 anos*, limitado a 1 (um inteiro).

A seguir, deve ser calculada a média aritmética simples de todos os salários de contribuição ao RGPS e as remunerações que serviram de base para as contribuições de outros RPPS, inclusive militares (art. 26, § 2º), a partir da competência julho de 1994.

Após, sobre o valor resultante da média deve ser aplicado o percentual de 60%, acrescido de 2% por ano de contribuição que exceder 20 anos.

E, por fim, o valor resultante deve ser *multiplicado* pelo obtido na primeira etapa do cálculo (soma do tempo de contribuição dividido por 20, não podendo ser superior a 1).

Colhemos a lição de Bruno Sá Freire Martins:[170] "*... Portanto, já na média haverá uma* ***proporcionalização*** *de seu valor, para na sequência ser aplicada* nova proporcionalidade *dessa feita considerando o tempo de contribuição em razão do divisor 20. Assim, é possível afirmar que haverá uma* ***dupla proporcionalidade***" (destacamos).

A regra indica a intenção de diminuir substancialmente o valor da cobertura previdenciária do RPPS da União.

[170] É verdade que a aposentadoria compulsória não será alterada na Reforma da Previdência? Jornal *Jurid*, 24 set. 2019. Disponível em: <https://www.jornaljurid.com.br/colunas/previdencia-do-servidor/e-verdade-que-a-aposentadoria-compulsoria-nao-sera-alterada-na-reforma-da-previdencia>.

Atenção: se o servidor público federal ingressou no serviço público em cargo efetivo após a implantação do regime de previdência complementar ou exerceu a opção correspondente (art. 40, §§ 14 a 16, da CF), a média será limitada ao valor máximo do salário de contribuição do RGPS.

Pode ocorrer de, ao chegar aos 75 anos de idade, o servidor ter direito à aposentadoria voluntária numa das regras de transição de que abaixo trataremos (item 5.12.5. *infra*). Nesse caso, a EC n. 103/2019 permite a concessão do benefício que for mais favorável ao servidor.

REGRA TRANSITÓRIA PARA O RPPS DA UNIÃO (arts. 10 e 26 da EC n. 103/2019)	
APLICAÇÃO	■ Até a edição da lei federal que disponha sobre os requisitos
CONTINGÊNCIA	■ Completar 75 anos de idade
PROVENTOS	■ Resultado do tempo de contribuição dividido por 20, não podendo ser superior a 1 (um inteiro) MULTIPLICADO pelo valor obtido no cálculo de 60% da média aritmética simples, acrescido de 2% por ano de contribuição que superar 20 anos. ■ Limitados ao teto do RGPS → para os que ingressaram no RPPS após a implantação do regime de previdência complementar e para os que exerceram a opção.

5.11.3 *Aposentadoria especial*

A CF, na redação original, previa a possibilidade de lei complementar dispor sobre a aposentadoria especial dos servidores que exercessem **atividades penosas, insalubres ou perigosas**. A lei complementar não chegou a ser editada. Era apenas uma possibilidade, que, a nosso ver, não assegurava direito subjetivo aos servidores públicos.[171] Há precedentes do STF nesse sentido:

"Direito Constitucional e Processual Civil. Mandado de Injunção. Servidores autárquicos. Escola Superior de Agricultura de Lavras — ESAL (autarquia federal sediada em Lavras, Minas Gerais). Aposentadoria Especial. Atividades insalubres. Artigos 5º, inc. LXXI, e 40, § 1º, da Constituição Federal.

1. O § 1º do art. 40 da C. F. apenas faculta ao legislador, mediante lei complementar, estabelecer exceções ao disposto no inciso III, "a" e "c", ou seja, instituir outras hipóteses de aposentadoria especial, no caso de exercício de atividades consideradas penosas, insalubres ou perigosas.

2. Tratando-se de mera faculdade conferida ao legislador, que ainda não a exercitou, não há direito constitucional já criado, e cujo exercício esteja dependendo de norma regulamentadora.

3. Descabimento do Mandado de Injunção, por falta de possibilidade jurídica do pedido, em face do disposto no inc. LXXI do art. 5º da C. F., segundo o qual somente é de ser concedido mandado de injunção quando a falta de norma regulamentadora torne inviável o exercício de direitos e liberdades constitucionais e das prerrogativas inerentes à

[171] Na redação original, o art. 40, § 1º, dispunha: Lei complementar **poderá estabelecer** exceções ao disposto no inciso III, *a* e *c*, no caso de exercício de atividades consideradas penosas, insalubres ou perigosas.

nacionalidade, à soberania e à cidadania. (...)" (Mandado de Injunção n. 444-7, Minas Gerais, Rel. Min. Sydney Sanches, *DJ* 07.10.1994).

Com a alteração introduzida pela EC n. 20/98, contudo, pensamos que a aposentadoria especial passou a ser direito subjetivo dos servidores, que depende de lei complementar que defina as atividades exercidas exclusivamente sob condições especiais que prejudiquem a saúde ou a integridade física.

O § 4º do art. 40, na redação da EC n. 20/98, instituiu a aposentadoria especial do servidor público, e apenas deixou para a lei complementar a definição das atividades exercidas exclusivamente sob condições especiais que prejudicassem a saúde ou a integridade física. A omissão legislativa deu ensejo à propositura de mandado de injunção, entendimento adotado pelo STF no julgamento do Mandado de Injunção n. 721-7/DF, de relatoria do Ministro Marco Aurélio, que em trecho do voto assinalou:

> "(...) Com a Emenda Constitucional n. 20/98, afastou-se a óptica míope do sentido do verbo 'poder' — considerado o tempo, futuro do presente, 'poderá' —, para prever-se, no § 4º do art. 40 da Carta (...). Então, é dado concluir que a jurisprudência mencionada nas informações sobre a existência de simples faculdade ficou, sob o ângulo normativo-constitucional, suplantada. Refiro-me ao que decidido no Mandado de Injunção 484-6/RJ (...). Em síntese, hoje não sugere dúvida a existência do direito constitucional à adoção de requisitos e critérios diferenciados para alcançar a aposentadoria daqueles que hajam trabalhado sob condições especiais, que prejudiquem a saúde ou a integridade física. Permaneceu a cláusula da definição em lei complementar (...)."

Na ocasião, admitido o Mandado de Injunção, o STF acabou por decidir que a falta de lei complementar não poderia acarretar prejuízo ao servidor público. E, no caso concreto, em que a impetrante era servidora pública do Ministério da Saúde, auxiliar de enfermagem, lotada na Fundação das Pioneiras Sociais — Sara Kubitschek, em Belo Horizonte, determinou a aplicação das disposições do art. 57, § 1º, da Lei n. 8.213/91, que dispõe sobre a aposentadoria especial do RGPS:

> "MANDADO DE INJUNÇÃO. NATUREZA. Conforme disposto no inciso XXVI do artigo 5º da Constituição Federal, conceder-se-á mandado de injunção quando necessário ao exercício dos direitos e liberdades constitucionais e das prerrogativas inerentes à nacionalidade, à soberania e à cidadania. Há ação mandamental, e não simplesmente declaratória de omissão. A carga de declaração não é objeto da impetração, mas premissa da ordem a ser formalizada.
>
> MANDADO DE INJUNÇÃO — DECISÃO — BALIZAS. Tratando-se de processo subjetivo, a decisão possui eficácia considerada a relação jurídica nele revelada.
>
> APOSENTADORIA — TRABALHO EM CONDIÇÕES ESPECIAIS — PREJUÍZO À SAÚDE DO SERVIDOR — INEXISTÊNCIA DE LEI COMPLEMENTAR — ARTIGO 40, § 4º, DA CONSTITUIÇÃO FEDERAL. Inexistente a disciplina específica da aposentadoria especial do servidor, impõe-se a adoção, via pronunciamento judicial, daquela própria aos trabalhadores em geral — artigo 57, § 1º, da Lei n. 8.213/91" (*DJ* 14.09.2007).

Outros Mandados de Injunção foram julgados pelo STF, que, em relação a outras categorias profissionais, adotou o mesmo entendimento: **enquanto não for editada**

lei complementar, os servidores públicos terão direito à aposentadoria especial na forma prevista no RGPS.

Consolidado o entendimento, o STF editou a **Súmula Vinculante 33:** "Aplicam-se ao servidor público, no que couber, as regras do regime geral da previdência social sobre aposentadoria especial de que trata o art. 40, § 4º, inciso III da Constituição Federal, até a edição de lei complementar específica".

A EC n. 47/2005 alterou o § 4º do art. 40, mantendo a garantia de aposentadoria especial aos servidores exercentes de atividades sob condições especiais que prejudicassem a saúde ou a integridade física, e introduziu a aposentadoria dos servidores com deficiência e dos que exercessem atividades de risco.

A nova redação dada ao art. 40 pela EC n. 103/2019 veda a adoção de critérios diferenciados para a concessão de benefícios em regime próprio de previdência social, ressalvado o disposto nos §§ 4º-A, 4º-B e 5º-C: servidores com deficiência (§ 4º-A); agentes penitenciários, agentes socioeducativos; policiais da Câmara dos Deputados; policiais do Senado Federal; policiais federais; policiais rodoviários federais e policiais ferroviários federais (§ 4º-B); e servidores cujas atividades sejam exercidas com efetiva exposição a agentes químicos, físicos e biológicos prejudiciais à saúde, ou associação desses agentes, vedada a caracterização por categoria profissional ou ocupação (§ 4º- C).

A Emenda Constitucional n. 104, de 04.12.2019, criou a **polícia penal** como órgão de segurança pública, à qual caberá a **segurança dos estabelecimentos penais** (art. 144, VI e § 5ª-A da CF). O preenchimento dos quadros de servidores da polícia penal será feito por concurso público e por transformação dos cargos atuais de agente penitenciário, na forma do art; 4º da EC n. 104/2019. Enquanto não for editada a legislação que disponha sobre a polícia penal, a nosso ver, por se tratar de hipótese de transformação de cargos atuais de agentes penitenciários, estarão os integrantes da polícia penal enquadrados na hipótese do § 4º-B do art. 40 da CF.

Atenção: a aposentadoria especial dos servidores públicos dependerá da edição **de lei complementar do respectivo ente federativo** (União, Estados e Municípios).

APOSENTADORIA ESPECIAL DO SERVIDOR PÚBLICO ART. 40 DA CF				
Redação original	**EC n. 20/98**	**EC n. 41/2003**	**EC n. 47/2005**	**EC n. 103/2019**
■ **Art. 40.** O servidor será aposentado:	■ **Art. 40.** Aos servidores titulares de cargos efetivos da União, dos Estados, do Distrito Federal e dos Municípios, incluídas suas autarquias e fundações, é assegurado regime de previdência de caráter contributivo, observados critérios que preservem o equilíbrio financeiro e atuarial e o disposto neste artigo.	■ **Art. 40.** Aos servidores titulares de cargos efetivos da União, dos Estados, do Distrito Federal e dos Municípios, incluídas suas autarquias e fundações, é assegurado regime de previdência de caráter contributivo e solidário, mediante contribuição do respectivo ente público, dos servidores ativos e inativos e dos pensionistas, observados critérios que preservem o equilíbrio financeiro e atuarial e o disposto neste artigo.		■ **Art. 40.** O regime próprio de previdência social dos servidores titulares de cargos efetivos terá caráter contributivo e solidário, mediante contribuição do respectivo ente federativo, de servidores ativos, de aposentados e de pensionistas, observados critérios que preservem o equilíbrio financeiro e atuarial.

■ § 1º — Lei complementar poderá estabelecer exceções ao disposto no inciso III, "a" e "c", no caso de exercício de atividades consideradas penosas, insalubres ou perigosas.	■ § 4º É vedada a adoção de requisitos e critérios diferenciados para a concessão de aposentadoria aos abrangidos pelo regime de que trata este artigo, ressalvados os casos de atividades exercidas exclusivamente sob condições especiais que prejudiquem a saúde ou a integridade física, definidos em lei complementar.	■	■ § 4º É vedada a adoção de requisitos e critérios diferenciados para a concessão de aposentadoria aos abrangidos pelo regime de que trata este artigo, ressalvados, nos termos definidos em leis complementares, os casos de servidores:	■ § 4º É vedada a adoção de requisitos ou critérios diferenciados para concessão de benefícios em regime próprio de previdência social, ressalvado o disposto nos §§ 4º-A, 4º-B, 4º-C e 5º.
			■ I — portadores de deficiência;	■ § 4º-A. Poderão ser estabelecidos por lei complementar do respectivo ente federativo idade e tempo de contribuição diferenciados para aposentadoria de servidores com deficiência, previamente submetidos a avaliação biopsicossocial realizada por equipe multiprofissional e interdisciplinar.
			■ II — que exerçam atividades de risco;	■ § 4º-B. Poderão ser estabelecidos por lei complementar do respectivo ente federativo idade e tempo de contribuição diferenciados para aposentadoria de ocupantes do cargo de agente penitenciário, de agente socioeducativo ou de policial dos órgãos de que tratam o inciso IV do *caput* do art. 51, o inciso XIII do *caput* do art. 52 e os incisos I a IV do *caput* do art. 144.
			■ III — cujas atividades sejam exercidas sob condições especiais que prejudiquem a saúde ou a integridade física.	■ § 4º-C. Poderão ser estabelecidos por lei complementar do respectivo ente federativo idade e tempo de contribuição diferenciados para aposentadoria de servidores cujas atividades sejam exercidas com efetiva exposição a agentes químicos, físicos e biológicos prejudiciais à saúde, ou associação desses agentes, vedada a caracterização por categoria profissional ou ocupação.

5.11.3.1. Regras transitórias aplicáveis à aposentadoria especial do RPPS da União. Agentes penitenciários, agentes socioeducativos e policiais. Arts. 10 e 26 da EC n. 103/2019

Até que seja editada lei complementar que disponha sobre a aposentadoria especial dos servidores públicos federais, a EC n. 103/2019 trouxe regras transitórias específicas, contidas no art. 10, § 2º, I e II, e §§ 3º e 4º:

> **Art. 10.** Até que entre em vigor lei federal que discipline os benefícios do regime próprio de previdência social dos servidores da União, aplica-se o disposto neste artigo:
>
> § 2º Os servidores públicos federais com direito a idade mínima ou tempo de contribuição distintos da regra geral para concessão de aposentadoria na forma dos §§ 4º-B, 4º-C e § 5º do art. 40 da Constituição Federal, poderão aposentar-se, observados os seguintes requisitos:
>
> I — o policial civil do órgão a que se refere o inciso XIV do *caput* do art. 21 da Constituição Federal, o policial dos órgãos a que se referem o inciso IV do *caput* do art. 51, o inciso XIII do *caput* do art. 52 e os incisos I a III do *caput* do art. 144 da Constituição Federal e o ocupante de cargo de agente federal penitenciário ou socioeducativo, aos 55 (cinquenta e cinco) anos de idade, com 30 (trinta) anos de contribuição e 25 (vinte e cinco) anos de efetivo exercício em cargo dessas carreiras, para ambos os sexos;
>
> II — o servidor público federal cujas atividades sejam exercidas com efetiva exposição a agentes químicos, físicos e biológicos prejudiciais à saúde, ou associação desses agentes, vedada a caracterização por categoria profissional ou ocupação, aos 60 (sessenta) anos de idade, com 25 (vinte e cinco) anos de efetiva exposição e contribuição, 10 (dez) anos de efetivo exercício de serviço público e 5 (cinco) anos no cargo efetivo em que for concedida a aposentadoria;
>
> III — o titular do cargo federal de professor, aos 60 (sessenta) anos de idade, se homem, aos 57 (cinquenta e sete) anos, se mulher, com 25 (vinte e cinco) anos de contribuição exclusivamente em efetivo exercício das funções de magistério na educação infantil e no ensino fundamental e médio, 10 (dez) anos de efetivo exercício de serviço público e 5 (cinco) anos no cargo efetivo em que for concedida a aposentadoria, para ambos os sexos.
>
> § 3º A aposentadoria a que se refere o § 4º-C do art. 40 da Constituição Federal observará adicionalmente as condições e os requisitos estabelecidos para o Regime Geral de Previdência Social, naquilo em que não conflitarem com as regras específicas aplicáveis ao regime próprio de previdência social da União, vedada a conversão de tempo especial em comum.
>
> § 4º Os proventos das aposentadorias concedidas nos termos do disposto neste artigo serão apurados na forma da lei.

a) A regra transitória do § 2º, I, dispõe sobre a aposentadoria especial de policiais, agentes penitenciários e agentes socioeducativos, fixando requisitos cumulativos de idade, tempo de contribuição e tempo de efetivo exercício em cargo dessas carreiras, para ambos os sexos:

Idade: 55 anos;

Tempo de contribuição: 30 anos;

Tempo de efetivo exercício em cargo dessas carreiras: 25 anos.

Atenção: nessa regra transitória, exige-se o **efetivo exercício em cargos dessas carreiras** e não apenas no serviço público. E os **requisitos são idênticos para homens e mulheres**.

REGRA TRANSITÓRIA PARA O RPPS DA UNIÃO NÃO SE APLICA A ESTADOS E MUNICÍPIOS Agentes penitenciários, agentes socioeducativos e policiais: requisitos cumulativos	
■ Idade	■ 55 anos para homens e mulheres
■ Tempo de contribuição	■ 30 anos para homens e mulheres
■ Tempo de efetivo exercício em cargo dessas carreiras	■ 25 anos para homens e mulheres
■ Proventos	■ Art. 26 da EC n. 103/2019

b) No inciso II do § 2º e no § 3º estão as regras transitórias da aposentadoria especial dos servidores federais que exerçam atividades com efetiva exposição a agentes físicos, químicos e biológicos, ou associação desses agentes, vedada a caracterização por categoria profissional ou ocupação, requisitos cumulativos idênticos para homens e mulheres:

Idade: 60 anos.

Tempo de contribuição e efetiva exposição: 25 anos.

Tempo de efetivo exercício de serviço público: 10 anos.

Tempo no cargo efetivo em que concedida a aposentadoria: 5 anos.

Note-se que **os requisitos são idênticos para homens e mulheres**.

No mais, até que seja editada a lei complementar, essa aposentadoria especial está submetida também às regras da aposentadoria especial do RGPS, no que não conflitarem com as regras específicas do RPPS da União. A solução é a mesma já adotada pela **Súmula Vinculante 33**: "Aplicam-se ao servidor público, no que couber, as regras do regime geral de previdência social sobre aposentadoria especial de que trata o art. 40, § 4º, inciso III da Constituição Federal, até a edição de lei complementar específica".

Atenção: o § 3º **veda a conversão de tempo especial em comum**.

REGRA TRANSITÓRIA PARA O RPPS DA UNIÃO: REQUISITOS CUMULATIVOS NÃO SE APLICA A ESTADOS E MUNICÍPIOS REGRAS DO RGPS, VEDADA A CONVERSÃO DE TEMPO ESPECIAL EM COMUM Servidores federais que exerçam atividades com efetiva exposição a agentes físicos, químicos e biológicos, ou associação desses agentes, vedada a caracterização por categoria profissional ou ocupação,	
■ Idade	■ 60 anos
■ Tempo de contribuição e efetiva exposição	■ 25 anos
■ Tempo de efetivo exercício de serviço público	■ 10 anos
■ Tempo no cargo em que se dará a aposentadoria	■ 5 anos
■ Proventos	■ Art. 26 da EC n. 103/2019

5.11.3.2. *Regra de transição aplicável ao servidor público federal que ingressou no serviço público em cargo efetivo até 13.11.2019. O art. 21 da EC n. 103/2019*

Com a Reforma da Previdência de 2019 foi necessário dispor sobre a aposentadoria especial dos servidores públicos que ainda não haviam cumprido os requisitos para a aposentadoria especial na data da entrada em vigor da EC n. 103/2019.

O art. 21 da EC n. 103/2019 só se aplica aos **servidores públicos federais** cujas atividades tenham sido exercidas com efetiva exposição a agentes físicos, químicos e biológicos prejudiciais à saúde, ou associação desses agentes, vedada a caracterização por categoria profissional ou ocupação.

Trata-se de hipótese da "**regra de pontos**", consistente na soma da idade com o tempo de contribuição, com o cumprimento de tempo mínimo de efetiva exposição àqueles agentes:

- 66 pontos e 15 anos de efetiva exposição;
- 76 pontos e 20 anos de efetiva exposição; e
- 86 pontos e 25 anos de efetiva exposição.

A regra é a **mesma para homens e mulheres**.

Para os RPPS dos Estados, Distrito Federal e Municípios, as novas regras constitucionais, nem mesmo as transitórias e as de transição, nesse caso, não são autoaplicáveis. Aplicam-se as regras constitucionais e infraconstitucionais anteriores a 13.11.2019 enquanto não promovidas as alterações na legislação interna de cada um desses entes federativos.

REGRA DE TRANSIÇÃO PARA O RPPS DA UNIÃO SERVIDORES PÚBLICOS QUE INGRESSARAM EM CARGO EFETIVO ATÉ 13.11.2019
Atividades exercidas com efetiva exposição a agentes físicos, químicos e biológicos prejudiciais à saúde, ou associação desses agentes
66 pontos e 15 anos de efetiva exposição
76 pontos e 20 anos de efetiva exposição
86 pontos e 25 anos de efetiva exposição
Proventos: art. 26 da EC n. 103/2019

5.11.3.3. *Regras de transição aplicáveis a* agentes penitenciários, agentes socioeducativos e policiais: requisitos cumulativos *aos que ingressaram na respectiva carreira federal e do Distrito Federal até 13.11.2019. Art. 5º e § 3º da EC n. 103/2019*

a) ***primeira regra de transição:*** requisitos cumulativos. Art. 5º da EC n. 103/2019 e Lei Complementar n. 51/85.

Idade: 55 anos para ambos os sexos.

Tempo de contribuição: 30 anos, se homem, e 25 anos, se mulher.

Tempo no cargo de natureza estritamente policial: 20 anos, se homem, e 15 anos, se mulher.

b) ***Segunda regra de transição:*** requisitos cumulativos. Art. 5º, § 3º, da EC n. 103/2019.

Esta segunda regra de transição traz idade mínima menor que a primeira regra, mas impõe o denominado "pedágio de 100%".

Idade: 53 anos, se homem, e 52 anos, se mulher.

Tempo de contribuição: o período computado até 13.11.2019, acrescido *de período adicional de contribuição correspondente a 100%* do tempo que, nessa data, faltaria para alcançar 30 anos de contribuição, se homem, e 25 anos, se mulher.

Exemplificando: em 13.11.2019, o policial já completara 28 anos de contribuição. Faltariam, então, 2 anos para completar 30 anos. Aplicando-se o pedágio de 100%, faltariam 2 anos, acrescidos de 2 anos, resultando, então, em 4 anos de contribuição.

Idade: 53 anos, se homem, e 52 anos, se mulher.

Tempo no cargo de natureza estritamente policial: 20 anos, se homem, e 15 anos, se mulher.

REGRAS DE TRANSIÇÃO AGENTES PENITENCIÁRIOS, AGENTES SOCIOEDUCATIVOS E POLICIAIS QUE INGRESSARAM NA RESPECTIVA CARREIRA FEDERAL E DO DISTRITO FEDERAL ATÉ 13.11.2019 ART. 5º E § 3º DA EC N. 103/2019 REQUISITOS CUMULATIVOS	
Primeira regra	
■ Idade	■ 55 anos para homens e mulheres
■ Tempo de contribuição	■ 30 anos (homem) e 25 anos (mulher)
■ Tempo no cargo de natureza estritamente policial	■ 20 anos (homem) e 15 anos (mulher)
Segunda regra	
■ Idade	■ 53 anos (homem) e 52 anos (mulher)
■ Tempo de contribuição	■ O período computado até 13.11.2019, acrescido de *pedágio* de 100% do tempo que, nessa data, faltaria para alcançar 30 anos de contribuição, se homem, e 25 anos, se mulher.
■ Tempo no cargo de natureza estritamente policial	■ 20 anos (homem) e 15 anos (mulher)

■ *5.11.4. Aposentadoria do servidor público com deficiência*

A Emenda Constitucional n. 47/2005 alterou o § 4º do art. 40 da Constituição, que passou a garantir aposentadoria especial também ao servidor público com deficiência, sujeita à edição de lei complementar, não publicada.

A EC n. 47/2005 fez a mesma previsão para os segurados com deficiência filiados ao RGPS (art. 201, § 1º), o que foi regulamentado pela Lei Complementar n. 142/2013.

O STF firmou entendimento de que aos servidores públicos se aplicavam as normas do RGPS relativas à aposentadoria especial, enquanto não editada a tão esperada lei complementar. E, nesse sentido, expediu a Súmula Vinculante 33. Seguindo esse entendimento, a Lei Complementar n. 142/2013 deveria ser aplicada aos servidores públicos, enquanto não for editada a lei complementar que regulamente o § 4º do art. 40, porque *Ubi eadem ratio ibi idem ius*.

E, em Mandado de Injunção, o STF decidiu exatamente nesse sentido:

> "AGRAVO REGIMENTAL EM MANDADO DE INJUNÇÃO. **APOSENTADORIA** ESPECIAL DE **SERVIDORES** COM **DEFICIÊNCIA**. PRETENSÃO DE APLICAÇÃO DOS PARÂMETROS DA LC N. 142/2013 AO TEMPO DE SERVIÇO ANTERIOR A SUA VIGÊNCIA. 1. Mandado de injunção impetrado com base no art. 40, § 4º, I, da Constituição, que assegura o direito à **aposentadoria** especial aos **servidores** com **deficiência**. 2. Ordem concedida nos termos da integração realizada pelo Plenário do STF: **aplicação supletiva do art. 57 da Lei n. 8.213/1991, com relação ao período anterior à entrada em vigor da LC n. 142/2013, e do disposto na referida Lei Complementar, no que se refere ao período posterior**. Precedentes. 3. Agravo regimental a que se nega provimento. (...)" (MI 1.884/DF, Tribunal Pleno, Rel. Min. Roberto Barroso, *DJe* 27.10.2015).

Tramita no STF a **Ação Direta de Inconstitucionalidade por Omissão — ADO 32**, proposta pela Procuradoria Geral da República "em face de omissão do Presidente da República na iniciativa (art. 61, § 1º, II, "c", da Constituição Federal) e do Congresso Nacional em editar lei complementar prevista no art. 40, § 4º, I, da Constituição Federal, para emprestar eficácia ao direito ao regime especial de aposentadoria a servidor público portador de deficiência", distribuída em 24.03.2015 para a Relatoria da Ministra Rosa Weber, ainda não julgada.

A Reforma da Previdência de 2019 manteve a proteção ao servidor público com deficiência, desta vez com expressa determinação de prévia submissão à avaliação biopsicossocial realizada por equipe multiprofissional e interdisciplinar (art. 40, §§ 4º e 4º-A).

A efetivação da norma constitucional depende da edição de leis complementares pela União, pelos Estados e pelos Municípios, que poderão estabelecer requisitos de idade e tempo de contribuição diferenciados para a concessão do benefício.

5.11.4.1. *Regra transitória aplicável à aposentadoria especial do servidor público com deficiência do RPPS da União. Art. 22 da EC n. 103/2019*

Até a edição da lei complementar federal, a aposentadoria especial do servidor público federal com deficiência seguirá as **regras da Lei Complementar n. 142, de 08.05.2013, acrescidas dos requisitos cumulativos** de *tempo de serviço público* e de *efetivo exercício do cargo* em que se dará a aposentadoria, sendo aplicáveis as *mesma regras para homens e mulheres*.

REGRA TRÁNSITÓRIA DA APOSENTADORIA ESPECIAL DO SERVIDOR PÚBLICO COM DEFICIÊNCIA DO RPPS DA UNIÃO
■ Lei Complementar n. 142/2013
■ 10 anos de efetivo exercício no serviço público
■ 5 anos no cargo efetivo em que se dará a aposentadoria
■ Proventos: art. 26 da EC n. 103/2019

A aposentadoria do servidor público com deficiência dos **Estados, Distrito Federal e Municípios** continuará regida pelas normas constitucionais e infraconstitucionais anteriores a 13.11.2019 até a publicação das respectivas leis que alterem seus regimes próprios (art. 22, parágrafo único).

APOSENTADORIA DO SERVIDOR PÚBLICO COM DEFICIÊNCIA DO RPPS DOS ESTADOS, DISTRITO FEDERAL E MUNICÍPIOS
■ Aplicação das regras constitucionais e infraconstitucionais anteriores a 13.11.2019 até a alteração de seus regimes próprios por legislação do respectivo ente federativo

5.11.5. *Aposentadoria comum voluntária com requisitos cumulativos de idade e tempo de contribuição. RPPS da União. O direito adquirido*

As regras constitucionais que dispõem sobre a aposentadoria comum voluntária só se aplicam aos servidores vinculados ao RPPS da União.

Estados, Distrito Federal e Municípios não foram, nessa parte, alcançados pela EC n. 103/2019, embora já esteja em tramitação no Congresso Nacional a PEC n. 113, para incluir esses entes federativos na ampla reforma previdenciária. Mas a Constituição lhes faculta a alteração de suas respectivas Constituições e Leis Orgânicas para fixação de idade mínima, bem como a edição de leis complementares para estabelecer tempo de contribuição e demais requisitos.

A aposentadoria comum voluntária fez *desaparecer* as antigas aposentadorias por tempo de contribuição e por idade.

Idade e tempo de contribuição passaram a ser **requisitos cumulativos** para a aposentadoria voluntária no RPPS dos servidores públicos federais.

A intenção, mais uma vez, foi a de igualar os regimes próprios e o RGPS, inclusive com relação ao cálculo do valor dos proventos.

Mantivemos abaixo os quadros relativos às aposentadorias por tempo de contribuição e por idade, extintas pela EC n. 103/2019, para facilitar a análise de eventual direito adquirido no caso concreto.

Como aconteceu em todas as reformas constitucionais anteriores, os segurados do RPPS foram alcançados pelas novas regras em situações variadas: alguns já haviam adquirido o direito à aposentadoria por tempo de contribuição ou por idade antes da vigência da EC n. 103/2019: outros estavam já no RPPS, mas ainda não haviam adquirido o direito à aposentadoria; e outros, ainda, ingressaram no RPPS após 13.11.2019, data da publicação da EC n. 103/2019.

Evidentemente, as novas regras não poderiam atingir de forma completa os que já haviam adquirido direitos ou os que estavam em curso de sua aquisição, dando-lhes tratamento idêntico aos que ingressarem no sistema após o início de sua vigência.

As Emendas Constitucionais ressalvaram a garantia do respeito ao direito adquirido dos servidores que tivessem cumprido todos os requisitos para se aposentarem antes de sua vigência.

O problema persiste em relação àqueles que já estavam no serviço público, mas ainda não tinham cumprido todos os requisitos para a aposentadoria. Tinham vantagens que não existem após as mudanças.

A questão é extremamente relevante porque a escolha do regime previdenciário pressupõe planejamento do futuro, a certeza de que a proteção social estará garantida nos momentos de adversidade previstos em lei.

As mudanças, em regra, não trazem vantagens, mas, sim, suprimem direitos, tornando inexistente a certeza de que a cobertura previdenciária socorrerá o segurado.

A nosso ver, para manter coerência com o conceito de seguridade social, principalmente no campo da previdência social, deve-se fixar que o momento da aquisição do direito é o do ingresso no sistema.

Esse entendimento, porém, já foi afastado pelo STF:

> "EMENTA: CONSTITUCIONAL. PREVIDENCIÁRIO. ART. 2º E EXPRESSÃO '8º' DO ART. 10, AMBOS DA EMENDA CONSTITUCIONAL N. 41/2003. APOSENTADORIA. *TEMPUS REGIT ACTUM*. REGIME JURÍDICO. DIREITO ADQUIRIDO: NÃO OCORRÊNCIA. 1. A aposentadoria é direito constitucional que se adquire e se introduz no patrimônio jurídico do interessado no momento de sua formalização pela entidade competente. 2. **Em questões previdenciárias, aplicam-se as normas vigentes ao tempo da reunião dos requisitos de passagem para a inatividade**. 3. Somente os servidores públicos que preenchiam os requisitos estabelecidos na Emenda Constitucional 20/98, durante a vigência das normas por ela fixadas, poderiam reclamar a aplicação das normas nela contida, com fundamento no art. 3º da Emenda Constitucional 41/2003. 4. Os servidores públicos, que não tinham completado os requisitos para a aposentadoria quando do advento das novas normas constitucionais, passaram a ser regidos pelo regime previdenciário estatuído na Emenda Constitucional n. 41/2003, posteriormente alterada pela Emenda Constitucional n. 47/2005. 5. Ação Direta de Inconstitucionalidade julgada improcedente" (Tribunal Pleno, ADI 3.104/DF — Rel. Min. Cármen Lúcia, DJe-139, public. 09.11.2007).

Restou firmado, então, que **a aposentadoria do servidor público se rege pela legislação vigente ao tempo em que cumprir os requisitos.**[172]

Para os que já haviam cumprido todos os requisitos para se aposentarem pelas regras anteriores restou garantido o *direito adquirido* pelas normas então vigentes, inclusive com relação ao cálculo do valor dos proventos (art. 3º, §§ 1º e 2º, da EC n. 103/2019).

Para os que ingressaram no serviço público federal após 13.11.2019, o novo regime de aposentadorias tem aplicação integral. Trata-se das *regras permanentes*.

---

[172] Cf. Bruno Sá Freire Martins, *Direito constitucional do servidor público*, cit., p. 106: "(...) Daí ser patente em todas as Emendas Constitucionais que introduziram novos requisitos para a concessão de aposentadorias a inserção de artigos, preservando o direito à aposentação com base nas normas anteriormente vigentes para aqueles que tivessem implementado todas as condições para se aposentar sob a sua égide (*vide* art. 3º, das Emendas Constitucionais n. 20/98 e 41/2003). Portanto, o direito à aposentadoria se considera adquirido pela satisfação de todos os seus pressupostos antes da vigência da lei nova, modificando-os, então, se na vigência da lei anterior o servidor preenchera todos os requisitos exigidos, o fato de, na sua vigência, não haver requerido a aposentadoria, não o faz perder o direito que já estava adquirido (...)".

Para os que ingressaram no serviço público federal até 13.11.2019, há o aproveitamento do patrimônio previdenciário acumulado até essa data, de modo que possam "transitar" para o novo regime jurídico, o que é efetivado com a aplicação das regras de *transição*.

■ 5.11.5.1. Regras permanentes: aplicáveis aos que ingressaram no serviço público após a publicação da EC n. 103/2019. Art. 40, § 1º, III, da CF. Requisitos cumulativos

Contingência para o RPPS da União: completar 62 anos de idade, se mulher, e 65 anos, se homem, **e** o tempo de contribuição e demais requisitos a serem fixados em lei complementar.

Os demais requisitos a serem fixados por lei complementar serão, possivelmente, o tempo mínimo de exercício no serviço público e no cargo em que se der a aposentadoria.

Contingência para os RPPS dos Estados, Distrito Federal e Municípios: completar a idade mínima a ser fixada por emenda às respectivas Constituições e Leis Orgânicas, e o tempo de contribuição e demais requisitos fixados em lei complementar do respectivo ente federativo.

A EC n. 103/2019 só fixou idade mínima para os servidores públicos federais, deixando para os demais entes federativos a fixação desse requisitos, bem como do tempo de contribuição.

Porém, a PEC n. 133 (PEC paralela), em trâmite no Congresso Nacional, se aprovada, permitirá aos Estados, Distrito Federal e Municípios adotarem as mesmas normas fixadas para o servidores públicos federais.

Cálculo dos proventos: regras serão disciplinadas por lei do respectivo ente federativo. Mas a renda mensal não poderá ser inferior ao valor mínimo nem superior ao limite máximo estabelecido para o RGPS, desde que instituído o regime de previdência complementar.

REGRAS PERMANENTES APLICÁVEIS AOS QUE INGRESSARAM NO SERVIÇO PÚBLICO APÓS 13.11.2019 ART. 40, § 1º, III, DA CF REQUISITOS CUMULATIVOS	
■ Contingência para o RPPS da União	■ Idade: 62 anos se mulher, e 65 anos, se homem ■ Tempo de contribuição e demais requisitos: conforme lei complementar.
■ Contingência para o RPPS dos Estados, Distrito Federal e Municípios	■ Idade mínima: a ser fixada por emenda às respectivas Constituições e Leis Orgânicas ■ Tempo de contribuição e demais requisitos: conforme lei complementar do respectivo ente federativo.
■ Cálculo dos proventos	■ Conforme lei do respectivo ente federativo. ■ Renda mensal não poderá ser inferior ao valor mínimo nem superior ao limite máximo estabelecido para o RGPS → instituído o regime de previdência complementar.

■ 5.11.5.2. Regras transitórias aplicáveis à aposentadoria comum voluntária do RPPS da União. Arts. 10 e 26 da EC n. 103/2019. Requisitos cumulativos

Até que seja editada lei federal que disponha sobre a aposentadoria comum voluntária dos servidores públicos federais, a EC n. 103/2019 trouxe regras transitórias específicas, contidas no art. 10, § 1º, I, aplicáveis aos servidores que ***ingressaram no serviço público após a edição da EC n. 103, mas antes da edição da lei federal*** que regule o benefício.

Contingência: completar, cumulativamente, 62 anos de idade, se mulher, e 65 anos, se homem; tempo de contribuição; tempo de exercício no serviço público; e tempo no cargo efetivo em que se dará a aposentadoria.

Tempo de contribuição: 25 anos para homens e mulheres

Tempo de efetivo exercício no serviço público: 10 anos para homens e mulheres.

Tempo no cargo efetivo em que se dará a aposentadoria: 5 anos para homens e mulheres.

Cálculo dos proventos: os proventos serão calculados na forma prevista no art. 26, § 2º, II, da EC. n. 103, até que seja editada lei federal. Será apurada a média aritmética simples de todos os salários de contribuição do período contributivo, sobre a qual incidirá o percentual de 60%, acrescido de 2% por ano de contribuição que supere 20 anos, sempre observados os limites mínimo e máximo do RGPS.

REGRAS TRANSITÓRIAS DO RPPS DA UNIÃO APLICÁVEIS AOS SERVIDORES PÚBLICOS FEDERAIS QUE INGRESSARAM NO SERVIÇO PÚBLICO APÓS A EDIÇÃO DA EC N. 103/2019, MAS ANTES DA EDIÇÃO DE LEI FEDERAL QUE REGULE O BENEFÍCIO ARTS. 10 E 26 DA EC N. 103/2019 REQUISITOS CUMULATIVOS	
■ Contingência	■ Idade: 62 anos, se mulher e 65 anos , se homem ■ Tempo de contribuição: 25 anos para homens e mulheres ■ Tempo de efetivo exercício no serviço público: 10 anos para homens e mulheres ■ Tempo no cargo efetivo em que se dará a aposentadoria: 5 anos para homens e mulheres
■ Cálculo dos proventos	■ média aritmética simples de todos os salários de contribuição do período contributivo ■ 60% da média apurada, acrescidos de 2% por ano de contribuição que supere 20 anos ■ limites mínimo e máximo do RGPS

■ 5.11.5.3. Regras de transição da aposentadoria: aplicáveis aos que ingressaram no RPPS da União até 13.11.2019, mas ainda não haviam completado os requisitos para a aposentadoria por tempo de contribuição

Com a extinção das aposentadorias por idade e por tempo de contribuição, devem ser aplicadas as regras de transição da EC n. 103/2019 para os servidores públicos federais que, em 13.11.2019, ainda não haviam cumprido os requisitos para nenhuma dessas aposentadorias.

As regras de transição não se aplicam aos RPPS dos Estados, do Distrito Federal e dos Municípios, que, até a edição de regras próprias, aplicarão as normas constitucionais e infraconstitucionais anteriores à data de vigência da EC n. 103/2019 (13.11.2019), na forma de seu art. 4º, § 9º.

a) **Primeira regra de transição: requisitos cumulativos. Art. 4º da EC n. 103/2019:**

Contingência: completar idade mínima, tempo de contribuição, tempo de serviço público, tempo no cargo em que se der a aposentadoria e número de pontos, conforme segue:

Idade: 56 anos, se mulher, e 61 anos (se homem.

A partir de janeiro de 2022, a idade mínima exigida será de 57 anos, se mulher, e 62 anos, se homem.

Tempo de contribuição: 30 anos, se mulher, e 35 anos, se homem.

Tempo de serviço público: 20 anos.

Tempo no cargo efetivo em que se der a aposentadoria: 5 anos.

Pontos: 86 pontos, se mulher, e 96 pontos, se homem.

Haverá acréscimo de 1 ponto a cada ano, a partir de 1º.01.2020, até se alcançar 100 pontos, se mulher, e 105 pontos, se homem.

A pontuação é calculada somando-se a idade e o tempo de contribuição na data do requerimento. Idade e tempo de contribuição devem ser apurados em dias.

Cálculo dos proventos e reajustes: a forma de cálculo dos proventos é determinada considerando a data em que o servidor ingressou no serviço público. Assim:

- *Servidor que ingressou no serviço público até 31.12.2003 (EC n. 41) e não optou pelo regime de previdência complementar e desde que tenha* ***62 anos de idade, se mulher, e 65 anos de idade, se homem:*** os proventos corresponderão à totalidade (**integralidade**) da remuneração no cargo efetivo em que se der a aposentadoria. E os reajustes serão feitos na forma do art. 7º da EC n. 41/2003, ou seja, na mesma proporção e na mesma data, sempre que se modificar a remuneração dos servidores em atividade, sendo-lhe também estendidos quaisquer benefícios ou vantagens posteriormente concedidos aos servidores em atividade, inclusive quando decorrentes da transformação ou reclassificação do cargo ou função em que se deu a aposentadoria (**paridade**).
- *Para os demais servidores:* na forma do art. 26 da EC n. 103/2019. O Período Básico de Cálculo será considerado a partir da competência do mês julho de 1994, e a média aritmética simples incidirá sobre todas (100%) as bases de cálculo das contribuições previdenciárias desse período. Sobre a média aritmética simples obtida, incidirá o percentual de **60%**, acrescida **de 2% por ano** de contribuição que supere 20 anos.

Os proventos não poderão ser inferiores ao valor mínimo dos benefícios do RGPS. Os reajustes posteriores serão feitos pelas mesmas regras aplicáveis aos RGPS.

b) Segunda regra de transição: requisitos cumulativos. Art. 20 da EC n. 103/2019

Esta regra traz idade mínima diferente da primeira regra e o "pedágio" de 100% do tempo que faltaria para a comprovação do tempo mínimo de contribuição.

Contingência: completar idade mínima, tempo de contribuição, tempo adicional de 100% (pedágio), tempo no serviço público e tempo no cargo efetivo em que se der a aposentadoria.

Idade: 57 anos (mulher) e 60 anos (homem).

Tempo de contribuição: 30 anos (mulher) e 35 anos (homem).

Tempo adicional de contribuição (pedágio): 100% do tempo que faltar, em 13.11.2019, para atingir o tempo mínimo de contribuição.

Tempo de serviço público: 20 anos.

Tempo no cargo efetivo em que se dará a aposentadoria: 5 anos.

Cálculo dos proventos e reajuste: nesta regra também a forma de cálculo dos proventos é determinada considerando a data em que o servidor ingressou no serviço público:

- *Servidor que ingressou no serviço público até 31.12.2003 (data da EC n. 41) e não optou pelo regime de previdência complementar e desde que tenha* ***62 anos de idade, se mulher, e 65 anos de idade, se homem***: os proventos corresponderão à totalidade (**integralidade**) da remuneração no cargo efetivo em que se der a aposentadoria.

  E os reajustes serão feitos na forma do art. 7º da EC n. 41/2003, ou seja, na mesma proporção e na mesma data, sempre que se modificar a remuneração dos servidores em atividade, sendo-lhe também estendidos quaisquer benefícios ou vantagens posteriormente concedidos aos servidores em atividade, inclusive quando decorrentes da transformação ou reclassificação do cargo ou função em que se deu a aposentadoria (**paridade**).

- *Para os demais servidores*: na forma do *art. 26 da EC n. 103/2019.* O Período Básico de Cálculo será considerado a partir da competência do mês julho de 1994, e a média aritmética simples incidirá sobre todas (100%) as contribuições desse período. Sobre a média aritmética simples obtida incidirá o percentual de **100%**.

Os proventos não poderão ser inferiores ao valor mínimo dos benefícios do RGPS. Os reajustes posteriores serão feitos pelas mesmas regras aplicáveis aos RGPS.

REGRAS DE TRANSIÇÃO DA APOSENTADORIA POR TEMPO DE CONTRIBUIÇÃO SERVIDORES PÚBLICOS QUE INGRESSARAM NO RPPS DA UNIÃO ATÉ 13.11.2019, MAS AINDA NÃO HAVIAM COMPLETADO OS REQUISITOS PARA A APOSENTADORIA POR TEMPO DE CONTRIBUIÇÃO OU POR IDADE	
PRIMEIRA REGRA DE TRANSIÇÃO **Requisitos cumulativos** **Art. 4º da EC n. 103/2019**	
CONTINGÊNCIA	■ Idade: 56 anos, se mulher, e 61 anos (se homem → a partir de janeiro de 2022, de 57 anos, se mulher, e 62 anos, se homem. ■ Tempo de contribuição: 30 anos, se mulher, e 35 anos, se homem. ■ Tempo de serviço público: 20 anos para homens e mulheres. ■ Tempo no cargo efetivo em que se der a aposentadoria: 5 anos para homens e mulheres. ■ Pontos: 86 pontos, se mulher, e 96 pontos, se homem → soma da idade com o tempo de contribuição, calculando-se em dias → acréscimo de 1 ponto a cada ano, a partir de 1º.01.2020, até 100 pontos, se mulher, e 105 pontos, se homem.
CÁLCULO DOS PROVENTOS	a) Ingresso no serviço público até 31.12.2003, sem optar pelo regime de previdência complementar, com 62 anos de idade (mulher) e 65 anos de idade (homem): integralidade b) demais hipóteses (art. 26 da EC n. 103/2019): 60% da média aritmética simples de todas as bases de cálculo das contribuições do servidor para o RGPS e RPPS, a partir de julho/1994, acrescida de 2% por ano de contribuição que supere 20 anos → limites mínimo e máximo do RGPS
REAJUSTES	■ paridade ■ mesmos critérios do RGPS
SEGUNDA REGRA DE TRANSIÇÃO **Requisitos cumulativos** **Art. 20 da EC n. 103/2019**	
CONTINGÊNCIA	■ Idade: 57 anos (mulher) e 60 anos (homem). ■ Tempo de contribuição: 30 anos (mulher) e 35 anos (homem). ■ Tempo adicional de contribuição (pedágio): 100% do tempo que faltar, em 13.11.2019, para atingir o tempo mínimo de contribuição → homens e mulheres ■ Tempo de serviço público: 20 anos para homens e mulheres. ■ Tempo no cargo efetivo em que se dará a aposentadoria: 5 anos para homens e mulheres.
CÁLCULO DOS PROVENTOS	a) Ingresso no serviço público até 31.12.2003, sem optar pelo regime de previdência complementar, com 62 anos de idade (mulher) e 65 anos de idade (homem): integralidade b) Demais hipóteses (art. 26 da EC n. 103/2019): 100% da média aritmética simples de todas as bases de cálculo das contribuições do servidor para RGPS e RPPS, a partir de julho/1994 → limites mínimo e máximo do RGPS
REAJUSTE	■ Paridade ■ Mesmo critério do RGPS

APOSENTADORIAS POR TEMPO DE CONTRIBUIÇÃO E POR IDADE DOS RPPS DA UNIÃO, DOS ESTADOS, DO DISTRITO FEDERAL E DOS MUNICÍPIOS

REGRAS VIGENTES NA DATA DA PUBLICAÇÃO DA EC N. 103/2019
EC N. 41/2003 E EC N. 47/2005

SERVIDORES PÚBLICOS QUE INGRESSARAM NO SERVIÇO PÚBLICO ANTES DA IMPLANTAÇÃO DO RESPECTIVO REGIME DE PREVIDÊNCIA COMPLEMENTAR

REGRAS PERMANENTES: PARA OS QUE INGRESSARAM NO SERVIÇO PÚBLICO APÓS 31.12.2003 APOSENTADORIA POR TEMPO DE CONTRIBUIÇÃO			
Requisitos	**Homem**	**Mulher**	**Norma**
■ Idade mínima	■ 60 anos	■ 55 anos	■ Art. 40, § 1º, III, *a*, da CF
■ Tempo de contribuição	■ 35 anos	■ 30 anos	■ Art. 40, § 1º, III, *a*, da CF
■ Tempo de exercício no serviço público	■ 10 anos	■ 10 anos	■ Art. 40, § 1º, III, da CF
■ Tempo de exercício no cargo em que se der a aposentadoria	■ 5 anos	■ 5 anos	■ Art. 40, § 1º, III, da CF
■ Valor dos proventos (não há integralidade)	■ Média dos 80% maiores salários de contribuição, corrigidos monetariamente, considerado todo o período contributivo.		■ Art. 40, §§ 3º e 17, da CF e Lei n. 10.887/2004
■ Reajustes (não há paridade)	■ Critérios definidos em lei		■ Art. 40, § 8º, da CF e art. 15 da Lei n. 10.887/2004

REGRAS PERMANENTES: PARA OS QUE INGRESSARAM NO SERVIÇO PÚBLICO APÓS 31.12.2003 APOSENTADORIA POR IDADE			
Requisitos	**Homem**	**Mulher**	**Norma**
■ Idade mínima	■ 65 anos	■ 60 anos	■ Art. 40, § 1º, III, *b*, da CF
■ Tempo de contribuição	■	■	■ Art. 40, § 1º, III, *b*, da CF
■ Tempo de exercício no serviço público	■ 10 anos	■ 10 anos	■ Art. 40, § 1º, III, da CF
Requisitos	**Homem**	**Mulher**	**Norma**
■ Tempo de exercício no cargo em que se der a aposentadoria	■ 5 anos	■ 5 anos	■ Art. 40, § 1º, III, da CF
■ Valor dos proventos (não há integralidade)	■ Média dos 80% maiores salários de contribuição, corrigidos monetariamente, considerado todo o período contributivo, limitados ao teto do valor dos benefícios do regime geral de previdência social.		■ Art. 40, §§ 3º e 17, da CF e Lei n. 10.887/2004
■ Reajustes (não há paridade)	■ Critérios definidos em lei		■ Art. 40, § 8º, da CF e art. 15 da Lei n. 10.887/2004

REGRAS DE TRANSIÇÃO: APLICÁVEIS AOS QUE INGRESSARAM ATÉ 15.12.1998 PROVENTOS INTEGRAIS E PARIDADE			
REQUISITOS	**HOMEM**	**MULHER**	**NORMA**
■ Idade mínima	■ 60 anos, reduzidos de um ano para cada ano de contribuição que exceder 35 anos	■ 55 anos, reduzidos de um ano para cada ano de contribuição que exceder 30 anos	■ Art. 3º, III, da EC n. 47/2005
■ Tempo de contribuição	■ 35 anos	■ 30 anos	■ Art. 3º, I, da EC n. 47/2005
■ Tempo de exercício no serviço público	■ 25 anos	■ 25 anos	■ Art. 3º, II, da EC n. 47/2005
■ Tempo de exercício na carreira	■ 15 anos	■ 15 anos	■ Art. 3º, II, da EC n. 47/2005
■ Tempo de exercício no cargo em que se der a aposentadoria	■ 5 anos	■ 5 anos	■ Art. 3º, II, da EC n. 47/2005
■ Valor dos proventos	■ Integralidade	■ Integralidade	■ Art. 3º, *caput*, da EC n. 47/2005
■ Reajustes	■ Paridade	■ Paridade	■ Art. 3º, parágrafo único, da EC n. 47/2005

REGRAS DE TRANSIÇÃO: APLICÁVEIS AOS QUE INGRESSARAM ATÉ 15.12.1998 SEM INTEGRALIDADE E PARIDADE: ART. 2º DA EC N. 41/2003 E ART. 3º, *CAPUT*, DA EC N. 47/2005			
Requisitos	**Homem**	**Mulher**	**Norma**
▪ Idade mínima	▪ 53 anos	▪ 48 anos	▪ Art. 2º, I, da EC n. 41/2003
▪ Tempo de contribuição	▪ 35 anos	▪ 30 anos	▪ Art. 2º, III, *a*, da EC n. 41/2003
▪ Tempo de contribuição adicional	▪ 20% do tempo faltante, considerada a publicação da EC n. 20/98 (15.12.1998)	▪ 20% do tempo faltante, considerada a publicação da EC n. 20/98 (15.12.1998)	▪ Art. 2º, III, *b*, da EC n. 41/2003
▪ Tempo de efetivo exercício no cargo em que se der a aposentadoria	▪ 5 anos	▪ 5 anos	▪ Art. 2º, II, da EC n. 41/2003
▪ Valor dos proventos	▪ Média dos 80% maiores salários de contribuição, corrigidos monetariamente, considerado todo o período contributivo, reduzidos em 3,5% por ano até 31.12.2005 e 5% por ano a partir de 1º.01.2006, caso o servidor opte por se aposentar antes de completar 60 de idade.	▪ Média dos 80% maiores salários de contribuição, corrigidos monetariamente, considerado todo o período contributivo, reduzidos em 3,5% por ano até 31.12.2005 e 5% por ano a partir de 1º.01.2006, caso a servidora opte por se aposentar antes de completar 55 anos de idade.	▪ Art. 2º, § 1º, I e II, da EC n. 41/2003, e art. 40, §§ 3º e 17, da CF
▪ Reajustes	▪ Critérios definidos em lei	▪ Critérios definidos em lei	▪ Art. 2º, § 6º, da EC n. 41/2003, art. 40, § 8º, da CF e art. 15 da Lei n. 10.887/2004

REGRAS DE TRANSIÇÃO: PARA OS QUE INGRESSARAM ATÉ 31.12.2003, NA FORMA DO ART. 3º DA EC N. 47/2005			
Requisitos	**Homem**	**Mulher**	**Norma**
▪ Idade mínima	▪ 60 anos	▪ 55 anos	▪ Art. 6º, I, da EC n. 41/2003
▪ Tempo de contribuição	▪ 35 anos	▪ 30 anos	▪ Art. 6º, II, da EC n. 41/2003
▪ Tempo de efetivo exercício no serviço público	▪ 20 anos	▪ 20 anos	▪ Art. 6º, III, da EC n. 41/2003
▪ Tempo de carreira	▪ 10 anos	▪ 10 anos	▪ Art. 6º, IV, da EC n. 41/2003
▪ Tempo de exercício no cargo em que se der a aposentadoria	▪ 5 anos	▪ 5 anos	▪ Art. 6º, IV, da EC n. 41/2003
▪ Valor dos proventos	▪ Integralidade	▪ Integralidade	▪ Art. 6º, *caput*, da EC n. 41/2003
▪ Reajuste	▪ Paridade	▪ Paridade	▪ Art. 7º da EC n. 41 e art. 3º, parágrafo único, da EC n. 47/2005

Transcrevemos acórdão do Supremo Tribunal Federal, proferido em análise de Repercussão Geral, elucidativo da aplicação da **integralidade e da paridade em situações submetidas às regras de transição**:

> "EMENTA: RECURSO EXTRAORDINÁRIO. ADMINISTRATIVO E PREVIDENCIÁRIO. SERVIDOR PÚBLICO. GRATIFICAÇÃO POR ATIVIDADE DE MAGISTÉRIO, INSTITUÍDA PELA LEI COMPLEMENTAR 977/2005, DO ESTADO DE SÃO PAULO. DIREITO INTERTEMPORAL. **PARIDADE REMUNERATÓRIA ENTRE SERVIDORES ATIVOS E INATIVOS QUE INGRESSARAM NO SERVIÇO PÚBLICO ANTES DA EC N. 41/2003 E SE APOSENTARAM APÓS A**

> **REFERIDA EMENDA. POSSIBILIDADE. ARTS. 6º E 7º DA EC N. 41/2003, E ARTS. 2º E 3º DA EC N. 47/2005. REGRAS DE TRANSIÇÃO.** REPERCUSSÃO GERAL RECONHECIDA. RECURSO PARCIALMENTE PROVIDO. I — Estende-se aos servidores inativos a gratificação extensiva, em caráter genérico, a todos os servidores em atividade, independentemente da natureza da função exercida ou do local onde o serviço é prestado (art. 40, § 8º, da Constituição). II — Os servidores que ingressaram no serviço público antes da EC n. 41/2003, mas que se aposentaram após a referida emenda, possuem **direito à paridade remuneratória e à integralidade** no cálculo de seus proventos, **desde que observadas as regras de transição especificadas nos arts. 2º e 3º da EC n. 47/2005**. III — Recurso extraordinário parcialmente provido" (RE 590.260, Rel. Min. Ricardo Lewandowski, *DJe* 23.10.2009).

5.11.6. Aposentadoria dos professores

Na redação original do art. 40, o professor tinha direito à aposentadoria por tempo de serviço, com proventos integrais, aos 30 anos de efetivo exercício, se homem, e aos 25 anos de efetivo exercício, se mulher.

A aposentadoria do professor também foi atingida pela EC n. 20/98. Passou-se a exigir do professor a **idade mínima**, o **tempo de contribuição** e, ainda, o tempo de contribuição **exclusivamente nas funções de magistério na educação infantil e no ensino fundamental e médio**:

- **a)** tempo mínimo de 10 anos de efetivo exercício no serviço público;
- **b)** idade mínima de 60 anos, se homem, e 55 anos, se mulher;
- **c)** 5 anos no cargo efetivo em que se dará a aposentadoria;
- **d)** 30 anos de contribuição, se homem, e 25 anos de contribuição, se mulher;
- **e)** exclusivamente tempo de efetivo exercício do magistério na educação infantil e no ensino fundamental e médio.

Note-se que o magistério de nível superior, a partir da EC n. 20/98, não dá mais direito à redução de 5 anos no tempo de contribuição e na idade, o que não foi alterado pelas Emendas Constitucionais posteriores.

Parece que o constituinte reformador pretendeu valorizar o profissional que se dedica à formação intelectual básica, e a entendeu mais penosa, até porque, historicamente, sempre foi mal remunerada. Não nos parece razoável o dispositivo. O professor do ensino superior exerce atividade igualmente importante e mal remunerada.

A EC n. 103/2019 trouxe regras permanentes e de transição também para os professores, como abaixo se verá.

5.11.6.1. Regras permanentes: aplicáveis aos professores que ingressaram no RPPS da União após a publicação da EC n. 103/2019. Art. 40, § 5º, III, da CF. Requisitos cumulativos

Contingência para o RPPS da União: completar 57 anos de idade, se mulher, e 60 anos, se homem, e o tempo de contribuição e demais requisitos a serem fixados em lei complementar, desde que comprovem tempo de efetivo exercício das funções de magistério na educação infantil e no ensino fundamental e médio.

Contingência para os RPPS dos Estados, Distrito Federal e Municípios: completar a idade mínima a ser fixada por emenda às respectivas Constituições e Leis Orgânicas, e o tempo de contribuição e demais requisitos fixados em lei complementar do respectivo ente federativo. A idade mínima deverá ser reduzida em 5 anos em relação à aposentadoria comum voluntária, desde que comprovado tempo de efetivo exercício das funções de magistério na educação infantil e no ensino fundamental e médio.

A EC n. 103/2019 só fixou idade mínima para os professores servidores públicos federais, deixando para os demais entes federativos a fixação desse requisitos, bem como do tempo de contribuição.

A PEC n. 133/2019 (PEC paralela), em trâmite no Congresso Nacional, se aprovada, permitirá aos Estados, Distrito Federal e Municípios adotarem as mesmas normas fixadas para os professores servidores públicos federais.

Cálculo dos proventos: regras serão disciplinadas por lei do respectivo ente federativo. Mas a renda mensal não poderá ser inferior ao valor mínimo nem superior ao limite máximo estabelecido para o RGPS, desde que instituído o regime de previdência complementar.

REGRAS PERMANENTES APLICÁVEIS AOS PROFESSORES QUE INGRESSARAM NO RPPS DA UNIÃO APÓS 13.11.2019 ART. 40, § 5º, DA CF REQUISITOS CUMULATIVOS	
CONTINGÊNCIA PARA O RPPS DA UNIÃO	■ Idade: 57 anos se mulher, e 60 anos, se homem. ■ Tempo de contribuição e demais requisitos: conforme lei complementar.
CONTINGÊNCIA PARA O RPPS DOS ESTADOS, DISTRITO FEDERAL E MUNICÍPIOS	■ Idade mínima: a ser fixada por emenda às respectivas Constituições e Leis Orgânicas → reduzida em 5 anos em relação à aposentadoria comum voluntária ■ Tempo de contribuição e demais requisitos: conforme lei complementar do respectivo ente federativo → tempo de efetivo exercício nas funções de magistério na educação infantil e no ensino fundamental e médio.
CÁLCULO DOS PROVENTOS	■ Conforme lei do respectivo ente federativo. ■ Renda mensal não poderá ser inferior ao valor mínimo nem superior ao limite máximo estabelecido para o RGPS → instituído o regime de previdência complementar.

■ 5.11.6.2. *Regras transitórias aplicáveis à aposentadoria dos professores do RPPS da União que ingressarem no serviço público a partir da EC n. 103/2019, mas antes da edição da lei federal . Arts. 10, § 2º, III, e 26 da EC n. 103/2019. Requisitos cumulativos*

Contingência: completar idade, tempo de contribuição exclusivamente no magistério na educação infantil e no ensino fundamental e médio, tempo de efetivo exercício de serviço público e tempo no cargo efetivo em que se dará a aposentadoria.

Idade: 60 anos, se homem, e 57 anos, se mulher.

Tempo de contribuição: 25 anos para homens e mulheres.

Tempo de efetivo exercício no serviço público: 10 anos para homens e mulheres.

Tempo no cargo efetivo em que se dará a aposentadoria: 5 anos para homens e mulheres.

Cálculo dos proventos e reajustes: a média aritmética simples de todos os salários de contribuição do período contributivo, sobre a qual incidirá o percentual de 60%, acrescido de 2% por ano de contribuição que supere 20 anos, obedecidos os limites mínimo e máximo do RGPS. Os reajustes seguirão os mesmos critérios do RGPS.

■ **Estados, Distrital Federal e Municípios** continuarão aplicando as normas constitucionais e infraconstitucionais anteriores a 13.11.2019 até que sejam promovidas as respectivas alterações nas legislações internas (art. 10, § 7º, da EC n. 103/2019).

REGRAS TRANSITÓRIAS DO RPPS DA UNIÃO APLICÁVEIS AOS SERVIDORES PROFESSORES QUE INGRESSARAM NO RPPS DA UNIÃO APÓS A EDIÇÃO DA EC N. 103/2019, MAS ANTES DA EDIÇÃO DE LEI FEDERAL QUE REGULE O BENEFÍCIO ARTS. 10, § 2º, III, E 26 DA EC N. 103/2019 REQUISITOS CUMULATIVOS	
CONTINGÊNCIA	■ Idade: 60 anos, se mulher e 57 anos , se homem
	■ Tempo de contribuição: 25 anos para homens e mulheres ■ Tempo de efetivo exercício no serviço público: 10 anos para homens e mulheres. ■ Tempo no cargo efetivo em que se dará a aposentadoria: 5 anos para homens e mulheres
CÁLCULO DOS PROVENTOS	■ média aritmética simples de todos os salá-rios de contribuição do período contributivo ■ 60% da média apurada, acrescidos de 2% por ano de contribuição que supere 20 anos ■ Limites mínimo e máximo do RGPS

■ 5.11.6.3. *Regras de transição da aposentadoria dos professores: aplicáveis aos que ingressaram no RPPS da União até 13.11.2019, mas ainda não haviam completado os requisitos para a aposentadoria.*

As regras de transição também exigem que o professor comprove **exclusivamente tempo de serviço nas funções de magistério na educação infantil e no ensino fundamental e médio.**

a) Primeira regra de transição: requisitos cumulativos. Art. 4º, § 4º, da EC n. 103/2019

Contingência: completar idade mínima, tempo de contribuição, exclusivamente tempo de efetivo exercício nas funções de magistério na educação infantil e no ensino fundamental e médio, bem como número de pontos resultante da soma da idade e do tempo de contribuição.

Idade: 51 anos, se mulher, e 56 anos, se homem. A partir de 1º.01.2022, 52 anos de idade, se mulher, e 57 anos, se homem.

Tempo de contribuição: 25 anos, se mulher, e 30 anos, se homem;

Pontos: 81, se mulher, e 91, se homem. A partir de 1º.01.2020, será acrescido 1 (um) ponto a cada ano, até o limite de 92 pontos, se mulher, e 100 pontos, se homem.

Cálculo dos proventos e reajustes: é considerada a data em que o professor ingressou no serviço público, bem como se fez ou não a opção pelo regime de previdência complementar. Assim:

■ *Professor que ingressou no serviço público até 31.12.2003 (EC n. 41) e não optou pelo regime de previdência complementar e desde que tenha* ***57 anos de idade, se mulher, e 60 anos de idade, se homem***: os proventos corresponderão à totalidade **(integralidade)** da remuneração no cargo efetivo em que se der a aposentadoria. E os reajustes serão feitos na forma do art. 7º da EC n. 41/2003, ou seja, na mesma proporção e na mesma data, sempre que se modificar a remuneração dos servidores em atividade, sendo-lhe também estendidos quaisquer benefícios ou vantagens posteriormente concedidos aos servidores em atividade, inclusive quando decorrentes da transformação ou reclassificação do cargo ou função em que se deu a aposentadoria **(paridade)**.

■ *Para os demais professores*: na forma do art. 26 da EC n. 103/2019. O Período Básico de Cálculo será considerado a partir da competência do mês de julho de 1994, e a média aritmética simples incidirá sobre todas (100%) as bases de cálculo das contribuições previdenciárias desse período. Sobre a média aritmética simples obtida, incidirá o percentual de **60%**, acrescida **de 2% por ano** de contribuição que supere 20 anos.

Os proventos não poderão ser inferiores ao valor mínimo dos benefícios do RGPS. Os reajustes posteriores serão feitos pelas mesmas regras aplicáveis aos RGPS.

b) Segunda regra de transição: requisitos cumulativos. Art. 20, § 1º, da EC n. 103/2019

Contingência: completar idade, tempo de contribuição exclusivamente no magistério na educação infantil e no ensino fundamental e médio, tempo de efetivo exercício no serviço público, tempo no cargo efetivo em que se der a aposentadoria e período adicional de contribuição ("pedágio" de 100%).

Idade: 52 anos, se mulher, e 55 anos, se homem.

Tempo de contribuição: 25 anos, se mulher, e 30 anos, se homem;

Tempo adicional de contribuição (pedágio): 100% do tempo que faltar, em 13.11.2019, para atingir o tempo mínimo de contribuição.

Cálculo dos proventos e reajustes: novamente, os proventos são calculados considerando a data em que o professor ingressou no serviço público, com ou sem opção pelo regime de previdência complementar:

■ Professor que ingressou no serviço público até 31.12.2003 e não optou pelo regime de previdência complementar: proventos corresponderão à totalidade da remuneração no cargo efetivo em que se der a aposentadoria **(integralidade)**. Os **reajustes** serão feitos na forma do art. 7º da EC n. 41/2003, ou seja, na mesma proporção e na mesma data, sempre que se modificar a remuneração dos servidores em atividade, sendo-lhe também estendidos quaisquer benefícios ou vantagens posteriormente concedidos aos servidores em atividade, inclusive quando decorrentes da transformação ou reclassificação do cargo ou função em que se deu a aposentadoria **(paridade)**.

■ Para os demais professores: na forma do art. 26, § 3º, I, da EC n. 103/2019. O Período Básico de Cálculo será considerado a partir da competência do mês de julho de 1994, e a média aritmética simples incidirá sobre todas as bases de cálculo das contribuições previdenciárias desse período. O valor dos proventos corresponderá a 100% da média aritmética simples, e estará submetido aos limites mínimo e máximo do RGPS. Os reajustes seguirão também os critérios do RGPS.

REGRAS DE TRANSIÇÃO DA APOSENTADORIA DOS PROFESSORES PROFESSORES QUE INGRESSARAM NO RPPS DA UNIÃO ATÉ 13.11.2019, MAS AINDA NÃO HAVIAM COMPLETADO OS REQUISITOS PARA A APOSENTADORIA	
PRIMEIRA REGRA DE TRANSIÇÃO **Requisitos cumulativos** **Art. 4º, § 4º, da EC n. 103/2019**	
CONTINGÊNCIA	■ Idade: 51 anos, se mulher, e 56 anos, se homem → a partir de 1º.01.2022, 52 anos de idade, se mulher, e 57 anos, se homem ■ Tempo de contribuição: 25 anos, se mulher, e 30 anos, se homem ■ Pontos: 81, se mulher, e 91, se homem → acréscimo de 1 (um) ponto a cada ano até o limite de 92 pontos, se mulher, e 100 pontos, se homem
CÁLCULO DOS PROVENTOS	■ Ingresso no serviço público até 31.12.2003, sem optar pelo regime de previdência complementar, com 57 anos de idade (mulher) e 60 anos de idade (homem): integralidade ■ Demais hipóteses (art. 26 da EC n. 103/2019): 60% da média aritmética simples de todas as bases de cálculo das contribuições do servidor para o RGPS e RPPS, a partir de julho/ 1994, acrescida de 2% por ano de contribuição que supere 20 anos. → limites mínimo e máximo do RGPS
REAJUSTES	■ Paridade ■ Mesmos critérios do RGPS
SEGUNDA REGRA DE TRANSIÇÃO **Requisitos cumulativos** **Art. 20, § 1º, da EC n. 103/2019**	
CONTINGÊNCIA	■ Idade: 52 anos (mulher) e 55 anos (homem) ■ Tempo de contribuição: 30 anos (mulher) e 35 anos (homem) ■ Tempo adicional de contribuição (pedágio): 100% do tempo que faltar, em 13.11.2019, para atingir o tempo mínimo de contribuição → homens e mulheres
CÁLCULO DOS PROVENTOS	■ Professor que ingressou no serviço público até 31.12.2003, sem optar pelo regime de previdência complementar, com 62 anos de idade (mulher) e 65 anos de idade (homem): integralidade ■ Demais hipóteses (art. 26 da EC n. 103/2019): 100% da média aritmética simples de todas as bases de cálculo das contribuições do servidor para o RGPS e RPPS, a partir de julho/1994 → limites mínimo e máximo do RGPS
REAJUSTE	■ Paridade ■ Mesmos critérios do RGPS

■ 5.12. ABONO DE PERMANÊNCIA EM SERVIÇO

A EC n. 20/98 concedeu **isenção da contribuição previdenciária** ao servidor que, tendo cumprido todos os requisitos para se aposentar com proventos integrais, optasse por permanecer em atividade.

> **Art. 3º** É assegurada a concessão de aposentadoria e pensão, a qualquer tempo, aos servidores públicos e aos segurados do regime geral de previdência social, bem como aos seus dependentes, que, até a data da publicação desta Emenda, tenham cumprido os requisitos para a obtenção destes benefícios, com base nos critérios da legislação então vigente.

> § 1º O servidor de que trata este artigo, que tenha completado as exigências para aposentadoria integral e que opte por permanecer em atividade fará jus à isenção da contribuição previdenciária até completar as exigências para aposentadoria contidas no art. 40, § 1º, III, "a", da Constituição Federal.

A falta de técnica legislativa levou a denominar isenção o que, na verdade, é **imunidade tributária**, que só a Constituição pode conceder.

Porém, logo se percebeu que a benesse concedida aos servidores traria péssimos resultados para os cofres dos regimes próprios, que deixavam de arrecadar significativa parcela de contribuições previdenciárias.[173]

A mudança não tardou e a isenção (imunidade) da contribuição previdenciária foi substituída pelo abono de permanência em serviço, na forma disposta pela EC n. 41/2003, que incluiu o § 19 no art. 40. O valor do abono de permanência era **equivalente** ao valor da sua contribuição previdenciária até que o servidor completasse as exigências para aposentadoria compulsória contidas no § 1º, II.

O § 19 foi alterado pela EC n. 103/2019, alterando o valor do abono de permanência para, **no máximo**, o valor da contribuição previdenciária:

> § 19. Observados critérios a serem estabelecidos em lei do respectivo ente federativo, o servidor titular de cargo efetivo que tenha completado as exigências para a aposentadoria voluntária e que opte por permanecer em atividade poderá fazer jus a um abono de permanência equivalente, no máximo, ao valor da sua contribuição previdenciária, até completar a idade para aposentadoria compulsória.

A instituição do abono de permanência, a partir da EC n. 103/2019, dependerá de lei do respectivo ente federativo, que deverá estabelecer os demais critérios, inclusive o valor do benefício.

Porém, como todas as regras novas, as disposições do § 19 colherem servidores que já estavam em gozo do benefício pelas regras anteriores.

A EC n. 103/2019 trouxe, então, regra transitória para aplicação enquanto não for expedida a regulamentação por lei do respectivo ente federativo, contida no art. 8º: os servidores públicos federais farão jus ao abono de permanência equivalente ao valor da sua contribuição previdenciária até completar a idade para a aposentadoria compulsória.

Estados, Distrito Federal e Municípios deverão editar as respectivas leis para instituição do abono de permanência. Enquanto não editada a lei do respectivo ente federativo, o abono de permanência deverá ser pago conforme as regras anteriores vigentes em 13.11.2019.

O abono de permanência em serviço somente alcança os servidores que completam os requisitos para a aposentadoria voluntária que optem por permanecer em atividade até completarem a idade para a aposentadoria compulsória (75 anos). A ideia é **incentivar os servidores a permanecerem em atividade** mesmo depois de completarem os requisitos para se aposentarem.

---

173 Cf. Bruno de Sá Freire, *Direito constitucional previdenciário do servidor público*, cit., p. 127.

Ao completar 75 anos de idade, o servidor ainda em atividade é aposentado compulsoriamente, cessando, então, o abono de permanência em serviço.

Com a instituição do abono de permanência em serviço, a contribuição previdenciária é recolhida, mas o servidor recebe idêntica quantia como abono de permanência em serviço.[174] A diferença está no caixa onerado pelo pagamento do abono de permanência em serviço; quando se tratava de "isenção" da contribuição previdenciária, ficava onerado o sistema de custeio do regime próprio; com a instituição do abono de permanência, a contribuição continua sendo descontada dos vencimentos e é recolhida para os cofres do RPSP, enquanto o abono passa a ser pago pela Administração.

Convém transcrever comentário de **Bruno Sá Freire Martins**:[175]

> "A lógica do abono reside na economia que a permanência do servidor traz para o orçamento da previdência do regime próprio. Quando o servidor, que completou os pressupostos da aposentação integral voluntária, permanece no trabalho, a Administração economiza duas vezes: por não ter que pagar a aposentadoria e também por não ter que pagar remuneração para o servidor que será investido no cargo público no lugar daquele que se aposentou. Além disso, o Poder Público pode estar perdendo um servidor experiente e terá que substituí-lo por outro que, possivelmente, terá que passar por processo de treinamento até possuir a experiência do anterior."

ABONO DE PERMANÊNCIA EC N. 103/2019	
Regra permanente (art. 40, § 19, da CF)	**Regra transitória**
■ Aplicável a partir da edição de lei do respectivo ente federativo que fixe critérios de concessão e valor	■ Aplicável até a edição de lei do respectivo ente federativo que fixe critérios de concessão e valor
■ **Valor:** não poderá exceder o valor da contribuição previdenciária	■ **Valor:** ■ RPPS da União → valor equivalente ao da contribuição previdenciária ■ RPPS dos Estados, Distrito Federal e Municípios → valor na forma das normas vigentes em 13.11.2019

■ 5.13. BENEFÍCIO DEVIDO AOS DEPENDENTES DOS SEGURADOS DO REGIME PRÓPRIO DE PREVIDÊNCIA DOS SERVIDORES PÚBLICOS. PENSÃO POR MORTE

A cobertura previdenciária de pensão por morte, devida aos dependentes do servidor público falecido, também foi sucessivamente alterada após a CF de 1988.

[174] Em julgamento de Recurso Repetitivo, o STJ decidiu que **incide Imposto de Renda sobre as verbas recebidas a título de abono de permanência**: "(...) 1. Sujeitam-se incidência do Imposto de Renda os rendimentos recebidos a título de abono de permanência a que se referem o § 19 do art. 40 da Constituição Federal, o § 5º do art. 2º e o § 1º do art. 3º da Emenda Constitucional 41/2003, e o art. 7º da Lei n. 10.887/2004. Não há lei que autorize considerar o abono de permanência como rendimento isento (...)" (REsp 1.192.556/PE, Rel. Min. Mauro Campbell Marques, 1ª Seção, *DJe* 06.09.2010).

[175] Ob. cit., p. 127.

E as sucessivas alterações constitucionais fazem surgir questionamentos sobre a legislação aplicável ao benefício. Assim como no RGPS, a legislação aplicável é aquela vigente na data do óbito do servidor público porque *tempus regit actum*.

A redação original do art. 40, § 5º, da CF garantia pensão por morte no valor dos proventos do servidor falecido, observada a regra de paridade nos reajustamentos:

> **Art. 40.** (...)
> **§ 5º** O benefício da pensão por morte corresponderá à totalidade dos vencimentos ou proventos do servidor falecido, até o limite estabelecido em lei, observado o disposto no parágrafo anterior.

A disciplina constitucional da pensão por morte de servidor público foi modificada pelas Emendas Constitucionais ns. 20/98 e 41/2003, passando a constar dos §§ 7º e 8º do art. 40:

EC N. 20/98	EC N. 41/2003
§ 7º Lei disporá sobre a concessão do benefício da pensão por morte, que será igual ao valor dos proventos do servidor falecido ou ao valor dos proventos a que teria direito o servidor em atividade na data de seu falecimento, observado o disposto no § 3º.	**§ 7º** Lei disporá sobre a concessão do benefício de pensão por morte, que será igual:
	I — ao valor da totalidade dos proventos do servidor falecido, até o limite máximo estabelecido para os benefícios do regime geral de previdência social de que trata o art. 201, acrescido de setenta por cento da parcela excedente a este limite, caso aposentado à data do óbito; ou
	II — ao valor da totalidade da remuneração do servidor no cargo efetivo em que se deu o falecimento, até o limite máximo estabelecido para os benefícios do regime geral de previdência social de que trata o art. 201, acrescido de setenta por cento da parcela excedente a este limite, caso em atividade na data do óbito.
§ 8º Observado o disposto no art. 37, XI, os proventos de aposentadoria e as pensões serão revistos na mesma proporção e na mesma data, sempre que se modificar a remuneração dos servidores em atividade, sendo também estendidos aos aposentados e aos pensionistas quaisquer benefícios ou vantagens posteriormente concedidos aos servidores em atividade, inclusive quando decorrentes da transformação ou reclassificação do cargo ou função em que se deu a aposentadoria ou que serviu de referência para a concessão da pensão, na forma da Lei.	**§ 8º** É assegurado o reajustamento dos benefícios para preservar-lhes, em caráter permanente, o valor real, conforme critérios estabelecidos em lei.

A **EC n. 20/98** continuou a garantir aos dependentes a pensão por morte com proventos integrais e a paridade na revisão.

Com a **EC n. 41/2003** foram extintas as garantias de integralidade e paridade para os proventos de pensões, ficando a pensão por morte sujeita aos redutores e aos descontos relativos à contribuição previdenciária (art. 40, §§ 7º e 18, da CF e art. 4º da EC n. 41/2003).[176]

Hermes Arrais Alencar explica a intenção do constituinte reformador:[177]

[176] Cf. Ricardo Cunha Chimenti, Fernando Capez, Márcio Fernando Elias Rosa e Marisa Ferreira dos Santos, *Curso de direito constitucional*. 6. ed. São Paulo: Saraiva, 2009, p. 212-222.

[177] Ob. cit., p. 106.

"Entendeu-se, durante os debates do Congresso Nacional que resultou na edição da EC 41, que o valor da pensão por morte necessitava de reparo na órbita constitucional. O pagamento de pensão em valor total ao da última remuneração bruta do servidor, ou do último provento, significava distorção, porque o pagamento integral gera reposição de renda *per capita* na família do falecido superior a renda de que ela desfrutava antes do fato gerador da pensão."

Para efetivar as disposições da EC n. 41/2003, foi editada a Lei n. 10.887, de 18.06.2004, resultado da conversão da Medida Provisória 67, de 19.02.2004, cujo art. 2º dispõe:

> **Art. 2º** Aos dependentes dos servidores titulares de cargo efetivo e dos aposentados de qualquer dos Poderes da União, dos Estados, do Distrito Federal e dos Municípios, incluídas suas autarquias e fundações, falecidos a partir da data de publicação desta Lei, será concedido o benefício de pensão por morte, que será igual:
>
> I — à totalidade dos proventos percebidos pelo aposentado na data anterior à do óbito, até o limite máximo estabelecido para os benefícios do regime geral de previdência social, acrescida de 70% (setenta por cento) da parcela excedente a este limite; ou
>
> II — à totalidade da remuneração do servidor no cargo efetivo na data anterior à do óbito, até o limite máximo estabelecido para os benefícios do regime geral de previdência social, acrescida de 70% (setenta por cento) da parcela excedente a este limite, se o falecimento ocorrer quando o servidor ainda estiver em atividade.
>
> Parágrafo único. Aplica-se ao valor das pensões o limite previsto no **art. 40, § 2º**, da Constituição Federal.

Atenção: o art. 2º estabelece que as novas regras só se aplicam às pensões decorrentes de óbitos de segurados ocorridos a partir da publicação da lei, ou seja, **21.06.2004**.[178]

O novo sistema de cálculo dos proventos da pensão por morte passou a considerar que o regime próprio só pagará benefícios previdenciários de valor não superior ao teto dos benefícios do RGPS. Até porque o teto do salário de contribuição também será igual ao do RGPS.

O cálculo da pensão passou a ser feito considerando se o servidor estava ou não aposentado na data do óbito.

Se na data do óbito o servidor estava **aposentado**, deverá ser considerado o valor dos proventos de aposentadoria que recebia na data anterior. Se tais proventos forem superiores ao teto dos benefícios do RGPS, o cálculo corresponderá àquele valor, acrescido de 70% do valor excedente.

RMI DA PENSÃO POR MORTE DE SERVIDOR APOSENTADO NA DATA DO ÓBITO ÓBITOS A PARTIR DE 21.6.2004	
Aposentado com proventos iguais ou inferiores ao teto do RGPS	**Aposentado com proventos superiores ao teto do RGPS**
◻ RMI da pensão igual aos proventos da aposentadoria	◻ RMI da pensão igual ao teto do RGPS + 70% do excedente

[178] Com o mesmo entendimento, cf. Marcelo Leonardo Tavares, ob. cit., p. 325. Entretanto, há entendimento no sentido de que as novas regras se aplicam a partir da vigência da MP 167/2004: cf. Hermes Arrais Alencar, ob. cit., p. 106.

Se na data do óbito o servidor estava **em atividade**, o cálculo da RMI da pensão por morte deve considerar o valor da remuneração no cargo efetivo que ocupava na data anterior. Se a remuneração era superior ao teto dos benefícios do RGPS, a RMI da pensão por morte será igual àquele valor, acrescido de 70% do valor excedente.

RMI DA PENSÃO POR MORTE DE SERVIDOR EM ATIVIDADE NA DATA DO ÓBITO ÓBITOS A PARTIR DE 21.6.2004	
Remuneração igual ou inferir ao teto do RGPS	**Remuneração superior ao teto do RGPS**
■ RMI da pensão igual ao valor da remuneração	■ RMI da pensão igual ao teto do RGPS + 70% do excedente

O **reajuste** da renda mensal das pensões por morte concedidas a partir da vigência da Lei n. 10.874/2004 deverá seguir **critérios definidos em lei**, que deverá garantir, em caráter permanente, a preservação do valor real (art. 40, § 8º, da CF). A Lei n. 10.887/2004 determina que os reajustes sejam feitos pelo mesmo índice e na mesma data em que se der o reajuste dos benefícios do RGPS (art. 15).

Para aferir a legislação aplicável à pensão por morte, seja quanto ao cálculo da RMI, seja com relação aos reajustes posteriores, deve-se verificar a data do óbito do servidor porque, assim como no RGPS, aplica-se o princípio do ***tempus regit actum***. A aplicação do princípio está garantida, também, no art. 15 da Lei n. 10.887/2004.[179]

REAJUSTE DA RENDA MENSAL DAS PENSÕES POR MORTE	
Óbito do servidor anterior à vigência da Lei n. 10.887/2004	**Óbito do servidor na vigência da Lei n. 10.887/2004**
■ Paridade	■ Mesma data e mesmo índice dos benefícios do RGPS

Citamos Acórdão do TRF da 5ª Região, que prima pela clareza na análise da questão dos reajustes das pensões por morte de servidor público:

> "(...) 1. Discute-se no presente recurso o direito à paridade nos critérios de revisões entre proventos de aposentadoria e pensão por morte com os vencimentos dos servidores em atividade, de pensão estatutária concedida após a publicação da EC n. 41/2003, decorrente de aposentação ocorrida antes da publicação da referida emenda constitucional. 2. A Emenda Constitucional n. 41/2003 extinguiu a paridade entre ativos e inativos/pensionistas, ressalvando apenas as hipóteses de direito adquirido e aquelas em que os proventos de aposentadoria e as pensões se encontravam em fruição na data de sua publicação. 3. O parágrafo único, do art. 3º, da EC n. 47/2005, determina observância a igual critério de revisão para as pensões por morte derivadas dos proventos de servidores públicos que se aposentaram nos termos do referido artigo. 4. É assente na Jurisprudência que o direito

[179] Art. 15. Os proventos de aposentadoria e as pensões de que tratam os arts. 1º e 2º desta Lei serão reajustados, a partir de janeiro de 2008, na mesma data e índice em que se der o reajuste dos benefícios do regime geral de previdência social, ressalvados os beneficiados pela garantia de paridade de revisão de proventos de aposentadoria e pensões de acordo com a legislação vigente (Redação dada pela Lei n. 11.784, de 2008).

à pensão estatutária é regido pelas normas legais em vigor à época do óbito do instituidor da pensão, que, *in casu*, ocorreu em 21/06/2009, após a publicação das Emendas Constitucionais ns. 41/2003 e 47/2005, e na vigência da Lei n. 10.887, de 18/06/2004. 5. Tendo em vista que o instituidor do benefício se aposentou antes da publicação da EC n. 41/2003, com as garantias de integralidade e paridade dos proventos com os servidores públicos em atividade, e faleceu em junho/2009, impõe-se o reconhecimento de que os Autores não possuem direito à integralidade, pois o cálculo do valor inicial da pensão deve obedecer aos critérios insculpidos na Lei n. 10.887/2004, todavia, o reajuste do benefício deve obedecer aos mesmos índices e datas dos servidores em atividade, dada a garantia de paridade prevista no parágrafo único, do art. 3º, da EC n. 47/2005. 6. Embora não tenha havido recurso da União, a sentença prolatada foi submetida ao duplo grau de jurisdição em razão da sucumbência recíproca, porquanto a União restou vencida em relação a restituição de valores que entendia devidos, no entanto, tendo em vista o reconhecimento do direito dos Autores à paridade dos reajustes, resta prejudicada a análise da remessa oficial. 7. Correção monetária a partir do vencimento de cada parcela, pelo Manual de Cálculos da Justiça Federal, e juros moratórios fixados no percentual de 0,5% a.m. (meio por cento ao mês), com incidência a partir da citação (Súmula n. 204, do STJ), em face da declaração de inconstitucionalidade por arrastamento de disposições da Lei n. 11.960/2009. 8. Honorários advocatícios fixados em 10% (dez por cento) sobre o valor da condenação, nos termos dos parágrafos 3º e 4º, do art. 20, do CPC, observando-se a aplicação da Súmula n. 111, do STJ (...)" (APELREEX 00021601320124058500, 4ª Turma, Rel. Des. Fed. Bruno Teixeira, *DJe* 10.10.2013).

O STF decidiu nesse sentido:[180]

RECURSO EXTRAORDINÁRIO. CONSTITUCIONAL. PREVIDENCIÁRIO. **PENSÃO** POR **MORTE**. INSTITUIDOR APOSENTADO ANTES DA EMENDA CONSTITUCIONAL 41/2003, PORÉM FALECIDO APÓS SEU ADVENTO. DIREITO DO PENSIONISTA À **PARIDADE**. IMPOSSIBILIDADE. EXCEÇÃO: ART. 3º DA EC n. 47/2005. RECURSO EXTRAORDINÁRIO A QUE SE DÁ PARCIAL PROVIMENTO. I — O benefício previdenciário da **pensão** por **morte** deve ser regido pela lei vigente à época do **óbito** de seu instituidor. II — Às **pensões** derivadas de **óbito** de **servidores** aposentados nos termos do art. 3º da EC n. 47/2005 é garantido o direito à **paridade**. III — Recurso extraordinário a que se dá parcial provimento.

A EC n. 70/2012 alterou a forma de cálculo dos proventos da aposentadoria por invalidez dos servidores públicos que ingressaram no RPSP até 31.12.2003, conforme já explicitado no item 5.12.1. *supra*, estabelecendo o valor da remuneração como base de cálculo e garantindo a paridade nos reajustes posteriores.

O parágrafo único do art. 6º-A, acrescentado à EC n. 41/2003, determinou a aplicação dos mesmos critérios no cálculo e reajuste dos proventos das pensões por morte decorrentes daquelas aposentadorias por invalidez.

[180] Tribunal Pleno, RE 603.580/RJ, Rel. Min. Ricardo Lewandowski, j. 20.05.2015, *DJe* 04.08.2015.

PENSÃO POR MORTE DECORRENTE DE APOSENTADORIA POR INVALIDEZ		
■ Até 31.12.2003	■ 100% dos proventos recebidos pelo servidor	■ Paridade
■ Após 31.12.2003	■ 100% dos proventos recebidos pelo servidor, se iguais ou inferiores ao teto do RGPS ■ igual ao teto do RGPS + 70% do excedente, se os proventos forem superiores àquele teto	■ Paridade, se concedidas antes da vigência da Lei n. 10.887/2004; ■ Mesma data e mesmos índices do RGPS, se concedidas a partir da vigência da Lei n. 10.887/2004

■ *5.13.1. Pensão por morte nos RPPS a partir da EC n. 103/2019*

A Reforma da Previdência de 2019 novamente alterou as regras da pensão por morte dos servidores públicos.

Cabe a cada ente federativo — União, Estados, Distrito Federal e Municípios — editar a respectiva **legislação que regule a pensão por morte nos seus regimes próprios**.

O benefício não poderá ter valor inferior a um salário mínimo quando se tratar de única fonte de renda do dependente.

Mas há que se atentar para o comando constitucional que prevê cobertura diferenciada para os dependentes quando se tratar de morte decorrente de **agressão sofrida no exercício ou em razão da função** de agente penitenciário, agente socioeducativo, policial da Câmara dos Deputados ou do Senado Federal, policial federal, policial rodoviário federal, policial ferroviário federal e policial civil.

Não nos parece correto dar cobertura previdenciária diferenciada em razão de óbito de policiais no exercício ou em razão da função. O evento *morte*, em qualquer circunstância, trará aos dependentes a mesma necessidade, independentemente da sua causa. O correto, a nosso ver, é que o Poder Público dê à atividade policial a remuneração digna e necessária, e aos dependentes do policial falecido a assistência médica e psicológica necessária à vida depois da perda do servidor em situação tão traumática.

A pensão por morte de servidor público federal está disciplinada no art. 23 da EC n. 103/2019, com regras idênticas às do RGPS.

> **Atenção:** cabe aos Estados, Distrito Federal e Municípios editar leis para disporem sobre as regras da pensão por morte nos seus respectivos regimes próprios. Enquanto não editada a respectiva lei, as pensões serão regidas pelas normas constitucionais e infraconstitucionais anteriores à EC n. 103/2019.

REGRAS DA EC N. 103/2019	
COMPETÊNCIA LEGISLATIVA	■ Entes federativos → legislação que regule a pensão por morte nos seus regimes próprios
VALOR DOS PROVENTOS	■ Não poderá ter valor inferior a um salário mínimo caso seja a única fonte de renda do dependente
RPPS DA UNIÃO	■ Art. 23 da EC n. 103/2019
RPPS DE ESTADOS, DF E MUNICÍPIOS	■ Aplicação das normas constitucionais e infraconstitucionais anteriores à EC n. 103/2019 → até a edição da respectiva lei (art. 23, § 8º, da EC n. 103/2019)

5.13.1.1 Acumulação de pensões por morte

A EC n. 103/2019 estabeleceu, como regra geral, a impossibilidade de recebimento conjunto de mais de uma pensão por morte deixada por cônjuge ou companheiro no âmbito do **mesmo regime** de previdência social (art. 24).

Porém, a EC n. 103/2019 permite a acumulação quando se tratar de pensões do mesmo instituidor em razão do exercício de cargos acumuláveis na forma do art. 37 da CF: dois cargos de professor, um cargo de professor com outro técnico ou científico e dois cargos ou empregos privativos de profissionais de saúde, com profissões regulamentadas.

Em se tratando de **regimes previdenciários diversos**, o recebimento conjunto de pensões por morte está sujeito às regras dos §§ 1º e 2º do art. 24 da EC n. 103/2019, com limitação de valores dos proventos.

É permitida a acumulação:

a) **Pensão por morte** de cônjuge ou companheiro de um regime de previdência social **com pensão por morte** concedida por outro regime de previdência ou com pensões decorrentes de atividades militares dos Estados, Distrito Federal e Territórios ou das Forças Armadas;

b) **Pensão por morte** de cônjuge ou companheiro de um regime de previdência social **com aposentadoria** concedida pelo regime geral ou por regime próprio ou com proventos de atividades militares dos Estados, Distrito Federal e Territórios ou das Forças Armadas;

c) **Pensões decorrentes das atividades militares** dos Estados, Distrito Federal e Territórios ou das Forças Armadas **com aposentadoria** no regime geral ou em regime próprio.

Nas hipóteses de acumulação em regimes previdenciários diversos, o art. 24, § 2º, da EC n. 103/2019, limitou os valores desses coberturas previdenciárias: assegurou o recebimento integral do benefício mais vantajoso e de uma parte de cada um dos demais benefícios, apurada cumulativamente:

a) 60% do valor que exceder 1 salário mínimo, até o limite de 2 salários mínimos;

b) 40% do valor que exceder 2 salários mínimos, até o limite de 3 salários mínimos;

c) 20% do valor que exceder 3 salários mínimos, até o limite de 4 salários mínimos; e

d) 10% do valor que exceder 4 salários mínimos.

> A limitação do valor do benefício que será recebido de forma acumulada não pode alcançar os pensionistas e aposentados antes de 13.11.2019, data da publicação da EC n. 103/2019, em respeito ao **direito adquirido**, hipótese que está resguardada no § 4º do art. 23.

A nosso ver, a limitação de valores fere as regras do financiamento do custeio e o direito à proteção previdenciária pela qual o servidor público pagou. Se houve contribuição previdenciária sem essas limitações, não faz sentido que o valor da proteção previdenciária seja limitado por esses percentuais.

Atenção: as regras sobre acumulação de benefícios poderão ser alteradas por lei complementar.

ACUMULAÇÃO DE PENSÕES NO MESMO REGIME PREVIDENCIÁRIO	
Regra geral	Exceção
■ Impossibilidade de recebimento conjunto de mais de uma pensão por morte deixada por cônjuge ou companheiro	■ Acumulação permitida de cargos pelo mesmo instituidor: ■ dois cargos de professor; ■ um cargo de professor com outro técnico ou científico; ■ dois cargos ou empregos privativos de profissionais de saúde, com profissões regulamentadas.

ACUMULAÇÃO EM REGIMES PREVIDENCIÁRIOS DIVERSOS	
Benefícios acumuláveis	Valores
■ **Pensão por morte** de cônjuge ou companheiro de um regime de previdência social **com pensão por morte** concedida por outro regime de previdência ou com pensões decorrentes de atividades militares dos Estados, Distrito Federal e Territórios ou das Forças Armadas; ■ **Pensão por morte** de cônjuge ou companheiro de um regime de previdência social **com aposentadoria** concedida pelo regime geral ou por regime próprio ou com proventos de atividades militares dos Estados, Distrito Federal e Territórios ou das Forças Armadas; ■ **Pensões decorrentes das atividades militares** dos Estados, Distrito Federal e Territórios ou das Forças Armadas com aposentadoria no regime geral ou em regime próprio;	■ **60%** do valor que exceder **1** salário mínimo, até o limite de 2 salários mínimos; ■ **40%** do valor que exceder **2** salários mínimos, até o limite de 3 salários mínimos; ■ **20%** do valor que exceder **3** salários mínimos, até o limite de 4 salários mínimos; ■ **10%** do valor que exceder **4** salários mínimos.

5.13.2. *Pensão por morte no regime próprio dos servidores públicos civis federais. Aplicação das regras da Lei n. 8.213/1991*

A partir da Reforma da Previdência de 2019, a pensão por morte do RPPS da União passou a observar as **regras do RGPS contidas na Lei n. 8.213/1991**, com relação ao tempo de duração do benefício e das cotas individuais até a perda da condição de dependente, ao rol de dependentes e sua qualificação e às condições necessárias para enquadramento (art. 23, § 4º, da EC n. 103/2019).

Mesmo antes da EC n. 103/2019, a pensão por morte no RPPS da União já passara por alterações em razão da aproximação cada vez maior do regime geral, principalmente com a edição da Medida Provisória n. 664/2014, parcialmente convertida na Lei n. 13.135, de 17.06.2015.

Também a Lei n. 13.846, de 18.09.2019, editada pouco antes da EC n. 103/2019, alterou regras com relação a dependentes e prazo de duração do benefício.

Porém, as regras de cálculo do valor dos proventos das pensões do RPPS e do RGPS foram fixadas pelo art. 23 da EC n. 103/2019.

Atenção: aplica-se sempre a regra vigente na data do óbito do servidor instituidor da pensão por morte (*tempus regit actum*).

PENSÃO POR MORTE ÓBITOS A PARTIR DA EC N. 103/2019
Tempo de duração do benefício e das cotas individuais até a perda da condição de dependente, rol de dependentes e sua qualificação e as condições necessárias para enquadramento → Lei n. 8.213/1991
Valor dos proventos → art. 23 da EC n. 103/2019

Contingência: ser dependente de servidor público falecido.

Carência: independe de carência.

Sujeito ativo: o conjunto de dependentes do servidor falecido, conforme o disposto na Lei n. 8.213/1991.

Na redação original, o art. 217, I e II, da Lei n. 8.112/90 (Estatuto dos Servidores Públicos Civil da União), enumerava os dependentes dos servidores públicos civis da União, das autarquias e das fundações públicas federais beneficiários da pensão por morte, levando em conta a distinção entre pensão vitalícia e pensão temporária, conforme quadro abaixo:

BENEFICIÁRIOS DA PENSÃO POR MORTE ANTES DA MP N. 664/2014	
Pensão vitalícia	**Pensão temporária**
■ O cônjuge	■ Os filhos, ou enteados, até 21 anos de idade, ou, se inválidos, enquanto durar a invalidez
■ A pessoa desquitada, separada judicialmente ou divorciada, com percepção de pensão alimentícia	■ O menor sob guarda ou tutela até 21 anos de idade
■ O companheiro ou companheira designado que comprove união estável como entidade familiar	■ O irmão órfão, até 21 anos, ou o inválido, enquanto durar a invalidez, que comprovem dependência econômica do servidor
■ A mãe e o pai que comprovem dependência econômica do servidor	■ A pessoa designada que viva na dependência econômica do servidor, até 21 anos, ou, se inválida, enquanto durar a invalidez
■ A pessoa designada, maior de 60 anos, e a pessoa portadora de deficiência, que vivam sob a dependência do servidor	

Havia, já, hierarquia entre os dependentes. A pensão vitalícia concedida ao cônjuge ou companheiro(a) excluía do direito os demais sujeitos enumerados no inciso I. E a pensão concedida aos filhos ou enteados e ao menor sob guarda ou tutela também excluía dos demais o direito à pensão temporária.

A alteração do art. 217 suprimiu a distinção entre pensão vitalícia e pensão temporária, restando unificada a denominação *pensão*.

Também o rol de dependentes foi alterado, seguindo o exemplo do Regime Geral, que, há muito, deixou de contemplar o dependente designado:

BENEFICIÁRIOS DA PENSÃO POR MORTE A PARTIR DE 1º.03.2015 (MP N. 664/2014)
■ O cônjuge
■ O cônjuge divorciado ou separado judicialmente ou de fato, com percepção de pensão alimentícia estabelecida judicialmente
■ O companheiro ou companheira que comprove união estável como entidade familiar
■ Os filhos de até 21 anos de idade, ou, se inválidos, enquanto durar a invalidez
■ A mãe e o pai que comprovem dependência econômica do servidor

▪ O irmão, até 21 anos de idade, ou o inválido ou que tenha deficiência intelectual ou mental que o torne absoluta ou relativamente incapaz, enquanto durar a invalidez ou a deficiência que estabeleça a dependência econômica do servidor
▪ O enteado ou menor tutelado, mediante declaração do segurado e desde que comprovada a dependência econômica em relação ao servidor falecido

Com a conversão da MP n. 664/2014 na Lei n. 13.135/2015, o rol de dependentes do servidor público falecido sofreu nova alteração:

BENEFICIÁRIOS DA PENSÃO POR MORTE A PARTIR DE 18.06.2015 (LEI N. 13.135/2015)
▪ O cônjuge
▪ O cônjuge divorciado ou separado judicialmente ou de fato, com percepção de pensão alimentícia estabelecida judicialmente
▪ O companheiro ou companheira que comprove união estável como entidade familiar
▪ O filho de qualquer condição que atenda a um dos seguintes requisitos: a) seja menor de 21 anos; b) seja inválido; c) tenha deficiência grave (a partir de 180 dias contados de 18.06.2015); d) tenha deficiência intelectual ou mental, nos termos do regulamento.
▪ A mãe e o pai que comprovem dependência econômica do servidor
▪ O irmão de qualquer condição que comprove dependência econômica do servidor e atenda a um dos requisitos previstos no inciso IV: a) seja menor de 21 anos; b) seja inválido; c) tenha deficiência grave (a partir de 180 dias contados de 18.06.2015); d) tenha deficiência intelectual ou mental, nos termos do regulamento.
▪ O enteado e o menor tutelado (equiparados a filho), mediante declaração do servidor e desde que comprovada dependência econômica, na forma estabelecida em regulamento

A partir da Reforma da Previdência de 2019, passou a ser aplicado o art. 16 da Lei n. 8.213/1991, que relaciona os dependentes do regime geral, respeitando-se, portanto, também a hierarquia entre as classes.

E mais: assim como no RGPS, o enteado e o menor tutelado equiparam-se a filho mediante declaração do segurado e desde que comprovada a dependência econômica na forma do Regulamento.

> **Atenção:** a partir da EC n. 103/2019, *exclusivamente enteado e menor tutelado* podem ser equiparados a filho para fins de recebimento da pensão por morte, desde que comprovada a dependência econômica. A regra é idêntica à do regime geral.

BENEFICIÁRIOS DA PENSÃO POR MORTE ÓBITOS A PARTIR DE 13.11.2019 (EC N. 103/2019)
Os dependentes previstos no art. 16 da Lei n. 8.213/1991

A MP n. 664/2014 trouxe regras mais rígidas para a concessão da pensão por morte no RGPS e no regime dos servidores públicos civis federais. A intenção, sem dúvida, foi evitar as fraudes e a burla em prejuízo do sistema.

Também como no RGPS, a MP n. 664/2015 dispunha que o **cônjuge ou companheiro** teria direito ao benefício, somente se comprovasse o casamento ou o início da união estável de **mais de 2 anos** antes da data da morte do instituidor da pensão. Porém, nessa parte, a MP n. 664 não foi convertida em lei, de modo que basta apenas comprovar o casamento ou a união estável com o servidor falecido. A comprovação do casamento ou da união estável por mais de 2 anos antes do óbito do servidor terá influência apenas no tempo de duração do benefício, como se verá adiante.

Sujeito passivo: a União.

RMI: uma cota familiar de 50% do valor da aposentadoria recebida pelo servidor ou daquela a que teria direito se fosse aposentado por incapacidade permanente na data do óbito, acrescidas de 10% por dependente, até o máximo de 100%. Sempre será preservado o valor de 100% quando o número de dependentes for igual ou superior a 5 (art. 23 da EC n. 103/2019).

Porém, quando houver dependente inválido ou com deficiência intelectual, mental ou grave, o valor da pensão por morte será de 100% da aposentadoria recebida pelo servidor ou da que teria se aposentado por incapacidade permanente na data do óbito, até o limite do regime geral. Se o valor apurado for superior ao limite do RGPS, sobre o excedente deverá incidir uma cota familiar de 50%, acrescida de 10% por dependente, até o limite máximo de 100% (art. 23, §§ 2º, I e II, da EC n. 103/2019).

A regra de cálculo dos proventos da pensão por morte dos servidores públicos federais tornou-se extremamente gravosa para os dependentes.

A aposentadoria voluntária, já se viu anteriormente, tanto nas regras permanentes quanto nas regras de transição do RPPS da União e do regime geral, tem regras de cálculo que reduzem sensivelmente o valor dos proventos. O mesmo ocorre com a aposentadoria por incapacidade permanente.

Os proventos da pensão por morte são calculados sobre o valor dos proventos da aposentadoria, que já sofreram significativa redução. E o cálculo do valor da pensão incide em 50% daquele valor que já foi reduzido, com acréscimo de 10% por dependente até o máximo de 100%, limitado ao teto do regime geral.

Mesmo na hipótese de haver dependente inválido ou com a deficiência prevista, o cálculo lhe será extremamente prejudicial porque também incidirá sobre valor sensivelmente reduzido.

Deixando de haver dependente inválido ou com deficiência, o valor da pensão será recalculado conforme a regra geral (50% + 10% por dependente até o máximo de 100%).

Com a EC n. 103/2019, as cotas cessarão a partir da perda da condição de dependente e não serão reversíveis para os demais dependentes. Porém, será sempre preservado o valor de 100% da pensão quando o número de dependentes for igual ou superior a 5.

Atenção: enquanto Estados, Distrito Federal e Municípios não editarem suas respectivas leis, conforme esclarecemos no item 5.14 *supra*, deverão continuar aplicando o disposto na Lei n. 10.887, de 18.06.2004, que, cumprindo o disposto na EC n. 41/2003, fixou critérios de cálculo do valor das pensões concedidas a partir de sua publicação (21.06.2004).

Reproduzimos os quadros das regras de cálculo da pensão para Estados, Distrito Federal e Municípios, vigentes até a edição das respectivas leis:

RMI DA PENSÃO POR MORTE DE SERVIDOR APOSENTADO NA DATA DO ÓBITO OCORRIDO ATÉ 12.11.2019	
Aposentado com proventos iguais ou inferiores ao teto do RGPS	**Aposentado com proventos superiores ao teto do RGPS**
■ RMI da pensão igual aos proventos da aposentadoria	■ RMI da pensão igual ao teto do RGPS + 70% do excedente

RMI DA PENSÃO POR MORTE DE SERVIDOR EM ATIVIDADE NA DATA DO ÓBITO OCORRIDO ATÉ 12.11.2019	
Remuneração igual ou inferior ao teto do RGPS	**Remuneração superior ao teto do RGPS**
■ RMI da pensão igual ao valor da remuneração	■ RMI da pensão igual ao teto do RGPS + 70% do excedente

RMI DA PENSÃO POR MORTE DE SERVIDOR APOSENTADO NA DATA DO ÓBITO OCORRIDO A PARTIR DE 13.11.2019	
Regra geral	**Dependente inválido ou com deficiência intelectual, mental ou grave**
■ 50% do valor da aposentadoria recebida pelo servidor na data do óbito + 10% por dependente, até o máximo de 100% → preservado o valor de 100% quando o número de dependentes for igual ou superior a 5	■ 100% da aposentadoria recebida pelo servidor na data do óbito, até o limite do regime geral ■ 50% + 10% por dependente, até o limite máximo de 100% sobre o valor excedente → se o valor apurado for superior ao limite do RGPS

RMI DA PENSÃO POR MORTE DE SERVIDOR EM ATIVIDADE NA DATA DO ÓBITO OCORRIDO A PARTIR DE 13.11.2019	
■ 50% do valor da aposentadoria a que o servidor teria direito se aposentado por incapacidade permanente na data do óbito + 10% por dependente, até o máximo de 100% → preservado o valor de 100% quando o número de dependentes for igual ou superior a 5 (art. 23 da EC n. 103/2019)	■ 100% do valor da aposentadoria a que o servidor teria direito se aposentado por incapacidade permanente na data do óbito, até o limite do regime geral ■ 50% + 10% por dependente, até o limite máximo de 100% sobre o valor excedente → se o valor apurado for superior ao limite do RGPS

Termo inicial: na forma da MP n. 871/2019, convertida na Lei n. 13.846/2019:

a) a data do óbito, quando requerida até 180 dias depois deste, para os filhos menores de 16 anos;

b) a data do óbito, quando requerida até 90 dias depois deste, para os demais dependentes;

c) a data do requerimento, quando esgotados os prazos anteriores.

d) a data da decisão judicial, no caso de morte presumida, depois de 6 meses de ausência;

Se o servidor desapareceu em **catástrofe, acidente ou desastre, o termo inicial** será a data da ocorrência:

> "(...) O desaparecimento decorrente de acidente, desastre ou catástrofe configura exceção ao art. 74, da LBPS, prescindindo da necessidade de declaração judicial da morte presumida, sendo o pensionamento devido desde a data do infortúnio (art. 78, § 1º, LPBS), ressalvadas as parcelas atingidas pela prescrição quinquenal, nos termos da Súmula n. 85 do STJ. (...)" (TRF 4ª Região, 5ª Turma, APELREEX 200471010019404, Rel. Juíza Fed. Maria Isabel Pezzi Klein, *DE* 05.10.2009).

e) a data da citação ou do ajuizamento da ação, se não tiver sido feito requerimento administrativo e o interessado fizer o pedido diretamente ao Poder Judiciário;

f) a data do requerimento administrativo ou do óbito, considerando se o pedido foi feito dentro ou não do prazo de **180 ou 90 dias**.

Termo final: as regras são as mesmas do RGPS:

a) a morte do pensionista;

b) a anulação do casamento, quando a decisão ocorrer após a concessão da pensão ao cônjuge;

c) a cessação da invalidez, para o dependente inválido;

d) o afastamento da deficiência, para o dependente com deficiência;

e) o levantamento da interdição, para o dependente com deficiência intelectual ou mental que o torne absoluta ou relativamente incapaz;

f) ao completar 21 anos, para o filho ou irmão, inclusive o enteado e o menor tutelado;

g) pela acumulação de pensão (ressalvado o direito de opção);

h) pela renúncia expressa;

i) pelo decurso do prazo para as pensões não vitalícias de cônjuge e companheiro(a).

j) por condenação criminal em sentença com trânsito em julgado, como autor, coautor ou partícipe de homicídio doloso, ou de tentativa desse crime, cometido contra a pessoa do servidor, ressalvados os absolutamente incapazes e os inimputáveis.

Com relação ao cônjuge e ao(à) companheiro(a), o termo final do benefício é fixado:

a) ao final de 4 meses: se o óbito ocorrer sem que o servidor tenha vertido 18 contribuições mensais ou se o casamento ou a união estável tiverem sido iniciados em menos de 2 anos antes do óbito do servidor;

b) ao final dos períodos indicados no quadro abaixo, estabelecidos de acordo com a idade do pensionista na data de óbito do servidor: se o óbito ocorrer depois de vertidas 18 contribuições mensais e pelo menos 2 anos após o início do casamento ou da união estável:

TERMO FINAL DO BENEFÍCIO → REQUISITOS CUMULATIVOS NA DATA DO ÓBITO DO SERVIDOR 18 CONTRIBUIÇÕES MENSAIS 2 ANOS DE CASAMENTO OU UNIÃO ESTÁVEL	
Idade do cônjuge ou companheiro	**Termo final do benefício em**
■ Menos de 21 anos	■ 3 anos
■ Entre 21 e 26 anos	■ 6 anos
■ Entre 27 e 29 anos	■ 10 anos
■ Entre 30 e 40 anos	■ 15 anos
■ Entre 41 e 43 anos	■ 20 anos
■ 44 anos ou mais	■ Vitalícia

c) por comprovação, a qualquer tempo, de simulação ou fraude no casamento ou na união estável, ou a formalização desses com o fim exclusivo de constituir benefício previdenciário, apuradas em processo judicial no qual será assegurado o direito ao contraditório e à ampla defesa.

Atenção:

a) na hipótese de **cônjuge/companheiro inválido, ou com deficiência ou com deficiência mental ou intelectual que o torne absoluta ou relativamente incapaz**, a regra a se aplicar é a mesma dos demais dependentes, ou seja, o termo final será a data da cessação da invalidez, do afastamento da deficiência, ou o levantamento da interdição. Porém, o termo final do benefício deverá respeitar os períodos mínimos fixados no quadro acima, que considera a idade do beneficiário na data do óbito do servidor.

b) se **o óbito do servidor decorrer de acidente de qualquer natureza ou de doença profissional ou do trabalho**, o termo final do benefício será fixado de acordo com a idade do cônjuge/companheiro, conforme quadro acima, hipótese em que **não se exigirá a comprovação do recolhimento de 18 contribuições mensais ou de 2 anos de casamento ou de união estável**.

Nas hipóteses de pensão por morte concedida em razão de invalidez, incapacidade ou deficiência, a Administração poderá convocar, a seu critério, o beneficiário para que se submeta à perícia médica destinada a avaliar suas condições.

■ 5.14. O FINANCIAMENTO DO REGIME PREVIDENCIÁRIO DOS SERVIDORES PÚBLICOS

O RPPS tem caráter contributivo e solidário e é financiado mediante contribuição do respectivo ente federativo, de servidores ativos, de aposentados e pensionistas.

FINANCIAMENTO DO RPSP
■ Contribuicao do respectivo ente federativo
■ Contribuição dos servidores em atividade
■ Contribuição dos aposentados
■ Contribuição dos pensionistas

5.14.1. Contribuição dos servidores públicos. Regras para os RPPS da União, dos Estados e dos Municípios

Na redação original da CF de 1988, somente os Estados, o Distrito Federal e os Municípios podiam instituir contribuição dos seus servidores para fins de seus sistemas de previdência e assistência social (art. 149, § 1º). Como não havia restrição, esses entes federativos podiam cobrar a contribuição até mesmo dos servidores inativos.

Apenas a União não podia implantar a cobrança de contribuições previdenciárias de seus servidores, tanto que o art. 231, § 2º, da Lei n. 8.112/90 atribuía ao Tesouro Nacional a responsabilidade integral pelo custeio das aposentadorias.

A Emenda Constitucional n. 3, de 17.03.1993, modificou o art. 40 da CF e determinou que as aposentadorias e pensões dos servidores públicos federais seriam custeadas com recursos provenientes da União e das contribuições dos servidores, na forma da lei (§ 6º).

Com a EC n. 20/98, o sistema previdenciário dos servidores públicos tornou-se eminentemente contributivo para todos os entes da federação, que ficaram autorizados a instituir contribuição cobrada de seus servidores, para o custeio, em benefício destes, de sistemas de previdência e assistência social (art. 149). Entretanto, a redação dada ao art. 40 pela EC n. 20/98 fez referência aos **servidores titulares de cargo efetivo**, garantindo-lhes regime previdenciário de caráter contributivo.

Com a **EC n. 41/2003** novamente **restou possibilitada a contribuição de inativos e pensionistas**.

A Lei n. 10.887, de 18.06.2004, regulamentando as disposições da EC n. 41/2003, instituiu a **contribuição do servidor público ativo federal**, à **alíquota de 11%**, tendo como base de cálculo o vencimento do cargo efetivo, acrescido das vantagens pecuniárias permanentes fixadas em lei, os adicionais de caráter individual ou quaisquer outras vantagens. Porém, o art. 4º foi modificado pela Lei n. 12.618, de 30.04.2012, que instituiu o regime de previdência complementar dos servidores públicos federais titulares de cargo efetivo:

> **Art. 4º** A contribuição social do servidor público ativo de qualquer dos Poderes da União, incluídas suas autarquias e fundações, para a manutenção do respectivo regime próprio de previdência social, será de 11% (onze por cento), incidentes sobre:
>
> I — a totalidade da base de contribuição, em se tratando de servidor que tiver ingressado no serviço público até a data da publicação do ato de instituição do regime de previdência complementar para os servidores públicos federais titulares de cargo efetivo e não tiver optado por aderir a ele;
>
> II — a parcela da base de contribuição que não exceder ao limite máximo estabelecido para os benefícios do regime geral de previdência social, em se tratando de servidor:
>
> a) que tiver ingressado no serviço público até a data a que se refere o inciso I e tenha optado por aderir ao regime de previdência complementar ali referido; ou
>
> b) que tiver ingressado no serviço público a partir da data a que se refere o inciso I, independentemente de adesão ao regime de previdência complementar ali referido.

Note-se que a instituição do regime de previdência complementar colhe não só os servidores que agora ingressarem no RPSP, mas, também, servidores que antes já estavam no serviço público.

Para os servidores titulares de cargo efetivo que ingressaram **antes** da instituição do regime de previdência complementar, a Constituição garantiu a **possibilidade de optarem** por se manter no mesmo regime ou de aderirem ao novo sistema. Esse é o motivo para o estabelecimento de alíquotas diferenciadas conforme a base de cálculo supere ou não o limite máximo estabelecido para o RGPS, conforme quadro abaixo.

O § 1º do art. 4º exclui diversas verbas da base de cálculo da contribuição. Elencamos algumas:

VERBAS EXCLUÍDAS DA BASE DE CÁLCULO DA CONTRIBUIÇÃO DO SERVIDOR PÚBLICO FEDERAL
■ as diárias para viagens;
■ a ajuda de custo em razão de mudança de sede;
■ a indenização de transporte;
■ o salário-família;
■ o auxílio-alimentação;
■ o auxílio-creche;
■ as parcelas remuneratórias pagas em decorrência de local de trabalho;
■ a parcela percebida em decorrência do exercício de cargo em comissão ou de função comissionada ou gratificada;
■ o abono de permanência em serviço;
■ o adicional de férias;
■ o adicional noturno;
■ o adicional por serviço extraordinário;
■ a parcela paga a título de assistência à saúde suplementar;
■ a parcela paga a título de assistência pré-escolar;
■ a parcela paga a servidor público indicado para integrar conselho ou órgão deliberativo, na condição de representante do governo, de órgão ou de entidade da administração pública do qual é servidor;
■ o auxílio-moradia;
■ a Gratificação por Encargo de Curso ou Concurso (art. 76-A da Lei n. 8.112/90);
■ a Gratificação Temporária das Unidades dos Sistemas Estruturadores da Administração Pública Federal (GSISTE);
■ a Gratificação de Raio-X.

A maioria das verbas excluídas da base de cálculo tem natureza indenizatória e, por isso, sobre elas não incide contribuição previdenciária. O STF tem julgado nesse sentido quando se trata de férias, horas extras etc.[181]

[181] Cf. RE 545.317 AgR/DF 2ª Turma, Rel. Min. Gilmar Mendes, *DJe*-047 14.03.2008: "EMENTA: Agravo regimental em recurso extraordinário. 2. Prequestionamento. Ocorrência. 3. Servidores públicos federais. Incidência de contribuição previdenciária. **Férias e horas extras. Verbas indenizatórias**. Impossibilidade. 4. Agravo regimental a que se nega provimento".

As contribuições previdenciárias dos servidores públicos foram substancialmente alteradas pela Reforma da Previdência e as novas regras passam a vigorar a partir de 1º.03.2020, em cumprimento à anterioridade nonagesimal.

Até então, para o **RPPS da União**, alíquota (11%) e base de cálculo eram fixadas pela Lei n. 10.887, de 18.06.2004. A base de cálculo era diferente conforme tivesse o servidor ingressado no serviço público até ou após a data da publicação do ato de instituição do regime de previdência complementar, conforme quadro a seguir:

CONTRIBUIÇÃO DOS SERVIDORES AO RPPS DA UNIÃO ATÉ 29.02.2020	
Alíquota	Base de cálculo
■ 11%	■ **Totalidade da remuneração:** para os que ingressaram no serviço público até a data da publicação do ato de instituição do regime de previdência complementar e por ele NÃO OPTARAM
	■ **Parcela que não exceder o teto do RGPS:** para os que ingressaram no serviço público até a data da publicação do ato de instituição do regime de previdência complementar e por ele OPTARAM
	■ **Parcela que não exceder o teto do RGPS:** para os que ingressaram no serviço público a partir da data da publicação do ato de instituição do regime de previdência complementar

Os Estados, Distrito Federal e Municípios que instituírem regimes próprios não poderão, então, fixar alíquotas inferiores a 11%, na forma da EC n. 41/2003, de modo que podem ser superiores.

CONTRIBUIÇÃO DOS SERVIDORES AO RPPS DOS ESTADOS, DISTRITO FEDERAL E MUNICÍPIOS ATÉ 29.02.2020
■ Alíquota: não inferior a 11% (EC n. 41/2003)

Havia entendimento firme do STF no sentido de que as **alíquotas** da contribuição previdenciária **não poderiam ser progressivas** em razão do valor da remuneração do servidor:

> "RECURSO EXTRAORDINÁRIO. AGRAVO REGIMENTAL. CONTRIBUIÇÃO PREVIDENCIÁRIA. ALÍQUOTA PROGRESSIVA. 1. O acórdão recorrido está em consonância com o entendimento do Plenário deste Supremo Tribunal que, no julgamento da ADI 2.010-MC, assentou que **a instituição de alíquotas progressivas para a contribuição previdenciária dos servidores públicos ofende o princípio da vedação à utilização de qualquer tributo com efeito de confisco (art. 150, IV, da Constituição). Tal entendimento estende-se aos Estados e Municípios.** 2. Agravo regimental improvido" (RE 414.915 AgR/PR, 2ª Turma, Rel. Min. Ellen Gracie, *DJ* 20.04.2006 PP-00031).

Com a EC n. 103/2019, o art. 149 da CF passou a **permitir** o estabelecimento de **alíquotas progressivas** de acordo com o valor da base de contribuição (servidores ativos) ou dos proventos de aposentadoria e de pensões.

A alíquota deverá ser fixada em lei do respectivo ente federativo (União, Estados e Municípios).

No intuito de imediatamente majorar a alíquota da contribuição ao RPPS da

União, sem aguardar o trâmite do respectivo projeto de lei no Congresso Nacional que altere a Lei n. 10.887/2004, o art. 11 da EC n. 103/2019 estabeleceu **disposição transitória**, fixando alíquotas progressivas, que deverão incidir **a partir de 1º.03.2020.** A progressividade das alíquotas é estabelecida considerando o valor da base de contribuição (servidor em atividade) ou do beneficio recebido (aposentados e pensionistas), na forma do quadro abaixo (valores reajustados na mesma data e pelo mesmo índice do reajuste do RGPS).

Importante salientar que a progressividade das alíquotas significa que incide "cada alíquota sobre a faixa de valores compreendida nos respectivos limites" (art. 11, § 2º).

ALÍQUOTAS PROGRESSIVAS DO RPPS DA UNIÃO[183]	
Faixa salarial	Alíquota
■ Até 1 salário mínimo	■ 7,5%
■ Acima de 1 salário mínimo até R$ 2.000	■ 9,0%
■ De R$ 2.000, 01 até R$ 3.000	■ 12%
■ De R$ 3.000, 01 até R$ 5.839,45	■ 14%
■ De R$ 5.839,45 até R$ 10.000	■ 14,5%
■ De R$ 10.000, 01 até R$ 20.000	■ 16,5%
■ De R$ 20.000, 01 até R$ 39.000	■ 19%
■ Acima de R$ 39.000	■ 22%

Estados e Municípios deverão estabelecer as alíquotas por lei, mas deverão adequar-se, a partir de 1º.03.2020, às alíquotas fixadas no art. 11, uma vez que, como **regra, não podem estabelecer alíquotas inferiores** (art. 36, II, da EC n. 103/2019).

ALÍQUOTAS PROGRESSIVAS DO RPPS DOS ESTADOS E MUNICÍPIOS
■ Possibilidade de edição de lei para adoção das alíquotas progressivas
■ A partir de 1º.03.2020 → adaptação à alíquota de 14% (não pode ser inferior à do RPPS da União)

■ 5.14.2. Contribuição dos inativos e pensionistas

A redação dada pela EC n. 20/98 ao *caput* do art. 40 foi interpretada como uma restrição da cobrança da contribuição previdenciária apenas aos servidores em atividade, porque apenas esses são titulares de cargo efetivo. E, além do mais, o § 12 do art. 40 determinava a aplicação subsidiária das normas constitucionais do RGPS, que, por sua vez, não cobrava (e ainda não cobra) contribuições de seus aposentados e pensionistas por força do disposto no art. 195, II.

No âmbito federal, a **Lei n. 9.783, de 28.01.1999**, instituiu a contribuição para o custeio da previdência social dos servidores públicos, ativos e inativos, e dos pensio-

[182] DIEESE, Nota Técnica Especial n. 2, novembro de 2019, disponível em: <https://www.dieese.org.br>.

nistas dos três Poderes da União. A inconstitucionalidade da lei foi arguida na **ADI 2.010 MC/DF**, de relatoria do Ministro Celso de Mello, adotando, então, o STF o entendimento no sentido de que a partir da EC n. 20/98 não era possível a cobrança de inativos e pensionistas:

> "(...) A CONSTITUIÇÃO DA REPÚBLICA NÃO ADMITE A INSTITUIÇÃO DA CONTRIBUIÇÃO DE SEGURIDADE SOCIAL SOBRE INATIVOS E PENSIONISTAS DA UNIÃO. — A Lei n. 9.783/99, ao dispor sobre a contribuição de seguridade social relativamente a pensionistas e a servidores inativos da União, regulou, indevidamente, matéria não autorizada pelo texto da Carta Política, eis que, não obstante as substanciais modificações introduzidas pela EC n. 20/98 no regime de previdência dos servidores públicos, o Congresso Nacional absteve-se, conscientemente, no contexto da reforma do modelo previdenciário, de fixar a necessária matriz constitucional, cuja instituição se revelava indispensável para legitimar, em bases válidas, a criação e a incidência dessa exação tributária sobre o valor das aposentadorias e das pensões. O regime de previdência de caráter contributivo, a que se refere o art. 40, *caput*, da Constituição, na redação dada pela EC n. 20/98, foi instituído, unicamente, em relação 'Aos servidores titulares de cargos efetivos...', inexistindo, desse modo, qualquer possibilidade jurídico-constitucional de se atribuir, a inativos e a pensionistas da União, a condição de contribuintes da exação prevista na Lei n. 9.783/99. Interpretação do art. 40, §§ 8º e 12, c/c o art. 195, II, da Constituição, todos com a redação que lhes deu a EC n. 20/98 (...)" (*DJ* 12.04.2002 PP-00051).

Alguns Estados continuaram a cobrar a contribuição de seus inativos e pensionistas. Firmou-se, então, o entendimento no STF no sentido de que a partir da EC n. 20/98 os entes federados não podiam mais cobrar contribuição previdenciária dos inativos e dos pensionistas:

> "EMENTA: Ação direta de inconstitucionalidade. Medida cautelar. — Em casos análogos ao presente — assim, no julgamento da medida cautelar requerida nas ADINs 2.010 e 2.078 (esta relativa também à Lei estadual) —, este Tribunal a deferiu por entender relevante a fundamentação jurídica da arguição de inconstitucionalidade e que assim é sintetizada pelo Exmo. Sr. Procurador-Geral da República, *verbis*: '(...) **com o advento da Emenda Constitucional n. 20, de 16 de dezembro de 1999 (há equívoco nesse ponto, pois o ano é de 1998), a Constituição Federal vedou a possibilidade de se instituir contribuição previdenciária sobre aposentadorias e pensões. Isso porque, o § 12 do art. 40 da Constituição Federal impõe a aplicação subsidiária das normas constitucionais do regime geral de previdência social, que, por sua vez, de modo inequívoco, proíbe a cobrança de contribuição social sobre proventos e pensões, *ex vi* do disposto no art. 195, inciso II, da Carta Federal**'. — De outra parte, é de reconhecer-se, também, o *periculum in mora*, dado o caráter alimentar dos proventos e das pensões. Liminar deferida, para suspender, *ex tunc* e até julgamento final desta ação, a eficácia das expressões 'e inativos' e 'e/ou proventos' do artigo 11 da Lei n. 3.311, de 30 de novembro de 1999, do Estado do Rio de Janeiro, bem como de todo o teor do artigo 12 e de seu parágrafo único da mesma Lei" (ADI 2.196 MC/RJ, Rel. Min. Moreira Alves, *DJ* 18.08.2000, p. 00080).

Sobreveio a EC n. 41/2003, que novamente alterou o *caput* do art. 40:

> **Art. 40.** Aos servidores titulares de cargos efetivos da União, dos Estados, do Distrito Federal e dos Municípios, incluídas suas autarquias e fundações, é assegurado regime de previdência de caráter contributivo e solidário, mediante **contribuição do respectivo ente público, dos servidores ativos e inativos e dos pensionistas**, observados critérios que preservem o equilíbrio financeiro e atuarial e o disposto neste artigo.

O art. 4º da EC n. 41/2003 especificou:

> **Art. 4º** Os servidores inativos e os pensionistas da União, dos Estados, do Distrito Federal e dos Municípios, incluídas suas autarquias e fundações, em gozo de benefícios na data de publicação desta Emenda, bem como os alcançados pelo disposto no seu art. 3º, contribuirão para o custeio do regime de que trata o art. 40 da Constituição Federal com percentual igual ao estabelecido para os servidores titulares de cargos efetivos.
>
> Parágrafo único. A contribuição previdenciária a que se refere o *caput* incidirá apenas sobre a parcela dos proventos e das pensões que supere:
>
> I — cinquenta por cento do limite máximo estabelecido para os benefícios do regime geral de previdência social de que trata o art. 201 da Constituição Federal, para os servidores inativos e os pensionistas dos Estados, do Distrito Federal e dos Municípios;
>
> II — sessenta por cento do limite máximo estabelecido para os benefícios do regime geral de previdência social de que trata o art. 201 da Constituição Federal, para os servidores inativos e os pensionistas da União.

A EC n. 41 fixou, então, as bases de cálculo das contribuições de inativos e pensionistas. Porém, fixou bases de cálculo diferentes conforme se tratasse de inativos e pensionistas da União ou dos Estados, Municípios e Distrito Federal.

Foi arguida a inconstitucionalidade da cobrança dos inativos e pensionistas prevista na EC n. 41/2003. Argumentou-se que a cobrança dos que já eram aposentados e pensionistas antes da Emenda feria o direito adquirido; e, ainda, que o ato de concessão de aposentadoria configura ato jurídico perfeito, que não pode ser atingido por legislação posterior.

Os argumentos foram rejeitados pelo STF, a nosso ver, com acerto, no julgamento da **ADI 3.105/DF**, originalmente de relatoria da Ministra Ellen Gracie, sendo relator para o Acórdão o Ministro Cezar Peluso. O STF decidiu que **não houve ofensa ao direito adquirido, uma vez que não existe imunidade tributária absoluta**. Ademais, a regra impugnada passava a atingir fatos ocorridos a partir de sua vigência, não havendo, por isso, retroatividade. E, por fim, estava a EC n. 41 de acordo com os princípios da solidariedade e do equilíbrio financeiro e atuarial.

Porém, o STF decidiu que era **inconstitucional a fixação de bases de cálculos diferenciadas**, configurando tratamento discriminatório entre aposentados e pensionistas da União e dos demais entes da Federação. A ADI foi julgada procedente para declarar inconstitucionais as expressões "cinquenta por cento do" e "sessenta por cento do", constantes dos incs. I e II do art. 4º da EC n. 41:

"(...) No ordenamento jurídico vigente, não há norma, expressa nem sistemática, que atribua à condição jurídico-subjetiva da aposentadoria de servidor público o efeito de lhe gerar direito subjetivo como poder de subtrair *ad aeternum* a percepção dos respectivos proventos e pensões à incidência de lei tributária que, anterior ou ulterior, os submeta à incidência de contribuição previdencial. Noutras palavras, não há, em nosso ordenamento, nenhuma norma jurídica válida que, como efeito específico do fato jurídico da aposentadoria, lhe imunize os proventos e as pensões, de modo absoluto, à tributação de ordem constitucional, qualquer que seja a modalidade do tributo eleito, donde não haver, a respeito, direito adquirido com o aposentamento. 2. Inconstitucionalidade. Ação direta. Seguridade social. Servidor público. Vencimentos. Proventos de aposentadoria e pensões. Sujeição à incidência de contribuição previdenciária, por força de Emenda Constitucional. Ofensa a outros direitos e garantias individuais. (...) Obediência aos princípios da solidariedade e do equilíbrio financeiro e atuarial, bem como aos objetivos constitucionais de universalidade, equidade na forma de participação no custeio e diversidade da base de financiamento. Ação julgada improcedente em relação ao art. 4º, *caput*, da EC n. 41/2003. (...) Aplicação dos arts. 149, *caput*, 150, I e III, 194, 195, *caput*, II e § 6º, e 201, *caput*, da CF. Não é inconstitucional o art. 4º, *caput*, da Emenda Constitucional n. 41, de 19 de dezembro de 2003, que instituiu contribuição previdenciária sobre os proventos de aposentadoria e as pensões dos servidores públicos da União, dos Estados, do Distrito Federal e dos Municípios, incluídas suas autarquias e fundações. 3. (...) Proventos de aposentadoria e pensões. Sujeição à incidência de contribuição previdenciária. Bases de cálculo diferenciadas. Arbitrariedade. Tratamento discriminatório entre servidores e pensionistas da União, de um lado, e servidores e pensionistas dos Estados, do Distrito Federal e dos Municípios, de outro. Ofensa ao princípio constitucional da isonomia tributária, que é particularização do princípio fundamental da igualdade. Ação julgada procedente para declarar inconstitucionais as expressões 'cinquenta por cento do' e 'sessenta por cento do', constante do art. 4º, § único, I e II, da EC n. 41/2003. Aplicação dos arts. 145, § 1º, e 150, II, cc. art. 5º, *caput* e § 1º, e 60, § 4º, IV, da CF, com restabelecimento do caráter geral da regra do art. 40, § 18. São inconstitucionais as expressões 'cinquenta por cento do' e 'sessenta por cento do', constantes do § único, incisos I e II, do art. 4º da Emenda Constitucional n. 41, de 19 de dezembro de 2003, e tal pronúncia **restabelece o caráter geral da regra do art. 40, § 18, da Constituição da República, com a redação dada por essa mesma Emenda**" (j. 18.02.2005, p. 4).

O julgamento do STF deixou expresso que a regra do § 18 do art. 40 da CF tem caráter geral, aplicando-se a ativos, inativos e pensionistas: para todos a base de cálculo da contribuição previdenciária é o valor da remuneração que excede o teto dos benefícios do RGPS.

As alterações da Constituição levaram, então, ao entendimento da jurisprudência no sentido de que **entre a vigência da EC n. 20/98 e da EC n. 41/2003, é inconstitucional a cobrança da contribuição previdenciária dos inativos e pensionistas:**

"CONSTITUCIONAL. PREVIDENCIÁRIO. SERVIDOR PÚBLICO. INCIDÊNCIA DE CONTRIBUIÇÃO SOBRE PROVENTOS E PENSÕES. LEI N. 12.398/98 DO ESTADO DO PARANÁ. EMENDA CONSTITUCIONAL N. 20/98. 1. A Emenda Constitucional n. 20/98 estabeleceu um novo regime de previdência de caráter contributivo, definindo-se como contribuintes unicamente os 'servidores titulares de cargos efetivos'. Assim, alterou-se a orientação deste Supremo Tribunal sobre a matéria, tendo o seu Plenário, no julgamento da ADIMC 2.010, Rel. Min. Celso de Mello, assentado que a contribuição para o custeio da previdência social dos servidores públicos não deve incidir sobre os proventos ou pensões dos aposentados e pensionistas. 2. Importante ressaltar que essa orientação aplica-se até o advento da Emenda Constitucional n. 41/2003, cujo art. 4º, *caput* — considerado constitucional por esta Suprema Corte no julgamento das ADIs 3105 e 3128 — permitiu a cobrança de contribuição previdenciária dos servidores inativos e pensionistas (...)" (STF, AI 430971/PR, Rel. Min. Ellen Gracie, *DJ* 18.02.2005, p. 32).

CONTRIBUIÇÃO DE INATIVOS E PENSIONISTAS		
Antes da EC n. 20/98	**Na vigência da EC n. 20/98**	**A partir da EC n. 41/2003**
■ Constitucional	■ Inconstitucional	■ Constitucional

Após a EC n. 41/2003 não há óbice à cobrança de contribuição de aposentados e pensionistas do RPSP.

Argumentos no sentido de que os aposentados já contribuíram para fazer jus ao benefício e que a incidência da contribuição sobre seus proventos e os dos pensionistas não lhes trará direito a outros benefícios não podem ser aceitos. O princípio da solidariedade — expressamente adotado pela CF —, que determina que a seguridade social será financiada por toda a sociedade (art. 195), não exonera aposentados e pensionistas e justifica plenamente a cobrança.

Os aposentados e pensionistas do RGPS não podem ser cobrados por proibição constitucional expressa (art. 195, II) que, se não existisse, possibilitaria a incidência da contribuição sobre seus proventos.

Com a edição da Lei n. 10.887/2004, ficaram estabelecidas a alíquota e a base de cálculo da contribuição de inativos e pensionistas:

> **Art. 5º** Os aposentados e os pensionistas de qualquer dos Poderes da União, incluídas suas autarquias e fundações, contribuirão com **11% (onze por cento)**, incidentes sobre o valor da parcela dos proventos de aposentadorias e pensões concedidas de acordo com os critérios estabelecidos no art. 40 da Constituição Federal e nos arts. 2º e 6º da Emenda Constitucional n. 41, de 19 de dezembro de 2003, que supere o limite máximo estabelecido para os benefícios do regime geral de previdência social.
>
> **Art. 6º** Os aposentados e os pensionistas de qualquer dos Poderes da União, incluídas suas autarquias e fundações, em gozo desses benefícios na data de publicação da **Emenda Constitucional n. 41**, de 19 de dezembro de 2003, contribuirão com 11% (onze por cento), incidentes sobre a parcela dos proventos de aposentadorias e pensões que supere 60% (sessenta por cento) do limite máximo estabelecido para os benefícios do regime geral de previdência social.
>
> Parágrafo único. A contribuição de que trata o *caput* deste artigo incidirá sobre os proventos de aposentadorias e pensões concedidas aos servidores e seus dependentes que tenham cumprido todos os requisitos para obtenção desses benefícios com base nos critérios da legislação vigente até 31 de dezembro de 2003.

A contribuição incide sobre a parcela dos proventos que supere o teto dos benefícios do RGPS.

A partir de 1º.03.2020, aposentados e pensionistas do **RPPS da União** passarão a contribuir com **alíquotas progressivas** incidentes **sobre o valor dos proventos da aposentadoria ou pensão que supere o limite máximo estabelecido para o RGPS**, na forma prevista no art. 11 da EC n. 103/2019 (norma transitória), até que seja editada a respectiva lei federal (item 5.14.1 *supra*).

Embora a contribuição incida apenas sobre a parcela dos proventos que supere o teto do RGPS, a definição da alíquota será feita com base na totalidade do valor do benefício.

Os Estados e Municípios poderão editar normas para alteração das alíquotas da contribuição incidente sobre o valor dos proventos de aposentadorias e pensões, na forma prevista no art. 11.

CONTRIBUIÇÃO DE APOSENTADOS E PENSIONISTAS DO RPPS DA UNIÃO	
Até 29.02.2020	A partir de 1º.03.2020
■ Alíquota: 11%	■ Alíquota: progressiva, considerando o valor total dos proventos
■ Base de cálculo: a parcela dos proventos que supere o limite máximo do RGPS	■ Base de cálculo: a parcela dos proventos que supere o limite máximo do RGPS

■ 5.14.3. Contribuição dos inativos e pensionistas portadores de doenças incapacitantes. Revogação da imunidade

A Emenda Constitucional n. 47/2005 concedeu **imunidade** da contribuição previdenciária para os proventos de aposentadorias e pensões de portadores de doenças incapacitantes até o valor correspondente ao **dobro do teto dos benefícios do RGPS**, ou seja, a contribuição só incidiria sobre a parcela que superasse aquele valor.

Porém, o § 21 do art. 40 foi revogado pela EC n. 103/2019; **não há imunidade a partir de 13.11.2019**, uma vez que se trata de norma de aplicabilidade imediata.

■ *5.14.4. A contribuição extraordinária em caso de déficit atuarial*

A proposta de Reforma da Previdência de 2019 foi baseada na existência de "privilégios" para os servidores públicos, que teriam ocasionado a quebra do sistema previdenciário.

Os alegados "privilégios" nada mais eram que garantias constitucionais dadas aos servidores públicos e que, na sua grande maioria, deixaram de existir a partir da EC n. 41/2003, que, dentre outras alterações relevantes, extinguiu as aposentadorias integrais e a paridade, e criou o regime de previdência complementar.

A ineficiência da gestão dos regimes próprios e do regime geral mais se devem à má gestão desses fundos, tendo em vista que tanto servidores públicos quanto segurados do RGPS sempre pagaram contribuições elevadas à previdência social.

Para equacionar o déficit dos RPPS, a alteração feita no art. 149 da CF pela EC n. 103/2019 propicia a cobrança de contribuição extraordinária de servidores, aposentados e pensionistas.

Para o RPPS da União, a possibilidade de instituição da cobrança extraordinária por lei federal se abriu com a publicação da EC n. 103, mas os Estados e Municípios só poderão fazê-lo por lei local, isto é, com autorização do respectivo Poder Legislativo (art. 36, II, da EC n. 103/209).

A cobrança extraordinária está prevista no art. 149, §§ 1º-A, 1º-B e 1º-C:

> § 1º-A. Quando houver déficit atuarial, a contribuição ordinária dos aposentados e pensionistas poderá incidir sobre o valor dos proventos de aposentadoria e de pensões que supere o salário-mínimo.
>
> § 1º-B. Demonstrada a insuficiência da medida prevista no § 1º-A para equacionar o déficit atuarial, é facultada a instituição de contribuição extraordinária, no âmbito da União, dos servidores públicos ativos, dos aposentados e dos pensionistas.
>
> § 1º-C. A contribuição extraordinária de que trata o § 1º-B deverá ser instituída simultaneamente com outras medidas para equacionamento do déficit e vigorará por período determinado, contado da data de sua instituição.

Há, então, **2 hipóteses** a considerar:

a) no âmbito dos RPPS da União, dos Estados e dos Municípios, contribuição extraordinária sobre proventos de aposentadorias e pensões superiores a 1 salário mínimo;

b) no âmbito do RPPS da União, contribuição extraordinária dos servidores públicos ativos, dos aposentados e pensionistas.

Na **primeira hipótese**, a contribuição extraordinária poderá ser instituída pela **União, pelos Estados e pelos Municípios**. Porém, só poderá incidir sobre os proventos de aposentadorias e pensões que superem um salário mínimo. E cada ente federativo deverá editar lei aprovada pelo respectivo Poder Legislativo.

Na **segunda hipótese**, a contribuição extraordinária só poderá ser instituída no âmbito do **RPPS da União**, e incidirá sobre os vencimentos dos servidores em atividade e sobre os proventos de aposentadorias e pensões, e somente se a primeira hipótese se mostrar insuficiente. Contudo, não poderá ser providência isolada, isto é, deverão ser tomadas, simultaneamente, outras medidas de equacionamento do déficit. E mais: a lei que instituir a contribuição extraordinária deverá prever expressamente o período de duração da cobrança.

CONTRIBUIÇÃO EM CASO DE DÉFICIT ATUARIAL	
RPPS da União	**RPPS dos Estados, do Distrito Federal e dos Municípios**
1ª hipótese: sobre proventos de aposentadorias e pensões que superem um salário mínimo → lei federal	**1ª hipótese:** sobre proventos de aposentadorias e pensões que superem um salário mínimo → lei do respectivo ente federativo
2ª hipótese: servidores ativos, aposentados e pensionistas → quando a cobrança na 1ª hipótese for insuficiente para conter o déficit → lei federal	**Não se aplica**

■ 5.15. A PREVIDÊNCIA COMPLEMENTAR DOS SERVIDORES PÚBLICOS

No item 5.10.14, *supra*, deixamos assentado que a **limitação dos proventos** de aposentadorias e pensões dos servidores públicos titulares de cargo efetivo **ao teto previsto para os segurados do regime geral depende da instituição de regime de**

previdência complementar, conforme previsto no §§ 14, 15 e 16 do art. 40 da CF, introduzidos pela EC n. 20/98 e EC n. 41/2003, com as alterações da EC n. 103/2019.

O regime de previdência complementar dos servidores públicos não foi ainda instituído em todos os entes federativos:

ART. 40		
EC N. 20/98	EC N. 41/2003	EC N. 103/2019
§ 14 — A União, os Estados, o Distrito Federal e os Municípios, **desde que instituam regime de previdência complementar** para os seus respectivos servidores titulares de cargo efetivo, poderão fixar, para o valor das aposentadorias e pensões a serem concedidas pelo regime de que trata este artigo, o limite máximo estabelecido para os benefícios do regime geral de previdência social de que trata o art. 201.		§ 14. A União, os Estados, o Distrito Federal e os Municípios **instituirão**, por lei de iniciativa do respectivo Poder Executivo, regime de previdência complementar para servidores públicos ocupantes de cargo efetivo, observado o limite máximo dos benefícios do Regime Geral de Previdência Social para o valor das aposentadorias e das pensões em regime próprio de previdência social, ressalvado o disposto no § 16.
§ 15 — Observado o disposto no art. 202, lei complementar disporá sobre as normas gerais para a instituição de regime de previdência complementar pela União, Estados, Distrito Federal e Municípios, para atender aos seus respectivos servidores titulares de cargo efetivo.	§ 15. O regime de previdência complementar de que trata o § 14 será instituído por lei de iniciativa do respectivo Poder Executivo, observado o disposto no art. 202 e seus parágrafos, no que couber, por intermédio **de entidades fechadas de previdência complementar, de natureza pública**, que oferecerão aos respectivos participantes planos de benefícios somente na modalidade de **contribuição definida**.	§ 15. O regime de previdência complementar de que trata o § 14 oferecerá plano de benefícios somente na modalidade **contribuição definida**, observará o disposto no art. 202 e será efetivado por intermédio de **entidade fechada de previdência complementar ou de entidade aberta de previdência complementar**.
§ 16 — Somente mediante sua **prévia e expressa opção**, o disposto nos §§ 14 e 15 poderá ser aplicado ao servidor que **tiver ingressado no serviço público até a data da publicação do ato de instituição do correspondente regime de previdência complementar**.		

A instituição de regime de previdência complementar para os servidores públicos titulares de cargo efetivo tornou-se **obrigatória** para todos os entes federativos **a partir da EC n. 103/2019**, uma vez que as aposentadorias e pensões dos RPPS não poderão ter valores superiores ao teto do RGPS.

Após a edição da EC n. 20/98, **Flávio Martins Rodrigues** esclarecia:[183]

"(...) O regime de previdência complementar referido pelos dispositivos constitucionais transcritos se destina a 'servidores titulares de cargo efetivo', como método protetivo opcional ao regime previdenciário contemplado pelos parágrafos iniciais do art. 40 da Carta Federal. A repetição da expressão 'servidores titulares de cargo efetivo' é forma didática que o Constituinte Derivado se utilizou para frisar que caberá ao ente político empregador obrigatoriamente oferecer regime de previdência próprio e especial para esta força de trabalho distinta. Por consequência, **o regime previdenciário passa a ser ou o tradicional, de responsabilidade final do Tesouro Público e com o benefício definido igual à última remuneração (art. 40, *caput* c/c art. 40, § 3º, da Constitui-**

183 *Fundos de pensão de servidores públicos*. Rio de Janeiro: Renovar, 2002.

ção Federal) ou o regime de previdência complementar, conforme previsto nos parágrafos finais deste mesmo dispositivo" (destacamos).

Os servidores titulares de cargo efetivo que ingressarem no serviço **a partir da instituição do regime de previdência complementar ficarão sujeitos ao teto do RGPS quanto às aposentadorias e pensões**. Então, poderão optar por ingressar no regime de previdência complementar para, no futuro, terem cobertura previdenciária também pelo regime privado, uma vez que não terão, então, as garantias da integralidade e paridade.

Os servidores titulares de cargo efetivo que ingressaram no serviço público **antes da instituição do regime de previdência complementar** só se submeterão às novas regras se fizerem expressa opção, ou seja, poderão optar por contribuir e ter cobertura previdenciária até o teto do RGPS e poderão ingressar no regime complementar. Mas **não poderão ser obrigados a se submeterem às novas regras**.

Tenha o servidor ingressado antes ou depois da instituição do respectivo regime próprio, **o ingresso na previdência complementar é sempre facultativo**.

REGIME DE PREVIDÊNCIA COMPLEMENTAR DOS SERVIDORES PÚBLICOS	
Servidores que ingressaram antes da instituição	**Servidores que ingressarem a partir da instituição**
■ Só se submeterão ao teto dos benefícios do RGPS e ao regime complementar por expressa opção.	■ Obrigatoriamente submetidos ao teto dos benefícios do RGPS.
	■ Poderão optar por ingressar no regime complementar.

■ 5.15.1. Competência legislativa

O regime de previdência complementar deve ser instituído por **lei de iniciativa do respectivo Poder Executivo**.

■ 5.15.2. Características

O art. 202 da CF dispõe sobre o regime de previdência privada, de caráter complementar e organizado de forma autônoma em relação ao RGPS, facultativo, baseado na constituição de reservas que garantam o benefício contratado, e regulado por lei complementar.[184]

O § 4º do art. 202, com a redação da EC n. 103/2019, impõe a edição de **lei complementar** para disciplinar a relação entre "União, Estados, Distrito Federal ou Municípios, inclusive suas autarquias, fundações, sociedades de economia mista e empresas controladas direta ou indiretamente, enquanto patrocinadores de planos de benefícios previdenciários, e as entidades de previdência complementar".

As permissionárias e concessionárias de serviços públicos, obedecerão, no que couber, às disposições da lei complementar a ser editada, nas hipóteses em que essas

[184] V. Lei Complementar n. 109/2001.

empresas privadas forem patrocinadoras de planos de benefícios em entidades de previdência complementar.

5.15.2.1. *Caráter facultativo*

A característica principal da previdência complementar é que o regime tem **caráter eminentemente facultativo**, ou seja, o ingresso no regime **depende de ato de vontade do interessado**.

Para os servidores públicos federais titulares de cargo efetivo, a criação dos fundos de pensão foi autorizada pela Lei n. 12.618/2012, que foi alterada pela Lei n. 13.183, de 04.11.2015 (*DOU* 05.11.2015).

Apesar de o ingresso no regime complementar depender de **prévia e expressa manifestação do servidor interessado**, a alteração introduzida no art. 1º da Lei n. 12.618/2012 determina a inscrição automática no respectivo plano de previdência complementar desde a data de entrada em exercício (§ 2º). E assegura ao servidor o direito de requerer, a qualquer tempo, o cancelamento da inscrição e, se o fizer em até 90 dias, terá direito à restituição integral dos valores recolhidos (§§ 3º e 4º), o que deverá ocorrer em até 60 dias. Nesse prazo também deverá ser devolvida à correspondente fonte pagadora a contribuição paga pelo patrocinador.

Porém, parece-nos que os §§ 2º, 3º e 4º estão em desacordo com o § 1º do mesmo artigo, que prevê a prévia e expressa manifestação do interessado para ingressar no sistema, o que não se confunde com o pedido de cancelamento após o ingresso.

A contradição entre os dispositivos realmente existe e é consequência de péssima técnica legislativa.

Mas a alteração legislativa está de acordo com o § 16 do art. 40 da Constituição, que só exige a **prévia e expressa opção do servidor que tiver ingressado no serviço público até a data da publicação do ato de instituição do correspondente regime de previdência complementar**. *A contrario sensu*, a Constituição permite a inscrição automática, com posterior opção pelo cancelamento, quando se tratar de servidor que ingressar após a publicação do ato de instituição do regime complementar.

5.15.2.2. *Entidades de previdência complementar dos servidores públicos*

A EC n. 41/2003 previa que a previdência complementar dos servidores públicos fosse efetivada por entidades fechadas de natureza pública,[185] com administração pelo próprio ente federativo instituidor, com a participação de representantes dos servidores no conselho deliberativo.

Parece-nos que o constituinte quis evitar que a previdência complementar dos servidores públicos fosse colocada em mãos de bancos ou outras entidades privadas.

A dificuldade residia em fixar a forma jurídica que tomariam essas entidades fechadas de natureza pública, que o art. 40, § 15, da CF, utilizava "para designar a

[185] Sobre as entidades fechadas de previdência complementar, v. Título IV, *infra*.

entidade de previdência privada que haverá de gerenciar a previdência complementar do servidor público".[186] Estariam sujeitas a regime jurídico de direito público ou de direito privado? Essa tem sido a principal dificuldade para a implantação do regime complementar.

A Lei n. 12.618/2012 autorizou a criação dos fundos de pensão dos servidores públicos federais, na forma de Fundação, e deu-lhes **natureza pública**, com **personalidade jurídica de direito privado** (art. 4º, § 1º), e autonomia administrativa, financeira e gerencial, sendo que todas deverão ter sede no Distrito Federal.

A Emenda Aglutinativa Global à PEC n. 287-A/2016 propunha a alteração do § 15 do art. 40, excluindo a exigência constitucional de que a previdência complementar dos servidores públicos fosse efetivada por meio de entidades fechadas de natureza pública. E incluía o § 15-A para autorizar que, mediante prévia licitação, a União, os Estados, o Distrito Federal e os Municípios patrocinassem planos de previdência de entidades fechadas de previdência complementar que não tivessem sido criadas por esses entes ou planos de previdência de entidades abertas de previdência complementar.

A EC n. 103/2019 alterou o § 15 para autorizar que o plano de benefícios seja efetivado por meio de **entidade fechada** de previdência complementar (fundo de pensão) **ou** de **entidade aberta** de previdência complementar.

Restou permitido, assim, que a previdência complementar dos servidores públicos seja totalmente entregue à iniciativa privada.

Há, entretanto, a **norma transitória** posta no **art. 33 da EC n. 103/2019**: enquanto não editada a lei complementar da União que regulará a previdência complementar dos servidores públicos, somente poderão administrar os planos as **entidades fechadas** de previdência complementar quando patrocinados pela União, pelos Estados, Distrito Federal e Municípios. Nem poderia ser diferente porque há necessidade de disciplina infraconstitucional que regule a administração desses planos por entidades abertas, uma vez que antes da alteração constitucional era restrita às entidades fechadas de natureza pública.

As entidades abertas de previdência complementar, vinculadas a instituições financeiras, operam planos de benefícios que se dirigem ao público em geral, sem considerar as especificidades da atuação profissional dos servidores públicos. Confirma-se a aproximação cada vez maior da proteção previdenciária pública e privada entre servidores públicos e trabalhadores da iniciativa privada.

■ 5.15.3. Beneficiários e planos de benefícios

Os beneficiários da previdência complementar serão os **servidores públicos titulares de cargo efetivo**.

[186] Cf. PAULINO, Daniel. A reforma da previdência e a previdência complementar do servidor público. *Anais do Seminário Aspectos Jurídicos Fundamentais dos Fundos de Pensão,* São Paulo, 2 a 3 de dezembro de 2005.

Os planos de benefícios só poderão ser instituídos na **modalidade de contribuição definida.**[187]

REGIME DE PREVIDÊNCIA COMPLEMENTAR DOS SERVIDORES PÚBLICOS
■ Normas gerais devem ser editadas por lei complementar.
■ Instituição por lei de iniciativa do respectivo Poder Executivo.
■ Caráter facultativo.
■ Autônomo em relação ao em relação ao RPPS.
■ Entidades fechadas (exclusivamente): **até a edição da LC** prevista no art. 202, §§ 4º e 5º da CF (norma de transição do art. 33 da EC n. 103/2019)
■ Entidades fechadas e abertas: **a partir da edição da LC** prevista no art. 202, §§ 4º e 5º da CF (norma de transição do art. 33 da EC n. 103/2019)
■ Servidores públicos titulares de cargo efetivo
■ Modalidade de contribuição definida.

■ *5.15.4. A extinção de RPPS e consequente migração para o RGPS. A regra transitória do art. 34 da EC n. 103/2019*

O § 22 do art. 40 da CF prevê a possibilidade de extinção de regime próprio e a consequente migração dos beneficiário para o regime geral de previdência social. Mas, para tanto, deverá ser editada lei complementar federal que estabelecerá os devidos requisitos.

Também nesse aspecto há regra transitória no art. 34 da EC n. 103/2019, aplicável enquanto não editada a referida lei complementar pelo Poder Legislativo federal, na forma da lei do respectivo ente federativo que obedecerá os requisitos elencados.

É **permitida** a extinção e migração ainda que exista **superávit atuarial**.

A extinção de RPPS e a migração para o RGPS tem requisitos na norma transitória destinados a garantir a proteção de direitos dos segurados e beneficiários do RPPS extinto:

a) assunção integral da responsabilidade pelo pagamento dos benefícios concedidos durante a vigência do regime extinto, bem como daqueles cujos requisitos já tenham sido cumpridos antes da extinção;

---

[187] Comentando o projeto que resultou na EC n. 41/2003, **Delúbio Gomes Pereira da Silva** ensina (ob. cit., p. 116-117): "Assim, aprovada essa proposição, estarão os entes públicos habilitados a instituir um regime previdenciário para seus servidores que retire, totalmente, o custo adicional do regime estatutário para a Administração Pública. Essa observação vale mesmo no caso de servidores que utilizem tempo de contribuição do RGPS para se aposentarem no regime próprio de previdência, em razão da Lei n. 9.796, de 5 de maio de 1999, Lei da compensação previdenciária, citada anteriormente. Esse diploma legal prevê que o Regime Geral de Previdência Social e os Regimes Próprios de Previdência Social se compensarão mutuamente pelos seus servidores e segurados que transitarem entre eles, na proporção dos respectivos tempos de contribuição, até o limite dos benefícios do Regime Geral. Ou seja, na hipótese em comento, a compensação é total".

b) previsão de mecanismo de ressarcimento ou de complementação de benefícios aos que tenham contribuído acima do limite máximo do RGPS. A extinção e consequente migração alcançarão servidores que podem estar há mais tempo no serviço público, contribuindo sobre a integralidade da remuneração, de acordo com regras antigas, superior ao valor do teto do RGPS. A esses deve ser dada a garantia de **ressarcimento** dos valores que não poderão ser aproveitados porque os benefícios ficarão limitados ao teto do RGPS, ou complementação de benefícios. Essa é a única possibilidade de **complementação** pelo ente público permitida pela CF (art. 37, § 15) que não se enquadra na previdência complementar;

c) vinculação das reservas existentes no momento da extinção, exclusivamente, aos pagamentos previstos os itens *a* e *b* e à compensação financeira com o RGPS.

EXTINÇÃO DE RPPS E MIGRAÇÃO PARA O RGPS	
Requisitos	Regra transitória (art. 34 da EC n. 103/2019)
■ Lei complementar federal para estabelecer os requisitos para extinção e migração	■ Aplicável até a edição da lei complementar federal ■ Lei do respectivo ente federativo ■ Requisitos do art. 34, I a III e parágrafo único.

5.15.5. A previdência complementar dos servidores públicos federais

A Lei n. 12.618, de 30.04.2012, autorizou a União a criar a Fundação de Previdência Complementar do Servidor Público Federal do Poder Executivo (Funpresp-Exe), para os servidores públicos titulares de cargo efetivo do Poder Executivo, por meio de ato do Presidente da República; a Fundação de Previdência Complementar do Servidor Público Federal do Poder Legislativo (Funpresp-Leg), para os servidores públicos titulares de cargo efetivo do Poder Legislativo e do Tribunal de Contas da União e para os membros desse Tribunal, por meio de ato conjunto dos Presidentes da Câmara dos Deputados e do Senado Federal; e a Fundação de Previdência Complementar do Servidor Público Federal do Poder Judiciário (Funpresp-Jud), para os servidores públicos titulares de cargo efetivo e para os membros do Poder Judiciário, por meio de ato do Presidente do Supremo Tribunal Federal (art. 4º).

Funpresp-Exe foi criada pelo Decreto n. 7.808, de 20.09.2012. Destina-se aos servidores públicos **titulares de cargo** efetivo do Poder Executivo.

A previdência complementar do **servidor do Poder Executivo Federal** foi implantada em 04.02.2013, quando foi publicada a Portaria n. 44, de 31.01.2013, da Superintendência Nacional de Previdência Complementar — Previc, que aprovou o Regulamento do Plano Executivo Federal e o Convênio de adesão da União, na condição de patrocinadora, representada pelo Ministério do Planejamento, Orçamento e Gestão.

Foi prevista a criação da **Funpresp-Leg** por ato conjunto dos Presidentes da Câmara dos Deputados e do Senado Federal, para os servidores **titulares de cargo efetivo do Poder Legislativo e do Tribunal de Contas da União**, bem como os

membros do TCU (os Ministros, os auditores, os Subprocuradores-Gerais e Procuradores do Ministério Público junto ao TCU). Porém, em 31.01.2013, o **Poder Legislativo Federal e o Tribunal de Contas da União** aderiram ao fundo de pensão do Poder Executivo, conforme Ato da Mesa n. 74.

A **Funpresp-Jud** foi criada em 29.10.2012, quando foi publicada a Resolução n. 496, de 26.10.2012, do Presidente do STF. Em 04.03.2013, a Previc aprovou o Estatuto da Funpresp-Jud (art. 26 da Lei n. 12.618/2012). O Ministério Público da União e o Conselho Nacional do Ministério Público aderiram ao fundo de pensão do Poder Judiciário. A Previdência Complementar dos servidores e membros do Poder Judiciário, bem como do Ministério Público da União e do CNMP, passou a vigorar a partir de 14.10.2013, data da publicação da Portaria MPS/PREVIC/DITEC n. 559, de 11.10.2013.

Conforme alerta **Antônio Augusto de Queiroz**,[188] "Na prática, entretanto, existirão apenas dois fundos de pensão: um do Poder Executivo, e outro do Poder Judiciário e do Ministério Público. O Poder Legislativo e o Tribunal de Contas da União aderiram ao fundo de pensão do Poder Executivo".

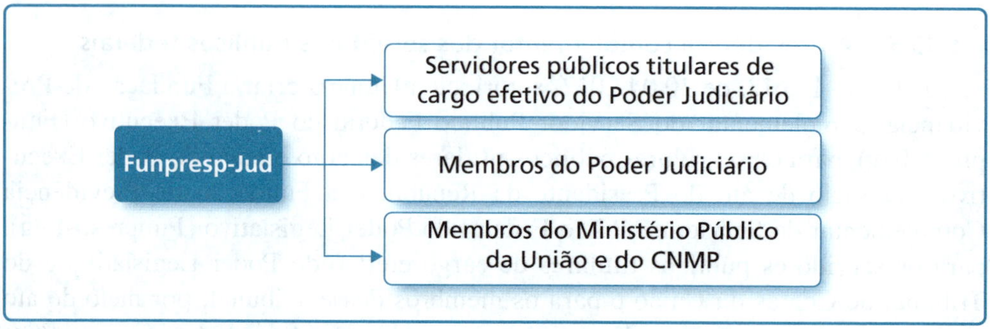

5.15.5.1. *Relação jurídica*

Assim como nos fundos de pensão dos trabalhadores da iniciativa privada (item 5.25, *infra*), a relação jurídica se forma entre o patrocinador, o gestor e o participante, sendo os dependentes deste os beneficiários.

O **patrocinador** é a União, suas autarquias e fundações.

O **participante** é o servidor titular de cargo efetivo dos três Poderes da União, o membro do Poder Judiciário, do Ministério Público e do Tribunal de Contas da União, que aderirem ao fundo de pensão.

Tem-se, ainda, o **assistido**, que é o participante ou dependente em gozo de benefício de prestação continuada.

A **gestão** da entidade é feita pelo conselho deliberativo, conselho fiscal e diretoria executiva, na forma da LC n. 108/2001.

188 Entra em vigor a Previdência Complementar do Servidor, *Revista Consultor Jurídico*, 07.02.2013, in: <www.conjur.com.br>.

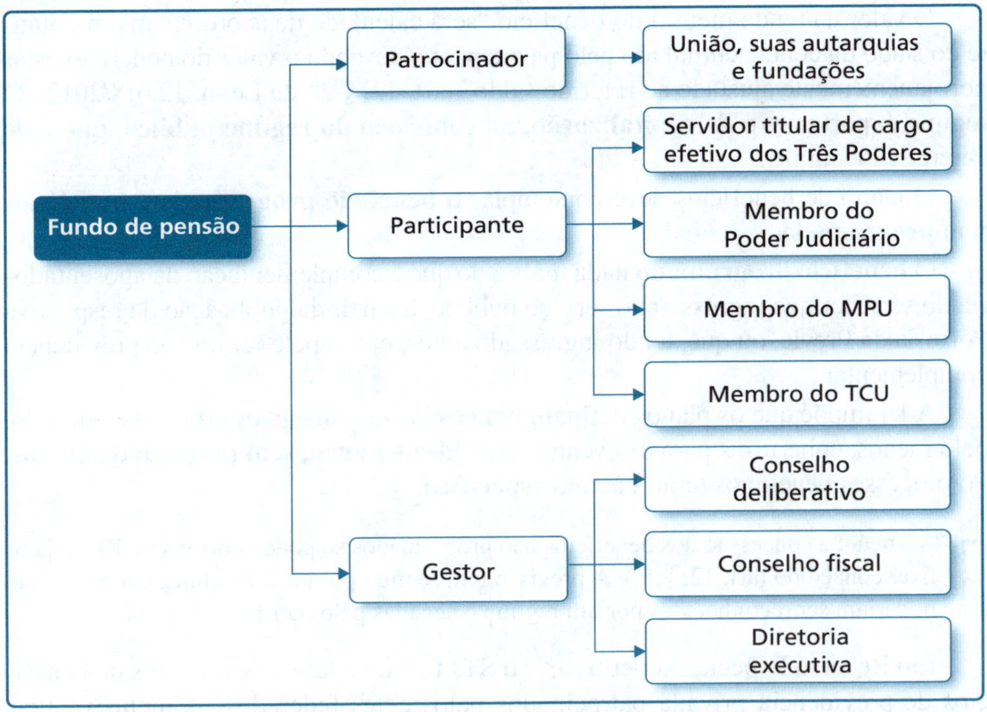

5.15.5.2. *O plano de benefícios*

Conforme previsão constitucional (art. 40, § 15), o plano de benefícios é o de **contribuição definida**, ou seja, o participante tem conhecimento do valor de sua contribuição, mas não tem como saber o valor da renda mensal do benefício que receberá.[189]

---

[189] Disponível em: <http://www.previdencia.gov.br/a-previdencia/previdencia-complementar/conceitos/>:
Plano de Benefício Definido. Modalidade de plano no qual o valor da contribuição e do benefício são definidos na contratação do plano, cuja fórmula de cálculo é estabelecida em regulamento, sendo o custeio determinado atuarialmente, de forma a assegurar sua concessão e manutenção, ou melhor, no momento da contratação do plano se sabe o quanto você irá receber ao se aposentar e o valor da contribuição, ou seja, o quanto você irá contribuir ao longo do tempo é que varia, para que o valor predeterminado possa ser atingido. Essa modalidade de plano tem natureza mutualista, isto é, de caráter solidário entre os participantes, sendo determinante o seu equilíbrio atuarial.
Plano de Contribuição Definida. Modalidade de plano cujos valores dos benefícios programados serão com base no saldo de conta acumulado do participante, sendo as contribuições definidas pelo participante e pelo patrocinador de acordo com o regulamento do plano, ou melhor, o valor da contribuição é acertado no ato da contratação do plano e o montante que será recebido varia em função desta quantia, do tempo de contribuição e da rentabilidade.
Plano de Contribuição Variável. Modalidade de plano cujos benefícios programados apresentam a conjugação das características das modalidades de contribuição definida e benefício definido, ou seja, é aquele em que os benefícios programados, na fase de acumulação ou na fase da atividade, têm características de CD (contas individuais) e na fase de inatividade tenham características de BD (rendas vitalícias). Podem também oferecer para os casos de benefícios de risco (aqueles não previsíveis, como morte, invalidez, doença ou reclusão) um benefício definido.

O valor da renda mensal do benefício "será calculado de acordo com o montante do saldo da conta acumulado pelo participante, devendo o valor do benefício estar permanentemente ajustado ao referido saldo" (art. 12, § 2º, da Lei n. 12.618/2012). O regime é, portanto, o de **capitalização, ao contrário do regime público, que é de repartição simples**.

O plano de benefícios deve contemplar o **benefício programado** e **benefícios não programados**.

O **benefício programado** nada mais é do que a complementação da aposentadoria do servidor que ingressou no serviço público, a partir da publicação da respectiva Portaria da Previc, ou que, tendo ingressado antes, optou pelo regime de previdência complementar.

A lei impõe que os planos definam **benefícios não programados**, assegurando, pelo menos, coberturas para os eventos **invalidez e morte, sem prejuízo de outros**. Porém, esses benefícios terão **custeio específico**.

Atenção: a concessão dos benefícios não programados só pode ocorrer se o RPSP já os tiver concedido (art. 12, § 5º). A previsão tem sentido porque a invalidez e a morte não poderiam ser reconhecidas por um regime e negadas pelo outro.

Em Recurso Especial Repetitivo,[190] o STJ firmou a tese: "Nos planos de benefícios de previdência privada patrocinados pelos entes federados — inclusive suas autarquias, fundações, sociedades de economia mista e empresas controladas direta ou indiretamente —, para se tornar elegível a um benefício de prestação que seja programada e continuada, é necessário que o participante previamente cesse o vínculo laboral com o patrocinador, sobretudo a partir da vigência da Lei Complementar n. 108/2001, independentemente das disposições estatutárias e regulamentares".

PLANO DE BENEFÍCIOS	
Programado	**Não programados (custeio específico)**
■ Complementação da aposentadoria	■ Invalidez
	■ Morte
	■ Outros podem ser previstos

5.15.5.3. *O financiamento*

Os fundos de pensão dos servidores públicos federais devem ser financiados pelas contribuições dos patrocinadores, participantes e assistidos, pelos resultados financeiros de suas aplicações e doações e legados de qualquer natureza (art. 10).

Atenção: a Constituição estabelece que os entes públicos só podem colocar dinheiro nesses fundos de pensão na qualidade de patrocinadores, e o valor de sua contribuição não pode ser superior à do segurado (art. 202, § 3º).

190 REsp 1433544/SE, Rel. Min. Luis Felipe Salomão, 2ª Seção, *DJe* 01/12/2016.

Além de pagar as próprias contribuições, os entes públicos patrocinadores são responsáveis pela transferência, ao fundo de pensão, das contribuições descontadas dos seus servidores.

As contribuições devem ser pagas ou transferidas **até o dia 10 (dez) do mês seguinte ao da competência**, sob pena de serem aplicados os **acréscimos de mora** previstos para os tributos federais, além de os responsáveis pelo atraso ficarem sujeitos às **sanções penais e administrativas cabíveis**.

Compete ao Conselho Monetário Nacional (CMN) estabelecer diretrizes para a aplicação dos recursos garantidores do fundo de pensão.

■ 5.15.5.3.1. *Contribuições do patrocinador e do participante*

■ 5.15.5.3.1.1. *Base de cálculo*

A base de cálculo das contribuições do patrocinador e do participante é **a parcela da base de contribuição que exceder o limite máximo do RGPS**, não podendo, contudo, ser superior ao teto dos subsídios dos Ministros do STF.

Assim, na prática, o servidor contribuirá para o regime próprio, do qual é filiado obrigatório, até o teto do RGPS, e sobre o valor excedente contribuirá para a previdência complementar.

■ 5.15.5.3.1.2. *Alíquota*

A alíquota da contribuição do participante, isto é, do servidor, será por ele mesmo definida anualmente.

A lei estabelece que a alíquota da contribuição do patrocinador será igual à do participante, mas não poderá ser superior a 8,5%. Conjugando esse dispositivo com o disposto no art. 202, § 3º, da Constituição, tem-se que há paridade entre as contribuições do patrocinador e do participante até o limite de 8,5%.

Assim, se o servidor, por exemplo, desejar contribuir com 6%, a contribuição do patrocinador será de 6%. Porém, se o servidor desejar contribuir com 10% (dez por cento), a contribuição do patrocinador será de 8,5%, por força da limitação legal.

A lei possibilita ao servidor contribuir, facultativamente, sem contrapartida do patrocinador. Nessa hipótese, deve ser observado o regulamento do plano (art. 16, § 4º).

FINANCIAMENTO DA PREVIDÊNCIA COMPLEMENTAR DO SERVIDOR PÚBLICO FEDERAL
■ Contribuições dos patrocinadores
■ Contribuições dos participantes
■ Contribuições dos assistidos
■ Resultados financeiros de suas aplicações
■ Doações e legados de qualquer natureza

CONTRIBUIÇÕES		
Sujeito	**Base de cálculo**	**Alíquota**
■ Patrocinador	■ A parcela da base de contribuição que exceder o limite máximo do RGPS, até o teto dos subsídios dos Ministros do STF	■ Paridade com o participante até o limite de 8,5%
■ Participante	■ A parcela da base de contribuição que exceder o limite máximo do RGPS, até o teto dos subsídios dos Ministros do STF	■ Definida anualmente pelo participante

TÍTULO III
O REGIME PREVIDENCIÁRIO DOS MILITARES

■ 5.16. HISTÓRICO

Na redação original, o art. 42 da CF dispunha serem servidores militares federais os integrantes das Forças Armadas, e servidores militares dos Estados, Territórios e Distrito Federal os integrantes de suas polícias militares e de seus corpos de bombeiros militares.

Cabia à lei ordinária, na forma do § 9º do art. 42, estabelecer as condições de transferência do militar para a inatividade.

Estavam garantidas, ainda, a integralidade e a paridade dos proventos da inatividade e das pensões.

a) Emenda Constitucional n. 3/93

A EC n. 3/93 alterou o § 10 do art. 42, resultando que os militares federais também deveriam pagar contribuições para o custeio de seu regime previdenciário.

b) Emenda Constitucional n. 18, de 05.02.1998

Com a **EC n. 18/98**, o art. 42 foi novamente modificado, passando a tratar apenas dos servidores militares dos Estados, do Distrito Federal e dos Territórios: membros das Polícias Militares e Corpos de Bombeiros Militares.

Os servidores militares federais passaram a ter tratamento constitucional no art. 142. Com a alteração constitucional, **no âmbito federal, são militares os membros das Forças Armadas**. Para estes, determinou o art. 142, § 3º, X, que lei estabelecesse as condições de transferência do militar para a inatividade.

Continuou garantida para os militares federais, dos Estados, do Distrito Federal e dos Territórios a **integralidade e paridade nos proventos da inatividade e da pensão por morte**.

Com a EC n. 18/98, os militares passaram a ter direito à contagem recíproca de tempo de serviço.

c) Emenda Constitucional n. 20/98

A reforma previdenciária feita pela **EC n. 20/98** também atingiu os militares.

A Emenda Constitucional determinou a aplicação do disposto no § 9º do art. 40 aos militares dos Estados, Distrito Federal e Territórios: o tempo de contribuição federal, estadual ou municipal será contado para efeito de aposentadoria e o tempo de serviço correspondente para efeito de disponibilidade.

Também determinou a aplicação do art. 142, § 3º, X, ou seja, deixou para a lei ordinária estabelecer as condições da transferência para a inatividade.

d) Emenda Constitucional n. 41, de 19.12.2003

A EC n. 41/2003 não trouxe grande modificação ao sistema. Determinou, apenas, que lei ordinária do respectivo ente estatal regulasse as pensões por morte.

O STF assentou a **legitimidade da cobrança de contribuição previdenciária dos militares**:

> "EMENTA: AGRAVO REGIMENTAL NO RECURSO EXTRAORDINÁRIO. CONTRIBUIÇÃO PREVIDENCIÁRIA. PROVENTOS. MILITAR. INCIDÊNCIA. EC n. 41/03. 1. O Supremo, por ocasião do julgamento da ADI 3.105, Relatora a Ministra Ellen Gracie, *DJ* de 18.08.2004, registrou inexistir 'norma de imunidade tributária absoluta'. A Corte afirmou que, após o advento da Emenda Constitucional n. 41/03, os servidores públicos passariam a contribuir para a previdência social em 'obediência aos princípios da solidariedade e do equilíbrio financeiro e atuarial, bem como aos objetivos constitucionais de universalidade, equidade na forma de participação no custeio e diversidade da base de financiamento'. 2. **Os servidores públicos militares não foram excepcionados da incidência da norma, razão pela qual não subsiste a pretensa imunidade tributária relativamente à categoria.** A inexigibilidade da contribuição — para todos os servidores, quer civis, quer militares — é reconhecida tão somente no período entre o advento da EC n. 20 até a edição da EC n. 41, conforme é notório no âmbito deste Tribunal [ADI 2.189, Relator o Ministro Sepúlveda Pertence, *DJ* de 09.06.2000, e RE 435.210-AgR, Relatora a Ministra Ellen Gracie, *DJ* de 14.06.2005]. Agravo regimental a que se dá provimento" (RE 475.076 AgR/SC, 2ª Turma, Rel. Min. Eros Grau, *DJe* 19.12.2008).

Da análise da disciplina constitucional se conclui que pouco foi alterado o regime previdenciário dos militares, que ficaram fora das disposições do regime próprio dos servidores civis.

Há críticas na doutrina sobre essa postura do constituinte reformador.[191]

Rechaçamos argumentos no sentido de que as características da carreira militar justificam regime diferenciado dos demais servidores públicos.

Há servidores públicos civis, sob as normas do RPPS, que desempenham atividades extremamente perigosas à sua saúde e integridade física, e de extrema importância para o País, e nem por isso estão garantidos pela integralidade e paridade quando se aposentarem, nem seus dependentes, futuros pensionistas, terão essas garantias.

---

[191] Cf. Bruno Sá Freire Martins, ob. cit., p. 130.

e) Emenda Constitucional n. 103, de 12.11.2019. Lei n. 13.954/2020

O inciso XXI do art. 22 da CF foi alterado pela EC n. 103/2019, passando à União a competência para expedir **normas gerais de inatividades e pensões das polícias militares e dos corpos de bombeiros militares.**

A previdência dos militares não foi alcançada pela reforma previdenciária de 2019, de modo que várias garantias tiradas de aposentadorias e pensões do RPPS dos servidores civis, como integralidade e paridade, continuaram preservadas para os militares.

Foi, então, editada a **Lei n. 13.954, de 16.12.2019** (*DOU* 17.12.2019), que alterou o Estatuto dos Militares (Lei n. 6.880/1980) e várias outras normas infraconstitucionais, inclusive o Decreto-Lei n. 667, de 02.10.1969, e estabeleceu **normas gerais de inatividade e pensões** que alcançam os militares da União, dos Estados, do Distrito Federal e dos Territórios.

Em 16.01.2020 foi editada a **Instrução Normativa SEPRT n. 5, de 15.01.2020** (*DOU* 16.01.2020), da Secretaria Especial de Previdência e Trabalho do Ministério da Economia, da qual ressaltamos o parágrafo único do **art. 1º**:

> **Parágrafo único:** As normas gerais relativas à inatividade e à pensão militar dos militares dos **Estados, do Distrito Federal e dos Territórios**, bem como as relativas à contribuição para custeio das pensões militares e inatividade, previstas nos arts. 24-A a 24-C do Decreto-Lei n. 667, de 1969, deverão manter a **simetria com as regras congêneres dos militares das Forças Armadas**, sempre que houver alteração destas, sendo vedada, nos termos do art. 24-H desse Decreto-Lei, a instituição de disposições divergentes que tenham repercussão na inatividade ou na pensão militar.

Lei n. 13.954, de 16.12.2019 (*DOU* 17.12.2019)
Normas gerais de inatividade e pensões militares da União, dos Estados, do Distrito Federal e dos Territórios.

■ 5.17. OS MEMBROS DAS FORÇAS ARMADAS

A **Lei n. 6.880, de 09.12.1980 (Estatuto dos Militares)**, regula a situação, obrigações, deveres, direitos e prerrogativas dos **membros das Forças Armadas**.

Na forma do art. 2º do Estatuto dos Militares, "As Forças Armadas, essenciais à execução da política de segurança nacional, são **constituídas pela Marinha, pelo Exército e pela Aeronáutica**, e destinam-se a defender a Pátria e a garantir os poderes constituídos, a lei e a ordem. São instituições nacionais, permanentes e regulares, organizadas com base na hierarquia e na disciplina, sob a autoridade suprema do Presidente da República e dentro dos limites da lei".

O **art. 50** do Estatuto enumera os direitos dos militares das Forças Armadas, dos quais destacamos os de natureza previdenciária:

> **Art. 50.** São direitos dos militares:
>
> II — o provento calculado com base no **soldo integral** do posto ou da graduação que possuía por ocasião da transferência para a **inatividade remunerada**:
>
> a) por contar mais de 35 (trinta e cinco) anos de serviço;

b) por atingir a idade-limite de permanência em atividade no posto ou na graduação;

c) por estar enquadrado em uma das hipóteses previstas nos incisos VIII ou IX do *caput* do art. 98 desta Lei; ou

d) por ter sido incluído em quota compulsória unicamente em razão do disposto na alínea "c" do inciso III do *caput* do art. 101 desta Lei;

III — o provento calculado com base em tantas *quotas de soldo* do posto ou da graduação quantos forem os anos de serviço, até o limite de 35 (trinta e cinco) anos, quando tiver sido abrangido pela quota compulsória, ressalvado o disposto na alínea "d" do inciso II do *caput* deste artigo;

IV — nas condições ou nas limitações impostas por legislação e regulamentação específicas, os seguintes:

l) a constituição de **pensão militar**.

■ 5.18. TRANSFERÊNCIA PARA A INATIVIDADE REMUNERADA

Aos militares não se aplica o termo "aposentadoria", substituído pela legislação por **"transferência para a inatividade remunerada"**.

Os militares não pagam contribuição para o custeio dos benefícios da inatividade, que são, como a remuneração em atividade, **encargo financeiro do Tesouro Nacional** (art. 53-A do Estatuto dos Militares).

A transferência para a inatividade remunerada com **soldo integral** ocorre em cinco hipóteses:

a) Por contar mais de 35 anos de serviço;

b) por atingir a idade-limite de permanência em atividade no posto ou graduação;

c) quando deixar o Oficial-General, o Capitão-de-Mar-e-Guerra ou o Coronel de integrar a Lista de Escolha a ser apresentada ao Presidente da República, pelo número de vezes fixado pela Lei de Promoções de Oficiais da Ativa das Forças Armadas, quando na referida Lista de Escolha tenha entrado oficial mais moderno do seu respectivo Corpo, Quadro, Arma ou Serviço (art. 98, VIII);

d) quando for o Capitão de Mar e Guerra ou o Coronel inabilitado para o acesso por não possuir os requisitos para a promoção ao primeiro posto de oficial general, ultrapassado 2 (duas) vezes, consecutivas ou não, por oficial mais moderno do respectivo Corpo, Quadro, Arma ou Serviço que tenha sido incluído em lista de escolha (art. 98, IX);

e) por integrar a quota compulsória em razão da idade (art. 101, III, *c*).

Note-se que a integralidade continuou garantida para os militares, independentemente de idade mínima, o que já não existe nos RPPS dos servidores públicos civis.

Os proventos serão calculados com base em **quotas de soldo** do posto ou da graduação, correspondentes aos anos de serviço **até o limite de 35 anos**, quando o militar tiver sido atingido pela **quota compulsória**, ressalvada a hipótese do item *e supra* (soldo integral).

Se não estiver incluído nas hipóteses de direito ao soldo integral, o militar poderá passar para a inatividade remunerada com tantas quotas do soldo quantos forem os anos de serviço até 35 anos. Esta hipótese é diferente da que dá direito ao soldo integral com mais de 35 anos de serviço.

INATIVIDADE REMUNERADA	
Soldo integral	Quotas do soldo até o limite de 35 anos (1/35)
■ Por contar **mais de 35 anos de serviço**	■ Por ter sido atingido pela **quota compulsória**, ressalvada a hipótese do item e supra (soldo integral).
■ Por atingir a idade-limite de permanência em atividade no posto ou graduação	■ Por contar com **até 35 anos de serviço**, quando não alcançado pelas hipóteses de soldo integral.
■ Por deixar o Oficial-General, o Capitão-de-Mar-e-Guerra ou o Coronel de integrar a Lista de Escolha a ser apresentada ao Presidente da República, pelo número de vezes fixado pela Lei de Promoções de Oficiais da Ativa das Forças Armadas, quando na referida Lista de Escolha tenha entrado oficial mais moderno do seu respectivo Corpo, Quadro, Arma ou Serviço (art. 98, VIII);	
■ Quando o Capitão de Mar e Guerra ou o Coronel for inabilitado para o acesso por não possuir os requisitos para a promoção ao primeiro posto de oficial-general, ultrapassado 2 (duas) vezes, consecutivas ou não, por oficial mais moderno do respectivo Corpo, Quadro, Arma ou Serviço que tenha sido incluído em lista de escolha (art. 98, IX);	
■ Por integrar a quota compulsória em razão da idade (art. 101, III, *c*).	

■ 5.19. DEPENDENTES DO SERVIDOR MILITAR INTEGRANTE DAS FORÇAS ARMADAS. A PENSÃO MILITAR

A Lei n. 3.765, de 04.05.1960, dispôs sobre as pensões militares. No art. 7º, estavam relacionados os beneficiários.

Com a edição do Estatuto dos Militares (Lei n. 6.880/80), o rol de dependentes passou a ser o do art. 50, §§ 2º e 3º, que possibilitavam que pessoas que vivessem sob a dependência do militar, embora sem relação de parentesco, acabassem por ser beneficiários de pensão por morte:

Art. 50.

§ 2º São considerados dependentes do militar:

I — a esposa;

II — o filho menor de 21 (vinte e um) anos ou inválido ou interdito;

III — a filha solteira, desde que não receba remuneração;

IV — o filho estudante, menor de 24 (vinte e quatro) anos, desde que não receba remuneração;

V — a mãe viúva, desde que não receba remuneração;

VI — o enteado, o filho adotivo e o tutelado, nas mesmas condições dos itens II, III e IV;

VII — a viúva do militar, enquanto permanecer neste estado, e os demais dependentes mencionados nos itens II, III, IV, V e VI deste parágrafo, desde que vivam sob a responsabilidade da viúva;

VIII — a ex-esposa com direito à pensão alimentícia estabelecida por sentença transitada em julgado, enquanto não contrair novo matrimônio.

§ 3º São, ainda, considerados dependentes do militar, desde que vivam sob sua dependência econômica, sob o mesmo teto, e quando expressamente declarados na organização militar competente:

a) a filha, a enteada e a tutelada, nas condições de viúvas, separadas judicialmente ou divorciadas, desde que não recebam remuneração;

b) a mãe solteira, a madrasta viúva, a sogra viúva ou solteira, bem como separadas judicialmente ou divorciadas, desde que, em qualquer dessas situações, não recebam remuneração;

c) os avós e os pais, quando inválidos ou interditos, e respectivos cônjuges, estes desde que não recebam remuneração;

d) o pai maior de 60 (sessenta) anos e seu respectivo cônjuge, desde que ambos não recebam remuneração;

e) o irmão, o cunhado e o sobrinho, quando menores ou inválidos ou interditos, sem outro arrimo;

f) a irmã, a cunhada e a sobrinha, solteiras, viúvas, separadas judicialmente ou divorciadas, desde que não recebam remuneração;

g) o neto, órfão, menor inválido ou interdito;

h) a pessoa que viva, no mínimo há 5 (cinco) anos, sob a sua exclusiva dependência econômica, comprovada mediante justificação judicial;

i) a companheira, desde que viva em sua companhia há mais de 5 (cinco) anos, comprovada por justificação judicial; e

j) o menor que esteja sob sua guarda, sustento e responsabilidade, mediante autorização judicial.

O extenso rol de dependentes dos militares sempre foi alvo de críticas, uma vez que totalmente diferente do RGPS, que, por sua vez, tem rol de dependentes bem reduzido.

Com a edição da Medida Provisória n. 2215-10, de 31.08.2001, que alterou o art. 7º da Lei n. 3.765/60, o rol de dependentes dos militares foi reduzido:

Art. 7º A pensão militar é deferida em processo de habilitação, tomando-se por base a declaração de beneficiários preenchida em vida pelo contribuinte, na ordem de prioridade e condições a seguir:

I — **primeira ordem de prioridade:**

a) cônjuge;

b) companheiro ou companheira designada ou que comprove união estável como entidade familiar;

c) pessoa desquitada, separada judicialmente, divorciada do instituidor ou a ex-convivente, desde que percebam pensão alimentícia;

d) filhos ou enteados até vinte e um anos de idade ou até vinte e quatro anos de idade, se estudantes universitários ou, se inválidos, enquanto durar a invalidez; e

e) menor sob guarda ou tutela até vinte e um anos de idade ou, se estudante universitário, até vinte e quatro anos de idade ou, se inválido, enquanto durar a invalidez.

II — **segunda ordem de prioridade**, a mãe e o pai que comprovem dependência econômica do militar;

III — **terceira ordem de prioridade:**

a) o irmão órfão, até vinte e um anos de idade ou, se estudante universitário, até vinte e quatro anos de idade, e o inválido, enquanto durar a invalidez, comprovada a dependência econômica do militar;

b) a pessoa designada, até vinte e um anos de idade, se inválida, enquanto durar a invalidez, ou maior de sessenta anos de idade, que vivam na dependência econômica do militar.

§ 1º A concessão da pensão aos beneficiários de que tratam o inciso I, alíneas "a", "b", "c" e "d", exclui desse direito os beneficiários referidos nos incisos II e III.

§ 2º A pensão será concedida integralmente aos beneficiários do inciso I, alíneas "a" e "b", ou distribuída em partes iguais entre os beneficiários daquele inciso, alíneas "a" e "c" ou "b" e "c", legalmente habilitados, exceto se existirem beneficiários previstos nas suas alíneas "d" e "e".

§ 3º Ocorrendo a exceção do § 2º, metade do valor caberá aos beneficiários do inciso I, alíneas "a" e "c" ou "b" e "c", sendo a outra metade do valor da pensão rateada, em partes iguais, entre os beneficiários do inciso I, alíneas "d" e "e".

O rol de dependentes foi novamente alterado e reduzido pela **Lei n. 13.954/2019**, que alterou o art. 50 do Estatuto dos Militares:

§ 2º São considerados dependentes do militar, desde que assim declarados por ele na organização militar competente:

I — o cônjuge ou o companheiro com quem viva em união estável, na constância do vínculo;

II — o filho ou o enteado:

a) menor de 21 (vinte e um) anos de idade;

b) inválido;

§ 3º Podem, ainda, ser considerados dependentes do militar, desde que não recebam rendimentos e sejam declarados por ele na organização militar competente:

I — o filho ou o enteado estudante menor de 24 (vinte e quatro) anos de idade;

II — o pai e a mãe;

III — o tutelado ou o curatelado inválido ou menor de 18 (dezoito) anos de idade que viva sob a sua guarda por decisão judicial.

O **valor da pensão militar** é calculado na forma do art. 12 da Lei n. 12.705, de 08.08.2012, com a redação da Lei n. 13.954/2019: **integral ou proporcional**, da mesma forma que são calculados os proventos da inatividade remunerada, com reajustes obedecendo a paridade.

Mais uma vez, a proteção previdenciária do regime dos militares é muito maior da que está garantida no RPPS da União e no regime geral, principalmente em se considerando que as alíquotas de contribuição para o custeio do benefício são menores que as dos demais regimes.

5.20. CONTRIBUIÇÃO PARA CUSTEIO DA PENSÃO MILITAR

Embora os militares não paguem contribuição previdenciária para o recebimento dos proventos da inatividade remunerada, devem participar do custeio das pensões militares como contribuintes obrigatórios.

As pensões militares são custeadas com recursos provenientes da contribuição dos militares das Forças Armadas, dos pensionistas e do Tesouro Nacional, na forma do disposto no art. 71, § 2º-A, do Estatuto dos Militares.

A partir de 1º.01.2020, na forma da Lei n. 13.954/2019, também os pensionistas devem participar do custeio enquanto conservarem a condição de dependentes.

A **base de cálculo da contribuição** para a pensão militar são as parcelas que compõem os proventos na inatividade e o valor integral da quota-parte recebida a título de pensão militar. E a alíquota era de 7,5%.

A **alíquota da contribuição** previdenciária é fixada no art. 3º-A, § 2º, da Lei n. 3.765/60, com a alteração da Lei n. 13.954/2019:

a) 9,5%, a partir de 1º.01.2020;
b) 10,5%, a partir de 1º.01.2021.

Há **alíquotas extraordinárias** para a contribuição de alguns pensionistas, que incidirão cumulativamente com as alíquotas do § 2º (§ 3º):

a) 3%: filhas não inválidas pensionistas vitalícias;
b) 1,5%: pensionistas, excluídas as filhas não inválidas pensionistas vitalícias, quando o óbito do instituidor tenha ocorrido a partir de 29.12.2000 e tenha ele optado em vida pelo pagamento da contribuição na forma prevista no art. 31 da MP n. 2.215-10/2001.

As alíquotas só poderão ser alteradas, por lei ordinária, a partir de 1º.01.2025.

TÍTULO IV
O REGIME PRIVADO DE PREVIDÊNCIA COMPLEMENTAR

5.21. INTRODUÇÃO

Os regimes públicos de Previdência Social, limitados a normas atuariais que viabilizam sua solvência, nem sempre se mostram aptos a garantir, na ocorrência da contingência, a cobertura das reais necessidades do segurado.

Os limites máximo e mínimo do valor dos benefícios previdenciários dos regimes públicos levam em conta os mesmos limites das bases de cálculo (salários de contribuição) das contribuições previdenciárias dos segurados.

Com os regimes previdenciários de natureza pública, o segurado deve ter garantido os mínimos necessários à sobrevivência com dignidade, calculado com base em suas contribuições para o custeio do sistema. Se desejar manter seu padrão de vida no momento da cobertura, deverá, por certo, socorrer-se da previdência complementar.

Wladimir Novaes Martinez[192] define a previdência complementar:

> Estruturalmente, cuida-se de um conjunto de operações econômico-financeiras, cálculos atuariais, práticas contábeis e normas jurídicas, empreendidas no âmbito particular da sociedade, inserida no Direito privado, subsidiária do esforço estatal, de adesão espontânea, propiciando benefícios adicionais ou assemelhados, mediante recursos exclusivos do protegido (aberta e associativa), ou divididos os encargos entre o empregado e o empregador, ou apenas de um deste último (fechada).

■ 5.22. NATUREZA JURÍDICA

A Previdência Complementar tem fundamento constitucional no art. 202, com a redação dada pela EC n. 103/2019:

> **Art. 202.** O regime de previdência privada, de caráter complementar e organizado de forma autônoma em relação ao regime geral de previdência social, será facultativo, baseado na constituição de reservas que garantam o benefício contratado, e regulado por lei complementar.
>
> § 1° A lei complementar de que trata este artigo assegurará ao participante de planos de benefícios de entidades de previdência privada o pleno acesso às informações relativas à gestão de seus respectivos planos.
>
> § 2° As contribuições do empregador, os benefícios e as condições contratuais previstas nos estatutos, regulamentos e planos de benefícios das entidades de previdência privada não integram o contrato de trabalho dos participantes, assim como, à exceção dos benefícios concedidos, não integram a remuneração dos participantes, nos termos da lei.
>
> § 3º É vedado o aporte de recursos a entidade de previdência privada pela União, Estados, Distrito Federal e Municípios, suas autarquias, fundações, empresas públicas, sociedades de economia mista e outras entidades públicas, salvo na qualidade de patrocinador, situação na qual, em hipótese alguma, sua contribuição normal poderá exceder a do segurado.
>
> § 4º Lei complementar disciplinará a relação entre a União, Estados, Distrito Federal ou Municípios, inclusive suas autarquias, fundações, sociedades de economia mista e empresas controladas direta ou indiretamente, enquanto patrocinadores de planos de benefícios previdenciários, e as entidades de previdência complementar.
>
> § 5º A lei complementar de que trata o § 4º aplicar-se-á, no que couber, às empresas privadas permissionárias ou concessionárias de prestação de serviços públicos, quando patrocinadoras de planos de benefícios em entidades de previdência complementar.
>
> § 6º Lei complementar estabelecerá os requisitos para a designação dos membros das diretorias das entidades fechadas de previdência complementar instituídas pelos patrocinadores de que trata o § 4º e disciplinará a inserção dos participantes nos colegiados e instâncias de decisão em que seus interesses sejam objeto de discussão e deliberação.

---

[192] *Curso de direito previdenciário:* previdência complementar. 3. ed. São Paulo: LTr, 2009. T. IV, p. 45.

O regime de previdência privada tem, então, as seguintes características: **caráter complementar, autonomia** em relação ao RGPS; **facultatividade; constituição de reservas** e disciplina por **lei complementar**.

Cabe à lei complementar estabelecer as normas gerais reguladoras da previdência complementar.

5.22.1. Caráter complementar

A previdência privada tem **caráter meramente complementar dos regimes previdenciários públicos**. Esses são de filiação obrigatória para todos os que exercem atividade econômica.

O regime privado "atua paralelamente à previdência social exercida pelo Estado, sem, contudo, substituí-la".[193]

A previdência privada se destina justamente a **cobrir a diferença** necessária para que seja mantido o padrão de vida do segurado — que não se contenta apenas com os mínimos vitais assegurados pelo regime público —, mediante adesão aos **planos de natureza contratual**.

Hermes Arrais de Alencar distingue a atuação da previdência complementar em "implementar" e "suplementar". É **implementar** "sempre que o plano de previdência oferecido ao participante não atrelar sua fruição ao gozo dos benefícios de regime obrigatório de previdência (RGPS ou RPSP)". O plano **suplementar** "vincula a percepção dos benefícios dispostos no contrato em favor do participante com a ocorrência de deferimento de benefício no regime obrigatório".[194]

Pela definição do autor, então, as entidades abertas oferecem os planos de natureza implementar. E os de natureza suplementar são típicos das entidades fechadas (fundos de pensão).

Súmula 291 do STJ: A ação de cobrança de parcelas de complementação de aposentadoria pela previdência privada prescreve em cinco anos.

5.22.2. Autonomia

Os regimes privados se organizam de **forma autônoma em relação ao RGPS**, com administração, gestão e cobertura próprias.

Exemplo da autonomia é o fato de que os beneficiários da previdência privada não são necessariamente filiados ao RGPS.[195]

[193] Cf. Bruno Sá Freire Martins. *Direito constitucional previdenciário do servidor público*, cit., p. 132.

[194] Ob. cit., p. 112.

[195] No direito português também é assim. Cf. Ilídio das Neves, ob. cit., p. 881: "Uma primeira nota a salientar decorre da definição legal e do próprio conceito técnico de fundo de pensões: **trata-se de uma realidade ou de um produto autónomo em relação ao sistema de segurança social**, com o qual, em princípio, nada tem que ver. Significa isto que os **seus beneficiários não têm necessariamente que ser beneficiários da segurança social** e que **as prestações asseguradas pelo fundo não têm que ser complementares das prestações garantidas pelos regimes de segurança social**. O fundo de pensões é, assim, por princípio, **neutral em relação ao sistema de**

Os regimes privados são, também, autônomos em relação à concessão de seus benefícios.

Em interessante caso que tramitou pela Justiça Federal da 3ª Região, questionava-se a aplicabilidade, ao regime privado, do instituto da contagem recíproca do tempo de serviço/contribuição. Ficou decidido que a contagem recíproca do tempo de serviço só se configura entre regimes previdenciários públicos, ou seja, entre o RGPS e o regime dos servidores públicos, podendo haver contagem de períodos de atividades concomitantes para fins de aposentadoria pelo regime de previdência privada.[196]

A autonomia da previdência privada tem sido reafirmada pelo STJ:

> "(...) 3. A previdência privada possui autonomia em relação ao regime geral de previdência social. Além disso, é facultativa, regida pelo Direito Civil, de caráter complementar e baseada na constituição de reservas que garantam o benefício contratado, sendo o regime financeiro de capitalização. 4. A concessão de benefício oferecido pelas entidades abertas ou fechadas de previdência privada não depende da concessão de benefício oriundo do regime geral de previdência social, haja vista as especificidades de cada regime e a autonomia existente entre eles. 5. Pelo regime de capitalização, o benefício de previdência complementar será decorrente do montante de contribuições efetuadas e do resultado de investimentos, não podendo haver, portanto, o pagamento de valores não previstos no plano de benefícios, sob pena de comprometimento das reservas financeiras acumuladas (desequilíbrio econômico-atuarial do fundo), a prejudicar os demais participantes, que terão que custear os prejuízos daí advindos. 6. O tempo ficto (tempo de serviço especial) e o tempo de serviço prestado sob a condição de aluno-aprendiz, próprios da previdência social, são incompatíveis com o regime financeiro de capitalização, ínsito à previdência privada (...)" (REsp 1.330.085/RS, 3ª Turma, Rel. Min. Ricardo Villas Bôas Cueva, *DJe* 13.02.2015).

5.22.3. Facultatividade: natureza contratual

Ao contrário dos regimes públicos, de filiação obrigatória para todos os que exercem atividade econômica, a previdência privada tem **caráter facultativo**, em que **a manifestação de vontade** é a principal característica. A natureza contratual lhes dá **caráter eminentemente privado**.

Não há obrigatoriedade de adesão a plano de previdência privada. Tanto é assim que a legislação não utiliza o termo "segurado", mas, sim, denomina **"participantes"** "àqueles que, por vontade própria, subscreveram o contrato de adesão oferecido pelas EAPC e EFPC, e de **'assistido'** ao participante, ou seu beneficiário, quando em gozo de benefício de prestação continuada".[197]

---

segurança social, embora, na generalidade dos casos, realize os objectivos próprios de um regime complementar".

[196] TRF 3ª Região, AC 199903990523220, 3ª Seção, Rel. Des. Fed. Marisa Santos, *DJU* 10.09.2004, p. 317.

[197] Cf. Hermes Arrais Alencar, ob. cit., p. 109.

Por se tratar de adesão voluntária, a **contribuição** para o custeio do plano privado também **é voluntária**.

O **vínculo** entre os participantes, patrocinadores ou instituidores e as entidades de previdência complementar se firma por **contrato**.

Por ser elucidativo, transcrevemos trecho de artigo de **Lygia Avena**, que trata dos fundos de pensão (entidades fechadas):[198]

> "(...) O vínculo jurídico estabelecido entre os participantes e as entidades fechadas de previdência complementar, contratual, volitivo, de natureza civil-previdenciária, se aperfeiçoa quando da adesão dos participantes às entidades, formando o ato jurídico perfeito, constituído por meio de contratos privados que possuem a natureza de contratos de adesão. Tais contratos são consubstanciados nos regulamentos dos planos de benefícios aos quais os participantes aderem, de forma opcional, sendo observadas as regras dos estatutos das entidades bem como, notadamente, a legislação específica aplicável ao Regime de Previdência Complementar."

À empresa — patrocinadora — pode ser conveniente instituir EFPC (fundo de pensão) para seus empregados, porque poderá ter a seu favor maior motivação, resultando em maior produtividade individual, ou poderá recrutar os melhores profissionais.

A **patrocinadora** pode ser provedora ou mantenedora. É **provedora** quando fica a seu encargo o custeio total. É **mantenedora** quando, além dos participantes, também aporta recursos para o custeio dos planos.

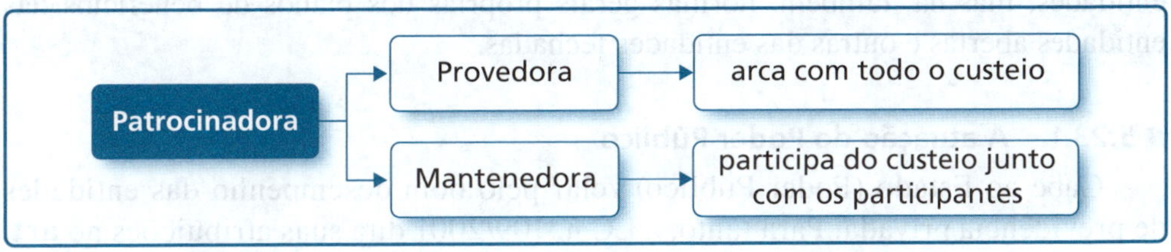

■ 5.22.4. Constituição de reservas

Os planos privados de previdência devem constituir reservas técnicas que lhes garantam a **solvência**, isto é, **o pagamento dos benefícios contratados**. O **equilíbrio financeiro e atuarial** deve estar garantido.

A constituição dessas reservas técnicas, provisões e fundos é feita em conformidade com as diretrizes do **Conselho Monetário Nacional**.

■ 5.22.5. Disciplina por lei complementar

Antes da EC n. 20/98, a previdência privada era regulada pela Lei n. 6.435, de 15.07.1977, que foi regulamentada pelos Decretos n. 81.240/78 (entidades fechadas) e n. 81.402/78 (entidades abertas).

[198] Cf. A natureza jurídica do regime de previdência complementar e dos seus planos de benefícios. *Anais do Seminário Aspectos Jurídicos Fundamentais dos Fundos de Pensão*, Tribunal de Justiça do Estado do Rio de Janeiro, 2006, p. 47-62.

Para cumprir o comando constitucional, foi editada a **Lei Complementar n. 109, de 29.05.2001**, cujo art. 1º reitera o caráter complementar, a autonomia, a facultatividade e a constituição de reservas do regime complementar privado:

> **Art. 1º** O regime de previdência privada, de **caráter complementar** e organizado de **forma autônoma** em relação ao regime geral de previdência social, é **facultativo**, baseado na **constituição de reservas** que garantam o benefício, nos termos do *caput* do art. 202 da Constituição Federal, observado o disposto nesta Lei Complementar.

A LC n. 109/2001 estabelece normas gerais sobre a atuação das Entidades Abertas de Previdência Complementar (EAPC) e das Entidades Fechadas de Previdência Complementar (EFPC) (Fundos de Pensão).

5.23. NORMAS GERAIS

Na redação da LC n. 109/2001, o objetivo principal das entidades de previdência complementar é **instituir e executar planos de benefícios de caráter previdenciário**.

Há normas de caráter geral, às quais se submetem todas as entidades de previdência complementar — abertas e fechadas — e normas gerais que se aplicam às entidades abertas ou às entidades fechadas.

Assim é que os Planos de Benefícios têm disposições comuns aos dois tipos de entidades, mas há, também, normas gerais próprias dos planos de benefícios das entidades abertas e outras das entidades fechadas.

5.23.1. A atuação do Poder Público

Cabe ao Estado (Poder Público) zelar pelo bom desempenho das entidades de previdência privada. Para tanto, a LC n. 109/2001 dita suas atribuições no **art. 3º:** formular a **política de previdência complementar**; disciplinar, coordenar e supervisionar as atividades reguladas pela LC n. 109, compatibilizando-as com as políticas previdenciária e de desenvolvimento social e econômico-financeiro; determinar **padrões mínimos de segurança econômico-financeira e atuarial**, com fins específicos de preservar a liquidez, a solvência e o equilíbrio dos planos de benefícios, isoladamente, e de cada entidade de previdência complementar, no conjunto de suas atividades; assegurar aos participantes e assistidos o **pleno acesso às informações** relativas à gestão de seus respectivos planos de benefícios; **fiscalizar as entidades de previdência complementar**, suas operações e aplicar penalidades; e **proteger os interesses dos participantes e assistidos** dos planos de benefícios.

5.23.2. Os planos de benefícios

As normas gerais relativas aos planos de benefício, que são aplicáveis às entidades abertas e às fechadas de previdência complementar, estão nos artigos 6º a 11 da LC n. 109/2001.

As EAPCs e as EFPCs só podem instituir e operar planos para os quais tenham **específica autorização**, sempre de acordo com o órgão fiscalizador e regulador.

Os planos de benefícios devem obedecer a **padrões mínimos**, fixados pelo respectivo órgão regulador e fiscalizador. O objetivo dessa regra, segundo o art. 7º, é assegurar transparência, solvência, liquidez e equilíbrio econômico-financeiro e atuarial.

Os planos de benefício são de modalidades diversas, segundo a autorização concedida à entidade: **benefício definido, contribuição definida, contribuição variável**, além de **outras modalidades**, desde que reflitam a evolução técnica e possibilitem flexibilidade ao regime de previdência complementar (art. 7º, parágrafo único).

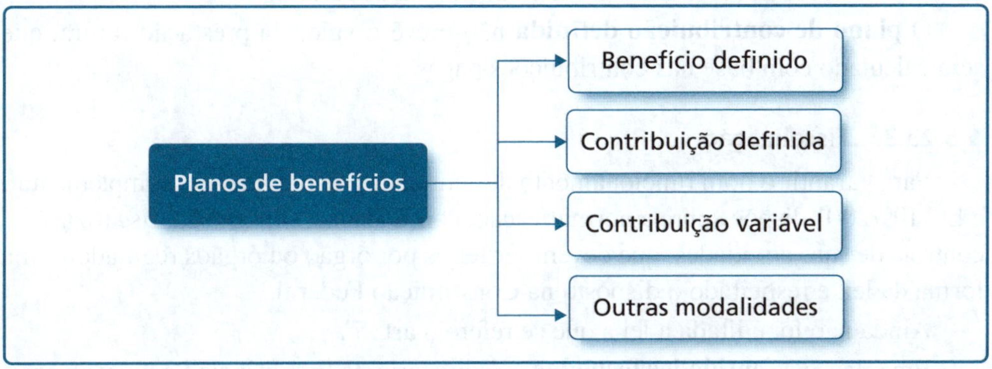

A previdência complementar utiliza terminologia própria para designar seus sujeitos de direito: participante e assistido.

Participante é o contratante pessoa física que adere ao plano de benefícios.

Assistido é o participante ou seu beneficiário em gozo de cobertura (benefício).

O legislador quis garantir aos participantes que as regras dos contratos sejam claras, preservando a transparência e a informação necessárias à opção do participante. Os regulamentos dos planos de benefícios, as propostas de inscrição e os certificados devem conter as condições mínimas fixadas pelo órgão regulador e fiscalizador.

Para garantia da transparência e da não surpresa do pretendente e do participante, a lei assegura que lhes sejam entregues, no ato da inscrição no plano, cópias do contrato e demais documentos que contêm as regras às quais estará submetido.

Até mesmo a propaganda destinada a divulgar e promover os planos deve espelhar as informações que constam dos documentos entregues ao interessado.

As entidades de previdência complementar podem contratar **resseguro**, voluntariamente ou por determinação do órgão regulador e fiscalizador, para fins de garantir a solvência do plano em relação aos benefícios.

Em Recurso Especial Repetitivo, o STJ decidiu que “Não é possível a concessão de verba não prevista no regulamento do plano de benefícios de previdência privada, pois a previdência complementar tem por pilar o sistema de capitalização, que pressupõe a acumulação de reservas para assegurar o custeio dos benefícios contratados, em um período de longo prazo" (REsp 1.425.326, 2ª Seção, Rel. Min. Luis Felipe Salomão, *DJe* 1º.08.2014).

5.23.2.1. *Tipos de planos*

São vários os tipos de plano, mas vamos abordar apenas os mais comuns: plano de benefício definido e plano de contribuição definida.

O **plano de benefício definido** permite que o valor da prestação seja determinado no momento da celebração do contrato, isto é, do ingresso do participante no plano.

Nessa hipótese, o plano conta com cálculos atuariais que permitem aferir o valor das contribuições necessárias à garantia da prestação futura.

O **plano de contribuição definida** não prevê o valor da prestação futura, que será calculado com base nas contribuições pagas.

5.23.3. Fiscalização

Para garantir o bom funcionamento das entidades de previdência complementar, a LC 109/2001 dispõe sobre a normatização, coordenação, supervisão, fiscalização e controle de suas atividades, que devem ser feitos por órgão ou órgãos reguladores, na forma da lei, e respeitado o disposto na Constituição Federal.

Ainda não foi editada a lei a que se refere o art. 5º.

Em relação às **entidades fechadas**, o Ministério da Previdência Social vem exercendo as funções de órgão regulador e fiscalizador. A atuação do Ministério se dá pelo **Conselho Nacional de Previdência Complementar (CNPC)**, na forma do Decreto n. 7.123, de 03.03.2010, e da **Secretaria de Previdência Complementar** (SPC).

As **entidades abertas** estão submetidas, nesse aspecto, ao Ministério da Fazenda, por meio do **Conselho Nacional de Seguros Privados (CNSP)** e da **Superintendência Nacional de Previdência Complementar (PREVIC)**.[199]

Os órgãos fiscalizadores têm garantido **livre acesso** às entidades, **podendo requisitar e apreender** livros, notas técnicas e quaisquer documentos e solicitar dos patrocinadores e instituidores informações que entenderem necessárias. Qualquer embaraço oposto à fiscalização está sujeito às penalidades legais.

A LC 109/2001 estabelece que a fiscalização estatal não exime de responsabilidade os patrocinadores e instituidores em relação à supervisão sistemática das atividades e entidades fechadas.

No caso das **entidades fechadas**, se encontradas irregularidades no plano de benefícios específico, constatadas pela atividade fiscalizadora, que levem à **intervenção ou liquidação extrajudicial**, o órgão regularizador e fiscalizador poderá

[199] A Portaria MF 529, de 08.12.2017 (*DOU* 11.12.2017), aprovou o Regimento Interno da Superintendência Nacional de Previdência Complementar (PREVIC).

nomear **administrador especial**, com poderes próprios. O administrador especial será pago pela própria entidade fiscalizada.

Em caso de **intervenção** nas **entidades abertas**, o órgão fiscalizador também poderá nomear um **diretor-fiscal**, às expensas da entidade.

A jurisprudência do STJ tinha se firmado no sentido de que as entidades de previdência complementar, abertas e fechadas, se submetem, também, às normas do **Código de Defesa do Consumidor** (Lei n. 8.078/90), por serem consideradas fornecedoras de serviços. E editou a **Súmula 321**: O Código de Defesa do Consumidor é aplicável à relação jurídica entre a entidade de previdência privada e seus participantes. Porém, a Súmula 321 foi **cancelada**.

A aplicação do CDC tem sido afastada quando se trata de entidade fechada de previdência privada, conforme **Súmula 563**: O Código de Defesa do Consumidor é aplicável às entidades abertas de previdência complementar, não incidindo nos contratos previdenciários celebrados com entidades fechadas.

■ 5.23.4. Intervenção e liquidação extrajudicial

A matéria está regulada nos arts. 44 a 62 da LC 109/2001.

A **intervenção** tem lugar em situações que coloquem em risco os direitos dos participantes e assistidos, e tem duração pelo prazo necessário para o levantamento da situação da entidade e encaminhamento de plano de recuperação. E cessará quando for aprovado o plano de recuperação ou for decretada a liquidação extrajudicial.

O art. 44 enumera as hipóteses de intervenção: irregularidade ou insuficiência na constituição das reservas técnicas, provisões e fundos, ou na sua cobertura por ativos garantidores; aplicação dos recursos das reservas técnicas, provisões e fundos de forma inadequada ou em desacordo com as normas expedidas pelos órgãos competentes; descumprimento de disposições estatutárias ou de obrigações previstas nos regulamentos dos planos de benefícios, convênios de adesão ou contratos dos planos coletivos de que trata o inc. II do art. 26 desta Lei Complementar; situação econômico-financeira insuficiente à preservação da liquidez e solvência de cada um dos planos de benefícios e da entidade no conjunto de suas atividades; situação atuarial desequilibrada; outras anormalidades definidas em regulamento.

Os atos do interventor designado, quando impliquem oneração ou disposição do patrimônio da entidade sob intervenção, dependerão sempre de prévia autorização do órgão competente.

A **liquidação extrajudicial** é decretada quando se conclui ser inviável a recuperação da entidade ou não há mais condições para seu funcionamento, hipótese que se configura com o não atendimento às condições mínimas estabelecidas pelo órgão regulador e fiscalizador (art. 48, II).

A liquidação extrajudicial produz **efeitos** desde logo: suspensão das ações e execuções iniciadas sobre direitos e interesses relativos ao acervo da entidade liquidanda; vencimento antecipado das obrigações da liquidanda; não incidência de penalidades contratuais contra a entidade por obrigações vencidas em decorrência da decretação da liquidação extrajudicial; não fluência de juros contra a liquidanda enquanto não integralmente pago o passivo; interrupção da prescrição em relação às obrigações da entidade em liquidação; suspensão de multa e juros em relação às dívidas da entidade; inexigibilidade de penas pecuniárias por infrações de natureza administrativa; interrupção do pagamento à liquidanda das contribuições dos participantes e dos patrocinadores, relativas aos planos de benefícios.

Atenção: os efeitos da liquidação extrajudicial acima enumerados **não se aplicam às ações e aos débitos de natureza tributária**.

A liquidação extrajudicial pode não ser definitiva, ou seja, **pode ser levantada** se constatados fatos supervenientes que viabilizem a recuperação da entidade.

No caso das **entidades fechadas** (fundos de pensão), a liquidação extrajudicial é encerrada quando o órgão regulador e fiscalizador aprova as contas finais do liquidante e com a baixa nos devidos registros.

INTERVENÇÃO	LIQUIDAÇÃO EXTRAJUDICIAL
■ Situações de risco do direito dos participantes e assistidos.	■ Decretada quando inviável a recuperação da entidade ou falta de condições de funcionamento.
■ Duração até o encaminhamento do plano de recuperação.	■ Pode ser levantada se fato superveniente viabilizar a recuperação.
■ Atos do interventor de oneração/disposição do patrimônio: prévia autorização do órgão competente.	■ Efeitos não se aplicam às ações e aos débitos tributários.
	Efeitos principais: ■ suspensão de ações e execuções; ■ vencimento antecipado das obrigações; ■ não correm juros; ■ interrupção da prescrição.

5.23.5. Regime disciplinar

A LC 109/2001 prevê penalidades disciplinares para os administradores de entidade, os procuradores com poderes de gestão, os membros de conselhos estatutários, o interventor e o liquidante, os administradores dos patrocinadores ou instituidores, os atuários, os auditores independentes, os avaliadores de gestão e outros profissionais que prestem serviços técnicos à entidade, diretamente ou por intermédio de pessoa jurídica contratada: responderão civilmente pelos danos ou prejuízos que causarem, por ação ou omissão, às entidades de previdência complementar.

As **penalidades** são: **advertência**; **suspensão do exercício de atividades** em entidades de previdência complementar pelo prazo de até 180 dias; **inabilitação**, pelo prazo de 2 a 10 anos, para o exercício de cargo ou função em entidades de previdência complementar, sociedades seguradoras, instituições financeiras e no serviço público; e **multa** de 2 mil reais a 1 milhão de reais.

O processo disciplinar está regulado no Decreto n. 4.942, de 30.12.2003.

PENALIDADES
■ Advertência.
■ Suspensão do exercício de atividades em entidades de previdência complementar por até 180 dias.
■ Inabilitação de 2 a 10 anos para cargo ou função em entidade de previdência complementar.
■ Multa de R$ 2 mil a R$ 1 milhão.

■ 5.24. ENTIDADES ABERTAS DE PREVIDÊNCIA COMPLEMENTAR (EAPC)

As EAPCs são de livre acesso a todos que queiram participar de seus planos previdenciários.

Algumas têm fins lucrativos: seguradoras, empresas de capitalização e previdência. Outras não visam lucro: montepios, associações e fundações.[200]

Constituem-se unicamente sob a forma de **sociedades anônimas**, geralmente **seguradoras** ou **bancos**, que têm por objetivo instituir e operar planos de benefícios previdenciários. Porém, as seguradoras autorizadas a operar a previdência complementar são apenas as que operam exclusivamente no ramo "vida" (art. 36, parágrafo único).

Os benefícios previdenciários pagos pelas EAPCs podem ser de **prestação continuada** ou de **parcela única**.

O **órgão regulador** tem papel importante no cenário das EAPCs, enumeradas no art. 37, além de outras que a lei poderá definir. Destaca-se que lhe cabe regular a investidura nos cargos de direção da entidade, vedando o acesso a quem tenha condenação criminal transitada em julgado, penalidade administrativa por infração a normas da seguridade social ou como servidor público, bem como fixar normas de contabilidade, auditoria, padronizando planos de contas, balanços gerais etc., e sua remessa ao órgão fiscalizador.

Ao órgão fiscalizador incumbe prévia e expressamente autorizar a constituição e funcionamento das EAPCs, a comercialização dos planos de benefícios etc.

O regime financeiro é o de capitalização.

■ 5.24.1. Relação jurídica

Nas entidades abertas, **2 são os sujeitos** da relação jurídica contratual: o **segurador** e o **segurado**. Os dependentes do segurado são **beneficiários**.

Trata-se de relação contratual, submetida às normas do direito privado.

O **segurador** é sempre **pessoa jurídica de direito privado**, com ou sem fins lucrativos.

O **segurado** é sempre **pessoa física**, também denominado **sócio, associado e participante**. Não se exige que tenha vinculação profissional com qualquer instituição. A participação está aberta à pessoa física com capacidade civil e que preencha os demais requisitos para firmar contrato de seguro.

O **objeto** da relação jurídica é a cobertura contratada.

[200] Wladimir Novaes Martinez, ob. cit., p. 119.

5.24.2. Planos de benefícios

Os planos de benefícios das entidades abertas são acessíveis à população em geral.

Os planos podem ser individuais ou coletivos.

São **individuais** quando acessíveis a quaisquer pessoas físicas (art. 26, I).

São **coletivos** quando garantem benefícios previdenciários a pessoas físicas vinculadas, **direta ou indiretamente**, a uma pessoa jurídica contratante. Podem ser contratados por uma ou mais pessoas jurídicas (art. 26, II). **O vínculo indireto** se configura nos casos em que o contrato coletivo é feito por uma entidade que representa outras pessoas jurídicas para fins de proteção a grupos de pessoas físicas que lhes são vinculadas.

Há situações em que o participante deseja se desvincular da entidade aberta para, depois, filiar-se a outra, de natureza aberta ou fechada. Nessa situação, a lei garante a **portabilidade**, isto é, a transferência dos recursos financeiros correspondentes à sua participação para outro plano de previdência complementar.[201]

O participante tem direito, ainda, ao **resgate** dos recursos das reservas técnicas, provisões e fundos, total ou parcialmente.

ENTIDADES ABERTAS DE PREVIDÊNCIA COMPLEMENTAR (EAPC)	
ACESSO	■ população em geral.
FINALIDADE	■ com fins lucrativos → seguradoras e empresas de capitalização e previdência → sociedades anônimas: seguradoras ou bancos; ■ sem fins lucrativos → montepios, associações e fundações.
REGIME FINANCEIRO	■ capitalização.
BENEFÍCIOS	■ prestação continuada; ■ parcela única.
SEGURADOR	■ pessoa jurídica de direito privado;
SEGURADO	■ pessoa física → sócio, associado e participante;
BENEFICIÁRIOS	■ dependentes do segurado;
PLANOS DE BENEFÍCIOS	■ individuais: acessíveis a qualquer pessoa física; ■ coletivos: acessíveis a pessoa física vinculada direta/indiretamente com uma pessoa jurídica contratante.
PORTABILIDADE	■ transferência dos recursos financeiros correspondentes à participação para outro plano de previdência complementar.

[201] Cf. Wladimir Novaes Martinez, *Curso de direito previdenciário:* previdência complementar. 3. ed. São Paulo: LTr, 2009, t. IV, p. 42: "Um instituto técnico-jurídico novo nasceu com a LBPC, a **portabilidade**, isto é, a possibilidade de o participante que deixa uma entidade e se transfere para outra, sem acesso aos recursos, **portar (levar consigo) os valores acumulados e conduzi-los para o novo destino**. Nasce com impropriedade semântica porque o segurado não aporta, reduzindo-se a simples transferência de capitais sobre os quais não tem acesso".

5.25. ENTIDADES FECHADAS DE PREVIDÊNCIA COMPLEMENTAR (FUNDOS DE PENSÃO) (EFPC)

As EFPCs são constituídas em forma de fundação ou sociedade civil e não têm fins lucrativos (art. 31, § 1º, da LC 109/2001).

As EFPCs são de acesso restrito aos sujeitos enumerados nos incs. I e II do art. 35 da LC 109/2001:

> **Art. 31**. As entidades fechadas são aquelas acessíveis, na forma regulamentada pelo órgão regulador e fiscalizador, exclusivamente:
>
> I — **aos empregados** de uma empresa ou grupo de empresas **e aos servidores** da União, dos Estados, do Distrito Federal e dos Municípios, entes denominados patrocinadores; e
>
> II — **aos associados ou membros de pessoas jurídicas de caráter profissional, classista ou setorial**, denominadas instituidores.

As entidades fechadas não podem pedir concordata e não estão sujeitas a falência. Só podem ser dissolvidas por liquidação extrajudicial (art. 47).

5.25.1. Natureza jurídica contratual, desvinculada do contrato de trabalho

De natureza contratual, a relação jurídica se estabelece entre fundos de pensão, participantes e patrocinadores, e nasce com a adesão do empregado na condição de participante.

Trata-se de contrato de adesão, ao qual o participante se obriga, cujo regulamento define o plano de benefícios, regido pelo direito privado, mesmo que o patrocinador seja entidade pública e pela autonomia da vontade.

Importante frisar que a facultatividade de adesão ao plano afasta dessa relação jurídica a natureza trabalhista, sendo que quaisquer quantias relativas ao fundo de pensão não integram a relação trabalhista.[202]

Além do mais, o § 2º do art. 202 da Constituição Federal prevê que as contribuições do empregador, os benefícios e as condições contratuais previstas nos estatutos, regulamentos e planos de benefícios das entidades de previdência privada não integram o contrato de trabalho dos participantes, assim como, à exceção dos benefícios concedidos, **não integram a remuneração dos participantes**.

Não se aplica a legislação trabalhista às relações jurídicas de previdência complementar, que, por isso, **não é "simples salário indireto ou subproduto da política de recursos humanos da empresa"**.[203]

---

[202] Cf. Lygia Avena, ob. cit., p. 53: "(...) Tanto o caráter facultativo da adesão ao plano de benefícios quanto as disposições constitucionais e legais, anteriormente mencionadas, reforçam a natureza contratual, civil-previdenciária do referido vínculo estabelecido, distinta e dissociada da natureza trabalhista que envolve a relação formada entre o participante do plano de benefícios, na condição de empregado, e a sua empregadora, patrocinadora do plano (...)".

[203] Wladimir Novaes Martinez, ob. cit., p. 125.

Não tendo natureza trabalhista, os litígios relativos aos planos de benefícios não são processados na Justiça do Trabalho, mas, sim, na justiça comum. Esse tem sido o entendimento do Supremo Tribunal Federal:

> "EMENTA: AGRAVO REGIMENTAL NO AGRAVO DE INSTRUMENTO. PREQUESTIONAMENTO PARCIAL. PREVIDÊNCIA COMPLEMENTAR. CONTROVÉRSIA. COMPETÊNCIA. (...) 2. A Justiça Comum é competente para processar e julgar controvérsia relativa à complementação de aposentadoria paga por entidade de previdência privada. (...)" (AI-AgR 695265, 2ª Turma, Rel. Min. Eros Grau, *DJe* 13.05.2008).

Há na doutrina controvérsia sobre estarem ou não esses contratos de previdência privada submetidos também às normas do Código de Defesa do Consumidor (Lei n. 8.078/90).

Atenção: sobre o entendimento do STJ, v. item 5.23.3 *supra*.

5.25.2. Relação jurídica

Nos fundos de pensão, a relação jurídica envolve 3 sujeitos: **patrocinador** (que também pode ser **provedor**), **gestor** e **participante**. Os dependentes do participante são **beneficiários**.

O **patrocinador** é a pessoa jurídica de direito privado que institui o fundo de pensão para seus empregados.

O patrocinador é denominado **provedor** quando arca inteiramente com o financiamento do fundo de pensão.

Os fundos de pensão devem ter estrutura mínima de **gestão:** conselho deliberativo, conselho fiscal e diretoria-executiva (art. 35 da LC 109/2001).

5.25.3. Planos de benefícios

Os planos de benefícios dos fundos de pensão têm normas gerais nos arts. 12 a 25 da LC 109/2001.

O art. 14 dispõe sobre os institutos que devem ser previstos pelo plano de benefícios, sempre com observância das normas estabelecidas pelo órgão regulador e fiscalizador: **benefício proporcional diferido, portabilidade, resgate** e **autopatrocínio**.

> **Atenção:** quando a EFPC for constituída para atender a **associados ou membros de pessoas jurídicas de caráter profissional, classista ou setorial** (art. 31, II, da LC 109/2001), só poderá oferecer planos de benefício na modalidade **contribuição definida**.

5.25.3.1. Benefício Proporcional Diferido (BPD)

Em caso de cessação da relação empregatícia com o patrocinador, ou do vínculo associativo com o instituidor, antes de ter adquirido o direito ao benefício pleno, o participante pode optar por receber o benefício proporcional, no futuro, quando cumpridos os requisitos.

O participante que faz essa opção deixa de contribuir para o custeio para obter, no futuro, benefício proporcional ao tempo em que aportou contribuições.

■ 5.25.3.2. *Portabilidade*

A portabilidade permite que o participante de plano de fundo de pensão, após a cessação do seu contrato de trabalho com o patrocinador, transfira suas aplicações para outra entidade de previdência complementar.

A portabilidade só é possível antes do preenchimento dos requisitos para o benefício pleno (não proporcional) e depois de cumprida a carência estipulada no contrato, que não pode ser superior a 3 anos de adesão ao plano.

Se o benefício for concedido antecipadamente, não será mais permitida a portabilidade.

■ 5.25.3.3. *Resgate*

Cessado o vínculo empregatício, o participante pode optar, ainda, pelo **resgate:** receberá o **total das contribuições** que pagou para o plano de benefícios. Porém, serão descontadas as verbas referentes ao custeio administrativo.

Assim como na portabilidade, o resgate só poderá ser feito se o participante não tiver já adquirido direito ao benefício pleno ou antecipado.

As parcelas resgatadas devem ser corrigidas monetariamente, conforme **Súmula 289 do STJ:** A restituição das parcelas pagas a plano de previdência privada deve ser objeto de **correção plena**, por índice que recomponha a efetiva desvalorização da moeda.[204]

O participante resgata apenas os valores das contribuições que pagou, e não as do patrocinador. Nesse sentido, a **Súmula 290 do STJ:** Nos planos de previdência privada, não cabe ao beneficiário a devolução da contribuição paga pelo patrocinador.

■ 5.25.3.4. *Autopatrocínio*

Em caso de rescisão do vínculo trabalhista ou de perda parcial da remuneração, o participante pode **optar por permanecer no plano**. Para tanto, **deverá pagar o valor da sua contribuição e do patrocinador**.

Também nesta hipótese é necessário não ter havido o cumprimento dos requisitos para o benefício pleno ou para o antecipado.

---

[204] Em **Recurso Especial Repetitivo**, o STJ decidiu: "(...) 1. Para efeito do art. 543-C do Código de Processo Civil, ficam aprovadas as seguintes teses: (...). III — **A atualização monetária das contribuições devolvidas pela entidade de previdência privada ao associado deve ser calculada pelo IPC, por ser o índice que melhor traduz a perda do poder aquisitivo da moeda.** 2. Recurso especial da entidade de previdência privada desprovido" (REsp 1.183.474/DF, Rel. Min. Raul Araújo, 2ª Seção, *DJe* 28.11.2012).

5.25.4. Financiamento dos fundos de pensão

As entidades fechadas de previdência complementar são custeadas principalmente com **contribuições** pagas pela **patrocinadora**, pelo **participante** e por **aplicações financeiras**.

Os fundos de pensão têm plano de custeio com **periodicidade mínima anual**, que deve preservar o equilíbrio financeiro e atuarial.

Os benefícios de pagamento em prestações programadas e continuadas estão submetidos ao regime financeiro de capitalização.

O valor das contribuições é estabelecido no plano de custeio, com vista à **constituição de reservas** suficientes para garantir o **pagamento dos benefícios, fundos, previsões** e **demais despesas**, tudo conforme os critérios fixados pelo órgão regulador e fiscalizador (art. 18).

O art. 19 classifica as contribuições: são **normais** as contribuições destinadas ao custeio dos benefícios do plano; são **extraordinárias** as contribuições destinadas ao custeio de déficits, serviço passado e outras finalidades não incluídas na contribuição normal.

As alíquotas de contribuição não estão fixadas em lei. O Professor Wladimir Novaes Martinez referia-se às disposições do Decreto n. 81.240/78, que fazia referência a "salários de contribuição" à previdência social, e fixava as alíquotas. Concluía, então, que a base de cálculo das contribuições para os fundos de pensão eram as mesmas do art. 28 da Lei n. 8.213/91.[205]

Entretanto, o Decreto n. 81.240/78 foi revogado pelo Decreto n. 4.206/2002, que foi posteriormente revogado pelo Decreto n. 4.942/2003, atualmente em vigor, que nada dispõe sobre o tema.

Dessa forma, a nosso ver, cabe ao plano de custeio fixar as alíquotas e bases de cálculo da contribuição patronal e do participante. Em Recurso Especial Repetitivo, o STJ decidiu nesse sentido:

> "(...) 1. Ação ordinária que visa a redução da alíquota relativa à contribuição de plano de previdência privada ao argumento de que os participantes possuem direito adquirido às regras vigentes na época da adesão, sendo ilegal a majoração promovida pela entidade em regulamento superveniente.
>
> 2. **Pelo regime de capitalização, o benefício de previdência complementar será decorrente do montante de contribuições efetuadas e do resultado de investimentos, podendo haver, no caso de desequilíbrio financeiro e atuarial do fundo, superávit ou déficit, a influenciar os participantes do plano como um todo, já que pelo mutualismo serão beneficiados ou prejudicados, de modo que, nessa última hipótese, terão que arcar com os ônus daí advindos.**
>
> 3. **É da própria lógica do regime de capitalização do plano de previdência complementar o caráter estatutário, até porque, periodicamente, em cada balanço, todos os planos de benefícios devem ser reavaliados atuarialmente a fim de manter o equilíbrio do sistema, haja vista as flutuações do mercado e da economia, razão**

[205] Ob. cit., p. 224.

pela qual adaptações e ajustes ao longo do tempo revelam-se necessários, sendo inapropriado o engessamento normativo e regulamentar.

4. **A possibilidade de alteração dos regulamentos dos planos de benefícios pelas entidades de previdência privada, com a supervisão de órgãos governamentais, e a adoção de sistema de revisão dos valores das contribuições e dos benefícios já encontravam previsão legal desde a Lei n. 6.435/1977 (arts. 3º, 21 e 42), tendo sido mantidas na Lei Complementar n. 109/2001 (arts. 18 e 21).**

5. As modificações processadas nos regulamentos dos planos aplicam-se a todos os participantes das entidades fechadas de previdência privada, a partir da aprovação pelo órgão regulador e fiscalizador, observado, em qualquer caso, o direito acumulado de cada participante.

6. **É assegurada ao participante que tenha cumprido os requisitos para obtenção dos benefícios previstos no plano a aplicação das disposições regulamentares vigentes na data em que se tornou elegível a um benefício de aposentadoria. Todavia, disso não decorre nenhum direito adquirido a regime de custeio, o qual poderá ser alterado a qualquer momento para manter o equilíbrio atuarial do plano, sempre que ocorrerem situações que o recomendem ou exijam, obedecidos os requisitos legais.**

7. **O resultado deficitário nos planos ou nas entidades fechadas será suportado por patrocinadores, participantes e assistidos, devendo o equacionamento ser feito, dentre outras formas, por meio do aumento do valor das contribuições, instituição de contribuição adicional ou redução do valor dos benefícios a conceder, observadas as normas estabelecidas pelo órgão regulador e fiscalizador (art. 21, § 1º, da Lei Complementar n. 109/2001).**

8. **Se foi comprovada a necessidade técnica de adaptação financeira do plano, tanto por questões administrativas (equiparação da data de reajuste de empregados ativos e inativos) quanto por questões financeiras (realinhamento da contabilidade do fundo previdenciário em virtude da profunda instabilidade econômica do país), não há falar em ilegalidade na majoração das contribuições dos participantes, pois, além de não ser vedada a alteração da forma de custeio do plano de previdência privada, foram respeitadas as normas legais para a instituição de tais modificações, como a aprovação em órgãos competentes e a busca do equilíbrio financeiro e atuarial do fundo previdenciário (...)**" (REsp 1.364.013/SE, 3ª Turma, Rel. Min. Ricardo Villas Bôas Cueva, *DJe* 07.05.2015).

O participante contribui para o custeio do plano mediante desconto da sua contribuição na remuneração. A contribuição do participante também está prevista no regulamento do plano.

As contribuições aportadas pelo patrocinador e pelo participante são objeto de aplicações financeiras e outros investimentos (imóveis, aluguéis etc.), sempre com vista a garantir a integralidade das obrigações do plano, com a manutenção de seu equilíbrio financeiro e atuarial.

ENTIDADES FECHADAS DE PREVIDÊNCIA COMPLEMENTAR (EFPC)	
ACESSO	■ aos empregados de empresa/grupo de empresas; ■ aos servidores da União, dos Estados, do Distrito Federal e dos Municípios (patrocinadores); ■ associados ou membros de pessoas jurídicas de caráter profissional, classista ou setorial (instituidores).

DISSOLUÇÃO	■ Por liquidação extrajudicial: impossível concordata ou falência;
NATUREZA CONTRATUAL	■ Desvinculada do contrato de trabalho: benefícios não integram a remuneração;
PATROCINADOR OU PROVEDOR	■ Pessoa jurídica de direito privado que institui o fundo de pensão para seus empregados.
PROVEDOR	■ Patrocinador que arca inteiramente com o financiamento do fundo de pensão.
BENEFICIÁRIOS	■ Dependentes do participante (segurado).
PLANOS DE BENEFÍCIOS	■ benefício proporcional diferido; ■ portabilidade; ■ resgate; ■ autopatrocínio.
BENEFÍCIO PROPORCIONAL DIFERIDO	■ cessada a relação empregatícia com o patrocinador ou o vínculo associativo com o instituidor, antes de adquirido o direito ao benefício pleno, o participante pode optar por receber o benefício proporcional, no futuro, quando cumpridos os requisitos.
PORTABILIDADE	■ participante, após cessar o contrato de trabalho com o patrocinador, pode transferir suas aplicações para outra entidade de previdência complementar; ■ só é possível antes do preenchimento dos requisitos para o benefício pleno (não proporcional) e depois de cumprida a carência estipulada no contrato, que não pode ser superior a 3 anos de adesão ao plano; ■ não permitida se o benefício for concedido antecipadamente.
RESGATE	■ após cessar o vínculo empregatício, o participante pode optar por receber o total das contribuições que pagou para o plano de benefícios; ■ descontadas as verbas referentes ao custeio administrativo; ■ só pode ser feito se o participante não tiver já adquirido direito ao benefício pleno ou antecipado; ■ correção monetária das parcelas resgatadas: Súmula 289 do STJ; ■ participante resgata apenas os valores das contribuições que pagou, e não as do patrocinador: Súmula 290 do STJ.
AUTOPATROCÍNIO	■ em caso de rescisão do vínculo trabalhista ou de perda parcial da remuneração, o participante pode permanecer no plano: deverá pagar o valor da sua contribuição e do patrocinador; ■ participante não pode ter cumprido os requisitos para o benefício (pleno ou antecipado).
FINANCIAMENTO	■ contribuições do patrocinador; ■ contribuições do participante; ■ aplicações financeiras.
PLANO DE CUSTEIO	■ Periodicidade mínima anual: equilíbrio financeiro e atuarial.
REGIME FINANCEIRO	■ Capitalização.
CONTRIBUIÇÕES	■ normais → custeio dos benefícios; ■ extraordinárias → custeio de déficits, serviço passado e outras finalidades não incluídas na contribuição normal.
ALÍQUOTAS E BASES DE CÁLCULO	■ Fixadas pelo plano de custeio.
CONTRIBUIÇÃO DO PARTICIPANTE	■ Descontada da remuneração.

■ 5.26. QUESTÕES

1. (CESPE/UnB — Advocacia-Geral da União (AGU) — Advogado da União — 2008) Assinale C se julgar "certo" e E se julgar "errado".

Julgue os itens subsequentes, acerca da previdência privada complementar.

196. A previdência privada objetiva complementar a proteção oferecida pela previdência pública, por meio de organização autônoma e da adoção do regime de financiamento por capitalização, bem como contribuir para o fomento da poupança nacional.

197. Os planos de benefícios das entidades fechadas podem, como regra geral, ser oferecidos a alguns ou a todos os empregados dos patrocinadores e, em qualquer hipótese, o valor da contribuição efetivamente pago pelo patrocinador, destinado ao programa de previdência complementar, não integrará o salário de contribuição do empregado, para efeito de incidência de contribuição para a seguridade social.

198. A portabilidade abrange o direito de o participante mudar de um plano para outro no interior de uma mesma entidade fechada de previdência privada, sem necessariamente haver ruptura do vínculo empregatício com o patrocinador.

2. (CESPE — AGU — Advogado da União de 2ª Categoria — 2012) Considerando a jurisprudência do STF e do STJ, julgue os próximos itens, referentes à previdência privada.

196. A CF prevê, como garantia do equilíbrio atuarial e financeiro, a possibilidade de, em caso de insuficiência financeira, a administração pública aportar recursos a entidades de previdência privada.

198. Não poderá recair penhora sobre o saldo de depósito em fundo de previdência privada em nome de diretor de empresa falida suspeito de gestão fraudulenta, dado o nítido caráter alimentar de tal verba, advinda da remuneração mensal do diretor, especialmente se os referidos valores tiverem sido depositados antes de seu ingresso na diretoria da empresa.

3. (CESPE — AGU — Advogado da União — 2015) Julgue os itens a seguir, relativos à previdência privada e às EFPCs.

196. Situação hipotética: A Fundação Previx, caracterizada como EFPC, é patrocinada por empresa pública. O patrimônio dessa fundação é segregado do patrimônio da referida empresa pública, de modo que o custeio dos planos de benefícios ofertados pela fundação constitui responsabilidade da patrocinadora e dos participantes, incluindo os assistidos. Assertiva: Nessa situação, os resultados deficitários deverão ser equacionados por participantes e assistidos, porque se veda à patrocinadora pública qualquer contribuição para o custeio distinta da contribuição ordinária.

197. Na relação de previdência complementar administrada por uma EFPC, incide o princípio da paridade contributiva. Nesse sentido, a contribuição de empresa patrocinadora deve ser idêntica à contribuição dos participantes — regra do meio-a-meio.

198. Situação hipotética: Determinado empregado aderiu ao plano de benefícios de previdência privada ofertado pela empresa pública Alfa e administrado pela entidade fechada Previbeta. Após dez anos de contribuições, esse empregado resolveu deixar de contribuir para a previdência privada. Assertiva: Nessa situação, conforme entendimento do STF, embora seja constitucionalmente garantido o direito de esse empregado optar por aderir ao plano de previdência privada, após o ingresso nesse sistema, não há possibilidade de ele se desvincular sem o consentimento das demais partes envolvidas — participantes e patrocinadores —, estando, ainda, a retirada de patrocínio condicionada a autorização do órgão fiscalizador.

199. Cabe ao Conselho Nacional de Previdência Complementar regular o regime de previdência complementar operado pelas entidades fechadas de previdência complementar, ao passo que compete à Superintendência Nacional de Previdência Complementar fiscalizar e supervisionar as atividades desenvolvidas por essas mesmas entidades.

200. As normas para concessão de benefícios pelo regime de previdência privada, independentemente de a gestão do plano de benefícios ser realizada por entidade fechada ou aberta, impõem a necessidade de vinculação ao RGPS.

■ GABARITO ■

1. 196. "certo"; 197. "errado"; 198. "errado".
2. 196. "errado"; 198. "errado".
3. 196. "errado"; 197. "errado"; 198. "errado"; 199. "certo"; 200. "errado".

6

OS BENEFÍCIOS DA LEGISLAÇÃO ESPECIAL

6.1. INTRODUÇÃO

A legislação brasileira prevê o pagamento de alguns benefícios que não são custeados pelo orçamento da Seguridade Social, mas não podem ser ignorados dadas as suas peculiaridades.

6.2. PENSÃO MENSAL VITALÍCIA PARA OS SERINGUEIROS ("SOLDADOS DA BORRACHA")

O Constituinte de 1988 preocupou-se não só com o futuro, mas também com o passado, tanto que em alguns dos dispositivos do Ato das Disposições Constitucionais Transitórias garantiu proteção social a alguns grupos de pessoas que, historicamente, de alguma forma contribuíram com seu sacrifício pessoal para o engrandecimento da Pátria.

O art. 54 do ADCT dispõe:

> **Art. 54.** Os seringueiros recrutados nos termos do Decreto-lei n. 5.813, de 14 de setembro de 1943, e amparados pelo Decreto-lei n. 9.882, de 16 de setembro de 1946, receberão, quando carentes, pensão mensal vitalícia no valor de dois salários mínimos.

O registro histórico do trabalho desses seringueiros é feito por **Mariete Pinheiro da Costa:**[1]

> "(...) Depois da entrada dos Estados Unidos na 2ª Guerra e o bombardeio dos navios brasileiros pela Esquadra Alemã o Presidente da República de então, Getúlio Vargas, optou por apoiar os Países Aliados. Os americanos, preocupados com a produção de matérias-primas necessárias à manutenção da guerra, logo procuraram os países da América Latina. Para Washington, o Brasil tinha uma importância estratégica, já que era o segundo maior produtor de borracha vegetal, produto necessário para o armamento bélico. O maior produtor estava nas mãos dos japoneses no Sudeste Asiático. Vários acordos foram assinados entre o Brasil e os Estados Unidos, conhecidos como os 'Acordos

---

1 *O parlamento e os soldados da borracha no limiar da 2ª Guerra Mundial*, monografia apresentada no Curso de Especialização em Instituições e Processos Políticos do Legislativo da Câmara dos Deputados, 2º semestre de 2007. Disponível em: <http://apache.camara.gov.br/portal/arquivos/Camara/Internet/posgraduacao>.

> de Washington'. Dentre esses acordos, a maioria dizia respeito à produção, comercialização e exportação da borracha vegetal. Para cumprir rigorosamente os compromissos, o Brasil necessitou urgentemente aumentar o número de trabalhadores no Vale Amazônico. No entanto, isso só foi possível quando o Governo convocou mais de 50 mil brasileiros, oriundos do Nordeste do Brasil, para o serviço militar e os encaminhou para a inóspita Floresta Amazônica. Eles se tornaram os 'Soldados da Borracha'. Segundo estudiosos do assunto, pelo menos 20 mil morreram naquela região. Até hoje os sobreviventes da conhecida 'Batalha da Borracha', buscam o reconhecimento do Governo brasileiro pela contribuição que, juntamente com os ex-combatentes de guerra, prestaram para a vitória dos Países Aliados (...)."

O Decreto-lei n. 5.813/43 aprovou o acordo relativo ao recrutamento, encaminhamento e colocação de trabalhadores para a Amazônia. Posteriormente, reconhecendo a precariedade da situação desses seringueiros, o Decreto-lei n. 9.882/46 autorizou a elaboração de um **plano de assistência aos trabalhadores da borracha**.

O art. 54 do ADCT instituiu a **pensão vitalícia** para os seringueiros recrutados na forma do Decreto-lei n. 5.813/43, quando carentes, e a estendeu àqueles que trabalharam para o esforço de guerra durante a Segunda Guerra Mundial.

A Lei n. 7.986, de 28.12.1989, implementou o benefício, que pode ser pago, também, aos dependentes do seringueiro falecido.

Não se trata de benefício previdenciário, não está previsto no rol das contingências com cobertura pela previdência social.

Sua **natureza jurídica**, a nosso ver, é **assistencial**, previsto em lei especial, não abrangido pelas disposições da Lei n. 8.742/93 (LOAS), uma vez que se destina a proteger um grupo de pessoas reconhecidamente carentes, tornando-as menos desiguais, conforme quer a Ordem Social. Porém, com a EC n. 78/2014, o benefício passou a ter caráter indenizatório.

A pensão especial não pode ser cumulada com o recebimento de qualquer outro benefício de prestação continuada mantido pela Previdência Social, mas o interessado pode optar pelo mais vantajoso (art. 767 da IN INSS/PRES n. 77/2015). No entanto, a proibição consta apenas da norma administrativa, não está na lei e em nenhuma outra norma legal de hierarquia igual ou superior. Assim, a nosso ver, o art. 767 fere o princípio da legalidade.[2]

Contingência: ter sido seringueiro recrutado na forma do Decreto-lei n. 5.813/43, amparado pelo Decreto-lei n. 9.882/46, que tenha trabalhado durante a Segunda Guerra Mundial nos Seringais da Região Amazônica, **ou** ter sido seringueiro que, atendendo ao chamamento do governo brasileiro, trabalhou na produção de borracha, na Região Amazônica, contribuindo para o esforço de guerra, **ou** ser dependente de

---

2 Há jurisprudência do STJ afastando a proibição trazida pela norma administrativa. Cf. STJ, REsp 501.035/CE, 6ª Turma, Rel. Min. Paulo Gallotti, *DJ* 06.12.2004): "(...) 2. Decidindo que não há vedação legal na **cumulação da pensão especial de seringueiro** com a aposentadoria por idade, não há reparo a fazer ao acórdão atacado, pois realmente não pode a Administração, por meio de ato regulamentador, impor restrição não existente na lei (...)".

seringueiro falecido, desde que, em qualquer das hipóteses, não possua meios para a sua subsistência e da sua família.

A comprovação do efetivo exercício da atividade pelo seringueiro, que pode ser feita mediante justificação administrativa ou judicial, não pode se basear em prova exclusivamente testemunhal. **É necessária a apresentação de início de prova material**, conforme art. 3º da Lei n. 7.986/89, com a redação da Lei n. 9.711/98.

E assim tem entendido a jurisprudência do STF:

> "(...) A vedação à utilização da prova exclusivamente testemunhal e a exigência do início de prova material para o reconhecimento judicial da situação descrita no art. 54 do ADCT e no art. 1º da Lei n. 7.986/89 não vulneram os incisos XXXV, XXXVI e LVI do art. 5º da CF. O maior relevo conferido pelo legislador ordinário ao princípio da segurança jurídica visa a um maior rigor na verificação da situação exigida para o recebimento do benefício. Precedentes da Segunda Turma do STF: REs ns. 226.588, 238.446, 226.772, 236.759 e 238.444, todos de relatoria do eminente Ministro Marco Aurélio. Descabida a alegação de ofensa a direito adquirido. O art. 21 da Lei 9.711/98 alterou o regime jurídico probatório no processo de concessão do benefício citado, sendo pacífico o entendimento fixado por esta Corte de que não há direito adquirido a regime jurídico. Ação direta cujo pedido se julga improcedente (...)" (ADI 2.555, Rel. Min. Ellen Gracie, *DJ* 02.05.2003).

Entretanto, nos autos do Processo n. 2006.032.0070834-5, o Ministro Gilson Dipp, então presidente da Turma Nacional de Uniformização dos Juizados Especiais Federais, determinou a devolução do Incidente de Uniformização à Turma Recursal de origem, adotando entendimento de que não se pode exigir, no caso, início de prova material da atividade do seringueiro de que trata o art. 54 do ADCT porque "O serviço prestado por seringueiros no início da década de 40 na inóspita selva amazônica, em situações absolutamente diversas, em tempo de guerra, não havendo plena liberdade de contratação e até mesmo notícia de escravidão por dívida, é diferente daquele prestado em passado recente por trabalhadores urbanos e rurais" (*DJ* de 1º.02.2008).

A **comprovação da necessidade** deverá ser feita com a apresentação de atestado fornecido por órgão oficial (art. 4º da Lei n. 7.986/89). Contudo, o art. 765 da IN INSS/PRES n. 77/2015 exige a comprovação de que o interessado não aufere rendimento, sob qualquer forma, igual ou superior a dois salários mínimos, e que não recebe qualquer espécie de benefício pago pela Previdência Social urbana ou rural.

Sujeito ativo: o seringueiro **ou**, se falecido, os dependentes que comprovem o estado de carência.

Sujeito passivo: o INSS. Na verdade, o INSS é o **sujeito passivo onerado**, porque recebe as respectivas verbas dos cofres da União e as repassa aos beneficiários.

Toda a atividade administrativa destinada à concessão do benefício é feita pelo INSS, na forma do art. 3º, § 1º, da Lei n. 7.986/89.

Renda mensal: 2 salários mínimos para os benefícios concedidos até 31.12.2014.

O benefício foi **alterado** pela **Emenda Constitucional n. 78, de 14.05.2014**, que acrescentou o art. 54-A ao Ato das Disposições Constitucionais Transitórias, **em vigor a partir de 1º.01.2015:**

Art. 54-A. Os seringueiros de que trata o art. 54 deste Ato das Disposições Constitucionais Transitórias receberão indenização, em parcela única, no valor de R$ 25.000,00 (vinte e cinco mil reais).

Os dependentes do seringueiro só terão direito à indenização em parcela única se comprovarem a condição de dependentes reconhecidamente carentes na data da entrada em vigor da Emenda, conforme previsto no § 2º do art. 54. Nessa hipótese, o valor da indenização será rateado entre os pensionistas na proporção de sua cota-parte na pensão.

Termo inicial: a data do requerimento.

Termo final: a morte do seringueiro/dependente.

PENSÃO MENSAL VITALÍCIA PARA OS SERINGUEIROS	
NATUREZA JURÍDICA	■ Até 31.12. 2014 → Benefício assistencial ■ A partir de 1º.01.2015 (EC n. 78/2014) → Indenização
CONTINGÊNCIA	■ Ter sido seringueiro (Decretos-leis ns. 5.813/43 e 9.882/46), que tenha trabalhado durante a Segunda Guerra Mundial na Região Amazônica, **ou** ter sido seringueiro que, atendendo ao chamamento do governo brasileiro, trabalhou na produção de borracha, na região Amazônica, contribuindo para o esforço de guerra, **ou** ser dependente de seringueiro falecido, desde que, em qualquer das hipóteses, não possua meios para a sua subsistência e da sua família.
CARÊNCIA	■ Benefício assistencial/indenização, que independe de contribuição para o custeio.
VALOR	■ Renda mensal para os benefícios concedidos até 31.12.2014 → 2 salários mínimos ■ Parcela única a partir de 1º.01.2015 (EC n. 78/2014) → R$ 25.000,00
SUJEITO ATIVO	■ O seringueiro **ou**, se falecido, os dependentes que comprovem o estado de carência.
SUJEITO PASSIVO	■ INSS (onerado)
TERMO INICIAL	■ A data do requerimento
TERMO FINAL	■ A morte do seringueiro/dependente

6.3. O EX-COMBATENTE

O ex-combatente protegido é aquele que **participou efetivamente** das operações bélicas durante a Segunda Guerra Mundial como integrante das Forças Armadas do Brasil.

A proteção ao ex-combatente surgiu na Constituição Federal de 1967 (art. 178), regulamentado pela Lei n. 5.315, de 12.09.1967, alcançando os que integraram a Força Expedicionária Brasileira, a Força Aérea Brasileira, a Marinha de Guerra e a Marinha Mercante do Brasil.

Posteriormente, com a Emenda Constitucional n. 1/69 (art. 197), a proteção foi dada ao civil, ex-combatente da Segunda Guerra Mundial, que participou efetivamente das operações bélicas da Força Expedicionária Brasileira, da Marinha, da Força Aérea Brasileira, da Marinha Mercante ou de Força do Exército.

O **art. 53 do ADCT** da Constituição Federal de 1988 reconhece direito à proteção social do **ex-combatente que tenha participado efetivamente** de operações bélicas durante da Segunda Guerra Mundial, conforme definido pela Lei n. 5.315/67. Restaram assegurados pelo ADCT os seguintes direitos:

Art. 53. Ao ex-combatente que tenha efetivamente participado de operações bélicas durante a Segunda Guerra Mundial, nos termos da Lei n. 5.315, de 12 de setembro de 1967, serão assegurados os seguintes direitos:

I — aproveitamento no serviço público, sem a exigência de concurso, com estabilidade;

II — pensão especial correspondente à deixada por segundo-tenente das Forças Armadas, que poderá ser requerida a qualquer tempo, sendo inacumulável com quaisquer rendimentos recebidos dos cofres públicos, exceto os benefícios previdenciários, ressalvado o direito de opção;

III — em caso de morte, pensão à viúva ou companheira ou dependente, de forma proporcional, de valor igual à do inciso anterior;

IV — assistência médica, hospitalar e educacional gratuita, extensiva aos dependentes;

V — aposentadoria com proventos integrais aos vinte e cinco anos de serviço efetivo, em qualquer regime jurídico;

VI — prioridade na aquisição da casa própria, para os que não a possuam ou para suas viúvas ou companheiras.

Parágrafo único. A concessão da pensão especial do inciso II substitui, para todos os efeitos legais, qualquer outra pensão já concedida ao ex-combatente.

O art. 53 do ADCT dá proteção ao ex-combatente que tenha sido servidor público ou trabalhador da iniciativa privada, porque se refere à aposentadoria "em qualquer regime jurídico" (V).

Note-se que a Constituição se refere àquele que **tenha efetivamente participado das operações bélicas**. A dúvida está em saber se o conceito abrange somente aqueles que estiveram no *front*. A questão tem sido apreciada pelo STJ:[3]

> "(...) 1. A Terceira Seção do Superior Tribunal de Justiça tem entendido que o conceito de **ex-combatente** abrange também aqueles que, durante a Segunda Guerra Mundial, em se deslocando de suas bases, **participaram de missões de vigilância e segurança no litoral brasileiro, bem como os integrantes da Marinha Mercante que realizaram, pelo menos, duas viagens a zonas de ataques submarinos** (...)" (AgRg no REsp 971.815/SC, 6ª Turma, Rel. Min. Paulo Gallotti, *DJe* 1º.06.2009).

Hermes Arrais Alencar ensina:[4]

> "(...) Não é considerado ex-combatente, para efeito da Lei Especial, o brasileiro que tenha prestado serviço militar nas Forças Armadas Britânicas, durante a Segunda Guerra Mundial (...)."

Também não é considerado ex-combatente da Segunda Guerra Mundial o militar que, após a conflagração mundial, permaneceu na carreira até ser transferido para a reserva remunerada.[5]

Os benefícios concedidos ao ex-combatente são aposentadoria e pensão especial.

---

3 Cf. também AR 3.532, 3ª Seção, Rel. Min. Sebastião Reis Júnior, *DJe* 15.08.2013.

4 Ob. cit., p. 594.

5 Cf. STJ, REsp 924.629 RJ, 5ª Turma, Rel. Min. Arnaldo Esteves Lima, *DJe* 1º.12.2008.

6.3.1. Aposentadoria especial do ex-combatente

Contingência: completar 25 anos de tempo de serviço efetivo.

Sujeito ativo: o ex-combatente segurado do RGPS ou de regime próprio de servidores públicos.

Sujeito passivo: o INSS (RGPS) ou a pessoa jurídica de Direito Público à qual estivesse vinculado o ex-combatente aposentado.

Renda mensal inicial: o art. 53 do ADCT garante que a aposentadoria tenha proventos integrais.

Entretanto, a nosso ver, o dispositivo necessita de interpretação porque se dirige a segurados de regimes diversos, com preceitos também diversos no que tange ao cálculo dos proventos.

A legislação de regência tem sido sucessivamente modificada, de modo que convém analisar a jurisprudência para melhor compreender a matéria.

O STJ tem entendimento firmado no sentido de que, se a aposentadoria do ex-combatente foi concedida **na vigência das Leis ns. 1.756/52 e 4.297/63**, os proventos devem corresponder inicialmente ao **valor da remuneração da época da inativação:**

> "(...) 1. A Terceira Seção do Superior Tribunal de Justiça tem entendido que, preenchidos os requisitos na vigência das Leis 1.756/52 e 4.297/63, o ex-combatente deve ter seus proventos iniciais calculados em valor correspondente ao de sua remuneração à época da inativação e reajustados conforme preceituam referidos diplomas legais, sem as modificações introduzidas pela Lei n. 5.698/71 (...)" (REsp 554.231/RS, 5ª Turma, Rel. Min. Arnaldo Esteves Lima, *DJ* 27.11.2006, p. 306).

Com a vigência da **Lei n. 5.698, de 31.08.1971, a aposentadoria do ex-combatente segurado do RGPS passou a ter renda mensal inicial de 100% do salário de benefício**.

APOSENTADORIA ESPECIAL DO EX-COMBATENTE	
NATUREZA JURÍDICA	■ Benefício previdenciário
CONTINGÊNCIA	■ Completar 25 anos de serviço efetivo
SUJEITO ATIVO	■ Ex-combatente segurado do RGPS ou do RPSP
SUJEITO PASSIVO	■ INSS (RGPS); ■ pessoa jurídica de Direito Público à qual estava vinculado o ex-combatente (RPSP).
RENDA MENSAL INICIAL	■ concedida na vigência das Leis ns. 1.756/52 e 4.297/63; ■ valor correspondente ao da remuneração da época da inativação; ■ concedida a partir da Lei n. 5.698/71; ■ 100% do salário de benefício.

6.3.2. Pensão especial do ex-combatente e dependentes

A Lei n. 8.059, de 04.06.1990, instituiu pensão especial para o ex-combatente ou, se falecido, seus dependentes.

Trata-se de pensão especial, sem natureza previdenciária, que não se assemelha à aposentadoria tratada no item 6.3.1 *supra*. **Pode ser acumulada** com benefício previdenciário, mas é **inacumulável** com quaisquer rendimentos percebidos dos cofres públicos (art. 4º).

O STF tem decidido que a pensão especial **pode ser acumulada com a aposentadoria de servidor público** porque são benefícios com naturezas jurídicas diferentes.[6]

A pensão especial integral é denominada de **pensão-tronco** e cada parcela resultante do rateio entre os dependentes denomina-se **cota-parte**.

Com o falecimento do ex-combatente que recebia a pensão especial, esta é, então, concedida aos dependentes habilitados, o que se denomina **reversão**.

Contingência: ser ex-combatente da Segunda Guerra Mundial, conforme definido na Lei n. 5.315/67, **ou** dependente de ex-combatente falecido.

Sujeito ativo: o ex-combatente **ou**, se falecido, o dependente definido pela Lei n. 8.059/90.

O art. 5º da Lei n. 8.059/90 fornece o rol de dependentes do ex-combatente para fins de pensão especial: a viúva; a companheira; o filho e a filha de qualquer condição, solteiros, menores de 21 anos ou inválidos; o pai e a mãe inválidos; e o irmão e a irmã, solteiros, menores de 21 anos ou inválidos.

Pais e irmãos precisam comprovar a dependência econômica.

Importante frisar que a Lei n. 8.059 (art. 8º) exclui do direito à pensão a ex-esposa sem direito a alimentos; viúva que voluntariamente abandonou o lar conjugal há mais de 5 anos ou que, mesmo por tempo inferior, abandonou-o e a ele recusou-se a voltar, desde que essa situação tenha sido reconhecida por sentença judicial transitada em julgado; companheira, quando, antes da morte do ex-combatente, houver cessado a dependência, pela ruptura da relação concubinária; e o dependente que tenha sido condenado por crime doloso, do qual resulte a morte do ex-combatente ou de outro dependente.

Diferentemente da Lei n. 8.213/91, a **reversão** da pensão especial de ex-combatente aos dependentes não se submete à hierarquia entre as classes, isto é, **a existência de dependentes relacionados em um dos incisos do art. 5º da Lei n. 8.059/90 não exclui os relacionados nos incisos subsequentes**.

Sujeito passivo onerado: a União, à conta das dotações consignadas no Orçamento Geral (art. 23).

Sujeito passivo gestor: o INSS (art. 189 do RPS).

Renda mensal inicial: o art. 3º dispõe que a pensão especial corresponderá à pensão militar deixada por segundo-tenente das Forças Armadas.

Os reajustes da renda mensal devem ser feitos na forma disposta no art. 22: na mesma proporção e na mesma data, sempre que se modificarem os vencimentos dos servidores militares, tomando-se por base a pensão-tronco. Porém, o art. 189 do RPS dispõe que o reajuste será feito com base nos mesmos índices do reajuste dos benefícios previdenciários.

---

[6] "(...) O acórdão do Tribunal de origem alinha-se à jurisprudência do Supremo Tribunal Federal no sentido de que, revestindo-se 'a aposentadoria de servidor público da natureza de benefício previdenciário, pode ela ser recebida cumulativamente com a pensão especial prevista no art. 53, inc. II, do Ato das Disposições Constitucionais Transitórias, devida a ex-combatente [RE 236.902, Relator o Ministro Néri da Silveira, *DJ* de 1.10.99]' (RE 483.101-AgR, Rel. Min. Eros Grau) (...)" (AI-AgR 742.475, 1ª Turma, Rel. Min. Roberto Barroso, *DJe* 21.08.2014).

Termo inicial: a data do requerimento ao Ministério Militar competente.

Termo final: a morte do ex-combatente ou, se falecido, do dependente.

PENSÃO ESPECIAL DO EX-COMBATENTE E DEPENDENTES	
NATUREZA JURÍDICA	■ Pensão especial
CONTINGÊNCIA	■ ser ex-combatente da Segunda Guerra Mundial; ■ ser dependente de ex-combatente falecido.
SUJEITO ATIVO	■ o ex-combatente; ■ o dependente.
SUJEITO PASSIVO	■ onerado: União; ■ gestor: INSS.
RMI	■ Igual à pensão militar deixada por segundo-tenente das Forças Armadas
TERMO INICIAL	■ Data do requerimento ao Ministério Militar competente
TERMO FINAL	■ a data da morte do ex-combatente; ■ a data da morte do dependente.
ACUMULAÇÃO	■ pode ser acumulada com benefício previdenciário, inclusive do RPSP; ■ não pode ser acumulada com outros rendimentos recebidos dos cofres públicos.

■ 6.4. PENSÃO ESPECIAL PARA DEPENDENTES DAS VÍTIMAS FATAIS DE HEPATITE TÓXICA (SÍNDROME DA HEMODIÁLISE DE CARUARU)

A Lei n. 9.422, de 24.12.1996, criou pensão especial aos dependentes das vítimas fatais de hepatite tóxica, por contaminação em processo de hemodiálise no Instituto de Doenças Renais, com sede na cidade de Caruaru, no Estado de Pernambuco, no período compreendido entre fevereiro e março de 1996, mediante evidências clínico-epidemiológicas determinadas pela autoridade competente.

Trata-se de benefício que não tem natureza previdenciária, mas, sim, a nosso ver, **assistencial**.

Contingência: ser cônjuge, companheiro ou companheira, descendente, ascendente e colaterais até segundo grau de vítima fatal de hepatite tóxica, por contaminação em processo de hemodiálise no Instituto de Doenças Renais.

Sujeito ativo: o cônjuge, o(a) companheiro(a), o descendente, o ascendente e os colaterais até segundo grau das vítimas fatais.

Sujeito passivo onerado: o art. 6º atribui à União, "com recursos alocados ao orçamento do Instituto Nacional do Seguro Social, à conta da subatividade Aposentadorias e Pensões Especiais concedidas por legislação específica e de responsabilidade do Tesouro Nacional".

Sujeito passivo gestor: o INSS (art. 6º).

Renda mensal: um salário mínimo.

Termo inicial: a data do óbito.

Termo final: a lei prevê como regra que a pensão especial será extinta com a morte do último beneficiário. Porém, caso a Justiça condene os proprietários do Instituto ao pagamento de pensão ou indenização aos dependentes das vítimas, a pensão cessará imediatamente (art. 5º).

O benefício já foi por diversas vezes objeto de pedido judicial:

"(...) 3. Redação da Lei 9.422/96, que dispôs sobre a instituição de pensão especial, tendo em vista contaminação em fevereiro de 1996, no Instituto de Doenças Renais S/A Ltda, de cerca de 142 pacientes renais, usuários do serviço de hemodiálise com substância 'MICROCYSTINA LR' presente na água do tratamento, tendo as vítimas contraído hepatite tóxica. 4. Apesar da certidão de óbito indicar a *causa mortis* como sendo desconhecida (S.A.M.), *vide* fl. 51, significando sem atendimento médico, o nome do paciente consta dentre a relação enviada pelo Secretário de Saúde ao INSS, onde se relacionavam aqueles sujeitos a tratamento de hemodiálise em fevereiro de 1996, quando expostos à contaminação, bem como documentos médicos que relatam atendimento médico poucos dias antes do óbito informando os sintomas do paciente. 5. Evidenciando-se, portanto, a exposição da paciente à contaminação da toxina 'MICROCISTINA' no período considerado pelo legislador, bem como o quadro clínico apresentado em momento imediatamente posterior, onde apresentou sintomas de contaminação efetiva, há de se reconhecer o nexo causal entre o falecimento da paciente e o tratamento a que esteve submetido em Caruraru. 6. Não é por que não se apresentou a certidão de óbito especificando a causa de morte, ali declarada desconhecida, que não pode o Judiciário através de processo devidamente instruído reconhecer o direito à parte interessada, uma vez que comprovada a condição de saúde do paciente após o tratamento contaminado ao qual esteve em contato. 7. Garantindo a lei 9.422/96 o direito à pensão especial ao companheiro ou cônjuge, descendente e ascendente e colateral até o segundo grau, e não impugnando o INSS qualquer outro documento, devido o reconhecimento do direito, vez que consta nos autos a certidão de casamento entre o autor e a vítima fatal, sendo presumida sua dependência econômica a teor do que dispõe o art. 16, parágrafo 4º da Lei n. 8.213/91 (...)" (TRF 5ª Região, APELREEX 00004994520114058302, 2ª Turma, Rel. Des. Fed. Francisco de Barros Dias, *DJe* 17.11.2011).

PENSÃO ESPECIAL (SÍNDROME DA HEMODIÁLISE DE CARUARU)	
NATUREZA JURÍDICA	■ Benefício assistencial
CONTINGÊNCIA	■ Ser cônjuge, companheiro ou companheira, descendente, ascendente e colaterais até 2º grau de vítima fatal de hepatite tóxica, por contaminação em processo de hemodiálise no Instituto de Doenças Renais.
SUJEITO ATIVO	■ o cônjuge; ■ o(a) companheiro(a); ■ o descendente; ■ o ascendente e; ■ os colaterais até segundo grau.
SUJEITO PASSIVO	■ onerado: União; ■ gestor: INSS.
RENDA MENSAL	■ Um salário mínimo
TERMO INICIAL	■ A data do óbito da vítima de hepatite tóxica
TERMO FINAL	■ a data da morte do último beneficiário; ■ a data da condenação judicial do Instituto de Doenças Renais.

6.5. PENSÃO ESPECIAL VITALÍCIA — SÍNDROME DA TALIDOMIDA

A Talidomida (Amida Nfálica do Ácido Glutâmico) é um medicamento usado no controle de enjoos durante a gravidez desde a década de 1950.

A Agência Nacional de Vigilância Sanitária (ANVISA) abriu a Consulta Pública n. 63 sobre o tema, e na ocasião noticiou:[7]

> "(...) A substância química talidomida foi desenvolvida na Alemanha Ocidental na década de 50. Entre outras indicações terapêuticas, foi usada como antiemético, para aliviar enjoos durante a gravidez. No início dos anos 60, pesquisadores constataram que a talidomida era a responsável direta pelo nascimento de bebês com malformações congênitas, o que fez com que a substância fosse retirada do mercado. Ainda na década de 60, novos estudos demonstraram que a talidomida tinha efeitos benéficos no tratamento da reação hansênica tipo II, fato que permitiu sua reintrodução no mercado. Outras utilizações da substância também foram descobertas. Atualmente, no Brasil, a talidomida só pode ser usada em pacientes cadastrados nos programas governamentais, para auxiliar no tratamento de hanseníase, aids, doenças crônico-degenerativas e mieloma múltiplo (...)."

A Lei n. 7.070, de 20.12.1982, modificada pela Lei n. 10.877, de 04.06.2004, criou pensão especial, mensal, vitalícia e intransferível, aos **portadores da deficiência física** conhecida como "Síndrome da Talidomida" que a requererem.

Trata-se de benefício de **natureza indenizatória**. Por isso, pode ser acumulado com benefício previdenciário de qualquer regime jurídico. Porém, não pode ser acumulado com outras verbas indenizatórias pagas pela União em razão do mesmo fato.

Por ter natureza jurídica de indenização, sobre a pensão especial não incide Imposto de Renda:

> "(...) 1. A **pensão** recebida pelos associados da impetrante, em razão da Síndrome da **Talidomida**, amparada pela Lei 7.070/1982, tem caráter indenizatório, razão pela qual não incide o imposto de renda sobre tal valor (...)" (TRF 1ª Região, AC 200734000160217, 8ª Turma, Rel. Des. Fed. Maria do Carmo Cardoso, *e-DJF1* 09.10.2009, p. 781).

Em decisão publicada no *Diário Eletrônico* de 21.07.2009, o TRF da 3ª Região condenou a União a pagar indenização por danos materiais e morais às vítimas da talidomida (AC 2002.61.00.028796-7/SP, Rel. Juiz Conv. Rubens Calixto).[8]

---

7 Disponível em: <http://www.anvisa.gov.br>.

8 "(...) 5. Sublinhe-se que a indenização por danos morais não se confunde com a pensão especial prevista na Lei n. 7.070/82, cujo teor assistencial difere da pretensão indenizatória aqui deduzida.

6. A pensão da Lei n. 7.070/82 tem em vista a subsistência digna das vítimas da Talidomida, enquanto a indenização por danos morais encontra fundamento na reparação do sofrimento causado pelas adversidades psíquicas e sociais experimentadas por estas mesmas pessoas.

7. Impõe-se também a rejeição da alegação de conexão com as Ações Civis Públicas 97.0060590-6 e 1999.61.0017417-54, que tiveram curso pela 7ª Vara Federal de São Paulo, visto que o objeto das ações é diverso.

8. Naquelas ações busca-se a indenização das vítimas da Talidomida nascidas a partir de 1966 (fls. 276/294, 426/427 e ementa jurisprudencial *infra* transcrita), enquanto este processo visa à reparação às vítimas nascidas de 1957 a 1965, conhecidas como 'vítimas de primeira geração'.

As sucessivas condenações judiciais da União ao pagamento de indenização por danos morais a vítimas da talidomida culminaram com a edição da Lei n. 12.190, de 13.01.2010. O art. 1º dispõe:

"É concedida indenização por dano moral às pessoas com deficiência física decorrente do uso da talidomida, que consistirá no pagamento de valor único igual a R$ 50.000,00 (cinquenta mil reais), multiplicado pelo número dos pontos indicadores da natureza e do grau da dependência resultante da deformidade física (§ 1º do art. 1º da Lei n. 7.070, de 20 de dezembro de 1982)".

---

9. São ações em que a causa de pedir próxima é outra e os beneficiários também são outros, o que afasta o nexo entre as ações e elimina qualquer possibilidade de conflito decisório que poderia justificar a reunião de processos (art. 105 do CPC).

12. Quanto ao mérito, cuida-se de pretensão à indenização por dano moral em favor das pessoas representadas pela autora, ASSOCIAÇÃO BRASILEIRA DOS PORTADORES DA SÍNDROME DA TALIDOMIDA (ABPST), vítimas de deformações físicas provocadas pelo uso materno, durante a gestação, do medicamento conhecido como Talidomida, distribuído nas décadas de 1950 e 1960 pelo laboratório alemão 'Chemie Grunenthal'.

13. Os interessados estão inseridos no grupo denominado 'vítimas de primeira geração', nascidas no período de 1957 a 1965.

14. No que diz respeito à prescrição, precedentes desta Corte e do Superior Tribunal de Justiça assentaram a imprescritibilidade dos denominados 'direitos da personalidade', como no caso de danos morais por violação de direitos humanos.

15. A grave omissão do Estado em zelar pela saúde dos seus cidadãos, como no caso em julgamento, compromete seriamente o seu direito à vida plena, de forma violar o inciso III da Declaração Universal dos Direitos Humanos (1948), segundo o qual toda pessoa tem o direito à vida.

16. As deformações e limitações produzidas pelo uso inadequado da Talidomida, sem dúvida alguma, afetam seriamente os direitos da personalidade, cuja reparação goza da imprescritibilidade.

17. Desta maneira, fica afastada a alegação de prescrição, não se aplicando as disposições do Decreto 20.910/32.

18. É irrefutável que as pessoas representadas pela parte autora são vítimas de deformações causadas pelo uso materno do medicamento Talidomida, visto que integram rol de beneficiários da pensão estatuída pela Lei n. 7.070/82.

19. Existem evidências de que, nas décadas de 1950 e 1960, as autoridades do Ministério da Saúde demoraram a proibir o uso deste medicamento, mesmo quando já eram amplamente conhecidos os seus efeitos teratogênicos.

20. Fica evidente que houve falha ('faute du service') das autoridades sanitárias ao não impedirem que a Talidomida fosse comercializada no Brasil até o ano de 1965, quando seus efeitos nefastos sobre os fetos já eram conhecidos da comunidade científica mundial, acarretando, em consequência, a responsabilidade pela indenização por dano moral às suas vítimas.

21. Por esta razão, cabe à União Federal indenizar às vítimas da Talidomida; no caso, àquelas nascidas entre 1957 e 1965, conhecidas como 'vítimas de primeira geração'.

22. É inarredável que as deformações provocadas por referido medicamento limitam enormemente a vida das suas vítimas, além de expô-las a constrangimentos no seu cotidiano, suscitando o direito à indenização por danos morais, independentemente da percepção da pensão especial da Lei n. 7.070/82.

23. A indenização, em pagamento único, deve corresponder a 100 (cem) vezes o valor que o respectivo beneficiário recebe do INSS com base na Lei n. 7.070/82 (...)."

Atenção: a indenização por dano moral prevista na Lei n. 12.190/2010 pode ser acumulada com a pensão especial. É que a Lei n. 12.190 deu nova redação ao art. 3° da Lei n. 7.070/82, permitindo a acumulação desde que a indenização por dano moral seja concedida por lei específica.

Contingência: ser portador de "Síndrome da Talidomida", nascido a partir de 1º.01.1957,[9] incapaz para o trabalho, para a deambulação, para a higiene pessoal e para a própria alimentação, atribuindo-se a cada uma 1 ou 2 pontos, respectivamente, conforme seja o seu grau parcial ou total.

O interessado deve submeter-se a perícia médica no INSS para comprovação da patologia.

Se o benefício for requerido ao Poder Judiciário, **a perícia médica deve ser feita por médico geneticista**, com conhecimentos específicos e capacidade para avaliar a natureza e grau da deficiência resultante da deformidade física. Há entendimento da **TNU** nesse sentido: PEDIDO DE UNIFORMIZAÇÃO DE INTERPRETAÇÃO DE LEI FEDERAL PREVIDENCIÁRIO. PORTADORES DE SÍNDROME DA **TALIDOMIDA**. PENSÃO ESPECIAL INSTITUÍDA PELA LEI N. 7.070/82 E ALTERAÇÃO DA LEI N. 12.190/2010. SUPRESSÃO DO DIREITO DE DEFESA. PROVA PERICIAL. CONHECIMENTO TÉCNICO ESPECIALIZADO. HIPÓTESE EXCEPCIONAL QUE EXIGE PERÍCIA JUDICIAL POR MÉDICO ESPECIALISTA. GENETICISTA. INCIDENTE CONHECIDO E PROVIDO.[10]

Sujeito ativo: o portador da Síndrome da Talidomida. Por ter natureza indenizatória e não previdenciária, a pensão especial **não gera direitos para os dependentes**.

Sujeito passivo onerado: a União.

Sujeito passivo gestor: o INSS (art. 4º, parágrafo único).

Renda mensal: calculada em função dos **pontos** indicadores da natureza e do grau da dependência resultante da deformidade física. O valor da pontuação é fixado por Portarias do Ministério da Fazenda. O valor de referência é de R$ 1.175,58 (mil cento e setenta e cinco reais e cinquenta e oito centavos) a partir da Portaria ME n. 914/2020.

Quando o sujeito ativo for incapaz para o trabalho, para a deambulação, para a higiene pessoal e para a própria alimentação, atribui-se, a cada um, 1 ou 2 pontos, respectivamente, conforme seja o seu grau parcial ou total.

Se o sujeito ativo for **maior de 35 anos** e necessitar de **assistência permanente** de outra pessoa e tiver recebido **pontuação superior ou igual a seis**, terá direito a um **adicional de 25%** sobre o valor do benefício.

Mesmo que o beneficiário, após a concessão da pensão especial, adquira capacidade laborativa ou tenha reduzida a incapacidade para o trabalho, o valor do benefício não poderá ser reduzido.

Há situações em que o beneficiário da pensão especial também é **segurado da Previdência Social**. Nesse caso, terá direito ao **adicional de 35%** sobre o valor da

---

[9] Data do início da comercialização da droga denominada "Talidomida" (Amida Nftálica do Ácido Glutâmico), inicialmente vendida com os nomes comerciais de Sedin, Sedalis e Slip (Lei n. 7.070/82).

[10] Pedilef 0006011-61.2012.4.01.4300, Rel. Juiz Fed. Sérgio de Abreu Brito, *DJe* 23.08.2018.

pensão especial se comprovar o enquadramento em uma destas situações: a) 25 anos, se homem, e 20 anos, se mulher, de contribuição para a Previdência Social; b) 55 anos de idade, se homem, ou 50 anos, se mulher, e contar com pelo menos 15 anos de contribuição para a Previdência Social.

Termo inicial: a data do requerimento no INSS.

Termo final: a data da morte do beneficiário.

PENSÃO ESPECIAL VITALÍCIA (SÍNDROME DA TALIDOMIDA)	
NATUREZA JURÍDICA	■ Indenização ■ não gera pensão por morte.
CONTINGÊNCIA	■ Ser portador de "Síndrome da Talidomida", nascido a partir de 1º.01.1957, incapaz para o trabalho, para a deambulação, para a higiene pessoal e para a própria alimentação.
SUJEITO ATIVO	■ O portador da Síndrome da Talidomida
SUJEITO PASSIVO	■ onerado: União; ■ gestor: INSS.
RMI	■ Calculada conforme pontos indicadores da natureza e do grau da dependência resultante da deformidade física: valor da pontuação fixado por Portarias do ME; ■ Valor de referência: R$ 1.175,78 (Portaria ME 914/2020).
TERMO INICIAL	■ A data do requerimento no INSS
TERMO FINAL	■ A data da morte do beneficiário
ACUMULAÇÃO	■ pode ser acumulada com benefício previdenciário do RGPS ou do RPSP; ■ não pode ser acumulada com outras verbas indenizatórias pagas pela União em razão do mesmo fato; ■ pode ser acumulada com a indenização por dano moral prevista na Lei n. 12.190/2010.

■ 6.6. PENSÃO ESPECIAL ÀS VÍTIMAS DO ACIDENTE NUCLEAR OCORRIDO EM GOIÂNIA-GO

A **contaminação pelo Césio-137** foi o acidente nuclear de maior expressão ocorrido no Brasil.

O Ministério Público Federal esclarece:[11]

> "(...) Em setembro de 1987, foi encontrado nos escombros da antiga instalação do Instituto Goiano de Radiologia um aparelho de radioterapia, ali deixado por uma de suas antigas clínicas. A cápsula de césio-137, contida no aparelho, foi provavelmente comercializada para um ferro-velho, onde foi aberta para o reaproveitamento do chumbo, dando início a um dos maiores acidentes radioativos ocorridos no Brasil. Segundo levantamento da Comissão Nacional de Energia Nuclear, 112.800 pessoas foram expostas aos efeitos do césio na região (...)."

A Lei n. 9.425, de 24.12.1996, concede pensão vitalícia, a título de indenização especial, às **vítimas do acidente com a substância radioativa Césio-137**, ocorrido em Goiânia, Estado de Goiás.

A natureza indenizatória do benefício o torna **personalíssimo e intransferível** para os dependentes ou herdeiros em caso de morte do beneficiário.

---

11 Disponível em: <http://www.divulga-mpf.pgr.mpf.gov.br/conteudo/mpf-atuante/direitos-humanos/caso-cesio-137/cesio-137-entenda-o-caso>.

Contingência: ser vítima do acidente radioativo ocorrido com o Césio-137, em Goiânia-GO.

O interessado tem que se submeter à perícia por junta médica oficial, a cargo da Fundação Leide das Neves Ferreira, com sede em Goiânia, e supervisão do Ministério Público Federal. O laudo médico deve apontar o tipo de sequela que impede o desempenho profissional e/ou o aprendizado de maneira total ou parcial.

Sujeito ativo: a vítima do acidente nuclear.

Sujeito passivo: a União.

Renda mensal: entre 150 e 300 Unidades Fiscais de Referência (UFIR), levando em conta o grau de incapacidade e, ainda, o grau de exposição e contaminação por radiação (até 100 Rads).

Condenada judicialmente a União, pelo mesmo fato, a pagar indenização por responsabilidade civil, o *quantum* pago a título de pensão especial deve ser deduzido do montante da condenação.

Os efeitos da contaminação por radiação nem sempre se manifestam imediatamente, mas, sim, muito tempo depois do acidente. E aí surge a questão do prazo prescricional para o pedido de indenização. Há entendimento firmado na jurisprudência no sentido de que **o prazo prescricional é contado da data em que a vítima tomou conhecimento do dano sofrido.**[12]

A União e o Estado de Goiás são objetiva e solidariamente responsáveis pelos danos causados pelo acidente nuclear:

> "(...) 1. A vida, saúde e integridade físico-psíquica das pessoas é valor ético-jurídico supremo no ordenamento brasileiro, que sobressai em relação a todos os outros, tanto na ordem econômica, como na política e social. 2. O art. 8º do Decreto 81.394/1975, que regulamenta a Lei 6.229/1975, atribuiu ao Ministério da Saúde competência para desenvolver programas de vigilância sanitária dos locais, instalações, equipamentos e agentes que utilizem aparelhos de radiodiagnóstico e radioterapia. 3. Cabe à União desenvolver programas de inspeção sanitária dos equipamentos de radioterapia, o que teria possibilitado a retirada, de maneira segura, da cápsula de Césio 137, que ocasionou a tragédia ocorrida em Goiânia em 1987. 4. **Em matéria de atividade nuclear e radioativa, a fiscalização sanitário-ambiental é concorrente entre a União e os Estados, acarretando responsabilização solidária, na hipótese de falha de seu exercício.** 5. Não fosse pela ausência de comunicação do Departamento de Instalações e Materiais Nucleares (que integra a estrutura da Comissão Nacional de Energia Nucelar — CNEN, órgão federal) à Secretaria de Saúde do Estado de Goiás, o grave acidente que vitimou tantas pessoas inocentes e pobres não teria ocorrido. Constatação do Tribunal de origem que não pode ser reapreciada no STJ, sob pena de violação da Súmula 7. 6. Aplica-se a

12 "(...) III — No mesmo sentido, não merece trânsito a alegação de prescrição da pretensão autoral, na espécie, tendo em vista que **o direito à reparação do dano moral não surge com o acidente, mas com o conhecimento pela vítima da lesão sofrida**. Portanto, se os efeitos da exposição à radiação podem manifestar-se anos após o acidente, não há que se falar em prescrição, mormente em se tratando de hipótese, como no caso, em que as enfermidades surgiram em data recente ao ajuizamento da ação (...)" (AC 00046960720114013500, Rel. Des. Fed. Souza Prudente, *e-DJF1* 17.04.2015, p. 235).

> responsabilidade civil objetiva e solidária aos acidentes nucleares e radiológicos, que se equiparam para fins de vigilância sanitário-ambiental. 7. A controvérsia foi solucionada estritamente à luz de violação do Direito Federal, a saber, pela exegese dos arts. 1º, I, "j", da Lei 6.229/1975; 8º do Decreto 81.384/1978; e 4º da Lei 9.425/96 (...)" (REsp 1.180.888/GO, Rel. Min. Herman Benjamin, *Dje* 28.02.2012).

Interessante anotar concessão de indenização por danos morais, no valor de R$ 60.000,00, fixada pelo Tribunal Regional Federal da 1ª Região, em virtude de acidente radioativo do Césio 137 (AC 1001547-73.2017.4.01.3500, j. 20.05.2020).

PENSÃO ESPECIAL ÀS VÍTIMAS DO ACIDENTE NUCLEAR OCORRIDO EM GOIÂNIA-GO	
NATUREZA JURÍDICA	◼ Indenização ◼ não gera pensão por morte;
CONTINGÊNCIA	◼ Ser vítima do acidente radioativo ocorrido com o Césio-137, em Goiânia-GO.
SUJEITO ATIVO	◼ A vítima do acidente nuclear.
SUJEITO PASSIVO	◼ A União.

◼ 6.7. INDENIZAÇÃO ESPECIAL DE ANISTIADO

A anistia aos perseguidos políticos no Brasil tem repercussão no campo previdenciário e da responsabilidade do Estado.

A **Lei n. 6.883, de 28.08.1979**, concedeu anistia "a todos quantos, no período compreendido entre 2 de setembro de 1961 e 15 de agosto de 1979, cometeram crimes políticos ou conexo com estes, crimes eleitorais, aos que tiveram seus direitos políticos suspensos e aos servidores da Administração direta e indireta, de fundações vinculadas ao Poder Público, aos Servidores dos Poderes Legislativo e Judiciário, aos Militares e aos dirigentes e representantes sindicais, punidos com fundamento em Atos Institucionais e Complementares" (art. 1º).

Posteriormente, a **Emenda Constitucional n. 26, de 27.11.1985**, concedeu anistia a todos os servidores públicos civis da Administração direta e indireta e militares, punidos por atos de exceção, institucionais ou complementares; aos autores de crimes políticos ou conexos, e aos dirigentes e representantes de organizações sindicais e estudantis, bem como aos servidores civis ou empregados que hajam sido demitidos ou dispensados por motivação exclusivamente política, com base em outros diplomas legais; aos que foram punidos ou processados por atos de exceção, institucionais ou complementares, praticados no período compreendido entre 02.09.1961 e 15.08.1979.

A EC n. 26/85 garantiu aos servidores civis e militares as promoções, na aposentadoria ou na reserva, ao cargo, posto ou graduação a que teriam direito se estivessem em serviço ativo, obedecidos os prazos de permanência em atividade, previstos nas leis e regulamentos então vigentes.

A **CF de 1988 ampliou o alcance da anistia**, e, nos termos do art. 8º do ADCT, a concedeu:

> **a)** aos que, **entre 18.09.1946 até a promulgação da CF**, foram atingidos por atos de exceção, institucionais ou complementares, por motivação exclusivamente política;
> **b)** aos abrangidos pelo **Decreto Legislativo n. 18, de 15.12.1961**; e
> **c)** aos atingidos pelo **Decreto-lei n. 864, de 12.09.1969**.

Para esses alcançados pela anistia, ficaram asseguradas as promoções, na inatividade, ao cargo, emprego, posto ou graduação a que teriam direito se estivessem em serviço ativo, obedecidos os prazos de permanência em atividade previstos nas leis e regulamentos vigentes, respeitadas as características e peculiaridades das carreiras dos servidores públicos civis e militares e observados os respectivos regimes jurídicos.

A legislação previdenciária infraconstitucional teve que regulamentar o dispositivo do ADCT. O **art. 150 da Lei n. 8.213/91**, revogado pela Lei n. 10.559, de 13.11.2002, então, dispôs:

REDAÇÃO ORIGINAL	LEI N. 10.559/2002
Art. 150. Os segurados da Previdência Social, anistiados pela Lei n. 6.683, de 28 de agosto de 1979, ou pela Emenda Constitucional n. 26, de 27 de novembro de 1985, ou ainda pelo art. 8º do Ato das Disposições Constitucionais Transitórias da Constituição Federal terão direito à aposentadoria em regime excepcional, observado o disposto no Regulamento.	REVOGADO
Parágrafo único. O segurado anistiado já aposentado por invalidez, por tempo de serviço ou por idade, bem como seus dependentes em gozo de pensão por morte, podem requerer a revisão do seu benefício para transformação em aposentadoria excepcional ou pensão por morte de anistiado, se mais vantajosa.	REVOGADO

O dispositivo é regulamentado pelo art. 188-G do RPS. Considera-se tempo de contribuição o período de afastamento da atividade do segurado anistiado em virtude de motivação exclusivamente política.

A Lei n. 10.559/2002 revogou o art. 150 da Lei n. 8.213/91 e instituiu um **novo regime jurídico** de proteção para o anistiado, de caráter indenizatório, restando **extinta a aposentadoria especial de anistiado**.

As aposentadorias especiais pagas aos anistiados passaram, então, para o novo regime jurídico, no sistema de prestação mensal continuada (art. 10 da Lei n. 10.559/2002).

LEI N. 8.213/91	LEI N. 10.559/2002
■ Aposentadoria especial de anistiado	■ Indenização em parcelas mensais ou parcela única

A anistia, então, na forma do art. 1º, e no que importa para este trabalho, consiste em:

a) declaração da condição de anistiado político;

b) reparação econômica, de caráter indenizatório, em prestação única ou em prestação mensal, permanente e continuada, asseguradas a readmissão ou a promoção na inatividade, nas condições estabelecidas no *caput* e nos **§§ 1º e 5º do art. 8º do Ato das Disposições Constitucionais Transitórias**; e

c) contagem, para todos os efeitos, do tempo em que o anistiado político esteve compelido ao afastamento de suas atividades profissionais, em virtude de punição ou de fundada ameaça de punição, por motivo exclusivamente político, vedada a exigência de recolhimento de quaisquer contribuições previdenciárias.

O novo regime jurídico criou **2 tipos de reparação**: em **parcelas mensais** e em **parcela única**.

Para ter direito à indenização, o interessado deve apresentar **declaração da condição de anistiado político**, na forma do art. 2º.

Contingência: ter sido declarado anistiado político, em relação ao período de 18.09.1946 a 05.10.1988, por motivação exclusivamente política (rol do art. 2º).

Sujeito ativo: o anistiado.

Sujeito passivo: a União (art. 3º).

Indenização:

a) Em prestação única, devida ao anistiado político que **não puder comprovar vínculos com a atividade laboral**. Não é acumulável com a reparação econômica em prestação mensal, permanente e continuada. O valor é de 30 salários mínimos por ano de punição. O valor total não poderá ser superior a R$ 100.000,00 (cem mil reais).

b) Em prestação mensal, permanente e continuada, asseguradas a readmissão ou a promoção na inatividade, devida ao anistiado político que **comprovar vínculos com a atividade laboral**, à exceção dos que optarem por receber em prestação única. O **valor** da prestação mensal será **igual ao da remuneração que receberia se na ativa estivesse**, considerada a graduação a que teria direito, os prazos para promoção previstos nas leis e regulamentos vigentes, e asseguradas as promoções ao oficialato, independentemente de requisitos e condições, respeitadas as características e peculiaridades dos regimes jurídicos dos servidores públicos civis e dos militares, e, se necessário, considerando-se os seus paradigmas.

O cálculo do valor da prestação mensal, por vezes, pode não ser tão simples. Pode ocorrer que a atividade laboral exercida ao tempo do ato de exceção já não exista mais e não seja, então, possível apurar a remuneração atual. Nesse caso, o valor será calculado com base nos elementos de prova oferecidos pelo requerente, informações de órgãos oficiais, bem como de fundações, empresas públicas ou privadas, ou empresas mistas sob controle estatal, ordens, sindicatos ou conselhos profissionais a que o anistiado político estava vinculado ao sofrer a punição, podendo ser arbitrado até mesmo com base em pesquisa de mercado.

No cálculo devem ser considerados os direitos e vantagens incorporados à situação jurídica da categoria profissional a que pertencia o anistiado político.

A lei define o **paradigma** como a **situação funcional de maior frequência** constatada entre os pares ou colegas contemporâneos do anistiado que apresentavam o mesmo posicionamento no cargo, emprego ou posto quando da punição (art. 6º, § 4º).

O valor mensal não pode ser inferior ao salário mínimo nem superior ao teto dos servidores públicos federais (art. 7º).

A prestação mensal sofrerá reajustes quando ocorrer alteração na remuneração que o anistiado político estaria recebendo se estivesse em serviço ativo, observadas as disposições do art. 8º do ADCT.

Os valores da indenização são isentos do Imposto de Renda, conforme previsto no Decreto n. 4.897, de 25.11.2003 (*DOU* 26.11.2003).

Termo inicial: os valores apurados poderão gerar efeitos financeiros a partir de 05.10.1988, considerando-se para início da retroatividade e da prescrição quinquenal a data do protocolo da petição ou requerimento inicial de anistia.

INDENIZAÇÃO ESPECIAL DE ANISTIADO	
CONTINGÊNCIA	■ Ter sido declarado anistiado político, em relação ao período de 18.09.1946 a 05.10.1988, por motivação exclusivamente política.
SUJEITO ATIVO	■ O anistiado.
SUJEITO PASSIVO	■ União.
VALOR (ISENTO DE IR)	■ Prestação única ■ não comprova vínculo laboral ■ 30 SM por ano de punição ■ não pode ser superior a R$ 100 mil. ■ Parcelas mensais ■ comprova vínculo laboral ■ igual à remuneração que receberia em atividade, conforme paradigma ■ não pode ser menor que 1 SM nem superior ao teto dos servidores públicos federais.
TERMO INICIAL	■ Efeitos financeiros a partir de 05.10.1988.
PRESCRIÇÃO	■ 5 anos; ■ a data do protocolo do pedido inicial de anistia.

■ 6.8. QUESTÕES

1. (TRF — XI Concurso Juiz Federal Substituto da 1ª Região — Questão 34) O direito à pensão especial de seringueiros, conhecidos como *soldados da borracha*, estreou no ordenamento positivo com a:

a) Constituição de 1967;
b) Constituição de 1946;
c) Constituição de 1988;
d) Constituição de 1969 (EC n. 1/69).

2. (TRF 3ª Região — XI Concurso — Juiz Federal Substituto — Questão 75) No que tange à pensão especial paga às vítimas da Talidomida, é correto afirmar-se que:

a) essa pensão pode ser cumulada com eventual indenização a ser paga pela União aos seus beneficiários;
b) essa pensão pode ser cumulada com pensão por morte previdenciária deixada por cônjuge;
c) essa pensão só poder ser cumulada com aposentadoria por invalidez acidentária;
d) essa pensão não pode ser cumulada com eventual rendimento ou indenização que, a qualquer título, venha a ser paga pela União a seus beneficiários, prevalecendo, nesta hipótese, e independentemente da opção do beneficiário, a pensão especial de que trata a Lei n. 7.070/82, disciplinadora do benefício em tela.

3. (CESPE — Defensoria Pública da União — Defensor Público Federal de Segunda Categoria — 2017) A respeito da condição de segurados e dependentes no RGPS e da fonte de custeio desse regime, julgue o item subsequente.

135. Em caso de morte do segurado seringueiro recrutado para a produção de borracha na região amazônica durante a Segunda Guerra Mundial, sua pensão especial vitalícia poderá ser transferida aos seus dependentes reconhecidamente carentes.

■ GABARITO ■

1. "c".
2. "b".
3. 135. "certo".

7

OS CRIMES CONTRA A PREVIDÊNCIA SOCIAL

7.1. INTRODUÇÃO

O Direito Previdenciário, ramo do Direito Público, apesar de ainda pouco debatido pelos profissionais do Direito — em comparação com ramos que lhe são diretamente afetos, como o Direito Administrativo ou o Direito Tributário —, ganha cada vez mais importância.

A Previdência Social historicamente tem sido alvo de sucessivas crises financeiras, ocasionadas por atos delituosos internos e externos. Com isso, passou a receber proteção especial inclusive pela legislação penal, com a previsão de condutas criminosas específicas.

Atualmente, a maior parte dos crimes contra a Previdência Social está prevista na Lei n. 9.983, de 14.07.2000, publicada no dia 17 do mesmo mês, que entrou em vigor após 90 dias. A Lei n. 9.983/2000 modificou diversos dispositivos do Código Penal, acrescentando o § 1º ao art. 327, restando ampliado o conceito de funcionário público para efeitos penais:

> **Art. 327.** Considera-se funcionário público, para os efeitos penais, quem, embora transitoriamente ou sem remuneração, exerce cargo, emprego ou função pública.
>
> § 1º Equipara-se a funcionário público quem exerce cargo, emprego ou função em entidade paraestatal, e quem trabalha para empresa prestadora de serviço contratada ou conveniada para a execução de atividade típica da Administração Pública.

O conceito de funcionário público passou a abarcar aqueles que exercem cargo, emprego ou função pública em entidades paraestatais, bem como quem trabalha em empresas prestadoras de serviço contratadas ou conveniadas para a execução de atividade típica da Administração Pública.

É exemplo da amplitude do conceito o médico que presta serviços pelo Sistema Único de Saúde (SUS):

> "(...) 1. Esta Corte tem o pacífico entendimento de que o médico que presta seus serviços pelo Sistema Único de Saúde (SUS) equipara-se a funcionário público nos termos do art. 327, *caput*, do CPB (...)".[1]

---

[1] Cf. STJ, AgrReg 1.054.239, 5ª Turma, Rel. Min. Napoleão Nunes Maia Filho, *DJe* 15.12.2008.

Porém, a equiparação a funcionário público não se aplica quando se trata de atos praticados antes da vigência da Lei n. 9.983/2000.[2]

A questão é importante porque, nas hipóteses de cometimento de crime por funcionário público no exercício ou em razão de suas funções, o rito processual é o previsto nos arts. 513 e seguintes do Código de Processo Penal, com a apresentação de defesa preliminar pelo acusado, na forma do art. 514.

No decorrer deste trabalho, trataremos dos seguintes delitos previstos no Código Penal: apropriação indébita previdenciária (art. 168-A), sonegação de contribuição previdenciária (art. 337-A), falsidade documental previdenciária (art. 297, §§ 3º e 4º); estelionato previdenciário (art. 171, § 3º); inserção de dados falsos em sistema de informações (art. 313-A) e modificação ou alteração não autorizada de sistema de informações (art. 313-B).

■ 7.2. CONCEITO

A despeito do entendimento predominante na doutrina sobre o conceito de "crime previdenciário", adotamos classificação distinta da maioria.

Quando não silencia, a doutrina, ao tentar conceituar "crime previdenciário", baseia-se no rol fixado pela Lei n. 9.983/2000 e especifica o sujeito passivo como sendo a Previdência Social. A razão desse entendimento decorre do art. 5º do Decreto-lei n. 65/37, que trazia definição similar ao que hoje se pode chamar de "apropriação indébita previdenciária".[3]

O Decreto-lei n. 65/37 foi sucedido por diversas leis e suas respectivas alterações.

A Lei n. 8.212/91 passou a regulamentar toda a matéria penal da legislação precedente.

Com o advento da Lei n. 9.983/2000, toda a matéria penal previdenciária foi inserida no Código Penal.[4]

Todavia, não partilhamos do conceito adotado pela maioria, por diversas razões.

Em primeiro lugar, porque a lei não definiu aqueles delitos como "previdenciários", mas, sim, ampliou o rol de hipóteses de cometimento de crimes contra a Administração Pública, seja ela na figura da Previdência Social ou de outra entidade da Administração Pública Direta ou Indireta, por seus agentes ou por particular.

Em segundo lugar, porque a adoção desta definição implica, necessariamente, a consideração de quaisquer delitos cometidos contra a Previdência Social como "previdenciários". Neste caso, por exemplo, o homicídio, a calúnia, a lesão corporal, dentre outros delitos, praticados contra agente da Previdência Social em razão de

---

[2] Cf. STJ, AgREsp 1.101.423, 5ª Turma, Rel. Min. Marco Aurélio Bellizze, *DJe* 14.11.2012.

[3] Art. 5º: "O empregador que retiver as contribuições recolhidas de seus empregados e não recolher na época própria incorrerá nas penas do art. 331, n. 2, da Consolidação das Leis Penais, sem prejuízo das demais sanções estabelecidas neste decreto-lei".

[4] Cf. Carlos Alberto Pereira de Castro e João Batista Lazzari, *Manual de direito previdenciário*. 18. ed. Rio de Janeiro: Forense, 2015, p. 481-482.

suas funções, logo, de interesse da Previdência Social, seriam "crimes previdenciários", o que, a nosso ver, é conceito que não tem qualquer utilidade, seja ela acadêmica ou prática.

Acreditamos que, para definir um delito como "previdenciário", é necessário que haja conexão entre a conduta delituosa e a implantação, a modificação ou a extinção de determinado benefício ou serviço a ser fornecido pela Previdência Social, ou influência em seu respectivo custeio.

Por tais motivos, não incluímos neste estudo os crimes de violação de sigilo funcional (art. 325 do Código Penal), divulgação de segredo ou de informações sigilosas ou reservadas (art. 153, §§ 1º-A e 2º, do Código Penal) e falsificação de selo ou sinal público (art. 296, § 1º, III, do Código Penal), considerados por alguns doutrinadores como crimes previdenciários.

Ademais, para efeitos meramente didáticos, pensamos que a conexão entre a conduta delituosa e a implantação, a modificação ou a extinção de determinado benefício ou serviço a ser fornecido pela Previdência Social, ou influência em seu respectivo custeio pode ocorrer de 3 formas: com benefício ou serviço, com o custeio ou mista.

a) Com benefício ou serviço: ocorre a implantação, a modificação ou a supressão total ilegais de determinado benefício ou serviço, porém, sem ofensa ao custeio, ou seja, determinado benefício ou serviço era devido, mas outro foi concedido, ou o que estava correto foi modificado, ou, ainda, houve supressão total do benefício ou do serviço.

Exemplos: concessão de benefício assistencial, quando o correto seria aposentadoria por idade, ou a transformação desta naquele, ambos no valor de um salário mínimo, com o objetivo de retirar do segurado a certeza da permanência do benefício. Ou então a concessão de uma aposentadoria por idade no lugar de uma pensão por morte, ou a transformação desta naquela, objetivando a concessão fraudulenta posterior de segunda pensão por morte. Pode ocorrer por conduta do agente público, nos casos de crime próprio, ou por ação do empregador ou do particular, nas demais hipóteses, a serem analisadas no decorrer deste capítulo.

b) Com o custeio: ocorre a supressão parcial ou a majoração do valor de determinado benefício ou serviço, mas sem modificação do benefício ou serviço em si.

Exemplo: concessão de aposentadoria por tempo de contribuição com valor inferior ou superior ao devido, seja por conduta do agente público (na hipótese de inserção de dados falsos em sistema de informações), seja por ação do particular (no caso de falsificação da Carteira de Trabalho e Previdência Social, criando ou extinguindo vínculos empregatícios e contribuições).

c) Mista: ocorre implantação, modificação ou extinção de benefício ou serviço, concomitantemente com ofensa ao custeio. Pode ocorrer pela combinação de qualquer das hipóteses anteriormente mencionadas.

Em todos os casos, a conduta do agente criminoso deve ser dolosa.

7.3. OS CRIMES EM ESPÉCIE

7.3.1. Apropriação indébita previdenciária

O art. 168-A do Código Penal, com as alterações introduzidas pela Lei n. 13.606, de 09.01.2018, dispõe:

> **Art. 168-A.** Deixar de repassar à previdência social as contribuições recolhidas dos contribuintes, no prazo e forma legal ou convencional:
>
> Pena — reclusão, de 2 (dois) a 5 (cinco) anos, e multa.
>
> § 1º Nas mesmas penas incorre quem deixar de:
>
> I — recolher, no prazo legal, contribuição ou outra importância destinada à previdência social que tenha sido descontada de pagamento efetuado a segurados, a terceiros ou arrecadada do público;
>
> II — recolher contribuições devidas à previdência social que tenham integrado despesas contábeis ou custos relativos à venda de produtos ou à prestação de serviços;
>
> III — pagar benefício devido a segurado, quando as respectivas cotas ou valores já tiverem sido reembolsados à empresa pela previdência social.
>
> § 2º É extinta a punibilidade se o agente, espontaneamente, declara, confessa e efetua o pagamento das contribuições, importâncias ou valores e presta as informações devidas à previdência social, na forma definida em lei ou regulamento, antes do início da ação fiscal.
>
> § 3º É facultado ao juiz deixar de aplicar a pena ou aplicar somente a de multa se o agente for primário e de bons antecedentes, desde que:
>
> I — tenha promovido, após o início da ação fiscal e antes de oferecida a denúncia, o pagamento da contribuição social previdenciária, inclusive acessórios; ou
>
> II — o valor das contribuições devidas, inclusive acessórios, seja igual ou inferior àquele estabelecido pela previdência social, administrativamente, como sendo o mínimo para o ajuizamento de suas execuções fiscais.
>
> § 4º A faculdade prevista no § 3º deste artigo não se aplica aos casos de parcelamento de contribuições cujo valor, inclusive dos acessórios, seja superior àquele estabelecido, administrativamente, como sendo o mínimo para o ajuizamento de suas execuções fiscais.

7.3.1.1. Conceito

A apropriação indébita previdenciária é crime previsto no **art. 168-A do Código Penal**, acrescentado pela Lei n. 9.983/2000, que expressamente revogou o art. 95 da Lei n. 8.212/91 e o art. 2º, II, da Lei n. 8.137/90 no que concerne às contribuições sociais previdenciárias.

Objeto jurídico: o patrimônio da Previdência Social, ou, nos termos do HC 76978/RS, julgado em 29.09.1998, e, agora, também conforme o HC 102550/PR, julgado em 20.09.2011, a "subsistência financeira da Previdência Social". Sugerimos a adoção desta última expressão, porque mais provável de ser cobrada em concursos públicos, mas, frisamos, o próprio Supremo Tribunal não faz distinção entre as expressões.[5]

Objeto material: os valores da contribuição previdenciária descontados dos segurados.

---

[5] *Habeas Corpus* n. 98.021/SC, *DJ* de 13.08.2010.

Trata-se de **delito omissivo próprio** e, por isso, não é possível a tentativa.

A ação penal é **pública incondicionada**, proposta pelo Ministério Público Federal e com a possibilidade de **assistência** por parte do Instituto Nacional do Seguro Social.

Sujeito ativo: é o substituto tributário, ou seja, aquele que tem o dever de recolher determinada quantia do contribuinte e de repassá-la ao órgão da Previdência Social.

Sujeito passivo: é o Estado, especificamente o Instituto Nacional do Seguro Social (INSS), autarquia federal.

A **competência** para processar e julgar a apropriação indébita previdenciária é da Justiça Federal.

O **tipo objetivo** consiste na conduta de "*deixar de repassar à previdência social as contribuições recolhidas dos contribuintes, no prazo e forma legal ou convencional*".

O **tipo subjetivo** é o dolo, acrescido da vontade livre e consciente do agente de apropriar-se dos valores de que tem a posse anterior.

Não há previsão expressa de dolo específico, ou elemento subjetivo do tipo específico, para seu cometimento. Todavia, existe grande divergência sobre o tema. Há autores que defendem sua existência implícita à própria essência da conduta, como **Guilherme de Souza Nucci:**

> "Embora constitua tema polêmico, entendemos ser necessária a exigência da finalidade específica de fraudar a previdência, apropriando-se de quantia que não lhe pertence. Se o elemento específico for dispensável, a ação penal termina transformada em mera ação de cobrança, ou seja, o agente deixa de repassar à previdência o que recolheu de seus funcionários, por exemplo, por esquecimento ou porque, no momento, utilizou provisoriamente o dinheiro para outros fins, mas sem a vontade especial de desviar o montante para si em caráter definitivo, mas é processado criminalmente. O STF tem-se posicionado pela exigência somente do dolo genérico, assim como o TRF da 4.ª Região, enquanto o STJ e o TRF da 5.ª Região têm demandado o dolo específico".[6]

Entretanto, há posicionamento diverso. **Francisco Dias Teixeira**, Procurador Regional da República em São Paulo, ao tratar das elementares do crime de apropriação indébita previdenciária, define:

> "Suas elementares, nesse particular, são: o desconto (quando de algum pagamento — inciso I) ou o acréscimo no preço (quando da venda de algum produto ou serviço — inciso II) de valor a título de contribuição previdenciária, e o não recolhimento desse valor à Previdência Social. Ora, o fato de um indivíduo efetuar um pagamento a menos não significa que ele passou a ter a posse do valor correspondente a essa diferença; e quando um indivíduo efetua uma venda também não significa que ele passe a ter a disponibilidade (= posse) do valor referente ao preço da venda (especialmente no que diz respeito ao acréscimo a título de contribuição previdenciária)".[7]

[6] NUCCI, Guilherme de Souza. *Manual de direito penal*. 9. ed. São Paulo: Revista dos Tribunais, 2013, p. 792.

[7] TEIXEIRA, Francisco Dias. *Crime contra a previdência social em face da Lei n. 9.983/2000*. Trabalho apresentado no Encontro Nacional da 2ª Câmara de Coordenação e Revisão do Ministério Público Federal, realizado em Recife/PE, em 13 e 14.09.2000.

O autor afirma, ainda, no mesmo trabalho:

"Esse sempre foi o significado da norma penal tributária. No entanto, a jurisprudência tem oscilado quanto à admissão, aqui, da figura do crime omissivo puro, exigindo, por vezes, a demonstração de um comportamento positivo, por parte do agente, consistente na apropriação da coisa, ou do *animus rem sibi habendi*, sob o equivocado argumento de que, do contrário, está-se admitindo a responsabilidade penal objetiva ou a responsabilidade penal por dívida."

A jurisprudência também diverge sobre o tema. Uma parte entende necessária a comprovação de dolo específico para a configuração do crime do art. 168-A do Código Penal.[8] Em contrapartida, o Superior Tribunal de Justiça[9] e o Supremo Tribunal Federal[10] entendem não ser necessária sua presença para a configuração do delito. Transcrevemos decisão do STF:

"PENAL E PROCESSUAL PENAL. *HABEAS CORPUS*. APROPRIAÇÃO INDÉBITA PREVIDENCIÁRIA (ART. 168, § 1º, I, DO CP). ELEMENTO SUBJETIVO DO TIPO. DOLO ESPECÍFICO. NÃO EXIGÊNCIA. PRECÁRIA CONDIÇÃO FINANCEIRA DA EMPRESA. NÃO COMPROVAÇÃO. EXCLUDENTE DE CULPABILIDADE. INEXIGIBILIDADE DE CONDUTA DIVERSA. INAPLICABILIDADE. ORDEM DENEGADA. 1. O crime de apropriação indébita previdenciária exige apenas 'a demonstração do dolo genérico, sendo dispensável um especial fim de agir, conhecido como *animus rem sibi habendi* (a intenção de ter a coisa para si). Assim como ocorre quanto ao delito de apropriação indébita previdenciária, o elemento subjetivo animador da conduta típica do crime de sonegação de contribuição previdenciária é o dolo genérico, consistente na intenção de concretizar a evasão tributária' (AP 516, Plenário, Relator o Ministro Ayres Britto, *DJe* de 20.09.2011). 2. A inexigibilidade de conduta diversa consistente na precária condição financeira da empresa, quando extrema ao ponto de não restar alternativa socialmente menos danosa do que o não recolhimento das contribuições previdenciárias, pode ser admitida como causa supralegal de exclusão da culpabilidade do agente. Precedente: AP 516, Plenário, Relator o Ministro Ayres Britto, *DJe* de 20.09.2011. 3. Deveras, a análise da precariedade, ou não, da condição econômica da empresa demanda o revolvimento do conjunto fático-probatório, inviável na via do *habeas corpus*. Destarte a ausência de comprovação nas instâncias ordinárias das dificuldades econômicas enfrentadas pela empresa impede a exclusão da culpabilidade do agente em razão da aplicação do instituto da inexigibilidade de conduta diversa. Precedentes: HC 98.272, Segunda Turma, Relatora a Ministra Ellen Gracie, *DJe* de 16.10.2009; RHC 86.072, Primeira Turma, Relator o Ministro Eros Grau, *DJ* de 28.10.2005). 4. *In casu*, o paciente deixou de repassar à Previdência Social as contribuições descontadas de seus empregados no período compreendido entre março de 1999 e janeiro de 2000. Destarte, foi condenado a 2 (dois) anos e 6 (seis) meses de reclusão, em regime aberto, e ao pagamento de 16 (dezesseis) dias-multa, pela prática do crime previsto no artigo 168-A, § 1º, inciso I, do Código Penal (apropriação indébita

[8] Cf. TRF 5ª Região, Proc. n. 2004.05.00.008463-0, *DJ* 04.08.2005, e TRF 2ª Região, *RT* 815/711.

[9] Cf. Emb. Div. em REsp 1.207.466, 3ª Seção, *DJe* 06.11.2014.

[10] 1ª Turma, HC 96.092/SP, Rel. Min. Cármen Lúcia, *DJ* 1º.07.2009.

> previdenciária) e a pena privativa de liberdade foi substituída por duas reprimendas restritivas de direito. 5. A defesa, ao não comprovar que empresa administrada pelo paciente passava por dificuldades financeiras que a impossibilitavam de cumprir a obrigação de repassar à Previdência Social os valores referentes às contribuições descontadas de seus empregados, não se desincumbiu de conjugar do quadro fático-jurídico o dolo específico. 6. Ordem denegada" (HC 113.418, 1ª Turma, Rel. Min. Luiz Fux, *DJe* 17.10.2013).

A nosso ver, se o agente incide na conduta em questão para, por exemplo, não deixar de pagar os salários dos empregados em virtude de graves dificuldades financeiras da empresa, poderá ele, conforme o caso, ser abarcado pela excludente supralegal de culpabilidade — a **inexigibilidade de conduta diversa**.

Para **Miguel Reale Jr.**, a inexigibilidade de atuação conforme a lei surge quando o agente atua para proteger um bem de valor específico em detrimento de determinado dever legal, pois que, naquela situação em particular, não era razoável exigir dele o sacrifício desse bem apenas para cumprir obrigação imposta em lei.[11]

A jurisprudência recente tem aceitado a aplicação desta causa supralegal de exclusão de culpabilidade na hipótese de dificuldades financeiras extremas da empresa, na qual o que se busca, por meio da conduta do agente, é evitar a extinção de empregos e manter a empresa em funcionamento. Contudo, essas questões devem ser comprovadas pela defesa, nos termos do art. 156 do Código de Processo Penal. Nesse sentido, a decisão do STF na Ação Penal n. 516:

> "AÇÃO PENAL ORIGINÁRIA. CRIMES DE APROPRIAÇÃO INDÉBITA PREVIDENCIÁRIA E SONEGAÇÃO DE CONTRIBUIÇÃO PREVIDENCIÁRIA (INCISO I DO § 1º DO ART. 168-A E INCISO III DO ART. 337-A, AMBOS DO CÓDIGO PENAL). CONTINUIDADE DELITIVA E CONCURSO MATERIAL. ELEMENTO SUBJETIVO DO TIPO. DOLO ESPECÍFICO. NÃO EXIGÊNCIA PARA AMBAS AS FIGURAS TÍPICAS. MATERIALIDADE E AUTORIA COMPROVADAS EM RELAÇÃO AO CORRÉU DETENTOR DO FORO POR PRERROGATIVA DE FUNÇÃO. PRECÁRIA CONDIÇÃO FINANCEIRA DA EMPRESA. EXCLUDENTE DE CULPABILIDADE. INEXIGIBILIDADE DE CONDUTA DIVERSA. NÃO COMPROVAÇÃO. INAPLICABILIDADE AO DELITO DE SONEGAÇÃO DE CONTRIBUIÇÃO PREVIDENCIÁRIA. PROCEDÊNCIA DA ACUSAÇÃO. ABSOLVIÇÃO DA CORRÉ. INSUFICIÊNCIA DE PROVAS. PENA DE 3 (TRÊS) ANOS E 6 (SEIS) MESES DE RECLUSÃO E 30 (TRINTA) DIAS-MULTA, PARA CADA DELITO, TOTALIZANDO 7 (SETE) ANOS DE RECLUSÃO E 60 (SESSENTA) DIAS-MULTA, FIXADOS EM ½ (UM MEIO) SALÁRIO MÍNIMO. REGIME INICIAL DE CUMPRIMENTO DA PENA. SEMIABERTO. SUBSTITUIÇÃO DA PENA PRIVATIVA DE LIBERDADE. *SURSIS*. DESCABIMENTO.
>
> (...)
>
> 8. No âmbito dos crimes contra a ordem tributária, tem-se admitido, tanto em sede doutrinária quanto jurisprudencial, como causa supralegal de exclusão de culpabilidade a

[11] REALE Jr., Miguel. *Teoria do delito*. São Paulo: Revista dos Tribunais, 1998, p. 151-157.

> precária condição financeira da empresa, extrema ao ponto de não restar alternativa socialmente menos danosa que não a falta do não recolhimento do tributo devido. Configuração a ser aferida pelo julgador, conforme um critério valorativo de razoabilidade, de acordo com os fatos concretos revelados nos autos, cabendo a quem alega tal condição o ônus da prova, nos termos do art. 156 do Código de Processo Penal. Deve o julgador, também, sob outro aspecto, aferir o elemento subjetivo do comportamento, pois a boa-fé é requisito indispensável para que se confira conteúdo ético a tal comportamento (...)".[12]

Também há divergência sobre a natureza material ou formal do delito. O STF, no julgamento de Agravo Regimental no Inquérito n. 2.537-2/GO, entendeu que o delito de apropriação indébita previdenciária consubstancia crime omissivo material, e não simplesmente formal, fazendo-se necessária a constituição definitiva do crédito tributário para que se dê início à persecução criminal e mesmo ao inquérito policial.[13] Na mesma linha e em relação também ao delito do art. 337-A, adiante analisado, o STJ.[14]

A nosso ver, a apropriação indébita previdenciária merece conceituação diversa.

Primeiro, trata-se de crime formal, em razão da desnecessidade de produção de resultado naturalístico (apenas jurídico), perpetrado por meio de conduta omissiva, consistente no não recolhimento das contribuições aos cofres públicos, pouco importando se a vontade de apropriar-se desses valores surgiu antes ou depois da conduta anterior de descontar as contribuições dos salários dos empregados, a qual é requisito para definir o sujeito ativo específico, que é o substituto tributário e que, por consequência, é quem tem a atribuição legal de recolher as contribuições aos cofres públicos.

Em segundo lugar, ao efetuar o desconto da remuneração, a título de contribuição previdenciária, o agente tem prazo específico para recolhê-lo aos cofres públicos, conforme o art. 30, I, *b*, da Lei n. 8.212/91, ou seja, "até o dia 20 do mês subsequente ao da competência". Entendemos que, findo esse prazo e sem justificativa plausível, caracterizada está, em tese, a apropriação indébita previdenciária, pois que a posse justa (lícita) anterior tornou-se injusta (ilícita). Esta norma, portanto, integra o tipo penal da apropriação indébita previdenciária, o qual é norma penal em branco homogênea, porque sem ela não é possível delimitar no tempo a consumação do delito.

7.3.1.2. *Classificação*

O delito de apropriação indébita previdenciária pode ser assim classificado:

a) Omissivo próprio: o crime só pode ser praticado por conduta omissiva, prevista no *caput* do art. 168-A. Contudo, antes da conduta omissiva, o agente deve ter efetivamente recolhido (descontado) as contribuições previdenciárias dos contribuintes, pouco importando se já tinha ou não a intenção de apropriar-se desses valores. Frise-se, por oportuno, que consideramos esse interregno entre o desconto e o momento ideal do recolhimento como a posse anterior necessária à caracterização do delito.

---

12 AP 516/DF, Tribunal Pleno, Rel. Min. Ayres Britto, *DJe* 06.12.2010.

13 Pleno, Rel. Min. Marco Aurélio, julgado em 10.03.2008 e publicado em 13.06.2008.

14 RHC 17702-MT, 6ª Turma, Rel. Min. Og Fernandes, publicado em 04.05.2009.

b) Próprio: só pode ser cometido pelo substituto tributário, isto é, aquele que tem o dever de descontar determinada quantia do contribuinte, repassando-a ao órgão da Previdência Social.

c) Formal: ainda que pese a existência de controvérsias acerca da natureza formal ou material do delito, pensamos que se trata de crime formal, pois que não é necessária a produção de resultado naturalístico, mas tão somente de resultado jurídico. Ademais, não vislumbramos a possibilidade de tentativa, característica dos crimes materiais.

O **STF** tem entendimento no sentido de que a apropriação indébita previdenciária é **crime omissivo material:**

> "APROPRIAÇÃO INDÉBITA PREVIDENCIÁRIA — CRIME — ESPÉCIE. A apropriação indébita disciplinada no artigo 168-A do Código Penal consubstancia crime omissivo material e não simplesmente formal. (...)" (Inq 2.537 AgR/GO, Tribunal Pleno, Rel. Min. Marco Aurélio, *DJe*-107, 13.06.2008).

d) Doloso: para que se admita a forma culposa, é necessária expressa previsão legal — com as devidas exceções[15] —, o que, nesse caso, não existe. Sendo assim, apenas estará configurado o crime se for comprovado o dolo do agente. Além disso, como já definimos, há a necessidade de comprovação do *animus rem sibi habendi*, ou seja, a vontade livre e consciente do agente de, findo o prazo para recolhimento, inverter a posse justa das contribuições previdenciárias alheias devidas à Previdência Social, tornando-a injusta, cuja não comprovação negará a existência do próprio crime. Por último, cabível a aplicação, conforme o caso, da excludente supralegal de culpabilidade, a inexigibilidade de conduta diversa, ou a exclusão da tipicidade.

e) De forma livre: não há, no tipo penal, nenhum método específico para seu cometimento.

f) Unissubsistente: praticado com apenas um ato do sujeito ativo.

g) Unissubjetivo: admite a prática por uma ou mais pessoas.

h) Instantâneo: consuma-se com o não recolhimento da contribuição previdenciária no prazo especificado pelo art. 30, I, *b*, da Lei n. 8.212/91 (até o dia 20 do mês subsequente ao da competência).

■ *7.3.1.3. Figuras equiparadas: o § 1º do art. 168-A*

O § 1º do art. 168-A do Código Penal dispõe sobre as figuras equiparadas ao *caput* que, para todos os efeitos, incorrem nas mesmas penas.

Trata-se, novamente, de **condutas omissivas próprias**.

---

15 Exemplo que foge à regra da previsão expressa da modalidade culposa é o tipificado no art. 13 da Lei n. 10.826, de 22.12.2003: "***Deixar de observar as cautelas necessárias*** *para impedir que menor de 18 (dezoito) anos ou pessoa portadora de deficiência mental se apodere de arma de fogo que esteja sob sua posse ou que seja de sua propriedade*" (grifamos). Trata-se de indicativo de negligência, contudo, essa forma de expressão do legislador foge ao conceito tradicional.

São elas:

a) deixar de recolher, no prazo legal, contribuição ou outra importância destinada à Previdência Social que tenha sido descontada de pagamento efetuado a segurados, a terceiros ou arrecadada do público;

b) deixar de recolher contribuições devidas à Previdência Social que tenham integrado despesas contábeis ou custos relativos à venda de produtos ou à prestação de serviços; e

c) deixar de pagar benefício devido a segurado, quando as respectivas cotas ou valores já tiverem sido reembolsados à empresa pela Previdência Social.

7.3.1.4. Extinção da punibilidade

7.3.1.4.1. Pagamento do montante integral

O § 2º do art. 168-A do Código Penal dispõe sobre a possibilidade de extinção da punibilidade do crime em questão "*se o agente, espontaneamente, declara, confessa e efetua o pagamento das contribuições, importâncias ou valores e presta as informações devidas à previdência social, na forma definida em lei ou regulamento, antes do início da ação fiscal*".

Todavia, com o advento da **Lei n. 10.684, de 30.05.2003**, ficou estabelecido, em seu art. 9º, § 2º, que a punibilidade se extingue com o pagamento do montante integral do débito, sem restrições, de modo que pode ocorrer ***a qualquer tempo*, antes do trânsito em julgado**, ou seja, **mesmo após o recebimento da denúncia:**

> **Art. 9º** É suspensa a pretensão punitiva do Estado, referente aos crimes previstos nos arts. 1º e 2º da Lei n. 8.137, de 27 de dezembro de 1990, e nos arts. 168-A e 337-A do Decreto-lei n. 2.848, de 7 de dezembro de 1940 — Código Penal, durante o período em que a pessoa jurídica relacionada com o agente dos aludidos crimes estiver incluída no regime de parcelamento.
>
> (...)
>
> § 2º Extingue-se a punibilidade dos crimes referidos neste artigo quando a pessoa jurídica relacionada com o agente efetuar o pagamento integral dos débitos oriundos de tributos e contribuições sociais, inclusive acessórios.

A extinção da punibilidade foi prevista também pela **Lei n. 11.941, de 27.05.2009**. No art. 69, entretanto, traz disposição mais benéfica ao agente, dando por extinta a punibilidade quando o pagamento integral for restrito aos valores correspondentes à ação penal.[16]

7.3.1.4.1.1. Parcelamento, REFIS I e REFIS II (PAES)

Há divergências sobre ser o parcelamento da dívida causa de extinção da punibilidade antes do recebimento da denúncia.

[16] DELMANTO, Celso; DELMANTO, Roberto; DELMANTO JR., Roberto; DELMANTO, Fabio M. de Almeida. *Código Penal comentado*. 9. ed. São Paulo: Saraiva, 2015, p. 613-614.

De um lado, estão os que afirmam que se extingue a punibilidade, em obediência ao art. 34 da Lei n. 9.249/95, posição já pacificada na jurisprudência:

> **Art. 34.** Extingue-se a punibilidade dos crimes definidos na Lei n. 8.137, de 27 de dezembro de 1990, e na Lei n. 4.729, de 14 de julho de 1965, quando o agente promover o pagamento do tributo ou contribuição social, inclusive acessórios, antes do recebimento da denúncia.

Atente-se, porém, ao disposto no art. 69 da Lei n. 11.941/2009, que restringe a extinção da punibilidade apenas à hipótese de pagamento integral, sendo, portanto, bem menos benéfica:

> **Art. 69.** Extingue-se a punibilidade dos crimes referidos no art. 68 quando a pessoa jurídica relacionada com o agente efetuar o pagamento integral dos débitos oriundos de tributos e contribuições sociais, inclusive acessórios, que tiverem sido objeto de concessão de parcelamento.

Nesse sentido, é o entendimento de **Delmanto:**

> "Como se vê, o art. 34 da Lei n. 9.249/95 é mais benéfico ao agente do que o art. 9º da Lei n. 10.684/2003, bem como o art. 69 da Lei n. 11.941/2009, pois exige tão somente a 'promoção do pagamento' antes do recebimento da denúncia para haver a extinção da punibilidade, e não o 'pagamento integral' dos tributos e acessórios".[17]

7.3.1.4.2. *Perdão judicial*

O § 3º do art. 168-A do Código Penal prevê a possibilidade de concessão de perdão judicial, consistente na aplicação apenas de multa, ou, então, da não aplicação de pena alguma, atendidos os requisitos de primariedade e bons antecedentes do acusado, em duas hipóteses:

a) Tenha o agente promovido, após o início da ação fiscal e antes de oferecida a denúncia, o pagamento da contribuição previdenciária, inclusive acessórios.

Essa hipótese não tem utilidade prática, tendo em vista a aplicação do art. 9º da Lei n. 10.684/2003 e do art. 69 da Lei n. 11.941/2009, que extinguem a punibilidade pelo pagamento a qualquer tempo, fora a suspensão da pretensão punitiva estatal durante o parcelamento.

b) O valor das contribuições devidas, inclusive acessórios, seja igual ou inferior àquele estabelecido pela Previdência Social, administrativamente, como sendo o mínimo para o ajuizamento de suas execuções fiscais.

O art. 20 da Lei n. 10.522/2002, com a redação dada pela Lei n. 11.033/2004 — que pôs fim à extensa discussão doutrinária e jurisprudencial acerca do valor mí-

17 Idem, ibidem, p. 614.

nimo para o ajuizamento da ação fiscal —, em observância ao art. 107, IX, do Código Penal, dispõe:

> **Art. 20.** Serão arquivados, sem baixa na distribuição, mediante requerimento do Procurador da Fazenda Nacional, os autos das execuções fiscais de débitos inscritos como Dívida Ativa da União pela Procuradoria-Geral da Fazenda Nacional ou por ela cobrados, de valor consolidado igual ou inferior a R$ 10.000,00 (dez mil reais).

Desse modo, se a dívida for igual ou inferior a R$ 10.000,00 (dez mil reais), o juiz pode aplicar o perdão judicial e não haverá sequer ação fiscal.

Trata-se, aqui, da aplicação do princípio da insignificância como causa supralegal de exclusão da tipicidade, porque, se o próprio Estado considera a dívida como irrisória, não poderia considerar, contudo, a conduta do agente como penalmente relevante, em detrimento dos princípios da fragmentariedade e da intervenção mínima. Julgado do STJ acena nesse sentido:

> "PENAL E PROCESSUAL PENAL. AGRAVO REGIMENTAL NO AGRAVO EM RECURSO ESPECIAL. APROPRIAÇÃO INDÉBITA PREVIDENCIÁRIA. PRINCÍPIO DA INSIGNIFICÂNCIA. VALOR DO DÉBITO. JUROS E MULTAS. EXCLUSÃO. IMPROVIMENTO. 1. A jurisprudência desta Corte pacificou-se no sentido da possibilidade de aplicação do princípio da insignificância aos delitos de apropriação indébita previdenciária, nos casos em que o valor do débito com a Previdência Social não ultrapassar o montante de R$ 10.000,00, descontados os juros e as multas. Precedentes (...)" (6ª Turma, AGARESP 627904, Rel. Min. Nefi Cordeiro, *DJe* 23.10.2017).

É o que ocorre, por exemplo, com os corriqueiros delitos de furto de coisas de valor ínfimo.[18] Desse modo, se a dívida for igual ou inferior a R$ 10.000,00 (dez mil reais), o juiz poderia aplicar o perdão judicial e não haveria sequer ação fiscal. É como pensa o Tribunal Regional Federal da 1ª Região, que aplicou o referido art. 20 ao crime de apropriação indébita previdenciária, por analogia ao entendimento do STF sobre o crime de descaminho.[19]

No entanto, em decisão unânime da 1ª Turma, de 20.09.2011, o Supremo Tribunal Federal decidiu que ao crime de apropriação indébita previdenciária não se aplica o princípio da insignificância, porque a hipótese não é de mero débito fiscal, mas de apropriação indébita propriamente dita, com desrespeito ao dever de fidelidade imposto ao empregador, "*(...) porque depositário da contribuição também exigida do próprio trabalhador, para de pronto repassá-la aos cofres públicos*".[20]

Além disso, o relator utiliza outros argumentos interessantes: 1) o delito de apropriação indébita previdenciária não traduz simples lesão patrimonial, mas quebra do

---

[18] STJ, HC 201001636678, 5ª Turma, Rel. Min. Napoleão Nunes Maia Filho, *DJe* 14.02.2011.

[19] RSE 200638000222187, 3ª Turma, Rel. Des. Fed. Assusete Magalhães, *e-DJF1* 05.02.2010, p. 122. É importante salientar que o TRF1, nessa decisão, afirmou pautar-se por precedentes do STJ.

[20] *Habeas Corpus* n. 102.550/PR, *DJe* 07.11.2011.

dever imposto constitucionalmente a toda a sociedade no art. 195; e 2) a reprovabilidade dessa conduta não tem grau reduzido, porquanto a subsistência financeira da Previdência Social — cujo déficit, de acordo com relatório do Tribunal de Contas da União em 2009, já supera os 40 bilhões de reais — é bem jurídico supraindividual, o que impede, então, a aplicação do princípio da insignificância.

Cita-se, ademais, precedente do STF no mesmo sentido, o qual, inclusive, não distingue entre "patrimônio" e "subsistência financeira" da Previdência Social, como bem jurídico tutelado pelo Direito Penal no caso do crime de apropriação indébita previdenciária.[21]

Essa decisão afasta a aplicação do art. 20 da Lei n. 10.522/2002 e, ao que tudo indica, até por coerência, parece afastar, também, a aplicação do inciso II do § 3º do art. 168-A do Código Penal (perdão judicial), porque esses dispositivos são essencialmente idênticos. Dessa forma, a 1ª Turma do Supremo Tribunal Federal parece considerar inconstitucional o inciso II do § 3º do art. 168-A do Código Penal, ainda que não tenha se manifestado expressamente nesse sentido.

Esse posicionamento, entretanto, nos causa surpresa. É que não existe verdadeira diferença entre a importância da subsistência financeira da Previdência Social e a do Sistema Tributário Nacional. A tributação existe, como poder-direito do Estado a ele conferido pela sociedade, com o único objetivo de financiar as atividades estatais, as quais devem ser, sempre, voltadas à consecução de finalidades públicas e, portanto, de interesse de todos. Significa dizer que o tributo não é arrecadado em benefício do Estado, mas de toda a sociedade, seja ele uma contribuição social, um imposto, uma taxa etc. E é por isso que defendemos o fim da absurda utilização — chancelada por esse mesmo tribunal — da ação penal como ação de cobrança. Acreditamos que os argumentos elencados pelo ministro Luiz Fux em seu voto valem para todo e qualquer tributo, porque, afinal, também é dever de todos pagar tributos, preenchidos os requisitos legais. Não obstante, é igualmente elevado o grau de reprovabilidade social das condutas atinentes aos crimes tributários, produtoras de efeitos muito mais desastrosos que, por exemplo, um furto simples, que não tem o benefício da condescendência do Estado.

A **Lei n. 13.606, de 09.01.2018**, acrescentou o § 4º ao art. 168-A, **excluindo do perdão judicial os casos de parcelamento de contribuições cujo valor, inclusive dos acessórios, seja superior àquele estabelecido, administrativamente, como sendo o mínimo para o ajuizamento de suas execuções fiscais**.

7.3.1.4.3. *Anistia*

A Lei n. 9.639, de 25.05.1998, concedeu anistia aos agentes políticos que haviam praticado o delito previsto no art. 95, *d*, da Lei n. 8.212/91.

Na primeira publicação da Lei n. 9.639/98, em 26 de maio, o art. 11 tinha um parágrafo único, suprimido, porém, na republicação do dia 27 do mesmo mês. O

[21] *Habeas Corpus* n. 98.021/SC, *DJ* 13.08.2010.

dispositivo suprimido beneficiava os demais agentes que se apropriassem das contribuições previdenciárias, e não somente os agentes políticos.

A tentativa de fazer incidir o referido parágrafo único suprido levou a questão aos Tribunais, tendo vingado na jurisprudência o entendimento de que a primeira publicação derivou de erro, portanto, sem ter obtido vigência.

O Supremo Tribunal Federal apreciou a questão no *Habeas Corpus* n. 77734, de Relatoria do Ministro Néri da Silveira. Na ocasião, o STF decidiu pela inconstitucionalidade do parágrafo único do art. 11 por ter sido inserido sem a aprovação pelo Congresso Nacional:

> "EMENTA: — *Habeas Corpus*. 2. Anistia criminal. 3. Paciente condenado como incurso no art. 95, letra *d*, da Lei n. 8.212, de 1991, a dois anos e quatro meses de reclusão, 'pela prática do delito de omissão de repasse de contribuições previdenciárias aos cofres autárquicos'. 4. *Habeas corpus* requerido em favor do paciente para que seja beneficiado pelo parágrafo único do art. 11, da Lei n. 9.639 publicada no *Diário Oficial da União* de 26 de maio de 1998, em virtude do qual foi concedida anistia aos 'responsabilizados pela prática dos crimes previstos na alínea *d* do art. 95 da Lei n. 8.212, de 1991, e no art. 86 da Lei n. 3807, de 26 de agosto de 1960'. 5. O art. 11 e parágrafo único foram inseridos no texto da Lei n. 9.639/98, que se publicou no *Diário Oficial da União* de 26.05.1998. Na edição do dia seguinte, entretanto, republicou-se a Lei n. 9.639/98, não mais constando do texto o parágrafo único do art. 11, explicitando-se que a Lei foi republicada por ter saído com incorreção no *Diário Oficial da União* de 26.5.1998. 6. Simples erro material na publicação do texto não lhe confere, só por essa razão, força de lei. 7. Caso em que o parágrafo único aludido constava dos autógrafos do projeto de lei, que veio assim a ser sancionado, promulgado e publicado a 26.05.1998. 8. O Congresso Nacional comunicou, imediatamente, à Presidência da República o fato de o parágrafo único do art. 11 da Lei n. 9.639/98 não haver sido aprovado, o que ensejou a republicação do texto correto da Lei aludida. 9. O dispositivo padecia, desse modo, de inconstitucionalidade formal, pois não fora aprovado pelo Congresso Nacional. 10. A republicação não se fez, entretanto, na forma prevista no art. 325, alíneas *a* e *b*, do Regimento Interno do Senado Federal, eis que, importando em alteração do sentido do projeto, já sancionado, a retificação do erro, por providência do Congresso Nacional, haveria de concretizar-se, 'após manifestação do Plenário'. 11. Hipótese em que se declara, *incidenter tantum*, a inconstitucionalidade do parágrafo único do art. 11 da Lei n. 9.639/98, com a redação publicada no *Diário Oficial da União* de 26 de maio de 1998, por vício de inconstitucionalidade formal manifesta, decisão que, assim, possui eficácia *ex tunc*. 12. Em consequência disso, indefere-se o '*habeas corpus*', por não ser possível reconhecer, na espécie, a pretendida extinção da punibilidade do paciente, com base no dispositivo declarado inconstitucional" (*DJ* 10.08.2000, p. 5).

Houve argumentos, ainda, no sentido de que o *caput* do art. 11, que alcançou os agentes políticos, deveria ser aplicado, também, aos administradores privados. O STJ firmou entendimento no sentido de que não há, no caso, isonomia em razão da distinção entre as atividades públicas e as atividades privadas:

> "PENAL. RECURSO ESPECIAL. NÃO RECOLHIMENTO DE CONTRIBUIÇÕES PREVIDENCIÁRIAS. ADMINISTRADORES DE SOCIEDADE COMERCIAL. ANISTIA ASSENTIDA. EXTINÇÃO DA PUNIBILIDADE. PARÁGRAFO ÚNICO DO ART. 11 DA LEI N. 9.639/98. INVIABILIDADE. 1. Segundo reiterado entendimento do Supremo Tribunal Federal e desta Corte, o parágrafo único do art. 11 da Lei n. 9.639/98 não se constituiu, no plano formal, em norma de direito, não sendo possível, portanto, a sua aplicação ao caso concreto. 2. Quanto à pretensão de anistia dos administradores das sociedades comerciais, garantida aos agentes políticos pela previsão do *caput* do referido dispositivo, também restou delineada a posição segundo a qual não há semelhança de situações a ponto de permitir-se a extensão àqueles, já que as atividades privada e pública pautam-se por finalidades diversas. Recurso especial provido para determinar a análise da pretensão acusatória em primeiro grau de jurisdição" (REsp 200001445260, 6ª Turma, Rel. Min. Maria Thereza de Assis Moura, *DJ* 04.06.2007, p. 43).

■ 7.3.1.5. *Condição objetiva de punibilidade: a Súmula Vinculante 24 do STF*

Durante muito tempo houve controvérsia na jurisprudência acerca de ser ou não necessária a conclusão do procedimento administrativo fiscal para dar início à ação penal.

A controvérsia foi dirimida pelo STF, que editou a **Súmula Vinculante 24:** "Não se tipifica crime material contra a ordem tributária, previsto no art. 1º, incisos I a IV, da Lei n. 8.137/90, antes do lançamento definitivo do tributo".

Sendo assim, até o final do procedimento administrativo-fiscal, o Ministério Público não poderá oferecer ação penal. Se já oferecida, ficará suspensa até a conclusão daquele. Pior ainda: nem mesmo será possível instaurar inquérito policial, senão depois de satisfeita a condição.[22]

O entendimento acolhido pela Súmula Vinculante 24 tem sido aplicado nas hipóteses de apropriação indébita e de sonegação de contribuições previdenciárias:

> "RECURSO ORDINÁRIO EM *HABEAS CORPUS*. CRIMES CONTRA A ORDEM TRIBUTÁRIA. APROPRIAÇÃO INDÉBITA DE CONTRIBUIÇÃO PREVIDENCIÁRIA. ESTELIONATO E FORMAÇÃO DE QUADRILHA. TRANCAMENTO DA AÇÃO PENAL. ALEGAÇÃO DE INÉPCIA E AUSÊNCIA DE JUSTA CAUSA. INOCORRÊNCIA. EXAME APROFUNDADO DAS PROVAS. IMPOSSIBILIDADE. ORDEM DENEGADA. (...) 2. É certo que o Supremo Tribunal Federal firmou entendimento de que os crimes definidos no art. 1º da Lei n. 8.137/90, por serem de natureza material ou de resultado, demandam, para sua caracterização, o lançamento definitivo do tributo, estabelecendo, assim, que o término do procedimento administrativo constitui-se em elemento essencial para a exigibilidade da obrigação tributária. 3. Na mesma linha, o Pleno da Suprema Corte entendeu ser **necessário também, em relação ao crime de apropriação indébita previdenciária, art. 168-A do Código Penal, a constituição definitiva do crédito tributário para que se dê início à persecução criminal, raciocínio que também pode ser aplicado quanto ao delito de sonegação de contribuição previdenciária**. (...)" (STJ, RHC 200500700422, 6ª Turma, Rel. Min. Og Fernandes, *DJe* 04.05.2009).

[22] STJ, RHC 20234-SP, 5ª Turma, Rel. Min. Felix Fischer, *DOE* 1º.10.2007.

A nosso ver, o entendimento adotado pela Súmula Vinculante 24 foi equivocado e configura retrocesso para o Direito Penal brasileiro, por diversas razões:

a) as esferas penal e administrativa não se confundem, a menos que, na primeira, fique provado que o fato não ocorreu, o que, logicamente, se estende à segunda;

b) enquanto na esfera administrativa a apuração dos fatos visa descobrir a existência do *quantum* a ser pago a título de tributo, a esfera penal visa punir quem agiu com dolo contra a Administração Pública. Isso significa dizer que a conduta criminosa perpetrada é bastante, por si só, para ensejar a punição do agente, pouco importando se, posteriormente, temendo a repressão estatal, ele paga o tributo;

c) a apuração, na esfera administrativa, da inexistência de valores a serem pagos a título de tributo significará, por consequência lógica, a inexistência de crime, sanável, na esfera penal, por meios processuais próprios;

d) a criação do requisito do encerramento do procedimento administrativo-fiscal como condição de procedibilidade confirma, mais uma vez, o entendimento de que a ação penal nada mais é que mera ação de cobrança de tributos e, na prática, torna quase impossível a persecução penal, tolhendo até mesmo a investigação da polícia, realizada por meio do inquérito policial, que, por não integrar o processo penal propriamente dito, jamais levará, por si só, a uma condenação;

e) nas palavras de Eugênio Pacelli de Oliveira, "*E é exatamente no que se refere à* natureza fraudulenta *dessas condutas, dirigidas a um fim* querido *pelos agentes, que emerge a atribuição constitucional do Ministério Público quanto ao juízo de valoração jurídico-penal do fato*",[23] pois cabe ao órgão do MP, e somente a ele, com base nos elementos colhidos na investigação, decidir pelo oferecimento ou não da denúncia, jamais vinculando-o ao que pensa a Administração Pública, ainda que sua decisão possa influenciar, de alguma maneira, no resultado do processo.

Em todo caso, enquanto não se configura a condição objetiva de punibilidade, pela constituição do crédito tributário, não corre a prescrição da pretensão punitiva, eis que o Ministério Público fica impedido de oferecer denúncia.[24]

7.3.1.6. Continuidade delitiva

É pacífico o entendimento, tanto na doutrina quanto na jurisprudência, de que é possível a continuidade delitiva na prática do crime de apropriação indébita previdenciária, inclusive em Municípios diversos, desde que integrados na mesma região.

Alertamos o leitor que há também entendimentos no STJ no sentido de que a continuidade delitiva só se caracteriza se os fatos ocorrem num período de 30 dias:

---

[23] OLIVEIRA, Eugênio Pacelli de. *Curso de processo penal,* 13. ed., 2ª tir. Rio de Janeiro: Lumen Juris, 2010, p. 127.

[24] Informativo n. 333 do STF.

> "PENAL. PROCESSUAL PENAL. RECURSO ESPECIAL. O Ministério Público é parte legítima para a propositura da ação penal pela prática de atentado violento ao pudor, se este foi cometido durante o curso do crime de roubo. Presença do constrangimento ilegal violento, a dar azo à incidência da regra do art. 101 do CP, afastando-se a do art. 225 do mesmo Diploma Legal. Delitos de roubo praticados em intervalos de tempo superiores a 30 dias: presença de concurso material e não da figura da continuidade delitiva, ante a inexistência do lapso temporal do artigo 70 do CP. Precedente da Excelsa Corte. Recurso conhecido e provido".[25]

Também o STF tem julgado antigo no mesmo sentido,[26] divergindo do entendimento dos Tribunais Regionais Federais que, de modo geral, aceitam prazos superiores de acordo com a análise de cada caso.

APROPRIAÇÃO INDÉBITA PREVIDENCIÁRIA (ART. 168-A DO CÓDIGO PENAL)	
OBJETO JURÍDICO	■ O patrimônio da Previdência Social
OBJETO MATERIAL	■ As contribuições previdenciárias descontadas dos segurados
SUJEITO ATIVO	■ O substituto tributário
SUJEITO PASSIVO	■ O Estado (INSS)
TIPO OBJETIVO	■ Deixar de repassar à Previdência Social as contribuições recolhidas dos contribuintes, no prazo e forma legal ou convencional.
TIPO SUBJETIVO	■ Dolo geral + dolo específico
COMPETÊNCIA	■ Justiça Federal
CLASSIFICAÇÃO	■ omissivo próprio; ■ próprio; ■ formal (STF: material); ■ inadmissível a tentativa; ■ doloso; ■ forma livre; ■ unissubsistente; ■ unissubjetivo; ■ instantâneo.
EXTINÇÃO DA PUNIBILIDADE	■ pagamento; ■ perdão judicial; ■ anistia.
CONDIÇÃO OBJETIVA DE PUNIBILIDADE	■ Súmula Vinculante 24 do STF ■ conclusão do processo administrativo fiscal
CONTINUIDADE DELITIVA	■ Aceita pela jurisprudência dominante (STJ: intervalo máximo de 30 dias)

7.3.2. Sonegação de contribuição previdenciária

O delito de sonegação de contribuição previdenciária está previsto no art. 337-A do Código Penal, incluído pela Lei n. 9.983/2000, que derrogou tacitamente o art. 1º, I e II, da Lei n. 8.137/90:

> **Art. 337-A.** Suprimir ou reduzir contribuição social previdenciária e qualquer acessório, mediante as seguintes condutas:

[25] REsp 200101010503, 5ª Turma, Rel. Min. José Arnaldo da Fonseca, *DJ* 02.02.2004, p. 347.

[26] HC 69305, Rel. Min. Sepúlveda Pertence, unânime, publicado em 26.06.1992.

I — omitir de folha de pagamento da empresa ou de documento de informações previsto pela legislação previdenciária segurados empregado, empresário, trabalhador avulso ou trabalhador autônomo ou a este equiparado que lhe prestem serviços;

II — deixar de lançar mensalmente nos títulos próprios da contabilidade da empresa as quantias descontadas dos segurados ou as devidas pelo empregador ou pelo tomador de serviços;

III — omitir, total ou parcialmente, receitas ou lucros auferidos, remunerações pagas ou creditadas e demais fatos geradores de contribuições sociais previdenciárias:

Pena — reclusão, de 2 (dois) a 5 (cinco) anos, e multa.

§ 1º É extinta a punibilidade se o agente, espontaneamente, declara e confessa as contribuições, importâncias ou valores e presta as informações devidas à previdência social, na forma definida em lei ou regulamento, antes do início da ação fiscal.

§ 2º É facultado ao juiz deixar de aplicar a pena ou aplicar somente a de multa se o agente for primário e de bons antecedentes, desde que:

I — (VETADO)

II — o valor das contribuições devidas, inclusive acessórios, seja igual ou inferior àquele estabelecido pela previdência social, administrativamente, como sendo o mínimo para o ajuizamento de suas execuções fiscais.

§ 3º Se o empregador não é pessoa jurídica e sua folha de pagamento mensal não ultrapassa R$ 1.510,00 (um mil, quinhentos e dez reais), o juiz poderá reduzir a pena de um terço até a metade ou aplicar apenas a multa.

§ 4º O valor a que se refere o parágrafo anterior será reajustado nas mesmas datas e nos mesmos índices do reajuste dos benefícios da previdência social.

7.3.2.1. Conceito

O **objeto jurídico:** é a proteção à seguridade social.

O **objeto material** é definido por **Guilherme de Souza Nucci:**

> "(...) a folha de pagamento, o título próprio da contabilidade da empresa, a receita, o lucro auferido, a remuneração paga ou creditada ou outro fato gerador de contribuição previdenciária".[27]

O **sujeito ativo:** é o responsável tributário, ou seja, o administrador de empresa.

O **sujeito passivo:** é o Estado, especificamente na figura da Previdência Social (INSS).

É aceito como **sujeito passivo secundário** o particular que eventualmente vier a ser prejudicado.

O **tipo objetivo** consiste na conduta de "*suprimir ou reduzir contribuição social previdenciária e qualquer acessório, mediante as seguintes condutas: I — omitir de folha de pagamento da empresa ou de documento de informações previsto pela legislação previdenciária de segurados empregado, empresário, trabalhador avulso ou tra-*

[27] NUCCI, Guilherme de Souza. *Manual de direito penal*. 9. ed. São Paulo: Revista dos Tribunais, 2013, p. 1.092.

balhador autônomo ou a este equiparado que lhe prestem serviços; II — deixar de lançar mensalmente nos títulos próprios da contabilidade da empresa as quantias descontadas dos segurados ou as devidas pelo empregador ou pelo tomador de serviços; III — omitir, total ou parcialmente, receitas ou lucros auferidos, remunerações pagas ou creditadas e demais fatos geradores de contribuições sociais previdenciárias" (art. 337-A da Lei n. 9.983/2000).

Respeitado o entendimento de outros autores, entendemos que o **tipo subjetivo** é o **dolo**, com a vontade específica de suprimir ou reduzir contribuição previdenciária ou acessório (dolo específico, na doutrina clássica), similar ao delito previsto no art. 168-A (item 7.3.1, *supra*).

A **ação penal é pública incondicionada**, proposta pelo Ministério Público Federal.

A **competência** para processar e julgar o delito é da Justiça Federal, nos mesmos moldes da apropriação indébita previdenciária.

Não é possível a tentativa, eis que as condutas de "tentar suprimir" ou "tentar reduzir tributo" resumem-se a meros atos preparatórios do crime. Além disso, em nosso entendimento, trata-se de **crime formal**; portanto, **inadmissível a tentativa**.

Ademais, há divergência sobre a natureza material ou formal do delito. O STF, no julgamento de Agravo Regimental no Inquérito 2.537-2/GO, entendeu que o delito de apropriação indébita previdenciária consubstancia crime omissivo material, e não simplesmente formal, fazendo-se necessária a constituição definitiva do crédito tributário para que se dê início à persecução criminal e mesmo ao inquérito policial.[28] Na mesma linha, o entendimento do STJ.[29]

Por fim, aplica-se a este crime a mesma discussão sobre a Súmula Vinculante 24 do STF.

7.3.2.2. Classificação

O delito de sonegação de contribuição previdenciária pode ser assim classificado:

a) Omissivo próprio: o crime só pode ser praticado por meio de conduta omissiva, prevista, de diversas formas, nos incs. I, II e III do art. 337-A.

b) Próprio: só pode ser cometido pelo responsável tributário, ou seja, o administrador de empresa.

c) Formal: apesar da existência de controvérsias acerca da natureza formal ou material do delito, pensamos tratar-se de crime formal, tendo em vista que em nenhuma das hipóteses será necessária a produção de resultado naturalístico.

Porém, o STJ entende que se trata de **crime material:**

> "RECURSO ORDINÁRIO EM *HABEAS CORPUS*. APROPRIAÇÃO INDÉBITA PREVIDENCIÁRIA E SONEGAÇÃO DE CONTRIBUIÇÕES PREVIDENCIÁRIAS (ARTIGOS 168-A E 337-A DO CÓDIGO PENAL). CONSTITUIÇÃO DEFINITIVA

[28] Pleno, AgRg-Inquérito 2.537-2/GO, Rel. Min. Marco Aurélio, *DOE* 13.06.2008.

[29] RHC 17702-MT, 6ª Turma, Rel. Min. Og Fernandes, *DOE* 04.05.2009.

DO CRÉDITO PREVIDENCIÁRIO. INSTAURAÇÃO DA AÇÃO PENAL. POSTERIOR ANULAÇÃO DO PROCESSO ADMINISTRATIVO APENAS QUANTO AO RECORRENTE POR IRREGULARIDADE FORMAL. CRÉDITO QUE PERMANECE DEFINITIVAMENTE CONSTITUÍDO QUANTO À PESSOA JURÍDICA QUE É A DEVEDORA PRINCIPAL. DESNECESSIDADE DE ESGOTAMENTO DA VIA ADMINISTRATIVA QUANTO A CADA UM DOS ACUSADOS NO PROCESSO CRIMINAL. CONSTRANGIMENTO ILEGAL NÃO CARACTERIZADO. DESPROVIMENTO DO RECLAMO. 1. Segundo entendimento adotado por esta Corte Superior de Justiça, os crimes de sonegação de contribuição previdenciária e apropriação indébita previdenciária, por se tratar de delitos de caráter material, somente se configuram após a constituição definitiva, no âmbito administrativo, das exações que são objeto das condutas (Precedentes). 2. Quando os ilícitos tributários são praticados na gestão de pessoas jurídicas e em favor destas, é irrelevante, para a persecução penal, que os responsáveis pelas condutas delituosas tenham integrado pessoalmente a relação procedimental deflagrada na esfera administrativa com a finalidade de constituir o crédito. 3. No caso dos autos, após a constituição definitiva do crédito previdenciário, o recorrente impetrou mandado de segurança que foi julgado procedente para determinar o reinício do procedimento administrativo fiscal tão somente no que se refere a ele, excluindo seu nome da CDA de n. 31.138.871-1 e intimando-o do lançamento para, querendo, providenciar sua defesa. 4. O simples fato de o procedimento administrativo haver sido anulado quando ao recorrente não interfere na comprovação da materialidade dos delitos a ele assestados, uma vez que teriam sido praticados no âmbito de pessoa jurídica com relação a quem o crédito previdenciário permanece definitivamente constituído, o que é suficiente para que possa ser deflagrada a persecução penal. 5. Recurso improvido" (RHC 40.411, 5ª Turma, Rel. Min. Jorge Mussi, *DJe* 30.09.2014).

d) Doloso: valem as mesmas regras definidas para a apropriação indébita previdenciária. Sendo assim, apenas ocorrerá o crime se for comprovado o dolo do agente. Além disso, é necessário comprovar, para a existência do próprio crime, que o agente tinha a intenção de suprimir ou reduzir contribuição previdenciária ou acessório (dolo específico, na doutrina clássica).

e) De forma livre: não há, no tipo penal, nenhum método específico para seu cometimento.

f) Unissubsistente: praticado com apenas um ato do sujeito ativo.

g) Unissubjetivo: praticado por uma ou mais pessoas.

h) Instantâneo: consuma-se com a efetiva supressão ou redução da contribuição previdenciária ou seu acessório. Entretanto, deve-se atentar para a hipótese do inc. III, no que concerne à preclusão do procedimento administrativo-fiscal.

7.3.2.3. Causa especial de diminuição de pena

O § 3º do art. 337-A prevê causa especial de diminuição de pena.

É a hipótese em que o empregador não é pessoa jurídica e sua folha de pagamento mensal não ultrapassa R$ 1.510,00 (um mil, quinhentos e dez reais), caso em que o juiz poderá reduzir a pena de um terço até a metade ou aplicar apenas a de multa.

O valor a que se refere o § 3º é reajustado nas mesmas datas e nos mesmos índices do reajuste dos benefícios da Previdência Social.

■ 7.3.2.4. *Transação penal e suspensão condicional do processo*

Na hipótese do § 3º do art. 337-A (o empregador não é pessoa jurídica e sua folha de pagamento mensal não ultrapassa R$ 1.510,00), existe previsão alternativa da aplicação de pena exclusiva de multa, conforme o art. 61 da Lei n. 9.099/95.

Parece-nos que, aqui, o legislador considerou a modalidade delitiva como de menor potencial ofensivo, o que significa ser possível a aplicação do instituto da **transação penal**. Este entendimento é compartilhado pela melhor doutrina.[30]

O dispositivo em questão, além da transação penal, também permite a **suspensão condicional do processo** em duas hipóteses:

a) aplicação exclusiva de multa; e

b) redução da pena mínima de dois anos pelo máximo, ou seja, a metade, culminando em pena mínima igual a um ano, de acordo com o art. 77 do Código Penal e art. 89 da Lei n. 9.099/95.

■ 7.3.2.5. *Extinção da punibilidade*

No que concerne ao pagamento integral da dívida ou seu parcelamento, com base na Lei n. 10.684/2003, aplicam-se as mesmas hipóteses da apropriação indébita previdenciária, bem como nossas críticas.

Também é cabível o perdão judicial, da mesma forma em que o é no crime de apropriação indébita previdenciária.

■ 7.3.2.6. *Condição objetiva de punibilidade: a Súmula Vinculante 24 do STF*

A Súmula Vinculante 24 tem aplicação, aqui, nos mesmos moldes da apropriação indébita previdenciária, com as nossas reiteradas críticas.

SONEGAÇÃO DE CONTRIBUIÇÃO PREVIDENCIÁRIA (ART. 337-A DO CÓDIGO PENAL)	
OBJETO JURÍDICO	■ A proteção à Seguridade Social.
OBJETO MATERIAL	■ A folha de pagamento, o título próprio da contabilidade da empresa, a receita, o lucro auferido, a remuneração paga ou creditada ou outro fato gerador de contribuição previdenciária.
SUJEITO ATIVO	■ o responsável tributário; ■ admite coautoria.
SUJEITO PASSIVO	■ Estado (INSS)
SUJEITO PASSIVO SECUNDÁRIO	■ O particular que eventualmente vier a ser prejudicado

[30] DELMANTO, ob. cit., p. 1.022, citando Ada Pellegrini Grinover, Antonio Magalhães Gomes Filho, Antonio Scarance Fernandes e Luiz Flávio Gomes (*Juizados Especiais Criminais*. 3. ed. São Paulo: Revista dos Tribunais, 1999, p. 70-71).

TIPO OBJETIVO	Suprimir ou reduzir contribuição social previdenciária e qualquer acessório, mediante as seguintes condutas: ■ omitir de folha de pagamento da empresa ou de documento de informações previsto pela legislação previdenciária de segurados empregado, empresário, trabalhador avulso ou trabalhador autônomo ou a este equiparado que lhe prestem serviços; ■ deixar de lançar mensalmente nos títulos próprios da contabilidade da empresa as quantias descontadas dos segurados ou as devidas pelo empregador ou pelo tomador de serviços; ■ omitir, total ou parcialmente, receitas ou lucros auferidos, remunerações pagas ou creditadas e demais fatos geradores de contribuições sociais previdenciárias.
TIPO SUBJETIVO	■ Dolo
COMPETÊNCIA	■ Justiça Federal
AÇÃO PENAL	■ Pública incondicionada
CLASSIFICAÇÃO	■ omissivo próprio; ■ próprio; ■ formal (STF: material); ■ inadmissível a tentativa; ■ doloso; ■ forma livre; ■ unissubsistente; ■ unissubjetivo; ■ instantâneo.
CAUSA DE DIMINUIÇÃO DE PENA	■ O empregador não é pessoa jurídica e sua folha de pagamento mensal não ultrapassa R$ 1.510,00 (reajustado nas mesmas datas e nos mesmos índices do reajuste dos benefícios previdenciários); o juiz pode reduzir a pena de 1/3 até 1/2 ou aplicar apenas a de multa.
EXTINÇÃO DA PUNIBILIDADE	■ pagamento; ■ perdão judicial.
CONDIÇÃO OBJETIVA DE PUNIBILIDADE	■ Súmula Vinculante 24 do STF ■ conclusão do processo administrativo fiscal.
TRANSAÇÃO PENAL E SUSPENSÃO CONDICIONAL DO PROCESSO	■ Art. 337-A, § 3º (o empregador não é pessoa jurídica e sua folha de pagamento mensal não ultrapassa R$ 1.510,00).

7.3.3. Falsidade documental previdenciária

O art. 297, §§ 3º e 4º, do Código Penal, com as alterações feitas pela Lei n. 9.983/2000, prevê o delito de falsidade documental previdenciária:

> **Art. 297.** Falsificar, no todo ou em parte, documento público, ou alterar documento público verdadeiro:
>
> Pena — reclusão, de dois a seis anos, e multa.
>
> § 1º Se o agente é funcionário público, e comete o crime prevalecendo-se do cargo, aumenta-se a pena de sexta parte.
>
> § 2º Para os efeitos penais, equiparam-se a documento público o emanado de entidade paraestatal, o título ao portador ou transmissível por endosso, as ações de sociedade comercial, os livros mercantis e o testamento particular.
>
> § 3º Nas mesmas penas incorre quem insere ou faz inserir:
>
> I — na folha de pagamento ou em documento de informações que seja destinado a fazer prova perante a previdência social, pessoa que não possua a qualidade de segurado obrigatório;
>
> II — na Carteira de Trabalho e Previdência Social do empregado ou em documento que deva produzir efeito perante a previdência social, declaração falsa ou diversa da que deveria ter sido escrita;

III — em documento contábil ou em qualquer outro documento relacionado com as obrigações da empresa perante a previdência social, declaração falsa ou diversa da que deveria ter constado.

§ 4º Nas mesmas penas incorre quem omite, nos documentos mencionados no § 3º, nome do segurado e seus dados pessoais, a remuneração, a vigência do contrato de trabalho ou de prestação de serviços.

7.3.3.1. Conceito

A Lei n. 9.983/2000 introduziu os §§ 3º e 4º ao art. 297 do Código Penal, que prevê o delito de falsidade documental, criando-se, assim, o que se pode chamar de "falsidade documental previdenciária".

O **objeto jurídico** é a fé pública, especificamente no que concerne à veracidade dos documentos relacionados com a Previdência Social.

O **objeto material** são os documentos relacionados nos incs. I, II e III, que, assim como os documentos mencionados no § 2º, podem ser equiparados a documentos públicos.

O **sujeito ativo** pode ser qualquer pessoa.

Atenção: quando se tratar de funcionário público, como ensina **Delmanto**, "incide causa especial de aumento de pena (cf. § 1º deste art. 297)".[31]

O **sujeito passivo** é o Estado (INSS).

Secundariamente, pode-se admitir como sujeitos passivos o segurado e seus dependentes eventualmente prejudicados.

O **tipo objetivo** merece maior atenção. Trata-se, neste caso, de **falsidade ideológica**, não de falsidade material propriamente dita, eis que as condutas de "*inserir*" ou "*fazer inserir*", nos documentos em questão, "*pessoa que não possua a qualidade de segurado obrigatório*", ou informações "*falsas*" ou "*diversas*" das que deveriam ter sido escritas, não é o mesmo que falsificar o documento em si.

O dispositivo legal refere-se ao documento verdadeiro com informações falsas (falsidade ideológica). No caso de falsificação da própria forma do documento, a hipótese será de falsidade material, distinta do delito em questão.

Essa diferenciação é importante, pois o exame de corpo de delito só é indispensável nos casos de falsidade material. Por tais motivos, os §§ 3º e 4º desse artigo deveriam ter sido inseridos, na verdade, no art. 299, que trata do crime de falsidade ideológica.

Por fim, o falso em questão deve ter potencialidade lesiva, ou seja, aptidão para ludibriar terceiros.

O **tipo subjetivo**, por sua vez, é o dolo. Não há elemento subjetivo do tipo específico (ou dolo específico).

[31] DELMANTO, ob. cit., p. 879.

A consumação ocorre com a efetiva inserção das informações falsas nos documentos relacionados nos incs. I, II e III, porém, como já dissemos, é preciso comprovar o potencial lesivo da falsidade.

Trata-se de **crime material**, pois há produção de resultado naturalístico. No entanto, frise-se, consideramos desnecessário o exame de corpo de delito, uma vez que não é hipótese de falsidade material, mas, sim, ideológica, bastando a aferição, pelo juiz, da discrepância entre a realidade e os dados inseridos no documento.

A **tentativa é admissível**, por se tratar de crime tipicamente plurissubsistente, que significa a possibilidade de fracionamento da conduta em mais de uma fase. Se a ocorrência do resultado for impedida durante uma das condutas anteriores, estará caracterizada a tentativa.

A **competência** para processar e julgar é da Justiça Federal.

A **ação penal é pública incondicionada**, movida pelo Ministério Público Federal.

7.3.3.2. *Classificação*

O delito de falsidade documental previdenciária pode ser assim classificado:

a) Comissivo (§ 3º) ou Omissivo (§ 4º): todas as formas de cometimento previstas nos incs. I, II e III do § 3º do art. 297 são claramente comissivas, do mesmo modo previsto para o *caput*.

Atenção: a forma de cometimento prevista especificamente no **§ 4º** é **omissiva própria:** neste caso, a consumação se dará no momento em que se verificar a omissão e, logicamente, não será admissível a tentativa;

b) Comum: pode ser cometido por qualquer pessoa. Contudo, quando se tratar de funcionário público, não incidirá a causa especial de aumento de pena prevista no § 1º, que, por sua localização no texto legal, aplica-se apenas ao *caput*;

c) Material: trata-se de crime material, pois há produção de resultado naturalístico, ou seja, a efetiva modificação da realidade, aferível por exame de corpo de delito. No entanto, frise-se, consideramos desnecessário o referido exame, uma vez que não é hipótese de falsidade material, mas, sim, ideológica, bastando a aferição, pelo juiz, da discrepância entre a realidade e os dados inseridos no documento. Contra: Guilherme de Souza Nucci,[32] que entende tratar-se de crime formal;

d) Doloso: como não há previsão de cometimento do crime na forma culposa, trata-se de conduta dolosa. Sendo assim, apenas ocorrerá o crime se for comprovado o dolo do agente. Não há elemento subjetivo do tipo específico (dolo específico, na doutrina clássica);

e) De Forma Livre: não há, no tipo penal, nenhum método específico para seu cometimento;

[32] Ob. cit., p. 1.001.

f) Plurissubsistente: a conduta pode ser fracionada em mais de uma fase, o que, por consequência, também significa admitir a modalidade tentada, eis que a ocorrência da consumação pode ser impedida;

g) Unissubjetivo: admite a prática por uma única pessoa ou mais;

h) Instantâneo: a consumação ocorre com a efetiva inserção das informações falsas nos documentos relacionados nos incs. I, II e III.

■ 7.3.3.3. *Peculiaridades*

Chamamos a atenção para alguns aspectos do delito de falsidade documental previdenciária.

Quem falsifica e usa o documento falso, com o objetivo de cometer os delitos do art. 171, § 3º, do Código Penal, ou os crimes do art. 1º da Lei n. 8.137/90, responde somente por estes, porque, nesse caso, a falsificação é "crime-meio" para o seu cometimento.

Quem falsifica de forma integral a Carteira de Trabalho incide, a princípio, no art. 49 da CLT.[33]

A prática de quaisquer das condutas elencadas no **§ 3º do art. 297**, com o fim específico de suprimir ou reduzir contribuição social, culmina na absorção desta pelo delito previsto no art. 1º da Lei n. 8.137/90 (Crimes Contra a Ordem Tributária).[34]

---

[33] Art. 49. Para os efeitos da emissão, substituição ou anotação de Carteiras de Trabalho e Previdência Social, considerar-se-á crime de falsidade, com as penalidades previstas no art. 299 do Código Penal:

I — fazer, no todo ou em parte, qualquer documento falso ou alterar o verdadeiro; (Redação dada pelo Decreto-lei n. 229, de 28.02.1967, *DOU* 28.02.1967).

II — afirmar falsamente a sua própria identidade, filiação, lugar de nascimento, residência, profissão ou estado civil e beneficiários, ou atestar os de outra pessoa; (Redação dada pelo Decreto-lei n. 229, de 28.02.1967, *DOU* 28.02.1967).

III — servir-se de documentos, por qualquer forma falsificados; (Redação dada pelo Decreto-lei n. 229, de 28.02.1967, *DOU* 28.02.1967).

IV — falsificar, fabricando ou alterando, ou vender, usar ou possuir Carteiras de Trabalho e Previdência Social assim alteradas; (Redação dada pelo Decreto-lei n. 926, de 10.10.1969, *DOU* 13.10.1969).

V — adotar dolosamente em Carteira de Trabalho e Previdência Social ou registro de empregado, ou confessar ou declarar, em juízo ou fora dele, data de admissão em emprego diversa da verdadeira. (Redação dada pelo Decreto-lei n. 926, de 10.10.1969, *DOU* 13.10.1969).

[34] **Art. 1º** Constitui crime contra a ordem tributária suprimir ou reduzir tributo, ou contribuição social e qualquer acessório, mediante as seguintes condutas: (Ver Lei n. 9.964, de 10.04.2000)

I — omitir informação, ou prestar declaração falsa às autoridades fazendárias;

II — fraudar a fiscalização tributária, inserindo elementos inexatos, ou omitindo operação de qualquer natureza, em documento ou livro exigido pela lei fiscal;

III — falsificar ou alterar nota fiscal, fatura, duplicata, nota de venda, ou qualquer outro documento relativo à operação tributável;

IV — elaborar, distribuir, fornecer, emitir ou utilizar documento que saiba ou deva saber falso ou inexato;

V — negar ou deixar de fornecer, quando obrigatório, nota fiscal ou documento equivalente, relativa a venda de mercadoria ou prestação de serviço, efetivamente realizada, ou fornecê-la em desacordo com a legislação.

A absorção não se dá pelo do art. 337-A do Código Penal, uma vez que, nesse caso, trata-se de rol taxativo de condutas omissivas, incompatíveis, portanto, com aquelas previstas no § 3º do art. 297.

Se praticadas quaisquer das condutas previstas no **§ 4º do art. 297**, com o fim de suprimir ou reduzir contribuição social previdenciária ou qualquer acessório, haverá a absorção desse crime pelo do art. 337-A, eis que ambos tratam de condutas omissivas compatíveis entre si.

7.3.3.4. Extinção da punibilidade do crime-fim

Quando ocorrer a absorção do delito aqui tratado por um dos outros crimes previdenciários ou por crime tributário (arts. 168-A e 337-A, do Código Penal, e arts. 1º e 2º, da Lei n. 8.137/90), se extinta a punibilidade do crime-fim pelo pagamento integral do tributo, como anteriormente explicado (item 7.3.1.5, *supra*), também estará extinta a punibilidade relativa ao crime-meio; logo, não haverá justa causa para a ação penal correspondente.[35]

FALSIDADE DOCUMENTAL PREVIDENCIÁRIA (ART. 297, §§ 3º e 4º, DO CÓDIGO PENAL)	
OBJETO JURÍDICO	■ A fé pública.
OBJETO MATERIAL	■ Os documentos relacionados nos incs. I, II e III e os documentos mencionados no § 2º (equiparados a documentos públicos).
SUJEITO ATIVO	■ Qualquer pessoa.
SUJEITO PASSIVO	■ Estado (INSS).
SUJEITO PASSIVO SECUNDÁRIO	■ O particular que eventualmente vier a ser prejudicado.
TIPO OBJETIVO	■ "Inserir" ou "fazer inserir", nos documentos, "pessoa que não possua a qualidade de segurado obrigatório", ou informações "falsas" ou "diversas" das que deveriam ter sido escritas ■ falsidade ideológica.
TIPO SUBJETIVO	■ Dolo.
COMPETÊNCIA	■ Justiça Federal.
AÇÃO PENAL	■ Pública incondicionada.
CLASSIFICAÇÃO	■ comissivo (§ 3º) ou omissivo (§ 4º); ■ comum; ■ material; ■ doloso; ■ forma livre; ■ plurissubsistente; ■ unissubjetivo; ■ instantâneo.

Pena — reclusão de 2 (dois) a 5 (cinco) anos, e multa.

Parágrafo único. A falta de atendimento da exigência da autoridade, no prazo de 10 (dez) dias, que poderá ser convertido em horas em razão da maior ou menor complexidade da matéria ou da dificuldade quanto ao atendimento da exigência, caracteriza a infração prevista no inc. V.

[35] Cf. STF, HC 83115, 2ª Turma, Rel. Min. Gilmar Mendes, *DJU* 09.02.2007.

PECULIARIDADES	■ falsificação (crime-meio) para o cometimento de estelionato, sonegação de contribuição previdenciária ou crime do art. 1º da Lei n. 8.137/90 (crimes-fim): absorção da falsificação pelo crime-fim; ■ falsificação integral da CT ■ art. 49 da CLT.
EXTINÇÃO DA PUNIBILIDADE DO CRIME-FIM	■ Em caso de absorção por um dos outros crimes previdenciários ou por crime tributário (arts. 168-A e 337-A, do Código Penal, e arts. 1º e 2º, da Lei n. 8.137/90), se extinta a punibilidade do crime-fim pelo pagamento integral do tributo, também estará extinta a punibilidade do crime-meio.

■ 7.3.4. Estelionato previdenciário

O estelionato previdenciário está previsto no art. 171, §§ 1º e 3º, do Código Penal:

Art. 171. Obter, para si ou para outrem, vantagem ilícita, em prejuízo alheio, induzindo ou mantendo alguém em erro, mediante artifício, ardil, ou qualquer outro meio fraudulento:

Pena — reclusão, de um a cinco anos, e multa.

§ 1º Se o criminoso é primário, e é de pequeno valor o prejuízo, o juiz pode aplicar a pena conforme o disposto no art. 155, § 2º.

§ 3º A pena aumenta-se de um terço, se o crime é cometido em detrimento de entidade de direito público ou de instituto de economia popular, assistência social ou beneficência.

■ *7.3.4.1. Conceito*

A Lei n. 9.983/2000 não tratou do "estelionato previdenciário" propriamente dito, vale dizer, como tipo penal específico, a exemplo do art. 168-A do Código Penal. Ao contrário, esse delito continua a ser regido pelo art. 171 do Código Penal, com a causa de aumento de pena do respectivo § 3º.

É o que definiu o **STJ na Súmula 24:** "Aplica-se ao crime de estelionato, em que figure como vítima entidade autárquica da Previdência Social, a qualificadora do § 3º do Art. 171 do Código Penal".

O STF adotou o mesmo entendimento:

"EMENTA: — Ao estelionato cometido contra entidade de previdência social (Lei n. 3.807-60, art. 155, IV) é aplicável o acréscimo cominado no art. 171, § 3º, do Código Penal. Condenação corretamente formalizada, não sendo de levar em conta a confissão externada no inquérito, porquanto, em juízo, retratada. Prescrição não consumada" (HC 73.749/SP, 1ª Turma, Rel. Min. Octavio Gallotti, *DJ* 23.08.1996, p. 29307).

Dessa forma, tem-se, na verdade, o crime de estelionato com causa de aumento de pena na hipótese de cometimento contra entidade autárquica da Previdência Social.

Importante observar, contudo, que a Súmula 24 do STJ equivocadamente se refere à "qualificadora". Trata-se, na verdade, tão somente de causa de aumento de pena, pois as qualificadoras, no Direito Penal, explicitam pena própria, com limites mínimo e máximo distintos daqueles do *caput*, enquanto as causas de aumento de pena nada mais são do que acréscimos fracionários à pena prevista para o delito, qualquer que seja a forma (simples ou qualificada).

Como esclarecido no item 7.2, *supra*, o que importa para classificar este delito como "previdenciário", ou seja, de relevância tal que merece menção durante os estudos do Direito Previdenciário, é a possibilidade de lesão não à autarquia federal enquanto sujeito passivo, mas, sim, sua conexão com o custeio ou com benefício ou serviço.

As hipóteses mais comuns são as de recebimento indevido de benefício previdenciário por pessoa que não tem o direito de recebê-lo, por tratar-se de benefício diverso do devido, ou porque o agente não é segurado da Previdência Social ou dependente de um segurado; ou, então, a de percepção de valor superior ao devido, de acordo com as circunstâncias do agente enquanto segurado ou dependente.

Ademais, a jurisprudência definiu,[36] ao longo de muitos debates, que a natureza jurídica do estelionato previdenciário depende, ao mesmo tempo, da qualidade do agente que perpetra o delito e da qualidade do beneficiário do resultado criminoso:

a) quando praticado pelo próprio beneficiário do resultado do delito, é crime permanente, enquanto mantiver em erro o INSS;

b) quando praticado por terceiro, por meio de fraude, para beneficiar outra pessoa, é crime instantâneo de efeitos permanentes, cujo termo inicial da contagem do prazo prescricional é a data do pagamento indevido da primeira parcela.

No mais, de acordo com o Informativo n. 516 do STJ:

> "A regra da continuidade delitiva é aplicável ao estelionato previdenciário (art. 171, § 3º, do CP) praticado por aquele que, após a morte do beneficiário, passa a receber mensalmente o benefício em seu lugar, mediante a utilização do cartão magnético do falecido. Nessa situação, não se verifica a ocorrência de crime único, pois a fraude é praticada reiteradamente, todos os meses, a cada utilização do cartão magnético do beneficiário já falecido. Assim, configurada a reiteração criminosa nas mesmas condições de tempo, lugar e maneira de execução, tem incidência a regra da continuidade delitiva prevista no art. 71 do CP. A hipótese, ressalte-se, difere dos casos em que o estelionato é praticado pelo próprio beneficiário e daqueles em que o não beneficiário insere dados falsos no sistema do INSS visando beneficiar outrem; pois, segundo a jurisprudência do STJ e do STF, nessas situações o crime deve ser considerado único, de modo a impedir o reconhecimento da continuidade delitiva" (REsp 1.282.118-RS, Rel. Min. Maria Thereza de Assis Moura, julgado em 26/2/2013).

O **objeto jurídico** é o patrimônio da Previdência Social.

O **objeto material** é a vantagem obtida.

O **sujeito ativo** pode ser qualquer pessoa.

O **sujeito passivo** é, em primeiro lugar, o Estado, na figura da Previdência Social e, em segundo lugar, o particular eventualmente prejudicado.

O **tipo objetivo** consiste na obtenção, pelo agente, para si ou para outrem, de vantagem ilícita. Porém, há três outros requisitos para sua configuração: a) prejuízo alheio; b) induzimento ou manutenção da vítima em erro, e c) utilização de artifício, ardil, ou qualquer outro meio fraudulento.

[36] Conforme os Informativos ns. 598 e 583 do STF, e 492 do STJ.

No que concerne ao conceito de "fraude" no Direito Penal, concordamos com **Delmanto:** "(...) pode-se, resumidamente, dizer que a fraude civil busca o lucro do negócio, enquanto a fraude penal visa ao lucro ilícito".[37]

O **tipo subjetivo** é o dolo, consistente na vontade do agente de obtenção de vantagem ilícita, para si ou para outrem, em prejuízo alheio. Trata-se do **dolo específico**, na escola clássica, ou **elemento subjetivo do tipo específico**.

O momento da consumação depende do caráter permanente ou instantâneo do delito. Se permanente, a consumação do crime protrai-se até o momento em que cessar a permanência. Se instantâneo de efeitos permanentes, consumar-se-á o delito quando do recebimento indevido, pelo beneficiário, da primeira parcela.

A **tentativa** é possível, contanto que, ludibriada a vítima, o agente não consiga obter, por razões alheias à sua vontade, a vantagem indevida.

A **competência** para processar e julgar é da Justiça Federal.

E a **ação penal é pública incondicionada**, patrocinada pelo Ministério Público Federal.

Por fim, conforme o Informativo n. 518 do STJ, a competência para apuração do estelionato previdenciário é do juízo do lugar em que se situar a agência onde originalmente tenha recebido o benefício (lugar da consumação do crime, de acordo com o art. 70 do Código Penal), mesmo que sua percepção, em momento posterior, passe a ocorrer em agência localizada em município sujeito a outra jurisdição.

■ *7.3.4.2. Classificação*

O estelionato previdenciário pode ser:

a) Comissivo: é a forma preponderante de cometimento.

A nosso ver, pode haver uma hipótese de cometimento por omissão: se determinado dependente de segurado falecido, mas de cujo falecimento a Previdência Social não tomou ciência, perceber o benefício deste dolosamente, sabendo que não lhe era devido, terá cometido o crime de estelionato previdenciário por conduta omissiva, eis que a consumação do delito só poderá ocorrer pela omissão do dependente em comunicar a Previdência Social sobre o falecimento do segurado.

b) Comum: pode ser cometido por qualquer pessoa.

c) Material: trata-se de crime material, que se consuma no momento e local em que o agente obtém a vantagem ilícita.

d) Doloso: como não há previsão de cometimento do crime na forma culposa, trata-se de conduta dolosa. Sendo assim, apenas ocorrerá o crime se for comprovado o dolo do agente. Há elemento subjetivo do tipo específico (dolo específico, na doutrina clássica), consistente na vontade do agente de obter, para si ou para outrem, vantagem ilícita, em prejuízo alheio.

e) De forma livre: não há, no tipo penal, nenhum método específico para seu cometimento.

[37] Ob. cit., p. 622.

f) Plurissubsistente: a conduta pode ser fracionada em mais de uma fase, o que, por consequência, também significa admitir a modalidade tentada, eis que a ocorrência da consumação pode ser impedida.

g) Unissubjetivo: admite a prática por uma única pessoa ou mais.

h) Permanente ou instantâneo de efeitos permanentes: se instantâneo de efeitos permanentes, a consumação ocorre com o pagamento indevido da primeira parcela; se permanente, a consumação se protrai no tempo até a cessação da permanência.

7.3.4.3. *Questão controvertida*

Tendo o STF decidido que o estelionato cometido contra a Previdência Social é crime instantâneo, conclui-se que comporta a aplicação do art. 71 do Código Penal (continuidade delitiva).

Porém, resta a dúvida: é possível aplicar o disposto no § 1º do art. 171, que remete ao art. 155, § 2º, do Código Penal (substituição da reclusão por detenção, diminuição da pena de um a dois terços ou aplicação somente de multa), se o réu for primário e for de pequeno valor o prejuízo?

Pensamos que sim, por duas razões:

a) exige-se a primariedade, mas nada se fala sobre antecedentes, o que, por si só, já facilita a aplicação do referido instituto ao caso concreto;

b) acreditamos que, se o benefício indevidamente percebido não ultrapassar o valor de um salário mínimo, algo perfeitamente cabível e corriqueiro nesse país, mesmo que sejam vários os recebimentos, estará configurado o outro requisito, qual seja, o de prejuízo de pequeno valor, com a possibilidade de ocorrência de continuidade delitiva. Neste caso, cada recebimento será contado como um crime novo, aplicando-se, portanto, para cada um deles, o conceito de "prejuízo de pequeno valor", todos abarcados pela continuidade delitiva.

ESTELIONATO PREVIDENCIÁRIO (ART. 171, §§ 1º e 3º, DO CÓDIGO PENAL)	
OBJETO JURÍDICO	■ O patrimônio da Previdência Social.
OBJETO MATERIAL	■ A vantagem obtida.
SUJEITO ATIVO	■ Qualquer pessoa.
SUJEITO PASSIVO	■ Estado (INSS).
SUJEITO PASSIVO SECUNDÁRIO	■ O particular eventualmente prejudicado.
TIPO OBJETIVO	■ Obtenção, pelo agente, para si ou para outrem, de vantagem ilícita ■ prejuízo alheio + induzimento ou manutenção da vítima em erro + utilização de artifício, ardil, ou qualquer outro meio fraudulento.
TIPO SUBJETIVO	■ Dolo (específico ou elemento subjetivo do tipo específico).
COMPETÊNCIA	■ Justiça Federal.
AÇÃO PENAL	■ Pública incondicionada.

CLASSIFICAÇÃO	■ comissivo; ■ comum; ■ material; ■ doloso; ■ forma livre; ■ plurissubsistente; ■ unissubjetivo; ■ Permanente ou instantâneo de efeitos permanentes.
CONTINUIDADE DELITIVA (INFORMATIVO N. 516 DO STJ)	■ Se praticado pelo próprio beneficiário ou por não beneficiário (por meio de inserção de dados falsos no sistema do INSS, com o objetivo de beneficiar terceiro): sem continuidade delitiva; ■ Se praticado por não beneficiário por meio de saques reiterados com o cartão magnético do beneficiário falecido: com continuidade delitiva.

7.3.5. Inserção de dados falsos em sistema de informações

A Lei n. 9.983/2000 incluiu o art. 313-A no Código Penal:

> **Art. 313-A.** Inserir ou facilitar, o funcionário autorizado, a inserção de dados falsos, alterar ou excluir indevidamente dados corretos nos sistemas informatizados ou bancos de dados da Administração Pública com o fim de obter vantagem indevida para si ou para outrem ou para causar dano:
>
> Pena — reclusão, de 2 (dois) a 12 (doze) anos, e multa.

7.3.5.1. Conceito

São dois os **objetos jurídicos** tutelados pelo art. 313-A: a moralidade e o patrimônio da Administração Pública, especialmente no que concerne aos seus sistemas de informações e bancos de dados.

Os **objetos materiais**, na lição de **Guilherme de Souza Nucci**, são *"os dados falsos ou verdadeiros de sistemas informatizados ou bancos de dados"*.[38]

O **sujeito ativo** é, necessariamente, o funcionário público administrativamente designado para a função específica relativa ao sistema informatizado ou banco de dados (logo, trata-se de "crime de mão própria"), com a devida atenção ao novo conceito de funcionário público dado pelo § 1º do art. 327 do Código Penal, como já explicado no item 7.1, *supra*.

A definição desse delito como sendo de mão própria traz a seguinte dúvida: é possível a coautoria ou a participação?

Acreditamos que o terceiro que atuar, de alguma forma, para a consumação efetiva do delito responderá como partícipe (participação material ou moral), desde que tenha conhecimento da condição de funcionário público do autor, nos moldes dos arts. 29 e 30 do Código Penal.

Não é possível falar em coautoria, pois o único que pode ser, tecnicamente, autor, é o chamado "funcionário autorizado".

Dessa forma, para que se caracterize a participação no delito, é necessário que o funcionário público, com a atribuição específica para a função relativa ao sistema informatizado ou banco de dados, seja autor do crime.

---

[38] Ob. cit., p. 1.044.

Ainda que se cogitasse a definição da atuação do terceiro como sendo coautoria, os efeitos práticos seriam os mesmos, pois o Código Penal adota, para o caso aqui debatido, a teoria monista, que considera que, a despeito da pluralidade de condutas, ocorre apenas um crime, sem prejuízo do caráter acessório da participação, em conformidade com a conduta principal do autor.

Em suma, para a caracterização efetiva da participação, há que se comprovar os seguintes requisitos: pluralidade de condutas dos agentes, identidade de infração entre os participantes, relevância causal de cada conduta e liame intersubjetivo de natureza volitivo-cognitiva.

O **sujeito passivo** é, em primeiro lugar, o Estado e, sob a análise do Direito Previdenciário, o será na figura da Previdência Social. Em segundo lugar, o particular que vier a ser prejudicado.

O **tipo objetivo** consiste em quatro condutas distintas:

a) inserir dados falsos;

b) facilitar a inserção de dados falsos;

c) alterar indevidamente dados corretos; e

d) excluir indevidamente dados corretos, todas condutas referentes aos sistemas de informações e bancos de dados da Administração Pública.

Em todos os casos, as condutas devem ser juridicamente relevantes, potencialmente lesivas e, nas duas últimas hipóteses (alterar ou excluir), deve estar presente o elemento normativo do tipo "indevidamente".

Não há necessidade de produção de resultado naturalístico, logo, trata-se de **crime formal**. A ocorrência do resultado naturalístico é mero exaurimento do delito.

O **tipo subjetivo**, por sua vez, é o dolo, consistente na vontade livre e consciente de praticar as condutas em questão, com a finalidade específica do agente de obter vantagem ilícita, para si ou para outrem, ou causar dano. Trata-se, portanto, do **dolo específico, ou elemento subjetivo do tipo específico**. Não há modalidade culposa.

A consumação ocorre com a efetiva inserção ou facilitação da inserção efetiva de dados falsos, ou com a exclusão ou a alteração indevidas de dados corretos, independentemente da produção de resultado naturalístico, eis que se trata de crime formal.

A tentativa é excepcionalmente admissível, ainda que, na prática, seja de difícil aferição. Exemplo: o funcionário público em questão, após a digitação dos dados falsos e consequente comando de confirmação pelo sistema informatizado, é flagrado por outro funcionário ou seu supervisor e impedido antes que os dados sejam efetivamente inseridos no sistema.

A **competência** para processar e julgar é da Justiça Federal.

A **ação penal é pública incondicionada**, movida pelo Ministério Público Federal.

O rito processual é o previsto nos arts. 513 e seguintes do Código de Processo Penal, com a apresentação de defesa preliminar pelo funcionário público acusado, conforme o art. 514 do mesmo diploma legal.

Para que este delito seja considerado de relevância previdenciária, é necessário que os dados falsos inseridos ou de inserção facilitada, ou a exclusão ou alteração dos dados verdadeiros repercuta indevidamente em benefício ou serviço fornecidos pela Previdência Social, ou seu respectivo custeio. Exemplo: inserção de dados falsos relativos a benefício fictício.

7.3.5.2. Classificação

O delito em questão pode ser assim classificado:

a) Comissivo: todas as formas de cometimento previstas no art. 313-A são claramente comissivas.

b) De mão própria: só pode ser cometido pelo funcionário público administrativamente designado para a função de gerir ou manipular, de alguma forma, o sistema de informação ou banco de dados da Administração Pública.

Admite a participação, seja ela material (reforço da vontade preexistente do autor principal) ou moral (indução da ideia criminosa na mente do autor principal);

c) Formal: o tipo penal não exige a produção de resultado naturalístico, que significa o mero exaurimento do crime, mas apenas a relevância jurídica e a potencialidade lesiva das condutas criminosas.

d) Doloso: como não há previsão de cometimento do crime na forma culposa, trata-se de conduta dolosa. Sendo assim, apenas ocorrerá o crime se for comprovado o dolo do agente.

Há elemento subjetivo do tipo específico (dolo específico, na doutrina clássica), consistente na vontade do agente de obter, para si ou para outrem, vantagem ilícita, ou causar dano.

e) De forma livre: o tipo penal não prevê método específico para seu cometimento.

f) Plurissubsistente: a conduta pode ser dividida em mais de uma fase, o que, por consequência, também significa admitir a modalidade tentada, eis que a ocorrência da consumação pode ser impedida, ainda que seja de difícil aferição.

g) Unissubjetivo: admite a prática por uma única pessoa ou mais, lembrando-se que só pode ser autor o funcionário público designado para tal função (que não necessariamente será o único).

h) Instantâneo: a consumação ocorre com a efetiva inserção ou facilitação da inserção efetivada de dados falsos, ou com a exclusão ou a alteração indevidas de dados corretos.

INSERÇÃO DE DADOS FALSOS EM SISTEMA DE INFORMAÇÕES (ART. 313-A DO CÓDIGO PENAL)	
OBJETO JURÍDICO	■ A moralidade e o patrimônio da Administração Pública, especialmente no que concerne aos seus sistemas de informações e bancos de dados.
OBJETO MATERIAL	■ *Os dados falsos ou verdadeiros de sistemas informatizados ou bancos de dados (Nucci)*
SUJEITO ATIVO	■ O funcionário público
SUJEITO PASSIVO	■ O Estado (INSS)
SUJEITO PASSIVO SECUNDÁRIO	■ O particular eventualmente prejudicado
TIPO OBJETIVO	■ inserir dados falsos; ■ facilitar a inserção de dados falsos; ■ alterar indevidamente dados corretos; e ■ excluir indevidamente dados corretos. (Todas as condutas referentes aos sistemas de informações e bancos de dados da Administração Pública.)
TIPO SUBJETIVO	■ Dolo — não há modalidade culposa
COMPETÊNCIA	■ Justiça Federal
AÇÃO PENAL	■ Pública incondicionada
RITO PROCESSUAL	■ Arts. 513 e seguintes do CPP
CLASSIFICAÇÃO	■ Comissivo ■ De mão própria ■ Formal ■ Doloso ■ Forma livre ■ Plurissubsistente ■ Unisubjetivo ■ Instantâneo

■ 7.3.6. Da modificação ou alteração não autorizada de sistema de informações

A modificação ou alteração não autorizada de sistema de informações está prevista no art. 313-B do Código Penal, incluído pela Lei n. 9.983/2000:

> **Art. 313-B.** Modificar ou alterar, o funcionário, sistema de informações ou programa de informática sem autorização ou solicitação de autoridade competente:
>
> Pena — detenção, de 3 (três) meses a 2 (dois) anos, e multa.
>
> Parágrafo único. As penas são aumentadas de um terço até a metade se da modificação ou alteração resulta dano para a Administração Pública ou para o administrado.

■ *7.3.6.1. Conceito*

É, a princípio, delito de menor potencial ofensivo, aplicando-se, no que couber, as disposições da Lei n. 9.099/95.

São dois os objetos jurídicos tutelados: a moralidade e o patrimônio da Administração Pública, especialmente no que se refere aos seus sistemas de informações em si e programas de informática.

Os **objetos materiais** são "*o sistema de informações ou o programa de informática*".[39]

[39] Guilherme de Souza Nucci, ob. cit., p. 1.045.

O **sujeito ativo** é, necessariamente, o funcionário público, porém, diferentemente do tipo penal do art. 313-A do Código Penal, não precisa ser aquele administrativamente designado para aquela função.

Aplicam-se as mesmas regras sobre o conceito de funcionário público do art. 327 do Código Penal.

O **sujeito passivo** é o Estado e, para que se considere a relevância previdenciária, deverá sê-lo na figura da Previdência Social. Secundariamente, o particular eventualmente prejudicado.

O **tipo objetivo** consiste em duas condutas distintas:

a) modificar sistema de informações ou programa de informática e

b) alterar sistema de informações ou programa de informática da Administração Pública.

Embora a lei não deva utilizar palavras desnecessárias, os dois verbos (*modificar* e *alterar*) têm o mesmo significado (abastardar, alterar, corromper, deformar, descaracterizar, desfigurar, desvirtuar, deturpar, estragar, falsar, falsear, falsificar, modificar, viciar etc.).[40]

Em todos os casos, é necessário que a conduta não possua respaldo da autoridade competente, vale dizer, sem sua autorização ou determinação **(elemento normativo do tipo)**.

É preciso, também, que a conduta criminosa tenha relevância jurídica e potencialidade lesiva.

O **tipo subjetivo** é o dolo, em sua forma genérica (doutrina tradicional ou clássica). Não há modalidade culposa.

A consumação ocorre com a efetiva alteração ou modificação do sistema de informações ou programa de informática, independentemente da produção de resultado naturalístico, mero exaurimento do crime; logo, trata-se de delito formal.

Importante destacar que, mesmo tratando-se de crime próprio, o particular pode ser coautor ou partícipe do delito, nos moldes do art. 29 (concurso de agentes) e art. 30 (comunicação das circunstâncias pessoais na hipótese de serem elas elementares do crime) do Código Penal.

A **tentativa** é admissível, ainda que, na prática, seja de difícil aferição.

A **competência** para processar e julgar é da Justiça Federal.

A **ação penal é pública incondicionada**, movida pelo Ministério Público Federal.

O **rito processual** é o previsto nos arts. 513 e seguintes do Código de Processo Penal, com a apresentação de defesa preliminar pelo funcionário público acusado, conforme art. 514 do mesmo Código.

---

40 *Dicionário Houaiss*. Disponível em: <http://www.houaiss.uol.com.br>.

7.3.6.2. *Classificação*

O delito em questão pode ser assim classificado:

a) Comissivo: não é admitida a modalidade omissiva;

b) Próprio: só pode ser cometido por funcionário público, sem necessidade de ser aquele administrativamente designado para a função específica relativa ao sistema de informações ou ao programa de informática. **Admite, portanto, coautoria e participação**;

c) Formal: o tipo penal não exige a produção de resultado naturalístico, mas apenas a relevância jurídica das condutas criminosas. Contudo, a produção do resultado naturalístico, exaurimento do crime, determina a aplicação da causa especial de aumento de pena do parágrafo único do mesmo artigo;

d) Doloso: como não há previsão de cometimento do crime na forma culposa, trata-se de conduta dolosa. Sendo assim, apenas ocorrerá o crime se for comprovado o dolo do agente. Não há previsão de elemento subjetivo do tipo específico ou dolo específico;

e) De forma livre: não há, no tipo penal, nenhum método específico para seu cometimento;

f) Plurissubsistente: a conduta pode ser fracionada em mais de uma fase, o que, por consequência, também significa admitir a modalidade tentada, eis que a ocorrência da consumação pode ser impedida, ainda que de difícil percepção;

g) Unissubjetivo: admite a prática por uma única pessoa ou mais;

h) Instantâneo: a consumação ocorre com a efetiva alteração ou modificação do sistema de informações ou programa de informática, independentemente da produção de resultado naturalístico, mero exaurimento do crime. Trata-se, assim, de delito formal.

7.3.6.3. *Causa especial de aumento de pena*

Produzido o resultado naturalístico, ou seja, exaurido o crime com o efetivo dano à Administração Pública e/ou ao particular, aplicar-se-á a causa especial de aumento de pena prevista no parágrafo único do art. 313-B:

"Parágrafo único. As penas são aumentadas de um terço até a metade se da modificação ou alteração resulta dano para a Administração Pública ou para o administrado."

7.3.6.4. *Transação penal e suspensão condicional do processo*

A **transação penal** é cabível, contanto que não haja incidência do parágrafo único do mesmo artigo (causa especial de aumento de pena), ou do § 2º do art. 327,[41] ambos do Código Penal, conforme os arts. 61 e 76 da Lei n. 9.099/95 (Lei dos Juizados Especiais Cíveis e Criminais).

[41] **Art. 327**, § 2º. A pena será aumentada da terça parte quando os autores dos crimes previstos neste Capítulo forem ocupantes de cargos em comissão ou de função de direção ou assessoramento de órgão da administração direta, sociedade de economia mista, empresa pública ou fundação instituída pelo poder público.

À **suspensão condicional do processo**[42] aplica-se o mesmo entendimento relativo à transação penal.

MODIFICAÇÃO OU ALTERAÇÃO NÃO AUTORIZADA DE SISTEMA DE INFORMAÇÕES (ART. 313-B DO CÓDIGO PENAL)	
OBJETO JURÍDICO (2)	■ A moralidade e o patrimônio da Administração Pública, especialmente quanto aos seus sistemas de informações em si e programas de informática.
OBJETO MATERIAL	■ O sistema de informações ou o programa de informática.
SUJEITO ATIVO	■ O funcionário público.
SUJEITO PASSIVO	■ Estado (INSS).
SUJEITO PASSIVO SECUNDÁRIO	■ O particular eventualmente prejudicado.
TIPO OBJETIVO	■ modificar sistema de informações ou programa de informática; ■ alterar sistema de informações ou programa de informática da Administração Pública.
TIPO SUBJETIVO	■ Dolo.
COMPETÊNCIA	■ Justiça Federal.
AÇÃO PENAL	■ Pública incondicionada.
RITO PROCESSUAL	■ Arts. 513 e seguintes do Código de Processo Penal.
CLASSIFICAÇÃO	■ comissivo; ■ próprio; ■ formal; ■ doloso; ■ forma livre; ■ plurissubsistente; ■ unissubjetivo; ■ instantâneo (questão controvertida).
CAUSA ESPECIAL DE AUMENTO DE PENAL	■ Efetivo dano à Administração Pública e/ou ao particular ■ penas aumentadas de 1/3 até 1/2.
TRANSAÇÃO PENAL E SUSPENSÃO CONDICIONAL DO PROCESSO	■ Cabíveis quando não houver a incidência da causa especial de aumento de pena.

■ 7.4. QUESTÕES

1. (TRF 1ª Região — XI Concurso — Juiz Federal Substituto — Questão 38) No caso anterior, supondo-se que ao final de regular processo haja a condenação de todos os acusados, no momento de fixar a pena o Juiz Federal:

a) levará especialmente em conta, em relação ao servidor do INSS, a qualidade de servidor público, ao avaliar os aspectos previstos no art. 59 e no art. 61, *g*, do Código Penal;

b) não considerará, em relação ao servidor do INSS, a qualidade de servidor público, ao avaliar os aspectos previstos no art. 59, mas a levará em conta para efeito da circunstância prevista no art. 61, *g*, do Código Penal;

c) não dará atenção específica, em relação ao servidor do INSS, à qualidade de servidor público, em qualquer desses momentos, pois já a considerou como elementar para a tipificação do crime;

---

42 Art. 89. Nos crimes em que a pena mínima cominada for igual ou inferior a um ano, abrangidas ou não por esta lei, o Ministério Público, ao oferecer a denúncia, poderá propor a suspensão do processo, por dois a quatro anos, desde que o acusado não esteja sendo processado ou não tenha sido condenado por outro crime, presentes os demais requisitos que autorizariam a suspensão condicional da pena (art. 77 do Código Penal).

d) levará em conta, em relação ao servidor do INSS, a qualidade de servidor público, para efeito de condená-lo à pena de perda de função pública.

2. (TRF 3ª Região — XI Concurso — Juiz Federal Substituto — Questão 82) Com relação ao crime consistente em deixar de recolher contribuição previdenciária, ou importância, descontadas do pagamento feito aos segurados, a terceiros ou arrecadadas do público (art. 168/A, § 1º, I, do Código Penal), pode-se afirmar corretamente que:

a) é extinta a punibilidade se o agente, notificado pela fiscalização da Previdência Social, efetua o pagamento do débito antes do oferecimento da denúncia;
b) é extinta a punibilidade se o agente, voluntariamente, paga o devido à Previdência Social antes do início de qualquer fiscalização;
c) é extinta a punibilidade se o agente, confessando o débito à Previdência Social, paga o devido ou obtém parcelamento antes do oferecimento da denúncia;
d) é extinta a punibilidade se o agente, primário e de bons antecedentes, promove o efetivo pagamento do débito antes da sentença.

3. (TRF 3ª Região — XII Concurso — Juiz Federal Substituto — Questão 40) "X" requereu ao INSS, em junho de 2004, aposentadoria por tempo de serviço, instruindo o pedido de benefício com declaração de empregador, datada de janeiro de 1997, reconhecendo vínculo empregatício por cinco anos ininterruptos, até dezembro de 1996, período imprescindível à concessão. O INSS apurou que o empregador não havia assinado o documento, fato constatado posteriormente através de perícia em inquérito policial, que apontou, como autor, o próprio segurado. Ainda, confirmou-se que o tempo de trabalho declarado não correspondia à realidade, pois o vínculo de emprego restringia-se a quatorze meses, em dois períodos distintos. O benefício não foi concedido. Assinale a alternativa que não corresponda a uma das posições firmadas em jurisprudência:

a) "X" cometeu crime de falso, que absorve o de estelionato;
b) "X" cometeu, em concurso formal, crimes de falso e de estelionato;
c) "X" cometeu crime de estelionato, que absorve o de falso;
d) "X" cometeu, em concurso material, crimes de falsidade ideológica e de falsidade material.

4. (TRF 4ª Região — XII Concurso — Juiz Federal Substituto — 2005 — Questão 39) Para responder à questão 39, considere o enunciado que segue:

Maria é indiciada em inquérito policial pela omissão de recolhimento de contribuições previdenciárias descontadas dos empregados, de janeiro a junho de 2002 — período em que era Diretora da empresa. Após a denúncia, o Juiz intima a acusada por correspondência com aviso de recebimento (A.R.) para que comprove eventual pagamento ou parcelamento do débito previdenciário. Sem resposta da acusada, o juiz recebe a denúncia. Durante o processo, comprova Maria que parcelou e pagou integralmente as contribuições pertinentes. A Previdência Social informa a pendência de outras contribuições previdenciárias referentes ao período de agosto a outubro de 2002.

Dadas as assertivas abaixo, assinalar a alternativa correta.

I. Nulo é o processo desde o recebimento da denúncia porque intimada a acusada por A.R.
II. Está extinta a punibilidade pelo integral pagamento das contribuições previdenciárias pertinentes ao processo, aplicando-se retroativamente a nova previsão legal mais benéfica.
III. A responsabilidade de Maria como Diretora da empresa não pode ser afastada por demonstrações fáticas de que não sabia e não era responsável pelas omissões de recolhimentos.
IV. A cada mês em que não recolhidas as contribuições previdenciárias, configura-se novo crime, cabendo, porém, o tratamento de crime continuado em caso de similitude de tempo, lugar e modo de agir.

a) Estão corretas apenas as assertivas I e III.
b) Estão corretas apenas as assertivas II e III.
c) Estão corretas apenas as assertivas II e IV.
d) Estão corretas apenas as assertivas I, II e IV.

5. (CESPE/UnB — TRF 5ª Região — IX Concurso — Juiz Federal Substituto — 2007) Assinale C para "certo" e E para "errado".

Com relação ao crime de apropriação indébita previdenciária, julgue os itens a seguir.

105. O pagamento integral dos débitos oriundos da falta de recolhimento de contribuição à previdência social descontada dos salários dos empregados, ainda que posteriormente à denúncia e incabível o parcelamento, extingue a punibilidade do crime de apropriação indébita previdenciária.

106. O dolo do crime de apropriação indébita previdenciária é a consciência e a vontade de não repassar à previdência, dentro do prazo e na forma da lei, as contribuições recolhidas, não se exigindo a demonstração de especial fim de agir ou o dolo específico de fraudar a previdência social como elemento essencial do tipo penal. Ademais, ao contrário do que ocorre na apropriação indébita comum, não se exige o elemento volitivo consistente no *animus rem sibi habendi* para a configuração do tipo. Trata-se de crime omissivo próprio, em que o tipo objetivo é realizado pela simples conduta de deixar de recolher as contribuições previdenciárias aos cofres públicos no prazo legal, após a retenção do desconto.

6. (CESPE/UnB — Defensoria Pública Geral da União (DPU) — Defensor Público Federal de Segunda Categoria — 2010 — Questão 69) Assinale C para "certo" e E para "errado".

Considere a seguinte situação hipotética.

João A., com 57 anos de idade, trabalhador rural, analfabeto, incapacitado permanente para o trabalho, em razão de acidente, residente em zona urbana há mais de cinco anos, foi convencido por Jofre R. e Saulo F. a solicitar benefício previdenciário. Após análise da solicitação, cientificou-se a João que não haviam sido atendidos os requisitos para a obtenção de benefício. Jofre e Saulo prometeram resolver a situação, contanto que João assinasse e apresentasse diversos documentos, entre os quais, procurações, carteira de trabalho e declarações. Ajustaram que os valores relativos aos seis primeiros meses de pagamento do benefício previdenciário e eventuais valores retroativos a serem recebidos por João seriam dados em pagamento a Jofre e Saulo, que os repartiriam em iguais partes. Meses depois, João passou a perceber aposentadoria por tempo de contribuição e levantou a quantia de R$ 5.286,00, referente aos valores retroativos. Entregou-a a Jofre e Saulo, conforme ajustado. Após dois anos de recebimento desse benefício por João, no valor máximo legal, o INSS constatou fraude e, prontamente, suspendeu o pagamento do benefício. Nessa situação, João A., por sua condição pessoal e circunstâncias apresentadas, deve responder pelo crime de estelionato qualificado, na forma culposa, sendo o crime de estelionato contra a previdência social instantâneo de efeitos permanentes e consumando-se no recebimento indevido da primeira prestação do benefício, contando-se daí o prazo da prescrição da pretensão punitiva.

7. (TRF 4ª Região — XIV Concurso — Juiz Federal Substituto — 2010 — Questão 23 adaptada pela autora) Assinale C para "certo" e E para "errado".

É admitido o perdão judicial nos casos dos arts. 168-A do Código Penal (apropriação indébita previdenciária) e 337-A do Código Penal (sonegação previdenciária), em certas circunstâncias.

8. (CESPE — TRF 1ª Região — Juiz Federal Substituto — 2011) Em relação ao crime de apropriação indébita previdenciária e ao delito de sonegação de contribuição previdenciária, assinale a opção correta.

a) Caracteriza-se sonegação previdenciária quando o agente deixa de recolher, no prazo e na forma legal, contribuição ou outra importância que, destinada à previdência social, tenha sido descontada de pagamento efetuado a segurados, a terceiros ou arrecadada do público ou, ainda, que tenha integrado despesas contábeis ou custos relativos à venda de produtos ou à prestação de serviço.

b) Dispõe o CP, de forma expressa, a possibilidade de se conceder o perdão judicial, previsto na parte especial do código, ou somente a aplicação da pena de multa ao crime de sonegação previdenciária se o agente for primário e de bons antecedentes e desde que tenha promovido, após o início da ação fiscal e antes de recebida a denúncia, o pagamento integral ou parcelamento da contribuição social previdenciária, incluindo-se acessórios.

c) Nos termos do entendimento jurisprudencial estabelecido nos tribunais superiores, o crime de apropriação indébita previdenciária é considerado delito omissivo próprio, em todas as suas modalidades, e consuma-se no momento em que o agente deixa de recolher as contribuições, depois de ultrapassado o prazo estabelecido na norma de regência, sendo, portanto, desnecessário o *animus rem sibi habendi.*

d) Em relação aos crimes de apropriação indébita e de sonegação previdenciária, preconiza o CP que devem ser suspensas a pretensão punitiva e a prescrição penal, desde que haja parcelamento do débito e os pedidos sejam formalizados e aceitos antes do recebimento da denúncia criminal, uma vez que, quitados integralmente os débitos, inclusive os acessórios, objeto de parcelamento, extingue-se a punibilidade.

e) Nos crimes de apropriação indébita previdenciária, assegura a lei, de forma expressa, a incidência da causa extintiva da punibilidade se o agente, espontaneamente, declarar e confessar as contribuições, importâncias ou valores e prestar as informações devidas à previdência social, na forma definida em lei ou regulamento, antes do início da ação fiscal.

9. (CESPE — TRF 5ª Região — Juiz Federal Substituto — 2011) No que concerne às leis penais especiais e aos crimes contra a seguridade social, assinale a opção correta.

a) Encontra-se pacificada a jurisprudência dos tribunais superiores no sentido de que o crime de estelionato contra a previdência social é de natureza permanente, de forma que o termo inicial do prazo prescricional ocorre com a cessação do recebimento do benefício previdenciário.

b) A formação de quadrilha armada para evitar invasões rurais de integrantes de movimento de trabalhadores sem-terra configura crime contra a segurança nacional e afeta diretamente interesse da União, ente responsável por conduzir a política fundiária nacional.

c) Para a configuração da conduta consistente em ocultar a natureza ou a origem de bens, direitos ou valores provenientes, direta ou indiretamente, de crime, exige-se prova da participação do acusado no delito antecedente.

d) Não se admite a aplicação do princípio da insignificância em relação ao funcionamento de estação de rádio no período de dois meses entre o vencimento de licença ambiental e a concessão, em definitivo, de nova autorização pela autoridade administrativa.

e) O delito de apropriação indébita previdenciária, previsto no art. 168-A do CP, é omissivo próprio, dispensando-se, para a sua caracterização, qualquer especial fim de agir.

10. (CESPE — TRF 1ª Região — Juiz Federal Substituto — 2011/12 — Questão 18) Em relação ao crime de apropriação indébita previdenciária e ao delito de sonegação de contribuição previdenciária, assinale a opção correta.

a) Caracteriza-se sonegação previdenciária quando o agente deixa de recolher, no prazo e na forma legal, contribuição ou outra importância que, destinada à previdência social, tenha sido descontada de pagamento efetuado a segurados, a terceiros ou arrecadada do público ou, ainda, que tenha integrado despesas contábeis ou custos relativos à venda de produtos ou à prestação de serviço.

b) Dispõe o CP, de forma expressa, a possibilidade de se conceder o perdão judicial, previsto na parte especial do código, ou somente a aplicação da pena de multa ao crime de sonegação previdenciária se o agente for primário e de bons antecedentes e desde que tenha promovido, após o início da ação fiscal e antes de recebida a denúncia, o pagamento integral ou parcelamento da contribuição social previdenciária, incluindo-se acessórios.

c) Nos termos do entendimento jurisprudencial estabelecido nos tribunais superiores, o crime de apropriação indébita previdenciária é considerado delito omissivo próprio, em todas as suas modalidades, e consuma-se no momento em que o agente deixa de recolher as contribuições, depois de ultrapassado o prazo estabelecido na norma de regência, sendo, portanto, desnecessário o *animus rem sibi habendi*.

d) Em relação aos crimes de apropriação indébita e de sonegação previdenciária, preconiza o CP que devem ser suspensas a pretensão punitiva e a prescrição penal, desde que haja parcelamento do débito e os pedidos sejam formalizados e aceitos antes do recebimento da denúncia criminal, uma vez que, quitados integralmente os débitos, inclusive os acessórios, objeto de parcelamento, extingue-se a punibilidade.

e) Nos crimes de apropriação indébita previdenciária, assegura a lei, de forma expressa, a incidência da causa extintiva da punibilidade se o agente, espontaneamente, declarar e confessar as contribuições, importâncias ou valores e prestar as informações devidas à previdência social, na forma definida em lei ou regulamento, antes do início da ação fiscal.

11. (CESPE — Delegado de Polícia Federal — 2012) José abriu uma pequena padaria no bairro onde reside e contratou dez funcionários. Durante os primeiros seis meses de funcionamento do estabelecimento comercial, José arrecadou as contribuições previdenciárias de seus empregados, descontando-as das respectivas remunerações, mas não recolheu esses valores aos cofres da previdência social.

Com base nessa situação hipotética e na legislação relativa aos crimes contra a previdência social, julgue os itens subsequentes.

96. Nesse caso, mesmo que o valor não recolhido por José seja pequeno, não é possível, considerando-se a jurisprudência do STJ, a aplicação do princípio da insignificância, dado o bem jurídico tutelado (patrimônio da previdência social).

97. Se, até antes do início da ação fiscal, José confessar a dívida e efetuar espontaneamente o pagamento integral dos valores devidos, prestando as devidas informações ao órgão da previdência social, a punibilidade de sua conduta poderá ser extinta.

98. Ainda que não tivesse descontado das remunerações de seus empregados os valores relativos às contribuições previdenciárias, José responderia pela prática do delito de apropriação indébita previdenciária.

12. (CESPE — TRF 2ª Região — Juiz Federal Substituto — 2012 — Questão 17) A respeito dos crimes contra a administração pública, assinale a opção correta.

a) No crime de sonegação de contribuição previdenciária, será extinta a punibilidade se o agente, espontaneamente, declarar e confessar as contribuições, importâncias ou valores e prestar informações devidas à previdência social, na forma definida em lei ou regulamento, após o início da ação fiscal e antes do oferecimento da denúncia.

b) O perito que fizer afirmação falsa em processo cível em que uma das partes seja o IBAMA responderá pelo crime de falsa perícia, que, no entanto, deixará de ser punível se, antes do trânsito em julgado da sentença no processo cível, citado perito retratar-se ou declarar a verdade.
c) O diretor de presídio que não vedar ao preso o acesso a aparelho de comunicação que possibilite a este conversar apenas com outros presos no mesmo estabelecimento prisional não cometerá crime porque o que a lei penal veda é a comunicação do preso com o ambiente externo. Nessa situação, o diretor responderá apenas por infração administrativa.
d) No crime de descaminho, não se admite a incidência do princípio da insignificância, sob pena de isso facilitar a sonegação fiscal.
e) Praticará o crime de denunciação caluniosa quem der causa à instauração de investigação policial contra alguém, imputando-lhe contravenção penal de que o sabe inocente.

13. (TRF 2ª Região — XV Concurso — Juiz Federal Substituto — 2014 — Questão 22) Quanto ao crime de apropriação indébita previdenciária (art. 168-A do Código Penal), assinale a alternativa correta:

a) O dolo exigido é o genérico, de modo que a omissão, por si, é apta a configurar o delito, que prescinde da fraude material e do *animus rem sibi habendi* para a sua caracterização.
b) O bem jurídico tutelado é o patrimônio do empregado de quem a contribuição foi recolhida e não repassada, de modo que o falecimento deste gera a extinção da punibilidade.
c) A linha dominante admite caracterizada a inexigibilidade de conduta diversa, como causa supralegal de exclusão da culpabilidade, com a demonstração de que o repasse das contribuições previdenciárias traria dificuldades para o réu ou seus familiares, além da falta de dolo direto e especial.
d) A corrente apoiada na jurisprudência tradicional e dominante considera tratar-se de delito de conduta mista, comissiva quanto ao recolhimento e omissiva quanto ao repasse, sendo o dolo específico o seu elemento subjetivo.
e) Para a configuração do crime exige-se a posse física do numerário apropriado, pelo menos na forma consumada.

14. (TRF4 — XVII Concurso — Juiz Federal Substituto — 2016/17 — Questão 22) Assinale a alternativa correta.

a) O entendimento que atualmente prevalece no Superior Tribunal de Justiça é o de que, em se tratando da importação ou da exportação ilícita de substâncias entorpecentes, é necessário que fique demonstrada a efetiva transposição das fronteiras nacionais para que possa ser aplicada a causa de aumento da pena relativa à transnacionalidade.
b) Em se tratando de furto qualificado, não cabe a aplicação do privilégio de que trata o parágrafo 2º do artigo 155 do Código Penal, cujo teor é o seguinte: "Se o criminoso é primário, e é de pequeno valor a coisa furtada, o juiz pode substituir a pena de reclusão pela de detenção, diminuí-la de um a dois terços, ou aplicar somente a pena de multa".
c) Na dicção do Superior Tribunal de Justiça, para a caracterização do delito de apropriação indébita previdenciária, previsto no artigo 168-A do Código Penal, é imprescindível a demonstração do dolo específico do agente, de apropriar-se dos valores destinados à Previdência Social, ou seja, de seu *animus rem sibi habendi.*
d) É firme, no Superior Tribunal de Justiça, o entendimento no sentido de que, quandoo agente é condenado pela importação ou pela exportação ilícita de substâncias entorpecentes, não é possível a aplicação da majorante da transnacionalidade, sob pena de incorrer-se em *bis in idem*.
e) Atualmente, prevalece no Superior Tribunal de Justiça o entendimento de que o crime de furto se consuma com a posse de fato da *res furtiva*, ainda que por breve espaço de tempo e seguida da perseguição ao agente, sendo prescindível a posse mansa e pacífica ou desvigiada.

15. (CESPE — TRF5 — XIV Concurso — Juiz Federal Substituto — 2017 — Questão 17) No que concerne ao crime de apropriação indébita previdenciária previsto no Código Penal (CP), assinale a opção correta.

a) As figuras assemelhadas à apropriação indébita previdenciária constantes do CP são todas condutas omissivas relacionadas à ausência de recolhimento ou repasse de importâncias relacionadas à previdência social.

b) A ação penal relativa a esse crime é pública incondicionada e a competência para processá-la e julgá-la é da justiça federal, ainda que inexista lesão à previdência social, como no caso de falsificação das guias de recolhimento das contribuições previdenciárias.

c) Em relação a esse crime, a legislação penal prevê causa especial de extinção da punibilidade, subordinada ao cumprimento de alguns requisitos pelo agente de forma espontânea, mesmo que já tenha sido iniciada a ação fiscal.

d) Para a consumação desse crime, exige-se a omissão de repasse das contribuições recolhidas à previdência social acrescida do ânimo de assenhorar-se daquelas contribuições, sendo o tipo penal apropriação indébita previdenciária uma modalidade de apropriação indébita.

e) Por estar a consumação desse crime subordinada ao prazo e à forma legal ou convencional para o repasse das contribuições à previdência social, trata-se de exemplo de norma penal incompleta.

GABARITO

1. "c".
2. "b".
3. "d".
4. "c".
5. 105. "certo"; 106. "certo".
6. "errado".
7. "certo".
8. "c".
9. "e".
10. "c".
11. 96. "errado"; 97. "certo"; 98. "errado".
12. "e".
13. "a".
14. "e".
15. "a".

8

O PROCESSO JUDICIAL PREVIDENCIÁRIO

■ 8.1. INTRODUÇÃO

Trataremos neste tópico do processo judicial previdenciário. A questão será tratada com vistas ao requerimento das prestações do Regime Geral de Previdência Social (RGPS) e do Benefício de Prestação Continuada previsto no art. 203, V, da Constituição.

■ 8.2. A COMPETÊNCIA DA JUSTIÇA FEDERAL. REGRAS GERAIS

País de dimensões continentais, o Brasil tem a Justiça Federal dividida em 5 (cinco) Regiões, na forma do disposto no art. 27, § 6º, do Ato das Disposições Constitucionais Transitórias. Cada Região tem o respectivo Tribunal Regional Federal.

A **1ª Região** tem jurisdição nos Estados do Acre, Amapá, Amazonas, Bahia, Distrito Federal, Goiás, Maranhão, Mato Grosso, Minas Gerais, Pará, Piauí, Rondônia, Roraima e Tocantins.

A **2ª Região** tem jurisdição nos Estados do Rio de Janeiro e Espírito Santo.

A jurisdição da **3ª Região** abrange os Estados de São Paulo e Mato Grosso do Sul.

A **4ª Região** tem jurisdição sobre os Estados do Paraná, Santa Catarina e Rio Grande do Sul.

A jurisdição da **5ª Região** alcança os Estados de Alagoas, Ceará, Paraíba, Pernambuco, Rio Grande do Norte e Sergipe.

Cada Estado que integra a Região, bem como o Distrito Federal, é uma **Seção Judiciária**, cuja sede é a **Capital do Estado**.

1ª REGIÃO (14 SEÇÕES JUDICIÁRIAS)	2ª REGIÃO (2 SEÇÕES JUDICIÁRIAS)	3ª REGIÃO (2 SEÇÕES JUDICIÁRIAS)	4ª REGIÃO (3 SEÇÕES JUDICIÁRIAS)	5ª REGIÃO (6 SEÇÕES JUDICIÁRIAS)
Acre	Rio de Janeiro	São Paulo	Paraná	Alagoas
Amapá	Espírito Santo	Mato Grosso do Sul	Santa Catarina	Ceará
Amazonas			Rio Grande do Sul	Paraíba
Bahia				Pernambuco
Distrito Federal				Rio Grande do Norte
Goiás				Sergipe
Maranhão				
Mato Grosso				
Minas Gerais				
Pará				
Piauí				
Rondônia				
Roraima				
Tocantins				

A Seção Judiciária é composta por Subseções Judiciárias, o que acontece em razão da crescente interiorização da Justiça Federal.

As Subseções Judiciárias são compostas por uma ou mais Varas Federais e pelos Juizados Especiais Federais.

Exemplo: a 3ª Região é composta pelas Seções Judiciárias de São Paulo e Mato Grosso do Sul. A Seção Judiciária de São Paulo está sediada no Município de São Paulo, que é a Capital do Estado. A Seção Judiciária de São Paulo é composta por 44 (quarenta e quatro) Subseções Judiciárias, localizadas em 44 (quarenta e quatro) municípios. A 30ª Subseção Judiciária, localizada no Município de Osasco, é composta por 2 (duas) Varas Federais e pelo Juizado Especial Federal.

A jurisdição de cada uma das Subseções Judiciárias é fixada por ato do respectivo Tribunal Regional Federal. A Subseção Judiciária de Osasco tem jurisdição sobre os Municípios de Carapicuíba, Cotia, Embu das Artes, Itapecerica da Serra e Osasco (Provimento CJF3R n. 430, de 28.11.2014).

A competência da Justiça Federal está prevista nos arts. 108 e 109 da Constituição.

O art. 109 dispõe sobre a competência dos juízes federais:

Art. 109. Aos juízes federais compete processar e julgar:

I — as causas em que a União, entidade autárquica ou empresa pública federal forem interessadas na condição de autoras, rés, assistentes ou oponentes, exceto as de falência, as de acidentes de trabalho e as sujeitas à Justiça Eleitoral e à Justiça do Trabalho;

A primeira parte do inc. I estabelece a **regra geral:** trata-se de **competência absoluta**. Firma-se a competência da Justiça Federal sempre que uma dessas entidades — União, entidade autárquica ou empresa pública federal — estiver na relação processual como autoras, rés, assistentes ou oponentes.

A segunda parte do inc. I enumera as **exceções** à regra, ou seja, as causas em que, mesmo estando os entes federais na relação processual, a **competência não é da Justiça Federal:** as de falência, as de acidentes de trabalho e as sujeitas à Justiça Eleitoral e à Justiça do Trabalho.

Atenção: as exceções contidas no *caput* do art. 109 não configuram delegação de competência. São situações de **incompetência absoluta da Justiça Federal**.

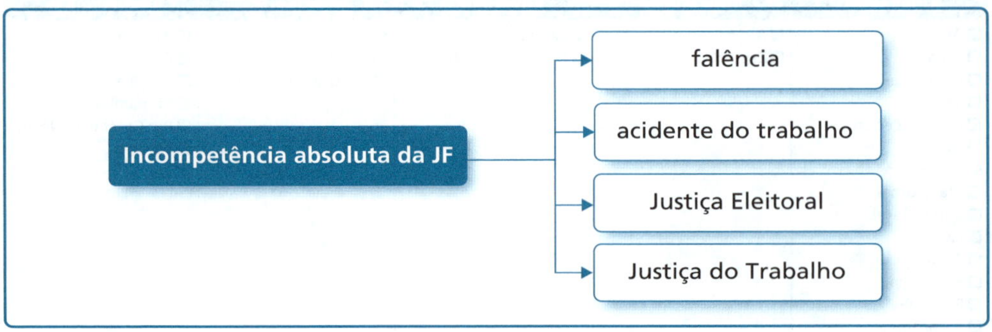

Fixada a competência da Justiça Federal, em razão da existência de um dos entes federais na relação processual, deve-se passar ao ponto seguinte, ou seja, o do juízo competente para o julgamento.

Deve-se ir, então, ao disposto nos §§ 1º e 2º do art. 109, que definem a competência de acordo com a posição ocupada pelo ente público federal na relação processual, no polo ativo ou no polo passivo:

> § 1º As causas em que a União for autora serão aforadas na seção judiciária onde tiver domicílio a outra parte.
>
> § 2º As causas intentadas contra a União poderão ser aforadas na seção judiciária em que for domiciliado o autor, naquela onde houver ocorrido o ato ou fato que deu origem à demanda ou onde esteja situada a coisa, ou, ainda, no Distrito Federal.

A regra do § 1º contempla a situação em que a **União** for **autora** e o **administrado** for **réu**. Para facilitar-lhe a defesa do réu, a Constituição determina que a ação seja ajuizada na Seção Judiciária onde tiver domicílio a outra parte.

O § 2º contém regra que também privilegia o **administrado**, só que agora na posição de **autor:** a ação movida contra a União será ajuizada na Seção Judiciária em que for domiciliado o autor, naquela onde houver ocorrido o ato ou fato que deu origem à demanda ou onde esteja situada a coisa ou, ainda, no Distrito Federal.

Atenção: a jurisprudência tem entendimento firmado no sentido de que **as regras dos §§ 1º e 2º se aplicam também quando são autores ou réus os demais entes públicos federais**. Entendimento contrário implicaria dar aos demais entes públicos federais privilégio de foro maior do que o concedido à União pela Constituição:[1]

"Processual civil. Competência territorial. Exceção. Ação declaratória. ANS. Ressarcimento ao SUS. Se a competência relativa é instituída para facilitar o acesso ao Judiciário, e se na atualidade as prerrogativas e privilégios processuais da União foram expandidas para as autarquias, nada mais legítimo de que estas se equipararem à União, para efeito da regra de competência de que trata o art. 109, parágrafo 2º da Constituição Federal, principalmente levando-se em conta que a ANS é representada pela Procuradoria-Geral Federal, e encontra-se estruturada em todo território nacional, capaz de promover com eficiência, e sem qualquer prejuízo, a defesa da citada autarquia especial. Provimento do agravo para declarar competente o foro da Seção judiciária da Paraíba."

É importante fixar que, nas hipóteses do **§ 2º do art. 109**, a competência é relativa, podendo o autor optar pela Vara Federal do foro de seu domicílio, por aquela onde ocorreu o ato ou o fato objeto do litígio ou onde esteja situada a coisa e, ainda, pela do Distrito Federal. Nesse caso, **a competência entre essas diversas Varas Federais é relativa**.

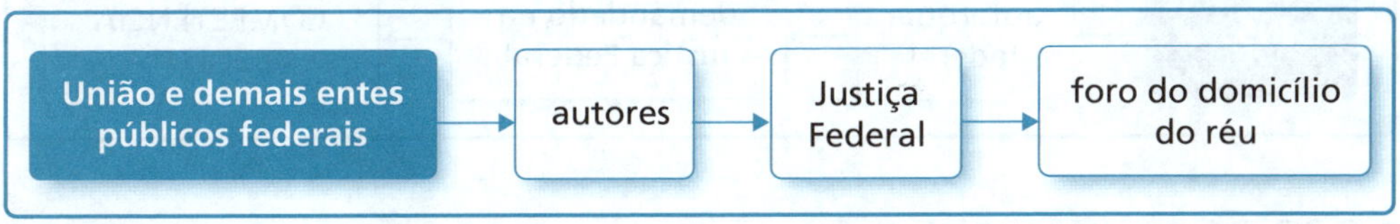

[1] TRF 5ª Região, AG 200605000043945, 3ª Turma, Rel. Des. Fed. Wladimir de Carvalho, *DJ* 15.10.2008, p. 274.

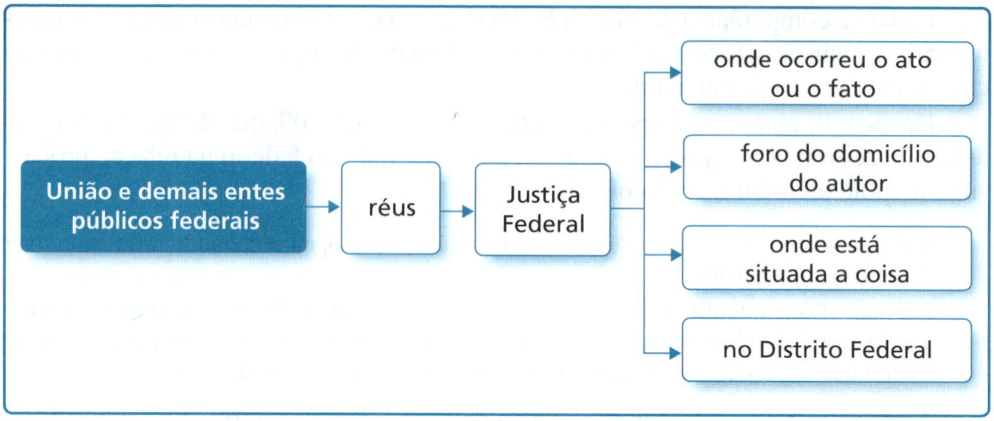

A interpretação dessas normas, então, é simples: **a competência se fixa em benefício do administrado**, de forma que se facilite o acesso à justiça e se cumpram o contraditório e a ampla defesa.

■ 8.3. COMPETÊNCIA PARA O PROCESSAMENTO DAS AÇÕES PREVIDENCIÁRIAS. COMPETÊNCIA DELEGADA. JUIZADOS ESPECIAIS FEDERAIS. ACIDENTE DO TRABALHO. MANDADO DE SEGURANÇA

■ 8.3.1. Competência da Justiça Federal. Regra geral

Em se tratando do Regime Geral de Previdência Social (RGPS), o Instituto Nacional do Seguro Social (INSS) deve integrar a relação processual, porque é o gestor desse regime previdenciário.

O **INSS é autarquia federal**, criada pela Lei n. 8.029, de 12.04.1990, resultante da fusão do Instituto de Administração da Previdência e Assistência Social (IAPAS) com o Instituto Nacional de Previdência Social (INPS). As autarquias federais litigam judicialmente na **Justiça Federal**, por força do disposto no art. 109, I, em qualquer condição: autoras, rés, assistentes ou oponentes.

As ações previdenciárias movidas por segurados ou dependentes do RGPS terão como réu o INSS e, por isso, de acordo com a Constituição, deverão ser ajuizadas na Justiça Federal.

Trata-se de **competência absoluta**.

Essa é a regra geral.

■ 8.3.2. Competência delegada

A Justiça Federal ainda não está instalada em todos os rincões do país, situação que era ainda mais grave ao tempo da promulgação da Constituição Federal, em 1988.

O segurado ou beneficiário é, por definição, a parte frágil da relação previdenciária de direito material ou processual; é o que vai em busca da cobertura previdenciária ou assistencial que não foi obtida administrativamente. Se não tem nas proximidades de seu domicílio a Justiça Federal, vê-se, por vezes, obrigado a longos deslocamentos para ajuizar a ação.

O constituinte de 1988 conhecia bem essa realidade e, por isso, inseriu o § 3º no art. 109, que traz **exceção à regra de competência absoluta da Justiça Federal**. Respeitou a garantia constitucional do acesso à justiça, permitindo que as causas previdenciárias, em certas situações, sejam julgadas pela Justiça Estadual. Trata-se de **competência delegada:**

> § 3º Serão processadas e julgadas na justiça estadual, no foro do domicílio dos segurados ou beneficiários, as causas em que forem parte instituição de previdência social e segurado, sempre que a comarca não seja sede de vara do juízo federal, e, se verificada essa condição, a lei poderá permitir que outras causas sejam também processadas e julgadas pela justiça estadual.

O § 3º foi alterado pela EC n. 103/2019:

> § 3º **Lei poderá autorizar** que as causas de competência da Justiça Federal em que forem parte instituição de previdência social e segurado possam ser processadas e julgadas na justiça estadual quando a comarca do domicílio do segurado não for sede de vara federal.

A alteração é importante porque deixa para a legislação ordinária, a partir de 13.11.2019, data da vigência da EC n. 103, a *possibilidade* de delegar para a justiça estadual a competência para as ações previdenciárias.

Antes da vigência da EC n. 103/2019, foi publicada a Lei n. 13.876, de 18.09.2019, que alterou o art. 15 da Lei n. 5.010/1966, que organiza da primeira instancia da Justiça Federal:

> Art. 15. **Quando a Comarca não for sede de Vara Federal**, *poderão ser processadas e julgadas na Justiça Estadual*:
>
> III — as causas em que forem parte instituição de previdência social e segurado e que se referirem a benefícios de natureza pecuniária, quando a Comarca de domicílio do segurado estiver localizada a *mais de 70 km (setenta quilômetros)* de Município sede de Vara Federal;
>
> § 1º Sem prejuízo do disposto no art. 42 desta Lei e no parágrafo único do art. 237 da Lei n. 13.105, de 16 de março de 2015 (Código de Processo Civil), poderão os Juízes e os auxiliares da Justiça Federal praticar atos e diligências processuais no território de qualquer Município abrangido pela seção, subseção ou circunscrição da respectiva Vara Federal.
>
> § 2º Caberá ao respectivo Tribunal Regional Federal indicar as Comarcas que se enquadram no critério de distância previsto no inciso III do *caput* deste artigo."

A alteração está em vigor a partir de 1º.01.2010.

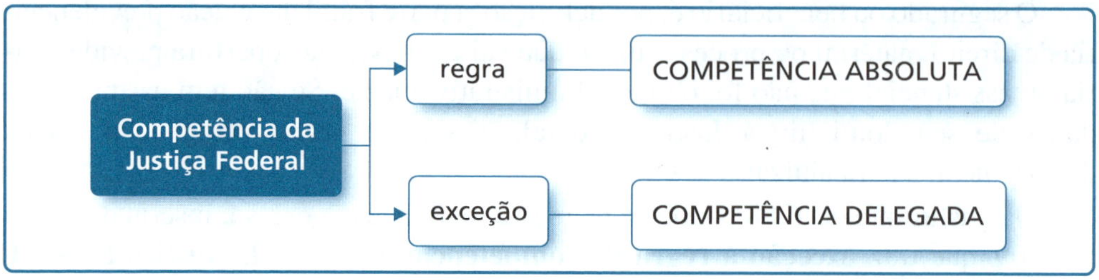

Por se tratar de regra que atinge diretamente o princípio do juiz natural, a delegação de competência tem aplicação restrita, com limites traçados no § 3º do art. 109.

Para que o segurado ou beneficiário possa ajuizar ação na justiça estadual, é necessário que a Comarca de seu domicílio esteja localizada a mais de 70 km de Município sede de Vara Federal.

Só há delegação de competência para a Justiça Estadual se a **comarca** que abrange o domicílio do segurado ou beneficiário **não é sede de Vara Federal e está a mais de 70 km de distância**.

É importante lembrar que "comarca" é conceito próprio da organização judiciária dos Estados e do Distrito Federal, que não se aplica à Justiça Federal.

Atenção: trata-se de **delegação de competência**. A competência ainda é da Justiça Federal, mas pode ser também da Justiça Estadual, por opção do interessado. Trata-se, portanto, de **competência relativa**.

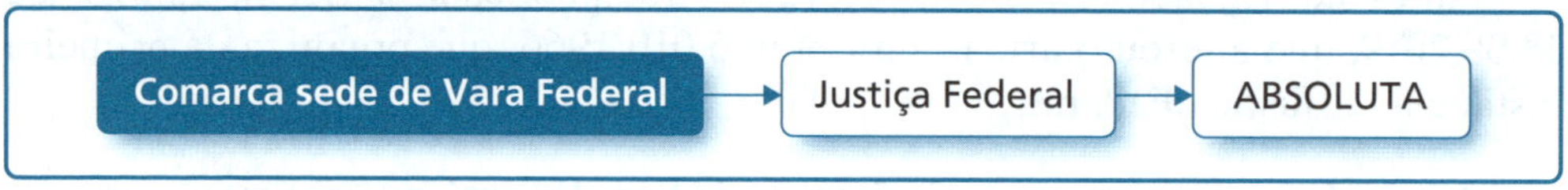

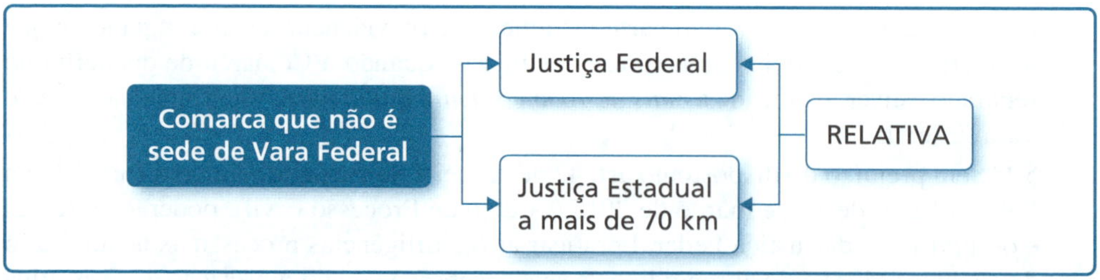

Os Tribunais Regionais Federais devem publicar as Comarcas que, a partir de 1º.01.2020, têm competência delegada.

Com a alteração das regras de competência delegada, surgiu a questão: a competência delegada a comarca da justiça estadual localizada a mais de 70 Km do domicílio do segurado aplica-se somente às ações previdenciárias que forem ajuizadas a partir de 1º.01.2020, ou abrange as ações já em andamento nessa data?

Se adotado o entendimento de que as novas regras se aplicam aos processos em andamento, todas as ações em trâmite na justiça estadual não alcançadas pela "nova competência delegada", deveriam ser redistribuídas, com o consequente encaminhamento para a justiça federal. Essa providência seria extremamente prejudicial aos jurisdicionados porque retardaria o andamento dos processos.

Tentando dar solução à questão, o Conselho da Justiça Federal expediu a Resolução n. 603, de 12.11.2019 (*DOU* 26.11.2019), que dispôs que as ações já ajuizadas não seriam redistribuídas para a justiça federal:

> **Art. 4º.** As ações, em fase de conhecimento ou de execução, ajuizadas anteriormente a 1º de janeiro de 2020, continuarão a ser processadas e julgadas no juízo estadual, nos termos em que previsto pelo § 3º do art. 109 da Constituição Federal, pelo inciso III do art. 15 da Lei n. 5.010, de 30 de maio de 1965, em sua redação original, e pelo art. 43 do Código de Processo Civil.

Mas a Resolução n. 603 não foi suficiente para pôr fim ao problema.

Em 17.12.2019, o STJ determinou *a imediata suspensão, em todo o território nacional, de qualquer ato destinado a redistribuição de processos pela Justiça Estadual (no exercício da jurisdição federal delegada) para a Justiça Federal, até o julgamento definitivo do presente Incidente de Assunção de Competência* no Conflito de Competência, com tramitação regular dos processos até que seja proferida decisão no incidente.[2]

Já houve controvérsia na jurisprudência sobre a abrangência da palavra "beneficiários". É que, de início, se entendia que estavam abrangidos apenas os dependentes do segurado, mas excluídos os que pleiteavam benefício assistencial. A jurisprudência do STJ está sedimentada no sentido de que **a competência delegada alcança também as causas em que se pede o benefício assistencial previsto no art. 203, V, da Constituição, para garantia do acesso à justiça:**[3]

> "CONFLITO DE COMPETÊNCIA. BENEFÍCIO ASSISTENCIAL. ARTIGO 109, PARÁGRAFO 3º, DA CONSTITUIÇÃO DA REPÚBLICA. INCIDÊNCIA. DESCUMPRIMENTO DE CARTA PRECATÓRIA. IMPOSSIBILIDADE.
>
> 1. A literalidade do parágrafo 3º do artigo 109 da Constituição da República deixa certo que à Justiça Estadual foi atribuída a competência excepcional para processar e julgar, no foro do domicílio dos segurados ou beneficiários, exclusivamente, as causas em que forem parte instituição de previdência social e segurado, sempre que a comarca não seja sede de vara do juízo federal, além daqueloutras permitidas em lei.
>
> 2. À luz da evidente razão da norma inserta no parágrafo 3º do artigo 109 da Constituição da República, é de se interpretá-la atribuindo força extensiva ao termo 'beneficiários', de

---

2 Incidente de assunção de competência no CC 170.051 — RS (2019/0376717-3), Rel. Min. Mauro Campbell Marques, *DJe* 18.12.2019.

3 CC 37.717/SP, 3ª Seção, Rel. Min. Hamilton Carvalhido, *DJ* 09.12.2003, p. 209.

> modo a que compreenda os que o sejam do segurado, mas também aqueloutros do benefício da assistência social, como, aliás, resta implícita na jurisprudência desta Egrégia Terceira Seção, que tem compreendido no benefício previdenciário o benefício assistencial.
> 3. 'O Juízo deprecado não pode negar cumprimento à precatória, a menos que ela não atenda aos requisitos do art. 209, CPC, quando se declarar incompetente em razão da matéria ou da hierarquia, ou, ainda, quando duvidar da sua autenticidade.' (CC n. 32.268/SP, Relator Ministro Sálvio de Figueiredo Teixeira, in *DJ* 19.08.2002).
> 4. Conflito conhecido para declarar competente o Juízo de Direito da 2ª Vara Cível de Presidente Venceslau/SP, suscitante, para processar e julgar a ação ordinária visando à concessão de benefício assistencial, devendo o Juízo suscitado dar integral cumprimento à carta precatória expedida pelo Juízo estadual".

Para compreender a delegação de competência, é necessário fixar que a Justiça Federal e a Justiça Estadual não são organizadas pelos mesmos critérios.

A Justiça Federal se divide em Regiões, Seções Judiciárias e Subseções Judiciárias. A Justiça Estadual está organizada em cada um dos Estados-membros segundo suas peculiaridades, dividindo-se em Comarcas, que têm Varas e Varas Distritais.

Por serem organizações judiciárias diversas, por vezes, é extremamente complexo definir o juízo competente para o julgamento da causa previdenciária. Esbarra-se em situações em que a competência tem que ser fixada entre 2 (dois) juízos federais, entre juiz federal e juiz de direito, entre juízes de direito de Varas distintas, entre juízes de direito de Vara e Vara Distrital etc.

A questão pode ser complexa, porque pode se configurar hipótese de competência absoluta e competência relativa.

Para facilitar a compreensão, a nosso ver, é possível fixar algumas regras:

a) a Justiça Federal sempre é competente para julgar a causa previdenciária, ou seja, sempre há um juiz federal competente para aquele julgamento;

b) a delegação de competência não implica perda da competência;

c) só o titular da competência pode delegá-la. Por isso, não há delegação de competência entre juízes de direito.

Vamos considerar as diversas situações.

■ 8.3.2.1. *Vara Federal da Capital e Vara Federal do domicílio do autor: competência relativa. Súmula 689 do STF*

Pode ocorrer que o segurado ou beneficiário resida em município que seja sede de Vara Federal. Pode este, então, mover a ação previdenciária contra o INSS na Subseção Judiciária de seu domicílio.

Entretanto, ajuíza a ação na Justiça Federal da Capital, ou seja, na sede da Seção Judiciária.

Perguntam-se: pode fazê-lo? Trata-se de competência absoluta ou relativa?

A resposta deve adotar interpretação das normas que privilegie o acesso à justiça, porque se considera que o administrado é a parte frágil da relação jurídica.

O entendimento do STF tem sido no sentido de que, no caso, há **competência territorial concorrente** entre o Juízo Federal da Capital do Estado-membro e aquele do local do domicílio do autor, sem que isto implique subversão à regra geral de distribuição de competência:

> "AÇÃO PREVIDENCIÁRIA. COMPETÊNCIA PARA PROCESSÁ-LA E JULGÁ-LA ORIGINARIAMENTE.
>
> — Ambas as Turmas desta Corte (assim, a título exemplificativo, nos RREE 239.594, 222.061, 248.806 e 224.799) têm entendido que, **em se tratando de ação previdenciária, o segurado pode ajuizá-la perante o juízo federal de seu domicílio ou perante as varas federais da capital do Estado-membro**, uma vez que o artigo 109, § 3º, da Constituição Federal prevê **uma faculdade em seu benefício, não podendo esta norma ser aplicada para prejudicá-lo**. Dessa orientação divergiu o acórdão recorrido (...)" (RE 284.516/RS, 1ª Turma, Rel. Min. Moreira Alves, *DJ* 09.02.2001).

Note-se que o entendimento do STF está respaldado no art. 109, § 3º, da Constituição, que dispõe sobre a competência delegada. Entretanto, a hipótese não é de competência delegada, porque a opção do autor foi exercida entre 2 (dois) juízos federais. O STF corretamente aplicou o mesmo princípio, no sentido de que a opção é do segurado ou beneficiário, que, por razões pessoais, preferiu litigar na sede da Seção Judiciária. Há vários outros julgamentos do STF no mesmo sentido, dos quais destacamos:

> "AÇÃO ENTRE PREVIDÊNCIA SOCIAL E SEGURADO. COMPETÊNCIA. ART. 109, § 3º DA CF/88.
>
> — Em se tratando de ação previdenciária, o segurado pode optar por ajuizá-la perante o juízo federal de seu domicílio ou perante as varas federais da capital, não podendo a norma do artigo 109, § 3º, da Constituição Federal, instituída em seu benefício, ser usada para prejudicá-lo. Precedentes (...)" (RE 285.936/RS, 1ª Turma, Rel. Min. Ellen Gracie, *DJ* 29.06.2001, p. 58).

E, ainda:

> "CONSTITUCIONAL. PROCESSUAL CIVIL. JUSTIÇA FEDERAL: COMPETÊNCIA. AÇÃO PREVIDENCIÁRIA. SEGURADO RESIDENTE NO INTERIOR ONDE HÁ VARA DA JUSTIÇA FEDERAL.
>
> I. — Pode o segurado, domiciliado no interior do Estado, onde há Vara da Justiça Federal, ajuizar ação previdenciária perante a Justiça Federal da Capital (...)" (AgReg RE 293.983/RS, 2ª Turma, Rel. Min. Carlos Velloso, *DJ* 08.02.2002, p. 265).

O Supremo Tribunal Federal sedimentou o entendimento na **Súmula 689:** "O segurado pode ajuizar ação contra a instituição previdenciária perante o juízo federal do seu domicílio ou nas varas federais da capital do estado-membro".

A hipótese, portanto, é de **competência relativa**, de modo que o segurado ou beneficiário pode escolher entre a Vara Federal da sede da Seção Judiciária e a Vara Federal da Subseção Judiciária de seu domicílio.

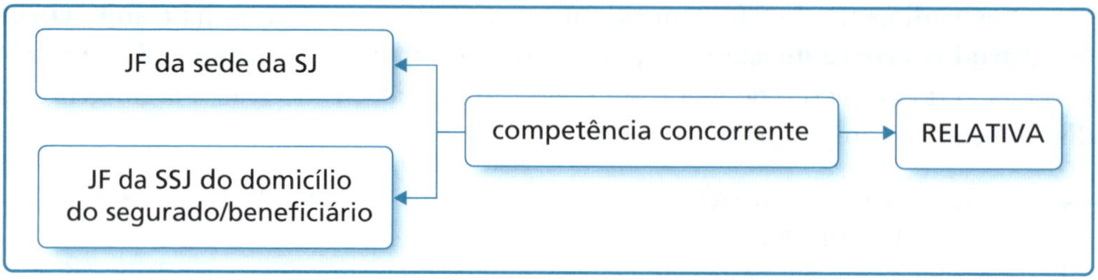

8.3.2.2. *Vara Federal sediada na Comarca e domicílio do autor na sede da Comarca. Competência absoluta*

O § 3º do art. 109 delega a competência à Justiça Estadual quando a Comarca em que domiciliado o autor não seja sede de Vara Federal.

Ou seja, se a Comarca for sede de Vara Federal, não haverá delegação de competência à Justiça Estadual.

> **Exemplo:** o Município de Campinas, no Estado de São Paulo, é sede da 5ª Subseção Judiciária. É também sede da Comarca da Justiça Estadual. O segurado ou beneficiário residente em Campinas só poderá ajuizar a ação previdenciária contra o INSS na Justiça Federal. No caso, não há delegação de competência. **A competência da Justiça Federal é absoluta.**

8.3.2.3. *Domicílio do autor em município que não é sede de Vara Federal. Ação ajuizada na Justiça Estadual de outro município que também não é sede de Vara Federal*

Há situações em que o segurado ou beneficiário reside em Município que não é sede de Vara Federal. Pode, então, ajuizar a ação previdenciária no juízo estadual de seu domicílio, na Vara Federal da Capital ou no Distrito Federal.

Entretanto, sabedor do posicionamento do magistrado que atua naquele juízo, move a ação em outro município, que também não é sede de Vara Federal.

A delegação de competência para a Justiça Estadual, na forma do art. 109, § 3º, da Constituição, se dá para o juízo estadual do domicílio do autor quando situado a mais de 70 km de distância da Vara Federal, não podendo este, então, escolher a Justiça Estadual de outra localidade, ao fundamento de que se trata de competência relativa.

Entre juízes de direito de localidades diversas, a **competência** delegada é **absoluta**.

Há precedente na jurisprudência:

> "PREVIDENCIÁRIO. PROCESSUAL CONSTITUCIONAL. COMPETÊNCIA ABSOLUTA. AFORAMENTO PERANTE COMARCA ESTADUAL DISTINTA DO

> DOMICÍLIO DA PARTE. ART. 109, § 3º, CF. EXTINÇÃO DO FEITO. 1. Segundo interpretação jurisprudencial e à vista do contido no § 3º do artigo 109 da CF, o segurado, cujo domicílio não seja sede de Vara Federal, poderá aforar a ação previdenciária perante o Juízo Estadual da comarca de seu domicílio; no Juízo Federal com jurisdição sobre o seu domicílio ou, ainda, perante Varas Federais da capital do Estado-membro. 2. Optando o segurado por ajuizar a contenda perante Juízo Estadual, terá de fazê-lo em relação à comarca que seja de seu domicílio, não em outro Juízo Estadual onde não resida, como na hipótese presente, pois, em relação a esse foro, não há competência delegada. É que, **em se tratando de conflito de competência estabelecido entre dois Juízes Estaduais, somente um deles detém a delegação da competência federal, não havendo falar em prorrogação de competência, nem em aplicação do princípio da *perpetuatio jurisdictionis*, por estar-se diante de regra de competência absoluta decorrente de norma constitucional** (§ 3º do art. 109 da CF)" (TRF 4ª Região, AC 200970990017170, 5ª Turma, Rel. Des. Fed. Fernando Quadros da Silva, *DE* 15.03.2010).

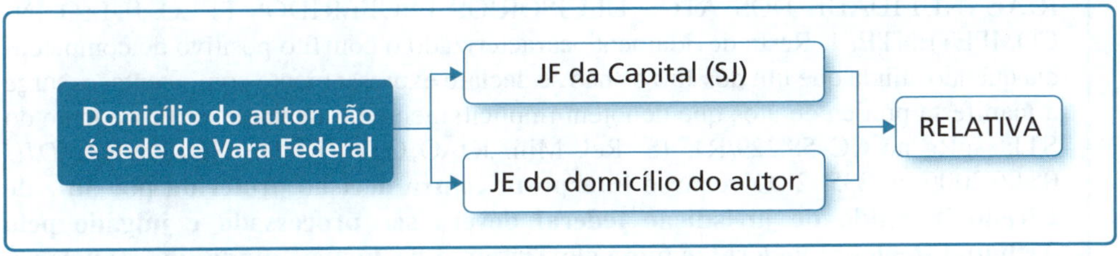

Não há delegação de competência entre Varas da Justiça Estadual

8.3.2.4. *Competência para julgamento dos recursos*

A delegação da competência da Justiça Federal para a Justiça Federal está limitada aos julgamentos no primeiro grau de jurisdição.

As decisões proferidas pelos juízes de direito no exercício da **competência delegada** federal estão **submetidas ao respectivo Tribunal Regional Federal**, na forma do disposto no art. 109, § 4º, da Constituição:

> § 4º — Na hipótese do parágrafo anterior, o recurso cabível será sempre para o Tribunal Regional Federal na área de jurisdição do juiz de primeiro grau.

O art. 108, II, da Constituição, também dispõe no mesmo sentido:

> Art. 108. Compete aos Tribunais Regionais Federais:
>
> II — julgar, em grau de recurso, as causas decididas pelos juízes federais e pelos juízes estaduais no exercício da competência delegada federal da área de sua jurisdição.

Eventual julgamento proferido por Tribunais estaduais em processos de competência delegada federal são **nulos**. É o entendimento do STJ:

> "PREVIDENCIÁRIO. CONFLITO POSITIVO DE COMPETÊNCIA. EXPRESSA MANIFESTAÇÃO DO JUÍZO PELA COMPETÊNCIA. DESNECESSIDADE. PRÁTICA DE ATOS QUE DENOTAM IMPLICITAMENTE ESTA DECLARAÇÃO. DEMANDA RELATIVA A BENEFÍCIO PREVIDENCIÁRIO. COMPETÊNCIA FEDERAL DELEGADA DO JUÍZO DE DIREITO. RECURSO. COMPETÊNCIA DO TRIBUNAL REGIONAL FEDERAL, DE ACORDO COM O PARECER MINISTERIAL. NULIDADE DOS ATOS DECISÓRIOS PROFERIDOS PELO JUÍZO INCOMPETENTE. 1. Resta devidamente caracterizado o conflito positivo de competência quando, ainda que um dos Juízos não se declare expressamente competente, exsurge a manifesta prática de atos que denotem implicitamente tal declaração. Precedente do STJ: AgRg no CC 58.229/RJ, 1S, Rel. Min. JOÃO OTÁVIO DE NORONHA, *DJU* 05.06.2006, p. 235. 2. **O recurso interposto contra decisão proferida por Juiz de Direito investido de jurisdição federal deverá ser processado e julgado pelo Tribunal Regional Federal, e não pelo Tribunal de Justiça, ainda que a apelação verse exclusivamente sobre questão processual, que dispensa a análise de matéria previdenciária.** 3. Conflito de Competência conhecido para declarar a competência do Tribunal Regional Federal da 2ª Região, o suscitante, para processar e julgar o Agravo Regimental e a Apelação interpostos contra julgados proferidos pelo Juízo de Direito investido de jurisdição federal, de acordo com o parecer Ministerial. 4. Nos termos do art. 122 do CPC, declara-se a **nulidade do Acórdão** proferido pelo Tribunal de Justiça do Rio de Janeiro, **bem como dos atos decisórios subsequentes**" (CC 200702184815, 3ª Seção, Rel. Min. Napoleão Nunes Maia Filho, *DJe* 29.04.2008).

Competência delegada → Recurso para o TRF

8.3.3. Juizado Especial Federal. Competência absoluta

A fixação do juízo competente deve considerar, ainda, a existência do Juizado Especial Federal.

A competência dos JEFs está prevista na Lei n. 10.259/2001, na forma do art. 98 da Constituição Federal, e, em matéria previdenciária, é fixada apenas em razão do valor da causa. Não importa o grau de complexidade fática ou jurídica da causa, pois esse não é o critério definidor da competência.[4]

---

[4] Cf. nosso *Juizados Especiais Cíveis e Criminais, Federais e Estaduais*, em coautoria com Ricardo Cunha Chimenti, 13. ed. São Paulo: Saraiva, 2019. v. 35, p. 14 (Coleção Sinopses Jurídicas).

As causas previdenciárias cujo valor não ultrapasse 60 (sessenta) salários mínimos devem ser processadas nos JEFs. O valor do salário mínimo é fixado por lei federal e deve ser considerado na data da propositura da ação.

O art. 3º, § 3º, da Lei n. 10.259/2001 dispõe:

> § 3º No foro onde estiver instalada Vara do Juizado Especial, a sua competência é absoluta.

Tratando-se de competência absoluta, se o valor da causa não for superior a 60 (sessenta) salários mínimos, o segurado não pode optar por ajuizar a ação na Justiça Estadual ou Federal local.

A regra deve ser analisada à luz das disposições dos §§ 2º e 3º do art. 109 da Constituição, que permitem a opção, pelo interessado, entre vários foros. Competência relativa, portanto.

A competência absoluta fixada no § 3º do art. 3º da Lei n. 10.259/2001 existe somente quando o foro escolhido for sede de JEF. Se nesse foro não houver JEF, o segurado ou beneficiário poderá propor a ação na Justiça Federal, no JEF mais próximo ou na Justiça Estadual, se configurada a competência delegada, na forma do art. 109, § 3º, da Constituição.

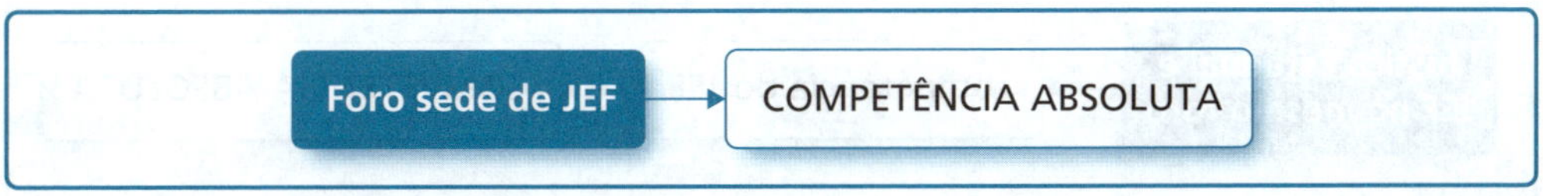

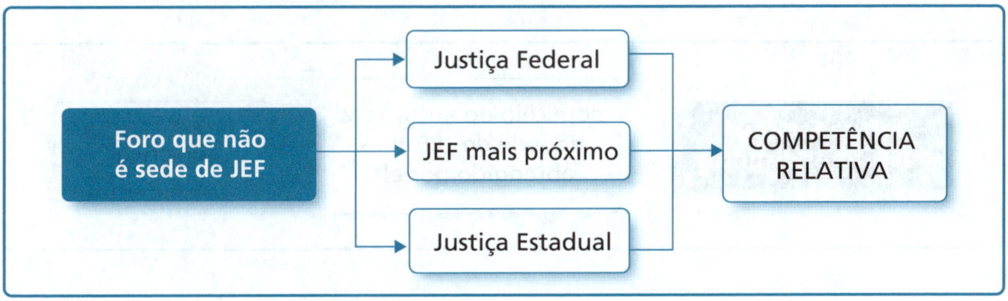

■ *8.3.3.1. Juizado Especial Federal e Vara Federal*

O JEF tem **competência absoluta**, no foro em que estiver instalado, para processar as ações previdenciárias cujo valor não ultrapasse 60 (sessenta) salários mínimos.

A regra prevalece mesmo entre JEF e Vara Federal, ou seja, mesmo **quando JEF e Vara Federal estão instalados no mesmo foro**.

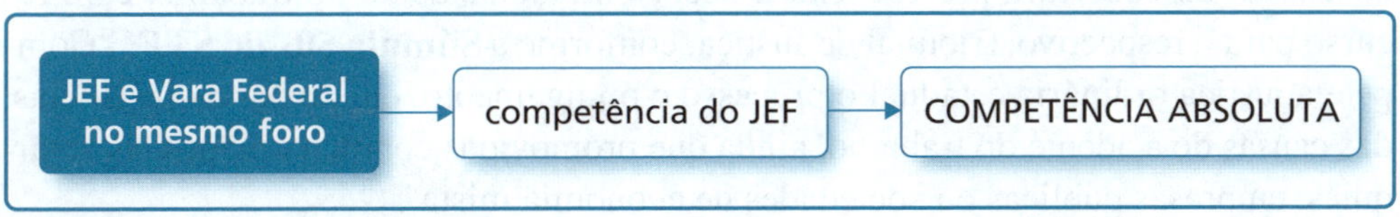

8.3.3.2. *Juizado Especial Federal e Justiça Estadual*

A jurisdição dos Juizados Especiais Federais é fixada por ato administrativo do respectivo Tribunal Regional Federal, que enumera taxativamente os municípios por ele abrangidos.

Tem ocorrido com frequência que juízes de direito declinem de sua competência para o processamento das ações previdenciárias, com o consequente encaminhamento dos autos ao JEF recém-instalado, ao fundamento de se tratar de competência absoluta.

A fixação da competência, nessas hipóteses, pressupõe indagar se o JEF e a Vara da Justiça Estadual estão ou não instalados no mesmo foro.

Se o JEF e a Vara da Justiça Estadual estão instalados no mesmo foro, as novas ações devem ser ajuizadas no JEF, por se tratar de competência absoluta.

Se, ao contrário, o **JEF não estiver instalado no mesmo foro da Vara da Justiça Estadual, mas a jurisdição abranger o foro do domicílio do segurado, a competência é relativa, razão pela qual o interessado poderá escolher entre o JEF e a Justiça Estadual**.

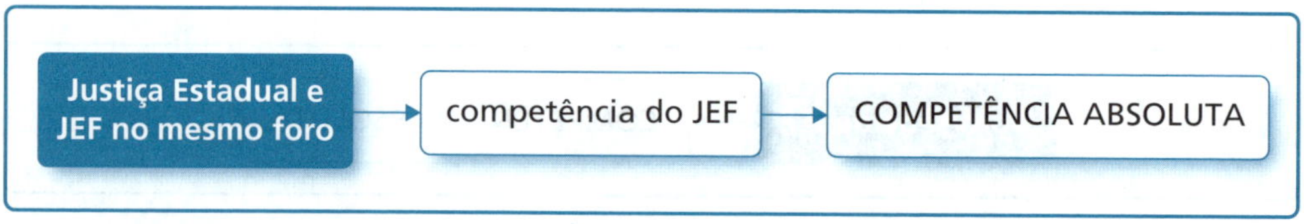

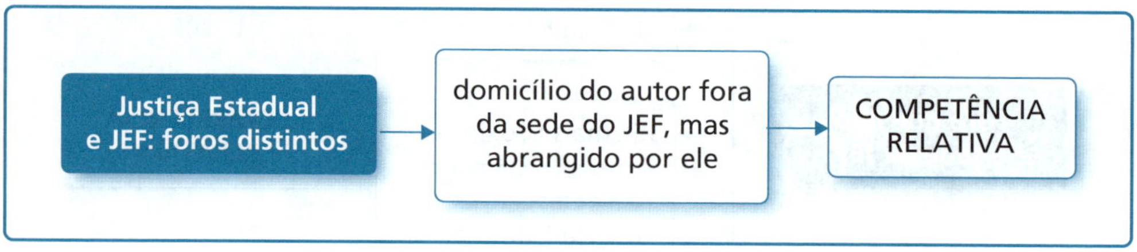

8.3.4. As ações de acidente do trabalho. Benefícios previdenciários

Embora o acidente do trabalho seja contingência com cobertura previdenciária pelo RGPS, as respectivas **ações são processadas na Justiça Estadual**, por força do disposto no art. 109, I, da Constituição. Portanto, no caso, a **Justiça Federal é absolutamente incompetente**.

Cabe, então, à Justiça Estadual processar e julgar as ações em que se pleiteia a concessão de cobertura previdenciária decorrente de acidente do trabalho, com recurso para o respectivo Tribunal de Justiça, conforme a **Súmula 501 do STF:** "Compete à justiça ordinária estadual o processo e o julgamento, em ambas as instâncias, das causas de acidente do trabalho, ainda que promovidas contra a união, suas autarquias, empresas públicas ou sociedades de economia mista".

O **STJ** editou, no mesmo sentido, a **Súmula 15:** "Compete à justiça estadual processar e julgar os litígios decorrentes de acidente do trabalho".

Os **pedidos de revisão desses benefícios previdenciários** também devem ser **julgados pela Justiça Estadual:**

> "PREVIDENCIÁRIO. COMPETÊNCIA. CONFLITO NEGATIVO. REVISÃO DE BENEFÍCIO DE ÍNDOLE ACIDENTÁRIA. ART. 109, I, e § 3º, DA CONSTITUIÇÃO. VERBETES SUMULARES 501/STF E 15/STJ. 1. O objetivo da regra do art. 109, I, da Constituição é aproximar o julgador dos fatos inerentes à matéria que lhe está sendo submetida a julgamento. 2. **As ações propostas contra a autarquia previdenciária objetivando a concessão e revisão de benefícios de índole acidentária são de competência da Justiça Estadual**. Precedentes. Verbetes sumulares 501/STF e 15/STJ. 3. Conflito conhecido para declarar a competência do Juízo de Direito da Vara de Acidentes do Trabalho de Porto Alegre/RS, o suscitante" (CC 200702013793, 3ª Seção, Rel. Min. Arnaldo Esteves Lima, *DJ* 1º.02.2008, p. 431).

Entretanto, o STJ vinha decidindo que as ações de **concessão ou de revisão do benefício de pensão por morte decorrente de acidente do trabalho deveriam ser julgadas pela Justiça Federal**.

A nosso ver, o STJ adotou o entendimento de que a Justiça Federal é incompetente para apreciar a contingência "acidente do trabalho", razão pela qual não pode conceder benefícios ao segurado assim acidentado. Entretanto, a contingência que enseja a cobertura previdenciária de pensão por morte é a condição de dependente de segurado falecido, não sendo relevante que esta tenha ou não decorrido de acidente do trabalho.

O entendimento, porém, foi modificado em julgados mais recentes, de modo que os pedidos de pensão por morte decorrente de acidente do trabalho devem ser julgados pela Justiça Estadual, na forma julgada pela 1ª Seção do STJ:

> "PROCESSUAL CIVIL E PREVIDENCIÁRIO. AGRAVO REGIMENTAL NO CONFLITO DE COMPETÊNCIA INSTAURADO ENTRE JUÍZOS ESTADUAL E FEDERAL. BENEFÍCIO PREVIDENCIÁRIO. PENSÃO POR MORTE DECORRENTE DE ACIDENTE DE TRABALHO. ENTENDIMENTO REFORMULADO PELA 1ª SEÇÃO. ART. 109, I, DA CONSTITUIÇÃO FEDERAL. SÚMULAS 501/STF E 15/STJ. PRECEDENTES DO STF E STJ. COMPETÊNCIA DA JUSTIÇA ESTADUAL. AGRAVO REGIMENTAL A QUE SE NEGA PROVIMENTO. 1. Compete à Justiça comum dos Estados apreciar e julgar as ações acidentárias, que são aquelas propostas pelo segurado contra o Instituto Nacional do Seguro Social, visando ao benefício, aos serviços previdenciários e respectivas revisões correspondentes ao acidente do trabalho. Incidência da Súmula 501 do STF e da Súmula 15 do STJ (...)" (1ª Seção, AgRg CC 122703/SP, Proc. 2012/0103906-4, Rel. Min. Mauro Campbell Marques, *DJe* 05.06.2013).

8.3.5. Mandados de segurança

O mandado de segurança em matéria previdenciária tem por objeto atacar ato administrativo praticado pelo INSS causador de lesão aos interesses do segurado ou beneficiário.

A impetração deve ser dirigida contra a autoridade federal que praticou o ato impugnado, na forma do art. 1º da Lei n. 12.016, de 07.07.2009.

Tratando-se de autoridade federal, a competência para processar e julgar o mandado de segurança é da Justiça Federal, na forma do art. 109, VIII, da Constituição:

> **Art. 109.** Aos juízes federais compete processar e julgar:
>
> VIII — os mandados de segurança e os habeas data contra ato de autoridade federal, excetuados os casos de competência dos tribunais federais;

Em mandado de segurança, não há delegação de competência para a Justiça Estadual. O *writ* será **processado e julgado pela Justiça Federal, mesmo que se trate de matéria previdenciária** envolvendo segurado ou beneficiário.

A questão é importante porque a **Justiça Estadual** é, no caso, **absolutamente incompetente**.

Mandado de segurança em matéria previdenciária → não há delegação de competência

A jurisprudência do STJ tem constantemente reafirmado esse entendimento:

> "(...) 1. Nas ações de Mandado de Segurança em que se pleiteia a concessão de salário-maternidade, espécie de benefício previdenciário, figura como litisconsorte passivo necessário o INSS, por ser a entidade responsável pela sua concessão e pagamento; assim, a teor do art. 109, VIII da CF, a **competência para processar e julgar a demanda é da Justiça Federal**. (...) 5. Conflito conhecido para declarar a nulidade da sentença proferida pelo Juiz de Direito da 1ª Vara Cível de Lajeado/RS e determinar a remessa do presente feito ao Juiz Federal da Vara do Juizado Especial Federal Cível de Lajeado para processar e julgar a demanda, como entender de direito" (CC 200702393109, 3ª Seção, Rel. Min. Napoleão Nunes Maia Filho, *DJe* 12.06.2008).

Já vimos (item 8.3.4) que a Justiça Federal não é competente para processar e julgar as ações que objetivem a concessão ou revisão de benefícios previdenciários decorrentes de **acidente do trabalho**. Porém, se a questão for trazida **em mandado de segurança**, prevalece o disposto no art. 109, VIII, uma vez que **a competência se firma em razão da autoridade federal apontada como coatora:**[5]

[5] Cf. TRF 1ª Região, AMS 200636000060455, 1ª Turma, Rel. Des. Fed. Luiz Gonzaga Barbosa Moreira, e-DJF1 08.04.2008, p. 370: "(...) 1. O eg. Superior Tribunal de Justiça vem entendendo que, em **mandado de segurança, a competência para o processamento e julgamento do feito se define em razão da autoridade apontada como coatora e não pela matéria em exame, mesmo que se trate de benefício decorrente de acidente do trabalho. Assim sendo, compete à justiça federal a apreciação do presente *writ*.** (Precedentes do STJ: CC 68593/BA, Rel. Min. Arnaldo Esteves Lima, *DJ* 20.03.2007; CC 76856/BA, Rel. Min. Hamilton Carvalhido, *DJ* de 07.02.2007; CC 67.984/BA, Rel. Min. Nilson Naves, *DJ* de 19.12.2006) (...)".

"PROCESSUAL CIVIL. CONFLITO NEGATIVO DE COMPETÊNCIA. JUSTIÇAS ESTADUAL E FEDERAL. MANDADO DE SEGURANÇA. AUTORIDADE IMPETRADA. CHEFE DA AGÊNCIA DO INSS EM SERRA/ES. RETIFICAÇÃO DE ATO ADMINISTRATIVO. BENEFÍCIO PREVIDENCIÁRIO. CLASSIFICAÇÃO EQUIVOCADA. AUXÍLIO-DOENÇA CATALOGADO COMO ACIDENTE DE TRABALHO. COMPETÊNCIA FEDERAL. CRITÉRIO *RATIONE AUCTORITATIS*. PRECEDENTES. 1. Cuida-se de conflito negativo de competência instaurado entre o Juízo Federal da 2ª Vara Cível da Seção Judiciária do Estado do Espírito Santo, o suscitado, e o Juízo de Direito da Vara Especializada em Acidentes de Trabalho de Vitória, o suscitante, nos autos de mandado de segurança impetrado por MZ Informática Ltda. contra ato supostamente abusivo e ilegal do Chefe da Agência da Previdência Social do INSS no Município de Serra/ES, por meio do qual pretende a impetrante a retificação de ato administrativo. 2. Noticiam os autos que a autoridade coatora, erroneamente, indicou no ato administrativo impugnado a ocorrência de acidente de trabalho (Código 91) como causa do afastamento do empregado Marcos Rodrigues Martins, embora a licença, na verdade, tenha se dado em razão de doença (Código 31), o que gerou consequências previdenciárias mais gravosas para o empregador. (...) **4. A competência para o julgamento de mandado de segurança é estabelecida em razão da função ou da categoria funcional da autoridade indicada como coatora (*ratione auctoritatis*), sendo irrelevante a matéria tratada na impetração, a natureza do ato impugnado ou a pessoa do impetrante.** Precedentes. 5. No caso, a autoridade indigitada coatora é o Chefe da Agência da Previdência Social no Município de Serra/ES, autoridade pública federal vinculada ao Instituto Nacional do Seguro Social-INSS. **Tratando-se de autoridade federal, a competência para julgamento do feito é da Justiça Federal de Primeira Instância, ainda que a matéria possa, de algum modo, tangenciar o tema relativo à concessão do benefício de acidente de trabalho** (...)" (CC 201000501725, 1ª Seção, Rel. Min. Castro Meira, *DJe* 22.11.2010).

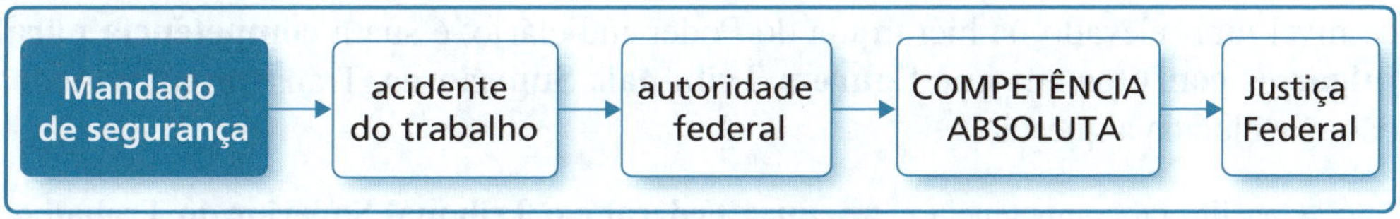

■ 8.4. DECLARAÇÃO DE INCOMPETÊNCIA. A SÚMULA 33 DO STJ

A incompetência do juízo deve ser arguida na forma prevista no Código de Processo Civil, nos arts. 112, 113 e 307 a 311.

A **incompetência absoluta** deve ser reconhecida de ofício pelo juiz. Pode também ser alegada em qualquer tempo e grau de jurisdição. **Independe da oposição de exceção de incompetência.**

A incompetência relativa deve ser arguida por meio de **exceção**, que será processada em autos apartados. Se acolhida, os autos serão remetidos ao juízo competente.

É importante frisar que somente a incompetência absoluta pode ser reconhecida de ofício. A incompetência relativa só pode ser reconhecida nos autos da exceção de incompetência.

Sobre o tema, o **STJ** editou a **Súmula 33:** "A incompetência relativa não pode ser declarada de ofício".

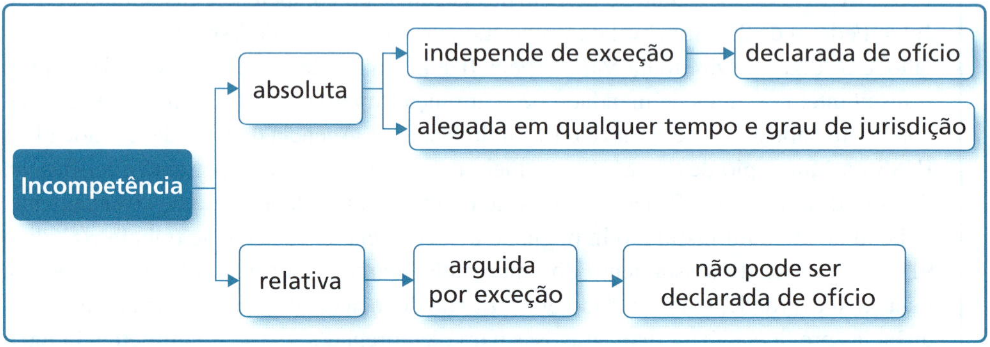

■ 8.5. CONFLITOS DE COMPETÊNCIA

A divisão da Justiça Federal em Regiões, Seções e Subseções Judiciárias, bem como a organização judiciária da Justiça Estadual e, ainda, os Juizados Especiais Federais, fazem com que entre eles surjam diversos conflitos de competência.

A competência para julgar tais conflitos está fixada na Constituição Federal, no art. 102, I, *o*, no art. 105, I, *d*, e no art. 108, I, *e*.

O **Supremo Tribunal Federal** tem competência originária para julgar os conflitos de competência em que figurem os Tribunais Superiores. Processa e julga, então, os conflitos de competência entre o STJ e quaisquer Tribunais, entre os Tribunais Superiores e entre Tribunais Superiores e demais Tribunais. Sendo o STF o Tribunal de nível mais elevado na hierarquia do Poder Judiciário, é sua a **competência para julgar os conflitos em que figurem Tribunais Superiores**. Transcrevemos Acórdão que elucida a questão:

> "Conflito de competência entre **Juíza Federal e o Tribunal Superior do Trabalho**, com relação à causa trabalhista ajuizada na vigência da Emenda Constitucional n. 1/69 perante a Justiça do Trabalho, embora a reclamada fosse autarquia federal. Rejeito a preliminar de incompetência desta Corte. Com efeito, sendo o Superior Tribunal de Justiça Tribunal Superior do mesmo nível dos demais Tribunais Superiores, conflito de competência em que figure um destes — no caso, o Tribunal Superior do Trabalho — só poderá ser dirimido pelo **Supremo Tribunal Federal**, que é **hierarquicamente superior aos Tribunais Superiores**, uma vez que **a dirimência de conflito de competência cabe necessariamente a Tribunal hierarquicamente superior** aquele (ou aqueles) que figure (ou figurem) como parte (ou partes) em conflito de competência. — Continua sujeita à competência residual da Justiça Federal ação que já o era sob o império da Constituição anterior, ainda quando, erroneamente, houvesse sido ajuizada perante a Justiça do Trabalho (arts. 114 da Constituição Federal de 1988 e 27, par. 10, do Ato das

Disposições Constitucionais Transitórias). Conflito de competência conhecido, dando--se pela competência da Juíza Federal suscitante" (CC 7014, Tribunal Pleno, Rel. Min. Moreira Alves, *DJ* 27.10.1994).

O **Superior Tribunal de Justiça** julga e processa originariamente os **conflitos de competência em que figurem Tribunais**, exceto aqueles de competência do STF, ou seja, **que não sejam Tribunais Superiores**. Também são de sua competência originária os conflitos de competência **entre Tribunal e juízes a ele não vinculados** e, ainda, **entre juízes vinculados a Tribunais diferentes**.

É importante lembrar que não é da Justiça Federal a competência para as ações previdenciárias em que se pleiteia benefício decorrente de acidente do trabalho. A matéria, entretanto, por vezes dá origem a conflitos de competência entre juiz federal e juiz estadual. No caso, considera-se que o conflito se dá entre **juízes submetidos hierarquicamente a Tribunais diferentes**, cabendo, por isso, ao STJ, o julgamento do respectivo conflito de competência:

> "**PREVIDENCIÁRIO**. COMPETÊNCIA. CONFLITO NEGATIVO. COMPETÊNCIA DO SUPERIOR TRIBUNAL DE JUSTIÇA. JUÍZOS ESTADUAL E FEDERAL. AÇÃO JULGADA PELO JUÍZO ESTADUAL INVESTIDO DE JURISDIÇÃO FEDERAL. SUPERVENIENTE INSTALAÇÃO DE VARA FEDERAL NA COMARCA. EXECUÇÃO DA SENTENÇA. COMPETÊNCIA FEDERAL ABSOLUTA. ART. 109, I, DA CONSTITUIÇÃO. ART. 87 DO CPC, PARTE FINAL. EXCEÇÃO AO PRINCÍPIO DA *PERPETUATIO JURISDICTIONIS*. PRECEDENTES. COMPETÊNCIA DO JUÍZO FEDERAL. 1. Compete ao Superior Tribunal de Justiça dirimir conflito entre juízes vinculados a **tribunais diversos**, segundo inteligência do art. 105, I, *d*, da Constituição. Não estando o Juízo Estadual investido de jurisdição federal, não incide o verbete 3/STJ, que pressupõe haja 'Juiz Estadual investido de jurisdição federal'. 2. A superveniente criação de vara federal no município onde havia sido ajuizada e julgada a ação, à época da execução do julgado, levou a nova fixação de competência. Hipótese de exceção ao princípio da *perpetuatio jurisdictionis*. Competência absoluta prevista no art. 109, I, da Constituição. Incidência da segunda parte do art. 87 do CPC. Precedentes desta Corte. 3. Conflito conhecido para declarar a competência do Juízo Federal" (STJ, 3ª Seção, Rel. Min. Arnaldo Esteves Lima, *DJe* 27.05.2008).

Aos **Tribunais Regionais Federais** compete processar e julgar originariamente os conflitos de competência **entre juízes federais vinculados ao mesmo Tribunal**. Também é de sua competência originária processar e julgar conflito de competência **entre juiz federal e juiz estadual no exercício de competência delegada federal** da área de sua jurisdição.

Assim, se o conflito se der **entre dois juízes federais da mesma Região, a** competência será do respectivo **Tribunal Regional Federal**.

Pode ocorrer, contudo, de o conflito de competência se instalar **entre juiz federal e juiz estadual no exercício da competência delegada**. Nesse caso, o conflito deverá ser julgado pelo respectivo TRF, na forma da **Súmula 3 do STJ:** "Compete ao tribunal regional federal dirimir conflito de competência verificado, na respectiva região, entre juiz federal e juiz estadual investido de jurisdição federal".

A existência de Juizados Especiais Federais também faz com que surjam conflitos de competência **entre juízes de JEF e juízes federais de varas comuns ou entre juízes de JEF e juízes estaduais**.

As peculiaridades do procedimento especial dos Juizados Especiais Federais fizeram com que surgissem interpretações diversas acerca de sua submissão hierárquica aos respectivos Tribunais Regionais Federais. A causa da controvérsia era o entendimento de que, como as decisões dos juízes de JEF não se submetem em grau de recurso ao Tribunal Regional Federal, não teria este competência para dirimir tais conflitos. Esse entendimento foi, inicialmente, adotado pelo STJ, que chegou a editar a **Súmula 348, posteriormente revogada**, que dispunha: "Compete ao Superior Tribunal de Justiça decidir os conflitos de competência entre juizado especial federal e juízo federal, ainda que da mesma seção judiciária".

O **entendimento atual do STJ** é de que tais conflitos **devem ser julgados pelo respectivo Tribunal Regional Federal**, conforme sua **Súmula 428:** "Compete ao Tribunal Regional Federal decidir os conflitos de competência entre juizado especial federal e juízo federal da mesma seção judiciária".

Aplica-se a mesma regra quando o conflito ocorrer entre juiz de JEF e juiz estadual no exercício da competência delegada.

JULGAMENTO DOS CONFLITOS DE COMPETÊNCIA		
STF	**STJ**	**TRF**
■ Entre STJ e quaisquer Tribunais	■ Entre quaisquer Tribunais não superiores	■ Entre juízes federais vinculados ao mesmo Tribunal
■ Entre Tribunais Superiores	■ Entre Tribunal e juízes a ele não vinculados	■ Entre juízes federais e estaduais no exercício da competência delegada
■ Entre Tribunais Superiores e qualquer Tribunal	■ Entre juízes vinculados a Tribunais diversos	■ Entre juiz federal de Vara e juiz de JEF
		■ Entre juiz de JEF e juiz estadual no exercício da competência delegada

■ 8.6. O PRÉVIO REQUERIMENTO ADMINISTRATIVO

Os requerimentos administrativos de concessão ou revisão das prestações do RGPS são apreciados pelo INSS, autarquia federal gestora do regime.

Para bem administrar o sistema, o INSS deve dispor de estrutura administrativa que permita a correta avaliação dos requerimentos, com produção de provas da condição de segurado ou beneficiário, de tempo de serviço/contribuição, de cumprimento de carências, de incapacidade para o trabalho, de miserabilidade etc.

O INSS é autarquia federal, integrante, portanto, da Administração Pública, que presta serviço público.[6]

[6] Cf. Celso Antônio Bandeira de Mello, *Curso de direito administrativo*. 30. ed. São Paulo: Malheiros, 2013, p. 687: "1. Serviço público é toda atividade de oferecimento de utilidade ou comodidade material destinada à satisfação da coletividade em geral, mas fruível singularmente pelos administrados, que o Estado assume como pertinente a seus deveres e presta por si mesmo ou por quem lhe

Trata-se do exercício de função típica, de atribuição constitucional ao Poder Executivo, que não pode ser delegada direta ou indiretamente aos outros Poderes. A tripartição de Poderes leva à tripartição de funções, que a Constituição Federal a cada um atribui.

É, portanto, do **INSS** a **função típica de processar e julgar os requerimentos administrativos de concessão e revisão de prestações previdenciárias do RGPS**.

Sobre esses conceitos funda-se o entendimento segundo o qual o benefício e/ou sua revisão devem ser requeridos ao INSS antes de ser o pedido feito ao Poder Judiciário.

O que se vê, na prática, é que a concessão e a revisão de benefícios previdenciários são requeridas diretamente ao Judiciário, sem que o INSS tenha a oportunidade de, administrativamente, processar o requerimento e concluí-lo.

O entendimento majoritário da doutrina e da jurisprudência é no sentido de que a exigência do prévio requerimento administrativo como condição para o ajuizamento do pedido judicial fere o princípio do livre acesso à justiça, na forma do art. 5º, XXXV, da Constituição.[7]

E o livre acesso à justiça não pode mesmo sofrer embaraços de qualquer tipo. Entretanto, não é disso que se trata.

Tornou-se hábito requerer diretamente ao Poder Judiciário o que deve ser providenciado pela autoridade administrativa, com a justificativa de que, administrativamente, não há êxito por parte do interessado.

As consequências são graves, tanto para o INSS quanto para o segurado ou beneficiário. Para o INSS, os prejuízos serão sentidos ao final, com o cálculo das verbas devidas, acrescidas de correção monetária, juros moratórios e honorários de sucumbência que, se bem empregados, poderiam compor o custeio da previdência social. O segurado ou beneficiário terá que aguardar por anos a fio o que é de seu direito. Não há quem ganhe com essa lentidão, mas esse procedimento se repete, reiteradamente, aumentando o já grave congestionamento do Poder Judiciário.

A realidade mostra, contudo, que muitas agências do INSS chegam a recusar o protocolo dos requerimentos administrativos, não restando ao interessado outro caminho senão o do Poder Judiciário. Mas também é verdade que, muitas vezes, os pedidos são rapidamente analisados e dada a resposta ao requerimento, com a concessão ou o indeferimento do benefício.

Na prática, a falta de ingresso na via administrativa transfere para o Poder Judiciário o exercício de uma função que, na realidade, não lhe é típica, fazendo-o substituir-se ao administrador, porque, tradicionalmente, o INSS reluta em cumprir sua função constitucional.

O interesse de agir só surge quando o requerimento administrativo é indeferido, ou em caso de omissão do INSS, quando não profere decisão deferindo ou indeferindo o requerimento.

---

faça as vezes, sob um regime de Direito Público — portanto, consagrador de prerrogativas de supremacia e de restrições especiais —, instituído em favor dos interesses definidos como públicos no sistema normativo".

7 XXXV — a lei não excluirá da apreciação do Poder Judiciário lesão ou ameaça a direito.

Porém, não se deve exigir que o interessado esgote as vias administrativas, interpondo todos os recursos cabíveis, para depois, então, ingressar com a ação. A exigência, no caso, esbarra na garantia constitucional do acesso à justiça.

A melhor solução, a nosso ver, já está prevista no art. 41-A, § 5º, da Lei n. 8.213/91, que fixa o prazo de **45 (quarenta e cinco) dias** para a autoridade administrativa efetuar o pagamento da primeira renda mensal do benefício, após a apresentação, pelo segurado, da documentação necessária. Atento à realidade, quis o legislador pôr fim à conhecida demora na decisão de processos administrativos previdenciários, que causa desamparo a muitos segurados justamente no momento em que a cobertura previdenciária deveria socorrê-los.

A apreciação do requerimento, com a formulação de exigências, concessão ou indeferimento do benefício, assim, deve ser feita em 45 dias. Se, durante esse prazo, o requerimento for indeferido ou não for apreciado, surgirá o interesse de agir do segurado ou beneficiário para o ajuizamento da ação.

Há, ainda, que considerar outra consequência relevante da ausência de requerimento administrativo, com pedido direto ao Judiciário: a imposição da sucumbência ao INSS. Com a citação, o INSS pode contestar o pedido ou com ele concordar, o que é raro. Em qualquer das hipóteses, responderá pela sucumbência, com o pagamento de honorários ao advogado do autor.

Nesse caso, se não houve requerimento administrativo, isto é, se o INSS não teve oportunidade de exercer sua função típica, de conceder administrativamente o que é objeto do pedido judicial, como justificar a imposição do pagamento das verbas de sucumbência?

A grande quantidade de ações previdenciárias que tramitam nos Juizados Especiais Federais comprova que deixar de exigir o prévio requerimento administrativo acarreta para essa justiça especial o ônus de resolver, judicialmente, o que deveria ser resolvido nas vias administrativas.

A matéria tem sido constantemente debatida no FÓRUM NACIONAL DOS JUIZADOS ESPECIAIS FEDERAIS — FONAJEF, que editou os Enunciados 70, 71, 72 e 73:

> **Enunciado 77:** "O ajuizamento de ação de concessão de benefício da seguridade social reclama prévio requerimento administrativo".
>
> **Enunciado 78:** "O ajuizamento de ação revisional de benefício da seguridade social que não envolva matéria de fato dispensa o prévio requerimento administrativo".
>
> **Enunciado 79:** "A comprovação de denúncia da negativa de protocolo de pedido de concessão de benefício, feita perante a ouvidoria da Previdência social, supre a exigência de comprovação de prévio requerimento administrativo nas ações de benefícios da seguridade social".
>
> **Enunciado 80:** "Em juizados itinerantes, pode ser flexibilizada a exigência de prévio requerimento administrativo, consideradas as peculiaridades da região atendida".

Há matérias, entretanto, em que o INSS, embora reiteradamente vencido judicialmente, não acolhe os pedidos administrativos, de modo que, nessas hipóteses, o prévio requerimento administrativo deve ser dispensado.

E depois de grande embate na jurisprudência, o STF acabou por decidir, em Recurso Extraordinário n. 631.240, em que foi reconhecida a Repercussão Geral da questão, que **o prévio requerimento administrativo deve ser formulado para que se configure o interesse de agir para a propositura da ação:**

"RECURSO EXTRAORDINÁRIO. REPERCUSSÃO GERAL. PRÉVIO REQUERIMENTO ADMINISTRATIVO E INTERESSE EM AGIR.

1. A instituição de condições para o regular exercício do direito de ação é compatível com o art. 5º, XXXV, da Constituição. Para se caracterizar a presença de interesse em agir, é preciso haver necessidade de ir a juízo.

2. A concessão de benefícios previdenciários depende de requerimento do interessado, não se caracterizando ameaça ou lesão a direito antes de sua apreciação e indeferimento pelo INSS, ou se excedido o prazo legal para sua análise. É bem de ver, no entanto, que a exigência de prévio requerimento não se confunde com o exaurimento das vias administrativas.

3. A exigência de prévio requerimento administrativo não deve prevalecer quando o entendimento da Administração for notória e reiteradamente contrário à postulação do segurado.

4. Na hipótese de pretensão de revisão, restabelecimento ou manutenção de benefício anteriormente concedido, considerando que o INSS tem o dever legal de conceder a prestação mais vantajosa possível, o pedido poderá ser formulado diretamente em juízo — salvo se depender da análise de matéria de fato ainda não levada ao conhecimento da Administração —, uma vez que, nesses casos, a conduta do INSS já configura o não acolhimento ao menos tácito da pretensão.

5. Tendo em vista a prolongada oscilação jurisprudencial na matéria, inclusive no Supremo Tribunal Federal, deve-se estabelecer uma fórmula de transição para lidar com as ações em curso, nos termos a seguir expostos.

6. Quanto às ações ajuizadas até a conclusão do presente julgamento (03.09.2014), sem que tenha havido prévio requerimento administrativo nas hipóteses em que exigível, será observado o seguinte: (i) caso a ação tenha sido ajuizada no âmbito de Juizado Itinerante, a ausência de anterior pedido administrativo não deverá implicar a extinção do feito; (ii) caso o INSS já tenha apresentado contestação de mérito, está caracterizado o interesse em agir pela resistência à pretensão; (iii) as demais ações que não se enquadrem nos itens (i) e (ii) ficarão sobrestadas, observando-se a sistemática a seguir.

7. Nas ações sobrestadas, o autor será intimado a dar entrada no pedido administrativo em 30 dias, sob pena de extinção do processo. Comprovada a postulação administrativa, o INSS será intimado a se manifestar acerca do pedido em até 90 dias, prazo dentro do qual a Autarquia deverá colher todas as provas eventualmente necessárias e proferir decisão. Se o pedido for acolhido administrativamente ou não puder ter o seu mérito analisado devido a razões imputáveis ao próprio requerente, extingue-se a ação. Do contrário, estará caracterizado o interesse em agir e o feito deverá prosseguir.

8. Em todos os casos acima — itens (i), (ii) e (iii) —, tanto a análise administrativa quanto a judicial deverão levar em conta a data do início da ação como data de entrada do requerimento, para todos os efeitos legais.

9. Recurso extraordinário a que se dá parcial provimento, reformando-se o acórdão recorrido para determinar a baixa dos autos ao juiz de primeiro grau, o qual deverá intimar a autora — que alega ser trabalhadora rural informal — a dar entrada no pedido administrativo em 30 dias, sob pena de extinção. Comprovada a postulação administra-

> tiva, o INSS será intimado para que, em 90 dias, colha as provas necessárias e profira decisão administrativa, considerando como data de entrada do requerimento a data do início da ação, para todos os efeitos legais. O resultado será comunicado ao juiz, que apreciará a subsistência ou não do interesse em agir". (Tribunal Pleno, Rel. Min. Roberto Barroso, *DJe* 10.11.2014).

O **STJ**, no julgamento do Recurso Especial Repetitivo da Controvérsia n. 1.727.063/SP (**Tema 995**), realizado em 23.10.2019, fixou a tese: "É possível a **reafirmação da DER** (Data de Entrada do Requerimento) para o momento em que implementados os requisitos para a concessão do benefício, mesmo que isso se dê no interstício entre o ajuizamento da ação e a entrega da prestação jurisdicional nas instâncias ordinárias, nos termos dos arts. 493 e 933 do CPC/2015, observada a causa de pedir".

No plano infralegal, a possibilidade de reafirmação da DER vinha prevista no art. 690, da IN INSS/PRES 77/15.

Recentemente, o art. 176-D, do Decreto n. 3.048/99, possibilita a reafirmação da data da entrada do requerimento (DER) do benefício, caso o segurado não tenha preenchido os pressupostos de concessão à época da formalização do processo administrativo, com implementação dos requisitos posteriormente, desde que com a concordância formal do interessado.

Outro aspecto importante do Decreto n. 3.048, do art. 176, § 6º, está na juntada de novos documentos. Caso ocorra após decisão administrativa proferida pelo INSS, considerar-se-á como data de entrada do requerimento a data de apresentação de referido documento. Importantes serão as consequências financeiras da medida.

■ 8.7. PROCEDIMENTO COMUM

As ações movidas por segurado ou beneficiário contra o INSS seguem o procedimento comum, previsto no Código de Processo Civil, quando a causa é de valor superior a 60 (sessenta) salários mínimos ou, sendo de valor inferior, quando o juízo não for sede de Juizado Especial Federal.

Entretanto, a matéria deve ser estudada com base nas disposições do Novo Código de Processo Civil — Lei n. 13.105, de 16.03.2015, em vigor a partir de 16.03.2016.

■ 8.7.1. Valor da causa

No procedimento ordinário, a disciplina do valor da causa está nos arts. 259 a 264 do CPC/73 e nos arts. 291 a 293 do CPC/2015.

A maioria dos benefícios previdenciários é paga em prestações de trato sucessivo e por prazo indeterminado. Por isso, o valor da causa tem os **mesmos critérios de fixação** nas causas em que se pede a **concessão do benefício** e nas de **revisão dos valores da renda mensal inicial ou de seus reajustes**.

Há situações em que se requerem apenas parcelas vincendas. Em outras, apenas parcelas vencidas. E em outras, ainda, parcelas vencidas e vincendas.

O pedido de pagamento apenas de parcelas **vencidas** ocorre quando o benefício previdenciário requerido teve termo inicial e termo final antes do ajuizamento da ação. É o caso do salário-maternidade, devido apenas pelo período de 120 (cento e vinte) dias. Nesse caso, o valor da causa será o da soma das 4 (quatro) parcelas mensais já vencidas, acrescidas de correção monetária e juros moratórios, na forma do art. 259, I.

O art. 292, I, do CPC/2015 manteve a mesma regra, apenas com os acréscimos feitos pelo legislador em atenção às questões econômicas do País, prevendo que o valor da causa será *"a soma monetariamente corrigida do principal, dos juros de mora vencidos e de outras penalidades, se houver, até a data da propositura da ação"*.

Quando se pedem apenas parcelas **vincendas**, o termo inicial do benefício não é anterior à data da propositura da ação e não há fixação de termo final. Nessa hipótese, o valor da causa será de 12 (doze) parcelas vincendas, na forma do art. 260. A regra é a mesma no CPC/2015 (art. 292, § 1º).

Parcelas **vencidas e vincendas** são requeridas quando o termo inicial do benefício é anterior à data do ajuizamento da ação, mas não há termo final fixado, por se tratar de benefício por prazo indeterminado. É o que acontece, por exemplo, com as aposentadorias requeridas administrativamente e indeferidas pelo INSS, hipótese em que o segurado requer judicialmente o benefício a partir da data do requerimento administrativo e por tempo indeterminado, isto é, sem previsão de termo final. O valor da causa será fixado conforme a regra do art. 260: a soma do valor das parcelas vencidas acrescido de 12 (doze) parcelas vincendas.

A regra tem aplicação também nas causas em que se requer a revisão do benefício previdenciário já concedido, seja da renda mensal inicial, seja dos reajustes posteriores.

Pode ocorrer, ainda, de o pedido de concessão de benefício ser **cumulado com o de dano moral**, em razão da má prestação do serviço pelo INSS. Nesse caso, o valor da causa será a soma das parcelas — vencidas, vencidas e vincendas ou somente vincendas — com o valor do dano moral pedido pelo autor:

> "PREVIDENCIÁRIO. CONFLITO NEGATIVO DE COMPETÊNCIA. JUÍZO FEDERAL COMUM E JUIZADO ESPECIAL FEDERAL. CONCESSÃO DE BENEFÍCIO PREVIDENCIÁRIO. PEDIDO DE CONDENAÇÃO AO PAGAMENTO DE PRESTAÇÕES VENCIDAS E VINCENDAS, ALÉM DE INDENIZAÇÃO POR DANOS MORAIS. FIXAÇÃO DO VALOR DA CAUSA E DA COMPETÊNCIA. ARTS. 258, 259, II, E 260 DO CPC C/C 3º, § 2º, DA LEI 10.259/01. PRECEDENTES DO STJ. COMPETÊNCIA DO JUÍZO COMUM FEDERAL. 1. A indenização por danos morais soma-se aos demais pedidos, a teor do art. 259, II, do Código de Processo Civil. 2. O conteúdo econômico da lide é determinante para a fixação do valor da causa e, por conseguinte, da competência do Juizado Especial Federal. *In casu*, o montante de 60 salários mínimos, previsto na Lei 10.259/01, foi superado. 3. Conflito conhecido para declarar a competência do Juízo Federal da Vara Cível de Canoas — SJ/RS, o suscitado" (STJ, 3ª Seção, CC 200802071429, Rel. Min. Arnaldo Esteves Lima, *DJe* 04.02.2009).

VALOR DA CAUSA			
Prestações vencidas	**Prestações vincendas**	**Prestações vencidas e vincendas**	**Prestações e dano moral**
■ Soma das vencidas, acrescidas de correção monetária e juros de mora	■ 12 parcelas vincendas	■ Soma do valor das parcelas vencidas acrescida de 12 parcelas vincendas	■ Soma do valor das parcelas (vencidas/vincendas/vencidas e vincendas) acrescida do valor da indenização

8.7.2. A tutela provisória. O novo CPC

O novo CPC, em vigor a partir de 18.03.2016, traz um novo regime para as medidas acautelatórias, as quais denomina de **Tutela Provisória** (arts. 294 a 311), subdividindo-as em **Tutela de Urgência** (arts. 300 a 310) e **Tutela da Evidência** (art. 311).

A Tutela Provisória terá eficácia enquanto durar o processo, mesmo durante sua suspensão, mas poderá ser a qualquer tempo modificada ou revogada.

A Tutela Provisória de Urgência poderá ser **cautelar ou antecipada**.

TUTELA PROVISÓRIA	
Urgência → cautelar → antecipada	Evidência
Arts. 300 a 310	Art. 311

Cautelar e antecipada são regidas pela mesma parte geral (arts. 300 a 302) e têm os mesmos requisitos: **probabilidade do direito e perigo de dano ou risco ao resultado útil do processo**.

A Tutela de Urgência pode ser concedida em caráter antecedente ou em caráter incidental, liminarmente ou após justificação prévia.

Será **antecedente** quando requerida antes do ajuizamento da ação principal. Porém, não será processada de forma autônoma, como no CPC de 1973.

O requerimento de **Tutela Antecipada**, quando requerida **em caráter antecedente**, deve comprovar a "urgência contemporânea à propositura da ação" (art. 303). Na inicial, o autor pode requerer apenas a tutela antecipada e indicar o pedido de tutela final, expondo a lide, o direito que se busca realizar e o perigo de dano ou o risco ao resultado útil do processo. Mas não poderá ser concedida quando houver perigo de irreversibilidade dos efeitos da decisão (art. 300, § 3º).

Se o pedido for deferido, o autor deverá aditar a inicial, em 15 dias, complementando sua argumentação, juntando novos documentos e confirmando o pedido de tutela final. O juiz pode fixar prazo maior. Se a inicial não for aditada, o processo será extinto sem resolução do mérito. Se for indeferido, o juiz determinará a emenda da inicial, sob pena de extinção do processo.

Importante atentar para os efeitos da decisão que concede a tutela antecipada: se o réu não recorrer da decisão concessiva da tutela provisória, tornar-se-á estável e o processo será extinto. Nesse caso, não se formará coisa julgada, a decisão se tornará estável em relação aos efeitos. Somente outra ação, ajuizada por uma das partes — prevento o juízo, no prazo de 2 anos contados da ciência da decisão que extinguiu o processo —, poderá alterar essa situação de estabilidade da tutela antecipada provisória.[8]

---

[8] Cf. Fredie Didier Jr., Rafael Alexandria de Oliveira e Paula Sarno Braga, *Curso de direito processual civil* — teoria da prova, direito probatório, decisão, precedente, coisa julgada e tutela provisória. 10. ed. Salvador: JusPodivm, 2015, v. 2, p. 612:

A **Tutela Cautelar**, requerida em **caráter antecedente**, tem regramento um pouco diferente. Bom frisar que o novo CPC não prevê cautelares específicas.

Na petição inicial, o autor deve indicar a lide e seu fundamento; a exposição sumária do direito que quer assegurar e o perigo de dano ou o risco ao resultado útil do processo.

O art. 305, parágrafo único, prevê que o juiz pode entender que o pedido tem natureza de tutela antecipada, caso em que deverá adotar o rito do art. 303.

O réu terá o prazo de 5 dias para contestar o pedido.

Efetivada a tutela cautelar, o autor tem o prazo de 30 dias para formular o pedido principal, nos mesmos autos, não dependendo de novas custas. Mas o pedido principal pode ser formulado junto com o da cautelar (art. 308).

Cessa a eficácia da tutela cautelar antecedente se o pedido principal não for deduzido em 30 dias, se a cautelar não for efetivada em 30 dias, se for julgado improcedente o pedido principal e se o processo for extinto sem julgamento do mérito. O pedido cautelar só poderá ser novamente formulado se houver novo fundamento.

A Tutela Provisória da Evidência tem requisitos diferentes. Não é necessário demonstrar o perigo de dano ou de risco ao resultado útil do processo.

No que interessa às ações previdenciárias, a medida terá lugar quando caracterizado o abuso do direito de defesa ou o manifesto propósito protelatório da parte, as alegações de fato puderem ser comprovadas apenas documentalmente e houver tese firmada em julgamento de casos repetitivos ou em súmula vinculante e quando a petição inicial for instruída com prova documental suficiente dos fatos constitutivos do direito do autor, a que o réu não oponha prova capaz de gerar dúvida razoável.

Em havendo tese previdenciária firmada em julgamento de casos repetitivos ou em súmula vinculante, a medida poderá ser concedida liminarmente.

A nosso ver, a Tutela da Evidência poderá ser largamente aplicada em matéria previdenciária. É grande o número de processos no Poder Judiciário que veiculam teses exclusivamente de direito, que não demandam dilação probatória, e que já estão *sub judice* no STJ e no STF sob o rito dos Recursos Repetitivos e da Repercussão Geral. A tutela, no caso, deverá determinar a implantação do benefício ou a sua revisão, sendo que verbas em atraso só poderão ser cobradas da Fazenda Pública por meio de precatório ou requisição de pequeno valor.

Questão importante diz com a concessão, de ofício, da tutela provisória, pelo juiz ou pelo tribunal.

Já se disse acima que a interpretação do art. 273, c/c art. 461, § 3º, do CPC/73, permitia a concessão da tutela antecipada de ofício, tanto em primeiro quanto em segundo graus.

"A estabilização da tutela satisfativa antecedente não se confunde com a coisa julgada. Em primeiro lugar, não se pode dizer que houve *julgamento* ou *declaração* suficiente para a coisa julgada. O juiz concedeu a tutela provisória e, diante da inércia do réu, o legislador houve por bem determinar a extinção do processo *sem resolução do mérito*, preservando os efeitos da decisão provisória.

Além disso, após os dois anos para a propositura da ação para reformar, rever ou invalidar a decisão que concedeu a tutela provisória, os efeitos se tornam estáveis. Esses efeitos são estabilizados, mas apenas eles — a coisa julgada, por sua vez, recai sobre o *conteúdo* da decisão, não sobre seus efeitos; é o *conteúdo*, não a eficácia, que se torna indiscutível com a coisa julgada (...)" (destaques dos autores).

Ocorre que o § 3º do art. 461 não tem correspondente no novo CPC, o que tem levado parte da doutrina a entender que não é mais possível antecipar a tutela de ofício.

Didier, Braga e Oliveira esclarecem:[9]

> "É necessário requerimento do interessado para a concessão de tutela provisória.
>
> É vedada a tutela provisória *ex officio*. Trata-se de exigência decorrente da *regra da congruência* (...), adotada pelo nosso Código nos arts. 2º, 141 e 492. De mais a mais, o art. 295 do CPC dispõe claramente: a tutela provisória será requerida.
>
> Há casos, contudo, em que o pedido de concessão de tutela provisória se reputa *implícito*, como, por exemplo, o pedido de fixação de alimentos provisórios em ação de alimentos (art. 4º da Lei n. 5.478/1968).
>
> (...)
>
> Não consideramos possível a concessão *ex officio* da tutela provisória, ressalvadas as hipóteses expressamente previstas em lei. É o que se extrai de uma interpretação sistemática da legislação processual, que se estrutura na *regra da congruência*".

Não concordamos com esse entendimento. De início, porque o novo CPC não extinguiu o poder geral de cautela do magistrado. E nem poderia fazê-lo quando se trata de evitar o perecimento de direitos sociais, como são os direitos garantidos pela Seguridade Social.

Não pode perecer o direito social em razão da insuficiência de sua defesa.

8.7.3. A correção monetária e os juros de mora

As quantias pagas em razão de condenação judicial devem ser acrescidas de correção monetária e juros moratórios.

A **correção monetária** das parcelas em atraso é devida nos **mesmos índices de reajuste usados na atualização de benefícios previdenciários**, segundo a Lei n. 8.213/91 e alterações posteriores, observada, ainda, a orientação da **Súmula 148 do STJ:** "Os débitos relativos a benefício previdenciário, vencidos e cobrados em juízo após a vigência da Lei n. 6.899/81, devem ser corrigidos monetariamente na forma prevista nesse diploma legal". A correção monetária incide a partir do vencimento de cada parcela.

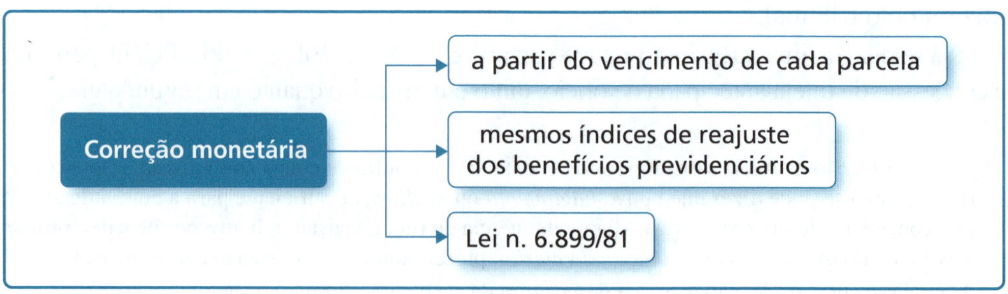

[9] Ob. cit., p. 592-593.

Os **juros moratórios** incidem **a partir da citação**, momento em que se constituiu em mora o devedor (INSS).

Antes da vigência do novo Código Civil, os juros legais incidiam à razão de **0,5% ao mês. A partir da vigência no novo Código Civil**, o percentual de juros passou a ser de **1% ao mês**. Entretanto, a **Lei n. 11.960, de 2009**, alterou o 1º-F da Lei n. 9.494/97:

> **Art. 1º-F.** Nas condenações impostas à Fazenda Pública, independentemente de sua natureza e para fins de atualização monetária, remuneração do capital e compensação da mora, haverá a incidência uma única vez, até o efetivo pagamento, dos índices oficiais de remuneração básica e juros aplicados à caderneta de poupança.

Com a alteração legislativa, ficou afastado o cômputo de juros moratórios de 1% ao mês, passando a aplicar-se os **índices da caderneta de poupança**.

Discute-se na jurisprudência sobre a aplicabilidade das disposições da lei nova aos processos que já estavam em andamento quando entrou em vigor.

No REsp n. 1.205.946/SP, que tramitou sob o rito dos Recursos Especiais Repetitivos, a Corte Especial do STJ decidiu que **a lei nova se aplica aos processos em andamento, mas sem retroagir a períodos anteriores à sua vigência:**

> "(...) 1. Cinge-se a controvérsia acerca da possibilidade de aplicação imediata às ações em curso da Lei 11.960/2009, que veio alterar a redação do artigo 1º-F da Lei 9.494/97, para disciplinar os critérios de correção monetária e de juros de mora a serem observados nas 'condenações impostas à Fazenda Pública, independentemente de sua natureza', quais sejam, 'os índices oficiais de remuneração básica e juros aplicados à caderneta de poupança'.
>
> 2. A Corte Especial, em sessão de 18.06.2011, por ocasião do julgamento dos EREsp n. 1.207.197/RS, entendeu por bem alterar entendimento até então adotado, firmando posição no sentido de que a Lei 11.960/2009, a qual traz novo regramento concernente à atualização monetária e aos juros de mora devidos pela Fazenda Pública, deve ser aplicada, de imediato, aos processos em andamento, sem, contudo, retroagir a período anterior à sua vigência.
>
> 3. Nesse mesmo sentido já se manifestou o Supremo Tribunal Federal, ao decidir que a Lei 9.494/97, alterada pela Medida Provisória n. 2.180-35/2001, que também tratava de consectário da condenação (juros de mora), devia ser aplicada imediatamente aos feitos em curso.
>
> 4. Assim, os valores resultantes de condenações proferidas contra a Fazenda Pública após a entrada em vigor da Lei 11.960/09 devem observar os critérios de atualização (correção monetária e juros) nela disciplinados, enquanto vigorarem. Por outro lado, no período anterior, tais acessórios deverão seguir os parâmetros definidos pela legislação então vigente.
>
> 5. No caso concreto, merece prosperar a insurgência da recorrente no que se refere à incidência do art. 5º da Lei n. 11.960/09 no período subsequente a 29/06/2009, data da edição da referida lei, ante o princípio do *tempus regit actum* (...)" (Rel. Min. Benedito Gonçalves, *DJe* 02.02.2012).

O julgado do STJ deixa claro que, **no período anterior à vigência da Lei n. 11.960/2009, os juros moratórios incidem na forma prevista na legislação então vigente**.

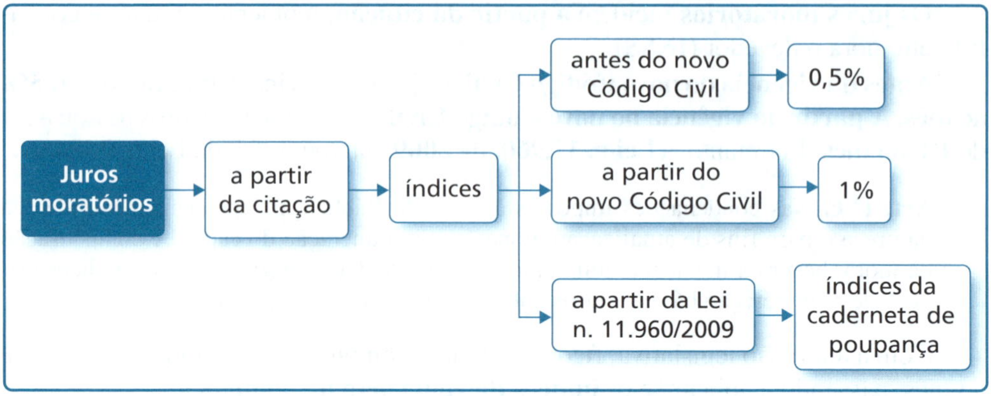

8.7.4. Os honorários de sucumbência. A Súmula Vinculante 47 do STF

O CPC/2015 traz substancial alteração no regime dos honorários de sucumbência **quando vencida a Fazenda Pública**.

Assim como no CPC/73, o art. 85 do novo CPC prevê que o vencido pagará honorários ao advogado do vencedor. E os honorários serão fixados entre o mínimo de 10% e o máximo de 20% do valor da condenação, do proveito econômico obtido ou, não sendo possível mensurá-lo, do valor atualizado da causa, e incidirão, nos mesmos percentuais e limites, nos casos de procedência ou improcedência do pedido ou de extinção sem resolução de mérito.

A fixação deve observar o grau de zelo do profissional, o lugar da prestação do serviço, a natureza e importância da causa, o trabalho realizado pelo advogado e o tempo exigido para o serviço. Nas causas de valor inestimável ou de irrisório proveito econômico ou de valor muito baixo, o juiz fixará o valor dos honorários por apreciação equitativa (observando grau de zelo etc.).

A fixação dos honorários sucumbenciais quando a Fazenda Pública for parte deverá observar os mesmos critérios. Porém, **os percentuais serão fixados de acordo com o valor da base de cálculo, convertido em salários mínimos:** quanto maior a base de cálculo, menor será o percentual relativo aos honorários de sucumbência. Segue o quadro explicativo:

CPC DE 2015 HONORÁRIOS DE SUCUMBÊNCIA QUANDO VENCIDA A FAZENDA PÚBLICA	
Base de cálculo (em salários mínimos)	**Percentual**
■ Até 200 SM	■ Entre 10% e 20%
■ Acima de 200 SM até 2 mil SM	■ Entre 8% e 10%
■ Acima de 2 mil SM até 20 mil SM	■ Entre 5% e 8%
■ Acima de 20 mil SM até 100 mil SM	■ Entre 3% e 5%
■ Acima de 100 mil SM	■ Entre 1% e 3%

Atenção: não deve ser considerado apenas o valor da condenação para aplicar o percentual. O novo CPC (art. 85, § 5º) prevê a **fixação por faixas sucessivas**. Se a condenação for de valor superior a 200 salários mínimos, será aplicado o percentual previsto para a faixa inicial e, no que a exceder, será aplicado o da faixa subsequente e assim sucessivamente. A redação do dispositivo não é clara, propiciando divergentes interpretações, de modo que será, certamente, objeto de questionamento judicial.

O novo CPC prevê que o valor do salário mínimo considerado é o da data da sentença. Seguindo o entendimento do STJ, se a condenação da Fazenda Pública ocorrer apenas em grau de recurso, o valor do salário mínimo considerado deverá ser o da data da condenação.

A sentença líquida — o ou Acórdão — deverá aplicar imediatamente o percentual previsto. Porém, se a decisão não for líquida, o percentual dos honorários só poderá ser definido na fase de execução do julgado. Nessa hipótese, deverá ser considerado o valor do salário mínimo vigente na data da decisão de liquidação.

Na fase de cumprimento da sentença contra a Fazenda Pública, só serão devidos honorários em caso de impugnação dos valores apurados. Se não houver impugnação, ensejando desde logo a expedição de precatório, não serão devidos honorários sucumbenciais (art. 85, § 7º).

Pode ocorrer, entretanto, de não haver valor estimável de condenação, ou de ser irrisório o proveito econômico, ou de ser ele muito baixo, o que, a nosso ver, pode ter como exemplo as ações meramente declaratórias de tempo de serviço/contribuição. Nessas hipóteses, o § 8º do art. 85 impõe a fixação dos honorários sucumbenciais de forma equitativa, observando os mesmos critérios previstos no § 2º.

A natureza alimentar dos honorários advocatícios foi expressamente reconhecida pelo Supremo Tribunal Federal na **Súmula Vinculante 47:** "Os honorários advocatícios incluídos na condenação ou destacados do montante principal devido ao credor consubstanciam verba de natureza alimentar cuja satisfação ocorrerá com a expedição de precatório ou requisição de pequeno valor, observada ordem especial restrita aos créditos dessa natureza".

Vale lembrar que os honorários de sucumbência são parte da condenação do vencido, de modo que devem constar expressamente do título judicial. Se não constaram, não haverá direito ao seu recebimento. É o que dispõe a **Súmula 453 do STJ:** "Os honorários sucumbenciais, quando omitidos em decisão transitada em julgado, não podem ser cobrados em execução ou em ação própria".

8.7.5. Custas. Despesas processuais. A justiça gratuita

Salvo hipótese de concessão da justiça gratuita, cabe às partes pagarem as despesas dos atos processuais que praticarem ou requererem no processo, antecipando-lhes o pagamento, desde o início até a sentença final. Na execução, devem pagá-las até a plena satisfação do direito reconhecido no título. É o que dispõe o art. 82 do CPC/2015.

Se o ato processual for praticado por determinação do juiz, de ofício, ou a requerimento do Ministério Público atuando como fiscal da ordem jurídica, cabe ao autor adiantar as respectivas despesas (§ 1º).

"A sentença condenará o vencido a pagar ao vencedor as despesas que antecipou", na forma do art. 82, § 2º, do CPC/2015.

8.7.5.1. *A justiça gratuita*

O segurado ou beneficiário, em regra, requeria a concessão da justiça gratuita, na forma da Lei n. 1.060, de 05.02.1950, que estabelecia as normas para concessão da assistência judiciária aos necessitados.

A lei considerava **necessitado** aquele cuja **situação econômica não lhe permitisse arcar com os gastos naturais do processo sem comprometer seu sustento ou de sua família** (art.2º).

Diversos artigos da Lei n. 1.060/50 foram revogados pelo novo Código de Processo Civil, que disciplina a matéria nos arts. 98 a 101.

O novo CPC prevê a concessão da justiça gratuita à "pessoa natural ou jurídica, brasileira ou estrangeira, **com insuficiência de recursos para pagar as custas, as despesas processuais e os honorários advocatícios**" (art. 98).

A concessão da justiça gratuita isenta o beneficiário do pagamento de várias verbas, das quais destacamos as que podem ser de interesse para a questão previdenciária: taxas ou custas judiciais, selos postais, publicação na imprensa oficial (dispensando-se a publicação em outros meios), honorários do advogado e do perito e a remuneração do intérprete ou do tradutor nomeado, custos com a elaboração de cálculos judiciais indispensáveis para a instauração da execução, depósito para recorrer ou ajuizar ação ou para a prática de ato processual inerente ao exercício do contraditório e da ampla defesa.

O pedido de gratuidade da justiça pode ser formulado na petição inicial, na contestação, na petição para ingresso de terceiro no processo e em recurso.

Há situações em que o juiz determina que o autor emende a inicial para comprovar sua real necessidade da concessão da gratuidade da justiça. Compreendemos a preocupação dos magistrados e com ela concordamos, porque não raro se verifica que, em matéria previdenciária, pedidos absolutamente infundados inundam o Poder Judiciário, contribuindo para o congestionamento cada vez maior de suas atividades, comportamento de alguns facilitado pela justiça gratuita.

Às vezes é possível, pela simples análise dos documentos juntados com a petição inicial, concluir que não se trata de pessoa que efetivamente necessite litigar protegida pela gratuidade judiciária: o recebimento de benefícios previdenciários acumuláveis de valores acima do mínimo legal, a existência de moradia própria, a cumulação de rendimentos com aposentadoria etc. Nessas situações, a nosso ver, é aconselhável que o juiz não se apegue apenas à simples afirmação de necessidade na petição inicial, mas, sim, que decida de forma a evitar o enriquecimento sem causa.

O CPC/2015 prevê que o pedido de gratuidade só poderá ser indeferido se houver nos autos elementos que evidenciem a falta de pressupostos legais para a sua concessão, depois de ouvido o requerente. Ao mesmo tempo, presume verdadeira a alegação de insuficiência quando deduzida exclusivamente por pessoa natural.

Daí se tira que, em tese, em se tratando de **pessoa natural**, brasileira ou estrangeira, a alegação de insuficiência se presume verdadeira, sem necessidade de demais comprovações. Porém, se dos autos emergem fundadas suspeitas de que o interessado tenta se aproveitar da gratuidade sem dela necessitar, deverá o juiz determinar a comprovação dos requisitos necessários para, depois, indeferir o pedido, se for o caso (art. 99, § 2º).

Na maioria dos casos, o requerente da gratuidade é assistido por advogado particular e não pela Defensoria Pública. Essa circunstância não impede a concessão do benefício. Porém, o CPC é expresso: se o recurso versar apenas sobre o valor dos honorários de sucumbência fixados em favor do advogado do beneficiário, o preparo deverá ser feito, salvo se o próprio advogado demonstrar que tem direito à gratuidade.

As obrigações decorrentes da sucumbência do vencido beneficiário da justiça gratuita ficarão sob condição suspensiva de exigibilidade e somente poderão ser executadas até 5 (cinco) anos subsequentes ao trânsito em julgado da decisão que as certificou. Porém, a execução só será possível se o credor comprovar que deixou de existir a situação de insuficiência de recursos que fundamentou a concessão da gratuidade. Decorrido o prazo de 5 (cinco) anos, extinguem-se as obrigações do beneficiário (art. 98, § 3º).

A nosso ver, apesar da concessão da justiça gratuita, o vencido deve ser condenado nas verbas de sucumbência, ficando a obrigação sob condição suspensiva de exigibilidade. Esse já era o entendimento do Superior Tribunal de Justiça na vigência do CPC/1973:

> "AÇÃO PREVIDENCIÁRIA. VERBA HONORÁRIA. SUCUMBÊNCIA. BENEFICIÁRIO DA ASSISTÊNCIA JUDICIÁRIA. CONDENAÇÃO. 1. Ao beneficiário da justiça gratuita pode ser imposta a condenação nos ônus da sucumbência, quando vencido na causa. Todavia, **a execução dessa obrigação deve ficar suspensa pelo prazo de até cinco anos, ao cabo do qual, persistindo o estado de miserabilidade, deverá ser extinta**. 2. Inteligência do artigo 12 da Lei 1.060/50 (...)" (REsp 199900620062, 6ª Turma, Rel. Min. Hamilton Carvalhido, *DJ* 05.06.2000, p. 237).

JUSTIÇA GRATUITA
■ Pessoa natural ou jurídica, brasileira ou estrangeira, com insuficiência de recursos para pagar custas e honorários advocatícios.
■ Abrange taxas ou custas judiciais, honorários do advogado e do perito, custas para interposição de recurso ou ajuizamento de ação etc.
■ Indeferida quando ausentes os pressupostos legais, e só depois de ouvido o requerente.
■ Execução da sucumbência sob condição suspensiva de exigibilidade por 5 anos após o trânsito em julgado da condenação.

8.7.5.2. *A isenção de custas*

Na Justiça Federal, o INSS é isento de custas, mas, quando sucumbente, deve reembolsar as custas e despesas efetivamente comprovadas pelo credor.

Nos processos que tramitam na justiça estadual, em razão da competência delegada, o INSS só é isento de custas se houver lei do respectivo Estado. Caso contrário, deverá pagar as custas, quando sucumbente.[10] A **Súmula 178 do STJ** dispõe: "o INSS não goza de isenção do pagamento de custas e emolumentos, nas ações acidentárias e de benefícios, propostas na justiça estadual".

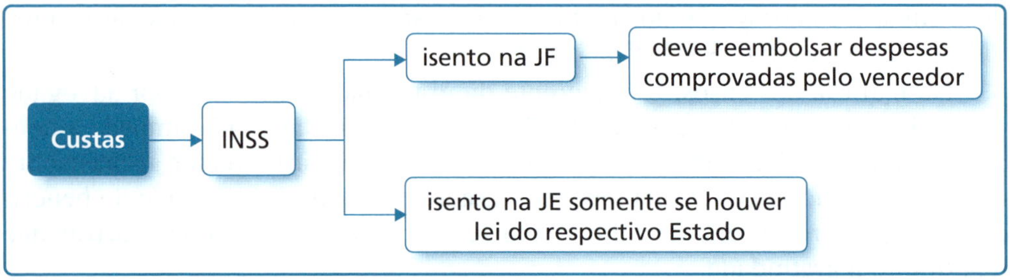

É antigo o questionamento acerca de ser ou não o INSS isento também do pagamento de **porte de remessa e retorno**. A questão foi apreciada pelo STF em Repercussão Geral nos autos do RE 594.116, Rel. Min. Edson Fachin, em julgamento proferido pelo Tribunal Pleno em 03.12.2015. Consta da Ata de Julgamento (*DJe* 14.12.2015): "Decisão: O Tribunal, apreciando o tema 135 da repercussão geral, por maioria e nos termos do voto do Relator, deu provimento ao recurso para cassar o acórdão recorrido e determinar o processamento da apelação do INSS no tribunal de origem, vencido o Ministro Marco Aurélio, que desprovia o recurso. Em seguida, por unanimidade, o Tribunal fixou tese nos seguintes termos: **'Aplica-se o § 1º do art. 511 do Código de Processo Civil para dispensa de porte de remessa e retorno ao exonerar o seu respectivo recolhimento por parte do INSS'** (...)". O Acórdão foi publicado em 05.04.2016.

8.8. PROCEDIMENTO DOS JUIZADOS ESPECIAIS FEDERAIS[11]

8.8.1. Aplicação subsidiária da Lei n. 9.099/95 e do Código de Processo Civil

Por se tratar de norma especial, a Lei n. 10.259/2001 se aplica com precedência em relação às normas gerais sobre a mesma matéria (art. 2º da LINDB — Decreto-lei n. 4.657/42).

---

[10] Cf., STJ, REsp 200702284127, 5ª Turma, Rel. Min. Napoleão Nunes Maia Filho, *DJe* 25.08.2008: "(...) 1. Esta Corte Superior, partindo da premissa de que a lei federal somente tem o condão de isentar o INSS das custas federais, sumulou o entendimento de que, não havendo lei local em sentido contrário, o INSS não goza de isenção do pagamento de custas e emolumentos, nas ações acidentárias e de benefícios, propostas na Justiça Estadual (Súmula 178/STJ). (...)".

[11] Cf. Ricardo Cunha Chimenti e Marisa Ferreira dos Santos, *Juizados Especiais Cíveis e Criminais Federais e Estaduais*, 2018.

O art. 1º da Lei n. 10.259, de 12.07.2001,[12] determina a aplicação subsidiária da Lei n. 9.099/95, quando não houver conflito entre suas normas.

A Lei n. 10.259/2001 não conseguiu esgotar todos os aspectos que envolvem os Juizados Especiais Federais, de forma que, não raro, surgem situações em que o juiz deve se socorrer da Lei n. 9.099/95 para dar solução ao problema processual que se apresenta:

> "(...) **2. A aplicação subsidiária da Lei 9.099/95 somente encontra respaldo nos casos em que a matéria não seja regulada pela Lei 10.259/01.** 3. O art. 6º, II, da Lei 10.259/01 deve ser interpretado de forma lógico-sistemática, a fim de que se compreenda que este artigo de lei cuidou tão somente de autorizar que a União e as demais pessoas jurídicas ali mencionadas figurem no polo passivo dos Juizados Federais, não se excluindo a viabilidade de que outras pessoas jurídicas possam, em litisconsórcio passivo com a União, ser demandadas no Juizado Federal (...)" (STJ, 1ª Seção, AGRCC 200801082579, Rel. Min. Eliana Calmon, *DJe* 29.09.2008).

Porém, nem sempre a solução é encontrada na Lei n. 9.099/95, o que remete o intérprete às normas do Código de Processo Civil:

> "PREVIDENCIÁRIO. PROCESSUAL CIVIL. AGRAVO. VALOR DA CAUSA. COMPETÊNCIA DO JUIZADO ESPECIAL CÍVEL. APLICAÇÃO SUBSIDIÁRIA DO ART. 260 CPC. POSSIBILIDADE. (...) 4. Tendo em vista que a Lei dos Juizados Especiais Federais não fez qualquer menção ao critério adotado para fixação do valor da causa quando tratar-se de pedido com prestações vencidas e vincendas, devem ser aplicadas subsidiariamente as disposições do Código de Processo Civil" (TRF 4ª Região, 6ª Turma, AG 200404010452594, Rel. Juiz José Paulo Baltazar Junior, *DJ* 09.03.2005, p. 636).

A aplicação subsidiária do Código de Processo Civil não pode levar ao desvirtuamento do sistema do JEF. O rigorismo das normas processuais não pode contrariar os princípios da informalidade e celeridade previstos na Lei n. 10.259/2001. Ou seja, a aplicação subsidiária de outras normas não pode ferir o devido processo legal estabelecido pela lei dos JEFs.

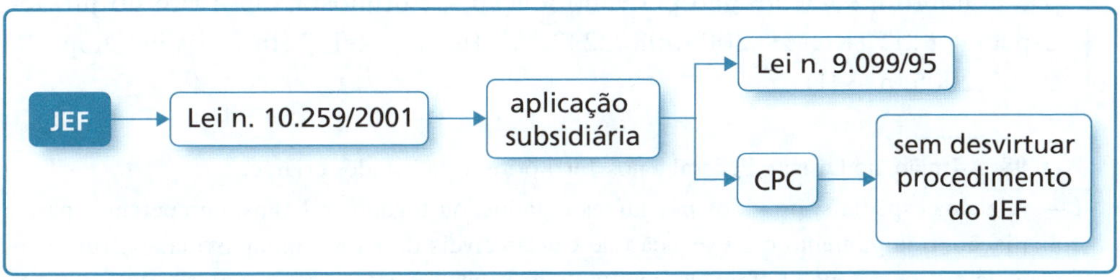

[12] **Art. 1º** São instituídos os Juizados Especiais Cíveis e Criminais da Justiça Federal, aos quais se aplica, no que não conflitar com esta Lei, o disposto na Lei n. 9.099, de 26 de setembro de 1995.

8.8.2. Competência

Os Juizados Especiais Federais são regulados pela Lei n. 10.259, de 12.07.2001, na forma do art. 98, I e § 1º, da Constituição.[13]

O procedimento da Lei n. 10.259/2001 não pode ser aplicado pela Justiça Estadual. Ou seja, **não há competência delegada federal para os juizados especiais estaduais**. Nem poderia ser diferente, porque os juizados estaduais não podem processar a Fazenda Pública. A questão está pacificada no STJ:

> "PROCESSUAL CIVIL. MANDADO DE SEGURANÇA CONTRA ATO JUDICIAL DE JUIZADO ESPECIAL. TRIBUNAL REGIONAL FEDERAL. INCOMPETÊNCIA ABSOLUTA. MATÉRIA DE ORDEM PÚBLICA. DECLARAÇÃO DE OFÍCIO. LEI 10.259/01. IMPOSSIBILIDADE DE APLICAÇÃO NO ÂMBITO DA JUSTIÇA ESTADUAL. PESSOAS JURÍDICAS DE DIREITO PÚBLICO. ILEGITIMIDADE DE SER PARTE EM JUIZADO ESPECIAL ESTADUAL. ART. 8º DA LEI 9.099/95. COMPETÊNCIA DAS TURMAS RECURSAIS PARA O JULGAMENTO DO 'WRIT'. PRECEDENTES. (...) IV — O art. 20 da Lei n. 10.259/01, que regula a instituição dos Juizados Cíveis e Criminais Federais, estabelece ser vedada a aplicação desta Lei no âmbito do juízo estadual. **A referida Lei não delegou aos Juizados Especiais Estaduais competência para processar e julgar, nas comarcas que não disponham de Varas Federais, causas em que forem parte instituição de previdência social e segurado.** V — A vedação prevista no artigo 20 da Lei n. 10.259/01 somente poderá ser removida se for declarada a sua inconstitucionalidade, no foro e procedimento previstos no artigo 97 da Constituição Federal c/c os artigos 480 e seguintes do Código de Processo Civil. Nenhum Tribunal pode deixar de aplicar a lei, sem declarar-lhe a inconstitucionalidade. VI — A teor do artigo 8º da Lei 9.099/95 (aplicável aos Juizados Especiais Federais, por força do artigo 1º da Lei 10.259/01), as pessoas jurídicas de direito público não podem ser partes em ação processada perante nos Juizados Especiais Estaduais. VII — Não há que se falar em inviabilização do acesso à justiça, tendo em vista que permanece garantido ao segurado o direito de propor ação contra o Instituto Previdenciário no seu domicílio, somente não podendo a ação ser proposta sob o rito do juizado especial (...)" (ROMS 200400802243, 5ª Turma, Rel. Min. Gilson Dipp, *DJ* 28.02.2005, p. 341).

---

[13] **Art. 98.** A União, no Distrito Federal e nos Territórios, e os Estados criarão:

I — juizados especiais, providos por juízes togados, ou togados e leigos, competentes para a conciliação, o julgamento e a execução de causas cíveis de menor complexidade e infrações penais de menor potencial ofensivo, mediante os procedimentos oral e sumaríssimo, permitidos, nas hipóteses previstas em lei, a transação e o julgamento de recursos por turmas de juízes de primeiro grau;

§ 1º Lei federal disporá sobre a criação de juizados especiais no âmbito da Justiça Federal.

A lei não elegeu a complexidade da causa como critério para definição da competência. Porém, excluiu da competência dos JEFs as causas que relacionou no art. 3º.[14]

A competência dos JEFs é fixada pelo valor da causa: são de sua competência as causas cujo valor não ultrapasse **60 (sessenta) salários mínimos** (art. 3º, *caput*).

A regra, portanto, é simples: **para que seja competente o JEF, é necessário que a causa seja de valor até 60 (sessenta) salários mínimos e não se enquadre nos incs. I a IV da Lei n. 10.259/2001**.

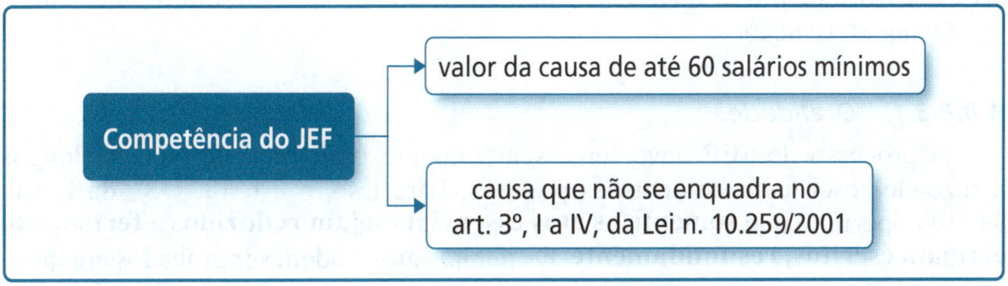

As causas consideradas complexas que não se enquadrem nos incs. I a IV e cujo valor não ultrapasse 60 (sessenta) salários mínimos serão processadas no JEF independentemente do seu grau de complexidade.

A necessidade de produção de prova, ainda que pericial, não torna a causa complexa nos JEFs. A prova pericial é substituída pela prova técnica simplificada, mas suficiente para respeitar o devido processo legal (art. 12).

Atenção: as ações previdenciárias já ajuizadas quando instalado JEF não serão a ele redistribuídas, conforme dispõe o art. 25 da Lei n. 10.259/2001.

---

[14] **Art. 3º** Compete ao Juizado Especial Federal Cível processar, conciliar e julgar causas de competência da Justiça Federal até o valor de sessenta salários mínimos, bem como executar as suas sentenças.

§ 1º Não se incluem na competência do Juizado Especial Cível as causas:

I — referidas no art. 109, incisos II, III e XI, da Constituição Federal, as ações de mandado de segurança, de desapropriação, de divisão e demarcação, populares, execuções fiscais e por improbidade administrativa e as demandas sobre direitos ou interesses difusos, coletivos ou individuais homogêneos;

II — sobre bens imóveis da União, autarquias e fundações públicas federais;

III — para a anulação ou cancelamento de ato administrativo federal, salvo o de natureza previdenciária e o de lançamento fiscal;

IV — que tenham como objeto a impugnação da pena de demissão imposta a servidores públicos civis ou de sanções disciplinares aplicadas a militares.

Não há delegação de competência federal para os juizados especiais estaduais

8.8.3. Princípios. Oralidade. Simplicidade. Informalidade. Economia processual. Celeridade. Justiça gratuita. A busca da conciliação e transação

A Lei n. 10.259/2001 criou um **procedimento célere**, **despido de formalismos**, regido pelos princípios da oralidade, simplicidade, informalidade, economia processual e celeridade, importados da Lei n. 9.099/95, e propiciou, inovando na legislação brasileira, a conciliação e a transação entre as partes. O art. 2º utiliza a palavra "*critérios*", que, na verdade, são "princípios" norteadores de sua efetivação.

8.8.3.1. Oralidade

O processo do JEF deve ser essencialmente oral, prescindindo de longos arrazoados escritos e de decisões prolixas. Para isso, o art. 13, § 3º, da Lei n. 9.099/95 permite que **somente os atos essenciais sejam reduzidos a termo, isto é, sejam escritos, resumidamente**. Os demais atos podem ser gravados em qualquer suporte eletrônico, que poderá ser descartado após a decisão final.[15]

O pedido inicial pode ser deduzido verbalmente e reduzido a termo pelo servidor responsável. Também a contestação pode ser feita oralmente em audiência. Os depoimentos das partes e das testemunhas podem ser gravados eletronicamente, sem redução a termo, e o respectivo suporte será anexado aos autos. Proferida decisão em audiência, o interessado poderá interpor oralmente Embargos de Declaração.

8.8.3.2. Simplicidade e informalidade

A lei quer que o processo seja simples, informal, com duração razoável, sem desrespeitar o contraditório e a ampla defesa. **Para ser considerado válido, o ato processual deve alcançar sua finalidade, independentemente da forma adotada.**

Importa o direito material, ao qual o processo deve servir. A finalidade do processo é a efetivação do direito material. Por isso, para o art. 13, § 1º, da Lei n. 9.009/95, **não se reconhece nulidade sem comprovação de prejuízo**.

Ao jurisdicionado interessa que o Poder Judiciário lhe dê a resposta buscada, com a análise atenta de seu direito e das provas que apresenta, em **tempo**

---

[15] **Art. 13.** Os atos processuais serão válidos sempre que preencherem as finalidades para as quais forem realizados, atendidos os critérios indicados no art. 2º desta Lei. (...)

§ 3º Apenas os atos considerados essenciais serão registrados resumidamente, em notas manuscritas, datilografadas, taquigrafadas ou estenotipadas. Os demais atos poderão ser gravados em fita magnética ou equivalente, que será inutilizada após o trânsito em julgado da decisão.

hábil, para que possa desfrutar do benefício previdenciário ou assistencial ou de sua revisão.

Quanto mais simples o processo, mais rapidez haverá na prestação jurisdicional.

A implantação do moderno processo eletrônico, aliada à informalidade dos atos processuais, levará à razoável duração do processo.

8.8.3.3. Economia processual

O processo deve tramitar em tempo razoável, **com a prática do menor número possível de atos processuais**.

Todos os atores do processo devem se desapegar de formalismos desnecessários, buscando a forma mais simples e eficaz de praticar os atos processuais.

Já tivemos oportunidade de nos manifestar sobre o tema em *Juizados Especiais Cíveis e Criminais Federais e Estaduais*:[16] "O princípio da economia processual visa a obtenção do **máximo rendimento da lei com o mínimo de atos processuais**. Aliado à simplicidade e à informalidade, o princípio da economia processual impõe que o julgador seja extremamente pragmático na condução do processo. Deve-se buscar sempre a forma mais simples e adequada à prática do ato processual, de forma a evitar que resultem novos incidentes processuais. Como se está diante de um procedimento extremamente simplificado, em que a parte ou seu representante está sempre presente ao ato processual, o ideal é que saia sempre intimado do ato seguinte a ser praticado, evitando-se diligências de intimação".

8.8.3.4. Celeridade

A busca pela celeridade do processo foi elevada a **direito fundamental**. O inc. LXXVIII do art. 5º da CF, com a redação dada pela Emenda Constitucional n. 45/2004, prevê: a todos, no âmbito judicial e administrativo, são assegurados a **razoável duração do processo** e os meios que garantam a celeridade de sua tramitação.

Sendo direito fundamental, a celeridade processual não pode ser mera promessa. Ao contrário, deve ser efetivada com a utilização racional das normas processuais. Em se tratando de benefícios previdenciários ou de Assistência Social, a celeridade pode significar a vida do segurado ou beneficiário. O processo deve estar a serviço do direito material.

A oralidade e a concentração de atos processuais na audiência são alguns dos mecanismos legais para a celeridade do processo.

A Lei n. 10.259/2001 tem outros mecanismos de celeridade processual: não há prazos diferenciados para a prática dos atos processuais; não há reexame necessário; a Requisição de Pequeno Valor (RPV), para pagamento em até 60 (sessenta) dias; citação e intimações por via eletrônica; a aplicação do art. 332 do Código de Processo Civil de 2015: redução das possibilidades de interposição de recursos etc.

---

[16] Ob. cit., p. 56.

Se o procedimento comum permite a aplicação do art. 332, com muito mais razão é de ser aplicado nos Juizados Especiais. A inutilidade da tramitação de pedidos manifestamente improcedentes acaba por impedir a celeridade processual de outras ações previdenciárias, com o retardamento de perícias, audiências etc.

O **FONAJEF** editou o **Enunciado 1:** "O julgamento de mérito de plano ou *prima facie* não viola o princípio do contraditório e deve ser empregado na hipótese de decisões reiteradas de improcedência pelo juízo sobre determinada matéria".

O art. 332 do CPC/2015 amplia a possibilidade de julgamento liminar de improcedência do pedido inicial. No que interessa à matéria previdenciária, o pedido poderá ser julgado liminarmente improcedente quando sobre a matéria já houver, alternativamente: enunciado ou súmula do STF ou do STJ; acórdão do STF ou STJ em julgamento de recursos repetitivos; entendimento firmado em incidente de demandas repetitivas ou de assunção de competência.[17]

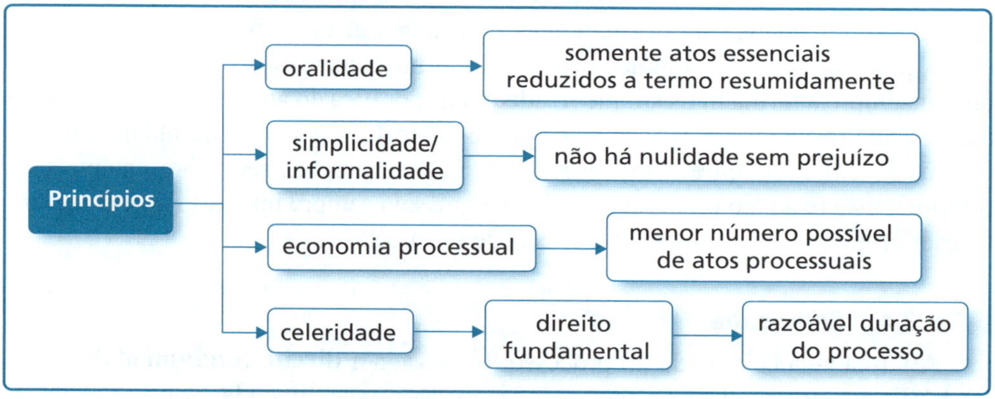

8.8.3.5. *Custas. Honorários periciais. Justiça gratuita*

Não são devidas custas para o ajuizamento da ação no JEF por aplicação subsidiária dos arts. 54 e 55 da Lei n. 9.099/95. Só haverá condenação **do vencido a pagar custas no caso de litigância de má-fé**.

A **isenção de custas** só alcança o processo do JEF **no primeiro grau de jurisdição**. **Para interpor o recurso**, o interessado, se não quiser pagar custas, **deverá**

---

[17] **Art. 332.** Nas causas que dispensem a fase instrutória, o juiz, independentemente da citação do réu, julgará liminarmente improcedente o pedido que contrariar:

I — enunciado de súmula do Supremo Tribunal Federal ou do Superior Tribunal de Justiça;

II — acórdão proferido pelo Supremo Tribunal Federal ou pelo Superior Tribunal de Justiça em julgamento de recursos repetitivos;

III — entendimento firmado em incidente de resolução de demandas repetitivas ou de assunção de competência;

(...).

requerer o benefício da assistência judiciária gratuita.[18] Se o recorrente for o **INSS**, não pagará custas, em razão da **isenção**.

Os **honorários dos técnicos nomeados para as perícias são antecipados à conta do orçamento do respectivo Tribunal Regional Federal**. Se, ao final do processo, restar vencido o INSS, o Tribunal deverá requisitar o pagamento do valor dos honorários periciais que antecipou. Se vencido o autor, o Tribunal não será ressarcido da verba desembolsada.[19]

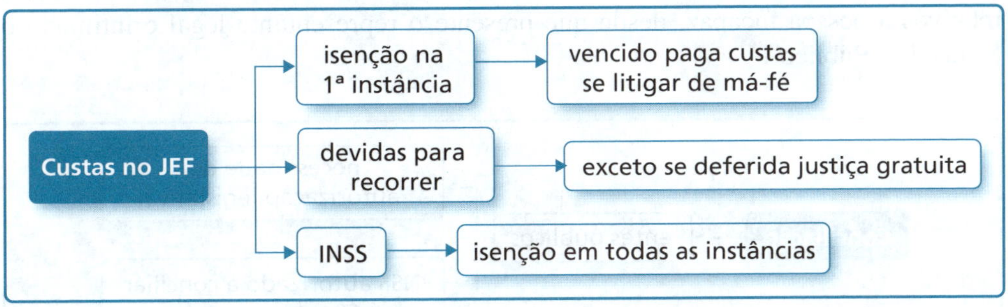

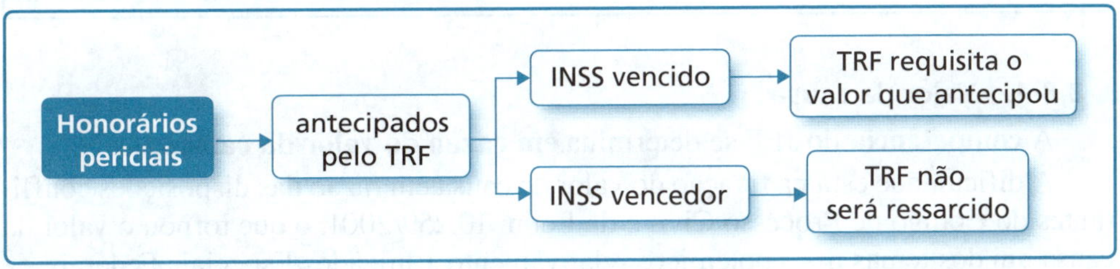

■ *8.8.3.6. Conciliação*

Os entes públicos só podem transigir com **autorização legal**. O art. 10, parágrafo único, da Lei n. 10.259/2001 dispõe que "*Os representantes judiciais da União, autarquias, fundações e empresas públicas federais, bem como os indicados na forma do* caput [representantes para a causa], *ficam autorizados a conciliar, transigir ou desistir, nos processos da competência dos Juizados Especiais Federais*".

A lei inovou, propiciando, desde logo, que a conciliação seja feita, não estando na dependência de regulamentação. E tornou **disponíveis os valores até 60 (sessen-**

---

[18] A matéria tem sido discutida no FONAJEF, que editou os Enunciados 38 e 39. **Enunciado 38:** "A qualquer momento poderá ser feito o exame de pedido de gratuidade com os critérios da Lei n. 1.060/50. Para fins da Lei n. 10.259/2001, presume-se necessitada a parte que perceber renda até o valor do limite de isenção do imposto de renda". **Enunciado 39:** "Não sendo caso de justiça gratuita, o recolhimento das custas para recorrer deverá ser feito de forma integral nos termos da Resolução do Conselho da Justiça Federal, no prazo da Lei n. 9.099/95".

[19] Cf. **Enunciado 52 do FONAJEF:** "É obrigatória a expedição de Requisição de Pequeno Valor — RPV em desfavor do ente público para ressarcimento de despesas periciais quando este for vencido".

ta) salários mínimos. A autorização legislativa só será necessária quando se tratar de valores superiores ao limite da alçada dos Juizados Especiais Federais.

Sobre o tema, o **FONAJEF editou o Enunciado 76:** "A apresentação de proposta de conciliação pelo réu não induz a confissão".

Nada impede que a conciliação seja feita quando se tratar de interesse de incapaz, bastando, para tanto, que esteja regularmente representado nos autos e dela participe o Ministério Público Federal. Essa situação é muito comum nos JEFs, principalmente quando o benefício previdenciário pretendido é o de pensão por morte. Nesse sentido, o **Enunciado 81 do FONAJEF:** "Cabe conciliação nos processos relativos a pessoa incapaz, desde que presente o representante legal e intimado o Ministério Público".

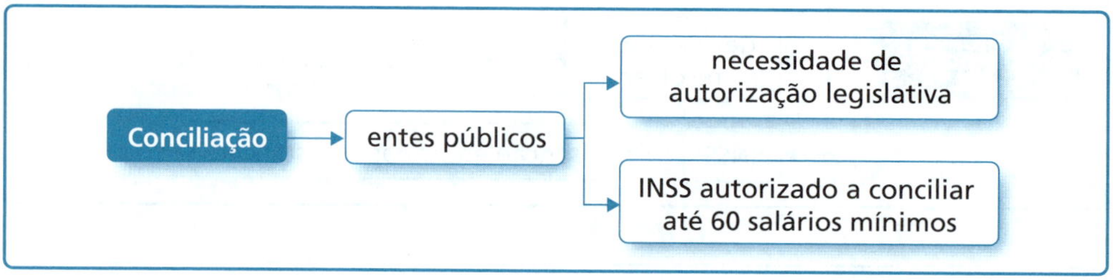

8.8.4. Valor da causa

A **competência** do JEF se determina **em razão do valor da causa**.

A dificuldade está na fixação do valor da causa em razão das disposições conflitantes do Código de Processo Civil e da Lei n. 10.259/2001, o que tornou o valor da causa um dos temas mais polêmicos relativamente a Juizados Especiais Federais.

No JEF, o valor da causa não pode ultrapassar 60 (sessenta) salários mínimos, considerado o **salário mínimo fixado por norma federal e em vigor na data do ajuizamento da ação**. Não pode ser considerado, para esse fim, o valor do salário mínimo regional porventura existente.

Quando o segurado ou beneficiário pede na inicial apenas **valor certo ou prestações vencidas**, não há dificuldades na atribuição de valor à causa, que será a **soma dos valores**. Entretanto, a prática demonstra que são maioria os pedidos de prestações vencidas e vincendas.

Diz o § 2º do art. 3º da Lei n. 10.259/2001: "Quando a pretensão versar sobre obrigações vincendas, para fins de competência do Juizado Especial, a soma de doze parcelas não poderá exceder o valor referido no art. 3º, *caput*".

Do § 2º se conclui que, sempre que o pedido abranger **prestações vincendas**, o valor da causa será igual à **soma de 12 (doze) parcelas**.

Prestações vincendas são aquelas devidas a partir do ajuizamento da ação, não havendo anteriores a reclamar. Exemplo: o segurado ou beneficiário não requereu o benefício no INSS e ajuíza a ação; nesse caso, não são devidas parcelas anteriores ao ajuizamento, mas, caso procedente o pedido, serão devidas a partir do termo inicial do benefício fixado na decisão judicial (ajuizamento da ação, citação, data do laudo pericial, data da juntada do laudo etc.). Nesse caso, não há maiores dificuldades em fixar o valor da causa, que deverá ser igual à soma de doze parcelas mensais do benefício concedido.

A nosso ver, o § 2º aplica-se também quando se pedem **prestações vencidas e vincendas**, uma vez que o dispositivo não faz distinção. Exemplo: o benefício foi requerido ao INSS, que indeferiu o pedido. O segurado ou beneficiário ajuíza a ação e pede que o termo inicial do benefício seja fixado na data da entrada do requerimento administrativo (DER). Nesse caso, o valor da causa deveria ser fixado na forma do § 2º, ou seja, 12 (doze) parcelas vincendas.

A questão é das mais controvertidas.

A controvérsia está em que, para uns, em havendo pedido de vincendas, mesmo que haja também vencidas, o valor da causa será o de 12 (doze) vincendas. Para outros, em havendo vencidas e vincendas, o valor da causa será o resultado da soma das vencidas com 12 (doze) vincendas.

Para os que entendem que devem ser somadas as vencidas e 12 (doze) vincendas, a hipótese é de aplicação do art. 292, §§ 1º e 2º do CPC/2015. Esse entendimento já prevalecia na jurisprudência sob a égide do CPC/73:

> "PREVIDENCIÁRIO. CONFLITO NEGATIVO DE COMPETÊNCIA. PEDIDO DE CONDENAÇÃO AO PAGAMENTO DE PRESTAÇÕES VENCIDAS E VINCENDAS. APLICAÇÃO DO ART. 260 DO CPC C.C. ART. 3º, § 2º, DA LEI N. 10.259/2001 PARA A FIXAÇÃO DO VALOR DA CAUSA. FEITO QUE ULTRAPASSA O VALOR DE SESSENTA SALÁRIOS MÍNIMOS. INCOMPETÊNCIA DO JUIZADO FEDERAL ESPECIAL. DOMICÍLIO DA PARTE AUTORA NÃO É SEDE DE VARA DA JUSTIÇA FEDERAL. OPÇÃO DE FORO. ART. 109, § 3º, DA CONSTITUIÇÃO FEDERAL. COMPETÊNCIA RELATIVA. SÚMULA N. 33/STJ. DECISÃO MANTIDA PELOS SEUS PRÓPRIOS FUNDAMENTOS. 1. Conforme entendimento desta Corte, para a fixação do conteúdo econômico da demanda e, consequentemente, a determinação da competência do juizado especial federal, nas ações em que há pedido englobando prestações vencidas e também vincendas, como no caso dos autos, incide a regra do art. 260 do Código de Processo Civil interpretada conjuntamente com o art. 3º, § 2º, da Lei n. 10.259/2001. 2. O crédito apurado a favor do Autor é superior a 60 (sessenta) salários mínimos, evidenciando-se, portanto, a incompetência do Juizado Especial Federal para processamento e julgamento do feito. 3. Sendo absolutamente incompetente o Juizado Especial Federal, e não possuindo o domicílio do segurado sede de Vara Federal, tendo ele optado por ajuizar a presente ação no Juízo Estadual do seu Município, conforme faculdade prevista no art. 109, § 3º, da Constituição Federal, impõe reconhecer tratar-se de competência territorial relativa, que não pode, portanto, ser declinada de ofício, nos termos da Súmula n. 33/STJ (...)" (STJ, 3ª Seção, AGRCC 200900322814, Rel. Min. Laurita Vaz, *DJe* 1º.07.2009).

O **Fórum Nacional dos Juizados Especiais Federais (FONAJEF)**, sob a égide do CPC/73, editou o **Enunciado 48:** "Havendo prestação vencida, o conceito de valor da causa para fins de competência do JEF é estabelecido pelo art. 260 do CPC".

No JEF também são ajuizadas ações que têm por objeto a **concessão de benefícios e a indenização por dano moral** em razão da deficiente prestação de serviço público pelo INSS. Nesse caso, o **valor da causa** será a **soma das prestações — vencidas, vincendas ou vencidas e vincendas — com o valor da indenização por dano moral pretendida** (v. item 8.7.1, *supra*). A competência será do JEF se o valor da causa não ultrapassar 60 (sessenta) salários mínimos ou, caso contrário, se houver renúncia ao excedente.

Enunciado 114 do FONAJEF: "Havendo cumulação de pedidos, é ônus da parte autora a identificação expressa do valor pretendido a título de indenização por danos morais, a ser considerado no valor da causa para fins de definição da competência dos Juizados Especiais Federais".

Atenção: não se deve confundir valor da causa com valor da condenação. O valor da causa é apurado no momento do ajuizamento da ação. O valor da condenação é o valor que deverá ser pago ao vencedor. Em geral, o valor da causa e o valor da condenação não coincidem, em razão do andamento lento dos processos. Se o valor da condenação superar o valor da causa, a competência não se altera, permanecendo o processo no JEF, em razão do princípio da *perpetuatio jurisdicionis*.

Pode ocorrer de ter o autor renunciado ao excedente de 60 (sessenta) salários mínimos no momento do ajuizamento da ação, ou seja, justamente porque preferiu que o processo tramitasse no JEF. Nesse caso, o valor da condenação não será superior a 60 (sessenta) salários mínimos e será pago por meio de Requisição de Pequeno Valor (RPV). Se não houver renúncia e o valor da condenação superar 60 (sessenta) salários mínimos, o valor será pago por meio de precatório.

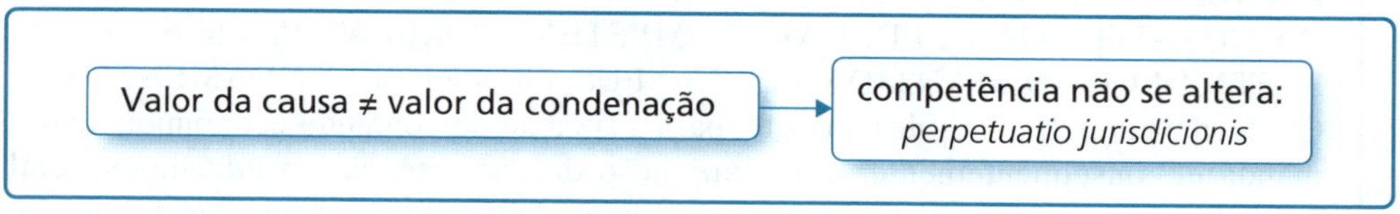

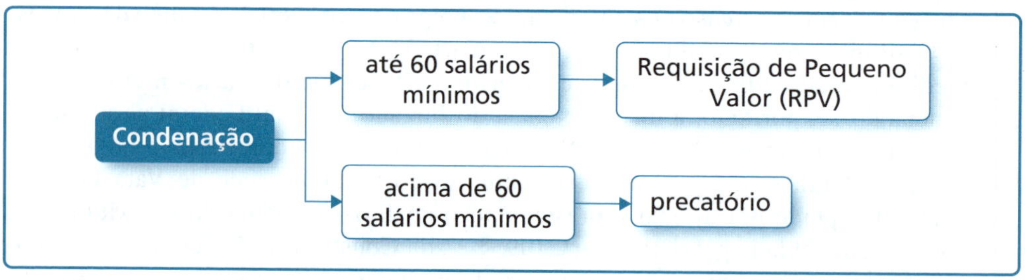

8.8.5. Medida cautelar. Antecipação da tutela. Concessão de ofício

A Lei n. 10.259/2001 prevê a concessão de medida cautelar no curso do processo para evitar dano de difícil reparação.[20]

[20] **Art. 4º** O Juiz poderá, de ofício ou a requerimento das partes, deferir medidas cautelares no curso do processo, para evitar dano de difícil reparação.

O procedimento dos JEFs deveria ser suficientemente célere para evitar a concessão de liminares ou antecipação de tutela. Entretanto, a realidade mostra que o procedimento já não é célere, o que acaba por dar maior apoio à concessão de medidas destinadas à preservação de direitos e a evitar danos de difícil reparação.

Apesar de a lei fazer referência a medidas cautelares, é admissível a antecipação da tutela se considerados os princípios informadores do procedimento dos juizados especiais, mesmo já na vigência do CPC/2015.

As Turmas Recursais também podem conceder cautelar ou antecipação de tutela se presentes os requisitos. Podem fazê-lo de ofício ou a requerimento da parte. **Enunciado 86 do FONAJEF:** "A tutela de urgência em sede de turmas recursais pode ser deferida de ofício".

O art. 5º da Lei n. 10.259/2001, ao restringir os recursos das decisões interlocutórias, admite recurso da decisão que conceder a cautelar. Entretanto, a interpretação da lei não pode levar ao desequilíbrio das partes no processo. A interpretação literal do dispositivo levaria ao entendimento de que somente decisão contrária ao INSS seria passível de recurso, e da decisão denegatória da cautelar, proferida contra o autor, não caberia o recurso.

Pode ser que o legislador, no particular, tenha entendido que o procedimento célere dos juizados especiais não justificaria a concessão de liminares, daí porque previu o recurso nessas situações. O legislador não se explicou, e a celeridade dos juizados especiais já está de há muito comprometida. Daí por que não só é cabível a concessão da tutela de urgência, até mesmo de ofício, como também o recurso da decisão que a indefere.

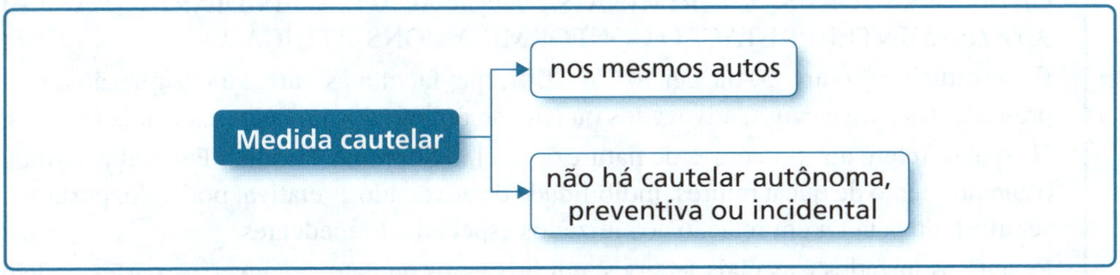

A nosso ver, o procedimento dos Juizados Especiais Federais permite a aplicação subsidiária das regras do CPC de 2015, atinentes às tutelas de urgência e de evidência (*v.* item 8.7.2, *supra*).

8.8.6. O advogado. Representante para a causa. Honorários de sucumbência

O autor não necessita de advogado para ajuizar ação no JEF. A **presença do advogado é facultativa, independentemente do valor da causa**, conclusão que se tira do art. 10 da Lei n. 10.259/2001:

> **Art. 10.** As partes poderão designar, por escrito, representantes para a causa, advogado ou não.

Parágrafo único. Os representantes judiciais da União, autarquias, fundações e empresas públicas federais, bem como os indicados na forma do *caput*, ficam autorizados a conciliar, transigir ou desistir, nos processos da competência dos Juizados Especiais Federais.

O **Enunciado 67** do **FONAJEF** dispõe: "O *caput* do artigo 9º da Lei n. 9.099/1995 não se aplica subsidiariamente no âmbito dos JEFs, visto que o artigo 10 da Lei n. 10.259/2001 disciplinou a questão de forma exaustiva".

O fato de poder a parte ajuizar a ação no JEF sem ser representado por advogado não autoriza que o faça por estagiário. **Enunciado 68 do FONAJEF:** "O estagiário de advocacia, nos termos do Estatuto da OAB, tão só pode praticar, no âmbito dos Juizados Especiais Federais, atos em conjunto com advogado e sob a responsabilidade deste".

O INSS é autarquia federal, representada em juízo por seus procuradores, titulares de cargos públicos providos por concurso.

Porém o art. 10 autoriza que as partes — autor e réu — designem **representantes para a causa**, que não precisam ser advogados e, consequentemente, procuradores.

A constitucionalidade do art. 10 já foi questionada no Supremo Tribunal Federal, repetindo argumentos já utilizados quando impugnada disposição semelhante da Lei n. 9.099/95, que dispensou o advogado nos juizados estaduais até o limite de 20 (vinte) salários mínimos. Na **ADI 3.168**, o **STF reconheceu a constitucionalidade do art. 10, ressalvando, apenas, a inaplicabilidade aos processos criminais dos JEFs:**[21]

> "EMENTA: AÇÃO DIRETA DE INCONSTITUCIONALIDADE. JUIZADOS ESPECIAIS FEDERAIS. LEI 10.259/2001, ART. 10. DISPENSABILIDADE DE ADVOGADO NAS CAUSAS CÍVEIS. IMPRESCINDIBILIDADE DA PRESENÇA DE ADVOGADO NAS CAUSAS CRIMINAIS. APLICAÇÃO SUBSIDIÁRIA DA LEI 9.099/1995. INTERPRETAÇÃO CONFORME A CONSTITUIÇÃO.
>
> É constitucional o art. 10 da Lei 10.259/2001, que faculta às partes a designação de representantes para a causa, advogados ou não, no âmbito dos juizados especiais federais.
>
> No que se refere aos processos de natureza cível, o Supremo Tribunal Federal já firmou o entendimento de que a imprescindibilidade de advogado é relativa, podendo, portanto, ser afastada pela lei em relação aos juizados especiais. Precedentes.
>
> Perante os juizados especiais federais, em processos de natureza cível, as partes podem comparecer pessoalmente em juízo ou designar representante, advogado ou não, desde que a causa não ultrapasse o valor de sessenta salários mínimos (art. 3º da Lei 10.259/2001) e sem prejuízo da aplicação subsidiária integral dos parágrafos do art. 9º da Lei 9.099/1995.
>
> Já quanto aos processos de natureza criminal, em homenagem ao princípio da ampla defesa, é imperativo que o réu compareça ao processo devidamente acompanhado de profissional habilitado a oferecer-lhe defesa técnica de qualidade, ou seja, de advogado devidamente inscrito nos quadros da Ordem dos Advogados do Brasil ou defensor público. Aplicação subsidiária do art. 68, III, da Lei 9.099/1995.
>
> Interpretação conforme, para excluir do âmbito de incidência do art. 10 da Lei 10.259/2001 os feitos de competência dos juizados especiais criminais da Justiça Federal".

[21] *DJ* 03.08.2007.

A dispensabilidade do advogado, contudo, é apenas a **regra geral**, que comporta exceções, na forma prevista no art. 9º e §§ da Lei n. 9.099/95, de aplicação subsidiária, conforme decidido na ADI 3.168. Nas ações previdenciárias, o segurado ou beneficiário é a parte frágil da relação processual. Além da fragilidade que o levou a procurar o Poder Judiciário para requerer proteção previdenciária ou assistencial, este enfrentará o INSS, autarquia federal que se fará representar durante todo o processo por procuradores tecnicamente habilitados para a defesa de seus interesses.

As questões previdenciárias são eminentemente técnicas, de difícil compreensão pelos mais humildes, que não sabem lidar com regras de tempo de contribuição, cálculos atuariais etc. Em certas situações, será flagrante o **desequilíbrio entre as partes**, o que não poderá ser corrigido pelos servidores do Poder Judiciário, que não podem orientar as partes a ponto de substituírem a atividade própria do advogado. Nesses casos, valendo-se do § 2º do art. 9º da Lei n. 9.099/95,[22] o **juiz deverá alertar o interessado sobre a conveniência de constituir advogado ou**, não sendo isso possível, deverá **encaminhá-lo à Defensoria Pública da União**.

O **INSS poderá ser representado por preposto, especialmente designado para o ato**, que deverá apresentar carta de preposição, assinada pelo representante legal da autarquia. O preposto, porém, a nosso ver, não poderá fazer a defesa judicial da autarquia, privativa de seus procuradores, na forma da lei. O preposto pode, entretanto, apresentar a contestação preparada e assinada por procurador, caso este não compareça à audiência.

A questão do **representante para a causa** merece um pouco mais de cuidado. A letra fria da lei permite que o autor seja representado por quem não é advogado. Mas a permissão legal não pode levar um leigo a atuar como advogado, tornando profissional a figura do "representante para a causa". Já nos manifestamos anteriormente sobre a questão:[23] "Pensamos que, embora a lei disponha laconicamente sobre a possibilidade de o representante para a causa não ser advogado, essa situação deve ser excepcionalmente admitida, e reservada àqueles que representam seus parentes — pais, irmãos, filhos etc. — ocasionalmente impedidos de se dirigirem aos Juizados, em razão de doença ou qualquer outro impedimento. Aliás, o comparecimento pessoal da parte é a regra, e sua representação por outrem na prática do ato processual é a exceção. A interpretação do dispositivo legal não pode ser apenas literal, e tem de seguir o princípio da razoabilidade, para não se chegar ao absurdo de acobertar o exercício da advocacia por quem não está habilitado".

A questão foi amplamente debatida no **FONAJEF**, que editou o **Enunciado 83:** "O art. 10, *caput*, da Lei n. 10.259/2001 não autoriza a representação das partes por não advogado de forma habitual e com fins econômicos".

Atenção: para recorrer, a parte precisa ser representada por advogado, único com habilitação para impugnar a sentença, que é a resposta técnica dada pelo Poder Judiciário.

22 § 2º Juiz alertará as partes da conveniência do patrocínio por advogado, quando a causa o recomendar.

23 Cf. nosso *Juizados Especiais Cíveis e Criminais, Federais e Estaduais*, p. 93.

Transitada em julgado a condenação do vencido ao pagamento dos honorários de sucumbência, a execução será feita nos mesmos autos, no próprio JEF. **Enunciado 90 do FONAJEF:** "Os honorários advocatícios impostos pelas decisões de Juizado Especial Federal serão executados no próprio Juizado, por quaisquer das partes".

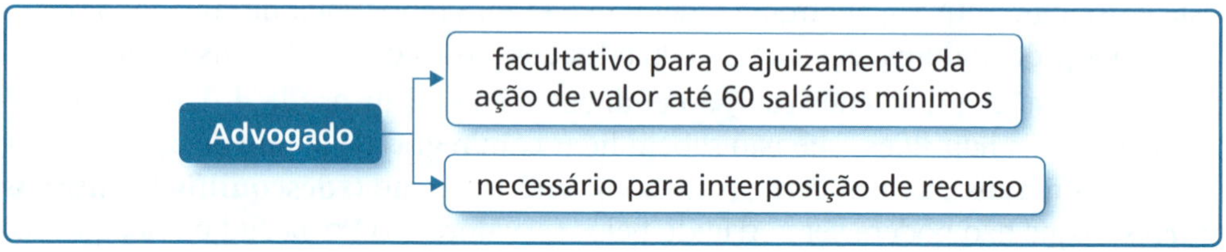

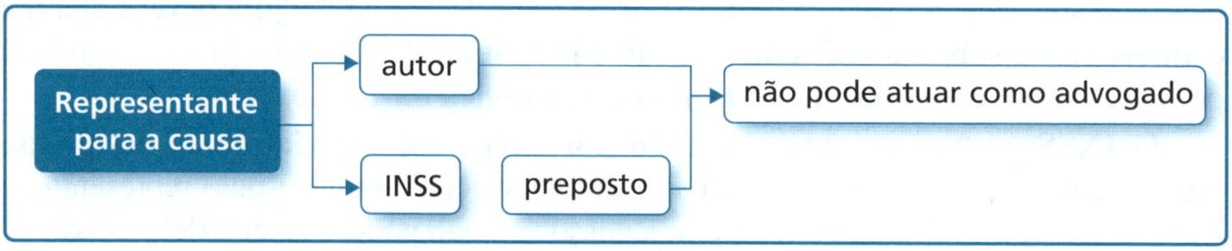

A sentença proferida no JEF **não condena o vencido ao pagamento das verbas de sucumbência, salvo se reconhecida a litigância de má-fé**, na forma do art. 55 da Lei n. 9.099/95, de aplicação subsidiária. Sendo assim, a sentença não condena o vencido a pagar honorários advocatícios.

As penas da sucumbência processual, que incluem honorários de advogado, **só podem ser impostas em grau de recurso e desde que seja vencido o recorrente**. Somente o vencido em primeiro e segundo graus será condenado a pagar a sucumbência.

O recorrente vencido pagará honorários, aplicando-se, no que couber, o disposto no § 2º do art. 85 do CPC/2015. Em não havendo condenação, hipótese em que o vencido é o autor, a base de cálculo dos honorários será o valor atualizado da causa, conforme dispõe o art. 55 da Lei n. 9.099/95.

As disposições do CPC/2015 relativas aos honorários sucumbenciais não terão total aplicabilidade nos JEFs. O valor da causa, no JEF, não poderá superar 60 salários mínimos. O valor da condenação poderá ser superior ao valor da causa, porém, dificilmente superior a 200 salários mínimos, de modo que o percentual entre 10 e 20% deverá ser aplicado no JEF. Além disso, as Leis ns. 9.099/95 e 10.259/2001 são especiais, que prevalecem sobre a geral, ou seja, sobre o Código de Processo Civil.

O art. 55 tem sido aplicado nos JEFs, tendo o **FONAJEF** expedido o **Enunciado 57:** "Nos Juizados Especiais Federais, somente o recorrente vencido arcará com honorários advocatícios".

Situações há em que o **recorrente** resta **vencido parcialmente**. A interpretação do art. 55 da Lei n. 9.099/95 leva a concluir que o provimento parcial do recurso não basta para condená-lo nas verbas da sucumbência, entendimento que foi adotado pelo **FONAJEF** no **Enunciado 99:** "O provimento, ainda que parcial, de recurso inominado afasta a possibilidade de condenação do recorrente ao pagamento de honorários de sucumbência".

A Defensoria Pública da União tem grande atuação nas ações previdenciárias, defendendo o segurado ou beneficiário. Vêm, então, surgindo questionamentos sobre ter ou não o Defensor Público direito aos honorários de sucumbência. A questão suscita debates nos Tribunais, mas o STJ decidiu, em Recurso Repetitivo, que a Defensoria Pública integra o conceito de Fazenda Pública e, por isso, o Estado não pode ser condenado a pagar tais honorários, por se configurar confusão entre credor e devedor:

> "PROCESSUAL CIVIL. RECURSO ESPECIAL SUBMETIDO À SISTEMÁTICA PREVISTA NO ART. 543-C DO CPC. HONORÁRIOS ADVOCATÍCIOS. DEFENSORIA PÚBLICA. CÓDIGO CIVIL, ART. 381 (CONFUSÃO). PRESSUPOSTOS.
>
> 1. Segundo noção clássica do direito das obrigações, ocorre *confusão* quando uma mesma pessoa reúne as qualidades de credor e devedor.
>
> 2. Em tal hipótese, por incompatibilidade lógica e expressa previsão legal extingue-se a obrigação.
>
> 3. Com base nessa premissa, a jurisprudência desta Corte tem assentado o entendimento de que não são devidos honorários advocatícios à Defensoria Pública quando atua contra a pessoa jurídica de direito público da qual é parte integrante.
>
> 4. *A contrario sensu*, reconhece-se o direito ao recebimento dos honorários advocatícios se a atuação se dá em face de ente federativo diverso, como, por exemplo, quando a Defensoria Pública Estadual atua contra Município.
>
> 5. Recurso especial provido. Acórdão sujeito à sistemática prevista no art. 543-C do CPC e à Resolução n. 8/2008-STJ" (REsp 1.108.013/RJ, Rel. Min. Eliana Calmon, *DJe* 22.06.2009).

O mesmo entendimento deve ser aplicado à Defensoria Pública da União nas hipóteses em que defende o assistido em ação movida contra o INSS.

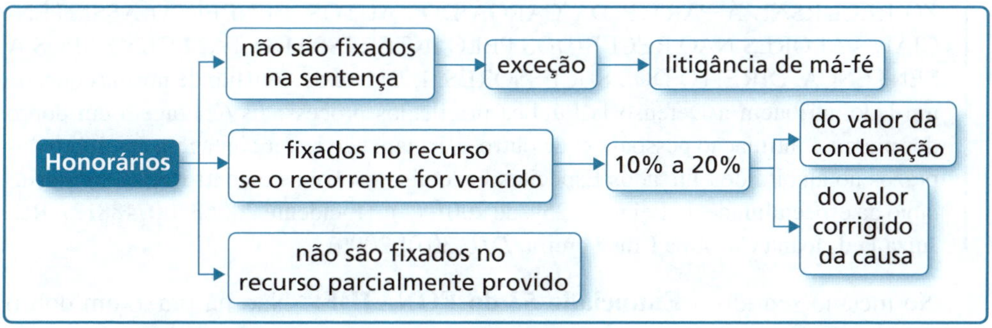

8.8.7. Os prazos

A Lei n. 10.259/2001 não concede privilégio de prazos diferenciados aos entes públicos federais e nem mesmo para a Defensoria Pública. **Todos os atos proces-**

suais, incluindo os recursos, são praticados nos mesmos prazos por ambas as partes da relação jurídica processual. É o que dispõe o art. 9º:

> **Art. 9º** Não haverá prazo diferenciado para a prática de qualquer ato processual pelas pessoas jurídicas de direito público, inclusive a interposição de recursos, devendo a citação para audiência de conciliação ser efetuada com antecedência mínima de trinta dias.

A **Defensoria Pública da União** tem defendido a aplicação do disposto no art. 44, I, da Lei Complementar n. 80, de 12.01.1994, com a redação dada pela Lei Complementar n. 132, de 07.10.2009, que lhe confere prazos em dobro, ao fundamento de que se trata de prerrogativa funcional concedida por lei complementar. O argumento é relevante, porque, realmente, o prazo em dobro foi concedido como prerrogativa funcional, e não como prazo processual. A prerrogativa é direito com *status* mais elevado, de natureza material, e não meramente processual.

Pode-se levar o raciocínio mais além: caso considerada norma meramente processual, o prazo em dobro existe em benefício do hipossuficiente, defendido pela Defensoria Pública. Esse entendimento, porém, não se sustenta, porque o INSS defende interesse público, de igual relevância, e também não tem, no JEF, os privilégios processuais do procedimento ordinário, nem mesmo a Remessa Oficial.

Por outro lado, há que se considerar os princípios que regem os juizados especiais, notadamente o da celeridade. A **inexistência de prazos diferenciados mostra-se muito mais consentânea com a razoável duração dos processos**.

A **Turma Nacional de Uniformização** dos JEFs tem decidido que a **Defensoria Pública não goza do privilégio de prazo em dobro:**

> "PROCESSUAL CIVIL E PREVIDENCIÁRIO. DEFENSORIA PÚBLICA DA UNIÃO. PRIVILÉGIOS PROCESSUAIS INCOMPATÍVEIS COM O RITO DOS JUIZADOS. PORTARIA DAS TURMAS RECURSAIS/MG. CÔMPUTO DO PRAZO RECURSAL A PARTIR DA CARGA DOS AUTOS. BENEFÍCIO ASSISTENCIAL. VALORES NÃO RECEBIDOS PELO INTERESSADO, FALECIDO APÓS A SENTENÇA. DIREITO DOS SUCESSORES. 1. Diante do conflito de normas que, de um lado, atribuem à Defensoria Pública privilégios processuais (contagem em dobro dos prazos e intimação pessoal), e, de outro, afirmam não haver contagem em dobro dos prazos no âmbito dos Juizados Especiais Federais, resolve-se a controvérsia pelo princípio da especialidade da Lei n. 10.259, de 2001. (...)" (Incidente 200638007488127, Rel. Juíza Fed. Joana Carolina Lins Pereira, *DJU* 30.01.2009).

No mesmo sentido o **Enunciado 53 do FONAJEF:** "Não há prazo em dobro para a Defensoria Pública no âmbito dos Juizados Especiais Federais".

Não há prazos diferenciados no JEF

8.8.8. A sentença líquida

Questão de grande relevância nos juizados especiais é a exigência legal de que a sentença seja líquida, na forma do parágrafo único do art. 38 da Lei n. 9.099/95.[24]

A *mens legis* é justamente a celeridade processual, para **evitar o procedimento de liquidação do julgado, acelerando, assim, sua execução**. Convém lembrar que **não existe, no procedimento do JEF, a fase de execução do julgado contra a Fazenda Pública**, na forma prevista nos arts. 730 e seguintes do CPC de 1973 e nos arts. 910 e seguintes do CPC de 2015.

Nem sempre, contudo, o autor consegue determinar, no pedido inicial, o valor exato que pretende receber, dando à causa valor por estimativa. **Na sentença**, entretanto, mesmo que genérico o pedido inicial, **o valor da condenação deve ser determinado**. Isso porque, com o trânsito em julgado, expede-se a Requisição de Pequeno Valor (RPV) ou precatório, não havendo espaço para a liquidação do julgado.

No procedimento do JEF, o cálculo do valor pedido pelo autor deve ser feito antes da sentença, para fornecer ao juiz elementos para fixação do valor da condenação. **Por ser o valor da condenação fixado na sentença, poderá ser impugnado no recurso para a Turma Recursal, à qual serão devolvidas todas as questões suscitadas no processo, inclusive o valor da condenação.**

Há entendimentos, dos quais discordamos, no sentido de que se deve dar vista às partes para se manifestarem sobre esses cálculos, antes da prolação da sentença, em homenagem ao contraditório e à ampla defesa. Acolher tais argumentos levaria a subverter o procedimento estabelecido na Lei n. 10.259/2001, que deixou para o recurso da sentença a impugnação de toda a matéria, inclusive cálculos, objeto da condenação. Além do mais, como impugnar o valor da condenação antes da própria condenação?

Também não podem ser acolhidos argumentos no sentido de que os cálculos devem ser feitos após a sentença, porque não é o que dispõe a lei, que determina seja líquida a sentença.

Há situações em que a "liquidação" do julgado exige **cálculos meramente aritméticos**, que não demandam maiores considerações. Nessas hipóteses, o juiz não chega a fixar o valor da condenação, mas, sim, os critérios para elaboração dos cálculos, com o que não haverá espaço para discussões que retardem o cumprimento do julgado, admitindo, tão somente, a alegação e o reconhecimento de eventual erro material. É o que se tira do art. 52, II, da Lei n. 9.099/95. O **FONAJEF** reconheceu que, no caso, a sentença não é ilíquida, conforme **Enunciado 32:** "A decisão que contenha os parâmetros de liquidação atende ao disposto no art. 38, parágrafo único, da Lei n. 9.099/95".

---

24 **Art. 38.** A sentença mencionará os elementos de convicção do Juiz, com breve resumo dos fatos relevantes ocorridos em audiência, dispensado o relatório.

Parágrafo único. Não se admitirá sentença condenatória por quantia ilíquida, ainda que genérico o pedido.

Muito se tem questionado sobre o procedimento instituído nos JEFs de **transferir para o INSS, quando vencido, o ônus de elaborar os cálculos de liquidação, com a consequente implantação do benefício ou sua revisão**. É o que acontece, por exemplo, com as sentenças que o condenam a fazer a revisão da renda mensal inicial dos benefícios previdenciários, aplicando aos salários de contribuição o índice de correção monetária de 39,06%, relativo ao IRSM de fevereiro de 1994. **Não há irregularidade nesse procedimento, que, por sinal, prestigia a celeridade processual e facilita o acesso à justiça.** Os **critérios de cálculo utilizados pelo INSS** para apuração desses débitos **são os mesmos fixados em normas de cálculos do Conselho da Justiça Federal**, de modo que o contador judicial chegaria aos mesmos valores. O procedimento, então, desonera o Poder Judiciário do ônus de fazer milhões de cálculos antes das sentenças, que ganha agilidade na tramitação desses e dos demais processos. Na verdade, as partes só têm a ganhar com isso.

8.8.9. Recursos. A remessa oficial

A Lei n. 10.259/2001, em relação ao Código de Processo Civil, reduziu drasticamente o número de recursos, dando ao procedimento do JEF a necessária celeridade. Dispõe o art. 5º:

> **Art. 5º** Exceto nos casos do art. 4º, somente será admitido recurso de sentença definitiva.

A Remessa Oficial está expressamente vedada (art. 13 da Lei n. 10.259/2001). Na verdade, a questão está superada pelas disposições do novo Código de Processo Civil, que prevê a dispensa do reexame necessário nas causas federais em que a condenação ou proveito econômico obtido for de valor certo e líquido inferior a 1.000 (mil) salários mínimos (art. 496, § 3º, I).

Os recursos previstos no art. 5º são julgados pelas **Turmas Recursais** dos Juizados Especiais Federais.

Das decisões das Turmas Recursais podem ser interpostos **Incidente de Uniformização, Regional ou Nacional, e Recurso Extraordinário**, sendo sempre cabíveis **Embargos de Declaração** nas hipóteses legais.

É incabível **Recurso Adesivo** no procedimento dos juizados especiais. Esse recurso é admissível apenas na forma do art. 997 do CPC de 2015, que não prevê o acórdão proferido por Turma Recursal de Juizado. **Enunciado 59 do FONAJEF**: "Não cabe recurso adesivo nos Juizados Especiais Federais".

Atenção: os Tribunais Regionais Federais não têm competência para julgar recursos de decisões proferidas no JEF. Esse tem sido o entendimento do STJ:

> "PROCESSUAL CIVIL. RECURSO ESPECIAL. TRF'S. DECISÕES ADVINDAS DA JUSTIÇA ESPECIALIZADA. JULGAMENTO. INCOMPETÊNCIA. ARTIGOS 98 DA CF E 41 DA LEI 9.099/95. INTELIGÊNCIA. TURMA RECURSAL. COMPETÊNCIA. JUIZADO ESPECIAL FEDERAL. REVISÃO DOS JULGADOS. PRECEDENTE. VIOLAÇÃO AO ART. 535 DO CPC. AUSÊNCIA. CONCLUSÃO

LÓGICO-SISTEMÁTICA DO *DECISUM*. INCOMPETÊNCIA. IMPUGNAÇÃO. INOCORRÊNCIA. JUIZADOS **ESPECIAIS** FEDERAIS. LEI 9.099/95. APLICABILIDADE. NÃO APRECIAÇÃO. RECURSO NÃO CONHECIDO. I — Escorreita a decisão do Eg. Tribunal Regional Federal da 4ª Região ao asseverar não ser competente para o caso vertente, tendo em vista não se inserir a hipótese no comando do artigo 108, inciso I, alínea 'b' da Constituição Federal. Neste sentido, os juízes integrantes do Juizado Especial Federal não se encontram vinculados ao Tribunal Regional Federal. Na verdade, as decisões oriundas do Juizado Especial, por força do sistema especial preconizado pela Carta da República e legislação que a regulamenta, submetem-se ao crivo revisional de Turma Recursal de juízes de primeiro grau. **II — Segundo o artigo 98 da Constituição Federal, as Turmas Recursais possuem competência exclusiva para apreciar os recursos das decisões prolatadas pelos Juizados Especiais Federais. Portanto, não cabe recurso aos Tribunais Regionais Federais, pois a eles não foi reservada a possibilidade de revisão dos julgados dos Juizados Especiais.** III — A teor do artigo 41 e respectivo § 1º da Lei 9.099/95 (aplicável aos Juizados Especiais Federais, por força do artigo 1º da Lei 10.259/01), os recursos cabíveis das decisões dos juizados especiais devem ser julgados por Turmas Recursais, IV — No RMS. 18.433/MA, julgado por esta Eg. Turma recentemente, restou **assentado o entendimento de que os Juizados Especiais foram instituídos no pressuposto de que as respectivas causas seriam resolvidas no âmbito de sua jurisdição. Caso assim não fosse, não haveria sentido sua criação e, menos ainda, a instituição das respectivas Turmas Recursais, pois a estas foi dada a competência de revisar os julgados dos Juizados Especiais.** (...)" (REsp 200500113932, 5ª Turma, Rel. Min. Gilson Dipp, *DJ* 23.05.2005, p. 345).

O **prazo** para interposição desses recursos é de **10 (dez) dias**, contados da respectiva intimação. Sobre o prazo, o **FONAJEF** editou o **Enunciado 58:** "Excetuando-se os embargos de declaração, cujo prazo de oposição é de cinco dias, os prazos recursais contra decisões de primeiro grau no âmbito dos Juizados Especiais Federais são sempre de dez dias, independentemente da natureza da decisão recorrida".

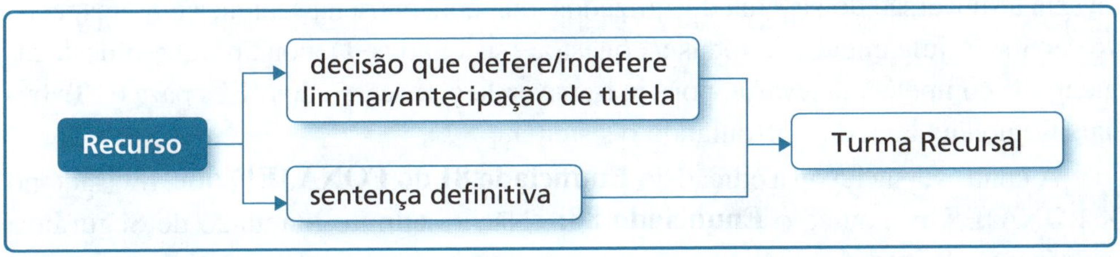

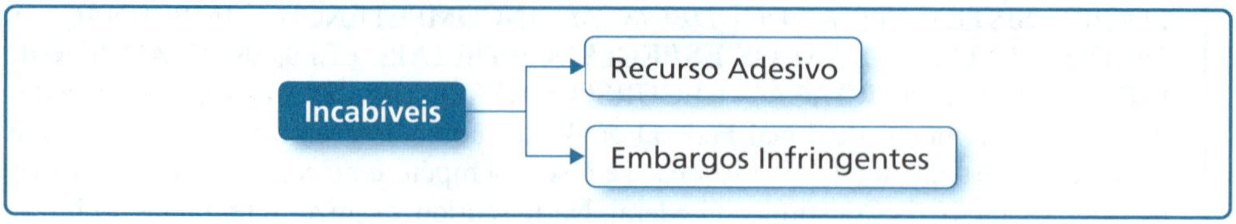

8.8.9.1. *Recurso de decisão. Mandado de segurança contra ato judicial*

Não são todas decisões interlocutórias proferidas na primeira instância do JEF que podem ser impugnadas por recurso. **A lei só admite recurso da decisão que concede ou nega liminar ou antecipação de tutela.** As **demais decisões interlocutórias não podem ser objeto de recurso autônomo**, devendo aguardar, se for o caso, o recurso da sentença.

Argumenta-se que há decisões interlocutórias que causam prejuízo às partes e que, por isso, é necessário recorrer para as Turmas Recursais. Mas não é isso que quer a lei. A concentração de todas as questões no recurso da sentença leva o caso à Turma Recursal apenas uma vez, o que homenageia a celeridade processual.

Enunciado 107 do FONAJEF: "Fora das hipóteses do artigo 4º da Lei n. 10.259/2001, a impugnação de decisões interlocutórias proferidas antes da sentença deverá ser feita no recurso desta (art. 41 da Lei n. 9.099/95)".

Entretanto, há entendimentos no sentido de que a irrecorribilidade dessas decisões dá lugar à impetração de mandado de segurança contra o ato judicial, que deveria ser julgado pelo respectivo Tribunal Regional Federal.

O **mandado de segurança não é cabível nessas situações**. De início, porque levaria à subversão do sistema dos juizados, que concentra na sentença e no respectivo recurso o julgamento de todas as questões suscitadas. Depois, porque o deslocamento da competência levaria, por via transversa, o processo dos JEFs para os Tribunais Regionais Federais, afrontando o sistema.

A controvérsia levou à edição do **Enunciado 81 do FONAJEF, que**, revisado no X FONAJEF, tornou-se o **Enunciado 88:** "Não se admite Mandado de Segurança para Turma Recursal, exceto na hipótese de ato jurisdicional teratológico contra o qual não caiba mais recurso".

Após longa controvérsia sobre a competência para o julgamento desses Mandados de Segurança — se dos Tribunais ou das Turmas Recursais —, o Supremo Tribunal Federal julgou o Recurso Extraordinário n. 576.847, Rel. Min. Eros Grau, *DJe* 07.08.2009, em que foi reconhecida a Repercussão Geral do tema, no qual concluiu que **não cabe mandado de segurança contra decisão interlocutória proferida nos juizados especiais:**[25]

[25] Cf. também ARE-AgR 703.840.

> "RECURSO EXTRAORDINÁRIO. PROCESSO CIVIL. REPERCUSSÃO GERAL RECONHECIDA. MANDADO DE SEGURANÇA. CABIMENTO. DECISÃO LIMINAR NOS JUIZADOS ESPECIAIS. LEI N. 9.099/95. ART. 5º, LV DA CONSTITUIÇÃO DO BRASIL. PRINCÍPIO CONSTITUCIONAL DA AMPLA DEFESA. AUSÊNCIA DE VIOLAÇÃO.
>
> 1. Não cabe mandado de segurança das decisões interlocutórias exaradas em processos submetidos ao rito da Lei n. 9.099/95.
>
> 2. A Lei n. 9.099/95 está voltada à promoção de celeridade no processamento e julgamento de causas cíveis de complexidade menor. Daí ter consagrado a regra da irrecorribilidade das decisões interlocutórias, inarredável.
>
> 3. Não cabe, nos casos por ela abrangidos, aplicação subsidiária do Código de Processo Civil, sob a forma do agravo de instrumento, ou o uso do instituto do mandado de segurança.
>
> 4. Não há afronta ao princípio constitucional da ampla defesa (art. 5º, LV, da CB), vez que decisões interlocutórias podem ser impugnadas quando da interposição de recurso inominado.
>
> Recurso extraordinário a que se nega provimento."

As decisões, em geral, são passíveis de **Embargos de Declaração**, se viciadas por omissão de ponto ou questão sobre o qual o juiz devia se pronunciar de ofício ou a requerimento, contradição, obscuridade ou erro material, na forma do art. 1.022 do CPC/2015, de aplicação subsidiária.

O recurso de decisão deve ser interposto no **prazo de 10 (dez) dias**, contados da sua intimação, conforme disposto na **Resolução/CJF n. 347/2015**. A Lei é omissa quanto ao prazo para o recurso, de modo que o Conselho da Justiça Federal teve que editar norma com validade para todos os Juizados Especiais Federais do País.

Recurso de decisão → prazo de 10 dias

Não cabe MS contra decisão interlocutória de juiz de JEF

▪ 8.8.9.2. *Recurso de sentença*

Diz a lei que só é admitido recurso de sentença definitiva. Todas as sentenças são, por definição, definitivas porque põem fim ao processo, com ou sem apreciação do mérito.

A interpretação sistemática dessa norma indica que o **legislador quis limitar o recurso à sentença de mérito**, que julga a lide dando-lhe solução com caráter definitivo. Trata-se da sentença que faz coisa julgada material, restando vedada a interposição de nova ação com as mesmas partes, causa de pedir e pedido. A sentença que não julga o mérito não faz coisa julgada material, o que lhe retira o caráter de definitividade.

> **Atenção: não se trata de apelação**, recurso contra a sentença no procedimento ordinário. A denominação correta é **"recurso de sentença"**.

O **prazo** para interposição do recurso de sentença é de **10 (dez) dias**, contados da ciência da sentença (art. 42 da Lei n. 9.099/95).

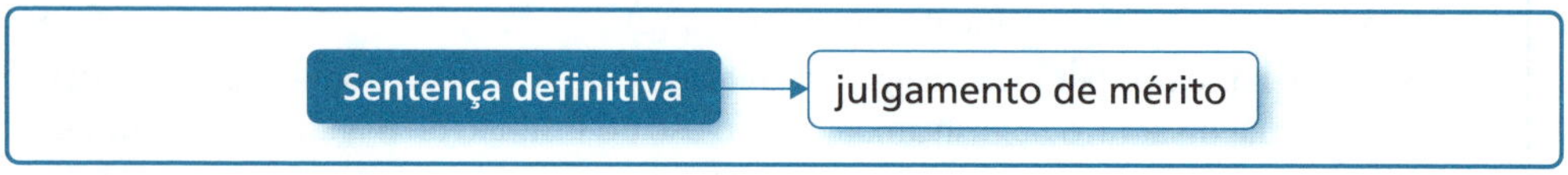

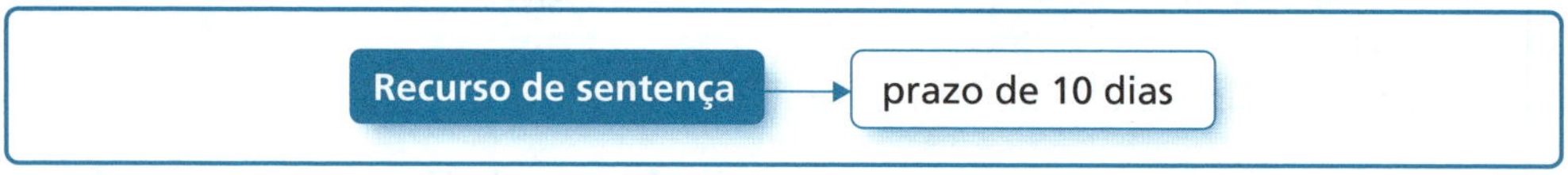

8.8.9.3. *Remessa Oficial*

O procedimento dos Juizados Especiais Federais **não admite Remessa Oficial**, expressamente vedada pelo art. 13 da Lei n. 10.259/2001: "Nas causas de que trata esta Lei, não haverá reexame necessário" (v. item 8.8.9 *supra*).

8.8.9.4. *Embargos de Declaração*

Os Embargos de Declaração são **cabíveis de todas as decisões proferidas no JEF, na primeira ou na segunda instância**, nos casos em que houver omissão, obscuridade, contradição ou dúvida, na forma do art. 48 da Lei n. 9.099/95.

O prazo para oposição de Embargos de Declaração é de **5 (cinco) dias (art. 49 da Lei n. 9.099/95)**.

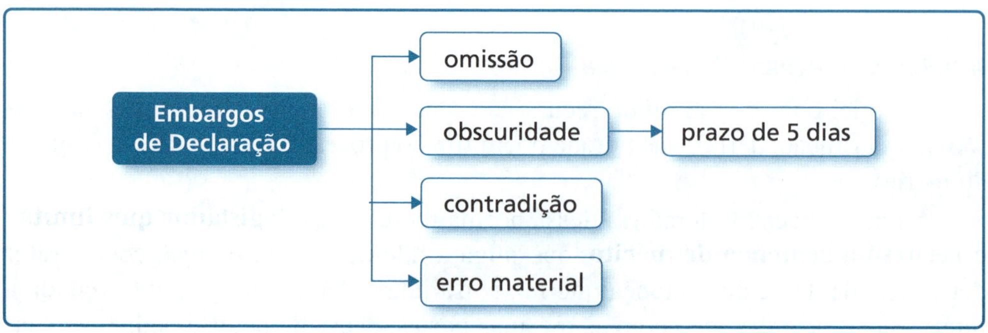

8.8.10. Incidente de Uniformização

A uniformização de entendimentos na jurisprudência, principalmente em matéria previdenciária, que alcança milhões de segurados e beneficiários, contribui para a segurança jurídica.

A uniformização está prevista no art. 14 da Lei n. 10.259/2001.[26] Seu objetivo é **uniformizar a jurisprudência dos Juizados Especiais Federais na interpretação de lei federal**. Note-se que a **uniformização não atinge as questões constitucionais**, de competência do Supremo Tribunal Federal.

A uniformização da interpretação de lei federal é de competência do Superior Tribunal de Justiça, no julgamento de Recurso Especial, na forma do art. 105, III, da Constituição.

Entretanto, no procedimento especial dos juizados especiais **não há possibilidade de interposição de Recurso Especial**, uma vez que o sistema é autônomo em

---

[26] **Art. 14.** Caberá pedido de uniformização de interpretação de lei federal quando houver divergência entre decisões sobre questões de direito material proferidas por Turmas Recursais na interpretação da lei.

§ 1º O pedido fundado em divergência entre Turmas da mesma Região será julgado em reunião conjunta das Turmas em conflito, sob a presidência do Juiz Coordenador.

§ 2º O pedido fundado em divergência entre decisões de turmas de diferentes regiões ou da proferida em contrariedade a súmula ou jurisprudência dominante do STJ será julgado por Turma de Uniformização, integrada por juízes de Turmas Recursais, sob a presidência do Coordenador da Justiça Federal.

§ 3º A reunião de juízes domiciliados em cidades diversas será feita pela via eletrônica.

§ 4º Quando a orientação acolhida pela Turma de Uniformização, em questões de direito material, contrariar súmula ou jurisprudência dominante no Superior Tribunal de Justiça — STJ, a parte interessada poderá provocar a manifestação deste, que dirimirá a divergência.

§ 5º No caso do § 4º, presente a plausibilidade do direito invocado e havendo fundado receio de dano de difícil reparação, poderá o relator conceder, de ofício ou a requerimento do interessado, medida liminar determinando a suspensão dos processos nos quais a controvérsia esteja estabelecida.

§ 6º Eventuais pedidos de uniformização idênticos, recebidos subsequentemente em quaisquer Turmas Recursais, ficarão retidos nos autos, aguardando-se pronunciamento do Superior Tribunal de Justiça.

§ 7º Se necessário, o relator pedirá informações ao Presidente da Turma Recursal ou Coordenador da Turma de Uniformização e ouvirá o Ministério Público, no prazo de cinco dias. Eventuais interessados, ainda que não sejam partes no processo, poderão se manifestar, no prazo de trinta dias.

§ 8º Decorridos os prazos referidos no § 7º, o relator incluirá o pedido em pauta na Seção, com preferência sobre todos os demais feitos, ressalvados os processos com réus presos, os *habeas corpus* e os mandados de segurança.

§ 9º Publicado o acórdão respectivo, os pedidos retidos referidos no § 6º serão apreciados pelas Turmas Recursais, que poderão exercer juízo de retratação ou declará-los prejudicados, se veicularem tese não acolhida pelo Superior Tribunal de Justiça.

§ 10 Os Tribunais Regionais, o Superior Tribunal de Justiça e o Supremo Tribunal Federal, no âmbito de suas competências, expedirão normas regulamentando a composição dos órgãos e os procedimentos a serem adotados para o processamento e o julgamento do pedido de uniformização e do recurso extraordinário.

relação aos Tribunais. A inexistência do Recurso Especial poderia levar à aplicação de soluções diferentes sobre a mesma matéria nos processos de JEF e nos de procedimento comum, situação inadmissível, por ferir a segurança jurídica.

Foi por essa razão que a Lei n. 10.259/2001 criou o mecanismo da uniformização de jurisprudência dentro do sistema dos JEFs, possibilitando sua utilização de forma regional e nacional.

O objeto do Incidente de Uniformização está limitado às **questões de direito material, não alcançando a matéria processual**.

Sobre a questão, a Turma Nacional de Uniformização **(TNU)** editou a **Súmula 7:** "Descabe incidente de uniformização versando sobre honorários advocatícios por se tratar de questão de direito processual".

A lei prevê a uniformização **entre Turmas Recursais da mesma Região, entre Turmas Recursais de Regiões diversas e entre a Turma Nacional de Uniformização e o Superior Tribunal de Justiça**.

Os Tribunais Regionais Federais e o STJ, no limite de suas competências, devem dispor sobre a composição das Turmas Recursais e Regionais e sobre a Turma Nacional de Uniformização, bem como sobre os procedimentos dos Incidentes de Uniformização.

No Incidente de Uniformização, **não há exame da matéria de fato**, uma vez que o objeto do pedido é a uniformização do entendimento da jurisprudência sobre a matéria de direito.

O exame da matéria de fato serve apenas para demonstrar a adequação dos paradigmas indicados no Incidente, isto é, para **comprovar que para fatos idênticos foram dadas soluções de direito diversas**.

O **FONAJEF** editou o **Enunciado 98:** "É inadmissível o reexame de matéria fática em pedido de uniformização de jurisprudência".

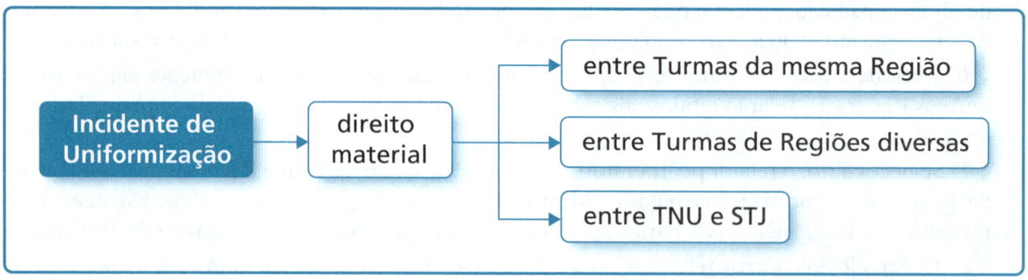

■ *8.8.10.1. Incidente de Uniformização Regional*

Caberá Incidente de Uniformização Regional quando houver divergência de decisões sobre questões de direito material **entre Turmas Recursais da mesma Região**.

A competência para o julgamento do Incidente de Uniformização Regional é **da Turma Regional de Uniformização, formada pela reunião das Turmas em conflito**.

A Turma Regional de Uniformização é **presidida pelo Desembargador Federal Coordenador dos Juizados Especiais Federais**, eleito pelo respectivo Tribunal Regional Federal. O presidente da TRU só vota se houver empate no julgamento, quando, então, profere voto de qualidade.

Julgado o Incidente pela TRU, o julgamento produzirá **efeitos sobre todos os JEFs situados no território da respectiva Região**.

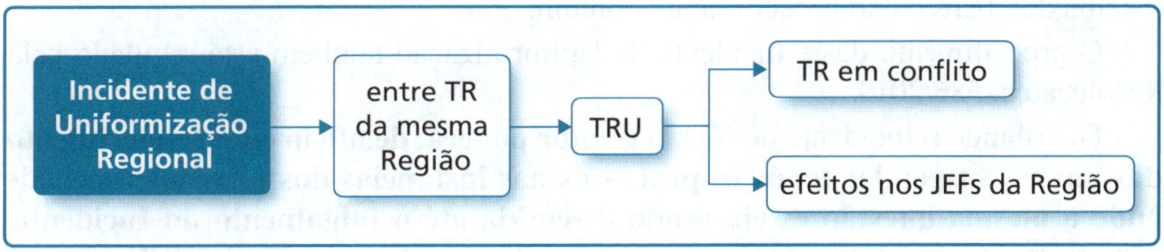

8.8.10.2. *Incidente de Uniformização Nacional*

O Incidente de Uniformização Nacional é cabível quando houver **decisões divergentes de Turmas Recursais de Regiões diversas**.

É da **Turma Nacional de Uniformização (TNU)** a competência para o julgamento do incidente.

A TNU é composta por **10 (dez) juízes federais de Turmas Recursais**, sendo 2 (dois) de cada uma das 5 (cinco) Regiões, escolhidos pelo respectivo Tribunal. Esses juízes têm mandato de dois anos e não podem ser reconduzidos.

A TNU é **presidida pelo Ministro do STJ** que exerça a função de **Coordenador Geral da Justiça Federal**. Nos julgamentos, o presidente também só vota em caso de empate, proferindo voto de qualidade.

A **Resolução n. 586, de 30.09.2019**, do Presidente do Conselho da Justiça Federal, dispõe sobre o **Regimento Interno da TNU**.

O Regimento Interno regulamenta o procedimento do Incidente de Uniformização.

A decisão proferida pela TNU produz **efeitos nos JEFs de todo o território Nacional**.

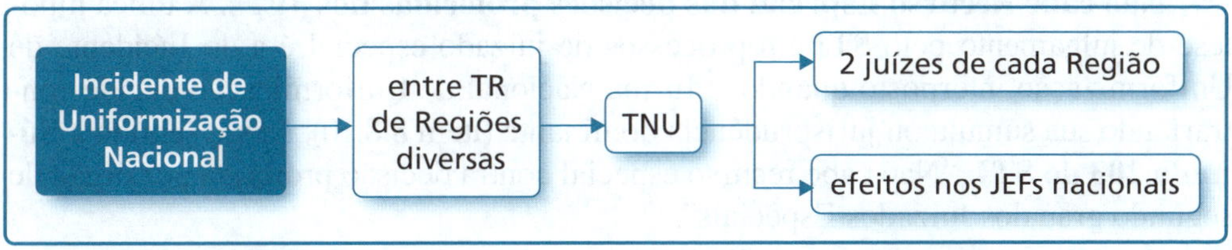

8.8.10.3. *Incidente de Uniformização no STJ*

Pode haver **divergência entre decisão da Turma Nacional de Uniformização e súmula ou jurisprudência dominante do STJ**.

Nessa situação, os §§ 4º e 5º do art. 14 da Lei n. 10.259/2001 preveem o Incidente de Uniformização que deverá ser julgado pelo STJ. Note-se que essa é a **única hipótese em que o STJ decide no procedimento dos Juizados Especiais Federais**.

A contrariedade à súmula ou jurisprudência dominante do STJ em decisão da TNU pode acarretar a uniformização, nos JEFs, de entendimento diverso do STJ sobre a mesma matéria. As consequências seriam nefastas, porque a solução para questões idênticas seria diferente, conforme o interessado estivesse submetido ao sistema dos JEFs ou ao procedimento comum.

O procedimento deste Incidente de Uniformização também está regulado pela Resolução n. 586/2019.

Distribuído o Incidente no STJ, o **relator poderá, de ofício ou a requerimento das partes, suspender todos os processos nas instâncias dos juizados especiais onde a mesma questão esteja sendo discutida até o julgamento do Incidente**. Note-se que a suspensão poderá se dar em qualquer das instâncias dos JEFs, seja na primeira instância, nas Turmas Recursais, nas Turmas Regionais de Uniformização e na TNU, dependendo da decisão do relator.

O julgamento do Incidente de Uniformização tem **força vinculante para todos os JEFs do país**, aplicando-se os §§ 6º e 9º do art. 14. A consequência é que todos os processos com a mesma questão de direito material, estando suspensos ou não, serão julgados, aplicando-se a mesma solução. Se o processo estiver em grau de recurso e a decisão recorrida for contrária ao decidido no Incidente, caberá à Turma Recursal reconsiderá-la, fazendo a devida **adequação à uniformização**. Se a decisão recorrida estiver em conformidade com a uniformização, o recurso restará prejudicado.

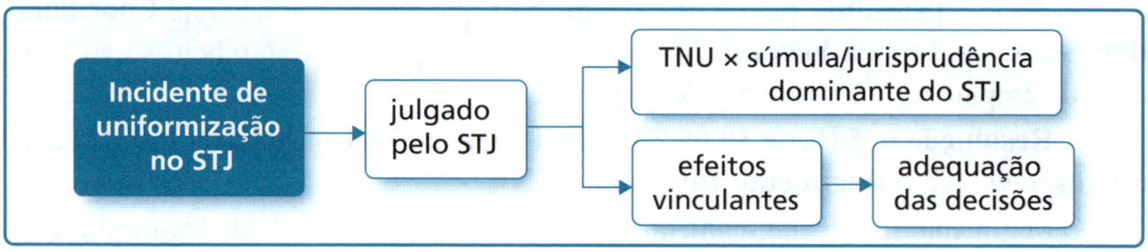

8.8.11. Recurso Especial. Recurso Extraordinário

Não cabe Recurso Especial das decisões proferidas nos JEFs. A única hipótese de julgamento pelo STJ em processos de juizado especial é a do Incidente de Uniformização interposto quando a Turma Nacional de Uniformização decide contrariando sua súmula ou jurisprudência dominante (item 8.8.10). Nesse sentido a **Súmula 203 do STJ:** "Não cabe recurso especial contra decisão proferida por órgão de segundo grau dos Juizados Especiais".

É **cabível Recurso Extraordinário** contra as decisões proferidas pelas Turmas Recursais e pelas Turmas de Uniformização que contrariem súmula ou jurisprudência dominante do Supremo Tribunal Federal. **Súmula 640 do STF:** "É cabível recurso extraordinário contra decisão proferida por juiz de primeiro grau nas causas de alçada, ou por turma recursal de juizado especial cível e criminal".

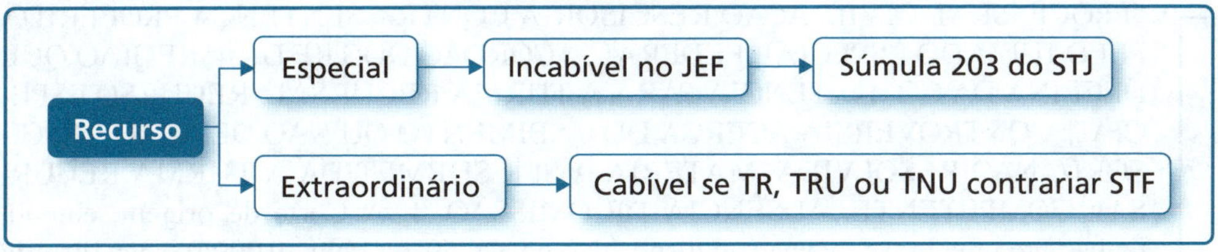

8.8.12. Ação rescisória

A Lei n. 10.259/2001 não dispõe sobre ação rescisória nos JEFs, razão por que se aplica subsidiariamente o disposto na Lei n. 9.099, cujo art. 59 dispõe: “Não se admitirá ação rescisória nas causas sujeitas ao procedimento instituído por esta Lei”.

Embora silente a Lei n. 10.259/2001, não há dúvidas de que **é incabível a ação rescisória nos juizados especiais federais**. Primeiro, porque o procedimento da ação rescisória previsto no Código de Processo Civil é incompatível com o rito da Lei n. 10.259/2001. Segundo, porque, caso admitida, deveria a lei dispor sobre a competência para o seu julgamento, o que também não ocorreu.

Para os que não concordam com esse entendimento, a impossibilidade de ajuizamento da rescisória causa prejuízos irreparáveis, principalmente em questões de natureza previdenciária, consolidando-se a imutabilidade de situações de absoluta injustiça. O argumento, em parte, é verdadeiro. Porém, mesmo se cabível a ação rescisória, a injustiça não está arrolada entre as hipóteses do art. 966 do CPC de 2015, e também não estava prevista no CPC/73.

Não há, ainda, decisões conhecidas dos Tribunais Superiores sobre o cabimento da ação rescisória no procedimento da Lei n. 10.259/2001.

> **Enunciado 44 do FONAJEF:** “Não cabe ação rescisória no Juizado Especial Federal. O artigo 59 da Lei n. 9.099/95 está em consonância com os princípios do sistema processual dos Juizados Especiais, aplicando-se também aos Juizados Especiais Federais”.

Algumas ações rescisórias de julgados do JEF têm sido ajuizadas nos Tribunais Regionais Federais ao fundamento de que a cláusula de reserva de competência das Turmas Recursais somente se refere a recursos (art. 98, I, CF), e não a ações rescisórias, razão pela qual seria aplicável a regra do art. 108, I, *b*, da CF.

Os Tribunais têm, reiteradamente, decidido no sentido de que tal competência é mesmo das Turmas Recursais dos JEFs, por entender que o legislador constituinte, pelo menos quanto ao aspecto jurisdicional, estabeleceu os parâmetros para a criação de um órgão jurisdicional dotado de estrutura peculiar e princípios próprios, de modo a caber somente a ele a definição, inclusive, do cabimento e processamento das ações rescisórias de seus julgados.

O STJ firmou entendimento no sentido de que a **competência para decidir sobre o cabimento da ação rescisória é das Turmas Recursais dos JEFs:**

"PROCESSUAL CIVIL. AÇÃO RESCISÓRIA CONTRA SENTENÇA PROFERIDA PELO JUIZADO ESPECIAL FEDERAL. ACÓRDÃO DO TRF DA 4ª REGIÃO QUE DECLINA DA COMPETÊNCIA PARA A TURMA RECURSAL. RECURSO ESPECIAL. CONTROVÉRSIA ACERCA DO CABIMENTO OU NÃO DE AÇÃO RESCISÓRIA NÃO RESOLVIDA. MATÉRIA A SER SUBMETIDA À TURMA RECURSAL COMPETENTE. AUSÊNCIA DE OMISSÃO. 1. A Corte de origem, embora tenha feito uma breve menção ao dispositivo no art. 59. da Lei n. 9.099/95, não dirimiu a controvérsia acerca do cabimento ou não de ação rescisória no sistema da Lei n. 10.259/2001, porque, tendo declinado da competência para a Turma Recursal, simplesmente não lhe competia fazê-lo (...)" (REsp 747.447, 5ª Turma, Rel. Min. Laurita Vaz, *DJ* 02.10.2006, p. 302).

Ação rescisória → incabível no JEF → competência das TRs para apreciar a questão

■ 8.9. A PROVA NO DIREITO PREVIDENCIÁRIO

A natureza da proteção previdenciária torna sensível o tema relativo à produção de provas do direito do segurado ou beneficiário.

Tratando-se de **direito social, a análise da prova deve ser feita sempre com vistas à redução das desigualdades sociais**, prescindindo-se, algumas vezes, das formas em benefício da efetivação do direito.

Se, de um lado, é desaconselhável o rigorismo formal na apreciação das provas, de outro, não se deve perder de vista que o benefício previdenciário, ao contrário da assistência social, decorre do pagamento de contribuições sociais, que sustentam o sistema. Por isso, a análise parcimoniosa da prova não pode levar à concessão de cobertura previdenciária a quem não tenha vertido contribuições para o custeio do RGPS.

O direito à cobertura previdenciária pressupõe o preenchimento de requisitos, que variam de acordo com o benefício ou direito cujo reconhecimento se pede.

Embora a legislação previdenciária que dispõe sobre a prova, de natureza especial, prevaleça sobre as disposições do Código de Processo Civil, ao juiz sempre cabe analisar o caso de acordo não somente com as provas apresentadas mas também considerando a natureza do direito social que está analisando e a peculiar situação da parte. Somente assim poderá o magistrado decidir segundo o seu livre convencimento motivado.

Quando se trata de concessão de benefício previdenciário, a **legislação aplicável é a vigente na data em que o segurado preencheu todos os requisitos configuradores do direito à cobertura previdenciária**. É o princípio segundo o qual *tempus regit actum*.

Também **com relação à prova aplica-se a legislação vigente ao tempo do fato que se quer comprovar**. É assim que ocorre, por exemplo, com a prova do tempo de serviço, do tempo de contribuição, do exercício de atividades de natureza especial.

O INSS não pode se desviar da lei e aceitar, no âmbito administrativo, provas que não sejam as exigidas pela lei e por atos normativos internos.

O juiz, porém, tem a possibilidade de decidir livre e motivadamente e jamais estará vinculado a atos administrativos, como Instruções Normativas, Ordens de Serviço etc., sempre tão ao gosto da Previdência Social.

Analisaremos as questões relativas à prova que com mais frequência se apresentam nas ações previdenciárias.

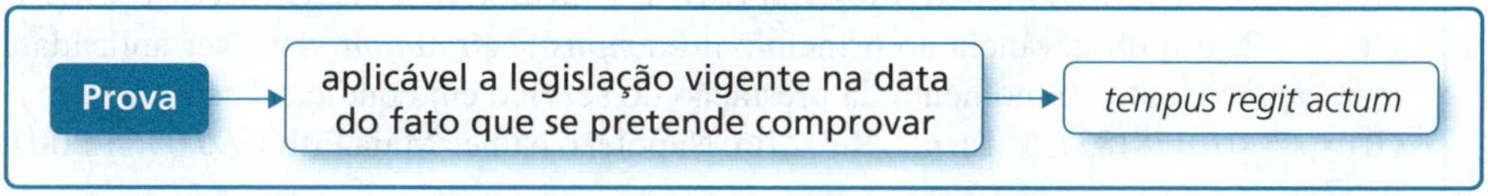

8.9.1. A prova do tempo de serviço/contribuição. *Tempus regit actum*. Início de prova material

A regra básica sobre a prova do tempo de serviço está no art. 55, § 3º, da Lei n. 8.213/91:

> **Art. 55.** O tempo de serviço será comprovado na forma estabelecida no Regulamento, compreendendo, além do correspondente às atividades de qualquer das categorias de segurados de que trata o art. 11 desta Lei, mesmo que anterior à perda da qualidade de segurado: (...)
>
> § 3º A comprovação do tempo de serviço para os efeitos desta Lei, inclusive mediante justificação administrativa ou judicial, conforme o disposto no art. 108, só produzirá efeito quando baseada em início de prova material, não sendo admitida prova exclusivamente testemunhal, salvo na ocorrência de motivo de força maior ou caso fortuito, conforme disposto no Regulamento.

A regra é a mesma para segurados urbanos e rurais.

Já tratamos da questão quando analisamos as aposentadorias por tempo de serviço/contribuição e por idade e o regime jurídico previdenciário dos trabalhadores rurais.

A história previdenciária do trabalhador é longa, uma vez que, por exemplo, se homem, deve comprovar 35 anos de serviço/contribuição para obter a cobertura previdenciária respectiva. Durante esse longo período, a legislação previdenciária sofre contínuas modificações, algumas até justificáveis pela necessidade dos ajustes que deve ter o RGPS. Das constantes alterações pode resultar a modificação das exigências para a comprovação do tempo de serviço — documentos anteriormente exigidos deixam de ser suficientes e novas provas passam a ser necessárias.

Essa situação se apresenta com frequência nas ações judiciais, em que o segurado se vê às voltas com exigências administrativas de produção de provas não exigidas no período que pretende comprovar.

A questão se resolve com a aplicação do princípio *tempus regit actum*: **a prova é feita na forma exigida pela legislação vigente ao tempo do exercício da atividade que se pretende comprovar.**

A lei nova não pode retroagir para fazer exigências que antes não existiam, resultando em prejuízo para o segurado. A irretroatividade é garantia fundamental (art. 5º, XXXVI, da Constituição).

O entendimento é pacífico no STJ e nos Tribunais Regionais Federais:

> "PREVIDENCIÁRIO E PROCESSUAL CIVIL. DISSÍDIO JURISPRUDENCIAL NÃO COMPROVADO. TEMPO DE SERVIÇO EXERCIDO EM CONDIÇÕES ESPECIAIS. INCIDÊNCIA DA LEI VIGENTE NO MOMENTO DA PRESTAÇÃO. DECRETOS 53.831/64 E 83.080/79. ROL EXEMPLIFICATIVO. COMPROVAÇÃO DO EXERCÍCIO DE FORMA HABITUAL E PERMANENTE. DESNECESSIDADE. (...) 2. Em observância ao princípio do *tempus regit actum*, deve ser aplicada a legislação vigente no momento da prestação do serviço em condições especiais. (...)" (REsp 200701781837, 5ª Turma, Rel. Min. Napoleão Nunes Maia Filho, *DJ* 05.11.2007, p. 371).

O § 3º do art. 55 prevê a hipótese de o segurado não ter os documentos exigidos pelo Regulamento para a comprovação do tempo de serviço. Nessa hipótese, admite expressamente outras provas, mas ressalva a **necessidade de início de prova material** e rejeita a comprovação apenas com testemunhas.

Daniel Machado da Rocha e José Paulo Baltazar Junior ensinam: "Indubitavelmente, a questão mais delicada no que concerne ao tempo de serviço diz respeito à sua prova. Relativamente aos meios probatórios admitidos, nosso CPC acolheu o princípio da liberdade objetiva dos meios de demonstração (art. 332). Vale dizer, são admitidos todos os meios, desde que cientificamente idôneos e moralmente legítimos. No que concerne à avaliação das provas, nosso CPC adotou o sistema da persuasão racional para a apreciação das provas (art. 131). Assim, o destinatário da prova tem liberdade para apreciá-la, salvo quando a lei excepciona. Exatamente esse tipo de tratamento diferenciado é dispensado no § 3º do art. 55, quando se cogita da comprovação do tempo laboral, pois aqui a prova, contrariando a regra geral, é tarifada".[27]

A dificuldade reside no conceito de **início de prova material**. O início de prova material não tem definição legal, o que permite ao juiz analisar com certa liberdade o contexto probatório.

A análise da jurisprudência do STJ e dos Tribunais Regionais Federais demonstra que são variados os documentos aceitos como início de prova material: documentos públicos (certidões, escrituras públicas, Título de Eleitor, Certificado de Reservista etc.), contratos, livros de registro de empregados, recibos de pagamento de salário etc.

O início de prova material é um suporte documental físico, público ou particular, do qual partirá — por isso é início — a produção das demais provas.

O início de prova material, por si só, não é suficiente à comprovação do exercício da atividade. Este precisa ser **complementado por prova testemunhal**.

As testemunhas trarão informações complementares que, acrescidas ao início de prova apresentada, deverão ser aptas a comprovar todo o período pretendido pelo segurado.

---

[27] *Comentários à Lei de Benefícios da Previdência Social*. 11. ed. rev. e atual. Porto Alegre: Livraria do Advogado, 2012, p. 228.

A jurisprudência mais antiga dos Tribunais chegou a entender que a prova testemunhal era suficiente, em razão do princípio do livre convencimento motivado do juiz, e que a aplicabilidade do art. 55, § 3º, deveria se dar apenas no âmbito da Administração, não vinculando o magistrado. A tese, porém, foi rejeitada pelo **STJ**, que, em 1995, editou a **Súmula 149:** "A prova exclusivamente testemunhal não basta à comprovação da atividade rurícola, para efeito da obtenção de benefício previdenciário".

O Supremo Tribunal Federal tem por constitucional o art. 55, § 3º:

> "APOSENTADORIA — TEMPO DE SERVIÇO — PROVA EXCLUSIVAMENTE TESTEMUNHAL — INADMISSIBILIDADE COMO REGRA.
>
> A teor do disposto no § 3º do artigo 55 da Lei n. 8.213/91, o tempo de serviço há de ser revelado mediante início de prova documental, não sendo admitida, exceto ante motivo de força maior ou caso fortuito, a exclusivamente testemunhal. Decisão em tal sentido não vulnera os preceitos dos artigos 5º, incisos LV e LVI, 6º e 7º, inciso XXIV, da Constituição Federal" (RE 226.772, Rel. Min. Marco Aurélio, *DJ* 06.10.2000, p. 98).

A questão foi novamente apreciada pelo STF, em julgamento de 03.04.2003, na ADI 2.555-4, de relatoria da Ministra Ellen Gracie, que tratava da pensão especial para os seringueiros prevista no art. 54 do ADCT. Na ocasião, a Relatora assim se manifestou:

> "A vedação à utilização da prova exclusivamente testemunhal e a exigência do início de prova material para o reconhecimento judicial da situação descrita no art. 54 do ADCT e no art. 1º da Lei n. 7.986/89 estão em harmonia com os princípios constitucionais citados e com o princípio da segurança jurídica, este último, por se reclamar um maior rigor na verificação da situação exigida para o recebimento do benefício. Não raro o ordenamento jurídico afasta a regra geral de admissão de todos os meios de prova legítimos em nome de uma maior cautela no reconhecimento de um determinado direito ou de uma certa situação jurídica. O *caput* do art. 400 do CPC sintetiza esta conclusão ao prever que 'a prova testemunhal é sempre admissível, **não dispondo a lei de modo diverso**'. Os arts. 401 do CPC e 227 do Código Civil de 2002, por exemplo, preveem a aceitação da prova exclusivamente testemunhal apenas para a comprovação da existência de negócios jurídicos cujo valor não ultrapasse o décuplo do maior salário mínimo vigente no País ao tempo em que foram celebrados. A egrégia Segunda Turma deste Supremo Tribunal, julgando, na sessão de 15.08.2000, os REs 226.588, 238.446, 226.772 e, na sessão de 20.02.2001, os REs 236.759 e 238.444, todos de relatoria do eminente Ministro Marco Aurélio, fixou o entendimento de que a necessidade do início de prova documental na constatação do tempo de atividade rural para obtenção da aposentadoria não vulnera preceitos insertos no art. 5º da Carta Maior" (*DJ* 02.05.2003).

Na colheita da prova testemunhal, é extremante relevante a atividade do juiz e a atenção dos advogados dos segurados, do procurador do INSS e do representante do Ministério Público, se for hipótese de sua intervenção. Depoimentos mal colhidos por falta de atuação dos representantes das partes ou do Ministério Público podem levar a decisões injustas para o segurado ou beneficiário ou para o INSS.

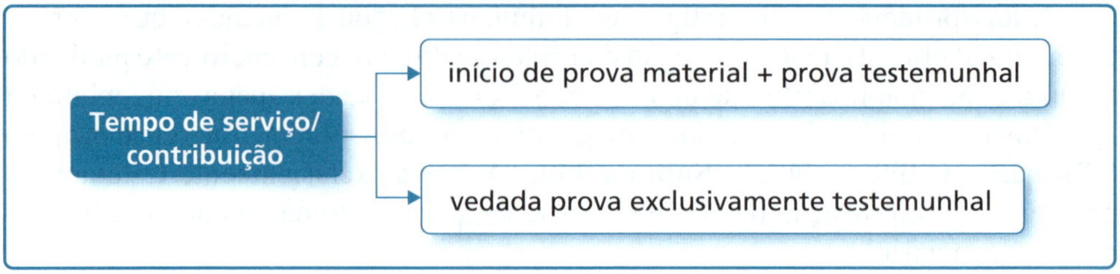

8.9.2. O exercício de atividades de natureza especial

A comprovação do exclusivo exercício de atividades especiais pelo período previsto em lei dá direito à aposentadoria especial.

Se o segurado alternar períodos de atividade comum com períodos de exercício de atividade especiais, terá direito a converter os respectivos períodos em tempo de serviço comum para fins de aposentadoria por tempo de serviço/contribuição.

A prova do exercício de atividades de natureza especial também é questão constantemente levada em ações judiciais.

A regra é sempre a mesma: ***tempus regit actum***.

Exemplo: se ao tempo do exercício da atividade especial basta comprovar a anotação do contrato de trabalho na CTPS, não caberá exigir para esse período a apresentação de formulários que a legislação posterior passou a exigir. Esse entendimento está pacificado na jurisprudência:

"AGRAVO REGIMENTAL EM RECURSO ESPECIAL. PREVIDENCIÁRIO. CONCESSÃO DE APOSENTADORIA. FATOR DE CONVERSÃO. OFENSA À LEGISLAÇÃO. ALEGAÇÕES GENÉRICAS. FUNDAMENTAÇÃO DEFICIENTE. SÚMULA N. 284/STF. ACÓRDÃO *A QUO*. FUNDAMENTO INATACADO. SÚMULA N. 283/STF. AGRAVO DESPROVIDO. (...) II — **Para fins de caracterização e comprovação do tempo de serviço, aplicam-se as normas vigentes ao tempo em que o serviço foi efetivamente prestado.** Todavia, no que tange às regras de conversão, deve-se aplicar a tabela constante do art. 70 do Decreto n. 3.048/99 (redação dada pelo Decreto n. 4.827/2003), independentemente da época em que a atividade especial foi prestada. (...)" (STJ, AgREsp 200900425573, 5ª Turma, Rel. Min. Felix Fischer, *DJe* 10.05.2010).

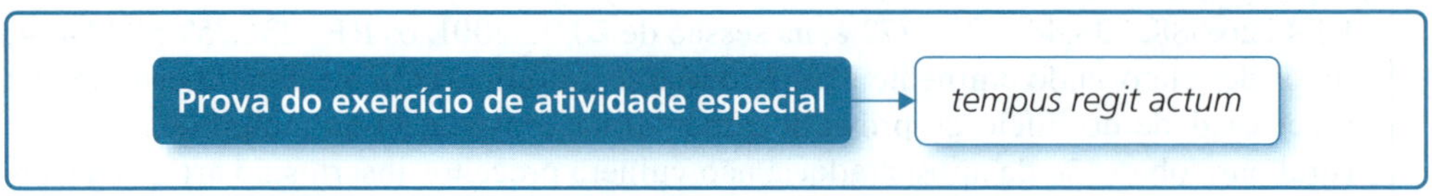

8.9.3. Incapacidade. Prova técnica

A incapacidade compõe a contingência de alguns benefícios previdenciários: auxílio-acidente, auxílio-doença e aposentadoria por invalidez.

A incapacidade, em regra, só admite comprovação por **prova técnica**, isto é, **laudo pericial**.

Cabe ao médico perito dizer se o segurado está ou não incapaz para o trabalho, se a incapacidade é total ou parcial, temporária ou permanente, anterior ou posterior à filiação ao RGPS.

O laudo pericial deve esclarecer a data do início da incapacidade, questão relevante para fins de fixação do termo inicial do benefício.

Do perito, exige-se apenas que tenha **aptidão para se manifestar sobre a incapacidade**. Em regra, não é necessário que o perito seja especializado na patologia que acomete o segurado, pois não vai se encarregar de seu tratamento. Nesse sentido, o **Enunciado 112 do FONAJEF**: "Não se exige médico especialista para a realização de perícias judiciais, salvo casos excepcionais, a critério do juiz". O STJ tem o mesmo entendimento:

> "(...) 1. O Tribunal *a quo*, soberano na análise das circunstâncias fáticas da causa, concluiu que não havia necessidade de realização de nova perícia, a ser conduzida por médico cardiologista, porquanto: (i) o laudo pericial levado a termo durante a instrução processual encontrava-se bem fundamentado, não suscitando quaisquer dúvidas quanto às conclusões nele plasmadas; e (ii) o *expert* que produziu a citada prova técnica possuía a habilitação necessária à verificação quanto à existência, ou não, de incapacidade laborativa. Portanto, a pretendida inversão do julgado encontra óbice na Súmula n. 07 do Superior Tribunal de Justiça (...)" (AGRESP 201100368246, 5ª Turma, Rel. Min. Laurita Vaz, *DJe* 26.09.2012).

Entretanto, tratando-se de doença cuja avaliação dependa de conhecimentos específicos, o laudo deve ser feito por perito especializado:

> "PREVIDENCIÁRIO. LAUDOS OFICIAIS DIVERGENTES. AUXÍLIO-DOENÇA. INCAPACIDADE. INEXISTÊNCIA. 1. Havendo divergência entre os peritos do juízo, acolhe-se o laudo do profissional especializado na área da moléstia alegada pelo Autor. (...)" (TRF 4ª Região, AC 9604260936, 6ª Turma, Rel. Nylson Paim de Abreu, *DJ* 09.04.1997, p. 21953).

Incapacidade → laudo médico pericial

8.9.4. Benefício assistencial. Prova técnica. Laudo social

O benefício de prestação continuada previsto no art. 203, V, da Constituição será concedido ao idoso ou pessoa com deficiência que não tenha condições de prover a própria manutenção nem de tê-la provida por sua família.

Quanto à idade, a **pessoa idosa** a comprova por meio de seus documentos pessoais, como Certidão de Nascimento, Certidão de Casamento, Cédula de Identidade etc.

A **pessoa com deficiência** é aquela que tem impedimentos de longo prazo de natureza física, intelectual ou sensorial, os quais, em interação com diversas barreiras, podem obstruir sua participação plena e efetiva na sociedade com as demais pessoas, na forma do art. 20, § 2º, I, da Lei n. 8.742/93 (LOAS). A deficiência deve ser comprovada por **prova técnica**, isto é, **laudo médico pericial**, da mesma forma prevista para os benefícios previdenciários por incapacidade.

Idosos e pessoas com deficiência devem comprovar que não têm condições para prover a própria manutenção nem de tê-la provida pela família. A situação de necessidade exigida para a concessão do benefício assistencial está prevista no art. 20, § 3º, da LOAS: a renda *per capita* familiar mensal não pode ser superior a ¼ do salário mínimo.

A comprovação da condição de necessidade deve ser feita por **laudo social**, em que o **assistente social nomeado pelo juiz** descreverá as condições em que vive o interessado: moradia, alimentação, composição do grupo familiar, familiares que têm renda, outros que recebem benefício previdenciário ou assistencial, enfim, todos os elementos necessários para que o juiz possa avaliar sua situação econômica e social.

Note-se que a **pessoa com deficiência** deverá, então, submeter-se a **duas perícias**, que resultarão na elaboração de laudo médico e laudo social. O laudo social deverá avaliar a **situação de necessidade**, para fins de enquadramento no § 3º do art. 20 e, também, **as condições de participação plena e efetiva na sociedade**.

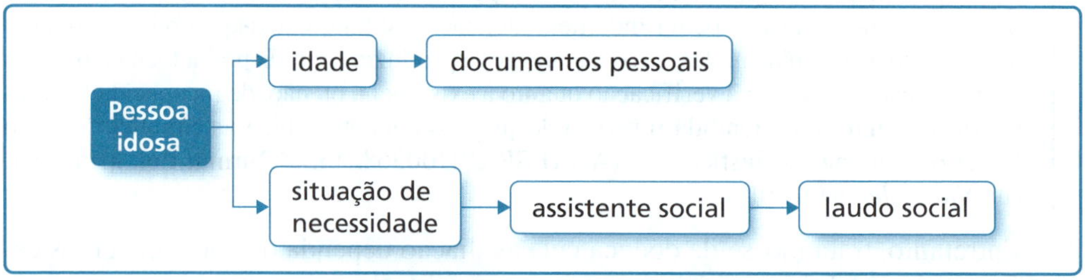

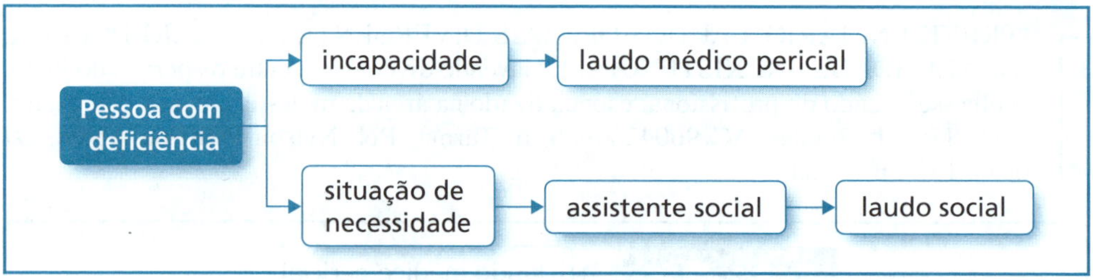

■ 8.10. RECURSOS

Às ações previdenciárias aplicam-se as normas do Código de Processo Civil que tratam dos recursos, salvo as peculiares, que serão objeto de destaque.

Trataremos apenas dos recursos de apelação, especial e extraordinário.

■ 8.10.1. Apelação. Efeitos

Proferida a sentença, o interessado poderá interpor **apelação** (art. 1.009 do CPC de 2015). O art. 1.012 do **CPC** prevê que a apelação terá **efeito suspensivo**.

A apelação é cabível das sentenças proferidas nos processos de conhecimento, cautelar e de execução, na jurisdição voluntária e na contenciosa.

As apelações das sentenças proferidas pelos juízes federais e pelos juízes estaduais no exercício da competência delegada são **julgadas pelo respectivo Tribunal Regional Federal**.

O recebimento da apelação impede que a sentença transite em julgado.

Todo recurso tem **efeito devolutivo**, mas nem todos têm efeito suspensivo.

Em regra, a apelação **tem efeito suspensivo**, mas há exceções legais.

Do efeito devolutivo decorre que toda matéria analisada na sentença e impugnada no recurso será apreciada pelo Tribunal.

O efeito suspensivo impede a execução provisória da sentença.

O novo **Código de Processo Civil (2015)** disciplina matéria no § 1º do art. 1.012. Além da sentença que **confirma** a antecipação de tutela, permite a execução provisória também nas hipóteses em que a sentença **conceder ou revogar a tutela provisória**.

O recebimento da apelação apenas no efeito devolutivo permite que o vencedor promova a execução provisória da sentença, o que, em matéria previdenciária, é extremamente importante, porque permite ao segurado ou beneficiário vencedor na demanda receber desde logo o benefício.

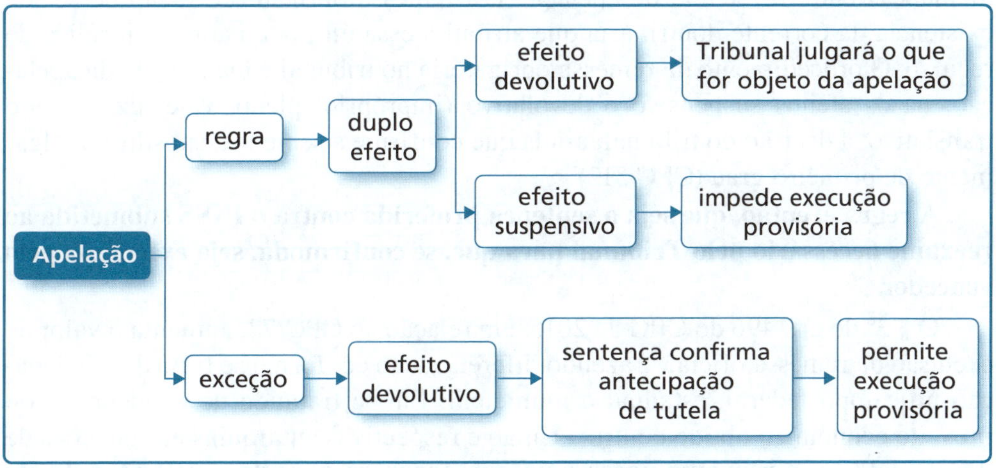

8.10.2. Reexame necessário

O art. 496 do CPC de 2015 **condiciona a eficácia de algumas sentenças ao seu reexame pelo Tribunal**. Em matéria previdenciária, aplica-se o inciso I do dispositivo, que determina que seja reexaminada pelo Tribunal a sentença proferida contra a União, o Estado, o Distrito Federal, o Município e respectivas autarquias e fundações de direito público.

Há controvérsia na doutrina sobre a natureza jurídica da denominada remessa oficial, se seria ou não recurso.

Nelson Nery Junior defende que não se trata de recurso, porque lhe falta tipicidade, além de outros atributos próprios dos recursos, atribuindo-lhe a natureza jurídica **de condição de eficácia da sentença**, entendimento que compartilhamos:[28]

[28] *Teoria geral dos recursos*. 6. ed. atual., ampl. e reformulada. São Paulo: RT, 2004, p. 76-79.

"Essa medida não tem natureza jurídica de recurso. Faltam-lhe a voluntariedade, a tipicidade, a dialeticidade, o interesse em recorrer, a legitimidade, a tempestividade e o preparo, características e pressupostos de admissibilidade dos recursos. As partes, o interessado, bem como o Ministério Público, para recorrer devem demonstrar a vontade inequívoca de assim proceder, no sentido de pretender a reforma, anulação ou aclaramento da decisão impugnada. O juiz não pode demonstrar 'vontade' em recorrer, já que a lei lhe impõe o dever de remeter os autos à superior instância. O recurso para ser considerado como tal deve estar expressamente previsto no CPC ou em lei federal extravagante. Como a remessa obrigatória não se encontra descrita no CPC como recurso (como era, erroneamente, tratada no CPC/39 822), falta-lhe a tipicidade, pois os recursos estão enumerados na lei em *numerus clausus. (...)* A doutrina dominante entende como nós, no sentido de não atribuir à remessa obrigatória a qualidade de recurso. Em nosso sentir esse instituto tem a natureza jurídica de condição de eficácia da sentença. Entretanto, há semelhanças entre o recurso de apelação e a remessa obrigatória, razão de ser da existência da corrente doutrinária que atribui a essa última a natureza jurídica de recurso. O procedimento da remessa obrigatória no tribunal é idêntico ao da apelação; há os efeitos suspensivo e devolutivo (impróprio) pleno, vale dizer, efeito translativo; a decisão do tribunal, ainda que confirme a sentença, substitui o julgamento de primeiro grau (CPC 512)".

A regra é, então, que seja a sentença proferida contra o INSS submetida ao reexame necessário pelo Tribunal para que, se confirmada, seja executada pelo vencedor.

O § 3º do art. 496 do CPC de 2015, em relação ao CPC/73, aumenta o valor de exclusão da remessa oficial, trazendo diferenciação conforme se trate de condenação no campo federal, estadual e municipal. Em se tratando de condenação ou proveito econômico obtido contra a União e respectivas autarquias e fundações de direito público, **o reexame necessário não ocorrerá quando o valor for de até 1.000 (um mil) salários mínimos**.

É improvável que a condenação do INSS **supere o valor de 1.000 (mil) salários mínimos**, não sendo, então, a sentença submetida ao reexame pelo Tribunal, podendo ser executada desde logo.

Entretanto, há situações em que não é possível dar conteúdo econômico à condenação. É a hipótese, por exemplo, em que se requer o reconhecimento de tempo de serviço rural para fins de emissão de certidão de tempo de serviço pelo INSS. Nessas hipóteses, tem-se entendido cabível o reexame necessário.

Tratando-se de sentença ilíquida, isto é, em que não está fixado o valor da condenação, a sentença está sujeita ao reexame necessário. Esse entendimento foi firmado pela Corte Especial do STJ no julgamento do REsp 1.101.727, de relatoria do Ministro Hamilton Carvalhido, sob a égide do CPC/73:[29]

[29] *DJ* 03.12.2009.

"RECURSO ESPECIAL. DIREITO PROCESSUAL CIVIL. REEXAME NECESSÁRIO. SENTENÇA ILÍQUIDA. CABIMENTO.

1. É obrigatório o reexame da sentença ilíquida proferida contra a União, os Estados, o Distrito Federal, os Municípios e as respectivas autarquias e fundações de direito público (Código de Processo Civil, artigo 475, parágrafo 2º).

2. Recurso especial provido. Acórdão sujeito ao procedimento do artigo 543-C do Código de Processo Civil."

Atenção: o julgamento no reexame necessário não pode agravar a situação da Fazenda Pública. É a proibição da *reformatio in pejus*. É o que prevê a **Súmula 45 do STJ:** "No reexame necessário, é defeso, ao tribunal, agravar a condenação imposta à Fazenda Pública".

No CPC de 2015, o reexame necessário está resumido no quadro abaixo:

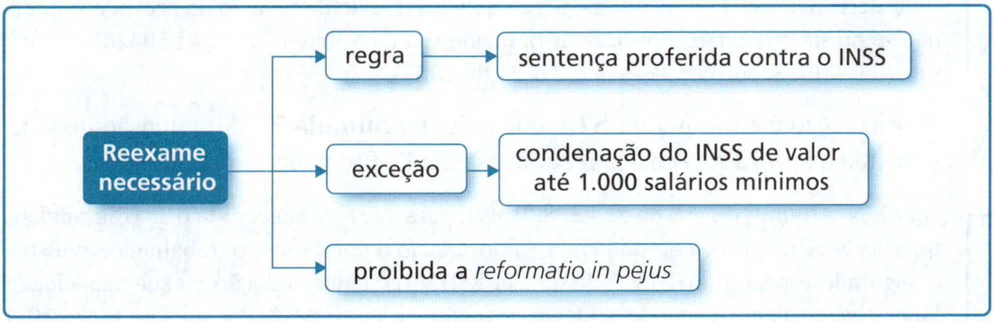

8.10.3. Recursos para os Tribunais Superiores. Vedação do reexame de provas. Requisitos. Prequestionamento. Efeitos

A Constituição estabelece a competência do Superior Tribunal de Justiça e do Supremo Tribunal Federal para o julgamento em grau de recurso.

Por restringir a competência, nota-se que o legislador constituinte quis **reservar as Cortes Superiores para julgamentos que, para além do direito subjetivo do recorrente, se destinam a preservar a integridade do sistema jurídico-constitucional**.

É por isso que a doutrina classifica esses recursos como "extraordinários", ao contrário dos "ordinários", que visam à tutela do direito subjetivo. No julgamento dos "extraordinários", o direito subjetivo é apenas indiretamente tutelado.[30] Esses recursos objetivam "garantir a efetividade e a uniformidade de interpretação do direito

[30] Cf. Wambier e Talamini, ob. cit., p. 623: "Avulta, nesses recursos [ordinários], a situação concreta específica de um direito que teria sido violado, e cuja reparação, *lato sensu*, foi pleiteada. Nos recursos extraordinários, esse objetivo não é atingido, senão indiretamente. O que se tutela por meio desse tipo de recurso é o sistema jurídico ou, em outras palavras, o direito objetivo. Desempenha papel bastante importante na formulação desses recursos a demonstração de que, se mantida a decisão, corre risco a integridade do sistema, já que, por exemplo, determinada norma do Código Civil teria sido desrespeitada".

objetivo em âmbito nacional, ou seja, por meio destes recursos se pretende que o direito federal (inclusive a própria Constituição Federal) seja efetivamente aplicado e que se deem às regras constitucionais e federais interpretações uniformes".[31]

A tutela do sistema jurídico limita as matérias que podem ser objeto desses recursos, o que os torna recursos de fundamentação vinculada, com reflexos diretos no juízo de admissibilidade.

Nesses recursos, os Tribunais apreciam **apenas matéria de direito, sendo inadmissível o reexame de provas ou de fatos**.

A questão está sedimentada na **Súmula 279 do STF:** "Para simples reexame de prova não cabe recurso extraordinário". Em matéria previdenciária:

> "Benefício previdenciário. Cancelamento. Suspeita de fraude. Recurso extraordinário: descabimento: controvérsia atinente à regularidade de procedimento administrativo e à violação dos princípios constitucionais do contraditório e da ampla defesa, a cujo deslinde seria necessário o revolvimento de matéria de fato e reexame de prova, aos quais não se presta o recurso extraordinário: incidência da Súmula 279" (AI 504261, 1ª Turma, Rel. Min. Sepúlveda Pertence, *DJ* 24.08.2007).

A orientação é a mesma no **STJ**, que editou a **Súmula 7:** "A pretensão de simples reexame de prova não enseja recurso especial". Em matéria previdenciária:

> "(...) 1. Nos termos do art. 86 da Lei 8.213/91, para que seja concedido o auxílio-acidente, é necessário que o segurado empregado, exceto o doméstico, o trabalhador avulso e o segurado especial (art. 18, § 1º da Lei 8.213/91), tenha redução na sua capacidade laborativa em decorrência de acidente de qualquer natureza. 2. Por sua vez, o art. 20, I da Lei 8.213/91 considera como acidente do trabalho a doença profissional, proveniente do exercício do trabalho peculiar à determinada atividade, enquadrando-se, nesse caso, as lesões decorrentes de esforços repetitivos. 3. Na presente hipótese, as instâncias ordinárias, à vista das circunstâncias fáticas da causa, julgaram improcedente o pedido de concessão de auxílio-acidente com fundamento na ausência de nexo causal e de incapacidade laboral. 4. A alteração dessa conclusão, na forma pretendida, demandaria necessariamente a incursão no acervo fático-probatório dos autos, o que encontra óbice na Súmula 7 do STJ. 5. Agravo Regimental desprovido" (AGRESP 200702233741, 5ª Turma, Rel. Min. Napoleão Nunes Maia Filho, *DJe* 14.02.2011).

Há que distinguir entre reexame de prova e violação às regras do Código de Processo Civil que disciplinam a produção das provas. Uma coisa é examinar documentos e depoimentos para concluir pela comprovação ou não do fato alegado. Outra é examinar se as provas foram produzidas em conformidade com as regras do Código de Processo Civil. Esse é o entendimento da doutrina.[32]

---

[31] Idem, ibidem, p. 690-691.

[32] Cf. Fredie Didier Jr. e Leonardo José Carneiro da Cunha, *Curso de direito processual civil:* meios de impugnação às decisões judiciais e processo nos Tribunais. 8. ed. Salvador: JusPodivm, 2010, v. 3, p. 254. Cf., também, Marco Aurélio Serau Júnior, *Curso de processo judicial previdenciário.* 3. ed. São Paulo: Método, 2010, p. 343-345.

Para interposição de recurso especial e de recurso extraordinário, é **necessário esgotar os recursos ordinários**. Se ainda é cabível um dos recursos ordinários, não pode ser interposto diretamente o especial ou o extraordinário.

A **Súmula 281 do STF** dispõe: "É inadmissível o recurso extraordinário, quando couber na justiça de origem, recurso ordinário da decisão impugnada".

Também não cabe recurso especial ou extraordinário quando a matéria alegada não tiver sido apreciada no acórdão recorrido. Trata-se do **prequestionamento**. Se o acórdão não enfrentou a questão federal ou constitucional que deve dar suporte ao recurso especial ou extraordinário, o interessado deve opor embargos de declaração para suprir a omissão, sob pena de inviabilizar o conhecimento do recurso.

As questões previdenciárias geralmente têm fundamento constitucional, principalmente quando se trata de cálculo da renda mensal inicial e reajustes posteriores. O que se vê na prática forense é que os pedidos se limitam a invocar violação a artigos de lei federal (Lei n. 8.213/91), inviabilizando a interposição de recurso extraordinário.

Em outras hipóteses, até mesmo o recurso especial não pode ser conhecido, porque, embora o pedido tenha se fundado na Lei n. 8.213/91, a matéria que dará suporte ao recurso especial não foi enfrentada pelo acórdão e não foram opostos os embargos de declaração.

Há situações em que o acórdão enfrentou questões constitucionais e infraconstitucionais. Não se admite um único recurso — especial ou extraordinário — objetivando o enfrentamento, por um dos Tribunais, de ambas as matérias.

A questão já foi objeto da **Súmula 126 do STJ:** "É inadmissível recurso especial, quando o acórdão recorrido assenta em fundamentos constitucional e infraconstitucional, qualquer deles suficiente, por si só, para mantê-lo, e a parte vencida não manifesta recurso extraordinário".

No mesmo sentido a **Súmula 283 do STF:** "É inadmissível recurso extraordinário, quando a decisão recorrida assenta em mais de um fundamento suficiente e o recurso não abrange todos eles".

Marco Aurélio Serau Junior,[33] comentando as Súmulas 126 do STJ e 283 do STF, alerta para a hipótese de interposição conjunta de recursos extraordinário e especial, situação que, na prática forense, tem demonstrado não ser adequadamente manejada: "Ponto polêmico e pouco conhecido é o requisito de admissibilidade concernente à necessidade de interposição conjunta dos recursos extraordinário e especial. (...) Em outras palavras, a exigência contida nos verbetes acima transcritos reside na **obrigatoriedade de interposição conjunta dos recursos extraordi-**

[33] Ob. cit., p. 347.

nário e especial quando o acórdão recorrido fundamentar-se, simultaneamente, em matéria de ordem constitucional e legal. Esse pouco conhecido requisito de admissibilidade pode muito afetar a admissibilidade dos recursos extraordinário e especial em matéria previdenciária. (...) O descumprimento desta exigência leva à não admissão do recurso (extraordinário ou especial) eventualmente interposto isoladamente".

Os recursos extraordinário e especial **não tinham efeito suspensivo** na vigência do CPC/73 (art. 542, § 2º, do CPC de 1973). O CPC de 2015 não traz expressamente a regra, mas prevê o pedido de concessão de efeito suspensivo (art. 1.029, § 5º).

8.10.3.1. *Recurso Especial. Recursos Especiais Repetitivos*

O recurso especial está previsto no art. 105, III, da Constituição:

> **Art. 105.** Compete ao Superior Tribunal de Justiça:
>
> III — julgar, em recurso especial, as causas decididas, em única ou última instância, pelos Tribunais Regionais Federais ou pelos tribunais dos Estados, do Distrito Federal e Territórios, quando a decisão recorrida:
>
> *a)* contrariar tratado ou lei federal, ou negar-lhes vigência;
>
> *b)* julgar válido ato de governo local contestado em face de lei federal;
>
> *c)* der a lei federal interpretação divergente da que lhe haja atribuído outro tribunal.

Chama a atenção que a Constituição só admite o recurso especial de **decisão de Tribunais, não sendo cabível de decisões de juiz de primeiro grau**. Por isso, também não cabe recurso especial nos juizados especiais, na forma da **Súmula 203 do STJ:** "Não cabe recurso especial contra decisão proferida por órgão de segundo grau dos Juizados Especiais".

Também não cabe o recurso especial contra a decisão monocrática do relator, uma vez que a Constituição exige o **julgamento pelo órgão colegiado.**

Atenção: o STJ tinha entendimento no sentido de que não cabe Recurso Especial do ente público contra acórdão que julgou o reexame necessário. O fundamento era de que a ausência de apelação fazia consumar a preclusão lógica. Em julgamento de 29.06.2010, a Corte Especial proferiu decisão em sentido contrário, **admitindo o recurso especial do acórdão que julgou a remessa oficial, ainda que o ente público não tenha interposto a apelação.**[34]

As hipóteses comuns do recurso especial em questões previdenciárias são as alíneas *a* (decisão que contrariar ou negar vigência na lei federal) e *c* (decisão que interpretar a lei federal de forma divergente de outro tribunal).

A **lei federal (alínea *a*)** poderá ser lei complementar, lei ordinária, lei delegada, decreto-lei, medida provisória e decreto autônomo. Não estão abrangidas as portarias, instruções normativas e demais atos internos do INSS:

"AGRAVO REGIMENTAL EM AGRAVO DE INSTRUMENTO. ADMINISTRATIVO. PROCESSO CIVIL. OFENSA AO ARTIGO 535 DO CPC. FUNDAMENTAÇÃO DEFICIENTE. SÚMULA 284/STF. SERVIDOR PÚBLICO ESTADUAL. CELETISTA. ATIVIDADE INSALUBRE. CONVERSÃO DE REGIME. TEMPO DE SERVIÇO. CONTAGEM ESPECIAL. AVERBAÇÃO. ATOS NORMATIVOS INTERNOS DO INSS. VIA DO RECURSO ESPECIAL INADEQUADA. DISSÍDIO JURISPRUDENCIAL NÃO COMPROVADO. COMPENSAÇÃO ENTRE REGIMES PREVIDENCIÁRIOS. ARGUMENTO NOVO. PRECLUSÃO. (...) 3. O prequestionamento é requisito indispensável para o exame do recurso especial. Aplicação das Súmulas 282/STF e 211/STJ. 4. **O recurso especial, aviado pela alínea 'a' do inciso III do artigo 105 da Carta Magna, não constitui a via adequada para a apreciação de ato normativo interno, em razão deste não se enquadrar no conceito de lei federal.** (...)" (STJ, AGA 200701518069, 6ª Turma, Rel. Min. Maria Thereza de Assis Moura, *DJe* 22.04.2008).

O recurso especial com fundamento na **alínea *c* — interpretação divergente da que foi dada por outro Tribunal — exige que a interposição seja acompa-**

[34] "PROCESSO CIVIL. RECURSO ESPECIAL. REQUISITO DE ADMISSIBILIDADE. RECURSO INTERPOSTO PELA FAZENDA PÚBLICA CONTRA ACÓRDÃO QUE NEGOU PROVIMENTO A REEXAME NECESSÁRIO. PRELIMINAR DE PRECLUSÃO LÓGICA (POR AQUIESCÊNCIA TÁCITA) CONTRA A RECORRENTE, QUE NÃO APELOU DA SENTENÇA: IMPROCEDÊNCIA. PRECEDENTES DO STJ E DO STF. NO CASO, ADEMAIS, ALÉM DE *ERROR IN JUDICANDO*, RELATIVAMENTE À MATÉRIA PRÓPRIA DO REEXAME NECESSÁRIO, O RECURSO ESPECIAL ALEGA VIOLAÇÃO DE LEI FEDERAL POR *ERROR IN PROCEDENDO*, OCORRIDO NO PRÓPRIO JULGAMENTO DE SEGUNDO GRAU, MATÉRIA A CUJO RESPEITO A FALTA DE ANTERIOR APELAÇÃO NÃO OPEROU, NEM PODERIA OPERAR, QUALQUER EFEITO PRECLUSIVO. PRELIMINAR DE PRECLUSÃO AFASTADA, COM RETORNO DOS AUTOS À 1ª TURMA, PARA PROSSEGUIR NO JULGAMENTO DO RECURSO ESPECIAL" (REsp 905.771/CE, Rel. Min. Teori Albino Zavascki, *DJe* 19.08.2010).

nhada de prova da divergência entre o que decidiu o acórdão recorrido e a decisão de outro Tribunal sobre a mesma questão de lei federal. A comprovação deve ser feita na forma do parágrafo único do art. 541 do CPC/73: certidão, cópia autenticada ou pela citação do repositório de jurisprudência, oficial ou credenciado, inclusive em mídia eletrônica, em que tiver sido publicada a decisão divergente, ou ainda pela reprodução de julgado disponível na internet, com indicação da respectiva fonte, mencionando, em qualquer caso, as circunstâncias que identifiquem ou assemelhem os casos confrontados. A matéria está disciplinada pelo art. 1.029 do CPC de 2015.

Note-se que a divergência deve ser entre Tribunais, e não entre órgãos do mesmo Tribunal, na forma da **Súmula 13 do STJ:** "A divergência entre julgados do mesmo tribunal não enseja recurso especial".

Não é tão simples comprovar a divergência porque não basta citar o paradigma, é necessário que a divergência se dê na aplicação da lei federal sobre "casos que tenham a **mesma base fática**":[35]

> "RECURSO ESPECIAL. PREVIDENCIÁRIO. APOSENTADORIA POR TEMPO DE SERVIÇO. SOMA DE TEMPO RURAL E URBANO. INÍCIO DE PROVA MATERIAL. EXISTÊNCIA. PROCESSUAL CIVIL. DISSÍDIO. FALTA DE PARTICULARIZAÇÃO DO DISPOSITIVO A QUE SE TERIA DADO INTERPRETAÇÃO DIVERGENTE E AUSÊNCIA DE IDENTIDADE DE BASES FÁTICAS. NÃO CONHECIMENTO. ATIVIDADE ESPECIAL. CONVERSÃO. POSSIBILIDADE ATÉ 28 DE MAIO DE 1998. LEI N. 9.711/98. (...) **3. O recurso especial fundado no permissivo constitucional da alínea 'c', artigo 105, inciso III, da Constituição Federal, requisita, em qualquer caso, tenham os acórdãos — recorrido e paradigma — conferido interpretação discrepante a um mesmo dispositivo de lei federal e sobre uma mesma base fática.** 4. A diferença entre as bases fáticas dos acórdãos recorrido e paradigma e a falta de particularização do dispositivo de lei federal a que os acórdãos tenham dado interpretação discrepante consubstanciam deficiência bastante, com sede própria nas razões recursais, a inviabilizar o conhecimento do apelo especial com fundamento no dissídio jurisprudencial (...)" (REsp 200200425505, 6ª Turma, Rel. Min. Hamilton Carvalhido, *DJ* 09.02.2004, p. 212).

> **Atenção:** na interposição do recurso especial, com fundamento na divergência de interpretação de lei federal entre Tribunais, não é necessário o prequestionamento. Isso porque a divergência se sobressai justamente do acórdão objeto do recurso especial.

Porém, não cabe o recurso especial se o Acórdão impugnado adotou entendimento firmado do **STJ**, conforme **Súmula 83:** "Não se conhece do recurso especial pela divergência, quando a orientação do tribunal se firmou no mesmo sentido da decisão recorrida".

A grande quantidade de recursos especiais com os mesmos fundamentos, contribuindo para a morosidade dos julgamentos, fez surgir o art. 543-C do Código de Processo Civil de 1973. A alteração legislativa, feita pela Lei n. 11.672/2008, permi-

[35] Cf. Didier e Carneiro da Cunha, ob. cit., p. 308.

tiu que o STJ desse celeridade ao julgamento de **recursos repetitivos que tenham fundamento em idêntica questão de direito**.

O procedimento está previsto nos arts. 1.036 a 1.041 do CPC de 2015.

Constatada a repetição dos recursos especiais no Tribunal de origem, caberá a admissão de **um ou mais recursos representativos da controvérsia, que serão encaminhados ao STJ**. Os demais recursos especiais sobre a mesma matéria permanecerão suspensos até o julgamento dos enviados ao STJ. A partir do CPC de 2015, deverão ser selecionados dois ou mais recursos.

Pode ocorrer, também, de o relator de um recurso especial identificar que está diante de controvérsia que já tem jurisprudência dominante no STJ ou que já há outros recursos especiais aguardando julgamento do colegiado. Poderá, então, determinar a **suspensão de todos os recursos especiais sobre a mesma controvérsia que tramitem nos Tribunais de segunda instância**.

Julgado o representativo da controvérsia pelo STJ, os recursos sobrestados na origem passarão por **análise da adequação do julgamento** lá proferido ao entendimento adotado pelo STJ. Se de acordo com a orientação adotada na matéria pelo STJ, terão negado o seguimento. Se contrários ao entendimento do STJ, serão novamente examinados pela turma julgadora, que deverá adequar sua decisão; caso mantida a decisão divergente, será, então, feito o juízo de admissibilidade do recurso especial.

No CPC de 1973:

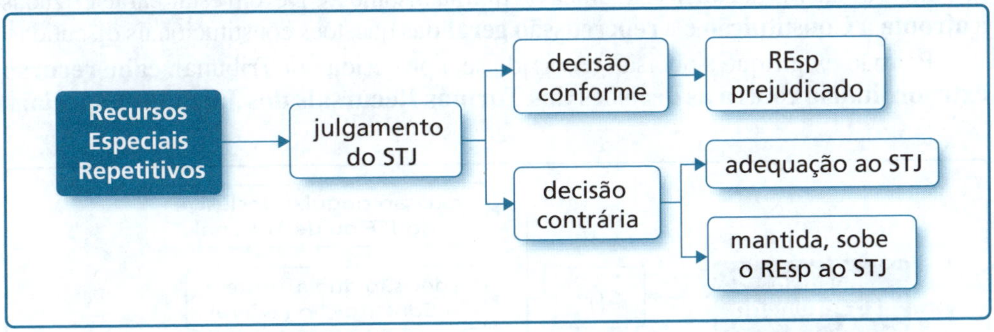

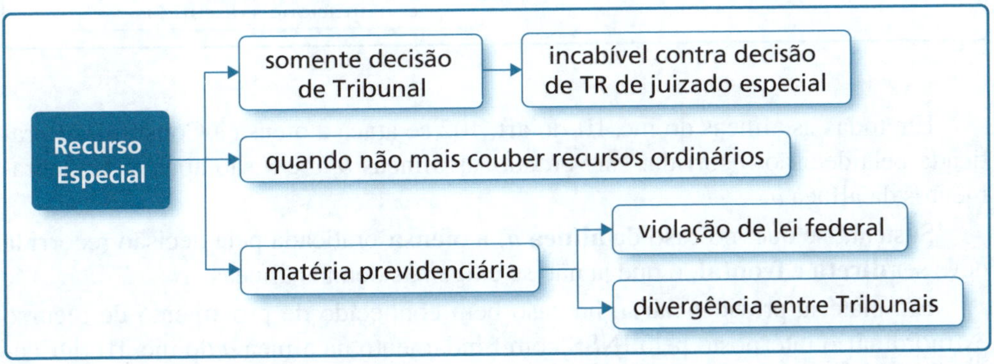

8.10.3.2. Recurso Extraordinário. A repercussão geral. Recursos Extraordinários Repetitivos

O **Supremo Tribunal Federal** tem competência para julgar o recurso extraordinário previsto no art. 102, III, da Constituição Federal:

> **Art. 102.** Compete ao Supremo Tribunal Federal, precipuamente, a guarda da Constituição, cabendo-lhe:
>
> III — julgar, mediante recurso extraordinário, as causas decididas em única ou última instância, quando a decisão recorrida:
>
> *a)* contrariar dispositivo desta Constituição;
>
> *b)* declarar a inconstitucionalidade de tratado ou lei federal;
>
> *c)* julgar válida lei ou ato de governo local contestado em face desta Constituição;
>
> *d)* julgar válida lei local contestada em face de lei federal.
>
> § 3º No recurso extraordinário o recorrente deverá demonstrar a repercussão geral das questões constitucionais discutidas no caso, nos termos da lei, a fim de que o Tribunal examine a admissão do recurso, somente podendo recusá-lo pela manifestação de dois terços de seus membros.

Na forma do *caput* do art. 103, o STF é o guardião da Constituição Federal. Disso decorre que, nos seus julgamentos, deve **uniformizar a interpretação da Constituição**.

O Recurso Extraordinário leva ao STF a questão da contrariedade a dispositivo constitucional praticada pela decisão recorrida. No julgamento do RE, o STF **restaura a integridade do sistema constitucional na decisão do caso concreto**.

A Constituição **não exige que a decisão objeto do RE seja do Tribunal**, uma vez que alude a "causas decididas em única ou última instância". Devem estar caracterizadas a **afronta à Constituição** e a **repercussão geral** das questões constitucionais discutidas.

Por não exigir que a decisão recorrida seja proferida por Tribunal, **cabe recurso extraordinário contra as decisões das Turmas Recursais dos Juizados Especiais**.

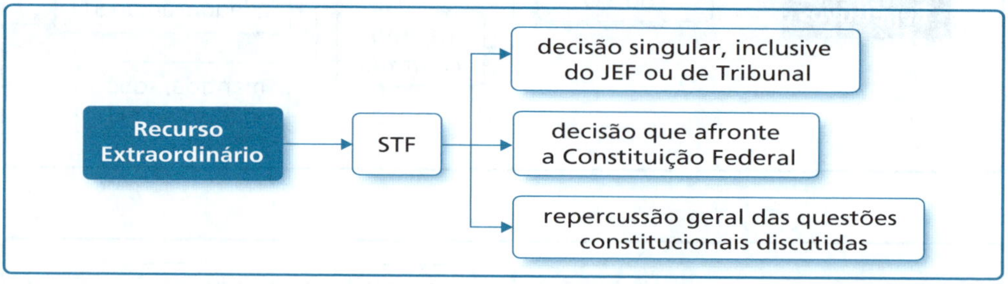

Em todas as alíneas do inc. III do art. 102 se ataca a ofensa à Constituição praticada pela decisão recorrida. Na verdade, as alíneas *b*, *c* e *d* são apenas desdobramentos da alínea *a*.

Sustenta-se que, no caso da **alínea *a*,** a **ofensa** praticada pela decisão recorrida deve ser **direta e frontal**, o que já não se exige nas demais alíneas.

Em matéria previdenciária, há caso bem conhecido de provimento de recurso extraordinário interposto pelo INSS com fundamento na alínea *a* do inc. III. Discutia-se ali a aplicabilidade da Lei n. 9.032/95 às pensões por morte concedidas antes de sua vigência, para fins de elevação do coeficiente de cálculo da renda mensal inicial. Após grande controvérsia jurisprudencial, o STF deu provimento ao recurso extraordinário do INSS, com fundamento na alínea *a*, adotando entendimento no sentido de que a decisão recorrida incidira em violação aos arts. 5º, XXXVI, e 195, § 5º, da Constituição.[36]

Na hipótese da **alínea *b*** do inc. III, a decisão recorrida **deve ter declarado a inconstitucionalidade de tratado ou lei federal,** ato de competência privativa do Pleno ou Órgão Especial do respectivo Tribunal. Note-se que aqui a **ofensa à Constituição decorre da declaração de inconstitucionalidade de tratado ou de norma infraconstitucional**. Essa hipótese tem aparecido com frequência em recursos extraordinários interpostos pelo INSS de decisões de Tribunais que deixam de aplicar o disposto no art. 20, § 3º, da Lei n. 8.742/93 (LOAS), por entenderem que outros meios de prova podem ser utilizados para a comprovação do requisito da miserabilidade para o direito ao benefício assistencial (art. 203, V, da Constituição). A jurisprudência recente do STF tem entendido que esses recursos extraordinários **não podem ser fundamentados na alínea *b*, quando a decisão recorrida não chega a declarar a inconstitucionalidade:**

> "CONSTITUCIONAL. PREVIDENCIÁRIO. AGRAVO REGIMENTAL. RECURSO EXTRAORDINÁRIO. BENEFÍCIO ASSISTENCIAL. SALÁRIO MÍNIMO. LEI N. 8.742/93. REQUISITOS OBJETIVOS. INEXISTÊNCIA DE DECLARAÇÃO DE INCONSTITUCIONALIDADE DE TRATADO OU LEI FEDERAL. NECESSIDADE DE REEXAME DO CONJUNTO FÁTICO-PROBATÓRIO DOS AUTOS. AUSÊN-

---

[36] "EMENTA: RECURSO EXTRAORDINÁRIO. INTERPOSTO PELO INSTITUTO NACIONAL DO SEGURO SOCIAL (INSS), COM FUNDAMENTO NO ART. 102, III, 'A', DA CONSTITUIÇÃO FEDERAL, EM FACE DE ACÓRDÃO DE TURMA RECURSAL DOS JUIZADOS ESPECIAIS FEDERAIS. BENEFÍCIO PREVIDENCIÁRIO: PENSÃO POR MORTE (LEI N. 9.032, DE 28 DE ABRIL DE 1995). (...) 4. O recorrente (INSS) alegou: i) suposta violação ao art. 5º, XXXVI, da CF (ofensa ao ato jurídico perfeito e ao direito adquirido); e ii) desrespeito ao disposto no art. 195, § 5º, da CF (impossibilidade de majoração de benefício da seguridade social sem a correspondente indicação legislativa da fonte de custeio total). 5. Análise do prequestionamento do recurso: os dispositivos tidos por violados foram objeto de adequado prequestionamento. Recurso Extraordinário conhecido. (...) 9. Na espécie, ao reconhecer a configuração de **direito adquirido**, o acórdão recorrido violou frontalmente a Constituição, fazendo má aplicação dessa garantia **(CF, art. 5º, XXXVI)**, conforme consolidado por esta Corte em diversos julgados: (...) 10. De igual modo, ao estender a aplicação dos novos critérios de cálculo a todos os beneficiários sob o regime das leis anteriores, o acórdão recorrido negligenciou a imposição constitucional de que **lei que majora benefício previdenciário deve, necessariamente e de modo expresso, indicar a fonte de custeio total (CF, art. 195, § 5º).** (...) 11. Na espécie, o benefício da pensão por morte configura-se como direito previdenciário de perfil institucional cuja garantia corresponde à manutenção do valor real do benefício, conforme os critérios definidos em lei (CF, art. 201, § 4º). (...) 13. O cumprimento das políticas públicas previdenciárias, exatamente por estar calcado no princípio da solidariedade (CF, art. 3º, I), deve ter como fundamento o fato de que não é possível dissociar as bases contributivas de arrecadação da prévia indicação legislativa da dotação orçamentária exigida (CF, art. 195, § 5º). (...) 14. Considerada a atuação da autarquia recorrente, aplica-se também o princípio da preservação do equilíbrio financeiro e atuarial (CF, art. 201, *caput*), o qual se demonstra em consonância com os princípios norteadores da Administração Pública (CF, art. 37). (...)" (RE 415.454, Rel. Min. Gilmar Mendes, *DJ* 26.10.2007).

CIA DE PREQUESTIONAMENTO. Não é cabível o recurso extraordinário, com fundamento na alínea *b* do inciso III do art. 102 da Constituição Republicana, quando não houver declaração de inconstitucionalidade de tratado ou lei federal, na forma do art. 97 da Carta Magna. (...)" (*DJe* 30.11.2007).

Na hipótese da **alínea *c***, a decisão deve ter **julgado válida a lei ou o ato do governo local contestado em face da Constituição**. "Nesse caso, a decisão recorrida privilegiou a lei ou o ato locais em detrimento da própria Constituição Federal".[37]

E na hipótese da **alínea *d***, a lei local foi contestada em face de lei federal, e não da Constituição. Mesmo assim, cabe o extraordinário, porque se trata de competência legislativa, matéria com disciplina constitucional.

O § 3º do art. 102 foi acrescentado pela Emenda Constitucional n. 45/2004, com o que passou a ser exigida do recorrente a demonstração da **repercussão geral das questões constitucionais discutidas no caso**.

Se o STF entender, por manifestação de 2/3 de seus membros, que não há repercussão geral, o recurso extraordinário não é conhecido.

A matéria estava regulada nos arts. 543-A e 543-B do CPC de 1973 e nos arts. 328 e 329 do Regimento Interno do STF. No CPC de 2015, a Repercussão Geral está disciplinada no art. 1.035.

A demonstração de existência de repercussão geral é **pressuposto de admissibilidade do recurso extraordinário**.

Para o Código de Processo Civil de 1973, a avaliação da repercussão geral deve ser feita considerando a existência, ou não, de **questões relevantes do ponto de vista econômico, político, social ou jurídico, que ultrapassem os interesses subjetivos da causa** (art. 543-A, § 1º, e art. 1.035, § 1º, do NCPC).

O CPC de 1973 restringia **a repercussão geral às hipóteses em que a decisão recorrida fosse contrária à súmula ou jurisprudência dominante do STF.**

No CPC de 2015, a repercussão geral será reconhecida **também na hipótese** de reconhecimento de inconstitucionalidade de tratado ou de lei federal, conforme o art. 97 da Constituição Federal.

A repercussão geral é considerada medida restritiva de cabimento do recurso extraordinário e sucessora da arguição de relevância prevista no art. 119, § 1º, da Constituição Federal de 1969. Pode ser jurídica, econômica, social, política etc.

Para **Arruda Alvim**,[38] trata-se de situação "que diga respeito a um grande espectro de pessoas ou a um largo segmento social, uma decisão sobre assunto constitucionalmente impactante, sobre tema constitucional muito controvertido, em relação à decisão que contraria decisão do STF; que diga respeito à vida, à liberdade, à

[37] Cf. Didier e Cunha, ob. cit., p. 327.

[38] A Emenda Constitucional 45 e a repercussão geral. *Revista de Direito Renovar*, Rio de Janeiro, n. 31, p. 75-130, jan./abr. 2005, p. 91.

federação, à invocação do princípio da proporcionalidade (em relação à aplicação do texto constitucional) etc.; ou, ainda, outros valores conectados a Texto Constitucional que se alberguem debaixo da expressão *repercussão geral*".

Na nota 4 ao art. 543-A do CPC/73, **Nelson Nery Jr. e Rosa Maria de Andrade Nery** dão alguns exemplos de repercussão geral:[39] questões atinentes a direitos humanos; dignidade da pessoa humana; cidadania, nacionalidade e direitos políticos; soberania nacional; cultura e símbolos nacionais; ordem econômica etc. "Provável interferência da decisão do feito para além da esfera jurídica das partes (interesses subjetivos da causa)."

Por ser norma processual, questionou-se a aplicação desde logo dos dispositivos do Código de Processo Civil, uma vez que carecia de melhores especificações. Na Questão de Ordem AI 664567/RS, o STF decidiu que o procedimento da repercussão geral só é aplicável aos recursos extraordinários interpostos a partir de 03.05.2007, data da publicação da Emenda Regimental n. 21, de 30.04.2007, que alterou seu Regimento Interno.

No CPC de 2015 (art. 1.035, § 2º), exige-se a demonstração da existência de repercussão geral, mas foi abolida a exigência de arguição em preliminar do recurso. Entretanto, é necessário aguardar o que decidirá o STF sobre essa questão.

Ao juízo de origem cabe analisar os pressupostos de admissibilidade do RE. Admitido o recurso extraordinário, a existência da repercussão geral será analisada pelo STF.

O STF pode **negar seguimento ao RE que não contenha a preliminar de repercussão geral e quando já houver precedente do STF negando a repercussão**, salvo se a tese tiver sido revista ou esteja em procedimento de revisão (RISTF, art. 327).

Por **decisão monocrática**, a competência para o indeferimento do RE por falta de repercussão geral é do Presidente do STF ou do relator, caso o Presidente não tenha indeferido (RISTF, art. 327, § 1º). Dessa decisão cabe Agravo Regimental, em 5 dias, para o Pleno.

A Turma ou o Pleno, no juízo definitivo de admissibilidade, **têm competência para decidir sobre a repercussão geral; ausente o requisito, o RE não é conhecido**.

A decisão que nega a existência de repercussão geral é irrecorrível. Cabem, entretanto, Embargos de Declaração, se presentes os pressupostos.

O **Tribunal de origem** deverá selecionar **um ou mais recursos representativos da controvérsia** e que preencham os demais requisitos de admissibilidade. Para avaliar a existência de múltiplos recursos sobre a mesma tese jurídica, o Tribunal deverá consultar a primeira instância e as Turmas Recursais dos Juizados Especiais.

---

[39] *Código de Processo Civil comentado e legislação extravagante*. 10. ed. São Paulo: Revista dos Tribunais, 2008.

Selecionados os recursos extraordinários, o **Tribunal deve remetê-los ao STF e sobrestar os demais até pronunciamento definitivo do STF.**

O art. 328 do RISTF dispõe que, protocolado ou distribuído recurso extraordinário cuja questão possa gerar multiplicidade de feitos, a Presidência do STF ou o relator, de ofício ou a requerimento da parte interessada, fará a comunicação aos Tribunais ou Turmas Recursais de juizados especiais para que providenciem a seleção dos recursos representativos da controvérsia. **O STF poderá sobrestar todas as demais causas de matéria idêntica.**

Negada a existência de repercussão geral, a decisão valerá para todos os recursos extraordinários de matéria idêntica. Os recursos sobrestados serão considerados automaticamente não admitidos (não conhecidos), por decisão monocrática do relator. O STF comunicará a decisão aos Tribunais e Turmas Recursais de Juizados, para que promovam o arquivamento dos recursos extraordinários sobrestados.

Se o STF reconhecer a repercussão geral da tese jurídica e julgar o mérito do recurso extraordinário paradigma, cessará o sobrestamento, e os Tribunais deverão julgar os recursos extraordinários até então sobrestados. Nesse caso, os recursos sobrestados serão apreciados pelos Tribunais, Turmas de Uniformização ou Turmas Recursais, que **poderão** declará-los prejudicados ou retratar-se.

Serão julgados prejudicados quando tiver sido negado provimento ao recurso extraordinário.

Feito juízo positivo de admissibilidade, os autos sobrestados serão remetidos aos respectivos órgãos competentes do Tribunal de origem (Pleno, Órgão, Seções ou Turmas), para aplicação da decisão de mérito proferida no RE. Nesse caso, o órgão julgador poderá exercer o juízo de retratação, modificando o acórdão impugnado no recurso extraordinário e adequando o julgamento ao entendimento firmado pelo STF. Com a retratação, fica prejudicado o extraordinário.

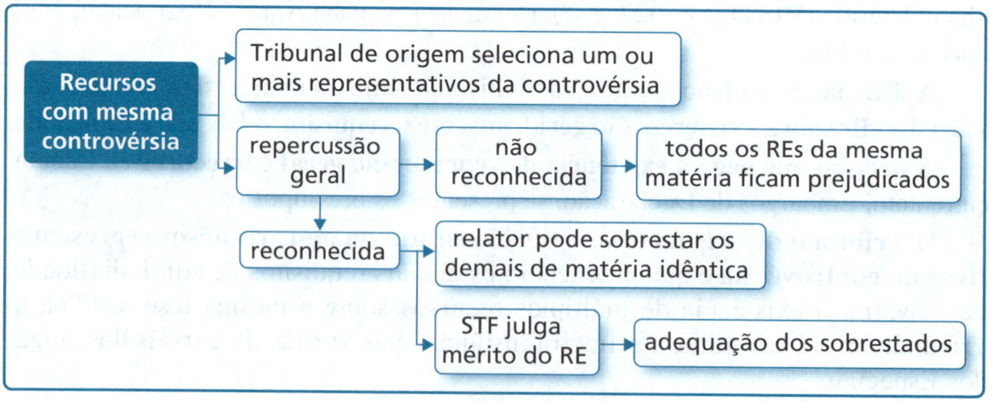

No CPC de 2015, os recursos extraordinários repetitivos — fundados em idêntica questão de direito — têm a mesma disciplina dos recursos especiais repetitivos (art. 1.036).

8.11. AÇÃO RESCISÓRIA

Trataremos da ação rescisória em questões previdenciárias, abordando as questões processuais que com mais frequência se apresentam e as hipóteses mais comuns de cabimento.

8.11.1. A coisa julgada

O art. 5º, XXXVI, da Constituição deu ao respeito à **coisa julgada** o *status* de **garantia fundamental**, que não pode ser atingida nem mesmo por lei posterior que discipline a matéria de modo diverso. Cobriu-a com o manto da imutabilidade, de tal forma que só pode ser desconstituída por ação específica, que é a ação rescisória, e, mesmo assim, em hipóteses taxativamente enumeradas na lei.

O art. 502 do Código de Processo Civil de 2015 dá o conceito:

> **Art. 502.** Denomina-se coisa julgada material a autoridade que torna imutável e indiscutível a decisão de mérito não mais sujeita a recurso.

Somente **a sentença — ou o acórdão — que decide o mérito** transita em julgado.

A sentença de mérito que transitou em julgado pode ser rescindida, conforme prescreve o *caput* do art. 966 do Código de Processo Civil.

Do dispositivo decorre que as sentenças que extinguem o processo sem apreciação do mérito não podem ser rescindidas porque não fazem coisa julgada material. São as denominadas sentenças meramente "terminativas".

A lei não deu à rescisória a natureza de recurso. Trata-se de ação que forma uma nova relação jurídica processual, processo autônomo que visa desconstituir a coisa julgada.

Fredie Didier Jr. e Leonardo José Carneiro da Cunha ensinam:[40]

> "A ação rescisória ostenta a natureza de *ação autônoma de impugnação*, voltando-se contra de decisão de mérito transitada em julgado, quando presente pelo menos uma das hipóteses previstas no art. 485 do CPC. (...) A ação rescisória não é recurso, por não atender a regra da taxatividade, ou seja, por não estar prevista em lei como recurso. Ademais, os recursos não formam novo processo, nem inauguram uma nova relação jurídica processual, ao passo que as ações autônomas de impugnação assim se caracterizam por gerarem a formação de uma nova relação jurídica processual, instaurando-se um processo novo. Eis porque a ação rescisória ostenta a natureza jurídica de uma *ação autônoma de impugnação:* seu ajuizamento provoca a instauração de um novo processo, com uma nova relação jurídica processual" (destaques no original).

O trânsito em julgado ocorre quando da decisão não cabe mais a interposição de recursos ordinários ou de recurso extraordinário. **É necessário, então, que já não caiba mais o exame da sentença pelos Tribunais.**

---

[40] *Curso de direito processual civil:* meios de impugnação às decisões judiciais e processo nos Tribunais. 8. ed. Salvador: JusPodivm, 2010, v. 3, p. 359.

A coisa julgada, entretanto, pode alcançar a sentença que não foi objeto de recursos pelas partes ou decisão de Tribunal da qual não se recorreu para os Tribunais Superiores.

Para ajuizar a ação rescisória, não é necessário que da sentença tenha sido interposto recurso ou que se tenha recorrido do julgamento proferido por Tribunal para os Tribunais Superiores, porque **a lei não exige o esgotamento das vias recursais, mas, tão somente, a ocorrência do trânsito em julgado**.

A questão está pacificada na **Súmula 514 do STF:** "Admite-se ação rescisória contra sentença transitada em julgado, ainda que contra ela não se tenha esgotado todos os recursos".

Pontes de Miranda ensinou:[41]

> "A ação rescisória só se propõe contra sentença que transitou em julgado, isto é, de que não cabe, ou de que não mais cabe recurso. Nada tem com o autor ter interposto, ou não, os recursos que a lei lhe permitia. Aí, o que importa é estar extinto o prazo.
>
> Acertadamente, o Tribunal de Apelação do Distrito Federal, a 17 de setembro de 1942 (AJ 64/363), frisou isso. Hão de estar exauridos os prazos dos recursos, se interponíveis, sem se indagar da negligência — ou anuência — das partes, inclusive do autor da ação rescisória. O autor, para propor ação rescisória, tem de interpor os recursos, ou deixar que passe em julgado a decisão, não porque deva recorrer, e sim porque um dos pressupostos da pretensão a rescindir é o ter passado formalmente em julgado a sentença. O que perdeu o prazo do recurso pode pedir rescisão."

Merece especial atenção a hipótese em que a sentença não foi submetida ao reexame necessário, na forma do art. 475 do CPC/73, atual art. 496 do CPC/2015.

A ausência de reexame necessário impede o trânsito em julgado da sentença, conforme **Súmula 423 do STF:** "Não transita em julgado a sentença por haver omitido o recurso 'ex officio', que se considera interposto *'ex lege'*".

O reexame necessário não se confunde com os demais recursos previstos no CPC. Nestes, impera a iniciativa da parte, naquele, a formalidade necessária, sem a qual não ocorre o trânsito em julgado da sentença.

A lição é de **Nelson Nery Junior:**[42]

> "O prazo é requisito de todo e qualquer recurso, pois visa fixar o termo do trânsito em julgado da decisão recorrida. Os recursais são todos peremptórios, não admitindo dilação por acordo das partes. Não exercido o direito de recorrer no prazo da lei, o ônus com que a parte deverá arcar é o da imediata ocorrência da coisa julgada relativamente à decisão não impugnada. Como a remessa obrigatória não está sujeita a nenhum termo preclusivo, não pode ser considerada um recurso. O juiz não tem o ônus de remeter, mas o dever. Não há trânsito em julgado sem a confirmação ou reforma da sentença pelo tribunal superior."

A ação rescisória proposta de sentença não submetida ao reexame necessário ressente-se da falta de pressuposto processual — ausência de trânsito em julgado —,

---

[41] *Tratado da ação rescisória*, atualizado por Vilson Rodrigues Alves. 2. ed. Campinas: Bookseller, 2003, p. 165.

[42] Idem.

que leva à extinção do processo sem exame do mérito. A jurisprudência tem caminhado no sentido de recusar o *status* de "caso julgado" a pronunciamentos judiciais que onerem a Fazenda Pública sem a devida confirmação pelo respectivo Tribunal de apelações, conforme julgado do Tribunal Regional Federal da 5ª Região:[43]

> "PROCESSUAL CIVIL. AÇÃO RESCISÓRIA. SENTENÇA NÃO SUBMETIDA AO DUPLO GRAU OBRIGATÓRIO. AUSÊNCIA DE TRÂNSITO EM JULGADO. EXTINÇÃO DO PROCESSO.
>
> 1. Não transita em julgado a sentença por haver omitido o recurso 'ex officio', que se considera interposto 'ex lege' (súmula n. 423 — STF).
>
> 2. Constitui pressuposto essencial da ação rescisória o trânsito em julgado da decisão rescindenda, no caso inocorrente à míngua de processamento da remessa oficial. Processo que se extingue, com base no art. 267, IV do CPC, determinada, de outra parte, a subida da ação declaratória à corte 'ad quem' para o exame do recurso de ofício.
>
> 3. Extinção do processo sem julgamento do mérito."

No CPC de 2015, a coisa julgada tem conceito um pouco diferente. Diz o art. 502:

Art. 502. Denomina-se coisa julgada material a **autoridade que torna imutável e indiscutível** a decisão de mérito não mais sujeita a recurso.

Para o novo CPC, a coisa julgada pode se formar ainda que não se trate de sentença ou acórdão que decida o mérito. É que se admite a formação de coisa julgada de decisão de mérito interlocutória, sentença, decisão unipessoal ou acórdão.[44]

8.11.2. Competência

A ação rescisória é da competência originária dos Tribunais, na forma prevista na Constituição.

Os Tribunais têm competência para rescindir seus próprios julgados. Os Tribunais Regionais Federais, além da rescisão de seus julgados, têm competência para a ação rescisória dos julgados dos juízes federais da respectiva Região (art. 108, I, *b*).

Quando se trata de ação rescisória de decisão de juiz federal, a competência é do respectivo Tribunal Regional Federal, o que não traz maiores questionamentos.

Porém, nas hipóteses em que **no processo há recursos especiais e extraordinários**, nem sempre é simples estabelecer a competência.

Pode acontecer de o recurso especial não ser conhecido pelo STJ, que profere decisão apenas de natureza processual, sem decidir o mérito da causa. Mas pode ocorrer de o recurso especial ser conhecido e provido ou improvido, com decisão do mérito.

O mesmo pode ocorrer quando houver recurso extraordinário.

---

43 Pleno, AR 2661, Des. Fed. Paulo Machado Cordeiro, *DJU* 30.04.2003, p. 947.

44 Cf. Fredie Didier Jr., Paula Sarno Braga e Rafael Alexandria de Oliveira, *Curso de direito processual civil*. 10. ed. Salvador: JusPodivm, 2015, v. 2, p. 526. Os autores entendem, também, que pode se formar coisa julgada cautelar e em jurisdição voluntária.

Nessas situações, **a competência será do Tribunal que proferiu a última decisão de mérito, pois será esta que transitará em julgado**.

A **Súmula 515 do STF** dispõe: "A competência para a ação rescisória não é do Supremo Tribunal Federal, quando a questão federal, apreciada no recurso extraordinário ou no agravo de instrumento, seja diversa da que foi suscitada no pedido rescisório".

> **Atenção:** é comum nos julgamentos do STJ o resultado de "não conhecimento" do recurso. Entretanto, nem sempre o não conhecimento se deu em razão de o recurso não preencher os requisitos próprios, como a falta de prequestionamento, por exemplo. A análise da decisão pode comprovar que houve julgamento do mérito, hipótese em que o dispositivo deveria negar provimento ao recurso, o que melhor espelharia o resultado do julgado. Desse modo, o não conhecimento não autoriza a conclusão de que não houve, propriamente, a análise da questão de fundo posta no recurso.[45]

Comentando a **Súmula 249 do STF, Fredie Didier Jr. e Leonardo José Carneiro da Cunha** apontam a impropriedade da utilização do termo:[46] "Finalmente, é importante tecer considerações sobre dois enunciados da súmula de jurisprudência predominante do STF. Primeiro, o de n. 249: 'É competente o Supremo Tribunal Federal para a ação rescisória, quando, embora não tendo conhecido do recurso extraordinário, ou havendo negado provimento ao agravo, tiver apreciado a questão federal controvertida'. Esse enunciado tem um erro técnico: onde se lê 'não tendo conhecido' leia-se 'não

[45] Cf. José Carlos Barbosa Moreira, *Comentários ao Código de Processo Civil*. 12. ed. São Paulo: Forense, 2005, v. V, p. 207-208: "111. ADMISSIBILIDADE DOS RECURSOS. JUÍZO DE ADMISSIBILIDADE E JUÍZO DE MÉRITO. — Todo ato postulatório sujeita-se a exame sob dois ângulos distintos: uma operação se destina a verificar se estão satisfeitas as condições impostas pela lei para que o órgão possa apreciar o conteúdo da postulação; outra, a perscrutar-lhe o fundamento, para acolhê-la, se fundada, ou rejeitá-la, no caso contrário. Embora a segunda se revista, numa perspectiva global, de maior importância, constituindo o alvo normal a que tende a atividade do órgão, a primeira é logicamente anterior, pois tal atividade só se há de desenvolver plenamente se concorrerem os requisitos indispensáveis para tornar legítimo o seu exercício. Chama-se *juízo de admissibilidade* àquele em que se declara a presença ou a ausência de semelhantes requisitos; *juízo de mérito* àquele em que se apura a existência ou inexistência de fundamento para o que se postula, tirando-se daí as consequências cabíveis, isto é, acolhendo-se ou rejeitando-se a postulação. No primeiro julga-se esta *admissível* ou *inadmissível*; no segundo, *procedente* ou *improcedente*. É óbvio que só se passa ao juízo de mérito se o de admissibilidade resultou positivo; de uma postulação inadmissível não há como nem porque investigar o fundamento. Reciprocamente, é absurdo declarar inadmissível a postulação por falta de fundamento; se se chegou a verificar essa falta, é porque já se transpôs o juízo de admissibilidade e já se ingressou no mérito: a postulação, na verdade, *já foi admitida*, embora, com má técnica, se esteja dizendo o contrário. A questão relativa à admissibilidade é, sempre e necessariamente, *preliminar* à questão de mérito: a apreciação desta fica excluída se àquela se responde em sentido negativo. Neste último caso, quando a admissibilidade é negada pelo órgão *ad quem*, diz-se que ele *não conhece* do recurso; no caso contrário, que ele *conhece* do recurso, e aí duas hipóteses podem ocorrer: se o órgão *ad quem* entender que o recurso, além de admissível, é *fundado, dá-lhe provimento*; se entender que, apesar de admissível, é *infundado, nega-lhe provimento*" (destaques no original).

[46] Ob. cit., p. 374-375.

tendo provido', tendo em vista que, se o STF examinou a questão discutida, houve exame de mérito do recurso, não sendo correta a menção ao não conhecimento".

O reconhecimento da incompetência para julgar a ação rescisória não implica o envio dos autos ao Tribunal competente. O entendimento recente do STJ tem sido no sentido de que **a incompetência impõe a extinção da rescisória, sem julgamento do mérito:**[47]

> "PROCESSUAL CIVIL. PREVIDENCIÁRIO. AGRAVO REGIMENTAL EM AGRAVO DE INSTRUMENTO. RESCISÓRIA. INCOMPETÊNCIA ABSOLUTA. EXTINÇÃO ENTENDIMENTO DO TRIBUNAL DE ORIGEM EM CONSONÂNCIA COM A JURISPRUDÊNCIA DESTA CORTE. ENUNCIADO 83/STJ. RECURSO INADMISSÍVEL, A ENSEJAR A APLICAÇÃO DA MULTA PREVISTA NO ARTIGO 557, § 2º, DO CPC. 1. A jurisprudência deste Superior Tribunal de Justiça firmou-se no sentido de que ajuizada a ação rescisória em Juízo incompetente, impõe-se a extinção do processo sem julgamento de mérito, e não a remessa do feito ao órgão competente. (...)" (AGA 200901952958, 5ª Turma, Rel. Honildo Amaral de Mello Castro (Desembargador Convocado do TJ/AP), *DJe* 16.11.2010).

A questão é importante, porque a extinção da rescisória por incompetência pode levar à consumação da decadência, impossibilitando o ajuizamento no Tribunal competente.

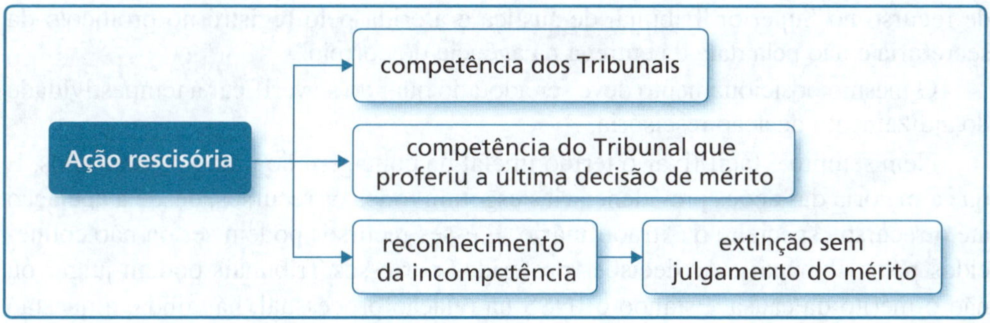

■ 8.11.3. Prazo. Decadência

É de **dois anos** o prazo para propor ação rescisória, contados do trânsito em julgado da decisão que se pretende rescindir, na forma do art. 975 do Código de Processo Civil de 2015.

O prazo é de direito material, de **decadência**, portanto, que não tem causas de suspensão ou interrupção.

Porém, o STJ adotou entendimento diferente, do qual discordamos, no sentido de que se trata de prazo processual, de modo que o prazo decadencial para ajuiza-

[47] Didier Jr. e Carneiro da Cunha, ob. cit., p. 375 — têm o mesmo entendimento: "(...) b) rescisória em tribunal local, pedindo rescisão de acórdão do próprio tribunal local, mas que fora substituído por acórdão do STF ou STJ (CPC, art. 512). Nessa hipótese, deve ser extinta a rescisória, pois o que se pede é a rescisão de acórdão que não mais existe, pois fora substituído por decisão de tribunal superior; deveria ter sido requerida a rescisão do acórdão do STF ou do STJ".

mento de ação rescisória que tem vencimento em dia não útil é prorrogado para o primeiro dia útil subsequente:

> "(...) 2. A Corte Especial desta Corte Superior firmou entendimento no sentido de que o **prazo** decadencial da **ação rescisória**, de natureza processual, se inicia no dia seguinte ao trânsito em julgado do acórdão rescindendo e, findando-se em feriado ou final de semana, é prorrogado para o dia útil subsequente. 3. Na hipótese em análise, a decisão que se postula rescindir transitou em julgado na data de 15 de agosto de 2007 e a **ação rescisória** foi protocolada em 17 de agosto de 2009 (segunda-feira) — primeiro dia útil após 15 de agosto de 2009, sábado (data que ocorreu o **prazo** final para ajuizamento) — dentro, portanto, do biênio legal. 4. Inocorrendo a **decadência** da **ação rescisória**, impõe-se o provimento do recurso e o retorno dos autos à origem para a continuidade do julgamento (...)".[48]

Reconhecida a consumação da decadência, é o caso de **indeferimento da petição inicial da ação rescisória**.

A decadência é **matéria de ordem pública** e, portanto, deve ser **conhecida de ofício**.[49]

O **STJ** consolidou sua jurisprudência no sentido de que a tempestividade dos recursos é aferida pelo registro no protocolo na secretaria, e não pela data da entrega na agência do correio, entendimento consolidado na **Súmula 216:** "A tempestividade de recurso no Superior Tribunal de Justiça é aferida pelo registro no protocolo da secretaria e não pela data da entrega na agência do correio".

O mesmo posicionamento deve ser adotado quando se verificar a tempestividade do ajuizamento de ação rescisória.

Nem sempre é fácil fixar o termo inicial da contagem do prazo de dois anos. É que a maioria das ações previdenciárias esgotam todos os recursos, desde a apelação até o recurso especial e o extraordinário. E esses recursos podem ser ou não conhecidos pelos Tribunais. As decisões proferidas por esses Tribunais podem julgar ou não o mérito da causa. Estando o INSS na relação processual, há, ainda, a questão dos prazos em dobro para recorrer. Enfim, há diversos elementos que dificultam a fixação do início da contagem do prazo.

---

[48] REsp 1.210.186/RS, 2ª Turma, Rel. Min. Mauro Campbell Marques, *DJe* 31.03.2011.

[49] Cf. Nelson Nery Junior e Rosa Maria de Andrade Nery, ob. cit.

"Decretação *ex officio*. Por ser matéria de ordem pública, a decadência deve ser decretada de ofício pelo juiz. Neste sentido: *RTJ* 130/1001; *RT* 656/220, 652/128. (...)" (p. 477).

"16. Decadência. Conhecimento de ofício. A decadência é matéria de ordem pública e deve ser examinada *ex officio* pelo juiz, independentemente de provocação da parte ou interessado (CC 210; *RT* 656/220; 652/128; *RTJ* 130/1001), salvo se a decadência for convencional, caso em que o juiz só pode examiná-la se houver requerimento da parte nesse sentido (CC 211)" (p. 469).

"21. Decadência e prescrição. Tratando-se de pretensão que se exerce em juízo mediante ação condenatória, terá sempre cunho patrimonial e, portanto, sujeito à extinção por meio de prazo prescricional, devendo o juiz examinar essa matéria de ofício. Tratando-se de pretensão que se exerce em juízo mediante ação constitutiva, com prazo de exercício previsto expressamente em lei, esse prazo de extinção é de decadência, devendo o juiz examinar essa matéria de ofício. Assim, o juiz poderá decretar, de ofício, a decadência e a prescrição" (p. 469).

A jurisprudência dos tribunais tem firmado posicionamento no sentido de que **a contagem do prazo para propor ação rescisória tem início no momento em que já não couber recurso da última decisão proferida no processo**, ressalvados os casos de intempestividade manifesta, absoluta falta de previsão legal e evidente má-fé. Esse é o entendimento adotado pelo **STJ** na **Súmula 401: "O prazo decadencial da ação rescisória só se inicia quando não for cabível qualquer recurso do último pronunciamento judicial"**.

O STJ tem decidido que, para fins de fluência do prazo decadencial, **o trânsito em julgado da decisão deve ser considerado de forma única**, sem se levar em consideração a situação peculiar de cada parte, vale dizer, se está em prazo simples ou em dobro para recorrer:

> "PROCESSUAL CIVIL. AÇÃO RESCISÓRIA. PRAZO DE DECADÊNCIA. INÍCIO DA SUA CONTAGEM.
>
> O prazo de decadência para ingresso de ação rescisória conta-se a partir do trânsito em julgado da decisão rescindenda que ocorre com o término do prazo para interposição do último recurso, em tese, pela parte, sem se levar em consideração a situação peculiar de cada parte, isto é, se está em prazo simples ou em dobro para recorrer. (...)" (3ª Seção, ED AR 1275, Rel. Min. José Arnaldo da Fonseca, *DJU* 22.10.2001, p. 263).

O prazo para o ajuizamento da ação rescisória inicia-se, portanto, no primeiro dia útil subsequente ao trânsito em julgado e termina no mesmo dia do biênio subsequente, nos termos do art. 1º da Lei n. 810, de 06.09.1949,[50] conforme entendimento do STF:

> "AÇÃO RESCISÓRIA. PRAZO DECADENCIAL DE 02 (DOIS) ANOS. DIREITO MATERIAL. NÃO INCIDÊNCIA DA NORMA QUE PRORROGA O TERMO FINAL DO PRAZO AO PRIMEIRO DIA ÚTIL POSTERIOR.
>
> 1. Por se tratar de decadência, o prazo de propositura da ação rescisória estabelecido no art. 495 do CPC não se suspende, não se interrompe, nem se dilata (RE 114.920, rel. Min. Carlos Madeira, DJ 02.09.1988), mesmo quando o termo final recaia em sábado ou domingo. 2. Prazo de direito material. Não incidência da norma que prorroga o termo final do prazo ao primeiro dia útil posterior, pois referente apenas a prazos de direito processual. 3. Na espécie, o trânsito em julgado do acórdão rescindendo ocorreu em 1º de dezembro de 1999 (*dies a quo*), tendo o prazo decadencial se esgotado em 1º.12.2001 (sábado), ante o disposto no art. 1º da Lei 810/49 — 'Considera-se ano o período de doze meses contado do dia do início ao dia e mês correspondentes do ano seguinte'. Ação rescisória protocolada nesta Suprema Corte apenas em 03 de dezembro de 2001 (segunda-feira), portanto, extemporaneamente. 4. Decadência reconhecida. Processo extinto com base no art. 269, inc. IV, do Código de Processo Civil" (AR 1681-CE, Rel. Min. Marco Aurélio, Rel. para o acórdão Ministra Ellen Gracie, *DJU* 15.12.2006, p. 81).

Não se deve confundir o **trânsito em julgado** com a **certidão de trânsito em julgado**, porque o prazo para o ajuizamento da rescisória se inicia a partir do efetivo trânsito em julgado da decisão rescindenda, e não da data da certidão elaborada pelo serventuário.

---

[50] **Art. 1º** Considera-se ano o período de doze meses contado do dia do início ao dia e mês correspondentes do ano seguinte.

Às vezes, a certidão é lavrada de forma lacônica, por exemplo: "Certifico e dou fé que o venerando acórdão de fls. 79 transitou em julgado. São Paulo, 17.12.97". O laconismo da certidão é evidente, pois somente atesta o fato de ter a decisão passado em julgado, sem afirmar, de forma precisa, a data correspondente, o que poderia, de maneira afoita, dar a falsa impressão de que seria o dia em que o servidor a lançou nos autos (17.12.1997). Esse fato não muda a data efetiva em que ocorreu o trânsito em julgado, cabendo ao advogado da parte o dever de zelar por seus interesses no processo, pois tem conhecimento técnico especializado.

A extinção do prazo independe de declaração judicial, pois é das partes o ônus da prática dos atos processuais dentro dos marcos temporais legalmente assinalados, o que somente resta afastado se configurada justa causa que socorra o interessado. Se, de um lado, ao órgão encarregado do lançamento da certidão couber exatidão na elaboração dos registros processuais, de outro lado, é dever inafastável do advogado diligenciar com o máximo de rigor na defesa da parte que patrocina.

Edmilson Villaron Franceschinelli[51] adverte sobre a contagem do prazo quando houver **interesse de incapaz:** "O prazo de interposição é de 2 (dois) anos, contados da data do trânsito em julgado da decisão rescindenda. Como no Direito Processual Civil não se conta o dia do início (art. 184 do CPC), o prazo tem início a partir do primeiro dia útil seguinte ao trânsito em julgado. Trata-se de prazo decadencial. Na vigência do antigo Código Civil o prazo de decadência não se suspendia nem se interrompia, mesmo havendo menor interessado. O novo Código, todavia, estabelece nova regra, posto que no inciso I do art. 198 do Código Civil se preceitua que o prazo prescricional não fluirá contra os incapazes, sendo que o art. 208 estende essa regra para a decadência". E o STJ tem decidido que o prazo de decadência não corre contra os absolutamente incapazes também quando se tratar de ação rescisória:

> "RECURSO ESPECIAL. PROCESSUAL CIVIL. AÇÃO **RESCISÓRIA**. PRAZO DECADENCIAL. INTERESSE DE MENOR ABSOLUTAMENTE **INCAPAZ**. ARTIGOS 198, INCISO I, E 208 DO CÓDIGO CIVIL/2002. 1. O recurso especial tem origem em ação **rescisória** julgada extinta por **decadência**. 2. Cinge-se a controvérsia a definir se o prazo decadencial para a propositura da ação **rescisória** corre contra os absolutamente **incapazes**. 3. A interpretação sistemática dos artigos 3º, 198, inciso I, 207 e 208 do Código Civil/2002 revela que os prazos decadenciais, nos quais se inclui o prazo para a propositura da ação **rescisória**, não correm contra os absolutamente **incapazes** (...)" (REsp 1.403.256, 3ª Turma, Rel. Min. Ricardo Villas Bôas Cueva, *DJe* 10.10.2014).

Cabe ao Código Civil o estabelecimento das regras sobre prescrição e decadência, de modo que não há como adotar entendimento no sentido de que, em matéria de ação rescisória, a regra não se aplica. Dessa forma, a partir do Código Civil de 2002, a decadência **não corre contra os absolutamente incapazes, na forma do art. 208**.

51 *Ação rescisória*: o erro de fato como uma de suas hipóteses de cabimento. Leme: Mizuno, 2006, p. 31.

■ **Atenção:** o prazo de decadência é de dois anos mesmo para o INSS, porque não se aplica o prazo em dobro previsto no art. 183 do Código de Processo Civil.

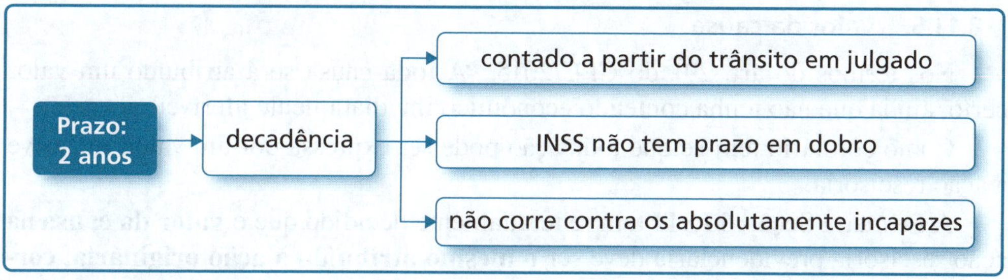

■ **Atenção:** a regra do § 2º do art. 975 tem uma exceção: quando a ação se fundar na existência de **prova nova** (art. 966, VII), **o prazo decadencial para o ajuizamento da ação rescisória só começará a correr da data da descoberta da prova nova**. Porém, **não poderá ser ultrapassado o prazo de 5 (cinco) anos**, contado da data do trânsito em julgado da última decisão proferida no processo.

8.11.4. Legitimidade. Os sucessores processuais

O art. 967 do CPC de 2015 enumera os legitimados à propositura da ação rescisória.

Tratando-se de matéria previdenciária, com frequência a ação rescisória é proposta pelo segurado ou pensionista.

A legitimidade dos sucessores deve ser analisada em conjunto com o que também dispõe o art. 112 da Lei n. 8.213/91:

> **Art. 112.** O valor não recebido em vida pelo segurado só será pago aos seus dependentes habilitados à pensão por morte ou, na falta deles, aos seus sucessores na forma da lei civil, independentemente de inventário ou arrolamento.

Se falecido o segurado, é necessário investigar se deixou **dependente habilitado à pensão por morte**. Se positiva a resposta, a legitimidade para o ajuizamento da rescisória será do dependente, por ser o titular do direito aos valores não recebidos em vida pelo segurado.

A legitimidade dos sucessores do segurado, na forma da lei civil, só existirá quando não houver dependente habilitado à pensão por morte, caso em que os valores serão, então, objeto de partilha entre seus herdeiros.

Quando se trata de **benefício assistencial**, a regra do art. 112 não se aplica, uma vez que esse benefício não gera direito à pensão por morte, sendo, então, dos sucessores a legitimidade para a rescisória.

A ação rescisória também pode ser proposta pelo INSS, que foi réu na ação originária, visando desconstituir coisa julgada que o condenou a pagar benefício, expedir certidão de tempo de serviço etc.

Rara é a hipótese em que o **Ministério Público Federal** é autor da ação rescisória previdenciária. A hipótese mais frequente é a do inc. III, *a*, do art. 967, por não ter se manifestado em processo em que sua intervenção era obrigatória. São casos de benefícios previdenciários devidos a incapazes e de benefício assistencial.

8.11.5. Valor da causa

Nos termos do art. 291 do CPC/2015, "A toda causa será atribuído um valor certo, ainda que não tenha conteúdo econômico imediatamente aferível".

Como corolário tem-se que toda ação pode ser expressa por um valor, inclusive a ação rescisória.

A Primeira Seção do STJ tem reiteradamente decidido que o **valor da causa** na ação rescisória previdenciária deve ser **o mesmo atribuído à ação originária, corrigido monetariamente:**

> "(...) 5. O valor da causa nas Ações Rescisórias é o da ação originária corrigido monetariamente ou, quando o montante da vantagem objetivada for diverso do valor da primeira ação, o do benefício econômico visado (...)" (EDAR 4.612, Rel. Min. Herman Benjamin, *DJe* 15.09.2011).

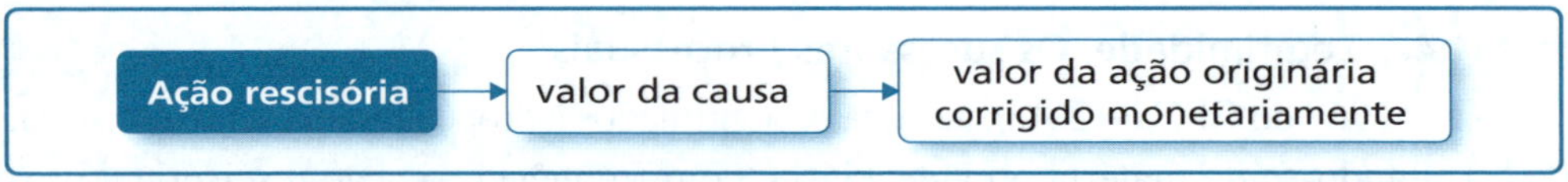

8.11.6. Custas processuais. Depósito prévio. Honorários de sucumbência. Justiça gratuita

O INSS é isento de custas.

O segurado ou beneficiário do RGPS ou de benefício assistencial, quando autor da ação rescisória, estará dispensado do pagamento das custas se for beneficiário da justiça gratuita.

O art. 968, II, do CPC/2015 determina que o autor deposite em juízo a importância de 5% (cinco por cento) do valor da causa, que se converterá em multa caso a ação seja, por unanimidade de votos, declarada inadmissível ou improcedente.

O INSS não está sujeito ao depósito da multa, conforme **Súmula 175 do STJ:** "Descabe o depósito prévio nas ações rescisórias propostas pelo INSS".

O autor da rescisória que for beneficiário da justiça gratuita também está dispensado do depósito prévio:

> "AÇÃO RESCISÓRIA. PREVIDENCIÁRIO. TRABALHADOR RURAL. APOSENTADORIA POR IDADE. NÃO EXIGÊNCIA DE DEPÓSITO PRÉVIO. POSSIBILIDADE DE NOVO JULGAMENTO NA RESCISÓRIA. DOCUMENTO NOVO DESPROVIDO DE OFICIALIDADE E INSUFICIENTE PARA CARACTERIZAR RAZOÁVEL INÍCIO DE PROVA MATERIAL TAL COMO PREVISTO PELO ART. 485, VII, DO CPC. PEDIDO IMPROCEDENTE. 1. **A parte beneficiária da justiça gratuita não está obrigada a fazer o depósito de que trata o art. 488, II, do CPC. Precedentes.** (...)" (STJ, AR 200001232940, 3ª Seção, Rel. Min. Maria Thereza de Assis Moura, *DJe* 08.04.2010).

Assim como nas demais ações, o vencido responde pelos honorários da parte vencedora.

Se o vencido for beneficiário da justiça gratuita, a condenação nos honorários de sucumbência ficará suspensa, na forma do art. 98, § 3º, do CPC/2015.

Se o vencido for o INSS, este será condenado a pagar os honorários de sucumbência. Caso da condenação resulte a implantação do benefício, aplica-se a Súmula 111 do STJ e, a partir de 16.03.2015, o art. 85 do novo Código de Processo Civil.

8.11.7. Intervenção do Ministério Público Federal

A lei nada dispõe especificamente sobre a intervenção do Ministério Público em ação rescisória.

A intervenção se justifica pela **natureza da lide**, conforme previa o art. 82, III, do CPC de 1973, situação em que se encaixa a desconstituição da coisa julgada. A intervenção também se impõe, a nosso ver, na forma do art. 178, I, do CPC de 2015.

Em matéria previdenciária e de benefício assistencial, a intervenção do Ministério Público Federal se dá não só pela natureza da lide, mas também porque são comuns hipóteses em que uma das partes é incapaz.

8.11.8. Medida cautelar e antecipação de tutela

As ações cautelares, preparatórias ou incidentais, bem como a antecipação de tutela, têm sido admitidas em ação rescisória.

Os pressupostos para a concessão das tutelas de urgência devem ser analisados com vistas ao disposto no art. 969 do CPC em vigor: "O ajuizamento da ação rescisória não impede o cumprimento da decisão rescindenda, ressalvada a concessão de tutela provisória".

Por se tratar de sustar os efeitos da coisa julgada, as antecipações de tutela só devem ser **admitidas em casos excepcionais**, na esteira do entendimento do STJ:

> "AGRAVO REGIMENTAL EM AÇÃO RESCISÓRIA. ANTECIPAÇÃO DE TUTELA. REQUISITOS. AUSÊNCIA. DECISÃO RESCINDENDA FUNDADA EM PRECEDENTES DESTA E. CORTE. **I — Somente em casos excepcionalíssimos a jurisprudência desta Corte tem admitido a concessão de medida antecipatória de tutela visando a sustação dos efeitos do julgado rescindendo, eis que não é razoável presumir-se a existência da aparência do bom direito contra quem tem, a seu favor, a coisa julgada obtida em processo de cognição exauriente.** II — Observo que a decisão rescindenda se fundamentou na jurisprudência pacífica desta e. Corte que admite a possibilidade de cumulação, sem qualquer limite, a não ser, é óbvio, o teto remuneratório constitucional, da pensão estatutária prevista no art. 242 da Lei n. 1.711/52 com o benefício previdenciário previsto no art. 1º da Lei n. 3.373/58. III — Ausência de requisitos que autorizem a antecipação de tutela. Agravo regimental desprovido" (AGRAR 200701815758, 3ª Seção, Rel. Min. Felix Fischer, *DJ* 04.10.2007, p. 166).

8.11.9. Objeto

A ação rescisória, objetiva a desconstituição da decisão de mérito que transitou em julgado e novo julgamento da causa.

8.11.10. Juízo rescindente e juízo rescisório

Na ação rescisória, o julgamento tem duas etapas: ao **juízo rescindente** segue-se o **juízo rescisório**.

O autor da rescisória pretende a desconstituição da coisa julgada para que seja proferido novo julgamento da causa originária.

No juízo rescindente, o Tribunal analisa se está configurada uma das hipóteses previstas no Código de Processo Civil que permita a desconstituição da coisa julgada.

Se, no juízo rescindente, chega-se à conclusão de que está configurada hipótese de rescisão do julgado, o pedido de rescisão é julgado procedente.

Rescindido o julgado, isto é, desconstituída a coisa julgada, passa-se ao juízo rescisório, com o novo julgamento da causa originária, se for o caso.

Nos termos do art. 974 do CPC de 2015, se a ação rescisória for julgada procedente, deverá ser determinada a restituição do depósito feito pelo autor. Se improcedente, o valor do depósito reverterá em favor do réu (§ 1º).

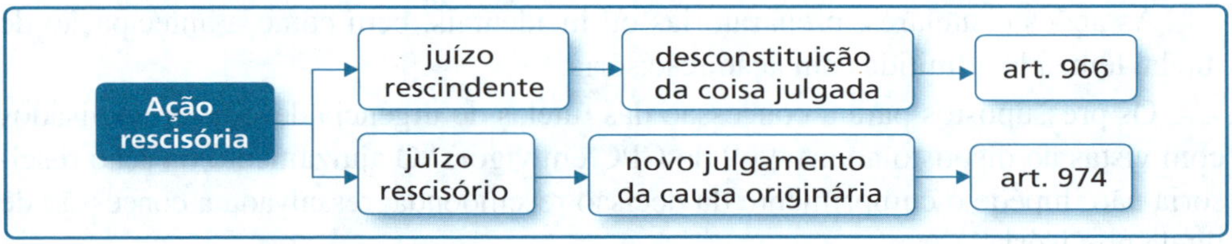

8.11.11. Hipóteses de cabimento. Causa de pedir. Art. 966 do Código de Processo Civil de 2015

Destinada a atacar garantia fundamental, a ação rescisória só tem cabimento nas **hipóteses taxativamente enumeradas** no art. 966 do Código de Processo Civil de 2015:

> **Art. 966.** A sentença de mérito, transitada em julgado, pode ser rescindida quando:
>
> I — se verificar que foi proferida por força de prevaricação, concussão ou corrupção do juiz;
>
> II — for proferida por juiz impedido ou por juízo absolutamente incompetente;
>
> III — resultar de dolo ou coação da parte vencedora em detrimento da parte vencida ou, ainda, de simulação ou colusão entre as partes, a fim de fraudar a lei;
>
> IV — ofender a coisa julgada;
>
> V — violar manifestamente norma jurídica;
>
> VI — for fundada em prova cuja falsidade tenha sido apurada em processo criminal ou venha a ser demonstrada na própria ação rescisória;

> VII — obtiver o autor, posteriormente ao trânsito em julgado, prova nova, cuja existência ignorava ou de que não pôde fazer uso, capaz, por si só, de lhe assegurar pronunciamento favorável;
>
> VIII — for fundada em erro de fato verificável do exame dos autos.
>
> § 1º Há erro de fato quando a decisão rescindenda admitir fato inexistente ou quando considerar inexistente fato efetivamente ocorrido, sendo indispensável, em ambos os casos, que o fato não represente ponto controvertido sobre o qual o juiz deveria ter se pronunciado.
>
> § 2º Nas hipóteses previstas nos incisos do *caput*, será rescindível a decisão transitada em julgado que, embora não seja de mérito, impeça:
>
> I — nova propositura da demanda; ou
>
> II — admissibilidade do recurso correspondente.
>
> § 3º A ação rescisória pode ter por objeto apenas 1 (um) capítulo da decisão.
>
> § 4º Os atos de disposição de direitos, praticados pelas partes ou por outros participantes do processo e homologados pelo juízo, bem como os atos homologatórios praticados no curso da execução, estão sujeitos à anulação, nos termos da lei.
>
> § 5º Cabe ação rescisória, com fundamento no inciso V do *caput* deste artigo, contra decisão baseada em enunciado de súmula ou acórdão proferido em julgamento de casos repetitivos que não tenha considerado a existência de distinção entre a questão discutida no processo e o padrão decisório que lhe deu fundamento.
>
> § 6º Quando a ação rescisória fundar-se na hipótese do § 5º deste artigo, caberá ao autor, sob pena de inépcia, demonstrar, fundamentadamente, tratar-se de situação particularizada por hipótese fática distinta ou de questão jurídica não examinada, a impor outra solução jurídica.

O art. 966, em linhas gerais, repetiu as mesmas hipóteses previstas no art. 485 do CPC/73, porém, com diversas peculiaridades. Destacaremos na análise o disposto nos dois códigos processuais apenas nas hipóteses em que houver diferenças a apontar.

Cada uma das hipóteses é suficiente para levar à rescisão do julgado.

Há grande discussão sobre a possibilidade de o Tribunal rescindir o julgado por fundamento diverso do invocado pelo autor. A questão é importante, porque se trata de impedir interpretação que alargue as possibilidades de desconstituição da coisa julgada.

É importante, então, distinguir se se trata de fundamento não invocado ou fundamento erroneamente indicado.

O Tribunal aprecia a **questão de fato** — causa de pedir — que embasa o pedido e se enquadra em um dos incisos do art. 966. Pode dar-lhe o **correto enquadramento jurídico**, caso o fundamento esteja em inciso do art. 966 diverso do indicado pelo autor na petição inicial.

É oportuna a lição de **Flávio Yarshell:**[52]

> "Quanto aos fundamentos que integram a causa de pedir da ação rescisória, é também ônus do demandante alegá-los, embora seja correto o entendimento de que, nesse âmbito, vigora o brocardo *jura novit curia*. Sem embargo da inegável tipicidade que caracteriza a ação rescisória, e nada obstante seu reconhecido caráter excepcional, o que com-

[52] *Ação rescisória, juízos rescindente e rescisório*. São Paulo: Malheiros, 2005, p. 150-151.

pete ao autor é a narrativa do fato — ainda que contornos essencialmente processuais — constitutivo de sua pretensão e que autoriza a cassação do ato. É certo que o fato deve guardar correspondência no modelo legal, mas é rigorosamente irrelevante que o autor se equivoque quanto ao enquadramento da situação que descreve nas hipóteses contidas no art. 485 do CPC. Com isso não se quer dizer que a sentença ou o acórdão rescindendo se submetam a crivo ilimitado pelo tribunal, que, diante da singela narrativa de que a decisão deve ser rescindida, poderia ou mesmo deveria examinar aquela primeira à luz de cada uma das hipóteses previstas no art. 485 do CPC, mesmo que não constantes da inicial. O que não parece possível ao órgão judicial é desvirtuar o fato — repita-se, ainda que com conotação processual — descrito pelo demandante."

Em Acórdão de Relatoria do Ministro Sálvio de Figueiredo Teixeira proferido no REsp 199100019143, a 4ª Turma do STJ assentou a possibilidade de aplicação do *iura novit curia* à ação rescisória (*DJ* 15.02.1993, p. 1687):

> "PROCESSO CIVIL. AÇÃO RESCISÓRIA. CAUSA DE PEDIR. ENQUADRAMENTO LEGAL. *IURA NOVIT CURIA*. RECURSO DESACOLHIDO. I — Os brocardos jurídicos *iura novit curia* e *da mihi factum dabo tibi ius* são aplicáveis às ações rescisórias. II — Ao autor cumpre precisar os fatos que autorizam a concessão da providência jurídica reclamada, incumbindo ao juiz conferir-lhes adequado enquadramento legal. III — Se o postulante, embora fazendo menção aos incisos III e VI do art. 485, CPC, deduz como *causa petendi* circunstâncias fáticas que encontram correspondência normativa na disciplina dos incisos V e IX, nada obsta que o julgador, atribuindo correta qualificação jurídica às razões expostas na inicial, acolha a pretensão rescisória. IV — O que não se admite é o decreto de procedência estribado em fundamentos distintos dos alinhados na peça vestibular."

O que não pode é o Tribunal rescindir o julgamento com base em fato — causa de pedir — diverso do que foi apontado na inicial.

Todos os entendimentos adotados pela jurisprudência são abrandados quando a ação rescisória tem por objeto decisão que atinge segurado ou beneficiário da Previdência Social ou da Assistência Social. Considera-se, sempre, a natureza do direito social objeto de questionamento e a inafastável condição de fragilidade de seu titular.

Trataremos dos incisos do art. 966 que com mais frequência se apresentam nas ações rescisórias de matéria previdenciária.

8.11.11.1. Sentença resultante de dolo ou coação da parte vencedora em detrimento da parte vencida (arts. 485, III, do CPC/73 e 966, III, do CPC/2015)

O art. 966, III, modificou a redação do inciso III do art. 485, acrescentando a **coação** da parte vencedora em detrimento da parte vencida, e a **simulação** entre as partes, a fim de fraudar a lei.

O dolo processual ocorre quando a parte comete ato tendente a qualificá-la como litigante de má-fé, faltando ao dever de lealdade e boa-fé, que lhe conduza a resultado favorável, em detrimento da parte contrária.

É necessário comprovar que **o ato doloso da parte vencedora induziu o juiz a erro, daí resultando o prejuízo da parte vencida.**[53]

Embora longa a citação, a doutrina tradicional de **Pontes de Miranda** não pode ser esquecida:[54]

> "1. Dolo da parte vencedora. (...) Se, por exemplo, a parte vencedora obstou a prática de ato processual, ou mesmo extraprocessual, para que não produzisse prova à parte vencida, o que deu causa à desfavorabilidade da sentença, houve dolo. **Se não houve relação causal entre ato ou a omissão dolosa e a desfavorabilidade da sentença, não está formado o pressuposto.** (...) **Na espécie do art. 485, III, o que é necessário para a rescindibilidade é que, se não tivesse havido o dolo, a sentença seria diferente (favorável à outra parte), mesmo só em algum ponto ou em alguns pontos.**
>
> O dolo pode ser da parte vencedora, ou de seu procurador, ou advogado, e — em se tratando de pessoa jurídica — de órgão ou de representante, ou de advogado. O que importa é que tenha havido poderes de presentação ou de representação, outorgados pela parte vencedora (d. Nicola Giudiceandrea, Le Impugnazioni civili, 11, 408), ou *ex lege*.
>
> (...) No art. 485, III, 1ª parte, há dolo unilateral: do vencedor contra o vencido. Se bilateral, não há o pressuposto a que o texto se refere.
>
> (...) É de exigir-se, na espécie do art. 485, III, ter havido a causalidade entre o dolo da parte vencedora em detrimento da parte vencida, ou a colusão das partes para fraudar a lei, e a sentença do juiz ou o acórdão. Ali, o vencedor procedeu sem lealdade e boa-fé (cf. art. 14, II), violando princípio que lhe deu o dever de lealdade; aqui, o próprio juiz, ou tribunal, tinha de proferir a sentença, ou o julgado coletivo, obstativo aos objetivos das partes (art. 129).
>
> (...) 2. Ato ou omissão em detrimento da parte vencida. **Dolo é a direção da vontade, aí vontade do vencedor, para contrariar direito.** Pode ser que se trate de ato imoral, sem que a parte vencedora o haja querido para detrimento da outra parte, o que raramente acontece se foi causa da vitória, total ou parcial, no litígio. **Não se pode invocar o art. 485, III, se o vencedor ignorava a ligação ente o seu ato, ou a sua omissão, e a favorabilidade da sentença** (d. Richard Weyl, System der Verschuldensbegriffe, 400). (...)".

Representante da doutrina moderna, **Flávio Luiz Yarshell** ensina:[55]

> "É fundamento para desconstituição do julgamento de mérito resultar ele de dolo da parte vencedora em detrimento da vencida; o que ocorre, nos termos da doutrina, quando a parte vencedora, faltando ao dever de lealdade e boa-fé, tenha impedido ou dificultado a atuação do adversário ou influenciado o magistrado, afastando-o da verdade. Para que o dolo seja apto a ensejar desconstituição via rescisória é mister a existência de nexo causal entre o dolo e a decisão rescindenda. Disso se extrai, com relativa facilidade, que nem todo comportamento doloso no curso do processo há que autorizar a propositura de ação rescisória."

Barbosa Moreira tem o mesmo entendimento:[56]

---

[53] Cf. Didier e Cunha, ob. cit., p. 393: "Nem todo comportamento doloso rende ensejo ao cabimento da ação rescisória. É preciso que haja **nexo de causalidade entre a conduta da parte vencedora e a decisão rescindenda**. É preciso, para que se acolha a rescisória, que se reconheça o dolo e, mais precisamente, que se demonstre que ele foi a **razão determinante do resultado** a que chegou o juiz".

[54] Ob. cit., p. 247-249.

[55] Ob. cit., p. 312-313.

[56] José Carlos Barbosa Moreira, *Comentários ao Código de Processo Civil.* 12. ed. São Paulo: Forense, 2005, v. V, p. 124-125.

"75. Dolo da parte vencedora — Ocorre este motivo de rescisão quando a parte vencedora, seja qual for, faltando ao dever de lealdade e boa-fé (art. 14, n. II), haja impedido ou dificultado a atuação processual do adversário, ou influenciado o juízo do magistrado, em ordem a afastá-lo da verdade. (...) Não basta a simples afirmação de fato inverídico, sem má-fé, nem o silêncio acerca de fato desfavorável relevante, nem a abstenção de produzir prova capaz de beneficiar a parte contrária. Tampouco é suficiente que haja tirado proveito, com habilidade, de alguma situação de inferioridade em que se tenha visto o adversário, quanto às suas possibilidades de defesa, por motivos estranhos à vontade do litigante vitorioso. Não se enquadra nesta figura a produção de prova que o vencedor sabia falsa, ou o comportamento que haja determinado a falsidade de prova (*v.g.*, o suborno de testemunha, para prestar falso depoimento). Se a falsa prova constitui o fundamento da decisão, caberá a rescisória com apoio no inciso VI, que dispensa a indagação de ordem subjetiva, e portanto prescinde do dolo. Se a decisão não se fundou na falsa prova, a má-fé do litigante poderá acarretar outras sanções, mas a sentença não será rescindível. É necessário o nexo de causalidade entre o dolo e o pronunciamento do órgão judicial. O resultado do processo precisa ter sido o que foi *em razão* do comportamento doloso (*verbis*: 'quando *resultar* de dolo' (...)). Em outras palavras: exige-se que, sem este, a decisão houve de ser diversa. Ao dolo processual *da parte* equipara-se o do seu representante legal, e bem assim o do advogado, através do qual o litigante atua normalmente em juízo."

Essa é também a lição antiga da jurisprudência do Superior Tribunal de Justiça:[57]

"AÇÃO RESCISÓRIA. ADMINISTRATIVO. PENSÃO MILITAR. INGRESSO NO PROCESSO ORIGINÁRIO DE PRETENSA AMANTE DO 'DE CUJUS', NÃO COMO OPOENTE, MAS COMO LITISCONSORTE DA EX-ESPOSA, COM O PROPÓSITO ÚNICO E EXCLUSIVO DE TUMULTUAR A PROVA PRODUZIDA PELA CONCUBINA. DOLO DA PARTE VENCEDORA DA AÇÃO ORIGINÁRIA (CPC, ART. 485, III) E DECISÃO BASEADA EM FATOS INEXISTENTES (CPC, ART. 485, IX).
I — O dolo do inciso III do art. 485 do CPC não é, à evidência, de natureza material. Trata-se de 'dolo processual', próprio do litigante de má-fé (CPC, art. 17). (...)".

O dolo da parte vencedora vem por vezes invocado pelo INSS nas ações rescisórias em que pretende a desconstituição do julgado que concedeu benefício previdenciário a trabalhador rural. Nessas situações, os fundamentos costumam ser o de dolo da parte vencedora (inc. III) e violação de norma jurídica (inc. V).

Exemplo: na ação originária, o segurado requereu aposentadoria por idade como trabalhador rural, com fundamento no art. 143 da Lei n. 8.213/91, alegando que durante toda a sua vida laboral exerceu atividades exclusivamente rurais, sem anotação em CTPS. Juntou início de prova material — Certidão de Casamento em que foi qualificado como lavrador —, confirmado por prova testemunhal. O pedido foi julgado procedente em primeiro grau e confirmado pelo Tribunal em apelação.

O pleito foi acolhido tanto em primeiro quanto em segundo graus de jurisdição, e o benefício concedido com base na prova oral aliada à prova indiciária da atividade.

57 AR 98/RJ, 1ª Seção, Rel. Min. Adhemar Maciel, *DJU* 05.03.1990.

O INSS ajuizou a ação rescisória alegando que o autor da ação originária, réu agora na rescisória, omitiu o exercício de atividades urbanas, anotadas em sua CTPS, que, aliás, não juntou aos autos. A autarquia sustentou que a afirmação do exclusivo labor rural, aliada à omissão da CTPS, direcionou o colegiado à concessão do benefício rural, sem que tivesse o completo conhecimento dos fatos e, consequentemente, o pleno exercício do direito de defesa. Assim, o ora réu alterou a verdade dos fatos e omitiu os documentos que os comprovariam.

A análise do caso pelo Tribunal comprovou que o autor da demanda subjacente omitiu a CTPS, que informava a existência de vínculo laboral urbano com diversas empresas, um deles ainda em aberto na data do ajuizamento. Esse fato, se de conhecimento do colegiado, jamais resultaria na concessão do benefício, pois o autor estava exercendo atividade urbana exatamente no período anterior ao do requerimento do benefício, descaracterizando, assim, sua condição de trabalhador rural.

A afirmação da exclusiva condição de trabalhador rural contida na inicial da ação originária, aliada à ausência da prova da atividade urbana, de fato, impediu/dificultou a atuação processual da autarquia, influenciando o colegiado, de modo a afastá-lo da verdade, concedendo o benefício pretendido. Restou, então, caracterizado, no caso, o dolo processual previsto no art. 966, III. Isso se revela mais contundente porque as anotações em CTPS são consideradas prova plena da atividade laboral.

No exemplo, o pedido foi julgado procedente em razão da "utilização pelos recorridos de expedientes e artifícios maliciosos capazes de reduzir a capacidade de defesa da outra parte a ponto do juiz proferir decisão distante da verdade dos fatos".[58]

A sentença homologatória de acordo não está sujeita à rescisão com fundamento no dolo da parte vencedora em detrimento da parte vencida, porque não há vencidos ou vencedores.

Rescindido o julgado, passa-se ao juízo rescisório, com novo julgamento da causa. Em regra, o novo julgamento da causa, nessa hipótese, será favorável ao autor da ação rescisória.

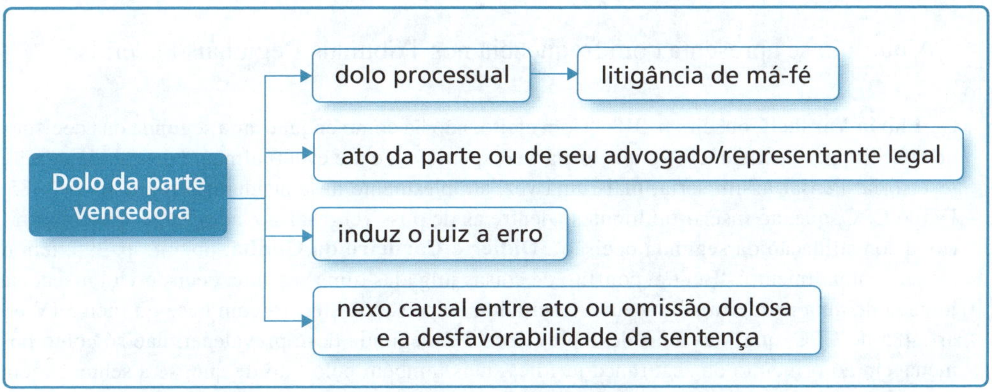

[58] Cf. STJ, REsp 200300130417, 4ª Turma, Rel. Min. Hélio Quaglia Barbosa, 12.03.2007, p. 234.

8.11.11.2. *Ofensa à coisa julgada (arts. 485, IV, do CPC/73 e 966, IV, do CPC/2015)*

A proteção à coisa julgada é garantia fundamental, que tem na ação rescisória um dos seus instrumentos.

A hipótese é a de que a decisão que se pretende rescindir contrariou coisa julgada anterior sobre a mesma questão.

Havendo **duas decisões com trânsito em julgado** sobre a mesma pretensão, deve-se fixar qual delas deve prevalecer.

Pode ocorrer de ambas as decisões transitadas em julgado não serem mais passíveis de impugnação pela via rescisória, em razão de já se ter consumado o prazo de decadência. O entendimento majoritário da doutrina e da jurisprudência é no sentido de que **prevalece a segunda decisão**.[59] Para os que defendem o contrário, a segunda coisa julgada é inexistente porque a primeira já solucionou o conflito.

A nosso ver, o entendimento majoritário é coerente com a previsão do art. 485, IV, do CPC/73, cuja existência não teria sentido se a segunda coisa julgada fosse inexistente.

É diferente, contudo, quando ainda é possível ajuizar a rescisória. É dessa hipótese que cuidam os incs. IV dos arts. 485 e 966.

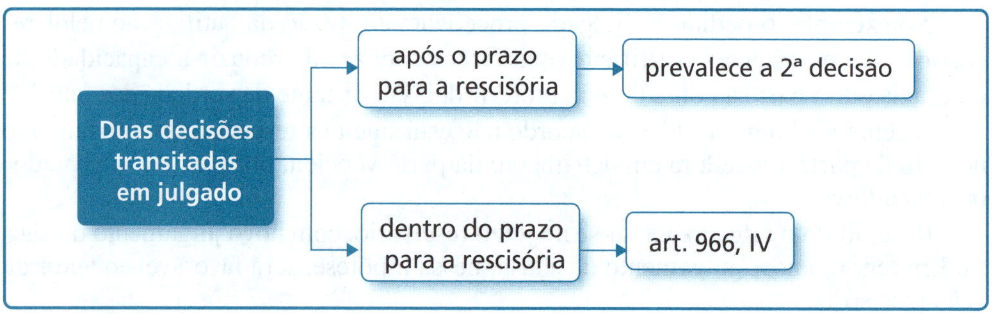

A questão se apresenta com frequência nos Tribunais Regionais Federais.

[59] Cf. **Flávio Yarshell**, ob. cit., p. 318: "Com efeito, não há como enquadrar a segunda das decisões no conceito de 'inexistência'; o que tornaria dispensável, e até eventualmente descabida, a ação rescisória. Pensar assim seria, mais uma vez, simplesmente desconsiderar a regra do art. 485, IV, do CPC, que, ao inserir tal hipótese dentre as de possível rescisão, admitiu, a senso contrário, a convalidação da segunda decisão". **Didier e Carneiro da Cunha**, ob. cit., p. 395, têm o mesmo entendimento: "Em um conflito de coisas julgadas (uma segunda decisão violou a coisa julgada de uma primeira), não sendo rescindida a decisão posterior, com base no inciso IV do art. 485 do CPC, qual das duas deve prevalecer? A segunda deve prevalecer, não só como homenagem ao princípio da segurança jurídica, mas também pelo fato de que, se a sentença tem força de lei entre as partes (art. 468, CPC), *lei posterior revoga a anterior*, não obstante a segunda lei pudesse ter sido rescindida; como não foi, fica imutável pela coisa julgada e, assim, deve prevalecer".

Exemplo: o trabalhador requereu judicialmente aposentadoria por idade rural, com fundamento no art. 143 da Lei n. 8.213/91. Não juntou início de prova material (art. 55, § 3º) e apenas produziu prova testemunhal. O pedido foi julgado improcedente, na forma da Súmula 149 do STJ. Após o trânsito em julgado, nova ação é ajuizada, com o mesmo pedido — aposentadoria por idade rural —, desta vez instruída com documentos. Não tendo sido informado ao juízo da segunda ação a existência da coisa julgada anterior, o pedido foi julgado procedente e concedido o benefício.

O INSS ajuizou, então, ação rescisória da segunda coisa julgada, com fundamento no art. 485, IV. Pergunta-se: a primeira demanda, em que se rejeita pedido de aposentadoria por idade rural, faz coisa julgada em relação à segunda, cujo pedido de aposentadoria por idade rural foi acolhido?

A nosso ver, no caso, há coisa julgada material na primeira ação porque foi preferida sentença de mérito, que apreciou a prova. Entretanto, a configuração da ocorrência de coisa julgada dependerá dos fatos e fundamentos jurídicos alegados em ambas as ações. Se ambas estiverem calcadas nos mesmos fatos e fundamentos jurídicos, o que, na hipótese, é o que costumeiramente acontece, haverá repetição de ações, com as mesmas partes, mesmo objeto e mesma causa de pedir.

No exemplo, as partes são as mesmas — trabalhador e INSS — o objeto é idêntico — aposentadoria por idade —, e a causa de pedir é o exercício da atividade rural. A hipótese é, então, de aplicação do art. 966, IV.

Parece ser esse também o entendimento do STJ:

"AÇÃO RESCISÓRIA. PREVIDENCIÁRIO. OFENSA À COISA JULGADA. INEXISTÊNCIA. 1. No caso, não há identidade da causa de pedir, pois os fundamentos de fato e de direito são diversos, não sendo de falar, portanto, em ofensa à coisa julgada. 2. Ação rescisória improcedente" (AR 200300354607, 3ª Seção, Rel. Min. Paulo Gallotti, *DJe* 17.06.2009).

Alertamos o leitor para o entendimento adotado pelo STJ, em Recurso Especial Repetitivo, no sentido de que, nesse específico exemplo, não houve coisa julgada anterior, porque a inexistência de início de prova material configuraria falta de pressuposto processual, com a extinção do processo sem resolução do mérito:

"(...) RECURSO ESPECIAL REPRESENTATIVO DA CONTROVÉRSIA. ART. 543-C DO CPC. RESOLUÇÃO N. 8/STJ. APOSENTADORIA POR IDADE RURAL. AUSÊNCIA DE PROVA MATERIAL APTA A COMPROVAR O EXERCÍCIO DA ATIVIDADE RURAL. CARÊNCIA DE PRESSUPOSTO DE CONSTITUIÇÃO E DESENVOLVIMENTO VÁLIDO DO PROCESSO. EXTINÇÃO DO FEITO SEM JULGAMENTO DO MÉRITO, DE MODO QUE A AÇÃO PODE SER REPROPOSTA, DISPONDO A PARTE DOS ELEMENTOS NECESSÁRIOS PARA COMPROVAR O SEU DIREITO. (...) 2. As normas previdenciárias devem ser interpretadas de modo a favorecer os valores morais da Constituição Federal/1988, que prima pela proteção do Trabalhador Segurado da Previdência Social, motivo pelo qual os pleitos previdenciários devem ser julgados no sentido de amparar a parte hipossuficiente e que, por esse motivo, possui proteção legal que lhe garante a flexibilização dos rígidos institutos processuais. Assim, deve-se procurar encontrar na hermenêutica previdenciária a solução que mais se aproxime do caráter social da Carta Magna, a fim de que as normas processuais não venham a obstar a concretude do direito fundamental à prestação previdenciária a que faz jus o segurado. (...) **5. A ausência de conteúdo probatório eficaz a instruir a inicial, conforme determina o art. 283 do CPC, implica a carência de pressuposto de constituição e desenvolvimento válido do processo, impondo a sua extinção sem o julgamento do mérito (art. 267, IV do CPC) e a consequente possibilidade de o autor intentar novamente a ação (art. 268 do CPC), caso reúna os elementos necessários à tal iniciativa**. (...)" (REsp 1352721 SP, Corte Especial, Rel. Min. Napoleão Nunes Maia Filho, *DJe* 28.04.2016).

A rescisão com fundamento no art. 966, IV, não acarreta novo julgamento da causa, pois fica mantida a coisa julgada anterior.

Porém, há situações em que a rescisão por ofensa à coisa julgada acarreta novo julgamento, justamente para que esta prevaleça. É quando se dá a "ofensa ao efeito positivo da coisa julgada",[60] o que ocorre na liquidação do julgado.

Exemplo: o INSS opôs embargos à execução de sentença sustentando que os cálculos apresentados pelo segurado credor não observaram os termos da sentença em execução. O credor impugnou os embargos. O juiz, então, julgou improcedentes os embargos à execução. Dessa sentença proferida nos embargos à execução foi interposta apelação, à qual o Tribunal negou provimento. Após o trânsito em julgado, o INSS ajuizou a ação rescisória, com fundamento na violação da coisa julgada proferida no processo de conhecimento, ou seja, da sentença em execução.

No juízo rescindente, a rescisória foi julgada procedente, com fundamento no art. 485, IV, do CPC/73, reconhecendo o Tribunal que a sentença que julgou os embargos à execução contrariou a coisa julgada. Passou-se, no caso, então, ao juízo rescisório, julgando novamente os embargos à execução, determinando que os cálculos de liquidação observassem a coisa julgada proferida no processo de conhecimento.

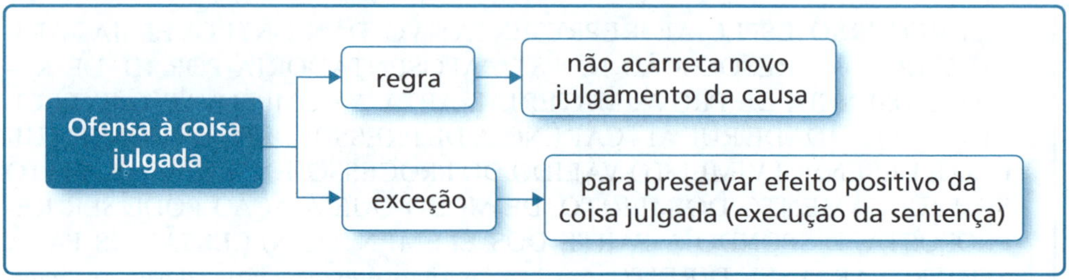

[60] Ob. cit., p. 395.

8.11.11.3. *Violação manifesta de norma jurídica (arts. 485, V, do CPC/73 e 966, V, do CPC/2015). A Súmula 343 do STF*

O art. 485, V, do CPC de 1973 contemplava a hipótese de rescisão por *violação a literal disposição de lei*, expressão que merece algumas considerações.

A "lei" deve ser entendida em sentido amplo, de norma jurídica, que pode ser da Constituição, de lei complementar, lei ordinária, medida provisória, decreto ou qualquer outro ato de cunho normativo. Pode ser, até mesmo, de lei nacional ou estrangeira. A crítica doutrinária foi ouvida, e o legislador do CPC de 2015 substituiu a expressão "violar literal disposição de lei" por "violar manifestamente norma jurídica".

Comentando o art. 485, V, **Didier e Carneiro da Cunha** ensinam[61] que violação à literal disposição de lei corresponde à "**violação à literal fonte do direito, o que incluiria violação a princípio**. A violação de qualquer norma jurídica possibilita o ingresso da ação rescisória, com vistas a desconstituir a sentença de mérito transitada em julgado", porque o objetivo é a proteção do ordenamento jurídico como um todo.

A decisão que viola literal disposição de lei desborda do texto e do contexto legal, importando flagrante desrespeito à norma jurídica.

O art. 485, V, e, agora, o art. 966, V, não restringem a violação à literalidade da norma, mas permitem caracterizá-la quando violado seu sentido, sua finalidade, muitas vezes alcançados mediante métodos de interpretação.[62]

A exigência de efetiva violação afasta a desconstituição do julgado com base em mera injustiça, porque **a rescisória não é recurso**. É por isso que não se admite a rescisória quando, fundamentada na violação a literal disposição de lei ou norma jurídica, pretende, na verdade, o reexame de provas, que, mesmo que mal apreciadas, levaram à prolação de decisão injusta. Se permitido o reexame da matéria de fato, a rescisória se tornaria mais um recurso. O entendimento do STF nesse sentido é antigo:

> "Ação rescisória fundada no art. 485, incs. III e V, do CPC. (...) A violação de literal disposição de lei (art. 485, III, do CPC) pressupõe violação frontal e direta a lei. Os arts. 478 e 479 do CPC, inseridos na uniformização da jurisprudência, não foram cogitados na decisão do Tribunal Federal de Recursos. Além disso, esse incidente não existe no âmbito jurisprudencial do Supremo Tribunal Federal. Inviabilidade da alegação de negativa de vigência, ou violação de texto de súmula, que inobstante a sua importância, não tem força de lei. Não se caracteriza afronta a literal disposição do art. 153, parágrafo 4, da Lei Magna. (...) Por último, **a ação rescisória não se presta a novo exame dos fatos colhidos nos autos, a fim de reparar possível injustiça**. Improcedência da ação" (AR 1198, Rel. Min. Djaci Falcão).

O **Tribunal Superior do Trabalho** também tem entendimento no mesmo sentido, cristalizado na **Súmula 410:** "A ação rescisória calcada em violação de lei não admite reexame de fatos e provas do processo que originou a decisão rescindenda".

---

[61] Ob. cit., p. 398-399.

[62] Cf. Sérgio Rizzi, *Ação rescisória*. São Paulo: RT, 1979, p. 105-107.

Daí se tira que a rescisória por violação de norma jurídica só é cabível em matéria de direito.

Atenção: não alcança a violação a súmula, nem mesmo a súmula vinculante.

Para que a sentença seja rescindível, pouco importa que o dispositivo violado seja de direito material ou de direito processual, sendo rescindível, por exemplo, a sentença que julgue *ultra petita* ou *extra petita*, na medida em que é direito subjetivo da parte ter a pretensão posta em juízo efetivamente apreciada e decidida.[63]

Exemplo: a causa de pedir da ação em que se pediu que fosse restabelecido o pagamento do benefício suspenso pelo INSS foi a consumação da prescrição, a impedir a revisão do ato concessivo da aposentadoria. A contestação se contrapôs à tese ao argumento de que o prazo prescricional não incide na hipótese da ocorrência de fraude para o deferimento de benefício. A sentença, dando por consumada a prescrição, julgou procedente o pedido e determinou o restabelecimento do benefício. Porém, no julgamento da apelação interposta pelo INSS, o Tribunal julgou o pedido com base em fundamentação não deduzida pelo autor, sob o aspecto do descumprimento dos princípios do contraditório e da ampla defesa. Disso resultou a ausência de exame da única controvérsia efetivamente abordada no recurso do INSS, referente à incidência, ou não, de prescrição como óbice à revisão de ato administrativo de concessão de benefício previdenciário obtido em razão de fraude. Daí a configuração do julgamento *extra petita*, com a literal violação da norma posta no art. 128 do CPC/73.

Cabe ao autor apontar, na inicial da ação rescisória, o dispositivo legal violado, omissão que o Tribunal não pode suprir com base no *iura novit curia*. A exigência, entretanto, deve ser abrandada quando, embora o autor não indique com precisão o artigo violado, seja possível identificá-lo.

A **Súmula 343** do **STF** é de grande importância na aplicação do art. 485, V, e, a nosso ver, será também na aplicação do art. 966, V: "Não cabe ação rescisória por ofensa à literal disposição de lei, quando a decisão rescindenda se tiver baseado em texto legal de interpretação controvertida nos tribunais".

A matéria previdenciária, constantemente levada aos Tribunais, tradicionalmente enseja interpretação controvertida, sobretudo em questões relativas a cálculos de renda mensal inicial e subsequentes reajustes.

---

[63] Cf. Yarshell, ob. cit., p. 322: "Fundamentos de ordem processual também justificariam a propositura de ação rescisória, desde que, pela cognição empreendida, a decisão seja apta a projetar efeitos para fora do processo, isto é, para o plano substancial. Vem a calhar, mais uma vez, a distinção entre *error in judicando* e *error in procedendo*, porque no primeiro caso, cassada a decisão, passar-se-á diretamente ao novo julgamento, ao passo que na segunda hipótese é de se presumir que o reconhecimento do erro acarrete a desconstituição do julgamento do mérito (e, eventualmente, de atos que o precederam, remetendo-se o novo julgamento para o órgão oficiante quando da violação que acabou reconhecida pela procedência da rescisória ou para o órgão competente, no caso de procedência da rescisória por vício de incompetência)".

A Súmula 343 afasta a violação de norma jurídica quando se tratar de questão controvertida nos Tribunais e se aplica quando a controvérsia envolver a rescisão de julgado amparado em preceito infraconstitucional, ou seja, quando versada tão somente a legalidade, ou não, de norma jurídica infraconstitucional.

Porém, quando a questão envolve a interpretação de norma constitucional, é possível a rescisória por violação de norma jurídica. Assim é por repugnar ao ordenamento jurídico a manutenção, no sistema, de preceito tido por desconforme à Constituição e que, nessa condição, sequer deveria ter nascido.

Esse tem sido o entendimento unânime do STF:

> "Ação rescisória. Acidente do trabalho. Trabalhador rural. Ofensa ao art. 165, parágrafo único, da Constituição Federal. Súmula 343 (inaplicabilidade). A atribuição ou extensão de benefício previdenciário a categoria não contemplada no sistema próprio implica ofensa ao art. 165, parágrafo único, da Constituição Federal, dada a inexistência da correspondente fonte de custeio. **A Súmula 343 tem aplicação quando se trata de texto legal de interpretação controvertida nos tribunais, não, porém, de texto constitucional.** Recurso extraordinário conhecido e provido" (RE 103880/SP, 1ª Turma, Rel. Min. Sydney Sanches, *RTJ* 114/361).

O STJ pacificou seu entendimento em Embargos de Divergência:

> "EMBARGOS DE DIVERGÊNCIA. AÇÃO RESCISÓRIA. INTERPRETAÇÃO DE TEXTO CONSTITUCIONAL. CABIMENTO.
> **É admissível a ação rescisória, mesmo que, à época da decisão rescindenda, fosse controvertida a interpretação de texto constitucional.** Inaplicável à espécie a Súmula 343, do Supremo Tribunal Federal, ainda mais porque o aresto rescindendo divergira do pacífico entendimento do STF sobre o tema, de índole constitucional. Precedentes. Dissenso não configurado. Embargos não conhecidos" (Bem. Div. REsp 155654/RS, Rel. Min. José Arnaldo da Fonseca, *DJU* 23.08.1999).

A controvérsia na jurisprudência ocorre quando uma norma jurídica é interpretada de formas diferentes nos Tribunais. Controverte-se sobre o direito, e não sobre os fatos.

Há muitas questões previdenciárias que ensejam interpretação controvertida nos tribunais.

> **Exemplo:** antes da edição da Súmula 149 do STJ,[64] de dezembro de 1995, havia grande controvérsia nos Tribunais acerca da aplicação do art. 55, § 3º, da Lei n. 8.213/91, que exige a produção de início de prova material para comprovação de tempo de serviço. O trabalhador ajuizou ação pedindo aposentadoria por idade rural e produziu apenas prova testemunhal. O pedido foi julgado improcedente, e a decisão transitou em julgado em 1994.

Após o trânsito em julgado, foi ajuizada a ação rescisória, com fundamento na violação de literal disposição de lei, em que o autor alegou que o fundamento utilizado

[64] Súmula 149: "A prova exclusivamente testemunhal não basta à comprovação da atividade rurícola, para efeito da obtenção de benefício previdenciário".

para negar-lhe a prestação previdenciária — a prova exclusivamente testemunhal não serve para demonstrar o exercício de atividade rurícola — consubstanciava orientação jurisprudencial ainda não assentada pelo STF. Alegou, também, que o acórdão ignorou a inconstitucionalidade do art. 55, § 3º, da Lei n. 8.213/91, ferindo os arts. 6º; 7º, XXXIV; 195; 201, I; e 202, I e § 2º, da Constituição, e os arts. 2º e 143 da Lei n. 8.213/91, tornando-se passível de rescisão, nos termos do art. 485, V, do CPC.

Na época em que foi proferida a decisão rescindenda, havia grande controvérsia entre as Turmas do STJ e dos Tribunais Regionais Federais em torno da possibilidade, ou não, de produção unicamente de prova testemunhal. A divergência acabou por ser resolvida em prol do entendimento contrário à suficiência da prova exclusivamente testemunhal em 1995, com a edição da Súmula 149, que passou a ser adotada pelos demais Tribunais.

Então, sendo a decisão rescindenda anterior à edição da Súmula 149, a matéria posta na ação originária, envolvendo a norma do art. 55, § 3º, da Lei n. 8.213/91, de interpretação controvertida nos Tribunais, não está demonstrada a violação à literal disposição de lei, hábil, nos termos do inc. V, do art. 485, do CPC, a rescindir o julgado.

A situação seria diferente se, no exemplo, o julgado que se pretende rescindir tivesse sido proferido após a edição da Súmula 149, porque já não existiria a controvérsia, sendo cabível a rescisória por violação de literal disposição de lei.

Mas se a questão for constitucional, não incide a Súmula 343 do STF, sendo cabível a rescisória por violação de norma jurídica.

Exemplo: o julgado acolheu pedido de revisão de pensão por morte, concedida em 1º.09.1977, para que fosse adotada a equivalência salarial prevista no art. 58 do ADCT (3,80 salários mínimos), referente à aposentadoria por tempo de serviço concedida em 1º.09.1967, benefício do qual se originou.

O INSS ajuizou a rescisória, com fundamento no art. 485, V, do CPC/73, sustentando que a equivalência salarial, no caso, seria de 2,66 salários mínimos, ou seja, 70% sobre o valor do benefício originário expresso em número de salários mínimos; alegou que a equivalência já teria sido observada por ocasião dos pagamentos do benefício durante o período de vigência do art. 58 do ADCT, de abril/1989 a dezembro/1991. Com isso, ao determinar a observância de quantitativo de salários mínimos equivalente a 3,80, o julgado teria violado o art. 7º, IV, do corpo permanente da Constituição, e o art. 58 do ADCT, bem como o art. 41 e incisos da Lei n. 8.213/91 e o art. 48 da CLPS.

A jurisprudência já assentou que somente os benefícios em manutenção à época da promulgação da Constituição é que teriam os seus valores revistos. Ainda que a aposentadoria por tempo de serviço que deu origem à pensão em questão tenha sido concedida antes da promulgação da Constituição, não estava sendo mantida quando da promulgação da Constituição. O benefício em manutenção, àquela época, era a pensão por morte. Logo, ao determinar a observância do quantitativo de salários mínimos que tinha o benefício originário — aposentadoria por tempo de serviço (Cr$ 396,00 / Cr$ 105,00 = 3,80 salários mínimos), o julgado incidiu em violação à literal disposição do art. 58 do ADCT, que se referiu aos *"benefícios de prestação continuada, mantidos pela previdência social na data da promulgação da Consti-*

tuição". Por isso, o julgado deve ser rescindido por violação à literal disposição do art. 58 do ADCT. Por se tratar de questão constitucional, é irrelevante pesquisar se o tema era ou não controvertido nos Tribunais.

A ação rescisória com fundamento na violação manifesta de norma jurídica, a partir da vigência do CPC de 2015, terá grande importância nas hipóteses em que a decisão rescindenda se tenha baseado em enunciado de súmula ou acórdão proferido em julgamento de recursos repetitivos. Convém a transcrição dos §§ 5º e 6º do art. 966:

> **Art. 966.** (...)
>
> § 5º Cabe ação rescisória, com fundamento no inciso V do *caput* deste artigo, contra decisão baseada em enunciado de súmula ou acórdão proferido em julgamento de casos repetitivos que não tenha considerado a existência de distinção entre a questão discutida no processo e o padrão decisório que lhe deu fundamento.
>
> § 6º Quando a ação rescisória fundar-se na hipótese do § 5º deste artigo, caberá ao autor, sob pena de inépcia, demonstrar, fundamentadamente, tratar-se de situação particularizada por hipótese fática distinta ou de questão jurídica não examinada, a impor outra solução jurídica.

O procedimento dos recursos repetitivos resultou de modificação do CPC de 1973, que não alcançou as hipóteses de seu art. 485.

Nos pedidos de rescisão de decisões fundadas em Súmulas ou acórdãos proferidos em julgamento de repetitivos, realmente era difícil fazer o enquadramento dentro dos incisos do art. 485.

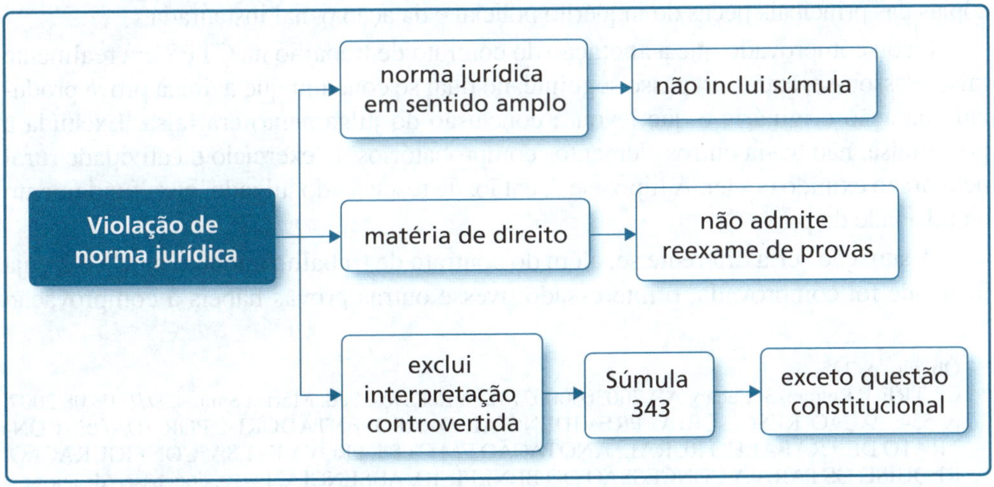

■ 8.11.11.4. *Prova falsa (arts. 485, VI, do CPC/73 e 966, VI, do CPC/2015)*

O CPC de 2015 encampou a hipótese do art. 485, VI, sendo que o art. 966, VI, apenas adequou a redação, dando-lhe mais clareza.

A decisão de mérito que transitou em julgado pode ser rescindida quando tiver sido embasada em prova falsa.

A falsidade da prova deverá estar **comprovada em processo criminal ou poderá ser provada no curso da ação rescisória.**

Entretanto, para que se configure essa hipótese de rescisão, é **necessário que a prova falsa tenha sido indispensável para a conclusão a que chegou o julgador**. É que pode acontecer de a sentença, ou acórdão, estar fundamentada em várias provas, e nem todas serem falsas.

Yarshell ensina que "a lei não exige que a prova falsa seja o principal fundamento da sentença. O que se exige é que a prova falsa seja indispensável para suportar a conclusão do julgamento, não cabendo a rescisória se houver outro(s) elemento(s) bastante(s)".[65]

Então, se várias forem as provas produzidas, a prova falsa só ensejará a rescisória se tiver sustentado a conclusão do julgamento, isto é, se **houver nexo de causalidade entre a prova e a conclusão do julgador**. Caso contrário, se a conclusão for a mesma com a exclusão da prova falsa, não há lugar para a rescisória com esse fundamento.

A falsidade pode alcançar **qualquer tipo de prova:** documental, testemunhal, pericial. A falsidade também pode ser material ou ideológica.

Exemplo em que a única prova produzida era falsa: o julgado concedeu aposentadoria por idade rural com base em anotação em CTPS, que atestava o exercício de trabalho rural no período de 03.04.1975 a 31.08.1988 numa fazenda.

O INSS ajuizou ação rescisória, com fundamento no art. 485, VI, do CPC/73, pois em processo criminal movido contra o beneficiário, foi apurado que era falsa a anotação do contrato de trabalho na CTPS. O artifício resultou no deferimento da aposentadoria por idade, o que se mostra descabido, pois não contava a falecida com qualquer tempo de serviço que a habilitasse à percepção do benefício. Foram juntadas aos autos da rescisória cópias das principais peças do inquérito policial e da ação penal instaurada.

Ficou comprovado que a anotação do contrato de trabalho na CTPS era realmente falsa. Passou-se, então, ao passo seguinte, no qual se concluiu que a única prova produzida na ação originária e que levou à conclusão do julgamento era falsa. Excluída a prova falsa, não havia outros elementos comprobatórios do exercício da atividade rural pelo prazo exigido em lei. A hipótese é, então, de rescisão do julgado, com fundamento na falsidade da prova.[66]

A situação seria diferente se, além do contrato de trabalho anotado na CTPS, cuja falsidade foi comprovada, o interessado tivesse outras provas hábeis à comprovação

---

[65] Ob. cit., p. 325.

[66] Cf. TRF 3ª Região, 3ª Seção, AR 200303000378779, Rel. Des. Fed. Marisa Santos, *DJU* 03.08.2007, p. 534: "AÇÃO RESCISÓRIA. PREVIDENCIÁRIO. APOSENTADORIA POR IDADE. CONTRATO DE TRABALHO RURAL. ANOTAÇÃO EM CTPS. PROVA FALSA. CONFIGURAÇÃO. REQUISITOS PARA A CONCESSÃO DO BENEFÍCIO. AUSÊNCIA. I — A concessão de aposentadoria por idade, no bojo do acórdão rescindendo, baseou-se em prova falsa — o registro de contrato de trabalho atinente ao período de (...), lançado na CTPS (...) —, demonstrada neste feito, com amparo, inclusive, em procedimento criminal instaurado para apuração de ilícitos semelhantes ocorridos na região do Município de São Manuel/SP e em depoimento pessoal prestado pela corré (...), filha da falecida ré, na presente ação. II — A desconsideração do tempo de serviço aventado neste feito implica no não preenchimento dos requisitos necessários à concessão da aposentadoria por idade, por tratar-se do único período de trabalho aventado na ação originária, anotando-se que a causa de pedir daquele feito restringiu-se à existência de prova documental, por meio da CTPS, do tempo de serviço necessário à aposentação, razão pela qual não cabe especular, aqui, acerca da demonstração, por outras formas, da prestação da atividade rural pelo período necessário à obtenção do benefício (...)".

do exercício da atividade rural e que não tivessem comprovada a sua falsidade, ou seja, presumidamente verdadeiras, até prova em contrário. Se tais provas fossem suficientes para a comprovação do período de atividade rural, a falsidade daquela anotação na CTPS não daria ensejo à rescisória com fundamento no art. 485, VI, do CPC.

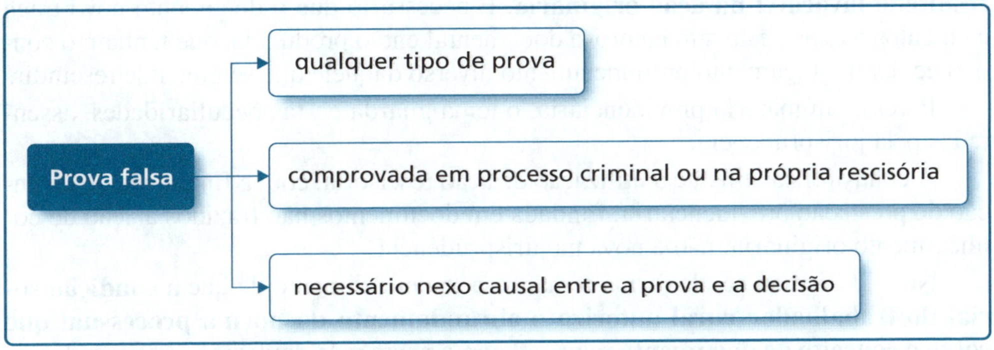

■ *8.11.11.5. Documento novo (art. 485, VII, do CPC/73). Prova nova (art. 966, VII, do CPC/2015)*

O inc. VII do art. 485 do CPC de 1973 dispunha que o julgado pode ser rescindido quando, "depois da sentença, o autor obtiver documento novo, cuja existência ignorava, ou de que não pôde fazer uso, capaz, por si só, de lhe assegurar pronunciamento favorável".

Não há, nessa hipótese, nenhum **vício no julgado rescindendo**. Trata-se de situação em que o autor da rescisória não pode apresentar, no processo originário, o documento novo, ao qual teve acesso somente após a sentença.

A impossibilidade de utilização do documento que se reputa novo como prova na ação originária pode ocorrer porque o interessado não sabia de sua existência ou porque, mesmo sabendo, a ele não tinha acesso, por razões alheias à sua vontade. É por isso que é "novo", no sentido de que **somente após o julgamento tornou-se disponível para o interessado**.

Tratando-se de "documento", não se enquadram no inc. VII outros meios de prova, o que só passou a ser possível a partir do CPC/2015.

Não são considerados novos os documentos que não existiam no momento do julgamento.

José Carlos Barbosa Moreira[67] ensina que "Por 'documento novo' não se deve entender aqui o *constituído* posteriormente. O adjetivo 'novo' expressa o fato de **só agora** ser ele utilizado, não a ocasião em que veio a formar-se. Ao contrário: em princípio, para admitir-se a rescisória, **é preciso que o documento já existisse ao tempo do processo em que se proferiu a sentença**. Documento 'cuja *existência*' a parte ignorava é, obviamente, documento que *existia*; documento de que ela 'não pôde fazer uso' e, também, documento que, noutras circunstâncias, poderia ter sido utilizado, e, portanto *existia*".

[67] *Comentários ao Código de Processo Civil*, ob. cit., p. 119-120.

O documento novo deve **comprovar fato que foi objeto de controvérsia na ação originária**, "não contendo serventia aquele que diga respeito a fato não invocado no feito em que proferida a decisão rescindenda".[68]

Mas não é qualquer documento novo que poderá embasar a rescisão do julgado, na forma do art. 485, VII. O documento **deve ser capaz de, "por si só", assegurar resultado favorável na ação originária**. É necessário que o documento novo traga elementos que não estavam na prova documental então produzida, que tenham o condão de dar ao julgamento pronunciamento diverso daquele que se pretende rescindir.

Porém, em matéria previdenciária, o tema guarda certas peculiaridades, assentadas pela jurisprudência.

A controvérsia atinente à utilização de ação rescisória, com a finalidade de obtenção de prestação previdenciária, fundada em documentos não trazidos à ação de conhecimento originária, não é nova na jurisprudência.

No STJ, firmou-se, de forma remansosa, o entendimento de que **a condição social do trabalhador rural autoriza o abrandamento da norma processual que cerca o conceito de documento novo**, tal como posto pela doutrina. A jurisprudência tem entendido que a situação peculiar do trabalhador rural e seu parco grau de instrução o impossibilitam de compreender a importância da documentação necessária para obtenção de cobertura previdenciária de aposentadoria por idade na maioria das vezes. Por isso, o rurícola deixa de juntar aos autos da ação originária documentos, como certidões de casamento e certidão de nascimento, preexistentes e à sua disposição quando ingressou com o pedido de concessão judicial do benefício, mas que não foram entregues em juízo por desconhecimento de sua importância como prova.

O STJ tem entendido que, nesses casos, não há desídia ou negligência, e, afastando-se do rigor da lei, permite ao rurícola a utilização desses documentos preexistentes à propositura da demanda originária, dando-lhes *status* de documento novo, para fins de ação rescisória:

> "PREVIDENCIÁRIO. PROCESSUAL CIVIL. AÇÃO RESCISÓRIA. INCIDENTE DE FALSIDADE. DOCUMENTO CONSIDERADO FALSO. POSTERIOR APRESENTAÇÃO DA CERTIDÃO DE CASAMENTO DA PARTE AUTORA. CÓPIA AUTENTICADA. SUA VALIDADE. ART. 5º DA LICC. TRABALHADOR RURAL. APOSENTADORIA POR IDADE. SOLUÇÃO *PRO MISERO*. INÍCIO DE PROVA MATERIAL CORROBORADO POR PROVA TESTEMUNHAL. PEDIDO JULGADO PROCEDENTE. (...) 3. O fato de a certidão de casamento não ter sido apresentada no momento da propositura da ação não implica inovação quanto ao fundamento jurídico do pedido. Esta rescisória está fundada no art. 485, VII, do CPC, que trata da rescisão do julgado ante a apresentação de documento novo, como ocorreu, *in casu*. No pertinente às ações que objetivam a percepção de benefício previdenciário, deve-se facilitar o acesso dos hipossuficientes à Justiça. A propósito, o art. 5º da LICC. (...) 5. A orientação jurisprudencial da 3ª Seção deste Superior Tribunal firmou-se no sentido de que os documentos apresentados por ocasião da ação rescisória autorizam a rescisão do julgado, embora já existentes quando ajuizada a ação ordinária. A solução *pro misero* é adotada em razão das desiguais condições vivenciadas pelos trabalhadores rurais. 6. O benefício pleiteado não foi concedido pelo aresto rescindendo porque a prova dos autos

[68] Didier e Carneiro da Cunha, ob. cit., p. 412.

foi considerada como exclusivamente testemunhal. Existindo início de prova material a corroborar os depoimentos testemunhais, não há como deixar de reconhecer o direito da parte autora à concessão do benefício, em razão de documento comprobatório de sua condição de trabalhadora rural. Precedentes do STJ. 7. Ação rescisória julgada procedente" (AR 200000325767, 3ª Seção, Rel. Min. Arnaldo Esteves Lima, *DJe* 28.06.2010).

Por fim, o documento novo, desconhecido na ação originária, deve ser hábil a, "por si só", ensejar pronunciamento favorável ao autor da rescisória.

Conforme José Carlos Barbosa Moreira,[69] "o documento deve ser tal que a respectiva produção, por si só, fosse capaz de assegurar à parte pronunciamento favorável. Em outras palavras: há de tratar-se de prova documental suficiente, a admitir-se a hipótese de que tivesse sido produzida a tempo, para levar o órgão julgador à convicção diversa daquela a que chegou. Vale dizer que **tem de existir nexo de causalidade entre o fato de não se haver produzido o documento e o de se ter julgado como se julgou**. (...) Por 'pronunciamento favorável' entende-se decisão mais vantajosa para a parte do que a proferida: não apenas, necessariamente decisão que lhe desse vitória total. Tanto pode pedir a rescisão, com base no inciso VII, o litigante que obteve parte do que pretendia e teria obtido tudo se houvesse usado o documento, quanto o que nada obteve e teria obtido ao menos parte usando o documento".

Exemplo: na ação originária, o autor pediu aposentadoria por idade rural, indeferida por ausência de início de prova material do exercício da atividade rural pelo período exigido em lei. Após o trânsito em julgado, o autor ajuizou a ação rescisória, alegando ter localizado documentos novos, aptos a garantir-lhe resultado favorável, com a consequente concessão do benefício. Juntou, então, à rescisória, declaração emitida por Sindicato de Trabalhadores Rurais homologada pelo Ministério Público em 1993; certidão de casamento, Título de Eleitor, nos quais foi qualificado como lavrador. Embora os documentos juntados já existissem ao tempo do ajuizamento da ação originária e pudessem ser facilmente obtidos pelo autor, o abrandamento da interpretação do art. 485, VII, que prestigia a efetivação dos direitos sociais, permite a rescisão do julgado e o novo julgamento da causa.

Há situações, entretanto, em que se pretende o reconhecimento de tempo de serviço rural para fins de soma a tempo de serviço urbano, com a consequente concessão de aposentadoria por tempo de serviço/contribuição, ou para fins de contagem recíproca, hipótese em que o antigo trabalhador rural agora é servidor público.

Nessas hipóteses, embora se trate de reconhecimento de atividade rural, a condição atual do segurado não permite o abrandamento do rigor na aplicação do conceito de documento novo.

Exemplo: o pedido inicial da ação originária é o de reconhecimento de tempo de serviço rural, que teria sido prestado em regime de economia familiar, para fins de contagem no Regime Próprio dos Servidores Públicos, que foi julgado improcedente por ausência de início de prova material, vedada a comprovação por prova exclusivamente testemunhal, na forma da Súmula 149 do STJ. O vencido, então, ingressa com a ação rescisória, com fundamento no art. 485, VII, alegando ter encontrado documentos novos, cuja existência desconhecia, capazes por si só de lhe assegurar o reconhecimento do tempo de serviço rural.

[69] Ob. cit., 15. ed., 2009, p. 140.

Os documentos qualificados como novos juntados nos autos da rescisória são Ficha de Alistamento Militar, Certificado de Dispensa e Incorporação, declarações de Imposto de Renda em nome do pai do postulante, documentos escolares e notas fiscais de venda de produtos agrícolas. Contudo, o autor da rescisória é servidor público, não se podendo presumir, em seu favor, a mesma ignorância acerca da existência e da importância desses documentos para comprovar suas alegações na ação originária. Entendimento contrário significaria dar tratamento mais favorável a quem dispõe de melhores condições de vida — os trabalhadores urbanos —, em detrimento daqueles que, como é de notório conhecimento, vivem em precária situação — os trabalhadores rurais.

Nessa hipótese, os documentos juntados à rescisória não se enquadram como "novos", porque não se pode presumir o desconhecimento de sua existência pelo autor à época da propositura da ação originária nem de que deles não pôde fazer uso, não se justificando, em consequência, a rescisão da sentença, com fundamento no art. 485, VII, do CPC.

O novo Código de Processo Civil deu abrangência maior à possibilidade de revisão com base no inciso VI. O art. 966 deixa de limitar a prova ao conceito de "documento novo" para adotar a **prova nova**, que pode abranger a prova testemunhal.

Porém, embora não mais limitada a possibilidade à prova documental, a prova nova só será assim considerada se **obtida após o trânsito em julgado da decisão rescindenda**.

Note-se que o art. 485, VII, do CPC/73 admitia como novo o documento obtido após a sentença, sem exigir o trânsito em julgado.

Da mesma forma, a prova nova, cuja existência era ignorada ou da qual o interessado não pode fazer uso, **deve ser capaz, por si só, de assegurar pronunciamento favorável**.

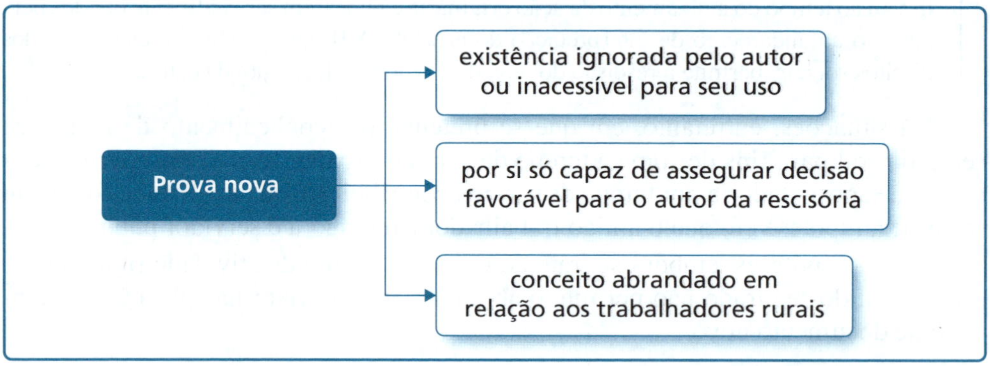

8.11.11.6. *Erro de fato (arts. 485, IX, do CPC/73 e 966, VIII, do CPC/2015)*

O art. 485, IX, do CPC/73 dispunha:

> **Art. 485.** (...)
>
> IX — fundada em erro de fato, resultante de atos ou de documentos da causa.
>
> § 1º Há erro, quando a sentença admitir um fato inexistente, ou quando considerar inexistente um fato efetivamente ocorrido.

§ 2º É indispensável, num como noutro caso, que não tenha havido controvérsia, nem pronunciamento judicial sobre o fato.

Barbosa Moreira[70] interpreta o dispositivo e dá os pressupostos para a configuração do erro de fato: "a) que a sentença nele seja fundada, isto é, que sem ele a conclusão do juiz houvesse de ser diferente; b) que o erro seja apurável mediante o simples exame dos documentos e mais peças dos autos, não se admitindo de modo algum, na rescisória, a produção de quaisquer outras provas tendentes a demonstrar que não existia o fato admitido pelo juiz, ou que ocorrera o fato por ele considerado inexistente; c) que 'não tenha havido controvérsia' sobre o fato (§ 2º); d) que sobre ele tampouco tenha havido 'pronunciamento judicial' (§ 2º)".

A lição de **Pontes de Miranda**[71] é semelhante: "No art. 485, IX, cogita-se da rescisão de sentença que se fundou em erro de fato, resultante de choque com ato, ou com atos, ou com documento, ou com documentos da causa. Uma vez que o erro proveio de fato, que aparece nos atos ou documentos da causa, há rescindibilidade. O juiz, ao sentenciar, errou, diante dos atos ou documentos. A sentença admitiu o que, conforme o que consta dos autos (atos ou documentos), não podia admitir, a despeito de não ter sido assunto de discussão tal discrepância entre atos ou documentos e a proposição existencial do juiz (positiva ou negativa). Em consequência do art. 485, IX, e dos §§ 1º e 2º, a sentença há de ser fundada em ter o juiz errado (se a sentença seria a mesma sem erro, irrescindível seria). Mais: se, pelo que consta dos autos (atos ou documentos), não se pode dizer que houve erro de fato, rescindibilidade não há. Na ação que se propusesse nenhuma prova seria de admitir-se. Se houve discussão, ou pré-impugnação do erro, ou qualquer controvérsia a respeito, com ou sem apreciação pelo juiz, ou se o próprio juiz, espontaneamente, se referiu ao conteúdo do que se reputa erro e se pronunciou, afastada está a ação rescisória do art. 485, IX. (...)".

O erro de fato, no caso, "assemelha-se ao erro material, mas dele se distingue na medida em que a consideração do fato inexistente ou a desconsideração do fato existente integram, ainda que indiretamente, o raciocínio desenvolvido pelo juiz".[72] Tem que ser de tal ordem que **a simples consulta aos autos evidencie a sua existência**.[73]

[70] Ob. cit., 10. ed., 2002, p. 148-149.

[71] *Comentários ao Código de Processo Civil*. 3. ed. São Paulo: Forense, 2000, t. VI, atualização legislativa de Sergio Bermudes, p. 246-247.

[72] Cf. Flávio Yarshell, ob. cit., p. 341.

[73] Luiz Rodrigues Wambier e Eduardo Talamini, ob. cit., p. 757-758, criticam o dispositivo: "Esse inciso é uma cópia da lei italiana. Mas uma cópia mal feita. No Código italiano diz-se que a sentença poderá ser anulada, segundo a terminologia do direito italiano, toda vez que resultar, toda vez que provier, 'da um errore di fatto risultante dagli atti del 'processo'. 'Risultante', em italiano, não quer dizer somente que decorre, quer dizer facilmente verificável. Em italiano não existe a palavra autos, mesmo porque na praxe forense italiana o processo não fica reunido. Usa-se a palavra 'atti', que é o plural de ato. Nota-se, então, que onde a lei italiana usou a palavra 'atos', ela queria dizer 'autos'. O legislador brasileiro traduziu ao pé da letra, traduziu por 'atos'. Assim, a interpretação a ser dada a este inciso do art. 485 é a de que cabe rescisória quando a sentença resultar de um erro que seja verificável de mero exame dos autos do processo. É isso que a nossa lei quer dizer. Não é

Como exemplo, podemos citar a hipótese em que o juiz admite que A era casado com B, confundindo os nomes constantes da certidão, e, por isso, julga improcedente o pedido, quando havia documento nos autos comprovando que A era casado com outra pessoa. Nesse singelo exemplo, a simples consulta aos autos vai mostrar que A não se casou com B, e não haverá necessidade de se produzir provas desse erro na ação rescisória. O juiz admitiu um fato inexistente — A não se casou com B. Não houve debate nos autos sobre a inexistência do casamento de A e B nem a questão foi suscitada em embargos de declaração ou recurso.

A lei expressamente admite a rescisão por erro de fato. **O erro de direito, o que causa a injustiça da decisão, não é fundamento para a desconstituição da coisa julgada.**[74]

São comuns ações rescisórias em matéria previdenciária fundamentadas em erro de fato. O que normalmente acontece é que o fundamento é equivocado, com intuito de dar conotação de erro de fato à apreciação das provas que não foi favorável ao autor. Como não há enquadramento possível para pedir na rescisória a reanálise das provas, por não se tratar de recurso, tenta-se convencer o Tribunal de que o juiz incorreu em erro de fato.

Exemplo: a sentença de primeiro grau julgou procedente pedido de aposentadoria por idade rural. No julgamento da apelação do INSS, o Tribunal reformou a sentença e julgou improcedente o pedido por entender que os documentos juntados — cópias da certidão de casamento da autora, escritura de venda e compra de imóvel rural, notificação de lançamento do Imposto sobre a Propriedade Territorial Rural (ITR) e notas fiscais ao produtor rural —, nos quais seu marido foi qualificado como lavrador, não eram hábeis a servir como início prova material de sua atividade rural, de modo que restava apenas a prova testemunhal, insuficiente para a comprovação, na forma da Súmula 149 do STJ.

Após o trânsito em julgado, a vencida ajuizou a ação rescisória com fundamento no art. 485, IX, sustentando que o julgado incorreu em erro de fato porque não considerou existente a prova de sua atividade rural, que estava juntada aos autos. Entretanto, a questão foi amplamente debatida nos autos, tendo o Tribunal concluído pela inidoneidade da prova documental. O julgado foi taxativo ao se referir à inutilidade da prova apresentada pela ré a fim de, em conjunto com a prova testemunhal, demonstrar o exercício da atividade laborativa descrita na inicial daquele feito.

Tendo havido amplo debate sobre a prova, não está configurado o erro de fato, mas, sim, a intenção de que a prova seja reanalisada na ação rescisória, o que não se admite, porque não se trata de recurso.

Situação diferente ocorre quando, por exemplo, o julgado rescindendo julga im-

---

que o erro de fato seja fruto realmente dos atos ou documentos da causa".

[74] Cf. Didier e Carneiro da Cunha, ob. cit., p. 423.

procedente o pedido de aposentadoria por idade rural por inexistência de início de prova material, sem considerar e apreciar documento que estava juntado aos autos. Se a decisão rescindenda sequer faz referência ao documento juntado, aí sim o erro de fato está configurado.

No CPC de 2015, o art. 966, VIII, adotou a mesma regra, porém, deu-lhe redação mais esclarecedora: **o erro de fato deve ser verificável do exame dos autos**.

Os demais requisitos para a hipótese são os mesmos do CPC de 1973, apenas com redação melhorada.

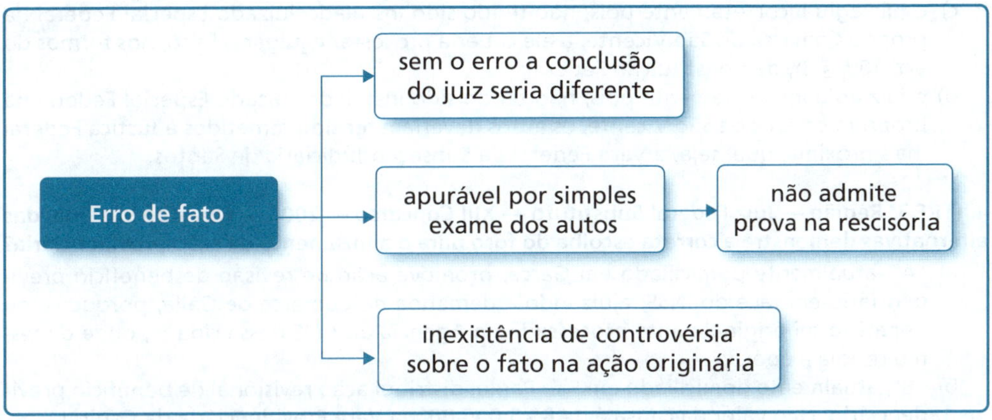

■ 8.12. QUESTÕES

1. (TRF 3ª Região — Juiz Federal Substituto — II Concurso — 1991 — Questão 93) Assinale a alternativa correta.
A competência para julgar mandado de segurança impetrado contra Superintendente Regional do Instituto Nacional do Seguro Social é:

a) dos Juízes Estaduais;
b) dos Juízes Federais;
c) dos Tribunais Regionais Federais;
d) dos Juízes Estaduais se a Comarca não for sede de Vara da Justiça Federal.

2. (TRF 3ª Região — Juiz Federal Substituto — VI Concurso — 1996 — Questão 87) No âmbito da Previdência Social, o direito de pleitear judicialmente a concessão ou revisão de benefícios previdenciários pelos segurados e dependentes prescreve:

a) em trinta anos;
b) em cinco anos, apenas as prestações não pagas e não reclamadas na época própria, sendo imprescritível o fundo de direito;
c) em cinco anos;
d) em vinte anos, prescrevendo em cinco anos as prestações não pagas e não reclamadas à época devida.

3. (TRF 3ª Região — Juiz Federal Substituto — XI Concurso — 2003 — Questão 72) O segurado "A", domiciliado em São Vicente, propôs ação condenatória, de valor inferior a 60 salá-

rios mínimos, visando à concessão de aposentadoria por idade em face do INSS, distribuindo-a a uma das Varas da Justiça Estadual da Comarca de São Vicente. Recebendo os autos, o MM. Juiz de Direito, de ofício, declinou de sua competência para o Juizado Especial Federal Previdenciário de São Paulo, nos termos da Lei n. 10.259/01.

Assinale a alternativa certa:

a) o juiz agiu corretamente pois, já tendo sido instalado o Juizado Especial Federal em São Paulo, é mais vantajoso para o segurado, em termos de celeridade, que seja observado o rito da Lei n. 10.259/01;
b) o juiz agiu corretamente porque a Comarca de São Vicente pertence à Seção Judiciária de São Paulo, e já tendo sido instalado Juizado Especial Federal na Capital, estaria cessada a competência federal delegada ao Juízo de Direito da Comarca de São Vicente;
c) o juiz agiu incorretamente pois, não tendo sido instalado Juizado Especial Federal na própria Comarca de São Vicente, a ele caberia processar e julgar o feito, nos termos do art. 109, § 3º, da Constituição Federal;
d) o juiz agiu incorretamente pois, não tendo sido instalado Juizado Especial Federal na própria Comarca de São Vicente, os autos deveriam ter sido remetidos à Justiça Federal mais próxima, qual seja, a Vara Federal da Subseção Judiciária de Santos.

4. (TRF 3ª Região — Juiz Federal Substituto — XIII Concurso — 2006 — Questão 90) Qual das alternativas demonstra a correta escolha do foro para o ajuizamento da ação previdenciária?

a) "A", atualmente domiciliado em Garça, promove ação de revisão de benefício previdenciário em face do INSS, ajuizando a demanda na Comarca de Gália, porque o seu benefício foi originalmente processado na Agência do INSS dessa cidade, onde o mesmo residia à época;
b) "B", atualmente domiciliado em São Paulo, distribui ação revisional de benefício previdenciário, cujo valor da causa é de R$ 5.000,00, na Vara Previdenciária da Capital;
c) "D", sempre tendo trabalhado e residido na Capital, ajuizou ação revisional de benefício acidentário, cujo valor da causa é de R$ 4.000,00, no Juizado Especial Federal;
d) "C", atualmente domiciliado em Santos, propõe ação revisional de benefício previdenciário, na Vara Federal da Capital, com valor da causa de R$ 70.000,00.

5. (TRF 1ª Região — Juiz Federal Substituto — X Concurso — 2004 — Questão 99) Compete à Justiça Federal julgar as causas ajuizadas contra o INSS que digam respeito a:

a) concessão inicial de benefício de acidente de trabalho.
b) reajustes do benefício de acidente de trabalho.
c) cálculo da Renda Mensal Inicial do benefício de acidente de trabalho.
d) todas as proposições anteriores são falsas.

6. (Questão 100) Consoante precedentes do egrégio Supremo Tribunal Federal e colendo Superior Tribunal de Justiça, nos casos em que se pleiteia concessão judicial de benefício previdenciário:

a) é vedada, em qualquer hipótese, a antecipação dos efeitos da tutela.
b) é possível, dependendo das circunstâncias e desde que atendidos os pressupostos processuais pertinentes, a antecipação dos efeitos da tutela.
c) antecipação dos efeitos da tutela sujeita-se a Reclamação perante o STJ.
d) deve-se provar, em todos os casos, prévio indeferimento administrativo do pedido.

7. (TRF 1ª Região — Juiz Federal Substituto — XI Concurso — 2005 — Questão 86) Quanto aos juizados especiais federais, é correto afirmar:

a) a competência civil envolve causas até o valor de sessenta salários mínimos, ressalvadas, entre outras, as ações de mandado de segurança, as de desapropriação, e as por improbidade administrativa;

b) ao juiz é defeso deferir, no curso do processo, medida cautelar;
c) podem ser partes, como rés, a União, suas autarquias, fundações, empresas públicas federais e sociedades de economia mista;
d) a fazenda pública dispõe de prazo em quádruplo para contestar e em dobro para recorrer.

8. (TRF 1ª Região — Juiz Federal Substituto — XII Concurso — 2006 — Questão 43) Assinale a alternativa incorreta:

a) Para a comprovação do tempo de serviço para fins previdenciários não se admite prova exclusivamente testemunhal sem razoável início de prova documental.
b) Mandado de Segurança contra agente local do INSS pode ser ajuizado perante a Justiça Estadual no foro da comarca do domicílio do segurado ou beneficiário que não seja sede de vara federal.
c) A execução fiscal das contribuições previdenciárias observaria o mesmo rito da Lei n. 6.830/80, intimando-se pessoalmente o procurador do exequente.
d) O termo inicial da aposentadoria por invalidez judicialmente reconhecida é a data do laudo pericial judicial, salvo se a perícia em juízo expressamente determinar a incapacitação em data anterior.

9. (TRF 1ª Região — Juiz Federal Substituto — XII Concurso — 2006 — Questão 80) Quanto à ação rescisória, é incorreto afirmar que:

a) da decisão que não conhece do recurso especial, embora tenha sido analisada a questão de mérito, a competência para apreciar a rescisória é do Superior Tribunal de Justiça;
b) ao ser citado, o réu poderá apresentar no momento de sua defesa reconvenção à ação rescisória, desde que o prazo decadencial de dois anos não tenha exaurido;
c) sendo procedentes os juízos rescindendo e o rescisório, o depósito efetuado no valor de 5% sobre o valor da causa será devolvido ao autor, pois restou reconhecida pelo tribunal a invalidade da sentença;
d) a jurisprudência majoritária do Superior Tribunal de Justiça adotou o entendimento no sentido de que sendo a ação una e indivisível, não há que se falar em fracionamento da sentença e/ou acórdão, o que afasta a possibilidade do seu trânsito em julgado parcial, contando-se o prazo para a propositura da ação a partir do trânsito em julgado da última decisão proferida na causa.

10. (TRF 4ª Região — Juiz Federal Substituto — XII Concurso — 2005 — Questão 87) Dadas as assertivas abaixo, assinalar a alternativa correta.

I. Pode o segurado residente no interior ajuizar ação previdenciária na Comarca Estadual ou na Vara Federal de seu município, mas não junto às Varas Federais da capital do estado-membro de seu domicílio.
II. Em matéria previdenciária, aplica-se a vedação legal (Lei n. 9.494/97) quanto à concessão de tutela antecipada contra a Fazenda Pública.
III. No entendimento do Superior Tribunal de Justiça, o limite de sessenta salários mínimos para estabelecer a competência do Juizado Especial Federal deve levar em consideração a somatória das parcelas vencidas e vincendas.
IV. Em ações de natureza previdenciária, os honorários advocatícios incidem sobre o valor da condenação, nesta compreendidas as parcelas vencidas até a prolação da sentença.

a) Está correta apenas a assertiva IV.
b) Estão corretas apenas as assertivas I e II.
c) Estão corretas apenas as assertivas III e IV.
d) Todas as assertivas estão corretas.

11. (TRF 4ª Região — Juiz Federal Substituto — XIII Concurso — 2007 — Questão 70) Dadas as assertivas abaixo, assinalar a alternativa correta quanto ao Juizado Especial Federal.

I. Não cabe pedido de uniformização contra decisão recursal que julga agravo interposto em face de decisão concessória de antecipação de tutela.

II. Segundo o entendimento dominante, são admitidos o pedido contraposto e a ação rescisória no rito dos juizados especiais federais.

III. As pretensões cautelares no rito dos juizados especiais federais serão deduzidas incidentalmente, não tendo autonomia procedimental.

IV. A Lei n. 10.259/2001, apesar de prever a aplicação subsidiária da Lei n. 9.099/1995, não autoriza a arbitragem no âmbito dos juizados especiais federais.

a) Estão incorretas apenas as assertivas I e II.
b) Estão corretas apenas as assertivas II e IV.
c) Estão corretas apenas as assertivas I, III e IV.
d) Estão corretas todas as assertivas.

12. (AGU — Procurador Federal de 2ª Categoria — 2007) Com respeito aos juizados especiais federais, julgue os itens a seguir.

135. No foro onde estiver instalada vara do juizado especial federal, a competência deste é absoluta.

136. Pessoa jurídica que seja empresa de pequeno porte não poderá ser autora nos juizados especiais federais.

137. Nas causas de competência dos juizados especiais federais, quando a fazenda pública for condenada, não haverá reexame necessário.

138. Compete ao advogado-geral da União expedir instruções referentes à atuação da AGU dos órgãos jurídicos das autarquias e fundações nas causas de competência dos juizados especiais federais, bem como fixar as diretrizes básicas para conciliação, transação e desistência do pedido e de recurso interposto.

13. (CESPE/UnB — Defensor Público de 2ª Categoria — 2010) Acerca dos juizados especiais federais cíveis, julgue os itens subsequentes.

38. Ajuizada ação de consignação em pagamento em juizado especial federal, este será incompetente se, na consignatória, além das prestações vencidas, estiverem sendo cobradas as prestações vincendas que, no curso da lide, possam vir a superar o limite de 60 salários mínimos.

39. As leis que disciplinam os juizados especiais vedam o acesso das partes à ação rescisória, mas essa vedação não atinge a possibilidade de ajuizamento de ação declaratória da inexistência de ato processual. Por causa disso, diante de vício grave e de tal natureza, a parte prejudicada terá acesso à *querella nullitatis*.

14. (TRF 4ª Região — XIV Concurso — Juiz Federal Substituto — 2010 — Questão 18) Há em tramitação no Judiciário brasileiro um número muito expressivo de ações de natureza previdenciária, o que deu origem a orientações seguras na jurisprudência acerca de várias questões. Dadas as assertivas, analisando-as à luz do entendimento jurisprudencial predominante no âmbito do Tribunal Regional Federal da 4ª Região e dos Tribunais Superiores, assinale a alternativa correta.

I. Subsiste no novo texto constitucional a opção do segurado para ajuizar ações contra a Previdência Social no foro estadual do seu domicílio ou no do Juízo Federal, devendo a ação, nesse último caso, ser ajuizada necessariamente perante o Juízo Federal do seu domicílio.

II. As parcelas devidas pelo INSS em ações previdenciárias devem ser acrescidas de correção monetária. Os juros, quando cabíveis, também devem ser acrescidos ao montante principal, incidentes a partir da data do ajuizamento da ação.

III. Os honorários advocatícios, nas ações previdenciárias, devem incidir somente sobre as parcelas vencidas até a data da sentença de procedência ou do acórdão que reforme a sentença de improcedência.

IV. A prova exclusivamente testemunhal não basta à comprovação da atividade rurícola, para efeito de obtenção de benefício previdenciário, mas admitem-se como início de prova material do efetivo exercício de atividade rural, em regime de economia familiar, documentos em nome de terceiros, membros do grupo parental.

V. Em matéria de direito intertemporal, a lei aplicável ao pleito de concessão de pensão previdenciária por morte é aquela vigente na data do óbito do segurado.

a) Estão corretas apenas as assertivas I, III e IV.
b) Estão corretas apenas as assertivas II, III e V.
c) Estão corretas apenas as assertivas III, IV e V.
d) Estão corretas apenas as assertivas I, III, IV e V.
e) Estão corretas todas as assertivas.

15. (CESPE — TRF 1ª Região — Juiz Federal — 2011) Assinale a opção correta acerca das ações previdenciárias.

a) O cálculo da verba de honorários advocatícios nas ações previdenciárias incide apenas sobre as prestações vencidas até a prolação da sentença que julgar total ou parcialmente procedente o pedido, excluindo-se, assim, as vincendas.
b) Compete à justiça federal da capital do estado processar e julgar os litígios decorrentes de acidente do trabalho envolvendo segurado residente em município que não seja sede de vara federal.
c) O cômputo do prazo prescricional de um ano para o ajuizamento da ação, objetivando o recebimento de indenização securitária em favor do segurado, tem início a partir do requerimento em que se tenha pleiteado administrativamente a aposentadoria por invalidez.
d) O MP não tem legitimidade para propor ação civil pública que veicule pretensões relativas a benefícios previdenciários.
e) Compete à justiça federal julgar ação de complementação de aposentadoria em que se objetive a complementação de benefício previdenciário, caso o pedido e a causa de pedir decorram de pacto firmado com instituição de previdência privada.

16. (CESPE — TRF 3ª Região — Juiz Federal Substituto — 2011) Assinale a opção correta a respeito de ações previdenciárias no juizado especial federal.

a) O prévio requerimento administrativo de prorrogação de auxílio-doença é requisito para o ajuizamento de ação em que se pleiteie o restabelecimento do benefício previdenciário, importando sua ausência na extinção do processo sem resolução de mérito.
b) A relativização do formalismo processual nas ações previdenciárias, que têm nítido caráter social, permite que o segurado interponha recurso perante o juizado especial federal sem estar representado por advogado.
c) Em ação previdenciária no juizado especial federal, na qual o autor não seja beneficiário da justiça gratuita e haja necessidade de prova pericial médica, os honorários do perito nomeado pelo juiz serão antecipados à conta de verba orçamentária do respectivo tribunal.

d) Os valores de benefício previdenciário recebidos pelo segurado em razão de antecipação de tutela que, por ocasião da sentença, tenha sido cassada por improcedência do pedido, são considerados indevidos e, por isso, devem ser restituídos.
e) O MP federal deve intervir obrigatoriamente nas ações previdenciárias que envolvam interesse de menores incapazes ou de idosos, sob pena de nulidade da sentença proferida no juizado especial federal.

17. (CESPE — TRF 5ª Região — Juiz Federal Substituto — 2011) No que se refere aos litígios previdenciários nos juizados especiais federais e às aposentadorias, assinale a opção correta.

a) O tempo de serviço anterior à edição da Lei n. 8.213/1991 pode ser considerado para a concessão de benefício previdenciário do RGPS ao segurado trabalhador rural, inclusive para efeito de carência, ainda que não tenha havido, naquele tempo, recolhimento de contribuição previdenciária.
b) Para fins de aposentadoria por idade, é necessário que o trabalhador rural comprove atividade rurícola contínua, no período imediatamente anterior ao requerimento administrativo ou judicial, por período equivalente à metade do prazo de carência legalmente exigido aos demais trabalhadores.
c) O salário de benefício da aposentadoria por invalidez será igual a 91% do valor do salário de benefício do auxílio-doença anteriormente recebido, reajustado pelos índices de correção dos benefícios previdenciários.
d) É juridicamente aceitável a acumulação de pensão por morte com aposentadoria por invalidez, pois esses benefícios têm naturezas distintas e fatos geradores diferentes.
e) Tratando-se de demanda previdenciária, o fato de o imóvel ser superior ao módulo rural afasta, por si só, a qualificação de seu proprietário como segurado especial, ainda que comprovada, nos autos, a exploração em regime de economia familiar.

18. (CESPE — TRF 1ª Região — Juiz Federal Substituto — 2011/12 — Questão 11) Assinale a opção correta acerca das ações previdenciárias.

a) O cálculo da verba de honorários advocatícios nas ações previdenciárias incide apenas sobre as prestações vencidas até a prolação da sentença que julgar total ou parcialmente procedente o pedido, excluindo-se, assim, as vincendas.
b) Compete à justiça federal da capital do estado processar e julgar os litígios decorrentes de acidente do trabalho envolvendo segurado residente em município que não seja sede de vara federal.
c) O cômputo do prazo prescricional de um ano para o ajuizamento da ação, objetivando o recebimento de indenização securitária em favor do segurado, tem início a partir do requerimento em que se tenha pleiteado administrativamente a aposentadoria por invalidez.
d) O MP não tem legitimidade para propor ação civil pública que veicule pretensões relativas a benefícios previdenciários.
e) Compete à justiça federal julgar ação de complementação de aposentadoria em que se objetive a complementação de benefício previdenciário, caso o pedido e a causa de pedir decorram de pacto firmado com instituição de previdência privada.

19. (CESPE — TRF 1ª Região — Juiz Federal Substituto — 2011/12 — Questão 13) Com relação a questões previdenciárias diversas no âmbito dos juizados especiais federais, assinale a opção correta.

a) Tratando-se de aposentadoria de trabalhador rurícola por idade, o tempo de serviço rural fica descaracterizado pelo exercício de atividade urbana, ainda que por curtos períodos e de forma intercalada com a atividade rural, dentro do período de carência.

b) Para a concessão do benefício de auxílio-doença, exige-se a impossibilidade total do segurado para qualquer atividade laborativa, não sendo suficiente que o trabalhador esteja temporariamente incapacitado para o exercício de sua atividade habitual por mais de quinze dias consecutivos.

c) Para a concessão de aposentadoria por idade, o tempo em gozo de auxílio-doença sempre pode ser computado para fins de carência, mas o tempo em gozo de aposentadoria por invalidez somente pode ser computado se intercalado com atividade.

d) Tratando-se de restabelecimento de benefício por incapacidade e sendo a incapacidade decorrente da mesma doença que tenha justificado a concessão do benefício cancelado, não há presunção de continuidade do estado incapacitante, devendo a data de início do benefício ser fixada a partir do requerimento administrativo.

e) Para fins de instrução do pedido de averbação de tempo de serviço rural, admite-se a apresentação de documentação pertinente e contemporânea à data dos fatos, desde que em nome do segurado, não se admitindo documentos em nome de terceiros.

20. (CESPE — TRF 1ª Região — Juiz Federal Substituto — 2013 — Questão 53) Relativamente aos juizados especiais cíveis e considerando as disposições constantes da Lei dos Juizados Especiais Cíveis e Criminais e da Lei dos Juizados Especiais Cíveis e Criminais no âmbito da Justiça Federal, assinale a opção correta.

a) Quando o autor, na fase de conhecimento, formular pedido em valor superior ao fixado para a competência dos juizados federais, o julgador, em face de disposição expressa contida na Lei dos Juizados Especiais Cíveis e Criminais no âmbito da Justiça Federal, deverá considerar que a opção pelo juizado importa em renúncia tácita ao crédito excedente ao limite estabelecido na lei, excetuada a hipótese de conciliação.

b) Se, ao analisar a inicial de ação distribuída para a vara do juizado especial federal, o julgador verifica que a pretensão do autor versa acerca de obrigações vincendas, ele deverá considerar, para fins de análise da competência do juizado federal, o valor de cada parcela, que não poderá exceder o montante de sessenta salários mínimos.

c) Nas comarcas onde não houver vara do juizado especial federal, a causa poderá ser proposta no juizado especial estadual, aplicando-se a lei dos juizados especiais Cíveis e Criminais no âmbito da Justiça Federal no juízo estadual, com observância de que eventual recurso contra a sentença definitiva será apreciado pela Turma Recursal Federal.

d) O incidente de uniformização, quando fundado em divergência entre decisões de turmas recursais de diferentes regiões, terá cabimento quando visar interpretação de lei federal relativamente a questões de direito material. Nessa hipótese, a competência para o processamento e o julgamento será da Turma Nacional de Uniformização da Jurisprudência dos Juizados Especiais Federais.

e) Assim como ocorre na legislação referente aos juizados especiais cíveis estaduais, a Lei dos Juizados Especiais Cíveis e Criminais no âmbito da Justiça Federal veda expressamente a atuação do incapaz como parte autora nos feitos de sua competência.

21. (CESPE — Procuradoria Geral do Estado do Piauí — 2014 — Questão 32) Em relação a ação rescisória, assinale a opção correta de acordo com a doutrina, a legislação vigente e a jurisprudência dos tribunais superiores.

a) Ocorre caso de prescrição intercorrente de ação rescisória quando a ação ficar paralisada por mais de cinco anos.

b) O depósito prévio não é exigido nas ações rescisórias em que o autor é a União, os estados, os municípios, o Ministério Público ou o INSS.

c) O julgamento de ação rescisória abrange o *judicium rescissorium*, referente à rescisão da decisão atacada, e, se for o caso, o *judicium rescindens*, referente à prolação de novo julgamento.
d) A petição inicial de ação rescisória deve ser dirigida a juiz singular, o qual deve ordenar a citação do réu, estabelecendo um prazo para apresentação da resposta.
e) Cabem embargos infringentes se houver julgamento de improcedência da ação rescisória por maioria de votos no tribunal.

22. (CESPE — Tribunal do Distrito Federal e dos Territórios — Juiz de Direito Substituto — 2014 — Questão 27) Assinale a opção correta a respeito da ação rescisória, de acordo com a jurisprudência.

a) Para que seja comprovada a decadência da ação rescisória, não é suficiente o trânsito em julgado da última decisão proferida no processo de conhecimento, mas da certidão do aludido trânsito.
b) Será cabível ação rescisória contra o acórdão que anular processo de execução fiscal.
c) Cabe ação rescisória, com fundamento em violação a literal dispositivo de lei, ainda que a decisão rescindenda tenha se fundado em texto legal de interpretação controvertida nos tribunais.
d) A ação rescisória tem cabimento contra decisão homologatória de cálculos.
e) Não se admite ação rescisória para discutir a fixação de verbas honorárias, ainda quando o acórdão rescindendo aplique indevidamente os limites percentuais estabelecidos na legislação processual civil.

23. (CESPE — Defensoria Pública da União — Defensor Público Federal de Segunda Categoria — 2017) A respeito da competência, julgue o item subsequente com base no entendimento doutrinário e jurisprudencial sobre o assunto.

36. O julgamento de ação contra o INSS que objetive o reconhecimento exclusivo do direito de receber pensão decorrente de morte de companheiro não será de competência da justiça federal caso seja necessário enfrentar questão prejudicial referente à existência da união estável.

Tendo em vista que uma das funções primordiais do STJ é a sistematização e uniformização da jurisprudência relativa à legislação processual, julgue o próximo item à luz do entendimento desse tribunal.

41. Julgado procedente o pedido de benefício previdenciário, em primeira e em segunda instância, caso ocorra reforma em instância especial, não poderá ser determinada a devolução de valores recebidos, tendo em vista a legítima expectativa de titularidade do direito, a possibilidade de execução da sentença após a confirmação da tese por acórdão e o fato de se tratar de recebimento de boa-fé.

24. (TRF3 - XVIII Concurso - Juiz Federal Substituto — 2016/17 — Questão 16) Assinale a alternativa correta:

a) Ao segurado que completou 35 anos de serviço, se homem, ou 30 anos, se mulher, e optou por continuar em atividade é assegurado, se mais vantajoso, o direito à aposentadoria, nas mesmas condições legais da data do cumprimento dos requisitos necessários à concessão do benefício.
b) Deve ser dirimido pelo Tribunal Regional Federal o conflito de competência entre juízos estadual e federal, instalado na ação em que se discute benefício decorrente de acidente do trabalho.
c) A suspensão do pagamento do benefício previdenciário concedido mediante fraude não configura ofensa ao devido processo legal, devendo ser expedida a notificação de ciência ao segurado ou beneficiário, para conhecimento e apresentação de defesa.

d) No âmbito da competência delegada, prevista no artigo 109, § 3º, da Constituição da República, as causas de natureza previdenciária cujo valor não ultrapasse 60 (sessenta) salários mínimos serão processadas e julgadas nos juizados especiais estaduais.

25. (TRF3 — XVIII Concurso — Juiz Federal Substituto — 2016/17 — Questão 51) Assinale a alternativa correta, acerca dos Juizados Especiais Federais.

a) Podem ser partes no Juizado Especial Federal Cível, como autores, as pessoas físicas, as microempresas e as empresas de pequeno e médio porte e, como rés, a União, autarquias e fundações públicas, exclusivamente.
b) Não haverá prazo diferenciado para a prática de qualquer ato processual pelas pessoas jurídicas de direito público.
c) Tendo em vista a indisponibilidade do interesse público, inviável que representantes judiciais da União, autarquias e fundações públicas desistam nos processos da competência dos Juizados Especiais Federais.
d) Há previsão legal expressa prevendo o reexame necessário em certas hipóteses, em causas submetidas ao Juizado Especial Federal.

26. (TRF4 — XVII Concurso — Juiz Federal Substituto — 2016/17 — Questão 18) Assinale a alternativa correta. Relativamente ao julgamento do Supremo Tribunal Federal, em repercussão geral (RE 631.240/MG), que assentou entendimento sobre o interesse de agir e o prévio requerimento administrativo de benefício previdenciário:

a) A falta de prévio requerimento administrativo de concessão de benefício deve implicar a extinção do processo judicial com resolução de mérito.
b) Nas ações já ajuizadas no âmbito de Juizado Itinerante, a falta do prévio requerimento administrativo implicará a extinção do feito sem julgamento de mérito.
c) Nas ações judiciais, mesmo que o Instituto Nacional do Seguro Social tenha apresentado contestação de mérito, aplica-se a extinção do feito sem resolução de mérito, em face da ausência de prévio requerimento administrativo.
d) Nas ações em que estiver ausente o prévio requerimento administrativo, o feito será baixado em diligência ao Juízo de primeiro grau, onde permanecerá sobrestado, a fim de intimar o autor a dar entrada no pedido em até 30 dias, sob pena de extinção do processo por falta de interesse de agir.

27. (CESPE — TRF5 — XIV Concurso — Juiz Federal Substituto — 2017 — Questão 13) A respeito do processo administrativo e da ação previdenciária, assinale a opção correta.

a) A falta de pleito administrativo com o objetivo de manter benefício previdenciário já concedido e cujos fatos já foram analisados pelo órgão administrativo inviabiliza o processamento da ação previdenciária por falta de interesse de agir.
b) Decisão judicial que extingue ação previdenciária sem resolução de mérito por falta de prévio pedido administrativo ofende o princípio da inafastabilidade da jurisdição.
c) A existência de requerimento administrativo pleiteando benefício previdenciário junto ao órgão administrativo impede o processamento de ação judicial que tenha por objeto o mesmo pleito administrativo, até que o requerimento seja decidido na primeira instância da via administrativa.
d) A interposição de recurso administrativo contra decisão do órgão previdenciário que indeferiu pedido de benefício inviabiliza a propositura de ação judicial com o mesmo objeto do pleito denegatório, enquanto não ficar decidido o referido recurso.

e) A existência de tese firmada administrativamente pelo órgão previdenciário contrário ao pleito do segurado não inviabiliza a propositura de ação judicial sem prévio requerimento administrativo.

28. (TRF2 — XVI Concurso — Juiz Federal Substituto — 2017 — Questão 55) Marque a opção correta:

a) Ação objetivando rescindir sentença proferida por Juizado Especial Federal terá seu mérito apreciado por Juiz Federal de outro Juizado.
b) Ação objetivando rescindir sentença proferida por Juizado Especial Federal terá seu mérito julgado por Turma Recursal dos Juizados.
c) Ação objetivando rescindir sentença proferida por Juizado Especial Federal terá seu mérito julgado por Turma Recursal dos Juizados.
d) Ação objetivando rescindir sentença proferida por Juizado Especial Federal terá o rito da querela de nulidade e, dependendo do valor da causa, terá seu mérito apreciado ou por Juiz Federal ou por Turma Recursal.
e) Ação objetivando rescindir sentença proferida por Juizado Especial Federal não terá seu mérito apreciado.

GABARITO

1. "b".
2. "b".
3. "c".
4. "c".
5. "d".
6. "b".
7. "a".
8. "b".
9. "c".
10. "c".
11. "c".
12. 135. "certo"; 136. "errado"; 137. "certo"; 138. "certo".
13. 38. "errado"; 39. "certo".
14. "c".
15. "a".
16. "c".
17. "d".
18. "a".

19. "c".
20. "d".
21. "b".
22. "d".
23. 36. "errado"; 41. "certo".
24. "a".
25. "b".
26. "d".
27. "e".
28. "e".

REFERÊNCIAS

ALENCAR, Hermes Arrais. *Benefícios previdenciários*. 4. ed. São Paulo: Livraria e Editora Universitária de Direito, 2009.

ALVIM, Arruda. A Emenda Constitucional 45 e a repercussão geral. *Revista de Direito Renovar*, Rio de Janeiro, n. 31, p. 75-130, jan./abr. 2005.

ARAÚJO JUNIOR, Francisco Milton. Nexo Técnico Epidemiológico (NTEP) e Fator Acidentário de Prevenção — objetivo apenas prevencionista, apenas arrecadatório, ou prevencionista e arrecadatório? *Revista IOB Trabalhista e Previdenciária*, São Paulo, IOB, n. 249, p. 49-60, mar. 2010.

ARRUDA, Maurílio Neris de Andrade. *Previdência social do servidor público*. Belo Horizonte: Del Rey, 2001.

AUGUSTO, Eduardo. *Georreferenciamento de imóveis rurais* — a gratuidade legal. Disponível em: <http://www.irib.org.br>.

AVENA, Lygia. A natureza jurídica do regime de previdência complementar e dos seus planos de benefícios. *Anais do Seminário Aspectos Jurídicos Fundamentais dos Fundos de Pensão*, Tribunal de Justiça do Estado do Rio de Janeiro, CEDES — Centro de Estudos e Debates, 2006. p. 47-62.

BALERA, Wagner. Introdução à seguridade social. In: MONTEIRO, Meire Lúcia Gomes (Coord.). *Introdução ao direito previdenciário*. São Paulo: LTr, 1998. p. 9-85.

BALTAZAR JUNIOR, José Paulo; ROCHA, Daniel Machado da. *Comentários à Lei de Benefícios da Previdência Social*. 7. ed. rev. e atual. Porto Alegre: Livraria do Advogado, 2007.

BITTENCOURT, Luiz Henrique Pinheiro. A *abolitio criminis* no art. 95 da Lei n. 8.212/91..., *Bol. IBCCr* 95/15.

BOSIO, Rosa Elena. *Lineamentos básicos de seguridad social*. Córdoba, Argentina: Editora Advocatus, 2005.

CAMPOS, Marcelo Barroso Lima Brito de. *Regime Próprio de Previdência dos Servidores Públicos*. 8. ed. Curitiba: Juruá, 2017.

CANOTILHO, J. J. Gomes. *Direito constitucional e teoria da Constituição*. 2. ed. Coimbra: Almedina, 1998.

CARVALHO, Américo Taipa de. *Sucessão de leis penais*. 2. ed. Coimbra: Coimbra Editora, 1997.

CARVALHO FILHO, José dos Santos. *Manual de direito administrativo*. 26. ed. São Paulo: Editora Atlas, 2013.

CASTRO, Carlos Alberto Pereira de; LAZZARI, João Batista. *Manual de direito previdenciário*. 22. ed. Forense, 2019.

COIMBRA, Feijó. *Direito previdenciário brasileiro*. 10. ed. Rio de Janeiro: Edições Trabalhistas, 1999.

CONCEIÇÃO, Apelles J. B. *Segurança social* — sector privado e empresarial do Estado. 6. ed. Lisboa, Portugal: Rei dos Livros, 1996.

COSTA, José Ricardo Caetano. *Perícia biopsicossocial*: aplicabilidade, metodologia, casos concretos. São Paulo: LTr, 2018.

CUNHA, Leonardo José Carneiro da; DIDIER JR., Fredie. *Curso de direito processual civil*: meios de impugnação às decisões judiciais e processo nos Tribunais. 8. ed. Salvador: JusPodivm, 2010. v. 3.

DE FERRARI, Francisco. *Los principios de la seguridad social*. 2. ed. Buenos Aires: Depalma, 1972.

DELMANTO, Celso; DELMANTO, Roberto; DELMANTO JR., Roberto; DELMANTO, Fabio M. de Almeida. *Código Penal comentado*. 9. ed. São Paulo: Saraiva, 2015.

DERZI, Heloísa Hernandez. Equívocos da reforma previdenciária do setor público. *Revista de Direito Social*, Porto Alegre: Notadez, n. 12, p. 55-66, 2003.

________. *Os beneficiários da pensão por morte*. São Paulo: Lex, 2004.

DICTAMEN Y ASESORÍA S. L. *Leciones de seguridad social*. 5. ed. Madrid: Akal/Iure, 1996.

DIDIER JR., Fredie; CUNHA, Leonardo José Carneiro da. *Curso de direito processual civil*: meios de impugnação às decisões judiciais e processo nos Tribunais. 8. ed. Salvador: JusPodivm, 2010. v. 3.

________; OLIVEIRA, Rafael Alexandria de; BRAGA, Paula Sarno. *Curso de direito processual civil*: teoria da prova, direito probatório, decisão, precedente, coisa julgada e tutela provisória. 10. ed. Salvador: JusPodivm, 2015. v. 2.

DINIZ, Maria Helena. *Curso de direito civil*. 21. ed. São Paulo: Saraiva, 2004. v. 1.

DUARTE, Marina Vasques. *Direito previdenciário*. 6. ed. Porto Alegre: Verbo Jurídico, 2004.

FÁVERO, Eugênia Augusta Gonzaga. *Direitos das pessoas com deficiência*: garantia de igualdade na diversidade. Rio de Janeiro: WVA Ed., 2004.

FELIPE, J. Franklin Alves. *Curso de direito previdenciário*. 12. ed. Rio de Janeiro: Forense, 2006.

FOLLADOR, Renato; PEREIRA, Elisangela. Da justificativa atuarial para desaposentadoria. *Revista de Previdência Social*, LTr, n. 349, p. 1108-1112, dez. 2009.

FORTES, Simone Barbisan; PAULSEN, Leandro. *Direito da seguridade social*. Porto Alegre: Livraria do Advogado Editora, 2005.

FRANCESCHINELLI, Edmilson Villaron. *Ação rescisória*: o erro de fato como uma de suas hipóteses de cabimento. Leme: Mizuno, 2006.

GRECO, Rogério. *Curso de direito penal*. vol. 1: Parte geral. 11. ed. Niterói: Impetus, 2009.

IBRAHIM, Fábio Zambitte. Desaposentação — novos dilemas. *Revista de Previdência Social*, São Paulo: LTr, n. 350, p. 5-10, jan. 2010.

________. *Desaposentação* — o caminho para uma melhor aposentadoria. 2. ed. Niterói: Impetus, 2007.

________. *Curso de Direito Previdenciário*. 24 ed. Niterói: Impetus, 2019.

JIMÉNEZ, José Escobar. *La acción protectora de la seguridad social de los funcionarios públicos*. 2. ed. Madrid, Universidad De Castilla — La Mancha: Ibidem Ediciones, 1998.

LAHOZ, José Francisco Blasco; GANDÁ, Juan López; CARRASCO, Maria Ángeles Momparler. *Curso de seguridad social*. 7. ed. Valencia, Espanha: Tirant lo Blanch Libros, 2000.

MACHADO NETTO, Carla Mota Blank. Desaposentação. *Revista de Previdência Social*, LTr, n. 320, p. 614-615, jul. 2007.

MARIANI, Federico. *Compendio di diritto della previdenza sociale*. Itália: Giuridiche Simone, 1998.

MARTINEZ, Luciano. A aposentadoria e a volta ao trabalho — extensão e limites dos direitos previdenciários do trabalhador aposentado. *Revista de Previdência Social*, São Paulo: LTr, n. 335, p. 75-776, out. 2008.

MARTINEZ, Wladimir Novaes. *Lei básica da previdência social*: plano de benefícios. 3. ed. São Paulo: LTr, 1995.

_______. *Desaposentação*. São Paulo: LTr, 2008.

_______. Restituição do recebido na desaposentação. *Revista de Previdência Social*, São Paulo: LTr, n. 333, p. 621-626, ago. 2008.

_______. Aposentadoria Especial do Servidor. *Revista Síntese* — Trabalhista e Previdenciária, n. 255, p. 18-28, set. 2010.

_______. Aspectos previdenciários na Reforma Trabalhista. *Revista Síntese — Direito Previdenciário*, n. 81, nov./dez. 2017, p. 35-55.

MARTINS, Bruno Sá Freire. O regime próprio de previdência social e os cargos comissionados. *ADCOAS Previdenciária*, ADCOAS — Informações Jurídicas e Empresariais, Rio de Janeiro, v. 62, p. 7-8, fev. 2005.

_______. *Direito constitucional previdenciário do servidor público*. São Paulo: LTr, 2018.

_______. *É verdade que a aposentadoria compulsória não será alterada na Reforma da Previdência? Jornal Jurid*, 24 set. 2019. Disponível em: <https://www.jornaljurid.com.br/colunas/previdencia-do-servidor/e-verdade-que-a-aposentadoria-compulsoria-nao-sera-alterada-na-reforma-da-previdencia>.

MARTINS, Danilo Ribeiro Miranda. O novo regime de previdência complementar do servidor público federal. *Revista Síntese de Direito Previdenciário*, v. 51, nov./dez. 2012, p. 9-25.

MELLO, Celso Antônio Bandeira de. *Curso de direito administrativo*. 30. ed. São Paulo: Malheiros, 2013.

MIGUELI, Priscila Simonato de. *Pensão por morte e os dependentes do regime geral de previdência social*. Curitiba: Juruá, 2019.

MIRANDA, Pontes de. *Tratado da ação rescisória*, atualizado por Vilson Rodrigues Alves. 2. ed. Campinas: Bookseller, 2003.

MOREIRA, José Carlos Barbosa. *Comentários ao Código de Processo Civil*. 3. ed., atualização legislativa de Sergio Bermudes. São Paulo: Forense, 2000. t. VI.

_______. *Comentários ao Código de Processo Civil*. 12. ed. São Paulo: Forense, 2005. v. V.

NERY, Rosa Maria de Andrade; NERY JUNIOR, Nelson. *Código de Processo Civil comentado e legislação extravagante*. 10. ed. São Paulo: Revista dos Tribunais, 2008.

NERY JUNIOR, Nelson. *Teoria geral dos recursos*. 6. ed. atual., ampl. e reformulada. São Paulo: RT, 2004.

NEVES, Daniel Amorim Assumpção (Org.); FUX, Luiz (Coord.). *Novo CPC comparado*. 2. ed. rev. São Paulo: GEN/Método, 2015.

NEVES, Ilídio das. *Direito da segurança social* — princípios fundamentais numa análise prospectiva. Coimbra: Coimbra Editora, 1996.

NUCCI, Guilherme de Souza. *Manual de direito penal*. 9. ed. São Paulo: Revista dos Tribunais, 2013.

OLEA, Manuel Alonso; PLAZA, José Luis Tortuero. *Instituciones de seguridad social*. 14. ed. Madrid: Editorial Civitas, 1995.

OLIVEIRA, Eugênio Pacelli de. *Curso de processo penal*. 13. ed. Rio de Janeiro: Lumen Juris, 2010.

OLIVEIRA, Moacyr Velloso Cardoso de. *Previdência social* — doutrina e exposição da legislação vigente. Rio de Janeiro: Freitas Bastos, 1987.

PASCHOAL, Janaína C. Houve *abolitio criminis* nos crimes previdenciários? Disponível em: <http://www.direitocriminal.com.br>.

PASTOR, José M. Almansa. *Derecho de la seguridad social*. 7. ed. Madrid: Editorial Tecnos S.A., 1991.

PAULSEN, Leandro. *Contribuições* — custeio da seguridade social. Porto Alegre: Livraria do Advogado Editora, 2007.

PERSIANI, Mattia. *Direito da previdência social*. Traduzido do original italiano por Edson L. M. Bini. 14. ed. São Paulo: Quartier Latin, 2008.

PORTELLA, Diego Pierdoná. A interpretação da aposentadoria do professor no regime geral de previdência social. *Revista de Direito Social*, Porto Alegre: Editora Notadez, n. 35, jul./set. 2009.

PRADO, Luiz Regis. *Curso de direito penal brasileiro*. vol. 1: Parte geral. 3. ed. São Paulo: RT, 2002.

QUEIROZ, Antônio Augusto de. Entra em vigor a previdência complementar do servidor. *Revista Consultor Jurídico*. Disponível em: <www.conjur.com.br>. Acesso em: 7 fev. 2013.

REALE JR., Miguel. *Teoria do delito*. São Paulo: Revista dos Tribunais, 1998.

RIBEIRO, Maria Helena Carreira Alvim. *Aposentadoria especial* — Regime geral da previdência social. 9. ed. Curitiba: Juruá, 2018.

RIZZI, Sérgio. *Ação rescisória*. São Paulo: RT, 1979.

ROCHA, Daniel Machado da. *Normas gerais de direito previdenciário e a previdência do servidor público*. Florianópolis: Conceito Editorial, 2012.

ROCHA, Daniel Machado da; BALTAZAR JUNIOR, José Paulo. *Comentários à Lei de Benefícios da Previdência Social*. 11. ed. rev. e atual. Porto Alegre: Livraria do Advogado, 2012.

RODRIGUES, Flavio Martins. *Fundos de pensão de servidores públicos*. Rio de Janeiro: Renovar, 2002.

SALOMÃO, Heloísa Estellita. Novos crimes previdenciários — Lei n. 9.983, de 14 de julho de 2000: primeiras impressões. *Revista Dialética de Direito Tributário*, n. 64/71.

SANTOS, Marisa Ferreira dos. *O princípio da seletividade das prestações da seguridade social*. São Paulo: LTr, 2004.

________. A aposentadoria especial dos servidores públicos. *Revista Síntese* — Trabalhista e Previdenciária, n. 255, p. 8-17, set. 2010.

________; CHIMENTI, Ricardo Cunha. *Juizados Especiais Cíveis e Criminais, Federais e Estaduais*. 13. ed. São Paulo: Saraiva, 2019. v. 35 (Coleção Sinopses Jurídicas).

SAVARIS, José Antonio; XAVIER, Flávia da Silva. *Manual dos recursos nos Juizados Especiais Federais*. 5. ed. Curitiba: Alteridade, 2015.

________; GONÇALVES, Mariana Amelia Flauzino. *Compêndio de Direito Previdenciário*. Curitiba: Alteridade, 2018.

SERAU JUNIOR, Marco Aurélio. *Curso de processo judicial previdenciário*. 3. ed. São Paulo: Método, 2010.

________. *Seguridade social como direito fundamental material*. Curitiba: Juruá, 2009.

SILVA, Delúbio Gomes Pereira da. *Regime de previdência social dos servidores públicos*. São Paulo: LTr, 2003.

SOARES, João Marcelino. O regime complementar dos servidores públicos federais: uma análise constitucional do fator de conversão. *Revista Síntese de Direito Previdenciário*, v. 51, nov./dez. 2012, p. 26-43.

SOUZA, Leny Xavier de Brito e. *O servidor público e suas múltiplas previdências sociais*. São Paulo: LTr, 2000.

TALAMINI, Eduardo; WAMBIER Luiz Rodrigues. *Curso avançado de processo civil*. 13. ed. São Paulo: Revista dos Tribunais, 2013. v. 1: Teoria geral do processo e processo de conhecimento.

TAVARES, Marcelo Leonardo. *Direito previdenciário* — regime geral de previdência social e regras constitucionais dos regimes próprios de previdência social. 14. ed. Rio de Janeiro: Impetus, 2012.

TEIXEIRA, Francisco Dias. *Crime contra a previdência social em face da Lei n. 9.983/00*. Encontro Nacional da 2ª Câmara de Coordenação e Revisão do Ministério Público Federal, realizado em Recife/PE, em 13 e 14.09.2000.

VENTURI, Augusto. *Los fundamentos científicos de la seguridad social*. Tradução de Gregorio Tudela Cambronero. Madrid: Centro de Publicaciones, Ministerio del Trabajo e Seguridad Social, 1994. p. 77.

WAMBIER Luiz Rodrigues; TALAMINI, Eduardo. *Curso avançado de processo civil*. 11. ed. São Paulo: Revista dos Tribunais, 2010. v. 1: Teoria geral do processo e processo de conhecimento.

YARSHELL, Flávio. *Ação rescisória, juízos rescindente e rescisório*. São Paulo: Malheiros, 2005.